古事類苑
新仮名索引

倉本一宏 編

吉川弘文館

例　　　言

1　本索引は，索出用仮名，索出事項，部門名，冊数，ページ数の順序で記入するものとする。

2　索出用の仮名は，平仮名４字を限って掲げ，すべて(索出した仮名４字ではなく，全部を読んだ際の読みの)五十音順で配列する。

3　同種の読み方の項目は，仮名表記のものを先に配列する。漢字表記の場合は文字数の少ないものを先にし，同じ文字数のものは第１字目の画数の少ない順に配列する。

4　漢字は，基本的に常用漢字体で表示するが，一部に旧字体のままのものもある。

5　項目の読みは，基本的に『古事類苑』本文に付された振り仮名，および『日本国語大辞典』(日本国語大辞典第二版編集委員会・小学館国語辞典編集部編，小学館，2000〜2002年)に準拠し，国際日本文化研究センターの「古事類苑ページ検索システム」(http://shinku.nichibun.ac.jp/cgi-bin/kojiruien/search.cgi)を参照する。

6　索出事項は，主として単語，熟語，もしくは句を挙げることとするが，まれには「勧学院の雀は蒙求を囀る」のような文も採用する。

7　篇，附，および併入となる名辞は，すべて掲げ，【篇】【附】【併入】のような符号を付す。

8　標出した各条の名辞は，すべて採用する。

9　１名辞で２種以上の読み方があり，いずれも必要と認める場合には，すべて掲げる。

例えば「朝所」を「あいたどころ」と「あいたんどころ」とに載せ，「朝臣」を「あそ」「あそみ」「あそん」などに掲げるような場合である。

10　１名辞で必要な異名がある場合には，すべて掲げる。

例えば「米」の異名「八木」「菩薩」，銭の異名「用脚」「料足」「鵝眼」「阿堵者」「鳥目」「あし」などを，すべて揚げるような場合である。

11　索出事項の名辞で，漢字だけでは読み難いものがある場合には，いったん平仮名で読み方を示し，その後にその漢字を註する。

例えば「あいのうお(⿰魚婁鯘)」「あかかがち(酸醤)」などのような場合である。

12　索出事項の名辞で，意味が明瞭ではないものがある場合には，略してその意味を推定できるように簡単な語句を註する。

例えば「あいさ(鴨)」「愛染柄(鳥)」などのような場合である。

13 索出事項の名辞で，他の異なる意味にも解釈される恐れのある場合には，また簡単な推定語句を註する。

例えば「青きころも(六位)」「荒田(風俗歌)」「安城宮(楽曲)」などのような場合である。

14 索出事項の名辞で，同字異義のもの2件以上が並んでいる場合には，これを識別するために，簡単な語句を註する。

例えば「鸚鵡石(演劇)」と「鸚鵡石(石)」,「安養尼(瓊子内親王)」と「安養尼(僧恵心妹)」などのような場合である。

15 同一名辞に関する事項が2件以上複合する場合には，そのうちの基本に適する項目を母項とし，他を子項として従属させる。ただし，いずれも母項に適さない場合には，あらたに名辞を設けて母項に代用させる。

16 子項は，できるだけ文もしくは句とし，漢文で記載する。その文体は簡約を旨として，必ずしも正格によるものではない。なお，訓点は付さない。

17 各子項の配列順序は，おおよそ本書の部門順により，同じ部門内においては，そのページ数の順によるが，意味によって配列する箇所もある。

18 子項の文字中，母項の文字と全く同一のものがある場合には，すべて省略し，符号━でそれに代える。

19 「戦闘」と「合戦」,「婚嫁」と「縁組」,「大蔵経」と「一切経」,「青摺袍」と「小忌」などのように，同意義の語で，たがいに2件以上が複合する場合には，あるいは各項に参照を付し，あるいは一方に併載して，他方に参照を付す。

20 「朝覲行幸」「口分田」などの類で，その熟語の中に「行幸」または「田」のように単形の名辞を含む場合には，必要と認めるものに限り，その単形名辞で母項とした条下に付載する。

例えば「行幸」の下に「朝覲行幸」を付し,「田」の下に「口分田」を掲げるような場合である。

21 部門名は，すべて省略して記し，その頭字1字を掲載する。

例えば「歳時部」は「歳」とし,「神祇部」は「神」とする。

22 ページ数は1標出の条下においては，たとえ同一事項の数ページにわたって散見することがあっても，初見のページ数を記入する。また，同一事項で他の条下にもわたって広く散見する場合にも，初見のページ数のみを掲げる。

あ

あ	あ(我)	人	①	5
あ	あ(応答詞)	人	①	842
あい	あひ(椓撃)	産	①	576
あい	間(能楽)	楽	①	1016
あい	愛	人	①	714
あい	藍	植	②	15
	一栽培	政	④	985
あいおい	相生松	植	①	96
あいがか	相懸り(戦闘)	兵		512
あいかご	秋鹿郡	地	②	471
あいがめ	藍瓶役	政	④	479
あいかわ	相川	地	②	368
あいかわ	相川焼	産	①	758
あいきじ	愛嗜女(楽曲)	楽	①	569
あいきゃ	相客	遊		430
あいぎん	合吟味	法	③	748
あいくち	あいくち(齞脣)	人	①	394
あいくち	合口(刀)	兵		1379
あいこう	愛甲郡	地	①	758
あいこと	合詞	兵		598
あいさ	あいさ(鴨)	動		587
あいさん	間三(舟)	器	②	680
あいし	哀詞	礼	②	1540
あいじる	合印			
	小十人衆一	官	③	1118
	盗賊一	法	③	178
	戦時一	兵		598
あいしん	愛新覚羅氏	外		1028
あいず	相図			
	戦時一	兵		602
	水軍一	兵		1201
	米市場一	産	②	527
あいずか	愛洲陰流	武		28
あいぜん	愛染王法	宗	②	289
あいぜん	愛染柄(鳥)	動		921
あいぜん	愛染明王	宗	①	110
あいそ	相訴	法	③	535
あいぞな	相備	兵		415
あいぞめ	藍染	産	①	880
あいぞめ	藍染屋	産	①	840
あいたい	相対替			
	屋敷一	官	③	89
	宅地一	政	③	1273
あいたい	相対勧化	宗	③	328
あいたい	相対死	人	①	657
	一	法	②	489
	一	法	②	1003
あいたい	相対定免	政	④	78
あいたい	相対雇	政	④	1301
あいたご	英多郡	地	②	559
あいたご	齶田郡	地	②	188
あいたど	あいたどころ(朝所)	官	①	388
あいだま	藍玉問屋	産	②	408
あいだや	会田安明	文	③	583
あいたん	あいたんどころ(朝所)	官	①	388
あいちご	愛知郡	地	①	505
あいちゅ	合中(相撲)	武		1184
あいづ	会津	地	②	140
	一四郡	地	②	116
あいづが	会津掛鐙	兵		2000
あいづご	会津郡	地	②	120
あいつつ	あいつつじ(山榴)	植	①	592
あいづぬ	会津塗	産	①	799
あいづは	会津藩	地	②	153
あいづや	会津焼	産	①	751
あいづや	会津山	地	③	876
あいづろ	会津蠟	動		1193
あいてが	相手方(訴訟)	法	③	497
	一	法	③	648
あいてゆ	あいてゆるべ(魚)	地	②	1327
あいとう	哀悼文【篇】	礼	②	1517
あいどの	相殿神			
	皇大神宮一	神	③	12
	豊受大神宮一	神	③	60
あいどの	相殿造	神	①	459
あいどの	相殿堂	神	①	514
あいなめ	鮎魚女	動		1455
あいなめ	相嘗祭【附】	神	②	469
	預一社	神	①	361
あいのう	あいのうを(鱧鯪)	動		1534
あいのか	間の金物	兵		1778
あいのし	間宿	政	④	1231
あいのの	藍野陵	帝		983
あいのむ	間村	政	④	1244
あいのや	間の山節	楽	②	394
あいばん	相番	政	③	402
あいびき	相引	兵		585

あいひろ 相広の馬場 武 786
あいぶぎ 合奉行 官 ② 783
— 官 ② 1179
あいみご 会見郡 地 ② 453
あいむこ 相婿 人 ① 224
あいもと 相本橋 地 ③ 345
あいもの 相物 飲 933
あいやく 藍役 政 ④ 471
あいやけ あひやけ(婚姻) 人 ① 165
あいよめ 相嫁 人 ① 164
あいらご 始羅郡 地 ② 1182
あいらさ 吾平山上陵 神 ④ 1664
あう あふ(婚) 礼 ① 889
あえぎ あへぎ(喘息) 方 1180
あえくに 敢国神社【篇】 神 ④ 299
あえつく あへつくり([illegible]) 飲 258
あえもの あへもの(韲) 飲 1045
あえもの あへもの(和物) 飲 259
あえん 亜鉛 金 212
あお 襖【併入】 服 286
綿— 兵 1829
あおあえ 青あへ 飲 205
あおい あをい(蕎麦) 飲 513
あおい 葵 植 ② 357
二葉— 植 ① 1205
賀茂祭用—桂 神 ③ 1072
稲荷祭時冠懸— 神 ③ 1471
賀茂祭時喪家不懸—桂 礼 ② 719
あおいし 青石 金 343
あおいつ あふひ鍔 兵 1437
あおいと 青糸毛車 帝 1336
あおいの 葵の前 帝 1277
あおいの 葵紋 姓 512
— 姓 533
徳川氏時—制 姓 506
徳川氏許用— 官 ③ 1730
あおいま 葵祭
山城国賀茂神社— 神 ③ 1007
丹後国籠神社— 神 ④ 1010
あおいろ 青色唐衣 服 916
あおいろ 青色袍 服 253
あおうな あをうなばら(滄海) 地 ③ 1251
あおうま 青馬 動 95
丹生川上神社祈晴時奉— 神 ④ 193
あおうま 白馬節会【篇】 歳 971
依諒闇停— 礼 ② 557
あおうり 青瓜 植 ② 607
あおえ 青江(刀工) 産 ① 640
あおおか 青岡流(槍術) 武 72
あおがい 青貝 動 1685
— 産 ① 828
あおがい 青貝鞍 兵 1964
あおがい 青貝師 産 ① 828
あおかず あをかづら(防已) 植 ② 221
あおかず あをかづら(青藤) 植 ② 347
あおがま 青蝦蟇 動 1066
あおがみ 青紙 文 ③ 1205
あおき 青木 植 ① 585
あおきこ 青きころも(六位) 官 ③ 1776
あおきこ 青木昆陽
—蘭学 文 ② 998
—奨励甘藷栽培 植 ② 477
あおきの 青木山陵 帝 1068
あおきみ あをき宮(東宮) 帝 1307
あおぎり 青桐 植 ① 529
あおぐ 仰 人 ① 994
あおくち 青朽葉下襲 服 349
あおくび 青首(鴨) 動 586
あおげの 青毛馬 動 91
あおさ あをさ(石蓴) 植 ② 925
あおざし あをざし(銭) 泉 8
あおざし あをざし(初熟麦) 植 ① 857
— 飲 661
あおさば あをさば(鯖) 動 1414
あおし 襖子 服 286
六位不得著— 服 362
あおじ あをじ(蒿雀) 動 735
あおじ あをじ(鵐鳥) 動 888
あおじ 青甆 産 ① 704
あおしと あをしとど(蒿雀) 動 735
あおしま 青島 地 ① 640
あおずり 青摺紙 文 ③ 1205
あおずり 青摺衣 服 127
あおずり 青摺袍 神 ① 1543
— 産 ① 889
— 楽 ① 641
「おみ小忌」も見よ
あおぞら あをぞら(霄) 天 5
あおだ あをだ(箯輿) 器 ② 1028
あおだい 青大将(蛇) 動 1019
あおたけ 青竹(横笛) 楽 ② 869
あおだま 青玉 金 222

あおぢか	青近郷	政	②	553
あおつづ	あをつづら(防已)	植	②	221
あおとか	あをとかげ(蛤蚧)	動		1056
あおとふ	青砥藤綱	泉		164
	—	人	②	61
あおな	あをな(菘菜)	植	②	65
あおな	あをな(蕪菁)	植	②	55
あおなま	青鱠	飲		201
あおにぎ	青和幣	神	②	1065
あおにび	青鈍色	礼	②	1038
あおねお	青根温泉	地	③	1074
あおの	青篦	兵		1580
あおのえ	阿保駅	地	①	400
あおのま	青馬(催馬楽)	楽	①	213
あおのり	あをのり(青苔)	植	②	899
あおはか	青墓宿	地	①	1241
あおはか	襖袴	服		762
あおばか	青袴	服		717
あおばた	青旗	礼	②	355
あおばな	あをばな(鴨跖草)	植	①	990
あおばも	あをばもの(白歯者)	兵		253
あおばれ	あをばれ(黄腫)	方		1462
あおはん	あをはんめう(芫青)	動		1091
あおひえ	あをひえ(竹刀)	礼	①	373
あおひと	青人草	人	①	3
あおぶす	青衾神社	神	④	348
あおほん	青本	文	②	943
あおまめ	青大豆	植	②	236
あおまめ	青豆飯	飲		403
あおみご	碧海郡	地	①	549
あおむし	あをむし(螟蛉)	動		1098
あおむら	阿保村	地	①	410
あおもの	青物市	産	②	610
あおもり	青森	地	②	146
あおや	青屋(賤民)	政	③	887
あおやぎ	青柳(木)	植	①	156
あおやぎ	青柳(催馬楽)	楽	①	201
	—	楽	①	207
あおやぎ	青柳文庫	文	③	389
あおやま	青山	地	①	967
あおやま	青山組	官	③	1160
あおやま	青山上水	政	④	1121
あおやま	青山延于	泉		157
あおり	泥障	兵		2016
あおりぐ	あほりぐるま(簸揚車)	産	①	312
あおんじ	あをんじやう(青蛇)	動		1026
あか	垢	人	①	307
あかあず	赤小豆	植	②	248
あかあり	赤蟻	動		1110
あかい	亜槐	官	①	431
あかいし	赤石	金		343
あかいっ	赤一揆	兵		425
あかいも	あかいも(甘藷)	植	②	474
あかいろ	赤色唐衣	服		915
あかいろ	赤色下襲	服		352
あかいろ	赤色袍	服		258
あかうお	赤魚	動		1299
あかうお	緋魚	動		1452
あかうら	赤裏頭巾	服		1249
あかうる	赤漆鞍	兵		1966
あかうる	赤漆弓	兵		1637
あかえい	あかえひ(赤鱏)	動		1526
あかえん	あかゑんば(赤卒)	動		1157
あかおど	赤威肩白鎧	兵		1799
あかおど	赤威鎧	兵		1802
あかがい	赤貝	動		1644
あかかが	あかかがち(酸醤)	植	②	536
あかかき	あかかき女	居		685
あかかげ	赤鹿毛馬	動		96
あかがね	銅			
	「どう銅」を見よ			
あかがね	銅御門	居		414
あかがね	銅柱	居		947
あかがね	銅葺	居		1056
あかがね	銅屋	称		136
あかがま	赤蝦蟇	動		1067
あかがり	皹	方		1259
あがかわ	阿賀川	地	③	1187
あかがわ	赤皮威鎧	兵		1803
あかがわ	赤皮靴	服		1390
あかきき	あかききみ(丹黍)	植	①	874
あかきこ	あかきこころ	人	①	685
あかぎさ	赤城山	地	③	824
あがきじ	踠死	人	①	656
あかぎの	赤木机	器	①	119
あかぎの	あかぎの鳥居	神	①	586
あかぐつ	赤沓	礼	②	1036
あかくり	赤栗毛馬	動		96
あかげさ	赤袈裟	宗	②	1158
あがけだ	網掛鷹	遊		986
あかげの	赤毛馬	動		100
	丹生川上神社祈晴時奉—	神	④	190

あかご	赤子	人	①	70
	「えいじ嬰児」も見よ			
あがごお	英賀郡	地	②	603
あかざ	藜	植	②	36
あかさか	赤坂	地	①	966
あかさか	赤坂郡	地	②	582
あかさか	赤坂御門	居		389
あかさか	赤坂城	兵		660
あかさか	赤坂宿	地	①	545
あかざの	藜杖	器	②	518
あかざの	藜灰	産	②	55
あかしが	明石潟	地	③	1294
あかしご	明石郡	地	②	524
あかしし	明石志賀之助	武		1266
あかしち	明石縮	産	②	162
あかじに	赤地錦鎧直垂	兵		1913
あかしの	明石浦	地	②	549
	—	地	③	1322
あかしの	明石国造	地	②	520
あかしは	明石藩	地	②	543
あかしひ	明石火矢	武		940
あかしや	明石焼	産	①	761
あかじる	赤印一揆	兵		425
あかしろ	赤白橡袍	服		258
あかずき	赤頭巾	服		1249
あかずの	不開門	居		215
あかすり	垢摺	器	①	545
あかぞな	赤備	兵		418
あかぞめ	赤染衛門	人	①	277
	—歌	文	①	883
	—歌感人心	文	①	743
	—智	人	①	1247
あがた	県	地	①	82
	—	封		4
あがたい	県井	地	③	1012
あがたい	県居	姓		738
	「かものま賀茂真淵」も見よ			
あがたか	県河港	地	③	587
あかだな	閼伽棚	居		1089
あがたぬ	県主【併入】	官	①	176
	—	姓		61
	—	姓		122
あがたの	県犬養宿禰	官	①	100
あがたの	県造	官	①	160
あがため	県召除目	政	①	678
	—	政	①	673
	—	政	①	816

あかつき	暁	歳		75
あかつき	暁会	遊		397
あかつち	赤土	金		371
あがつま	吾妻郡	地	②	15
あかつや	赤津焼	産	①	746
あかとり	あかとり(馬具)	兵		2064
あかとん	あかとんぼ(赤卒)	動		1157
あかなべ	茜部荘	地	①	1280
	—	政	②	514
あかにし	赤辛螺	動		1657
あかね	茜	産	①	886
あかねあ	茜藍代銭	政	④	472
あかねぐ	茜草	植	②	674
あかねぞ	茜染	産	①	853
あかねの	茜袍	服		269
あかねも	茜木綿	産	②	178
あかのお	赤大口袴	服		731
あかば	あかば(明衣)	服		124
	—	神	①	1501
	—	神	①	1542
あかはえ	あかはえ(石鮅魚)	動		1334
あかはし	赤橋	地	③	285
あかはた	赤旗	兵		2106
あかはた	赤旗一揆	兵		425
あかはだ	あかはだか	人	①	309
あかはだ	赤膚焼	産	①	729
あかばち	赤翅蜂	動		1128
あかばな	赤花	服		851
あかはら	赤腹(鳥)	動		924
あかはら	赤腹(魚)	動		1319
あかひき	赤引糸	産	②	66
あかひこ	赤日子神社	神	③	522
あかびつ	明櫃	器	①	670
あかひも	赤紐	服		141
あかぶな	あかぶな(鮒)	動		1270
あかぼし	あか星	天		100
あかぼり	赤堀川	地	③	1175
あかほん	赤本	文	②	944
	—	文	③	358
あかまい	赤間石	文	③	1325
あかまぐ	赤間宮【篇】	神	④	1207
あかまぐ	あかまぐさ(沢蘭)	植	②	786
あかます	赤鱒	動		1453
あかます	赤間硯	文	③	1323
あかまつ	赤松	植	①	86
あかまつ	赤松氏	官	②	1079
あかまつ	赤松青竜軒	楽	②	508

あかまつ	赤松党	兵		450
あかまつ	赤松教康	人	①	1061
あがみ	あがみ(他称)	人	①	15
あかみと	朱鳥(年号)	歳		160
あかめう	赤目魚	動		1392
あかめが	あかめがしは(梓)	植	①	647
あかめが	あかめがしは(楸)	植	①	649
あかめだ	赤女鯛	動		1376
あかも	赤裳	服		942
あかもが	あかもがさ(赤疱瘡)	方		1395
あがもの	贖物	神	②	703
	大嘗祭御禊—	神	①	1134
	神今食祭時供—	神	②	157
	新嘗祭時供—	神	②	226
	以奴婢為—	政	②	178
	大嘗祭御禊—図	神	①	1136
	徵贖例	法	①	48
あかゆお	赤湯温泉	地	③	1095
あからお	赤羅小船	器	②	622
あがりざ	揚座敷(獄舎)	法	③	282
	建—	法	③	185
	—図	法	③	283
あがりざ	揚座敷入	法	③	282
あかりし	明書院	居		1081
あかりし	明障子	器	①	863
あかりど	明床	居		1081
あがりや	あがりや(浴室)	居		673
あがりや	揚屋(獄舎)	法	③	273
	—図	法	③	276
あがりや	揚屋入	法	③	273
あがりや	揚屋女牢	法	③	284
あがりや	上り屋敷	政	③	1255
あがりや	揚屋縄	法	③	201
あかるひ	赤留比売命神社	神	④	268
あがわご	吾川郡	地	②	900
あかん	阿観	宗	④	1
あかんご	阿寒郡	地	②	1300
あかんだ	阿寒滝	地	③	1216
あき	あき(大辛螺)	動		1655
あき	秋	歳		107
	—霞	天		162
	—霜	天		176
	—降雪	天		214
あぎ	腭	人	①	407
あきうお	秋保温泉	地	③	1073
あきおさ	商長首	産	②	322
あきかぜ	秋風箏	楽	②	662
あきけん	秋検地	政	④	30
あきごお	安芸郡(土佐)	地	②	899
あきごお	安芸郡(安芸)	地	②	659
あきさす	あきさす(贉)	産	②	357
あきじい	あきじひ(清盲)	人	①	364
あきしの	秋篠氏氏神	神	①	669
あきしの	秋篠寺【篇】	宗	③	1271
あきたお	秋田大沼	地	③	1340
あきたご	秋田郡	地	②	188
あきたご	飽田郡	地	②	1121
あきたし	秋田島沼	地	③	1341
あきたじ	秋田城	兵		1054
	—	人	②	723
	—	人	②	763
あきたじ	秋田城介	官	②	458
あきたせ	秋田銭	泉		31
あきたづ	飽田津	地	③	539
あきたと	秋田党	兵		450
あきだる	明樽問屋	器	①	196
あきつ	蜻蛉	動		1153
あきつか	明神	帝		182
あきづき	秋月藩	地	②	954
あきつし	秋津島	地	①	23
あきつし	秋津島宮	地	①	178
あきつの	蜻蛉野	地	③	935
あきつみ	明御神	帝		182
あぎと	鰓	動		1243
あぎとい	あぎとひ	人	①	850
あきない	あきなひ(商売)	産	②	321
あきない	商長	官	①	77
あきない	商始	歳		901
あきない	商番屋	政	③	1372
	—	政	③	1368
あきなす	秋茄子嫁にくはせぬ歌	植	②	523
あきにれ	あきにれ(榔榆)	植	①	210
あきのき	あきのきりんさう(劉寄奴草)	植	②	750
あきのく	安芸国【篇】	地	②	641
	配流—	法	①	170
	配流—	法	①	769
あきのく	阿岐国造	地	②	654
あきのく	秋のくるかた(右衛門)	官	①	1447
あきのじ	秋除目	政	①	723
あきのみ	秋の宮	帝		1106
あきばさ	秋葉山三尺坊	神	②	650

あきばで	秋葉寺【篇】	宗	④	192
あきびと	商人	産	②	657
	「しょうに商人」も見よ			
あきらの	明宮	地	①	179
あく	幄	器	①	760
	内弁―	帝		404
	左右近衛―	帝		405
	地震時立―	地	③	1403
あく	灰汁	産	①	893
あくうち	灰汁打紙	文	③	1170
あくおお	幄覆	器	①	769
あくぎゃ	悪逆	法	①	14
あくじせ	悪事千里	人	①	907
あくしょ	悪所	居		934
あくせん	悪銭	泉		120
あくたが	芥川	地	③	1153
あくたむ	あくたむし(蜚蠊)	動		1195
あくにち	悪日	兵		520
あくのや	幄屋	器	①	768
あくば	悪馬	武		740
あくび	欠	人	①	393
あぐみい	あぐみゐ(趺坐)	礼	①	136
あくみご	飽海郡(大和)	地	①	284
あくみご	飽海郡(出羽)	地	②	186
あくみょ	悪名	姓		707
あくむ	悪夢	人	①	796
あくゆう	悪友	人	②	400
あぐら	胡床	器	②	142
あぐりぶ	網拷船	器	②	668
あげうた	上歌	楽	①	144
あげうま	あげうま(馬長)	武		809
あげうま	揚馬	動		83
あげお	上緒(車)	器	②	867
あげお	上緒(冠)	服		1091
あげおの	上緌の主	人	②	604
あげきん	上金	政	④	540
あげく	挙句			
	連歌―	文	①	1001
	俳諧―	文	①	1274
あけぐれ	あけぐれ(昧爽)	歳		78
あげごし	肩輿	器	②	943
あげしょ	上証文	法	③	670
あげすど	揚簀戸(城門)	兵		1093
あげすど	揚簀戸(茶室露地)	遊		585
あげせん	揚銭	人	②	899
あげだた	上畳	器	②	84
あけちひ	明智秀俊	武		753
あけちみ	明智光秀			
	―弑織田信長	人	①	1062
	―免洛中地子	政	④	391
あげつち	上土門	居		835
あげどう	あげ灯籠	器	②	233
あけのこ	あけのころも(五位)	官	③	1776
あけのそ	あけのそほふね	器	②	620
あけのた	朱の玉垣	神	①	572
あけのべ	明延銅山	金		144
あげはり	あげはり	器	①	760
	「あく幄」も見よ			
あけばん	明番	政	③	406
あけびか	あけびかづら(通草)	植	②	211
あけぼの	曙	歳		77
あけぼの	曙染	産	①	858
あげまい	上げ米	官	③	1742
あげまき	あげまき(貝)	動		1650
あげまき	総角(鎧)	兵		1820
	―	兵		1778
あげまき	総角(少年)	人	①	80
あげまき	総角(神楽)	楽	①	161
あげまき	総角(相撲)	武		1080
あげまき	総角(結髪)	人	①	569
あげまき	総角(遊女名)	人	②	864
あげまき	総角(催馬楽)	楽	①	214
あげまき	総角付板	兵		1776
あげまき	総角付鐶	兵		1880
あげまり	上鞠	遊		1043
あげまり	上鞠役	遊		1073
あげもの	揚物	飲		255
あげや	揚屋	人	②	883
あこ	あこ(下火)	礼	②	5
あこ	緋魚	動		1452
あご	齶	人	①	407
あご	安居【併入】	宗	②	698
あこう	あこふ(茸)	植	②	827
あこう	阿衡	官	①	565
あこう	榕樹	植	①	231
あごう	阿号(法号)	礼	②	300
あこうぎ	赤穂義士			
	―復讐	人	②	510
	―装束	服		668
	―大名預	法	②	504
	―切腹	法	②	179
	―切腹図	法	②	182
	―墓	礼	②	1187
あこうご	赤穂郡	地	②	525

あこうし	赤穂塩	飲		814
あこうじ	赤穂城	兵		1128
あこうは	赤穂藩	地	②	544
	—藩札	泉		445
あごえ	距	動		508
あごかぐ	安居神楽	楽	①	196
あこぎが	阿漕浦	地	③	1319
あごごお	英虞郡	地	①	479
あこだう	あこだ瓜	植	②	629
あごのう	阿胡浦	地	③	1320
あごのえ	安候駅	地	①	1094
あごのし	齶の下	人	①	411
あこのみ	安古山陵	帝		985
あこめ	衵			
	男子用—【篇】	服		376
	婦人用—【併入】	服		1005
	僧徒用—	宗	②	1179
あこめお	衵扇	服		1316
あこめき	衵几帳	器	①	816
あこやが	阿古夜貝	動		1641
あこやの	あこやの珠	動		1622
あこやの	阿古耶松	植	①	100
あこやも	あこや餅	飲		621
あさ	麻	植	①	1191
	以—為貿易禁制品	産	②	754
	苧桑—竹木等税	政	④	470
あさ	朝	歳		73
	毎—拝宅神	神	①	893
	毎—拝竈神	神	①	907
	毎—拝井神	神	①	916
	毎—拝厠神	神	①	918
	毎—拝庭神	神	①	927
あざ	字	地	①	96
あざ	痣	方		1260
あさあさ	あさあさ(浅漬)	飲		1016
あざいご	浅井郡	地	①	1181
あさいと	麻糸	産	②	70
あさうず	浅水橋	地	③	340
あさうち	麻打里	地	②	530
あさうり	あさうり(越瓜)	植	②	605
あさおき	朝起	人	①	955
あさおは	浅尾藩	地	②	611
あさおも	あさおもづら(麻籠頭)	兵		2056
あざがい	阿座蛤	動		1643
あさがお	牽牛花	植	②	463
	—	植	①	521
	—実	方		711
	—挿花法	遊		858
	—水揚法	遊		867
あさがお	朝顔の茶湯	遊		616
あさがお	あさがほ虫	動		1183
あさがけ	朝駆	兵		568
あさかご	安積郡	地	②	121
あさかご	安積艮斎			
	—苦学	人	②	578
	—善文	文	①	332
あさかた	安積澹泊			
	—与大日本史編修	文	②	876
	—愛菊	植	②	702
あさがっ	朝合戦	兵		567
あさかぬ	浅香沼	地	③	1247
あさかの	阿尺国造	地	②	89
あさがみ	麻上下	服		615
あさかや	安積山	地	③	831
	—歌	文	①	498
あさがれ	朝餉	飲		16
あさがれ	朝餉間	居		116
あさかん	朝観音に夕薬師	宗	①	87
あさぎい	浅黄石	金		343
あさぎい	浅黄色	服		265
	—	礼	②	992
あさぎざ	浅黄桜	植	①	296
あさぎぬ	麻衣	服		7
あさぎの	浅黄直衣	服		313
あさぎの	浅黄袍	服		264
あさきば	あさき柱	居		945
あさぎわ	浅黄椀	器	①	14
あさくさ	浅草	地	①	977
あさくさ	浅草追分	地	①	955
あさくさ	浅草御蔵	居		786
	—役人【篇】	官	③	546
あさくさ	浅草御蔵小揚	官	③	561
あさくさ	浅草御蔵小揚頭	官	③	561
あさくさ	浅草御蔵助手代	官	③	558
あさくさ	浅草御蔵手代	官	③	555
あさくさ	浅草御蔵手代組頭	官	③	554
あさくさ	浅草御蔵手代見習	官	③	558
あさくさ	浅草御蔵番	官	③	559
あさくさ	浅草御蔵番見習	官	③	561
あさくさ	浅草御蔵奉行	官	③	546
あさくさ	浅草御蔵奉行頭取	官	③	546
あさくさ	浅草御蔵門番	官	③	549
あさくさ	浅草御蔵門番同心	官	③	558

あさくさ 浅草御蔵門番同心頭
　取 官 ③ 558
あさくさ 浅草紙 文 ③ 1227
あさくさ 浅草川 政 ④ 997
あさくさ 浅草観音堂 宗 ④ 369
あさくさ 浅草御門 居 391
あさくさ 浅草御門跡 宗 ④ 429
あさくさ 浅草三社柏板祭 神 ② 642
あさくさ 浅草溜 法 ③ 323
あさくさ 浅草苔 植 ② 904
あさくさ 浅草文庫 文 ③ 376
あさくち 浅口郡 地 ② 603
あさぐつ 浅履 服 1377
あさぐつ 浅沓練 礼 ① 109
あさくら 朝倉(神楽) 楽 ① 156
　— 楽 ① 164
あさくら 朝倉英林家訓 人 ② 193
あさくら 朝倉山椒 植 ① 441
あさくら 朝倉敏景十七箇条 法 ① 684
あさくら 朝倉宮 地 ① 179
あさけ 朝食 飲 13
あさけご 朝明郡 地 ① 440
あさけの 朝明駅 地 ① 431
あざける 嘲 人 ② 679
あさこご 朝来郡 地 ② 421
あさごみ 朝込(茶湯) 遊 401
あさごみ 朝込(戦闘) 兵 568
あさごろ 麻衣 服 7
あさざ あさざ(荇) 植 ② 449
あさじ あさぢ(鱖) 動 1316
あさしお あさしほ(潮) 地 ③ 1254
あさじざ 麻地酒 飲 747
あさじは 浅茅原曲 楽 ① 140
あさじん 浅塵剣 兵 1344
あさす 麻簀 神 ② 1223
あさすぎ 浅杉染袴 服 715
あさずき 麻頭巾 服 1250
あさたけ あさたけ(地芩) 植 ② 828
あさだは 麻田藩 地 ① 389
あさつき あさつき(島蒜) 植 ① 1049
あさづけ 浅漬 飲 1012
あさって 明後日 歳 51
あさって あさつてい(舟) 器 ② 637
あさづま 朝妻船 器 ② 657
あさづま 朝妻渡 地 ③ 470
あざな 字 姓 726
　加一於入学名簿 文 ③ 12
あさなき あさなきどり(鶻嘲) 動 857
あさぬの 麻布 産 ② 125
あさね 朝寝 人 ① 966
あさのい 朝犬追物 武 624
あさのか 朝会(茶湯) 遊 401
あさのな 浅野長矩 法 ② 178
あさのは 麻袴 服 713
あさはな 浅縹袍 服 282
あさばの 浅羽荘 地 ① 589
あさはら 浅原為頼 人 ① 1059
あさばん 朝番 政 ③ 404
あさひな 朝夷郡 地 ① 1013
あさひな 朝夷名義秀 人 ② 111
あさひの 浅緋袍 服 280
あさひや 朝日焼 産 ① 724
あざぶ 麻布 地 ① 964
あざぶご 麻布御殿番 官 ③ 978
あざぶや 麻布薬園役人 官 ③ 877
あさぼら 朝ぼらけ 歳 80
あさまじ 浅間神社(甲斐)【篇】 神 ④ 410
あさまじ 浅間神社(駿河国大
　宮)【篇】 神 ④ 372
あさまじ 浅間神社(駿河国賤
　機山)【篇】 神 ④ 388
あさまだ 朝まだき 歳 78
あさまだ 浅間嶽 地 ③ 817
　—噴火 地 ③ 867
あさまつ 朝政 政 ① 12
あざみ 薊 植 ② 737
　—水揚法 遊 867
あさみけ 浅見絅斎
　—自誡 人 ② 182
　—与佐藤直方絶交 人 ② 401
あさみど 浅緑(催馬楽) 楽 ① 213
あさみど 浅緑袍 服 282
あざむく 欺 人 ② 660
　—盗賊免害 人 ② 829
　示強而一敵 兵 122
　示弱而一敵 兵 123
　「いつわる詐」も見よ
あさむし 浅虫温泉 地 ③ 1075
あさむし 麻席 神 ② 1224
あさむら 浅紫袍 服 277
あさめし 朝食 飲 11
あさもよ あさもよし(枕詞) 地 ② 723
あさやけ 朝やけ 天 163
あさゆう 朝夕継 政 ④ 1270

あさゆう	朝夕御饌【篇】	神	③	561
あざらし	水豹	動		471
あざらし	水豹	楽	②	1204
あさり	浅蜊	動		1638
あざる	あざる(鯘)	動		1571
	—	動		1240
あざわら	嘲笑	人	①	732
あさん	阿飡	外		101
あさんず	浅水(催馬楽)	楽	①	208
あさんず	浅水橋(飛驒)	地	③	325
あさんず	浅水橋(越前)	地	③	340
あし	あし(銭)	泉		7
あし	足	人	①	461
	断—	法	①	262
あし	蘆	植	①	904
	以—作篳篥舌	楽	②	969
あじ	あぢ(鴨)	動		587
あじ	鰺	動		1411
あしい	あしゐ(藎草)	植	①	934
あしいた	足板(茶湯具)	遊		658
あしうち	足打折敷	器	①	149
あしうち	足打膳	器	①	140
あしうら	足占	神	②	1306
あしおぎ	足尾銀山	金		107
あしおけ	足桶	産	①	280
あしおど	足尾銅山	金		135
	—	金		3
あしおど	足尾銅山掛	官	③	1527
あしか	葦鹿	動		466
あじか	あじか(簣)	産	①	323
あしかが	足利	地	②	54
あしかが	足利氏			
	—家系	姓		425
	—代々塔所	宗	③	391
	—廟	宗	③	841
あしかが	足利氏満	官	②	1289
あしかが	足利学校【篇】	文	②	1091
	—釈奠	文	②	1407
	—蔵書	文	③	374
	—所蔵易書	方		492
あしかが	足利郡	地	②	45
あしかが	足利成氏	官	②	1290
あしかが	足利将軍【篇】	官	②	1051
	—院号	姓		741
	—花押	政	③	312
あしかが	足利尊氏			
	—為征夷大将軍	官	②	1057
	—賜後醍醐天皇諱	姓		644
	—服父喪	礼	②	739
	—不忠	人	①	1061
	—誡足利直義	人	②	171
	—讒護良親王	人	②	698
	—建等持寺	宗	③	393
	—建天竜寺	宗	③	900
	—建宝戒寺	宗	④	307
	—贈官位	官	①	268
	—像	宗	③	842
あしかが	足利直義			
	—諫兄足利尊氏	人	②	276
	—建安国寺	宗	③	170
	祀—号大蔵明神	神	①	150
あしかが	足利駅	地	②	39
あしかが	足利荘	地	②	56
あしかが	足利幕府			
	—職員	官	②	1051
	—検地	政	④	34
	—明国通交	外		926
	—朝鮮通交	外		369
	足利柳営	居		303
あしかが	足利藩	地	②	61
あしかが	足利文庫	文	③	373
	—	文	②	1108
あしかが	足利本	文	③	341
	—	文	②	1093
あしかが	足利基氏			
	—為関東管領	官	②	1289
	—遺誡	人	②	213
あしかが	足利義昭	官	②	1070
あしかが	足利義詮	官	②	1053
	—名之訓方	姓		589
	—像	宗	③	842
あしかが	足利義量	官	②	1061
あしかが	足利義勝	官	②	1062
あしかが	足利義兼	宗	④	724
あしかが	足利義澄	官	②	1065
あしかが	足利義稙	官	②	1064
あしかが	足利義輝	官	②	1068
あしかが	足利義教			
	—為征夷大将軍	官	②	1055
	赤松教康弑—	人	①	1061
	—贈太政大臣宣下	官	①	246
あしかが	足利義晴	官	②	1067
あしかが	足利義尚	官	②	1063
あしかが	足利義栄	官	②	1069

あしかが	足利義政			
	—為征夷大将軍	官	②	1055
	—献大神宮造営料	神	③	284
	—得度	宗	②	569
	—営別業於東山	宗	③	716
	—好茶	遊		602
	—定茶式	遊		386
あしかが	足利義満			
	—為征夷大将軍	官	②	1059
	—強請太政大臣	官	①	486
	—称日本国王	外		943
	—営別業於北山	宗	③	808
	—建相国寺	宗	③	384
	—建宝幢寺	宗	③	925
	—像	宗	③	842
あしかが	足利義持	官	②	1060
あしかが	足利柳営	居		303
あしがき	葦垣(家作)	居		867
あしがき	葦垣(催馬楽)	楽	①	211
あしかせ	あしかせ(足械)	法	①	487
	—	法	③	201
	—図	法	①	489
あしがた	あしがため(足堅)	居		967
あしがな	あしがなへ(鼎)	器	①	304
あしかび	あしかびの(枕詞)	植	①	909
あしかみ	足上郡	地	①	753
あしがら	足柄(歌曲)	楽	①	75
あしがら	足柄小船	器	②	656
あしがら	足柄関	地	③	603
あしがら	足柄山	地	③	797
あしかり	葦苅	人	②	583
あしかり	葦刈温泉	地	③	1058
あしかり	葦苅舟	器	②	672
あしがる	足軽	兵		245
	—給金	政	③	642
	物見—	兵		328
あしがる	足軽軍	兵		515
あしがる	足軽頭	兵		183
あしがる	足軽衆	官	②	1264
あしがる	足軽大将	兵		181
あじがわ	安治川	政	④	1078
あしきか	悪神	神	①	67
あしきた	葦北郡	地	②	1125
あしきた	葦分国造	地	②	1113
あしきた	葦北津	地	③	551
あしぎぬ	絁	産	②	191
あしきや	悪疾	方		1447
あしげい	足芸	楽	②	1194
あしげう	葦毛馬	動		91
あじさい	紫陽花	植	①	275
あししも	足下郡	地	①	754
あしじろ	足城	兵		1043
あししろ	足白大刀	兵		1335
あじすき	味耜高彦根神			
	—与天若日子容貌相似	人	①	297
	祀—於都都古和気神社	神	④	879
あしすだ	蘆簾	器	①	848
	諒闇用—	礼	②	413
	倚盧—用吉野簾	礼	②	445
あしずり	足ずり	人	①	985
あしぞろ	足揃(競馬)	武		842
あした	朝	歳		73
	「あさ朝」も見よ			
あしだ	足駄	服		1417
あしたか	あしたかのくも(蠨蛸)	動		1209
あしたか	足高山	地	③	791
あしたぐ	あしたぐさ(鹹草)	植	②	433
あしだご	葦田郡	地	②	626
あしたづ	葦鶴	動		539
あしたづ	葦鶴箏	楽	②	662
あしたど	あしたどころ(朝所)	官	①	388
あしたの	朝の物(餅)	歳		594
あしたば	あしたば(鹹草)	植	②	433
あしだま	足玉	服		1483
あしだや	履焼	産	①	749
あしつお	葦津緒	楽	②	563
あしつぎ	足継(表袴)	服		722
あしつき	足付折敷	器	①	149
あしで	葦手	文	③	934
	—図	文	③	938
	—下絵	産	②	60
	—刺繡	方		1280
あしでの	葦手剣	兵		1344
あしなえ	あしなへ(蹇)	人	①	475
あしなか	足半	服		1433
あしなず	あしなづな(葶藶)	植	②	78
あしなべ	あしなべ(鎗)	器	①	310
あしなべ	あしなべの(枕詞)	植	①	909
あしなみ	葦波(楽曲)	楽	①	598
あしのう	足裏	人	①	472
あしのう	蘆浦代官	官	③	1526

あしのけ	あしのけ(脚気)	方		1207
あしのこ	蘆湖	地	③	1232
あしのこ	足甲	人	①	473
あしのじ	足字銭	泉		32
あしのや	葦矢	兵		1634
あしのや	足病	方		1206
あしのゆ	葦之湯	地	③	1058
あしはせ	あしはせ(肅慎)	外		1101
あしはな	葦花毛馬	動		95
あしばや	あしばや(䟽)	人	①	990
あしはら	悪祓	神	②	667
あしはら	あしはら蟹	動		1599
あしはら	葦原国	地	①	13
あしはら	葦原中国	地	①	13
あじはら	味原牧	地	③	980
あしはら	葦原の道	文	①	495
あしはん	安志藩	地	②	544
あしび	馬酔木	植	①	597
あしびき	あしびきの(枕詞)	地	③	690
あしびき	足曳御影	宗	③	896
あしびな	あしびなす(枕詞)	植	①	597
あしぶえ	あしぶえ(笳)	楽	②	965
あしぶき	蘆葺	居		1026
あしぶく	あしぶくろ(指貫)	服		761
あしぶち	あしぶち(騽馬)	動		103
あしぶね	葦船	器	②	617
あしぶみ	足踏(蹴鞠)	遊		1043
あじまさ	あぢまさ(檳榔)	植	①	140
あじまた	安島帯刀	法	②	188
あじまめ	あぢまめ(穭豆)	植	②	274
あしみ	あしみ(馬酔木)	植	①	598
あしもり	足守藩	地	②	611
あしやお	葦屋処女墓	礼	②	1107
あしやが	葦屋釜	遊		668
あしやの	葦屋駅	地	①	358
あしやの	葦屋津	地	③	549
あしやの	葦屋泊	地	③	561
あじゃり	阿闍梨	宗	②	904
	—	宗	④	955
	—	神	②	1653
あしゅく	阿閦寺【篇】	宗	③	1244
あしゅく	阿閦如来	宗	①	83
あしょう	亜相	官	①	431
あしよろ	足寄郡	地	②	1300
あじろ	網代	産	①	394
あじろが	網代笠	器	②	397
あじろぐ	網代車	器	②	829
あじろご	網代輿	器	②	949
	—	器	②	932
あじろご	網代輿(乗物)	器	②	1017
あじろた	あじろたま(車)	器	②	753
あじろて	籧篨天井	居		1125
あじろど	網代戸	居		1199
あじろは	網代始	器	②	831
あじろば	網代ばり(笠)	器	②	397
あじろび	網代庇車	器	②	837
	—	帝		214
あじろび	網代屛風	器	①	905
あじろや	網代役	政	④	485
あしわけ	葦別小舟	器	②	642
あす	明日	歳		50
あすかい	飛鳥井(山城)	地	③	1012
あすかい	飛鳥井(催馬楽)	楽	①	207
あすかい	飛鳥井家			
	—歌道	文	①	809
	—蹴鞠	遊		1104
あすかい	飛鳥板蓋宮	地	①	181
あすかい	飛鳥井流(蹴鞠)	遊		1104
あすかが	飛鳥川	地	③	1151
あすかき	飛鳥浄御原宮	地	①	181
あすかご	安宿郡	地	①	317
あすかし	明日香親王	人	②	58
あすかで	飛鳥寺	宗	③	1333
あすかや	飛鳥山(大和)	地	③	741
あすかや	飛鳥山(武蔵)	植	①	311
あずかり	預(官職)			
	太政官厨家—	官	①	477
	太政官文殿—	官	①	477
	侍従所—	官	①	714
	侍従厨—	官	①	716
	供御院—	官	①	1030
	内膳司贄殿—	官	①	1070
	御厨子所—	官	①	1074
	進物所—	官	①	1077
	酒殿—	官	①	1086
	院進物所—	官	①	1230
	後院—	官	①	1249
	摂関大臣御厩—	官	①	1290
	摂関大臣家贄殿—	官	①	1294
	御書所—	官	②	337
	一本御書所—	官	②	341
	作物所—	官	②	343
	穀倉院—	官	②	349
	神社—	神	②	1496

	荘—	政	②	561
あずかり	預り(相撲)	武		1158
あずかり	預証文	法	③	680
あずかり	預り地	政	③	1255
あずかり	預物	政	④	701
	—消費罪	政	②	927
あずき	小豆	植	②	248
あずきが	小豆粥	飲		456
	—	歳		918
あずきめ	小豆飯	飲		400
あずきも	小豆餅	飲		554
あずけ	預(刑名)【篇】	法	②	497
あずけき	預金	政	④	701
あずけび	預人	法	②	497
あずさ	梓	植	①	647
あずさが	梓川	地	③	1184
あずさゆ	梓弓	兵		1535
	—	兵		1625
	以—為橋	地	③	82
あすだが	あすだ川	地	③	455
	—	地	③	1172
あずない	阿豆那比之罪	礼	②	231
あすなろ	あすならふ(明日檜)	植	①	120
あすはい	あすはひの木	植	①	120
あすはご	足羽郡	地	②	237
あすはの	阿須波神	神	①	921
あずま	あづま(和琴)	楽	②	574
あずま	吾妻	地	①	58
あずまあ	東遊【篇】	楽	①	243
	—歌章	神	③	1366
	—歌章	神	③	1483
	祇園臨時祭—歌	神	③	1509
	日光東照宮祭礼—	神	④	820
あずまあ	東遊笛	楽	②	859
あずまう	東歌	文	①	762
あずまか	吾妻鏡	文	③	446
	—三箇有職	文	②	654
あずまご	あづま琴	楽	②	555
あずまじ	吾妻路	地	③	52
あずまち	安津末知(風俗歌)	楽	①	236
あずまと	東舎人	官	①	1441
あずまな	東訛	人	①	838
あずまに	吾妻錦絵	文	③	853
あずまの	東蝦夷	人	②	710
あずまの	吾妻国	地	①	58
あずまの	吾妻森	地	③	918
あずまば	吾妻橋	地	③	295
あずまま	東舞	楽	①	249
	春日祭—	神	④	103
あずまむ	東筵	器	②	26
あずまや	四阿	居		515
あずまや	東屋(催馬楽)	楽	①	207
あずまや	四阿山	地	③	815
あずまや	吾妻山	地	③	875
あずまわ	東豎子	官	①	1153
	—	政	①	1479
あずみう	安曇氏	官	①	64
	—世襲内膳司奉膳	官	①	1064
あずみご	安曇郡	地	①	1368
あずみで	安曇寺【篇】	宗	④	93
あせ	汗	人	①	305
あせおく	阿瀬奥金山	金		105
あぜくら	校倉	居		749
	—	神	①	474
	—	産	①	107
あぜち	按察使	官	②	51
	「あんさつ按察使」も見よ			
あせてぬ	汗手拭	器	①	633
あせどの	汗殿	神	③	829
あせとり	汗取	服		460
あせとり	汗取帷	服		414
あせのご	汗拭	器	①	639
あせぼ	馬酔木	植	①	596
あせみ	馬酔木	植	①	596
	—	産	①	153
あせみぞ	汗溝(馬)	動		86
あぜむし	あぜむしろ(半辺蓮)	植	②	688
あせも	あせも(熱沸瘡)	方		1253
あせりご	汗入郡	地	②	453
あそ	朝臣	姓		38
	「あそん朝臣」も見よ			
あそうぎ	阿僧祇(数)	文	③	589
あそうじ	阿蘇氏	神	④	1652
あそうは	麻生藩	地	①	1145
あそごお	安蘇郡	地	②	46
あそごお	阿蘇郡	地	②	1120
あそさん	阿蘇山	地	③	850
	—	地	③	886
	—	神	④	1660
あそじん	阿蘇神社【篇】	神	④	1637
	—神宮寺	神	②	1753
あそつひ	阿蘇津彦	神	④	1637
あそつひ	阿蘇都姫	神	④	1637
あそでら	阿蘇寺	神	②	1753

あそのく	阿蘇国造	地	②	1113
	—	神	④	1637
あそのし	阿蘇荘	神	④	1645
あそのみ	阿曾御杣	神	③	297
あそび	あそび(遊女)	人	②	836
あそびの	遊の庭	遊		1059
あそびべ	遊部	官	①	123
	—	礼	②	350
あそびめ	あそびめ	人	②	835
	「ゆうじょ遊女」も見よ			
あそひめ	阿蘇比咩神社	神	④	1637
あそぶ	遊(奏楽)	楽	①	3
あそみ	朝臣	姓		38
	「あそん朝臣」も見よ			
あそめ	阿曾女	神	④	1113
あそん	朝臣	姓		38
	—	姓		83
あた	咫	称		7
あた	敵	兵		517
	「てき敵」も見よ			
あたい	直(物価)	産	②	360
あだうち	あだうち(復讐)	人	②	500
あたえ	直(姓氏)	姓		58
	—	姓		121
あたけづ	あたけ作(船)	兵		1248
	—	器	②	584
あたけま	あたけ丸	兵		1257
あたごお	阿多郡	地	②	1218
あたごこ	あたごこけ(地柏)	植	②	875
あたごじ	愛宕神社神宮寺	神	②	1712
あたごや	愛宕山	地	③	756
あだしご	あだし心	人	①	687
あだちぎ	安達絹	産	②	218
あだちご	安達郡	地	②	122
あだちご	足立郡	地	①	840
あだて	あだて(舟)	器	②	637
あだな	諢名	姓		730
あだのさ	阿陀郷	地	①	288
あたのな	吾田長屋笠狭岬	地	③	1335
あだのは	阿陀墓	帝		1559
あだばな	あだ花	植	①	13
あたはら	あたはら(疝)	方		1191
あだぼお	あだ頬(甲冑具)	兵		1888
あたま	あたま(顖会)	人	①	318
	「かしら頭」も見よ			
あたみお	熱海温泉	地	③	1053
あたみの	阿多美郷	官	②	1009
あたらし	新年(催馬楽)	楽	①	210
あたりき	当狂言	楽	②	98
あちき	阿直岐	文	②	689
あちのえ	阿知駅	地	①	1358
あちゃら	阿茶羅漬	飲		1036
あつあき	敦明親王	帝		844
	—	帝		1377
あついた	厚板(織物)	産	②	29
あつえん	厚円座	器	②	102
あつかい	あつかひ(曖)	兵		700
あつかい	扱(訴訟)	法	③	1006
あつがい	あつ貝	動		1641
あつかい	曖状	法	③	1008
あつがみ	厚紙	文	③	1177
あつぎぬ	あつ衣	服		380
あつきむ	あつき虫	産	①	156
あつけし	厚岸郡	地	②	1300
あつさご	厚狭郡	地	②	708
あつさに	厚西郡	地	②	707
あつさひ	厚東郡	地	②	708
あっし	圧死	人	①	653
	—	天		271
あっしゃ	圧尺	文	③	1481
あつた	熱田	地	①	514
	—元服式	礼	①	878
あつたご	厚田郡	地	②	1296
あつたじ	熱田神宮【篇】	神	④	306
	—氏人	神	①	678
	—神宮守	神	②	1718
あつただ	熱田大宮司	神	④	337
あづち	垜	武		225
	—	武		280
あづちし	安土宗論	宗	①	434
	—	宗	①	966
あづちじ	安土城	兵		1110
あづちむ	安土村	地	①	1196
あつびた	厚額冠	服		1105
あつぶさ	厚総鞦	兵		2028
あつみお	温海温泉	地	③	1078
あつみご	厚見郡(伊豆)	地	①	667
あつみご	厚見郡(美濃)	地	①	1259
あつみご	渥美郡	地	①	552
あつめじ	集汁	飲		181
あつもの	羹	飲		158
あつもの	羹椀	器	①	7
あつもり	敦盛草	植	②	779
あつよう	厚様(紙)	文	③	1177

あておび	宛帯	服		810
あてがわ	阿氐川荘	地	②	750
	—	官	②	1022
あてぐ	宛具	政	①	568
あてごお	阿提郡	地	②	737
あてじょ	宛状	文	①	438
あてどこ	充所(書翰)	文	①	463
あてび	あてび(当檜)	植	①	121
あてぶみ	充文			
	位田—	封		103
	位禄—	封		131
	補任—	政	①	878
あてみ	あて身(柔術)	武		1008
あとうが	あとうがたり	人	①	853
あどうつ	あどうつ	人	①	841
あとこう	跡後見	政	③	865
あとしき	跡式	政	③	671
	—出入	法	③	504
あとぞな	跡備	兵		396
あとぶつ	阿堵物	泉		5
あとみ	跡見(茶湯)	遊		410
あとり	あとり(猟子鳥)	動		880
あな	孔竅	人	①	313
あないち	穴一【併入】	遊		39
あなうら	あなうら(蹠)	人	①	472
あなぐら	穴蔵	居		778
あなご	あなご(魚)	動		1508
あなざら	穴晒	法	②	236
	—図	法	②	234
あなさわ	穴沢流(長刀術)	武		92
あなし	あなし(西北風)	天		252
あなしの	安師里	地	②	531
あなづり	穴釣	産	①	366
あなと	穴門	地	②	699
あなとう	穴貴(横笛)	楽	②	873
あなとう	安名尊(催馬楽)	楽	①	210
あなとの	穴門国造	地	②	706
あなない	あななひ(庪柱)	居		956
あなのお	阿那臣	地	②	625
あなのわ	穴済	地	③	477
あなはじ	あなはじかみ(薑)	植	①	1144
あなばち	穴蜂	動		1116
あなはと	穴織	産	②	3
あなひら	あなひら(跗)	人	①	473
あなぶろ	穴風呂	居		679
あなほの	穴穂宮	地	①	179
あなほべ	穴穂部	官	①	135
あなほや	穴穂箭	帝		1385
あなほり	あなほり(貛)	動		402
あなもん	坽門	居		840
あなやま	穴山組	兵		455
あなんご	安南郡	地	②	659
あに	兄	人	①	170
	皇—為太子	帝		1349
	—為後見	政	③	864
	依—帝崩御諒闇	礼	②	420
	天皇為—服	礼	②	497
	諫—	人	②	275
	復—讐	人	②	537
あにきん	阿仁金山	金		98
あにぎん	阿仁銀山	金		114
あにどう	阿仁銅山	金		143
あにのじ	安仁神社【篇】	神	④	1104
あにょう	あにやう(阿娘)	人	①	203
あによめ	嫂	人	①	185
あね	姉	人	①	179
	皇后行啓訪—后	帝		779
	天皇為—服	礼	②	497
	「しまい姉妹」も見よ			
あねしま	姉島	地	①	680
あねのこ	姉小路仮名遣	文	①	130
あのうこ	賀名生皇居	地	①	189
あのうり	穴太流(山門真言)	宗	①	562
あのくぼ	阿耨菩提寺	宗	③	895
あのごお	安濃郡(石見)	地	②	494
あのごお	安濃郡(伊勢)	地	①	442
あのつ	阿濃津	地	③	527
	—	地	①	432
あののつ	阿野津戻	産	②	148
あのり	畔乗	地	①	482
あば	あば(網)	産	①	393
あはいご	阿拝郡	地	①	403
あばしり	網走郡	地	②	1297
あはちま	安八磨郡	地	①	1256
あばら	肋	人	①	416
あびきち	網曳長	官	①	1067
あびきべ	網部	官	①	97
あびこ	我孫	姓		74
	—	姓		129
あひる	鶩	動		597
あひるご	畔蒜郡	地	①	1030
あぶ	蝱	動		1141
あぶくま	阿武隈川	地	③	1179
	—	政	④	1101

あぶたご　虻田郡　地 ② 1298
あぶつけ　あぶつけ　政 ④ 1290
あぶつに　阿仏尼　政 ② 523
あぶみ　鐙　兵 1990
あぶみが　鐙瓦　産 ① 591
あぶみぐ　鐙鍬　産 ① 239
あぶみず　あぶみずり(承鐙肉)　動 86
あぶら　油　器 ② 301
　給炭薪―【併入】　封 199
　髪―　器 ① 515
　車―　器 ② 879
　以―除害虫　産 ① 151
　ほるとがるの―　植 ① 518
　椿―　植 ① 546
　菜種―　植 ② 73
　荏―　植 ② 493
　胡麻―　植 ② 662
あぶら　脂膏　人 ① 307
　―　器 ② 301
　熊―　動 407
　魚―　動 1248
　鯨―　動 1491
あぶらあ　油揚　飲 988
　―　飲 255
あぶらあ　油揚売　産 ② 690
あぶらう　油売　器 ② 332
　―　産 ② 688
あぶらう　油漆奉行　官 ③ 596
あぶらえ　油画　文 ③ 863
あぶらお　油桶　器 ① 526
あぶらが　油貝　動 1627
あぶらか　油糟　産 ① 123
あぶらか　油方同心　官 ③ 599
あぶらが　油瓶　器 ② 331
あぶらか　油土器　器 ② 225
あぶらき　油絹　産 ② 240
あぶらぎ　あぶらぎり(罌子桐)　植 ① 458
あぶらさ　あぶらさし(油注子)　器 ② 331
あぶらざ　あぶらざら(燈缸)　器 ② 224
あぶらし　油絞運上　政 ④ 424
あぶらじ　あぶらじゆす(油繻子)　産 ② 272
あぶらし　油障子　器 ① 870
あぶらし　油証文　人 ② 329
あぶらぜ　油税　政 ④ 534
あぶらつ　あぶらつき(燈盞)　器 ② 224
あぶらづ　油筒　器 ① 526
あぶらづ　あぶらづの(輮)　器 ② 880
あぶらつ　油壺　器 ① 525
あぶらど　油問屋　器 ② 305
あぶらな　あぶらな(芸薹)　植 ② 73
あぶらの　主油司【篇】　官 ① 1045
あぶらひ　あぶらひき(刷毛)　動 501
あぶらぶ　油奉行　官 ③ 595
あぶらふ　油船運上　政 ④ 534
あぶらみ　油身魚　動 1464
あぶらむ　油虫　動 1195
あぶらめ　油飯　飲 421
あぶらや　油屋　器 ② 332
あぶらや　油焼　飲 246
あぶらわ　油綿　器 ① 515
　以―拭老懸　服 1143
あぶりも　炙物　飲 228
あべかわ　阿部川
　―高札　地 ③ 372
　―修築　政 ④ 1038
あべかわ　阿部川渡　地 ③ 445
あべかわ　阿部川餅　飲 555
あべごお　安倍郡　地 ① 620
あべごお　阿拝郡　地 ① 403
あべしょ　阿部将翁　方 1114
あべしん　安部神道　神 ② 1424
あべただ　阿部忠秋
　―為老中　官 ③ 200
　―放鶉　動 731
あべたち　あべたちばな(橙)　植 ① 421
あべのさ　安倍貞任　人 ② 750
あべのじ　阿部野神社　神 ④ 1715
あべのな　安倍仲麿　外 864
あべのは　安倍晴明　方 22
　―　方 60
　―　方 245
　―　方 541
あべのむ　安倍宗任
　―帰降　人 ② 751
　―子孫為松浦党　兵 444
あべのや　安倍泰親　方 246
あべのや　安倍安仁　人 ② 29
あべのや　安倍泰福　神 ② 1424
あべのよ　安倍頼時　人 ② 750
　―行胡国　外 1114
あべまさ　阿部正次
　―為大坂城代　官 ③ 1319
　―死大坂城　人 ② 12

あへん	阿片	植	②	225
	禁—輸入	外		1320
あほう	阿房	人	①	1286
あほうど	あほうどり(信天翁)	動		650
あぼしん	阿保親王	宗	④	32
あま	尼	宗	②	431
	斎院忌—	神	③	1240
	後宮為—	帝		904
	「そうに僧尼」「びくに比丘尼」も見よ			
あま	海	地	③	1249
あま	安摩	楽	①	367
	—雑面	楽	①	671
あま	海人	官	①	67
	—	産	①	422
	—	産	①	415
あま	海部	官	①	63
あまあか	あまあかな(茈胡)	植	②	405
あまいぬ	海犬養宿禰	官	①	101
あまおぶ	あまをぶね(枕詞)	地	③	737
あまおぶ	あまをぶね(蛤蜊)	動		1636
あまがえ	あまがへる(蛙黽)	動		1065
あまがさ	雨傘	器	②	457
あまがさ	尼崎郡代	官	③	1485
あまがさ	尼崎藩	地	①	388
	—藩札	泉		447
あまかし	甘樫宮	地	①	183
あまがた	天語歌	官	①	50
あまがつ	あまがつ(天児)	礼	①	345
あまがっ	雨合羽	器	②	494
あまかわ	雨皮			
	車—	器	②	875
	輿—	器	②	964
あまかわ	天川屋儀兵衛	法	③	984
あまき	甘草	植	②	313
あまぎぬ	雨衣	器	②	488
あまくさ	天草郡	地	②	1124
	配流—	法	②	261
あまくさ	天草代官	官	③	1534
あまくさ	天草洋	地	③	1269
あまくさ	天草国造	地	②	1113
あまくち	あまくちねずみ(鼷鼠)	動		235
あまくに	天国(刀工)	産	①	632
あまぐり	甘栗	歳		545
あまこ	甘子	動		1336
あまごい	雨乞	産	①	173
	—祈禱	神	②	852
	—俳諧	文	①	1337
	—時奏河水楽	楽	①	357
	—時奏蘇志摩利	楽	①	602
	「きう祈雨」も見よ			
あまごい	雨乞鳥	動		765
あまこう	亜媽港【併入】	外		1197
	追放—	法	②	369
あまごお	海部郡(尾張)	地	①	500
あまごお	海部郡(紀伊)	地	②	736
あまごお	海部郡(豊後)	地	②	1024
あまごお	海部郡(隠岐)	地	②	505
あまごし	尼御所	礼	①	1226
あまこと	天語歌	楽	①	143
あまさく	あまさく(青葙)	植	②	116
あまざけ	甘酒	飲		695
あまし	甘	飲		8
あましし	あましし(瘜肉)	方		1271
あました	雨したり	天		189
あましょ	雨障子	器	①	870
あまずら	甘葛煎【併入】	飲		909
あまそぎ	あまそぎ	宗	②	443
あまだい	甘鯛	動		1370
あまだご	天田郡	地	②	386
あまだぶ	天田振(大歌)	楽	①	140
あまちゃ	甜茶	飲		910
あまちゃ	甜茶水	歳		1136
あまつか	天神	神	①	13
	「てんじん天神」も見よ			
あまつか	天神御子	帝		180
あまつか	天神寿詞	神	①	1218
	「よごと寿詞」も見よ			
あまつく	あまつくの神	産	①	174
あまづけ	醴漬	飲		1034
あまつつ	天罪	神	②	666
あまつひ	天津彦根命	神	④	1077
あまつひ	天津日高	帝		179
	—	帝		1306
あまつひ	あまつひつぎしろしめす	帝		318
あまつみ	天津甕星	神	①	30
あまつも	天物部	官	①	60
あまつや	天社	神	①	347
あまでら	尼寺			
	—五山	宗	③	196
	東安寺	宗	③	1031
	西隆寺	宗	③	1265

坂田寺　宗 ③ 1351
道明寺　宗 ④ 28
慶光寺　宗 ④ 126
東慶寺　宗 ④ 310
満徳寺　宗 ④ 719
「びくにご比丘尼御所」も見よ
あまてら　天照大御神　神 ① 26
—与素戔嗚尊誓約　人 ② 332
—仁慈　人 ① 1148
—行新嘗　神 ② 254
—織神衣　産 ② 2
—入天石屋　帝 48
—授神器於天孫　帝 54
崇神天皇奉祀—於倭笠縫邑　帝 57
依—神託興斎宮于五十鈴川上　神 ① 271
天皇親祭—　神 ② 155
神今食祭祭—　神 ② 155
祀—於皇大神宮　神 ③ 12
祀—荒魂於広田神社　神 ④ 272
祀—於日御崎神社　神 ④ 1077
祀—於日前国懸神宮　神 ④ 1219
あまど　雨戸　居 1207
あまどり　あまどり(胡鸗)　動 783
あまな　あまな(白薇)　植 ② 458
あまな　あまな(黄精)　植 ① 1017
あまな　あまな(萎蕤)　植 ① 1019
あまな　あまな(山慈姑)　植 ① 1026
あまな　麻黄　植 ① 941
あまのい　海犬養門　居 215
あまのい　あまのいはくら　居 735
あまのお　安摩の面の羽　兵 1596
あまのか　天香久山　地 ③ 731
あまのが　天河【併入】　天 145
あまのさ　天逆手　礼 ① 22
あまのさ　天逆鉾　神 ④ 1372
あまのた　海人焼残(横笛)　楽 ② 874
あまのは　天羽衣(澡浴具)　器 ① 627
あまのは　天橋立　地 ② 412
あまのは　天原　神 ① 95
あまのは　天葉若木　神 ② 1796
あまのま　海人のまてがた　動 1651
あまのや　天野康景　人 ① 1200
—　人 ② 26
あまのり　あまのり(紫菜)　植 ② 902
あまばお　雨羽織　服 680
あまはご　天羽郡　地 ① 1033
あまばし　雨走(冑)　兵 1876
あまばた　雨畠石　文 ③ 1327
あまひこ　あまひこ(馬陸)　動 1206
あまびた　尼額　宗 ② 444
あまぶね　尼舟　器 ② 680
あまべむ　天部村　政 ③ 886
あままゆ　尼眉　器 ② 823
あままゆ　雨眉車　器 ② 837
あまも　あまも(大葉藻)　植 ① 946
あまやき　尼焼　産 ① 717
あまやま　天山　地 ③ 752
あまよの　天夜尊　人 ② 968
あまりべ　余戸　地 ① 93
—　政 ③ 874
あみ　あみ(海糠魚)　動 1544
あみ　網
魚—　産 ① 380
獣—　産 ① 449
鳥—　産 ① 449
鵯—　動 884
あみいし　網石　産 ① 393
あみいた　あみいた(篢輿)　器 ② 1027
—　産 ① 326
あみがさ　編笠　器 ② 387
あみだ　阿弥陀　宗 ① 77
—三尊　帝 1173
六—詣　宗 ③ 318
証拠—　宗 ③ 729
善光寺—　宗 ④ 692
毛越寺—　宗 ④ 778
以—為人名　姓 653
あみだが　阿弥陀笠　器 ② 423
あみだが　阿弥陀峯　神 ③ 1654
あみだこ　阿弥陀講　楽 ① 302
あみだご　阿弥陀護摩　宗 ② 343
あみだで　阿弥陀寺(下野)　宗 ④ 742
あみだで　阿弥陀寺(伯耆)【篇】　宗 ④ 876
あみだで　阿弥陀寺(長門)　神 ④ 1207
あみだで　阿弥陀寺陵　帝 1016
あみだど　阿弥陀堂釜　遊 670
あみだど　阿弥陀堂風炉(茶湯具)　遊 660
あみだの　阿弥陀滝　地 ③ 1210
あみたれ　編垂蔀　居 1255

あみど	編戸	居		1215
あみどぶ	網戸節	楽	②	276
あみとり	網鳥の備	兵		72
あみのう	網のうけ舟	産	①	394
あみのし	網の衆	宗	④	143
あみばこ	編筥	器	①	679
あみぶぎ	網奉行【併入】	官	③	954
あみやく	網役	政	④	485
	—	産	①	427
あむ	蝱	動		1141
あむごお	阿武郡	地	②	710
あむしろ	あむしろ(簟)	器	②	48
あむしろ	あむしろ(籧篨)	器	①	839
あむつち	あむつち(射垜)	武		225
あむのく	阿武国造	地	②	706
あめ	あめ(海糠魚)	動		1545
あめ	天	天		1
あめ	雨【篇】	天		179
	由—雪風寒廃朝賀	歳		417
	由地震知晴—歌	地	③	1362
	祈—	神	②	845
	祈—	神	④	187
	朔日逢—停朝参	政	①	19
	由—雪廃朝	政	①	196
	祈晴—	産	①	172
あめ	飴【篇】	飲		874
あめ	鯇	動		1295
あめうし	黄牛	動		42
あめうり	飴売	飲		879
あめつし	あめつし(天地)	地	①	3
あめつち	あめつち(天地)	地	①	3
あめつち	あめつちの歌	文	①	39
あめのい	天磐櫲樟船	器	②	615
あめのい	天磐船	器	②	618
あめのい	天石屋	帝		48
	—	神	②	1206
あめのう	天浮橋	地	③	80
あめのお	天忍穂耳尊	人	②	332
	合祀—於日御崎神			
	社	神	④	1077
あめのか	天之羅摩船	器	②	617
あめのか	天之加久矢	兵		1621
あめのか	天香久山	地	③	731
あめのか	天香山命	神	④	995
あめのか	天鹿児弓	兵		1619
あめのか	雨神	神	①	31
あめのこ	天児屋根命	神	④	1334
	—奏祝詞	帝		49
	祀—於大原野神社	神	③	1556
	祀—於吉田神社	神	③	1590
	祀—於春日神社	神	④	32
	祀—於枚岡神社	神	④	219
	配祀—於香取神宮	神	④	512
	配祀—於鹿島神宮	神	④	539
あめのさ	阿毎郷	地	①	36
あめのた	天手力雄神	帝		50
	祀—於皇大神宮相			
	殿	神	③	12
	祀—於戸隠神社	神	④	763
あめのと	天之常立神	神	①	23
あめのと	天鳥琴	楽	②	567
あめのと	天鳥船	器	②	691
あめのぬ	天沼琴	楽	②	566
あめのぬ	天沼矛	兵		1495
あめのは	天之波士弓	兵		1621
あめのは	天鳩船	器	②	691
あめのは	天羽羽矢	兵		1619
あめのは	天羽鞴	産	①	644
あめのひ	天日槍	外		134
	祀—将来八種神宝			
	於出石神社	神	④	1012
あめのひ	天平瓮	器	①	182
	—	神	③	39
	—	神	③	76
あめのひ	天日鷲命	神	④	1334
あめのほ	天穂日命	人	②	332
	合祀—於日御崎神			
	社	神	④	1077
あめのま	天之真名井	地	③	1005
あめのみ	天水分神	神	④	1009
あめのみ	天道根命	神	④	1244
あめのみ	天之御中主神	神	①	35
あめのみ	天御量	称		2
あめのみ	天御柱	居		940
あめのみ	天御柱国御柱神社	神	④	174
あめのみ	天御柱神	神	④	174
あめのむ	天邑君	産	①	3
あめのむ	天叢雲剣	帝		52
あめのも	雨森芳洲	文	①	900
	祭—	礼	②	1350
あめのゆ	天靫部	官	①	53
あめふら	あめふらし(虫)	動		1197
あめまだ	あめまだら(黄牛)	動		42
あめみま	あめみま(天孫)	帝		180

あめりか　亜米利加　外　1722
　—使節来浦賀　外　25
　曲芸師等赴—　楽 ②　1191
　—貿易　産 ②　736
　—商民貿易章程　産 ②　747
あめんと　あめんたう(阿面桃)　植 ①　339
あめんど　あめんだう(巴旦杏)　植 ①　347
あも　あも(餅)　飲　545
あもりつ　あもりつく(枕詞)　地 ③　732
あや　綾【篇】　産 ②　257
　五位以上朝服用—　服　57
　禁殿上人非禁色人著—袙　服　396
あやいが　綾藺笠　器 ②　397
あやおり　綾織　産 ②　14
あやおり　綾織(曲芸)　楽 ②　1165
あやかし　あやかし(魚)　動　1477
あやきり　阿夜岐理(楽曲)　楽 ①　569
あやごお　阿野郡　地 ②　828
あやし　あやし(挑文師)　官 ①　973
あやすぎ　綾杉　神 ④　1415
あやたけ　綾竹(曲芸)　楽 ②　1165
あやつば　あや椿　植 ①　547
あやつり　操狂言　楽 ②　117
あやつり　操芝居座　楽 ②　342
あやつり　操人形【篇】　楽 ②　341
あやどり　あやどりのし(挑文師)　産 ②　11
あやのあ　漢直　外　824
あやのか　綾冠　服　1110
あやのこ　綾小路家　楽 ①　190
あやのは　綾袴　服　709
あやのひ　綾単　服　404
あやのほ　綾袍　服　250
あやはこ　綾箱舞　楽 ①　569
あやはと　漢織　産 ②　3
あやべの　漢部妹刀自売　人 ①　1123
あやべの　漢部里　地 ②　530
あやべの　漢部福刀自　人 ①　1122
あやべは　綾部藩　地 ②　393
あやまり　誤証文　法 ③　987
あやむし　綾筵　器 ②　15
あやめ　菖蒲　植 ①　1116
　「しょうぶ菖蒲」も見よ
あやめた　あやめたむ(地楡)　植 ②　107
あやめの　菖蒲鬘　歳　1167
あやめの　菖蒲輿　歳　1154
　—　礼 ②　719
あやめの　菖蒲前　人 ①　36
あやめぼ　菖蒲帽子　服　1227
あゆ　鮎　動　1322
あゆい　あゆひ(脚帯)　服　1487
あゆかわ　愛甲郡　地 ①　758
あゆずし　鮎鮓　飲　954
あゆちが　年魚市潟　地 ③　1290
あゆちご　年魚市郡　地 ①　506
あゆのか　あゆの風　天　252
あゆみ　歩(舟)　器 ②　582
あゆみい　歩板(船)　器 ②　716
あゆむ　歩　人 ①　987
あゆもど　あゆもどき(魚)　動　1331
あよのさ　阿用郷　地 ②　479
あら　あら(秳)　植 ①　807
あら　あら(鯇)　動　1385
あらいが　洗革　産 ①　899
あらいが　洗革鎧　兵　1805
あらいぐ　洗轡　兵　2011
あらいこ　洗粉　器 ①　541
あらいご　洗米　神 ②　1162
あらいぜ　洗堰　政 ④　1213
あらいの　荒井関所番　官 ③　1461
あらいの　荒井渡　地 ③　430
あらいは　新井白蛾　方　480
あらいは　新井白石
　—奉封事非議皇親之出家　帝　1481
　—上書論時政　政 ③　230
　—論幕府財政　政 ③　1083
　—駅伝意見　政 ④　1371
　—改貨議　泉　216
　—改貨議　泉　313
　—排仏　宗 ①　58
　—善詩　文 ②　584
　—経済説　文 ②　697
　—仕幕府　文 ②　711
　—洋学　文 ②　1023
　—著書　文 ③　475
　—手習　文 ③　742
　—論無服之殤　礼 ②　637
　—辞而不為富商養子　人 ②　620
　—碑　礼 ②　1182
あらいぶ　荒井奉行　官 ③　1461
あらいぶ　荒井奉行同心　官 ③　1462

あらいぶ	荒井奉行与力	官	③	1462
あらいみ	荒忌	礼	②	679
あらうみ	荒海障子	器	①	886
	—図	器	①	887
あらえみ	麁蝦夷	人	②	711
あらか	正殿	神	①	465
あらがき	荒垣			
	神社—	神	①	574
	皇大神宮—	神	③	27
	葬場—	礼	②	332
あらかご	荒籠	政	④	1025
あらかご	荒籠奉行	政	④	1014
あらがね	あらがね(鏈)	金		33
あらがね	あらがねの(枕詞)	地	①	4
あらかわ	荒川	地	③	1169
	—	政	④	998
あらかわ	新革	産	①	898
あらかわ	荒川銀山	金		114
あらきご	荒城郡	地	①	1326
あらきだ	荒木田氏	神	③	851
	—氏神	神	①	681
	—神葬式	礼	②	44
あらきだ	荒木田久老	文	②	676
あらきだ	荒木田守武	文	①	1354
あらきだ	荒木田麗女	文	③	477
あらきと	荒木党	兵		449
あらきの	あらきのみや(殯宮)	礼	②	124
あらきの	荒木弓	兵		1632
あらきは	あらきはり(荒開墾)	政	②	337
あらきも	荒木元清	武		715
あらきり	荒木流(馬術)	武		715
あらきり	荒木流(棒術)	武		88
あらくれ	荒塊読	産	①	31
あらこ	荒籠	政	②	1107
あらごえ	あら肥	産	①	118
あらこお	荒子おこし(開墾)	政	③	1182
あらこも	荒薦	神	②	1219
あらし	嵐	天		264
あらしこ	荒子	官	③	879
あらしさ	嵐三右衛門	楽	②	184
あらしや	嵐山	地	③	728
あらしや	嵐山桜	植	①	291
あらじる	あら汁	飲		176
あらずみ	荒炭	器	②	346
あらせい	あらせいとう(紫羅欄花)	植	②	83
あらそう	争			
	欲為太子而相—	帝		1371
	—国造	官	①	169
	—遺産	政	②	125
	—遺産	政	③	745
	—墾田	政	②	358
	—荘園	政	②	516
	—家督	政	③	725
	—先陣	兵		381
	—軍功	兵		948
	歌道流派互—	文	①	810
	—名誉	人	②	316
あらそう	荒奏(不堪佃田)	政	②	385
あらぞめ	荒染	服		486
あらた	荒田【併入】	政	②	381
	—	政	②	337
	—	産	①	45
あらた	荒田(風俗歌)	楽	①	236
あらたえ	荒妙神服	神	①	1050
	—	神	①	1440
あらたえ	あらたへの(枕詞)	産	②	116
	—	服		8
あらたま	璞	金		223
あらたま	麁玉郡	地	①	579
あらたま	あらたまの(枕詞)	金		223
あらため	改印	産	②	88
あらため	改所			
	反物糸綿等—	産	②	8
	糸—	産	②	88
あらちの	愛発関	地	③	602
あらつ	荒津	地	③	545
あらてつ	あらてつがひ(荒手結)			
	射礼—	武		305
	賭射—	武		381
	騎射—	武		452
あらとお	あらとほし(粗籭)	産	①	97
あらぬか	あらぬか(䆐)	植	①	807
	—	産	①	97
あらねり	荒練	礼	①	105
あらの	あらの(曠野)	地	③	921
あらはか	荒陵寺	宗	④	67
	「してんの四天王寺」も見よ			
あらばこ	荒筥	器	①	679
	—	神	②	1237
あらばこ	麤筥(農具)	産	①	312
あらひと	現人神(天皇)	帝		181
あらひと	現人神(神祇)	神	①	43

あらぶる	あらぶるかみ(荒神)	神	①	67
あらまき	あらまき(秔)	産	①	50
あらまつ	荒祭宮	神	③	87
あらみが	荒見河祓	神	①	1367
あらみた	荒魂	神	①	175
あらみた	荒御魂神社	神	④	1212
あらみた	荒魂命社	神	③	92
あらめ	荒布	植	②	889
	葬送後食—	礼	②	387
あらめい	あらめいろね(庶兄)	人	①	177
あらもと	あらもと(檽)	植	①	820
あらもと	粗本	産	①	97
あらもの	荒物(進物)	人	②	466
あらもの	荒物問屋	産	②	407
あらよの	荒世御服	神	②	741
あららぎ	あららぎ(塔)	宗	③	91
あららぎ	あららぎ(舞)	楽	①	440
あららぎ	あららぎ(蘭)	植	②	781
あららぎ	あららぎ(蘭蒿草)	植	①	1055
あられ	雹	天		245
あられ	霰【篇】	天		243
あられ	霰(文様)	産	②	263
あられざ	霙酒	飲		693
あられば	あらればしり(踏歌)	楽	①	257
	—	歳		1013
	「とうか踏歌」も見よ			
あられば	霰走	礼	①	105
あり	蟻	動		1109
ありあけ	有明	歳		80
ありあけ	有明行燈	器	②	245
ありあけ	有明月	天		66
ありおう	有王	法	①	187
ありかた	ありかた(華芟)	方		1077
ありぐさ	ありぐさ(漏蘆)	植	②	757
ありげけ	有毛検見	政	④	216
ありげと	有毛取	政	④	215
ありこ	有子	神	④	1190
ありさき	ありさき(襴)	服		35
	—	服		235
ありすい	ありすい(鳥)	動		929
ありすが	ありす川(賀茂斎院)	神	③	1170
ありすが	有栖川宮	帝		1423
	—書道	文	③	677
ありすじ	有筋螺鈿鞍	兵		1963
ありその	有磯渡	地	③	474
ありたけ	在竹橋	居		397
ありたご	在田郡	地	②	737
ありどお	蟻通明神	人	①	1244
ありとし	有年荘	政	②	471
ありなし	有無日	政	①	207
ありのく	蟻の熊野参り	神	④	1307
	—	動		1114
ありのと	蟻塔	動		1115
ありのと	蟻門渡	人	①	440
ありのひ	ありのひふき(桔梗)	植	②	682
ありのみ	ありのみ(梨)	植	①	349
ありまお	有馬温泉	地	③	1038
	—行幸	地	③	1101
ありまぐ	有馬草	植	①	1179
ありまけ	有馬乾信	武		33
ありまご	有馬郡	地	①	369
ありまさ	ありまさ(卜者)	方		472
ありまつ	有松絞	産	①	875
ありまの	有馬牧	地	③	964
ありまは	有馬晴信	宗	④	1114
ありまり	有馬流(剣術)	武		27
ありわら	在原業平	文	①	841
	—歌	文	①	832
	—建不退寺	宗	③	1245
ありわら	在原行平			
	—徙須磨	法	①	224
	—建奨学院	文	②	1310
あるく	歩	人	①	987
あるじ	あるじ(饗)	礼	①	228
あるじ	主	人	②	394
	茶会—客	遊		431
あるじも	あるじまうけ	礼	①	228
	「きょうお饗応」も見よ			
あるへい	あるへい糖	飲		657
あれ	あれ(他称)	人	①	16
あれ	あれ(自称)	人	①	4
あれち	荒地	政	③	1181
	—	政	④	240
あれば	荒場	政	④	238
あれはた	荒畠	政	③	1172
あわ	粟	植	①	863
	出挙—	政	②	903
あわいい	粟飯	飲		398
あわいい	粱飯	飲		397
あわがゆ	粟粥	飲		457
あわがら	あはがら(粟茎)	植	①	872
あわがら	あはがら(梳歯魚)	動		1435
あわかわ	粟河	地	③	1178
あわき	檍	植	①	652

あわぎぬ	阿波絹	産	②	220
あわきは	阿波岐原	神	②	662
あわごお	安房郡	地	①	1012
あわごお	阿波郡	地	②	797
あわじう	淡路牛	動		47
あわじし	淡路洲	地	③	1345
あわじし	淡路衆	兵		461
あわじす	淡路墨	文	③	1370
あわじの	淡路国【篇】	地	②	765
	—大田文	政	③	1090
	配流—	法	①	174
あわじの	淡道国造	地	②	771
あわじの	淡路の瀬戸	地	③	1272
あわじの	淡路廃帝	帝		582
	「じゅんに淳仁天皇」も見よ			
あわじの	淡路墓	礼	②	1151
あわじの	淡路陵	帝		1015
あわしり	網尻郡	地	②	1293
あわじり	淡路流(槍術)	武		79
あわじん	安房神社【篇】	神	④	506
あわせ	あはせ(菜)	飲		151
あわせ	袷			
	男子用—	服		442
	婦人用—	服		1033
あわせあ	袷襖	服		381
あわせか	袷上下	服		621
あわせの	あはせの衣	服		380
あわせの	袷羽織	服		674
あわせの	袷袴	服		706
あわせの	袷袍	服		249
あわせふ	あはせふき(合金)	金		191
あわせや	合焼	飲		246
あわだい	安房代官	官	③	1524
あわだい	阿波代官	官	③	1534
あわたぐ	粟田口隆光	文	③	808
あわたぐ	粟田口文庫	文	③	385
あわたこ	あはたこ(髕)	人	①	468
あわたさ	粟田山荘尚歯会	礼	①	1475
あわたの	粟田宮	神	③	1528
あわたや	粟田焼	産	①	722
あわたや	粟田山白川陵	帝		991
あわつ	あはつ(周章)	人	①	761
あわづ	粟津	地	③	534
あわづの	粟津里	地	①	1192
あわづの	粟津荘	地	①	1199
あわのい	阿波院	帝		952
	「つちみか土御門天皇」も見よ			
あわのう	あはのうるしね(粱米)	植	①	863
あわのく	安房国【篇】	地	①	1001
	配流—	法	①	170
	配流—	法	①	769
	—端物	産	②	46
あわのく	阿波国【篇】	地	②	784
	—延喜二年戸籍	政	②	26
	配流—	法	①	195
	配流—	法	①	769
	—藍玉	植	②	18
	—苘麻	植	②	375
あわのく	粟国造(阿波)	地	②	793
あわのく	阿波国造(安房)	地	①	1007
あわのな	阿波鳴門之介	人	①	1263
あわのみ	粟皇子社	神	③	135
あわのみ	阿波のみと	地	②	811
あわのみ	淡水門	地	③	576
あわび	鰒	動		1677
あわびが	鰒貝	動		1685
	螺鈿用—	産	①	830
あわびが	蚫貝盃	器	①	237
あわびじ	蚫汁	飲		167
あわびず	鰒鮓	飲		959
あわびた	鰒玉	動		1621
あわぼ	あはぼ(升麻)	植	②	92
あわもち	粟餅	飲		553
あわもり	泡盛	飲		702
あわゆき	沫雪	天		201
あん	案(文書)			
	詔勅—	政	①	232
	宣旨—	政	①	261
	口宣—	政	①	291
	官符—	政	①	337
	奏文—	政	①	440
あん	案(器財)			
	祭祀用—	神	②	1229
	児御衣—	礼	①	404
	「つくえ机」も見よ			
あん	餡【併入】	飲		584
あんえい	安永	歳		262
あんえい	安永佐字銭	泉		29
あんか	あんくわ(脚炉)	器	①	713
あんが	晏駕	人	①	643
	「ほうぎょ崩御」も見よ			
あんかく	安覚(僧)	宗	①	294
あんかも	安嘉門	居		214

あんかん	安閑天皇	帝		8
	—山陵	帝		983
	—山陵	帝		1070
あんき	暗記	人	①	1302
あんぎご	庵芸郡	地	①	442
あんきも	安喜門	居		228
あんぎゃ	行脚	宗	②	707
	光厳院—	帝		875
	芭蕉翁—掟	文	①	1346
	大淀三千風—条目	人	②	431
あんきゅ	按弓士	楽	①	473
あんぐ	鞍具	兵		1935
あんぐう	行宮	帝		602
あんげか	案下官幣	神	①	395
あんげり	あんげりあ	外		1373
あんげん	安元	歳		207
あんけん	暗剣殺方	方		187
あんご	安居【併入】	宗	②	698
あんこう	鮟鱇	動		1523
	—つるし切	飲		307
あんごう	庵号	宗	③	26
あんこう	安公子(楽曲)	楽	①	473
あんこう	安岡寺【篇】	宗	④	97
あんこう	鮟鱇汁	飲		172
あんこう	安康天皇	帝		6
	—討乱而踐祚	帝		285
	—為眉輪王被弑	帝		286
	—山陵	帝		982
あんこく	安国寺	宗	③	170
あんこく	安国寺(安芸国不動院)	宗	④	907
あんこく	安国寺(安芸国国泰寺)	宗	④	908
あんこく	安国寺恵瓊			
	—梟首	法	②	207
	—再興安芸国安芸郡新山村安国寺	宗	④	907
	—創建広島安国寺	宗	④	908
	—諂諛	人	②	670
あんさい	安西	地	①	1012
あんさい	安西郡	地	①	443
あんさい	安西衆(談伴)	官	③	743
あんざい	行在所	帝		588
あんざじ	安坐巡行	神	②	1421
あんさつ	按察使【篇】	官	②	50
	—職田	封		100
	—季禄	封		157
	—傔仗	封		363
	—事力	封		374
あんざん	安産			
	祈—	神	②	860
	—守札	神	②	922
	太白堂桃隣作—符	文	①	1338
あんじゅ	案主			
	大神宮御厨—	神	③	832
	太政官厨家—	官	①	477
	院御厩—	官	①	1231
	親王摂関大臣家政所—	官	①	1273
	摂関大臣家御厩—	官	①	1290
	衛門府—	官	①	1465
	兵衛府—	官	①	1510
	国司—	官	②	475
	郡—	官	②	584
	鎌倉幕府政所—	官	②	706
	荘—	政	②	565
あんじゅ	庵主	宗	②	1000
あんじゅ	案主長	官	②	114
あんしょ	暗誦	文	③	232
	経文—	宗	①	328
	歌集—	文	②	426
あんじょ	案上官幣	神	①	395
あんじょ	安祥寺【篇】	宗	③	993
あんじょ	安祥寺流	宗	①	631
あんず	杏	植	①	344
あんせい	安政	歳		268
あんせい	安政以後新置官【篇】	官	③	1605
あんせい	安政元年武家諸法度	法	②	109
あんぜい	安城宮(楽曲)	楽	①	490
あんせい	安政金	泉		256
あんせい	安政銀	泉		256
あんせい	安政二分判	泉		332
	—吹立高	泉		379
あんぜい	安城楽	楽	①	490
あんせい	安政六年武家御法度	法	②	110
あんだ	あんだ(篼輿)	器	②	1028
あんだえ	安陀会	宗	②	1143
あんちむ	庵知村	地	①	294
あんちも	アンチモニー	金		208
あんちん	安珍	宗	④	1003
あんちん	安鎮祭	神	②	1372
あんちん	安鎮法	宗	②	302
あんてい	安貞	歳		215
あんでん	安殿	居		139

あんとう	安東郡	地	①	443
あんどう	安東聖秀	人	①	1190
あんどう	安東焼	産	①	738
あんどが	安堵方	官	②	1187
あんとく	安徳天皇	帝		27
	—行幸西海	帝		661
	—山陵	帝		1016
	祀—於赤間宮	神	④	1207
あんどの	安堵下文	政	③	65
あんどの	安堵御内書	政	③	83
あんどぶ	安堵奉行			
	鎌倉幕府—	官	②	789
	鎌倉幕府—	官	②	1187
	奥州鎮府—	官	②	646
あんどほ	安堵奉書	政	③	105
あんどみ	安堵御教書	政	③	47
あんどん	行燈	器	②	241
	茶湯用—	遊		573
	翁—	楽	②	91
あんなか	安中藩	地	②	30
あんなん	安南【篇】	外		1124
あんねい	安寧天皇	帝		1
あんねん	安然	文	②	992
あんばい	塩梅	飲		299
あんばぐ	鞍馬具【篇】	兵		1933
	贈遺—	人	②	463
あんぱち	安八郡	地	①	1256
あんぷく	按腹	方		910
	—	方		976
あんぷく	安福殿	居		102
あんぺい	安平	飲		981
あんぼく	安北郡	地	②	659
あんぽつ	あんぽつ(箯輿)	器	②	1031
あんぽん	あんぽんたん(魚)	動		1455
あんま	按摩	方		909
	盲人以—為業	人	②	971
あんまは	按摩博士	方		658
あんもち	餡餅	飲		611
あんよう	安養寺(山城)【篇】	宗	③	681
あんよう	安養寺(伊予)	宗	④	1034
あんよう	安養寺(伯耆)【篇】	宗	④	876
あんよう	安養寺(信濃)【篇】	宗	④	688
あんよう	安養尼(僧恵心妹)	人	②	826
あんよう	安養尼(瓊子内親王)	宗	④	877
あんらく	安楽庵策伝	楽	②	531
あんらく	安楽塩(楽曲)	楽	①	394
あんらく	安楽光院	宗	③	575
	於—行後堀河天皇			
	国忌	礼	②	1283
あんらく	安楽行院【篇】	宗	③	575
あんらく	安楽寺(和泉)	宗	④	44
あんらく	安楽寺(信濃)【篇】	宗	④	704
あんらく	安楽寺(筑前)	神	④	1459
あんらく	安楽寿院【篇】	宗	③	978
	—	帝		1082
あんらく	安楽寿院陵	帝		1016
あんらく	安楽寿院南陵	帝		1016
あんらく	安楽太平楽	楽	①	320
あんらん	あんらん(菴羅果)	植	①	355
あんりゅ	安隆寺【篇】	宗	④	788
あんわ	安和	歳		179

い

い	い(寝)	人	①	961
い	井	地	③	1003
	「いど井戸」も見よ			
い	匜	器	①	554
い	豕	動		223
い	胆			
	人—	人	①	492
	熊—	動		404
	野猪—	動		422
い	胃	人	①	489
い	姨			
	妻之姉妹曰—	人	①	190
	母之姉妹曰—	人	①	260
い	猪	動		420
	「いのしし猪」も見よ			
い	移【篇】	政	①	492
	—	封		223
い	尉(官職)	官	①	199
	授刀—	官	①	1435
	衛門—	官	①	1453
	衛士—	官	①	1493
	兵衛—	官	①	1506
	検非違使—	官	②	107
	靫負—任料	政	①	1040
	衛門—任料	政	①	1041
	兵衛—任料	政	①	1041
い	堰	政	②	1121

	一用木伐採争論裁許	法	③	673
い	意	人	①	691
い	藺	植	①	997
いあい	居合【併入】	武		62
いあいぬ	居合抜	産	②	700
いあんじ	異安心	宗	①	870
いい	飯【篇】	飲		343
	天降一	天		11
	蓮一	歳		1280
	大神宮御饌一	神	③	566
いい	樋	政	②	1122
	造一引河水	政	②	1140
いいあい	言合相場	産	②	511
いいあり	いひあり(赤蟻)	動		1111
いいいれ	いひいれ(結納)	礼	①	948
いいうら	飯占	神	②	1300
いいがい	飯匕	器	①	110
いいき	異域			
	「がいこく外国」を見よ			
いいぎり	いひぎり(椅桐)	植	①	564
	一	植	①	649
いいぐち	言口(啜粥詞)	礼	①	434
いいぐら	飯倉	地	①	965
いいざさ	飯篠長威斎	武		31
いいざさ	飯篠盛近	武		75
いいしご	飯石郡	地	②	472
いいした	いひしたみ(簞)	器	①	319
いいじゅ	異位重行	帝		367
いいしら	いひしらげ(飯穀)	産	①	99
いいずし	飯鮓	飲		962
いいたか	飯高郡	地	①	444
いいだこ	飯蛸	動		1548
いいだた	飯田忠彦	文	②	887
いいだて	飯田鉄銭	泉		32
いいだの	飯田荘	地	①	592
いいだは	飯田藩	地	①	1384
いいだま	飯田町	地	①	957
いいでさ	飯豊山	地	③	831
いいとみ	飯富組	兵		455
いいとよ	いひとよ(鵂鶹)	動		967
いいとよ	飯豊青皇女	帝		302
	一陵	帝		1034
いいとよ	飯豊天皇	帝		856
いいなお	井伊直弼	官	③	165
いいなお	井伊直孝	人	②	265
いいなづ	許嫁	礼	①	931
いいのご	飯野郡	地	①	445
いいのた	井伊谷神社	神	④	1713
いいのの	飯野御牧	地	③	965
いいのは	飯野藩	地	①	1042
いいびつ	飯櫃	器	①	288
いいほご	揖保郡	地	②	525
いいむろ	飯室	宗	④	580
いいやま	飯山藩	地	①	1384
いえ	函(箪筴)	楽	②	972
いえ	家			
	「かおく家屋」を見よ			
いえじち	家質講	政	④	712
いえじろ	家城	兵		1042
いえつい	いへついも(芋)	植	①	971
いえづか	家司【篇】	官	①	1257
いえつぎ	家次流(居合)	武		66
いえで	家出	政	③	556
	妻一	政	③	593
いえでこ	家出断	政	③	565
いえどこ	いへどころ	政	②	445
	「たくち宅地」も見よ			
いえにれ	いへにれ(兎葵)	植	②	196
いえぬし	家主	政	③	1288
	一	官	③	449
	博奕罪連一	法	③	24
いえのか	家の神	神	①	891
いえばと	いへばと(鴿)	動		738
いえはら	家原寺(河内)【篇】	宗	④	28
いえはら	家原寺(和泉)【篇】	宗	④	36
いえはら	家原音那	人	①	1121
いえみつ	家蜜	動		1118
いえもち	家持	政	③	1286
いえもと	家元	政	③	735
いえもり	家守			
	「やもり家守」を見よ			
いお	いを(魚)	動		1237
いお	廬	産	①	94
	墓側一	礼	②	728
いおう	位襖	服		288
いおう	硫黄	金		330
	一	武		925
	以一為肥料	産	①	139
いおうぎ	硫黄木(燈火具)	器	②	296
いおうじ	硫黄島	地	②	1201
	配流一	法	①	770
	配流一	法	②	288
いおうぜ	医王善逝	宗	①	80

いおうど	硫黄問屋	産	②	408
いおうの	硫黄山相	金		32
いおうや	硫黄山	金		154
いおがわ	伊尾川	地	③	1162
いおすき	いをすき(商陸)	植	②	121
いおつま	五百津真賢木	神	②	1202
いおとの	廬戸宮	地	①	178
いおとり	いをとり(漁子)	産	①	421
いおぬご	魚沼郡	地	②	341
いおのか	いをのかしらのほね			
	(魚丁)	動		1243
いおのふ	いをのふえ(脬)	動		1244
いおのめ	肬目	方		1275
いおはら	廬原郡	地	①	621
いおはら	廬原国造	地	①	613
いおり	営	兵		1138
いおり	廬			
	「いお廬」を見よ			
いか	衣架	器	②	534
	—図	器	②	535
いか	烏賊	動		1551
いか	紙鳶【篇】	遊		1167
いが	いが(他称)	人	①	15
いかい	位階【篇】	官	③	1771
	神祇—	神	①	293
	神職—	神	②	1579
	求進—	政	①	996
	叙位【篇】	政	①	1461
	僧位【篇】	宗	②	771
	遣唐使位	外		856
いがい	貽貝	動		1645
いかいち	居開帳	宗	③	350
いかいの	猪甘津	地	③	518
いかいべ	猪甘部	官	①	101
いかがし	伊香色謎命	帝		1157
いがき	笓籬	器	①	274
いがき	瑞籬	神	①	568
いがく	医学	方		650
いがく	居楽	楽	①	8
いがくか	医学館			
	幕府—	方		691
	諸藩—	方		691
いがくこ	医学校	方		688
いがくの	異学之禁	文	②	780
いがぐみ	伊賀組	官	③	1162
いかけし	鋳掛師	産	①	661
いかけじ	沃懸地	産	①	818
いかけじ	沃懸地鞍	兵		1960
いかけじ	沃懸地剣	兵		1344
いがごえ	伊賀越讐討	人	②	540
いかごお	伊香郡	地	①	1182
いがごお	伊賀郡	地	①	404
いがさ	藺笠	器	②	379
いかずち	雷【篇】	天		283
いかずち	雷神	神	①	32
	—	天		285
いかずち	雷之間	居		601
いかすり	座摩神社	神	④	269
いかすり	座摩巫祭神	神	①	847
いかだ	筏【併入】	器	②	747
	桴運載量	政	②	1204
いがた	鎔	産	①	660
いかだし	筏師	器	②	749
いかだな	筏鱠	飲		199
いかだは	筏鮠	動		1333
いかなご	いかなご(玉筋魚)	動		1431
いかにせ	何為(催馬楽)	楽	①	209
いかのい	五十日祝	礼	①	442
いがのく	伊賀国【篇】	地	①	397
	—石炭山	金		154
いがのく	伊賀国造	地	①	401
いかのす	烏賊墨	動		1552
いかのぼ	いかのぼり(紙鳶)	遊		1168
いかのも	五十日餅	礼	①	444
いがのも	伊賀之者【併入】	官	③	1007
いがのも	伊賀者組頭	官	③	1007
いがばか	伊賀袴	服		772
いかほお	伊香保温泉	地	③	1068
いかほぬ	伊香保沼	地	③	1246
いかほぶ	いかほ節	楽	②	396
いがみつ	伊賀光季	官	②	841
いかもの	唼物作剣	兵		1359
いかもも	五十日百日祝	礼	①	450
いがやき	伊賀焼	産	①	735
いかり	碇	器	②	712
いかりそ	いかりさう(淫羊藿)	植	②	208
いかる	怒	人	①	736
いかるが	いかるか(鵤)	動		793
いかるが	いかるか(斑鳩)	動		738
いかるが	何鹿郡	地	②	386
いかるが	斑鳩寺	宗	③	1280
いかるが	鵤荘	政	②	522
いかん	衣冠	服		197
	凶服—	礼	②	1011

以―為祭服　服　147
著―把笏　服　1282
著―持檜扇　服　1344
いかん　位冠　服　1100
いかん　移貫　政 ②　36
いかんも　偉鑒門　居　215
いき　息　人 ①　313
いき　位記【附】　官 ③　1867
神階―　神 ①　309
神階―　神 ①　325
神職―　神 ②　1580
贈位―　官 ①　248
内記作―　官 ①　726
陣定―請印　政 ①　173
国用―　政 ①　1051
成選―　政 ①　1194
追―　法 ①　197
追―　法 ①　307
毀―　法 ①　308
詐為―　法 ①　427
僧綱―　宗 ②　787
唐国―　外　874
いぎ　居木(鞍)　兵　1942
いきかえ　蘇生　人 ①　634
「そせい蘇生」も見よ
いきくさ　いきくさ(景天)　植 ②　85
いきけさ　生けさ(死刑)　法 ②　154
いきごお　壱岐郡　地 ②　1242
いきさね　伊岐真利　武　75
いぎし　威儀師　宗 ②　926
いきじょ　位記状　官 ③　1885
いぎす　いぎす(海髪)　植 ②　919
いきすだ　いきすだま(生霊)　方　79
いきだい　位記代　官 ③　1897
いきつり　生つり胴(死刑)　法 ②　154
いきどう　生胴(死刑)　法 ②　154
いきどお　いきどほる(悒)　人 ①　755
いきどお　いきどほる(憤)　人 ①　737
いきない　いきなひ(弓)　兵　1560
いきのあ　壱伎直真根子　人 ①　1189
いきのお　いきのを(命)　人 ①　625
いきのく　壱岐国　地 ②　1235
配流―　法 ①　216
配流―　法 ①　795
配流―　法 ②　261
元兵寇―　外　907
いぎのご　威儀御膳　飲　82
いきのし　伊伎島　地 ②　1236
いきのし　伊吉島造　地 ②　1240
いぎのみ　威儀御鞍　兵　1939
いぎのみ　威儀命婦
―装束　帝　330
―礼服　服　859
いきぼん　生盆　歳　1280
いきまき　いきまき(怒)　人 ①　739
いきみた　生身玉　歳　1280
いきょう　渭橋(琵琶)　楽 ②　756
いきょう　遺教経会　歳　1067
いぎょう　易行道　宗 ①　32
―　宗 ①　643
いきょう　井ケウ節　楽 ②　265
いぎりす　英吉利【篇】　外　1373
島津氏討―船　外　45
―貿易　産 ②　736
いぎりす　英吉利語　文 ②　1015
いきりゅ　伊岐流(槍術)　武　75
いきりょ　生霊　方　79
いきんら　一金楽　楽 ①　357
いく　生　人 ①　631
いぐい　いぐひ(鯉)　動　1320
いぐい　堰楲(築堤具)　政 ②　1110
いくえい　育英館(山形藩)　文 ②　1284
いくえい　育英館(中村藩)　文 ②　1283
いくえい　育英館(五島藩)　文 ②　1290
いくえい　育英館(清末藩)　文 ②　1288
いくかの　いくかの峯　地 ③　795
いくくに　生国咲国魂神社　神 ④　288
いくくに　生国魂神社【篇】　神 ④　288
いくぐむ　いくぐむ(憤)　人 ①　737
いぐごお　伊具郡　地 ②　120
いくさ　軍　兵　508
「せんとう戦闘」も見よ
いくさだ　軍大将　兵　177
いくさば　軍場　兵　531
「せんじょ戦場」も見よ
いくさび　いくさびと　兵　208
「へいし兵士」も見よ
いくさひ　軍評定　兵　147
「ぐんぎ軍議」も見よ
いくさぶ　軍奉行
織田氏―　官 ②　1417
豊臣氏―　官 ②　1446
いくさぶ　戦船　兵　1240
「へいせん兵船」も見よ

いくさよ	軍よばい	兵		598
いくさよ	軍丁	兵		211
いぐし	五十串	神	②	1093
	—	産	①	9
いくしま	生島神	神	④	1712
いくしま	生島巫祭神	神	①	850
いくたじ	生田神社	神	④	294
いくたの	生田森	地	③	916
いくたま	生玉神社	神	④	288
いくたま	生玉荘	地	①	376
いくたり	生田流	楽	②	705
いくち	黄蕈	植	②	822
いぐち	兎欠	人	①	386
いくつひ	活津彦根命	神	④	1077
いくのぎ	生野銀山	金		123
いくのぎ	生野銀山役人	官	③	1532
いくのく	伊久国造	地	②	90
いくのど	生野銅山	金		145
いくは	的	武		231
いくはご	生葉声	地	②	982
いくはご	生葉郡	地	②	969
いくはど	いくはどころ(射垜)	武		225
いくはべ	的部	官	①	113
いくはも	的門	居		208
いくはや	活速祭	神	②	635
いくび	猪頸	人	①	409
いくぶん	郁文館	文	②	1280
いくほう	郁芳門	居		208
いくほう	郁芳門院	帝		883
いくほの	生穂荘	政	②	487
いくまり	生間流	飲		321
いくむす	生魂	神	②	500
いくむす	生魂神	神	②	500
いくゆみ	生弓矢	兵		1619
いくよも	幾世餅	飲		572
	—商訴訟	法	③	1009
いけ	池【篇】	地	③	1217
	阿蘇山神霊—	神	④	1658
	園—司【篇】	官	①	1078
	賜—【併入】	封		122
	修築—	政	②	1103
	築—塘	政	②	1132
	決—水漑田	政	②	1136
	穿—漑田	政	④	1195
	放生—	宗	②	225
	養魚—	動		1249
いけいは	怡溪派(茶道)	遊		599
いけうお	池魚役	政	④	492
いけうん	池運上	政	④	469
いけがき	生垣	居		861
いけがみ	池上派	宗	①	997
いけがみ	池上宗仲	宗	①	997
いげげ	ゐげげ(草履)	服		1430
いけごこ	池心宮	地	①	178
いけじり	池後寺	宗	③	1296
いけす	生洲	動		1252
いけずき	生唼	動		135
いげた	井桁	地	③	1017
いけだご	池田郡	地	①	1257
いけだず	池田瑞仙	方		917
いけだす	池田炭	器	②	345
	—	遊		498
いけだと	池田党	兵		451
いけだの	池田宿	地	③	274
いけだま	池田正式	文	①	1372
いけだみ	池田光政			
	—毀淫祠	神	②	647
	—重農業	政	④	967
	—建学校	文	②	1268
	—領内百姓不虚言	人	②	21
	—倹約	人	②	73
	—納諫	人	②	269
いけつ	胃血	方		1440
いけどり	生虜【篇】	兵		831
	加藤清正—朝鮮王子	外		434
	「いふ夷俘」「ふしゅう俘囚」も見よ			
いけなが	池永道雲	文	③	1143
いけにえ	生贄	神	②	1183
	以鹿為—	神	④	1097
	以鹿為—	神	④	1377
	以猪鹿為—	神	④	1649
	以人為—	動		279
いけにし	池西言水	文	①	1376
いけのぎ	池野玉瀾	文	③	874
いけのじ	池神社	神	②	474
いけのた	池大雅	文	③	846
	—投自画扇于湖水	地	③	324
いけのべ	池辺双槻宮	地	①	180
いけのぼ	池坊	遊		875
いけばな	活花	遊		825
いけま	いけま(白兎藿)	植	②	455
いけやく	池役	政	④	469

いけんち 居検地 政 ④ 28
いけんふ 意見封事 政 ① 499
いけんや 異見役 人 ② 286
いご 囲碁【篇】 遊 43
　—図 遊 60
　好— 人 ① 781
いこう 已講 宗 ② 923
いこう 衣桁 器 ② 534
いごう 移郷【併入】 法 ① 221
いこく 異国
　「がいこく外国」を見よ
いこくご 異国御朱印帳 外 1135
いこくじ 異国人 外 5
　「がいこく外国人」も見よ
いこくせ 異国船 外 18
いこつ 遺骨 礼 ② 211
　「こつ骨」も見よ
いこまざ 生駒竿 政 ④ 38
いこまや 生駒山 地 ③ 762
いさがき いさがき(繿刷) 産 ② 39
いざかわ 率川宮 地 ① 178
いさき いさき(魚) 動 1406
いさくご 伊作郡 地 ② 1217
いさご 沙 金 359
　「すな砂」も見よ
いさごお 伊佐郡(常陸) 地 ① 1119
いさごお 伊佐郡(薩摩) 地 ② 1217
いさごむ いさごむし(石蚕) 動 1197
いさざ いさざ(鱊魚) 動 1346
いざさわ 伊奢沙別命 神 ④ 938
いさすみ 伊佐須美神社【篇】 神 ④ 882
いさつる いさつる(泣) 人 ① 745
いざなぎ 伊弉諾神社(淡路)【篇】 神 ④ 1331
いざなぎ 伊弉諾尊 神 ① 36
　—与伊弉冉尊婚 礼 ① 910
　—至黄泉国 神 ① 97
　—与伊弉冉尊絶縁 礼 ① 1323
　—到阿波岐原為祓禊 神 ② 662
　祀—於多賀神社 神 ④ 699
　祀—於白山比咩神社 神 ④ 955
　祀—於伊弉諾神社 神 ④ 1331
いざなぎ 伊佐奈岐宮 神 ③ 91
いさなて 伊舎那天 宗 ① 120
いさなと いさなとり 産 ① 360
いさなと いさなとり(枕詞) 動 1486
いざなみ 伊弉冉尊 神 ① 36
　伊弉諾尊与—婚 礼 ① 910
　葬—於紀伊国有馬村 礼 ② 14
　祀—於多賀神社 神 ④ 699
　祀—於白山比咩神社 神 ④ 954
　祀—於波上宮 神 ④ 1714
いざなみ 伊佐奈弥社 神 ③ 138
いさは 斑葉 植 ① 12
いさまの 夷参駅 地 ① 747
いさむ いさむ(勇) 人 ② 87
いさめ いさめ(訓誡) 人 ② 148
いさめ 諫【篇】 人 ② 245
いざめの 居醒泉 地 ③ 1025
いさやが 不知哉川 地 ③ 1155
いざよい 十六夜月 天 62
いざよい 十六夜日記 法 ① 1019
いさらい ゐさらひ(臀) 人 ① 431
いさり いさり(漁) 産 ① 359
いざり 躄 人 ① 476
いさりび 漁火 産 ① 420
いさりぶ 漁船 産 ① 419
いざりま 躨松 植 ① 90
いざる 膝行 人 ① 982
いさわき 石和教諭所 文 ② 1267
いざわご 胆沢郡 地 ② 128
いざわじ 胆沢城 官 ② 19
いざわの 伊雑宮 神 ③ 102
いさん 遺産
　—相続 政 ② 83
　—分配 政 ② 107
　—分配 政 ③ 736
　—諸子均分法 政 ② 115
　争— 政 ③ 745
　譲—於養子 政 ③ 778
　—訴訟 法 ① 1018
　没収— 法 ② 630
いし 石 金 244
　玉—【篇】 金 219
　天降— 天 9
　日御崎神社紋— 神 ④ 1082
　以—為神体 神 ① 194
　藤原道長第造作時令家人等曳— 帝 1633
　写経於—面 宗 ① 283

	—経	宗	①	309
	墓上立—為標	礼	②	1075
	以自然—為墓標	礼	②	1195
	配置庭—	居		924
	盆石用—	遊		913
	「きんせき金石」も見よ			
いし	位子	政	①	1007
いし	医師	方		709
	—図	方		710
	—年始諸礼	歳		602
	—年始回礼	歳		743
	衛府—	官	①	1316
	近衛—	官	①	1366
	授刀舎人寮—	官	①	1433
	衛門府—	官	①	1459
	兵衛—	官	①	1506
	鎮守府—	官	②	34
	諸国—	官	②	469
	徳川幕府—【篇】	官	③	864
	諸国—公廨田	封		98
	—養子	政	③	808
	後高麗国求—於我国	外		329
	軍艦附御雇—	方		725
	—叙僧位	宗	②	797
	—為音楽	楽	①	118
	—苗字帯刀御免	姓		310
	—著十徳	服		649
	—被聴乗物	器	②	985
	江戸—乗物	器	②	1025
	湯医	地	③	1056
	軍医	兵		198
	獣医	動		13
	犬医	動		180
いし	姨子	人	①	273
いし	倚子	器	②	121
いし	意志	人	①	691
いし	縊死	人	①	650
	—	法	①	238
	—	宗	②	727
いし	闈司	官	①	1126
いじ	位次	官	③	1849
いしい	石井	地	③	1013
いしいづ	石井筒	地	③	1005
いしいの	石井郷	地	①	233
いしうち	石打	礼	①	1212
いしうち	石打征矢	兵		1593
いしうみ	石海里	地	②	530
いしうら	石占	神	②	1305
いしがき	石垣	居		866
	城郭—	兵		1079
	江戸城—	居		325
	江戸城—	居		349
いしかご	石籠	政	④	1061
いしかご	石籠堰	政	④	1212
いしがに	石蟹	動		1600
いしかの	猪鹿牧	地	③	964
いしがめ	秦亀	動		1578
いしかり	石狩川	地	③	1195
いしかり	石狩郡	地	②	1296
いしかり	石狩国	地	②	1295
いしかわ	石川(催馬楽)	楽	①	215
いしかわ	石川五右衛門	人	②	801
	—処刑	法	①	754
	—百年忌	礼	②	1435
いしかわ	石川郡(加賀)	地	②	270
いしかわ	石川郡(河内)	地	①	317
いしかわ	石川郡(陸奥)	地	②	116
いしかわ	石川島	法	②	416
いしかわ	石川丈山			
	—閑居	人	②	1022
	—凹凸窠壁書	遊		806
	—善詩	文	②	580
	—善書	文	③	777
	賀—九十算文	礼	①	1471
	祭—	礼	②	1351
いしかわ	石川精舎【篇】	宗	③	1349
いしかわ	石川寺	宗	④	11
いしかわ	石河荘	地	②	148
いしかわ	石川年足			
	—作別式	法	①	93
	—墓誌銘	礼	②	1164
いしかわ	石川牧	地	③	964
いしかわ	石川雅望			
	—著雅言集覧	文	①	187
	—善狂歌	文	①	928
	—戯号	姓		807
	—小説	文	②	957
いしき	違式	法	①	10
いしきり	石切	産	①	605
	—	政	③	883
いしきり	いしきりのみ(鏨)	産	①	609
いしくら	石倉	居		752
いしぐろ	石黒党	兵		447

いしこづ	いしこづみ(墳)	礼	②	1070
いしこり	石凝寺【篇】	宗	④	10
いしざら	石皿	器	①	56
いしずえ	礎	居		965
	塔心—	宗	③	113
	銀造—	人	②	605
いしずり	石摺	文	③	735
いしぜき	石堰	政	④	1212
いしせつ	石雪隠	遊		588
いしだご	石田郡	地	②	1242
いしだし	石出し(堤防)	政	④	1018
いしたた	いしたたき(鶺鴒)	動		665
いしだた	石畳【併入】	居		1195
いしだて	石立	居		908
いしだの	石田郷	地	②	367
いしだば	石田梅巌	文	②	925
	—克己	人	②	146
いしだみ	石田三成			
	—為豊臣氏奉行	官	②	1434
	—讒加藤清正	人	②	700
	—陣于関原	地	③	953
	—為生虜	兵		836
	—被梟首	法	②	207
いしだみ	石田未得	文	①	1373
いしつ	石津	地	③	512
いしづき	石突			
	刀剣—	兵		1444
	鐓—	兵		1510
いしつく	石作	産	①	606
いしつく	石作寺	宗	③	247
いしつく	石作郷	地	①	228
いしつく	石作連	姓		160
	—	礼	②	362
いしつく	石作部	官	①	122
いしつく	石作部広継女	人	①	1122
いしづご	石津郡	地	①	1254
いしつち	石槌山	地	③	846
いしつつ	石つつい(石剣)	兵		1395
いしづつ	石堤	政	④	1015
いしつぼ	石壺	神	③	41
いしつみ	石積(堤防)	政	④	1018
いしでた	石出帯刀	官	③	452
	—	法	③	195
いしでで	石手寺【篇】	宗	④	1034
いしどう	石堂如成	武		135
いしどう	石塔党	姓		296
いしどう	石灯籠	器	②	233
	—	遊		593
いしなげ	石投	遊		1182
いしなご	いしなご(擲石)【篇】	遊		223
いしなど	いしなどり(擲石)【篇】	遊		222
いしのう	石野氏利	武		78
いしのお	石帯	服		792
いしのき	石階	居		1189
いしのす	石硯	文	③	1317
いしのそ	闈司奏			
	元日節会—	歳		463
	白馬節会—	歳		977
	旬政—	政	①	29
いしのち	いしのち(鍾乳)	金		316
いしのち	いしのちのひこばえ(孔公孽)	金		322
いしのと	石鳥居	神	①	587
いしのほ	石宝殿	神	①	471
いしのま	石巻港	地	③	577
いしのま	石間造	神	①	458
いしのや	石鏃	兵		1607
いしばい	石灰	金		374
	埋棺用—	礼	②	108
	以—為肥料	産	①	137
	以—除害虫	産	①	157
いしばい	石灰稼冥加	政	④	425
いしばい	石灰工【併入】	産	①	587
いしばい	石灰壇	居		114
いしばし	石橋	地	③	92
いしはじ	いしはじき(石弓)	兵		1766
いしはじ	いしはじき(弾碁)	遊		124
いしばし	石橋駅	地	①	1095
いしはま	石浜	地	③	292
	—	地	③	454
いしはら	石原郷	地	①	232
いしひ	石樋	政	②	1124
いしびや	石火矢	武		956
いしぶぎ	石奉行			
	織田氏—	官	②	1417
	徳川氏—	官	③	649
いしぶし	いしぶし(鮖)	動		1344
いしぶね	石船	器	②	686
いしぶみ	いしぶみ(碑)	礼	②	1168
	「ひ碑」も見よ			
いしぶろ	石風呂	居		678
いしぼと	石仏	宗	①	157
	—	宗	①	167

　　一　宗 ① 309
いしみか　いしみかは(赤地利)　植 ② 25
いじみご　夷灊郡　地 ① 1034
いしみつ　石蜜　動 1117
いじみの　伊甚国造　地 ① 1025
いしむろ　石室　礼 ② 1088
いしもち　いしもち(鰻)　動 1386
いしもち　いしもち(茅膏菜)　植 ② 84
いしや　石匠　産 ① 605
いしゃ　医者
　　「いし医師」を見よ
いしゃ　移写　文 ③ 328
いしやき　石焼物　産 ① 710
いしやま　石山(大坂)　地 ① 376
いしやま　石山寺【篇】　宗 ④ 629
　　一観音開帳　宗 ③ 348
いしやや　石屋役　政 ④ 477
いしゅう　伊州　地 ① 397
　　「いがのく伊賀国」も見よ
いじゅう　移住　政 ③ 520
いじゅく　医塾　方 706
いじゅつ　医術【篇】　方 647
　　学一於和蘭　外 56
いじゅつ　医術神　神 ① 75
いしゆみ　石弓【併入】　兵 1766
いしょ　医書　方 1011
いしょ　位署【附】　官 ③ 1899
　　摂政関白書一　官 ① 534
いしょう　衣裳　服 4
　　芝居一　楽 ② 198
　　「いふく衣服」「しょうぞ装束」も見よ
いしょう　遺詔
　　追号出一　帝 949
　　一不起山陵　帝 969
　　従一薄葬　礼 ② 242
　　由一停素服挙哀之礼　礼 ② 402
　　依一不置国忌　礼 ② 1273
いじょう　以上　文 ① 422
いしょう　衣裳方　楽 ② 198
いしょう　衣裳著　楽 ① 991
いしょう　衣裳競　服 1028
いしょう　遺詔使　礼 ② 397
いしょう　遺詔奏　礼 ② 397
　　一　礼 ② 546
いしょた　医書大全　方 1026
いしわた　石綿　金 311
　　以一作火浣布　産 ② 154
いしわり　石わり貝　動 1643
いじん　異人
　　「がいこく外国人」を見よ
いしんか　維新館　文 ② 1290
　　一学則　文 ② 1228
いしんぽ　医心方　方 1015
いしんり　以心流　武 65
いしんり　唯心流(鉄砲)　武 885
いす　杼　植 ① 486
いす　倚子　器 ② 121
いすか　鶍　動 900
いすくわ　いすくはし(枕詞)　動 1486
いずし　貽貝鮓　飲 959
いずしご　出石郡　地 ② 421
いずしじ　出石神社【篇】　神 ④ 1012
いずしち　伊豆七島　地 ① 640
　　配流一　法 ① 770
　　配流一　法 ② 261
いずしは　出石藩　地 ② 425
いずしほ　出石桙　兵 1499
いすずが　五十鈴川　地 ③ 1153
　　興斎宮于一上　神 ③ 779
いすずの　五十鈴宮　神 ③ 5
いすずひ　五十鈴媛命　神 ④ 1712
いずだい　伊豆代官　官 ③ 1521
いずなの　飯縄法　動 377
いずのう　伊豆海　地 ③ 1279
いずのく　伊豆国【篇】　地 ① 636
　　配流一　法 ① 170
　　配流一　法 ① 769
　　配流一　法 ② 289
　　一金山　金 91
いずのく　伊豆国神階帳　神 ① 128
いずのく　伊豆国造　地 ① 663
いずのめ　伊豆能売神　神 ② 663
いずばし　伊豆橋　居 399
いすぱに　西班牙　外 1248
　　「すぺいん西班牙」も見よ
いずみ　泉【篇】　地 ③ 1021
　　醴一【併入】　地 ③ 1032
　　引一漑田　政 ④ 1196
いずみい　泉井　地 ③ 1013
いずみが　泉河樺井渡　地 ③ 416
いずみが　泉川橋　地 ③ 215
いずみげ　和泉監【併入】　官 ② 566

	—天平九年正税帳	政	②	673
いずみご	出水郡	地	②	1215
いずみご	和泉郡	地	①	340
いずみす	和泉酢	飲		800
いずみだ	和泉代官	官	③	1518
いずみど	泉殿	居		588
いずみど	和泉殿	神	③	1639
いずみの	和泉国【篇】	地	①	333
	—銀貨	泉		288
	—陶器	産	①	731
いずみの	和泉国神名帳	神	①	126
いずみの	和泉国近木荘相折帳	政	②	528
いずみの	水泉郷	地	①	240
いずみの	泉津	地	③	495
いずみは	泉八左衛門	法	③	478
いずみは	泉藩	地	②	155
いずみや	泉屋	居		588
いずみや	和泉屋九左衛門	居		778
いずみり	和泉流	楽	①	1006
いずもい	出雲井於神社	神	③	1002
いずもぐ	出雲轡	兵		2012
いずもご	出雲郡	地	②	471
いずもじ	出雲寺【篇】	宗	③	414
いずもじ	出雲路派	宗	①	936
	—寺院数	宗	③	15
いずもじ	出雲神社【篇】	神	④	1005
	—神宮寺	神	②	1736
いずもた	出雲大社【篇】	神	④	1025
	—金輪の造営	神	①	462
いずもの	出雲のお国	楽	②	2
いずもの	出雲神の縁結	礼	①	1353
いずもの	出雲国【篇】	地	②	457
	—天平十一年大税賑給歴名帳	政	②	1017
	配流—	法	①	197
	配流—	法	①	769
	—銀貨	泉		289
いずもの	出雲国造【附】	神	④	1058
	—無服忌	礼	②	907
いずもの	出雲郷	地	①	230
いずもは	出雲派(射術)	武		125
いずもふ	出雲風土記	地	①	106
いずもむ	出雲席	器	②	27
いずる	弋射	武		123
いせ	伊勢(人名)	文	①	880
いせあみ	伊勢編笠	器	②	395
いせい	異姓			
	—養子	政	②	102
	—養子	政	③	763
	—養子	政	③	779
	冒—	姓		262
いせいっ	伊勢一社奉幣	神	③	574
いせうじ	伊勢氏			
	—世襲政所執事	官	②	1103
	—世襲殿中総奉行	官	②	1222
	—伝饗応式	礼	①	297
いせえび	伊勢鰕	動		1537
いせおお	伊勢大輔	文	①	883
いせおし	伊勢おしろい	器	①	496
いせおど	伊勢踊	楽	②	477
いせおん	伊勢音頭	楽	②	394
いせがま	伊勢釜	遊		673
いせから	伊勢苧	産	②	141
いせき	ゐせき(堰埭)	政	②	1120
いせき	遺跡	政	③	680
	—	政	③	697
	—訴訟	法	①	1018
いぜきけ	井関家	楽	①	981
いせきち	遺跡帳	政	③	677
いせぐん	伊勢郡代	官	③	1430
いせごい	伊勢鯉	動		1393
いせこう	伊勢講	神	③	644
いせこじ	伊勢こじき	政	③	947
いせごよ	伊勢暦	方		390
いせざき	伊勢崎	地	②	23
いせざき	伊勢崎藩	地	②	30
いせさだ	伊勢貞丈			
	—通有職	文	②	920
	—遺言辞院号	礼	②	306
	—家訓	人	②	203
いせさる	伊勢猿楽	楽	①	752
いせさん	伊勢参宮	神	③	644
いせじ	伊勢路	地	③	74
いせじま	伊勢島	地	①	469
いせじま	伊勢島節	楽	②	263
いせしん	伊勢真珠	動		1622
いせだい	伊勢代官	官	③	1518
いせだい	伊勢大神宮 「だいじん大神宮」を見よ			
いせつひ	伊勢津彦命	地	①	419
いせてん	伊勢天照皇大神宮禰宜譜図帳	姓		374
いせどう	伊勢豆腐	飲		220
いせのう	伊勢海	地	③	1278

いせのう	伊勢海(催馬楽)	楽	①	207
いせのお	伊勢大升	称		65
いせのく	伊勢国【篇】	地	①	418
	—名称	神	①	290
	大嘗祭時以—為悠紀	神	①	963
	—検地	政	④	45
	—陶器	産	①	735
いせのく	伊勢国造	地	①	434
いせのく	伊勢国奉行	官	③	1478
いせのこ	伊勢国司	官	②	464
いせのし	伊勢の上人	宗	④	131
いせのつ	伊勢使	神	③	574
	—	神	①	1030
いせのふ	伊勢の風呂吹	居		705
いせのや	井瀬社	神	④	228
いせびと	伊勢人(風俗歌)	楽	①	237
いせぶね	伊勢船	器	②	654
いせへい	伊勢平氏	姓		294
いせまち	伊勢町奉行	官	③	1430
いせもの	伊勢物語	文	②	654
いぜりと	井芹党	兵		452
いせりゅ	伊勢流(有職)	文	②	919
	—輿請取渡	礼	①	1017
	—婚礼書状等書法	礼	①	1220
いせりゅ	伊勢流(俳諧)	文	①	1354
いせりゅ	伊勢流神道	神	②	1415
いせん	意銭【附】	遊		38
いそ	磯【篇】	地	③	1295
いそ	磯(冠)	服		1091
いそ	磯(楽器)			
	和琴—	楽	②	556
	箏—	楽	②	649
いそがば	急がばまはれ	人	①	907
いそしお	勤臣	人	②	42
いそしむ	いそしむ	人	②	42
いそつば	磯津橋	地	③	315
いそのか	いそのかみ(枕詞)	神	④	23
いそのか	石上神宮【篇】	神	④	23
	—氏人	神	①	661
	—神宮寺	神	②	1713
いそのか	石上宅嗣	文	③	368
いそのか	石上振之神椙	神	②	1765
いそのか	石上部舎人	官	①	135
いそのぜ	磯の禅師	人	②	841
いそのみ	磯宮	神	③	5
いそべあ	いそべあへ	飲		206
いそべの	磯部駅	地	①	476
いそべの	磯部郷	地	②	20
いそほも	伊曾保物語	文	②	1021
いそまつ	磯松	植	①	606
いそまり	五十間流	飲		321
いそやご	磯谷郡	地	②	1295
いそら	磯等(神楽)	楽	①	161
いそん	異損	政	②	369
いた	板(扇)	服		1296
いだ	いだ(魚)	動		1321
いたい	位袋	服		1466
いたい	板井	地	③	1005
いたいし	板石	金		258
いたがい	櫪飼御馬	武		446
いたがき	板垣	居		859
いたがき	板垣信形	人	②	255
いたきそ	伊太祁曾神社【篇】	神	④	1327
いたくら	板倉	居		746
いたくら	板倉勝重			
	—為駿府町奉行	官	③	1357
	—為京都所司代	官	③	1261
	—薦己子	人	②	406
いたくら	板倉重矩			
	—為京都所司代	官	③	1264
	—度量	人	①	1168
	—自誡	人	②	71
いたくら	板倉重宗			
	—為京都所司代	官	③	1256
	—裁決	法	③	945
	—謹慎	人	①	1233
	—智慮	人	①	1269
いたぐる	板車	器	②	855
いたける	五十猛命			
	—将来樹種	地	③	911
	祀—於度津神社	神	④	1002
	祀—於伊太祁曾神社	神	④	1327
いたごし	板輿	器	②	944
いたこの	板来駅	地	①	1096
いたこぶ	潮来節	楽	②	402
いたこむ	板来村	地	①	1132
いたさか	板坂(笠)	器	②	392
いたさか	板坂卜斎	方		771
いだしあ	出袙	服		378
いだしう	出袿	服		396
	—	服		387
いたじき	板敷	居		1165

いだしぎ	出衣	服		386
	—	器	②	897
いだしぐ	出車	器	②	893
	春日祭時献—	神	④	124
	賀茂祭時献—騎馬	神	③	1067
いだしふ	出し文机	居		1081
いたじめ	板〆	産	①	876
	—	産	②	178
いただき	いただき(餅)	歳		1136
いただき	いただき(頭顚)	人	①	318
いただき	巓	地	③	697
いただき	戴灯籠	器	②	235
いただば	板田橋	地	③	230
いたち	鼬鼠	動		249
いたちう	鼬魚	動		1464
いたちは	いたちはじかみ(蔓椒)	植	①	441
いたちは	いたちはじかみ(山茱萸)	植	①	585
いたつき	いたつき(平題箭)	兵		1677
いたづき	いたづき(労)	方		1138
いたつき	板築駅	地	①	571
いたて	板手(装束)	服		225
いだてん	韋駄天	宗	①	127
いたど	板戸	居		1210
いたどこ	板床	居		1070
いたどめ	板留	地	③	125
いたどり	いたどり(虎杖)	植	②	27
いたのご	板野郡	地	②	796
いたのに	板西郡	地	②	796
いたのひ	板東郡	地	②	796
いたのも	板物(織物)	産	②	29
いたばし	板橋(武蔵)	地	①	805
いたばし	板橋(橋梁)	地	③	88
いたはな	板鼻宿	地	②	6
いたび	いたび(木蓮)	植	①	1190
いたび	いたび(木蓮子)	植	②	220
いたひき	板引	服		389
いたびさ	板庇	居		560
	—	地	③	600
いたぶき	板葺	居		1027
いたぶき	板葺門	居		843
いたぶね	板舟	器	②	616
いたぶろ	板風呂	居		678
いたぶろ	板風炉(茶湯具)	遊		660
いたぶん	板文庫【併入】	文	③	1424
いたみ	痛	方		1137
いたみの	伊丹酒	飲		744
いたみの	伊丹里	地	①	375
いたみり	伊丹流(俳諧)	文	①	1355
いたむ	慟	人	①	751
いたもと	板元(職名)	官	③	1277
いたや	板屋	居		1027
	—関板図	居		1029
いたやが	いたやがひ(文蛤)	動		1640
いたやの	板屋司	居		1033
いたらが	いたらがひ(文蛤)	動		1640
いたりあ	伊太利【篇】	外		1259
いち	市	産	②	589
	虹見処立—	天		316
	歳蔵—	歳		888
	雛—	歳		1111
	幟—	歳		1192
	草—	歳		1268
	年—	歳		1423
	東西—司【篇】	官	②	386
	於—決杖	法	①	120
	於—行著鈦政	法	①	132
	於—決死刑	法	①	230
	於—為歌垣	楽	①	255
	縮布—	産	②	162
	漬物—	飲		1057
	牛馬—	動		36
	魚—	動		1253
	蜜柑—	植	①	415
	生姜—	植	①	1152
	「いちば市場」も見よ			
いちい	櫟	植	①	192
	以—為神木	神	②	1793
いちい	一位			
	—封	封		42
	—位田	封		102
	—季禄	封		142
	—資人	封		352
	—蔭位	政	①	1002
	「しょうい正一位」「じゅいち従一位」も見よ			
いちいだ	櫟谷神	神	③	1388
いちいの	櫟津	地	③	511
いちいん	一院	帝		791
いちいん	一員(衛府)	官	①	1385
いちうり	一羽流(剣術)	武		27
いちえん	壱演			
	—創相応寺	宗	③	783

	—諡号	宗	②	803
いちおう	一応(僧)	宗	④	1078
いちおり	一尾流(茶道)	遊		597
いちおん	一音院	宗	③	969
いちがか	一が方のみこ神	礼	②	1326
いちかた	一方(琵琶法師)	楽	①	720
	—	人	②	943
いちかど	市門	産	②	590
いちがね	市金取引	産	②	360
いちがみ	市神	神	①	76
いちがや	市谷	地	①	970
いちがや	市谷御門	居		390
いちかわ	市川団十郎	楽	②	179
いちかわ	市川渡	地	③	463
いちかわ	市川米庵	文	③	724
いちかん	一巻経	宗	①	292
いちきし	市杵島姫命	人	②	332
	祀—於松尾神社	神	③	1374
	合祀—於日御崎神社	神	④	1077
	祀—於厳島神社	神	④	1123
	祀—於宗像神社	神	④	1422
	祀—於田島神社	神	④	1620
いちぐ	一具(音楽)	楽	①	36
	—	楽	①	326
いちくさ	以知草	植	②	88
いちくら	いちくら(肆)	産	②	621
いちげそ	一花草	植	②	197
いちげそ	一夏草	植	②	88
いちげつ	一月寺	宗	①	1117
いちげん	一絃琴【併入】	楽	②	709
いちご	覆盆子	植	②	97
いちござ	覆盆子酒	飲		708
いちこつ	壱越調	楽	①	20
	唐楽—楽曲	楽	①	319
	高麗楽—楽曲	楽	①	551
いちこつ	壱越波羅門(楽曲)	楽	①	335
いちこま	ゐちこまめ(珂孚豆)	植	②	238
いちざが	一座掛	法	③	778
	—牢問	法	③	961
いちさが	一下り調子	楽	②	831
いちざの	一座再致	礼	①	24
いちざの	一座宣旨	官	①	610
いちじき	一字金輪法	宗	②	295
いちじく	無花果	植	①	228
いちしご	一志郡	地	①	443
いちじさ	一字三礼写経	宗	①	287
いちじせ	一字銭	泉		32
いちじだ	一字題	文	①	683
いちじつ	一実神道	神	②	1336
いちじな	一字名	姓		704
いちしの	市磯池	地	③	1221
いちじば	一字板	文	③	1078
いちじゅ	一巡(献数)	礼	①	237
いちじょ	一乗院【併入】	宗	③	1203
いちじょ	一乗円戒	宗	②	672
いちじょ	一丈帯	服		813
いちじょ	一条家	姓		426
いちじょ	一乗止観院	宗	④	562
いちじょ	一条内裏	居		284
いちじょ	一条天皇	帝		21
	—譲位	帝		544
	—山陵	帝		993
	—国忌	礼	②	1278
いちじょ	一条殿流	礼	①	40
いちじょ	一条堀川橋	地	③	201
いちじょ	一条戻橋	地	③	200
いちしろ	市代牧	地	③	964
いちじん	一人(天皇)	帝		173
いちじん	一陣	兵		387
いちぜい	市税	政	④	510
いちぞく	一族	人	①	108
いちだい	一代一度大神宝	神	①	1635
いちだい	一代一度仁王会	宗	②	40
いちだい	一代一度仏舎利使	宗	①	247
いちだい	一代一度奉幣	神	①	1635
	宇佐神宮—	神	④	1570
いちだい	一代高家	官	③	303
いちだい	一代小普請	官	③	1587
いちだい	一代能	楽	①	896
いちでん	一伝流(居合)	武		64
いちでん	一伝流(剣術)	武		44
いちど	一度(献数)	礼	①	236
いちとく	壱徳塩(楽曲)	楽	①	395
いちどの	一殿(巫)	神	②	1514
いちにご	一二五検見	政	④	218
いちにご	一二五六双六	遊		4
いちにさ	一二斎流(鉄砲)	武		885
いちにさ	一二三之式	遊		522
いちにち	一日買(遊女)	人	②	901
いちにち	一日経	宗	①	290
いちにち	一日晴装束	帝		648
いちにば	一二橋	地	③	219
いちにん	一人称	人	①	3

いちにん 一人役 政 ④ 561
いちねい 一寧 宗 ② 554
—善書 文 ③ 701
いちねん 一念義 宗 ① 864
いちねん 一念三千 宗 ① 949
いちのい 一の板(鎧) 兵 1776
いちのう 一歌 楽 ① 245
いちのか 一の上(左大臣) 官 ① 417
官政時申—雑事 政 ① 62
いちのか 一上宣旨 官 ① 417
いちのせ 一ノ関藩 地 ② 154
いちのた 一対 居 542
いちのた 一谷(冑) 兵 1883
いちのた 一谷合戦絵 兵 552
いちのた 一谷城 兵 1057
いちのつ 市司 官 ② 386
— 産 ② 591
いちのて 一の手 兵 409
いちのて 一之手拵合 兵 582
いちのと 一の所(摂関) 官 ① 562
いちのは 一橋 地 ③ 220
いちのひ 一人
太政大臣称— 官 ① 405
摂関称— 官 ① 562
任—執筆作法 政 ① 756
いちのべ 市辺押磐皇子
—遭害 帝 286
—陵 礼 ② 1105
いちのま 市政 法 ① 160
いちのみ 一宮(社格) 神 ① 400
— 神 ① 346
以—称総社 神 ① 841
淡路国—神宮寺 神 ② 1737
伊賀国— 神 ④ 301
いちのみ 一宮荘 地 ① 1042
いちのみ 一宮藩 地 ① 1043
いちのみ 一宮流(居合) 武 64
いちば 市場 産 ② 589
米— 産 ② 505
「いち市」も見よ
いちばう 市場運上 政 ④ 510
いちはつ いちはつ(鳶尾) 植 ① 1112
いちはら 市原郡 地 ① 1029
いちばん 一番首 兵 920
いちばん 一番備 兵 414
いちばん 一番手 兵 410
いちばん 一番乗 兵 547
いちばん 一番鎗 兵 547
— 兵 917
いちび いちび(苘麻) 植 ② 374
いちひめ 市姫 神 ① 76
— 礼 ① 445
いちぶぎ 一分銀 泉 253
いちぶじ 一分地頭
鎌倉幕府— 官 ② 994
足利氏— 官 ② 1378
いちふじ 一富士二鷹三茄子 人 ① 795
— 地 ③ 792
いちぶば 一分判 泉 202
いちぶめ 一分召除目 政 ① 676
— 政 ① 741
いちまい 一枚絵 文 ③ 859
いちまい 一枚起請 人 ② 355
いちまい 一枚椎舟 器 ② 623
いちまち 市町 産 ② 590
いちまつ 市松形 産 ① 859
いちむら 市村座 楽 ② 27
いちめ 市女 産 ② 710
いちめが 市女笠 器 ② 415
いちもち 市餅 礼 ① 445
いちもの 一者(楽人) 楽 ① 632
いちもん 一門 人 ① 108
いちもん 一門家督 政 ③ 681
いちもん 一文字(料理) 飲 306
いちもん 一文字(掛軸) 文 ③ 1000
いちもん 一文字編笠 器 ② 388
いちもん 一文字菅笠 器 ② 384
いちもん 一門八講 人 ② 1015
いちやく いちやくさう(鹿蹄草) 植 ② 435
いちやず 一夜鮓 飲 951
いちやひ 一夜百首
詩— 文 ② 542
和歌— 文 ① 661
いちゆう 一揖 礼 ① 50
いちょう 公孫樹 植 ① 127
以—為神木 神 ② 1794
いちよう 一葉松 植 ① 89
いちょう 銀杏葉紋 姓 530
いちょく 違勅 法 ① 7
— 法 ① 647
— 法 ① 783
— 法 ② 2
いちりづ 一里塚 地 ③ 30

いちりゅ	一隆楽	楽	①	339
いちりょ	一領(鎧)	兵		1852
いちりん	一輪生	遊		857
いちれん	一蓮寺【篇】	宗	④	244
いちろう	一﨟	官	②	293
いちろう	市郎太夫節	楽	②	251
いちろう	壱弄楽	楽	①	339
いちわ	壱和(僧)	神	④	350
いつ	噎	方		1194
いっかい	一階	官	③	1780
いっかい	一回忌	礼	②	1376
いつかが	五日帰	礼	①	1104
いっかく	一角	動		475
いつかみ	厳神之宮	神	④	1026
いっかり	一火流(鉄砲)	武		884
いっかん	一管	楽	①	966
いっき	一紀	歳		7
いっき	一揆	兵		421
	奥羽—	政	④	43
	徳政—	政	④	823
	耶蘇教徒—	宗	④	1129
いっきが	一騎駆	兵		551
いつきこ	斎子	神	②	1513
いつきち	居付町人	政	③	1286
いつきの	いつきのみや	神	③	1170
	「さいいん斎院」も見よ			
いつきの	いつきのみや	神	③	683
	「さいぐう斎宮」も見よ			
いつきの	いつきのみやのつかさ	神	③	801
	「さいぐう斎宮寮」も見よ			
いつきの	いつきのみやのつかさ(斎院司)	神	③	1234
いっきほ	一季奉公人	政	③	625
いつきめ	斎女	神	②	1513
	春日—	神	④	93
	春日—	神	④	101
いっきゅ	一休	帝		1487
	—	宗	③	753
いっきゅ	一級	官	③	1780
いっきゅ	壱宮楽	楽	①	357
いっきょ	逸狂詩	文	②	604
いっきょ	一曲【併入】	楽	①	610
いっきん	溢金楽	楽	①	357
いつくさ	いつくさのたなつもの	植	①	752
いつくし	厳島	地	②	646
	—	地	②	675
いつくし	厳島神社【篇】	神	④	1123
	高倉院—御幸	帝		1619
	—延年祭	楽	②	452
いつくし	いつくしむ(慈)	人	①	1100
いっけ	一家	人	①	107
いつけの	射つけの小的	武		242
いつけぶ	射付節(矢)	兵		1584
いっこ	一鼓(楽曲)【併入】	楽	①	611
いっこ	壱鼓(楽器)【篇】	楽	②	1110
いっこう	一向宗	宗	①	814
	「しんしゅ真宗」も見よ			
いっこう	一向二裏の備	兵		70
いっこく	一国地頭	官	②	990
いっこく	一国平均徳政	政	④	806
いっこん	一献	礼	①	236
いっこん	一斤染	産	①	852
いっこん	一こん煮	飲		216
いっさい	一切経			
	「だいぞう大蔵経」を見よ			
いっさい	一切経会	楽	①	333
いつさい	揖西郡	地	②	520
いっしき	一色氏	官	②	1079
いっしし	一紙証文	宗	④	1214
いっしそ	一子相伝			
	能狂言—	楽	①	1011
	茶道—	遊		601
いっしゅ	壱州	地	②	1236
	「いきのく壱岐国」も見よ			
いっしゅ	一宗構【併入】	法	②	396
いっしゅ	一朱金	泉		246
いっしゅ	一朱銀	泉		246
いっしゅ	一種代	政	④	284
いっしょ	一章(年数)	歳		7
いつしょ	五装束	兵		1293
いっしり	一旨流(槍術)	武		72
いっしん	一身阿闍梨	宗	②	916
いっしん	一心院【篇】	宗	③	652
いっしん	一心寺【篇】	宗	④	64
いっしん	一身田	封		118
いっすい	一炊夢	人	①	827
いっすく	一縮(鎧)	兵		1852
いっすも	一種物	飲		51
いっすん	一寸法師	人	①	55
	「しゅじゅ侏儒」も見よ			
いっせい	一世一元	歳		318
いっせい	一世一代			

	—能	楽	①	897
	—芝居	楽	②	189
いっせい	一世源氏	姓		210
いつせの	五瀬命	神	④	1259
いっせん	一銭切	法	①	706
いっせん	一銭職	人	①	580
いっそく	一束(矢)	兵		1533
いっそく	一束一巻	文	③	1201
いっそく	一束一本	文	③	1202
いっそん	一村地頭	官	②	990
いつぞん	佚存叢書	文	③	422
いっちは	一致派	宗	①	983
いっちゃ	一搩手半	宗	①	181
いっちゃ	一搩半像	宗	①	194
いっちゅ	一中節	楽	②	285
	—浄瑠璃文	楽	②	320
いっちゅ	一中流(槍術)	武		71
いっちょ	一調(能楽)	楽	①	966
いっちょ	一張弓	兵		1656
いっちょ	一蝶流(絵画)	文	③	824
いづつ	井筒	地	③	1017
いつつぎ	五衣	服		1000
	—或称袿或称重袿	服		393
いつつど	五ッ取(租)	政	④	16
いつつめ	五ッ目(婚礼)	礼	①	1346
いつつも	五物(射術)	武		100
いってい	一亭一客	遊		414
いってつ	一鉄	人	①	707
いってぶ	いつて船	器	②	655
いってん	一天の主	帝		187
いってん	一天の君	帝		188
いつとう	揖東郡	地	②	520
いっとう	一刀三礼作	宗	①	150
いっとう	一刀流	武		28
いっとき	一時攻	兵		621
いっとき	壱団橋(楽曲)	楽	①	362
いつとも	五伴緒	官	①	28
いっとら	壱団楽	楽	①	361
いつなの	五七日(仏祭)	礼	②	1479
いつねん	逸年号【併入】	歳		340
いっぱい	一拝	礼	①	12
いっぱい	一拝再致	礼	①	24
いっぱい	一盃二盃(献数)	礼	①	236
いっぱか	一派構【併入】	法	②	398
いっぴつ	一筆写経	宗	①	292
いっぷく	一幅物	文	③	1009
いつへ	厳瓮	器	①	174
	—	神	②	1248
いっぺん	一遍	宗	①	1056
	—巡錫	宗	④	269
	—弘通念仏	宗	①	379
いっぺん	一遍上人絵縁起	宗	③	497
いっぺん	一遍聖絵	宗	③	489
いっぽう	一方(飲食具)	器	①	162
いっぽう	一報状	政	③	208
いっぽう	一方内談衆	官	②	1134
いっぽう	一方内談始	政	③	20
いっぽう	一方庭	居		889
いっぽう	一方の家督	政	③	681
いっぽう	一放流(剣術)	武		27
いっぽん	一品	官	③	1794
いっぽん	一本懸(蹴鞠場)	遊		1059
いっぽん	一品経	宗	①	292
いっぽん	一本御書所【併入】	官	②	341
いっぽん	一本御書所別当	官	②	341
いっぽん	一本橋	地	③	83
いつまで	いつまでぐさ(常春藤)	植	②	395
いつまで	いつまでぐさ(壁生草)	植	②	88
いつわる	詐	人	②	659
	—称神託	神	①	278
	—為詔勅	政	①	237
	—為宣旨院旨	政	①	307
	—受口分田	政	②	328
	—申請教書	政	③	33
	—申請下文	政	③	53
	—申請奉書	政	③	96
	—申請下知状	政	③	110
	—年齢	政	③	781
	穢多—称平人	政	③	888
	—称官名	法	①	432
	—称官名	法	②	917
	—而退軍	兵		127
	—而降服	兵		128
	—約戦期	兵		133
	—混敵兵	兵		134
	—為講和	兵		720
	佯愚	人	①	1290
	「あざむく欺」「さぎ詐偽」も見よ			
いて	射手	兵		232
	弓始—	武		373
	賭射—	武		395

	騎射―	武		478
	笠懸―	武		563
	犬追物―	武		643
	小弓―	遊		178
いで	ゐで(堤防)	政	②	1104
いで	井出(琵琶)	楽	②	756
いていあ	以酊庵	外		768
いてすお	射手素襖	服		584
いでたち	出立			
	外記庁―儀	政	①	107
	外記政後侍従所―儀	政	①	116
いでのか	井堤の蛙	動		1070
いではじ	出羽神社【篇】	神	④	911
いてぶぎ	射手奉行	武		664
いてぶね	射手船	兵		1250
いでまし	いでまし	帝		587
	「ぎょうこ行幸」も見よ			
いでゆ	温泉	地	③	1034
	「おんせん温泉」も見よ			
いでわの	出羽国	地	②	169
いてん	移点	文	③	297
いでん	位田【篇】	封		100
	収―班給	政	②	326
いでん	藺田	植	①	999
	掃部寮―	官	①	1054
いでんち	位田帳	封		108
いと	いと(納豆)	飲		871
いと	糸【篇】	産	②	63
	天蚕―	産	①	372
	反物―綿等改所	産	②	8
	―改方	産	②	88
いと	絃(楽器)			
	「げん絃」を見よ			
いど	井	地	③	1003
	―祭	神	②	616
	天忍―	神	③	565
	少将―	神	③	1474
	濬―	服		629
	塩―	飲		808
	古―	方		1496
	覆―	法	①	1184
	井霊祭	方		47
いど	井戸	政	②	1119
いとあわ	いとあはす(綜)	産	②	77
いといが	糸魚川	地	②	343
いといり	糸入	産	②	171
いとう	厭	人	①	766
いとうじ	伊藤若冲	文	③	921
いとうじ	伊藤仁斎			
	―古学	文	②	788
	―講書	文	③	208
	―度量	人	①	1168
	―感化賊	人	①	1176
	―濬義井	地	③	1019
	―登妓楼	文	②	737
	―歌集	文	②	376
	世人称―五子呼五蔵	姓		679
	―門人	文	③	25
いとうす	伊東祐清	人	①	1189
いとうす	伊東佐忠	武		76
いとうた	伊藤忠也	武		34
いとうと	伊藤東涯			
	―古学	文	②	792
	―不知三絃匣	文	②	737
	―著書	文	③	475
いとうは	伊藤派(学派)	文	②	788
いとうよ	伊東義賢	宗	④	1115
いとおど	糸威腹巻	兵		1835
いとおど	糸威鎧	兵		1799
いとおり	糸織	産	②	236
いどがわ	井輪	地	③	1017
いとくて	威徳天神	神	①	154
いとくて	懿徳天皇	帝		2
いとけな	いとけなし(幼少)	人	①	58
いとげの	糸毛冑	兵		1868
いとげの	糸毛車	器	②	825
	行啓用―	帝		781
いとげの	糸毛鎧	兵		1813
いとこ	従父兄弟姉妹	人	①	269
	天皇為―服	礼	②	500
	為―服	礼	②	583
	為―服	礼	②	775
	従兄弟受禅	帝		534
	従兄弟受禅以前帝子為太子	帝		537
	従兄弟為太子	帝		1351
いとこ	従母兄弟姉妹	人	①	272
いとこお	いとこおほをぢ(族祖父)	人	①	257
いとこお	いとこおほをば(族祖姑)	人	①	257
いとこお	いとこおぢ(従祖父)	人	①	256

いとこお	いとこおぢよめ(従祖母)	人	①	256
いとごお	伊都郡	地	②	734
いとごお	怡土郡	地	②	934
いとこく	伊都国	外		822
いとこち	従弟違	人	①	274
いとこに	従弟煮	飲		220
いとこに	いとこ煮汁	歳		1056
いとざく	糸桜	植	①	292
いとし	移都師(楽曲)	楽	①	424
いとしべ	伊登志部	官	①	133
いとしま	糸縞	産	②	171
いとじょ	怡土城	兵		1054
いとしり	糸鞦	兵		2033
いとすげ	いとすげ(崖椶)	植	①	959
いどちゃ	井戸茶碗	遊		688
いとつが	糸番屛風	器	①	902
いとづつ	いとづつみの弓	兵		1648
いとど	いとど(虫)	動		1168
いとどこ	糸所	官	①	792
いとどり	糸操	遊		1231
いとどん	糸問屋	産	②	409
いとなま	糸鱠	飲		199
いとにし	糸錦	産	②	290
いとのし	怡土荘	地	②	952
いとひき	糸引	遊		1208
いとびん	糸鬢	人	①	526
いとふき	糸葺有庇之車	器	②	825
いとま	暇	政	①	1145
	「きゅうか休假」も見よ			
いとまき	糸巻大刀	兵		1366
いとみや	いと宮	帝		1414
いとめ	糸目	泉		179
いとや	糸屋	産	②	96
いどやき	井戸焼	産	①	767
いとゆう	糸遊	天		324
いとゆみ	いとゆみ(繳射)	産	①	462
いとより	糸縷(狂言)	楽	②	139
いとより	絡糸	産	②	77
いとより	絡糸女	産	②	78
いとわた	糸渡(奏楽)	楽	②	541
いとわっ	糸割符	産	②	801
いな	いな(魚)	動		1392
いないの	稲飯命	外		98
いなうじ	伊奈氏	官	③	1466
いなおお	稲負鳥	動		669
いなおさ	稲長	産	①	190
いなか	田舎	地	①	200
いなかえ	不不替(笙)	楽	②	927
いなかし	田舎芝居	楽	②	41
いなかて	田舎点	文	③	282
いなかび	田舎人	産	②	719
いなかま	田舎間	政	③	1264
いなかめ	田舎目	称		112
	—	泉		177
いながら	いながら(稲茎)	植	①	795
いなぎ	いなぎ(魚)	動		1483
いなぎ	稲城	兵		1124
	—	帝		1155
いなぎ	稲置【併入】	官	①	179
	—	姓		64
	—	姓		123
いなぎ	稲機	産	①	283
いなぐき	稲茎	植	①	795
いなくま	伊奈熊蔵	政	④	38
いなぐら	いなぐら(廩)	居		734
	—	居		785
いなご	螽	動		1161
いなごお	伊那郡	地	①	1365
いなこき	稲扱	産	①	285
いなごま	いなごまろ(蚱蜢)	動		1160
いなさご	引佐郡	地	①	578
いなさほ	引佐細江	地	③	1286
いなすり	いなすり(病名)	方		1388
いなだ	鰍	動		1407
いなだい	伊奈代官	官	③	1527
いなだね	稲種	産	①	56
いなたは	いなたはり(秉)	植	①	797
いなつき	いなつきがに(蟛蜞)	動		1600
いなつび	いなつび(粒)	植	①	812
いなづま	電【併入】	天		308
いなとみ	稲富伊賀	武		886
	—怯懦	人	②	134
いなとみ	稲富流(鉄砲)	武		884
いななく	嘶	動		146
いなの	井奈野(神楽)	楽	①	160
いなのし	猪名荘	政	②	496
いなのつ	いなの綱	器	②	960
いなのの	為奈野牧	地	③	969
いなのみ	猪名港	地	③	571
いなのめ	いなのめ(凌晨)	歳		79
いなばう	稲葉迂斎	文	②	784
いなばき	いなばき筵	器	②	12
いなばこ	稲葉小僧	法	②	697

	—	法 ③	168
いなばせ	因幡銭	泉	32
いなばど	因幡堂	宗 ③	366
	—本尊開帳	宗 ③	353
いなばの	因幡国【篇】	地 ②	429
	大嘗祭時以—為主基	神 ①	1218
	—高庭荘預解文	政 ②	373
	配流—	法 ①	192
	配流—	法 ②	293
	—銀貨	泉	289
いなばの	稲葉国造	地 ②	435
いなばの	稲葉紀通	法 ②	260
いなびか	電【併入】	天	308
いなひの	稲日野	地 ③	946
いなぶね	稲舟	器 ②	684
いなべ	猪名部	官 ①	117
いなべご	員弁郡	地 ①	440
いなぼ	稲穂	植 ①	798
いなほの	稲穂祭	産 ①	11
いなほの	稲穂湖	地 ③	1246
いなみご	印南郡	地 ②	524
いなみど	稲実殿	神 ①	1055
いなみの	印南野	地 ③	946
いなむし	いなむし　「こう蝗」も見よ	動	1165
いなむし	稲筵	器 ②	8
いなむら	稲村崎	地 ③	1333
いなりご	稲荷御霊会	神 ③	1468
いなりじ	稲荷神社【篇】	神 ③	1447
	—狐	神 ②	1838
	—服忌	礼 ②	890
	—氏人	神 ①	680
	—験の杉	神 ②	1760
いなりず	稲荷鮓	飲	961
いなりだ	稲荷大明神	神 ③	1451
	—正一位位記	神 ①	335
いなりて	稲荷伝奏	官 ①	676
いなりど	稲荷鳥居	神 ①	586
いなりに	稲荷人形	遊	1246
いなりま	稲荷祭【附】	神 ③	1464
	—	神 ②	588
いなりも	稲荷詣	神 ③	1460
	—	神 ②	588
	—	産 ①	7
いなわし	猪苗代湖	地 ③	1241
	—	政 ④	1082

いなんご	伊南郡	地 ①	1034
いにしえ	古	歳	69
いにわ	射庭	武	222
いぬ	犬	動	151
	犬追物—	武	667
	—毒	方	1495
	路頭遇主家鷹—礼	礼 ①	214
	—産假文	礼 ②	682
	猟—	産 ①	445
	放鷹用—	遊	1024
	猿与—相嫉	動	271
	狐畏—	動	339
いぬ	犬(玩具)	遊	1250
いぬ	犬(楽曲)	楽 ①	585
いぬ	寝	人 ①	959
いぬあら	いぬあららぎ(香葇)	植 ②	505
いぬい	乾	天	21
いぬいす	犬射素襖	服	585
いぬいた	いぬいたどり(蛇繭草)	植 ②	29
いぬえ	いぬえ(蘇)	植 ②	491
いぬえ	いぬえ(香葇)	植 ②	505
いぬえん	犬ゑんじゆ(黒槐)	植 ①	387
いぬおう	犬追物【篇】	武	573
	—図	武	614
いぬおよ	犬泳	武	985
いぬかい	犬飼	官 ①	932
いぬかい	犬飼温泉	地 ③	1063
いぬかい	犬養部	官 ①	100
いぬかい	いぬかひ星	天	96
いぬがし	犬頭糸	産 ②	66
いぬかま	犬鎌	武	668
いぬかみ	犬上川	地 ③	1155
いぬかみ	犬上郡	地 ①	1179
いぬがや	犬榧	植 ①	136
いぬがら	いぬがらし(蔊菜)	植 ②	81
いぬがり	犬狩	動	164
いぬきが	いぬき笠	器 ②	388
いぬくず	いぬくず(鉤吻)	植 ②	343
いぬぐす	いぬ樟	植 ①	260
いぬこう	いぬかうじゆ(爵床)	植 ②	507
いぬこし	犬子集	文 ①	1415
いぬざん	犬山椒	植 ①	442
いぬしし	犬獅子(犬名)	動	187
いぬじに	犬死	人 ①	658
いぬじに	犬神人	政 ③	917
	—	神 ③	1487

	—	官	②	1211
いぬたで	いぬたで(葒草)	植	②	4
いぬづか	犬塚(犬追物)	武		584
いぬつげ	いぬつげ(柞木)	植	①	487
いぬとく	いぬとくさ(麻黄)	植	①	941
いぬのた	いぬのたま(狗宝)	動		162
いぬのた	いぬのたまひ(犬㞎)	動		161
いぬのば	犬の馬場	武		581
いぬばえ	狗蠅	動		1140
いぬばこ	犬箱	礼	①	349
いぬばし	犬走	居		871
	—	兵		1097
いぬはな	犬放	武		667
いぬはり	犬張子	歳		1108
いぬひき	犬引(琵琶)	楽	②	764
いぬひき	犬牽	官	③	952
いぬひき	犬牽頭	官	③	952
いぬびと	狗人	官	①	916
いぬびわ	いぬびは(天仙果)	植	①	229
いぬほう	いぬほうづき(竜葵)	植	②	538
いぬぼえ	狗吠(隼人)	官	①	916
いぬまき	いぬまき(羅漢松)	植	①	130
いぬめし	犬目少将	人	①	369
いぬやま	狗山(狩猟)	産	①	444
いぬやま	犬山焼	産	①	745
いぬよも	いぬよもぎ(菴藺)	植	②	716
いぬわら	いぬわらび(薇)	植	②	866
いね	稲	植	①	760
	—	産	①	3
	祓禊用—	神	②	709
	神饌用—	神	②	1156
	出挙—	政	②	875
	出挙—	政	②	903
	—束数考	政	④	114
	贖—	法	①	271
	為戦闘刈—麦	兵		997
	醸酒料—	飲		727
いねかけ	いねかけ(喬扞)	産	①	283
いねこき	稲扱	産	①	97
	—図	産	①	91
いねつき	稲春歌	神	①	1222
	—	神	①	1581
いねつき	いねつきこまろ(螽蟴)	動		1160
いねむり	坐睡	人	①	973
いの	維那(僧職)	宗	②	1037
いのあし	ゐのあし(織榎)	産	②	38
いのあぶ	猪油	器	①	516
いのいえ	井家荘	官	②	960
いのうえ	井上因碩	遊		80
いのうえ	井上金峩			
	—折衷学	文	②	807
	—売講	文	③	192
	—著書	文	③	477
いのうえ	井上寺(河内国大県郡)	宗	④	23
いのうえ	井上寺(河内国志紀郡)【篇】	宗	④	27
いのうえ	井上内親王	帝		1154
いのうえ	井上駅	地	①	1053
いのうえ	井上節	楽	②	268
いのうえ	井上正鉄	法	②	276
いのうえ	井上正継	武		887
いのうえ	井上学	方		782
いのうえ	井上蘭台	文	②	782
いのうえ	井上流(鉄砲)	武		884
いのうじ	稲生若水	方		1113
	—蔵書	文	③	385
いのうた	伊能忠敬	文	③	639
	—	地	①	121
いのえん	藺円座	器	②	99
いのかい	貽貝	動		1645
いのかし	井頭池	政	④	1111
いのかみ	井神	神	①	65
	—	神	①	913
いのくず	ゐのくづち(牛膝)	植	②	118
いのげげ	ゐのげげ(草履)	服		1429
いのこ	豕	動		223
いのこ	玄猪【篇】	歳		1345
いのこ	狗児(病名)	方		1243
いのこさ	亥杈首	居		985
いのこし	射遺	武		331
いのこず	ゐのこづち(牛膝)	植	②	118
いのこも	亥子餅	歳		1346
いのこり	居残詰番	政	③	438
いのしし	猪	動		419
	捕—	産	①	466
	以—為神使	神	②	1854
	祈年祭時献白—	神	②	32
いのしし	猪武者	動		421
いのち	命	人	①	623
いのて	いのて	植	②	868
いのまた	猪股党	兵		441
いのまつ	井祭	神	②	616

いのめ	猪目	動		430
いのりし	祈禱師	神	②	1646
いば	射場【篇】	武		221
	楊弓—	遊		204
いはい	已配	法	①	42
いはい	位牌	礼	②	288
	—	礼	②	1240
いはい	移配	法	①	293
	俘囚—	人	②	753
	夷俘—	人	②	760
いはいじ	位牌所	礼	②	1225
いはいど	位牌堂	宗	③	89
いはかせ	医博士	方		658
いはつ	已発	法	①	42
いばどの	射場殿	武		222
いばはじ	射場始【篇】	武		271
いばらあ	荊合	遊		285
いばらき	茨城	兵		1124
いばらき	茨城郡	地	①	1112
いはらさ	井原西鶴	文	②	954
いばらだ	棘竹	植	①	718
いばり	尿	産	①	126
いび	いび(鵜鶘)	動		616
いびき	鼾	人	①	315
いふ	夷俘【附】	人	②	759
いふ	位封【篇】	封		41
いぶき	いぶき(檜柏)	植	①	123
	—	植	①	119
いぶきじ	伊富伎神社	地	③	807
いぶきど	気吹戸主神	神	②	664
いぶきと	いぶきとらのを(拳参)	植	②	32
いぶきや	伊吹山	地	③	807
いふきゅ	伊孚九	文	③	837
いぶぎょ	井奉行	政	④	1169
いふく	衣服	服		4
	以—為幣	神	②	1074
	賀茂祭時禁奢侈—	神	③	1088
	賤民—	政	②	183
	元服用—	礼	①	743
	元服用—	礼	①	771
	婚姻式中改—	礼	①	1048
	婚姻用—	礼	①	1142
	以—為餞別	人	②	434
	施家紋於—	姓		556
	農人—	産	①	195
	幕府女中—料	服		1038
	茶会主客—	遊		432
	僧服【篇】	宗	②	1137
	以無屍葬衣冠	礼	②	253
	「しょうぞ装束」「ふくそう服装」も見よ			
いふくべ	伊福吉部徳足比売臣墓誌	礼	②	1162
いふけい	異父兄弟姉妹	人	①	176
	為—服	礼	②	583
	為—服	礼	②	767
いふじし	衣鉢侍者	宗	②	1057
いふしぼ	いふしぼり(纐纈)	産	①	866
いぶすき	揖宿郡	地	②	1221
いぶつ	遺物	礼	②	328
	—	政	③	737
	埋—築塚	礼	②	1126
いふぼき	異父母兄妹	人	①	176
いぶりの	胆振国	地	②	1298
いぶんし	位分資人	封		352
いべやき	伊部焼	産	①	762
いぼ	肬	方		1274
いぼ	姨母	人	①	260
いほう	位袍	服		276
	著素服於—上	礼	②	959
いほうぬ	伊北布	産	②	140
いほくご	伊北郡	地	①	1034
いぼぐさ	いぼぐさ(水竹葉)	植	①	993
いぼせう	疣背魚	動		1412
いぼたの	いぼたの木	産	①	185
いぼたの	いぼたの虫	動		1193
いぼたろ	いぼた蠟	動		1193
いぼむし	いぼむしり(螳螂)	動		1180
いぼめ	肬目	方		1275
いま	今	歳		67
いま	居間	居		598
いまいせ	今伊勢	神	①	172
いまいぶ	今井船	器	②	668
いまおお	今大路氏	官	③	865
いまかみ	今神温泉	地	③	1077
いまがわ	今川家	文	②	918
いまがわ	今川了俊			
	—為九州探題	官	②	1320
	—訓誡	人	②	172
いまき	今木(澡浴具)	器	①	628
いまきの	今木神	神	③	1396
いまきは	今来隼人	官	①	911
いまきり	今切	地	③	431

	—渡船賃	地	③	398
	—関所通行心得	地	③	620
	難破船改以—為境	政	④	1406
いまぐま	今熊野	神	①	170
いまし	いまし(汝)	人	①	11
いましげ	今重保	地	②	216
いましめ	誡	人	②	147
	—国司貪濁	政	①	1275
	—言語	人	①	861
	—奢侈	人	②	629
	—驕慢	人	②	635
	—婬	人	②	654
	—諂諛	人	②	671
	—讒	人	②	701
	—闘争	人	②	706
	—大酒	飲		787
	「くんかい訓誡」も見よ			
いまじゅ	今宿	地	②	518
いまだて	今立郡	地	②	237
いまちづ	居待月	天		63
いまでが	今出川殿	居		313
いまとみ	今富荘	政	②	469
いまどや	今戸焼	産	①	748
いまなん	今南西郡	地	②	237
いまなん	今南東郡	地	②	237
いまはち	今八幡	神	①	172
いまばや	今林荘	政	②	505
いまはり	今治	地	②	878
いまはり	今治藩	地	②	884
いまほく	今北東郡	地	②	237
いままい	いままゐり(今良)	政	②	195
いままち	今町	地	②	343
いまみや	今宮(神号)	神	①	171
いまみや	今宮(皇親)	帝		1414
いまみや	今宮祭	神	②	624
いまよう	今様【篇】	楽	①	284
	五節淵酔歌—	神	①	1361
いまよう	今様合	楽	①	312
いまりや	伊万里焼	産	①	769
	—	産	①	714
いまわの	いまはのとき	人	①	660
いみ	忌	礼	②	582
	「ものいみ物忌」も見よ			
いみあけ	忌明			
	産所—	礼	①	452
	—詣忌明塔	礼	②	836
	—後拝神	礼	②	857
いみあけ	忌明塔	礼	②	836
いみき	忌寸	姓		44
	—	姓		109
いみくら	斎蔵	官	①	952
いみくわ	忌鍬	神	③	498
いみこ	忌子	神	②	1514
いみごと	忌事			
	「きんき禁忌」を見よ			
いみこと	忌詞			
	大嘗祭—	神	①	1171
	斎宮—	神	③	767
	斎院—	神	③	1206
	婚礼—	礼	①	1218
いみごめ	忌御免	礼	②	671
	—	礼	②	821
いみごも	忌籠			
	寺院—	礼	②	729
	喪屋—	礼	②	732
いみすき	忌鋤	産	①	217
いみずご	射水郡	地	②	312
いみずじ	射水神社【篇】	神	④	993
いみずの	伊弥頭国造	地	②	309
いみたち	斎館	神	①	492
いみづき	忌月			
	「きげつ忌月」を見よ			
いみな	諱	姓		749
	—	帝		920
	地名避—	地	①	52
	避—改姓	姓		249
	避—改名	姓		751
	避中宮—改名	帝		1130
	御前講書不読—字	文	③	186
	殿上元服賜—字	礼	①	812
いみばし	斎柱	居		947
いみはた	斎服殿	産	②	30
いみび	忌火	神	②	811
いみびに	忌火庭火神	神	①	869
いみびに	忌火庭火祭			
	神今食—	神	②	181
	新嘗祭—	神	②	251
いみびの	忌火御飯			
	神今食祭供—	神	②	157
	新嘗祭供—	神	②	226
いみびや	忌火屋殿	産	①	101
いみべ	忌部	官	①	33
いみべ	忌部(神祇官)	官	①	316
	祈年祭時—班幣帛	神	②	10

いみべう	忌部氏	官	①	33
	—	姓		179
	中臣氏与—争職掌	神	②	1030
	—長者	姓		459
いみべじ	忌部神社【篇】	神	④	1334
いみべだ	忌部代	官	①	322
いみべど	斎部殿	官	①	295
いみべの	斎戸衣	神	②	535
いみべの	斎部広成	官	①	36
いみべの	斎戸祭【附】	神	②	535
いみべま	忌部正通	神	②	1434
いみやど	忌屋殿	神	①	489
いみょう	異名	姓		708
	因歌得—	文	①	889
	因連歌得—	文	①	1112
いみん	移民	政	②	41
いむけの	射向袖(鎧)	兵		1776
いめ	夢	人	①	786
いも	いも(妹)	人	①	181
いも	いも(妻)	人	①	151
いも	芋	植	①	971
	—栽培	政	④	968
いもい	いもゐ(斎食)	礼	②	693
いもうえ	芋植車	産	①	256
いもうと	妹	人	①	180
	—	政	②	20
	天皇為—服	礼	②	497
	「しまい姉妹」も見よ			
いもうと	妹島	地	①	680
いもがか	妹之門(催馬楽)	楽	①	213
いもがし	芋頭	植	①	975
いもがゆ	薯蕷粥	飲		458
いもがら	いもがら(莍)	植	①	972
いもし	いもし(莍)	植	①	972
いもじの	いもじのつかさ(典鋳司)	官	①	967
いもしゅ	いもしうとめ(妻姉妹)	人	①	190
いもせ	いもせ(夫婦)	人	①	149
いもせが	妹瀬川	地	③	1157
いもせじ	妹背島	地	②	891
いもせや	妹妋山	地	③	748
いもち	いもち(稲害虫)	産	①	150
いもとわ	妹与我(催馬楽)	楽	①	213
いもなま	芋鱠	飲		203
いものし	鋳物師	産	①	651
	弾左衛門支配—	政	③	883
	蔵人所—	官	②	301
いもむし	芋虫	動		1099
いもむし	芋虫(玩具)	遊		1254
いもむし	芋虫ころころ	遊		1239
いもめい	芋名月	歳		1310
いもめし	芋飯	飲		407
いもめし	薯蕷飯	飲		407
いもやみ	いもやみ(疱瘡)	方		1387
いもり	蠑螈	動		1061
いもりの	井もりのしるし	動		1059
いもん	異文(袍文様)	服		271
いや	ゐや(礼)	人	①	1211
いやいと	再従兄弟	人	①	273
	「さいじゅ再従兄弟」も見よ			
いやし	賤【篇】	人	②	568
いやしき	居屋敷	政	③	1254
	大名—	官	③	1720
いやち	いや地	産	①	43
いやひこ	伊夜比古神社	神	④	995
いようじ	横笛	楽	②	862
いよかず	いよかづら(藍漆)	植	②	459
いよごお	伊予郡	地	②	873
いよしん	伊予親王	帝		1458
	御霊会祀—	神	②	622
	—贈位	官	①	260
いよすだ	伊予簾	器	①	844
いよそう	伊予総領	官	②	567
いよぞめ	伊予染	産	①	859
いよだい	伊予代官	官	③	1534
いよと	伊予砥	金		273
	—	産	①	766
いよのく	伊予国	地	②	850
	配流—	法	①	170
	配流—	法	①	785
いよのく	伊余国造	地	②	865
いよのた	伊予高嶺	地	③	846
いよのふ	伊予之二名島	地	①	61
いよのゆ	伊予湯	地	③	1089
いよはく	伊予白鑞	金		208
いよめ	いよめ(鳰)	動		602
いらえ	応答	人	①	842
いらか	甍【併入】	居		1061
いらぐさ	いらぐさ(蕁麻)	植	①	1195
いらこじ	伊良虞島	地	①	425
いらす	いらす(貸)	政	②	874
いらつこ	郎子	人	①	23
いらつめ	郎女	人	①	26

いらむし	いらむし(蛄蟖)	動		1097
いりあい	いりあひ	歳		88
いりあや	入綾	楽	①	65
いりえ	入江	地	③	1284
いりえど	入江殿	宗	③	557
いりおん	入音声	楽	①	7
いりがわ	煎瓦	器	①	321
いりこ	いりこ(熬海鼠)	動		1562
	貿易—	外		1059
いりごい	煎鯉	飲		222
いりころ	煎殺	法	①	754
いりざけ	煎酒	飲		281
	—	飲		948
いりだい	煎鯛	飲		222
いりつけ	熬付	飲		222
いりとり	煎鳥	飲		223
いりなべ	いりなべ(鏊)	器	①	311
いりなべ	いりなべ(炮碌)	器	①	321
いりにん	入人別帳	政	③	474
いりのい	入之祝	礼	①	1367
いりひ	圦樋	政	④	1220
いりぶ	入歩	政	④	17
	—	政	④	27
いりむこ	入聟	政	③	803
いりもの	熬物	飲		222
いりやき	煎焼	飲		246
いりゃく	医略抄	方		1016
いりやま	不入計村	地	①	95
いりょう	遺領訴訟	法	①	565
	—	法	①	1018
いる	ゐる(坐)	人	①	979
いるい	衣類	服		4
	「いふく衣服」も見よ			
いるか	海豚	動		1494
いるまが	入間川	政	④	1074
	—	地	①	924
いるまご	入間郡	地	①	844
いれい	違令	法	①	10
いれい	遺令			
	従—薄葬	礼	②	245
	依—不置国忌	礼	②	1273
いれいし	遺令使	礼	②	479
いれかえ	入替両替	産	②	555
いれこざ	入子算	文	③	625
いれこし	入輿	礼	①	927
いれこば	入子鉢	器	①	85
いれこま	入子枕	器	②	171
いれずみ	入墨【篇】	法	②	447
	—之上重追放	法	②	324
	—之上中追放	法	②	329
	—之上江戸二十里四方追放	法	②	338
	—之上敲	法	②	476
	—之上重敲	法	②	479
	—之上非人手下	法	②	488
	—之上遠国非人手下	法	②	490
	—之上百日過怠牢	法	③	270
	—場所図	法	②	448
	—図	法	②	449
	—形図	法	②	451
	「げい黥」も見よ			
いれずみ	入墨(文身)	人	①	310
いれたち	入立	服		316
いれば	入歯	方		859
いれひも	入紐	服		242
	—	服		825
いれめ	入眼	方		854
	—	人	①	356
いれもと	入元結	器	①	487
いろ	いろ(喪衣)	礼	②	929
いろ	色			
	染—	産	①	845
	織—	産	②	21
	以—為人名	姓		685
いろ	倚廬	礼	②	422
	幼主七歳以前無—儀	帝		1187
いろうし	慰労詔書	政	①	230
いろぎ	色著(喪服)	礼	②	255
いろく	位禄【篇】	封		123
	代食封以—	帝		1447
	奪—	法	①	328
いろくさ	位禄定	封		125
いろこ	いろこ(鱗)	動		1242
いろこ	いろこ(雲脂)	人	①	324
いろごの	いろごのみ(好色)	人	②	650
いろせ	いろせ(兄)	人	①	172
いろだい	倚廬代	礼	②	433
いろだか	色高	政	④	123
いろつけ	色付焼	飲		248
いろと	いろと(妹)	人	①	180
いろどり	色取検見	政	④	216
いろどり	色取鱠	飲		202

いろなお	色直			
	産所―	礼	①	414
	婚礼―	礼	①	1048
	諒闇御―六本立供御	礼	②	457
いろね	いろね(兄)	人	①	170
いろね	いろね(姉)	人	①	179
いろのご	倚廬御膳	礼	②	454
いろは	いろは(母)	人	①	134
	―	人	①	142
いろは	伊呂波	文	①	31
いろはう	伊呂波歌	文	①	33
いろはざ	以呂波算	文	③	625
いろはじ	伊呂波字類抄	文	①	184
いろも	いろも(妹)	人	①	181
いろり	煎汁【併入】	飲		948
いろり	囲炉裏	器	①	708
いろりの	囲炉裏之間	居		601
いろわた	色綿	産	②	101
いわ	磐石	金		249
	刻仏像於―	宗	①	156
	居―上為誓約	人	②	322
いわい	石井(井)	地	③	1005
	山城国―	地	③	1012
	大和国磐井	地	③	1013
いわいご	石井郡	地	②	439
いわいご	岩井郡	地	②	128
いわいぬ	伊波比主命			
	「ふつぬし経津主神」を見よ			
いわいべ	忌瓮	神	②	1246
いわお	巌	金		251
	「いわ磐石」も見よ			
いわがく	岩隠(死)	人	①	640
いわがね	いはがねさう(蛇眼草)	植	②	858
いわき	いはき(石炭)	金		340
いわきご	磐城郡	地	②	118
いわきた	磐城平藩	地	②	154
いわきの	磐城国	地	②	71
	―四郡	地	②	116
いわきの	石城国造	地	②	90
いわきや	岩城山	地	③	831
いわきや	岩木山神社【篇】	神	④	905
いわくぐ	いはくぐり(鳥)	動		736
いわぐす	いはぐすり(石斛)	植	①	1175
いわくに	岩国	地	②	688
いわくの	石坰之曾宮	神	④	1026
いわくみ	いはくみ(石葦)	植	②	852
いわくみ	いはくみ(巻柏)	植	②	875
いわくら	石倉	居		752
いわけ	いわけ(驚駭)	人	①	759
いわこう	いはかうじゆ(石香葇)	植	②	507
いわごけ	いはごけ(巻柏)	植	②	875
いわこす	岩越(箏名所)	楽	②	649
いわこす	岩越(箏名器)	楽	②	663
いわこす	岩越(和琴名所)	楽	②	556
いわさか	磐境	神	①	544
いわさき	岩崎灌園	方		1116
いわさき	磐前郡	地	②	118
いわさま	岩佐又兵衛	文	③	850
いわし	鰯	動		1419
	以―為肥料	産	①	121
	節分挿柊―於門戸	歳		1391
いわしあ	鰯油	器	②	311
いわしあ	鰯網	産	①	391
	―	政	④	489
いわしく	鰯鯨	動		1489
いわしこ	鰯こい鰯こい	遊		1240
いわしじ	鰯汁	動		1422
いわしず	鰯鮓	飲		958
いわしず	伊和志豆神社	神	④	283
いわしの	鰯の頭も信心から	人	①	889
いわしぶ	鰯分一金	政	④	489
いわしみ	石清水	地	③	1023
いわしみ	石清水伝奏	官	①	676
いわしみ	石清水八幡宮	神	③	1244
	「おとこや男山八幡宮」も見よ			
いわしみ	石清水放生会【篇】	神	③	1311
いわしみ	石清水臨時祭	神	③	1335
	―饗礼献数	礼	①	238
いわしみ	石清水臨時祭使	神	③	1361
いわしめ	鰯飯	飲		413
いわしり	鰯漁	政	④	489
いわしろ	岩代国	地	②	71
いわしろ	石背国造	地	②	90
いわじん	伊和神社【篇】	神	④	1090
いわせご	磐瀬郡	地	②	121
いわせの	いはせの森	地	③	916
いわせの	石瀬渡	地	③	450
いわたが	岩田川渡	地	③	477
いわたけ	岩茸	植	②	812
いわたご	磐田郡	地	①	580
いわたの	石田森	地	③	916

いわつき　岩槻藩　地 ① 913
いわつつ　いはつつじ（羊躑躅）　植 ① 591
いわつば　石燕　動 782
いわで　いはで（名鷹）　遊 1007
いわてご　岩手郡　地 ② 129
いわてさ　岩手山　地 ③ 831
いわと　石戸　居 1208
いわどく　いはどくさ（石斛）　植 ① 1176
いわな　いはな（岩魚）　動 1336
いわない　岩内郡　地 ② 1295
いわなし　いはなし（草）　植 ② 436
いわなし　磐梨郡　地 ② 581
いわにし　いわにし（貝）　動 1657
いわのか　いはのかは（石葦）　植 ② 852
いわはし　石橋　地 ③ 92
いわばし　いはばしの（枕詞）　地 ① 1153
いわはし　磐梯山　地 ③ 876
いわひば　いはひば（巻柏）　植 ② 875
いわふじ　岩藤　植 ② 301
いわぶち　岩淵　地 ① 805
いわぶち　岩淵東山　文 ② 903
いわふね　磐船　器 ② 618
いわふね　磐船郡　地 ② 342
いわまで　岩間寺【篇】　宗 ③ 1059
いわまめ　いはまめ（石斛）　植 ① 1177
いわみぎ　石見銀山　金 125
いわみぎ　石見銀山奉行　官 ③ 1532
いわみぎ　石見銀山役人　官 ③ 1532
いわみだ　石見代官　官 ③ 1532
いわみの　石見海　地 ③ 1282
いわみの　石見国　地 ② 485
　配流―　法 ② 292
　―銀貨　泉 297
　―銅山　金 146
いわみの　石見国造　地 ② 492
　―　神 ② 1464
いわみわ　石見綿　産 ② 108
いわむら　岩村田郷　地 ① 1377
いわむら　岩村田藩　地 ① 1384
いわむら　岩村藩　地 ① 1294
いわもと　岩本社　神 ③ 1000
いわや　窟　地 ③ 713
いわやで　岩屋寺【併入】　宗 ④ 1037
いわれの　磐余池　地 ③ 1221
いわれの　磐余池上陵　帝 983
いわれの　磐余邑　地 ① 292
いわれべ　伊波礼部　官 ① 134
いわれん　岩蓮花　植 ② 88
いわわし　岩鷲山　地 ③ 833
いん　允　官 ① 199
　馬―成功員数　政 ① 1044
　諸司―成功員数　政 ① 1044
いん　尹　官 ① 198
　弾正―　官 ① 1303
　左右京―　官 ② 377
いん　印【篇】　政 ① 529
　―【篇】　政 ③ 285
　大嘗祭悠紀主基所
　―　神 ① 988
　盗―　法 ① 369
　徳川氏外交文書用
　―　外 644
　僧綱―　宗 ② 732
　生糸幷蚕種紙改―　産 ② 88
　以―為蓋置　遊 748
　「いんしょ印章」も見よ
いん　因（算術）　文 ③ 592
いん　院
　能登国―　地 ② 1038
　豊後国―　地 ② 1038
　日向国―　地 ② 1161
　大隅国―　地 ② 1189
　薩摩国―　地 ② 1226
いん　院　帝 791
　国母為―　帝 1190
　三后為―　帝 1198
　女御以下宮人為―　帝 1202
　内親王為―　帝 1202
　―御息所　帝 1293
　―鎮魂祭　神 ② 530
　―拝礼　歳 631
　―所充　政 ① 1072
　―禁野　地 ③ 929
いん　院（居宅）　居 157
いん　陰（身体）　人 ① 440
いん　婬【篇】　人 ② 645
いんいつ　隠逸　人 ② 1009
いんか　印可　武 19
　馬術―　武 715
いんか　韻歌　文 ① 571
いんがい　員外官　官 ① 213
　大宰府―　官 ② 401
　国司―　官 ② 462
　郡司員外　官 ② 577

いんがい	員外少納言	官	①	457
いんがい	員外大納言	官	①	440
いんがい	員外中納言	官	①	444
いんがい	員外弁	官	①	467
いんがく	韻学	文	①	101
いんかん	印鑑	政	③	307
	「いん印」も見よ			
いんかん	院勘	法	①	324
	—	法	①	851
いんかん	韻鑑	文	①	47
いんき	韻器	文	②	642
いんきゅ	院宮			
	—四方拝	歳		390
	—正月淵酔	歳		529
	—臨時客【併入】	歳		584
	—年始拝礼	歳		631
	—五節童女御覧	神	②	364
	—行幸	帝		623
	—王臣荘園	政	②	470
いんきゅ	院給	政	①	680
いんきゅ	院宮給	封		285
いんきょ	隠居	政	②	1048
いんきょ	隠居【篇】	政	③	841
	—	政	②	104
	大名—御礼	官	③	1739
いんきょ	隠居(刑名)【篇】	法	②	578
	押込—	法	②	565
いんきょ	隠居(隠遁)	人	②	1009
いんきょ	陰茎	人	①	442
いんきょ	韻鏡	文	①	47
いんぎょ	印形	政	③	286
	「いん印」も見よ			
いんぎょ	允恭天皇	帝		5
	—即位	帝		252
	—山陵	帝		982
いんきょ	隠居所	政	③	858
いんきょ	隠居勤	官	③	123
いんきょ	隠居願	政	③	842
	乍勤—	官	③	128
いんきょ	隠居分	政	③	853
いんきょ	隠居免	政	③	857
いんきょ	隠居料	政	③	853
いんきょ	隠居領	政	③	854
いんきん	印金【併入】	産	②	295
いんぎん	印銀	泉		285
いんきん	いんきんたむし(腎囊風)	方		1257
いんぐ	印具	政	①	567
いんけ	印笥	政	①	569
いんげ	院家	宗	③	189
	西本願寺—	宗	③	441
	醍醐寺三—	宗	③	1050
いんけつ	殷孽	金		322
いんけん	隠剣	兵		1387
いんげん	隠元	宗	①	765
	—渡来	宗	②	545
	—賜国師号	宗	②	825
	—創万福寺	宗	③	1072
	—創海福寺	宗	④	424
いんげん	隠元頭巾	服		1246
いんげん	隠元豆	植	②	275
いんこ	音呼(鳥)	動		893
いんご	隠語	人	①	931
	盗賊—	人	②	830
いんこう	咽喉	人	①	411
いんごう	院号	姓		740
	—	礼	②	300
	天皇—	帝		938
	—後為皇太后	帝		1176
	女院—	帝		1189
	女院—後御幸始	帝		773
	徳川将軍—	官	③	31
	足利将軍—	官	②	1072
いんごう	院号(寺名)	宗	③	24
いんごう	院号定	帝		910
	—	帝		1189
いんこう	咽喉病	方		1176
いんざい	印材	文	③	1132
	—	政	③	307
いんさい	印西牧	地	③	976
いんさい	印西派(射術)	武		126
いんさつ	印刷【篇】	文	③	1057
いんざん	院参衆	官	①	1223
いんし	院司【篇】	官	①	1209
	大臣—之始	帝		1203
いんし	院使	政	①	618
	葬礼—	礼	②	271
いんし	淫祀【篇】	神	②	646
いんじ	印地【篇】	遊		1182
いんじ	韻字			
	歌用—	文	①	567
	俳諧用—	文	①	1235
	漢和連歌—	文	①	1016
いんじう	印地打	遊		1184

いんじゃ	隠者【篇】	人	②	1009
いんじゅ	院主	宗	②	979
	神社—	神	②	1630
いんしゅ	引首印	文	③	1140
いんしゅ	因州	地	②	431
	「いなばの因幡国」も見よ			
いんじゅ	いんぢゆぎり(印地切)	歳		1174
いんじゅ	飲酒楽	楽	①	364
いんしょ	韻書	文	①	46
いんしょ	引唱	政	①	1222
いんしょ	印章【篇】	文	③	1123
	—	政	③	285
	「いん印」も見よ			
いんしょ	院掌	官	①	1226
いんじょ	印状	法	③	680
いんしょ	院章宴	文	③	215
いんじょ	引接寺【篇】	宗	③	746
いんしょ	陰将日	方		142
いんじょ	印褥	文	③	1159
いんしょ	飲食具【篇】	器	①	1
いんしょ	飲食商	飲		333
いんしょ	飲食総載【篇】	飲		1
いんすい	飲水病	方		1518
いんすき	印子金	金		176
	—	泉		297
いんせい	院政	帝		830
いんせい	隕星	天		139
	—	天		137
いんせき	隕石	天		139
	—	天		9
いんせき	蔭脊(僧服)	宗	②	1184
いんぜん	院宣【篇】	政	①	303
いんそう	陰瘡	方		1279
いんぞう	印相	宗	②	358
いんぞう	印像	宗	①	175
いんち	印池	文	③	1158
いんちゅ	印鈕	文	③	1137
いんちん	茵蔯蒿	植	②	714
いんでや	いんでや(印度)	外		1117
いんでん	いんでん(獣皮)	動		333
いんど	印度	外		1117
	「てんじく天竺」も見よ			
いんとう	印塔	宗	③	108
いんとう	殷到(逸年号)	歳		344
いんとく	陰徳【併入】	人	①	1176
いんとん	隠遁	政	②	104
いんない	院内銀山	金		111
	—	金		6
いんにく	印肉	文	③	1155
	—	政	③	285
いんのう	陰嚢	人	①	444
いんのう	院厩	居		727
いんのく	院蔵人	官	①	1227
いんのじ	院侍者	官	①	1215
いんのし	院執権	官	①	1213
いんのし	院執事	官	①	1210
いんのし	院主典代	官	①	1217
いんのた	陰の太刀	兵		1390
いんのち	院庁下文	政	①	358
いんので	院殿上定	政	①	181
いんので	院伝奏	官	①	1219
いんのね	院年預	官	①	1210
いんのひ	院評定衆	官	①	1222
いんのべ	院別当	官	①	1210
いんのほ	院判官代	官	①	1215
いんばい	隠売女	人	②	905
	—	政	③	251
	—	法	②	974
いんばこ	印匣	文	③	1159
いんばご	印幡郡	地	①	1060
いんばぬ	印播沼	地	③	1246
	—堀割	政	④	1083
いんばの	印波国造	地	①	1055
いんばん	印判	政	①	575
	—	政	③	285
	弾左衛門—	政	③	879
	「いん印」も見よ			
いんばん	印板	文	③	1058
	—	政	①	567
いんばん	印判師	政	③	309
いんばん	印判衆	政	③	311
いんびつ	印櫃	政	①	568
いんぷ	印譜	文	③	1150
いんふた	韻塞	遊		1218
いんぷも	殷富門	居		214
いんぶん	韻文	文	①	237
	—	文	①	278
いんべ	忌部			
	「いみべ忌部」を見よ			
いんぽう	韻法	文	②	499
いんぽん	印本	文	③	325
いんぽん	院本	楽	②	326
いんみょ	因明講	宗	②	107

いんめい　陰明門　居　231
いんもん　陰門　人 ①　445
いんもん　隠文帯　服　785
いんりょ　蔭涼軒　宗 ③　392
　　—任僧録司　官 ③　373
いんろう　印籠　服　1471
　　—　方　1124
いんろう　印籠工　産 ①　811
いんろう　印籠漬　飲　1018

う

う　竽【併入】　楽 ②　959
う　鸕鷀　動　651
うい　雨衣　器 ②　488
ういきょ　うゐきやう(蘹香)　植 ②　415
ういきょ　うゐきやうの虫　動　1087
ういこう　うひかうぶり(初冠)　礼 ①　635
　　「げんぷく元服」も見よ
ういじん　初陣　兵　542
ういたい　うひたひのうま(戴星馬)　動　101
ういのこ　うひのこ(嫡子)　人 ①　197
ういろう　外郎餅　飲　644
うーすと　ウーストヱーランド　地 ①　679
うえ　上　帝　176
うえ　筌　産 ①　398
うえかえ　植かへ　植 ①　55
うえかわ　上河の橋　地 ③　250
うえき　植木　植 ①　70
うえきい　植木市　産 ②　615
うえきぶ　植木奉行　官 ③　654
うえきや　植木屋　植 ①　61
うえさま　上様　帝　176
うえじ　植字　文 ③　1087
うえじの　右衛士督　官 ①　1493
うえじば　うゑじばん(活版)　文 ③　1075
うえじふ　右衛士府　官 ①　1492
うえすが　上姿下姿　服　211
うえすぎ　上杉氏　官 ②　1291
うえすぎ　上杉謙信
　　—為関東管領　官 ②　1307
　　—兵法　兵　9
　　—公平　人 ②　25
うえすぎ　上杉定正　官 ②　1302
　　—遺言状　人 ②　214
　　—殺太田持資　人 ②　699
うえすぎ　上杉衆　兵　461
うえすぎ　上杉憲実　官 ②　1299
　　—譲与系図　官 ②　1096
　　—再興足利学校　文 ②　1092
うえすぎ　上杉憲春　官 ②　1295
うえすぎ　上杉治憲
　　—奨励開墾　政 ③　1229
　　—勧農業　政 ④　971
　　—譲封之詞　人 ②　228
うえた　植田　産 ①　44
うえだし　上田重秀　武　716
うえだじ　上田縞　産 ②　242
うえだと　上田党　兵　451
うえたの　殖田荘　政 ②　480
うえだは　上田藩　地 ①　1384
うえだり　上田流(馬術)　武　716
うえつき　殖槻(神楽)　楽 ①　161
うえの　上野(江戸)　文 ②　1128
　　—戦争碑記　宗 ④　354
うえの　上野(伊賀)　地 ①　401
うえのお　上御局　居　118
　　—　帝　1238
うえのき　うへのきぬ　服　234
　　「ほう袍」も見よ
うえのの　上野荘　地 ①　253
うえのは　表袴
　　男子用—　服　719
　　婦人用—　服　1055
うえのや　上野焼　産 ①　769
うえふか　於不葺御門　神 ③　24
　　—　神 ①　580
うえふく　於葺御門　神 ③　24
うえぶし　うへぶし(上宿)　政 ①　1136
　　—　政 ③　446
うえむら　上村党　兵　451
うえむら　殖村駅　地 ①　358
うえもの　植物　植 ①　1
うえもん　右衛門左衛門之名　姓　662
うえもん　右衛門督　官 ①　1453
うえもん　右衛門桜　植 ①　306
うえもん　右衛門陣　居　224
うえもん　右衛門府　官 ①　1445
うお　魚【篇】　動　1237
　　神饌用—　神 ②　1175

諒闇中不供—　礼 ②　454
進物—　人 ②　466
—油　器 ②　311
うおいち　魚市　産 ②　607
うおうび　禹王廟　政 ④　1053
うおうり　魚売　産 ②　691
うおごえ　魚肥　産 ①　121
うおずし　魚鮓　飲　954
うおずみ　魚住泊　地 ③　554
うおぬま　魚沼郡　地 ②　341
うおのこ　魚子　動　1245
うおのめ　うをのめ(疣目)　方　1275
うおめし　魚飯　飲　412
うかい　鵜飼　産 ①　407
うかい　鵜飼(舟)　器 ②　669
うがい　嗽　人 ①　1000
「かんそう盥嗽」も見よ
うかいこ　鵜飼幸吉　法 ②　201
うかいせ　鵜飼石斎　文 ③　1116
うがいち　嗽茶碗　器 ①　578
うかいべ　鵜養部　官 ①　99
うかがい　伺書　政 ③　211
うがく　右楽　楽 ①　42
うがじ　羽賀寺【篇】　宗 ④　791
うがのみ　倉稲魂神　神 ①　48
—　産 ①　6
祀—於稲荷神社　神 ③　1448
祀—於広瀬神社　神 ④　171
うかみ　うかみ(間諜)　兵　345
うがやふ　鸕鷀草葺不合尊　姓　687
祀—於鵜戸神宮　神 ④　1663
うから　族　人 ①　106
うかれめ　うかれめ　人 ②　835
「ゆうじょ遊女」も見よ
うかわ　鵜河　産 ①　410
うきあな　浮穴郡　地 ②　872
うきあな　浮穴郷　地 ②　1089
うきあな　浮孔宮　地 ①　177
うきいし　浮石　金　256
うきうた　うき歌　楽 ①　144
うきえ　浮画　文 ③　945
—　文 ③　864
うきおり　浮織　産 ②　212
うきき　うきき(査)【併入】　器 ②　750
うきき　うきき(槎魚)　動　1529
うきくさ　うきくさ(水萍)　植 ①　986
うきぐつ　浮沓　武　999
うきしま　浮島　地 ③　1339
うきしま　浮島駅　地 ①　1053
うきしま　浮島原　地 ③　951
うきぞな　浮備　兵　401
うきたた　浮畳　帝　1367
うきたな　浮田直家　人 ②　512
うきたの　浮田国造　地 ②　90
うきたひ　浮田秀家
—流罪　法 ②　291
—子孫　法 ②　279
うきだま　浮玉(水練具)　武　998
うきにん　浮人形　遊　1246
うきはし　浮橋　地 ③　96
度会川—　地 ③　251
春日神社行幸時設
—　神 ④　58
「ふなばし舟橋」も見よ
うきふね　浮船　器 ②　576
うきもん　浮文直衣　服　315
うきもん　浮文袴　服　723
うきやく　浮役　政 ④　433
うきゅう　烏韭　植 ②　852
うきょう　右京　地 ①　144
うきょう　右京職　官 ②　375
うきょう　右京大夫　官 ②　376
うぎょう　烏形幢　帝　402
うきょう　右京坊令　官 ②　376
うきよえ　浮世絵　文 ③　848
うきよえ　浮世画師　文 ③　857
うきよぐ　浮世ぐるひ　人 ②　899
うきよご　浮世御座　器 ②　81
うきよぶ　浮世袋　器 ①　529
うきよも　浮世元結　器 ①　488
うきよよ　浮世楊枝　器 ①　583
うぐい　⿰魚巠　動　1319
うぐいす　鶯　動　810
杜鵑産卵—巣　動　864
—杜鵑優劣　動　872
うぐいす　鶯合　遊　266
うぐいす　鶯会　動　819
うぐいす　鶯袖　服　27
うぐいす　鶯菜　植 ②　56
うぐいす　うぐひすのいひね
(蜀漆)　植 ①　447
うぐいす　うぐひすのきのみ
(鷽実)　植 ①　660
うくたか　浮宝(舟)　器 ②　576

うくは	浮羽(盃)	器	①	225
うけ	有卦	方		206
うけ	泛子	産	①	375
うけい	うけひ	人	②	331
	「せいやく誓約」も見よ			
うけいが	うけひがり(祈狩)	産	①	440
うけいれ	請入吸物	飲		189
うけうと	うけうと(海藻)	植	②	920
うけうら	うけ裏(鎧)	兵		1853
うけお	うけ緒(鎧)	兵		1777
うけおい	請負辻番	政	③	1346
うけおい	請負人			
	水防―	地	③	144
	橋番―	地	③	144
	橋―	地	③	161
	船渡―	地	③	384
	御用屋敷上納―	政	③	1310
	御給金辻番―	政	③	1350
	―運上	政	④	453
	通日雇―	政	④	1303
	飛脚―	政	④	1329
	廻米積船―	政	④	1400
	役船―	器	②	597
うけおり	浮折(扇)	服		1294
うけぐい	うけ食	飲		65
うけしょ	請所	政	②	575
うけしょ	請書	法	③	631
うけじょ	請状			
	妾―	政	③	600
	奉公人―	政	③	658
	家主幷借家人―	政	③	1289
	地守―	政	③	1293
	借家―	政	③	1302
	寺―	政	③	1304
うけしょ	請証文	法	③	665
うけとり	請取之御献	歳		804
うけとり	請取番	政	①	1083
うけなご	浮穴郡	地	②	872
うけなし	請無し牢	法	③	290
うけにん	請人	法	③	567
	奉公人―	政	③	648
	借物―	政	④	669
うけのみ	うけのみたま(稲魂)	産	①	4
うけはし	うけはし(呪咀)	方		52
うけばり	浮張(冑)	兵		1880
うけはん	請判	政	③	655
うけふね	宇気槽	神	②	502

うけぶみ	請文			
	除目―	政	①	772
	御教書―	政	③	51
	御内書―	政	③	90
	奉書―	政	③	108
うけみい	うけみ煎	飲		228
うけもち	保食神	神	①	48
うけらが	うけらが花	植	②	773
うこぎ	五加	植	①	581
うこぎも	五加餅	飲		622
うごく	右獄	法	①	483
	―	法	①	940
うこっけ	烏骨鶏	動		680
うこのえ	右近衛将監	官	①	1363
うこのえ	右近衛少将	官	①	1358
うこのえ	右近衛将曹	官	①	1366
うこのえ	右近衛陣	居		235
うこのえ	右近衛大将	官	①	1352
うこのえ	右近衛中将	官	①	1358
うこのえ	右近衛府	官	①	1343
うごま	胡麻	植	②	656
うごろも	うごろもち(鼹鼠)	動		247
うこん	鬱金(草)	植	①	1154
	―	方		1078
うさいた	烏犀帯	服		800
	―	礼	②	1035
うさかま	鵜坂祭	神	②	640
うさぎ	兎	動		264
	月中―	天		55
うさぎう	驢馬	動		149
うさぎの	兎吸物	飲		191
	―	歳		646
うさごお	宇佐郡	地	②	1000
うさじん	宇佐神宮【篇】	神	④	1513
	―神宮寺	神	②	1742
うさのく	宇佐国造	地	②	992
うさのつ	宇佐使【附】	神	④	1570
うさん	烏盞	遊		687
うし	牛	動		37
	―	動		21
	―牧	地	③	980
	乳―	方		1049
	白―	方		1055
	殺―祭神	神	②	646
	諸国貢―	官	①	1546
	―馬負担量	政	②	1203
	馬―闌遺	法	①	399

	火—計	兵		143
	関寺霊—	宗	④	637
	—耕	産	①	48
	—糞	産	①	127
うし	牟	居		977
うし	大人	人	①	13
うじ	氏	官	①	3
	姓—【篇】	姓		1
	—宗	姓		448
	—之鎮守神	神	①	812
うじ	蛆	動		1139
うじ	宇治(浄瑠璃流派)	楽	②	285
うしあわ	牛合	動		64
うしいち	牛市	動		37
うしお	潮	地	③	1254
うしおう	牛尾氏氏神	神	①	688
うしおう	牛追物【併入】	武		688
うしおお	海潮温泉	地	③	1085
うしおに	潮煮	飲		192
うしおの	海潮郷	地	②	479
うしおの	牛尾荘	官	②	989
うしかい	牛飼	器	②	904
	—年始御礼	歳		618
うじがみ	氏神【篇】	神	①	659
	以産土神称—	神	①	746
	著袴詣—	礼	①	551
	元服祭—	礼	①	861
	氏長者祭—	姓		483
	毎朝拝—	服		627
うじがみ	氏神祭	神	①	699
うじがみ	氏神詣	神	①	710
うじがわ	宇治川(山城)	地	③	1158
	—修築	政	④	1000
	—先陣	人	①	1254
	煎茶用—水	遊		788
うじがわ	宇治川(伊勢)	地	③	1153
うじがわ	宇治川集	文	②	420
うしぎく	うしぎく(馬鞭草)	植	②	490
うしくさ	うしくさ(芎藭)	植	②	418
うしくさ	うしくさ(蒿蓄)	植	②	29
うじくさ	蛆草	植	②	309
うしくは	牛久藩	地	①	1145
うしぐみ	牛ぐみ(木)	植	①	577
うしぐる	牛車(荷車)	器	②	855
	—	政	④	1387
うじこ	氏子	神	①	693
	以産子称—	神	①	761
	—協力修造神社	神	①	540
うじごお	宇治郡	地	①	222
うしごめ	牛込	地	①	970
うしごめ	牛込御門	居		390
うしごめ	牛込薬園役人	官	③	877
うしごや	牛小屋	動		51
うしざき	牛裂【併入】	法	①	749
	牛割【併入】	法	②	231
うじざら	宇治曝布	産	②	122
うじじゅ	右侍従	帝		322
うじすじ	氏種姓	姓		12
うじだい	宇治大納言物語	歳		1200
うじたか	氏隆流(兵法)	兵		11
うじちゃ	宇治茶	遊		536
うじでら	氏寺	宗	③	54
	弓削氏—	宗	④	25
	百済氏—	宗	④	25
	土師氏—	宗	④	28
	大友氏—	宗	④	603
	新田氏—	宗	④	712
うじてん	宇治天皇	帝		856
うしとら	艮	天		21
うじなじ	宇品島	地	②	645
うしにひ	牛に引かれて善光寺参り	人	①	889
うしぬす	牛盗人	人	②	788
うじぬの	宇治布	産	②	138
うじのあ	宇治網代布障子	器	①	875
うじのい	氏印	姓		492
うじのい	氏院	文	②	1298
	—	帝		1119
うじのい	氏院入院名簿	文	③	5
うじのお	氏長	姓		446
	「うじのか氏上」も見よ			
うしのか	雨師神	神	④	188
うじのか	氏上【篇】	姓		445
	大神—	神	④	4
	—選任神職	神	②	1558
	—選任社僧	神	②	1674
	—選任僧職	宗	②	841
うじのか	宇治の川長	地	③	376
うしのく	牛車	器	②	809
	「ぎっしゃ牛車」も見よ			
うじのく	氏蔵人	官	②	294
うじのさ	宇治郷	地	①	454
うしのし	うしのした(鞋底魚)	動		1448
うじのし	氏爵	政	①	1491

請一状　姓　285
うしのし　牛虱　動　1221
うじのす　氏助　姓　496
うじのせ　氏賤　政 ②　154
うしのた　うしのたま(牛黄)　動　66
うしのち　牛乳　方　1049
うじのち　氏長者　姓　446
藤原氏一春日詣　神 ④　66
藤原氏一印　政 ①　536
藤原氏一大饗　歳　543
源氏一宣旨　官 ③　1
うじのつ　宇治津　地 ③　494
うしのと　丑刻詣　神 ②　905
うじのは　宇治墓(藤原氏)　帝　1557
うじのは　宇治墓(菟道稚郎子)　礼 ②　1090
うじのは　宇治橋姫　神 ②　905
うしのは　牛のはなぎ　器 ②　877
うしのひ　丑日
葬礼忌一　礼 ②　142
一買紅粉　器 ①　506
うしのひ　うしのひたひ(牛面草)　植 ②　30
うしのひ　うしのひたひ(石竜蒭)　植 ①　1004
うじのま　氏祀　帝　1151
うじのめ　氏女　官 ①　1142
うじのや　氏社　神 ①　661
「うじがみ氏神」も見よ
うじのわ　菟道稚郎子
一謙譲　帝　281
一修学　外　188
一墓　礼 ②　1090
うじのわ　宇治渡　地 ③　414
うしはう　牛は牛づれ馬は馬づれ　人 ①　921
うしばく　牛博労　動　37
うじばし　宇治橋(山城)　地 ③　223
一銘　地 ③　183
一供養　地 ③　186
断一而拒守　兵　665
一橋姫宮　礼 ①　1353
うじばし　宇治橋(伊勢)　地 ③　252
うしはら　牛原荘　官 ②　954
うじびと　氏人　神 ①　726
一　姓　496
うしぶみ　牛文　動　72
うじぶみ　氏文　姓　376
うしぼと　牛仏　動　62
うしまつ　うしまつどり(鵚鶖)　動　560
うしまつ　牛祭　神 ②　636
うじまる　宇治丸(鮓)　飲　965
うじまる　宇治丸(鰻)　動　1358
一　飲　241
うじめ　宇治目　称　114
うじやっ　うぢやつこ(部曲)　官 ①　130
うじやま　宇治山田神社　神 ③　134
うしゅう　羽州　地 ②　170
「でわのく出羽国」も見よ
うしゅう　羽州探題　官 ②　1329
うしょう　羽觴　器 ①　234
うしょう　右将軍　兵　168
うしょう　右少史　官 ①　402
うしょう　右少弁　官 ①　402
うしろあ　後足(刀剣)　兵　1443
うしろざ　後差簪　器 ①　433
うしろぞ　後備　兵　396
うしろづ　後詰　兵　397
うしろで　後手(拍手)　神 ②　977
うしろど　後戸　居　1199
うしろま　後巻(戦闘)　兵　633
うしろみ　後見　政 ③　862
「こうけん後見」も見よ
うしんた　有心体
和歌一　文 ①　514
連歌一　文 ①　1040
俳諧一　文 ①　1222
うしんむ　有心無心歌合　文 ②　76
うしんむ　有心無心連歌　文 ①　1000
うす　臼　産 ①　287
うす　碓　産 ①　293
うず　烏頭　植 ②　199
うず　雲珠(馬具)　兵　2052
うず　髻華　服　1144
うすいご　碓氷郡　地 ②　12
うすいた　薄板(花生)　遊　899
うすいた　薄板(織物)　産 ②　29
うすいみ　碓氷嶺　地 ③　821
うすいろ　薄色下襲　服　342
うすいろ　薄色裳　服　942
うすがね　薄金冑　兵　1892
うすがね　薄金鎧　兵　1849
うすがみ　薄紙　文 ③　1178
うすき　臼杵　地 ②　1032
うすきご　臼杵郡　地 ②　1155

うすきぬ	うすきぬ(紗)【篇】	産	②	296
うすきの	宇須伎津	地	③	538
うすきは	臼杵藩	地	②	1038
うずくま	うづくまりゐる	人	①	981
うずくま	蹲踞	礼	①	77
うすぐも	薄雲鎧	兵		1847
うすくれ	薄紅袍	服		269
うすごお	有珠郡	地	②	1298
うずざく	雲珠桜	植	①	306
うすずみ	薄墨色	礼	②	1038
うすずみ	薄墨紙	文	③	1212
うすずみ	薄墨の神主	神	②	1615
うすちゃ	薄茶(茶品)	遊		536
うすちゃ	薄茶(茶湯)	遊		461
うすちり	薄塵剣	兵		1343
うずのた	雲聚玉蔭	産	①	9
うすのの	宇須乃野社	神	③	140
うすのや	臼屋	神	①	1056
うすば	齨	人	①	399
うすば	薄刃(庖丁)	器	①	334
うすばお	薄羽織	服		675
うすはた	うすはた(羅)	産	②	299
うすびた	薄額冠	服		1105
うすびょ	うすべう(矢羽)	兵		1595
うすべど	臼辺鳥	動		677
うすべり	薄縁畳	器	②	68
うずまき	渦巻漬	飲		1024
うずまさ	太秦寺	宗	③	812
	「こうりゅ広隆寺」も見よ			
うずまさ	太秦牛祭	神	②	636
うずまさ	太秦公宿禰	姓		168
うすめ	うすめ(鸜鵒鳥)	動		614
うすめ	碓女	礼	②	15
うすもの	うすもの(羅)【併入】	産	②	299
うすもの	薄物直衣	服		308
うすもり	うす盛(料理)	飲		270
うすや	碓屋	産	①	102
うすよう	薄様	文	③	1178
	内書料紙用—	政	③	73
	婚礼消息用—	礼	①	974
うすよう	薄様重	文	③	1218
うずら	鶉	動		724
	将軍—御成	遊		965
うずらあ	鶉合	遊		266
うずらが	鶉紙	文	③	1211
うずらぎ	鶉切(紙)	文	③	1211
うずらじ	鶉汁	飲		178
うずらの	鶉郷	政	②	514
うずらの	鶉羽伏盛	飲		271
うずらぶ	うづら舟	器	②	649
うずらま	鶉豆	植	②	232
うずらも	鶉餅	飲		621
うずらや	鶉やき	飲		622
うずわ	宇豆和(鮪)	動		1500
うずわが	渦輪鰹	動		1440
うせる	うせる(死)	人	①	640
うせる	うせる(鼿)	動		8
うそ	うそ(虚言)	人	②	660
うそ	鷽	動		898
うそぶく	嘯	人	①	867
うた	歌			
	和—【篇】	文	①	489
	知降雨長短—	天		198
	由地震知晴雨—	地	③	1362
	神詠—	神	①	290
	大嘗祭—詠	神	①	1581
	鎮魂—	神	②	509
	幣帛書—	神	②	1098
	大神宮月次祭直会—	神	③	527
	大神宮贄海神事—	神	③	536
	賀茂明神—	神	③	992
	住吉明神託宣—	神	④	261
	三十三所巡礼—	宗	③	306
	仏足石—	宗	③	1256
	伊呂波—	文	①	33
	あめつち—	文	①	39
	示てにをは係結—	文	①	138
	同じ文字なき—	文	①	578
	—与連歌之別	文	①	1039
	俳諧用古—句	文	①	1238
	以—為歌合判詞	文	②	47
	書—法	文	②	188
	点法朱引之—	文	③	279
	—短冊	文	③	1256
	懐紙書—	文	③	1265
	色紙書詩—	文	③	1269
	—宴用文台	文	③	1455
	和—尚歯会	礼	①	1478
	朗詠用—	楽	①	268
	夢詩—	人	①	807
	餞—	人	②	435
	蝗送—	産	①	154
	題—于柱	居		961

大一【篇】 楽 ① 137
神楽一章 楽 ① 156
催馬楽一章 楽 ① 206
風俗一【篇】 楽 ① 231
国栖一【併入】 楽 ① 242
東遊一章 楽 ① 245
踏歌一章 楽 ① 258
今様一章 楽 ① 287
傀儡子一章 楽 ② 1163
小唄【篇】 楽 ② 365
長唄【併入】 楽 ② 413
早一【併入】 楽 ② 417
うた 歌（横笛名所） 楽 ② 863
うたあわ 歌合【篇】 文 ② 1
うたい 謡
田楽一 楽 ① 688
能楽一 楽 ① 760
能楽狂言小舞一 楽 ① 1021
うたいこ 謡講 楽 ① 762
うだいし 右大史 官 ① 402
うだいじ 右大寺 宗 ③ 803
うだいし 右大将 官 ① 1352
うだいじ 右大臣 官 ① 402
一 官 ① 414
一補任 官 ① 490
辞一 政 ① 1410
「だいじん大臣」も見よ
うたいぞ 謡初 楽 ① 847
うだいべ 右大弁 官 ① 402
うたいぼ 謡本
田楽一 楽 ① 689
能楽一 楽 ① 804
うたいめ 歌女 官 ① 848
うたいも 謡物 楽 ① 34
「うた歌」も見よ
うたう 謡 人 ① 868
うたうら 歌占 神 ② 1308
うたえ 歌絵 文 ③ 941
うたえた うたへただすつかさ（刑部省） 官 ① 934
うたえの うたへのつかさ（刑部省） 官 ① 933
うたかい 歌会【篇】 文 ② 117
うたがい 疑 人 ① 762
うたがい 歌貝（歌賀留多） 遊 245
うたかい 歌会始 文 ② 138
うたがき 歌垣【篇】 楽 ① 254
うたかく うたかくさ（升麻） 植 ② 92
うたかた うたかた（沫雨） 天 190
うたがる 歌賀留多 遊 245
うたがわ 歌川国芳 文 ③ 856
うだがわ 宇田川玄随 方 792
うたがわ 歌川豊国 文 ③ 856
うたがわ 歌川広重 文 ③ 856
うだげん 宇多源氏 姓 208
一 姓 294
うたごえ 音声（楽舞） 楽 ① 7
うだごお 宇多郡 地 ② 120
うだごお 宇陀郡 地 ① 282
うたざい 歌祭文 楽 ② 341
うたじょ 唄浄瑠璃 楽 ② 416
うたすつ 歌棄郡 地 ② 1295
うたせっ 歌説経 楽 ② 334
うたたね うたたね（仮寝） 人 ① 965
うたち うたち（梲）【併入】 居 971
うたつ 鵜足津 地 ② 839
うたづか 歌司御門 居 212
うだてん 宇多天皇 帝 19
一始行賀茂臨時祭 神 ③ 1135
一賜姓後復親王 帝 1454
一倹約 礼 ② 244
一遺誡 人 ② 204
一嗜画 器 ① 921
一御幸 帝 733
一出家 帝 863
一山陵 帝 991
うたな 前胡 植 ② 404
うたねん 歌念仏【併入】 楽 ② 333
うだのあ 菟田県 地 ① 83
うたのか 歌神 神 ① 77
住吉神為一 神 ④ 264
うたのか 雅楽頭 官 ① 842
うだのし 宇多荘 地 ② 149
うたのし 雅楽少属 官 ① 842
うたのし 雅楽少允 官 ① 842
うたのす 雅楽助 官 ① 842
うたのだ 雅楽大属 官 ① 842
うたのだ 雅楽大允 官 ① 842
うたのな 歌中山 宗 ③ 620
うだのほ 宇多法師（和琴） 楽 ② 568
うたびと 歌人（和歌） 文 ① 819
うたびと 歌人（雅楽寮） 官 ① 848
うたぶえ 歌笛 楽 ② 859
うたまい うたまひのつかさ

(雅楽寮) 官 ① 842
うたまく 歌枕 文 ① 691
うたよみ 歌よみ 文 ① 819
うたりご 鵜足郡 地 ② 830
うたりょ 雅楽寮御門 居 212
うたろん 歌論義 文 ① 767
うち 内 居 9
「だいり内裏」も見よ
うち 内(帝号) 帝 185
うちあげ 打揚網代腰 器 ② 1017
うちあげ 打揚腰網代 器 ② 988
うちあげ 打揚腰黒 器 ② 988
うちあげ 打揚簾 器 ② 1018
うちあげ 打揚乗物 器 ② 989
うちあこ 打袙 服 379
うちあわ うちあはせ(腿) 人 ① 465
うちあわ 打鰒 動 1683
うちうら 内浦嶽 地 ③ 889
うちえび 打海老吸物 飲 189
うちかい 打櫂船 器 ② 681
うちかけ うちかけ(帔) 宗 ② 1186
うちかけ 打掛 服 1041
うちかけ 打掛烏帽子 服 1200
うちかけ 打懸素襖 服 589
うちかけ 打懸直垂 服 555
うちかた うちかた(痃癖) 方 1179
うちかた 内方(妻) 人 ① 155
うちがた 打刀 兵 1363
うちかぶ 内冑 兵 1878
うちがみ 打紙 文 ③ 1170
うちき 袿
男子用—【併入】 服 393
婦人用—【篇】 服 959
うちきす うちきすがた 服 394
うちぎぬ 打衣
男子用— 服 386
婦人用—【篇】 服 1017
僧徒用— 宗 ② 1179
—袿異同説 服 393
うちぎぬ 打絹唐衣 服 915
うちくら 打鞍覆 兵 1985
うちくら 内くらべ(競馬) 武 867
うちぐも 内曇(紙) 文 ③ 1210
うちぐも 内ぐもり(土器) 器 ① 232
うちぐら 内蔵 居 809
うちぐる 内曲輪 兵 1065
徳川柳営—諸門 居 404
うちけみ 内検見 武 592
うちこ 打子 法 ③ 10
うちこえ 内肥 産 ① 118
うちごお 宇智郡 地 ① 282
うちこし 打越
連歌嫌— 文 ① 1004
俳諧— 文 ① 1215
うちごな 内御内書 政 ③ 73
うちこな 有智子内親王 文 ② 567
—始為賀茂斎院 神 ③ 1207
うちこも 打籠の軍 兵 509
うちさく 内桜田御門 居 407
うちざむ 内侍 居 588
うちしき 打敷(燈台) 器 ② 229
うちした 打下襲 服 331
うちじに 討死
—及手負賞則 兵 962
佐奈田義貞— 兵 555
斎藤実盛— 兵 556
菊池武時等— 人 ① 1017
楠正成等— 人 ① 1019
うちすず うちすずめ(虫) 動 1105
うちせん 打銭 泉 103
うちだし 打出し高 政 ④ 122
大名— 官 ③ 1750
うちだし 打出大刀 兵 1335
うちだし 打出し胴(鎧) 兵 1785
うちつく うちつくに(中国) 地 ① 55
うちつく うちつくに(畿内) 地 ① 65
うちつけ 打付書 文 ① 463
うちつみ うちつみかど(閤門) 居 225
うちつみ 内官家 外 88
うちつも 内物部 官 ① 61
うちで 打出 服 888
うちどり 内取(相撲) 武 1042
うちなし 打梨 服 223
うちなら うちならし(磬) 楽 ② 1142
うちねず 内鼠 動 245
うちのう うちのうへ(天皇) 帝 176
うちのえ 内重 居 69
— 官 ① 1326
うちのお 内の御使 政 ① 610
うちのか うちのかしはでのつかさ 官 ① 1060
「ないぜん内膳司」も見よ
うちのか 内掃部正 官 ① 1054
うちのか 内掃部司【篇】 官 ① 1054

	併掃部司─為掃部寮	官	①	1047
うちのく	うちのくらのつかさ（内蔵寮）	官	①	773
うちのご	内御書所【併入】	官	②	341
うちのご	内御書所別当	官	②	341
うちのし	うちのしるすつかさ（内記）	官	①	724
うちのた	うちのたくみのつかさ（内匠寮）	官	①	801
うちのつ	内作物所	官	②	343
うちのつ	内兵庫正	官	①	1562
うちのつ	内兵庫司【併入】	官	①	1562
うちのみ	内宮主	官	①	328
うちばか	打袴			
	男子用─	服		707
	婦人用─	服		1051
うちはし	打橋	地	③	85
うちばば	内馬場	武		791
うちはら	打払布	器	①	641
うちはら	打掃筥	神	②	163
うちはん	打半臂	服		373
うちひさ	うちひさす（枕詞）	地	①	127
うちびと	内人	神	②	1505
	─	神	③	860
うちぶみ	内文			
	外記庁覧─儀	政	①	101
	陣覧─儀	政	①	172
うちまき	散米	神	②	1164
	祓禊時─	神	②	709
	誕生時─	礼	①	360
うちまく	内幕	兵		2093
うちまり	内鞠	遊		1084
うちみ	打身（指身）	飲		208
うちみせ	内店組	産	②	438
うちみだ	打乱箱	器	①	686
	─	礼	①	786
うちみち	内見帳	政	④	215
うちみり	打身流（槍術）	武		71
うちむろ	内室造	居		525
うちもの	打物（刀剣）	兵		1304
うちもの	打物（楽器）	楽	②	548
うちもの	打物問屋	産	②	407
うちもも	うちもも（腿）	人	①	466
うちやく	打役（獄吏）	法	③	206
うちやま	内山氏	官	③	945
うちゅう	雨中会（茶湯）	遊		416
うちゅう	右中弁	官	①	402
うちよう	打楊枝	器	①	582
うちよす	うちよする（枕詞）	地	①	604
うちより	内寄合	法	③	773
うちより	内与力	官	③	428
うちわ	団扇【併入】	服		1355
うちわう	団扇売	産	②	692
うちわた	打渡【併入】	政	③	127
うちわど	団扇問屋	産	②	408
うつ	打（奏楽）	楽	②	541
うつ	打（装束）	服		389
うづえ	卯杖【篇】	歳		958
うづかい	鵜遣	産	①	408
うつぎ	うつ木（溲疏）	植	①	277
うつぎ	楊櫨	植	①	658
うづき	四月	歳		17
うつくし	うつくしび（徳）	人	①	1171
うつくし	うつくしむ（仁）	人	①	1143
うつけも	倥侗者	人	①	1286
うつし	うつし（移鞍）	兵		1951
うつしう	移馬	武		742
うつしぐ	移鞍	兵		1950
	─図	兵		1949
うつしご	うつし心	人	①	687
うつしど	遷殿	神	①	501
うつしの	移の馬	兵		1951
うつせが	うつせ貝	動		1619
うつせみ	空蟬	動		1185
うつせみ	うつせみの（枕詞）	動		1186
うったえ	訟	法	①	550
	「そしょう訴訟」も見よ			
うったら	鬱多羅僧	宗	②	1143
うづち	卯槌【併入】	歳		969
うつつ	うつつ（現）	人	①	827
うつなか	宇津中島銭	泉		31
うつのさ	宇都郷	政	②	502
うつのみ	宇都宮	地	②	54
うつのみ	宇都宮氏	官	②	1315
うつのみ	宇都宮笠	器	②	411
うつのみ	宇都宮検校	宗	④	736
うつのみ	宇都宮大明神	神	④	859
うつのみ	宇都宮藩	地	②	60
うつのや	宇津の谷	地	①	634
うつのや	宇津山	地	③	742
うつばり	梁【併入】	居		978
うつびょ	鬱病	方		825
うつぶし	うつふし色	礼	②	1041

うっぷる	十六島	地	②	467
うっぷる	十六島苔	植	②	905
うつぼ	うつぼ(鱓魚)	動		1508
うつぼ	空穂	兵		1737
	—図	兵		1739
うつぼか	空勘文	政	①	1481
うつぼぐ	うつぼぐさ(夏枯草)	植	②	504
うつぼな	うつぼ流し(蹴鞠)	遊		1048
うつぼば	宇津保柱	居		122
うつぼぶ	うつぼ舟	器	②	619
うつぼま	うつぼ丸(笙)	楽	②	936
うつみひ	内海火矢	武		957
うつりが	移り紙	人	②	467
うつりば	うつり箸(食法)	飲		65
うつりょ	鬱陵島	外		779
うで	腕	人	①	455
うでおし	腕押	遊		1211
うでぎ	枅	居		972
うでごう	腕香(乞食)	政	③	927
うでぬき	腕貫(刀剣)	兵		1437
うでぬき	腕貫(服装)	服		1499
うど	独活	植	②	396
うとう	善知鳥	動		647
うとくせ	有徳銭	政	④	452
	—	政	④	567
うとくに	有得人	人	②	599
うどごお	宇土郡	地	②	1123
うどごお	有度郡	地	①	620
うどごん	鵜戸権現	神	④	1663
うどじん	鵜戸神宮【篇】	神	④	1663
うどたら	うどたらし(羗活)	植	②	397
うどねり	内舎人	官	①	687
	—	官	①	717
	啓—	官	①	1185
	—季禄	封		154
	—除目	政	①	717
うどのい	鵜戸磐窟	神	④	1663
うどのは	宇度墓	礼	②	1151
うどはん	宇土藩	地	②	1137
うどもど	うどもどき(羗活)	植	②	397
うどん	饂飩	飲		496
うどんい	うどんいし(石麪)	金		310
うどんこ	饂飩粉	植	①	853
うどんや	饂飩屋	飲		503
うない	髫髪	人	①	79
	—	人	①	566
うないご	うなゐご(童)	人	①	59
うないば	うなゐばなり(童女放)	人	①	79
	—	人	①	566
うながみ	うながみ(鬣)	動		85
うなかみ	海上潟	地	③	1291
うなかみ	海上郡(上総)	地	①	1030
うなかみ	海上郡(下総)	地	①	1061
うながみ	海上随鷗	文	②	1006
うなぎ	鰻	動		1355
	以—為神使	神	②	1856
うなぎか	鰻掻	動		1359
	—	産	①	407
うなぎず	鱣鮓	飲		958
うなぎつ	うなぎ釣	産	①	366
うなぎづ	うなぎづる(雀翹)	植	②	25
うなぎの	鰻蒲焼	飲		240
うなぎの	鰻の瀬登り	遊		1239
うなぎめ	鰻飯	飲		414
うなじ	項	人	①	410
うなて	うなて(溝)	地	③	1227
うなでの	うなでの森	地	③	916
うなばら	海原	地	③	1251
うなるほ	うなるほど金を持つ	泉		421
うに	霊蠃子(海胆)	動		1671
	—	飲		947
うぬまが	鵜沼川	地	③	1162
うね	畝	産	①	30
うねざし	うね刺足袋	服		1460
うねしり	畝鞦	兵		2031
うねの	宇禰野	地	③	943
うねびや	畝傍山	地	③	735
うねびや	畝傍山東北陵	帝		971
うねびや	畝傍山南繊沙谿上陵	帝		976
うねびや	畝傍山南御陰井上陵	帝		976
うねべ	采部	官	①	1087
うねべの	采女郷	地	①	450
うねめ	采女	官	①	1131
	—礼服	服		858
	—衣	服		866
うねめの	采女正	官	①	1087
うねめの	采女司【篇】	官	①	1086
うねめの	采部司	神	③	809
うのけふ	兎毛筆	文	③	1273
うのそう	宇野宗明	泉		155
うのはな	うのはな(雪花菜)	飲		996
うのはな	卯花	植	①	658
	挿—於門戸	歳		1137

うのはな	卯花熬	飲		226
うのはな	卯花威鎧	兵		1799
	—	兵		1810
うのはな	卯花くたし	天		185
うのはな	卯花鱠	飲		201
うのはな	卯花の薄様	文	③	1219
うのはな	卯花吸物	飲		190
うのひま	卯日祭	神	①	1196
うのふだ	卯の札	神	②	587
うのまね	鵜の真似する烏	人	①	927
うのまる	鵜丸(名刀)	兵		1404
うば	乳母	人	①	278
	「めのと乳母」も見よ			
うば	祖母	人	①	130
	「そぼ祖母」も見よ			
うばい	優婆夷	宗	②	432
うばがだ	祖母嶽	地	③	849
うばざく	婆桜	植	①	292
うばしぎ	うばしぎ(竹鶏)	動		723
うばしば	うばしば(木)	植	①	187
うばそく	優婆塞	宗	②	432
うばめが	うばめがし(木)	植	①	187
うばゆ	鵜羽湯(誕生)	礼	①	380
うばら	姥等(乞食)	歳		1427
うばらお	菟原処女墓	礼	②	1106
うばらき	茨城国造	地	①	1101
うばらぐ	蒺蔾轡	兵		2009
うばらご	菟原郡	地	①	367
うびたい	戴星馬	動		101
うひょう	右兵衛督	官	①	1506
うひょう	右兵衛少志	官	①	1506
うひょう	右兵衛少尉	官	①	1506
うひょう	右兵衛陣	居		231
うひょう	右兵衛佐	官	①	1506
うひょう	右兵衛大志	官	①	1506
うひょう	右兵衛大尉	官	①	1506
うひょう	右兵衛府	官	①	1501
うひょう	右兵庫頭	官	①	1553
うひょう	右兵庫少属	官	①	1553
うひょう	右兵庫少允	官	①	1553
うひょう	右兵庫大属	官	①	1553
うひょう	右兵庫大允	官	①	1553
うふ	右府	官	①	415
	「うだいじ右大臣」も見よ			
うぶ	右舞	楽	①	54
うぶいさ	産井祭	神	②	616
うぶがみ	胎髪	人	①	560
うぶがみ	産神	神	①	740
	「うぶすな産土神」も見よ			
うぶぎ	産衣	礼	①	400
うぶこ	産子	神	①	760
うぶすな	うぶすな(本居)	神	①	738
うぶすな	産土神【篇】	神	①	737
	以—為氏神	神	①	691
	徳川氏—	神	④	476
うぶすな	産土神祭	神	①	747
うぶすな	産土神詣	神	①	748
	—	礼	①	460
うぶすな	産土社	神	①	742
うぶそり	うぶそり(胎髪剃)	礼	①	415
	—	人	①	560
うぶだち	産立祝	礼	①	424
うぶね	鵜船	産	①	412
	—	器	②	669
うぶねし	鵜船集	文	②	421
うぶめ	産女	人	②	95
うぶめど	うぶめどり(姑獲鳥)	動		979
うぶや	産屋	礼	①	333
うぶやし	産養	礼	①	419
	—	礼	①	409
	—時打攤	遊		31
	—図	礼	①	426
うぶゆ	産湯	礼	①	380
うぶゆの	産湯水	地	③	1017
うぶりつ	有部律	宗	②	619
うへいじ	右平準署	官	②	353
うへいじ	右平準令	官	②	354
うべじん	宇倍神社【篇】	神	④	1015
	—	神	②	1463
うほ	禹歩	方		65
うほう	右方(高麗楽)	楽	①	42
うぼう	烏卯	地	①	11
うま	うま(双六采)	遊		19
うま	馬	動		77
	白—節会	歳		971
	八朔幕府御—献上	歳		1300
	牧—	地	③	958
	諸国貢—	地	③	959
	祓禊用—	神	②	708
	神—【篇】	神	②	1102
	賀茂祭女騎料御—御覧	神	③	1022
	賀茂臨時祭御—御覧	神	③	1108

	石清水臨時祭御—御覧	神	③	1346
	観—行幸	帝		660
	兵—司【篇】	官	①	923
	主—署【併入】	官	①	1206
	左右—寮【篇】	官	①	1526
	大名—拝領	官	③	1744
	—料【篇】	封		228
	御—部領使	政	①	624
	貢御—使	政	①	669
	陸奥国交易—	政	②	957
	牛—負担量	政	②	1203
	宿駅人—負担量	政	④	1288
	—牛闌遺	法	①	399
	朝鮮—	外		814
	放牝—於敵陣	兵		145
	軍団—	兵		1033
	鞍—具【篇】	兵		1933
	流鏑—【篇】	武		491
	犬追物乗—	武		668
	乗—渉水	武		748
	乗—冒険	武		758
	乗—始	武		760
	相—	武		774
	—薬	武		778
	競—【篇】	武		797
	—毛名歌合	文	②	106
	—上礼	礼	①	150
	—耕	産	①	48
	—糞	産	①	127
	白—	産	①	173
	赤—	産	①	173
	馬喰—	産	②	381
	—形名所図	動		88
	鼠産於—尾	動		241
うま	馬(玩具)	遊		1249
うまあず	馬預	官	③	960
うまあず	馬預並	官	③	962
うまいち	馬市	産	②	603
うまおい	馬追	遊		1244
うまおさ	馬長	神	③	1501
うまかい	馬飼	官	③	966
うまかい	馬飼部	官	①	102
うまかい	馬飼料	封		506
うまかた	馬方	官	③	962
うまがた	馬形	神	②	1132
うまかみ	馬髪巻役	官	③	983
うまきた	うまきたし(鱧腸草)	植	②	770
うまきど	うまきどの(武徳殿)	武		789
うまくす	馬薬手代	官	③	966
うまくだ	馬来田国造	地	①	1024
うまぐみ	馬ぐみ(木)	植	①	577
うまぐる	馬車	政	④	1389
うまこ	馬戸	官	①	1534
うまごえ	厩肥	産	①	128
うまごお	宇摩郡	地	②	869
うまさく	うまさく(青葙)	植	②	116
うまざさ	馬篠	植	①	714
うましま	宇麻志摩治命			
	—献十種神宝	神	②	499
	—為申食国政大夫	官	①	21
	祀—於物部神社	神	④	1084
うまじる	馬印【併入】	兵		2128
うまじる	馬印持	兵		2132
うますて	馬捨場	政	③	892
うませみ	うませみ(馬蜩)	動		1188
うまぜめ	馬責	官	③	959
うまぜり	うまぜり(当帰)	植	②	407
うまぞろ	馬揃	兵		494
うまだい	馬代	人	②	466
	—	神	②	1131
うまだし	馬出			
	城郭—	兵		1099
	馬場—	武		785
うまだし	馬出勅使	武		814
うまだま	馬溜	兵		1101
うまつか	馬寮	官	①	1527
うまづか	馬司御門	居		212
うまつぎ	馬次	政	④	1234
うまつり	鵜祭	神	④	988
うまとど	馬駐	武		785
うまぬす	うまぬすびと(魚)	動		1453
うまぬす	馬盗人	人	②	788
うまねぶ	馬睡	人	①	973
うまのか	右馬頭	官	①	1531
うまのき	うまのきぼね(食槽)	動		86
うまのく	うまのくぼかひ(紫貝)	動		1674
うまのけ	馬毛筆	文	③	1275
うまのし	馬尺	動		105
うまのし	右馬少属	官	①	1531
うまのし	右馬少允	官	①	1531
うまのじ	右馬陣	居		221
うまのす	右馬助	官	①	1531

うまのす　うまのすずくさ(馬兜鈴)　植 ① 1200
うまのだ　右馬大属　官 ① 1531
うまのだ　右馬大允　官 ① 1531
うまのな　馬名合　動 104
うまのは　うまのはなむけ　人 ② 432
「はなむけ餞」も見よ
うまのひ　午日
—行豊明節会　神 ① 1320
初午　神 ② 587
初午　神 ③ 1462
うまのり　馬乗(遊戯)　遊 1243
うまのり　馬乗(職名)　官 ③ 963
うまのり　馬乗羽織　服 680
うまのり　馬乗袴　服 770
—　服 706
—　服 712
うまば　馬場　武 785
「ばば馬場」も見よ
うまばど　馬場殿　武 789
うまひゆ　うまひゆ(馬莧)　植 ② 111
うまびる　馬蛭　動 1231
うまびん　馬便御用物差立　政 ④ 1348
うまふぶ　うまふぶき(牛蒡)　植 ② 723
うまべの　馬部司　神 ③ 810
うままわ　馬廻頭　官 ② 1452
うままわ　馬廻衆
織田氏—　官 ② 1421
豊臣氏—　官 ② 1452
うまみの　馬蓑　器 ② 478
うまめし　馬召初　武 762
うまや　駅　政 ② 1145
「えき駅」も見よ
うまや　厩　居 720
置猿於—　動 303
神馬—　神 ② 1128
うまやか　厩方役人【篇】　官 ③ 959
うまやさ　厩坂寺　宗 ③ 1175
「こうふく興福寺」も見よ
うまやど　厩戸皇子
聖徳太子定憲法十七条　法 ① 111
—講勝鬘経　宗 ① 387
—創大安寺　宗 ③ 1211
—創法隆寺　宗 ③ 1277
聖徳太子創四天王寺　宗 ④ 68
聖徳太子創百済寺　宗 ④ 659
—及妃御葬送図　礼 ② 174
—墓　宗 ④ 11
聖徳太子之古尺　称 32
聖徳太子画像　宗 ③ 1291
聖徳太子廟窟　礼 ② 1081
うまやの　厩司
院御—　官 ① 1230
摂関大臣家—　官 ① 1290
うまやぶ　厩奉行
鎌倉幕府—　官 ② 813
足利氏—　官 ② 1224
うまゆみ　うまゆみ　武 444
「きしゃ騎射」も見よ
うまゆみ　馬射節　武 478
うまよろ　馬甲　兵 2060
うまらち　馬埒殿　居 145
うまりょ　右馬寮　官 ① 1526
—田　政 ② 425
うみ　海【篇】　地 ③ 1249
無—国　文 ① 897
うみあり　海有鞍　兵 1971
うみうお　海魚　動 1241
うみうそ　海獺　動 467
うみうな　うみうなぎ(あなご)　動 1508
うみうな　うみうなぎ(魚)　動 1505
うみお　紡麻　産 ② 71
うみがめ　蠵亀　動 1583
うみぎぎ　うみぎぎ(魚)　動 1349
うみこく　海石　政 ④ 492
うみじし　海地震　地 ③ 1390
うみしる　膿　方 1219
うみすぎ　うみすぎ(海藻)　植 ② 927
うみすず　海雀　動 674
うみそう　海索麵　植 ② 926
うみだか　海高　政 ④ 124
うみつじ　うみつぢ(海路)　地 ③ 1282
うみつび　うみつび(甲贏子)　動 1660
うみどり　海鳥　動 1656
うみなし　海無鞍　兵 1971
うみにな　海蜷　動 1669
うみのか　海神　神 ① 60
「わたつみ海神」も見よ
うみひば　うみひば(石帆)　植 ② 927
うみぼう　海坊主　動 495
うみまつ　うみまつ(海藻)　植 ② 927
うみやま　山海之政　政 ① 11

うむき	海蛤	動		1629
うむきな	うむきな（淫羊藿）	植	②	208
うめ	梅	植	①	313
	神木—	神	②	1797
	以—為画題	文	③	880
	植—於蹴鞠場	遊		1060
	—接木	植	①	39
	松竹—	植	①	77
うめがえ	梅枝（催馬楽）	楽	①	210
うめざけ	梅酒	飲		708
うめず	梅醋	飲		802
うめちゃ	うめ茶（遊女）	人	②	848
うめづの	梅津里	地	①	248
うめづの	梅津荘	宗	③	943
うめつぼ	梅壺	居		153
うめどい	埋樋	政	④	1226
うめのか	梅唐衣	服		921
うめのく	梅の位	人	②	848
うめのは	梅花貝	動		1643
うめのみ	梅宮神社【篇】	神	③	1534
うめのみ	梅宮祭【附】	神	③	1539
うめばち	梅鉢草	植	②	94
うめばち	梅鉢紋	姓		528
うめばや	梅林御門	居		409
うめびし	梅びしほ	飲		1038
うめぼし	梅干	飲		1037
	—	植	①	324
うめもど	梅もどき	植	①	486
うめやき	梅焼	飲		146
うめりょ	右馬寮	官	①	1526
うめわか	梅若大夫	楽	①	935
うめわん	梅椀	器	①	22
うもごお	羽茂郡	地	②	366
うもれぎ	埋木	植	①	669
うもんの	有文帯	服		785
うもんの	有文冠	服		1102
うもんの	有文黒漆剣	兵		1345
うやえぼ	うや烏帽子	服		1197
うやく	宇役	政	④	451
うやく	烏薬（木）	植	①	261
うゆうの	烏油帯	服		804
うよく	羽翼	動		502
うよりょ	禹余糧	金		305
うら	浦【篇】	地	③	1306
うら	裏	服		37
うらいせ	有来銭	泉		30
うらいた	裏板【併入】	居		1132

うらいん	裏印	政	③	322
うらうち	裏打	服		554
うらうち	裏打帯	服		1066
うらうち	裏打直垂	服		530
うらうら	浦浦巡見使	政	③	375
うらえか	うらへ肩焼	神	②	1261
うらおき	うらおき（卜人）	方		470
うらが	浦賀	地	③	573
	英船来—	外		1386
	米艦来—	外		1725
うらがき	裏書	文	①	473
	目安—	法	③	609
	目安—初判	法	③	718
	七日—	法	③	614
	三十日—	法	③	616
	八判—	法	③	617
	十判—	法	③	623
	裁許—	法	③	655
うらかた	うらかた（卜形）	方		481
	地震—	地	③	1404
うらがね	うらがね（裏尺）	称		26
うらがば	浦賀番所	官	③	1401
うらがぶ	浦賀奉行	官	③	1400
	—裁判	法	③	884
うらかみ	浦上玉堂	人	②	447
うらかみ	浦上荘	官	②	1034
うらがわ	浦河郡	地	②	1299
うらぎり	裏切	兵		678
うらくず	裏崩（敗軍）	兵		590
うらくり	有楽流（茶道）	遊		597
うらしま	浦島子			
	「みずのえ水江浦島子」を見よ			
うらしま	浦島草	植	①	968
うらしゃ	裏尺	称		26
うらじろ	うらじろ（河原柴胡）	植	②	111
うらじろ	裏白（土蔵）	居		756
うらじろ	裏白連歌	文	①	1137
うらぜき	裏関（相撲）	武		1183
うらだな	裏店借	政	③	1299
うらつけ	裏付（直垂）	服		445
うらつけ	裏付上下	服		622
うらて	占手（松明）	器	②	279
うらて	占手（相撲）	武		1080
うらない	卜	神	②	1267
	亀—【篇】	神	②	1269
	軒廊御—【附】	方		547
	由地震—占	地	③	1404

	元日爆粶—吉凶	歳		855
	以夢—吉凶	歳		892
	以海蛳—出産	動		1669
	太占【篇】	神	②	1259
	易占【篇】	方		467
	式占【篇】	方		504
	夢占【併入】	方		597
	字占【併入】	方		604
	判占【併入】	方		608
	雑占【附】	神	②	1296
	以櫛為占	器	①	407
うらなし	裏無(草履)	服		1430
うらにわ	ト庭神	神	②	1286
うらにわ	ト庭神祭	神	②	1286
	—	神	③	764
うらのか	浦神	神	①	64
うらはん	裏判	政	③	320
	訴状—	法	①	1065
	目安—	法	③	603
	削—	法	③	607
	拒—	法	③	624
うらばん	裏番所	地	③	666
うらぶれ	うらぶれ	人	①	755
うらべ	ト部	官	①	43
	宮主—為大嘗祭抜穂使	神	①	1008
	大神宮司—	神	③	848
	神祇官—	官	①	306
	神祇官—	官	①	335
うらべう	ト部氏	官	①	43
	—司亀ト	神	①	960
	—司亀ト	神	②	1268
	—司亀ト	神	②	1328
	—宗源宣旨	神	①	335
	—氏神	神	①	668
	—世襲梅宮社司	神	②	1566
	—長者	姓		459
うらべに	うらべにすもも(嘉慶李)	植	①	343
うらべの	ト部兼倶			
	—神道	神	②	1369
	祀—号神竜大明神	神	①	152
うらぼん	盂蘭盆【篇】	歳		1248
うらぼん	盂蘭盆講	歳		1257
うらまつ	裏松光世	文	②	917
うらみ	怨	人	①	774
	報—【併入】	人	②	492
うらみど	裏御堂	宗	④	96
うらみの	裏見滝	地	③	1212
うらもん	裏紋	姓		503
うらもん	裏門切手番頭	官	③	717
うらやく	浦役銭	政	④	496
うらやさ	うらやさん(占算)	方		470
うらやす	浦安国	地	①	22
うらやむ	羨	人	①	773
うらわ	浦和	地	①	895
うらわか	ト鹿神事	神	②	1264
うり	瓜	植	②	597
	—	飲		49
うりうり	瓜売(内蔵寮)	官	①	790
うりかけ	売掛代金	産	②	354
うりごえ	売声(行商)	産	②	715
うりのき	うりのき(大空)	植	①	586
うりのじ	瓜の仁助	法	③	181
うりばえ	うりばへ(守瓜)	動		1140
うりゅう	雨竜郡	地	②	1296
うりゅう	瓜生保母	人	①	1190
	—	兵		593
うりよね	糶			
	賤価—穀	政	②	1066
	賤価—穀	政	④	842
うりわた	売渡証文	政	④	644
うりん	羽林	官	①	1345
うりんい	雲林院【篇】	宗	③	756
うりんけ	羽林家	姓		435
	—	礼	①	819
うりんだ	羽林大将軍	官	①	1354
うるいそ	うるいさう(玉簪草)	植	①	1082
うるうづ	閏月	歳		36
	—行大祓	神	②	735
	—行六月祓	神	②	755
	服紀不計—或計之	礼	②	615
うるうづ	閏月役	政	④	566
うるうど	閏年	歳		36
うるか	うるか(鯀)	飲		939
うるがん	ウルガンバテレン	宗	④	1103
うるき	うるき(夏枯草)	植	②	504
うるさん	蔚山之戦	外		513
うるし	漆	産	①	792
	油—奉行	官	③	596
うるしえ	漆絵	文	③	860
うるしか	うるしかぶれ(漆瘡)	方		1249
うるしき	漆灸	方		896
うるしけ	うるしけし(蜀羊泉)	植	②	539

うるしこ	漆工【篇】	産	①	785
うるしだ	漆高	政	④	123
うるしど	漆問屋	産	②	408
うるしぬ	漆塗車	器	②	855
うるしぬ	うるしぬりのさら			
	(畳子)	器	①	77
うるしね	うるしね(粳)	植	①	767
うるしの	漆樹	植	①	465
	課桑漆	政	②	448
	漆栽培	政	④	965
うるしぶ	漆奉行【篇】	官	③	595
うるしわ	漆椀	器	①	11
うるち	粳	植	①	767
うるっぷ	うるつぷ島	地	②	1304
	—	外		1461
うるまの	うるまの島	地	②	1357
	—	地	③	1351
うるみの	雲潤里	地	②	533
うるみわ	うるみ椀	器	①	13
うるむ	瘨	方		1265
うるめい	宇留女鰯	動		1423
うるりこ	うるりこ(細魚)	動		1544
うれいぶ	愁節	楽	②	296
うれう	憂	人	①	754
	—貧	人	②	581
うれし	嬉	人	①	723
うれしの	嬉野温泉	地	③	1097
うろこ	鱗	動		1242
うわえ	上絵	服		871
うわお	うはを(後夫)	人	①	150
うわおび	上帯(甲)	兵		1908
うわおび	上帯(衣服)	服		815
うわおび	表帯(箙)	兵		1733
うわおり	上をりしたる烏帽子	服		1185
うわがい	うはがひ(袿)	服		17
うわがき	表書(書翰)	文	①	472
うわぎ	うはぎ(薺蒿)	植	②	747
うわぎ	表著			
	男子用—	服		424
	婦人用—【篇】	服		978
	婦人用—	服		1030
うわげげ	うはげげ(草履)	服		1429
うわごお	宇和郡	地	②	873
うわざし	上差	服		934
うわざし	上差袋	器	①	697
うわざし	上指矢	兵		1691
うわしき	うはしき(鞍褥)	兵		1982
うわしき	上鋪(御座)	器	②	81
うわじま	宇和島	地	②	878
うわじま	宇和島藩	地	②	884
うわじめ	上じめ(帯)	服		813
うわじろ	上白車	器	②	830
うわすみ	上澄売渡所	官	③	577
うわつつ	表筒男神	神	②	663
	祀—於住吉神社	神	④	233
	祀—於長門国住吉			
	神社	神	④	1212
	祀—於壱岐国住吉			
	神社	神	④	1702
うわつわ	表津綿津見神	神	④	233
	祀—於海神社	神	④	1087
うわて	上手(石帯)	服		780
	—	服		807
うわなり	うはなり(後妻)	人	①	157
	—	礼	①	1311
うわなり	後妻打	人	①	158
うわなり	妬湯	地	③	1047
うわにぶ	上荷舟	器	②	683
	—	器	②	593
うわばみ	うはばみ(蟒蛇)	動		1021
	—	動		1019
うわばみ	うはばみさう(赤車			
	使者)	植	①	1200
うわはら	うははらおび(鞶)	兵		2020
うわぶき	上葺(車)	器	②	758
うわまえ	上まへ(衣服)	服		18
うわまき	表巻(書翰)	文	①	480
うわみ	褶	服		948
うわみず	うはみづ(木)	植	①	378
うわむし	上筵	器	②	15
うわも	うはも(褶)	服		948
	上裳	服		955
うんか	うんか(蝗)	産	①	149
うんが	運河	政	④	1065
うんかく	芸閣	官	②	336
うんかん	雲冠	楽	①	649
うんき	雲気	方		262
	—	居		168
うんきゃ	運脚	政	②	751
	—	政	②	866
	—	政	②	1209
うんけい	運慶	宗	①	155
	—	宗	①	216
うんげん	繧繝茵	器	②	112

うんげん 暈繝錦 産 ② 276
うんげん 繧繝縁畳 器 ② 72
うんこう 芸香 植 ② 329
うんこう うんかふる(一角) 動 475
うんこく 雲谷派(絵画) 文 ③ 836
うんさい 雲斎織 産 ② 172
うんしゅ 雲州 地 ② 457
「いずもの出雲国」も見よ
うんしゅ 雲州消息 文 ① 371
うんじょ 運上 政 ④ 419
請負人— 政 ④ 453
人足— 政 ④ 454
糸目— 泉 278
鷺— 産 ① 450
米商— 産 ② 556
貿易— 産 ② 748
貿易— 産 ② 769
船— 器 ② 591
鉱山— 金 167
うんじょ 紅調粥 飲 457
「うんぞう紅糟粥」も見よ
うんじょ 運上金 政 ④ 421
うんじょ 運上銀
銀座— 官 ③ 581
—包方 泉 189
うんじょ 運上屋 地 ② 1308
うんしん 雲心寺 宗 ④ 5
うんすん うんすんがるた 遊 242
うんぜん 雲仙嶽 地 ③ 880
うんそう 運送【篇】 政 ② 1203
—【篇】 政 ④ 1385
氷— 官 ① 1094
位禄— 封 134
公廨— 封 252
年粮— 封 265
舂米— 政 ② 619
年貢— 政 ④ 247
軍糧— 兵 977
「うんそう運漕」も見よ
うんそう 運漕
封租— 封 19
米穀— 産 ② 561
「うんそう運送」「すいうん水運」も見よ
うんぞう 紅糟粥 飲 464
— 歳 1420
うんそん 雲孫 人 ① 235
うんだい 雲大(横笛) 楽 ② 870
うんちょ 雲頂院奉行 官 ② 1213
うんちん 運賃 政 ② 1205
— 政 ④ 1410
納米— 政 ④ 264
廻米津出浦々道法
及— 地 ③ 1309
うんどん 饂飩 飲 496
うんのゆ 海野幸典 文 ① 164
うんばん 雲板 宗 ② 1094
うんぴつ 運筆 文 ③ 753
うんぼ 雲母 金 327
うんぽい 運歩色葉集 文 ① 186
うんぼし 雲母紙 文 ③ 1233
うんめい 温明殿 居 100
— 帝 58
うんゆ 運輸 政 ② 1215
うんりゅ 雲竜院 宗 ③ 574

え

え 江【篇】 地 ③ 1284
え 画 文 ③ 788
「かいが絵画」も見よ
え 荏 植 ② 491
え 餌
釣魚— 産 ① 376
鷹— 遊 992
えあわせ 絵合 文 ③ 951
えい 永(銭) 泉 44
えい 営 居 287
えい 詠 楽 ① 67
菩薩— 楽 ① 386
迦陵頻— 楽 ① 389
想夫憐— 楽 ① 399
泔州— 楽 ① 407
庶人三台— 楽 ① 441
五常楽— 楽 ① 446
聖明楽— 楽 ① 450
賀王恩— 楽 ① 459
柳花苑— 楽 ① 477
汎竜舟— 楽 ① 502
輪台— 楽 ① 521
青海波— 楽 ① 523

	採桑老―	楽 ①	540
	師子―	楽 ①	614
えい	穎		
	「かい穎」を見よ		
えい	纓	服	1125
えい	韶陽魚	動	1525
えいあら	永荒場	政 ④	239
えいあん	永安門	居	227
えいえん	永延	歳	182
えいえん	栄円楽	楽 ①	606
えいおし	永押込	法 ②	570
えいか	詠歌	宗 ③	306
えいがく	英学	文 ②	1015
えいかた	詠歌大概	文 ②	444
えいかど	盈科堂	文 ②	1280
えいかも	永嘉門	居	248
えいから	永果楽	楽 ①	357
えいかん	永観(僧)	宗 ③	680
えいかん	永観(年号)	歳	181
えいかん	永観堂	宗 ③	677
えいかん	永官符	政 ①	337
えいかん	永閑節	楽 ②	262
えいきゅ	永久	歳	197
えいきょ	永享	歳	240
えいきょ	郢曲	楽 ①	78
	―	楽 ①	266
	―	楽 ①	285
えいぐう	影供歌合	文 ②	87
えいぐう	影供歌会	文 ②	175
えいげん	永源寺【篇】	宗 ④	663
えいげん	永源寺派	宗 ①	752
えいご	永午(永禄元年戊午)	歳	333
えいご	英語	文 ②	1016
えいごお	穎娃郡	地 ②	1220
えいさい	栄西	宗 ①	743
	―	宗 ①	732
	―	宗 ②	486
	―創聖福寺	宗 ④	1053
	―為建仁寺開山	宗 ③	621
	―為寿福寺開山	宗 ④	292
	―好茶	遊	381
えいざん	叡山	地 ③	803
	「えんりゃ延暦寺」も見よ		
えいざん	叡山源七	人 ②	1025
えいざん	叡山尺	称	32
えいし	詠史(詩)	文 ②	509
えいじ	永治	歳	200
えいじ	嬰児	人 ①	68
	殺―	法 ②	845
	殺―	礼 ①	477
	鷙擒―	動	950
えいじぎ	永字銀	泉	212
	―引替割合	泉	325
えいじは	永字八法	文 ③	750
えいしゃ	栄爵	政 ①	1052
	―	政 ①	1485
えいしょ	永正	歳	246
えいしょ	永昌	歳	161
えいしょ	永承	歳	189
えいじょ	営城監	兵	1056
えいじょ	永上納	政 ④	542
えいしる	鱓汁	飲	168
えいずす	エイズスキリストス	宗 ④	1138
えいせん	永泉寺【篇】	宗 ④	789
えいせん	永宣旨	政 ①	272
	神今食祭―召物	神 ②	210
	僧官―	宗 ②	741
	依―著直衣	服	317
えいせん	永宣旨阿闍梨	宗 ②	917
えいそ	永祚	歳	182
えいぞう	影像	礼 ②	1245
	―	神 ①	205
えいそつ	衛卒	兵	282
	―	官 ②	423
えいそん	裔孫	人 ①	237
えいそん	叡尊	宗 ①	491
	―	宗 ②	624
	―	宗 ②	814
えいたい	永代売	政 ③	615
	―	政 ③	1323
	質地―	政 ④	736
えいたい	永代橋	地 ③	306
	―	地 ③	143
えいだか	永高	政 ④	97
えいたず	永尋	法 ③	129
えいちっ	永蟄居	法 ②	587
えいちや	江市屋格子	居	1262
えいちゅ	営中	居	288
えいちゅ	営中追放	法 ①	802
えいちょ	永長	歳	195
えいでん	営田収納帳	政 ②	419
えいとく	永徳	歳	237
えいとく	永徳寺【篇】	宗 ④	781
えいどり	永取(年貢)	政 ④	236

えいなき	酔泣	人	①	784
えいにん	永仁	歳		224
えいねい	永寧堂	居		182
えいねん	永年賦	政	④	659
えいのは	纓筥	服		1134
えいふく	永福(逸年号)	歳		370
えいふく	永福寺	政	③	12
えいふく	叡福寺【篇】	宗	④	10
えいふく	永福門	居		259
えいふつ	英仏学伝習所	文	②	1017
えいぶつ	詠物詩	文	②	512
えいへい	永平寺【篇】	宗	④	800
	一衆寮	宗	③	144
えいべつ	永別(石高)	政	④	101
えいほ	永保	歳		193
えいほう	永宝楽	楽	①	545
えいまん	永万	歳		206
えいみょ	永明院	宗	③	959
えいもり	永盛(石高)	政	④	98
えいゆう	英雄家	姓		429
えいゆう	英雄楽	楽	①	500
えいよう	永陽門	居		254
えいらく	永楽御門	居		391
えいらく	永楽銭	泉		42
	一	政	④	100
	一	泉		23
えいらく	永楽大王碑	外		223
えいりゃ	永暦	歳		205
えいりゅ	永隆楽	楽	①	421
えいりよ	絵入読本改掛	文	③	354
えいろう	永牢	法	③	270
えいろく	永禄	歳		247
えいろく	永禄寺	宗	④	1129
えいわ	永和	歳		237
えいん	会陰	人	①	440
えおしき	絵折敷	器	①	153
えが	垣下	礼	①	293
	一	礼	①	1476
えかがみ	柄鏡	器	①	358
えかきべ	画部	官	①	108
	一	文	③	790
えがく	ゑがく(画)	文	③	788
えがく	慧蕚(僧)	宗	②	459
えがさ	柄笠	器	②	448
えがのざ	垣下座	礼	①	293
えがのな	恵我長野陵	帝		982
えがのも	恵賀裳伏岡陵	帝		977
えかはら	えかはら(痞)	方		1511
えがわ	画韋	産	①	901
えがわた	江川太郎左衛門			
	一海防意見上書	政	③	262
	一通西洋砲術	武		894
	一住宅	居		952
えかん	慧灌	宗	②	530
	一弘三論宗	宗	①	453
えき	易	方		467
えき	駅	政	②	1145
	一	政	④	1231
えきか	駅家	政	②	1148
	一	政	④	1231
えきかい	掖階	居		1183
えきかち	駅家帳	政	②	1165
えきかり	駅家料	政	②	1164
えきかん	駅館	外		5
えききと	駅起稲	政	②	1201
えききと	駅起稲帳	政	②	1202
えきこ	駅戸	政	②	1152
えきこう	益口	政	②	29
えきさく	易簀	人	①	648
えきし	駅子	政	②	1148
えきし	駅使	政	①	604
	一	政	②	1188
えきせん	易占【篇】	方		467
えきちし	益智子	方		1077
えきちょ	駅長	政	②	1148
えきちょ	役丁法	政	②	858
えきでん	易田	政	②	285
えきでん	駅田	政	②	1201
えきでん	駅伝【篇】	政	②	1145
	一【篇】	政	④	1231
えきでん	駅伝函	政	②	1172
えきとう	駅稲	政	②	1201
えきどう	易道	神	②	1435
えきどう	易道家	方		479
えぎぬ	絵絹	産	②	212
	一	文	③	916
えきのち	駅長者	政	④	1246
えきば	駅馬	政	②	1165
	国使乗一	政	①	641
	国司赴任給一	政	①	1324
	諸国一数	政	②	1154
	一乗用	政	②	1181
	宿駅一定数	政	④	1285
	一負担量	政	④	1288

えきはか 易博士 方 478
えきふ 益封 封 63
えきまん 役満 法 ① 128
えきれい 駅鈴 政 ② 1171
隠岐国— 神 ① 836
えきろ 駅路 地 ③ 8
えきろの 駅路鈴 政 ② 1171
えぐち 江口 人 ② 868
—遊女 人 ② 854
えぐちか 江口神崎渡 地 ③ 420
えくぼ 靨 人 ① 332
えげ 会下 宗 ③ 146
えげがさ 会下傘 器 ② 460
えげでら 会下寺 宗 ③ 146
えげれす ヱゲレス 外 1374
えげん 慧玄 宗 ① 751
—為妙心寺開山 宗 ③ 823
えこう 回向
「くよう供養」を見よ
えこうい 回向院
—相撲 武 1216
—施餓鬼 宗 ② 165
えこうい 回向院無縁寺 礼 ② 1109
えこうだ 影向竹 植 ① 719
えごま 荏 植 ② 491
えさし 餌差 官 ③ 953
— 遊 994
えさしき 餌差肝煎 官 ③ 953
えさしご 江刺郡 地 ② 128
えさしご 枝幸郡 地 ② 1297
えさしの 江差港 地 ③ 590
えし 画師 文 ③ 789
— 官 ① 108
えじ 衛士 官 ① 1323
左右—府【附】 官 ① 1492
衛門府— 官 ① 1465
—遇喪 礼 ② 661
えしき 会式 宗 ② 222
えじのか 衛士督 官 ① 1493
えじのし 衛士少志 官 ① 1493
えじのし 衛士少尉 官 ① 1493
えじのす 衛士佐 官 ① 1493
えじのだ 衛士大志 官 ① 1493
えじのた 衛士大尉 官 ① 1493
えじま 絵島 地 ② 768
えじま 絵島(人名) 法 ② 296
えしゃげ 会赦解由 政 ① 1357
えしゃし 会赦処分 法 ③ 351
えしゃち 会赦帳 政 ① 1359
— 法 ① 510
勘解由使勘— 官 ② 92
廻赦帳 法 ③ 374
えしゃね 会赦年限 法 ③ 343
— 法 ③ 367
博弈者— 法 ③ 8
博弈者— 法 ③ 39
えしゃゆ 会赦猶流 法 ① 171
えじりの 江尻駅 地 ① 611
えしんい 恵心院 宗 ④ 578
えしんか 廻心戒 宗 ② 671
えず 絵図
国— 地 ① 113
海軍所—認方 官 ③ 1652
えすごろ 絵双六 遊 26
えぜに 絵銭 泉 151
えそ 鱛 動 1459
えぞ 蝦夷【篇】 地 ② 1269
—地神 神 ① 44
大名—地警固 官 ③ 1699
—開墾 政 ③ 1218
配流— 法 ① 771
配流— 法 ② 289
送軽罪者於— 法 ② 417
送隠売女於— 法 ② 983
露西亜人来— 外 1457
露西亜人来— 外 1566
—農業 産 ① 45
—産物会所 産 ② 323
—犬 動 186
—熊祭 動 415
「えみし蝦夷」も見よ
えぞう 絵像
「がぞう画像」を見よ
えぞうし 絵双紙 文 ② 943
— 文 ③ 854
えぞうし 絵双紙屋 文 ③ 855
えぞかん 蝦夷管領 官 ② 904
えそごお 恵蘇郡 地 ② 627
えぞじん 蝦夷人 人 ② 710
—事件 外 1616
—弓矢 兵 1652
—毒箭 兵 1697
—誓詞 人 ② 353
—賜姓 姓 233

	—尊鍬先	産	①	233
えぞすみ	えぞすみれ(胡菫草)	植	②	382
えぞだい	蝦夷代官	官	②	905
えぞちお	蝦夷地御雇医師	方		724
えぞにし	蝦夷錦	産	②	282
えそのえ	越蘇駅	地	②	287
えぞぶぎ	蝦夷奉行	官	③	1412
えぞまつ	蝦夷松	植	①	91
えた	穢多	政	③	872
	称—号皮太	産	①	904
	青屋為—之類	産	①	841
	—非人	政	③	583
	—犯罪	法	②	18
	—欠所処分	法	②	616
	—牢舎	法	③	189
	—入牢	法	③	223
	—訴訟	法	③	500
	—訴訟	法	③	596
	—吟味	法	③	556
	為戦略用—	人	②	570
えだ	支	人	①	452
えだ	枝	植	①	5
	付賭物於—	武		282
	付贈遺物於—	人	②	468
	以—為箸	器	①	95
	付鷹鳥於—	遊		1027
えだ	肢体	人	①	291
えだいず	荏大豆納	政	④	439
えだおう	えだ扇	服		1322
えだがみ	枝神	神	①	427
えだくみ	画工	文	③	789
えだくみ	画工司	文	③	790
えだごう	枝郷	地	①	96
えだじま	江田島	地	②	646
えだじろ	枝城	兵		1039
えだずみ	枝炭	遊		498
えたそう	穢多僧	政	③	883
えだち	えだち(役)	政	②	823
えだちょ	枝調子	楽	①	31
えたて	柄立	器	②	466
えたでら	穢多寺	宗	③	219
	—	法	③	555
えたのか	穢多頭	政	③	877
えだぶみ	枝文			
	大帳—	政	②	233
	税帳—	政	②	684
	調帳—	政	②	750
えたむら	穢多村	政	③	884
えだむら	枝村	地	①	96
えちごう	越後牛	動		49
えちごお	越後踊	楽	②	480
えちごお	越知郡	地	②	504
えちごお	愛智郡	地	①	1178
えちごだ	越後代官	官	③	1529
えちごち	越後縮	産	②	159
えちごと	越後党	兵		450
えちごぬ	越後布	産	②	140
えちごの	越後国【篇】	地	②	327
	—現石高	政	④	109
	配流—	法	①	197
	配流—	法	①	769
	—金銀貨	泉		288
	—入合山おこつへいの窟	礼	②	1089
	—風俗	産	②	84
	—古志郡十二大権現祭	動		64
	—鮭	動		1288
えちごの	越後国神宮寺	神	②	1736
えちごや	越後屋	人	②	613
えちごり	越後流(兵法)	兵		5
えちぜん	越前牛	動		49
えちぜん	越前紙	文	③	1197
えちぜん	越前家	官	③	1671
えちぜん	越前公	封		59
えちぜん	越前三奉行	官	②	1431
えちぜん	越前守護代	官	②	1430
えちぜん	越前代官	官	③	1529
えちぜん	越前国【篇】	地	②	223
	以—為大嘗祭悠紀	神	①	1218
	—桑原荘券文	政	②	491
	配流—	法	①	170
	配流—	法	①	792
	—銀貨	泉		288
えちぜん	越前国天平二年正税帳	政	②	663
えちぜん	越前国天平四年郡稲帳	政	②	706
えちぜん	越前雕	産	①	805
えつ	鱭魚	動		1462
えついん	越韻病(詩)	文	②	525
えつけま	柄附量	称		76
えっさい	ゑつさい(雀鰄)	動		940
えっしゅ	越洲	地	②	223

えった	ゑつた	政	③	872
	「えた穢多」も見よ			
えっちゅ	越中衆	兵		460
えっちゅ	越中国【篇】	地	②	305
	―東大寺墾田地	政	②	351
えっちゅ	越中国東大寺荘園券文	政	②	492
えっちゅ	越中ふんどし	服		1508
えっちゅ	越中頬(甲冑)	兵		1888
えっちょ	越調病(詩)	文	②	525
えづつみ	荏裹	飲		1044
えつのく	越国	外		1127
えっぺい	閲兵	兵		493
えつぼ	咲壺	帝		1161
えつぼ	謁墓	礼	②	1135
	―図	礼	②	1138
えつもく	悦目抄	文	②	440
えつり	桟	居		1058
えてんら	越天楽	楽	①	413
えと	干支			
	「かんし干支」を見よ			
えど	江戸【附】	地	①	930
	置関門於―町々	地	③	608
	減―人口策	官	③	155
	―内海警衛	官	③	1699
	徳川幕府―御蔵	政	③	1035
	―上水	政	④	1109
	―人足寄場	法	②	414
	―獄舎	法	③	185
	―秤座	称		122
	和蘭人―参向	外		1352
	合衆国―条約	外		1793
	―三十三所巡礼	宗	③	308
	―八十八箇所遍礼	宗	③	312
	―劇場	楽	②	27
	―方言	人	①	834
	―遊廓	人	②	872
	―米相場	産	②	510
	―民家家作	居		447
	―船宿	器	②	733
えどいち	江戸一(通矢)	武		159
えどいち	江戸一(楊弓)	遊		196
えどう	絵堂	文	③	966
えどうた	江戸唄	楽	②	415
えどえ	江戸絵	文	③	852
えどおお	江戸大絵図	地	①	118
えどがま	江戸構			
	―日光御料払	法	②	368
	―赦免	法	③	353
えどがみ	江戸紙	文	③	1200
えどがわ	江戸川	地	③	1174
	―	政	④	998
えどごり	江戸五里四方追放	法	②	340
えどころ	絵所	文	③	794
	大嘗祭悠紀―	神	①	992
	大嘗祭―	神	①	997
えどころ	絵所預	文	③	794
えどころ	画所司	文	③	792
えどさん	江戸三里四方追放	法	②	341
えどじし	江戸自身番	政	③	1360
えどしち	江戸七里四方追放	法	②	340
えどじゅ	江戸十里四方追放	法	②	338
えどじゅ	江戸順の一(鶯)	動		820
えどじょ	江戸城	居		315
	―御曲輪内	地	①	939
	―鎮守	神	④	477
	―紅葉山諸役人	官	③	391
	―天守番【附】	官	③	734
	―御曲輪内禁復讐	人	②	505
えどじょ	江戸浄瑠璃	楽	②	252
えどじわ	江戸地割役	官	③	439
えどたろ	江戸太郎重継	地	①	930
えどだん	江戸談林(俳諧)	文	①	1342
えどつじ	江戸辻番	政	③	1326
えどづめ	江戸詰	官	③	1680
えどなが	江戸長崎銅座出張役所	官	③	587
えどにし	江戸錦絵	文	③	852
えどにじ	江戸二十里四方追放	法	②	337
えどの	絵殿	文	③	966
えどはい	江戸徘徊			
	―差止	法	②	357
	―赦免	法	③	352
えどばら	江戸払	法	②	341
えどばん	江戸判(慶長小判)	泉		202
えどふう	江戸風(俳諧)	文	①	1358
えどほお	江戸酸漿	植	②	536
えどまえ	江戸前鯵	動		1413
えどまえ	江戸前鰯	動		1422
えどまえ	江戸前鰻	動		1358
えどます	江戸升	称		84
えどまち	江戸町年寄	官	③	429
えどまち	江戸町名主	官	③	441
えどまち	江戸町奉行	官	③	396

えどまち	江戸町物書	官	③	451
えどまち	江戸町役人【附】	官	③	429
えともの	恵曇郷	地	②	475
えとり	餌取	政	③	872
	—	官	①	932
	—	飲		40
	「えた穢多」も見よ			
えとろふ	択捉郡	地	②	1302
えとろふ	択捉島	外		1461
	—	外		1570
えな	胞衣	礼	①	391
	—不下而薨	帝		1464
えながど	柄長鳥	動		925
えなごお	恵奈郡	地	①	1263
えなつ	榎津	地	③	517
えなのけ	胞衣穢	神	②	803
えなやま	恵那山	地	③	809
えにす	ゑにす(槐)	植	①	387
えにちじ	慧日寺【篇】	宗	④	756
えぬいも	絵縫物	服		904
えぬのこ	ゑぬのこぐさ(狗尾草)	植	①	935
えぬまご	江沼郡	地	②	269
えぬまの	江沼国造	地	②	266
えのあぶ	荏油	器	②	314
えのうら	榎浦津	地	③	533
えのおさ	江長	官	①	997
えのから	絵唐衣	服		925
えのき	榎	植	①	212
	榎坂—	神	②	870
	神木—	神	②	1793
	植—於蹴鞠場	遊		1060
	—大木	植	①	72
えのきだ	榎茸	植	②	806
えのぐ	絵具	文	③	978
えのこ	ゑのこ(狗)	動		152
えのこお	穎娃郡	地	②	1220
えのころ	ゑのころぐさ(狗尾草)	植	①	935
えのしま	江島	地	①	743
えのじん	江神社	神	③	134
えのはい	榎葉井(楽曲)	楽	①	500
えのま	絵之間	居		601
えのみさ	愛之山陵	帝		971
えのもと	榎本社	神	④	94
えはけ	絵刷毛【併入】	文	③	1310
えはじめ	画始	文	③	961
えばらご	荏原郡	地	①	836
えはんき	絵半切	文	③	1172
えび	鰕	動		1537
えび	葡萄	産	①	878
えびおり	海老折(結髪)	人	①	525
えびかず	えびかづら(鬘)	器	①	459
えびかず	えびかづら(紫葛)	植	②	352
えびかず	海老葛(楽曲)	楽	①	414
えびぐさ	ゑびぐさ(拳参)	植	②	32
えびこう	裛衣香	遊		309
えひこや	英彦山神社【篇】	神	④	1601
えびさや	海老鞘巻刀	兵		1371
えびす	えびす(七福神)	神	①	88
えびす	蝦夷	人	②	710
えびすう	えびす歌	文	①	945
えびすが	えびす紙	文	③	1230
えびすぐ	えびすぐさ(決明)	植	②	311
えびすぐ	えびすぐすり(芍薬)	植	②	178
えびすこ	恵美須講	神	②	595
えびすせ	夷子銭	泉		151
えびすだ	恵比須棚	神	①	934
えびすね	えびすね(地楡)	植	②	107
えびすの	夷祭	神	②	595
えびすの	戎社	神	④	284
えびすめ	えびすめ(昆布)	植	②	878
えびぜめ	海老責	法	③	952
	—図	法	③	967
えびぞめ	蒲萄染	産	①	850
えびぞめ	葡萄染唐衣	服		919
えびと	江人	官	①	97
えびなと	海老名党	兵		447
えびのあ	海鰕網	産	①	386
えびのし	海老鞦	兵		2036
えびのは	鰕鰭槽	器	①	561
	—図	器	①	563
えびのふ	海老船盛	飲		269
えひめ	えひめ(長女)	人	①	199
えひめ	愛比売(伊予)	地	②	851
えびめし	海老飯	飲		413
えびら	箙(兵器)	兵		1715
えびら	箙(俳諧)	文	①	1191
えびら	蚕簿	産	①	355
えふ	会符	政	④	1263
えふ	衛府	官	①	1312
	—総載【篇】	官	①	1312
	賭射—手結	武		381
	—馬場	武		791

えふぎと	衛府擬舎人奏	政	①	425
えぶくろ	餌袋	遊		1023
えふちょ	衛府長	服		478
えぶっし	絵仏師	文	③	874
えふで	絵筆	文	③	1281
えぶな	鮒魚	動		1392
えふのつ	衛府剣	兵		1355
えぶり	朳	産	①	251
えぶりこ	恵布里古	植	①	84
	—	植	②	804
えほう	兄方	方		179
えほう	恵方	歳		853
えほうだ	兄方棚	神	①	936
えぼし	烏帽子【篇】	服		1163
	吉田家用—	神	②	1587
	元服用—	礼	①	782
	凶服—	礼	②	1034
	蹴鞠用—	遊		1134
えぼしお	烏帽子親	礼	①	769
えぼしが	烏帽子貝	動		1649
えぼしか	烏帽子懸	遊		1134
えぼしぎ	烏帽子著	礼	①	747
えぼしご	烏帽子子	礼	①	769
えぼしど	烏帽子道服	服		634
えぼしど	烏帽子止	服		1213
えぼしな	烏帽子名	礼	①	816
	—	姓		631
えぼしの	烏帽子直衣	服		201
えま	絵馬	神	②	1134
	浅草寺—	宗	④	377
えまき	絵巻	文	③	967
えまどう	絵馬堂	神	②	1145
えまのみ	江馬御杣	神	③	299
えみ	咲(鐙)	兵		1994
えみぐさ	ゑみぐさ(女萎)	植	②	186
えみぐさ	ゑみくさ(萎蕤)	植	①	1019
えみけの	恵美家印	政	①	535
えみし	蝦夷【篇】	人	②	709
	「えぞ蝦夷」も見よ			
えみのな	笑の中の剣	人	①	902
えむ	ゑむ(咲)	人	①	727
えむしろ	絵席	器	②	28
えむらせ	江村専斎	礼	①	1472
えもとゆ	絵元結	器	①	487
えもん	衣紋	服		215
	—をとる事	服		555
えもん	衣紋(麹工長)	飲		737
えもんか	衣紋方	服		587
えもんだ	衣紋竹	器	②	537
えもんの	衛門督	官	①	1453
えもんの	衛門獄	法	①	483
えもんの	衛門少志	官	①	1453
えもんの	衛門少尉	官	①	1453
えもんの	衛門佐	官	①	1453
えもんの	衛門大志	官	①	1453
えもんの	衛門大尉	官	①	1453
えもんふ	衛門府			
	左右—【篇】	官	①	1445
	—手結	武		308
	—風俗歌	楽	①	238
えやみ	疫病	方		1301
えやみぐ	えやみぐさ(竜胆)	植	②	445
えやみの	疫神	神	①	71
えよう	画様	文	③	958
えら	鰓	動		1243
えらぐ	ゑらぐ(噓楽)	人	①	733
えらぶう	ゑらぶ鰻	動		1509
えらん	ゑらん(草)	植	①	989
えり	えり(簄)	産	①	403
えり	襟	服		14
	左右—	服		41
	小袖—	服		424
	下著掛—	服		426
えりあて	襟当	服		662
えりかご	襟籠	政	④	1019
えりぐし	彫櫛	器	①	392
えりまき	衿巻	服		1497
えりょう	慧亮(僧)	宗	②	369
えりんじ	慧林寺【篇】	宗	④	229
えん	宴			
	元日—	歳		453
	子日—	歳		950
	踏歌後—	歳		1037
	内—【篇】	歳		1039
	曲水—	歳		1078
	花—	植	①	300
	藤花—	植	②	298
	月—	歳		1307
	後の月—	歳		1311
	菊花—	歳		1315
	菊花—	植	②	699
	重陽—	歳		1320
	残菊—【併入】	歳		1344
	二条京極第新築—	帝		1629

	定考—	政	①	1167
	献—	政	②	964
	詩—	文	②	608
	天皇元服—	礼	①	658
	諒闇中禁—飲作楽	礼	②	397
	重服者不預—	礼	②	687
	—会時脱肩衣袴	服		632
	於豊楽殿賜—	居		143
	於朝堂賜—	居		165
	於豊楽院賜—	居		172
	「きょうお饗応」も見よ			
えん	縁(椽)【篇】	居		1163
えんいん	宴飲楽	楽	①	345
	—	楽	①	364
えんえい	延英堂	居		188
えんおう	延応	歳		218
えんおう	冤枉	法	①	229
	訴—	法	①	553
えんが	垣下			
	「えが垣下」を見よ			
えんかい	宴会			
	「えん宴」を見よ			
えんがい	延亥	歳		333
えんかい	縁海国	地	①	55
えんがく	円覚寺(備前)	宗	③	259
えんがく	円覚寺(鎌倉)【篇】	宗	④	277
	—仏牙舎利	宗	②	118
えんがく	円覚寺派	宗	①	746
えんかん	捐館	人	①	648
えんき	遠忌	礼	②	1360
えんぎ	延喜	歳		173
えんぎ	縁起			
	祇園牛頭天王—	神	②	935
	北野—	神	③	1618
	因幡堂薬師—画詞	宗	③	369
	誓願寺—	宗	③	542
	清水寺—	宗	③	616
	清涼寺融通念仏—	宗	③	892
	大安寺—	宗	③	1213
	関寺—	宗	④	636
えんぎぎ	延喜儀式	法	①	77
えんぎき	延喜格	法	①	74
	—	法	①	103
えんぎご	延喜御日記	文	③	444
えんぎし	延喜式	法	①	105
えんぎつ	延喜通宝	泉		21
えんぎに	延喜二年戸籍	政	②	26
えんぎは	延喜八年戸籍	政	②	27
えんきゅ	延久	歳		192
	—宣旨升	称		62
えんきゅ	円丘祭	神	②	567
えんきゅ	延休堂	居		180
えんぎゆ	縁起譲状	法	③	635
えんきょ	延享	歳		259
えんぎょ	延慶	歳		226
えんきょ	延享三年武家諸法度	法	②	107
えんきょ	円教寺【篇】	宗	④	891
	—八講	宗	②	91
	於—行後朱雀天皇国忌	礼	②	1278
えんきょ	円教寺陵	帝		1016
えんぎょ	延慶両卿訴陳状	文	①	813
えんきょ	宴曲	楽	①	78
えんぎら	延喜楽	楽	①	578
えんきん	縁金(婚姻)	礼	①	1123
えんくう	円空(僧)	宗	①	692
えんぐみ	縁組			
	「こんか婚嫁」を見よ			
えんぐみ	縁組願	礼	①	1347
	—	礼	①	906
えんげき	演劇			
	「しばい芝居」を見よ			
えんげつ	円月	姓		411
	—入元受禅	宗	②	497
えんげつ	偃月(陣法)	兵		62
えんけん	円硯	文	③	1321
えんげん	延元	歳		230
えんこ	園戸	官	①	1079
えんこう	遠候(斥候)	兵		339
えんこう	猿猴	動		269
えんこう	円光院	宗	③	1027
えんこう	ゑんこう草	植	②	207
えんこう	円光大師	宗	②	811
	「げんくう源空」も見よ			
えんこさ	延胡索	植	②	226
	—	方		1078
えんこん	怨恨	人	①	774
えんざ	円座	器	②	98
えんざ	宴座	礼	①	229
	列見—	政	①	1181
	釈奠—	文	②	1357
えんざ	縁坐	法	①	38
	—	法	①	191
	—	法	①	352

― 法 ① 651
― 法 ② 32
― 法 ② 216
― 法 ③ 342
えんざい 冤罪
「えんおう冤枉」を見よ
えんさだ 縁定神事 歳 1222
えんさん 延算寺【篇】 宗 ④ 682
えんしが 遠視画 文 ③ 864
えんじゃ 円寂(逝去) 服 565
えんじゅ 槐 植 ① 387
―神木 神 ② 1791
えんじゅ 延寿(逸年号) 歳 372
えんしゅ 円宗 宗 ① 522
えんしゅ 掩襲 兵 643
えんしゅ 遠州 地 ① 566
「とおとう遠江国」も見よ
えんしゅ 演習
水軍― 兵 1203
大砲― 武 944
水練― 武 986
「ちょうれ調練」も見よ
えんしゅ 遠州行燈 器 ② 244
えんしゅ 円宗寺【篇】 宗 ③ 862
後三条天皇建― 宗 ③ 855
―最勝会 宗 ② 30
―法華会 宗 ② 67
―修正会 宗 ② 130
於―行後三条天皇国忌 礼 ② 1278
えんしゅ 演習場
小銃― 武 904
大砲― 武 953
えんしゅ 円宗寺陵 帝 1016
えんしゅ 遠州灘 地 ③ 1268
えんしゅ 延秋門 居 264
えんしゅ 遠州流(茶道) 遊 597
えんしゅ 遠州流(挿花) 遊 873
えんじゅ 円珠経 文 ② 820
えんじゅ 延寿撮要 方 1020
えんじゅ 槐茸 植 ② 808
えんじゅ 宴酒楽 楽 ① 364
えんしょ 艶書合 文 ② 104
えんしょ 延昌 宗 ② 804
えんしょ 塩商 飲 830
えんしょ 塩硝 武 925
えんしょ 塩硝蔵 居 791
えんしょ 円勝寺【篇】 宗 ③ 694
えんしょ 円照寺【篇】 宗 ③ 1241
えんしょ 延祥寺【篇】 宗 ④ 641
えんしょ 延勝寺【篇】 宗 ③ 696
依―供養赦宥 法 ① 521
於―行近衛天皇国忌 礼 ② 1281
えんじょ 円成寺(丹波)【併入】 宗 ④ 869
えんじょ 円成寺(尾張)【篇】 宗 ④ 145
えんじょ 円乗寺 宗 ③ 854
えんじょ 円乗寺陵 帝 1016
えんしょ 円照寺宮 帝 1481
えんすい 淵酔
正月―【附】 歳 520
正月―図 歳 522
大嘗会殿上― 神 ① 1361
五節殿上及院宮― 神 ② 386
えんせい 遠西医範 方 1027
えんせい 延政門 居 230
えんせき 鉛石 金 9
えんぜつ 演説書(訴訟) 法 ③ 651
えんそ 遠祖 人 ① 121
えんそう 燕巣 動 777
えんそぶ 塩噌奉行 官 ③ 897
えんだい 衍台(楽曲) 楽 ① 407
えんたい 厭対日 方 110
― 神 ④ 35
えんだん 演段術 文 ③ 602
えんちの 園池司【篇】 官 ① 1078
えんちょ 円澄(僧) 宗 ① 544
えんちょ 延長 歳 174
えんちら 円地楽 楽 ① 603
えんちん 円珍 宗 ① 558
―入唐受天台 宗 ② 479
―入唐将来物 宗 ② 513
―為聖護院開基 宗 ③ 712
―再興園城寺 宗 ④ 599
―諡号 宗 ② 808
えんつう 円通寺 宗 ③ 959
えんとう 円燈 器 ② 222
えんとう 遠島【篇】 法 ② 261
―赦免 法 ③ 342
「るけい流刑」「るざい流罪」も見よ
えんどう 豌豆 植 ② 267
えんとう 遠島者 法 ② 266
「るにん流人」も見よ

えんとう	猨頭硯	文	③	1321
えんどう	豌豆瘡	方		1379
えんとう	遠島部屋	法	②	265
えんどう	豌豆飯	飲		403
えんとく	延徳	歳		244
えんとく	円徳院	宗	③	726
えんとん	円頓戒	宗	②	613
	—	宗	②	673
えんに	円爾(僧)	宗	③	951
えんにち	厭日	方		110
えんにち	縁日	宗	③	322
えんにん	円仁	宗	①	555
	—入唐受天台	宗	②	475
	—伝禅	宗	①	734
	—伝悉曇	文	②	992
	—始行舎利会	宗	②	115
	—諡号	宗	②	806
えんにん	延任(国司)	官	②	523
えんねん	延年草	植	①	1022
えんねん	延年舞	楽	②	446
	於日光東照宮行—	神	④	822
えんのお	役小角	宗	①	1080
	—諡号	宗	②	816
えんのは	遠の萩原流(挿花)	遊		874
えんび	燕尾	服		1126
	「えい纓」も見よ			
えんぶ	振桙(楽曲)【併入】	楽	①	607
えんぷく	円福寺(江戸)【篇】	宗	④	387
えんぷく	円福寺(京都)【篇】	宗	③	494
えんぷく	円福寺(陸前)	宗	④	762
えんぶじ	演武場	武		17
えんぶだ	閻浮檀金	金		183
えんふつ	燕弗	文	③	1272
えんぶん	延文	歳		236
えんぺい	援兵	兵		402
えんぼ	遠墓	帝		1043
えんぽう	延宝	歳		253
	—検地	政	④	57
えんまお	焔魔王	宗	①	132
えんまも	閻魔詣	歳		1279
えんまん	園満院宮	帝		1480
えんみ	魘魅	帝		1154
えんみょ	延命観音	宗	①	93
えんみょ	円明寺	宗	③	862
えんみょ	延命寺【篇】	宗	④	139
えんみょ	延命法	宗	②	308
えんむす	縁結	遊		1230
えんめい	延命院	方		673
	—	文	②	1307
えんめい	延命草	植	②	513
えんめい	延明門	居		263
えんやく	縁訳	文	③	271
えんゆう	円融院【篇】	宗	③	726
えんゆう	円融寺【篇】	宗	③	860
えんゆう	円融寺北陵	帝		1016
えんゆう	円融天皇	帝		21
	—大井河御幸	帝		737
	—受戒	帝		887
	—建円融寺	宗	③	854
	—国忌	礼	②	1278
	—山陵	帝		993
えんらい	円来寺	宗	④	674
えんり	円理(算術)	文	③	614
えんりゃ	延暦	歳		167
	—租法	政	②	590
えんりゃ	延暦寺【篇】	宗	④	549
	—法華会	宗	②	72
	—舎利会	宗	②	115
	—勧学会	宗	②	123
	—十一月会	宗	②	135
	—正月悔過	宗	②	141
	—六月会	法	②	214
	—灌頂	宗	②	399
	—年分度者	宗	②	578
	—受戒	宗	②	641
	—戒壇	宗	②	647
	—座主	宗	②	954
	—大衆破却日蓮宗寺院	宗	③	475
	—大衆焼清水寺	宗	③	611
	—衆徒嗷訴	宗	③	905
	—衆徒嗷訴	神	④	635
	—鎮守神	神	①	804
	—僧兵	兵		286
	後醍醐天皇行幸比叡山	帝		673
えんりゅ	円隆寺	宗	④	778
えんりょ	遠慮			
	刑罰—【篇】	法	②	562
	罪科人親類—	法	②	45
	出火—	法	②	789
えんりょ	遠陵	帝		1043
	服紀—	礼	②	840
えんろく	延禄堂	居		181

お

お	お	文	①	91
お	を(男)	人	①	20
	「おとこ男」も見よ			
お	を(応答詞)	人	①	843
お	尾			
	人尻有―	人	①	617
	豹―	動		451
	鳥―	動		506
	鯨―	動		1492
お	尾(山)	地	③	698
お	麻	植	①	1191
	苧桑―竹木等税	政	④	470
お	緒			
	剣―	兵		1446
	冑―	兵		1868
	巻本―	文	③	499
	鏡―	器	①	353
	笠―	器	②	371
おあがた	小県	地	①	84
おあし	おあし	泉		6
	「ぜに銭」も見よ			
おあしご	小足郡	地	②	579
おい	老	人	①	82
おい	甥	人	①	262
	―	政	②	20
	―為養子	政	③	784
	―相続	政	③	713
	為姪―服	礼	②	583
	為―服	礼	②	772
	復―讐	人	②	541
おいうし	笈牛(堤防具)	政	④	1059
おいうち	追討	兵		591
おいえ	おひえ(夜著)	器	②	192
おいえり	御家流(香道)	遊		358
おいえり	御家流(書道)	文	③	677
	―	宗	③	653
おいおと	追落	法	①	875
	―	法	②	709
おいかえ	追返	兵		592
おいかけ	緌	服		1137
おいがち	追勝	武		801
おいかわ	をいかは(石鮅魚)	動		1334
おいくず	追崩	兵		592
おいこみ	追込	法	①	945
おいざか	追肴	飲		146
おいしげ	負重藤弓	兵		1643
おいじわ	おひじは(草)	植	①	941
おいずし	おいずしなずのくすり	方		631
おいずも	追相撲	武		1063
おいせぬ	老せぬ宮	神	①	167
	「わかみや若宮」も見よ			
おいせぬ	老せぬ門	居		262
おいた	おいた(蒲鉾)	飲		977
おいだし	追出	法	①	803
おいたて	追立のしわ	服		757
おいたて	追立の使	法	①	177
おいたま	置賜郡	地	②	184
おいたみ	おいたみ(塩)	飲		808
おいては	老ては子に従ふ	人	①	893
おいとり	追鳥狩	産	①	448
	―	遊		964
おいなる	おひなる(目醒)	人	①	955
おいね	大兄	帝		1306
おいねず	老鼠(催馬楽)	楽	①	209
おいはぎ	追剝	法	②	707
	―	人	②	812
おいばら	追腹	法	②	608
	「じゅんし殉死」も見よ			
おいはら	追払	法	①	801
	―	法	②	317
おいはん	負判	政	③	1075
おいまい	老舞(楽曲)	楽	①	557
おいまわ	おひまはし(綽網)	産	①	383
おいみは	生実藩	地	①	1081
おいもの	追物(料理)	飲		277
おいもの	追物射	武		575
おいら	おひら(鯛)	動		1371
おいらん	おいらん(遊女)	人	②	839
おいわい	御祝方	官	②	1232
おいわい	御祝奉行	官	②	1231
おいわけ	追分	地	③	7
	江戸―	地	①	955
おう	おう(草)	植	②	199
おう	王	帝		1488
	―臣第行幸	帝		629
	三――時負太子之名	帝		1341

	親王諸一区別	帝		1415
	諸一贈官位	官	①	263
	諸一位封	封		42
	諸一令旨	政	①	314
	諸一計帳	政	②	228
	院宮一臣荘園	政	②	470
	路頭遇諸一礼	礼	①	162
	諸一婚嫁	礼	①	1225
	諸一婚嫁	帝		1415
	一以上墓制	礼	②	1073
	諸一賜姓	姓		217
	諸一礼服	服		161
	諸一朝服	服		173
	諸一位袍	服		277
	童名用一字	姓		697
	「こうしん皇親」も見よ			
おう	白貝	動		1638
おうあん	応安	歳		236
おういん	押韻(詩)	文	②	499
おうう	奥羽	地	①	60
おうえい	応永	歳		239
おうかの	逢鹿駅	地	②	1075
おうぎ	扇【篇】	服		1289
	年始贈遺用一	歳		767
	七月七日節賜一	歳		1234
	以一為神体	神	①	202
	透一	神	②	459
	旬日給一	政	①	30
	軍一【併入】	兵		2147
	御影堂折一	宗	③	498
	凶服一	礼	②	1037
	以一為拍子	楽	①	227
	以一為餞別	人	②	434
	贈遺用一	人	②	465
	投一【篇】	遊		215
おうぎ	黄耆	植	②	315
おうぎあ	扇合	遊		286
	一	文	②	95
	一	服		1307
おうぎい	扇一揆	兵		427
おうぎお	扇折	服		1352
おうぎか	扇懸	服		1351
おうぎが	扇谷	官	②	1309
おうぎし	王羲之	文	③	663
おうぎし	応議者	法	①	46
おうぎだ	あふぎだるき(扇榱)	居		989
おうぎど	扇問屋	産	②	409
おうぎの	扇井	地	③	1013
おうぎの	扇之賀	礼	①	1375
おうぎの	扇紋	姓		541
おうぎば	仰鼻	人	①	376
おうぎび	扇引	遊		1209
おうぎや	扇屋染	産	①	862
おうげき	殴撃取財	法	①	377
おうこ	朸	器	②	523
	一	産	①	328
おうごお	意宇郡	地	②	469
おうこふ	枴札(税)	政	④	424
おうごん	黄芩	植	②	670
おうごん	黄金	金		174
	「きん金」も見よ			
おうごん	黄金	泉		174
	「きんか金貨」も見よ			
おうごん	黄金竹	植	①	700
おうさか	会坂	神	②	556
おうさか	相坂清水	地	③	1029
おうさか	会坂関	地	③	602
おうさか	相坂山	地	③	743
おうさつ	殴殺	法	①	415
おうし	王氏			
	以一為神嘗祭奉幣使	神	③	429
	復一	帝		1494
	一為神祇伯	官	①	309
	一為正親正	官	①	1058
おうし	瘖瘂	人	①	390
おうし	横死	人	①	649
	一	法	①	884
おうじ	王寺	宗	③	1300
おうじ	押字	政	①	572
	「かおう花押」も見よ			
おうじ	皇子	帝		1412
	一為太子	帝		1342
	一為人臣養子	帝		1456
	一出家	帝		1471
	一始参内	礼	①	455
	一髪置	礼	①	494
	一深曾木	礼	①	521
	一著袴	礼	①	549
	一帯直	礼	①	615
	一鉄漿始	礼	①	625
	一賜姓	姓		237
	一賜姓	姓		203
	「こうしん皇親」も見よ			

おうじし 王子枝別記 姓 421
おうしし 王氏爵 政 ① 1491
おうじじ 王侍従 帝 1489
おうじじ 王子神社柏板祭 神 ② 643
おうしぜ 王氏是定 姓 452
おうしち 王氏長者 姓 452
おうじつ 鸎実 植 ① 660
おうじづ 皇子造 神 ① 457
おうじゃ 横笛 楽 ② 861
おうしゅ 奥州 地 ② 72
おうしゅ 奥州管領 官 ② 1327
おうしゅ 奥州総奉行 官 ② 902
おうしゅ 奥州探題 官 ② 1325
おうしゅ 奥州鎮府諸職 官 ② 645
おうしゅ 奥州胴(鎧) 兵 1784
おうしゅ 奥州道中 地 ③ 72
おうしゅ 鶯宿梅 植 ① 322
おうしゅ 応出罪 法 ① 4
おうしょ 押書 政 ③ 174
「かおう花押」も見よ
おうしょ 押署 政 ① 572
「かおう花押」も見よ
おうじょ 皇女 帝 1459
—参宮 神 ③ 634
—為伊勢斎王 神 ③ 779
—為賀茂斎王 神 ③ 1209
—受禅 帝 537
—受禅以前帝子為
太子 帝 538
—為太子 帝 1358
—不為親王 帝 1457
—著袴 礼 ① 590
—始参内 礼 ① 457
—髪置 礼 ① 494
—深曾木 礼 ① 518
—鬢曾木 礼 ① 531
—帯直 礼 ① 615
—鉄漿始 礼 ① 625
—婚嫁 礼 ① 1225
—降嫁 礼 ① 1226
おうじょ 王城 地 ① 127
「こうと皇都」も見よ
おうじょ 往生 宗 ② 717
おうじょ 皇麞(楽曲) 楽 ① 414
おうじょ 往生院 宗 ③ 761
おうしょ 王昭君(楽曲) 楽 ① 474
おうじょ 往生講 宗 ② 168
— 楽 ① 515
おうじょ 往生講式 宗 ② 168
おうじょ 王城国 外 98
おうじょ 王城守護三十番神 神 ① 83
おうしょ 黄鐘調 楽 ① 20
—楽曲 楽 ① 483
—鐘 宗 ② 1112
おうじょ 王城鎮守神 神 ① 779
— 神 ③ 1554
おうじょ 往生要集 文 ③ 424
— 宗 ① 268
おうしん 応身 宗 ① 69
おうじん 応神天皇 帝 5
—御名 姓 688
—玉冠 服 1097
—山陵 帝 977
—山陵新図 帝 978
—号八幡大菩薩 神 ① 156
祀—於男山八幡宮 神 ③ 1243
祀—於鶴岡八幡宮 神 ④ 418
祀—於気比神宮 神 ④ 938
祀—於筥崎宮 神 ④ 1444
祀—於宇佐神宮 神 ④ 1514
祀—於鹿児島神宮 神 ④ 1678
祀—於新田神社 神 ④ 1696
祀—於函館八幡宮 神 ④ 1708
おうしん 王辰爾 人 ② 42
おうせい 王姓 姓 180
おうせい 王政復古 政 ③ 271
おうせい 黄精葉鉤吻 植 ① 1006
おうそう 王相方 方 174
おうそう 王相祭 方 48
おうた あふた(箯輿) 器 ② 1027
おうだい 皇帝(楽曲) 楽 ① 320
おうだい 皇帝喜春楽 楽 ① 484
おうだい 皇帝三台 楽 ① 497
おうだい 皇帝破陣楽 楽 ① 320
—図 楽 ① 322
おうたん 黄丹 産 ① 877
おうだん 黄疸 方 1460
—治療 方 824
おうち 楝 植 ① 449
獄門— 法 ① 243
おうちご 邑知郡 地 ② 494
おうちょ 応長 歳 226
おうつば 男梁 居 978
おうて 追手 兵 1062

おうてき 横笛 楽 ② 861
おうてん 応天門 居 244
—火炎 法 ① 392
おうてん 応天門西楼 居 192
おうてん 応天門東楼 居 192
おうでん 応天楽 楽 ① 487
おうと 嘔吐 方 1198
—治療 方 807
おうど 黄土 金 372
おうとう 応答 人 ① 842
おうとう 鴨頭(料理) 飲 283
おうとく 応徳 歳 194
おうに 黄丹 服 58
おうにの 黄丹衣 服 160
おうにの 黄丹袍 服 257
おうにゅ 応入罪 法 ① 4
おうにん 応仁 歳 243
おうにん 皇仁庭(楽曲) 楽 ① 571
おうばい わうばい(迎春花) 植 ① 625
おうばい 黄梅院 宗 ④ 291
おうばく 黄檗派 宗 ① 765
—宗規 宗 ① 725
—寺院数 宗 ③ 9
おうはん 黄飯 飲 422
おうばん 垸飯【附】 礼 ① 298
— 歳 646
—著狩衣 服 483
おうばん 黄幡 方 173
おうばん 黄礬 金 336
おうはん 黄胖病 方 1462
おうばん 椀飯振舞 歳 830
おうび 黄被(法衣) 宗 ② 1165
おうふる 王不留行(草) 植 ② 130
おうぶん 応分過料 法 ② 673
おうほう 応保 歳 205
おうほう 枉法 法 ① 3
おうほう 枉法贓 法 ① 53
おうほう 王法仏法 宗 ① 50
おうまや 御厩河岸渡 地 ③ 391
おうみく 近江国中払 法 ② 389
おうみげ 近江源氏 姓 293
おうみご 会見郡 地 ② 453
おうみご 邑美郡 地 ② 441
おうみさ 近江猿楽 楽 ① 753
おうみじ 逢路(催馬楽) 楽 ① 209
おうみせ 近江聖人 文 ② 804
— 人 ① 1175
「なかえと中江藤樹」も見よ
おうみだ 近江代官 官 ③ 1525
おうみち 近江朝廷令 法 ① 82
おうみど 近江どろぼう 政 ③ 947
おうみの 近江国【篇】 地 ① 1151
大嘗祭時以—為悠紀 神 ① 952
祈年祭時—献白猪 神 ② 32
後光厳天皇行幸— 帝 678
—隼人 官 ① 911
—志何郡計帳手実 政 ② 223
—金貨 泉 288
—夷俘 人 ② 761
—石炭山 金 155
おうみの 淡海国造 地 ① 1164
おうみの 近江国風土記 神 ① 1583
おうみの 近江畳表 器 ② 54
おうみの 淡海三船
—撰謚号 帝 920
—撰懐風藻 文 ② 453
おうみぶ 近江節 楽 ② 262
おうみぶ 近江振(大歌) 楽 ① 141
おうむ 鸚鵡 動 889
おうむい 鸚鵡石(石) 金 265
おうむい 鸚鵡石(演劇) 楽 ② 223
おうむが 鸚鵡螺 動 1667
おうむが 鸚鵡返し(歌) 文 ① 714
おうむさ 鸚鵡盃 器 ① 235
おうもう 王莽時 歳 89
おうもう 往亡日 方 108
— 方 113
— 兵 520
おうよう 王陽明 礼 ② 1346
おうらい 往来軸 文 ③ 1474
おうらい 往来物 文 ① 372
おうらご 邑楽郡 地 ② 17
おうりえ 応理円実宗 宗 ① 460
おうりつ 応率八象表 文 ③ 569
おうりょ 押領
—者処刑 法 ① 815
—訴訟 法 ① 998
禁寺領— 宗 ③ 271
おうりょ 横領 法 ② 799
おうりょ 押領使(官職)【篇】 官 ② 182
おうりょ 押領使(腫物) 方 1228
おうれん 黄蓮 植 ② 192
おうろく 女王禄【篇】 封 174

	大嘗会—	神	①	1567
	新嘗会—	神	②	448
おうわ	応和	歳		177
おえごお	麻殖郡	地	②	797
おえのほ	麻殖保	官	②	951
おえふせ	をえふせり(瘼)	方		1138
おおあお	おほあふひ(蜀葵)	植	②	357
おおあが	大県	地	①	84
おおあが	大県郡	地	①	318
おおあが	大県主	官	①	178
おおあさ	大麻比古神社【篇】	神	④	1336
おおあさ	大麻比古命	神	④	1336
おおあさ	おほあさり(大索)	法	①	474
おおあな	おほあなぐり(大索)	法	①	473
おおあな	大穴磯部	官	①	129
おおあめ	大雨	天		182
おおあら	大洗磯前神社【篇】	神	④	589
おおあら	おほあらきの森	地	③	916
おおあら	大荒目鎧	兵		1828
おおあり	大蟻	動		1109
おおあわ	おほあは(粱)	植	①	868
おおあん	大安殿	居		139
おおあん	太極殿	居		128
おおい	おほひ(苜蓿)	植	②	321
おおい	正(位階)	官	③	1795
おおい	莞	植	①	960
おおい	大井	地	③	1015
おおいが	大井川(山城)	地	③	1151
	—浚濬	政	④	1095
おおいが	大井川(下総)	地	③	463
おおいが	大井川(遠江)	地	③	1164
	—修築	政	④	1031
	—高札	地	③	372
	—川越	地	③	407
おおいが	大井河行幸	帝		610
	—和歌序	文	②	211
おおいが	大井河御幸	帝		736
おおいが	大井川渡	地	③	439
おおいが	大井川橋	地	③	214
おおいご	大飯郡	地	②	208
おおいし	大石駅	地	①	612
おおいし	大石良雄			
	—登青楼	居		1131
	—娘	礼	①	1259
おおいず	大泉荘	地	②	194
おおいそ	大磯	地	①	746
	—小磯	地	③	1297
	—遊女	人	②	868
おおいた	大板(風炉)	遊		665
おおいた	大分郡	地	②	1025
おおいた	大分宮	神	④	1612
おおいち	大市姫命	神	③	1449
おおいて	大炊天皇	帝		583
	「じゅんに淳仁天皇」も見よ			
おおいど	大井戸渡	地	③	470
おおいね	おほ稲	植	①	776
おおいの	大井駅	地	①	803
おおいの	大炊頭	官	①	1022
おおいの	大井荘	地	①	1281
おおいの	大井津(山城)	地	③	495
おおいの	大井津(下総)	地	③	532
おおいの	大炊御門	居		208
おおいの	大炊御門内裏	居		284
おおいば	大炊橋御門	居		400
おおいべ	大炊戸	官	①	1028
おおいべ	大炊部	官	①	92
おおいま	おほいまちぎみ	官	①	11
	「だいじん大臣」も見よ			
おおいま	おほいまつりごとの			
	つかさ	官	①	371
	「だいじょ太政官」も見よ			
おおいみ	覆簾	器	①	850
おおいも	おほいまうちぎみ	官	①	414
	「だいじん大臣」も見よ			
おおいや	大炊屋	神	①	490
	—	神	①	1055
おおいや	大井山	地	③	729
おおいり	大炊寮【篇】	官	①	1020
	—祭神	神	①	868
おおうじ	大氏	姓		24
	—	姓		448
おおうた	大歌【篇】	楽	①	137
	大嘗祭豊明節会奏			
	—	神	①	1322
	新嘗祭豊明節会奏			
	—	神	②	263
おおうた	大歌生	官	①	765
おおうた	大歌所【篇】	官	①	855
おおうた	大歌所別当	官	①	856
おおうた	大歌別当	神	②	263
おおうち	大内	居		8
	「だいり内裏」も見よ			
おおうち	大内(周防)	地	②	689
おおうち	大内氏	地	②	689

—与山名氏通婚 礼 ① 1132
—朝鮮通交 外 679
おおうち 大袿
男子用— 服 394
婦人用— 服 964
おおうち 大内家壁書 法 ① 684
おおうち 大内衆 兵 461
おおうち 大内守護 官 ② 845
おおうち 大内介 官 ② 459
おおうち 大内陵 帝 985
おおうち 大内山陵 帝 991
おおうち 大内本 文 ③ 325
おおうち 大内無辺 武 73
おおうち 大内夜行番 官 ② 847
おおうち 大内山 地 ③ 728
おおうち 大内熊耳 文 ① 328
おおうち 大内義隆
—献即位費 帝 419
—不用諫 人 ② 256
—自害 宗 ④ 923
おおうば おほうばら(菝葜) 植 ① 1059
おおうみ 大海神社 神 ④ 268
おおうみ おほうみの裳 服 944
おおうら 大裏垣 居 860
おおえ 大枝 神 ② 556
おおえう 大江氏 姓 246
—氏神 神 ① 677
儒道— 文 ② 702
おおえの 大江朝綱
—善文 文 ① 315
—与小野道風論手跡 文 ③ 715
おおえの 大江定基
—感売鏡女歌与米 器 ① 372
—出家 人 ② 1013
寂昭入宋受大師号 宗 ② 517
寂昭入唐不帰 宗 ② 459
おおえの 大枝郷 地 ① 1125
おおえの 大江広元
—為政所別当 官 ② 679
—承久役与軍議 兵 149
おおえの 大江匡衡 文 ② 705
—智 人 ① 1246
—不遇 人 ② 418
おおえの 大江匡房 文 ① 319
—博覧 宗 ③ 76
—続座左銘 人 ② 179
—伝兵法於源義家 兵 20
おおえの 大江以言 文 ② 573
おおえば 大江橋 地 ③ 247
おおえぼ 大烏帽子 服 1196
おおえみ おほゑみ(黄精) 植 ① 1017
おおえや 大江山 地 ③ 844
—悪賊 官 ② 954
おおえり 大えり(衣紋) 服 218
おおお おほを(條) 遊 1015
おおおお おほおほぢ(曾祖父) 人 ① 127
おおおお おほおほぢをぢ(族父) 人 ① 256
おおおお おほおほば(曾祖母) 人 ① 129
おおおか 大岡墓 礼 ② 1152
おおおく 大奥女中(徳川氏) 官 ③ 811
—乗物 器 ② 990
おおおく 大奥役人(徳川氏)【篇】 官 ③ 793
おおおじ おほをぢ 人 ① 127
「そうそふ曾祖父」も見よ
おおおじ おほをぢ(従祖祖父) 人 ① 253
大伯父相続 政 ③ 711
おおおそ おほをそ鳥 動 832
おおおと 大男 人 ① 43
おおおど 大踊 楽 ② 475
おおおど 大躍鎧 兵 1852
おおおば おほをば 人 ① 129
「そうそぼ曾祖母」も見よ
おおおば おほをば(祖姑) 人 ① 256
おおおば おほをば(従祖祖母) 人 ① 253
おおおび 大帯 服 815
おおおみ おほおみ 官 ① 12
「だいじん大臣」も見よ
おおおん 大女 人 ① 52
おおが おほが(縿車) 産 ② 80
おおかい 大峡 地 ③ 711
おおがお おほがほの車 器 ② 763
おおがき 大垣(内裏) 居 64
おおがき 大垣(美濃) 地 ① 1279
おおがき 大垣藩 地 ① 1293
おおかけ おほかけ銭 泉 124
おおかご 大籠出し(堤防) 政 ④ 1020
おおがさ 大笠 器 ② 432
おおがし 大頭(女舞) 楽 ② 463
おおがし 大頭(軍士) 兵 189
おおがし 大頭(舞舞) 楽 ① 734
おおかし 大柏 楽 ① 734

おおかし	おほかしはでのつかさ	官	①	988
	「だいぜん大膳職」も見よ			
おおかす	大春日真野麻呂	方		329
おおかぜ	大風	天		269
おおがた	大潟	政	④	1082
おおがた	大県郡	地	①	821
おおかた	太方郡	地	①	1068
おおかた	大方殿	人	①	143
おおかた	大帷	服		414
	—	服		447
	汗衫—異同説	服		407
	—著用次第	服		556
おおかな	大仮名	文	①	18
おおかな	大金貝(楊弓)	遊		196
おおかば	大加番	官	③	1562
	—	官	③	1697
おおかぶ	大鏑	兵		1673
おおかみ	狼	動		432
おおかみ	大神	神	①	141
おおがめ	おほがめ(黿鼉)	動		1582
おおから	意富加羅	外		248
おおかり	おほかり(鶩)	動		583
おおかわ	大鼓	楽	①	955
おおかわ	大鼓打	楽	①	955
おおかわ	大川倉(堤防具)	政	④	1059
おおかわ	大川橋	地	③	295
	—	地	③	148
おおかん	大神主	神	③	850
おおきお	おほきおほいまうちぎみ	官	①	406
おおぎさ	大后	帝		1107
おおきさ	大蚶界絵(笙)	楽	②	927
おおぎま	正親町天皇	帝		37
	—諡	帝		940
	—山陵	帝		1017
おおきみ	おほきみ	帝		183
おおきみ	正親正	官	①	1056
おおきみ	正親司【篇】	官	①	1055
おおぎり	大切(芝居)	楽	②	124
おおぎり	大切山金山	金		106
おおぎれ	大切(甲斐国田租)	政	④	299
おおくご	邑久郡	地	②	582
おおくさ	大草氏	官	②	1232
おおくさ	大日下部	官	①	134
おおくさ	大草流	飲		318
おおぐそ	大具足の引目	兵		1686
おおぐち	おほぐちの(枕詞)	動		438
おおくち	大口袴	服		730
おおくち	大口流(居合)	武		68
おおくに	大国	地	①	74
おおくに	大国魂神社【篇】	神	④	498
おおくに	大国魂神	神	④	18
	祀—於札幌神社	神	④	1714
おおくに	大国玉比売社	神	③	138
おおくに	大国主西神社	神	④	283
おおくに	大国主神	人	②	294
	—有数名	姓		801
	—称大地主神	神	①	817
	—経営国土	神	①	39
	大己貴命浴伊予湯	地	③	1091
	大己貴命与少彦名神定療病方	神	①	75
	八千矛神歌	文	①	527
	祀大己貴命於砥鹿神社	神	④	367
	祀大己貴命於小国神社	神	④	369
	祀大己貴命於神部神社	神	④	388
	祀大己貴命於氷川神社	神	④	470
	祀大己貴命於大洗磯前神社	神	④	589
	祀大己貴命於気多神社	神	④	979
	祀大己貴命於丹波国出雲神社	神	④	1005
	祀大己貴命於大神山神社	神	④	1019
	祀大己貴命於出雲大社	神	④	1026
	祀大己貴命於伊和神社	神	④	1090
	祀大己貴命於金刀比羅宮	神	④	1343
	祀大己貴命於都農神社	神	④	1670
	祀大己貴神於札幌神社	神	④	1714
	崇神天皇祀大物主神	神	②	549
	祀大物主神於大神神社	神	④	1

	祀八千矛神於大和神社	神	④	18
おおくに	大国郷	地	①	233
おおくに	大国造	官	①	159
おおくの	大伯国造	地	②	577
おおくび	衽	服		17
おおくぼ	大久保組	官	③	1160
おおくぼ	大窪詩仏	文	②	593
おおくぼ	大久保忠隣	人	①	1037
	—	法	③	684
おおくぼ	大久保長安			
	—支配佐渡銀山	金		102
	—奢侈	人	②	626
	—一族処刑	宗	④	1272
おおくぼ	大窪郷(武蔵)	地	①	881
おおくぼ	大窪郷(常陸)	地	①	1124
おおくぼ	大久保彦左衛門	人	①	711
おおくめ	大来目部	官	①	53
おおくら	大蔵	居		742
おおくら	大蔵氏(狂言師)	楽	①	1022
おおくら	大蔵卿	官	①	957
おおくら	大蔵省【篇】	官	①	951
	—切下文	政	①	364
	御—覧相撲	武		1032
おおくら	大蔵省保	地	①	1138
おおくら	大蔵永常	産	①	178
おおくら	大蔵派(射術)	武		125
おおくら	大蔵流(能楽狂言)	楽	①	1006
おおぐる	おほぐるま(木香)	植	②	789
おおぐろ	大黒(名鷹)	遊		1007
おおけた	おほけたで(葒草)	植	②	5
おおげつ	大宜都比売神	神	①	48
おおこう	大河内社	神	③	140
おおこう	大河内久綱	遊		612
おおごし	大腰	服		933
おおこし	大輿籠	神	②	1236
おおごし	大御所(隠居将軍)	官	②	1052
	—	官	③	16
おおごし	大御所(鎌倉柳営)	居		300
おおこま	大狛郷	地	①	242
おおごも	大籠(徐歩)	礼	①	116
おおさか	大坂	地	①	376
	徳川幕府—御蔵	政	③	1035
	徳川幕府—役人【篇】	官	③	1315
	—及堺貸借裁判	政	④	653
	徳川幕府—貯穀	政	④	931
	—江戸堀河銀札	泉		452
	—富豪通用金	泉		422
	—劇場	楽	②	25
	—方言	人	①	834
	—新町遊廓	人	②	882
	—堂島米相場	産	②	506
	—民家家作	居		449
おおさか	大坂金奉行	官	③	1332
おおさか	大坂加番	官	③	1695
おおさか	大坂河	地	③	1158
おおさか	大坂具足奉行	官	③	1330
おおさか	大坂蔵小揚	官	③	1335
おおさか	大坂蔵番	官	③	1334
おおさか	大坂蔵奉行	官	③	1334
おおさか	大坂御坊	宗	③	432
おおさか	大坂三郷	官	③	1344
おおさか	大坂三郷払	法	②	360
おおさか	大坂自身番	政	③	1375
おおさか	大坂城	兵		1076
	攻—	兵		631
	—大番	官	③	1029
	—内人質逃亡	兵		804
おおさか	大坂城代	官	③	1316
おおさか	大坂定番	官	③	1322
おおさか	大坂頭巾	服		1252
おおさか	大坂砂	産	①	612
おおさか	大坂総年寄	官	③	1344
おおさか	大酒大明神	神	②	636
おおさか	大坂漬	飲		1013
おおさか	大坂鉄砲奉行	官	③	1329
おおさか	大坂神	神	②	1080
おおさか	大坂郷	地	①	287
おおさか	大坂磯長陵	帝		984
おおさか	大坂破損奉行	官	③	1331
おおさか	大坂船手	官	③	1326
おおさか	大坂冬陣和睦	兵		742
おおさか	大坂帽子	服		690
おおさか	大坂町奉行			
	豊臣氏—	官	②	1460
	徳川氏—	官	③	1335
	—裁判	法	③	860
おおさか	大坂目付	官	③	1150
おおさか	大坂弓奉行	官	③	1330
おおさき	大さき疫病	方		1488
おおざつ	大薩摩	楽	②	256
おおさと	大里郡	地	①	854
おおさび	大さび(烏帽子)	服		1172

おおし	おほし(大黄)	植	②	32
おおじ	大路	地	③	4
	—	地	①	160
おおじ	大路(催馬楽)	楽	①	208
おおじ	祖父	人	①	129
	「そふ祖父」も見よ			
おおしあ	凡海連	官	①	65
おおしお	大塩平八郎	文	②	805
おおしか	おほしか(麋)	動		330
おおしか	おほしか(麞)	動		331
おおじが	おほぢがふぐり(螵蛸)	動		1181
おおしこ	大河内	地	①	307
おおしこ	凡河内国造	地	①	312
おおしこ	凡河内躬恒	文	①	823
おおした	大紫檀(琵琶)	楽	②	764
おおしの	おほしの(篠竹)	植	①	710
おおしば	大芝居	楽	②	34
おおじび	大地引	産	①	391
おおしま	大島	地	①	639
おおしま	大島郡	地	②	686
おおしま	大島国造	地	②	684
おおしま	大島流(槍術)	武		71
おおしま	大島蓼太	文	①	1380
おおしゅ	大洲	地	③	1346
おおしょ	大庄屋	官	③	1544
おおじょ	大上臈			
	禁裏—	官	①	1101
	徳川氏大奥—	官	③	830
おおず	大洲	地	②	878
おおすい	大水竜	楽	②	869
おおすけ	大介	官	②	453
おおすけ	大介職	官	②	456
おおすず	おほすず(鐸)【併入】	楽	②	1134
おおずは	大洲藩	地	②	884
おおすぼ	大須本	文	③	375
おおずみ	大墨	文	③	1364
おおすみ	大住郡	地	①	757
おおすみ	大隅郡	地	②	1182
おおすみ	大隅正八幡宮	神	④	1678
おおすみ	大隅国【篇】	地	②	1166
	—隼人	官	①	913
	—隼人	人	②	732
	配流—	法	①	785
	—烟草	植	②	556
おおすみ	大隅国図田帳	政	②	474
	—	政	③	1095
おおすみ	大隅国造	地	②	1177
おおすみ	大住郷	地	①	239
おおすみ	大住荘	地	①	253
	—	政	②	470
おおせが	仰せがき(書翰)	文	①	443
おおぜき	大関(相撲)	武		1183
おおせご	仰せ声	政	①	179
おおぜり	おほぜり(当帰)	植	②	407
おおぜり	大芹(催馬楽)	楽	①	208
おおそで	大袖(袍)	服		235
おおそで	大袖(礼服)	服		155
おおそで	大袖袍	服		249
おおぞな	大備(隊伍)	兵		413
おおぞら	大空	天		4
おおたう	太田氏			
	—世襲問注所執事	官	②	755
	—世襲扇谷家務職	官	②	1310
おおたか	大鷹狩	遊		938
	—装束	服		506
おおたか	大高子葉	文	①	1426
おおたか	大高檀紙	文	③	1186
おおたか	大たかばかり	称		13
おおたか	おほたから(人民)	人	①	2
おおたが	太田川	地	③	1162
おおたき	太田喜藩	地	①	1042
おおたき	太田錦城	文	②	807
おおたけ	おほたけ(淡竹)	植	①	679
おおたじ	太田神社	神	③	1000
おおたた	大田田根子命	神	②	549
おおたた	大直禰神社	神	④	9
おおだち	大大刀	兵		1367
おおたち	大立揚臑当	兵		1844
おおたと	太田党	姓		297
おおたな	太田南畝			
	—狂歌	文	①	926
	—狂詩	文	②	605
おおたに	大谷寺	宗	③	639
おおたに	大谷祖廟	宗	③	421
	—	宗	③	462
おおたに	大谷派本願寺	宗	③	451
おおたに	大谷吉隆			
	—諫石田三成	人	②	277
	—癩病	方		1454
おおたに	大谷流(測量)	文	③	635
おおたの	大田里	地	②	530
おおたの	大田荘	地	②	634
	—	政	②	553

	—	官	②	944
	—	官	②	1012
おおたの	太田荘	地	①	905
おおたぶ	大田文	政	③	1088
おおため	大多米院	神	①	1054
おおたも	太田持資			
	—志和歌	文	①	854
	太田道灌為扇谷家務	官	②	1311
	太田道灌築江戸城	居		316
	太田道灌移川越山王社於江戸城	神	④	477
	—建吉祥寺	宗	④	412
	—建青松寺	宗	④	418
	太田道灌遭讒被害	人	②	699
おおたら	おほたら(食茱萸)	植	①	444
おおたる	大垂木	居		988
おおたわ	大田原藩	地	②	61
おおたん	大箪笥奉行	官	③	1235
おおちご	大内郡	地	②	826
おおつ	大津(近江)	地	③	533
	徳川幕府—御蔵	政	③	1049
	—遊廓	人	②	884
おおつ	大津(渡処)	地	③	484
おおつ	大津(難波津)	地	③	520
おおつう	大津馬	動		115
おおつえ	大津絵	文	③	930
おおつえ	大津絵節	楽	②	403
おおつか	大束申文	政	①	772
おおつか	大塚流(射術)	武		133
おおつき	大槻盤水	文	②	998
おおつき	大津脚半	器	②	513
おおつく	大津蔵奉行	官	③	1459
おおつご	大津越	法	①	234
おおつご	大津郡(十勝)	地	②	1293
おおつご	大津郡(長門)	地	②	710
おおつだ	大津代官			
	織田氏—	官	②	1429
	徳川氏—	官	③	1525
おおつち	おほつち(茶)	植	②	745
おおつち	大地官	神	①	817
おおつち	大土御祖社	神	③	138
おおづつ	大砲【併入】	武		956
おおづつ	大砲(職名)	官	③	1622
おおづつ	大砲組之頭	官	③	1619
おおづつ	大砲差図役頭取	官	③	1620
おおつづ	大鼓	楽	②	1122
おおつづ	大鼓(能楽)	楽	①	955
おおづつ	大筒役【篇】	官	③	1215
おおつの	大津里	地	①	1191
おおつの	大津皇子	文	②	454
おおつば	大津払	法	②	389
おおつぼ	おほつぼ(虎子)	器	②	569
おおつぼ	大坪本流(馬術)	武		711
おおつぼ	大坪慶秀	武		711
おおつぼ	大坪流(馬術)	武		709
	—鞍鐙	兵		2061
おおつま	大津升	称		91
おおつま	大津町奉行	官	③	1459
おおづめ	おほづめ(鼇)	動		1599
おおて	大手	兵		1062
おおてご	大手御門	居		406
おおてば	大手番	官	③	1157
おおてら	大寺	宗	④	683
おおとき	大解部			
	治部—	官	①	835
	刑部—	官	①	935
おおとこ	おほとこ(槨)	礼	②	357
おおとし	大歳	歳		1429
おおとじ	おほとじ(夫人)	帝		1226
おおとし	大年神	神	①	51
	—	産	①	7
おおとじ	大刀自神	神	①	877
おおとし	大歳御祖神社【篇】	神	④	389
おおどし	大年寄(豊臣氏)	官	②	1434
おおどし	大年寄(徳川氏奥女中)	官	③	830
おおとね	大舎人	官	①	762
おおとね	大舎人所	政	①	702
おおとね	大舎人寮【篇】	官	①	755
おおとの	大殿(前摂政)	官	①	531
おおとの	大殿(前関白)	官	①	563
おおとの	内寝	居		632
おおとの	おほとのごもり	人	①	964
おおとの	大殿祭【篇】	神	②	559
	大嘗祭—	神	①	1245
	神今食祭—	神	②	178
	新嘗祭—	神	②	252
	離宮院—	神	③	828
おおとも	おほともひ(弁官)	官	①	461
おおとも	大友氏	姓		292
	—	地	②	992
	—氏神	神	①	688
	—氏寺	宗	④	603

おおとも 大伴氏 官 ① 52
—家法 人 ② 183
おおとも 大友宗麟
大友義鎮悔悟 人 ② 258
大友義鎮信耶蘇教 宗 ④ 1102
—破却社寺 神 ④ 1647
—明国通交 外 1001
おおとも 大伴代 官 ① 56
おおとも 大友帝 帝 934
「こうぶん弘文天皇」も見よ
おおとも おほともの(枕詞) 地 ③ 526
おおとも 大伴黒主 宗 ④ 602
—歌 文 ① 833
おおとも 大伴健持 官 ① 17
おおとも 大伴旅人 飲 775
おおとも 大伴家持 文 ① 822
—教喩尾張少咋歌 人 ② 231
—撰万葉集説 文 ② 335
おおとも 大伴部 官 ① 52
おおとも 大伴門 居 210
おおとり 鸛 動 556
おおとり 大鳥 動 498
おおとり 大鳥(琵琶) 楽 ② 763
おおとり 大鳥(風俗歌) 楽 ① 235
おおとり 大鳥井逸兵衛 法 ③ 977
おおとり 大鳥郡 地 ① 340
おおとり 大鳥五社明神 神 ④ 228
おおとり 大鳥神社【篇】 神 ④ 228
おおとり 大鳥連祖神 神 ④ 228
おおなお 大直日歌 楽 ① 144
おおなか 大中黒紋 姓 547
おおなか 大中臣氏 姓 247
—世襲大神宮祭主 神 ③ 843
—世襲大神宮祭主 神 ② 1564
おおなか 大中臣輔親
—歌 神 ② 1565
—家 居 597
おおなか 大中呑 礼 ① 248
おおなつ 大棗 植 ① 513
おおなみ おほなみ(濤) 地 ③ 1261
おおなむ 大己貴命
「おおくに大国主神」を見よ
おおなめ 大滑(馬具) 兵 1981
おおにえ 大嘗 神 ② 218
おおにえ おほにへのまつり 神 ① 949
「だいじょ大嘗祭」も見よ
おおにし 大西 地 ② 803
おおにわ 大庭 居 888
おおぬさ 大麻 神 ② 706
— 神 ② 936
— 神 ② 1071
— 礼 ② 827
おおぬま 大沼郡 地 ② 116
おおね 大根 植 ② 42
おおねむ おほねむし(蝗) 動 1164
おおのが おほのがひ(白貝) 動 1638
おおのが 大野貝 動 1650
おおのが 大野川 地 ③ 1192
おおのご 大野郡(美濃) 地 ① 1257
おおのご 大野郡(飛驒) 地 ① 1325
おおのご 大野郡(越前) 地 ② 238
おおのご 大野郡(豊後) 地 ② 1024
おおのじ 多神社 神 ② 475
おおのの 大野東人 人 ② 728
おおのの 大野荘 官 ② 988
おおのの 大野墓 帝 1559
おおのの 大野牧 地 ③ 964
おおのの 大野真鷹 政 ① 1446
おおのは 大野藩 地 ② 251
おおのや 大野山寺 宗 ④ 1069
おおばご 大庭郡 地 ② 559
おおはし 大橋 地 ③ 111
おおはし 大橋宗桂 遊 151
おおはし 大橋流(書道) 文 ③ 679
おおばじ 大庭神社 神 ② 449
おおはた 大旗一揆 兵 423
おおばど 大母殿 人 ① 1202
おおはふ 大祝部(諏訪) 神 ④ 748
おおはま 大浜湊 地 ③ 580
おおはら 大祓【篇】 神 ② 723
大嘗祭— 神 ① 1020
大嘗祭晦日— 神 ① 1376
大嘗祭解斎— 神 ① 1382
大神宝使— 神 ① 1647
祈年祭触穢— 神 ② 24
准犯科— 神 ② 668
六月— 神 ② 750
臨時—【附】 神 ② 773
月次祭— 神 ③ 526
斎宮群行— 神 ③ 723
諒闇終行— 礼 ② 399
心喪終行— 礼 ② 531
除服日行— 礼 ② 534
由地震行— 地 ③ 1413

朱雀門—図　神 ② 730
おおはら 大祓使　神 ① 1020
おおはら 大原郡(出雲)　地 ② 473
おおはら 大原郡(飛驒)　地 ① 1323
おおはら 大原三寂　人 ② 1016
おおはら 大原寺　宗 ③ 729
おおはら 大原宗論　宗 ① 433
おおはら 大原駅　地 ① 358
おおはら 大原荘　地 ① 255
おおはら 大原野神社【篇】　神 ③ 1556
おおはら 大原野西山嶺上陵　帝 1015
おおはら 大原野祭【附】　神 ③ 1566
おおはら 大原陵　帝 1016
おおはら 大原法華堂　帝 1016
おおはら 大原流(声明)　宗 ① 352
おおばん 大判　泉 195
—　官 ③ 574
おおばん 大番　官 ② 871
建武中興—　官 ② 643
鎌倉幕府—　官 ② 829
鎌倉幕府—　官 ② 870
徳川幕府—　官 ③ 1027
おおばん 大番頭【篇】　官 ③ 1027
おおばん 大板金　泉 195
おおばん 大判座　官 ③ 575
おおばん 大半紙　文 ③ 1172
おおばん 大番衆　官 ③ 1049
おおばん 大番役　官 ② 870
おおひえ 大比叡明神　神 ④ 596
おおひこ 大彦命　神 ④ 882
祀—於古四王神社　神 ④ 928
おおびさ 大庇　居 558
おおびし 大菱牛(堤防具)　政 ④ 1057
おおひじ 大聖牛(堤防具)　政 ④ 1054
おおひち 大篳篥【併入】　楽 ② 993
おおひや 大樋焼　産 ① 755
おおひる おほひる(大蒜)　植 ① 1046
おおひる 大日孁貴　神 ① 26
「あまてら天照大御神」も見よ
おおひろ 大広歌　楽 ① 246
おおひろ 大広間　居 604
おおびゃ 大百姓　産 ① 192
おおびょ 大拍子　楽 ② 1145
おおぶく 大服(点茶)　歳 848
おおぶく 大服の茶湯　遊 423
おおぶさ 大総鞦　兵 2028
おおふな 大舟津　地 ③ 503
おおふね おほふね(船)　器 ② 640
おおぶる 大ぶるまひ　政 ① 919
おおぼし 大星行縢　器 ② 503
おおほそ おほほそみ(虎掌)　植 ① 965
おおま 大間　居 605
おおまえ 大前(射術)　武 120
おおまが 大間書　政 ① 769
—　政 ① 1064
おおまく 大間国生神社　神 ③ 139
おおます 大升　称 65
おおまち おほまちぎみ(侍臣)
【併入】　官 ① 23
おおまと 大的　武 239
—射込稽古場　武 140
将軍—上覧　武 145
将軍—上覧　武 355
おおまる 大丸(横笛)　楽 ② 877
おおみ 大忌(斎戒)　神 ① 1486
おおみ 大忌(斎服)　服 128
—　神 ① 1486
—　神 ① 1543
おおみお 大御祖　帝 1184
おおみか おほみか(游堈)　器 ① 180
おおみか 大御神　神 ① 142
おおみが 大身がはりの袷　服 444
おおみこ おほみこともちのつかさ　官 ② 392
「だざいふ大宰府」も見よ
おおみし 大忌親王　神 ② 163
—　神 ② 228
おおみず 大水
「こうずい洪水」を見よ
おおみず 大水神社　神 ③ 134
おおみそ 大晦　歳 1428
おおみぞ 大溝藩　地 ① 1212
おおみだ 大御台所　官 ③ 51
大御台様役人　官 ③ 804
おおみた おほみたから(公民)　産 ① 188
おおみた 大御田祭(香取神宮)　神 ④ 528
おおみど 大御堂　宗 ④ 321
おおみな 大湊(伊勢)　地 ③ 572
—　神 ③ 920
おおみね 大峯　地 ③ 757
おおみの 大忌御湯　神 ① 1207
おおみや 大宮(神楽)　楽 ① 162
おおみや 大宮(催馬楽)　楽 ① 214
おおみや 大宮暦　方 393

おおみや 大宮権現 神 ④ 596
　— 神 ① 162
おおみや 大宮主 官 ① 324
おおみや 大御息所 帝 1292
おおみや 大宮浅間社 神 ④ 372
おおみや 大宮里 地 ② 530
おおみや 大宮女神
　鎮魂祭祀— 神 ② 500
　大殿祭時祀大宮売神 神 ② 559
　祀—於稲荷神社 神 ③ 1448
おおみや 大身鑓 兵 1511
おおみら おほみら(薤) 植 ① 1042
おおみる おほみるぐさ(莨菪) 植 ② 541
おおみわ 大神氏 姓 165
　—長上 姓 489
　—氏上 神 ④ 4
おおみわ 大神大物主神社 神 ④ 1
おおみわ 大神神社【篇】 神 ④ 1
　—杉 神 ② 1766
おおみわ 大神朝臣 姓 165
おおみわ 大神祭【附】 神 ④ 10
おおむぎ 大麦 植 ① 835
おおむぎ 大麦醬 飲 842
おおむべ おほむべ(大嘗) 神 ① 948
おおむら 大村 地 ② 1091
おおむら 大連【篇】 官 ① 11
おおむら 大村純忠 宗 ④ 1114
おおむら 大村純頼 宗 ④ 1272
おおむら 大村真人墓誌 礼 ② 1161
おおむら 大村藩 地 ② 1098
おおむろ 大室駅 地 ② 174
おおむろ 大室牧 地 ③ 969
おおむわ 大神山神社【篇】 神 ④ 1019
おおめつ 大目付【篇】 官 ③ 307
　—町奉行等立合裁判 法 ③ 781
おおもの 大物忌神社【篇】 神 ④ 918
　—神宮寺 神 ② 1734
おおもの 大物主神
　「おおくに大国主神」を見よ
おおもの 大物見 兵 326
おおもり 大森宗勲 楽 ② 1051
おおもん 大門 居 844
おおや 大屋 政 ③ 1288
　「いえぬし家主」も見よ
おおやか 大矢数 武 149
　京都三十三間堂— 宗 ③ 603
おおやか 大屋形舟 器 ② 628
おおやけ おほやけ 帝 186
おおやけ 大宅郷 地 ① 285
おおやし 大八島竈神 神 ① 868
おおやし 大八洲国 地 ① 12
おおやし 大社 神 ④ 1025
　「いずもた出雲大社」も見よ
おおやの 大家里 地 ② 530
おおやの 大屋荘 地 ② 296
おおやの 大屋牧 地 ③ 964
おおやま 大山方(盲人) 人 ② 943
おおやま 大山咋神
　祀—於松尾神社 神 ③ 1373
　祀—於日吉神社 神 ④ 597
おおやま 大山祇神社【篇】 神 ④ 1353
　—氏人 神 ① 686
おおやま 大山祇神 神 ① 53
　祀—於三島神社 神 ④ 398
　祀—於湯殿山神社 神 ④ 916
　祀—於大山祇神社 神 ④ 1353
おおやま 大山寺 宗 ③ 260
おおやま おほやまと 地 ① 17
おおやま 大和神社【篇】 神 ④ 18
おおやま 大倭果安 人 ① 1067
おおやま 大山派(琵琶法師) 楽 ① 720
おおやま 大山守皇子
　—掌山川林野 地 ③ 720
　—溺死宇治渡 地 ③ 414
おおゆお 大湯温泉(陸奥) 地 ③ 1075
おおゆお 大湯温泉(越後) 地 ③ 1080
おおゆか 大床 居 1068
おおゆき 大雪 天 207
おおゆび 大指 人 ① 480
おおゆみ 弩 兵 1764
おおゆや 大湯屋 居 666
おおよさ 大依羅神社 神 ④ 267
おおよさ 大依羅神 神 ① 1661
おおよそ おほよそごろも 服 212
おおよど 大淀三千風 人 ② 432
おおよめ おほよめ(姒婦) 人 ① 186
おおよろ 大鎧 兵 1827
おおらで 大螺鈿(箏) 楽 ② 662
おおるす 大留守居 官 ③ 698
おおわく 大若子神 神 ③ 1534
おおわだ 大輪田泊 地 ③ 554
おおわた 大渡橋 地 ③ 209

おおんみ	おほんみ(大臣)	官	①	14
おか	岡(丘陵)	地	③	700
おか	岡(豊後)	地	②	1032
おが	大鋸	産	①	566
おがい	小峡	地	③	711
おかいね	岡稲	植	①	780
おかか	おかか(鰹節)	飲		927
おがくず	大鋸屑	遊		1066
おかくれ	おかくれ	人	①	640
おかげま	御蔭参	神	③	646
おかざき	をかざき頭巾	服		1258
おかざき	岡崎藩	地	①	558
おがさわ	小笠原家			
	—有職	文	②	918
	武家礼節出—	礼	①	297
おがさわ	小笠原系図	武		130
おがさわ	小笠原貞宗	武		128
おがさわ	小笠原貞頼	地	①	679
おがさわ	小笠原島【附】	地	①	679
	—	産	①	23
おがさわ	小笠原牧	地	③	964
おがさわ	小笠原流(兵法)	兵		10
おがさわ	小笠原流(馬術)	武		709
おがさわ	小笠原流(射術)	武		125
おがさわ	小笠原流(婚礼)	礼	①	1346
	—輿請取渡	礼	①	1017
おがさわ	小笠原流(流鏑馬)	武		525
おかじま	岡島冠山	文	②	985
おかず	おかず(菜)	飲		154
おかずき	をかづき(鼯鼠)	動		256
おかずら	をかづら(楓)	植	①	501
おがせ	纑	産	②	70
おがたこ	緒方洪庵	文	②	1011
おがたこ	尾形光琳	文	③	825
おかだご	岡田郡	地	①	1067
おかたじ	岡太神社	神	④	283
おかだの	岡田郷	地	①	243
おかだは	岡田藩	地	②	611
おがたま	をかたまの木	植	①	247
	—	文	②	406
おかち	御徒			
	「かち徒」を見よ			
おかちご	雄勝郡	地	②	185
おかちの	雄勝駅	地	②	174
おかつじ	雄勝城	兵		1055
おかつつ	をかつつじ(茵芋)	植	①	595
おかっぴ	岡引	法	③	172
おかづり	丘釣	産	①	365
おかでら	岡寺	宗	③	1340
おがとう	大鋸棟梁	官	③	660
おかとと	をかととき(桔梗)	植	②	681
おかのみ	岡港	地	③	581
おかのみ	岡宮御宇天皇	帝		851
おかのや	岡屋牧	地	③	964
おかばし	岡場所	人	②	883
おかはん	岡藩	地	②	1038
おがひき	大鋸挽	産	①	535
おかべの	岡部駅	地	①	611
おかべの	岡部宿	地	①	571
おかべは	岡部藩	地	①	913
おかぼ	岡穂(稲)	植	①	780
おかまえ	御構場所	法	②	310
おがませ	をがませ(開帳)	宗	③	344
おかみ	龗	動		1020
おがみう	小神氏氏神	神	①	668
おがむ	拝	礼	①	4
	「はい拝」も見よ			
おかめざ	おかめ篠	植	①	716
おかもと	岡本三右衛門	外		1271
	—	宗	④	1238
おかもと	岡本寺(法起寺)	宗	③	1296
おかもと	岡本寺(竜蓋寺)	宗	③	1340
おかもと	岡本堂	神	②	1704
おかもと	岡本宮	地	①	181
おかやの	岡屋郷	地	①	233
おかやま	岡山	地	②	586
おかやま	岡山藩	地	②	589
	—藩札	泉		441
おかやま	岡山藩学校	文	②	1287
	—職員教官	文	②	1192
	—生徒数	文	②	1198
	—授業時間及休日	文	②	1239
	—生徒賞罰	文	②	1243
	—経費	文	②	1257
	—入学	文	③	10
	—試験	文	③	173
おかゆ	陸湯	居		681
おがらぶ	苧殻葺	居		1026
おかわ	をかは(便器)	器	②	569
おがわご	小川御所	居		313
おがわし	小川笙船	官	③	873
	—	方		675
	—施薬院設立書上	政	③	249
おがわだ	小川だだき	飲		212

おがわの　少川里　地②　528
おがわの　小川牧　地③　969
おがわら　牡瓦　産①　592
おき　沖　地③　1265
おぎ　荻　植①　912
おきあが　起上り小法師　遊　1248
おきえん　置縁　居　1167
おきおし　置押板　居　1071
おきかき　熀昪　器①　325
おきがわ　起川　地③　1162
　―舟橋　地③　256
おぎごお　小城郡　地②　1083
おきさよ　おきさより(沖細魚)　動　1432
おきさわ　おきさはら(沖鰆)　動　1502
おきしょ　置証文　政④　349
おきずき　置頭巾　服　1247
おきすの　息栖津　地③　503
おきそで　置袖(鎧)　兵　1788
おぎたけ　をぎたけ(萑菌)　植②　829
おきつ　興津　地①　611
　―　地③　531
おきつし　奥島神宮寺　神②　1731
おきつし　奥津島姫命　神④　1422
おきつだ　興津鯛　動　1371
おきづり　沖釣　産①　365
おきてが　掟書　政③　154
　近臣御―　帝　1366
　寄場―　法②　422
　牢内―　法③　207
おきてぬ　置手拭　器①　648
おきどこ　置床　居　1071
おきな　翁
　能楽―　楽①　822
　芝居―　楽②　90
おきな　翁(老人)　人①　87
おきなが　興良親王　官②　667
おきなが　息長足比売天皇　帝　856
　「じんぐう神功皇后」も見よ
おきなが　息長墓　礼②　1151
おきなぐ　おきなぐさ(白頭公)　植②　189
おきなぐ　翁草　植①　1066
おきなだ　翁竹　植①　688
おきなま　沖鱠　飲　203
おきなま　翁丸(犬名)　動　168
おきなわ　沖縄　地②　1353
おきなわ　喚縄(鷹具)　遊　1022
おきのい　隠岐院　帝　951
　「ごとばて後鳥羽天皇」も見よ
おきのう　隠岐海　地③　1282
おきのく　隠岐国【篇】　地②　498
　後醍醐天皇行幸―　帝　670
　配流―　法①　170
　配流―　法①　769
　配流―　法②　261
おきのく　隠岐国神名帳　神①　129
おきのく　意岐国造　地②　504
　隠岐国造　神②　1465
おきのこ　沖小島　地②　1201
おきのし　沖島　地②　858
おきのし　隠岐洲　地③　1346
おぎのや　荻野山中藩　地①　783
おぎのり　荻野流(鉄砲)　武　885
おぎのり　荻野流増補新術流　武　885
おぎのる　おぎのる(賖)　産②　354
おぎはん　小城藩　地②　1098
おきび　おきび(熓煨)　器②　362
おきぶみ　置文　居　702
おぎむし　をぎむし(尺蠖)　動　1097
おぎむし　荻虫様(練歩)　礼①　105
おきめば　沖目張(魚)　動　1453
おきもの　置物厨子　器①　661
おきもん　置紋　服　439
おぎゅう　荻生徂徠
　―号　姓　738
　―経済説　文②　697
　―古文辞学　文②　792
　―論講書之弊　文③　209
　―善文　文①　326
　―詩　文②　587
　―通法律　文②　901
　―兵法　兵　22
　―報恩　人②　490
　―碑　礼②　1182
おきれな　尾きれなる歌　文①　710
おぎわら　荻原重秀　泉　208
おぎわら　荻原銭　泉　29
おく　起　人①　954
おくいし　奥医師　官③　866
おくいん　奥印　政③　296
おくえぞ　奥蝦夷　地②　1345
おくおえ　奥御絵師　文③　795
おくかい　奥開帳　宗③　350
おくぐん　奥郡(常陸)　地①　1106
おくぐん　奥郡(陸奥)　地②　115

おくこし	奥小性	官	③	748
おぐしお	御ぐし置	礼	①	483
	「かみおき髪置」も見よ			
おくしま	奥縞	産	②	175
おくじゅ	奥儒者	官	③	849
おくじょ	奥浄瑠璃	楽	②	325
おくしり	奥尻郡	地	②	1294
おくずず	苧屑頭巾	服		1255
おくせい	奥せいご(魚)	動		1406
おくぜん	奥膳所組頭	官	③	911
おくぜん	奥膳所台所頭	官	③	911
おくぜん	奥膳所台所人	官	③	912
おくだい	奥台所	官	③	911
おくだい	奥平源八	人	②	520
おくだざ	奥田在中	文	②	925
おくださ	奥田三角	文	③	192
おくたん	阿弧丹度	文	③	653
おぐつ	麻鞋	服		1401
おくつき	おくつき(塚墓)	礼	②	1072
おくつき	おくつき(轜車)	礼	②	357
おくづと	奥勤【併入】	官	③	745
おくづめ	奥詰【併入】	官	③	742
おくづめ	奥詰医師	官	③	870
おくづめ	奥詰銃隊頭	官	③	1624
おくて	晩稲	植	①	788
おくどこ	奥床	居		1068
おぐな	をぐな(童男)	人	①	61
おくに	小国	地	①	74
おくにか	お国歌舞伎	楽	②	3
おくにじ	小国神社【篇】	神	④	369
おくぬの	奥布	産	②	140
おくのふ	奥之富士	地	③	832
おくのま	奥間	居		607
おくのま	奥牧	地	③	979
おくはん	奥判	政	③	297
	町名主—	官	③	444
おくぼう	奥坊主	官	③	929
おくぼう	奥坊主組頭	官	③	928
おくび	噫	人	①	393
おくひの	奥火之番	官	③	367
おくびょ	臆病	人	②	129
おくびょ	臆病金(甲)	兵		1899
おくみ	おくみ(衽)	服		17
	袍—	服		235
おくむき	奥向番衆【篇】	官	③	759
おくやま	奥山(催馬楽)	楽	①	215
おくやま	奥山庄	地	②	348
おくゆう	奥右筆	官	③	240
おくゆう	奥右筆組頭	官	③	233
おくゆう	奥右筆組頭格	官	③	239
おくゆう	奥右筆所詰	官	③	258
おくゆう	奥右筆所留物方	官	③	249
おぐらい	巨椋池	地	③	1221
おぐらせ	小倉仙翁花	植	②	134
おぐらの	巨椋里	地	①	250
おくりあ	送足	礼	①	133
おくりお	送狼	動		433
おくりじ	送状	政	③	202
	運上米塩雑物—	政	④	1407
	囚人—	法	③	297
おぐりそ	小栗宗丹	文	③	829
おくりな	諡	姓		744
	天皇—号【篇】	帝		915
	三后—号	帝		1182
	内記勘—号	官	①	726
	誄而上—	礼	②	1537
	帰仏無—	姓		748
	僧徒—号	宗	②	803
おくりな	送内侍	官	①	1115
おくりの	緒繰の板(鎧)	兵		1814
おくりば	送花	遊		878
おくりび	送火	歳		1259
	—	歳		1277
おくりぶ	送文	政	③	202
おぐりみ	小栗美作	法	③	822
おくりも	贈物	官	③	149
	「ぞうい贈遺」も見よ			
おぐるま	をぐるま(旋復花)	植	②	751
おぐるま	小車(風俗歌)	楽	①	233
おくろく	奥六郡	地	②	115
おけ	桶			
	祭祀具—	神	②	1238
	飲食具—	器	①	262
	澡浴具—	器	①	618
	胞衣—	礼	①	392
	貝—	遊		291
	後土御門天皇崩御号御棺入—	礼	②	104
おけおう	億計王	帝		1353
	「にんけん仁賢天皇」も見よ			
おけがわ	桶ヶ輪胴	兵		1783
	桶皮胴	兵		1898
おけざら	麻笥盤	器	①	63
おけだい	桶大工	産	①	545

おけたる　桶樽役　政 ④ 475
おけもの　をけもの(牡)　動 9
おけや　桶屋　器 ① 269
おけゆい　桶結　産 ① 545
おけら　朮　植 ② 773
おけら　白朮
「びゃくじ白朮」を見よ
おごうち　小河内温泉　地 ③ 1061
おこえ　嗚呼絵　文 ③ 927
おごけ　績簣　産 ② 87
おここ　おこご(昼食)　飲 18
おこし　おこし　産 ① 30
おこじ　鰧　動 1532
おこしか　起返(荒地)　政 ③ 1187
おこしご　おこしごめ(粔籹)　飲 648
おこそず　御高祖頭巾　服 1245
おこたる　怠【篇】　人 ② 655
おこと　御事(崩御)　人 ① 642
おこと　御事(年中行事)【篇】　歳 1055
おことじ　御事汁　歳 1059
おことて　をこと点　文 ③ 270
おごのり　おごのり(於期菜)　植 ② 915
おこり　瘧　方 1345
おこる　怒　人 ① 739
おごる　奢　人 ② 623
「しゃし奢侈」も見よ
おごる　驕　人 ② 630
おごるも　奢者不久　人 ① 911
おこわ　強飯　飲 361
おさ　筬　産 ② 35
おさ　曰佐　姓 76
—　姓 131
おさ　訳語　官 ① 125
—　文 ② 960
新羅—　外 159
渤海—　外 286
おざいけ　苧在家役　政 ④ 450
おさえぼ　をさ烏帽子　服 1200
おさえも　押物(料理)　飲 278
おさか　小坂　地 ① 376
おさかご　小坂郡　地 ① 763
おさかの　押坂内墓　礼 ② 1151
おさかの　忍坂大中姫命　帝 252
おさかの　押坂墓(鏡女王墓)　礼 ② 1151
おさかの　押坂墓(田村皇女墓)　礼 ② 1151
おさかの　押坂陵　帝 984
おさかべ　刑部　官 ① 134
—　官 ① 933
おさかべ　刑部真刀自咩　人 ① 1121
おざきり　尾崎流(書道)　文 ③ 682
おさし　鮍　飲 930
おさだが　長田蟹　動 1600
おさだの　他田千世売　人 ① 1121
おさだめ　御定書　法 ② 113
拠—断罪　法 ③ 991
「さだめが定書」も見よ
おさだめ　御定書百箇条　法 ② 118
おさだめ　御定書例書　法 ② 117
おさつの　雄薩駅　地 ① 1094
おさなし　をさなし(幼少)　人 ① 58
おさなな　幼名　姓 693
—　姓 772
おさびゃ　長百姓　産 ① 191
—　宗 ② 111
おさふね　長船(刀工)　産 ① 634
おさべし　他戸親王　帝 1386
おさむし　梭虫　動 1207
おさむる　をさむるつかさ(治部省)　官 ① 834
おさむる　をさむるつみ　法 ① 278
「もっかん没官」も見よ
おさめ　をさめ(長女)　官 ① 1156
おさめ　専(老女)　人 ① 98
おさめつ　をさめつくるつかさ(修理職)　官 ② 355
おさめど　納殿　居 641
摂関大臣家—　官 ① 1293
おさめど　納殿奉行　官 ② 801
おさめは　納払明細帳　政 ③ 1071
おさめふ　納札
千社参—　宗 ③ 319
順礼—　宗 ③ 307
おさめふ　納札(蔵奉行請取書)　政 ④ 350
おさめま　納升　称 86
おさめや　納宿(年貢米)　政 ④ 266
おさるざ　尾去沢銅山　金 140
—　金 4
—鉑堀所働方取扱　金 85
おざわろ　小沢蘆庵　文 ③ 27
—　帝 1100
おし　おし(押機)　産 ① 457
おし　御師　神 ② 1502
—　神 ② 1646
—配布大麻　神 ② 959

おし	鴛鴦	動		606
おし	鴛鴦(風俗歌)	楽	①	233
おじ	をぢ(老翁)	人	①	88
おじ	伯父	人	①	248
	―相続	政	③	709
	―与姪相姦	法	②	963
	天皇為―服	礼	②	494
	為―服	礼	②	583
	為―服	礼	②	770
	復―讐	人	②	535
おじ	叔父	人	①	250
	―受禅	帝		535
	―為太子	帝		1357
	―相続	政	③	709
	―為後見	政	③	864
	為天皇―諒闇	礼	②	401
	天皇為―服	礼	②	494
	為―服	礼	②	583
	為―服	礼	②	770
おしあげ	押上銭	泉		31
おしあや	押綾	産	②	261
おしいた	押板	居		1069
	懸扇於―折釘	服		1308
おしいだ	押出	服		895
おしいれ	推入烏帽子	服		1201
おしうり	押売	産	②	341
おしえ	をしへ(訓誡)	人	②	147
おしえご	をしへ子	文	③	20
おしおき	御仕置除日	法	②	78
おしおき	御仕置済帳	法	③	676
おしおく	押送船	器	②	668
おしおけ	押桶	礼	①	343
	―図	礼	①	350
おしがい	押買	産	②	341
おしかご	牡鹿郡	地	②	127
おしかの	緒鹿牧	地	③	970
おしがみ	押紙	文	①	482
おしがり	押借	法	②	719
おしかわ	韋	産	①	898
おしき	折敷	器	①	149
	祭祀用―	神	②	1240
おしきう	をしきうを(魴魚)	動		1339
おしきの	押木珠鬘	服		1157
おしきり	押切判	政	③	300
おしくさ	おしくさ(玄参)	植	②	665
おしこみ	おしこみ	人	②	792
	「ごうとう強盗」も見よ			
おしこめ	押込【篇】	法	②	565
	役儀召放之上―	法	②	646
	押籠	法	①	940
おしこめ	押込隠居	法	②	565
おしずし	押鮓	飲		952
おした	御下た(女房)	官	①	1102
おしだい	忍代官	官	③	1523
おしたか	乎之高倍(風俗歌)	楽	①	237
おしたて	押立門	居		843
おしつけ	押付板(冑)	兵		1879
おしつけ	押付板(鎧)	兵		1818
おしづま	おしづまる(寝)	人	①	964
おして	おして(印)	政	①	530
おして	押手(射術)	武		100
おじなし	をぢなし(懦弱)	人	②	128
おしね	おしね(晩稲)	植	①	788
おしのこ	押小路内裏	居		284
おしのび	御忍駕籠	器	②	1024
おしのみ	忍海郡	地	①	282
おしはん	忍藩	地	①	913
おしひだ	おしひだ(袴)	服		606
おしほね	忍骨命神社	神	④	1602
おしまず	おしまづき(几)	器	②	156
おしまの	渡島狄	人	②	711
おしまの	渡島国	地	②	1294
おじまは	小島藩	地	①	630
おしまわ	押廻	器	②	636
おじめ	緒〆	服		1477
おしもじ	おしもぢり(犬追物矢所)	武		630
おじや	おぢや(雑炊)	飲		473
おじや	小千谷	地	②	343
おしょう	和尚	宗	②	889
	茶道宗匠称―	遊		608
おじょう	おぢやう(阿娘)	人	①	201
おしょう	和尚位	宗	②	775
おじょう	御錠口	官	③	833
おしょう	和尚号	宗	②	829
おしょろ	忍路郡	地	②	1295
おしりが	緒鞦	兵		2033
おしろい	白粉	器	①	491
おしろい	白粉下	植	②	643
おしろい	白粉花	植	②	122
おしろい	白粉屋	器	①	501
おじろう	尾白馬	動		102
おしろば	御城番	官	③	1146
おしろや	御城役	官	③	1757

おず　怖　人 ① 756
おすい　淤須比【併入】　服　1083
おすえ　御末(室)　居　644
おすえ　御末(徳川氏奥女中)　官 ③ 838
おすえが　御末頭　官 ③ 838
おすえし　御末衆　官 ② 1265
おすえの　御末男　官 ② 1265
おずがみ　をづ髪　人 ① 533
おすくに　食国之政　政 ① 11
おすくに　申食国政大夫【併入】　官 ① 21
おすべり　おすべり(蒲団)　器 ② 195
おすめど　おすめどり(鸛鷉鳥)　動　614
おせがく　於世楽　楽 ① 7
おせち　お節(食物)　歳　1057
おそ　獺　動　463
おそくず　おそくづの絵　文 ③ 928
おそねり　遅練　礼 ① 108
おそば　齵歯　方　1175
おそばし　御側執役　官 ③ 273
おそる　恐懼　人 ① 756
　畏雷　天　302
　見我影成怖　人 ② 130
　恐猫　動　208
おそれざ　おそれ山　地 ③ 877
おそろし　おそろし　人 ① 756
おそわる　魘　人 ① 825
おだ　おだ(葬具)　礼 ② 348
おだい　御台(飯)　飲　350
おだうじ　小田氏　官 ② 1315
おだうじ　織田氏　姓　322
　—職員【篇】　官 ② 1405
　—検地　政 ④ 35
　—法令　法 ① 691
　—紋　姓　515
おだえば　緒絶橋　地 ③ 339
おたがじ　お多賀杓子　器 ① 113
おたぎご　愛宕郡　地 ① 220
おたぎで　愛宕寺　宗 ③ 633
おたぎの　愛宕墓　帝　1557
　—　礼 ② 1095
　—　礼 ② 1152
おたけび　をたけび(雄誥)　人 ① 866
おだごお　小田郡(陸奥)　地 ② 127
おだごお　小田郡(備中)　地 ② 603
おだのえ　小田駅　地 ① 1094
おだのぶ　織田信雄　神 ③ 893
おだのぶ　織田信長
　—婿入　礼 ① 1100
　浅井長政娶—妹　礼 ① 1090
　—養女嫁武田勝頼　礼 ① 1279
　—奉願書於熱田神宮　神 ④ 331
　—諫足利義昭　人 ② 259
　—停止諸国関所　地 ③ 607
　—造営内裏　居　40
　—造営内裏　宗 ③ 751
　—修理道路橋梁　地 ③ 21
　—製大判金　泉　197
　本願寺与—和睦　宗 ③ 433
　—為馬揃　兵　494
　—献大神宮造営料　神 ③ 287
　—焼延暦寺　宗 ④ 559
　—建総見寺　宗 ④ 657
　—召耶蘇教徒　宗 ④ 1109
　—建南蛮寺　宗 ④ 1129
　—吝嗇　遊　1184
　明智光秀弑—　人 ① 1062
　祀—於建勲神社　神 ④ 1715
おだまき　緒手巻(草)　植 ② 198
おたまじ　おたまじやくし(蝌斗)　動　1077
おたまや　御霊屋　礼 ② 1200
　「びょう廟」も見よ
おだりゅ　小田流(剣術)　武　28
おたるき　尾垂木　居　988
おたるこ　小樽港　地 ③ 591
おたるご　小樽郡　地 ② 1295
おだわら　小田原御門　居　395
おだわら　小田原城　兵　1058
おだわら　小田原提灯　器 ② 256
おだわら　小田原宿　地 ① 746
おだわら　小田原鉢(冑)　兵　1859
おだわら　小田原藩　地 ① 783
おだわら　小田原評定　人 ① 909
おだわら　小田原雕　産 ① 805
おち　おち　人 ① 278
　「めのと乳母」も見よ
おち　芸薹　植 ② 73
おちうじ　越智氏長者　姓　482
おちえん　落縁　居　1166
おちかた　越方(風俗歌)　楽 ① 233
おちがみ　落髪　人 ① 508
おちごお　越智郡　地 ② 871
おちど　越度(律文用語)　法 ② 82

おちのお	小市岡上陵	帝		984
おちのく	小市国造	地	②	865
おちのひ	御乳人	帝		314
おちま	落間	居		607
おちめが	おちめ笠	器	②	416
おちゃな	おちやない(落髪買)	器	①	465
おちゃや	御茶屋棚	居		1088
おつかい	御使	政	③	341
おっかい	越階	官	③	1855
おっかん	越勘	政	①	1337
おっかん	越関	法	②	774
おつぎ	御次	官	③	835
おづきう	小槻氏			
	一世襲官務	官	①	468
	一算道	文	③	545
おつぎば	御次番	官	③	768
おつぎほ	御次布衣	官	③	234
おつくわ	乎津久波(風俗歌)	楽	①	232
おつけ	おつけ(羹)	飲		159
おっそ	越訴	法	①	556
	一	法	①	551
	一	法	①	986
	一	法	③	409
おっそと	越訴頭	官	②	794
おっそぶ	越訴奉行			
	鎌倉幕府一	官	②	793
	足利氏一	官	②	1193
	足利氏関東一【併入】	官	②	1317
おっと	夫	人	①	149
	皇后行啓奉訪一帝	帝		778
	依妻慶一奏賀	政	①	1477
	一遺産	政	③	742
	殺傷一	法	②	834
	勧一而降	兵		764
	為一服	礼	②	583
	為一服	礼	②	754
	諫一	人	②	275
	復一讐	人	②	542
	貧而仕一	人	②	577
	以一官職為名	姓		778
	信濃国俗一死以婦為殉	礼	②	11
	為一党服	礼	②	583
	為一党服	礼	②	784
おつど	越度(関所)	地	③	680
おっとせ	膃肭臍	動		472
おつのけ	乙穢	神	②	781
おつのさ	尾津前	地	①	447
おつのま	乙丸(城郭)	兵		1067
おつぼ	小椀	器	①	22
おつほう	乙宝寺【篇】	宗	④	845
おてだま	お手玉	遊		224
おででこ	おででこ芝居	楽	②	41
おででこ	おででこ双六	遊		28
おとうと	弟	人	①	173
	一為太子	帝		1346
	為一帝諒闇例	礼	②	420
	天皇為一服	礼	②	497
	誡子一	人	②	165
	復一讐	人	②	540
	「きょうだ兄弟」も見よ			
おとうと	弟島	地	①	680
おとうと	婦嫂	人	①	185
おとおと	をとをとし(赤箭)	植	①	1180
おとおり	御通り(飲酒礼)	礼	①	253
おとがい	おとがひ(頷)	人	①	406
おとがい	頤頭巾	服		1251
おとがい	おとがひをとく(解頤)	人	①	730
おとぎり	弟切草	植	②	377
おとくに	乙訓郡	地	①	217
おとくに	乙訓寺【篇】	宗	③	777
おとくに	弟国宮	地	①	180
おどけ	おどけ(滑稽)	人	②	687
おどけば	おどけ咄	服		649
おとこ	男	人	①	20
	一変女	人	①	619
	一子月見(鬢曾木)	礼	①	544
	一子用鉄漿	礼	①	627
	一子結髪風	人	①	522
	生児一女予知法	文	③	618
	一女通用之服	服		377
	一女入込湯停止	居		685
おとこい	男一宮	帝		1413
おとこえ	男絵	文	③	892
おとこえ	をとこへし(男郎花)	植	②	654
おとこお	男扇	服		1324
おとこお	男帯	服		810
おとこが	男笠	器	②	415
おとこが	男仮字	文	①	12
おとこげ	男芸者	人	②	933
おとこし	男芝居	楽	②	9
おとごぜ	乙御前(茶湯釜)	遊		669

おとこだ	男伊達	産②	663
おとこで	男手	文①	20
おとこと	男踏歌	歳	1013
	—奏万春楽	楽①	481
おとこに	をとこになる	礼①	635
	「げんぷく元服」も見よ		
おとごの	乙子朔日	歳	53
おとごの	乙子餅	歳	53
おとこば	男柱	居	959
	—橋	地③	125
おとこま	男舞	楽②	462
おとこや	男山八幡宮【篇】	神③	1241
	—神領	神①	643
	—大嘗祭由奉幣	神①	1029
	—検校	神②	1631
	—御殿司	神②	1639
	—神宮寺	神②	1709
	—神楽	楽①	177
	孝明天皇—行幸	外	41
	石清水社行幸	帝	684
おとこや	男山焼	産①	765
おとこゆ	男湯	居	681
おとこよ	をとこよもぎ(牡蒿)	植②	719
おとし	おとし(漁業具)	産①	406
おとじ	おとじ(夫人)	帝	1226
おどし	威		
	鎧—	兵	1795
	冑—	兵	1867
おとしが	おとしがけ(落長押)	居	1104
おどしぎ	おどしぎぬ(鎧)	兵	1853
おどしげ	威毛(鎧)	兵	1795
おとしだ	落胤	人①	204
おどして	威鉄砲	武	920
おとしね	落練	礼①	105
おとしば	落語	楽②	530
おとしば	おとしばらけ(結髪)	器①	477
おとしも	落物	法②	806
おとたち	弟橘媛	人①	1125
おとつい	一昨日	歳	49
おととし	去去年	歳	6
おとな	をとな(大人)	人①	82
おとなし	音無滝	地③	1208
おとね	弟子(正月)	歳	949
おとみづ	魃病	方	1512
おとめ	をとめ(少女)	人①	25
おどめ	緒止	服	1477
おともご	雄伴郡	地①	368
おとや	乙矢	武	117
おとやき	尾戸焼	産①	766
おとよめ	おとよめ(娣婦)	人①	186
おとり	囮	産①	452
おどり	をどり(顖門)	人①	322
おどり	踊【篇】	楽②	472
	念仏—	歳	1075
	地蔵—	歳	1274
	盆—	歳	1273
	灯籠—	歳	1274
	ツンツク—	歳	1275
	木曾—	歳	1276
	やゝ子—	楽②	6
	歌舞伎—	楽②	10
おどりこ	躍子	人②	932
おどりじ	をどり字	文①	5
おどりね	踊念仏	楽②	486
おどりぶ	踊船	楽②	480
おどりや	踊屋台	楽②	492
おどろく	おどろく(寤)	人①	978
おどろく	驚	人①	759
おとわの	音羽滝	地③	1208
おなか	おなか(飯)	飲	351
おながざ	尾長猿(果然)	動	274
おながど	尾長鳥	動	857
おなぎが	小名木川	政④	1065
おなま	おなま(鱠)	飲	195
おなみ	をなみ	地③	1261
おなもみ	をなもみ(葈耳)	植②	762
おなもみ	蒼耳蠹	動	1087
おなり	御成		
	足利将軍年始—	歳	649
	徳川将軍—	官③	38
	徳川将軍—作法	服	632
	徳川将軍—拝観	服	836
	徳川将軍—時蓋窓	居	1160
	徳川将軍—日失火	法②	789
	徳川将軍—時直訴	法③	415
	徳川将軍—跡開帳	宗③	350
おなりぎ	御成切(餅)	歳	1355
おなりご	御成御門	居	396
おなりば	御成橋	居	387
おなりば	御成番(使番)	官③	1144
おなんど	御納戸染	産①	854
おに	鬼	方	75
	追儺—	歳	1367
	的裏書—字	武	237

おにいた 鬼板 居 1010
おにがし 鬼島 地 ① 640
おにがに 鬼蟹 動 1600
おにがら 鬼がら焼 飲 246
おにがわ 鬼瓦 居 1010
おにきり 鬼切大刀 兵 1408
おにぐい おにぐひ 飲 67
おにくる 鬼胡桃 植 ① 149
おにころ 鬼ころし(濁酒) 飲 689
おにしだ 鬼しだ 植 ② 857
おにすぎ 鬼杉原 文 ③ 1201
おにどの 鬼どの留守に洗濯しよ 遊 1240
おにとり おにとり 飲 67
おにとり 鬼捕
安楽寺― 神 ④ 1469
観世音寺― 宗 ④ 1069
おになめ 御煮嘗 飲 67
おにのさ 鬼の皿 遊 1240
おにのま 鬼間 居 115
おにのま 鬼のまゆはき(飛廉) 植 ② 760
おにのみ 鬼陵 帝 1087
おにばす おにばす(芡) 植 ② 154
おにふす おにふすべ(馬勃) 植 ② 831
おにぶろ 鬼風炉 遊 659
おにまる 鬼丸(箏) 楽 ② 662
おにまる 鬼丸大刀 兵 1407
おにやら 追儺 歳 1367
「ついな追儺」も見よ
おにゅう 遠敷市 地 ② 210
おにゅう 遠敷郡 地 ② 208
おにゅう 遠敷明神 神 ④ 931
おにゆり 鬼百合 植 ① 1008
おにわた 鬼わたし 遊 1236
おにわら おにわらび(薇) 植 ② 866
おにわら おにわらび(貫衆) 植 ② 864
おの おの(他称) 人 ① 16
おの おの(自称) 人 ① 5
おの 斧 産 ① 560
おのうじ 小野氏氏神 神 ① 668
おのうは 御能拝見 楽 ① 884
おのえ 尾上(山) 地 ③ 698
おのえの 尾上松 植 ① 100
おのおつ 小野お通 楽 ② 242
おのがわ 小野川喜三郎 武 1189
おのぎが 小野木笠 器 ② 418
おのこ をのこ 人 ① 20
「おとこ男」も見よ
おのころ 磤馭盧島 地 ② 767
― 地 ③ 1337
おのじろ 小野次郎右衛門 武 37
おのでら 小野寺 宗 ③ 1031
おののい 小野妹子 外 834
―唐名 姓 721
おののえ 斧の柄の朽ちし所 方 636
おののえ 小野毛人之墓 礼 ② 1159
おののこ 小野小町 人 ① 32
―歌 文 ① 880
おののさ 小野郷 地 ① 234
おののた 小野篁 人 ① 1317
―配流 法 ① 174
―善詩 文 ② 566
―善書 文 ③ 712
―草創足利学校 文 ② 1091
―建珍皇寺 宗 ③ 633
おののた 小野滝 地 ③ 1211
おののと 小野道風 文 ③ 708
おののは 小野墓 帝 1560
おののは 小野春風 人 ② 766
おののま 小野牧 地 ③ 964
おののみ 小野宮のおとど 帝 1641
おののみ 小野宮流(有職) 文 ② 907
おのはん 小野藩 地 ② 544
おのみち 尾道 地 ② 631
おのみな 雄水門 地 ③ 580
おのもん 小野門跡 宗 ③ 1014
おのやま 小野山陵 帝 1047
おのらん 小野蘭山 方 1116
おのりゅ 小野流(剣術) 武 28
おのりゅ 小野流(灌頂) 宗 ② 410
おのりゅ 小野流(真言宗) 宗 ① 630
おのれ 己(他称) 人 ① 16
おのれ 己(自称) 人 ① 5
おば 姑 人 ① 252
天皇為―服 礼 ② 494
為―服 礼 ② 770
為伯叔父―服 礼 ② 770
おば 伯母 人 ① 251
伯父之妻曰― 人 ① 253
為―服 礼 ② 772
おば 叔母 人 ① 251
叔父之妻曰― 人 ① 253
おば 祖母 人 ① 130
「そぼ祖母」も見よ

おはぎ	おはぎ(牡丹餅)	飲		556
おはぎ	薺蒿	植	②	746
おばこむ	おばこ結	人	①	554
おばしま	おばしま(檻)【篇】	居		1172
おばすて	姥捨山	地	③	746
	—	人	①	261
おばたか	小幡景憲	兵		7
おばたが	小幡学校	文	②	1282
おばたは	小幡藩	地	②	30
おはち	おはち(飯鉢)	器	①	288
おはつせ	小長谷部	官	①	135
おばな	をばな(薄)	植	①	920
おばない	をばな色の強飯	飲		364
おばなの	尾花粥	飲		465
おばま	小浜	地	②	210
おばまは	小浜藩	地	②	218
おはらい	御祓	神	②	936
	「おおぬさ大麻」も見よ			
おはらい	御祓指(冑)	兵		1875
おはらい	御祓筥	神	②	936
おはらご	邑楽郡	地	②	17
おはらさ	小原盃	器	①	242
おはらみ	小原御幸	文	①	230
おはらめ	大原女	器	②	339
おはりだ	小治田岡本宮	地	①	183
おはりだ	小墾田舞	楽	②	443
おはりだ	小墾田宮	地	①	181
おび	帯			
	男子用—【篇】	服		777
	婦人用—【篇】	服		1057
	凶服—	礼	②	1035
	舞楽—	楽	①	655
おびかご	帯籠	政	④	1019
おびかわ	鞓	服		805
おびしば	おびしばり(縢)	人	①	427
おびと	首	姓		68
	—	姓		126
おびとけ	帯解	礼	①	613
おびとり	おびとり(韘韄)	兵		1449
おびなお	帯直【篇】	礼	①	613
おびにみ	帯に短し襷に長し	服		824
おびはん	飫肥藩	地	②	1162
おびひき	帯引	遊		1208
おふくろ	御袋	人	①	143
おぶくろ	をぶくろ(尾韜)	兵		2053
おぶさ	をぶさ(鞦)	動		506
おぶすま	男衾郡	地	①	855
おふだ	御札	神	②	911
	「まもり守」も見よ			
おふだば	御札箱	神	②	971
おぶと	緒太(草履)	服		1431
おぶね	をぶね(艇)	器	②	641
おべっか	おべつか	人	②	670
おへびい	をへびいちご(蛇含)	植	②	105
おへや	御部屋(妾)	人	①	164
おぼこ	をぼこ(魚)	動		1393
おぼこ	をぼこ(小児)	人	①	60
おぼね	をほね(尾株)	動		8
おぼる	溺	人	①	1006
おぼろず	おぼろ頭巾	服		1255
おぼろぞ	朧染	産	①	858
おぼろづ	朧月	天		67
おぼろの	朧清水	地	③	1023
おぼろふ	朧富士(笠)	器	②	393
おぼろよ	朧夜	天		67
おま	牡馬	動		77
おまかり	於麻加利升	称		90
おましど	御在所			
	鎮—祭	神	②	615
	以天皇—為諡号	帝		935
	以天皇—為一号	帝		940
おまたの	小俣社	神	③	140
おまたむ	小俣村	地	①	457
おまもり	御守	神	②	912
	「まもり守」も見よ			
おまわり	御まはり(菜)	飲		153
おみ	臣	姓		46
	—	姓		110
	—	官	①	12
おみ	小忌	神	①	1486
	神今食祭—	神	②	195
	—王卿	神	②	228
おみ	小忌(斎服)	服		127
	—	神	①	1543
	—著用図	神	①	1556
	舞人用小忌衣	楽	①	641
	「あおずり青摺袍」も見よ			
おみ	使主	姓		46
	—	姓		131
おみがわ	小見川藩	地	①	1081
おみそう	おみそう(雑炊)	飲		472
おみどこ	小忌所	神	①	996
おみどの	小忌殿	官	①	298
おみな	おみな(老女)	人	①	95

おみな	をみな(女)	人	①	24
	「おんな女」も見よ			
おみなえ	女郎花	植	②	652
おみなえ	女郎花合	遊		281
おみなえ	女郎花唐衣	服		923
おみなえ	女郎花下襲	服		344
おみのみ	小忌御湯	神	①	1207
おみのむ	麻績連	神	③	508
おみはた	麻績機殿	神	③	524
おむら	おむら(鰯)	動		1420
おむろご	御室御所	宗	③	845
おむろや	御室焼	産	①	720
おめあし	おめあし(樋)	方		1214
おめいく	御影供	宗	②	222
おめきぐ	をめきぐさ(莫蓎)	植	②	541
おめぐり	御めぐり(菜)	飲		153
おめして	御召鉄砲同心	官	③	1214
おめでた	御目出度事祝	歳		1280
おめみえ	御目見			
	「めみえ目見」を見よ			
おめむし	おめむし(䗪虫)	動		1199
おも	おも(母)	人	①	141
おも	おも(乳母)	人	①	278
おもい	おもひ(喪)	礼	②	580
おもいか	思兼神	人	①	1242
おもいざ	思ひざし(勧盃)	礼	①	245
おもいど	思ひどり(酒盃)	礼	①	245
おもいね	思ひ寝の夢	人	①	804
おもいの	御井神	神	①	913
おもうく	おもふくら(豊下)	人	①	332
おもうど	思ふどち	人	②	397
おもがい	当面(馬具)	兵		2036
おもがく	をもがく(尊楽)	楽	①	42
おもかげ	おもかげ(俤)	人	①	327
おもだか	沢瀉	植	①	946
おもだか	沢瀉威	兵		1799
おもだか	沢瀉鎧	兵		1849
おもちゃ	おもちや(玩具)	遊		1245
おもづき	思付(盲人)	人	②	943
おもづら	韁頭(馬具)	兵		2054
おもて	表(衣服)	服		37
おもて	面(顔)	人	①	326
おもてか	表開帳	宗	③	350
おもてこ	表高家	官	③	305
おもてご	表小性	官	③	753
おもてだ	表台所頭	官	③	912
おもてだ	表大名	官	③	1675
おもてづ	表使	官	③	834
おもてば	表番医師	官	③	871
おもてひ	表火之番	官	③	367
おもてぼ	表坊主	官	③	933
おもてみ	表店組	産	②	438
おもてみ	表御堂	宗	④	93
おもても	表門			
	附家紋於—	居		825
	—屋根設金造虎形	居		855
	葬礼忌出—	礼	②	164
おもてゆ	表右筆	官	③	250
おもと	をもと(魚)	動		1335
おもと	万年青	植	①	1077
	—の前おき(挿花)	遊		837
おもとひ	おもとひと(侍従)	官	①	697
おもとも	おもとまふちぎみ	官	①	697
おもにに	重荷に小附	人	①	912
おもねる	おもねる	人	②	669
おもの	飯	飲		349
おものが	雄物川	地	③	1183
おものさ	御物沙汰衆	官	②	784
おものな	御物長持奉行	官	②	1240
おものぶ	御物奉行	官	②	1240
おもはは	おもははくそ(面黒子)	方		1265
おもほで	おもほでり(慍色)	人	①	737
おもめ	重目	称		112
おもら	母良	神	②	1511
	—	神	③	864
おもり	おもり(釣鉤錘)	産	①	374
おもりず	おもり頭巾	服		1246
おもりぼ	おもり帽子	服		1226
おや	祖	人	①	121
	—	人	①	138
おや	親	人	①	133
	「ふぼ父母」も見よ			
おやけの	少宅里	地	②	530
おやこ	親子			
	—負物	政	④	670
	—訴訟	法	①	1033
	—間訴訟	法	③	477
おやごろ	親殺	法	②	833
	—	法	②	33
おやざと	親里	地	①	93
おやじ	親父	人	①	133
おやしら	親しらず子しらず	地	③	13
おやしろ	親代	人	①	133

おやた	親田	産	①	44
おやま	をやま	人	②	838
	「ゆうじょ遊女」も見よ			
おやまう	小山氏	官	②	1315
おやまだ	小山田組	兵		455
おやまだ	小山田与清	文	③	388
おやまだ	小山田荘	地	①	907
おやまの	小山荘	地	②	58
おやまの	小山墓	帝		1559
おやむか	親迎(婚姻)	礼	①	976
おやむら	親村	地	①	96
おやゆび	拇指	人	①	480
およぐ	泳	人	①	1006
およずれ	およづれごと(妖言)	人	①	857
および	指	人	①	478
およびぬ	およびぬき(鉻)	産	②	51
およる	およる(寝)	人	①	964
おらぶ	おらぶ(叫)	人	①	865
おらんだ	和蘭【篇】	外		1275
	—留学	外		56
	—貿易	産	②	736
	—買渡銅定高	金		159
おらんだ	和蘭学所	文	②	1039
おらんだ	おらんだ縞	産	②	177
おらんだ	阿蘭陀人			
	—年始参賀幕府	歳		722
	—墓	礼	②	1125
おらんだ	おらんだ草	植	②	856
おり	折(食器)	器	①	293
おりあげ	折上天井	居		1124
おりいの	おりゐのみかど	帝		792
	「だじょう太上天皇」も見よ			
おりいろ	織色	産	②	21
おりえぼ	折烏帽子	服		1179
	—名所	服		1169
おりかえ	折返(租法)	政	④	164
おりがね	折金(刀剣)	兵		1443
おりがみ	折紙			
	進物—	人	②	471
	太刀—	兵		1486
	巻籠—於消息中	文	①	485
おりかり	織狩衣	服		465
おりく	折句(俳諧)	文	①	1286
おりくう	折句歌	文	①	548
	以—為歌合判詞	文	②	47
おりけい	折界【併入】	文	③	1252
おりこ	織子	産	②	13
おりごも	折薦	器	②	36
おりごも	折薦茵	器	②	111
おりごも	折薦帖	器	②	64
おりしり	織鞦	兵		2033
おりすけ	折助膳	器	①	144
おりすじ	織筋	産	②	28
おりて	織手	産	②	12
おりど	織戸	居		1215
おりな	下名	政	①	793
おりのも	折物	飲		274
おりばこ	織筥	器	①	679
おりはし	折端(俳諧)	文	①	1212
おりばし	折箸	器	①	98
おりはた	織紝【篇】	産	②	1
おりびつ	折櫃	器	①	167
	祭祀用—	神	②	1239
おりふば	折文匣	文	③	1420
おりべさ	織部盃	器	①	231
おりべの	織部正	官	①	972
おりべの	織部司【篇】	官	①	970
	—祭神	神	①	866
おりべの	織部乗物	器	②	1021
おりべや	織部焼	産	①	714
	—	産	①	746
おりべり	織部流(茶道)	遊		597
おりほん	折本	文	③	511
おりまつ	折松	器	②	336
おりむし	折席	器	②	19
おりむし	織席	器	②	13
おりもの	織物	産	②	21
	—	産	②	1
	—	服		46
おりもの	織物袿	服		395
おりもの	織物唐衣	服		910
おりもの	織物鞍覆	兵		1985
おりもの	織物下襲	服		333
おりもの	織物直衣	服		307
おりもの	織物細長	服		513
おる	居	人	①	978
おれ	おれ(他称)	人	①	15
おれ	おれ(自称)	人	①	6
おろか	愚【併入】	人	①	1285
おろかお	おろかおひ(穭)	植	①	792
おろし	餕	飲		68
おろしじ	おろし汁	飲		180
おろしの	於路志之馬	動		84
おろしも	おろしもののつかさ			

	（監物）	官	①	733
おろしも	下物職	官	①	733
おろしゃ	おろしや	外		1456
おろせ	卸（駕籠舁）	器	②	1042
おろち	をろち	動		1018
	「へび蛇」も見よ			
おろめう	をろめうじ（虫）	動		1092
おわりう	尾張氏			
	―氏神	神	①	678
	―世襲熱田大宮司	神	④	337
	―世襲熱田大宮司	神	②	1565
おわりが	尾張笠	器	②	410
おわりけ	尾張家	官	③	1668
おわりこ	尾張公	封		60
おわりし	尾張真珠	動		1622
おわりだ	尾張大神社	神	④	328
おわりの	尾張守傔仗	封		364
おわりの	尾張国【篇】	地	①	487
	―開墾	政	③	1199
	配流―	法	①	191
	―金貨	泉		288
	―大根	植	②	52
おわりの	尾張国内神名帳	神	①	127
おわりの	尾張国造	地	①	496
おわりの	尾張の五葉木	産	①	106
おわりの	尾張宿禰	地	①	488
おわりの	尾張連浜主	人	①	673
おん	音（字音）	文	①	43
	天皇追号之後字―読	帝		945
おん	恩			
	報―【篇】	人	②	483
	報怨以―	人	②	498
おん	御（敬語）	文	①	423
おんい	蔭位	政	①	1002
おんいち	御一字			
	元服加冠之時賜―	官	③	1729
	元服加冠之時賜―	礼	①	811
	元服加冠之時賜―	姓		641
おんいで	御出奉行			
	鎌倉幕府―	官	②	818
	足利氏―	官	②	1238
おんいん	音韻【篇】	文	①	43
おんえし	御絵師	文	③	795
おんかぎ	御鎰奏	官	①	735
	―	政	①	29
おんがく	音楽	楽	①	3
	上代殯時為―	礼	②	125
	由地震停―	地	③	1413
	元日節会停―	歳		497
	朝覲行幸停―	帝		706
	大嘗祭禁―	神	①	1171
	決死罪日雅楽寮停―	法	①	228
	諒闇禁―	礼	②	397
	依崩薨等停―	礼	②	540
	国忌日禁―	礼	②	1257
おんがご	遠賀郡	地	②	940
おんかん	温官	官	①	232
おんぎょ	隠形算	文	③	622
おんぎょ	音曲	楽	①	35
おんくん	音訓	文	③	300
	―両読	文	③	280
おんこう	恩降	法	①	542
おんこう	飲光	宗	②	632
	―通悉曇	文	②	993
おんごく	遠国職			
	鎌倉幕府―【篇】	官	②	835
	足利氏―【併入】	官	②	1317
おんごく	遠国非人手下	法	②	490
おんごく	遠国奉行【篇】	官	③	1377
	―裁判	法	③	839
おんごく	遠国役人			
	―切米渡方	封		419
	―拝借金	政	④	578
おんこど	温古堂	文	②	678
	―授業規則	文	②	1213
	―入学規	文	③	9
	―試験	文	③	169
おんこよ	御暦奏	方		408
	―	歳		463
おんこり	温故流（槍術）	武		72
おんざ	穏座	礼	①	229
	列見―	政	①	1182
	釈奠―	文	②	1359
おんざき	おんざき（神）	礼	②	1327
おんざん	音山（大鼓）	楽	②	1063
おんし	御師			
	「おし御師」を見よ			
おんし	蔭子	政	①	1003
	―鐲免	政	②	983
おんじ	遠志（草）	植	②	332
おんしつ	温室	居		669
	植物―栽培	植	①	48

おんしゃ	恩赦	法	①	508
おんじゃ	温石	方		988
	―	金		277
おんしゅ	隠州	地	②	499
	「おきのく隠岐国」も見よ			
おんしゅ	隠首括出	政	②	15
おんしゅ	隠首帳	政	②	233
おんじゅ	飲酒楽(大食調)	楽	①	456
おんじょ	音声(楽舞)	楽	①	7
おんしょ	恩賞方			
	建武年間―	官	②	640
	足利氏―	官	②	1185
おんしょ	恩賞下文	政	③	69
おんじょ	園城寺【篇】	宗	④	599
	―鎮守神	神	①	807
	―衆徒横暴	神	④	689
	後白河法皇於―欲受灌頂	宗	②	418
	―欲建戒壇不成	宗	②	650
	南禅寺与―確執	宗	③	661
	―長吏	宗	②	976
	―鐘	宗	②	1111
	於三井寺修法華十講	宗	②	95
	三井寺僧兵	兵		287
おんしょ	恩賞奉行	官	②	1185
おんしょ	温職	官	①	232
おんしん	蔭親	法	①	48
おんせん	温泉【篇】	地	③	1033
	―御幸	帝		751
	―御幸	帝		774
	請假赴―	政	①	1153
	請假赴―	政	③	457
おんせん	温泉嶽	地	③	880
おんせん	温泉嶽温泉	地	③	1098
おんぞ	御衣	服		6
おんそう	音奏	礼	②	398
	廃朝停―	政	①	185
	諒闇停―	礼	②	397
	諒闇停―	礼	②	543
おんそつ	恩率	外		181
おんそん	蔭孫	政	①	1003
おんだお	御田扇	服		1321
おんたく	恩沢奉行	官	②	787
おんたけ	御嶽(信濃)	地	③	812
おんたら	御多羅枝(弓)	兵		1530
おんだら	御弓奏	歳		977
おんち	隠地	政	③	1247
おんちか	温知館	文	②	1290
おんちご	隠地郡	地	②	505
おんちゅ	御中(書翰語)	文	①	439
おんつつ	御慎			
	依―改元	歳		277
	依公家―赦宥	法	①	520
おんてき	怨敵降服守札	神	②	930
おんでん	隠田【篇】	政	②	362
	―【篇】	政	③	1246
おんど	音土	産	①	17
おんど	音頭(笛)	楽	②	542
おんど	音頭(木遣)	楽	②	418
おんとく	御読書始	文	③	242
おんどの	隠戸の瀬戸	地	③	1270
おんな	女	人	①	23
	―兵【篇】	兵		312
	欠所―手形証文	地	③	630
	―為禰宜	神	②	1489
	―為国造	官	①	160
	―流人	法	②	263
	―変男	人	①	618
	力―	人	②	127
	―商	産	②	710
	男―通用之服	服		377
	男―入込湯停止	居		685
	婦人位田	封		102
	婦人資人	封		352
	婦人辞官表	政	①	391
	婦人為養子女	政	③	804
	婦人犯罪	法	①	35
	婦人配流	法	①	191
	婦人死刑	法	①	257
	婦人囚禁	法	①	490
	婦人流罪	法	①	798
	婦人犯罪	法	②	25
	婦人死罪	法	②	146
	婦人獄門	法	②	210
	婦人磔刑	法	②	218
	婦人火罪	法	②	249
	婦人遠島	法	②	286
	婦人追放	法	②	374
	婦人入墨	法	②	460
	婦人敲刑	法	②	482
	婦人博奕処刑	法	③	48
	婦人入牢	法	③	224
	婦人訴状	法	③	588

	婦人拷問	法	③	980
	婦人用長刀	武		95
	婦人騎馬	武		770
	婦人善歌	文	①	879
	路頭遇婦人礼	礼	①	208
	婦人凶服	礼	②	996
	有髭婦人	人	①	602
	嫌婦人	人	①	767
	婦人為復讐	人	②	509
	婦人為盗	人	②	815
	婦人賜姓	姓		225
	婦人名	姓		771
	婦人著水干	服		507
	婦人服飾総載【篇】	服		827
	婦人殺狼	動		436
	行軍従婦女	兵		318
	婦女贈位	官	①	273
	以婦女補地頭	官	②	1019
	婦女位封	封		47
	婦女位禄	封		138
	婦女季禄	封		158
	婦女位記	官	③	1898
	女子花押	政	①	585
	遺産女子得分	政	②	119
	女子蠲免	政	②	987
	女子相続	政	③	714
	女子著袴	礼	①	590
	女子結髪風	人	①	539
	女子結髪図	人	①	545
	女子著細長	服		517
おんな	嫗	人	①	95
おんない	女一宮	帝		1413
おんない	女隠居	政	③	858
おんなえ	女絵	文	③	892
おんなお	女帯	服		810
おんなが	女笠	器	②	415
おんなが	女傘	器	②	451
おんなか	おんなかづら(芎藭)	植	②	417
おんなが	女形(役者)	楽	②	156
おんなか	女歌舞伎	楽	②	7
おんなか	女髪結	人	①	591
おんなぐ	女鞍	兵		1940
おんなげ	女芸者	人	②	932
おんなこ	女戸主後見	政	③	868
おんなさ	女猿楽	楽	①	925
おんなし	女芝居	楽	②	9
おんなじ	女島	地	③	1346
おんなじ	女順礼	政	③	923
おんなじ	女叙位	政	①	1477
	—	政	①	1513
	大嘗祭行—	神	①	1570
おんなじ	女浄瑠璃	楽	②	250
おんなせ	女節分	歳		1387
おんなだ	女竹(川竹)	植	①	684
おんなだ	女溜	法	③	324
おんなだ	女太夫	政	③	911
おんなで	女手	文	①	20
おんなと	女踏歌	楽	①	258
	—	歳		1013
	—図	楽	①	262
おんなの	女能	楽	①	925
おんなの	女能(田楽)	楽	①	712
おんなの	女袍	服		931
おんなの	女乗物	器	②	1025
おんなひ	女非人	政	③	895
おんなま	女舞	楽	②	462
おんなめ	をんなめ(妾)	人	①	161
おんなゆ	女湯	居		681
おんなろ	女牢	法	③	188
おんなろ	女六尺	器	②	1037
おんば	穏婆	方		732
おんはか	音博士	文	②	975
おんはた	隠畠	政	③	1247
おんはん	温飯	飲		371
おんびん	音便	文	①	139
おんぷ	音譜			
	「きょくふ曲譜」を見よ			
おんぼう	おんばう(熅房)	政	③	913
	—	礼	②	387
おんぼう	御坊薬	方		1090
おんぼつ	隠没田	政	②	362
おんまの	御馬奏	武		814
おんまべ	御馬別当	官	③	959
おんまも	御護剣	帝		156
おんみょ	おんみやうじ(陰陽師)	方		9
おんめい	温明殿			
	「うんめい温明殿」を見よ			
おんめん	恩免	法	①	964
おんもの	おんもの射(馳射)	武		575
おんよう	陰陽師	方		8
	陰陽寮—	方		3
	—勘日蝕	天		50
	—年始参賀幕府	歳		656

—行追儺 歳 1370
—奉仕招魂祭 神 ② 539
—奉仕四角四境祭 神 ② 557
—行六月祓 神 ② 765
弾左衛門支配— 政 ③ 883
—書札礼 文 ① 433
—元服叙位 礼 ① 821
問葬礼日次等事於
— 礼 ② 142
おんよう 陰陽地鎮曲(楽曲) 楽 ① 367
おんよう 陰陽道【篇】 方 1
おんよう 陰陽頭 方 3
おんよう 陰陽博士 方 3
おんよう 陰陽寮 方 2
おんる 遠流 法 ① 169
おんる 遠流 法 ① 769
— 法 ② 288

か

か か(鹿) 動 309
か 日 歳 45
か 化(死) 人 ① 646
か 火(隊伍) 兵 371
か 禾 植 ① 863
か 可
詔書画—字 政 ① 220
論奏画—字 政 ① 406
か 加(律文用語) 法 ① 4
か 枷(囚禁具) 法 ① 485
か 蚊 動 1144
か 家(戸) 政 ② 42
か 舸 器 ② 662
か 假 政 ① 1145
「きゅうか休假」も見よ
か 靴 服 1384
か 窠(綾文様) 産 ② 263
か 騢 動 90
か 騧 動 98
が 画
「かいが絵画」を見よ
が 蛾 動 1103
が 鵝 動 582
かあごお 香阿郡 地 ② 129
かあん 果安(逸年号) 歳 344
かい 介【篇】 動 1577
かい 貝 動 1613
蒔絵用— 産 ① 828
以—為盃 器 ① 234
かい 峡 地 ③ 710
かい 胲 人 ① 334
かい 匙 器 ① 109
饗礼立箸匕 礼 ① 285
かい 械 法 ① 487
かい 穎 植 ① 800
禁田租徴— 政 ② 609
かい 櫂 器 ② 696
かい 顪 人 ① 321
がい 蓋 器 ② 427
かいあわ 貝合 遊 288
—用蛤蜊貝殻 動 1636
かいあん 海晏寺【篇】 宗 ④ 455
がいあん 外安殿 居 139
かいい 怪異
依—改元 歳 277
禳— 神 ② 893
「さいい災異」も見よ
かいいも 会意文字 文 ① 9
かいいん 改印 政 ③ 307
がいいん 外院(的) 武 233
かいいん 海印寺【篇】 宗 ③ 779
—年分度者 宗 ② 578
かいうた 甲斐歌 楽 ① 234
かいえき 改易 法 ① 823
— 法 ① 846
—【篇】 法 ② 601
がいえた 外衛大将 官 ① 1443
がいえち 外衛中将 官 ① 1443
がいえふ 外衛府【附】 官 ① 1442
— 官 ① 1314
かいおお 貝覆 遊 292
かいおけ 貝桶 遊 291
婚礼用— 礼 ① 1128
婚礼—請取渡 礼 ① 1011
婚礼—請取渡役人 礼 ① 1167
かいおん 開音 文 ① 66
かいか 改嫁 礼 ① 1295
—妻妾不得亡夫遺
財 政 ② 123
かいが 絵画【篇】 文 ③ 787
朝覲行幸絵 帝 724

	扇流の絵	服		1354
	徳川柳営座敷之絵	居		365
	書画于天井	居		1127
	書画于壁	居		1147
	書—帖【併入】	文	③	991
	書—会【併入】	文	③	995
	書画用書案	文	③	1444
	狐狸為書画	動		392
がいか	凱歌	兵		594
かいがい	海外	外		2
かいがた	かいがた(矢羽)	兵		1588
かいかて	開化天皇	帝		3
かいがね	かいがね(胛)	人	①	413
かいがね	加比加禰(風俗歌)	楽	①	237
かいがね	甲斐之嶺	地	③	764
かいがら	貝殻	動		1619
かいがら	かいがら骨	人	①	413
かいき	かいき(舶来絹)	産	②	226
がいき	外規(的)	武		233
がいき	咳気	方		1358
かいきし	開基勝宝(金銭)	泉		18
かいきゅ	懐旧【篇】	人	②	456
がいきゅ	外舅	人	①	148
かいきょ	海鏡(貝)	動		1642
かいぎょ	戒行	宗	②	608
かいきん	皆勤	政	③	427
かいぐ	皆具			
	鞍馬具—	兵		2061
	直垂—	服		570
	大紋—	服		575
	素襖—	服		594
かいくら	貝鞍	兵		1964
かいぐん	海軍	兵		1156
	「すいぐん水軍」も見よ			
かいぐん	海軍教授所	武		15
かいぐん	海軍所支配組頭	官	③	1648
かいぐん	海軍所頭取	官	③	1648
かいぐん	海軍所取調役	官	③	1650
かいぐん	海軍所役人	官	③	1647
かいぐん	海軍総裁	官	③	1606
かいぐん	海軍奉行	官	③	1636
かいげ	搔器	器	①	577
かいけい	会計【篇】	政	③	971
かいけい	会計総裁	官	③	184
かいけん	懐剣	兵		1387
かいげん	改元	歳		273
	依—授神階	神	①	323
	—後政始	政	①	140
	—後吉書	政	①	153
	—吉書始	政	③	6
	依—赦宥	法	①	510
	依—赦宥	法	①	959
	依—赦宥	法	③	384
	諒闇中—	礼	②	564
かいげん	開眼	宗	①	195
かいげん	開関	地	③	663
かいげん	改元定	歳		291
	—服者出仕有無	礼	②	878
かいげん	甲斐源氏	姓		293
かいげん	改元伝奏	官	①	679
かいこ	かひこ(卵)	動		513
かいこ	蚕	動		1100
	養—【篇】	産	①	331
	以—糞為肥料	産	①	129
かいご	悔悟【篇】	人	②	286
	盗賊—	人	②	819
がいこ	外姑	人	①	148
かいこう	かひかう(甲香)	動		1619
かいこう	開港	外		21
	—	地	③	564
かいこう	開闔			
	摂関大臣家文殿—	官	①	1280
	記録所—	官	②	318
	御書所—	官	②	338
	内御書所—	官	②	341
	足利氏政所—	官	②	1107
	足利氏引付—	官	②	1136
	足利氏侍所—	官	②	1159
	地方—	官	②	1173
	神宮—	官	②	1206
	和歌所—	文	②	277
かいこう	甲斐公	封		60
がいこう	外交意見	政	③	219
	—	政	③	265
かいごう	開合音	文	①	66
がいこう	外交総載【篇】	外		1
かいこう	開闔代(足利氏引付)	官	②	1136
かいこう	開港場	産	②	740
かいこく	開国	外		21
がいこく	外国	外		1
	金銀出—	泉		305
	輸兵器於—	兵		1289
	伝書籍於—	文	③	421
	以—名為地名	地	①	41

	以―名為姓	姓		158
	以―名為人名	姓		659
	―渡来植物	植	①	59
	没落外蕃	外		17
	没落外蕃	政	②	71
	外蕃没落者蠲免	政	②	989
がいこく	外国医師	方		749
がいこく	外国楽	楽	①	13
がいこく	外国金銀	泉		299
がいこく	外国軍艦	兵		1158
がいこく	外国語学【篇】	文	②	959
がいこく	外国御用出役	官	③	1628
がいこく	外国使			
	―送迎祭	神	②	621
	―贈位	官	①	259
	路頭遇―礼	礼	①	167
	賜朝服於―	服		177
がいこく	外国事務総裁	官	③	184
かいこく	廻国修行	政	③	495
がいこく	外国人	外		3
	―年始参賀	歳		722
	―犯罪	法	①	30
	―怠状	法	①	339
	―死罪	法	①	715
	―梟首	法	②	202
	―詠和歌	文	①	764
	―墓	礼	②	1124
	外国工人渡来	産	②	3
	外国工人渡来	産	②	41
	「ばんきゃ蕃客」も見よ			
がいこく	外国船			
	討―	外		1201
	輸入―	兵		1244
がいこく	外国銭	泉		46
がいこく	外国僧	宗	②	529
	―遊学	宗	②	453
かいこく	廻国納経	宗	③	312
かいこく	廻国配札	宗	①	1060
がいこく	外国奉行	官	③	1652
がいこく	外国奉行並	官	③	1655
がいこく	外国貿易	産	②	725
がいこく	外国暦	方		419
かいこつ	廻忽(楽曲)	楽	①	425
かいこの	蚕神	産	①	333
かいこん	開墾【篇】	政	③	1179
	―	政	②	337
	小笠原島開拓	地	①	681
	蝦夷開拓	地	②	1286
	田畑開発	政	③	1180
	沼池開発訴訟	法	③	666
かいさい	海西郡(尾張)	地	①	500
かいさい	海西郡(美濃)	地	①	1264
かいさん	開山堂	宗	③	87
	高台寺―	宗	③	636
	「みえいど御影堂」も見よ			
かいし	改戸	姓		256
かいし	戒師	宗	②	660
かいし	海市	天		320
かいし	開市	産	②	741
かいし	懐紙【附】	文	③	1262
	和歌―	文	②	122
	和歌―書法	文	②	190
	俳諧―	文	①	1400
	続歌―	文	②	185
	詩―	文	②	646
がいし	外史	官	①	457
かいしき	改敷	飲		339
がいしき	外職事	官	③	1817
かいじつ	晦日	歳		56
	「つごもり晦日」も見よ			
かいしの	かひしのぎの太刀	兵		1310
かいしば	懐紙箱【併入】	文	③	1406
かいしめ	買占	産	②	344
かいじゃ	貝杓子	器	①	112
かいしゃ	介錯人	法	①	721
	―	法	②	168
かいじゅ	廻授(勲位)	官	③	1837
かいしゅ	改宗			
	仏教徒―	宗	③	50
	仏教徒―	宗	③	63
	耶蘇教徒―	宗	④	1232
かいしょ	会所	居		625
	銀札―	泉		440
	御用米―	産	②	546
	蝦夷―	地	②	1308
	蝦夷産物―	産	②	323
	長崎―	産	②	838
かいしょ	楷書	文	③	775
かいじょ	廻叙	政	①	1488
かいじょ	廻状	政	③	132
かいしょ	会昌門	居		249
かいしょ	会所斗	称		93
かいしり	皆私領	地	②	591
かいしろ	垣代	器	①	759

がいじん	艾人	歳		1180
がいじん	外人			
	「がいこく外国人」を見よ			
かいず	海図	地	①	121
かいすり	貝磨	産	①	828
かいせい	改姓	姓		241
	—	姓		336
	—	姓		236
かいせい	開成(僧)	帝		1471
	—創勝尾寺	宗	④	105
がいせい	外甥	人	①	265
かいせい	開成館	文	②	1047
かいせい	開成所	文	②	1037
がいせい	外甥母	人	①	261
かいせい	海青楽	楽	①	486
かいせき	懐石(会席)	遊		446
がいせき	外戚	人	①	108
	天皇—【篇】	帝		1511
	天皇為—服	礼	②	506
かいせき	会席料理	飲		113
かいせん	廻船	政	④	1392
がいせん	凱旋	兵		594
かいせん	廻船問屋	産	②	409
かいせん	海仙楽	楽	①	486
かいせん	廻宣令旨	政	①	316
かいそう	会葬	礼	②	278
かいそう	改葬	礼	②	230
	大嘗祭忌—	神	①	1172
	—源空遺骨	宗	③	773
	—徳川家康	神	④	779
かいそう	海藻	植	②	877
	以—為神饌	神	②	1171
がいそう	咳嗽	方		804
かいぞう	海蔵院	宗	③	959
かいそう	改葬假	政	①	1156
	—	礼	②	839
かいそう	海藻根	植	②	888
かいそう	改葬穢	神	②	796
かいぞえ	介添			
	笠懸—	武		566
	犬追物—	武		664
かいぞく	海賊	人	②	806
	—	法	①	872
	—	法	②	707
	—追捕	法	①	466
	新羅—	外		144
かいぞく	海賊(兵船)	兵		1240
かいぞく	海賊衆	兵		1183
	—	兵		1224
	—	官	②	1448
かいぞく	海賊大将	兵		1183
かいぞく	海賊丸(篳篥)	楽	②	974
がいそふ	外祖父母	人	①	130
	天皇為—服	礼	②	506
	為—服	礼	②	583
	為—服	礼	②	778
かいぞめ	買初	歳		901
がいそん	外孫	人	①	236
	—相続	政	③	708
かいたい	改替	法	①	846
かいだい	甲斐代官	官	③	1520
かいたい	貝大鼓役【篇】	官	③	1244
かいたい	海苔紙	文	③	1168
かいたい	解体新書	方		962
かいたく	開拓			
	「かいこん開墾」を見よ			
かいだん	戒壇	宗	②	642
かいだん	戒壇院	宗	②	643
	東大寺—	宗	③	1133
	延暦寺—	宗	④	568
かいだん	戒壇石	宗	③	107
かいちゃ	回茶	遊		531
がいちゅ	害虫	産	①	147
	—	植	①	46
かいちゅ	懐中鏡	器	①	360
かいちゅ	懐中合羽	器	②	496
かいちゅ	懐中鼻紙入	服		1365
かいちゅ	懐中蠟燭	器	②	265
かいちょ	戒牒	宗	②	666
かいちょ	開帳【篇】	宗	③	341
かいつぶ	かいつぶり(鳰)	動		601
かいつも	貝物	飲		263
かいてい	廻庭楽	楽	①	601
がいてつ	外姪	人	①	268
かいてん	改点(訓点)	文	③	297
がいてん	外転(音韻)	文	①	66
かいと	垣外(乞食)	政	③	921
かいとう	海島(算書)	文	③	552
かいどう	海道	地	③	56
かいどう	海棠	植	①	362
かいどう	街道	地	③	9
	—	地	③	59
かいとう	海東郡	地	①	500
かいどく	会読	文	③	202

かいとく 懐徳堂 文 ② 1325
かいとく 甲斐徳本 方 770
— 人 ② 35
徳本翁碑 礼 ② 1185
かいどり 搔取【併入】 服 1044
かいどり 飼鳥屋 産 ② 408
かいな かいな(藎草) 植 ① 933
かいな 肱 人 ① 455
かいにん 懐妊 礼 ① 321
—穢 神 ② 804
懐孕十二月 礼 ① 472
懐孕行啓 帝 782
大嘗祭忌妊者 神 ① 1178
依有妊者不奉幣 神 ③ 1602
妊婦犯罪 法 ① 35
妊婦犯罪 法 ② 25
妊婦拷訊 法 ① 613
妊婦拷訊 法 ③ 980
妊婦処刑 法 ② 210
妊婦家不造作 礼 ② 432
かいにん 海人草 植 ② 926
かいねり 搔練 産 ② 184
かいねり 皆練下襲 服 339
がいのう 艾納香 遊 313
かいのく 甲斐国【篇】 地 ① 689
—夷俘 人 ② 760
配流— 法 ② 289
—都留郡検地 政 ④ 33
—大切小切 政 ④ 299
—金貨 泉 272
八月七日節牽—御馬 地 ③ 987
—葡萄 植 ② 349
—山塩 飲 809
—石炭山 金 155
—水晶 金 226
—郡内絹 産 ② 213
—木綿 産 ② 169
かいのく 甲斐国造 地 ① 702
かいのし 甲斐白嶺 地 ③ 764
かいのた かひのたま(真珠) 動 1622
かいば 海馬(たつのおとしご) 動 1536
かいば 海馬(獣) 動 471
かいはい 廻杯楽 楽 ① 358
かいばら 貝原益軒
—好和歌而嫌詩 文 ② 603
—程朱学 文 ② 778
—訓点 文 ③ 293
—著書 文 ③ 476
—謙譲 人 ① 1224
—家訓 人 ② 200
かいばら 柏原墨 文 ③ 1370
かいはん 開版 文 ③ 1103
がいばん 外蕃 外 1
「がいこく外国」も見よ
かいひ 開扉 宗 ③ 343
かいひつ 界筆 文 ③ 1281
がいびょ 咳病 方 1358
かいひょ 海表之国 帝 306
かいふ 海夫 地 ③ 501
かいふう 懐風藻 文 ② 559
かいふぎ 開府儀同三司 官 ③ 1776
かいふく 海福寺【篇】 宗 ④ 424
かいふご 海部郡 地 ② 799
かいぶの かいぶのおりもの 産 ② 24
かいぶん 廻文 政 ③ 134
かいぶん 廻文歌 歳 892
— 文 ① 566
かいぶん 廻文詩 文 ② 465
かいぶん 廻文俳諧 文 ① 1202
かいぶん 廻文御教書 政 ③ 44
かいぶん 廻文連歌 文 ① 995
かいへい 開平(算術) 文 ③ 596
がいべん 外弁
「げべん外弁」を見よ
かいほ 改補 法 ① 846
神職— 神 ② 1477
地頭— 官 ② 1030
かいほう 開方(算術) 文 ③ 592
かいぼう 解剖 方 957
かいぼう 海防意見 政 ③ 253
かいほう 海北友松 文 ③ 823
かいほう 海北流(絵画) 文 ③ 823
かいほつ 開発
「かいこん開墾」を見よ
かいまい 廻米 政 ④ 249
— 政 ④ 1393
—津出浦浦道法及運賃 地 ③ 1309
大坂— 産 ② 533
かいまい 廻米積船請負人 政 ④ 1400
かいまき 搔巻 器 ② 195
かいみょ 戒名 礼 ② 299

かいめい	改名	姓		647
	避諱—	帝		1334
	憚同名—	官	③	275
	不輒聴百姓—	政	②	76
	部屋住倅—	政	③	695
かいめい	改名願	政	③	852
かいめい	開明門	居		264
かいめし	貝飯	飲		414
かいもの	買物使	官	③	1278
かいもの	買物奉行	官	③	897
かいもん	改紋	姓		515
かいもん	契聞(僧)	宗	②	497
かいもん	槐門(大臣)	官	①	404
がいもん	外門	居		220
かいもん	開聞嶽	地	③	889
かいや	皆矢(楊弓)	遊		192
かいやき	貝焼	飲		229
かいやく	貝役	官	③	1245
かいやぐ	かひやぐら(蜃気楼)	天		320
かいよう	懐孕			
	「かいにん懐妊」を見よ			
かいよう	甲斐様(書道)	文	③	677
かいらい	傀儡子	人	②	842
	—	政	③	883
	—	楽	②	1159
かいらき	かいらき(鰄)	動		1473
かいりく	海陸軍総奉行	官	③	1607
かいりつ	戒律【篇】	宗	②	607
かいりゅ	開立(算術)	文	③	596
かいりゅ	海竜王寺【篇】	宗	③	1246
かいりゅ	廻立殿	神	①	1076
	—	神	①	1199
	—図	神	①	1411
	—鋪設	神	①	1407
かいるで	かひるでのき(鶏冠木)	植	①	494
かいれい	回礼(年始)	歳		743
かいれき	改暦	方		321
かいろ	海路【併入】	地	③	1282
かいろ	懐炉	器	①	716
かいろう	廻廊	居		568
	神社—	神	①	565
	厳島神社—	神	④	1128
かいろく	かひろく(舥)	器	②	739
かいわじ	戒和上	宗	②	664
かいわれ	貝割菜	植	②	56
かいん	火印			
	捺—【併入】	法	②	467
	捺—	法	①	765
かいん	華音	文	②	964
	—の読	文	③	311
がいん	雅院	官	①	1167
かえ	柏	植	①	112
かえ	榧	植	①	132
かえい	嘉永	歳		268
かえいい	嘉永一朱銀	泉		427
かえいら	花栄楽	楽	①	578
かえきる	加役流	法	①	171
がえごし	駕柄輿	器	②	945
かえし	返し(歌)	文	①	713
かえしう	反歌	文	①	533
かえしう	返歌(大歌)	楽	①	146
かえしな	反名	文	①	62
かえしま	返祭	神	③	210
かえせん	替銭	産	②	485
かえで	鶏冠木	植	①	494
	植楓於蹴鞠場	遊		1059
かえなし	栢梨之勧盃	飲		744
かえりあ	かへりあるじ(還饗)	武		421
	相撲—	武		1071
かえりか	かへり感状	兵		946
かえりご	かへりごゑ(音楽)	楽	①	33
かえりだ	還立			
	賀茂祭使—	神	③	1052
	賀茂臨時祭—	神	③	1122
	石清水臨時祭—	神	③	1358
	春日祭—	神	④	119
かえりち	返忠	兵		677
	—	武		1245
かえりて	返点	文	③	277
かえる	孵	動		515
かえる	蝦蟇	動		1062
かえるご	かへるご(蝌斗)	動		1076
かえるま	蟇股	居		1002
かお	顔	人	①	324
	以扇隠—	服		1333
かおう	花押【附】	政	①	572
	—【附】	政	③	311
	以印代—	政	③	305
	印—併用	政	③	305
	狂歌師—	文	①	918
	大判小判書判	官	③	574
かおう	嘉応	歳		206
かおうお	賀王恩(楽曲)	楽	①	458

かおく	家屋	居		417
	宅地―売買交換	政	②	450
	―売買	政	③	1313
	以―為質	政	②	930
	以―為質	政	④	746
	没収―	法	②	612
かおどり	容鳥	動		970
かおのご	顔拭	器	①	640
かおばせ	かほばせ(顔)	人	①	324
かおみせ	顔見世	楽	②	88
かおん	仮蔭	政	①	1010
かおんい	花恩院	宗	③	467
かおんた	感恩多(楽曲)	楽	①	457
かか	かか(母)	人	①	140
かか	嬶(妻)	人	①	155
かか	果下(馬)	動		108
かか	嘉禾	植	①	873
かかい	加階	政	①	1464
	―	封		272
かがい	華蓋	器	②	427
かがい	嬥歌	楽	①	254
がかい	画会	文	③	995
かがいも	かがいも(蘿藦)	植	②	453
かかえい	抱入	官	③	75
かかえお	抱大銃	武		956
かかえお	抱帯	服		1067
かかえち	抱地	政	③	1257
	寺院―	宗	③	244
かかえづ	抱筒(大砲)	武		957
かかえひ	抱非人	政	③	904
かかえや	抱屋敷	政	③	1254
	寺院―	宗	③	244
かががさ	加賀笠	器	②	411
かがきぬ	加賀絹	産	②	219
かかく	家格【附】	姓		426
ががく	雅楽	楽	①	69
	「ぶがく舞楽」も見よ			
かがくか	歌学方	文	①	819
かがくし	下学集	文	①	185
ががくり	雅楽寮【篇】	官	①	841
かがごお	加賀郡(加賀)	地	②	269
かがごお	加賀郡(越前)	地	②	239
かかし	案山子	産	①	161
	―	産	①	68
かかせお	香香背男	神	①	30
かがぞめ	加賀染	産	①	854
かがちの	香賀地荘	官	②	992
かかと	踵	人	①	471
かがのく	加賀国【篇】	地	②	261
	―金銀貨	泉		288
かがのく	賀我国造	地	②	266
かがのち	加賀千代女	文	①	1384
かがぶし	加賀節	楽	②	392
かがふり	冠			
	「かんむり冠」を見よ			
かがみ	かがみ(白及)	植	①	1175
かがみ	かがみ(蘿摩)	植	②	452
かがみ	鏡	器	①	347
	以―為神体	神	①	190
	春日神社神―	神	④	79
	八尺―	帝		49
	服者元日見―哉否之事	礼	②	884
	―裏鋳付起請文	人	②	382
	帖紙付―	服		1368
かがみあ	鏡鐙	兵		1996
かがみい	鏡石	金		267
かがみう	鏡打	政	③	883
かがみか	かがみかけ(鏡台)	器	①	373
かがみぐ	かがみぐさ(白蘞)	植	②	354
かがみぐ	鏡轡	兵		2010
かがみぐ	鏡鞍	兵		1956
かがみご	各務郡	地	①	1260
かがみご	香美郡	地	②	900
かがみし	鏡師	器	①	367
かがみた	鏡立	器	①	378
かがみつ	鏡作部	官	①	109
かがみと	鏡磨	器	①	368
	―図	器	①	369
かがみの	鏡駅	地	①	1162
かがみの	加加美荘	地	①	727
かがみば	鏡筥	器	①	370
かがみび	鏡開	歳		915
かがみも	鏡餅	歳		842
	―	飲		560
かがみや	鏡山(近江)	地	③	744
かがみや	鏡山(豊前)	地	③	752
かがみや	鏡山復讐実説	法	②	901
かかり	懸(蹴鞠場)	遊		1059
かがり	篝	器	②	282
	―	産	①	328
かかりぜ	懸銭	政	④	428
かかりの	掛りの壺	遊		1059
かかりぶ	懸扶持	封		484

かかりむ	掛結	文	①	159
かがりや	篝屋守護	官	②	882
かかりゆ	かかり湯	居		705
かがわか	香川景樹	文	①	864
かがわご	香川郡	地	②	827
かがわゆ	香川行景	人	①	1193
かかん	加冠			
	「げんぷく元服」を見よ			
かかん	河漢	天		145
かかん	笳管	楽	②	965
ががん	鵝眼(銭)	泉		6
がかんせ	鵞管石	金		318
かかんぷ	火浣布【併入】	産	②	153
	以一作銀葉	遊		368
かき	柿	植	①	609
	血症禁食一実	方		1443
	一解酒毒	飲		797
	立政寺住持献大一			
	於徳川家康	宗	④	681
かき	蠣	動		1687
かき	垣墻	居		856
	宮城一	居		63
	毀一而出棺	礼	②	163
	露地一	遊		584
かき	嘉紀(逸年号)	歳		345
かぎ	鉤(釜)	遊		681
かぎ	鑰(鍵)			
	門戸一	居		1235
	関一	地	③	625
	大刀契櫃一	帝		89
	蔵人預御倉一匙	官	②	263
	盗一	法	①	369
	城門一	兵		1046
	不動倉鉤匙進請	政	②	1074
	牢屋鍵	法	③	210
かきあげ	掻上城	兵		1043
かきいれ	書入	政	④	630
	二重一	政	④	760
かきえこ	書絵小袖	服		1026
かきかえ	書替所	官	③	564
かきかえ	書替手代	官	③	564
かきかえ	書替奉行	官	③	563
かぎかず	かぎかづら(釣藤)	植	②	680
かきがね	かきがね(戸具)	居		1242
かきがら	蠣殻葺	居		1057
かききじ	柿雉	動		717
かききぎや	柿木役	政	④	435
かきざき	柿崎衆	兵		462
かきじろ	かき城	兵		1041
かきすえ	舁居屋形船	器	②	628
かきぞめ	書初	文	③	746
かきだい	かき鯛	飲		212
かきたつ	垣立(舟)	器	②	582
かきたて	搔楯	兵		2078
かきたて	かきたてぎ(燈榛)	器	②	229
かぎたば	嗅烟草	植	②	546
かきちょ	花卉鳥獣	文	③	883
かきつ	嘉吉	歳		240
かきつば	かきつばた(杜若)	植	①	1127
かきつば	かきつばな(由跋)	植	①	968
かきつも	かきつも(紫菜)	植	②	902
かきどお	かきとほし(積雪草)	植	②	424
かきどお	籬通(草)	植	②	512
かきとめ	書留(書翰)	文	①	437
かきのす	蠣吸物	飲		190
かきのた	かきのたみ(部曲)	官	①	129
かきのひ	柿直垂	服		549
かきのも	柿本社			
	一神階	神	①	312
	一位記	神	①	334
	人丸社神階	神	①	337
かきのも	柿本衆(連歌師)	文	①	952
かきのも	柿本人麿	文	①	840
	一別妻歌	人	②	424
	一影像	礼	②	1245
	一像	文	②	175
	一像	文	③	891
	一影供歌合	文	②	87
	一影供歌会	文	②	175
かきはん	書判	政	①	572
	「かおう花押」も見よ			
かきべ	かきべ(民部)	官	①	129
かきもの	かき物聞(斥候)	兵		330
かきもん	嘉喜門	居		259
かきや	垣屋	居		64
かきやく	書役			
	町代一	官	③	451
	自身番一	政	③	1363
	橋番一	地	③	141
かぎやく	鎰役(税)	政	④	451
かぎやく	鎰役(役名)			
	牢屋一	法	③	205
	溜一	法	③	326
かぎやり	鎰鑓	兵		1514

かぎゅう 火牛之計 兵 143
かきょう 嘉慶 歳 238
がきょう 画経 宗 ① 314
がぎょう 瓦経 宗 ① 308
かぎょう 家業取放【併入】 法 ② 636
かきょく 歌曲 楽 ① 34
かきょく 河曲子(楽曲) 楽 ① 364
かきりょ 牡蠣料理 飲 115
かぎん 花銀 外 1324
がきん 雅琴 楽 ② 605
かく かく(鐙) 兵 1993
かく 角(笛) 兵 2150
かく 画
　「ごかく御画」を見よ
かく 画(文字) 文 ① 3
かく 核 植 ① 21
かく 搔(奏楽) 楽 ② 541
かく 槨 礼 ② 357
　―図 礼 ② 365
かぐ 家具
　「かじゅう家什具」を見よ
がく 楽
　「おんがく音楽」を見よ
がく 額
　―書法 文 ③ 683
　神社― 神 ① 592
　大極殿― 居 138
　宮城門― 居 216
　大嘗祭斎場所― 神 ① 1053
　寺院― 宗 ③ 131
　円覚寺― 宗 ④ 292
　御大葬山頭荒垣四
　門― 礼 ② 343
　茶室― 遊 561
かくあ 覚阿 宗 ② 485
がくあん 額安寺【篇】 宗 ③ 1293
がくいち 額壱分 泉 206
かくいつ 膈噎 方 807
かくうん 革運 方 83
がくえん 鰐淵寺【篇】 宗 ④ 880
かくがい 格外(俳諧) 文 ① 1226
かくかの 覚賀鳥 動 956
がくぎょ 学業院 文 ② 1080
かくげん 覚彦 宗 ② 632
　―創霊雲寺 宗 ④ 378
かくご 恪勤 人 ② 41
かくご 恪勤(職名)
　鎌倉幕府― 官 ② 830
　足利氏― 官 ② 1263
かくご 格五【併入】 遊 119
かくさい 郭塞翁 人 ① 670
かくさつ 挌殺 法 ① 240
かくし 格詩 文 ② 459
かくし 骼胔 礼 ② 229
がくし 学士(東宮) 官 ① 1168
がくし 楽師
　雅楽寮― 官 ① 842
　鼓吹司― 官 ① 927
かくしだ 隠題
　―歌 文 ① 556
　―連歌 文 ① 994
　―俳諧 文 ① 1202
かくじつ 隔日勤 官 ③ 129
かくしつ 鶴膝病(詩) 文 ② 525
かくしつ 鶴膝病(疾病) 帝 1350
かくしっ 鶴膝風 方 1215
かくして 隠点 文 ③ 272
かくしと 隠富 法 ③ 75
かくしば 隠売女 人 ② 906
　「いんばい隠売女」も見よ
がくしゅ 学習院【篇】 文 ② 1119
　―釈奠 文 ② 1414
がくしゅ 学習院伝奏 官 ① 677
がくしゅ 学習館(壬生藩) 文 ② 1282
がくしゅ 学習館(杵築藩) 文 ② 1290
がくしゅ 学習館(高岡藩) 文 ② 1280
がくしゅ 学習館(佐土原藩) 文 ② 1291
がくしゅ 学習館(和歌山藩) 文 ② 1288
　―試験 文 ③ 174
がくしゅ 学習所 文 ② 1119
がくしゅ 学習堂(山口藩) 文 ② 1288
がくしゅ 学習堂(伊勢崎藩) 文 ② 1282
かくじゅ 角術(算術) 文 ③ 614
がくしょ 楽所【篇】 官 ① 857
がくしょ 楽書 楽 ① 119
かくじょ 覚盛 宗 ① 489
　―諡大悲菩薩 宗 ② 816
がくしょ 学生 文 ③ 29
　大学― 文 ② 1064
　国学― 文 ② 1079
　勧学院― 文 ② 1299
　釈奠―見参 文 ② 1379
　―遇喪 礼 ② 661
がくしょ 楽生 官 ① 849

がくしょ　学生假　政 ① 1152
がくしょ　学匠山籠阿闍梨　宗 ② 920
がくしょ　学生帳　政 ② 233
がくしょ　楽所始　官 ① 859
がくしょ　楽所別当　官 ① 858
かくしん　覚心(僧)　宗 ① 797
　—　宗 ① 1133
　—　宗 ② 489
がくせき　楽石　金 274
かくせん　角銭　泉 37
がくそう　額草　植 ② 95
かくだゆ　角太夫節　楽 ② 265
かくちょ　角調　楽 ① 21
　唐楽楽曲—　楽 ① 547
かくづく　閣造　居 530
かぐつち　軻遇突智　神 ① 34
がくでん　学田
　大学寮—　文 ② 1070
　藩学—　文 ② 1249
がくとう　学頭
　神社—　神 ② 1642
　学習院—　文 ② 1122
　勧学院—　文 ② 1295
かくとう　穫稲地子帳　政 ② 417
がくにん　楽人【篇】　楽 ① 617
　—年始参賀幕府　歳 682
　近衛—　官 ① 1379
　—聴入台盤所　文 ③ 234
がくにん　楽人衆(幕府)　楽 ① 619
かくのあ　かくのあわ(結果)　飲 605
かくのお　角折敷　器 ① 149
かくのや　膈病　方 1194
かくばし　角柱　居 947
かくばん　覚鑁　宗 ① 634
　—　人 ② 567
　—創根来伝法院　宗 ④ 977
　—諡興教大師　宗 ② 810
かくひつ　角筆【併入】　文 ③ 1478
　—図　文 ③ 1479
がくふ　楽譜
　「きょくふ曲譜」を見よ
かくぶく　かくぶくろ　服 235
がくぶそ　楽舞総載【篇】　楽 ① 1
かくべえ　角兵衛獅子　楽 ② 457
かくまぐ　かくまぐさ(黄蓮)　植 ② 192
かくめい　革命　方 83
　—改元　歳 277
かくめい　革命勘文　歳 281
　—　方 85
がくもん　学問吟味　文 ③ 149
がくもん　学問所　居 622
がくもん　学問所(岡藩)　文 ② 1289
がくもん　学問所(一宮藩)　文 ② 1280
　—経費　文 ② 1251
がくもん　学問所(山崎藩)　文 ② 1287
がくもん　学問所(多古藩)　文 ② 1280
がくもん　学問所(松山藩)　文 ② 1287
がくもん　学問所(烏山藩)　文 ② 1282
がくもん　学問所(姫路藩)　文 ② 1286
がくもん　学問所(鳥取藩)　文 ② 1286
がくもん　学問所(徳島藩)　文 ② 1288
がくもん　学問所(大聖寺藩)　文 ② 1285
がくもん　学問所(徳川幕府)　文 ② 1128
がくもん　学問所(横須賀藩)　文 ② 1279
がくもん　学問所番　官 ② 823
がくもん　学問所奉行　官 ③ 851
　—　文 ② 1166
がくもん　学問所役人【篇】　官 ③ 850
がくもん　学問僧　宗 ② 455
がくもん　学問料【附】　文 ③ 29
　穀倉院—　官 ② 352
がくや　楽屋
　舞楽—　楽 ① 95
　舞楽—　楽 ① 684
　能楽—　楽 ① 994
　劇場—　楽 ② 63
がくやと　楽屋頭取　楽 ② 67
かぐやま　香山　地 ③ 733
かくゆう　覚猷　文 ③ 928
かくよく　鶴翼(陣法)　兵 60
かぐら　神楽【篇】　楽 ① 151
　—用拍子　楽 ② 1144
　内侍所御—　帝 126
　清暑堂御—　神 ① 1311
　清暑堂御—　居 185
　斎院相嘗—　神 ② 482
　春日神社—　神 ④ 88
　日吉神社—　神 ④ 646
　狂言—　楽 ② 492
かぐらお　神楽岡東陵　帝 1016
かぐらお　神楽男　神 ② 1520
かぐらで　神楽殿　神 ① 488
かぐらて　神楽伝奏　官 ② 1202
かぐらぶ　神楽笛　楽 ② 854

かぐらり 神楽料所 神 ① 632
かくらん 霍乱 方 1200
—治療 方 811
かくりき 脚力 政 ④ 1327
かくりつ 格律 文 ② 459
がくりょ 学侶 宗 ④ 955
がくりょ 学寮【篇】 宗 ③ 137
かくりん 獲麟 人 ① 661
かくれあ 隠れ遊 遊 1233
かくれい 革令 方 83
—改元 歳 285
かくれが 隠架 遊 750
かくれざ 隠里 礼 ② 1089
かくれみ かくれみち(間道) 地 ③ 13
かくれみ 隠蓑 器 ② 485
かくれん かくれんぼ 遊 1234
かくん 家訓 人 ② 183
かけ かけ(鶏) 動 677
かけ 繫(相撲) 武 1138
かけあい 懸合の合戦 兵 510
かけあい 掛合橋 地 ③ 342
かけい 火刑 法 ① 256
かけい 仮髻 器 ① 469
かけうり 掛売 産 ② 354
かけえ 掛絵 文 ③ 998
かげえ 影絵 楽 ② 1201
かけえり 掛襟 服 426
かけお 懸緒
鎧— 兵 1777
冠— 服 1134
烏帽子— 服 1206
蹴鞠用冠— 遊 1132
かけおち 欠落 政 ③ 556
—尋 法 ③ 128
公事人— 法 ③ 577
雇人— 政 ③ 646
辻番—者取扱 政 ③ 1332
「とうぼう逃亡」も見よ
かけおび 掛帯 服 1062
かけがね かけがね(戸具) 居 1242
—図 居 1232
かけがね 鎹 居 1240
かけがみ 懸紙 文 ① 481
かけがわ 掛川藩 地 ① 594
かげきよ 景清門 宗 ③ 128
かげぐち 陰口 人 ① 853
かけご 賭碁 遊 79
— 法 ③ 105
かけごう 掛香 器 ① 528
かけごお 欠郡 地 ① 364
かけごす 懸子硯 文 ③ 1348
かけこみ 欠込 宗 ③ 48
かけこみ 駆込訴 法 ③ 424
かけこみ 駆込女離縁 宗 ④ 313
— 宗 ④ 719
かけこみ 駆込訴人 法 ③ 417
かけじ かけぢ(磴道) 地 ③ 15
かけじ 掛字 文 ③ 998
「かけじく掛軸」も見よ
かけじく 掛軸【附】 文 ③ 997
— 居 1073
—図 文 ③ 1000
かけじく 掛軸箱 文 ③ 1035
かげしば 陰芝居【併入】 楽 ② 229
かけしょ 掛所 宗 ③ 213
かけしょ 賭将棋 法 ③ 105
かけじろ 掛城 兵 1041
かけすお 懸素襖 服 589
かけすか かけすかしの的 武 240
かけすず 掛硯 文 ③ 1348
かけすど 懸巣鳥 動 910
かげぜん 影膳 人 ② 441
かけちか 懸税 神 ② 1158
— 政 ② 585
かけづか かけづかさ 政 ① 881
「けんかん兼官」も見よ
かげつの 花月之式 遊 521
かけとう 掛燈蓋 器 ② 245
かげとみ 影富 法 ③ 94
かげとも 陰面 天 15
かけどり かけ鳥 武 110
かげねん かげ念仏 宗 ① 640
かげのう 鹿毛馬 動 91
かげのり 陰流(剣術) 武 31
かけはし 懸橋 地 ③ 101
かけはな 懸花生 遊 852
かけはな 掛花入釘 遊 894
かけばん 懸盤 器 ① 133
かげはん 蔭判 政 ③ 328
かけひ 筧 政 ② 1125
— 政 ④ 1228
かけひげ 懸髭 人 ① 608
かけひた 懸直垂 服 556
かけふだ 掛札

	捨訴—	政	③	176
	年貢—	政	④	348
かげま	男娼	人	②	919
かけまい	欠米	政	④	328
かけまと	賭的	法	③	103
	—	武		438
	—矢代筈掛銭異名	泉		13
かげむじ	陰貉	動		401
かけむし	懸筵	器	①	838
かげもえ	かげもえぎ	産	①	853
かけもの	掛物	文	③	998
	見—法	文	③	1049
	「かけじく掛軸」も見よ			
かけもの	賭物			
	博弈—	法	①	450
	博弈—	法	①	913
	射場始—	武		282
	賭射—	武		396
	連歌—	文	①	1145
	双六—	遊		15
	攤—	遊		31
	囲碁—	遊		76
	楊弓—	遊		195
	楊弓—銭異名	泉		13
かげもの	陰物買	法	②	738
かけもの	掛物飾	文	③	1033
かけもの	掛物竿	文	③	1034
かけもの	懸物状	法	①	1071
かけや	かけや(椓撃)	産	①	577
かけや	懸矢	兵		1699
かけやし	掛屋敷	政	③	1259
かげゆし	勘解由使【篇】	官	②	79
	—季禄	封		156
	—奏	政	①	429
かげゆし	勘解由使庁	官	②	80
	改—称真言院	居		176
かげゆの	勘解由長官	官	②	83
かけよろ	挂甲	兵		1830
	—	兵		1897
かける	翔	動		512
かげろう	かげろふ(蜻蛉)	動		1153
かげろう	陽炎【併入】	天		324
かげろう	かげろふの小野	地	③	936
かげん	下弦	天		59
	—日不得決死刑	法	①	230
かげん	訛言	人	①	837
かげん	過言	人	①	858
かげん	嘉元	歳		225
かげん	寡言	人	①	848
がけん	瓦硯	文	③	1316
	—	文	③	1325
がげん	雅言	人	①	832
	—存田舎	文	①	109
がげんし	雅言集覧	文	①	187
かこ	かこ(鉸具)	服		805
かこ	水手	器	②	726
	橋附—	地	③	147
かこ	加挙(出挙)	政	②	886
かこ	河鼓(星)	天		97
かこ	課戸	政	②	75
かご	籠	器	①	688
	祭祀用—	神	②	1236
	鳥—	動		536
	虫—	動		1004
かご	駕籠【篇】	器	②	981
	囚人護送用—	法	③	294
	鳥—	楽	①	944
かごあぶ	かご鐙	兵		1997
かこい	囲(茶室)	遊		543
かこい	鹿恋	人	②	850
かこいじ	囲人馬	政	④	1286
かこいぶ	囲舟	器	②	637
かこいま	囲米	政	④	934
かこいめ	囲妾	政	③	252
	「しょう妾」も見よ			
かこいも	囲籾	政	④	937
かこう	家口	政	②	54
	—	法	①	40
	郡司—	官	②	619
	「ここう戸口」も見よ			
かこう	課口	政	②	75
がこう	画工	文	③	789
かこうし	花甲子(本命年)	礼	①	1438
がこうそ	鵝口瘡	方		1172
かこうち	華甲重逢(六十一賀)	礼	①	1438
がこうの	画工正	文	③	790
がこうの	画工司	文	③	790
かごかき	駕籠舁	器	②	1038
かこがし	かこ頭(鐙)	兵		1993
かごがし	駕籠頭	官	③	998
かこごお	賀古郡	地	②	524
かごごめ	駕籠御免	器	②	1003
	能役者—	楽	①	944
かござい	籠細工	器	①	690

―　楽 ② 1206
かごし　籠師　産 ① 581
かごじ　籠字　文 ③ 738
かこしち　過去七仏　宗 ① 69
かごしま　鹿児島　地 ② 1223
かごしま　鹿児島郡　地 ② 1222
かごしま　鹿児島神宮【篇】　神 ④ 1678
かごしま　鹿児島藩　地 ② 1227
―藩札　泉 450
―砲台　武 976
かごしゃ　籠釈迦　宗 ① 171
―　宗 ④ 294
かごじん　籠陣笠　器 ② 414
かごそ　駕籠訴　法 ③ 417
かこそう　夏枯草　植 ② 504
かごその　駕籠訴之上箱訴　法 ③ 458
かごだし　籠出し(堤防)　政 ④ 1019
かこちょ　過去帳　礼 ② 303
讃岐国島田寺―　姓 422
かごちょ　籠提灯　器 ② 250
かごぬけ　籠脱(曲芸)　楽 ② 1186
かごのは　鹿来墓　地 ② 529
かごのも　駕籠者【併入】　官 ③ 998
―　器 ② 1034
かごのわ　籠渡　地 ③ 361
―図　地 ③ 364
かごや　駕籠屋　器 ② 1042
かごやま　香山里　地 ② 529
かさ　笠　器 ② 367
武家用―　官 ③ 101
茶湯用―　遊 595
降参時揚―　兵 751
―合羽御免　器 ② 439
菅蓋　神 ① 1209
かさ　傘　器 ② 436
「からかさ傘」も見よ
かさ　暈　天 28
日―　天 28
月―　天 69
かさ　瘡　方 1219
かさ　過差　人 ② 623
「しゃし奢侈」も見よ
かさあて　笠あて　器 ② 371
かさい　火災
依―停年始参賀　歳 643
依―改元　歳 276
由地震―　地 ③ 1396
禳―　神 ② 887
告―於氏神　神 ① 717
告―於大神宮　神 ③ 618
告―於山陵　帝 1057
山陵―　帝 1072
依―廃朝　政 ① 193
依―廃務　政 ① 201
不動倉―　政 ② 1078
依―幕府賑貸金　政 ④ 582
―救恤　政 ④ 839
―救恤　政 ④ 899
為遁―葺菖蒲　礼 ② 717
―時著狩衣　服 484
大極殿―　居 131
応天門―　居 245
置水舟備―　居 854
―後家作制　居 455
―後家作制　居 1015
依神社焼亡神職遠流　神 ② 1597
皇大神宮焼亡　神 ③ 46
豊受大神宮焼亡　神 ③ 84
八坂神社焼亡　神 ③ 1476
北野神社焼亡　神 ③ 1619
勧学院焼亡　文 ② 1297
内裏焼亡　居 20
中和院焼亡　居 176
徳川柳営焼亡　居 338
依火事蠲免　政 ② 1006
宿直時火事心得　政 ③ 442
獄舎遭火　法 ① 484
牢舎遭火　法 ③ 193
閉門中出火　法 ② 549
逼塞中出火　法 ② 555
遠慮中出火　法 ② 562
出火遠慮　政 ③ 1263
倉庫失火　居 743
かざい　火罪【篇】　法 ② 242
―図　法 ② 245
「ひあぶり火焙」も見よ
かざい　加罪　法 ① 5
―　法 ② 75
かざい　家財
没収―　法 ① 822
没収―　法 ② 612
没収―於貸方　政 ④ 654
「かじゅう家什具」も見よ

かさいい 葛西因是 文 ① 331
かさいご 河西郡(十勝) 地 ② 1299
かさいご 河西郡(播磨) 地 ② 521
かさいご 香西郡 地 ② 827
かさいご 葛西郡 地 ① 867
― 地 ① 1059
かさいさ 火災祭 方 47
かさいの 葛西荘 地 ① 1080
かざいぼ 火罪木 法 ② 245
かざおり 風折烏帽子 服 1179
― 服 558
かさがけ 笠懸【篇】 武 527
かさがけ 笠掛素襖 服 585
かさぎ 笠置 帝 669
かさぎで 笠置寺【篇】 宗 ③ 1088
かざきり かざきり(翮) 動 503
かさく 家作【篇】 居 417
土御門殿第―過差 帝 1632
川端― 政 ④ 997
農人― 産 ① 202
甲斐国百姓― 地 ① 738
非人― 政 ③ 911
かさぐさ かさぐさ(鬼臼) 植 ② 209
かさぐさ かさぐさ(王不留行) 植 ② 130
かざぐち 風口(烏帽子) 服 1170
かざぐる 風車 遊 1251
かざぐる 風車草 植 ② 187
かさご 笠子魚 動 1455
かさごお 加佐郡 地 ② 403
かさごけ かさごけ 植 ② 874
かささぎ 鵲 動 851
以―為神使 神 ② 1824
鋳―形於鏡背 器 ① 351
かささぎ 烏鵲橋 地 ③ 348
かざし 弗(城郭) 兵 1117
かざし 挿頭 服 1147
― 政 ① 1182
以呉竹為― 神 ③ 1340
賀茂祭― 神 ③ 1072
相撲人― 武 1089
かざしの かざしの緒 兵 1908
かさじる 笠印【併入】 兵 2133
かさじる 笠印付 兵 1880
かさせん 笠宣旨 帝 632
かさそと 笠率都婆 宗 ④ 772
かざだち 飾剣 兵 1327
かさづけ 笠附
連歌― 文 ① 1082
俳諧― 文 ① 1286
かさなる 重る服 礼 ② 592
「じゅうぶ重服」も見よ
かさぬい 笠縫 器 ② 420
弾左衛門支配― 政 ③ 883
かさぬい 笠縫島 地 ① 374
かさぬい 笠縫邑 神 ③ 779
かさねい 重衣冠 服 199
かさねぎ 重ね著 服 1030
かさねし 襲装束 楽 ① 646
かさねす 重硯 文 ③ 1347
かさねの 重袴 服 1055
かさのあ 笠県守 人 ② 89
かさのお 笠臣国造 地 ② 599
かさのか 笠のかりて 器 ② 371
かさのし 傘之下商人 器 ② 465
かさはず 笠筈 兵 1614
かざはや 風早郡 地 ② 871
かざはや 風速国造 地 ② 865
かざはや 風早富麻呂 人 ① 1067
かさはら 笠原牧 地 ③ 964
かさはり 傘張 器 ② 474
かざひの 風日祈祭【併入】 神 ③ 499
かざひの 風日祈宮(皇大神宮別宮) 神 ③ 108
かざひの 風日祈宮(豊受大神宮別宮) 神 ③ 130
かさひも 笠紐 器 ② 371
かさひる かさひる(草蛭) 動 1230
かさぶく 笠袋 器 ② 419
かさぶく 傘袋 器 ② 467
かさぶく 傘袋御免 器 ② 472
かざほろ 風癮胗 方 1254
かさま 笠間 地 ① 1135
かさまご 笠間郡 地 ① 1120
かさまの 笠間神 神 ② 574
かさまは 笠間藩 地 ① 1144
かざみ 汗衫
細長―異同説 服 510
男子用―【併入】 服 407
婦人用―【篇】 服 982
かざめ かざめ(蟹属) 動 1603
かさもち かさもち(白芷) 植 ② 422
かさもち かさもち(藁本) 植 ② 420
かさもち 笠持 器 ② 420
かさもち 傘持 器 ② 472

かざりう 飾騎 兵 1935
かざりお 飾覊 兵 2055
かざりか 飾兜 歳 1183
かざりぐ 飾車 器 ② 901
かざりし 飾師 産 ① 668
かざりし 飾師棟梁 官 ③ 660
かざりた 飾剣 兵 1327
かざりた 飾剣代 兵 1327
かざりど 飾道具(婚礼) 礼 ① 1110
かざりへ 飾瓶子 器 ① 211
かざりも 飾物売 産 ② 692
かざん 火山 地 ③ 858
かざん 仮山【併入】 遊 926
がさん 画賛 文 ③ 994
かざんい 花山院家 姓 357
かざんげ 花山源氏 姓 215
かざんじ 花山寺 宗 ③ 991
かざんそ 花山僧正 宗 ③ 992
かざんて 花山天皇 帝 21
　—出家 帝 571
　—出家 帝 899
　—出家日時 方 434
　—入那智苦行 神 ④ 1287
　—巡礼 宗 ③ 304
　—撰拾遺和歌集説 文 ② 251
　—創始家作造合 居 434
　—山陵 帝 993
かさんれ 下三連病(詩) 文 ② 525
かし 樫 植 ① 184
　以—為神木 神 ② 1788
かし 花子 政 ③ 926
　「こつじき乞食」も見よ
かし 河岸 地 ③ 1144
かし 牧牱 器 ② 716
かし 菓子【篇】 飲 587
　嘉祥用— 歳 1205
　神饌用— 神 ② 1169
　番太郎— 政 ③ 1372
　饗礼出— 礼 ① 283
　婚姻饗応— 礼 ① 1093
　為喪中御機嫌伺献
　— 礼 ② 327
かし 課試 文 ③ 79
　楽人— 楽 ① 628
かじ かぢ(構) 植 ① 224
　書詩歌於梶葉 歳 1233
かじ 楫 器 ② 700
かじ 火事
　「かさい火災」を見よ
かじ 加持
　神道— 神 ② 1368
　仏教— 宗 ② 349
　—香水図 宗 ② 248
　出産時— 礼 ① 354
　鞭— 武 872
かじ 花字 政 ① 573
　「かおう花押」も見よ
かじ 鍛冶 産 ① 622
　—為吹革祭 神 ② 596
　刀— 兵 1312
がし 餓死 人 ① 655
　— 歳 1439
かしあげ 借上 政 ④ 669
かしいが 香椎潟 地 ③ 1294
かじいど 梶井殿 宗 ③ 726
かしいの 橿日浦 地 ③ 1327
かしいの 香椎宮【篇】 神 ④ 1401
　訶志比宮 地 ① 178
　—神宮寺 神 ② 1742
かじいの 梶井宮 帝 1480
かじか 河蝦 動 1069
かじか 杜父魚 動 1341
かしかご 借駕籠 器 ② 991
かしかぶ 貸株 産 ② 401
かしき 加鋪(舟) 器 ② 579
かじき かぢき(鮪) 動 1498
かじき 檋 器 ② 514
かじき 飼敷 産 ① 134
かしぎお 炊夫 官 ① 1068
かしぎか かしぎかて(餌飯) 飲 391
かしきべ 炊部 官 ① 1027
かしきべ 炊部神祭 神 ③ 766
かしきべ 炊部司 神 ③ 810
かじきま 加治木町 地 ② 1188
かしきめ 炊女 神 ② 1514
　— 官 ① 348
かしきや 炊屋 神 ① 491
かしきよ 秠読 産 ① 31
かしきん 貸金 政 ④ 572
　救急— 政 ④ 844
かしく かしく(書翰用語) 文 ① 444
かしぐ 炊 飲 354
かじけし 加治介尺 称 20
かしごぜ 菓子御膳役 官 ③ 896

かしこど　賢所　帝　62
「ないしど内侍所」も見よ
かしこま　かしこまり(恐懼)　法 ①　324
—　法 ①　857
かしこま　畏申　官 ②　160
かしこま　かしこまる(敬礼)　礼 ①　100
—　人 ①　980
かしざら　菓子皿　器 ①　66
かしじ　河岸地　政 ③　1284
かじし　加地子　政 ④　381
かししょ　菓子商　飲　666
かじしょ　火事装束　服　681
かじずみ　鍛炭　器 ②　347
かしちだ　河岸地代　政 ④　497
かしつぎ　過失疑罪　法 ①　29
かしつけ　貸附
拝領屋敷—　政 ③　1281
町会所宅地—　政 ③　1283
河岸地—　政 ③　1284
かしつけ　貸附金　政 ④　572
宿宿扶助金貸附　政 ④　1256
かしつけ　貸付願　政 ③　1290
かしつさ　過失殺傷　法 ①　405
—　法 ②　815
かじどお　かぢどほし(鰐)　動　1484
かしどぞ　河岸土蔵　居　762
かしどり　橿鳥　動　910
かじとり　梶取　器 ②　726
かじのか　鍛冶正　官 ①　1018
かじのき　かぢのき(構)　植 ①　224
かじのこ　鍛冶戸　官 ①　1015
—計帳　政 ②　229
かしのち　菓子の茶(茶湯)　遊　408
かじのつ　鍛冶司【篇】　官 ①　1018
かじばお　火事羽織　服　681
かじはさ　火事挟箱　器 ②　531
かじばし　鍛冶橋御門　居　402
かじばみ　火事場見廻　官 ③　1564
かじばめ　火事場目付　官 ③　347
—　官 ③　1149
かしはら　橿原神宮　神 ④　1712
かしはら　橿原宮　居　15
かしはら　樫原流(槍術)　武　71
かしまい　貸米
武家—　政 ④　601
救恤—　政 ④　844
かしまお　鹿島踊　楽 ②　480
かしまご　鹿島郡(能登)　地 ②　291
かしまご　鹿島郡(常陸)　地 ①　1114
かしまじ　鹿島神宮【篇】　神 ④　539
—神領　神 ①　619
—神領訴訟文書　法 ①　1089
—物忌卜定　神 ②　1283
—神宮寺　神 ②　1725
—氏人　神 ①　662
かじませ　加島銭　泉　31
かしまだ　鹿島立　人 ②　440
かしまの　香島津　地 ③　538
かしまの　香島之宮　神 ④　539
「かしまじ鹿島神宮」も見よ
かしまは　鹿島藩　地 ②　1098
かしまま　鹿島松　植 ①　90
かしまま　鹿島祭使　神 ④　557
かしまり　鹿島流(馬術)　武　710
かしまり　鹿島流(射術)　武　126
かしゃ　火舎(仏具)　宗 ②　1081
かじや　鍛冶屋　産 ①　622
かしゃが　花車形(俳優)　楽 ②　156
かしやく　河岸役　政 ④　497
かしゃく　掛錫　宗 ②　710
かじやく　鍛冶役　政 ④　476
かじゃく　下若(酒)　飲　679
かしゅ　火珠(仏塔具)　宗 ③　111
かしゅ　嫁娶　礼 ①　887
「こんか婚嫁」も見よ
かしゅう　河州　地 ①　307
「かわちの河内国」も見よ
かしゅう　家集　文 ②　365
かしゅう　賀州　地 ②　262
「かがのく加賀国」も見よ
かしゅう　歌集【篇】　文 ②　227
かしゅう　何首烏　植 ②　30
かしゅう　かしゆういも(黄独)　植 ①　1105
かじゅう　家什具【篇】　器 ①　657
「かざい家財」も見よ
かしゅく　加宿　政 ④　1235
かじゅく　家塾詩会　文 ②　630
かじゅつ　火術　武　884
—　官 ③　1215
「しょうじ小銃術」「たいほう大砲術」も見よ
がじゅつ　莪茂　植 ①　1156
かしょ　花書　政 ①　573
「かおう花押」も見よ

かしょ　過所　地 ③ 626
かしょ　過書　法 ① 334
「かじょう過状」も見よ
かしょ　歌書【併入】　文 ② 437
かじょ　加叙　政 ① 1500
かじょ　家女(婢)　政 ② 148
かしょう　下殤　礼 ② 585
かしょう　加春　政 ② 616
かしょう　和尚　宗 ② 775
「おしょう和尚」も見よ
かしょう　嘉祥(年号)　歳 169
かじょう　加杖　法 ① 5
—　法 ① 119
—法　法 ① 129
かじょう　過状
右衛門府進—　帝 346
進—政　法 ① 160
徴—　法 ① 332
「たいじょ怠状」も見よ
かじょう　嘉定　歳 1202
かじょう　嘉承　歳 196
かじょう　嘉祥(年中行事)【篇】　歳 1202
がじょう　画帖　文 ③ 991
がじょう　賀状(年始)　歳 752
かじょう　嘉定喰　歳 1213
かじょう　嘉祥寺【篇】　宗 ③ 970
—地蔵悔過　宗 ② 142
—年分度者　宗 ② 579
かしょう　迦葉仏　動 60
かじょう　科条類典　法 ② 118
かしょく　くわしよく(花族)　姓 429
かしょく　華族公達　姓 434
かしょち　過所牒　政 ① 474
かしょと　過書年寄　官 ③ 612
かしよね　粿米　神 ② 1162
かしょぶ　過書奉行
鎌倉幕府—　官 ② 799
徳川氏—　官 ③ 610
かしょぶ　過書船　器 ② 677
—　器 ② 593
—　法 ③ 728
かしら　頭
人—　人 ① 316
両—四手人　人 ① 614
魚—　動 1243
かしら　頭(軍士)　兵 188
かしらお　かしらおろし　宗 ② 443
「ていはつ剃髪」も見よ
かしらど　頭鳥　動 926
かしらの　かしらのあか(頭垢)　人 ① 324
かしらの　かしらのかさ(瘍)　方 1239
かしらの　かしらのかはら(顱)　人 ① 321
かしらや　頭焼(横笛)　楽 ② 876
かしり　呪詛　方 57
かじりゅ　梶流(剣術)　武 28
かしろだ　かしろ竹　植 ① 687
かしわ　槲　植 ① 187
祭祀用—　神 ② 1251
以—葉為葉盤　器 ① 52
以柏為神木　神 ② 1794
以柏葉為盃　器 ① 238
かしわお　柏尾駅　地 ② 434
かしわぎ　柏木(兵衛)　官 ① 1502
かしわぎ　柏木(衛門)　官 ① 1448
かしわざ　柏前牧　地 ③ 964
かしわで　拍手
「はくしゅ拍手」を見よ
かしわで　膳夫　官 ① 90
—　飲 315
かしわで　膳大伴部　官 ① 87
かしわで　拍手長　神 ② 1522
かしわで　膳臣　姓 161
かしわで　膳臣巴提便　人 ① 1101
かしわで　膳司　官 ① 1129
かしわで　主膳監
「しゅぜん主膳監」を見よ
かしわで　膳部
大膳職—　官 ① 990
大膳職—　官 ① 997
内膳司—　官 ① 1061
内膳司—　官 ① 1067
御厨子所—　官 ① 1074
進物所—　官 ① 1077
かしわで　膳部(伴造)　官 ① 85
かしわで　膳部神祭　神 ③ 766
かしわで　膳部司　神 ③ 809
かしわど　柏殿　官 ① 294
—　神 ① 490
かしわど　かしはどり(黄鶏)　動 680
かしわな　柏流神事　神 ③ 112
かしわの　柏の神　神 ① 47
かしわの　槲御膳　神 ② 1256
かしわの　柏渡　地 ③ 421
かしわば　柏夾　服 1132

かしわば 柏葉紋 姓 529
かしわば 柏原天皇 帝 943
「かんむて桓武天皇」も見よ
かしわば 柏原山陵 帝 990
かしわも 柏餅 飲 619
— 歳 1179
かしわや 膳屋 神 ① 1077
かしわら 柏原 地 ① 1163
かじわら 梶原景季
—渡宇治河 人 ① 1255
—戦生田 兵 549
かじわら 梶原景時
—助源頼朝 人 ② 664
—専讒言自敗亡 人 ② 697
—家紋 姓 520
かしわら 柏原藩 地 ② 393
かしわん 菓子椀 器 ① 30
— 飲 192
かじん 歌人 文 ① 819
— 文 ② 25
勅撰集— 文 ② 265
かしんえ 嘉辰縁会日 方 143
かしんは 可信半位 宗 ② 786
かしんふ 可信複位 宗 ② 786
かす 貸 政 ② 873
—所監臨財物罪 法 ① 56
「たいしゃ貸借」も見よ
かす 糟 飲 739
かすいさ 可睡斎【篇】 宗 ④ 190
かすいら 河水楽 楽 ① 356
かずうち 数打(刀剣) 兵 1470
かずえの 主計頭 官 ① 887
かずえの かずへのつかさ 官 ① 886
「しゅけい主計寮」も見よ
かすがい 鎹 産 ① 571
かすがい かすがい竿 政 ④ 70
かすがえ 春日絵所 文 ③ 808
かすがご 春日権現験記絵巻 文 ③ 970
かすがさ 春日三枝神社 神 ④ 9
かすがじ 春日神社【併入】 神 ④ 31
—神領 神 ① 643
—神宮寺 神 ② 1714
—神鹿 神 ② 1825
—法楽和歌 文 ② 173
埋胞衣於—社地 礼 ① 396
—競馬 武 861
—倭舞 楽 ② 439
—神供升 称 91
かすがづ 春日造 神 ① 457
かすがの 春日野 地 ③ 935
かすがの 春日率川坂本陵 帝 976
かすがの 春日斎院 神 ④ 94
かすがの 春日里 地 ① 296
かすがの 春日神木 神 ④ 82
— 神 ② 1803
かすがの 春日局 人 ① 282
— 服 1038
—創麟祥院 宗 ④ 420
かすがの 御春日宮天皇 帝 852
かすかべ 春部郡 地 ① 503
かすがま 春日祭【篇】 神 ④ 99
喪中—有無之事 礼 ② 551
—行田楽 楽 ① 706
かすがま 春日祭使 神 ④ 101
かすがみ 春日明神 帝 1565
かすがも 春日詣 神 ④ 66
— 帝 1640
かすがや 春日山 地 ③ 730
かすがり 春日臨時祭【併入】 神 ④ 161
かすがわ 春日若宮祭【併入】 神 ④ 162
かすがわ 春日若宮社【附】 神 ④ 96
—神楽舞歌 楽 ① 167
かずき かづき(潜女) 産 ① 414
かずき 被衣 服 878
かすげの 糟毛馬 動 100
かすごめ かすごめ(醅) 飲 692
かずさお 上総踊 楽 ② 480
かずさし 籌刺
賭射— 武 264
賭射— 武 385
競馬— 武 814
相撲— 武 1080
歌合— 文 ② 7
小弓— 遊 178
闘鶏— 遊 254
根合— 遊 275
かずさし 上総七里法華 宗 ① 1003
かずさし 上総鞦 兵 2034
かずさだ 上総代官 官 ③ 1524
かずさの 上総国【篇】 地 ① 1021
配流— 法 ① 199
配流— 法 ① 769
—夷俘 人 ② 761
—金貨 泉 288

かずさの	上総太守	帝		1442
かずせん	家頭銭	泉		141
かずちゃ	数茶之式	遊		521
かずつか	数塚(射場)	武		230
かすづけ	糟漬	飲		1028
かすてい	かすていら	飲		657
かすてら	かすてら焼	飲		249
かずねぐ	かづねぐさ(麻黄)	植	①	941
かずのこ	数子	動		1428
かずのま	数鞠	遊		1046
かずのみ	和宮	帝		1468
かずはら	数祓	神	②	697
かすべご	糟部郡	地	②	131
かすぼ	霞尾羽(矢)	兵		1601
かすみ	霞【篇】	天		160
かすみが	霞浦	地	③	1321
かすみそ	霞初月	歳		12
かすみに	霞錦	産	②	278
かすみの	かすみのころも(凶服)	礼	②	1064
かすみの	霞の関	地	①	920
かすみは	霞旗	兵		2120
かすみり	霞流(鉄砲)	武		885
かずめが	数眼鏡	器	②	563
かすも	飼面	方		1266
かすやご	糟屋郡	地	②	939
かずやり	数鑓	兵		1516
かずら	葛	植	②	282
かずらき	葛上郡	地	①	281
かずらき	葛下郡	地	①	282
かずらば	蔓橋	地	③	104
かすりじ	飛白縞	産	②	171
かせ	かせ(三線)	楽	②	822
かせ	拵(手拭)	器	①	652
かせ	楗(築堤具)	政	②	1108
かせ	石陰子	動		1673
かぜ	風【篇】	天		249
	依一寒廃朝賀	歳		417
	依一寒廃朝	政	①	197
	因大一年凶	歳		1460
	神一	神	①	237
	大一倒内裏殿舎	居		29
かせい	火星	天		102
かせい	火精	金		227
かせい	加勢	兵		402
かせいじ	火斉珠	産	①	611
かせき	化石	金		348
	魚一	動		1574
	竹一	植	①	743
かせぎ	かせぎ(鹿)	動		313
かせきす	化石硯	文	③	1320
かぜきり	風切(帯)	服		785
かせぐに	かせぐに貧乏おひつかず	産	①	232
かせぐる	纑車	産	②	87
かせさば	かせさば(鰆魚)	動		1414
かぜちあ	かぜちあへ	飲		206
かせづえ	鹿杖	器	②	517
かぜのか	風神	神	①	30
	一	天		282
かぜのか	風神祭	神	④	178
かぜのは	風のはふりこ	神	②	1495
かぜのみ	風宮(皇大神宮別宮)	神	③	108
かぜのみ	風宮(豊受大神宮別宮)	神	③	129
かぜのや	風病	方		1468
かぜひき	感冒	方		1351
がぜめ	が攻	兵		622
かせやま	加勢山墓	帝		1559
かせん	過銭	法	①	830
かせん	靴氈	服		1390
かせん	歌仙(俳諧)	文	①	1191
かせん	歌仙(歌人)	文	①	819
かそ	過所	地	③	626
かぞ	かぞ(父)	人	①	142
	一	人	①	134
かそう	火葬	礼	②	196
	患痘瘡死者不一	礼	②	189
	戸田大和守建言一廃止	礼	②	190
かそう	仮葬	礼	②	251
かそう	家相【併入】	方		593
かぞう	加増	封		385
がぞう	画像	宗	①	171
	掛絵像於本尊前	帝		1476
	法成寺大日絵像	宗	③	401
かそうし	火葬所	礼	②	1112
	一	帝		1027
かぞうも	加増餅	飲		625
かぞうる	かぞふるつかさ	官	①	886
	「しゅけい主計寮」も見よ			
かぞえや	数役(獄役人)	法	③	206
かぞく	華族	姓		429
かた	かた(銭)	泉		8

かた　形
　剣術— 武 43
　槍術— 武 85
　柔術— 武 1010
かた　肩 人 ① 412
かた　潟【篇】 地 ③ 1287
　越後国鎧—大—田
　— 政 ④ 1082
かだ　伽陀 宗 ① 366
かだ　賀田 地 ② 748
かたあて　肩宛(礼服) 服 167
かたあら　かたあらし 政 ② 286
かたい　かたゐ 政 ③ 919
　「こつじき乞食」も見よ
かたい　かたゐ(癩病) 方 1449
かたい　仮貸 政 ② 921
かたい　過怠【篇】 法 ① 829
かたい　歌体 文 ① 513
かたい　鎊帯 服 805
かだい　花台 遊 898
かだい　歌題 文 ① 670
がだい　画題 文 ③ 879
かたいし　河苔紙 文 ③ 1168
かたいて　過怠手鎖 法 ② 530
かたいみ　方忌 方 188
かたいろ　片色 産 ② 202
かたいろ　過怠牢 法 ③ 266
かたうた　片歌
　和歌— 文 ① 546
　連歌— 文 ① 946
かたうど　方人
　歌合— 文 ② 2
　詩合— 文 ② 633
かたおか　片岡葦田墓 礼 ② 1151
かたおか　片岡家清 武 135
かたおか　片岡郡 地 ② 12
かたおか　片岡寺 宗 ③ 1300
かたおか　傍丘磐杯丘陵 帝 983
かたおか　片丘馬坂陵 帝 976
かたおか　片岡派(射術) 武 133
かたおな　かたをなみ 地 ③ 1262
かたおり　片折戸 居 1216
かたおろ　片下 楽 ① 75
　— 楽 ① 145
かたかぎ　片鎰 礼 ① 561
かたがき　片がき(和琴) 楽 ② 577
かたかけ　かたかけ舟 器 ② 691
かたかご　堅香子の花 植 ① 1028
かたかし　かたかしきのいひ
　(饕餮) 飲 365
かたがた　片県郡 地 ① 1259
かたかな　片仮名 文 ① 20
　「かな仮名」も見よ
かたかゆ　かたかゆ(饘) 飲 448
かたき　敵 兵 517
かたぎ　かたぎ(印板) 文 ③ 1069
かたぎ　模(染色具) 産 ① 892
かたぎ　橿 植 ① 184
かたきう　敵打 人 ② 501
　「ふくしゅ復讐」も見よ
かたぎぬ　肩衣 服 601
　—置紋 服 439
かたぎぬ　片衣小袴 服 602
かたぎぬ　肩衣長袴 服 619
かたぎぬ　肩衣袴 服 601
かたきや　敵役(俳優) 楽 ② 156
かたく　家宅
　「かおく家屋」「ていたく邸宅」を見よ
かたくし　家宅侵入 法 ① 408
　殺傷—人 法 ① 408
　—之上行殺傷 法 ① 425
かたくち　片口銚子 器 ① 202
かたくつ　片沓之礼 礼 ① 153
かたくり　かたくり(山慈姑) 植 ① 1026
かたぐる　肩車 遊 1242
　— 地 ③ 443
かたげさ　片毛作 産 ① 43
かたこと　片言 人 ① 849
かたざけ　醇酒 飲 684
かたざら　片盤 器 ① 61
かたしろ　かたしろ(人形) 神 ② 703
　— 方 74
かたじろ　片白冑 兵 1885
かたしろ　かたしろぐさ(三白草) 植 ① 1183
かたずみ　堅炭 器 ② 346
かたすみ　片済口 法 ③ 516
かたずり　肩摺板(冑) 兵 1879
かたせが　固瀬川渡 地 ③ 450
かたせち　片節会 帝 1125
かたそぎ　かたそぎ 神 ① 552
　「ちぎ千木」も見よ
かたたが　方違 方 190

節分―　歳　1386
かたたが　方違行啓　帝　780
かたたが　方違行幸　帝　652
かたたが　方違御幸　帝　750
―　帝　774
かただじ　堅田神社　神 ③　134
かただた　肩畳　礼 ①　348
―図　礼 ①　350
かたち　貌　人 ①　296
かたちの　かたちの小野　地 ③　936
かたつき　片坏　器 ①　184
かたつき　肩衝(茶入)　遊　703
かたつき　片月見　歳　1310
かたつけ　形付　産 ①　844
かたつむ　蝸牛　動　1221
かたど　片戸　居　1218
かたな　刀　兵　1299
「とうけん刀剣」も見よ
かたな　片名　姓　597
かたな　方名　姓　773
かたない　刀市　産 ②　617
かたなか　刀架　兵　1484
かたなか　刀鍛冶　産 ①　630
かたなが　刀形　兵　1393
かたなし　かたなし(銭)　泉　125
かたなし　結政　政 ①　76
―　政 ①　6
かたなし　結政所　官 ①　399
―　政 ①　76
依政始参―　政 ①　130
かたなだ　刀玉　楽 ①　692
―　楽 ②　1167
かたなと　磨刀人　産 ①　649
かたなば　刀箱　兵　1483
かたなも　刀持　官 ③　1734
かたなや　刀屋　兵　1488
かたね　癤　方　1227
かたねこ　かたねことば(結詞)　政 ①　86
かたねり　片練　礼 ①　105
かたの　交野　地 ③　936
かだのあ　荷田春満　文 ②　670
―神道説　神 ②　1439
―不詠恋歌　文 ①　681
荷田東麻呂請国学校創造上書　政 ③　276
かだのえ　賀太駅　地 ②　729
かたのご　交野郡　地 ①　320
かたのほ　肩骨　人 ①　413
かたは　偏刃　兵　1317
かたばか　かたばかま　服　775
かたはく　片白　飲　688
かたはず　片はづし　人 ①　557
かたばち　かたばち(小唄)　楽 ②　384
かたはの　片葉蘆　植 ①　908
かたばみ　かたばみ(酢漿草)　植 ②　325
かたばみ　酸漿草紋　姓　538
かたびさ　片庇　居　556
かたびさ　片庇(冑)　兵　1876
かたびら　帷(衣服)【篇】　服　413
「かたびら帷子」も見よ
かたびら　帷(屏障具)　器 ①　783
御帳―　器 ①　799
几帳―　器 ①　814
輿―　器 ②　962
かたびら　帷子
男子用―　服　447
婦人用―　服　1035
経―　宗 ①　282
「かたびら帷」も見よ
かたびら　帷子荘　地 ①　1285
かたふた　方塞　方　188
かたぶっ　片服忌　礼 ②　613
かたほり　形彫　産 ①　845
かたまい　片舞　楽 ①　249
かたみ　かたみ(笭箵)　産 ①　321
かたみ　遺物　礼 ②　328
「いぶつ遺物」も見よ
かたみが　かた身がはりの袷　服　442
かたみょ　片苗字　姓　351
かたみわ　遺物分　政 ③　748
かため　片目　人 ①　360
かため　堅め(起請)　人 ②　344
かためぶ　片目鮒　動　1270
かたもい　片埦　器 ①　18
かたもの　堅物(弓術)　武　148
かたもん　堅文袴　服　723
かたや　方屋(相撲)　武　1164
かたやい　方屋入　武　1173
かたやび　方屋開　武　1177
かたやま　片山兼山
―折衷学　文 ②　806
―訓点　文 ③　295
かたやま　方屋祭　武　1177
かたやま　片山久安　武　68

かたやま	片山北海	文	②	781
かたやま	片山流(居合)	武		68
かだゆう	嘉太夫節	楽	②	263
かたらう	談話	人	①	839
かたり	騙	法	②	912
	—	法	③	685
かたりべ	語部	官	①	50
	大嘗祭—奏古詞	神	①	1199
かたわ	片輪	人	①	609
かたわく	片枠(堤防具)	政	④	1060
かたわげ	片わげ(結髪)	人	①	544
かたわら	脇肋	人	①	415
かだん	果断【篇】	人	②	134
	石出帯刀—	法	③	195
かち	歩	人	①	988
かち	徒	官	③	1129
	—給金	政	③	642
かちいく	勝軍	兵		590
かちいろ	かち色	産	①	854
かちうす	搗臼	産	①	287
かちえ	褐衣【附】	服		491
かちおさ	徒押	官	③	362
かちおで	勝尾寺【篇】	宗	④	105
かちがし	徒頭【篇】	官	③	1129
かちかた	かちかた(大麦)	植	①	835
かちぎょ	歩行幸	帝		706
	—	神	③	1494
かちくみ	徒組頭	官	③	1134
かちぐり	搗栗	植	①	178
かちしね	かちしね(糙)	植	①	814
かちしゅ	歩行衆(豊臣氏)	官	②	1453
かちすい	褐水干	服		500
かちでん	歩田楽	楽	①	707
かちどき	勝鬨	兵		596
かちぬの	褐布直垂	服		548
かちのほ	褐袍	服		251
かちのや	かちのやまひ(消渇)	方		1294
かちのよ	褐鎧直垂	兵		1916
かちひき	歩行飛脚	政	④	1328
かちめ	搗布	植	②	890
かちめつ	徒目付【篇】	官	③	351
かちゆぎ	歩靫	兵		1713
かちゆみ	歩ゆみ	武		99
	「ぶしゃ歩射」も見よ			
かちょ	家猪	動		225
かちょう	下重	方		1203
かちょう	火長(検非違使庁)	官	②	114

	—	官	②	107
かちょう	価長			
	内蔵寮—	官	①	776
	大蔵省—	官	①	965
	市司—	官	②	387
かちょう	家長	政	②	53
かちょう	家長(職名)	官	②	1407
かちょう	蚊帳	器	②	198
かちょう	花釣楽	楽	①	560
かちわた	歩渡	地	③	356
かちん	かちん(餅)	飲		544
かちんこ	かちん子持筋熨斗目	礼	①	1154
かつ	喝	宗	①	806
	—	礼	②	1167
かつう	嘉通	歳		1202
かつうら	勝浦	地	③	1326
かつうり	寒瓜	植	②	607
かつえん	割円表	文	③	569
かつお	鰹	動		1437
	初—	飲		50
かつおう	割往	政	②	27
かつおぎ	堅魚木【併入】	居		1004
	—	居		430
	—	神	①	560
かつおた	鰹たたき	飲		945
かつおつ	堅魚釣	産	①	361
かつおぶ	鰹節	飲		927
かつおむ	かつをむし(蠛蠓)	動		1150
かつおめ	鰹魚飯	飲		413
がっか	学科			
	昌平坂学問所—	文	②	1138
	藩学—	文	②	1210
がっかえ	合歓塩(楽曲)	楽	①	440
がっかん	学館	文	②	1057
	「がっこう学校」も見よ			
がっかん	学館院	文	②	1308
	—	神	②	1558
がっかん	学館院別当	姓		471
がっき	月忌	礼	②	1470
がっき	楽器			
	—通載【篇】	楽	②	539
	田楽—	楽	①	695
かっきょ	覚挙【併入】	法	①	592
がっきょ	楽曲	楽	①	35
かっけ	脚気	方		1207
	—治療	方		817
かっこ	羯鼓【篇】	楽	②	1079

—図　楽②　1082
がっこ　楽戸　官①　850
かっこう　革甲　兵　1829
かっこう　藿香　植②　503
がっこう　学校　文②　1170
大宰府—　官②　397
大学【篇】　文②　1055
国学【篇】　文②　1079
足利—【篇】　文②　1091
藩学【篇】　文②　1183
私学【篇】　文②　1293
医—　方　688
荷田東麻呂請—創造上書　政③　276
林羅山建—　文②　1129
納書籍于—　文③　398
—詩会　文②　630
「がくしゅ学習院」「しょうへ昌平坂学問所」も見よ
かっこう　かつこう鳥　動　877
がっこう　学校料田　文②　1088
がっこか　学古館　文②　1290
がっさい　がつさい帽子　服　1221
がっさく　合作　文③　993
がっさっ　月殺方　方　187
かっさん　かつさん(毛織物)　産②　314
がっさん　月山　地③　834
かつじ　活字　文③　1087
銅板—　文③　341
かつしか　葛飾郡(下総)　地①　1058
かつしか　葛飾郡(武蔵)　地①　864
かつしか　葛飾北斎　文③　854
かっしき　喝食(僧)　宗②　1061
かっしき　喝食(結髪)　人①　574
かっしき　喝食すがた　礼①　694
かつじば　活字板　文③　342
「かっぱん活版」も見よ
がっしゅ　合衆国【篇】　外　1721
「あめりか亜米利加」も見よ
かっしゅ　括出　政②　15
がっしょ　合掌
—拝神　神②　1018
—拝人　礼①　30
がっしょ　合掌枠(堤防具)　政④　1060
がっしょ　月蝕【併入】　天　76
踏歌節会当—　歳　1030
依—廃務　政①　200
候—　方　271
かっせき　滑石　金　296
かっせん　合戦　兵　508
雀—　動　531
蝦蟇—　動　1075
蛍—　動　1084
「せんとう戦闘」も見よ
がっそう　合奏　楽①　6
がっそう　合葬　礼②　237
かつたご　勝田郡　地②　559
かっちゅ　甲冑【篇】　兵　1771
「かぶと甲」「ぐそく具足」「よろい冑」も見よ
かって　勝手(射術)　武　100
かってが　勝手掛　官③　333
かってか　勝手方　官③　473
かってぐ　勝手口(茶室)　遊　568
がってん　合点
歌—　文①　652
連歌—　文①　1090
俳諧—　文①　1307
かつとう　葛東郡　地①　1059
かづぬ　葛野　地①　219
かつのき　鹿角金山　金　93
かつのご　鹿角郡　地②　130
かっぱ　合羽　器②　491
笠—御免　器②　439
かっぱ　河童　動　480
かっぱか　合羽籠　器②　496
かっぱし　合羽師　器②　499
かっぱん　活版　文③　1075
—印刷具　文③　1102
かつへい　餲餅　飲　610
かつま　羯磨　宗②　618
—　宗②　661
かつまき　羯磨教授　宗②　661
かつまた　勝間田池　地③　1221
かつまた　勝間田温泉　地③　1086
かつまま　羯磨曼荼羅　宗①　226
がつまる　がつまる(木)　植①　230
かつみ　かつみ(菰)　植①　930
「はなかつはなかつみ」も見よ
かつやま　勝山(安房)　地①　1015
かつやま　勝山(美作)　地②　562
かつやま　勝山(結髪)　人①　556
—　人①　546
かつやま　勝山藩(安房)　地①　1017

かつやま	勝山藩(美作)	地	②	564
かつやま	勝山藩(越前)	地	②	251
かつやま	勝山焼	産	①	761
かつら	桂	植	①	263
	以—為神木	神	②	1802
	賀茂祭用葵—	神	③	1072
かつら	鬘	器	①	457
	—	人	①	520
	芝居—	楽	②	203
	菖蒲—	歳		1167
かつらが	桂紙	文	③	1229
かつらが	桂川	地	③	1160
	—修築	政	④	1000
かつらが	桂川甫周	方		791
かつらぎ	葛城(催馬楽)	楽	①	212
かつらぎ	葛城賀茂神社	神	④	8
かつらぎ	葛城寺	宗	③	1335
かつらぎ	葛城県	地	①	84
かつらぎ	葛城国造	地	①	276
かつらぎ	葛城部	官	①	133
かつらぎ	葛城山	地	③	762
かつらご	勝浦郡(阿波)	地	②	798
かつらこ	鬘子節供	歳		1114
かつらし	鬘師	楽	②	203
かつらづ	桂包(帽子)	服		1229
かつらの	桂里	地	①	247
かつらの	かつらの太刀	兵		1356
かつらの	桂橋	地	③	222
かつらの	桂宮	帝		1422
かつらの	桂渡	地	③	413
かつらば	葛原郷	地	②	833
かつらば	葛原荘	政	②	568
かつらひ	鬘鬚	人	①	601
かつらひ	鬘捻	器	①	464
かつらめ	桂女	歳		742
かつらも	桂元澄	人	①	1196
かつらや	鬘屋	器	①	465
かつらゆ	かつらゆふ(鬘木綿)	服		1154
かて	粮	飲		480
	—	兵		969
かてい	柯亭(横笛)	楽	②	873
かてい	嘉禎	歳		217
かていば	嘉禎板	文	③	1107
かてなま	かて鱠	飲		204
かてぶく	かて袋	兵		1001
かてん	賀殿(楽曲)	楽	①	339
かてん	嘉点	文	③	293
かど	門	居		821
	「もん門」も見よ			
かど	稜(刀剣)	兵		1310
かど	鯡	動		1427
かとう	掛塔	宗	②	710
かとう	裹頭	宗	②	1200
がとう	画塔	宗	③	108
かとうえ	加藤枝直	動		372
かとうき	加藤清正			
	—於朝鮮望富士山	地	③	772
	—与小西行長争先陣	外		418
	—捕朝鮮王子	外		434
	—蔚山籠城	外		513
	—得誉於異域	人	②	304
	—賞飯田覚兵衛功	人	②	414
	—細心	人	①	1230
	—誡家臣	人	②	219
	石田三成讒—	人	②	700
	—造営本門寺	宗	④	460
	—建本妙寺	宗	④	1083
	—殺虎	動		447
	—飼猿	動		296
	—家	居		447
	—像	礼	②	1247
かとうぐ	火燈口	居		1155
	茶室—	遊		568
かとうご	河東郡(十勝)	地	②	1299
かとうご	河東郡(播磨)	地	②	521
かとうご	香東郡	地	②	827
かとうし	加藤春慶碑	礼	②	1185
かとうち	加藤千蔭	文	①	862
かどうで	歌道伝授	文	①	784
かとうと	加藤党	兵		445
かとうぶ	河東節	楽	②	282
	—浄瑠璃文	楽	②	321
かとうよ	加藤嘉明	人	①	1166
かとうら	裹頭楽	楽	①	409
かとく	家督	政	②	84
	—	政	③	680
かとくそ	家督相続	政	③	669
	争—	政	③	725
	—訴訟	法	①	1001
	—訴訟	法	③	504
	大名—	官	③	1747
	大名—御礼	官	③	1739
	徳川氏職員—	官	③	74

	—切米渡方	封		421
かとくね	家督願	政	③	843
かとくも	和徳門	居		242
かとしか	葛飾郡	地	①	1058
かどぜっ	門説経	楽	②	339
かどで	門出			
	赴任—	政	①	1318
	戦闘—	兵		542
	行旅—	人	②	440
かどのお	葛野王	帝		1345
かどのお	看督長	官	②	112
	—	法	①	133
かどのか	門神	神	①	918
	—	神	①	64
かどのか	門神棚	神	①	938
かどのご	葛野郡	地	①	219
かどのむ	葛野席	器	②	25
かどび	門火			
	婚礼—	礼	①	981
	葬礼—	礼	②	163
	葬礼—	礼	②	385
かどべ	門部	官	①	1461
かどべの	門部司	神	③	810
かどまつ	門松	歳		864
	—図	歳		868
	諒闇年不立—	礼	②	714
かどまり	加泊	政	③	438
かどまろ	門客人	神	①	921
かどもり	門部	官	①	59
かどもり	かどもりのかみ(閽神)	神	①	919
かどやし	角屋敷	政	③	1258
かとり	縑	産	②	186
かどり	かどり(勾引)	法	①	878
かとりご	香取郡	地	①	1062
かとりじ	香取神宮【篇】	神	④	512
	—七橋	地	③	197
	—氏人	神	①	681
	—神宮寺	神	②	1725
かとりの	香取海	地	③	1279
かとりの	鹿取荘	政	②	511
かとりの	縑直衣	服		308
かどわか	勾引			
	「ひとかど人勾引」「りゃくに略人」を見よ			
かどわり	門割検地	政	③	1163
かとんぼ	蚊蜻蛉	動		1157
かな	鉋	産	①	563
かな	仮名	文	①	12
	音の—	文	①	82
	—清濁	文	①	141
	万葉—	文	①	11
	—書牘	文	①	366
	真名—交消息	文	①	405
	歌集—序	文	②	428
	—碑	礼	②	1183
かなーり	カナーリサート	植	①	936
かないろ	金色(提子)	器	①	207
かなえ	釜	器	①	297
かなえ	鼎	器	①	304
かながい	かながひ(蒔絵)	産	①	814
かながい	かながひ(螺鈿)	産	①	829
かながい	金貝鞍	兵		1964
かながえ	仮名反図	文	①	84
かなかき	かなかき(釽)	産	①	247
かながき	金書(楊弓)	遊		192
かながき	仮名書下文	政	③	57
かながき	仮名書御教書	政	③	40
かなかけ	鉋掛(折敷)	器	①	149
かながし	かながしら(鉄頭魚)	動		1456
かながわ	神奈川条約	外		1788
かながわ	神奈河郷	地	①	874
かながわ	神奈川奉行	官	③	1407
かなぎ	鈦(囚禁具)	法	①	488
かなぎ	鉗(囚禁具)	法	①	488
かなぎょ	仮名経	宗	①	314
かなきん	金巾	産	②	172
かなくそ	かなくそ(鉄落)	金		202
かなごよ	仮名暦	方		385
かなさな	金鑽神社【篇】	神	④	497
かなざら	かなざらへ(釽)	産	①	248
かなざわ	金沢(加賀)	地	②	273
かなざわ	金沢郷(武蔵)	地	①	882
かなざわ	金沢荘(加賀)	地	②	277
かなざわ	金沢藩(加賀)	地	②	278
かなざわ	金沢藩(武蔵)	地	①	913
かなざわ	金沢文庫	文	③	371
かなしき	鉄碪	産	①	646
かなしご	鹿足郡	地	②	494
かなしむ	悲	人	①	750
かなず	かなづ(奏)	楽	①	5
かなづえ	鉄杖	器	②	518
かなづか	仮名遣	文	①	115
かなつが	かなつがり(囚禁具)	法	①	488

かなづち	鎚	産	①	575
かなづな	かなづなゐ(桔槔)	産	①	277
かなつん	かな聾	人	①	341
かなでほ	仮名手本	文	①	39
かなと	金門	居		837
	—	居		1209
かなどう	金胴(鎧)	兵		1781
かなどう	金灯籠	器	②	233
	—	遊		593
かななべ	かななべ(鍋)	器	①	308
かなにほ	仮名日本紀	文	③	437
かなばし	かなばし(鉄鉗)	産	①	646
	—	兵		1731
かなばた	かなばた(金機)	産	②	32
かなばん	鉄判(升)	称		82
かなばん	銅版活字	文	③	1087
かなびき	かなびきさう(蛇眼草)	植	②	858
かなびし	かなびしや(吹沙魚)	動		1343
かなふく	かなふくし(鑱)	産	①	255
かなほだ	かなほだし(囚禁具)	法	①	488
かなまぜ	かなまぜの鎧	兵		1794
かなまり	かなまり(金椀)	器	①	5
かなむぐ	かなむぐら(葎草)	植	①	1189
かなめ	要(扇)	服		1294
かなめい	要石	神	④	586
	—	金		259
かなめの	かなめのき(扇骨木)	植	①	385
かなもち	金持党	姓		296
かなもの	金物師	産	①	662
かなやま	金山			
	「こうざん鉱山」を見よ			
かなやま	金山彦命			
	祀—於南宮神社	神	④	707
	祀—於中山神社	神	④	1093
	祀—於中山神社	神	④	1717
かなりや	かなりや(金雀)	動		927
かなわ	鉄輪	器	①	326
かなわく	かなわく(繰車)	産	②	80
かなわだ	かなわ立(陣法)	兵		71
かなわの	金輪の造営	神	①	462
かなんぷ	河南浦(楽曲)	楽	①	491
かなんよ	火難除守札	神	②	929
かに	蟹	動		1598
かにいし	かにいし(石蟹)	金		355
かにくい	蟹喰鰻	動		1359
かにぐさ	蟹草	植	②	866
かにごお	可児郡	地	①	1262
かにしま	蟹島	人	②	868
かにとり	かにとり草	植	①	938
かにのめ	蟹目(扇)	服		1296
かにのも	かにのものはみ(沙嚢)	動		1599
かにはた	蟹幡郷	地	①	243
かにまん	蟹満寺【篇】	宗	③	1093
かにもり	掃部			
	「かもり掃部」を見よ			
かにゅう	花乳石	金		308
かにわ	樺	植	①	163
かにわざ	かにはざくら(朱桜)	植	①	294
かぬち	鍛師	産	①	621
かぬちの	鍛冶司【篇】	官	①	1018
かぬちべ	鍛部	官	①	110
かね	金			
	「きんか金貨」「ぎんか銀貨」「かへい貨幣」「ぜに銭」を見よ			
かね	金(金属)	金		172
かね	鉦			
	軍陣用—	兵		2150
	犬追物時打相図—	武		636
かね	鐘	宗	②	1097
	真清田神社—銘	神	④	366
	神護寺—銘	宗	③	877
	軍陣用—	兵		2154
	陰陽寮—	方		2
	鳴—報時	方		444
	—楼	宗	③	118
	法隆寺—	宗	③	1291
	提灯に釣—	人	①	919
	鳴—為誓約	人	②	323
かねあき	兼明親王			
	—兎裘賦	帝		1596
	—座左銘	人	②	179
	—善書	文	③	716
	—創施無畏寺	宗	③	807
かねいれ	金入袋	泉		423
かねうす	鉄臼	産	①	660
かねうち	鉦打(僧)	宗	①	1065
かねうち	鉦打(犬追物)	武		664
かねがさ	金崎宮	神	④	1714
かねかし	金貸	産	②	671
かねくじ	金公事	法	③	408
	—	法	③	516

かねぐら 金蔵 居 795
かねぐろ 金黒(染歯) 礼 ① 876
かねごえ 金肥 産 ① 118
かねこと 金子党 兵 446
かねざし 曲尺 称 17
かねじゃ 曲尺 称 15
かねたた 鉦敲魚 動 1534
かねちあ 鍾乳穴 金 318
かねつき 鐘撞堂
「しゅろう鐘楼」を見よ
かねつけ かねつけ(歯黒) 礼 ① 620
かねつけ かねつけとんぼ(紺
蠜) 動 1159
かねどう 金同心 官 ③ 570
かねなが 懐良親王
—為征西大将軍 官 ② 7
祀—於八代宮 神 ④ 1713
かねのさ かねのさび(鉄精) 金 201
かねのと 鉄鳥居 神 ① 587
かねのみ 鐘岬 地 ③ 1333
かねのみ かねのみたけ(金峯
山) 宗 ③ 1307
かねはき かねはき(鉄漿用具) 礼 ① 624
かねはじ 鉄漿始【篇】 礼 ① 619
かねはら 金払方衆 官 ③ 566
かねはら 金原陵 帝 1016
かねびき 金飛脚 政 ④ 1328
がねぶ がねぶ(紫葛) 植 ② 352
かねふき 金吹師 官 ③ 574
かねぶぎ 金奉行(徳川氏)【篇】 官 ③ 565
大坂— 官 ③ 1332
かねふで 鉄漿筆 礼 ① 622
かねほり 金堀 金 74
かねほり 金堀師 金 3
— 金 75
かねまき 鐘捲流(剣術) 武 28
かねもち 金持人 人 ② 599
かねもと 金元方奉行 官 ③ 565
かねゆり かねゆり(淘汰) 金 40
かのあし 鹿足郡 地 ② 494
かのうえ 狩野永徳 文 ③ 817
かのうさ 狩野山楽 文 ③ 822
かのうつ 狩野常信 文 ③ 820
かのうな 狩野尚信 文 ③ 820
かのうな 狩野直信 文 ③ 816
かのうは 狩野派(絵画) 文 ③ 812
かのうは 加納藩 地 ① 1293
—藩札 泉 448
かのうま 狩野正信 文 ③ 815
かのうも 狩野元信 文 ③ 815
かのうも 狩野守信 文 ③ 818
かのうゆ 狩野雪信 文 ③ 874
かのこ 鹿子 産 ① 873
かのこど かのこどり(白鷴) 動 719
かのこも 鹿子餅 飲 623
かのしし かのしし(鹿) 動 309
かのにげ かのにげぐさ(人参) 植 ② 390
かののし 狩野荘 地 ① 674
かののや 蚊野社 神 ③ 133
かのめ かのめ(扇) 服 1294
かのもん 瓜之紋 姓 515
かのゆき 彼乃行(風俗歌) 楽 ① 237
かのわか かのわかづの(鹿茸) 動 317
かば 樺 植 ① 163
かば 樺(色) 産 ① 851
かばいの 樺井渡 地 ③ 417
かはく 河伯 神 ① 60
かばざく 樺桜 植 ① 163
— 植 ① 295
かばしこ かばしこ(芳米) 植 ① 777
かはたれ 彼誰時 歳 77
かばとご 樺戸郡 地 ② 1296
かばね 尸(姓氏) 姓 6
— 姓 1
以神主祝部為姓若
— 神 ② 1568
「せい姓」も見よ
かばね 屍
「しがい死骸」を見よ
かばねぐ かばねぐさ(女青) 植 ② 106
かばねぬ 尸主 姓 446
かばまき 樺巻鞭 兵 2044
かばまき 樺巻弓 兵 1649
かばやき 蒲焼 飲 239
かはるじ 香春神宮院 神 ② 1749
かはん 加判(印) 政 ③ 295
かはん 加判(職名) 官 ② 690
かはん 花判 政 ① 573
「かおう花押」も見よ
かばん 加番 政 ③ 401
— 官 ③ 134
駿府— 官 ③ 1562
大坂駿府— 官 ③ 1695
かはんご 加判御免 官 ③ 162

かはんせ	花斑石	金		345
かはんの	加判之列	官	③	175
がび	蛾眉	礼	②	705
がびじょ	娥媚娘(楽曲)	楽	①	421
かびたん	かびたん	外		1350
かびたん	鹿比丹縞	産	②	177
かびょう	歌病	文	①	628
がひょう	賀表	政	①	394
	朔旦冬至―	歳		121
	朔旦冬至―	礼	②	875
	天皇元服―	礼	①	659
	納―筥	政	①	385
	―以松筆書	文	③	1279
かひん	歌品	文	①	694
かびん	花瓶	遊		881
かふ	家扶	官	①	1264
かふ	寡婦	人	①	159
	「ごけ後家」も見よ			
かぶ	株(株式)	産	②	397
	札差―	産	②	682
	家主―	政	③	1288
	番屋―	政	③	1361
	酒造―	政	④	528
	質―	政	④	791
	土商―	政	④	1106
	髪結職―	人	①	581
	湯屋髪結職―	居		691
	蔵法師―	居		763
かぶ	歌舞	楽	①	3
かふうら	夏風楽	楽	①	478
かぶき	歌舞伎	楽	②	3
かぶきじ	歌舞伎十八番	楽	②	135
かぶきも	かぶきもの	法	③	977
かぶきも	冠木門	居		834
かぶく	加服(喪)	礼	②	583
かぶくと	假服届	礼	②	741
かぶす	かぶす(橙)	植	①	422
かぶせも	かぶせ盛	政	④	163
かふち	加扶持	封		469
かぶと	冑	兵		1857
	―図	兵		1858
	飾兜	歳		1183
	「かっちゅ甲冑」も見よ			
かぶとが	冑形	兵		1894
かぶとが	甲蟹	動		1605
かぶとぎ	かぶとぎく(烏頭)	植	②	201
かぶとず	兜頭巾	服		1244
かぶとた	冑立	兵		1887
かぶとに	冑人形	歳		1180
かぶとば	冑鉢	器	①	86
がふのび	楽府屏風	器	①	921
かぶふだ	株札	産	②	405
	以―為質	政	④	757
かぶら	蕪菁	植	②	55
かぶらえ	かぶらゑり(銙)	産	①	567
かぶらき	かぶらきの渡	地	③	403
かぶらみ	かぶら蚯蚓	動		1227
かぶらめ	蕪飯	飲		406
かぶらや	鏑矢	兵		1671
かぶりと	冠止	服		1137
かぶりの	冠緒	服		1134
かぶりば	冠筥	礼	①	786
	―	服		1158
かぶれ	蚊触	方		1248
かぶろ	禿			
	「かむろ禿」を見よ			
かぶん	假文	政	①	1146
	―	礼	②	680
	―	礼	②	1061
がぶん	雅文	文	①	194
かぶんふ	過分不堪	政	②	399
かべ	かべ(夢)	人	①	787
かべ	かべ(豆腐)	飲		984
かべ	壁【篇】	居		1133
かへい	華平(瑞木)	植	①	75
かへい	貨幣			
	「きんぎん金銀貨」「ぜに銭」を見よ			
かべいじ	加陪従	官	①	1379
かべがき	壁書			
	「へきしょ壁書」を見よ			
かべがき	壁垣門	居		235
かべくさ	かべくさ(常春藤)	植	②	395
かべくさ	壁草	居		1141
かべしろ	壁代	器	①	831
かべにみ	壁に耳	人	①	908
	―	居		1150
かべぬり	壁塗	産	①	583
	―	政	③	883
かべのこ	かべのこけ(垣衣)	植	②	847
かべばし	壁柱	居		1145
がほ	牙保	法	②	728
かほう	火砲	武		959
かほう	嘉保	歳		194

がほう	画法	文	③	877
がほうぜ	鵞峯全集	文	③	428
かほうぼ	花芳房	居		155
かぼく	嘉木	植	①	76
かほくご	河北郡	地	②	269
かぼちゃ	かぼちや(南瓜)	植	②	628
かま	釜	器	①	297
	茶湯—	遊		668
	塩竈神社—	神	④	891
	吉備津彦神社—	神	④	1113
かま	鎌	産	①	257
かま	竈	居		651
	「かまど竈」も見よ			
がま	香蒲	植	①	942
がま	蝦蟇	動		1062
	「かえる蝦蟇」も見よ			
かまいた	鎌鼬	方		1499
かまいり	釜煎	法	①	753
	—	法	②	258
かまえ	構(城郭)	兵		1064
かまおき	釜置	遊		682
かまがし	釜島郡	地	②	579
がまがっ	蝦蟇合戦	動		1075
かまがみ	竈神(妻)	人	①	153
かまぎち	かまぎちやう(蜥蜴)	動		1055
かまぎっ	かまぎつてう(螳螂)	動		1181
かまきり	かまきり(螳螂)	動		1180
かまく	かまく(感)	人	①	721
かまくら	鎌倉	地	①	775
	—道路	地	③	20
	—十橋	地	③	196
	—十井	地	③	1013
	—追放	法	①	802
かまくら	鎌倉鰕	動		1538
かまくら	鎌倉海道	地	③	75
かまくら	鎌倉潟	地	③	1293
かまくら	鎌倉紙	文	③	1199
かまくら	鎌倉管領	官	②	1287
かまくら	鎌倉宮	神	④	1713
かまくら	鎌倉郡	地	①	761
かまくら	鎌倉五山	宗	③	194
かまくら	鎌倉御所	居		290
かまくら	鎌倉権五郎景正	人	②	98
かまくら	鎌倉将軍【篇】	官	②	649
かまくら	鎌倉大仏	宗	①	186
	—	宗	④	326
かまくら	鎌倉立神事	神	④	870

かまくら	鎌倉党	兵		445
かまくら	鎌倉幕府			
	—職員	官	②	649
	—検地	政	④	34
かまくら	鎌倉風(服飾)	服		41
かまくら	鎌倉雕	産	①	805
かまくら	鎌倉柳営	居		290
かまごお	嘉麻郡	地	②	942
かまさき	釜崎温泉	地	③	1074
かまし	釜師	遊		678
	—浄味	方		580
かましき	釜敷	遊		682
かましし	かましし(麢羊)	動		220
かます	𡱝	産	①	321
かます	鮊	動		1430
かますご	かますご(玉筋魚)	動		1431
かますず	かます頭巾	服		1249
がまずみ	がまずみ(莢蒾)	植	①	663
かまたの	蒲田郷	地	②	1088
かまだひ	鎌田火矢	武		957
かまだま	鎌田政家	人	②	251
かまつか	かまつか(鮇)	動		1337
かまつか	かまつかな(通泉草)	植	②	672
かまつか	かまつかの花(雁来紅)	植	②	116
かまど	竈	居		651
	銅—部領使	政	①	625
	陶—	産	①	777
かまどが	竈神	神	①	868
	—	神	①	894
	—	神	③	1398
	—	歳		391
かまどじ	竈門神社【篇】	神	④	1487
かまどす	竈炭竈山戸御川池等神祭	神	③	767
かまどの	竈殿	居		655
	—	神	①	491
かまどの	竈殿歌	楽	①	165
かまどば	竈祓	楽	①	728
かまどま	竈祭舞	楽	①	593
かまどや	竈門山	神	④	1487
かまとり	釜取	器	①	316
かまとり	釜取(綏)	服		1139
かまな	かまな(苦芙)	植	②	761
かまなり	釜鳴	器	①	304
	鎮—祭	神	②	615
かまのえ	河磨駅	地	②	575

がまのた 蒲立薦 神 ② 1219
がまのは がまのはな(蒲黄) 植 ① 942
— 方 1038
かまぶろ 竈風呂 居 680
かまぼこ 蒲鉾【篇】 飲 976
かまめ 鷗 動 637
かまや 竈屋 居 656
かまやま 竈山神社【篇】 神 ④ 1259
かまやま 竈山墓 礼 ② 1151
かまやり 鎌鎗 武 72
— 兵 1513
がまゆぎ 蒲靫 兵 1714
かまゆだ 釜湯立 神 ② 909
かまりも かまり物見 兵 330
かまわう 竈輪占 神 ② 1299
かまわの 鎌輪之宿 地 ① 1053
かみ 正
「しょう正」を見よ
かみ 守
「こくしゅ国守」を見よ
かみ 伯
「はく伯」を見よ
かみ 首
「しゅ首」を見よ
かみ 神 神 ① 2
—号【篇】 神 ① 139
—魂【附】 神 ① 175
—体【篇】 神 ① 189
—人通婚 神 ① 234
—現形 神 ① 269
—異【篇】 神 ① 231
—助 神 ① 241
—託【篇】 神 ① 257
—詠 神 ① 290
—階【篇】 神 ① 293
氏—【篇】 神 ① 659
産土—【篇】 神 ① 737
地主—【附】 神 ① 816
官衙—【篇】 神 ① 843
第宅—【篇】 神 ① 883
—棚【附】 神 ① 927
—符【篇】 神 ② 911
—拝【篇】 神 ② 975
—饌【篇】 神 ② 1147
—道【篇】 神 ② 1317
—木【篇】 神 ② 1757
—使【篇】 神 ② 1809
農— 産 ① 4
蚕— 産 ① 333
温泉— 地 ③ 1130
告遷都於—祇 地 ① 134
即位以前祭— 帝 377
即位以後祭— 帝 389
祭外家— 帝 1565
神祇官掌—祇祭祀等 官 ① 275
—仏感於歌 文 ① 741
於学校祭— 文 ② 1189
服喪中不拝— 礼 ② 857
夢—仏 人 ① 813
誓—起請 人 ② 324
—紋 姓 569
以—号為人名 姓 653
—仏供餅 飲 560
呼—人之数称幾柱 居 938
殺牛祭— 動 70
かみ 紙【篇】 文 ③ 1167
以楮皮造— 植 ① 225
美濃産— 地 ① 1300
位記用— 官 ③ 1892
詔書用— 政 ① 232
宣旨用— 政 ① 262
奏文用— 政 ① 441
外交文書用— 外 646
写経用— 宗 ① 278
書札用— 文 ① 483
懐—【附】 文 ③ 1262
起請文用— 人 ② 353
以—為幣 神 ② 1075
以—包進物 人 ② 465
以—包金 泉 182
帖—【篇】 服 1357
以—拭手 器 ① 634
釜置— 遊 682
かみ 卿
「きょう卿」を見よ
かみ 督
「とく督」を見よ
かみ 雷 天 283
かみ 髪 人 ① 500
為処罰剃婦人— 法 ② 468
誕生後剃胎— 礼 ① 415
中陰之間男子結— 礼 ② 712
納遺—於高野山 礼 ② 1116

かみ	頭			
	「とう頭」を見よ			
かみ	大夫			
	「だいぶ大夫」を見よ			
かみ	長官	官	①	198
かみあが	かみあがる(崩)	人	①	638
かみあげ	髪あげ(結髪)	人	①	509
かみあげ	髪上(著裳)【併入】	礼	①	610
かみあそ	神楽	楽	①	151
	「かぐら神楽」も見よ			
かみあら	髪洗粉	器	①	542
かみいそ	上磯郡	地	②	1294
かみいず	上泉流(兵法)	兵		11
かみいず	上出雲寺	宗	③	414
かみうた	神歌	楽	①	75
かみうな	上海上国造	地	①	1025
かみえ	紙絵	文	③	914
かみえち	上越後	地	②	344
かみおき	髪置【篇】	礼	①	483
	—時詣産土神	神	①	751
かみおこ	かみおこしな(苦芙)	植	②	761
かみおり	紙折物	遊		1231
かみがか	上懸(能楽)	楽	①	754
かみがき	かみがき(擽鬢厫)	器	①	419
かみがき	神垣	神	①	569
かみかぜ	神風(枕詞)	地	①	421
かみがた	上方唄	楽	②	367
かみがた	上方郡代	官	③	1478
かみがた	上方衆(大名)	官	③	1675
かみがた	上方筋	地	①	54
かみがた	上方代官	官	③	1488
かみがっ	紙合羽	器	②	491
かみかつ	上桂荘	地	①	253
	—	法	①	1074
かみがね	紙金(紙幣)	泉		445
かみかぶ	紙冠	服		1110
かみがみ	かみがみ合	遊		297
かみかわ	上川郡(十勝)	地	②	1299
かみかわ	上川郡(天塩)	地	②	1297
かみかわ	上川郡(石狩)	地	②	1296
かみぎぬ	紙衣	服		9
かみきり	髪切	人	①	596
かみきり	髪切女	地	③	635
かみきり	齧髪虫	動		1087
かみぎわ	髪際	人	①	323
かみくず	紙屑	文	③	1250
	—直段	産	②	339
かみくら	神倉権現	神	④	1316
かみこ	紙衣	服		10
かみごお	賀美郡(武蔵)	地	①	861
かみごお	賀美郡(陸奥)	地	②	124
かみごと	幽事	神	①	43
かみこば	紙子羽織	服		676
かみさか	紙盃	器	①	230
かみしも	上下【篇】	服		597
	—	服		43
	宿役人—著用	政	④	1250
	農人—著用	産	①	204
かみしも	上下(素襖)	服		578
かみしも	上下役	官	③	84
かみじや	神道山	神	③	304
かみしょ	紙商運上	政	④	521
かみしょ	紙障子	器	①	865
かみすき	紙漉運上	政	④	482
かみすき	紙漉必用	産	①	179
かみずき	紙頭巾	服		1240
かみすご	紙双六【併入】	遊		23
かみすじ	髪筋	人	①	500
	「かみ髪」も見よ			
かみずも	神相撲	武		1171
かみぜに	紙銭	泉		149
	—	泉		429
かみそぎ	髪曾木(深曾木)	礼	①	513
かみそぎ	髪曾木(鬢曾木)	礼	①	535
かみそり	剃刀貝	動		1633
かみたか	上高井戸	地	①	805
かみたて	髪立(髪置)	礼	①	484
かみだな	神棚【附】	神	①	927
	喪家—覆紙	礼	②	120
かみたれ	髪垂	人	①	560
	—	礼	①	415
かみつか	髪塚	礼	②	1120
かみつき	紙付	遊		1232
かみつく	上座郡	地	②	944
かみづく	神造	神	①	231
かみつけ	上毛野形名妻	人	②	90
かみつけ	上毛野田道妻	人	①	1125
かみつけ	上野国	地	②	1
	「こうずけ上野国」も見よ			
かみつち	上知我麻神社	神	④	347
かみつふ	かみつふさの国	地	①	1021
	「かずさの上総国」も見よ			
かみつま	上妻郡	地	②	970
かみつみ	上道国造	地	②	577

かみでっ	紙鉄砲	遊		1274
かみてん	紙天井	居		1126
かみどい	紙問屋	産	②	407
かみとけ	かみとけ(霹靂)	天		292
かみとこ	かみところ(神地)	神	①	619
かみな	かみな(寄居子)	動		1692
かみなが	髪長(僧)	宗	②	431
かみなげ	上長押	居		1102
かみなづ	神無月	歳		29
かみなり	かみなり(魚子)	動		1247
かみなり	雷【篇】	天		283
かみなり	かみなり魚	動		1533
かみなり	雷鳴陣	天		290
かみなり	雷干瓜	飲		1018
かみぬご	神野郡	地	②	869
かみぬし	かみぬし(神主部)	産	①	9
かみのあ	髪油	器	①	515
かみのう	神馬	神	②	1102
	「じんめ神馬」も見よ			
かみのく	上句			
	歌—	文	①	535
	連歌—	文	①	958
かみのけ	神気	神	①	69
かみのけ	髪毛			
	「かみ髪」を見よ			
かみのせ	上関	地	②	691
かみのだ	上醍醐	宗	③	1018
かみのた	上之太子(叡福寺)	宗	④	11
かみのつ	神使【篇】	神	②	1809
かみのつ	かみのつげ(神託)	神	①	257
かみのと	髪塔	帝		1029
かみのね	かみのね(髪)	人	①	501
かみのぼ	紙幟	歳		1183
かみのみ	神の御国	神	①	103
かみのや	かみのやがら(赤箭)	植	①	1180
かみのや	神奴	神	①	634
	—	政	②	155
かみのや	上ノ山温泉	地	③	1076
かみのや	上ノ山藩	地	②	195
かみはり	上治郡	地	②	125
かみびな	紙雛	歳		1103
かみひょ	紙表具	文	③	1023
かみぶく	髪袋(馬具)	兵		2052
かみぶす	紙衾	器	②	182
かみぶね	紙船役	政	④	482
かみみち	上道	地	③	42
かみむす	神魂	神	②	500
かみむす	神皇産霊神	神	①	35
	鎮魂祭祭神魂神	神	②	500
かみむち	上無調	楽	①	21
かみもく	神目代	神	②	1528
かみやう	神谷転	宗	①	1138
かみやが	紙屋紙	文	③	1221
かみやが	紙屋上陵	帝		1016
かみやし	上屋敷	政	③	1254
	—	官	③	1720
かみやの	神谷登	方		566
かみゆい	髪結	人	①	580
	—	産	②	404
かみゆい	髪結糸	器	①	480
かみゆい	髪結床	人	①	582
かみよ	神世	神	①	9
かみよし	神吉日	方		133
かみよな	神世七代	神	①	12
かみより	神依板	神	①	275
かみら	かみら(韮)	植	①	1040
かむ	家務	官	②	1309
かむさっ	かむさつか	外		1464
かむつは	上林郷	地	①	228
かむり	冠			
	「かんむり冠」を見よ			
かむり	冠(文字)	文	①	2
かむりい	冠板(鎧)	兵		1776
おむりお	冠落(刀剣)	兵		1315
かむりが	冠川神社	神	④	885
かむりく	冠くづし(冑)	兵		1882
かむりじ	冠字歌	文	①	554
かむりじ	冠字連歌	文	①	996
かむりづ	冠附	法	③	58
かむりづ	冠附(俳諧)	文	①	1286
かむりど	かむりどり(鶻嘲)	動		858
かむろ	禿(幼者)	人	①	80
	入道殿之—	帝		1613
かむろ	禿(遊里)	人	②	894
かむろ	禿(小児頭髪)	人	①	564
かめ	瓶	器	①	178
かめ	瓶(水指)	遊		741
かめ	亀	動		1577
	以—為神使	神	②	1855
かめあや	亀綾	産	②	262
かめい	家名	姓		306
かめい	瓶井	地	③	1013
かめい	亀居	礼	①	102
かめいう	家名売渡	産	②	222

かめいし 亀井新次郎 人 ① 1194
かめいそ 家名相続 政 ③ 679
かめいど 亀井戸鉄銭 泉 32
かめいの 亀井泉 宗 ④ 73
かめいの 亀井水 宗 ④ 72
かめいわ 亀井割 文 ③ 625
かめおち 瓶落里 地 ② 528
かめしご 神石郡 地 ② 625
かめだご 亀田郡 地 ② 1294
かめだは 亀田藩 地 ② 196
かめだほ 亀田鵬斎 文 ① 331
かめのう 亀卜【篇】 神 ② 1267
「きぼく亀卜」も見よ
かめのか 亀の看経 動 1598
かめのこ 亀甲 動 1597
— 神 ② 1284
かめのこ 亀甲(兵器) 兵 673
かめのこ 亀の甲半天 服 695
かめはら かめはら(癥瘕) 方 1188
かめや 亀綾 産 ② 262
かめやま かめ山(蓬莱) 方 632
かめやま 亀山(丹波) 地 ② 387
かめやま 亀山天皇 帝 30
—後深草天皇両統
更立 帝 288
—出家 帝 874
—創南禅寺 宗 ③ 657
—御領処分状 政 ② 479
—山陵 帝 1000
かめやま 亀山殿法華堂 帝 1016
かめやま 亀山藩(丹波) 地 ② 393
—学校 文 ② 1285
かめやま 亀山藩(伊勢) 地 ① 460
かめやま 亀山焼 産 ① 774
かも 鴨 動 585
かも 氈 器 ② 39
かもあわ 鴨合 遊 265
かもい 鴨井 地 ③ 1012
かもい 鴨居 居 1109
かもいり 鳧煎 飲 223
がもうく 蒲生君平
—修山陵志 帝 1099
—海防意見上書 政 ③ 255
がもうご 蒲生郡 地 ① 1177
かもうじ 賀茂氏
—氏神 神 ① 678
—陰陽道 方 12
かもうり かもうり(冬瓜) 植 ② 610
かもえ 鴨柄【併入】 居 1108
かもおな 鴨御成 遊 965
かもかご 加茂籠 動 1003
かもがわ 賀茂川 地 ③ 1150
大嘗祭—御禊 神 ① 1140
—修築 政 ④ 1000
—修築 政 ④ 1141
—疏鑿 政 ④ 1067
流死骸於— 礼 ② 234
かもがわ 鴨川石 金 254
— 文 ③ 1327
— 礼 ① 513
かもがわ 鴨川堤 政 ④ 1030
— 神 ① 642
かもがわ 鴨川橋 地 ③ 199
かもぐつ 鴨沓(蹴鞠) 遊 1137
かもげの 鴨毛車 器 ② 829
かもげび 鴨毛屏風 器 ① 927
かもごお 加茂郡(佐渡) 地 ② 366
かもごお 加茂郡(越後) 地 ② 340
かもごお 賀茂郡(三河) 地 ① 550
かもごお 賀茂郡(伊豆) 地 ① 667
かもごお 賀茂郡(安芸) 地 ② 658
かもごお 賀茂郡(美濃) 地 ① 1262
かもごお 賀茂郡(播磨) 地 ② 526
かもじ かもじ(髪) 器 ① 457
— 人 ① 522
かもじか 髪掛 器 ① 465
かもしし かもしし(麢羊) 動 221
かもじん 賀茂神社【篇】 神 ③ 941
—大嘗祭由奉幣 神 ① 1029
—神宮寺 神 ② 1704
—神宮寺 宗 ③ 706
孝明天皇—行幸 帝 680
—神職訴訟 法 ① 1015
—社務職訴訟 法 ① 1036
—与東大寺争長渚
開発 政 ② 358
—競馬 武 841
—桜会 宗 ② 134
—服忌 礼 ② 892
かもす 醸 飲 718
かもそう 賀茂奏事始 官 ① 673
かもてん 賀茂伝奏 官 ① 673
かものい 鴨入首(相撲) 武 1138
かものさ 賀茂郷 地 ① 229

かものた	賀茂建角身命	神	③	942
かものた	賀茂忠行	方		21
かものち	鴨長明	人	②	1017
かものに	賀茂女御	帝		1298
かものま	賀茂真淵	文	①	859
	—	文	②	671
	—命名	姓		738
	—神道説	神	②	1440
	—門人入門誓詞	人	②	373
	—門下三才女	文	①	887
	—碑	礼	②	1184
かものむ	鴨のむなそり	楽	②	1114
かものや	鴨社	神	③	132
かものや	賀茂保憲	方		245
かもぶぎ	賀茂奉行	官	①	675
かもまつ	賀茂祭【篇】	神	③	1005
	—除目	政	①	738
	—騎射	武		483
	諒闇中—有無之事	礼	②	551
かもまつ	賀茂祭使	神	③	1034
かもみお	賀茂御祖神社	神	③	942
かもみお	鴨御祖神	神	②	471
かもめ	鷗	動		636
かもめし	鴨飯	飲		415
かももう	賀茂詣(摂関)【篇】	神	③	1140
かもり	掃部			
	掃部司—	官	①	968
	内掃部司—	官	①	1054
	掃部寮—	官	①	1053
かもり	掃部(伴造)	官	①	129
かもりど	掃部所	官	①	1230
かもりの	掃部正	官	①	968
かもりの	掃部頭	官	①	1047
かもりの	掃司	官	①	1129
かもりの	掃部司【篇】	官	①	968
	内—	官	①	1054
	併—及内掃部司為			
	掃部寮	官	①	1047
かもりの	掃部司(斎宮寮)	神	③	809
かもりゅ	加茂流(書道)	文	③	698
かもりゅ	賀茂流(蹴鞠)	遊		1104
かもりょ	鴨猟	産	①	450
かもりり	掃部寮【篇】	官	①	1046
	併掃部内掃部二司			
	為—	官	①	968
かもりん	賀茂臨時祭【篇】	神	③	1099
かもりん	賀茂臨時祭使	神	③	1129
かもわけ	鴨別雷社	神	②	471
かもわけ	賀茂別雷神社	神	③	942
かもわけ	賀茂別雷命	神	③	943
かもん	家門(大名)	官	③	1668
かもん	家紋【篇】	姓		501
	—図	姓		580
	「もん紋」も見よ			
かもん	掃部			
	「かもり掃部」を見よ			
かもんり	かもんれう(掃部寮)	官	①	1046
かや	かや(草)	植	①	749
かや	柏	植	①	112
かや	萱	植	①	913
かや	榧	植	①	133
かや	蚊帳	器	②	198
かやく	火薬	武		924
かやく	加役	官	③	134
	—	官	③	310
かやく	加薬	飲		283
かやく	課役	政	④	410
	為甕都免—	地	①	139
	守護—	官	②	1344
	徳川氏大名—	官	③	1680
	帳内資人—	封		357
	荘園—	政	②	532
	免—	政	②	533
	免—	政	②	967
	流人—	法	①	185
	度者—	宗	②	599
	寺領—	宗	③	259
	為造橋所課	地	③	172
	臨時所課	政	②	791
	私課	政	②	793
かやぐき	かやぐき(鶡)	動		733
かやごお	賀陽郡	地	②	602
かやざけ	榧酒	飲		708
かやさよ	蚊帳帒	産	②	145
かやちょ	茅町組	産	②	438
かやつ	彼奴	人	①	17
かやつの	萱津駅(相模)	地	①	747
かやつの	萱津宿(尾張)	地	①	493
かやつり	かやつりぐさ(莎草)	植	①	961
かやのあ	榧子油	器	②	319
かやのい	賀陽院	武		820
かやのえ	河陽駅	地	①	213
かやのく	加夜国造	地	②	599
かやのつ	河陽津	地	③	509

かやのひ	草野姫神	神	①	45
かやのみ	賀陽宮	帝		1428
かやばし	河陽橋	地	③	213
かやぶき	茅葺	居		1021
かやぶき	草葺倉	居		753
かやべご	茅部郡	地	②	1294
かやみそ	榧味噌	飲		861
かやむし	萱筵	器	②	11
かやもん	茅門	居		843
かやや	蚊帳屋	器	②	211
かゆ	粥【篇】	飲		447
	七種—	歳		904
	正月十五日—	歳		918
	正月十六日—	歳		926
	正月十七日—	歳		926
	正月十八日—	歳		926
	小花—	歳		1287
	温糟—	歳		1420
	産養時啜—詞	礼	①	420
かゆうら	粥占	神	②	1300
	枚岡神社—	神	④	226
かゆし	癢	方		1139
かゆづえ	粥杖	歳		923
かゆのき	粥木	歳		923
かゆばし	粥箸	歳		920
かゆばし	粥柱	歳		920
かよい	かよひ(酒礼)	礼	①	265
かよいぐ	通口(茶室)	遊		568
かよいげ	通ひ稽古	文	②	1141
かよいぶ	通舟	器	②	677
かよう	荷葉(香)	遊		315
かようさ	火曜祭	方		37
かようま	家用升	称		87
かようも	嘉陽門	居		230
かよちょ	駕輿丁	器	②	971
から	から(舟)	器	②	650
から	から(木幹)	植	①	5
から	唐	外		819
から	加羅(外国)	外		86
から	掛絡	宗	②	1164
からあお	からあふひ(蜀葵)	植	②	357
からあぶ	唐鐙	兵		1996
からあや	唐綾	産	②	258
からあや	唐綾威(鎧)	兵		1800
からいし	唐居敷	居		1195
	—	居		853
からいて	火雷天神	神	③	1617
	—	神	③	1640
からいと	唐糸	産	②	68
からいも	からいも(甘藷)	植	②	474
からうす	碓	産	①	293
からうす	磑	産	①	300
からうた	から歌	文	②	451
	「し詩」も見よ			
からうめ	からうめ(蠟梅)	植	①	252
からうり	からうり(甜瓜)	植	②	600
からえ	からえ(草麻)	植	②	341
からえ	唐画	文	③	797
からえい	からえひ(王余魚)	動		1447
からおび	唐帯	服		815
からおり	唐織	産	②	283
	博多—	産	②	220
からおり	唐織唐衣	服		915
からおり	唐織羽織	服		688
からおり	唐織物	産	②	22
からかき	韓垣	居		863
からかこ	からかこ(鯛魚)	動		1347
からかご	からかご(魚)	動		1453
からかさ	傘	器	②	436
	御能拝見時賜—	楽	①	884
からがさ	からがさ(黴毒)	方		1276
からかさ	傘紙	文	③	1242
からかさ	唐笠座	器	②	474
からかさ	唐笠屋	政	④	511
からかし	からかしは(草麻)	植	②	341
からかぬ	韓鍛	産	①	624
からかね	唐金	金		193
	以—造仏像	宗	①	210
からかぶ	からかぶす(唐橙)	植	①	423
からかみ	からかみ(衣)	服		852
からかみ	唐紙(紙)	文	③	1189
からかみ	唐紙(襖)	器	①	862
	—	文	③	1191
からかみ	韓神	神	①	851
からかみ	韓神(神楽)	楽	①	159
からから	からから(玩具)	遊		1256
からかわ	唐皮(名鎧)	兵		1848
からぎぬ	唐衣【篇】	服		905
	—著用法	帝		1257
	—著用法	服		975
からく	花洛	地	①	128
からくさ	からくさ(半辺蓮)	植	②	688
からくさ	唐草	服		270
からくち	からくちなし(使君			

子）　植 ② 386
からくに　韓国　外 86
　造立韓地神　神 ① 45
からくみ　綷帯(条腰)　服 820
からくも　嘉楽門　居 266
からくら　唐鞍　兵 1945
　一図　兵 1948
からくら　唐鞍轡　兵 2009
からくり　からくり　楽 ② 1196
からぐる　唐車　器 ② 810
　行啓用一　帝 781
からくれ　韓紅　産 ① 878
からくん　からくん(鳥)　動 929
からげじ　からげ汁　飲 183
からこう　から格子　居 1249
からごも　韓薦　器 ② 36
からごろ　韓衣　服 13
からさお　からさを(連枷)　産 ① 286
　一図　産 ① 91
からさき　唐崎　地 ① 1223
　賀茂斎王解職時於
　一御禊　神 ③ 1212
からさき　唐崎松　植 ① 98
　一　法 ③ 945
　一　神 ② 1781
からさわ　唐沢山神社　神 ④ 1715
からし　辛　飲 8
からしし　からしし(獅子)　動 441
からしづ　辛子漬　飲 1037
からしな　からしな(芥)　植 ② 68
からしょ　唐装束
　男子一　服 184
　婦人一　服 874
　舞楽人一　楽 ① 646
からじり　軽尻賃　政 ④ 1312
からす　烏　動 831
　日中一　天 23
　以一為神使　神 ② 1818
　厳島神社一　神 ④ 1177
　熱田一祭　神 ④ 326
がらす　がらす(硝子)　金 234
からすう　からすうり(栝楼)　植 ② 641
からすお　からすあふぎ(烏扇)　植 ① 1113
からすが　烏蛤　動 1632
がらすか　硝子鏡　器 ① 356
からすか　烏駕籠　楽 ① 944
からすが　烏金　政 ④ 692
からすき　からすき(犂)　産 ① 219
がらすこ　硝子工【併入】　産 ① 614
からすさ　からすさんせう(樗)　植 ① 493
がらすし　硝子障子　居 533
からすだ　烏紙鳶　遊 1171
からすな　からすなへり(転筋)　方 1214
からすの　からすのさんしやう
　(食茱萸)　植 ① 444
がらすば　硝子鉢　器 ① 82
からすば　烏羽矢　兵 1601
からすび　からすびしやく(半
　夏)　植 ① 969
からすへ　からすへみ(蚖蛇)　動 1023
からすへ　烏蛇　動 1023
　一　動 1019
からすま　烏丸家　姓 439
　一歌道　文 ① 809
からすま　烏丸殿　居 312
からすま　烏丸光栄　文 ① 857
からすま　烏丸光広
　一書寛永銭銘文　泉 24
　一度量　居 775
からすみ　からすみ(鯔脯)　動 1246
　鯔の一　動 1392
　鰆の一　動 1502
からすみ　唐墨　文 ③ 1367
からすむ　からすむぎ(雀麦)　植 ① 840
からすむ　からすむぎ(穬麦)　植 ① 839
からすや　烏山藩　地 ② 60
からすゆ　からすゆり(萎蕤)　植 ① 1019
からだ　体　人 ① 293
からだか　から高　政 ④ 163
からたち　からたち(枸橘)　植 ① 436
からたち　からたちばな(百両
　金)　植 ② 436
からだび　空茶毘　礼 ② 254
からつ　唐津　地 ② 1091
からつじ　唐津事件　外 1428
からつは　唐津藩　地 ② 1098
からつや　唐津焼　産 ① 771
　一　産 ① 714
からと　唐戸　居 1221
からどう　から胴(鎧)　兵 1782
からとじ　唐とぢ　文 ③ 514
からとま　唐泊　地 ③ 561
からとま　韓泊　地 ③ 554
からなし　からなし(柰)　植 ① 358

からなず	からなづな(草)	植	②	79
からにし	唐錦	産	②	279
からにし	唐錦茵	器	②	110
からねこ	から猫	動		197
からの	枯野(船)	器	②	609
からのか	唐鏡	器	①	361
からのか	からのかしら	兵		1895
からのか	漢神	神	②	646
からのき	唐綺直衣	服		308
からのみ	唐湊	地	③	587
	—	産	②	737
からば	からば(遊戯)	遊		39
からばか	権衡	称		108
からはし	唐橋	地	③	120
	勢多—	地	③	316
からはし	唐橋家	姓		440
	—紀伝道	文	①	354
からはふ	唐搏風	居		1001
からはふ	唐破風形(窓)	居		1155
からびさ	唐庇	居		558
からびさ	唐庇車	器	②	810
	—	帝		214
からびつ	唐櫃	器	①	667
	祭祀用—	神	②	1239
	内侍所—	帝		144
	践祚日内侍所—渡御	帝		214
	日記—	文	③	1395
からふと	樺太州【併入】	地	②	1345
	—	外		1459
	—経界交渉	外		1578
	内国人漂著—	外		1629
からふと	樺太千島交換条約	外		1615
からふと	樺太島仮規則	外		1613
からへい	唐瓶子	器	①	211
からまつ	からまつ(海松)	植	①	91
からまつ	からまつ(落葉松)	植	①	89
からまつ	唐松草	植	②	189
からまべ	韓海部首	官	①	67
からみつ	からみつでの木(騏驎竭)	植	①	140
からむし	枲	植	①	1196
からむし	枲頭巾	服		1255
からむし	紵布	産	②	125
からむね	唐棟	居		977
からめて	搦手	兵		1062
からもの	干物	飲		263
からもの	唐物			
	禁越関私買—	産	②	727
からもの	唐物使	政	①	634
からもの	唐物の茶湯	遊		421
からもも	からもも(杏)	植	①	343
からもん	唐門	居		825
	日光東照宮—	神	④	791
からやか	唐屋形舟	器	②	628
からやき	から焼	飲		230
からやつ	韓奴	政	②	160
からよう	唐様(書道)	文	③	699
からよも	からよもぎ(菊)	植	②	688
からわ	唐輪(結髪)	人	①	571
がらん	伽藍	宗	③	6
	「じいん寺院」も見よ			
がらんち	がらん鳥(鵜鶘)	動		561
かり	かり(樗蒲采)	法	①	448
かり	狩	産	①	439
	「でんりょ畋猟」も見よ			
かり	雁	動		562
	「がん雁」も見よ			
かりあお	狩襖	服		464
かりうち	かりうち(樗蒲)	法	①	447
かりうど	猟師	産	①	479
	「りょうし猟師」も見よ			
かりお	かりほ(仮廬)	産	①	95
かりおか	仮御抱入並	官	③	82
かりおさ	刈穫	産	①	89
	—図	産	①	91
かりがね	かりがね	動		564
かりぎ	刈葱	植	①	1032
かりぎぬ	狩衣【篇】	服		463
	以—為祭服	服		148
	著—持扇	服		1345
	凶服—	礼	②	1019
	—図	服		467
かりぎぬ	狩衣姿	服		207
かりぎぬ	狩衣直衣	服		302
かりくら	狩倉	産	①	442
かりぐら	かり蔵	居		804
かりげん	かり元服	礼	①	879
かりこ	列卒	産	①	479
かりこえ	苅糞	産	①	113
かりごろ	狩衣	服		482
かりしょ	狩装束	服		876
かりたご	刈田郡(陸奥)	地	②	123
かりたご	刈田郡(讃岐)	地	②	832

かりて	糧	飲		481
かりてい	迦梨帝母	宗	①	128
かりどの	仮殿	神	①	500
かりどの	仮殿遷宮	神	①	501
	大神宮—	神	③	311
	賀茂神社—	神	③	949
	男山八幡宮—	神	③	1247
かりどの	仮殿造	神	④	1038
かりとり	刈取	産	①	89
かりとり	狩鳥の備(陣法)	兵		71
かりぬし	借主	政	④	669
かりね	仮寝	人	①	965
かりのじ	権の城代(大坂)	官	③	1321
かりのず	かりの随身	官	①	1385
かりのつ	雁の使	文	①	364
かりば	狩場	産	①	446
	於—著美麗直垂	服		562
かりばか	狩袴	服		762
	—	服		737
かりはご	刈羽郡	地	②	342
かりばし	仮橋	地	③	123
かりびさ	仮庇	居		559
かりびと	猟師	産	①	479
	「りょうし猟師」も見よ			
かりまた	雁股(矢)	兵		1679
かりみや	頓宮			
	「とんぐう頓宮」を見よ			
かりもが	かりもがり(殯斂)	礼	②	123
かりもり	かりもり(嫩甜瓜)	植	②	617
かりやえ	狩谷掖斎			
	—考証学	文	②	809
	—聚古銭	泉		156
かりゃく	嘉暦	歳		228
かりやす	賀利夜酒(楽曲)	楽	①	576
かりやす	苅安草	植	①	934
かりやな	狩胡簶	兵		1724
かりやは	刈屋藩	地	①	558
がりゅう	臥竜梅	植	①	325
かりょう	科料	法	①	829
かりょう	過料【篇】	法	②	659
	不納—者手鎖	法	②	530
	以—造橋	地	③	173
かりよう	仮養子	政	③	814
かりょう	過料銭	法	①	832
かりょう	迦陵頻(楽曲)	楽	①	388
	—羽	楽	①	667
かりょう	過料物	法	①	833
かりろう	仮牢	法	③	188
かりん	くわりん(榠樝)	植	①	368
かりん	くわりん(榈木)	植	①	623
かりんり	歌林良材集	文	②	446
かる	借	政	②	872
	私—官物	法	①	62
	「たいしゃ貸借」も見よ			
かるいざ	軽井沢宿	政	④	1313
かるいし	浮石	金		346
	—	器	①	546
かるかや	刈萱	植	①	914
かるかや	かるかやの(枕詞)	植	①	914
かるくち	軽口	楽	②	531
かるこ	軽籠	産	①	323
かるさん	袨衦	服		772
かるじり	軽尻	政	④	1290
かるぞな	軽備	兵		415
かるた	骨牌【篇】	遊		240
	—	法	③	99
かるたむ	かるた結(帯)	服		1069
かるべ	軽部	官	①	134
かるめい	かるめいら	飲		657
かるめき	軽目金	泉		332
かるめる	かるめる(楽調)	楽	①	34
かるや	軽箭	兵		1691
かるやき	軽焼	飲		655
かるわざ	軽業	楽	②	1186
かれ	彼	人	①	19
かれい	餉	飲		479
かれい	鰈	動		1446
かれい	家令	官	①	1264
	春宮—	官	①	1181
	親王—	帝		1445
かれいい	かれいひ(餉)	飲		479
かれいけ	かれひけ(樏子)	器	①	282
かれいつ	餉付(馬具)	兵		2039
かれん	花輦	器	②	937
かろ	火炉	器	①	708
かろう	家老			
	卜部家—	官	①	1297
	織田氏—	官	②	1406
	豊臣氏—	官	②	1434
	徳川氏—	官	③	160
	江戸町奉行—	官	③	428
	勘定奉行—	官	③	527
	大名以—為留守居役	官	③	1757

かろうか	何陋館	文 ②	1282
かろうと	からふと(唐櫃)	器 ①	667
かろく	嘉禄	歳	214
かろのま	火炉間	居	610
がろん	画論	文 ③	954
かわ	皮		
	人—	人 ①	307
	牛馬—	動	22
	牛—	動	66
	貂—	動	252
	鹿—	動	327
	麞—	動	332
	麅—	動	332
	羚羊—	産 ①	904
	羆—	動	417
	虎—	動	443
	胡床敷虎—	器 ②	146
	豹—	動	451
	贈遺虎豹—	人 ②	463
	葦鹿—	動	466
	猟虎—	動	474
	三味線用猫—	楽 ②	819
	鮀魚—	動	1535
	鮫—	動	1473
かわ	皮(木)	植 ①	5
かわ	河【篇】	地 ③	1137
	検—損使	政 ①	629
	諸国山川制度	地 ③	717
	由地震川壅	地 ③	1388
	川浚濬及疏鑿	政 ④	995
かわ	革	産 ①	898
かわあお	皮障泥	兵	2020
かわあむ	かはあむ(浴)	人 ①	1001
かわいと	川井東村	礼 ②	739
かわいの	河合神	神 ③	942
かわいの	河合社	神 ③	999
かわいり	皮熬	飲	227
かわいろ	革色染	産 ①	855
かわうお	河魚	動	1241
かわうそ	獺	動	464
かわえび	革箙	兵	1728
かわおし	かはをし(孰皮)	産 ①	897
かわおど	革威(鎧)	兵	1799
かわおの	革緒剣	兵	1354
かわおの	革緒直垂	服	578
かわかお	皮かはふ	政 ③	893
かわかみ	川上郡	地 ②	1300
かわかみ	河上郡	地 ②	602
かわかみ	河上党	兵	447
かわかみ	河上荘	政 ②	503
かわかみ	川上梟帥	人 ②	734
かわがめ	かはがめ(鼈)	動	1580
かわがら	河烏	動	631
かわがり	川狩銭	政 ④	484
かわぎし	河岸組	産 ②	439
かわぎす	かはぎす(鮧)	動	1337
かわぎぬ	かはぎぬ	服	9
かわぎり	河霧(和琴)	楽 ②	558
かわきり	皮切付	兵	1979
かわぐす	河薬	器 ①	546
かわぐち	河口(催馬楽)	楽 ①	212
かわぐち	河口荘	地 ②	249
	—	神 ④	45
かわぐち	河口頓宮	地 ①	444
かわぐつ	皮履	服	1393
かわくま	かはくまつづら(衛矛)	植 ①	489
かわご	かはご(便器)	器 ②	572
かわご	皮籠	器 ①	690
かわこう	革工【篇】	産 ①	896
かわごえ	川越(大井川)	地 ③	407
	—	地 ③	440
かわごえ	川越絹	産 ②	215
かわごえ	河越荘	地 ①	905
かわごえ	川越名号	宗 ④	841
かわごえ	川越藩	地 ①	913
かわごえ	河越夜軍	官 ②	1304
かわごし	川越銭	地 ③	372
かわごろ	裘	服	8
	貂—	動	253
	黒貂—	動	255
かわさき	河埼社	神 ③	524
かわさき	河崎堂【併入】	宗 ③	544
かわさき	河崎荘(武蔵)	地 ①	906
かわさき	河崎荘(美濃)	法 ①	988
かわざら	川浚	政 ④	1001
	—	政 ④	1095
かわざら	川浚金	政 ④	1103
かわしご	合志郡	地 ②	1120
かわじと	川路聖謨	外	1578
かわしま	河島墓	帝	1559
かわしま	革島南荘	政 ②	573
かわしり	革鞦	兵	2031
かわじり	河尻泊	地 ③	554

かわしろ かはしろ竹(篁竹) 植 ① 687
かわず 蝦蟇 動 1063
「かえる蝦蟇」も見よ
かわずあ 蛙合(俳諧) 文 ① 1317
かわずが 蛙狩神事 神 ④ 740
かわずき 皮頭巾 服 1241
かわせ 為替 産 ② 485
六十日— 人 ② 612
—訴訟 法 ③ 517
かわせの 河瀬神 神 ① 63
かわせの 河瀬舎人 官 ① 134
かわせび かはせび(鴗) 動 661
かわせみ かはせみ(魚狗) 動 658
かわた かはた 政 ③ 872
「えた穢多」も見よ
かわだぐ 川田組 兵 455
かわたけ 川竹 植 ① 684
かわたけ 河竹(遊女) 人 ② 838
かわたけ 革茸 植 ② 824
かわたて 皮楯 兵 2072
かわたに 川谷貞六 方 250
かわたび 革足袋 産 ① 904
— 服 1456
かわたろ かはたらう(河童) 動 480
かわち 顪 人 ① 321
かわちう 河内牛 動 48
かわちが 河内川 政 ② 1112
かわちげ 河内源氏 姓 294
かわちご 河内郡(下野) 地 ② 47
かわちご 河内郡(河内) 地 ① 319
かわちさ かはちさの木(売子木) 植 ① 655
かわちさ 河内猿楽 楽 ① 752
かわちし 河内職【併入】 官 ② 565
かわちし 河内衆 兵 459
かわちの 河内駅 地 ① 1094
かわちの 河内画師 文 ③ 789
かわちの 河内国【篇】 地 ① 307
—銀貨 泉 288
かわちの 河内国払 法 ② 360
かわつ 川津 地 ③ 486
かわづい 河津一揆 兵 429
かわづが かはづ繋(相撲) 武 1154
かわづさ 河津三郎 武 1250
かわつる かはつるみ 人 ② 922
かわて 河手 政 ④ 494
かわどめ 川留 政 ④ 1382
かわな かはな(水苔) 植 ② 927
かわなか 河中島 地 ① 1379
かわぬま 河沼郡 地 ② 116
かわのお 革帯 服 779
かわのか 河神 神 ① 60
かわのく 革鞍覆 兵 1986
かわのじ 川字銭 泉 31
かわのぞ 河臨祓 方 52
— 神 ② 693
かわのぞ 河臨祭 礼 ① 418
かわのべ 河辺郡(出羽) 地 ② 187
かわのべ 河辺郡(摂津) 地 ① 367
かわのべ 河辺郡(薩摩) 地 ② 1219
かわのり かはのり(川苔) 植 ② 913
かわばお 革羽織 服 675
かわばか 革袴 服 713
かわはぎ 皮剥(賤民) 政 ③ 875
かわはぎ 皮剥魚 動 1479
かわばこ 革筥 器 ① 678
かわはじ かははじかみ(呉茱萸) 植 ① 443
かわばた 川端 地 ③ 1144
かわばた 河端別業 宗 ③ 918
かわばち 革鉢(冑) 兵 1887
かわばん 革半天 服 693
かわひき 皮引鱠 飲 202
かわびた 川浸餅 歳 53
かわびら 河開 歳 1199
かわびら かはびらこ(蝶) 動 1105
かわぶし 川普請 政 ④ 998
かわぶと 皮蒲団 器 ② 195
かわぶね 川舟 器 ② 585
— 器 ② 661
かわぶね 川船改 官 ③ 604
かわぶね 川船奉行 官 ③ 604
かわぶね 川船役(税) 政 ④ 499
かわぶね 川船役人【篇】 官 ③ 604
かわべ かはべ(肌) 人 ① 308
かわべ 河部 官 ① 134
かわべご 河辺郡(出羽) 地 ② 187
かわべご 河辺郡(摂津) 地 ① 367
かわべの 川部酒麿 人 ② 91
かわぼう かはぼう(穢多) 政 ③ 876
かわほね かはほね(骨蓬) 植 ② 155
—水揚法 遊 866
かわほり 蝙蝠 動 260
かわほり 蝙蝠扇 服 1317

かわほり	蝙蝠付(鎧)	兵		1781
かわほり	蝙蝠羽織	服		679
かわほり	蝙蝠半天	服		693
かわまき	皮巻きたる弓	兵		1649
かわまく	革幕	服		684
かわまた	川派江	地	③	1286
かわむし	かはむし(烏毛虫)	動		1095
かわむら	河村郡	地	②	452
かわむら	河村瑞軒	人	②	615
	—機智	人	①	1273
	—画奥羽海運	政	④	1393
	—治畿内諸川	政	④	1075
	—被頭巾出入幕府執政門	服		1259
かわむら	河村郷	地	①	768
かわむら	河村羽積	泉		155
かわめば	河めばる(魚)	動		1276
かわも	水藻	植	②	928
かわもず	かはもづく	植	②	902
	—	植	②	927
かわや	厠	居		706
	登—聞杜鵑	動		870
かわやき	皮焼鱠	飲		204
かわやし	河社	楽	①	187
かわやな	かは柳	植	①	160
かわやの	厠神	神	①	916
かわゆぎ	革靫	兵		1714
かわよけ	川除	政	④	998
かわよけ	川除場	政	④	1158
かわら	瓦	産	①	590
	法成寺之—	帝		1606
	—経	宗	①	308
かわら	河原			
	駿河国大井川—	地	③	1164
	隅田—	地	③	1169
	於—祓禊	神	②	677
	於—為六月祓	神	②	755
	出—除服	礼	②	822
かわら	伽和羅(鎧)	兵		1773
かわらい	瓦板(風炉)	遊		666
かわらお	かはらおはぎ(菊)	植	②	689
かわらぐ	瓦倉	居		753
かわらけ	土器	産	①	702
	舞楽用—	楽	①	669
かわらけ	土器師	産	①	698
かわらけ	土器作	政	③	883
かわらげ	川原毛馬	動		93
かわらけ	土器盃	器	①	232
かわらけ	土器物	飲		274
かわらこ	瓦工【篇】	産	①	587
かわらさ	河原柴胡	植	②	111
かわらざ	川原崎座	楽	②	27
かわらさ	かはらささげ(黄耆)	植	②	315
かわらじ	河原神社	神	③	135
かわらす	瓦硯 「がけん瓦硯」を見よ			
かわらで	川原寺【篇】	宗	③	1350
	—伎楽	外		112
かわらど	河原殿	神	③	829
かわらに	かはらにんじん(青蒿)	植	②	718
かわらの	河原院	飲		818
	—旧跡	宗	③	457
かわらの	かはらのえつり(桟)	居		1058
かわらの	河原大社	神	③	141
かわらの	河原禊	神	①	1083
かわらの	川原湯	地	③	1054
かわらひ	瓦樋	政	②	1123
かわらぶ	瓦葺	居		1052
	—	居		1013
かわらぶ	瓦葺工	産	①	603
かわらぶ	瓦奉行	官	③	655
かわらぶ	河原淵社	神	③	140
かわらも	河原者	政	③	874
	—	政	③	967
	—	武		667
	—	楽	②	155
かわらも	瓦門	居		843
かわらよ	かはらよもぎ(菊)	植	②	689
かわらよ	かはらよもぎ(白蒿)	植	②	716
かわらよ	かはらよもぎ(茵蔯蒿)	植	②	714
かわりび	かはり屏風(玩具)	遊		1254
かわりゅ	川流(山門真言)	宗	①	562
かわわご	河曲郡	地	①	441
かわわの	河曲駅(下総)	地	①	1053
かわわの	河曲駅(伊勢)	地	①	431
かん	〆(貫)	泉		12
かん	肝	人	①	490
かん	官 「かんしょ官職」も見よ	官	①	2
かん	官(官名)	官	①	191
	神祇—【篇】	官	①	275
	太政—【篇】	官	①	481

	乾政—	官	①	377
	坤宮—【併入】	官	①	755
かん	疳	方		1513
かん	貫(銭)	泉		9
かん	貫(斤両)	称		110
かん	棺	礼	②	357
	—図	礼	②	365
	—称水舟	礼	②	114
	懸瀝青於—	礼	②	111
	出—	礼	②	149
	天武天皇御—	帝		1068
	安置待賢門院御—於石穴	帝		1130
	後土御門天皇崩御以桶号—	礼	②	104
	丁匠死者給—	礼	②	226
	発—槨者処罰	礼	②	1146
かん	寒	歳		121
かん	款	政	③	189
かん	燗(酒)	飲		768
かん	環(茶湯釜)	遊		680
かん	羹【篇】	飲		973
	三—	飲		496
がん	琀(葬送具)	礼	②	385
がん	雁	動		562
	大名—拝領	官	③	1743
	蚊帳画—	器	②	204
がん	龕	礼	②	358
	—図	礼	②	371
かんあお	かんあふひ(冬葵)	植	②	357
かんあお	かんあふひ(杜衡)	植	①	1203
かんい	官位	官	①	188
	武家—	官	③	66
	譲—【篇】	政	①	1013
	売—【篇】	政	①	1021
	有—婦人犯罪	法	①	35
	降—	法	①	310
	復—	法	①	310
	元服時—昇進	礼	①	819
	新羅—	外		101
	百済—	外		180
	高麗—	外		229
かんい	冠位	官	③	1777
かんいす	官位双六	遊		25
かんいそ	官位相当	官	①	223
	—	官	③	1900
	僧綱—	宗	②	759
かんいち	官医長	方		720
かんいま	神今食祭【附】	神	②	153
かんいん	官印			
	神祇官—	官	①	305
	太政官—	官	①	401
	太政官—	政	①	534
かんいん	官韻	文	②	502
かんいん	閑院家	姓		357
かんいん	閑院内裏	居		275
かんいん	閑院宮	帝		1425
かんえい	寛永	歳		248
かんえい	寛永寺【篇】	宗	④	345
	—鐘	宗	②	1108
	—学寮	宗	③	138
	—刊大蔵経	宗	①	306
	於—行流鏑馬	武		510
かんえい	寛永十二年武家諸法度	法	②	96
かんえい	寛永諸家系図伝	姓		385
かんえい	寛永通宝	泉		23
かんえい	寛永六年武家諸法度	法	②	96
かんえん	寛延	歳		260
かんおう	感皇恩(楽曲)	楽	①	458
がんおう	元応寺	宗	②	654
かんおう	勘王世所	姓		381
かんおさ	神長	神	②	1480
かんおさ	神長官	神	②	1481
かんおさ	神刑部	官	①	129
かんおつ	甲乙(楽調)	楽	①	34
かんおみ	神麻績部	官	①	42
かんおん	漢音	文	②	961
	読位記以—	官	③	1869
	読経以—	宗	①	323
	読儒書以—	文	③	291
かんおん	漢音家	文	②	983
がんか	眼科	方		850
かんがい	灌漑【附】	政	②	1117
	—【篇】	政	④	1163
	「すいり水利」も見よ			
がんかい	眼科医師	官	③	869
かんがが	官衙神【篇】	神	①	843
かんがか	かんがかり(憑談)	神	①	257
かんがく	勧学	人	①	1308
かんがく	漢学【篇】	文	②	687
かんがく	勧学院	文	②	1295
かんがく	勧学院歩	文	②	1304
かんがく	勧学院の雀は蒙求を			

　囀る　人 ① 928
　—　動 764
かんがく　勧学院政所下文　政 ① 368
かんがく　勧学会　宗 ② 120
　—　文 ② 628
かんがく　漢学所　文 ② 1286
かんがく　勧学田　文 ② 1070
　陰陽寮—　方 7
　典薬寮—　方 665
　勧学料田　文 ② 1088
かんがく　勧学堂　宗 ③ 137
かんかこ　鰥寡孤独　政 ③ 606
　—賑給　政 ② 1041
がんがさ　雁瘡　方 1243
かんかつ　乾渴攻　兵 639
がんかど　含嘉堂　居 180
がんかも　雁鴨御成　遊 965
かんかも　感化門　居 253
がんがら　がんがら(蜷)　動 1669
かんかん　閑官　官 ① 231
かんかん　かんかん踊　楽 ② 485
がんがん　がんがんみつ口　動 576
かんき　勘気　法 ① 852
　—　政 ③ 538
　「かんどう勘当」も見よ
かんき　盥器　器 ① 609
かんぎ　寛喜　歳 215
かんぎい　歓喜院　宗 ③ 1297
かんぎえ　咸宜園　文 ② 1324
かんぎこ　歓喜光寺【篇】　宗 ③ 488
かんきそ　歓喜草　植 ① 967
かんぎた　貫義隊　兵 466
かんぎた　諫議大夫　官 ① 445
かんぎだ　歓喜団　飲 611
かんぎて　歓喜天　宗 ① 124
かんきの　含芸里　地 ② 528
がんぎや　鑢錫　産 ① 648
かんぎょ　還御　帝 592
かんきょ　刊経　宗 ① 301
　—　文 ③ 1066
　—　文 ③ 1103
かんきょ　官橋　地 ③ 206
かんきょ　乾薑　植 ① 1144
がんぎょ　元慶　歳 171
かんぎょ　観慶寺　神 ③ 1475
がんぎょ　元慶寺【篇】　宗 ③ 991
　—年分度者　宗 ② 581
　—寺領　宗 ③ 247
かんきょ　勘経所　宗 ① 312
かんきり　かんきり(遊戯)　遊 39
かんきん　官金(盲人)　人 ② 947
かんきん　看経　宗 ① 323
かんぐ　寒具　飲 644
がんく　岸駒　文 ③ 872
がんぐ　玩具　遊 1245
がんくい　雁食豆　植 ② 235
かんげ　患解　法 ① 295
かんげ　勧化　宗 ③ 325
　「かんじん勧進」も見よ
かんけい　関契　地 ③ 625
かんけい　勘系所　姓 381
かんけつ　監決　法 ① 231
かんけて　菅家点　文 ③ 274
かんけの　菅家儒道　文 ② 702
かんけわ　菅家和歌集　文 ② 355
かんけん　観硯(僧)　人 ② 824
かんげん　寛元　歳 219
かんげん　管絃　楽 ① 4
かんげん　諫言
　「いさめ諫」を見よ
かんげん　還原(算術)　文 ③ 592
かんげん　管絃講　楽 ① 97
かんげん　管絃者　楽 ① 117
かんこ　かんこ(舟)　器 ② 651
かんこ　官戸　政 ② 148
　—駆使法　政 ② 181
　「せんみん賤民」も見よ
かんこ　官庫　官 ① 391
かんご　韓語　文 ② 960
かんこう　官工　産 ① 492
かんこう　寛弘　歳 183
かんこう　勧降　兵 766
かんごう　勘合　外 926
かんごう　寛郷　地 ① 93
　—口分田　政 ② 320
がんこう　雁行(陣法)　兵 64
かんこう　観光館　文 ② 1283
がんこう　願興寺【篇】　宗 ④ 682
がんごう　元興寺【篇】　宗 ③ 1226
がんごう　元興寺(琵琶)　楽 ② 758
かんごう　勘合船　外 926
かんこく　管国　官 ② 405
かんこく　監国　帝 1338
かんこく　官国幣社一覧表　神 ④ 1711

かんごし	漢語師	文	②	977
かんこじ	漢故事和歌集	文	②	401
かんこつ	完骨	人	①	343
かんこつ	頷骨	人	①	406
かんごと	神琴師	官	①	337
かんごと	神琴生	官	①	337
かんこど	かんこ鳥	動		877
かんこん	還魂紙			
	「すきかえ還魂紙」を見よ			
かんさい	関西	地	①	54
かんざき	神崎	人	②	868
	—遊女	人	②	854
かんざき	神崎郡(近江)	地	①	1178
かんざき	神埼郡(肥前)	地	②	1082
かんざき	神崎郡(播磨)	地	②	526
かんざき	神崎渡(摂津)	地	③	420
かんざき	神崎与五郎	礼	①	1292
かんざし	かんざし(櫛)	器	①	387
かんざし	かんざし(髪筋)	人	①	503
かんざし	簪	器	①	428
かんざし	簪(冠)	服		1143
かんさつ	鑑札	産	②	418
	切米受渡—	封		409
	乞胸—	政	③	950
	質屋—	政	④	792
	通日雇受負—	政	④	1303
	職人—	産	①	499
	大工—	産	①	528
	湯屋株—	居		691
かんさつ	監察使【併入】	官	②	77
かんさつ	観察使【篇】	官	②	64
	—封	封		32
	—職田	封		100
かんざる	かんざる	人	①	639
かんさん	汗衫			
	「かざみ汗衫」を見よ			
がんざん	元三	歳		592
かんざん	寒山竹	植	①	696
かんざん	関山南原之戦	外		508
かんし	干支	方		27
	依生年—命名	姓		690
かんし	官司	官	①	2
	「かんしょ官職」も見よ			
かんし	官使	政	①	621
かんし	漢史	文	②	847
かんし	監使	官	②	23
かんじ	官寺	宗	③	151
かんじ	柑子	植	①	407
かんじ	喚辞	姓		30
	任官—	政	①	872
かんじ	寛治	歳		194
がんし	雁歯(橋具)	地	③	127
かんじき	かんじき(橇)	器	②	514
	—	産	①	264
かんじぎ	寛字銀	泉		127
	—	泉		295
かんしつ	癇疾	方		826
がんじつ	元日	歳		592
	—夜初夢	歳		891
	雪の—	地	②	355
	—拝氏神	神	①	712
	—拝産土神	神	①	753
	—拝宅神	神	①	893
	—拝竈神	神	①	906
	—拝井神	神	①	915
	—節禄	封		179
	—廃朝	政	①	196
	—拝礼	礼	①	7
	—拝礼	礼	①	143
	諒闇中無—宴会	礼	②	556
	—遥拝墳墓	礼	②	1143
がんじつ	元日節会【篇】	歳		453
がんじつ	元日草	植	②	186
がんじつ	元日宴	歳		592
かんじの	柑子のさね	植	①	407
かんしゃ	官社	神	①	349
	—	神	①	345
かんじゃ	冠者(元服)	礼	①	879
かんじゃ	勘者			
	年号—	歳		175
	年号—	歳		320
	年号—宣下	歳		294
かんじゃ	間者	兵		346
かんじゃ	勘籍	政	②	17
	—	政	①	880
	—	政	①	1011
	—	政	②	972
かんじゃ	貫籍	政	②	31
かんしゃ	官舎帳	官	②	92
かんじゅ	貫首(得業生)	文	②	1064
かんじゅ	貫首(蔵人頭)	官	②	206
かんしゅ	泔州(楽曲)	楽	①	407
かんしゅ	観修	宗	②	805
かんしゅ	簡修館	文	②	1278

かんしゅ 感秋楽 楽 ① 543
かんじゅ 勧修寺【篇】 宗 ③ 1004
　—鎮守神 神 ① 792
　—灌頂 宗 ② 410
かんじゅ 勧修寺家 姓 360
　— 宗 ③ 1008
　—元服叙位 礼 ① 820
かんじゅ 勧修寺御門跡 帝 1479
かんじゅ 勧修寺宮 宗 ③ 1012
　—済範親王籠居 礼 ② 723
かんじゅ 勧修寺流(真言宗) 宗 ① 631
かんしゅ 勘出 政 ① 1333
　—隠田 政 ② 364
　調庸雑物— 政 ② 773
かんしゅ 監守盗 法 ① 373
　— 法 ① 57
かんしょ 甘藷 植 ② 474
　—栽培 政 ④ 964
　—栽培 飲 884
かんじょ 閑所 居 715
かんじょ 感書 兵 940
　「かんじょ感状」も見よ
かんじょ 漢書 文 ② 848
かんじょ 頑徐(楽曲) 楽 ① 570
がんしょ 願書
　「がんもん願文」を見よ
かんしょ 官荘 政 ② 469
かんしょ 官掌 官 ① 205
　神祇官— 官 ① 315
　太政官— 官 ① 471
かんしょ 寛正 歳 242
かんしょ 還昇 官 ② 272
かんしょ 観生(観天文生) 方 241
かんじょ 款状 政 ③ 188
かんじょ 感状 兵 940
　路頭遇御—礼 礼 ① 212
　加藤左馬助— 兵 1237
　柳瀬七本鑓武者— 人 ② 310
かんじょ 勧請(神体) 神 ① 223
かんじょ 灌頂【篇】 宗 ② 373
　— 宗 ① 628
　即位— 帝 450
　太上天皇—【併入】 帝 894
　後宮—【併入】 帝 912
　卜部流神道— 神 ② 1368
　韻鏡— 文 ① 102
　歌道— 文 ① 790
　入木道— 文 ③ 678
　琵琶— 楽 ② 802
　—師匠喪為重服 礼 ② 581
かんじょ 灌頂院(東寺) 宗 ③ 795
かんじょ 灌頂院(醍醐寺) 宗 ③ 1049
かんじょ 勘定頭 官 ③ 472
かんじょ 勘定方(京都町奉行) 官 ③ 1297
かんじょ 勘定方奉行(豊臣氏) 官 ② 1443
かんじょ 勘定吟味方 官 ③ 529
かんじょ 勘定吟味役【篇】 官 ③ 529
かんじょ 勘定組頭 官 ③ 503
かんしょ 甘松香 方 1075
　— 遊 303
かんじょ 灌頂号 宗 ② 416
かんしょ 観勝寺【併入】 宗 ③ 628
がんしょ 願証寺 宗 ④ 162
かんじょ 勘定衆 官 ③ 512
かんじょ 勘定出役 官 ③ 525
かんじょ 勘定所 官 ③ 527
かんじょ 勘定所附支配所裁判 法 ③ 798
かんしょ 官掌代(太政官) 官 ① 472
かんじょ 勘定帳 政 ③ 983
がんしょ 含章堂 居 179
かんじょ 勘定奉行
　鎌倉幕府— 官 ② 800
　徳川氏—【篇】 官 ③ 471
　—裁判 法 ③ 793
　大目付町奉行—目
　付立合裁判 法 ③ 781
かんじょ 勘定奉行家老 官 ③ 527
かんじょ 勘定奉行用人 官 ③ 527
かんじょ 漢書家 文 ③ 212
かんしょ 官職
　— 官 ① 188
　古代—総載【篇】 官 ① 1
　解免—【篇】 法 ① 279
　解免—【篇】 法 ① 841
　以—名為地名 地 ① 44
　以—名為姓 姓 159
　—有定姓 姓 252
　以—名為苗字 姓 318
　以—名為人名 姓 659
　婦人以—名為名 姓 772
　職有左右大中少別 官 ① 197
　僧官【篇】 宗 ② 729
　「かんい官位」も見よ
かんしょ 間食 飲 21

かんしょ　甘蔗大成　産①　179
かんしょ　漢書屛風　器①　918
がんじる　雁汁　飲　176
かんじん　漢人　外　826
　—奏踏歌　歳　1020
かんじん　勧進　宗③　325
　以—造橋　地③　174
　以—修造神社　神①　536
　以—造営大神宮　神③　286
　開帳—　宗③　344
　文覚神護寺—　宗③　868
　依—出版書籍　文③　356
　禁—　産①　196
がんじん　鑑真　宗②　532
　—伝戒律　宗①　483
　—伝戒律　宗②　620
　—為唐招提寺開山　宗③　1266
かんしん　感神院　神③　1474
かんじん　勧進歌舞伎　楽②　10
かんしん　観心寺【篇】　宗④　4
かんじん　勧進写経　宗①　292
かんじん　勧進相撲　武　1214
かんじん　勧進大神楽　政③　922
かんじん　勧進帳　宗③　338
　剛琳寺伽藍再興—　宗④　33
かんじん　勧進田楽　楽①　712
かんじん　勧進能　楽①　896
かんじん　勧進橋　地③　174
かんじん　勧進平家　楽①　724
かんじん　勧進奉加帳　官②　944
かんじん　勧進的　武　438
かんじん　勧進元(相撲)　武　1216
かんしん　貫心流(剣術)　武　28
かんす　監寺　宗②　1041
かんす　鑵子　遊　668
かんず　感　人①　721
かんず　巻数　宗①　335
　祈禱—　神②　942
　祈禱—図　神②　943
　後七日御修法—　宗②　251
かんずい　甘遂　植②　336
かんすい　寒水石　金　278
かんすい　酣酔楽　楽①　575
かんすい　灌水療法　方　983
かんすけ　勘介流(兵法)　兵　17
かんすち　巻子帙　文③　534
かんすぼ　巻子本　文③　511
かんせい　官政　政①　59
　—　政①　4
かんせい　寛政　歳　264
かんせい　関西　地①　57
かんせい　観星鏡　方　294
かんせい　寛政刑典　法②　118
かんせい　寛政重修諸家譜　姓　387
かんせい　寛政暦　方　341
かんせい　寛政暦書　方　417
かんせい　官政始　政①　126
かんぜい　感城楽　楽①　493
かんぜお　観世音　宗①　86
　「かんのん観音」も見よ
かんぜお　観世音寺【篇】　宗④　1062
　—受戒　宗②　641
　—戒壇　宗②　642
かんせき　勘責　法①　320
かんせき　漢籍　文③　417
かんぜこ　観世小縷　楽①　931
かんぜじ　観世汁　飲　183
かんぜだ　観世大夫　楽①　930
　—浚新堀川　政④　1103
かんせつ　管摂　官①　221
かんぜみ　かんぜみ(寒蜩)　動　1189
かんぜり　観世流(能楽)　楽①　754
かんせん　官船　器②　583
かんせん　官銭　泉　119
かんせん　関川寺【篇】　宗④　744
がんぜん　龕前堂(火屋)　礼②　335
かんせん　甘泉楽　楽①　340
がんせん　含泉楽　楽①　340
かんそう　官奏　政①　413
　—内覧　官①　625
　旬政—　政①　33
かんそう　萱草　植①　1070
かんそう　盥漱　人①　1000
　—拝神　神②　975
　「ちょうず手水」も見よ
かんそう　観相【篇】　方　561
　郭塞翁善—　人①　670
かんぞう　甘草　植②　313
　—　方　1074
がんそう　雁瘡　方　1243
がんぞう　贋造
　「ぎぞう偽造」を見よ
がんぞう　贋造貨幣【附】　法②　938
　—　法③　179

かんそう 官曹事類 法 ① 78
かんぞう かんざう鱠 飲 202
かんそう 諫争表 政 ① 396
かんそく かんそく(崖椶) 植 ① 959
かんぞく 寒族 人 ① 277
がんそく 雁足 植 ② 857
かんだ 神田(江戸) 地 ① 959
かんたい 緩怠 人 ② 655
かんだい 貫代 政 ④ 280
がんだい 眼代 官 ② 480
かんだか 貫高 政 ④ 76
かんだが 神田川 政 ④ 1069
かんだぐ 神田沓(蹴鞠) 遊 1138
かんだご 神田御殿番 官 ③ 978
かんだじ 神田上水 政 ④ 1111
かんだち 神庤 神 ③ 826
かんだち 神館 神 ① 493
かんだば 神田橋御門 居 400
かんだみ 神田明神
　詣— 礼 ① 614
　—神事能 楽 ① 889
がんたん 元旦
　「がんじつ元日」を見よ
かんだん 寒暖儀 方 296
かんちい 勧智院 宗 ③ 140
かんちく 筸竹 植 ① 681
かんちく 寒竹 植 ① 703
かんちく 漢竹 植 ① 687
かんちく 笿竹 植 ① 722
かんちゃ 菅茶山
　—善詩 文 ② 594
　—塾 文 ② 1324
かんちゅ 官厨(太政官) 官 ① 391
かんちゅ 官厨家別当 官 ① 477
かんちょ 干潮 地 ③ 1256
かんちょ 官丁 政 ② 846
かんちょ 官庁(太政官) 官 ① 380
かんちょ 間諜【篇】 兵 345
かんちょ 寛朝(僧) 宗 ① 633
　— 宗 ② 410
　— 宗 ① 350
かんちょ 官帳社 神 ① 349
かんつあ 上県郡 地 ② 1260
かんつう 姦通
　「はんかん犯姦」を見よ
かんづか 勘使 官 ③ 1278
かんづか かんづかさ 官 ① 277
　「じんぎか神祇官」も見よ
かんつき 鐶付(茶湯釜) 遊 677
かんつけ かんつけの国 地 ② 3
　「こうずけ上野国」も見よ
かんづつ 完筒 器 ② 571
かんつみ 上毛郡 地 ② 998
かんつみ 上道郡 地 ② 583
かんづも 貫積田割替 政 ④ 80
かんてい 官底 官 ① 195
かんてい 勘亭流 楽 ② 219
かんてら かんてら醤油 器 ② 325
かんてん 寒天(食物) 植 ② 917
かんでん 官田【篇】 政 ② 414
　以—充要劇料 封 211
　以—充番上粮 封 223
がんてん 願転(逸年号) 歳 341
かんてん 簡天儀 方 288
かんでん 官田帳 政 ② 421
かんとう 官当 法 ① 285
　— 法 ① 279
かんとう 欵冬 植 ② 732
かんとう 関東 地 ① 54
　— 地 ① 57
　—水陸形勢 政 ③ 1194
かんどう 勘当 法 ① 321
　— 法 ① 852
　— 政 ③ 538
　「かんき勘気」も見よ
かんどう 間道 地 ③ 13
がんとう 鴈塔 宗 ③ 91
がんどう がんどう 人 ② 792
　「ごうとう強盗」も見よ
がんどう 龕堂 礼 ② 1113
かんとう 広東織【併入】 産 ② 306
かんとう 甘棠館 文 ② 1289
　—学規 文 ② 1222
　—試験 文 ③ 176
かんとう 関東管領
　足利氏—【篇】 官 ② 1285
　織田氏— 官 ② 1429
かんとう 関東郡代 官 ③ 1466
かんとう 関東郡代奉行 官 ③ 1476
かんとう 関東御入国 居 315
かんとう 関東在方掛 官 ③ 1466
かんとう 関東十ヶ国管領 官 ② 1287
かんどう 勘当状 礼 ② 837
かんとう 関東鋤 産 ① 216

がんどう 強盗頭巾 服 1255
かんとう 関東筋 地 ① 54
かんとう 関東代官 官 ③ 1488
かんとう 広東人参 方 1065
かんとう 関東の連小便 人 ① 907
かんとう 関東八家 官 ② 1315
かんとう 関東流（築堤） 政 ④ 1015
かんとく 看督 官 ① 1465
かんとく 寛徳 歳 189
かんとく 看督長
「かどのお看督長」を見よ
かんとく 観徳堂 居 187
かんとけ 霹靂神祭 神 ① 178
かんとこ 神門湖 地 ③ 1243
かんとご 神門郡 地 ② 472
かんとの 神殿守 神 ② 1520
かんとぶ 官途奉行
鎌倉幕府— 官 ② 786
足利氏— 官 ② 1185
かんどり かんどり（梶取） 器 ② 727
かんな かんな（仮名） 文 ① 13
かんな 鉋 産 ① 564
かんなが 鉋掛（折敷） 器 ① 149
かんなが 惟神 神 ① 104
かんなぎ 巫女 神 ② 1514
神祇官御巫 官 ① 339
片巫肱巫 神 ② 1299
かんなぎ 巫代（神祇官） 官 ① 342
かんなぎ 巫部 官 ① 47
かんなづ 神無月 神 ④ 1055
かんなべ 間鍋 器 ① 218
かんなめ 神嘗祭【篇】 神 ③ 373
皇大神宮—中臣宣命奏進図 神 ③ 456
かんなめ 神嘗祭使 神 ③ 429
かんなり 雷鳴壺 居 154
かんに 寒耳 方 1167
かんにち 坎日 方 112
かんにゅ 官窖 産 ① 713
がんにゅ 願入寺【篇】 宗 ④ 538
かんにん 堪忍 人 ② 140
「にんたい忍耐」も見よ
かんにん 寛仁 歳 185
かんにん 堪忍分 宗 ③ 230
がんにん 願人坊 政 ③ 956
かんぬき 関貫 居 850
かんぬし 神主（姓） 姓 66
— 姓 123
かんぬし 神主（神職） 神 ② 1474
国造帯— 官 ① 162
大— 神 ③ 850
以—祝部為姓若尸 神 ② 1568
地頭兼— 官 ② 1038
「しんかん神官」「しんしょ神職」も見よ
かんぬの 官奴正 官 ① 1044
かんぬの 官奴司【篇】 官 ① 1044
—解文 政 ② 143
かんぬひ 官奴婢 政 ② 152
「ぬひ奴婢」も見よ
がんねん 元年 歳 339
かんねん 観念寺【篇】 宗 ④ 1029
かんのう 貫納（田租） 政 ④ 299
— 政 ④ 77
かんのう 勧農【篇】 政 ② 1088
—【篇】 政 ④ 961
かんのう 観応 歳 235
かんのう 勧農固本録 産 ① 176
かんのう 感応寺（山城） 宗 ③ 544
かんのう 感応寺（江戸） 宗 ④ 365
—富突 法 ③ 81
かんのう 感応寺（薩摩）【篇】 宗 ④ 1089
かんのう 官厩 居 726
かんのう 勧農役 政 ④ 981
かんのお 甘御衣（小直衣） 服 304
かんのか 官結政 政 ① 77
かんのき 関木 居 850
がんのつ 雁爪（農具） 産 ① 250
かんのと 官所充 政 ① 1055
かんのわ 神済 地 ③ 475
かんのん 観音 宗 ① 86
三十三所— 宗 ③ 301
七—詣 宗 ③ 316
頂法寺— 宗 ③ 364
清水— 宗 ③ 613
長谷寺— 宗 ③ 1324
子安— 宗 ④ 115
浅草寺— 宗 ④ 369
那谷— 宗 ④ 807
成相寺— 宗 ④ 870
法隆寺観世音菩薩造像記 宗 ③ 1289
かんのん 観音院（延暦寺） 宗 ④ 571
—灌頂 宗 ② 389

かんのん 観音講 宗 ② 111
かんのん 観音崎 武 972
かんのん 観音寺(山城) 宗 ③ 807
かんのん 観音寺(羽前)【併入】 宗 ④ 783
かんのん 観音寺(伊勢)【篇】 宗 ④ 114
かんのん 観音寺(信濃)【篇】 宗 ④ 688
かんのん 観音寺(播磨)【篇】 宗 ④ 895
かんのん 観音寺(近江国繖山)
【篇】 宗 ④ 655
かんのん 観音寺(近江国蘆浦)
【篇】 宗 ④ 650
かんのん 観音寺陵 帝 1016
かんのん 観音石 金 310
かんのん 観音懺法 宗 ② 147
かんのん 観音草 植 ① 1085
かんのん 観音竹 植 ① 720
かんのん 観音開(窓) 居 762
かんのん 観音法 宗 ② 299
かんのん 観音菩薩 宗 ① 86
「かんのん観音」も見よ
かんのん 観音欲日 宗 ③ 324
かんはい 泔坏 器 ① 547
かんばい 寒梅 植 ① 323
かんはい 閑廃地 政 ② 344
かんぱく 関白【篇】 官 ① 560
—四方拝 歳 391
—賀茂詣 神 ③ 1140
—春日詣 神 ④ 66
改摂政為— 帝 1572
幼年者為— 帝 1579
—不内覧 官 ① 639
揚名— 官 ② 496
—為准三宮 封 327
—覧官奏 政 ① 425
辞— 政 ① 1391
—子読書始 文 ③ 253
路頭遇—礼 礼 ① 168
—蒙牛車宣旨 器 ② 794
かんぱく 関白家
—臨時客 歳 575
—年始拝礼 歳 725
摂関大臣正月大饗
【篇】 歳 543
かんぱく 関白家政所 官 ① 1274
摂関大臣家政所下
文 政 ① 366
かんばせ かんばせ(顔) 人 ① 324
かんばた 綺【併入】 産 ② 289
かんばた 綺帯 服 808
かんばつ 旱魃
因—改元 歳 276
因—年凶 歳 1454
因—蠲免 政 ② 996
因—赦宥 法 ① 524
かんはっ 関八州 法 ③ 718
かんはと 神服部 官 ① 41
かんはと 神服院 神 ① 1057
— 神 ① 1049
かんはと 神服機殿 神 ③ 524
かんはと 神服社 神 ① 1048
かんはふ かんはふり(神葬) 礼 ② 5
かんばら 蒲原郡(越後) 地 ② 341
かんばら 蒲原駅(駿河) 地 ① 611
かんばん 看板(衣服) 器 ② 1035
かんばん 看板(商店) 産 ② 644
質屋— 政 ④ 794
饂飩— 飲 503
餅屋— 飲 574
銭湯— 居 692
楊枝屋— 器 ① 590
紫海苔の— 植 ② 912
芝居— 楽 ② 214
寄席— 楽 ② 529
かんばん 看板(評定所) 政 ③ 174
かんぱん 官板(書籍) 文 ② 1151
— 文 ③ 339
かんばん 看板かき(職人) 産 ② 649
がんぴ がんひ(剪夏羅) 植 ② 133
がんぴ 雁皮(木) 植 ① 569
がんぴぐ 雁鼻履 服 1408
がんぴし 雁皮紙 文 ③ 1185
かんびょ 看病 方 1006
かんぴょ 干瓢 植 ② 594
かんぴょ 寛平 歳 172
がんびょ 眼病 方 1161
—施術図 方 852
依目病修法 服 506
かんびょ 看病假 政 ① 1154
— 政 ③ 461
かんぴょ 寛平大宝 泉 21
かんぴょ 寛平遺誡 人 ② 204
かんぷ 欠負
交替— 政 ① 1331
免— 政 ② 1010

	—未納処分	封		261
	米穀欠損	政	③	1079
かんぷ	官符	政	①	321
	位禄徴収—	封		131
	—請印	政	①	543
かんぷ	貫附	政	②	34
かんぷう	漢風諡	帝		920
かんふう	観風行幸	帝		622
かんぷう	漢風尊号	帝		960
かんふく	款伏	法	①	332
かんぷご	官符権禰宜	神	②	1488
	—	神	③	855
かんぷし	官符使	政	①	344
かんぶつ	灌仏【篇】	歳		1127
かんぶつ	乾物問屋	産	②	407
がんぶろ	雁風呂	居		704
かんぶん	寛文	歳		252
かんぶん	漢文【篇】	文	①	273
	訳—	文	①	249
	—書簡	文	①	399
	—歌合判詞	文	②	45
	—訳書	文	③	437
	—誄	礼	②	1531
	朗詠用—	楽	①	268
かんぶん	寛文三年武家諸法度	法	②	99
かんべ	神戸	神	①	616
	大神宮—	神	③	871
	大神宮—	神	③	874
	春日神社—	神	④	43
	広瀬神社—	神	④	172
	宇佐神宮—	神	④	1537
かんべ	神部	官	①	45
	—	神	①	1368
	—	官	①	306
	—	官	①	322
かんぺい	官兵	兵		255
かんぺい	官幣小社	神	①	370
	—	神	④	1714
かんぺい	官幣大社	神	①	361
	—	神	④	1711
かんぺい	官幣中社	神	④	1713
かんべじ	神部神社【篇】	神	④	388
かんべち	神戸帳	政	②	233
かんべち	神戸調庸帳	政	②	750
かんべの	神戸駅	地	①	432
かんべは	神戸藩	地	①	460
	—藩札	泉		445
かんほう	汗方	方		978
かんぼう	かんぼう（穢多）	政	③	876
かんぼう	看坊	宗	②	1049
かんぼう	看防	政	③	868
かんぼう	感冒	方		1351
	—治療	方		822
かんぽう	感宝（年号）	歳		331
かんぽう	寛保	歳		259
かんぼう	関防印	文	③	1140
かんぼう	官貿易	産	②	789
かんぽう	官方吉書	政	①	148
	—	帝		238
がんほう	雁庖丁	飲		312
かんぼく	肝木	植	①	660
かんぼく	官牧	地	③	969
かんぼく	灌木	植	①	71
かんぼく	肝木楊枝	器	①	581
かんぼじ	柬埔寨【附】	外		1145
かんぼち	かんぼちや（南瓜）	植	②	630
かんぽん	巻本【附】	文	③	486
かんまい	寒参	神	②	904
かんみそ	神服使	神	①	1048
かんみそ	神衣祭【篇】	神	③	507
かんみや	神宮部	官	①	50
かんむ	官務	官	①	458
かんむ	関務	地	③	668
かんむて	桓武天皇	帝		16
	—即位	帝		1343
	—遷都於平安	地	①	132
	—羅城門造営逸話	居		200
	—祀天神於交野	神	②	569
	—諡	帝		919
	—山陵	帝		990
	—山陵新図	帝		988
	伐—山陵木	帝		1061
	—国忌	礼	②	1266
	祀—於平安神宮	神	④	1712
かんむり	冠【篇】	服		1087
	外戚子弟元服用御物—	帝		1533
	元服用—	礼	①	771
	凶服—	礼	②	1023
	狩衣用—	服		210
	水干用—	服		507
	舞楽用—	楽	①	649
	—位	官	③	1777
かんむり	冠親	礼	①	770

かんむり 冠形 服 1093
　令冠師造— 礼 ① 780
かんむり 冠師 服 1160
　— 礼 ① 773
かんめあ 貫目改所 政 ④ 1291
かんめも 貫目物 政 ④ 1405
かんもつ 官物
　借用— 政 ② 923
　私借用— 政 ② 925
　私借用— 法 ① 62
　犯用— 法 ① 58
　貿易— 法 ① 61
　盗— 法 ① 57
　盗— 法 ① 374
　盗— 法 ② 704
　焼— 法 ① 389
　路頭遇朱印—礼 礼 ① 209
がんもど 雁もどき 飲 988
かんもり かむもりのつかさ 官 ① 1046
　「かもりり掃部寮」も見よ
かんもん 勘文
　日蝕— 天 41
　月蝕— 天 77
　彗星— 天 113
　革命— 歳 281
　革命— 方 85
　年号— 歳 321
　地震— 地 ③ 1404
　除目— 政 ① 781
　うつぼ— 政 ① 1481
　等第— 政 ① 1116
　不堪佃田— 政 ② 387
　田租束積— 政 ② 589
　主計率分数之— 政 ② 818
　米塩— 政 ② 1032
　作田— 政 ③ 1108
　著鈦— 法 ① 135
　著鈦囚役畢— 法 ① 157
　元服日時— 礼 ① 651
　名字— 姓 610
かんもん 勘問 法 ① 605
　検非違使— 官 ② 128
かんもん 関門 地 ③ 608
がんもん 願文
　修法華会— 宗 ② 72
　逆修— 宗 ② 173
　放生— 宗 ② 226
　法成寺塔供養— 宗 ③ 408
　浄妙寺供養— 宗 ③ 1066
　陽成院四十九日御— 礼 ② 1555
　白河法皇一切経供養— 神 ③ 1301
　鳥羽上皇熊野御幸— 神 ④ 1288
　高倉上皇宸筆— 神 ④ 1167
　後伏見天皇— 神 ④ 55
　後伏見上皇— 神 ③ 1625
　花園天皇— 神 ③ 973
　待賢門院為白河院追善— 礼 ② 1555
　建春門院— 神 ④ 1156
　平清盛— 神 ④ 1151
　宗清法印— 神 ② 1662
　織田信長— 神 ④ 331
　後伏見天皇願書 神 ③ 1269
　後崇光院願書 神 ③ 1269
　源義仲願書 神 ① 713
　源義仲願書 神 ④ 963
　足利尊氏願書 神 ① 713
　武田勝頼願状 地 ③ 766
かんやく 管籥 楽 ② 541
かんやく 管鑰
　「かぎ鑰」を見よ
がんやく 丸薬 方 1086
かんやど 神宿(冑) 兵 1870
かんやは 神矢作部 官 ① 129
かんゆげ 神弓削部 官 ① 129
がんよう 含耀門 居 248
かんよご 神寿詞 神 ① 1218
　「よごと寿詞」も見よ
がんらい 雁来紅 植 ② 115
かんらく 歓楽(病) 方 1136
かんらご 甘楽郡 地 ② 12
かんらん 橄欖 植 ① 448
がんりな 元利成崩し 政 ④ 598
がんりも 含利門 居 267
かんりゃ 勘略茸 居 1056
がんりゅ 願流(剣術) 武 28
かんりゅ 灌流攻 兵 639
かんりん 翰林館 文 ② 1283
かんりん 監臨主守自盗 法 ① 373
かんれい 冠礼 礼 ① 747
かんれい 管領

	蝦夷―	官	②	904
	足利幕府―【篇】	官	②	1077
	関東―【篇】	官	②	1285
	九州―	官	②	1319
	奥州―	官	②	1327
	足利将軍家元服加冠役用当職―	礼	①	765
かんれい	管隷	官	①	219
かんれい	管領代(足利幕府)	官	②	1099
	関東―	官	②	1309
かんろ	甘露【併入】	天		173
かんろい	甘露井	地	③	1013
がんろう	玩弄銭	泉		151
かんろく	観勒	宗	①	453
かんろに	甘露日	方		143
かんろば	甘露梅	飲		1041
かんわ	寛和	歳		181
かんわざ	神態御服	服		109
かんわは	漢和俳諧	文	①	1204
かんわれ	漢和連句	文	①	1010

き

き	几	器	②	156
き	寸	称		5
	―	動		105
き	木【篇】	植	①	67
	神―【篇】	神	②	1757
	山林竹―仕立方	地	③	899
	禁伐諸山―	地	③	716
	伐山陵―	帝		1061
	栽―於墓側	礼	②	1091
	刻仏像於立樹	宗	①	160
	植樹木為墓標	礼	②	1194
	露地樹木	遊		581
	宅辺樹木	政	②	448
き	気【併入】	天		317
き	城	兵		1037
	「しろ城」も見よ			
き	柵	兵		1131
き	耆	人	①	82
	―	政	②	79
	「きろう耆老」も見よ			
き	帰(算術)	文	③	592
き	葱	植	①	1030
き	貴【篇】	人	②	555
	賤避―	礼	①	150
	葬礼―賤之別	礼	②	6
き	綺	産	②	290
き	徽(琴)	楽	②	601
ぎ	義【篇】	人	①	1184
	―犬	動		177
	―猫	動		205
	狐知―	動		351
きあけ	忌明			
	「いみあけ忌明」を見よ			
きあぶみ	木鐙	兵		1994
きあまち	木あまちや(土常山)	植	①	277
きあんも	徽安門	居		229
きいけ	紀伊家	官	③	1668
きいごお	紀伊郡	地	①	221
きいごお	基肄郡	地	②	1082
きいちご	木いちご	植	②	98
きいちほ	鬼一法眼	兵		24
きいっき	黄一揆	兵		426
きいと	生糸	産	②	88
きいのく	紀伊国	地	②	721
	―隼人	官	①	911
	―穢多村	政	③	884
	―夙村	政	③	915
	―石帯	服		793
	―蜜柑	植	①	414
	―銅山	金		148
	―石炭山	金		156
きいのく	紀伊国神名帳	神	①	130
きいのく	紀伊国天平二年大税帳	政	②	655
きいのく	紀伊国造【附】	神	④	1244
	―氏神	神	①	684
きいのみ	紀伊水門	地	③	580
きいれご	給黎郡	地	②	1221
きいろご	黄色輿	器	②	954
きいろね	黄鼠	動		232
ぎいん	偽印	政	③	308
きう	祈雨	神	②	845
	―	神	④	187
	「あまごい雨乞」も見よ			
きうじ	紀氏	神	④	1245
	―氏神	神	①	678
きうす	木臼	産	①	302
きうま	木馬(拷器)	法	①	616

	—	法	③	190
きうまぜ	木馬責	法	③	981
ぎえき	議益	政	②	232
きえん	棄捐	政	④	656
ぎえん	義淵(僧)	宗	②	467
きえんば	きゑんば(胡黎)	動		1157
きおいう	きほひうま	武		799
	「けいば競馬」も見よ			
ぎおうぎ	妓王妓女	人	②	856
ぎおうの	妓王堰	政	②	1139
きおく	記憶	人	①	1302
きおこし	木起(農具)	産	①	242
ぎおん	祇園	神	③	1472
	—	宗	③	207
ぎおん	偽蔭	政	①	1010
ぎおんえ	祇園会	神	③	1493
ぎおんご	祇園牛頭天王	神	①	164
ぎおんご	祇園牛頭天王縁起	神	②	935
ぎおんご	祇園御霊会【附】	神	③	1489
ぎおんじ	祇園寺	神	③	1475
ぎおんた	祇園旅所	神	①	609
ぎおんづ	祇園漬	飲		1034
ぎおんて	祇園天神	神	③	1472
ぎおんな	祇園南海			
	—詩	文	②	554
	—絵画	文	③	845
ぎおんに	祇園女御	帝		1298
ぎおんば	祇園橋	地	③	204
ぎおんば	祇園囃	神	③	1501
ぎおんり	祇園臨時祭【附】	神	③	1509
きか	帰化	外		17
	三韓人—	外		90
	新羅人—	外		134
	百済人—	外		192
	高麗人—	外		235
	任那人—	外		256
	古代支那人—	外		824
	呉人—	外		833
	唐人—	外		884
	明人—	外		1020
	清人—	外		1079
	和蘭人—	外		1365
	外国僧—	宗	②	559
	—奴婢為良人	政	②	191
ぎか	儀戈	兵		1499
ぎが	戯画	文	③	927
きかい	気海	人	①	496
きかいが	機械学	官	③	1646
きかいじ	鬼界島	地	②	1200
	配流—	法	①	183
きかいせ	機械製作方	官	③	1652
ぎかいの	擬階奏【篇】	政	①	1190
きかえし	黄返しの鎧	兵		1799
ぎがく	伎楽	楽	①	14
ぎがくし	伎楽師	官	①	842
きがし	木菓子	飲		592
きかじん	帰化人	外		17
	—贈位	官	①	259
	—月料	封		197
	—附籍	政	②	34
	—口分田	政	②	325
	—蠲免	政	②	990
	—賜姓	姓		227
	—用苗字	姓		329
	—用本姓	姓		230
きかつ	飢渇	歳		1438
きがのゆ	気賀湯	地	③	1059
きかふく	麾下副執事	官	③	213
きがみ	生紙	文	③	1170
きがみ	黄紙(御仕置伺書)	法	③	677
きからす	きからすうり(栝楼)	植	②	642
きかん	桔桿(楽曲)	楽	①	594
ぎがん	義眼	人	①	356
きがんじ	祈願寺	宗	③	176
きがんも	祈願文			
	「がんもん願文」を見よ			
ぎき	議貴	法	①	46
ぎぎ	鮠	動		1347
ききいみ	聞忌	礼	②	592
	—	礼	②	648
ききがき	聞書	文	③	201
きぎく	黄菊(琵琶)	楽	②	763
ききくず	聞崩(敗軍)	兵		589
きぎす	雉	動		696
	「きじ雉」も見よ			
ききつぎ	聞次(斥候)	兵		332
ききにげ	聞逃	兵		588
ききにち	帰忌日	方		107
	—	神	④	35
きぎぬ	生絹	産	②	183
ききばん	聞番役	官	③	1757
ききもの	聞物役	兵		332
きぎゃく	鬼瘧	方		1350
ききょう	桔梗	植	②	681

ききょう	桔梗一揆	兵		429
ききょう	桔梗笠	器	②	408
ききょう	桔梗御門	居		407
ききょう	桔梗皿	器	①	64
ききょう	桔梗下襲	服		352
ききょう	桔梗原	地	③	954
ききょう	桔梗紋	姓		531
ぎきょく	戯曲文	文	①	235
ききょろ	起居郎	官	①	724
ききん	飢饉	歳		1438
	依―改元	歳		277
	依―救恤	政	④	834
	―之時以紙製餅	文	③	1250
	依凶荒廃朝賀	歳		417
	依凶年停九月九日節	歳		1326
	凶年災異賑給	政	②	1051
	依凶年救恤	政	④	878
	凶作拝借金	政	④	585
きく	菊	植	②	688
	―	方		635
	九月九日節供―花	帝		1549
	残―宴【併入】	歳		1344
	以―為画題	文	③	880
きくあわ	菊合	遊		282
	―	文	②	95
	―	植	②	703
きくいた	菊戴鳥	動		909
きくいち	菊一文字則宗	産	①	634
きくいむ	木食虫	動		1085
ぎくう	義空(僧)	宗	①	734
きくがわ	菊川	地	③	1154
	―	地	①	571
きくぎ	栓	産	①	573
きくきり	菊桐御章	姓		508
	―	姓		505
きくごお	企救郡	地	②	996
きくごく	鞠獄官	法	①	604
きくざし	菊尺	称		31
きくしる	菊汁	飲		181
きくじん	麴塵唐衣	服		924
きくじん	麴塵袍	服		253
	蔵人著―	官	②	276
きくすい	菊吸(鳥)	動		827
きくすい	菊水紋	姓		526
きぐすり	木薬	産	②	332
きぐぜん	木具膳	器	①	139
きくたご	菊多郡	地	②	117
きくたの	菊田荘	地	②	150
きくちご	菊池郡	地	②	1119
きくちじ	菊池神社	神	④	1715
きくちた	菊池武時			
	―忠	人	①	1016
	祀―於菊池神社	神	④	1715
きぐつ	木履	服		1377
きくとう	菊燈台	遊		573
きくとじ	菊綴			
	水干―	服		497
	直垂―	服		535
きくのか	菊唐衣	服		922
きくのき	菊のきせ綿	歳		1335
きくのさ	菊酒	歳		1340
	―	歳		1324
きくのし	菊下襲	服		343
きくのせ	菊節供	歳		1315
きくのた	規矩高浜	地	③	1305
きぐぶぎ	木具奉行	官	③	897
きくめい	菊銘石	金		345
きくもん	鞫問	法	①	603
きくらげ	きくらげ(木耳)	植	②	802
きくるま	きくるま(轜車)	礼	②	351
ぎくん	義訓(訓点)	文	③	306
	―	文	③	308
きけい	忌景	礼	②	1375
ぎけい	義髻	器	①	468
きげつ	忌月	礼	②	1474
	元日節会依―天皇不出御	歳		495
	依―止踏歌節会	歳		1038
	依―停五月五日節会	歳		1144
	―朝覲行幸之有無	帝		722
	依―改射礼式日	武		320
	依―賭射延引	武		384
きけのま	鬼気祭	方		48
きけろく	紀家六帖	文	②	356
きけん	喜剣	人	①	1206
ぎけん	疑讞	法	①	561
ぎけん	議賢	法	①	45
ぎげん	議減	法	①	47
きげんう	機嫌伺(大名)	官	③	1734
きけんじ	喜見城	動		1016
きげんせ	帰源整法(算術)	文	③	608
きげんぶ	喜元節	楽	②	251

ぎこ	議故	法	①	45
きこう	気候	産	①	74
きこう	寄口	政	②	56
ぎこう	技巧【篇】	人	①	1322
ぎこう	擬講	宗	②	923
ぎこう	議功	法	①	46
ぎごう	戯号	姓		806
きこうご	城飼郡	地	①	583
きこうじ	亀甲地鞍	兵		1962
きこうで	乞巧奠	歳		1224
	忌服中行—	礼	②	885
	—図	歳		1228
きこうぶ	紀行文	文	①	197
ぎごく	疑獄	法	①	603
きこくで	枳殻殿	宗	③	457
きこくの	きこくのき(枳)	植	①	433
きごし	木輿	器	②	945
ぎこぶん	擬古文	文	①	196
きごみ	著籠	兵		1910
きこりう	きこり魚	動		1454
きごろく	木五六(鐙)	兵		1999
きごろも	黄衣	服		121
きさ	蚶	動		1644
きさ	象	動		455
きさ	橒	植	①	71
きざ	起座	礼	①	127
きさい	きさい(后)	帝		1106
	「こうごう皇后」も見よ			
きさい	期祭	礼	②	1300
ぎざい	疑罪	法	①	29
	—	法	①	272
きさいご	埼西郡	地	①	854
きさいち	私市党	兵		437
きさいち	私里	地	②	528
きさいち	私部	官	①	126
きさいま	后町	居		93
きさかた	象潟	地	③	1291
きさき	きさき(后)	帝		1106
	「こうごう皇后」も見よ			
きさき	妃	帝		1217
	「ひ妃」も見よ			
きさき	皇夫人	帝		1225
ぎさく	偽作			
	「ぎぞう偽造」を見よ			
ぎさくが	偽作画	文	③	977
きざけ	木酒	飲		706
きさご	きさご(細螺)	動		1658

きさごは	きさごはじき	遊		128
きささ	蟣	動		1217
きささぎ	きささぎ(梓)	植	①	648
ぎさつ	戯殺	法	①	405
きざはし	階	居		1179
きざみづ	刻漬	飲		1018
きざら	木盤	器	①	56
きざらえ	木ざらへ(農具)	産	①	251
きさらぎ	二月	歳		14
きさらづ	木更津	地	①	1040
きさりも	持傾頭者(葬礼)	礼	②	15
きし	岸	地	③	1143
きし	吉士	姓		70
	—	姓		128
きし	騎士	官	①	1532
	—	兵		225
	—	武		767
きじ	雉	動		696
	以—為神使	神	②	1824
きじ	記事			
	按察使—	官	②	55
	摂官—	官	②	63
きじおな	雉御成	遊		964
きじかく	雉子竄(草)	植	①	1059
きしこく	姫氏国	地	①	35
ぎじじゅ	擬侍従	官	①	708
	元日—	歳		399
	即位時—	帝		321
きじじる	雉汁	飲		177
きしにら	岸睨(魚)	動		1335
きじのか	木地笠	器	②	404
きじのく	黄地鞍	兵		1967
きしのさ	貴志里	地	②	742
きじのは	雉羽矢	兵		1600
きしのや	岸社	神	③	524
きじばし	雉子橋御門	居		398
きじばと	雉鳩	動		737
きじぶん	記事文(漢文)	文	①	283
きじぶん	雉子文庫	文	③	1424
きしべ	吉志部	官	①	124
きしまい	吉志舞	楽	②	427
	—	神	①	1320
きしまご	杵島郡	地	②	1085
きしまぶ	杵島曲(大歌)	楽	①	140
きじむし	雉筵	植	②	106
きじめし	雉子飯	飲		415
きしめん	棊子麵	飲		507

きしもじ	鬼子母神	宗	①	128
きしゃ	騎射【篇】	武		443
	—	武		99
	—図	武		472
	善—	武		168
きしゃが	騎射笠	器	②	414
きじやき	雉焼	飲		253
きしゃの	騎射節	武		478
きしゃの	騎射的	武		234
きしゅ	気腫	方		1233
きしゅう	紀州	地	②	721
	「きいのく紀伊国」も見よ			
きしゅう	紀州一揆	兵		433
きしゅう	紀州踊	楽	②	481
きしゅう	紀州傘	器	②	448
きじゅう	騎銃隊教授方出役	官	③	1635
きじゅう	騎銃隊師範役	官	③	1635
きしゅう	紀州漬	飲		1033
ぎしゅう	宜秋門	居		224
きしゅう	紀州流(築堤)	政	④	1016
きしゅく	寄宿	政	③	523
	学生—	文	②	1140
きしゅく	寄宿生	文	②	1200
きしゅく	鬼宿日	方		143
きしゅく	寄宿寮	文	②	1154
きじゅつ	奇術【併入】	方		637
きじゅつ	騎術【篇】	武		691
きしゅん	喜春楽	楽	①	484
きしょ	貴所(葬場)	礼	②	333
きしょ	諱所	帝		1082
きじょ	耆女	政	②	21
きじょ	騎女	武		770
	—	政	②	857
ぎしょ	偽書	文	③	458
	—	姓		414
ぎしょ	戯書	文	③	781
ぎしょ	議所			
	「ぎのとこ議所」を見よ			
ぎじょ	妓女	官	①	854
	—舞泔州	楽	①	409
	—舞皇麞	楽	①	415
きしょう	起請	人	②	344
	湯—	人	②	337
	湯—	法	①	1164
	火—	法	①	1169
きじょう	器仗	兵		1272
ぎしょう	議章	法	①	46
ぎじょう	儀仗	兵		1270
	以楯備—	兵		2081
	近衛備—	官	①	1391
	衛門備—	官	①	1474
	兵衛備—	官	①	1518
	兵庫寮備—	官	①	1558
	大嘗祭—	神	①	1429
	「へいじょ兵仗」も見よ			
ぎじょう	議定【併入】	官	①	526
ぎしょう	戯笑歌	文	①	904
きしょう	起請失	人	②	381
	—	方		1442
ぎじょう	議定所	帝		220
きじょう	器仗帳	兵		1276
きしょう	起承転合	文	②	471
きしょう	暉章堂	居		182
ぎじょう	義譲表	政	①	379
きしょう	起請文	人	②	344
	—	人	②	321
	牛王宝印—	神	②	934
	評定衆連署—	官	②	729
	勘定方—	官	③	521
	勘定吟味役—	官	③	534
	普請奉行—	官	③	662
	普請方—	官	③	671
	姫君添番格侍—	官	③	810
	桜田用屋敷門番—	官	③	979
	黒鍬頭—	官	③	990
	駕籠頭—	官	③	998
	大番組頭—	官	③	1046
	代官—	官	③	1492
	元〆手代—	官	③	1535
	小普請組支配—	官	③	1575
	大坂加番—	官	③	1696
	検地役人—	政	④	40
	連署—	法	①	662
	連判—	政	③	320
	聴訟官—	法	①	1136
	訴訟—	法	①	1164
	越後国村上領内百姓—	法	③	942
	講和—	兵		701
	大坂陣講和—	兵		743
	武田信玄—	神	①	777
	源空門弟—	宗	①	672
	文覚四十五ヶ条—	宗	③	866
	宗門改役人—	宗	④	1204

	転宗―	宗	④	1234
	「せいし誓詞」「せいし誓紙」も見よ			
ぎじょの	妓女舞	楽	①	54
きじょら	鬼女蘭	植	②	456
きしらじ	黄白地鎧	兵		1808
きじらで	木地螺鈿鞍	兵		1964
きじらで	木地螺鈿剣	兵		1340
きしわだ	岸和田	地	①	344
きしわだ	岸和田藩	地	①	348
きしわだ	岸和田流(鉄砲)	武		885
きじん	鬼神	方		75
	―	神	②	651
きじん	帰陣	兵		536
きじん	寄人	政	②	57
ぎしん	義真(僧)	宗	①	544
ぎしん	議親	法	①	45
ぎしんし	擬進士	文	③	56
きじんそ	きじんさう(虎耳草)	植	②	91
きじんり	機迅流(剣術)	武		28
きす	鱚	産	①	361
きすいじ	器水陣	兵		69
きすう	基数	文	③	589
きずきん	疵金(貨幣)	泉		332
きすげ	黄菅	植	①	959
きすこ	幾須子魚	動		1390
きすつり	鼠頭魚釣	産	①	361
きせい	祈晴	神	④	187
ぎせい	犠牲	神	②	1183
きせいか	帰正館	文	②	1287
ぎせいや	義清焼	飲		245
きせがわ	黄瀬河駅	地	①	612
きぜつ	気絶	人	①	642
ぎぜつ	義絶	政	②	71
	―	政	③	548
	―	法	①	48
	―	礼	①	1322
	―	人	②	365
きせなが	著長(鎧)	兵		1774
きせる	烟管	器	②	539
	―図	器	②	543
きせるづ	烟管筒	器	②	548
きせるど	きせる問屋	産	②	409
きせるは	烟管張	器	②	549
きせわた	きせわた(蓍菜)	植	②	501
きせん	喜撰	方		625
	―歌	文	①	833
ぎせん	偽銭	泉		157
きそいう	競馬	武		799
	「けいば競馬」も見よ			
きそいが	きそひ狩	産	①	440
きぞう	寄蔵(贓物)	法	②	734
ぎそう	義倉	政	②	1078
ぎそう	擬生	文	③	48
ぎそう	議奏【篇】	官	①	643
ぎぞう	偽造	法	①	428
	宣命―	帝		1388
	符―	政	①	348
	訴状―	法	③	628
	系譜―	姓		408
	贋造	法	②	927
	贋造貨幣【附】	法	②	938
	貨幣贋造	法	③	179
	度量贋造	法	①	905
ぎそうこ	義倉穀	政	②	1080
ぎそうせ	義倉銭	政	②	1082
きそおど	木曾踊	楽	②	476
	―	歳		1276
きそかい	木曾街道	地	③	70
きそがわ	木曾川	地	③	1162
きそじ	岐蘇路	地	③	17
	―	地	③	70
きそとう	木曾党	兵		447
きそのお	木曾の御嶽	地	③	812
きそのか	木曾懸橋	地	③	327
きそのし	木曾荘	地	①	1383
きそん	帰孫	人	①	268
ぎそん	議損	政	②	232
きた	北	天		20
きたあめ	北亜米利加	外		1722
	「あめりか亜米利加」も見よ			
きたい	腊	飲		915
きたいせ	北伊勢	地	①	423
きたいん	喜多院(武蔵)【篇】	宗	④	472
きたいん	喜多院(興福寺)【併入】	宗	③	1211
きたうら	北浦	地	③	1280
きたえぞ	北蝦夷	地	②	1345
きたおか	北岡墓	礼	②	1151
きたおし	北尾重政	文	③	855
きたかみ	北上川	地	③	1180
きたがわ	喜多川歌麿	文	③	855
きたぎす	きたぎす(牛蒡)	植	②	723
きだけ	著丈	服		1023

きだこ	きだこ(魚)	動		1534
きたごお	北郡	地	②	130
きたごお	喜多郡	地	②	873
きたし	堅塩	飲		807
きたしち	喜多七大夫	楽	①	933
きたじま	北島氏	神	④	1066
きたじま	北島雪山			
	—善書	文	③	704
	—貧	人	②	575
	—賤富人	人	②	622
きたしら	北白河陵	帝		1016
きたず	きたづ(接骨木)	植	①	659
きただて	北館堰	政	④	1180
きだち	木太刀	兵		1393
きたなき	きたなき心	人	①	685
きたのえ	北蝦夷	人	②	710
きたのお	北野大茶湯	遊		391
きたのか	北方(妻)	人	①	153
きたのき	北階	居		1185
きたのご	北之郡	地	①	1011
きたのご	北野御霊会	神	③	1644
きたのさ	北野宰相殿	神	③	1639
きたのし	北野社家奉行	官	②	1211
きたのし	北荘	地	②	250
きたのじ	北野神社【篇】	神	③	1615
	—神宮寺	神	②	1710
	—別当	宗	③	722
	—法楽歌会	文	②	169
	—詩会	文	②	625
きたのた	北対	居		542
きたのひ	北廂門(立徳門)	居		265
きたのひ	北廂門(陽禄門)	居		264
きたのま	北野祭【附】	神	③	1643
きたのま	北政所	人	①	153
きたのも	北物(夜著)	器	②	192
きたのり	北野臨時祭【併入】	神	③	1647
きだはし	階	居		1180
きたばた	北畠親房			
	—神道説	神	②	1432
	—号覚空	宗	④	7
きたはね	北桔橋御門	居		409
きたびさ	北廂	居		119
きたまん	北政所	帝		1509
きたみど	北御堂	宗	④	93
きたみの	北見国	地	②	1297
きたみの	木田見郷	官	②	996
きたむき	北向道陳	遊		602
きたむら	喜多村氏	官	③	429
きたむら	北村季吟	文	①	1375
	—歌学	文	①	819
きたむら	北村篤所	人	②	303
きたやま	北山行幸	帝		643
きたやま	北山殿	居		310
きたやま	北山陵	帝		1016
ぎだゆう	義太夫節	楽	②	269
	—浄瑠璃文	楽	②	314
きたりゅ	喜多流(能楽)	楽	①	754
きちがい	狂人 「きょうじ狂人」を見よ			
きちがい	きちがひなす(曼陀羅花)	植	②	585
きちこう	桔梗	植	②	683
きちじ	吉事 「きっきょ吉凶」を見よ			
きちじょ	吉上(衛府)	官	①	1321
きちじょ	吉祥悔過	宗	②	143
きちじょ	吉祥御門	居		408
きちじょ	吉祥寺【篇】	宗	④	412
	—学寮	宗	③	145
きちじょ	吉祥草	植	①	1085
きちじょ	吉祥天	宗	①	123
	—	宗	②	143
きちじょ	吉祥堂	宗	③	1136
きちにち	吉日	方		94
	治井—	地	③	1008
	戦闘—	兵		520
	造剣択—	兵		1325
	入学—	文	③	28
	著帯—	礼	①	323
	蔵胞衣—	礼	①	391
	著衣—	礼	①	400
	剃髪択—	礼	①	415
	著袴択—	礼	①	550
	元服択—	礼	①	644
	婚姻択—	礼	①	939
	楽舞伝授用—	楽	①	111
	造船—	器	②	608
	乗船—	器	②	740
	造車幷乗車—	器	②	892
	蛭喰—	動		1232
きちやが	吉弥笠	器	②	418
きちやむ	吉弥結(帯)	服		1068
きちゅう	忌中	礼	②	619
きちゅう	忌中断	礼	②	925

きちょう	几帳	器	①	812
	—図	器	①	813
	喪屋—	礼	②	724
	倚廬帳内置竹小—	礼	②	441
きちょう	黄蝶	動		1107
ぎちょう	毬打			
	「ぎっちょ毬打」を見よ			
ぎちょう	義塚	礼	②	239
きちょう	几帳面	器	①	820
きちん	木賃	政	④	1313
きちんい	きちん色(山鳩色)	服		253
きちんや	木賃宿			
	乞胸—	政	③	951
	願人—	政	③	961
きつ	きつ	動		693
きっか	菊花(香)	遊		315
きっかの	菊花宴	歳		1315
きづがわ	木津川	地	③	215
	—	地	③	1158
	—	政	④	1074
	—	政	④	1000
きっかわ	吉川惟足	神	②	1405
きっかわ	吉川神道	神	②	1405
きっかわ	吉川元春	礼	①	1283
きっき	吉貴(逸年号)	歳		341
きづきた	杵築大社	神	④	1025
	「いずもた出雲大社」も見よ			
きづきは	杵築藩	地	②	1038
きづきま	杵築祭(大神宮造替)	神	③	206
きっきゅ	鞠躬	礼	①	89
きっきょ	吉凶			
	歳—	方		83
	月—	方		93
	日—	方		94
	十干日—	方		97
	十二支—	方		97
	時—	方		157
	方位—	方		163
	立坊時節—	帝		1360
	判形—	政	③	324
	戦争日時—	兵		519
	出産—	礼	①	351
	生年—	礼	①	479
	筋—	人	①	301
	人名—	姓		801
	人名—	姓		717
	人名—	文	①	61
	裁縫—	産	②	53
	造屋日時—	居		471
	牛旋毛—	動		40
	馬旋毛—	動		85
	馬毛色—	動		90
	狐声—	動		380
	鶏鳴—	動		681
	竈犯之凶	居		658
きづくり	木作硯	文	③	1350
きっけい	吉慶御門	居		408
きっこう	亀甲石	金		346
きっこう	乞巧奠	歳		1224
	「きこうで乞巧奠」も見よ			
きっさき	鋒(刀剣)	兵		1309
きっさよ	喫茶養生記	方		1016
きづさら	木津曝布	産	②	124
ぎっしゃ	牛車	器	②	809
	—	器	②	803
ぎっしゃ	牛車宣旨	器	②	793
	徳川氏—	官	③	1
きっしゅ	乞取監臨財物	法	①	56
きっしょ	吉書	政	①	145
	結政時覧—	政	①	83
	入学—	文	③	5
	践祚時—	帝		237
きっしょ	吉書揚(正月)	歳		931
きっしょ	吉書奏	政	①	145
	—	政	①	7
	—	政	①	418
	改元—	歳		314
きっしょ	吉書の内書	政	③	75
きっしょ	吉書始【篇】	政	③	1
	—著狩衣	服		483
きっしょ	吉書奉行	政	③	2
きっすい	吃水	器	②	583
きづた	きづた(常春藤)	植	②	395
きっちゃ	喫茶	遊		379
ぎっちょ	毬打(玩具)	遊		1262
ぎっちょ	毬打(舞楽具)	楽	①	665
きつつき	啄木鳥	動		828
きっつけ	切付(馬具)	兵		1975
きって	切手			
	金銭—	泉		150
	関所—	地	②	1234
	虎屋饅頭—	飲		634
きってか	切手書(徳川氏奥女中)	官	③	836

きってか	切手書替役	官	③	563
きっとし	急度叱	法	②	493
きつね	狐	動		335
	以—為神使	神	②	1837
	—妖	方		1487
きつねあ	きつねあざみ(薺蒿)	植	②	746
きつねが	狐狩	動		342
きつねげ	狐毛筆	文	③	1275
きつねけ	狐拳	遊		228
きつねご	狐格子	居		1262
きつねつ	狐つかひ	動		377
きつねつ	狐魅	動		363
きつねど	狐戸	居		1223
きつねの	きつねのゑかきふで(鬼筆)	植	②	828
きつねの	狐の尾(草)	植	①	1076
きつねの	きつねのかみそり(鉄色箭)	植	①	1089
きつねの	きつねのからかさ(鬼蓋)	植	②	828
きつねの	きつねのこまくら(土殷孽)	金		322
きつねの	きつねのちやぶくろ	植	②	832
きつねの	狐符	動		379
きつねの	きつねのまさかり(雷斧石)	金		309
きつねの	狐窓	遊		1217
きつねの	狐の森	動		1016
きつねび	狐火	動		381
きつねや	狐矢	兵		1698
きづのし	木津荘(近江)	地	①	1209
きづのわ	木津渡(山城)	地	③	416
きっぷ	切符	泉		150
	—	産	②	501
きっぷく	吉服			
	喪中著—者被罰	礼	②	689
	著素服於—上	礼	②	962
	給素服人尚著—祗候	礼	②	974
きっぽう	吉方	方		163
	蔵胞衣於—	礼	①	391
	誕生行始撰—	礼	①	455
きつむ	吉夢	人	①	795
きつもん	詰問	法	③	984
きつれが	喜連川家	官	③	1716
きつれが	喜連川藩	地	②	61
きでっぽ	木鉄砲	武		960
きてん	記点	文	③	273
きてんか	徽典館(館藩)	文	②	1284
きてんか	徽典館(甲府学問所)【併入】	文	②	1174
きてんじ	機転術(測量)	文	③	635
きでんど	紀伝道	文	①	354
	—家元服叙位	礼	①	821
きでんは	紀伝博士	文	②	838
きど	木戸	居		839
	関所—	地	③	599
	市中—	政	③	1362
	劇場—	楽	②	54
きど	城戸	兵		1089
きとう	祈禱【併入】	宗	②	353
	橋—	地	③	190
	由地震—	地	③	1410
	—時献神馬	神	②	1117
	大神宮例幣—	神	③	424
	内侍所—	帝		136
	俗人為—	法	②	31
	銭貨通用—	泉		129
	厄年—	方		209
	以連歌—	文	①	1092
	以俳諧—	文	①	1337
	為歌合—	文	②	23
	産婦小児—始	礼	①	418
	国土安穏—	居		177
	祈禳【篇】	神	②	835
	祈晴雨	神	④	187
	祈晴雨	産	①	172
	祈攘夷	帝		680
	祈平愈	方		1155
	算賀御祈	礼	①	1391
	詣墓所而祈請	礼	②	1145
	虫除の祈	産	①	154
	「ばっけい祓禊」も見よ			
きとうご	城東郡(遠江)	地	①	576
きとうご	崎東郡(武蔵)	地	①	854
ぎどうさ	儀同三司	官	①	425
きとうぶ	祈禱奉行			
	鎌倉幕府—	官	②	806
	足利氏—	官	②	1221
きどうま	鬼同丸	人	②	93
きとうり	起倒流(柔術)	武		1003
きどうろ	木灯籠	遊		593
きとく	貴徳(楽曲)	楽	①	565
きとくこ	帰徳侯(楽曲)	楽	①	565

きどくず	奇特頭巾	服		1242
ぎとねり	擬舎人奏	政	①	425
きどの	城殿	人	②	465
きどのお	城殿折(扇)	服		1352
きどのの	城殿扇	服		1322
きどばん	木戸番	政	③	1373
	市中—	政	③	1362
	劇場—	楽	②	47
きどばん	木戸番屋	政	③	1366
きどもん	木戸門	居		839
きない	畿内	地	①	65
	—隼人	官	①	911
	—郡司	官	②	587
	—調	政	②	725
	—諸川治水	政	④	1074
きないこ	畿内校田使	政	②	315
きないは	畿内班田使	政	②	312
きなか	木中(弓)	兵		1560
きなこ	きなこ(大豆粉)	飲		555
きなしの	木梨軽皇子	帝		1385
きなんこ	奇南香	遊		305
きにち	忌日	礼	②	1322
	—	礼	②	1354
	—	礼	②	1360
	—	礼	②	1456
	—	法	②	78
きにちか	忌日假	政	①	1157
	—	政	③	464
きにん	貴人			
	路頭遇—礼	礼	①	199
	—把瓶	礼	①	257
	茶会対—式	遊		467
ぎにんぐ	擬任郡司	官	②	578
きぬ	衣			
	男子用—【篇】	服		386
	婦人用—【篇】	服		995
	袒与—之差別	服		378
	—上著唐衣	服		927
きぬ	絹【篇】	産	②	181
	地子交易—価	政	②	632
きぬいと	絹糸	産	②	65
きぬえ	絹画	文	③	915
きぬがさ	きぬがさ(花蓋)	器	②	427
きぬがさ	衣笠合戦	人	②	104
きぬがさ	衣笠城	兵		659
きぬがさ	きぬがさだけ(仙人帽)	植	②	828
きぬかず	きぬかづき(鰯)	動		1421
きぬかず	きぬかづき(被衣)	服		878
きぬかつ	きぬかつぎ(芋)	植	①	973
きぬかぶ	きぬかぶり(衣被)	服		878
きぬがわ	絹川	地	③	1175
きぬぎぬ	後朝使	礼	①	1066
きぬじ	絹本	文	③	915
きぬた	砧	産	②	51
きぬだな	絹鄽	産	②	237
きぬぬい	衣縫金継女	人	①	1068
きぬぬい	衣縫部	官	①	106
きぬのか	絹冠	服		1109
きぬのし	きぬのしり(裾)	服		33
きぬばか	絹袴	服		710
きぬびょ	絹屏風	器	①	903
きぬふと	絹太織	産	②	195
きぬや	絹屋	器	①	763
	「あく幄」も見よ			
きね	杵	産	①	291
きね	幾禰(巫女)	神	②	1518
きねぶち	杵淵重光	人	①	1024
きねん	期年	歳		6
	喪—	礼	②	585
きねんこ	祈年穀奉幣【篇】	神	②	45
	大神宮—【併入】	神	③	496
きねんさ	祈年祭【篇】	神	②	1
	—加鍬靫幣社	神	①	370
	預—国幣社	神	①	374
	依—釈奠延引	文	②	1395
	大神宮—【篇】	神	③	484
	斎宮—	神	③	763
	熱田神宮—	神	④	323
きのあし	木屐	服		1417
きのう	昨日	歳		48
きのう	帰農	政	③	494
ぎのう	議能	法	①	46
きのうつ	木のうつぼの水(半天河)	植	①	4
きのえね	甲子			
	—雨	天		196
	—買燈心	器	②	228
きのえね	甲子祭	神	②	593
きのおと	紀音那	人	①	1121
きのが	喜賀	礼	①	1453
きのかみ	木神	神	①	46
きのかわ	紀の川	地	③	1189
きのくに	木国	地	②	722

「きいのく紀伊国」も見よ
きのくに 紀伊国(催馬楽) 楽 ① 211
きのくに 木国造 神 ② 1463
きのくに 紀伊国屋文左衛門
—驕慢 人 ② 616
—奢侈 人 ② 628
—風流 器 ① 248
きのこ 菌【篇】 植 ② 795
きのこさ 紀古佐美 人 ② 719
きのさき 城崎温泉 地 ③ 1081
香太冲以—為称首 地 ③ 1070
きのさき 城崎郡 地 ② 421
きのさき 木野崎渡 地 ③ 473
きのした 木下(名馬) 動 132
きのした 木下(苗字) 姓 325
きのした 木下勝俊 法 ② 602
きのした 木下順庵
—門下生 文 ③ 24
祭— 礼 ② 1347
きのした 木下利当 武 78
きのした 木下蘭皐 文 ② 986
きのした 木下流(槍術) 武 72
きのすず 木硯 文 ③ 1319
きのつら 紀貫之
—善和歌 文 ① 841
—追慕愛児 人 ② 457
きのとう 紀党 姓 299
— 兵 449
ぎのとこ 議所 政 ① 167
— 居 98
きのとし 紀俊長 神 ④ 1254
きのとで 乙寺 宗 ④ 845
きのなつ 紀夏井
—縁坐被処遠流 法 ① 40
—善覆射 方 497
—善医術 方 766
—廉潔 人 ② 30
きのはせ 紀長谷雄
—唐名 姓 724
—善詩 文 ② 572
—書紳辞 人 ② 180
きのへ 柵戸 兵 1136
きのまた きのまた(杈) 植 ① 9
きのみあ 木実油 器 ② 319
きのみち きのみちのたくみ
(木工) 産 ① 511
きのみど 季御読経 宗 ② 136
—論義 宗 ① 399
軽服中—定 礼 ② 873
きのみみ 木耳 植 ② 802
きのむち 木鞭 兵 2045
きのめや 木芽焼 飲 239
きのやす 紀安雄 文 ② 755
きのゆき 紀行文 神 ④ 1256
きのよし 紀淑仁 人 ① 1151
きば 牙
人— 人 ① 398
獣— 動 7
象— 動 456
鯨— 動 1492
きはい 跪拝 礼 ① 19
きばそう 耆婆草 植 ② 330
きはだ 蘗木 植 ① 445
以黄蘗染戸籍料紙 政 ② 20
きはたい 黄旗一揆 兵 425
きはだむ 生肌武者 人 ① 342
きばち 木蜂 動 1117
きばち 木鉢(冑) 兵 1887
きばち 木鉢(器財) 器 ① 83
きはちす きはちす(蕣) 植 ① 520
きばつの 牙角工【併入】 産 ① 619
きび 黍 植 ① 874
きびしょ きびしやう(煎茶具) 遊 798
きびす 踵 人 ① 471
きひたき きひたき(黄鶲) 動 922
ぎひつ 偽筆(絵画) 文 ③ 977
きびつひ 吉備津彦 神 ④ 1108
きびつひ 吉備津彦神社【篇】 神 ④ 1108
きびのあ 吉備穴国造 地 ② 621
きびのく 吉備国 地 ② 569
きびのこ 吉備子洲 地 ③ 1346
きびのそ 吉備総領 官 ② 567
きびのな 吉備中県国造 地 ② 599
きびのな きびのなかの国 地 ② 595
「びっちゅ備中国」も見よ
きびのな 吉備中山 地 ② 614
きびのほ 吉備品治国造 地 ② 621
きびのま 吉備真備
—名 姓 723
御霊会祀— 神 ② 622
—兵法 兵 14
仮字起— 文 ① 14
—経学 文 ② 754
—博学 人 ① 1294

	—私教類聚目録	人	②	233
	—在唐逢鬼	方		76
	—在唐囲碁	遊		64
きびのみ	きびのみちのくち	地	②	569
	「びぜんの備前国」も見よ			
きびのみ	きびのみちのしり	地	②	615
	「びんごの備後国」も見よ			
きびのみ	吉備宮	神	④	1108
きびめし	黍飯	飲		397
きびょう	奇病	方		1500
きびょう	黄表紙	文	②	944
きびら	生平(布)	産	②	148
きふ	季父	人	①	250
きふ	毀符	政	①	347
ぎふ	岐阜	地	①	1278
きふく	起復	礼	②	671
きふく	跪伏	礼	①	98
	以磬折代—	礼	①	71
きぶく	忌服	礼	②	582
きふくり	黄覆輪鞍	兵		1958
ぎふごん	擬符権禰宜	神	②	1488
	—	神	③	857
ぎぶしょ	義部省	官	①	935
きぶつ	器物			
	以—為地名	地	①	46
	以—為神	神	①	93
	以—為苗字	姓		325
	以—為人名	姓		685
	以—為紋	姓		541
	施紋於—	姓		569
きぶっし	木仏師	宗	①	211
きぶねじ	貴船神社【篇】	神	③	1550
きぶねみ	貴船明神	神	①	780
きぶみの	黄書画師	文	③	789
ぎぶん	戯文	文	①	258
きぶんげ	己分解由	政	①	1354
きへい	騎兵	兵		224
	—	官	③	1613
きへいが	騎兵頭	官	③	1609
きへいさ	騎兵差図役	官	③	1611
きへいさ	騎兵差図役頭取	官	③	1610
きへいし	紀平洲			
	—講書	文	③	209
	—度量	人	①	1170
	—信	人	②	15
きへいせ	騎兵戦	兵		575
きへいた	奇兵隊	兵		467
きへいた	騎兵大将軍	兵		170
	—	官	②	6
きへいぶ	騎兵奉行	官	③	1608
きへいめ	騎兵目付	官	③	1612
きべは	木辺派	宗	①	934
	—寺院数	宗	③	15
きへび	金蛇	動		1025
きべりだ	黄端畳	器	②	78
きほう	木鋒(矢)	兵		1609
きぼう	既望	天		62
きぼう	幾望	天		61
ぎほう	議法	法	①	46
ぎぼうし	ぎぼうし(紫萼)	植	①	1082
ぎぼうし	擬宝珠(橋)	地	③	126
ぎほうれ	儀鳳暦	方		326
きぼく	亀卜【篇】	神	②	1267
	卜部司—	神	①	961
	神祇官奏—	神	②	674
	—相伝	神	②	1388
	香取神宮—	神	④	526
	卜部主—	官	①	43
	宮主為—	官	①	324
きぼくち	亀卜長上	官	①	334
きぼくと	亀卜得業生	官	①	334
きぼね	頷骨	人	①	406
きぼりし	木彫師	産	①	540
きます	木升	称		74
きままず	気儘頭巾	服		1242
きみ	公	姓		51
	—	姓		118
きみ	君(人名)	姓		694
きみ	君(他称)	人	①	12
きみ	君(職名)【併入】	官	①	173
きみ	黍	植	①	874
きみいで	紀三井寺【篇】	宗	④	992
きみさわ	君沢郡	地	①	668
きみじか	気みじか	法	②	290
きみたの	公田郷	官	②	996
きみつ	木蜜	動		1117
きみな	君名(僧)	姓		797
きみのも	きみのもち(秫)	植	①	874
きみょう	きみやうばん(黄礬)	金		336
きみをお	君乎置天(風俗歌)	楽	①	233
きむ	奇夢	人	①	799
きむらこ	木村孔恭	文	③	386
きむらし	木村庄之助	武		1189
きむらそ	木村宗太郎	外		1132

きむらだ きむらだけ(肉蓯蓉) 植 ② 674
きめいた きめ板 法 ③ 214
きめかみ きめ紙 法 ③ 257
きめこみ 木目込人形 遊 1246
きめぼう きめ棒(牢内) 法 ③ 256
きも 肝 人 ① 490
きもいり 肝煎
親王家— 官 ① 1300
高家— 官 ③ 303
普請方同心— 官 ③ 672
小納戸— 官 ③ 771
養生所— 官 ③ 873
餌差— 官 ③ 953
神奈川奉行同心— 官 ③ 1411
寄合— 官 ③ 1556
きもいり 肝煎坊主 官 ③ 932
きもうに 帰亡日 方 107
きもつき 肝属郡 地 ② 1183
きもつぶ 胆つぶす 人 ① 760
きもどり 季もどり 文 ① 1218
きもの 著物 服 4
「いふく衣服」も見よ
きもん 鬼門 方 163
皇城— 宗 ④ 550
江戸城— 宗 ④ 346
ぎもん 義門(僧) 文 ① 169
ぎもんじ 擬文章生 文 ③ 44
きもんち 亀文竹 植 ① 692
きゃく 客 人 ② 393
大饗主— 歳 552
迎— 礼 ① 137
茶会主— 遊 431
きゃく 格 法 ① 93
— 法 ① 66
きゃくあ 客応答(徳川氏奥女中) 官 ③ 832
きゃくい 客位(座敷) 居 595
ぎゃくざ 逆罪 法 ② 239
ぎゃくし 逆修 宗 ② 172
依—赦宥 帝 865
依—赦宥 法 ① 523
きゃくせ 客星 天 131
きゃくち 脚直 政 ② 751
きゃくち 脚直帳 政 ② 750
きゃくつ 脚痛 方 1215
きゃくて 客亭 居 623
きゃくで 客殿 居 623
ぎゃくの 逆峯入 宗 ③ 712
ぎゃくび 瘧病 方 1345
—治療 方 823
きゃくふ 脚夫 政 ② 751
きゃくり 格率分 政 ② 814
きゃつ きやつ(他称) 人 ① 17
きゃはん 脚半 器 ② 508
きゃふ きやふ 服 1514
ぎやまん ぎやまん 産 ① 618
「はり玻璃」も見よ
きゃら 伽羅(木) 植 ① 569
— 遊 304
きゃら 伽羅(金銀貨) 泉 422
きゃらあ 伽羅油 器 ① 519
きゃらか 伽羅皮 産 ② 753
きゃらぼ 伽羅木 植 ① 129
きやり 木遣【併入】 楽 ② 418
— 居 478
きゅう 灸 方 890
—治療 方 986
勧—治療 産 ① 199
点—於草履 服 1444
きゅう 笈 文 ③ 1395
きゅう 裘
「かわごろ裘」を見よ
きゅう 舅 人 ① 148
母之兄弟曰— 人 ① 259
ぎゅう 牛(遊里) 人 ② 894
きゅうあ 旧悪 法 ② 60
きゅうあ 久安 歳 202
ぎゅうえ 牛疫 動 56
きゅうか 休假【篇】 政 ① 1144
—【篇】 政 ③ 449
由地震賜— 地 ③ 1415
番衆— 官 ③ 1025
大学学生— 文 ② 1070
昌平坂学問所— 文 ② 1140
藩学— 文 ② 1237
遭喪給假 礼 ② 676
改葬假 礼 ② 839
假日不得決死刑 法 ① 230
きゅうか 灸科 方 890
ぎゅうか 牛角帯 服 800
— 礼 ② 1035
きゅうか 九官鳥 動 895
きゅうき 九帰(算術) 文 ③ 593
きゅうき 芎藭 方 1078

きゅうき 救急院 政 ② 1030
きゅうぎ 九牛草 植 ② 719
きゅうき 救急帳 政 ② 684
きゅうき 急々如律令(呪文) 方 70
きゅうき 救急料 政 ② 1028
きゅうき 九経 文 ② 817
きゅうぎ 灸饗 方 908
ぎゅうぎ 牛玉 神 ② 931
きゅうき 給金
　　徳川幕府― 封 485
　　奉公人― 政 ③ 637
きゅうき 給金辻番受負人 政 ③ 1350
きゅうけ 九経 文 ③ 318
きゅうけ 宮刑 法 ① 761
きゅうげ 急下宣旨 政 ① 271
きゅうげ 求玄流(鉄砲) 武 885
きゅうこ 急戸 政 ② 1043
ぎゅうこ 牛耕 産 ① 48
きゅうこ 急行勅旨 政 ① 245
きゅうこ 九功舞(楽曲) 楽 ① 390
きゅうこ 九国 地 ① 62
きゅうこ 九穀 植 ① 755
きゅうこ 糺告 法 ① 63
きゅうさ 休斎焼 産 ① 749
きゅうし 九司(算書) 文 ③ 552
きゅうし 舅子 人 ① 273
きゅうじ 給仕女 人 ② 915
きゅうじ 久字銭 泉 32
きゅうじ 給事中 官 ① 453
きゅうじ 休日 政 ① 1146
　　外記政― 政 ① 93
　　大番― 官 ③ 1052
ぎゅうし 牛膝酒 飲 706
きゅうじ 灸治假 政 ① 1153
きゅうじ 灸治穢 神 ② 817
きゅうし 給爵 政 ① 1494
きゅうし 給主 政 ② 550
きゅうじ 久寿 歳 203
きゅうし 九州 地 ① 61
きゅうし 九州管領 官 ② 1319
きゅうし 旧秀才 文 ③ 76
きゅうし 九州地頭 官 ② 947
きゅうし 級聚術(算術) 文 ③ 571
きゅうし 九州筋 地 ① 54
きゅうし 九州探題
　　鎌倉幕府― 官 ② 889
　　足利氏― 官 ② 1318
きゅうじ 弓術
　　「しゃじゅ射術」を見よ
きゅうじ 救恤【篇】 政 ④ 833
　　行旅― 政 ② 1049
　　「しんごう賑給」も見よ
きゅうじ 弓術教授方出役 官 ③ 1635
きゅうじ 弓術師範役 官 ③ 1635
きゅうし 九章(算書) 文 ③ 552
きゅうじ 宮城
　　―指図 官 ① 192
　　―四行八門図 政 ② 447
　　過―前礼 礼 ① 217
　　修理左右―使【併入】 官 ② 364
きゅうじ 毬杖 遊 1151
きゅうし 宮商角徴羽 楽 ① 20
きゅうし 宮商荊仙楽 楽 ① 418
きゅうし 久昌寺派 宗 ① 1005
きゅうじ 宮城南門 居 268
きゅうし 宮商万秋楽 楽 ① 510
きゅうじ 宮城門 居 202
　　中和門一称― 居 268
　　修理―前橋 地 ③ 130
きゅうじ 九城楽 楽 ① 502
きゅうし 給食【併入】 封 217
きゅうじ 宮人 官 ① 797
きゅうし 汲深館 文 ② 1283
きゅうし 旧進士 文 ③ 74
きゅうじ 休陣備 兵 412
きゅうす 急須(煎茶具) 遊 798
きゅうせ 九星【併入】 方 544
きゅうせ 糺政台 官 ① 1303
きゅうせ 急接(茶湯) 遊 410
きゅうせ 弓戦 兵 578
きゅうせ 弓箭 兵 1529
きゅうぞ 九族 人 ① 115
きゅうそ 休息庭之者支配 官 ③ 978
きゅうた 裘袋 宗 ② 1176
　　―図 宗 ② 1177
きゅうだ 及第 文 ③ 129
　　対策― 文 ③ 84
　　楽人三方― 楽 ① 628
きゅうだ 及第子 遊 648
きゅうだ 糾弾【篇】 法 ① 595
　　検非違使― 官 ② 128
ぎゅうた 牛胆 動 65
きゅうだ 糾弾官 法 ① 599

きゅうち	扱地拝	礼	①	26
きゅうち	宮中			
	依崩薨等―禁鳴物	礼	②	540
	服者参―	礼	②	920
	聴―持扇	服		1293
きゅうち	宮中升	称		87
きゅうち	宮中臨時論義	宗	①	400
きゅうち	厩鎮祭	方		50
ぎゅうと	牛痘	方		936
きゅうど	求道館	文	②	1282
ぎゅうに	牛肉	動		69
ぎゅうに	牛乳	方		1051
きゅうば	弓馬	武		98
きゅうは	九拝	礼	①	30
きゅうば	休幕	器	①	745
きゅうは	糺判	官	①	305
ぎゅうひ	求肥	飲		625
きゅうひ	給費生	文	②	1205
きゅうび	九尾狐	動		341
きゅうび	九廟	帝		1047
きゅうび	急病	方		1143
ぎゅうふ	牛糞	産	①	127
ぎゅうへ	牛扁	植	②	206
きゅうぼ	丘墓	礼	②	1072
きゅうみ	救民意見	政	③	249
きゅうも	糺問	法	①	1176
	生虜―	兵		839
きゅうも	宮門	居		218
	―	居		203
きゅうや	九夜(誕生)	礼	①	429
きゅうや	旧約書	宗	④	1134
きゅうよ	急養子	政	③	810
ぎゅうら	牛酪	方		1054
きゅうり	久離	政	③	541
きゅうり	胡瓜	植	②	608
きゅうり	旧里帰農	政	③	582
きゅうり	久離帳	政	③	544
きゅうり	久離願	政	③	542
きゅうり	虯竜	動		1008
きゅうり	給料(学問料)	文	③	29
きゅうろ	九弄	文	①	64
きょ	裾	服		354
ぎょ	御	帝		175
きょあい	挙哀	礼	②	652
	―	礼	②	400
	遇喪不―者被罰	礼	②	688
	大嘗祭禁忌―	神	①	1172
きよう	器用	器	①	1
きょう	けふ(狭布)	産	②	136
きょう	京	地	①	127
	―内大橋修理	地	③	130
	―中行幸	帝		600
	―外行幸	帝		600
	―中墾田	政	②	344
	―中賑給	政	②	1032
	免―中地子	政	④	390
	放逐―外【併入】	法	①	223
	左右―職【篇】	官	②	375
	「こうと皇都」も見よ			
きょう	経【篇】	宗	①	253
	読―【附】	宗	①	322
	石―	宗	①	309
	六十六部納―	宗	③	312
	大嘗祭忌―	神	①	1178
	勧講盂蘭盆―	歳		1254
	琵琵法師誦経文	楽	①	728
	耶蘇教経典	宗	④	1134
きょう	觵	器	②	643
きょう	卿	官	①	198
	中務―	官	①	687
	式部―	官	①	815
	治部―	官	①	835
	民部―	官	①	876
	兵部―	官	①	899
	刑部―	官	①	935
	大蔵―	官	①	957
	宮内―	官	①	980
	内豎―	官	②	328
	勅旨―	官	②	367
	造宮―	官	②	368
きょう	篋	文	③	1396
きょう	翹(鳥)	動		506
きょう	今日	歳		47
ぎょう	行(位署)	官	③	1900
ぎょう	行(町区画)	地	①	155
きょううう	慶雲(年号)	歳		162
ぎょううう	迎雲(逸年号)	歳		364
きょううう	慶雲租法	政	②	588
きょううう	慶雲楽	楽	①	412
きょううえ	竟宴			
	蔵人所講書―	官	②	307
	撰集―	文	②	246
	史記―	文	②	509
	日本書紀―	文	②	839

	日本書紀—	楽	①	198
	漢書—	文	②	849
	講書—	文	③	214
	寛政重修系譜—	姓		388
きょうえ	興宴	飲		51
きょうえ	饗宴			
	「えん宴」を見よ			
ぎょうえ	行円(僧)	宗	③	361
ぎょうえ	行円(僧)	神	④	594
きょうお	薑黄	植	①	1154
きょうお	饗応	礼	①	228
	—図	礼	①	280
	年始—	歳		830
	伊勢氏伝—式	礼	①	297
	産所—	礼	①	419
	婚姻披露—	礼	①	1057
	婚姻—	礼	①	1172
	「えん宴」も見よ			
きょうお	教王護国寺	宗	③	785
	「とうじ東寺」も見よ			
きょうお	京白粉	器	①	496
きょうお	京及畿内班田使	政	②	311
きょうか	狂歌【附】	文	①	903
	以—述算法	文	③	557
きょうか	興歌	文	①	903
	「きょうか狂歌」も見よ			
きょうか	狂歌合	文	①	933
きょうか	狂歌会	文	①	918
きょうが	京学	文	②	1121
きょうが	郷学	文	②	1267
きょうが	驚愕	人	①	759
ぎょうが	鄴瓦硯	文	③	1322
きょうか	狂歌師	文	①	917
	—名	姓		806
ぎょうか	凝華舎	居		153
きょうか	狂歌集	文	①	935
きょうが	京方楽人	楽	①	619
きょうか	経帷子	宗	①	282
	—	礼	②	373
きょうか	羌活	植	②	396
きょうか	恐喝取財	法	①	377
きょうが	京釜(茶湯具)	遊		673
きょうが	経瓦	産	①	600
きょうか	京官	官	①	210
	摂津職為—	官	②	565
	従外任遷—者季禄	封		151
きょうか	教官			
	大学—	文	②	1063
	国学—	文	②	1079
	昌平坂学問所—	文	②	1163
	藩学—	文	②	1190
きょうか	京官解由	政	①	1374
ぎょうが	行願寺【篇】	宗	③	361
	—堂塔	方		171
きょうか	京官除目	政	①	722
	—	政	①	833
きょうき	強記【併入】	人	①	1302
	大江維時—	官	②	309
ぎょうき	行基	宗	②	816
	—造山崎橋	地	③	209
	—造泉川橋	地	③	216
	—造船津	地	③	488
	—造泊	地	③	554
きょうぎ	経木笠	器	②	401
ぎょうき	行基焼	産	①	732
ぎょうき	行教(僧)	神	③	1243
きょうく	胸句(詩)	文	②	470
きょうく	恐懼	人	①	756
きょうく	恐懼(責罪)	法	①	324
きょうく	京下執事	官	②	795
きょうく	京下奉行	官	②	795
きょうく	教訓	人	②	147
きょうく	教訓読本	文	③	366
きょうけ	京家(藤原氏)	姓		423
ぎょうけ	行啓【篇】	帝		776
	大原野神社—	神	③	1562
	摂津国住吉神社—	神	④	258
	釈奠—	文	②	1361
きょうけ	狂犬	動		16
きょうげ	狂言			
	田楽—	楽	①	688
	能楽—【併入】	楽	①	1004
	—土産の鏡	楽	①	382
	芝居—	楽	②	109
	芝居—通言	楽	②	119
	照葉—【併入】	楽	②	229
	壬生—【併入】	楽	②	229
	独—【併入】	楽	②	228
	操芝居—	楽	②	346
きょうげ	狂言(言語)	人	①	857
きょうげ	狂言歌(狂歌)	文	①	903
きょうげ	狂言神楽	楽	②	492
きょうげ	狂言作者(芝居)	楽	②	143
きょうげ	狂言師(能楽)	楽	①	1022

きょうげ 狂言本(演劇) 楽 ② 117
きょうこ 京戸
　—田籍 政 ② 236
　禁外国百姓乱入— 政 ② 39
きょうこ 郷校 文 ② 1267
きょうご 狭郷 地 ① 93
きょうご 校合
　仏経— 宗 ① 311
　書籍— 文 ③ 464
ぎょうこ 行幸【篇】 帝 587
　—図 帝 594
　朝覲—【併入】 帝 695
　朝覲—図 帝 698
　—奉神器 帝 70
　—随昼御座御剣 帝 156
　—随大刀契 帝 163
　—具漏刻 方 451
　建礼門— 帝 381
　大嘗祭御禊— 神 ① 1083
　—大殿祭 神 ② 563
　賀茂— 帝 680
　稲荷祇園両社— 神 ③ 1457
　為避祇園神輿— 神 ③ 1494
　大原野神社— 神 ③ 1559
　北野神社— 神 ③ 1627
　摂津国住吉神社— 神 ④ 253
　日吉神社— 神 ④ 613
　神社—時触穢服假
　人供奉 礼 ② 861
　東大寺— 宗 ③ 1105
　釈奠— 文 ② 1361
　—時修理道路 地 ③ 19
　温泉— 地 ③ 1100
　—蠲免 政 ② 1002
　射礼無— 武 327
　諸国の神社に行幸ありし事は神祇部各神社篇に在り。今之を略す
きょうこ 恐惶謹言 文 ① 435
きょうご 狭郷口分田 政 ② 320
きょうご 京格子 居 1262
ぎょうこ 行幸所 居 166
ぎょうこ 行幸試 文 ③ 105
ぎょうこ 堯孝流(書道) 文 ③ 679
きょうご 京極氏
　—世襲侍所所司 官 ② 1079
　—歌道 文 ① 791
きょうご 京極宮 帝 1421
きょうこ 叫閤 官 ① 1522
きょうさ 教唆
　殴撃— 法 ① 421
　告訴— 法 ① 580
　放火— 法 ② 779
　殺傷— 法 ② 821
きょうざ 競財 法 ① 276
きょうさ 凶作
　「ききん飢饉」を見よ
きょうさ 京紗綾 産 ② 265
きょうさ 夾算【篇】 文 ③ 1470
　—図 文 ③ 1471
きょうし 狂詩【併入】 文 ② 604
きょうし 強市 産 ② 341
きょうし 驚死 人 ① 655
きょうじ 凶事
　依—賑給 政 ② 1061
　—著素襖 服 592
　—著直垂 服 565
　烏告— 動 843
　「きっきょ吉凶」も見よ
きょうじ 京字 文 ① 37
きょうじ 脇士 宗 ① 200
きょうじ 経師【併入】 宗 ① 319
　— 文 ③ 505
　— 文 ③ 491
ぎょうじ 行司(相場) 産 ② 528
ぎょうじ 行司(相撲) 武 1185
　—服装 武 1195
　—口上 武 1172
　—苗字 姓 313
ぎょうじ 行司(拳会) 遊 237
ぎょうじ 行事(神職) 神 ② 1524
ぎょうじ 行事(僧職) 宗 ② 1010
ぎょうじ 行事(大嘗祭) 神 ① 978
きょうし 京職 官 ② 375
　—正税 政 ② 643
きょうし 矜式館 文 ② 1279
きょうじ 凶事笏 服 1281
ぎょうじ 行事所(大嘗祭) 神 ① 988
きょうじ 凶日 方 95
　依—停二孟旬 政 ① 47
　依—無四方拝 歳 389
　依—無小朝拝 歳 445
きょうじ 享日 文 ② 1338
きょうじ 凶事伝奏 官 ① 679

きょうじ　経師屋　文 ③ 1050
ぎょうじ　ぎやうじやにんにく
　（茖葱）　植 ① 1050
きょうし　梟首【篇】　法 ① 725
　―　法 ① 241
　―図　法 ① 246
　「ごくもん獄門」も見よ
ぎょうし　行酒　礼 ① 258
きょうじ　教授館　文 ② 1289
きょうし　教書【篇】　政 ③ 29
　内書―之別　政 ③ 71
　追放―　法 ① 802
　赦免―　法 ③ 378
ぎょうし　行書　文 ③ 775
きょうじ　狭帖　器 ② 59
きょうじ　鏡常（逸年号）　歳 341
ぎょうし　行商　産 ② 685
　―図　産 ② 688
ぎょうし　澆章宴　文 ③ 214
きょうし　校書殿　居 103
　―　政 ① 702
ぎょうじ　尭恕法親王　遊 837
きょうじ　狂人　方 1473
　―犯罪　法 ② 21
　幼者―放火　法 ② 785
　―殺傷罪　法 ① 885
　―殺傷罪　法 ② 855
ぎょうず　行水　人 ① 1004
　―　居 700
ぎょうす　凝水石　金 278
ぎょうず　行水船　居 676
きょうす　京鋤　産 ① 216
きょうせ　饗饌　礼 ① 278
きょうぜ　饗膳　飲 75
　―図　飲 76
　―図　飲 80
　合巹―式　礼 ① 1021
ぎょうせ　饗煎　飲 660
きょうぞ　経蔵　宗 ③ 119
　金剛峯寺―　宗 ④ 943
　「りんぞう輪蔵」も見よ
きょうぞ　鏡像　宗 ① 178
きょうそ　競走馬　武 817
きょうそ　京僧流（槍術）　武 71
きょうそ　脇息　器 ② 156
　元服用―　礼 ① 786
きょうだ　兄弟　人 ① 168
　―相姦　法 ① 442
　―間訴訟　法 ① 1034
　―間訴訟　法 ③ 478
　父子―婚姻　礼 ① 1343
　三人――夜婚姻　礼 ① 1350
　為―姉妹服　礼 ② 583
　為―服　礼 ② 763
　―相睦　人 ① 1109
　―名用同字　姓 676
　「あに兄」「おとうと弟」も見よ
きょうだ　兄弟（逸年号）　歳 341
きょうだ　橋台　地 ③ 129
きょうだ　鏡台　器 ① 373
　―図　器 ① 375
　元服用―　礼 ① 786
きょうだ　兄弟は他人の始　人 ① 169
きょうだ　兄弟和（逸年号）　歳 344
きょうち　教知（逸年号）　歳 344
きょうち　競馳馬　武 816
　「けいば競馬」も見よ
きょうち　京縮緬　産 ② 249
きょうづ　経筒　宗 ① 310
きょうて　羌笛　楽 ② 862
ぎようで　宜陽殿　居 97
　―御剣　帝 161
　陣定―座　政 ① 161
きょうで　競田　政 ② 287
きょうと　京都　地 ① 127
　従―至諸国行程　地 ③ 45
　自―至鎌倉宿次　地 ③ 53
　徳川幕府―役人
　【篇】　官 ③ 1253
　―人口　政 ③ 514
　―辻番　政 ③ 1355
　―自身番　政 ③ 1374
　―牢屋敷　法 ③ 190
　―三十三所巡礼　宗 ③ 308
　―大仏殿　宗 ③ 578
　―劇場　楽 ② 22
　―方言　人 ① 834
　―遊廓　人 ② 872
　―米相場　産 ② 509
　―民家家作　居 449
きょうと　競渡【篇】　遊 1187
きょうと　共盗　法 ① 374
　―　法 ② 698

きょうと　教到（逸年号）　歳　340
きょうと　鏡当（逸年号）　歳　341
きょうど　脇堂（社僧）　神　②　1643
きょうど　嚮導（戦争）　兵　527
ぎょうど　魚道　礼　①　247
ぎょうど　凝当　礼　①　247
きょうと　京都教諭所　文　②　1333
きょうと　享徳　歳　241
ぎょうと　行徳　地　①　1072
　—船路疏通　政　④　1065
きょうと　京都五山　宗　③　194
　—十刹諸山法度　宗　①　712
きょうと　京都守護（鎌倉幕府）　官　②　836
きょうと　京都守護職（徳川氏）　官　③　1657
きょうと　京都所司代
　織田氏—　官　②　1425
　豊臣氏—　官　②　1456
　徳川氏—　官　③　1255
　—裁判　法　③　842
きょうと　京都代官　官　③　1512
きょうと　京都大工頭　官　③　658
きょうと　京都大工棟梁　官　③　660
きょうと　京都大仏　宗　①　188
きょうと　京都百日目付　官　③　1150
きょうと　京都奉行（豊臣氏）　官　②　1457
きょうと　京都町代　官　③　1309
きょうと　京都町年寄　官　③　1309
きょうと　京都町奉行　官　③　1293
　—裁判　法　③　844
きょうと　京都見廻役　官　③　1658
きょうな　京菜　植　②　62
きょうな　京内　帝　600
ぎょうに　行人（金剛峯寺）　宗　④　955
きょうね　凶年　歳　1438
　「ききん飢饉」も見よ
きょうの　経島　地　③　557
きょうば　競買　産　②　726
きょうは　竟拝所　神　①　500
きょうは　京秤座　称　121
きょうは　脅迫殺傷　法　①　406
きょうは　脅迫取財　法　①　368
きょうば　京橋（江戸）　地　①　961
きょうは　京八流（剣術）　武　30
きょうは　共犯　法　①　41
　—　法　①　656
　—　法　②　51
　盗人—　法　①　872
　盗人—　法　②　698
　殺人—　法　②　823
きょうば　京番（升）　称　79
きょうふ　驚風　方　1516
ぎょうぶ　刑部卿　官　①　935
きょうふ　凶服【篇】　礼　②　927
　僧徒—　宗　②　1199
　「そふく素服」「もふく喪服」も見よ
きょうぶ　軽服　礼　②　581
　僧尼服忌為—　礼　②　909
　僧不著—　礼　②　995
　婦人—　礼　②　1001
きょうぶ　軽服帯　礼　②　1035
きょうぶ　軽服人　礼　②　847
　—賜素服例　礼　②　465
　—重遇重服　礼　②　656
　—奪情従公　礼　②　672
きょうぶ　軽服直衣　礼　②　1019
ぎょうぶ　刑部省【篇】　官　①　933
　以贓贖司併—　官　①　947
きょうぶ　狂文　文　①　264
きょうほ　享保　歳　257
きょうぼ　共謀　法　①　374
きょうほ　享保金　泉　326
　—吹立高　泉　379
きょうほ　享保銀　泉　325
　—吹賃　泉　364
きょうほ　享保金銀　泉　230
　—位品　泉　386
きょうほ　享保佐字銭　泉　29
きょうほ　享保尺　称　21
きょうほ　享保仙字銭　泉　30
きょうほ　享保二年武家諸法度　法　②　105
きょうほ　教法門　居　252
きょうぼ　喬木　植　①　71
きょうま　京間　政　③　1264
きょうま　京升　称　80
　—図　称　106
きょうま　驕慢【篇】　人　②　629
きょうみ　交名　姓　590
きょうむ　京筵　器　②　25
きょうめ　京目　称　112
　—　泉　177
きょうめ　莢蒾　植　①　663
きょうも　享物　文　②　1365
きょうも　叫門　官　①　758

きょうや 京焼 産 ① 716
きょうよ きやうよう 礼 ① 228
「きょうお饗応」も見よ
きょうよ 杏葉(馬具) 兵 2047
きょうよ 慶耀(僧) 文 ② 993
きょうよ 供用升 称 87
きょうら 狂乱 方 1477
きょうり 京流(剣術) 武 28
きょうり 橋梁 地 ③ 77
「はし橋」も見よ
きょうり 教倫学校 文 ② 1281
きょうり 教倫館 文 ② 1280
きょうり 教倫舎 文 ② 1282
きょうり 京綸子 産 ② 268
きょうり 教倫堂 文 ② 1279
きょうれ 饗礼【篇】 礼 ① 227
「きょうお饗応」も見よ
きょうれ 恭礼門 居 236
きょうろ 享禄 歳 246
きょうわ 享和 歳 265
きよおか 清岡家 文 ① 354
きょが 居駕 器 ② 753
きょがい 挙劾 法 ① 586
きょかん 去官
請一表 政 ① 386
私一 政 ① 1446
きょかん 拒捍(犯人) 法 ① 472
きょかん 拒捍使 法 ① 12
きよかん 清鉋 居 482
きょぎ 虚偽 人 ② 659
「いつわる詐」も見よ
ぎょき 御忌 宗 ② 220
きよきこ きよき心 人 ① 685
きよぎぬ 明衣 服 122
ぎょぎょ 漁業【篇】 産 ① 359
きょく 曲(音楽) 楽 ① 35
きょく 局 官 ① 195
侍従一 官 ① 714
内舎人一 官 ① 717
内記一 官 ① 724
監物一 官 ① 733
内豎一 官 ② 326
ぎょく 玉 金 220
ぎょく 魚鼓 楽 ② 1155
きょくあ 曲足(蹴鞠) 遊 1053
ぎょくい 玉印 文 ③ 1132
ぎょくえ 玉英 金 326
きょくが 曲画 文 ③ 984
きょくじ 曲事 法 ② 82
ぎょくじ 玉璽 帝 125
きょくし 曲舎 居 64
きょくし 曲赦 法 ① 536
ぎょくじ 玉樹(楽曲) 楽 ① 335
ぎょくじ 玉樹曲子(楽曲) 楽 ① 335
ぎょくじ 玉樹後庭花(楽曲) 楽 ① 335
一装束 楽 ① 647
ぎょくし 玉章 文 ① 361
きょくじ 曲仗舎 居 64
ぎょくし 玉心流(剣術) 武 44
きょくす 曲水宴
「ごくすい曲水宴」を見よ
ぎょくせ 玉石【篇】 金 219
きょくせ 局宣 政 ① 876
ぎょくぞ 玉像 宗 ① 167
ぎょくち 玉池吟社 文 ② 649
きょくで 曲殿 居 64
ぎょくで 玉殿楽 楽 ① 486
ぎょくと 玉兎 天 54
きょくの 曲乗 武 730
きょくば 曲馬 楽 ② 1191
一 武 731
ぎょくは 玉佩 服 167
一 服 1464
ぎょくば 玉盤紙 文 ③ 1233
きょくふ 曲譜 楽 ① 35
神楽歌一 楽 ① 170
催馬楽一 楽 ① 221
和琴一 楽 ② 575
琴一 楽 ② 618
箏一 楽 ② 667
琵琶一 楽 ② 773
太笛一 楽 ② 856
横笛一 楽 ② 885
高麗笛一 楽 ② 906
笙一 楽 ② 939
篳篥一 楽 ② 978
尺八一 楽 ② 1008
後世尺八一 楽 ② 1017
一節切一 楽 ② 1034
大鼓一 楽 ② 1063
鞨鼓一 楽 ② 1084
壱鼓一 楽 ② 1111
鉦鼓一 楽 ② 1129
ぎょくほ 玉鳳院 宗 ③ 832

きょくま 曲鞠 遊 1141
きょくむ 局務 官 ① 458
ぎょくも 玉門 人 ① 444
　—疫病 方 1280
ぎょくよ 玉葉和歌集 文 ② 311
ぎょくら 玉来 植 ② 800
きょくれ 旭蓮社 官 ③ 30
きょくろ 曲彔 器 ② 128
ぎょけい 御慶(年始) 歳 594
きょげん 虚言 人 ② 659
きよさき 清崎藩 地 ② 351
ぎょざん 魚山声明 宗 ① 352
ぎょじ 御璽 政 ① 531
ぎょした 御史大夫(大納言) 官 ① 432
ぎょした 御史大夫(弾正尹) 官 ① 1301
ぎょしな 御寝成 人 ① 963
きょじょ 居城 兵 1042
きょじょ 挙状【篇】 政 ③ 150
　除目— 政 ① 779
　訴訟— 法 ① 1073
　学問料— 文 ③ 29
きょじん 挙人 文 ③ 44
きよす 清須 地 ① 515
きよすえ 清末藩 地 ② 715
ぎょせい 御製
　歌会時— 文 ② 118
　—歌書式 文 ② 192
　—詩集 文 ② 557
　—序文 文 ③ 471
ぎょせん 漁船 産 ① 419
きょだ 怯懦【併入】 人 ② 128
きょだい 虚題(詩) 文 ② 508
ぎょたい 魚袋 服 1467
　舞楽用— 楽 ① 656
きょたく 居宅 政 ③ 1259
　「ていたく邸宅」も見よ
きょっけ 極刑 法 ① 234
　— 法 ① 542
ぎょっけ 玉茎 人 ① 441
　—疫病 方 1280
　男根為神体 神 ① 204
きょっけ 極刑術(算術) 文 ③ 612
ぎょっこ 玉衡車 産 ① 274
きょねん 去年 歳 5
きよのい 清野井庭社 神 ③ 140
ぎょのう ぎよなふの提灯 器 ② 249
きよはら 清原氏
　—氏神 神 ① 669
　—世襲外記 官 ① 458
　—世襲主水正 官 ① 1092
　—明経道 文 ② 744
きよはら 清祓 神 ② 684
　— 神 ② 734
きよはら 清原武則 人 ② 751
きよはら 清原元輔 文 ① 823
　—為賀茂祭使 神 ③ 1035
きよはら 清原頼隆 文 ② 756
きよはら 清原頼業
　—難宋国送文 外 891
　祀—号車裂明神 神 ① 152
きょびょ 虚病 方 1144
ぎょふ 漁夫 産 ① 421
ぎょふの 御府竹周尺 称 35
ぎょみ 魚味
　諒闇中停— 礼 ② 454
　諒闇大祓後供— 帝 1148
　諒闇大祓後供— 礼 ② 693
きよみが 清見関 地 ③ 603
きよみが 清見潟 地 ③ 1290
きよみず 清水銭 泉 30
きよみず 清水寺
　「せいすい清水寺」を見よ
きよみず 清水橋 地 ③ 207
きよみず 清水焼 産 ① 721
ぎょみは 魚味始
　「まなはじ魚味始」を見よ
きょむ 虚夢 人 ① 790
きよもと 清元節 楽 ② 295
　—浄瑠璃文 楽 ② 323
ぎょゆ 魚油 器 ② 311
　「あぶら脂膏」も見よ
ぎょゆう 御遊 楽 ① 4
　— 楽 ① 88
ぎょゆど 魚油問屋 産 ② 408
　— 器 ② 311
ぎょりゅ ぎよりう(檉柳) 植 ① 563
きょりゅ 居留地 外 1243
　横浜外国人— 外 12
　清商— 外 1049
　和蘭人— 外 1345
きょりゅ 去留之揖 礼 ① 60
ぎょりょ 魚綾直垂 兵 1916
きょりん 虚厘 政 ④ 236
ぎょりん 魚鱗(陣法) 兵 59

きょろ	きよろ(しら穂)	産	①	44
きょろう	虚労	方		1183
	—治療	方		804
ぎょろう	魚蠟	器	②	263
ぎょろう	漁猟			
	「ぎょぎょ漁業」を見よ			
ぎょろう	漁猟税	政	④	484
きらう	嫌	人	①	766
きらく	きらく(乞食)	政	③	921
きらく	貴楽(逸年号)	歳		341
きらく	喜楽(逸年号)	歳		344
きらず	きらず(雪花菜)	飲		996
きらとう	吉良党	姓		296
きらめき	きらめき烏帽子	服		1188
きらら	雲母	金		327
ぎらんも	儀鸞門	居		265
ぎらんも	儀鸞門外西堂	居		189
ぎらんも	儀鸞門外東堂	居		188
きり	桐	植	①	529
	—	植	①	644
きり	錐	産	①	569
きり	霧【篇】	天		164
きりあい	斬合	武		49
きりあぶ	桐油	器	②	321
きりいし	切石	金		254
きりいっ	桐一揆	兵		430
きりうじ	きりうじ(蠐螬)	動		1089
きりえ	切絵	文	③	860
きりかえ	切返(戦闘)	兵		586
きりかけ	切かけ(料理)	飲		307
きりかけ	切懸	居		880
きりがね	切金	政	④	656
きりかみ	切紙			
	—	帝		1333
	—	産	②	492
	—	産	②	504
きりかみ	切紙(半切)	文	③	1172
きりかみ	切紙(武芸免許)	武		19
きりきょ	切狂言	楽	②	113
きりぎり	きりぎりす(舟)	器	②	650
きりぎり	蛬(太笛)	楽	②	855
きりぎり	蛬(神楽)	楽	①	162
きりぎり	蟋蟀	動		1168
きりぎん	切銀	産	②	467
きりくい	切杭(叙位)	政	①	1480
きりくぎ	きりくぎ(鐕)	産	①	573
きりくじ	切鯨運上	政	④	487
きりくず	切崩(戦闘)	兵		592
きりくだ	切下文	官	①	956
	官—	帝		1054
	大蔵省—	政	①	364
きりくみ	切組灯籠	遊		1274
きりけみ	切検見	政	④	210
きりこど	切子灯籠	器	②	235
きりざ	桐座	楽	②	28
きりざん	切山椒(菓子)	飲		664
きりした	吉利支丹受状	神	②	1539
きりした	きりしたん宗	宗	④	1101
	「やそきょ耶蘇教」も見よ			
きりした	切支丹宗門改	官	③	317
	—	官	③	632
きりした	切支丹牢	法	③	190
きりしま	きりしま(木)	植	①	589
きりしま	きりしま(映山紅)	植	①	594
きりしま	霧島温泉	地	③	1099
きりしま	霧島神宮【篇】	神	④	1672
きりしま	霧島山	地	③	852
	—	地	③	888
きりすて	斬棄	法	②	864
きりすと	基督教			
	「やそきょ耶蘇教」を見よ			
きりずみ	切炭	遊		497
きりせぶ	切畝歩	政	④	743
きりせん	切銭	泉		127
	—	政	④	657
きりそえ	切添	政	③	1179
きりぞろ	きりぞろ(切麦)	飲		498
きりだい	切台盤	器	①	127
きりだい	錐大明神	神	②	870
きりたて	切立(蹴鞠場)	遊		1060
きりちん	切賃	泉		98
	—	産	②	467
きりづけ	切漬	飲		1018
きりつけ	切付屋	兵		1979
きりつぼ	桐壺	居		150
きりづま	切妻	居		846
	中門—	居		574
きりづま	切妻戸	居		1206
きりとう	切燈台	器	②	220
きりとり	切取強盗	人	②	792
きりなわ	切縄(囚禁具)	法	③	201
きりのお	桐御章	姓		508
	—	姓		505
きりのま	桐之間番	官	③	762

きりのも	桐紋			
	「きりのお桐御章」を見よ			
きりはく	切はくの紙	文	③	1211
きりはな	切放封	文	①	467
きりはら	切原牧	地	③	964
きりひお	桐火桶	器	①	700
きりふう	切封じ	文	①	478
きりふの	切符矢	兵		1593
	元服時忌—	礼	①	849
きりふり	霧降滝	地	②	65
	—	地	③	1213
きりまい	切米【篇】	封		393
	—	官	③	547
	—	産	②	672
きりまい	切米手形改【附】	官	③	563
きりまと	切的	武		243
きりみす	切簾	器	①	850
きりむぎ	切麦	飲		498
きりめえ	切目縁	居		1167
きりもの	切物見(車)	器	②	762
きりもり	切盛(料理)	飲		269
きりゅう	杞柳	植	①	163
きりゅう	紀流(射術)	武		124
きりゅう	桐生	地	②	26
きりゅう	起立(敬礼)	礼	①	67
きりゅう	寄留	政	③	523
きりょ	羈旅	人	②	429
	「こうりょ行旅」も見よ			
きりん	麒麟	動		460
きりんか	きりんかく	植	②	385
きりんけ	騏驎竭	植	①	140
きりんそ	麒麟草	植	②	86
きるもの	衣服	服		4
	「いふく衣服」も見よ			
きれいず	きれいずき(潔癖)	人	①	784
きれいも	貴嶺問答	文	①	372
きれきん	切金(貨幣)	泉		332
きれじ	切字(発句)	文	①	1258
きれてん	切点	文	③	278
ぎろ	疑路(土質)	産	①	17
きろう	木蠟	植	①	465
きろう	耆老	政	②	23
	—蠲免	政	②	984
	「き耆」「ろう老」も見よ			
きろく	季禄【篇】	封		140
	親王—	帝		1448
	諸王—	帝		1495
	奪—	法	①	329
きろくし	記録所【篇】	官	②	311
	—庭中	法	①	991
	軽服人神事中参—例	礼	②	856
きろくし	記録庄園券契所	官	②	312
きわた	木綿	植	②	365
	—	産	②	103
	「わた綿」も見よ			
きわだ	きわだ(鮪)	動		1498
きわめふ	極札			
	刀剣—	兵		1487
	書画—	文	③	991
きわもの	際物師	産	②	708
きん	斤	称		108
きん	金	金		173
	—	金		2
	—淘汰煎錬	金		40
	—輸出高	産	②	778
	—輸出高	産	②	842
	黄—為神体	神	①	214
	宇佐神宮黄—御正体	神	④	1519
	黄—仏	宗	①	161
きん	金(死)	人	①	648
きん	琴【篇】	楽	②	587
きん	禽	動		497
きん	磬	宗	②	1091
ぎん	銀	金		183
	—	金		2
	—淘汰煎錬	金		41
	和蘭商売—	外		1324
	—輸出高	産	②	778
	—輸出高	産	②	842
	物価従—直段	泉		114
きんあら	金改役	官	③	573
ぎんあら	銀改役	官	③	580
きんあん	金鞍	兵		1960
ぎんあん	銀杏	植	①	127
ぎんあん	銀鞍	兵		1960
きんい	金位	泉		383
ぎんい	銀位	泉		385
きんいり	金入	産	②	292
きんいん	金印	文	③	1132
ぎんいん	銀印	文	③	1132
きんいん	金隠起帯	服		803
きんうぎ	金烏玉兎集	方		24

きんえい　禁衛　官 ① 1386
きんえき　金液丹　方 1085
きんか　きんくわ(劉寄奴草)　植 ② 750
きんか　金貨　泉 171
　—吹方　泉 337
　贋造—　法 ② 939
　金座掌—鋳造及審査　官 ③ 573
　「きんぎん金銀貨」も見よ
ぎんか　銀貨　泉 171
　—吹方　泉 345
　贋造—　法 ② 939
　銀座掌—鋳造及審査　官 ③ 573
　「きんぎん金銀貨」も見よ
ぎんが　銀河　天 145
きんかい　金塊　金 177
きんがい　きんがい(絹垣)　器 ① 758
きんがい　錦鞋　服 1396
きんがく　勤学　人 ① 1317
きんかく　金閣寺　宗 ③ 808
　—庭　居 892
ぎんかく　銀閣寺　宗 ③ 716
　—庭　居 892
きんかざ　金花山　地 ③ 747
きんかざ　金花山織【併入】　産 ② 305
きんがせ　金牙石　金 302
ぎんがせ　銀牙石　金 302
きんかそ　きんくわさう(劉寄奴)　植 ② 751
きんかん　金柑　植 ① 428
きんかん　錦冠　官 ③ 1784
きんがん　近眼鏡　器 ② 562
きんき　禁忌
　月—　天 74
　正五九月—　歳 43
　土用—　歳 140
　年始—　歳 850
　掃除—　歳 899
　子日—　歳 954
　月見—　歳 1310
　大嘗祭—　神 ① 1171
　神馬毛色—　神 ② 1127
　参宮六色—　神 ③ 632
　斎宮—　神 ③ 767
　賀茂斎院—　神 ③ 1206
　軍陣—　兵 610
　刀剣—　兵 1490
　婚姻—　礼 ① 1218
　歌—　文 ① 640
　狂歌—　文 ① 915
　俳諧—　文 ① 1246
　勅撰集命名—　文 ② 243
　講書—　文 ③ 186
　謡曲—　楽 ① 778
　贈遺—　人 ② 467
　櫛—　器 ① 405
　鯆—　動 1427
きんぎょ　金魚　動 1277
きんぎょ　金魚(鯉)　動 1259
ぎんぎょ　銀魚　動 1277
きんぎょ　金玉集　文 ② 359
きんぎょ　金玉糖　飲 642
きんぎょ　金玉舞　楽 ① 564
きんぎょ　金魚屋　動 1280
きんぎん　金銀貨【篇】　泉 171
　—図　泉 424
　贋造—　法 ② 939
　—吹立　政 ③ 990
　—吹直　政 ③ 1007
　「きんか金貨」「ぎんか銀貨」も見よ
きんぎん　金銀座支配商売人　産 ② 405
きんきん　謹々上(書翰用語)　文 ① 460
きんぎん　金銀出納奉行　官 ③ 566
きんぎん　金銀装帯　服 803
きんぎん　金銀銅朱座役人【篇】　官 ③ 573
きんぎん　金銀鏂請取元帳　政 ③ 1074
きんぎん　金銀分銅　泉 262
きんぎん　金銀幣　神 ② 1091
きんぎん　金銀木　植 ② 650
きんぎん　金銀文唐衣　服 924
きんけい　斤契　地 ③ 625
きんけい　菌桂　植 ① 266
きんけい　錦鶏　動 716
きんけい　謹啓　政 ① 446
きんけつ　禁闕守護三十番神　神 ① 85
きんこ　きんこ(博弈)　法 ③ 106
きんこ　金鼓【篇】　兵 2149
きんこ　禁固　法 ① 500
　—　法 ① 937
きんこ　金海鼠　動 1564
きんご　金吾　官 ① 1446
きんこう　金工【篇】　産 ① 662

ぎんこう 銀工 産 ① 662
きんこう 金香鑪 帝 629
きんごく 近国 政 ② 753
きんごく 禁国 封 6
きんごく 禁獄
流人発遣前— 法 ① 172
流人発遣前— 法 ② 265
「しゅうき囚禁」も見よ
きんこぶ 近古文 文 ① 222
きんざ 金座 泉 398
ぎんざ 銀座 泉 401
きんさい 金釵両臂垂(楽曲) 楽 ① 335
きんさつ 金札 泉 430
ぎんさつ 銀札 泉 430
似— 法 ② 939
きんさつ 禁殺日 法 ① 230
きんさつ 金札船 外 1172
— 産 ② 798
きんざや 金座役人 官 ③ 573
ぎんざや 銀座役人 官 ③ 580
—処刑 法 ② 47
きんざん 金山 金 90
—開掘法 金 55
佐渡国—役夫 法 ② 405
ぎんざん 銀山 金 107
—開掘法 金 55
きんざん 金山運上 政 ④ 467
きんざん 金山寺 宗 ③ 286
きんざん 金山寺味噌 飲 857
きんざん 金山相 金 22
ぎんざん 銀山相 金 23
きんし 巾笥 文 ③ 1397
きんし 金糸 産 ① 801
きんしき 禁式 法 ① 93
きんじき 禁色 服 88
婦人— 服 852
蔵人著— 官 ② 276
足利将軍—宣下 官 ② 1054
元服時聴— 礼 ① 823
きんしつ 琴瑟 楽 ② 539
きんしな 勤子内親王 文 ③ 869
きんしゃ 金沙 金 361
きんしゃ 金紗 産 ② 293
きんしゅ 禁酒 飲 790
誓—于神 神 ① 755
互約— 人 ② 182
きんじゅ 近習(織田氏) 官 ② 1409
きんじゅ 近習医師 官 ③ 868
きんしゅ 近州 地 ① 1153
「おうみの近江国」も見よ
きんしゅ 禁囚 法 ① 937
「しゅうき囚禁」も見よ
きんしゅ 錦繡段 文 ② 553
慶長版— 文 ③ 1079
きんじゅ 近習出頭 官 ③ 261
きんじゅ 近習番
鎌倉幕府— 官 ② 823
徳川氏— 官 ③ 1107
徳川氏奥向— 官 ③ 767
きんじゅ 近授流(馬術) 武 718
きんしょ 禁書 宗 ④ 1263
きんしょ 金松 植 ① 111
きんじょ 今上 帝 177
きんじょ 近仗 官 ① 1360
きんじょ 謹上(書翰用語) 文 ① 459
きんしょ 禁食 飲 56
産家— 方 879
きんしょ 錦織寺(近江)【篇】 宗 ④ 652
きんしょ 錦織寺(信濃)【篇】 宗 ④ 688
きんしょ 錦織寺派 宗 ① 934
きんしん 謹慎【篇】 人 ① 1225
きんしん 謹慎(刑名)【併入】 法 ② 598
ぎんしん 銀簪 器 ① 433
ぎんす 銀子 泉 176
きんせい 金星 天 107
きんせい 禁制 政 ③ 154
きんぜい 斤税 政 ② 611
きんせい 金星石 金 307
きんせい 金星草 植 ② 854
きんせい 金声万秋楽 楽 ① 510
きんせき 金石
以—為人名 姓 685
以—為地名 地 ① 46
きんせき 金石文 文 ① 345
— 文 ① 274
きんせん 京銭 泉 39
きんせん 金銭 泉 135
ぎんせん 銀銭 泉 135
—始見 泉 16
きんせん 金銭花 植 ② 376
きんせん 金盞草 植 ② 768
きんそう 金瘡 方 846
有馬湯治— 地 ③ 1048
きんぞう 金蔵 政 ③ 1035

盗幕府御―金　法②　704
きんそう　金瘡科　方　846
きんぞう　金蔵番　官③　572
きんそう　巾箱本　文③　320
きんそく　禁足　法②　598
きんぞく　金属【篇】　金　171
「きんせき金石」も見よ
きんた　金田　政④　288
きんたい　近体(和歌)　文①　508
きんたい　錦袋円薬店　宗④　357
きんたい　錦帯橋　地③　346
きんたい　近体詩　文②　458
ぎんだい　銀代通宝　泉　90
きんたけ　金茸　植②　827
きんだち　公達　姓　429
きんだん　金段　産②　292
きんちゃ　巾著　服　1480
きんちゃ　巾著切　法②　688
―　法②　713
―　人②　814
「すり掏摸」も見よ
きんちゅ　禁中
於―闘乱　法①　422
―仙洞詩会　文②　608
―試　文③　105
著狩衣不得入―　服　479
「きんり禁裏」「だいり内裏」も見よ
ぎんちゅ　銀冑　兵　1885
きんちょ　金打　人②　327
きんちょ　金彫工【篇】　産①　679
きんつば　金鐔焼　飲　664
ぎんつば　銀鐔焼　飲　664
きんでい　金泥　文③　981
―銀泥写経　宗①　284
ぎんでい　銀泥　文③　981
ぎんとう　銀塔　帝　1067
きんどく　菌毒　方　1495
きんとん　きんとん　飲　623
きんのう　金納(田租)　政④　280
ぎんのう　銀納(田租)　政④　281
きんのこ　琴【篇】　楽②　587
きんのゆ　金靫　兵　1713
きんばい　きんばいざさ(仙茅)　植①　1093
ぎんばか　銀秤　称　128
きんぱく　金箔　金　181
施―於仏像　宗①　150
ぎんぱく　銀箔　金　186
きんぱら　錦波羅鳥　動　901
きんばん　勤番　政③　398
ぎんばん　銀盤(香道具)　遊　366
きんぴつ　槿筆　文③　1288
きんびょ　金屛風　器①　930
きんぴら　金平漬　飲　1037
きんぴら　金平節　楽②　260
―浄瑠璃文　楽②　313
きんぴら　金平本　文②　947
きんぶ　巾舞　楽①　436
きんぷく　金覆輪鞍　兵　1957
ぎんぷく　銀覆輪鞍　兵　1959
きんぶせ　金峯山(大和)　地③　757
きんぶせ　金峯山(甲斐)　地③　795
きんぶせ　金峯山寺(大和)【篇】　宗③　1307
ぎんぶつ　銀仏　宗①　162
きんぷら　金麩羅　飲　256
きんぷん　金粉師　産①　813
きんふん　金分銅　泉　262
ぎんふん　銀分銅　泉　262
きんぺい　金平点　文③　469
きんぼ　近墓　帝　1043
ぎんぽう　ぎんぽう(魚)　動　1509
きんま　きんま(蒟醬)　植①　1187
ぎんみ　吟味　法③　405
―中手鎖　法②　541
再―願　法③　467
奉行宅―　法③　771
内―　法③　807
留役―　法③　807
ぎんみう　吟味伺書　法③　650
ぎんみさ　吟味下げ　法③　1010
ぎんみし　吟味所(米相場)　産②　543
きんみず　きんみづひき(竜牙草)　植②　490
ぎんみも　吟味物　法③　409
きんめい　金明竹　植①　696
ぎんめい　銀明竹　植①　696
きんめい　欽明天皇　帝　8
ぎんめん　銀面(馬具)　兵　2046
きんもん　金紋前後箱　官③　1723
きんもん　金紋挟箱　器②　527
きんや　禁野　地③　927
きんやく　勤役(税)　政④　408
きんよう　禁厭　方　651
「じゅごん呪禁」も見よ

ぎんよう　銀葉(香道具)　遊　366
きんよう　近葉菅根集　文 ②　394
きんよう　金葉和歌集　文 ②　294
　—命名　文 ②　245
　難—　文 ②　415
きんらん　金襴【篇】　産 ②　291
ぎんらん　銀襴　産 ②　292
きんらん　金襴鞍覆　兵　1986
きんらん　金襴袈裟　宗 ②　1156
きんらん　金襴袴　服　709
きんらん　金襴袍　服　250
きんらん　金蘭方(医書)　方　1015
きんろう　勤労【篇】　人 ②　41
きんろう　金蠟石　金　333
きんろう　近廊中門　居　257
きんり　禁裏　帝　186
　「てんのう天皇」も見よ
きんり　禁裏(皇居)　居　6
　大名—警衛　官 ③　1687
　於—近傍禁復讐　人 ②　502
　「きんちゅ禁中」「だいり内裏」も見よ
きんりご　禁裏御膳番　官 ③　1277
きんりご　禁裏御料所　政 ④　342
きんりつ　禁裏使番　官 ③　1279
きんりづ　禁裏附　官 ③　1268
きんりに　禁裏入用取調役　官 ③　1279
きんりは　禁裏八講　宗 ②　75
きんりま　禁裏賄頭　官 ③　1275
きんりゅ　金竜山米饅頭　飲　635
きんりゅ　金竜山餅　飲　625
きんりょ　近陵　帝　1043
きんろう　禁籠　法 ①　938
ぎんわん　銀鋺　器 ①　8

く

ぐ　愚【併入】　人 ①　1285
くあわせ　句合(俳諧)　文 ①　1317
くい　螉蜙　動　56
くいあわ　合食禁　飲　56
くいじ　くひぢ(弶)　産 ①　456
くいしが　杭簁(堤防)　政 ④　1022
くいぜ　株　植 ①　1
くいぞめ　喰初　礼 ①　464
くいだし　杭出(堤防)　政 ④　1021
くいちが　喰違御門　居　389
くいつみ　喰積(正月饌具)　歳　836
くいとめ　喰止備　兵　397
くいな　水鶏　動　627
くいもの　食物　飲　2
　「しょく食」も見よ
くいもの　食物商　飲　333
くう　駆烏(僧職)　宗 ②　1063
くうい　空位　帝　316
　—廿六箇日　帝　278
　—三年　帝　281
くうかい　空海　宗 ①　616
　—両部神道　神 ②　1329
　—得度官符　政 ①　323
　—始修後七日御修法　宗 ②　242
　—入唐受真言　宗 ②　482
　—入唐将来物　宗 ②　509
　—諡号　宗 ②　808
　賜東寺於—　宗 ③　785
　—創金剛証寺　宗 ④　135
　—創慧日寺　宗 ④　756
　—創金剛峯寺　宗 ④　927
　—誕生地　宗 ④　1022
　仮字起于—　文 ①　14
　—作慧果和尚碑　文 ①　345
　—伝悉曇　文 ②　991
　—創綜芸種智院　文 ②　1312
　—善書　文 ③　685
　—書大極殿額　居　138
　—奏建真言院　居　177
　弘法大師開弥山　神 ④　1180
　弘法大師御影供　宗 ②　219
　弘法大師作伊呂波歌　文 ①　31
くうかん　空閑地
　賜—　封　121
　以—為勅旨田　政 ②　359
ぐうけ　郡家　官 ②　571
くうさん　空盞　礼 ①　266
ぐうじ　宮司　神 ②　1467
　大神宮—　神 ③　844
くうしゅ　空宗　宗 ①　449
ぐうしゅ　隅州　地 ②　1167
　「おおすみ大隅国」も見よ

ぐうじん 偶人(祓具) 神 ② 703
くうちょ 空頂黒幘 服 1114
　—図 礼 ① 772
　天皇元服著— 礼 ① 654
くうでん 宮殿師 産 ① 543
くうまい 空米相場 産 ② 510
くうもう 空亡日 方 127
くうや 空也 人 ① 1181
　—於鴨川原行供養 宗 ② 203
　—弘念仏 宗 ① 375
　—創六波羅蜜寺 宗 ③ 629
くえ 久恵(魚) 動 1536
くえにち 凶会日 方 116
くえびこ 久延毘古 人 ① 1293
くえまり くゑまり 遊 1039
　「しゅうき蹴鞠」も見よ
くおんじ 久遠寺(甲斐)【篇】 宗 ④ 248
くおんじ 久遠寺(駿河)【篇】 宗 ④ 209
くがい 公廨【篇】 封 239
　奪— 法 ① 330
　割—送本受業師 文 ③ 15
くがいし 公廨処分帳 政 ② 684
くがいそ くがいさう(威霊仙) 植 ② 673
くがいで 公廨田 封 93
くがごお 玖珂郡 地 ② 686
くかし 九箇使 政 ① 642
くがだち くがだち(探湯) 人 ② 335
くがつ 九月 歳 27
くがつこ 九月九日節【篇】 歳 1314
くがつじ 九月十三日歌会 文 ② 167
くがつじ 九月十三夜【併入】 歳 1311
くき 岫 地 ③ 712
くき 茎 植 ① 3
くき 豉【併入】 飲 868
くぎ 釘 産 ① 572
くきうお 久岐魚 動 1319
くぎうち 釘打(横笛名器) 楽 ② 869
くぎおお 釘覆(長押) 居 1105
くぎかく 釘隠(長押) 居 1105
くきづけ 茎漬 飲 1017
くぎてつ 釘鉄問屋 産 ② 407
くぎぬき くぎぬき(関所) 地 ③ 599
くぎぬき 釘抜(工具) 産 ① 575
くぎぬき 釘貫太織 産 ② 195
くぎぬき 釘貫門 居 841
くぎょう 公卿 官 ③ 1864
　親王家— 官 ① 1300
　—為相撲 武 1244
　—歌人 文 ① 820
　—詩人 文 ② 563
　—儒者 文 ② 703
　路頭遇—礼 礼 ① 168
　—以下搢紳婚嫁 礼 ① 1238
　—諒闇服 礼 ② 969
くぎょう 公暁 人 ② 517
くぎょう 苦行 宗 ② 713
くぎょう 供饗 器 ① 161
くぎょう 公卿給 封 302
　— 政 ① 681
　— 政 ① 708
ぐぎょう 弘経寺(下総飯沼)【篇】 宗 ④ 525
ぐぎょう 弘経寺(下総結城)【篇】 宗 ④ 527
くぎょう 公卿勅使
　神嘗祭— 神 ③ 453
　大神宮奉幣— 神 ③ 585
くぎょう 公卿座 居 608
くぎょう 公卿間 居 608
くく 九九(算術) 文 ③ 594
くぐ 莎草 植 ① 961
くぐい 鵠 動 577
くくいつ くくひつき(鬱萌草搗) 飲 1048
くくさ くくさ(鬼皂莢) 植 ② 322
くくせ 亀背 人 ① 422
くくたち 茎立 植 ② 60
くくたち 茎立汁 飲 180
くぐつ 傀儡子 人 ② 842
　「かいらい傀儡子」も見よ
くぐつひ 久具都比売社 神 ③ 138
くぐのや 久具社 神 ③ 135
くくまの 菊麻国造 地 ① 1025
くくみ くくみ(鑣) 兵 2004
くくめじ 苦集滅道 地 ① 211
くくり 括
　狩衣袖— 服 467
　奴袴— 服 757
くくり 纐 産 ① 864
くくりお 括緒褌 服 761
くぐりぐ 潜口(茶室) 遊 567
くくりず 括頭巾 服 1239
くくりそ くくり袖口 服 28
くぐりど 潜戸 居 1226

くくりの　くくりのしわ(指貫)　服　757
くくりば　括袴　服　761
くくりひ　菊理媛神　神　④　956
くくりま　くくり枕　器　②　172
くぐりも　潜門　居　849
くげ　公家
　—衆年始参賀幕府　歳　707
　—訴訟　法　③　485
　—称長袖　礼　①　202
　外様—賜天盃　礼　①　251
　—垸飯　礼　①　301
　武家元服従—式　礼　①　763
　「ちょうて朝廷」も見よ
くげ　公卿
　「くぎょう公卿」を見よ
くげ　公廨
　「くがい公廨」を見よ
ぐけいじ　愚溪寺【篇】　宗　④　683
くげじゅ　公家十三部　法　①　675
くげしょ　公家諸法度　法　②　86
くげしん　公家新制四十一个条　法　①　660
くけつの　九穴貝　神　④　1287
くげのさ　久下郷　地　①　871
くげほう　公家法式　法　②　91
くげもん　公家門の蹴離　礼　①　163
くこ　枸杞　植　①　640
くご　供御
　大嘗会—図　神　①　1527
　神今食—料　神　②　202
　—稲田名官田　政　②　415
　—不用鰡　動　1398
　以鯖備—　動　1419
　—不用鱜　動　1452
　—忌蕎麦　植　②　15
くご　箜篌　楽　②　637
　「くだらごくだらごと」も見よ
くご　箜篌【併入】　楽　②　642
ぐご　ぐご(飯)　飲　351
ぐごいん　供御院【併入】　官　①　1029
くごう　句合(博弈)　法　①　454
ぐごがた　供御方　官　②　1236
くごでん　供御殿　神　①　490
くこにち　九虎日　方　129
くごのり　供御料理屋　神　①　1056
くこむし　枸杞虫　動　1098
くこもち　枸杞餅　飲　622
くこん　九献(酒)　飲　679
くこん　九献(献数)　礼　①　242
くさ　草【篇】　植　①　747
くさ　草(間諜)　兵　363
くさあわ　くさあはせ(闘草)　遊　266
くさいち　草市　歳　1268
くさいち　草いちご　植　②　98
くさいな　くさゐなぎ(野猪)　動　419
くさうず　くさうづ(臭水)　器　②　326
くさかえ　草香江　地　③　1285
くさかき　耘杷　産　①　250
くさかと　草香党　兵　448
くさかの　日下之蓼津　地　③　485
くさかべ　日下部氏成売　人　①　1122
くさかべ　草壁皇子
　—立太子　帝　1342
　追尊—号長岡天皇　帝　851
くさかみ　草上駅　地　②　517
くさかり　草苅場高札　地　③　925
くさき　くさ木(蜀漆)　植　①　447
くさぎの　くさぎのむし(臭梧桐蠹虫)　動　1086
くさきる　くさきる(鋤耘)　産　①　85
くさくだ　くさくだもの(蓏)　植　①　22
くさぐも　草蜘蛛　動　1212
くさぐら　廥　居　791
くさけず　くさけづり(鏟)　産　①　237
くさごえ　草肥　産　①　131
くさじか　草鹿(的)　武　243
くさしも　草下毛　植　②　108
くさすぎ　くさすぎかづら(天門冬)　植　①　1056
くさずり　草摺　兵　1791
くさぞう　草双紙　文　②　944
　—　文　③　358
くさだい　草代　地　③　926
くさだか　草高　政　④　104
くさたず　くさたづ(蒴藋)　植　②　651
くさつお　草津大歳神社　神　④　267
くさつお　草津温泉　地　③　1064
くさつだ　草津代官　官　②　1429
くさとり　草取(農具)　産　①　250
くさなぎ　草名伎神社　神　③　139
くさなぎ　草薙剣　帝　52
　祀—於熱田神宮　神　④　307
　「けんじ剣璽」も見よ
くさねむ　くさねむのき(草合歓)　植　②　321

くさのか	草神	神 ①	45
くさのこ	くさのかう(芸香)	植 ②	329
	—	植 ①	605
	—	遊	314
くさのの	草野津	地 ③	549
くさばな	草花進上	遊	878
くさひ	くさひ(魚)	動	1509
くさび	くさび(轄)	器 ②	773
くさひう	久佐比魚	動	1464
くさひと	くさひとがた(蒭霊)	神 ②	705
くさひな	草雛	歳	1105
くさびら	くさびら(菌)	植 ②	796
くさびら	くさびら(菜蔬)	植 ①	756
くさびら	くさびらいし(石芝)	金	308
くさぶ	くさふ(猬)	動	246
くさふだ	草札	地 ③	926
くさぼけ	くさぼけ(樝子)	植 ①	367
くさぼた	草ぼたん(甘藍)	植 ②	82
くさぼた	草牡丹	植 ②	186
くさまき	臭梖	植 ①	110
くさまく	草枕(枕詞)	人 ②	429
くさめ	嚔	人 ①	380
	元日—呪禁	歳	852
くさもち	草餅	歳	1091
くさやく	草役永	地 ③	926
くさやま	くさやまぶき(金糸梅)	植 ②	377
くさり	鏠(鞍馬具)	兵	2012
くさり	鎖(茶湯具)	遊	686
くさり	鏁(囚禁具)	法 ①	488
くさり	句去(俳諧)	文 ①	1208
くさりお	鏁羈	兵	2055
くさりか	鏁衫	兵	1910
くさりこ	鏁小袖	兵	1910
くさりし	鏁綴冑	兵	1886
くさりれ	くさり連歌	文 ①	981
くさわき	草わき(馬)	動	86
くさわけ	草分	官 ③	445
くし	くし(酒)	飲	677
くし	串	器 ①	115
くし	櫛	器 ①	387
	五節—	神 ②	358
	賜—斎宮	神 ③	718
	相撲—	武	1201
くじ	鬮		
	以—補神職	神 ②	1552
	振—為博奕	法 ③	109
	犬追物—	武	636
	以—定寺院後住	宗 ②	845
	楊弓—	遊	195
	以短籍為鬮	文 ③	1258
くじ	九字	方	73
	兵法—	兵	30
くじ	公事		
	天皇喪中遇節日—	礼 ②	556
	服者遇—	礼 ②	871
	—不著直衣	服	315
くじ	公事(税)	政 ④	397
くじ	公事(訴訟)	法 ①	979
	—	法 ③	404
	「そしょう訴訟」も見よ		
くしいな	奇稲田姫	礼 ①	912
	配祀—於八坂神社	神 ③	1472
	祀—於氷川神社	神 ④	469
くしおさ	櫛押	器 ①	416
くじか	麞	動	331
くじかさ	鬮笠懸	武	550
くしがた	櫛形(鎧)	兵	1776
くじかた	公事方		
	勘定奉行—	官 ③	473
	京都町奉行—	官 ③	1297
くじかた	公事方御定書	法 ②	113
くしがた	櫛形窓	居	1155
くしきん	櫛巾	器 ①	415
	—	礼 ①	789
	綾—	礼 ①	802
	紙—	礼 ①	803
くしげ	櫛匣	器 ①	411
くしけず	梳	人 ①	508
くしこ	串海鼠	動	1564
くじごお	久慈郡	地 ①	1115
くしざし	串刺【併入】	法 ①	744
くじせん	公事銭	政 ④	398
くじそし	公事訴訟人	法 ③	405
くじたい	旧事大成経	文 ③	460
くしだの	櫛田郷	地 ①	454
くじちゃ	公事茶屋	法 ③	581
くしてい	駆使丁	政 ②	851
	—	政 ②	835
くじにん	公事人	法 ③	542
	—欠落	法 ③	577
くしのあ	櫛案	器 ①	414
くじのく	久自国造	地 ①	1102
くしばこ	櫛匣	器 ①	411

—図 器① 412
くしはら 櫛掃 器① 415
—図 器① 415
くじび 公事日 法③ 847
くしひき 櫛挽 器① 408
—図 器① 409
くしひき 櫛引郡 地② 188
くじぶぎ 公事奉行 官② 784
くじふり 鬮振(犬追物) 武 664
くじべつ 公事別銭 政④ 398
くじほん 旧事本紀 文③ 459
くしまき 櫛巻(結髪) 人① 554
くじまと 鬮的 武 437
くしみけ 櫛御気野命 神④ 1073
くしみた 奇魂 神① 175
祀大己貴神幸魂—
於大神神社 神④ 2
くじめん 公事免 政④ 172
くしや 櫛屋 器① 411
ぐしゃい 愚者一得 人① 896
くしやき 串焼 飲 236
くじゃく 孔雀 動 983
くじゃく 孔雀経法 宗② 318
くじやく 公事役銭 政④ 398
くじゃく 孔雀間 居 104
くじゃく 孔雀鳩 動 741
くじゃく 孔雀明王 宗① 110
くしゃし 倶舎宗【篇】 宗① 473
くしゃじ 倶舎十講 宗② 95
くじやど 公事宿 法③ 581
くしゅう 九宗 宗① 44
くしゅう 句集(俳諧) 文① 1409
くじゅう 久住阿闍梨 宗② 920
くじゅう 九十九王子 神④ 1318
くじゅう 九十九里浜 産① 391
くじゅう 九十賀 礼① 1460
くじゅう 九重塔 宗③ 92
ぐしょ 具書 法① 1072
くじょう 公帖【併入】 政③ 91
くじょう 九条家 姓 426
くじょう 九条袈裟 宗② 1145
ぐじょう 郡上郡 地① 1261
くじょう 九条陵 帝 1016
くじょう 九条廃帝 帝 585
「ちゅうき仲恭天皇」も見よ
ぐじょう 郡上藩 地① 1293
くじょう 九条流(有職) 文② 907
くじら 鯨 動 1485
捕—【併入】 産① 429
肩衣用—鬚 服 607
くじらあ 鯨油 器② 321
以—除蝗 産① 152
くじらお 鯨帯 服 1065
くじらぐ くぢらぐさ(抪娘蒿) 植② 83
くじらざ 鯨尺 称 20
くじらじ 鯨汁 飲 168
くしらは 櫛羅藩 地① 300
くじらぶ 鯨分一金 政④ 486
くじらぶ 鯨船 器② 668
— 産① 434
— 産② 397
くじり くじり(鱵) 産① 569
くしろ 釧 服 1485
くしろ 櫛代(農具) 産① 247
くしろご 釧路郡 地② 1300
くしろの 釧路国 地② 1299
くず 葛 植② 281
くず 萳 植② 293
くず 国栖【併入】 人② 743
— 人② 738
—奏国風 神① 1199
—奏歌笛 歳 503
—奏歌笛 歳 978
—奏歌笛 歳 1013
くすい 鼓吹 兵 490
くすいこ 鼓吹戸
鼓吹司— 官① 928
兵庫寮— 官① 1556
くすいて 鼓吹丁 官② 425
くずいで 葛井寺 宗③ 931
くすいの 鼓吹正 官① 926
くすいの 鼓吹司【篇】 官① 926
以喪儀司併— 官① 872
くずうお 国栖魚 動 1347
くずうた 国栖歌【併入】 楽① 242
くずおか 葛岡郡 地② 125
くずきり 葛切 植② 284
くずこ 葛粉 植② 283
くすごお 球珠郡 地② 1023
くすし くすし 方 709
「いし医師」も見よ
くすし 薬師 官① 123
くすじに 九筋二領 地① 729
くすしの 医神 方 1028

くずぞう	葛索麵	飲		505
くずだい	葛鯛	飲		220
くずたけ	くずたけ(葛花菜)	植	②	829
くすだま	薬玉	歳		1146
くすどの	薬殿	方		669
	—	居		102
くすどの	薬殿(院司)	官	①	1230
くずぬの	葛布	産	②	128
くすのき	楠	植	①	254
	以—為神木	神	②	1786
くすのき	樟	植	①	254
くすのき	樟石	金		349
くすのき	楠氏家紋	姓		526
くすのき	楠木郡	地	①	667
くすのき	楠党	兵		450
くすのき	楠正成			
	—破隅田高橋於天王寺	地	③	245
	祀—於湊川神社	神	④	1715
	—贈官位	官	①	268
	—兵法	兵		4
	—見天王寺未来記	宗	④	91
	—忠	人	①	1019
	—訓誡子正行	人	②	213
	—墓	礼	②	1186
くすのき	楠正行			
	祀—於四条畷神社	神	④	1715
	—忠	人	①	1021
	—憐敵	人	①	1153
くすのき	楠正行母	人	②	171
くすのき	楠流(兵法)	兵		7
くずのそ	国栖奏	神	①	1331
くずばか	葛袴	服		711
くすはの	楠葉駅	地	①	311
くずみも	久隅守景	文	③	823
くずもち	葛餅	飲		554
くすり	薬			
	—方【篇】	方		1035
	年始供御—	歳		789
	由地震施—	地	③	1414
	施—	政	④	875
	馬—	武		778
	馬—	動		127
	水練—	武		1001
	施—院	方		670
くすりが	薬狩	方		1105
	薬猟	歳		1146
くすりき	薬灸	方		895
くすりこ	薬子	歳		794
くすりざ	薬酒	飲		707
くすりの	薬司(女官)	官	①	1125
くすりの	典薬寮	方		657
くすりび	薬日	方		1106
	—	歳		1149
くすりべ	薬部司	神	③	809
くすりま	薬升	称		84
くすりみ	薬匳	方		1101
くすりゆ	薬湯			
	「やくとう薬湯」を見よ			
くずりゅ	九頭竜川	地	③	1183
くずりゅ	九頭竜権現	神	④	769
くすりゆ	薬指	人	①	482
くせ	癖	人	①	783
	口—	人	①	871
	好旅—	人	②	448
くせうま	癖馬	動		82
くぜごお	久世郡	地	①	223
くぜのさ	久世郷	地	①	237
くぜのさ	訓世郷	地	①	227
くせまい	曲舞	楽	②	455
くぜん	口宣	政	①	291
	—	政	①	258
	補任—	政	①	876
	赦宥—	法	①	961
	除服—	礼	②	824
くそ	糞	人	①	434
	人—	産	①	124
くそう	宮僧	神	②	1619
ぐそう	供僧	神	②	1619
ぐそく	具足(鎧)	兵		1773
	—	兵		1898
	当世—図	兵		1780
	小十人衆—	官	③	1118
	贈遺—	人	②	463
	「よろい甲」も見よ			
ぐそくか	具足戒	宗	①	481
	円融法皇受—	宗	②	672
ぐそくか	具足衫	兵		1910
ぐそくし	具足師	兵		1904
ぐそくし	具足衆戒	宗	②	612
ぐそくび	具足櫃	兵		1845
ぐそくぶ	具足奉行【篇】	官	③	1240
	大坂—	官	③	1330
	駿府—	官	③	1354

ぐそくも	具足餅	歳		915
くそとび	くそとび(鵟)	動		951
くそにん	くそにんじん(黄花蒿)	植	②	718
くそまゆ	くそまゆみ(衛矛)	植	①	489
くそむし	くそむし(蜣蜋)	動		1092
くそわた	くそわたぶくろ(胃)	人	①	489
くだ	くだ(獣)	動		401
くだ	繀莩	産	②	34
くたい	句体			
	連歌—	文	①	1040
	俳諧—	文	①	1222
くたかけ	くたかけ(鶏)	動		677
くだしぶ	下文【篇】	政	①	358
	—【篇】	政	③	53
	検非違使庁—	官	②	142
	蔵人所—	官	②	263
	勧学院政所—	文	②	1307
	鎌倉幕府政所—	官	②	707
くだなわ	管縄(検地具)	政	④	70
くたに	くたに(酸醬)	植	②	534
くたに	苦胆(竜胆)	植	②	445
くたにや	九谷焼	産	①	752
くだのふ	くだのふえ(小角)	兵		2150
くたみの	球覃郷	地	②	1028
くだもの	果	植	①	22
	—	植	①	71
	神饌用—実	神	②	1170
くだもの	菓物灯籠	器	②	236
くだやり	管槍	武		76
くだら	百済【篇】	外		169
	—	外		80
	—献霊剣	帝		158
	仏教自—伝来	宗	①	2
	—貢馬	動		109
くだらが	百済楽	楽	①	13
くだらが	百済楽師	官	①	842
くだらこ	百済戸	外		190
くだらご	百済郡	地	①	364
くだらご	くだらごと(箜篌)【併入】	楽	②	637
	—	楽	②	588
	—	宗	③	108
	—図	楽	②	638
くだらし	百済品部戸計帳	政	②	229
くだらて	百済手部	官	①	776
	—	官	①	958
くだらで	百済寺(大和)	宗	③	1212
くだらで	百済寺(近江)【篇】	宗	④	659
くだらで	百済寺(河内)【篇】	宗	④	25
くだらで	百済寺(摂津)【篇】	宗	④	63
くだらの	百済河成	文	③	867
くだらの	百済宰【併入】	官	①	186
くだらぶ	百済笛【併入】	楽	②	909
くだりが	下り傘	器	②	461
くだりざ	下り酒	飲		755
くだりふ	下り古手	服		1523
くだる	降	兵		748
	「こうふく降服」も見よ			
くだんざ	九段坂	地	①	958
くだんほ	九壇法	宗	②	335
くち	くち(鷹)	動		941
くち	口	人	①	383
	頤下有—	人	①	614
くち	口(音楽)	楽	①	36
くち	口(道路)	地	①	172
くち	鮸	動		1386
くちあい	口合	人	①	876
くちいわ	口祝	礼	①	971
くちえ	口絵	文	③	926
くちえい	口永	政	④	315
くちおも	口おもし	人	①	846
くちがき	口書	法	③	647
	—	法	③	985
	—詰文言	法	②	79
くちかる	口かるし	人	①	846
くちきが	朽木形几帳	器	①	814
くちきの	朽木荘	官	②	1017
くちきり	口切(茶湯)	遊		425
くちく	苦竹	植	①	680
くちくさ	口臭	方		1172
くちぐせ	口癖	人	①	871
くちさき	くちさきら(吻)	人	①	394
	—	人	①	844
くちさき	くちさきら(喙)	動		509
くちずさ	くちずさむ(口遊)	人	①	870
くちすす	口すすぐ	人	①	1000
	「かんそう盥漱」も見よ			
くちせん	口銭	政	④	430
	—	官	③	1488
くちづつ	口づつ	人	①	846
くちつづ	口鼓	楽	②	549
くちつむ	口紬	政	④	319
くちと	口砥	政	④	319

くちどう　口銅　政 ④ 319
くちどめ　口留番所　地 ③ 653
くちなし　くちなし(梔子)　植 ① 653
くちなし　支子色　産 ① 878
くちなし　支子染　産 ① 853
くちなし　支子袍　服 269
くちなわ　蛇　動 1018
「へび蛇」も見よ
くちなわ　くちなはじやうご
(赤車使者)　植 ① 1200
くちのも　口之者　官 ③ 965
くちのや　口病　方 1170
くちばし　觜　動 501
くちばの　朽葉唐衣　服 924
くちばみ　くちばみ(毒蛇)　動 1029
くちはわ　口は禍の門　人 ① 385
くちびる　脣　人 ① 394
くちびる　脣瘡　方 1260
くちびわ　口琵琶　遊 1260
くちべに　口紅　器 ① 509
くちまい　口米　政 ④ 315
—　官 ③ 1488
くちまい　口米永　政 ④ 316
くちまい　口米代　政 ④ 318
くちまき　口巻(矢)　兵 1615
くちめ　口女(鯔)　動 1393
くちめ　口目(斤両)　称 113
くちめ　朽目(和琴)　楽 ② 568
くちもみ　口籾　政 ④ 320
ぐちゅう　具注暦　方 371
くちゆが　口ゆがむ　人 ① 387
くちょう　九張弓　兵 1658
くちょく　口勅　政 ① 246
くちらの　朽羅社　神 ③ 138
くちん　工賃
「てまちん手間賃」を見よ
くつ　履【篇】　服 1369
以笏正—　服 1280
舞楽用—　楽 ① 658
以扇正沓　服 1339
凶服沓　礼 ② 1036
蹴鞠用沓　遊 1136
くつがた　鴟尾【併入】　居 1007
豊楽殿—　帝 1606
唐招提寺—図　居 1008
くつかぶ　沓冠折句歌　文 ① 550
くつくつ　くつくつぼうし(蛁
蟟)　動 1189
くつくつ　くつくつ笑　人 ① 732
くっけい　くつけい(鎧)　兵 1819
くっこう　屈行　礼 ① 121
くつぞこ　くつぞこ(鞋底魚)　動 1448
くつつけ　くつつけのあしだ
(屐屣)　服 1416
くつてど　くつて鳥　動 859
くつとり　沓取　服 1441
—　礼 ① 1169
くつなじ　忽那島　地 ② 857
—　官 ② 994
—　地 ③ 975
くつぬぎ　沓脱【併入】　居 1171
くつのし　くつのしき(履屧)　服 1381
くつのや　沓の役　服 1441
くつのゆ　沓揖　神 ② 993
くつばみ　くつばみ(鑣)　兵 2004
くつひき　くつひき(臥機)　産 ② 33
くつまき　沓巻(矢)　兵 1615
くつめき　くつめきの病　方 1517
くつわ　くつわ(遊女屋)　人 ② 887
くつわ　轡　兵 2004
くつわし　轡師　兵 2007
くつわつ　くつわつら(靮)　兵 2013
くつわむ　轡虫　動 1179
くでん　口伝
歌道—　文 ① 784
楽舞—　楽 ① 111
くど　竈　居 657
くとう　句読　文 ③ 224
くどおご　久遠郡　地 ② 1294
くどがみ　久度神　神 ③ 1396
くどきう　口説歌　楽 ② 414
くどくで　功徳田(船瀬)　地 ③ 559
くないき　宮内卿　官 ① 980
くないき　宮内卿君　文 ① 886
くないし　宮内省【篇】　官 ① 977
—祭神　神 ① 851
於—行鎮魂祭　神 ② 510
於—行列見　政 ① 1190
くないぶ　宮内節　楽 ② 263
くなしり　国後郡　地 ② 1302
くなしり　くなしり島　外 1459
—　外 1572
くなどの　岐神　神 ① 54
くに　国　地 ① 69

	諸―行程	地	③	44
	以―名為諡号之一	帝		951
	遣流人―	法	①	170
	遣流人―	法	①	769
	毎―安仏像	宗	①	202
	毎―頒経	宗	①	268
	以―名為苗字	姓		319
	以―名為人名	姓		659
くにいし	国医師	方		713
くにがい	国飼駒	武		446
くにがえ	国替(大名)	官	③	1752
くにがえ	国替(年給)	封		274
	―	政	①	684
	―	政	①	712
くにかか	国懸神宮【篇】	神	④	1219
くにくず	国崩(大砲)	武		959
くにけび	国検非違使	官	②	172
くにざか	国界			
	「こっかい国界」を見よ			
くにさき	国東郡	地	②	1027
くにさき	国埼津	地	③	493
くにさき	国崎村	神	③	921
くにさだ	国定忠次	法	③	18
くにじち	国質	政	④	757
くにしの	思邦歌	楽	①	141
くにしゅ	国衆	官	③	1675
くにせん	国宣旨	政	①	266
くにぞう	国雑色	官	②	834
くにたの	柞田荘	政	②	515
くにだゆ	国太夫節	楽	②	287
くにつか	地祇	神	①	13
くにつぐ	国次(刀工)	産	①	640
くにつつ	国罪	神	②	666
くにつみ	国津御祖社	神	③	133
くにつや	国社	神	①	347
くにとみ	国富荘	地	②	214
	―	官	②	962
	―	政	③	59
くにな	国名(女房名)	姓		772
くになみ	国次之徳政	政	④	806
くにのさ	救二郷	地	②	1158
くにのと	国常立尊	神	①	9
くにのは	国博士	文	②	1081
くにのふ	国史(史官)	官	①	84
くにのみ	国宰【併入】	官	①	182
くにのみ	国御柱神	神	④	174
くにのみ	恭仁宮	地	①	182
くにのみ	国造【篇】	官	①	139
	―	神	②	1461
	―	姓		53
	―	姓		120
	出雲―【附】	神	④	1058
	紀伊―【附】	神	④	1244
	阿蘇―	神	④	1637
くにのみ	国造神社	神	④	1637
くにはか	国博士	文	②	1081
くにびき	国引	神	①	231
くにひら	国平(刀工)	産	①	640
くにぶぎ	国奉行	官	②	796
くにみや	国見山	地	③	763
くにめつ	国目付	官	③	348
くにもち	国持(大名)			
	足利氏―	官	②	1391
	徳川氏―	官	③	1675
くにもち	国持並(大名)	官	③	1677
くにやく	国役(税)	政	④	416
	―	政	④	478
	檜物所―	政	④	474
くにやく	国役金	政	③	1018
	―	政	④	419
	川普請―	政	④	1006
	川普請―	政	④	1043
くにやく	国役普請	政	④	1002
	―	政	④	1140
くにゆき	国行(刀工)	産	①	637
くにん	公人			
	鎌倉幕府政所―	官	②	716
	鎌倉幕府問注所―	官	②	758
	足利氏政所―	官	②	1113
	足利氏侍所―	官	②	1161
	足利氏番衆―	官	②	1280
	徳川氏―朝夕人【篇】	官	③	921
くにんば	公人番頭	官	②	1279
くにんぶ	公人奉行	官	②	1182
くぬぎ	歴木	植	①	195
くぬのく	久努国造	地	①	573
くぬひ	公奴婢	政	②	139
	「ぬひ奴婢」も見よ			
くねんぼ	九年母	植	①	424
くのうざ	久能山	神	④	376
くのうじ	久能城代	官	③	1361
くのうそ	久能総御門番	官	③	1361
くのうぶ	久能奉行	官	③	1361

くのえこ	くのえかう(薫衣香)	遊		323
くののま	久野牧	地	③	964
くのへご	九戸郡	地	②	130
くはく	くはく(琥珀)	金		237
くび	首	人	①	319
	梟—【篇】	法	①	725
	梟—	法	①	241
	以敵—祭故人之霊	礼	②	1132
くび	頸	人	①	407
くびいた	頸板	兵		899
くびおお	くびおほひ(袼[illegible])	器	②	877
くびおけ	頸桶	兵		900
くびかき	首掻き刀	兵		1380
くびかけ	首かけ芝居	楽	②	1160
くびかし	盤枷(囚禁具)	法	①	485
	—図	法	①	486
	病囚聴脱—	法	①	127
くびかみ	くびかみ(袍)	服		235
くびき	軛	器	②	769
くびきご	頸城郡	地	②	341
くびぎぬ	頸衣	兵		902
くびきの	久比岐国造	地	②	335
くびきれ	くびきれ歌	文	①	710
くびくよ	首供養	兵		904
くびげし	首化粧	兵		874
くびけん	首検知	兵		874
くびじっ	首実検【篇】	兵		873
	—	法	①	727
くびしょ	首装束	兵		874
くびしろ	首代銀	法	②	158
くびす	踵	人	①	471
くびすえ	頭居(産養)	礼	①	430
くびだい	頸台	兵		899
くびだい	首対面	兵		873
くびたま	頸玉	服		1483
くびちゅ	頸注文	兵		893
くびちょ	頸帳	兵		893
くびづか	首塚	礼	②	1122
	楠正成—	宗	④	7
くびなわ	頸縄	兵		902
くびはい	首配見	兵		874
くびひき	頸引	遊		1210
くびぶく	頸袋	兵		902
くびふさ	頸総(馬具)	兵		2050
くびふだ	頸札	兵		898
くびまき	頸巻	服		1497
くひゃく	九百五十回忌	礼	②	1450
くひゃく	九百五十年忌	礼	②	1450
くひゃく	九百年忌	礼	②	1449
くびる	絞	法	①	230
くびる	縊	人	①	650
	「いし縊死」も見よ			
くひろい	句拾ひ	法	③	65
ぐふくじ	弘福寺	宗	③	1350
くぶつち	頭椎大刀	兵		1396
くぶんで	口分田【篇】	政	②	317
	駅子—	政	②	1200
くべりお	玖倍理温泉	地	③	1097
くぼ	くぼ(穢多)	政	③	876
くほう	句法			
	詩—	文	②	470
	漢文—	文	①	286
	連歌—	文	①	1041
くぼう	公方(足利将軍)	官	②	1051
くぼう	公方(関東管領)	官	②	1301
ぐぼうじ	弘法寺【篇】	宗	④	516
くぼうた	公方段銭	政	④	458
くぼうや	公方役	政	④	419
くぼた	久保田	地	②	190
くぼたは	久保田藩	地	②	195
くぼつき	窪坏	器	①	184
くぼつき	窪坏物	飲		271
くぼて	葉椀	器	①	50
	—	神	②	1255
くぼどこ	窪所	官	②	643
くぼのな	隠名(催馬楽)	楽	①	210
くぼやご	窪屋郡	地	②	602
くほん	九品(歌)	文	①	513
くほんじ	九品寺派	宗	①	690
くほんま	九品万秋楽	楽	①	510
くま	隈(俳優化粧)	楽	②	177
くま	熊	動		403
	捕—	産	①	457
くまい	供米	神	②	1162
くまがい	熊谷笠	器	②	395
くまがい	熊谷宮内	人	②	313
くまがい	熊谷盃	器	①	244
くまがい	熊谷桜	植	①	293
くまがい	熊谷草	植	②	779
くまがい	熊谷直実			
	源頼朝称所領安堵下文於—	人	②	306
	—一谷戦	人	②	107
	—出家	宗	②	448

—知死期 人 ① 660
くまがや 熊谷堤 政 ④ 1036
くまがや 熊谷郷 地 ① 871
くまがわ 求摩川 地 ③ 1192
くまげご 熊毛郡(大隅) 地 ② 1183
くまげご 熊毛郡(周防) 地 ② 686
くまごお 球麻郡 地 ② 1125
くまごり 熊凝精舎 宗 ③ 1212
くまごり 熊凝寺 宗 ③ 1294
くまさか 熊坂長範 人 ② 799
くまさか 熊坂荘 地 ② 275
くまざさ くまざさ(箬) 植 ① 714
くまざわ 熊沢蕃山
—経済説 文 ② 698
—陽明学 文 ② 804
—師事中江藤樹 人 ① 1175
—歿 人 ② 391
葬—於鮭延寺 礼 ② 118
くましね くましね(糈米) 神 ② 1162
くまそ 熊襲【篇】 人 ② 730
くまその 熊曾国 地 ② 1181
くまたか くまたか(角鷹) 動 937
くまつづ くまつづら(馬鞭草) 植 ② 490
くまつづ 熊葛 植 ② 292
くまで 熊手 産 ① 248
くまでぐ 熊手鍬 産 ① 228
くまのあ 熊野荒坂津 地 ③ 486
くまのい くまのい(人参) 植 ② 390
くまのい 熊胆 動 404
くまのう 熊野浦 地 ③ 1326
くまのお 熊野温泉 地 ③ 1089
くまのか 熊皮鞍覆 兵 1986
くまのく 熊野樟日命 神 ④ 1077
くまのご 熊野牛王宝印 神 ② 933
— 神 ② 1818
— 人 ② 353
くまのご 熊野郡 地 ② 404
くまのさ 熊野三所権現 神 ④ 1263
くまのじ 熊野十二社権現 神 ④ 1263
くまのし 熊野新宮 神 ④ 1263
くまのじ 熊野神社(出雲)【篇】 神 ④ 1073
くまのに 熊野坐神社(紀伊)
【篇】 神 ④ 1263
熊野山僧兵 兵 289
くまのの 熊野国造 地 ② 731
くまのは 熊野八庄司 地 ② 754
くまのは 熊野早玉神社 神 ④ 1263
くまのひ 熊神籬 神 ① 545
くまのほ 熊野本宮 神 ④ 1263
くまのみ 熊野岬(出雲) 地 ③ 1333
くまのみ 熊野岬(紀伊) 地 ③ 1333
くまのむ 熊野村 地 ② 742
くまのも 熊野詣 神 ④ 1298
— 神 ④ 1287
—用途銭 政 ④ 537
くまのも 熊野諸手船 器 ② 691
くまのや 熊野山 神 ④ 1264
くまばち 熊蜂 動 1128
くまびき くまびき(鱰) 動 1463
くままつ 熊祭 動 415
くまもと 熊本 地 ② 1128
くまもと 熊本藩 地 ② 1137
くまやな 熊柳鞭 兵 2045
くまらい 久麻良比神社 神 ③ 133
くまわに 熊鰐 動 1466
くまんは 九万八千軍神 兵 532
くみ 組(村) 地 ① 96
出羽国田川郡二十
二— 地 ② 187
くみ 組(歌曲)
筑紫箏歌曲— 楽 ② 696
三線歌曲— 楽 ② 834
ぐみ 胡頽子 植 ① 574
くみあい 組合
工人— 産 ① 498
大工— 産 ① 526
桶職人— 産 ① 546
商人— 産 ② 397
湯屋— 居 687
くみあい 組合行事 産 ② 397
くみあい 組合辻番 政 ③ 1340
くみいと 組糸 産 ② 56
くみいれ 組入天井 居 1122
くみうち 組打 兵 551
— 兵 918
くみおび 組帯 服 820
くみがき 組垣 居 863
くみかけ 組懸(烏帽子具) 服 1208
くみがし 組頭(軍士) 兵 189
くみがし 組頭(職名)
豊臣氏— 官 ② 1451
—聴訟 法 ③ 910
徳川幕府の組頭は官位部徳川
氏職員篇に在り。今之を略す

くみこ	組子	兵		190
くみこう	組香	遊		345
くみこう	組格子	居		1262
くみしゅ	組衆	兵		453
くみのく	久味国造	地	②	865
くみはま	久美浜	地	②	405
ぐみぶく	茱萸嚢	歳		1340
くみぶね	組船	器	②	740
くみもの	くみもの(纂組)【併入】	産	②	55
くみやし	組屋敷			
	与力同心―	官	③	426
	大番―	官	③	1057
	御徒―	官	③	1139
	百人組―	官	③	1162
くみゆ	汲湯	地	③	1126
くみれ	組入(天井)	居		1122
くめい	句名(詩)	文	②	470
くめごお	久米郡(伊予)	地	②	872
くめごお	久米郡(伯耆)	地	②	452
くめごお	久米郡(美作)	地	②	559
くめじば	久米路橋(大和)	地	③	231
くめじば	久米路橋(信濃)	地	③	333
くめだで	久米田寺【篇】	宗	④	52
くめでら	久米寺【篇】	宗	③	1342
くめなん	久米南条郡	地	②	559
くめのい	久米岩橋	地	③	231
くめのさ	久米更山	地	②	567
くめのせ	久米仙人	方		621
	―	宗	③	1342
くめべ	久米部	官	①	57
くめほう	久米北条郡	地	②	559
くめまい	久米舞	楽	②	423
くも	雲【篇】	天		147
くも	蜘蛛	動		1207
くもあわ	蜘合	遊		266
くもい	雲井(筑紫箏調子)	楽	②	690
くもがく	雲隠(死)	人	①	641
くもかご	雲駕籠	器	②	1029
くもがた	雲形幕	器	①	742
くもきり	蜘蛛切(刀剣)	動		1215
くもくせ	口目銭	政	④	430
くもくだ	供目代	神	②	1638
くもじ	くもじ(豉)	飲		869
くもすけ	雲介	政	④	1369
くもすけ	雲介杖	器	②	520
くもだこ	蛛蛸	動		1548
くもで	くもで(八橋)	地	③	257
くもで	口分田(姓氏)	政	②	334
くものす	くものすしだ	植	②	865
くもまい	蜘舞	楽	②	465
くもる	曇【併入】	天		332
くもわけ	雲分鞠	遊		1087
くもん	公文(文書)	官	②	1220
	四度―	政	①	650
くもん	公文(職名)			
	神祇官―	官	①	315
	太政官文殿―	官	①	477
	侍従厨―	官	①	717
	院庁官―	官	①	1226
	後院―	官	①	1250
	荘―	政	②	565
	郡―	官	②	585
	地頭兼―職	官	②	1038
	寺家―	宗	②	1012
ぐもんじ	求聞持法	宗	②	313
	虚空蔵―	宗	③	931
くもんじ	公文所			
	鎌倉幕府―	官	②	698
	寺家―	宗	②	1014
くもんじ	公文所別当	官	②	706
くもんじ	公文所寄人	官	②	716
くもんぶ	公文奉行	官	②	1220
くもんも	公文目代	官	②	484
くやつ	くやつ(他称)	人	①	17
くゆ	悔	人	②	286
くよう	供養	宗	②	186
	針―	歳		1056
	橋―	地	③	185
	石塔―	帝		1026
	万僧―	帝		1539
	興福寺―	帝		1640
	首―	兵		904
	千僧―	宗	③	470
	箸―	器	①	109
くようせ	九曜星	天		99
くようそ	九曜息災大白衣現自在法	宗	②	302
くようの	九えうの星	天		99
くようぼ	九曜星紋	姓		546
くようま	九曜曼荼羅	宗	①	241
くら	鞍	兵		1934
	―馬具【篇】	兵		1933
くら	倉庫	居		734

「そうこ倉庫」も見よ
くらい　位　官①　3
「いかい位階」も見よ
くらいな　倉稲魂命
「うがのみ倉稲魂神」を見よ
くらいの　位の備　兵　414
くらいや　位山　地③　745
くらいり　蔵入　政③　972
くらうち　鞍打　兵　2061
くらおお　鞍覆　兵　1983
虎皮―　官③　1721
くらおか　闇淤加美神　神①　32
祀闇龗神於丹生川上神社　神④　1711
くらおき　くらおきどころ(排鞍肉)　動　86
くらがき　倉垣　居　806
くらかけ　鞍掛　兵　2064
くらかけ　鞍掛豆　植②　232
くらぎご　久良郡　地①　827
くらげ　海月　動　1558
くらごし　鞍越(袴)　服　771
くらしき　鞍褥　兵　1982
くらしき　蔵敷　居　763
くらしろ　倉代　居　805
くらしろ　倉代屋　神①　1056
くらぜい　倉税　政④　518
くらづか　蔵司(女官)　官①　1122
くらづか　蔵司(大宰府)　官②　404
くらづか　蔵職　官①　73
くらつき　倉月荘　官②　1038
―　政③　756
くらつく　鞍作鳥　宗③　1351
くらつく　鞍部　官①　115
くらつけ　倉付帳　政②　684
くらつぼ　鞍壺　兵　1944
くらづめ　鞍爪　兵　1944
くらてご　鞍手郡　地②　941
くらのか　内蔵頭　官①　776
くらのす　内蔵助流(槍術)　武　71
くらのつ　くらのつかさ(内蔵寮)　官①　773
「くらりょ内蔵寮」も見よ
くらはし　倉梯岡陵　帝　984
くらはし　倉椅柴垣宮　地①　180
くらはし　倉橋荘　官②　1031
くらはん　鞍判　政④　1282
くらびつ　鞍櫃　兵　2063
くらびと　椋人　官①　76
―　姓　70
―　姓　127
くらひと　倉人女　官①　77
くらびら　蔵開(正月)　歳　915
くらぶぎ　倉奉行
鎌倉幕府―　官②　800
足利氏―　官②　1195
くらぶぎ　蔵奉行
二条―　官③　1291
大坂―　官③　1333
高槻―　官③　1335
佐渡―　官③　1447
大津―　官③　1459
清水―　官③　1460
くらふの　倉歴道　地①　400
くらべ　蔵部
内蔵寮―　官①　786
大蔵省―　官①　965
くらべ　蔵部(伴造)　官①　73
くらべう　競馬　武　798
「けいば競馬」も見よ
くらべの　蔵部司　神③　809
くらぼう　倉法師　官②　1198
―　居　763
くらぼね　鞍橋　兵　1942
くらまい　蔵米
摂津国有馬山御―算用状　地③　1044
知行引替―　封　388
給―於寺院　宗③　258
くらまい　蔵米取　封　405
くらまえ　蔵前入用　政④　441
くらまえ　蔵前札差　産②　671
くらまち　くらまち　居　807
くらまで　鞍馬寺【篇】　宗③　731
―靫明神　神①　789
―円光院　政③　957
くらまや　鞍馬山　地③　756
くらみの　倉見里　地②　530
くらもと　蔵元　産②　533
くらもり　蔵守　官①　786
くらやく　倉役　政④　518
くらら　くらら(苦参)　植②　317
くららが　くららがみ(苦参紙)　文③　1186
くらりょ　内蔵寮【篇】　官①　773

	一田	政	②	423
くらんど	蔵人			
	「くろうど蔵人」を見よ			
くり	栗	植	①	173
くり	庫裏	宗	③	125
くりいし	栗石	金		257
くりいと	繰糸	産	②	20
くりいれ	繰入(退軍)	兵		585
くりかた	栗形(刀剣)	兵		1443
くりがゆ	栗粥	飲		463
くりから	倶利迦羅不動	宗	①	107
くりから	くりから焼	飲		236
くりかわ	烏皮舄	服		1382
くりかわ	烏皮靴	服		1389
くりかわ	烏皮履	服		1393
くりくま	栗隈郷	地	①	236
くりげの	栗毛馬	動		91
くりこも	栗粉餅	飲		555
くりぞめ	涅染	産	①	853
くりたけ	栗茸	植	②	807
くりどい	繰樋	政	④	1228
くりのい	くりのいが(栗刺)	植	①	174
くりのせ	栗節供	歳		1315
くりのも	栗本の衆(連歌)	文	①	952
くりはら	栗原郡	地	②	125
くりびき	繰引(退軍)	兵		585
くりふね	くり船	地	③	360
くりまの	栗真荘	地	①	457
くりむら	栗村荘	法	①	1031
くりめい	栗名月	歳		1311
くりめし	栗飯	飲		409
くりや	厨	居		647
	院寺一	宗	③	125
くりや	繰矢	兵		1691
くりやま	栗山潜鋒	文	①	330
くりわた	繰綿	産	②	101
	一	産	②	754
くりわた	繰綿問屋	産	②	407
くりん	九輪	宗	③	109
くりんそ	くりんさう(山蒿苣)	植	②	443
くりんと	九輪塔	宗	③	96
くるくさ	くるくさ(大青)	植	②	22
くるくる	くるくる(鱈腸)	動		1385
くるしま	久留島喜内	文	③	576
くるすの	栗栖野	地	③	934
くるぶし	くるぶし(髁)	人	①	472
くるべき	くるべき(反転)	産	②	81
くるま	車【篇】	器	②	751
	一名所図	器	②	756
	羽一	帝		147
	践祚日渡御一	帝		214
	一礼	帝		1437
	一礼	礼	①	154
	一荷運載量	政	②	1203
	苦一	方		1523
	凶事一	礼	②	1057
	一紋画蓮花	帝		1624
	一施紋	姓		554
	大臣一紋図	姓		579
くるまう	車馬鍬	産	①	244
くるまが	車返し(近江美濃国堺)	地	①	1233
くるまが	車掛(陣法)	兵		66
くるまが	車笠	器	②	406
くるまが	車刀	兵		1356
くるまき	車木(井具)	地	③	1017
くるまご	群馬郡	地	②	15
くるまざ	車竿(検地具)	政	④	70
くるまざ	車裂【併入】	法	①	749
くるまざ	車裂大明神	神	①	152
くるまじ	車仕掛大筒	武		963
くるまぜ	車善七	政	③	898
くるまぞ	車草子【併入】	文	③	531
くるまぞ	車副	器	②	903
くるまだ	車大工	器	②	805
くるまた	車松明	器	②	276
くるまだ	車畳	器	②	864
	以一為御座	帝		1292
くるまづ	車塚	礼	②	1073
	下野国那須郡湯津上村一	礼	②	1149
くるまつ	車作	器	②	805
くるまど	車戸	居		1221
くるまと	車戸棚	居		1090
くるまな	車長持	器	①	674
くるまの	車のあみ(罝)	器	②	879
くるまの	車のかも(釭)	器	②	773
くるまの	車のかりも(釭)	器	②	773
くるまの	車間荘	地	①	457
くるまの	車簾	器	②	865
くるまの	車のはち(輞)	器	②	774
くるまひ	車引(車夫)	器	②	907
くるまひ	車引(退軍)	兵		586
くるまび	車菱(防戦具)	兵		668

くるまび 車屏風 器 ② 871
くるまぼ 車棒(農具) 産 ① 287
くるまも 車持部 官 ① 115
くるまや 車宿 居 719
くるまよ 車寄 居 615
くるみ 胡桃 植 ① 148
— 方 1437
くるみあ 胡桃油 器 ① 519
くるみい 胡桃色紙 文 ③ 1207
くるみぞ 呉桃染袴 服 715
くるめ 久留米 地 ② 974
くるめは 久留米藩 地 ② 978
くるもと 栗太郡 地 ① 1173
くるり [illegible](矢) 兵 1690
— 産 ① 462
ぐるり 旋転 産 ① 287
くるりは 久留里藩 地 ① 1042
くるる 枢 居 1230
くるるど 枢戸 居 1221
くるわ 廓(遊里) 人 ② 873
くるわ 曲輪(城郭) 兵 1064
徳川柳営— 居 346
江戸城—内禁復讐 人 ② 505
ぐるわ 旋輪(甲冑) 兵 1887
くれ 呉(支那)【篇】 外 829
くれ 榑 居 1145
くれたけ くれたけ(筥竹) 植 ① 681
くれどこ 呉床 器 ② 144
— 器 ② 966
くれない 紅色 産 ① 850
くれない 紅威鎧 兵 1803
くれない 紅末濃(鎧) 兵 1798
くれない 紅筋織 産 ② 206
くれない 紅衵 服 383
くれない 紅の薄様 文 ③ 1219
くれない 紅下襲 服 342
くれない 紅装束 服 182
くれない 紅袴
男子用— 服 716
婦人用— 服 1052
くれにし 呉錦 産 ② 279
くれのあ くれのあゐ(紅藍花) 植 ② 752
くれのお くれのおも(懐香) 植 ② 415
くれのち 暮の茶湯 遊 415
くれのつ くれのつづみ(腰鼓) 楽 ② 1115
くれのは くれのはじかみ(薑) 植 ① 1143
くれのみ くれのみみず(蚕) 動 1100
くれはし 呉橋 地 ③ 119
くれはし 榑階 居 1188
くれはと 呉服(伴造) 官 ① 105
くれはと 呉織(織物) 産 ② 3
くれはと 呉服綾 産 ② 260
くれぶね 榑船 器 ② 687
「いかだ筏」も見よ
くれまつ 呉松大夫 楽 ① 934
ぐれやど ぐれ宿 政 ③ 951
くろ 畔 政 ④ 22
くろ 久漏 方 1242
くろあり 黒蟻 動 1110
くろいし 黒石 金 343
くろいし 黒石藩 地 ② 155
くろいた 黒井忠寄 政 ④ 1191
くろうし 黒牛 動 42
くろうど 蔵人 官 ② 201
内膳司贄殿— 官 ① 1070
春宮— 官 ① 1181
院— 官 ① 1227
後院— 官 ① 1249
院宮摂関家— 官 ① 1280
女— 官 ① 1151
東宮女— 官 ① 1182
—装束 服 755
—著青色袍 服 256
くろうど 蔵人方吉書 政 ① 148
— 帝 238
くろうど 蔵人式 法 ① 70
くろうど 蔵人所【篇】 官 ② 199
院— 官 ① 1227
摂関大臣家— 官 ① 1280
くろうど 蔵人所牒 政 ① 492
くろうど 蔵人所御卜 方 559
くろうど 蔵人大夫 官 ② 219
くろうど 蔵人頭 官 ② 205
—書札礼 文 ① 431
くろうど 蔵人別当 官 ② 205
くろうめ くろうめもどき(鼠李) 植 ① 511
くろうや 九郎焼 産 ① 746
くろうる 黒漆鞍 兵 1965
くろえわ 黒江椀 産 ① 800
くろがき 黒柿 植 ① 610
くろがね 鉄 金 197
「てつ鉄」も見よ
くろがね 鉄井 地 ③ 1013

くろがね	鉄御門	居		414
くろがね	くろがねのはた(鉄落)	金		202
くろがね	くろがねもち(冬青)	植	①	484
くろがね	鉄門	居		838
くろがま	黒蝦蟇	動		1067
くろがま	黒構(城郭)	兵		1070
くろかみ	黒髪	人	①	504
くろかみ	黒髪山	地	②	66
	—	地	③	825
くろから	黒加羅魚	動		1455
くろかわ	黒川郡(陸奥)	地	②	124
くろかわ	黒川春村	文	①	101
	—	文	③	478
くろかわ	黒川藩(越後)	地	②	351
くろき	黒木	器	②	335
くろき	黒酒	神	①	1533
	—	神	②	429
	—	神	②	1151
くろきき	くろききみ(秬黍)	植	①	875
くろきづ	黒木机	神	②	1234
	春日社—図	神	②	1235
くろきで	黒酒殿	神	①	1055
くろきの	黒木鳥居	神	①	586
	—	神	③	710
くろきの	黒木橋	地	③	87
くろきは	黒袴	服		717
くろくさ	くろくさ(白薇)	植	②	458
くろくさ	くろくさ(黒奸)	方		1266
くろぐさ	くろぐさ(漏蘆)	植	②	757
くろくぜ	九六銭	泉		118
くろぐつ	黒沓	服		1389
	—	礼	②	1036
くろぐら	黒鞍	兵		1965
くろくり	黒栗毛馬	動		97
くろぐわ	くろぐわゐ(烏芋)	植	①	948
くろくわ	黒鍬頭	官	③	989
くろくわ	黒鍬之者【併入】	官	③	989
くろげの	黒毛馬	動		93
	—	動		97
	丹生川上神社祈雨時奉—	神	④	190
くろこ	くろこ(地茸)	植	②	828
くろこう	倶倫甲序(楽曲)	楽	①	562
くろこま	黒駒牧	地	③	964
くろごめ	黒米	植	①	813
くろごめ	玄米早春薬	産	①	106
くろごめ	黒米飯	飲		390
くろさや	黒鞘巻(刀)	兵		1370
くろしお	黒潮	地	③	1260
くろじく	黒管筆	文	③	1279
くろじの	黒地鞍	兵		1965
くろしま	黒島	地	②	1200
くろしょ	黒装束	礼	②	1042
くろすば	黒櫟橋	地	③	90
くろずみ	黒住神道	神	②	1427
くろずみ	黒住宗忠	神	②	1427
くろだい	黒鯛	動		1369
くろだじ	黒田如水			
	—訓誡	人	②	176
	—遺訓	人	②	219
	—不取貸金	人	②	592
	黒田孝高計策	人	①	1261
くろだち	黒大刀	兵		1347
	—	服		559
くろだな	黒棚	器	①	664
くろだな	黒田長政			
	—家訓	人	②	195
	—訓誡	人	②	176
	—以崇福寺為菩提寺	宗	④	1059
くろだの	黒田駅(出雲)	地	②	465
くろだの	黒田荘(伊賀)	地	①	414
	—	政	②	499
くろちく	黒竹	植	①	702
くろつぐ	黒つぐ(桄榔子)	植	①	139
くろつぐ	黒つぐみ(黒鶇)	動		805
くろづく	黒造剣	兵		1345
くろづく	烏装横刀	兵		1347
	—	兵		1312
	烏装太刀	兵		1316
くろつち	黒土	金		373
くろつは	黒津羽(矢)	兵		1591
くろつる	黒橡衣	礼	②	1047
くろど	黒戸	居		121
くろとの	黒戸浜橋	地	③	340
くろとり	くろとり(鳿)	動		632
くろに	黒煮	飲		214
	烏賊—	動		1554
くろぬり	黒漆剣	兵		1345
くろばち	黒蜂	動		1117
	—	動		1128
くろばね	黒羽藩	地	②	60
くろはん	黒半臂	服		372

くろび	黒日	方		141
くろふく	黒服	礼	②	1042
くろぶし	くろぶし(踝)	人	①	472
くろふね	黒船	外		1198
	—	外		1235
くろふね	黒船頭巾	服		1253
くろべが	黒部川	地	③	345
くろぼう	黒方(香)	遊		316
くろほろ	黒母衣一揆	兵		427
くろほろ	黒母衣矢	兵		1594
くろほん	黒本(小説)	文	②	944
くろます	黒升	称		89
くろまつ	黒松	植	①	86
くろまな	くろまなこ(黒睛)	人	①	354
くろまめ	くろまめ(烏豆)	植	②	235
くろみど	くろみどりの馬	動		96
くろむぎ	くろむぎ(蕎麦)	植	②	7
くろめ	くろめ(烏銅)	金		192
くろめ	黒目(斤両)	称		113
くろめ	黒眼	人	①	354
くろもじ	くろもじ(木)	植	①	262
くろもの	くろもの(鍋)	器	①	308
くろやま	黒山企師部舞	楽	②	428
くろやま	黒山席	器	②	25
くろろ	枢	居		1230
くろわか	くろわかめ(烏頭布)	植	②	888
くろわん	黒椀	器	①	12
くろんぼ	くろんぼう(木狗)	動		480
くろんぼ	くろんぼう(麦奴)	植	①	859
くわ	桑	植	①	219
	—栽培	政	④	965
	以—枝皮作綿	産	②	104
くわ	鍬	産	①	225
	祈年祭幣帛加—靫社	神	①	370
	地子交易—価	政	②	632
くわい	くわゐ(烏芋)	植	①	948
くわい	くわゐ(慈姑)	植	①	950
くわいと	桑糸	産	②	65
くわえ	くはへ(飲酒礼)	礼	①	254
くわがた	鍬形一揆	兵		427
くわがた	鍬形打たる冑	兵		1863
くわがみ	鍬神祭	神	②	650
くわくら	鍬鞍社	神	④	228
くわご	桑蚕	産	①	332
くわさき	鍬先	産	①	233
くわざけ	桑酒	飲		707
くわしほ	細戈千足国	地	①	22
くわしま	くはしま	動		82
くわしろ	桑代	政	④	470
くわしろ	鍬代	産	①	248
くわだい	桑台子	遊		649
くわだか	桑高	政	④	126
くわたけ	桑茸	植	②	812
くわたご	桑田郡	地	②	384
くわだの	桑田玖賀媛	人	①	1125
くわな	桑名	地	①	428
	宮—間船賃	地	③	401
くわなご	桑名郡	地	①	439
くわなご	桑名御坊	宗	④	114
くわなの	桑名駅	地	①	431
くわなの	桑名渡	地	③	425
くわなは	桑名藩	地	①	460
	—藩札	泉		448
くわねん	桑年貢	政	④	471
くわのこ	くはのこけ(桑花)	植	②	848
くわのみ	桑椹酒	飲		707
くわのむ	桑蠹	動		1087
くわのも	くはのものさし(尺)	称		21
くわのや	くはのやどりき(桑上寄生)	植	①	667
くわばら	桑原家	文	①	354
くわばら	桑原郡	地	②	1181
くわばら	桑原里	地	②	530
くわばら	桑原荘	政	②	491
くわまゆ	桑繭	産	①	334
くわむら	桑村郡	地	②	870
くわやま	鍬山伊賀利神事(豊受大神宮)	神	③	499
くわやま	鍬山神事(皇大神宮)	神	③	499
くわゆき	烏頭(馬体)	動		86
くわゆみ	桑弓	兵		1635
くん	裙			
	婦人用—	服		951
	僧徒用—	宗	②	1185
くん	勲			
	「くんい勲位」を見よ			
ぐん	郡			
	「こおり郡」を見よ			
くんい	勲位	官	③	1833
	授—於神	神	①	315
ぐんい	軍医	兵		198
ぐんいん	郡院	官	②	571
ぐんえい	軍営【併入】	兵		1138

くんかい	訓誡【併入】	人	②	147
	聴訟吏員—	法	③	759
	「いましめ誡」も見よ			
ぐんがく	軍学者	兵		14
ぐんかん	軍鑑	兵		191
	—	兵		1242
ぐんかん	軍艦頭	官	③	1639
ぐんかん	軍艦教授方出役	官	③	1652
ぐんかん	軍艦教授所	官	③	1647
ぐんかん	軍艦所取調組頭	官	③	1650
ぐんかん	軍艦操練所	官	③	1647
	—	武		13
ぐんかん	軍艦操練所頭取	官	③	1648
ぐんかん	軍艦奉行	官	③	1637
ぐんかん	軍艦役	官	③	1641
ぐんき	軍器			
	「へいき兵器」を見よ			
ぐんき	軍毅	兵		1017
ぐんき	軍機	兵		113
ぐんぎ	軍議【併入】	兵		147
	—	兵		1179
くんぎょ	勲業	官	③	1835
ぐんけん	軍監	兵		171
	鎮守—	官	②	33
くんご	訓語	文	③	306
くんこう	勲功	兵		913
	「ぐんこう軍功」「こう功」も見よ			
ぐんこう	軍功【篇】	兵		913
	—	兵		1237
	獲生虜争—	兵		866
	以—賜名	姓		643
	戦功贈位	官	①	257
ぐんこう	群行	神	③	717
	—奏仙遊霞	楽	①	444
くんこう	勲功奉行	官	②	789
くんさい	葷菜	植	①	756
くんさき	国埼郡	地	②	1027
くんさき	国前国造	地	②	1018
ぐんし	軍士	兵		208
	「へいし兵士」も見よ			
ぐんし	軍使	政	③	353
	—	兵		104
	—	兵		194
ぐんし	軍師	兵		191
ぐんじ	郡司【篇】	官	②	569
	国造帯—	官	①	162
	—職田	封		95
	—位禄	封		137
	以墾田為—功	政	②	348
	—巡視勧農	政	②	1095
	—史生試	文	③	145
くんしこ	君子国	地	①	36
ぐんじし	郡司職	官	②	583
ぐんじめ	郡司召	官	②	608
ぐんしゃ	軍者	兵		191
くんしゅ	君主			
	「しゅ主」を見よ			
ぐんしょ	軍将	兵		156
	「しゅしょ主将」も見よ			
ぐんじょ	ぐんじやう(白青)	金		326
ぐんしょ	郡小代官	官	②	1363
ぐんしょ	群書治要			
	読書始読—	文	③	247
	天皇誦習—	文	③	258
	—刊行	文	③	1092
ぐんしょ	群書類従	文	③	452
ぐんしん	軍神	兵		532
	—	帝		1084
ぐんじん	軍陣	兵		509
	「ぐんえい軍営」も見よ			
くんしん	君臣の歌	文	①	898
ぐんせい	軍制改正御用	官	③	315
	—	官	③	335
くんせき	勲績	官	③	1836
ぐんせつ	郡摂使	官	②	586
ぐんせん	軍扇【併入】	兵		2147
ぐんそう	軍曹	兵		171
	鎮守—	官	②	33
くんたい	裙帯【篇】	服		1072
ぐんだい	郡代			
	足利氏—	官	②	1363
	伊勢—	官	③	1430
	徳川氏—【篇】	官	③	1465
	—裁判	法	③	897
ぐんだい	郡代職	官	②	583
くんたく	君沢郡	地	①	668
ぐんだり	軍荼利法	宗	②	294
ぐんだり	軍荼利明王	宗	①	109
ぐんだん	軍団【篇】	兵		1015
	—官人職田	封		99
ぐんちゅ	軍忠	兵		913
	「ぐんこう軍功」も見よ			
ぐんちゅ	軍忠状	兵		945

くんてん　訓点【篇】　文 ③ 269
　鵜飼石斎―　文 ③ 1116
ぐんとう　郡稲　政 ② 704
ぐんとう　群盗　人 ② 792
ぐんとう　郡稲帳　政 ② 706
くんどく　訓読
　大臣称号後字―　帝 945
　―得失　文 ③ 309
くんどく　訓読会　歳 1067
くんどく　訓読経　宗 ① 323
ぐんない　郡内絹　産 ② 213
ぐんない　郡内紬　産 ② 242
ぐんない　郡内平　産 ② 208
ぐんない　郡内太織　産 ② 194
ぐんば　軍馬　武 781
ぐんばい　軍配団扇　兵 2142
　相撲行司―　武 1187
ぐんばい　軍配者　兵 192
ぐんぱん　郡判　官 ② 589
ぐんびょ　軍兵　兵 211
　「へいし兵士」も見よ
ぐんぷ　郡符　官 ② 589
ぐんぽう　軍法　兵 100
　「ぐんりつ軍律」「ぐんれい軍令」も見よ
ぐんぽう　軍法(兵法)　兵 2
ぐんまご　群馬郡　地 ② 15
ぐんむし　郡務所　官 ② 579
くんもつ　薫物　遊 315
ぐんやく　軍役　政 ④ 558
　―　政 ④ 76
　―　兵 215
　―　官 ③ 1685
ぐんよう　軍用寄合　兵 974
ぐんりつ　軍律【併入】　兵 113
ぐんりゃ　軍略【篇】　兵 117
　―　兵 1178
ぐんりょ　軍糧【篇】　兵 969
ぐんりょ　郡領　官 ② 572
　借叙五位―位禄　封 137
ぐんれい　軍令【篇】　兵 81
ぐんれい　軍令使　兵 103
くんろく　薫陸香　遊 310
　―　植 ① 482

け

け　木　植 ① 68
け　毛
　天降―　天 10
　人―　人 ① 499
　馬―色　動 89
　鳥―　動 501
け　界【併入】　文 ③ 1250
け　家(敬語)　文 ① 461
け　笥　器 ① 277
げ　解【篇】　政 ① 450
けあな　毛孔　人 ① 499
けい　契　帝 158
　関―　地 ③ 625
けい　啓【篇】　政 ① 445
けい　頃(田積)　政 ② 264
けい　磬【併入】　楽 ② 1142
　―　宗 ② 1091
　―図　楽 ② 1143
　法皇打―　帝 1130
けい　褻居　居 630
げい　黥　法 ① 263
　「いれずみ入墨」も見よ
げい　外位　官 ③ 1802
　―位禄　封 135
　―蔭位　政 ① 1005
けいあい　景愛寺【篇】　宗 ③ 562
　―　宗 ③ 196
けいあく　軽幄　器 ① 769
けいあん　桂菴(僧)　文 ② 767
けいあん　慶安(口入)　礼 ① 1166
けいあん　慶安(年号)　歳 250
けいうん　慶運(僧)　文 ① 875
けいうん　慶雲(天象)　天 150
けいえし　堺画師　文 ③ 792
けいえん　桂園一枝　文 ② 380
けいえん　鶏園寺【併入】　宗 ④ 870
けいおう　慶応　歳 270
けいおう　慶応義塾　文 ② 1048
けいか　軽貨　政 ② 631
けいが　慶賀
　新任―　政 ① 944

—献神馬 神 ② 1124
「さんが参賀」「はいが拝賀」も見よ
けいかい 経廻 法 ① 860
けいがい 荊芥 植 ② 508
けいがく 経学【篇】 文 ② 741
けいがく 敬学館(岡田藩) 文 ② 1288
けいがく 敬学館(二本松藩) 文 ② 1283
けいがく 経学教授所 文 ② 1284
けいがの 慶賀笏 服 1281
けいかり 軽過料 法 ② 670
けいかん 鶏冠石 金 304
けいぎか 経誼館 文 ② 1284
けいきゅ 桂宮院【併入】 宗 ③ 822
けいぎょ 敬業館(府中藩) 文 ② 1288
けいぎょ 敬業館(林田藩) 文 ② 1287
けいきょ 敬教堂 文 ② 1281
けいぎょ 敬業堂 文 ② 1286
けいきん 奚琴【併入】 楽 ② 636
けいくつ 磬屈 礼 ① 68
低頭—平伏之別 礼 ① 145
けいご 桂悟(僧) 宗 ② 504
けいご 警固
賀茂祭— 神 ③ 1020
譲位— 帝 458
近衛為— 官 ① 1397
大宰府— 官 ② 419
葬礼— 礼 ② 184
げいこ 芸子 人 ② 932
けいこう 兄公(夫之兄) 人 ① 187
けいこう 慶光院【篇】 宗 ④ 126
けいこう 景行天皇 帝 4
—皇子為諸国之別 官 ① 175
—親征熊襲 人 ② 734
—親征筑紫諸賊 人 ② 740
—山陵 帝 977
けいこう 慶光天皇(典仁親王) 帝 844
けいこか 稽古館(弘前藩) 文 ② 1283
—数学教授 文 ③ 549
けいこか 稽古館(秋月藩) 文 ② 1289
けいこか 稽古館(彦根藩) 文 ② 1281
—開講式目 文 ② 1216
—数学教授 文 ③ 549
けいこか 稽古館(島原藩) 文 ② 1290
けいこく 傾国 人 ② 837
けいこく 経国集 文 ① 311
けいこく 熒惑星 天 102
けいこく 熒惑星祭 方 37
けいこず 稽古相撲 武 1227
けいごで 警固田 官 ② 398
けいごと 景事(演劇) 楽 ② 124
けいこど 稽古堂(会津藩) 文 ② 1283
けいこど 稽古堂(豊岡藩) 文 ② 1286
けいこば 稽古袴 服 705
けいざい 軽罪 法 ① 4
—者赦宥 法 ③ 356
—者赦宥 法 ③ 380
けいざい 経済学 文 ② 696
けいざい 経済要録 産 ① 182
けいさん 計算(文房具)【併入】 文 ③ 1481
けいし 京師 地 ① 127
「こうと皇都」も見よ
けいし 屐子 服 1416
けいし 家司【篇】 官 ① 1257
けいし 継氏 姓 271
けいし 罫紙 文 ③ 1250
けいじ 軽次 法 ① 4
けいしせ 継嗣制度 政 ② 85
「そうぞく相続」も見よ
けいしち 家司牒式 帝 1448
けいしつ 稽失 官 ① 305
けいしど 敬止堂 文 ② 1288
けいしな 瓊子内親王 宗 ④ 877
げいしゃ 芸者【併入】 人 ② 932
けいしゅ 稽首 礼 ① 20
げいしゅ 芸州 地 ② 641
「あきのく安芸国」も見よ
けいしゅ 敬修堂 文 ② 1282
けいじゅ 継述館 文 ② 1279
けいしょ 刑所 法 ① 229
けいしょ 経書 文 ② 817
—用古註 文 ② 1235
けいしょ 圭璋 産 ① 801
けいしょ 軽捷 人 ① 991
藤原成通— 遊 1112
けいじょ 刑場 法 ① 699
— 法 ② 191
けいじょ 京城 地 ① 141
平安京—図 地 ① 164
けいじょ 京城(朝鮮) 外 418
げいしょ 霓裳羽衣(楽曲) 楽 ① 335
けいじょ 京城門 居 198
けいしょ 啓書記 文 ③ 830
けいしん 桂心 植 ① 266

けいしん　敬神　神 ① 107
けいず　系図　姓 367
　天皇歴代―　帝 45
　伏見殿自筆―　帝 837
　鎌倉幕府執権連署―　官 ② 696
　六波羅探題―　官 ② 863
　明珍家―　兵 1904
　本願寺―　宗 ① 919
　和歌相伝―　文 ① 804
　算家―　文 ③ 575
　大師書流―　文 ③ 674
　巨勢氏―　文 ③ 801
　土佐家―　文 ③ 805
　住吉家―　文 ③ 810
　狩野家中興―　文 ③ 812
　浄瑠璃流派―　楽 ② 253
　志野流香道―　遊 359
　茶人―　遊 602
　諸家―屏風　器 ① 922
けいずか　系図家　姓 413
けいずづ　系図作り　姓 413
けいせい　傾城　人 ② 837
けいぜい　軽税　政 ② 612
　収―充月料　封 190
けいせい　傾城屋　政 ③ 883
けいせき　経籍　文 ③ 318
けいせき　磬石　金 275
けいせつ　磬折　礼 ① 68
けいぜつ　鶏舌香　遊 310
けいせん　荊仙楽　楽 ① 418
けいぜん　慶善楽　楽 ① 390
けいそう　稽額　礼 ① 20
けいだい　境内
　神社―　神 ① 531
　寺院―　宗 ③ 238
けいたい　継体天皇　帝 7
　―世系　帝 253
　―山陵　帝 983
けいちゅ　契冲　文 ① 877
　―考証仮名遣　文 ① 103
けいちゅ　経注本　文 ③ 336
けいちょ　計帳【篇】　政 ② 199
　諸王―　帝 1491
けいちょ　慶長　歳 248
けいちょ　鸂鶒　動 606
けいちょ　慶長一分金　泉 202
　―図　泉 426
けいちょ　京兆尹　官 ② 380
けいちょ　慶長大判　泉 202
　―図　泉 424
けいちょ　慶長金　泉 202
　―　泉 322
　―品位　泉 384
けいちょ　慶長銀　泉 202
　―　泉 323
　―品位　泉 385
けいちょ　慶長検地　政 ④ 51
けいちょ　慶長小判　泉 202
　―図　泉 426
けいちょ　慶長征韓役　外 499
けいちょ　慶長丁銀　泉 202
　―図　泉 426
けいちょ　慶長通宝　泉 23
けいちょ　慶長二十年武家諸法度　法 ② 92
けいちょ　慶長版　文 ③ 339
　―　文 ③ 1074
けいちょ　慶長豆板銀　泉 202
　―図　泉 426
けいつい　軽追放　法 ② 334
けいつい　軽追放御構場所　法 ② 311
けいてき　啓廸集　方 1019
けいてん　経点　文 ③ 273
けいでん　敬田院　宗 ④ 67
けいと　毛糸　産 ② 72
けいとう　鶏冠草　植 ② 114
けいとく　鶏徳(楽曲)　楽 ① 431
けいとく　景徳院【篇】　宗 ④ 247
けいどく　惸独田　政 ② 1029
けいとせ　計都星祭　方 37
けいない　啓内舎人　官 ① 1185
げいにっ　迎入唐使　外 883
けいば　競馬【篇】　武 797
　―組図　武 871
　―楽曲　楽 ① 51
　「はしりうま走馬」も見よ
けいはい　傾杯酔郷楽　楽 ① 455
けいはい　傾盃楽　楽 ① 454
けいばぎ　競馬行幸
　―時奏東遊　楽 ① 253
　―時奏陵王　楽 ① 373
　―時奏蘇芳菲　楽 ① 471
　―時奏高麗竜　楽 ① 592

けいはく	敬白	文	①	437
けいばし	競馬装束	武		869
	—	楽	①	442
けいばつ	刑罰銭	泉		90
けいはん	軽犯	法	①	961
	—者赦宥	法	①	534
けいびき	罫引筆	文	③	1281
けいひつ	警蹕			
	行幸—	帝		592
	近衛将称—	官	①	1398
	諒闇中停—	礼	②	397
	諒闇中—	礼	②	543
けいひょ	圭表儀	方		290
けいふ	系譜			
	「けいず系図」を見よ			
けいふ	継父	人	①	144
	「けいふぼ継父母」「こうふ後父」も見よ			
けいふく	軽服			
	「きょうぶ軽服」を見よ			
けいぶつ	景物(連歌)	文	①	1017
けいぶつ	景物(懸賞)	文	①	1282
けいふと	系譜取調御用	官	③	320
けいふぼ	継父母	人	①	144
	為—服	礼	②	583
	為—服	礼	②	747
けいふん	鶏糞	産	①	129
けいぼ	継母	人	①	144
	天皇為—服	礼	②	482
	「けいふぼ継父母」も見よ			
けいほう	桂芳房	居		155
けいほう	敬法門	居		252
けいめい	刑名	法	①	46
	—	法	①	561
げいめい	芸名	姓		814
けいめい	刑名之学	文	②	899
けいめい	鶏鳴楽	楽	①	546
けいも	けいも(黄独)	植	①	1105
けいもつ	軽物	政	②	834
けいらく	敬楽館	文	②	1286
けいりん	鶏林	外		93
けいれい	敬礼【篇】	礼	①	1
けいれき	計歴	政	①	1292
けいろ	径路	地	③	6
けいろう	鶏婁鼓【篇】	楽	②	1103
げいん	牙印	文	③	1132
げいん	外印	政	①	531
	請—雑事	政	①	550
	偽造—	法	①	428
けおりも	毛織物【篇】	産	②	307
けか	悔過	宗	②	141
げか	外科	方		831
げかい	外階(位階)	官	③	1815
げかいし	外科医師	官	③	868
けかち	飢渇	歳		1438
けがれ	穢			
	触—【篇】	神	②	781
	社地禁汙—	神	③	946
	大神宮御饌汙—	神	③	569
	伊勢神宮忌死人—	礼	②	88
	厳島神社忌死人—	神	④	1198
	産—	礼	①	451
	地—	礼	②	837
	灸治—	方		907
	有—時乞巧奠	歳		1230
	有—時盂蘭盆	歳		1253
けがれび	穢火	神	②	810
けがれよ	穢除守札	神	②	926
けがわし	毛革師	産	①	896
げかん	下疳	方		1284
げかん	外官	官	①	210
	—位禄	封		136
	—公廨	封		248
	—除目	政	①	680
	—赴任	政	①	1296
	新任—粮食職田	政	①	1325
げかん	解官	法	①	295
	—	法	①	284
	—	法	①	841
	—【併入】	法	②	649
	—	礼	②	663
	「げしょく解職」「げにん解任」も見よ			
げかんじ	外官事類	法	①	80
げき	鷁	動		979
げき	外記	官	①	457
	—	官	①	402
	—補任	官	①	504
	—叙留	政	①	1502
げきかん	劇官	官	①	231
げきけん	撃剣	武		26
げきしゅ	鷁首(舟)	器	②	623
	—図	器	②	625
げきじょ	劇場	楽	②	22

	—	楽	②	2
げきせい	外記政	政	①	93
	—	政	①	6
げきたい	鷁退	官	②	300
げきだい	外記代	官	①	461
げきちょ	外記庁	官	①	395
	—祭神	神	①	851
げきちょ	外記庁申文	政	①	101
げきにっ	外記日記	文	③	442
げきのそ	外記曹司	官	①	399
げきのま	外記政始	政	①	129
げきぶし	外記節	楽	②	257
げきもん	外記門	居		223
けぎょう	加行(灌頂)	宗	②	407
げぎょう	げぎやう(現形)	神	①	270
げぎょう	下行升	称		93
けぎり	けぎり(料理)	飲		307
げきりゅ	外記流(鉄砲)	武		888
げきりゅ	激竜水	産	①	275
げきりん	逆鱗	人	①	740
げくう	外宮	神	③	52
	—政印	政	①	539
	「とゆけの豊受大神宮」も見よ			
げぐくり	下括(指貫)	服		759
けぐつ	毛履	服		1414
けくにの	申食国政大夫【併入】	官	①	21
げぐん	下郡	地	①	89
げげ	げげ(草履)	服		1429
げげこ	下下戸	政	②	73
げけつ	下血	方		1441
げけつち	解欠帳	政	①	767
げげでん	下下田	政	②	285
	—	政	③	1164
げげのは	下下畠	政	③	1171
げげのむ	下下村	政	③	1163
けげんり	化顕流(居合)	武		66
けこ	けこ(食器)	器	①	279
げこ	下戸(戸口)	政	②	75
げこ	下戸(酒量)	飲		770
げこう	外考	政	①	1229
げこう	夏講	宗	②	698
けこえ	毛肥	産	①	130
げこく	下国	地	①	80
げこく	外国			
	禁—百姓姧入京戸	政	②	39
	禁京戸子弟居住—	政	②	39
けごこう	褻御幸	帝		725
げごぜ	げごぜ(元興寺)	遊		1214
げこはた	下小畠	政	③	1172
けころ	蹴ころ(隠売女)	人	②	910
けごろも	けごろも(皮衣)	服		8
けごろも	褻服			
	男子—	服		213
	婦人—	服		869
けごんえ	華厳会	宗	②	103
けごんき	華厳経	宗	②	104
けごんじ	華厳寺【篇】	宗	④	678
けごんし	華厳宗【篇】	宗	①	500
	—寺院数	宗	③	10
けごんの	華厳滝	地	③	1212
けさ	袈裟	宗	②	1139
けさ	袈裟(源渡妻)	人	①	1126
げざ	下座	礼	①	167
げさい	解斎			
	大嘗祭—	神	①	1379
	神今食祭—	神	②	181
	新嘗祭—	神	②	252
げさいで	解斎殿	神	③	72
げさく	げさく(外戚)	帝		1517
げさくし	戯作者	文	②	950
げざごお	下座郡	地	②	943
けさぜに	袈裟銭	政	④	567
けさん	計算(文房具)【併入】	文	③	1481
げさん	下散(鎧)	兵		1792
けし	けし(遊戯)	遊		39
けし	家司			
	「けいし家司」を見よ			
けし	罌粟	植	②	224
げし	下紙	文	③	1176
げし	夏至	歳		118
げし	解司	法	①	295
げじきに	下食日	方		122
けじきの	けじきのねぶる(鬼舐頭)	方		1257
げじげじ	げぢげぢ(蚰蜒)	動		1207
	—	人	①	1042
げじじょ	下知状【篇】	政	③	108
けしずみ	消炭	器	②	346
げしにん	解死人	法	②	158
	「げしゅに下手人」も見よ			
けしにん	芥子人形	遊		1246
けしのか	芥子香	宗	②	347
けしぼう	罌子坊主(小児頭髪)	人	①	562
けしむら	滅紫色	服		57

けしむら　滅紫色半臂　服　372
げしゃ　下車　礼 ①　158
けしやき　芥子焼　宗 ②　347
げしゃく　げしやく(外戚)　人 ①　109
げしゃく　牙笏　服　1268
　—　服　168
げじゅつ　外術　方　641
げしゅに　下手人【附】　法 ②　158
　—　法 ①　316
　—　法 ①　883
げじゅん　下旬　歳　57
けしょう　化粧
　婦人—　器 ①　495
　俳優—　楽 ②　177
げしょう　下姓　姓　79
げしょう　牙床　器 ②　144
げじょう　下乗　礼 ①　165
　—　器 ②　1008
　—　宗 ③　107
げじょう　解状　政 ①　453
　—　法 ①　1070
　—　法 ③　587
けしょう　化粧軍　兵　513
けしょう　仮粧板　兵　1778
けしょう　戯咲歌　文 ①　581
けしょう　化粧紙(相撲)　武　1169
げじょう　下上戸　政 ②　73
げしょう　外清浄　神 ③　666
けしょう　化粧水　器 ①　513
けしょう　化粧水(相撲)　武　1168
けしょう　化粧田　礼 ①　1125
けしょう　仮装袴　服　768
げじょう　下乗橋　器 ②　1010
けしょう　仮粧間　官 ①　398
げしょく　解職
　斎宮—　神 ③　786
　斎院—　神 ③　1212
　以罪—　法 ①　843
　「げかん解官」「げにん解任」も見よ
げじん　解陣
　雷雨止時—　天　290
　賀茂祭—　神 ③　1055
　諒闇—　礼 ②　399
げず　げず　植 ①　436
げすい　げすゐ(水覆)　遊　751
げすい　下水　政 ④　1126
　風呂屋の—　居　673
げすいい　下水板(硯箱)　文 ③　1347
げすいぶ　下水奉行　政 ④　1126
けずきん　毛頭巾　服　1241
けずりか　削掛　歳　876
　—　歳　920
けずりか　削掛冑　歳　1182
けずりぎ　けづりぎは(犬追物)　武　582
けずりも　削物　飲　265
げせいこ　下政戸　政 ②　48
げせん　牙籤　文 ③　1475
　—図　文 ③　1476
けせんご　気仙郡　地 ②　128
けぞうい　花蔵院流(真言宗)　宗 ①　631
けそうぶ　懸想文合　文 ②　104
けそく　けそく　器 ①　161
けぞろい　毛揃取(田租)　政 ④　144
けた　桁【併入】　居　982
　橋—　地 ③　124
げた　下駄　服　1421
けたい　懈怠　人 ②　655
げだい　外題
　巻本—　文 ③　492
　書籍—　文 ③　526
げだい　外題(芝居狂言)　楽 ②　110
げだいあ　外題安堵　政 ③　65
けだいじ　華台寺　宗 ③　895
けたくり　桁繰用人　官 ③　1145
けたごお　気多郡(因幡)　地 ②　442
けたごお　気多郡(但馬)　地 ②　421
けたじん　気多神社【篇】　神 ④　979
　—神宮寺　神 ②　1736
けたで　毛蓼　植 ②　6
けだもの　けだもの　動　3
　「じゅう獣」も見よ
けだもの　獣網　産 ①　449
げだん　下段(家屋)　居　605
けち　結(囲碁)　遊　61
けちえん　結縁灌頂　宗 ②　382
けちえん　結縁写経　宗 ①　299
けちがん　結願　宗 ②　11
　—　歳　1074
けちぎり　けちぎり(遊女)　人 ②　849
けちみゃ　血脈
　唯一神道相承—　神 ②　1359
　真言宗進流声明業—　宗 ①　351

大原流声明一　宗 ① 355
密宗一　宗 ① 606
灌頂一　宗 ② 410
げちゅう 下中戸　政 ② 73
けちょう 怪鳥　動 993
げちょう 外長上
一等第　政 ① 1215
一選　政 ① 1230
けついち 亅一　文 ① 4
けついん 結印　宗 ② 358
一拝神　神 ② 1018
けっかい 血塊　方 869
けっかい 結改(御番)　政 ① 1086
けっかい 結改(楊弓)　遊 195
けっかい 結界　宗 ③ 45
延暦寺一　宗 ④ 550
金剛峯寺一　宗 ④ 928
けっかい 結界石　宗 ③ 46
けっかい 結階法　政 ① 1226
けっかく 欠画　姓 762
げっかも 月華門　居 234
けっかん 欠官抄　政 ① 766
けっかん 欠官帳　政 ① 766
けっかん 欠官寄物　政 ① 768
けっきょ 穴居　地 ③ 714
一　人 ② 738
げっきん 月琴【併入】　楽 ② 849
げっきん 月琴(阮咸)　楽 ② 809
けつげ 結解(年貢)　政 ④ 339
一　政 ④ 362
げっけい 月桂(木)　植 ① 274
げっけい 月経　人 ① 447
「げっすい月水」も見よ
けづけり 毛付厘　政 ④ 235
げっけん 月剣　武 73
げっこ 月湖　方 768
けっこん 結婚
「こんか婚嫁」を見よ
けっさい 潔斎
「さいかい斎戒」「ものいみ物忌」を見よ
げっさい 月斎社　神 ② 148
げっさん 月山流(長刀術)　武 92
けつじ 欠字(書式)　帝 1126
一　帝 1334
けつじゅ 欠巡　礼 ① 268
けっしょ 欠所　法 ① 825
一【篇】　法 ② 612
一　産 ② 830
けつじょ 決杖　法 ① 119
一法　法 ① 131
けっしょ 欠所方(京都町奉行)　官 ③ 1297
げっしょ 月蝕
「がっしょ月蝕」を見よ
けっしょ 欠所物　法 ② 619
一　居 765
けっしょ 欠所物奉行【附】　官 ③ 323
げっすい 月水　人 ① 446
大嘗祭忌一婦人　神 ① 1178
一不調　方 1503
一穢　神 ② 806
けっせい 結政
「かたなし結政」を見よ
げっせい 月清集　文 ② 370
けっせい 結政所
「かたなし結政所」を見よ
げっそう 月奏　政 ① 1092
けつだん 決断　人 ② 135
けっち 決笞　法 ① 119
けってき 闕腋袍　服 246
闕腋把笏　服 1283
闕腋持扇　服 1345
けっぱつ 結髪　人 ① 509
相撲一　武 1201
けつばん 結番
上日一　政 ① 1083
出仕一　政 ③ 417
聴訟一　法 ① 1106
雑訴決断所一　官 ② 634
評定衆一　官 ② 720
引付衆一　官 ② 739
番衆一　官 ② 821
走馬一文　武 813
倚廬一　礼 ② 447
けっぱん 血判　政 ③ 301
一　官 ① 663
一　官 ③ 1755
一　兵 743
一　人 ② 345
一　人 ② 371
げっぷ 月賦(借金返済)　政 ④ 658
げっぽう 月俸　封 189
けっぽち 結保帳　官 ② 385
けつまふ 厥磨賦(楽曲)　楽 ① 365

けつみゃ	血脈(身体)	人	①	304
けつめい	決明(草)	植	②	311
げつよう	月曜祭	方		36
げつり	月離	方		278
げつりょ	月料【篇】	封		189
げつろう	月粮	政	②	840
げてん	外典(儒教)	宗	①	255
	—	方		33
げでん	下田	政	②	285
	—	政	③	1164
けどり	毛取	政	④	237
けながい	毛長犬(琵琶)	楽	②	764
げなん	下男(徳川氏職名)【併入】	官	③	1004
げなんが	下男頭	官	③	1004
けにごし	けにごし(牽牛子)	植	②	472
けにん	家人(奴婢)	政	②	148
	—口分田	政	②	322
	—為主隠罪	法	①	43
	略人為—	法	①	381
	殺—	法	①	408
	寺院—	宗	③	291
	—衣服	服		177
	「せんみん賤民」も見よ			
けにん	家人(武家)			
	放—号【併入】	法	①	828
	徳川氏—	官	③	68
	徳川氏—揚屋入	法	③	275
げにん	外任			
	自求—	政	①	981
	従—遷京官季禄	封		151
げにん	解任			
	神職—	神	②	1593
	郡司—	官	②	616
	官当—	法	①	286
	責罪—	法	①	843
	「げかん解官」「げしょく解職」も見よ			
げにんの	外任奏	歳		465
	—	歳		989
	—	神	①	1330
けにんや	家人役(税)	政	④	564
けぬがえ	けぬが上(菓子)	飲		662
けぬき	鑷子	器	①	452
けぬきが	毛抜形剣	兵		1352
けぬきず	毛抜鮓	飲		961
けぬのく	毛野国	地	②	2
けのあら	毛麤物毛柔物	動		5
けのくる	毛車	器	②	816
けのごこ	褻御幸始	帝		731
げのはら	下祓	神	②	669
げのむら	下の村	政	③	1163
げば	下馬	礼	①	150
	—	帝		1436
	—	宗	③	107
	—	器	②	1008
げばしょ	下馬将軍	官	③	163
げはたけ	下畠	政	③	1171
けはなし	けはなし(門)	礼	①	163
げばばし	下馬橋	器	②	1009
げばふだ	下馬札	官	③	243
	—	器	②	1008
	—	居		396
けびいし	検非違使【篇】	官	②	101
	三度任—別当	帝		1622
	国郡—【篇】	官	②	172
	守護兼—	官	②	928
	神社—	神	②	1526
	大神宮司—	神	③	929
けびいし	検非違使獄	法	①	483
けびいし	検非違使式	法	①	70
けびいし	検非違使所	官	②	172
けびいし	検非違使庁	官	②	103
	—政治	政	①	137
	—政治	政	①	144
けびいし	検非違使別当	官	②	107
けひじん	気比神宮【篇】	神	④	938
	—神宮寺	神	②	1704
	—神宮寺	神	②	1735
	気比宮白鷺	神	②	1822
けひのし	気比荘	地	②	248
げふうす	下副寺	宗	②	1043
げぶかん	外武官	官	②	1
けぶり	烟			
	室八島—【併入】	天		323
	相図の—	兵		602
	狼—	兵		1145
げぶんば	外分番			
	—等第	政	①	1215
	—選	政	①	1230
げへいで	外幣殿	神	③	28
げべん	外弁			
	即位—	帝		322
	朝賀—	歳		400

	元日節会—	歳		455
げへんじ	解返呪咀祭	方		49
げほう	下方(治療法)	方		978
けぼうず	毛坊主	地	①	1341
けほうび	家抱百姓	産	①	193
げほくめ	下北面	官	①	1234
	後院—	官	①	1253
	—書札礼	文	①	433
けまめ	毛豆	植	②	239
けまり	蹴鞠【篇】	遊		1039
	「しゅうき蹴鞠」も見よ			
けまん	花鬘	宗	②	1086
けまんそ	華鬘草	植	②	226
けみ	毛見	政	④	207
	「けんみ検見」も見よ			
けみどり	検見取	政	④	207
けみどり	検見取帳	政	③	1139
けみょう	仮名	姓		700
けみょう	仮名国司	封		69
げみょう	外命婦	官	①	1145
けむし	けむし(梟)	植	①	1196
けむし	毛虫	動		1095
げめん	下免	政	④	143
げめんか	解免官職【篇】	法	①	279
	—【篇】	法	①	841
けもの	獣	動		3
	「じゅう獣」も見よ			
げもん	解文	政	①	451
	—	政	③	201
	季禄—	封		144
	時服—	封		166
	馬料—	封		231
	損田—	政	②	372
	申減省国—	政	②	693
	飛駅—	政	②	1197
けやき	欅	植	①	216
げゆ	解由【篇】	政	①	1348
	勘—使【篇】	官	②	79
	神職—	神	②	1548
	講読師—	宗	②	886
	諸寺別当—	宗	②	951
けら	けら(鳥)	動		831
けら	螻蛄	動		1195
けらい	家礼	姓		432
けらがさ	蛞螻笠	器	②	418
けらつつ	けらつつき(啄木鳥)	動		827
けらのき	けらの木	植	①	650
けらば	けらば(土蔵)	居		761
けらみの	螻蓑	器	②	478
けり	けり(鳥)	動		596
けりょう	仮陵戸	帝		1037
げろう	下﨟(女房)	官	①	1100
げろおん	下呂温泉	地	③	1061
けをふい	毛を吹て疵を求む	人	①	898
けん	けん(料理)	飲		284
けん	剣			
	「とうけん刀剣」を見よ			
けん	拳【篇】	遊		228
けん	拳(柔術)	武		1003
けん	監(官司)	官	①	194
	舎人—【併入】	官	①	1189
	主膳—【併入】	官	①	1201
	主蔵—【併入】	官	①	1203
	大宰—	官	②	399
	芳野—【併入】	官	②	565
	和泉—【併入】	官	②	566
けん	賢【併入】	人	①	1277
けん	顴	人	①	333
げん	元【篇】	外		894
げん	絃			
	琴—	楽	②	599
	箏—	楽	②	652
	筑紫箏—	楽	②	689
	琵琶—	楽	②	737
	三線—	楽	②	821
げん	減(律文用語)	法	①	4
けんいち	見一(算術)	文	③	594
げんうん	眩暈	方		1159
げんえ	玄恵	文	②	762
けんえい	建永	歳		211
けんえい	巻纓	服		1129
	—	礼	②	705
	—	礼	②	1029
げんえい	元永	歳		198
けんえん	賢円(琵琶)	楽	②	756
けんおう	賢王	人	①	1279
げんおう	元応	歳		227
けんか	喧嘩	人	②	702
	—	法	①	892
	—入牢者処分	法	③	223
	辻番—取扱	政	③	1331
	「とうおう闘殴」「とうそう闘争」も見よ			
げんか	元歌(楽曲)	楽	①	544

けんかそ 検河損使 政 ② 1117
けんがた 剣形(鞨鼓) 楽 ② 1081
げんかま 絃歌万秋楽 楽 ① 509
げんかれ 元嘉暦 方 326
けんかん 兼官 官 ① 213
　— 政 ① 880
　紀伊国造— 神 ④ 1254
　—位署 官 ③ 1900
　請去—表 政 ① 390
　—者考課 政 ① 1215
　—季禄 封 151
　「けんしょ兼職」「けんにん兼任」も見よ
けんかん 顕官 官 ① 233
　外記為— 官 ① 505
　史為— 官 ① 510
　衛門尉為— 官 ① 1458
　勘解由次官為— 官 ② 94
げんかん 玄関 居 611
　地穢之内—設備 礼 ② 839
げんかん 阮咸【併入】 楽 ② 808
げんかん 絃管 楽 ① 4
けんかん 顕官挙 政 ① 694
けんかん 兼官除目 政 ① 734
げんき 元亀 歳 247
けんきこ 剣気褌脱(楽曲) 楽 ① 518
けんぎし 嫌疑者 法 ① 471
　— 法 ① 930
　— 法 ③ 145
げんきつ 元佶 文 ② 1103
けんぎひ 建議表 政 ① 396
げんきも 玄輝門 居 228
けんきゅ 建久 歳 210
げんきゅ 元久 歳 211
けんぎゅ 牽牛星 天 96
げんきゅ 玄宮北極祭 方 33
げんきゅ 還宮楽 楽 ① 362
けんぎょ 懸魚【併入】 居 1006
げんぎょ 言語【篇】 人 ① 829
　— 文 ① 104
　婚礼慎— 礼 ① 1218
　喪中慎— 礼 ② 691
　飛驒国— 地 ① 1336
　蝦夷— 人 ② 712
　里詞 人 ② 898
　解鳥語 動 530
けんぎょ 検校 官 ① 219
　荘— 政 ② 561
　大嘗祭— 神 ① 978
　神社— 神 ② 1522
　神社— 神 ② 1631
　寺院— 宗 ② 983
　熊野三山— 帝 1486
　盲人— 人 ② 949
けんぎょ 顕教 宗 ① 28
　— 宗 ① 566
けんぎょ 検校使 政 ① 628
けんぎょ 検校兵庫将軍 兵 171
げんきょ 還京楽 楽 ① 464
げんぎょ 玄玉和歌集 文 ② 360
けんきん 乾金(宝永) 泉 214
けんきん 献金 政 ③ 1020
げんきん 現金売 産 ② 351
げんくう 源空 宗 ① 675
　—誕生地 宗 ④ 896
　—起請文 宗 ① 672
　—為知恩院開基 宗 ③ 639
　—為金戒光明寺開基 宗 ③ 703
　—諡号 宗 ② 810
　法然上人専修念仏 宗 ① 380
　法然上人大原宗論 宗 ① 432
　法然上人流罪 法 ① 774
　赦法然上人流罪 法 ① 965
　改葬法然上人 礼 ② 234
　改葬法然上人 宗 ③ 773
　法然上人御忌 宗 ② 220
　法然上人画像 文 ③ 809
げんくら 験競 宗 ② 366
　— 帝 901
けんくん 建勲神社 神 ④ 1715
けんけい 券契(貸借) 政 ② 933
げんけい 減刑 法 ② 949
　私鋳銭者— 法 ① 436
　放釈囚人帰還— 法 ③ 195
　依赦— 法 ③ 388
けんけい 拳稽古所 遊 240
げんげつ 弦月 天 59
けんげん 乾元 歳 225
げんげん 玄玄集 文 ② 359
けんげん 乾元大宝 泉 21
けんこう 兼好 文 ① 875
けんこう 権衡【篇】 称 107
けんごう 軒号

	寺院—	宗	③	27
	人名—	姓		740
	商店—	産	②	639
げんこう	元弘	歳		229
げんこう	元光	宗	①	752
げんこう	元亨	歳		228
けんごう	遣迎院【篇】	宗	③	493
げんこう	玄黄儀(測量器)	文	③	656
けんこう	建興寺	宗	③	1333
げんこう	現光寺	宗	③	1319
げんこう	元亨釈書			
	—開板	宗	③	957
	—刊行	文	③	1072
けんこう	検交替使	官	②	86
	—	政	①	1344
けんこう	検交替使帳	官	②	86
	—	政	①	1344
けんこう	建孝流(槍術)	武		71
けんごく	兼国	官	②	544
	—	政	①	693
	—	政	①	719
	遣唐使等—職田	封		100
	—位禄季禄	封		137
けんごく	兼国勘文	政	①	782
げんこく	現石高	政	④	109
げんごろ	源五郎鮒	動		1267
けんこん	乾坤通宝	泉		22
けんこん	乾坤弁説	方		299
けんざ	見座	官	③	1308
けんざい	硯材	文	③	1325
げんさい	衒妻	人	①	155
げんざい	減罪	法	①	5
	—	法	②	75
けんざお	間竿	政	③	1154
	—	政	④	4
	—	政	④	68
	—	称		24
けんさき	剣鋒舟	器	②	649
けんさく	献策	文	③	81
けんさく	献冊労	文	③	101
けんさん	建盞	遊		687
けんざん	検算	文	③	631
げんさん	玄参	植	②	665
げんさん	源算			
	—創三鈷寺	宗	③	761
	—創善峯寺	宗	③	765
げんざん	見参			
	初雪—	天		205
	釈奠学生—	文	②	1379
げんざん	見参板	居		120
げんざん	見参簿	政	①	1167
けんざん	乾山焼	産	①	723
けんし	健士	兵		278
けんし	検使	政	①	626
	—	政	③	356
	—不実	法	①	430
	切腹—	法	①	718
	切腹—	法	②	169
	殺傷—【附】	法	②	870
	殺傷—	法	①	886
	死罪—	法	②	131
	引廻—	法	②	147
	磔—	法	②	213
	鋸挽—	法	②	233
	火罪—	法	②	244
	敲—	法	②	471
	「じっけん実検使」も見よ			
けんし	鉉子(革帯具)	服		806
けんじ	建治	歳		222
けんじ	剣璽	帝		49
	—渡御	帝		199
	—渡御	帝		474
	—供奉	帝		207
	不置—於倚廬中	礼	②	449
けんじ	検事(摂官)	官	②	63
げんじ	元治	歳		270
げんじ	源氏	姓		204
	—	姓		293
	—氏神	神	①	671
	大臣大将—並置例	帝		1522
	—皇子元服	礼	①	681
げんじ	源氏(俳諧)	文	①	1191
けんじき	乾字金	泉		214
	—引替歩増	泉		327
	—吹立高	泉		378
	—品位	泉		386
げんじき	元字金銀	泉		209
げんじこ	源氏香	遊		350
	—図	遊		352
げんじし	源氏爵	政	①	1491
げんじち	源氏長者	姓		454
	徳川氏蒙—宣旨	官	③	1
げんじの	源氏間	宗	④	632
げんじも	源氏物語	文	②	942

—伝授　文 ② 656
—講釈　文 ② 660
—論議　文 ③ 200
—書写　文 ③ 330
—書写供養歌会　文 ② 181
げんじゃ　験者　宗 ① 1092
けんじゃ　羂索堂　宗 ③ 1132
げんじゃ　見蛇楽　楽 ① 464
けんじゅ　兼寿　宗 ① 924
—建西本願寺山科別院　宗 ③ 1001
蓮如創顕証寺　宗 ④ 26
蓮如創善徳寺　宗 ④ 825
蓮如創勝興寺　宗 ④ 827
けんしゅ　検囚　法 ① 491
けんじゅ　傔従　封 367
げんじゅ　厳重　歳 1346
げんじゅ　儼塾　文 ② 1323
げんじゅ　賢首宗　宗 ① 500
けんじゅ　剣術【篇】　武 24
げんじゅ　幻術【併入】　方 637
けんじゅ　剣術師範役　官 ③ 1634
けんしゅ　建春門　居 223
於—外行馬揃　兵 500
けんしょ　見証
囲碁—　遊 68
蹴鞠—　遊 1072
けんしょ　見聖(逸年号)　歳 346
けんしょ　賢称(逸年号)　歳 341
けんしょ　懸賞
—捕犯人　法 ① 930
—求犯人　法 ③ 696
—追捕博弈者　法 ③ 21
—募軍功　兵 959
けんじょ　玄上(琵琶)　楽 ② 750
けんじょ　傔仗【篇】　封 362
けんじょ　献上　人 ② 461
「しんけん進献」も見よ
けんじょ　謙譲【併入】　人 ① 1220
げんしょ　減章　法 ① 47
けんしょ　憲章館　文 ② 1281
げんしょ　玄象器物　方 284
けんじょ　献上銀包方　泉 184
げんしょ　減省解文　政 ② 693
けんしょ　見証座(蹴鞠場)　遊 1070
けんしょ　顕証寺(伊勢)【篇】　宗 ④ 112
けんしょ　顕証寺(河内)【篇】　宗 ④ 26
げんしょ　元正天皇　帝 13
—即位　帝 300
—山陵　帝 987
けんしょ　顕章堂　居 181
げんじょ　賢聖障子　器 ① 874
げんしょ　玄正派(琵琶)　楽 ① 720
げんしょ　源照派(盲人)　人 ② 943
げんじょ　還城楽　楽 ① 464
けんしょ　兼職
郡司—　官 ② 612
徳川氏職員—　官 ③ 130
「けんかん兼官」「けんにん兼任」も見よ
けんしょ　顕職　官 ① 233
「けんかん顕官」も見よ
げんしょ　減贖　法 ① 47
けんしょ　建初律寺　宗 ③ 1266
「とうしょ唐招提寺」も見よ
けんじり　剣尻(鏃)　兵 1612
けんじん　賢人(酒)　飲 679
げんしん　源信
—選往生要集等　宗 ① 673
—四十一箇条起請　人 ② 233
けんしん　謙信三徳流(兵法)　兵 10
けんしん　見真大師　宗 ② 812
「しんらん親鸞」も見よ
けんしん　顕親門　居 252
けんしん　謙信流(兵法)　兵 7
けんすい　建水(水覆)　遊 751
けんずい　硯水(飲食)　飲 22
げんすい　元帥　兵 157
けんせい　賢棲(逸年号)　歳 344
けんせい　乾政官　官 ① 377
けんぜい　検税使　政 ② 699
げんせい　玄精石　金 310
けんせき　譴責　法 ① 324
げんせき　玄石　金 206
けんせん　兼宣旨　政 ① 275
—　政 ① 890
げんせん　還宣旨　政 ① 276
—　政 ① 888
けんそう　剣相【併入】　方 596
けんぞう　顕宗天皇　帝 6
—果断　帝 1353
—謙譲　帝 282
—山陵　帝 983
げんぞく　還俗　宗 ② 449

	—僧復姓	姓		261
けんそん	謙遜			
	「けんじょ謙譲」を見よ			
げんそん	玄孫	人	①	232
けんそん	検損使	政	②	376
けんそん	検損田使帳	政	②	371
けんたい	兼帯	政	①	880
けんだい	見台【附】	文	③	1466
けんだい	兼題	文	②	183
げんだい	減大升	称		60
げんだが	源太が産衣(鎧)	兵		1849
けんだこ	犍陀穀子袈裟	宗	②	1160
けんだん	検断			
	守護掌—	官	②	914
	侍所掌—	官	②	1165
けんだん	検断(大庄屋)	官	③	1544
けんだん	検断方	官	②	1164
けんだん	検断使	政	③	394
けんだん	検断職	官	②	1166
けんだん	検断所	官	②	1168
けんち	見知(首実検)	兵		874
けんち	検地【篇】	政	④	1
	—	政	③	1157
	大神宮領不行—	神	③	894
	大神宮領不行—	神	③	928
けんちぇ	巻煎(油揚)	飲		257
けんちそ	検地総奉行	政	④	60
けんちち	検地帳	政	③	1109
	—	政	④	16
	—	政	④	62
	—	政	④	116
けんちで	検地出高	政	④	121
けんちゅ	検注	人	②	31
けんちゅ	絹紬	産	②	245
げんちゅ	元中	歳		233
けんちゅ	検注使	政	③	366
けんちゅ	建中寺【篇】	宗	④	156
けんちゅ	検注取帳	政	③	1137
げんちょ	玄猪【篇】	歳		1345
けんちょ	建長	歳		220
けんちょ	褰帳			
	—命婦	歳		404
	—女王	帝		322
	—女王礼服	帝		328
	—女王礼服	服		858
けんちょ	建長寺【篇】	宗	④	271
	—鏡像	宗	①	179
けんちょ	建長寺派	宗	①	745
げんちょ	玄朝堂	居		140
けんちょ	検調物使	政	②	750
けんてい	兼丁	政	②	861
けんでん	検田帳	政	②	258
けんでん	検田丸帳	政	②	259
けんどう	険道	地	③	13
けんどう	牽道【併入】	遊		171
けんどう	顕道館	文	②	1287
けんとう	遣唐使	外		849
	—祭神	神	②	620
	—贈位	官	①	258
けんとう	遣唐執節使	外		849
けんとう	見当免	法	①	308
けんとう	見当持(検地)	政	④	60
けんとく	けんとく(富突)	法	③	78
けんとく	建徳	歳		232
げんとく	元徳	歳		229
けんとく	顕徳院	帝		923
	「ごとばて後鳥羽天皇」も見よ			
けんどん	慳貪蕎麦切	飲		525
けんどん	慳貪飯	飲		428
げんな	元和	歳		248
げんない	源内	姓		659
げんない	源内櫛	器	①	396
げんなつ	元和通宝	泉		23
けんにん	建仁	歳		210
けんにん	兼任	政	①	880
	自求—	政	①	990
	諸官国司—	官	②	544
	神職文武官—	神	②	1559
	社僧—	神	②	1673
	「けんかん兼官」「けんしょ兼職」も見よ			
げんにん	元仁	歳		214
げんにん	見任			
	解—	法	①	286
	解—	法	①	842
げんにん	還任	政	①	886
	—	法	①	311
	「げんぽ還補」も見よ			
げんにん	還任功	政	①	1036
けんにん	建仁寺【篇】	宗	③	621
	為—造営募縁外国	宗	③	337
けんにん	建仁寺垣	居		859
けんにん	建仁寺派	宗	①	743
けんねん	けんねんじがるた	遊		247

げんのう	玄翁（工具）	産	①	577
	—	産	①	609
	—	金		86
げんのう	源翁（僧）	宗	④	759
けんのか	拳会	遊		237
げんのじ	元字銭	泉		31
げんのし	げんのしょうこ（牛扁）	植	②	207
げんのし	げんのしょうこ（牻牛児）	植	②	327
けんぱい	献盃	礼	①	249
けんぱい	勧盃	礼	①	243
	栢梨—	飲		744
けんはく	賢博（逸年号）	歳		344
けんばく	検麦取帳	政	③	1134
けんぱつ	圏発	文	①	75
げんばの	玄蕃頭	官	①	862
げんばり	玄蕃寮【篇】	官	①	862
けんぴ	環餅	飲		656
げんぴ	元妃	帝		1220
けんぴい	けんびゐし（検非違使）	帝		1622
	「けびいし検非違使」も見よ			
けんびき	顕微鏡	器	②	565
けんびし	剣菱（酒銘）	飲		748
けんびょ	硯屏【併入】	文	③	1357
げんぴん	玄賓	人	②	1009
	—辞僧官歌	宗	②	761
	—陰徳	人	①	1177
	—製農具	産	①	167
げんぴん	玄贇焼	産	①	747
けんぷ	鐲符	政	②	971
けんぷう	検封阿闍梨	宗	②	919
けんふか	検不堪佃田使	政	②	413
げんぷく	元服【篇】	礼	①	631
	—図	礼	①	678
	—図	礼	①	712
	—後朝覲始	帝		714
	天皇—後置摂政	官	①	545
	天皇—後吉書	政	①	153
	依将軍世子—赦宥	法	③	387
	外戚子弟—	帝		1533
	於徳川柳営大名—	官	③	1733
	女房—	礼	①	536
	重服者—	礼	②	722
	—時之楽曲	楽	①	51
	東宮—奏喜春楽	楽	①	485

	天皇—奏志岐伝	楽	①	563
	東宮—奏皇仁庭	楽	①	571
	—装束	服		484
	—装束	服		754
	—世源氏—著青色袍	服		255
	—役人装束	服		564
	—以前著長絹	服		521
げんぷく	元服親	礼	①	769
げんぷく	元服伝奏	官	①	677
けんぷつ	見仏聞法楽	楽	①	509
げんぶど	玄武洞	金		257
げんぶも	玄武門	居		199
けんふゆ	見不輸	政	②	969
げんぶん	元文	歳		258
げんぶん	元文亀井戸銭	泉		31
げんぶん	元文金	泉		235
	—	泉		326
	—吹立高	泉		379
げんぶん	元文銀	泉		235
	—	泉		326
	—鋳造	泉		374
げんぶん	元文佐字銭	泉		29
けんぶん	見分書（検使）	法	②	879
げんぶん	元文仙字銭	泉		30
げんぺい	源平系図	姓		370
げんぺい	源平盛衰記巻数	文	①	38
げんぺい	源平藤橘	姓		182
	—	姓		20
げんぺき	痃癖	方		1179
けんぽ	賢輔（逸年号）	歳		344
げんぽ	還補	政	①	886
	座主—	宗	②	962
	社僧—	神	②	1672
	「げんにん還任」も見よ			
けんぽう	建保	歳		212
けんぽう	憲法	法	①	10
	十五条—	法	①	112
げんぼう	玄昉	宗	②	467
	—弘法相宗	宗	①	468
	—伝倶舎宗	宗	①	474
げんぽう	減法（律文用語）	法	①	46
けんぽう	憲法十七条	法	①	111
けんぼう	憲法染	産	①	857
けんぼく	検牧使	地	③	963
けんぽな	けんぽなし（枳椇）	植	①	517
けんぽん	絹本	文	③	915

げんぽん 元本宗源神道 神 ② 1322
けんぽん 顕本法華宗 宗 ① 1004
けんみ 検見
　田租— 政 ④ 207
　代官—弊風 政 ④ 194
　通矢— 武 150
　笠懸— 武 565
　犬追物— 武 649
けんみし 検見使 政 ③ 363
けんむ 建武(年号) 歳 230
けんむ 建武(冠位) 官 ③ 1784
けんむい 建武以来追加 法 ① 683
けんむし 建武式目 法 ① 681
けんむし 建武式目抄 法 ① 683
けんむち 建武中興官職【篇】 官 ② 633
げんめい 元明天皇 帝 13
　—即位 帝 300
　—薄葬 礼 ② 242
　—山陵 帝 985
けんめん 見免 法 ① 308
けんめん 蠲免【篇】 政 ② 967
　神職— 神 ② 1578
　鎮兵— 兵 276
　遭喪者— 礼 ② 684
　豊年免租 歳 1435
　凶年免租 歳 1483
げんめん 原免 法 ① 511
　— 法 ① 961
けんもつ 監物 官 ① 687
　— 官 ① 733
けんもん 券文 政 ② 237
　田地売買— 政 ② 297
　家地売買— 政 ② 455
けんもん 権門駕籠 器 ② 1019
けんもん 県門三才女 文 ① 887
けんもん 顕紋紗 産 ② 297
けんやく 倹約【篇】 人 ② 46
　徳川幕府用途—令 政 ③ 1026
　婚礼守— 礼 ① 899
　葬礼守— 礼 ② 7
　葬礼従— 礼 ② 241
　井伊直孝— 服 441
　本多忠籌— 政 ④ 979
げんゆう 玄宥 宗 ① 617
けんよ 肩輿 器 ② 943
げんよ 源誉(僧) 宗 ① 679
けんよう 険要地警衛 官 ③ 1698
けんよう 顕陽堂 居 187
けんりつ 蠒栗(牛) 動 39
けんりゃ 建暦 歳 212
げんりゃ 元暦 歳 209
げんりゃ 元暦本万葉集 文 ② 334
げんりゅ 源流(剣術) 武 28
けんりん 乾臨閣 帝 605
けんれい 県令 官 ② 571
けんれい 建礼門 居 219
　—臨時大祓 神 ② 773
　—射礼 武 315
　—相撲 武 1032
げんろう 元老万秋楽 楽 ① 509
げんろう 玄朗万秋楽 楽 ① 510
げんろく 元禄 歳 255
げんろく 減禄【併入】 法 ② 648
げんろく 元禄金 泉 208
　— 泉 326
　—吹立高 泉 378
　—品位 泉 384
げんろく 元禄銀 泉 208
　— 泉 323
　—品位 泉 384
げんろく 元禄二朱金 泉 210
　—図 泉 426
げんわく 幻惑 方 1480

こ

こ 子 人 ① 193
　祈生— 神 ② 858
　薦己— 政 ① 978
　薦己— 人 ② 406
　譲官於— 政 ① 1014
　譲位於— 政 ① 1019
　聴致仕授位其— 政 ① 1456
　離別後生—所属 政 ③ 602
　賤民生— 政 ② 161
　奴婢生— 政 ③ 620
　養—【篇】 政 ③ 761
　—借金 政 ④ 670
　略人為— 法 ① 381
　父罪及— 法 ② 32
　聴流人—到配所 法 ② 38

	聴流人—到配所	法	②	283
	不育—	礼	①	476
	為—服	礼	②	583
	為—服	礼	②	760
	祭—弟	礼	②	1341
	慈愛—	人	①	1100
	誡—弟	人	②	165
	復—讐	人	②	539
	「しそん子孫」「ふし父子」も見よ			
こ	子（人名）			
	男子名某—	姓		819
	婦人名某—	姓		785
こ	戸	政	②	42
こ	姑（父之姉妹）	人	①	252
こ	粉（澡浴）	器	①	541
こ	海鼠	動		1562
ご	呉【篇】	外		829
ご	敔【併入】	楽	②	1155
ご	囲碁			
	「いご囲碁」を見よ			
ごあ	臥亜【篇】	外		1195
こあおい	こあふひ（錦葵）	植	②	357
こあおい	小葵直衣	服		314
こあおり	小泥障	兵		2019
こあげ	小揚			
	浅草御蔵—	官	③	561
	二条蔵—	官	③	1292
	大坂蔵—	官	③	1335
こあさく	小朝熊神社	神	③	132
こあじし	小鯵集	文	②	415
こあどの	小安殿	居		140
こい	恋	人	①	716
こい	鯉	動		1256
	以—為神使	神	②	1857
	漁—	産	①	390
	養—法	動		1249
ごい	五位	官	③	1776
	—已上位記式	官	③	1871
	内外—差等	官	③	1805
	六位入—考	政	①	1230
	—蔭位	政	①	1002
	—位田	封		102
	—位禄	封		42
	—位禄	封		124
	—季禄	封		142
	—資人	封		352
	田舎—	服		500
	諸臣—位袍	服		280
	—諸大夫著大紋	服		574
こいか	恋歌	人	①	716
こいかわ	恋川春町	文	②	956
こいけぼ	小池坊	宗	③	1326
ごいさぎ	五位鷺	動		617
ごいし	碁石	遊		104
	—	金		276
ごいしが	碁石介	動		1636
こいしか	小石川	地	①	923
	—	地	①	971
こいしか	小石川御殿番	官	③	977
こいしか	小石川御殿奉行	官	③	977
こいしか	小石川御門	居		391
こいしか	小石川上水	政	④	1110
こいしか	小石川薬園奉行	官	③	877
こいしか	小石川養生所	政	③	249
ごいしき	碁石金	泉		272
こいじる	鯉汁	飲		173
こいずみ	小泉甲	兵		1904
こいずみ	小泉銅山	金		7
こいずみ	小泉郷	地	①	874
こいずみ	小泉藩	地	①	300
こいそ	小磯	地	③	1297
こいた	小板（風炉）	遊		665
こいだか	小以高	政	④	132
こいたじ	小板敷（文匣）	文	③	1424
こいたじ	小板敷（清涼殿）	居		115
こいただ	子戴餅	礼	①	424
こいたぶ	小板葺	居		1028
こいち	古伊知魚	動		1390
こいちじ	小一条院	帝		844
	「あつあき敦明親王」も見よ			
ごいちじ	後一条天皇	帝		22
	—誕生図	礼	①	384
	—山陵	帝		994
こいちゃ	濃茶	遊		536
こいちゃ	濃茶手前	遊		458
こいとめ	小糸目	泉		179
ごいのく	五位蔵人	官	②	217
こいのふ	鯉の吹流し	歳		1187
こいのほ	鯉庖丁	飲		308
こいまろ	こいまろび（展転）	人	①	999
こいもろ	己斐師道	人	①	1193
ごいり	後入（茶会）	遊		456
こいん	小印	政	③	308

ごいん	五音(音楽)	楽	①	20
ごいん	後院	官	①	1249
	—鎮守神	神	①	783
ごいんち	後院勅旨田	政	②	361
ごいんの	後院司	官	①	1249
こう	口(戸口)	政	②	22
こう	功			
	自陳—状	政	①	1254
	軍—【篇】	兵		913
	有—者賜姓	姓		234
こう	甲(介)	動		1577
	亀—	動		1597
こう	甲(冠)	服		1091
こう	后	帝		1106
	「こうごう皇后」も見よ			
こう	考(考選)	政	①	1203
こう	孝【篇】	人	①	1065
	教—於百姓	産	①	201
	下野公助—	武		488
	遊女お岩—	動		843
	遊女浜荻—	人	②	865
	—子代父請入牢	法	③	265
	—子代親請死刑	法	③	382
	—子欲養育老母為盗	法	②	768
	—子復父母之讐	人	②	513
	—子学鶯声慰父	動		824
	為—子烈女建碑	礼	②	1189
	猿—	動		296
	狐—	動		353
	烏—	動		833
こう	劫(囲碁)	遊		57
こう	香			
	聞—【篇】	遊		299
	四方拝焼—	歳		376
	即位日焼—	帝		335
	法会行—	宗	②	12
	仏葬焼—	礼	②	67
こう	降	兵		748
	「こうふく降服」も見よ			
こう	高(苗字)	姓		328
こう	黄(三才以下男女)	政	②	79
こう	絞	法	①	233
こう	蛟	動		1017
こう	鉤(簾)	器	①	854
こう	蝗	動		1164
	—	産	①	148
	因—年凶	歳		1463
	禳—災	神	②	885
	因—災蠲免	政	②	999
こう	槽			
	和琴—	楽	②	556
	箏—	楽	②	648
こう	衡(笙)	楽	②	924
こう	壙(葬場)	礼	②	332
こう	鴻	動		562
こう	鵠	動		577
こう	鸛	動		556
こう	国府			
	「こくふ国府」を見よ			
こう	面板(琴)	楽	②	592
ごう	ごう(乞食)	政	③	921
ごう	号	姓		735
ごう	合(量)	称		46
ごう	合(田積)	政	③	1145
ごう	郷	地	①	89
	移—【併入】	法	①	221
	諸国の郷は地部山城国篇以下の各篇に在り。今之を略す			
こうあく	衡軛(陣法)	兵		64
こうあみ	幸阿弥家	産	①	807
こうあわ	香合	遊		334
こうあん	公案(座禅)	宗	①	796
こうあん	弘安	歳		223
こうあん	康安	歳		236
こうあん	孝安天皇	帝		2
こうあん	弘安役	外		911
	—	外		351
こうやす	弘安板	文	③	1107
こうあん	弘安礼節	法	①	661
こうい	更衣【篇】	帝		1282
	以—為女御	帝		1242
	称—為御息所	帝		1288
	東宮—	帝		1405
	—礼服	服		857
こうい	更衣(年中行事)【篇】	歳		1119
	—	服		454
	—	礼	②	1056
こうい	皇位			
	「ていい帝位」を見よ			
こうい	校尉	兵		1020
こうい	黄衣	服		263
こういの	更衣の后	帝		1287
こういん	後胤	人	①	237

ごういん 郷印 政 ④ 624
ごういん 郷印証文 政 ④ 759
こういん 庚寅年籍 政 ② 9
こううん 耕耘 産 ① 30
ごううん 豪雲 法 ① 559
こううん 広運館 文 ② 1283
こうえ 香衣 宗 ② 1196
こうえい 皇裔 姓 26
こうえい 康永 歳 234
こうえい 公営田【併入】 政 ② 430
こうえき 公益【併入】 人 ① 1180
こうえき 交易 産 ② 726
賤民— 政 ② 176
地子— 政 ② 631
—雑物 政 ② 948
陸奥国—馬 政 ② 957
—雑器 政 ② 957
「こうかん交関」も見よ
こうえき 交易唐物使 産 ② 790
こうえき 交易使 産 ② 790
こうえき 交易商 産 ② 685
こうえき 交易帳 封 9
こうえつ 光悦派(絵画) 文 ③ 825
こうえつ 光悦流(書道) 文 ③ 679
こうえん 興円(僧) 宗 ② 805
こうえん 虹滝紙 文 ③ 1192
こうおう 康応 歳 238
こうおう 項王草 植 ② 772
ごうおく 剛臆の座 人 ② 97
こうおつ 甲乙経 方 1025
ごうおん 合音 文 ① 66
こうか 弘化 歳 268
こうか 功過(国司)【篇】 政 ① 1235
報— 政 ① 1211
こうか 考課 政 ① 1208
神職— 神 ② 1549
郡司— 官 ② 617
医師— 方 707
工人— 産 ① 496
「こうせん考選」も見よ
こうか 後架 居 714
こうか 降嫁 帝 1466
こうか 閤下 官 ① 564
ごうが 恒娥 天 55
こうかい 後悔 人 ② 286
こうがい 笄
婦人用— 器 ① 419
婦人用— 人 ① 545
刀— 兵 1430
刀—彫刻 産 ① 688
こうがい 甲貝 動 1668
こうかい 後悔先に立たず 人 ① 900
こうかい 口科医師 官 ③ 869
こうかい 航海針路測定術 文 ③ 649
こうかい 後悔召文 法 ① 1059
こうかき 紺搔 産 ① 838
こうがく 降楽 楽 ① 9
こうがく 向嶽寺【篇】 宗 ④ 234
こうがく 講学所 文 ② 1283
こうかく 光格天皇 帝 42
—再興賀茂臨時祭 神 ③ 1137
—謚号 帝 924
—御棺 礼 ② 366
—山陵 帝 1009
—国忌 礼 ② 1287
こうがぐ 甲賀組 官 ③ 1160
こうがご 甲賀郡 地 ① 1175
ごうがし 恒河沙(数) 文 ③ 589
こうかし 耕稼春秋 産 ① 176
こうかつ 交割 宗 ③ 278
こうかの かうかの木(合歓木) 植 ① 390
こうがの 甲賀牧 地 ③ 969
こうかべ 功課別当 政 ① 1267
こうかも 皇嘉門 居 212
こうかん 勾勘
院司— 官 ① 1225
勘解由使— 官 ② 79
こうかん 交関 産 ② 726
— 産 ② 789
「こうえき交易」も見よ
ごうかん 合冠 封 278
ごうかん 合巻 文 ② 944
— 文 ③ 358
ごうかん 強姦 法 ① 439
— 法 ① 908
— 法 ② 952
こうがん かうがんじ(小蠟燭) 器 ② 264
こうかん 高観流(槍術) 武 72
ごうき 拷器 法 ① 614
— 法 ③ 988
—図 法 ③ 989
ごうき 剛毅 人 ① 707
こうぎつ 公儀辻番 政 ③ 1338
こうぎば 公儀橋 地 ③ 164

こうぎも	広義門	居		254
こうきゅ	後宮			
	—出家【篇】	帝		904
	—雑載【篇】	帝		1294
	—職員	官	①	1097
	—位封	封		47
	—位田	封		104
	—位禄	封		138
	—季禄	封		158
	—時服	封		173
	—月料	封		192
	—為准三宮	封		319
	—資人	封		352
こうきゅ	後宮院(常寧殿)	居		94
こうきょ	皇居			
	「だいり内裏」を見よ			
こうきょ	貢挙【篇】	政	①	979
こうきょ	口供	法	①	617
	—	法	①	1185
	—	法	③	985
こうきょ	孝経	文	③	426
	読書始読—	文	③	240
こうぎょ	広業館(延岡藩)	文	②	1291
こうぎょ	広業館(三日月藩)	文	②	1287
こうぎょ	工業税	政	④	474
こうぎょ	工業総載【篇】	産	①	485
こうきょ	興教大師	宗	②	810
	「かくばん覚鑁」も見よ			
こうきょ	考拠学	文	②	808
こうぎょ	皇極天皇	帝		10
	「さいめい斉明天皇」も見よ			
こうきょ	貢挙試	文	③	44
こうぎろ	孝義録	文	③	484
	—	人	①	1094
こうきん	口琴	遊		1259
こうきん	口噤	方		1511
こうきん	肱禁	法	①	490
こうくう	光空(僧)	宗	①	366
こうぐし	香具師	産	②	700
ごうぐら	郷倉	居		781
こうけ	公家			
	「くげ公家」を見よ			
こうけ	公家(天皇)	帝		186
こうけ	高家	兵		452
	—【篇】	官	③	292
こうげ	考解	法	①	292
こうけい	口啓	政	①	448
こうけい	康慶	宗	①	215
こうげき	攻撃	兵		617
こうげさ	甲袈裟	宗	②	1150
こうげさ	香袈裟	宗	②	1159
ごうけし	江家次第	文	②	909
こうけち	纐纈	産	①	864
こうけち	纐纈唐衣	服		924
こうけち	纐纈裳	服		941
ごうけて	江家点	文	③	271
ごうけと	合毛取	政	④	144
ごうけぶ	江家文庫	文	③	369
こうけん	公験	政	①	879
こうけん	広絹	産	②	196
こうけん	光謙(僧)	宗	①	548
	—	宗	②	631
こうけん	後見【篇】	政	③	861
	執権連署幷称—	官	②	673
	徳川将軍—【併入】	官	③	166
	大名—	官	③	1748
こうけん	貢献【篇】	政	②	939
	兵器—	兵		1288
	蝦夷—	人	②	724
	熊襲—	人	②	736
	牛馬—	動		32
	鷹—	遊		1009
	郁子—	植	②	216
	金—	金		174
	銀—	金		184
	銅—	金		189
	蘇—	方		1051
	紙貢進	文	③	1245
	筆貢進	文	③	1302
	硯貢進	文	③	1333
	墨貢進	文	③	1385
	競馬負方献物	武		817
	貢相撲人	武		1094
	「しんけん進献」も見よ			
こうげん	弘元(逸年号)	歳		346
こうげん	光元(逸年号)	歳		341
こうげん	考限	政	①	1225
こうげん	荒言	人	①	858
こうげん	康元	歳		220
こうけん	孝謙天皇	帝		14
	—親儛五節舞	神	②	313
	称—曰高野天皇	帝		942
	—簪	器	①	435
	「しょうと称徳天皇」も見よ			

こうげん	孝元天皇	帝		3
こうこ	工戸	産	①	492
こうこ	公戸	政	②	48
こうこ	江湖	宗	③	147
こうこ	高戸(酒)	飲		771
ごうこ	合戸	政	②	50
ごうこ	郷戸	政	②	47
こうこう	孝行			
	「こう孝」を見よ			
こうこう	香香(漬物)	飲		1012
こうこう	鉱坑	金		64
こうごう	香合	遊		363
	—	遊		770
	物かわの—	産	①	825
こうごう	皇后【篇】	帝		1103
	—鎮魂祭	神	②	525
	—奉幣	神	②	1046
	—奉幣	神	③	626
	朝拝—	歳		418
	—行啓	帝		776
	—陵戸守戸	帝		1039
	—為太皇太后	帝		1178
	—為准母	帝		1211
	贈—	帝		1178
	贈—	帝		1552
	—礼服	服		855
	「こうひ后妃」「ちゅうぐ中宮」も見よ			
ごうこう	合香	遊		315
こうごう	皇后給(年給)	封		289
こうごう	皇后宮職【併入】	官	①	749
こうこう	孔公孽	金		322
こうこう	光孝天皇	帝		19
	藤原基経奉—	器	②	95
	—号小松天皇	帝		944
	—好学	文	②	756
	—山陵	帝		991
	掘—山陵	帝		1064
	—国忌	礼	②	1266
こうごお	国府郡	地	①	1121
こうこく	広告	産	②	390
こうこく	香刻【併入】	方		455
こうこく	皇国	地	①	27
こうこく	興国	歳		231
こうこく	皇国学	文	②	652
こうこく	興国寺【篇】	宗	④	1006
こうこし	江湖社	文	②	649
ごうこち	郷戸帳	政	②	233
こうこど	好古堂	文	②	1286
こうごね	庚午年籍	政	②	8
	—説	政	②	19
こうごん	光厳天皇	帝		34
	花園天皇誡—	人	②	165
	—行幸六波羅	帝		675
	—出家	帝		875
	—建常照寺	宗	④	865
	—山陵	帝		1004
こうざ	公坐	法	①	286
ごうざ	がうざ(魚)	動		1454
こうさい	香賽	礼	②	314
こうざい	公罪	法	①	286
こうさい	香西流(兵法)	兵		7
こうざき	神前神社	神	③	134
こうさく	告朔	政	①	21
	—	政	①	3
こうさく	耕作	産	①	30
こうさく	告朔帳	政	①	25
こうさく	告朔函	政	①	26
こうさく	告朔文	政	①	22
こうざご	高座郡	地	①	759
こうざそ	公坐相承減	法	①	48
こうざそ	公坐相連	法	①	36
こうさだ	甲定金	泉		280
こうさつ	坑殺【併入】	法	②	259
こうさつ	高札	政	③	178
	立—公示求言之意	政	③	217
	渡船場—	地	③	372
	草苅場—	地	③	925
	米蔵—	官	③	548
	江戸市中—	法	②	5
	御堀際—	居		353
こうさつ	高札場			
	橋附—	地	③	150
	日本橋—	法	②	484
ごうさや	合鞘刀子	兵		1398
こうさん	降参			
	「こうふく降服」を見よ			
こうざん	高山	地	③	755
こうざん	鉱山【篇】	金		1
	金山器具図	金		86
	金山鋪口図	金		68
	金山鋪中図	金		70
こうざん	鉱山聞書	金		60
こうざん	高山祭	神	②	617

こうざん	高山寺【篇】	宗	③	877
	—鎮守神	神	①	790
ごうざん	降三世法	宗	②	294
ごうざん	降三世明王	宗	①	109
こうざん	鉱山役夫【篇】	法	②	399
こうし	犢	動		37
こうし	口脂	器	①	513
こうし	孔子			
	祭—	文	②	1335
	—廟	文	②	1433
	—像	文	②	1094
	—像	文	②	1446
こうし	公使	政	①	633
	拒—	法	①	11
	路頭遇—礼	礼	①	163
こうし	考試	文	③	43
こうし	孝子	人	①	1065
	「こう孝」も見よ			
こうし	郊祀【篇】	神	②	567
こうし	紅紙	文	③	1202
こうし	香資	礼	②	314
こうし	格子【篇】	居		1259
	—図	居		1226
	蔵人開閉殿上—	官	②	252
	依法皇崩御台盤所朝餉下御—	礼	②	416
こうし	格子(遊女)	人	②	848
こうし	高氏	姓		80
こうし	降至	法	①	308
こうし	黄紙	文	③	1202
	詔書用—	政	①	232
	除目清書用—	政	①	791
こうし	講師			
	国分寺—	宗	②	872
	三会—	宗	②	920
	歌合—	文	②	7
	歌会—	文	②	118
	詩会—	文	②	608
	講書—	文	③	198
こうじ	小氏	姓		24
こうじ	小路	地	①	157
	—	地	③	5
こうじ	弘治	歳		247
こうじ	柑子	植	①	407
こうじ	香匙	遊		363
こうじ	康治	歳		201
こうじ	勘事	法	①	320
ごうし	合子	器	①	71
ごうし	強市	産	②	341
ごうし	郷司【篇】	官	②	626
ごうし	強紙	政	①	233
こうじい	小路軍	兵		513
こうしお	格子織	産	②	205
こうしか	口歯科	方		857
こうしが	犢皮韉	産	①	903
こうしか	公使館(米国)	外		1806
こうしき	講式			
	舎利—	宗	②	117
	往生—	宗	②	168
こうしげ	甲重金	泉		280
こうしけ	孔子家語	文	③	1081
こうしじ	格子縞	産	②	27
ごうしち	郷質	政	④	758
こうしつ	後室	人	①	159
こうじづ	麹漬	飲		1033
こうしつ	猴膝硯	文	③	1321
ごうじと	郷地頭	官	②	1037
こうじな	小路名(女房)	姓		772
	書札充所書—	文	①	464
こうしの	格子間	居		1266
こうしば	格子番	官	②	825
こうじま	麹町	地	①	957
こうじま	麹町教授所	文	②	1319
こうじま	麹町御門	居		403
こうじむ	麹室	神	①	1054
こうしゃ	校舎			
	昌平坂学問所—	文	②	1135
	藩学—	文	②	1183
こうしゃ	講釈	文	③	193
	巡廻—	文	②	1274
ごうしゃ	合爵	封		278
こうしゃ	講釈師	楽	②	507
こうしゃ	講釈場	楽	②	517
こうしゃ	公射場	居		145
こうしゅ	公取	法	①	368
こうしゅ	攻守【篇】	兵		617
こうじゅ	光寿	宗	①	928
	—創東本願寺	宗	③	452
	教如創摂津国東本願寺	宗	④	96
こうじゅ	香薷	植	②	505
こうしゅ	甲州	地	①	689
	「かいのく甲斐国」も見よ			
こうしゅ	校讐	文	③	464

こうじゅ 光充(逸年号) 歳 341
ごうしゅ 江州 地 ① 1153
「おうみの近江国」も見よ
こうしゅ 講習館 文 ② 1278
こうしゅ 甲州金 泉 272
—図 泉 427
こうしゅ 甲州紙 文 ③ 1197
こうしゅ 甲州衆 兵 460
ごうしゅ 江州衆 兵 460
ごうしゅ 江州鋤 産 ① 216
こうしゅ 講習堂 文 ② 1288
こうしゅ 甲州道中 地 ③ 72
こうしゅ 甲州判 泉 203
— 泉 272
ごうしゅ 江州奉行(織田氏) 官 ② 1429
こうしゅ 甲州枡 称 82
こうしゅ 甲州流(兵法) 兵 5
こうしょ 口書
「くちがき口書」を見よ
こうしょ 校書 文 ③ 464
こうしょ 綱所 宗 ② 731
— 宗 ③ 127
こうしょ 講書【篇】 文 ③ 181
吉田家— 神 ② 1377
学習所— 文 ② 1125
高倉屋敷— 文 ② 1151
昌平坂学問所— 文 ② 1146
講和書 文 ② 659
講経書 文 ② 821
講日本書紀 文 ② 839
講漢史 文 ② 847
こうじょ 降叙 法 ① 293
こうしょ 工匠 産 ① 485
「こうじん工人」も見よ
こうしょ 光昭 宗 ① 926
—任大僧正 宗 ③ 442
准如創摂津国西本
願寺 宗 ④ 93
こうしょ 行障 器 ① 822
— 礼 ② 354
こうしょ 紅蕉(草) 植 ① 1158
こうしょ 康正 歳 242
こうしょ 講頌(歌会) 文 ② 118
こうじょ 口上
芝居— 楽 ② 213
相撲行司— 武 1172
こうじょ 攻城 兵 623
こうじょ 定考【篇】 政 ① 1165
こうじょ 厚帖 器 ② 58
こうしょ 光勝院 宗 ④ 1011
こうしょ 光照院【篇】 宗 ③ 556
こうしょ 光照院宮 帝 1481
こうじょ 口上書
医師— 法 ② 881
訴訟— 法 ③ 647
こうしょ 考証学 文 ② 808
こうしょ 高勝鐶(冑) 兵 1880
こうじょ 興譲館(小城藩) 文 ② 1290
こうじょ 興譲館(米沢藩) 文 ② 1284
—寄宿生 文 ② 1201
—経費 文 ② 1254
こうじょ 興譲館(徳山藩) 文 ② 1288
こうしょ 広将棋 遊 140
こうしょ 項荘鴻門曲 楽 ① 436
こうしょ 興正寺【篇】 宗 ③ 464
こうしょ 興聖寺(京都)【篇】 宗 ③ 550
こうしょ 興聖寺(山城国宇治
郡)【篇】 宗 ③ 1069
ごうしょ 亳摂寺【篇】 宗 ④ 793
こうしょ 興正寺派 宗 ① 935
—寺院数 宗 ③ 15
こうしょ 孝昭天皇 帝 2
こうしょ 興正菩薩 宗 ② 814
「えいそん叡尊」も見よ
こうじょ 皇城門 居 203
こうしょ 好色 人 ② 645
こうしょ 好色本 文 ③ 349
こうしょ 講書始 文 ③ 211
こうしょ 降所不至 法 ① 286
こうしん 庚申 方 143
—時打攤 遊 32
こうしん 皇親【篇】 帝 1407
—季禄 封 153
—時服 封 167
—蔭位 政 ① 1002
—籍 政 ② 10
—附籍 政 ② 35
—蠲免 政 ② 974
—配流 法 ① 191
詐称— 法 ① 905
—婚嫁 礼 ① 1225
—服制 服 56
—礼服 服 160
—墓称陵 帝 1033

皇族為后　帝　1133
皇族読書始　文 ③ 250
こうしん 貢進
「こうけん貢献」を見よ
こうじん 工人
図書寮—　官 ① 770
木工寮—　官 ① 1013
大宰府—　官 ② 427
弓矢—　兵　1759
甲冑—　兵　1903
鉄砲—　武　911
造帙—　文 ③ 541
印刷—　文 ③ 1097
造紙—　文 ③ 1243
造筆—　文 ③ 1298
造硯—　文 ③ 1333
造墨—　文 ③ 1379
鏡—　器 ① 367
笠—　器 ② 420
傘—　器 ② 474
茶湯用風炉—　遊　663
茶湯用釜—　遊　678
工匠用官職名　官 ① 240
こうじん 考人　政 ① 1215
こうじん 荒神(竈神)　神 ① 894
こうじん 貢人　文 ③ 44
こうじん 候人　官 ② 228
こうじん 勘人　法 ① 320
ごうじん 拷訊　法 ① 609
—　法 ① 1183
—【篇】　法 ③ 951
こうしん 庚申歌会　文 ② 167
こうじん 荒神供　神 ① 909
こうしん 庚申代待　神 ② 584
こうじん 荒神棚　神 ① 935
こうしん 庚申日　方　143
こうしん 庚申年　方　88
こうしん 庚申待　方　145
こうしん 庚申山　地 ③ 829
こうず 薨　人 ① 644
こうすい 香水　宗 ② 242
—　歳　1129
加持—図　宗 ② 248
こうずい 洪水　地 ③ 1196
—　政 ④ 997
因—年凶　歳　1461
出水被害拝借金　政 ④ 587
こうずい 黄瑞香　植 ① 566
こうずけ 上野紙　文 ③ 1197
こうずけ 上野代官　官 ③ 1527
こうずけ 上野国【篇】　地 ② 1
—減省解文　政 ② 695
配流—　法 ① 191
—金貨　泉　288
こうずけ 上野国神名帳　神 ① 147
こうずけ 上野太守　帝　1442
こうずけ 上野箭　兵　1691
こうずし 神津島　地 ① 639
こうすよ 小薄様　文 ③ 1178
こうせい 恒星　天　91
こうせい 校正　文 ③ 464
こうせい 鵁鶄　動　616
こうせい 講正館　文 ② 1284
こうせい 後世家(医術流派)　方　787
こうせい 功成慶善楽　楽 ① 390
こうせい 高姓下姓　姓　79
こうせき 鉐石　金　301
こうせつ 講説
書籍—　文 ③ 183
貞永式目—　法 ① 674
三体詩—　文 ② 485
仏経—【附】　宗 ① 384
こうせん 口銭　政 ④ 533
家質口入—　政 ④ 749
こうせん 公賤　政 ② 161
こうせん 功銭　政 ② 839
こうせん 考銭　政 ① 1233
こうせん 考選【篇】　政 ① 1203
帳内資人—　封　354
「こうか考課」も見よ
こうせん 香煎　飲　491
こうせん 香銭　礼 ② 314
ごうせん 郷銭　政 ④ 453
—　政 ④ 567
こうぜん 興禅寺【篇】　宗 ④ 689
こうせん 孔宣父　文 ② 1337
こうせん 考選文　政 ① 1216
—　政 ① 1207
こうせん 考選目録　政 ① 1177
列見—　政 ① 1177
こうぜん 香山薬師寺　宗 ③ 1232
こうそ 貢蘇　政 ② 946
こうぞ 楮　植 ① 224
—　文 ③ 1179

　―　文 ③ 1235
　―　政 ④ 965
ごうそ　強訴　法 ① 994
　―　法 ③ 438
ごうそ　嗷訴　法 ① 557
こうそう　口奏　政 ① 413
こうそう　厚葬　礼 ② 239
こうそう　薨奏　礼 ② 511
　―　帝 1484
　―　帝 1544
こうそく　高足(田楽具)　楽 ① 696
こうそく　校則
　足利学校―　文 ② 1107
　昌平坂学問所―　文 ② 1138
こうぞく　皇族
　「こうしん皇親」を見よ
こうそこ　高祖姑　人 ① 258
こうぞだ　楮高　政 ④ 127
こうそふ　高祖父　人 ① 126
こうそぼ　高祖母　人 ① 126
こうぞめ　香染扇　服 1315
こうそん　皇孫　帝 1499
　―受禅　帝 533
　―為太子　帝 1345
　―賜姓　姓 213
　―女為伊勢斎王　神 ③ 783
　―女為賀茂斎王　神 ③ 1212
　孫王即位　帝 266
　孫王為法親王　帝 1480
　孫王為親王　帝 1497
　禁孫王任意出入畿外　政 ① 1160
　「こうしん皇親」も見よ
ごうそん　郷村借金　政 ④ 621
こうた　小唄【篇】　楽 ② 365
こうた　小謡　楽 ① 806
こうたい　交替【篇】　政 ① 1294
　大宰府官人―　官 ② 412
　国司―先塡正税　政 ② 693
　減省国司―旧欠　政 ② 693
　大坂目付―　官 ③ 1150
　長崎奉行隔年―　官 ③ 1384
　徳川氏大名参勤―　官 ③ 1680
こうたい　皇太后【併入】　帝 1162
　―鎮魂祭　神 ② 526
　―大神宮奉幣　神 ③ 626
　―行啓【併入】　帝 785
　―為太皇太后　帝 1177
　―待遇　帝 1127
　―令旨　政 ① 309
　―算賀　礼 ① 1373
こうたい　皇太后給(年給)　封 291
こうたい　皇太后宮職【併入】　官 ① 751
こうたい　交替使　政 ① 1345
こうたい　皇太子【篇】　帝 1303
　―無四方拝　歳 389
　―朝賀　歳 401
　朝拝―　歳 420
　―大神宮奉幣　神 ③ 626
　―参宮　神 ③ 634
　平野祭時―親奉幣　神 ③ 1415
　―踐祚　帝 247
　不為―而踐祚　帝 252
　為親王不為―而踐祚　帝 255
　儲君宣下後立―　帝 264
　不為親王不為―而踐祚　帝 265
　立―之日踐祚　帝 269
　即位以前立―　帝 448
　―受禅　帝 527
　以前帝子為―　帝 535
　以前帝太子為―　帝 538
　為親王為―之日受禅　帝 539
　不為親王而為―之日受禅　帝 539
　為親王不為―而受禅　帝 540
　―啓行【併入】　帝 786
　皇后受―朝賀　帝 1128
　―令旨　政 ① 310
　―元服蠲免　政 ② 1005
　―元服賑給　政 ② 1061
　―元服　礼 ① 639
　―服喪　礼 ② 575
　―礼服　服 160
　立太子式　帝 1309
　蹲居太子　礼 ① 77
　年始東宮行啓　歳 602
　年始進御薬於東宮　歳 806
　「こうたい皇太弟」も見よ
こうだい　高台寺【篇】　宗 ③ 635
こうだい　晧台寺【篇】　宗 ④ 1078

こうたい	交替式	法 ①	94
こうたい	皇太子妃【併入】	帝	1404
	初為一後為后	帝	1140
こうだい	高台寺蒔絵	産 ①	825
こうたい	皇大神	神 ①	140
	「あまてら天照大御神」も見よ		
こうたい	皇大神宮	神 ③	2
	一宮域内略図	神 ③	10
	一殿舎図	神 ③	22
	一神嘗祭中臣宣命奏進図	神 ③	456
	「だいじん大神宮」も見よ		
こうだい	后帝団乱旋(楽曲)	楽 ①	327
こうたい	交替帳	政 ①	1348
こうたい	皇太弟	帝	1347
	一受禅	帝	530
	一受禅以前帝子為太子	帝	535
	一元服	礼 ①	639
こうたい	皇太夫人【併入】	帝	1183
	一行啓【併入】	帝	786
	一為皇太后	帝	1176
こうたい	交替寄合【併入】	官 ③	1764
こうたい	交替料	政 ①	1342
こうたう	小唄うたひ	楽 ②	409
ごうだて	後宇多天皇	帝	30
	一譲位	帝	558
	一山陵	帝	1000
こうだん	講談【篇】	楽 ②	507
こうち	交趾	外	1124
こうち	行遅	人 ①	478
こうち	高知	地 ②	903
こうちぎ	小袿	服	964
	一	服	394
	唐衣一不重襲	服	928
こうちご	河内郡(下野)	地 ②	47
こうちご	河内郡(河内)	地 ①	319
こうちご	河内郡(常陸)	地 ①	1110
こうちし	河内職	地 ①	312
こうちち	溝池帳	政 ②	1132
こうちの	河内国	地 ①	307
こうちは	高知藩	地 ②	908
こうちゃ	貢茶	遊	531
こうちや	交趾焼	産 ①	711
こうちょ	弘長	歳	221
こうちょ	候庁	官 ①	396
こうちょ	綱丁	政 ②	1212
ごうちょ	郷長	官 ②	627
ごうちょ	郷帳	政 ③	1071
	一	政 ④	348
こうちょ	貢調使	政 ①	657
	一	政 ②	750
こうちょ	光長寺【篇】	宗 ④	215
こうちょ	皇朝楽	楽 ①	12
こうちん	工賃	産 ①	502
	木工一	産 ①	531
	泥工一	産 ①	585
	葺工一	産 ①	605
	染工一	産 ①	892
	織紝一	産 ②	14
	裁縫一	産 ②	43
こうちん	荒鎮	礼 ①	296
こうづる	こふづる(鸛)	動	557
こうてい	功程		
	役丁一	政 ②	862
	工人一	産 ①	500
	木工一	産 ①	529
	泥工一	産 ①	585
	瓦工一	産 ①	590
	葺工一	産 ①	604
	石工一	産 ①	608
	漆工一	産 ①	789
	織紝一	産 ②	14
	裁縫一	産 ②	43
こうてい	行程	地 ③	44
こうてい	皇帝	帝	171
	「てんのう天皇」も見よ		
こうてい	行程儀(測量具)	文 ③	656
こうてい	黄帝金匱(陰陽書)	方	23
こうてい	功程式	地 ③	912
こうてつ	鋼鉄	金	200
こうでん	公田	政 ②	287
	一	政 ③	1173
	一地子	政 ②	626
こうでん	功田【篇】	封	108
	収一班給	政 ②	326
こうでん	荒田		
	「あらた荒田」を見よ		
こうでん	香奠	礼 ②	314
	一	官 ③	1732
こうでん	後殿	居	141
こうでん	校田【併入】	政 ②	314
こうてん	高天漪	文 ②	984
こうでん	校田使	政 ②	315

ごうてん	格天井	居		1122
こうでん	校田帳	政	②	315
こうでん	校田簿帳	政	②	315
こうと	皇都【篇】	地	①	125
	一之地禁埋葬	礼	②	1074
	「きょう京」も見よ			
こうとう	勾当			
	大嘗祭女工所一	神	①	1001
	女御侍所一	帝		1236
	南座一	官	①	312
	御服倉一	官	①	774
	楽所一	官	①	859
	民部省廩院長殿一	官	①	885
	大蔵省長殿一	官	①	955
	正蔵率分所一	官	①	955
	貢調物一	官	①	960
	大膳職調庸進物一	官	①	998
	大膳職率分一	官	①	998
	記録所一	官	②	319
	大宰府蔵司一	官	②	404
	神社一	神	②	1636
	寺院一	宗	②	1001
	盲人一	人	②	949
こうとう	叩頭	礼	①	20
こうとう	皇統			
	一子孫相承	帝		1346
	一之議	帝		1356
こうとう	鴨頭(料理)	飲		283
こうどう	革堂	宗	③	361
こうどう	香道	遊		358
こうどう	黄銅	金		191
こうどう	講堂	宗	③	84
	東寺一	宗	③	790
	東大寺一	宗	③	1130
	興福寺一	宗	③	1189
	唐招提寺一	宗	③	1268
	延暦寺一	宗	④	566
ごうとう	強盗	人	②	792
	一	法	①	368
	一	法	①	865
	一	法	②	682
	一	帝		1507
	断一手	法	①	262
	一著鈦勘文	法	①	135
	一贓	法	①	53
こうどう	弘道館(水戸藩)	文	②	1280
	一祭神	文	②	1189

	一学則	文	②	1214
	一試験	文	③	168
	一聖廟	文	②	1442
こうどう	弘道館(出石藩)	文	②	1286
こうどう	弘道館(佐賀藩)	文	②	1290
	一入学式	文	③	11
こうどう	弘道館(彦根藩)	文	②	1281
	一生徒数	文	②	1197
	一束脩謝儀	文	③	17
	一経費	文	②	1252
こうどう	弘道館(福山藩)	文	②	1288
こうどう	弘道館(谷田部藩)	文	②	1280
こうどう	講道館	文	②	1288
こうどう	黄道吉日	方		95
こうどう	香道具	遊		362
こうとう	勾当代	宗	②	1003
こうとう	勾当内侍	官	①	1118
こうとう	勾当内侍(新田義貞妻)	礼	①	1290
こうどう	宏道流(挿花)	遊		874
こうとう	黄頭郎(渡守)	地	③	377
こうとく	幸徳井家	方		12
こうとく	広徳館	文	②	1285
こうとく	興徳寺【篇】	宗	④	746
こうとく	孝徳天皇	帝		10
ごうな	寄居子	動		1692
こうなか	講仲間	礼	②	388
こうにん	弘仁	歳		168
こうにん	更任	政	①	713
	一	政	①	684
	一	封		275
こうにん	降人	兵		748
こうにん	弘仁儀式	法	①	75
こうにん	弘仁格	法	①	73
	一	法	①	98
こうにん	弘仁式	法	①	74
	一	法	①	98
こうにん	光仁天皇	帝		15
	一即位前童謡	人	①	869
	一為皇太子	帝		1358
	一諡	帝		919
	一号後田原天皇	帝		943
	一山陵	帝		987
	一国忌	礼	②	1266
こうねん	高年帳	政	②	233
こうのい	鴻池善右衛門			
	一家掟	人	②	76

—火災後欲替土 居 935
こうのう 香嚢 器 ① 528
—図 器 ① 530
こうのう 香納桶 帝 404
こうのう 公納口(甲斐国田租) 政 ④ 301
こうのう 河野氏 神 ① 686
ごうのか 郷川 地 ③ 1188
こうのく 甲倉 居 745
こうのけ 甲穢 神 ② 781
こうのご 甲奴郡 地 ② 626
こうのこ 香輿 礼 ② 353
こうのす 鴻巣郷 地 ① 896
こうのだ 国府台 地 ① 1055
こうのち 香の茶(茶湯) 遊 422
こうのと かうのとの 官 ① 1454
こうのの 香直衣 服 313
ごうのは 合秤 称 128
こうのは 鵠羽矢 兵 1598
こうのひ 香直垂 服 548
こうのぶ かうのぶり(漬物) 飲 1008
こうのま 甲丸(城郭) 兵 1067
こうのも 香物(漬物) 飲 1008
こうのも 高師直
—為執事 官 ② 1084
—構華美第宅 人 ② 625
—婬佚 人 ② 651
こうのも 高師泰
—為管領 官 ② 1084
—驕慢 人 ② 634
—狼藉 遊 673
こうのり 河野流(鉄砲) 武 884
こうばい 紅梅 植 ① 318
こうばい 紅梅合 遊 285
こうばい 紅梅威(鎧) 兵 1808
こうばい 紅梅織 産 ② 206
こうばい 紅梅染 産 ① 852
こうはい 荒廃田 政 ② 382
賜— 封 118
こうばい 紅梅唐衣 服 921
こうばい 紅梅下襲 服 341
こうばい こうばいの大将 帝 1686
こうばい 紅梅直衣 服 312
こうばい 紅梅袴 服 717
こうばい 紅梅焼 飲 656
こうばこ かうばこ(香合) 遊 363
こうばし 香筯 遊 363
こうはん 更犯 法 ① 42
— 法 ① 286
こうはん 黄幡 礼 ② 355
こうはん 興販 産 ② 326
ごうはん 合判(職名) 官 ② 690
ごうはん 強飯 神 ④ 855
こうはん 校班田使 政 ② 311
こうはん 光範門 居 255
こうひ 后妃
争納— 帝 1642
為—立屯倉 政 ② 441
—服喪 礼 ② 574
天皇為—服 礼 ② 503
—陵 帝 1030
「こうごう皇后」「ひ妃」も見よ
こうひ 考妣 人 ① 138
こうひ 喉痺 方 1177
こうびく 高鼻履 服 1411
こうひね かうひねり(髪捻) 器 ① 480
こうびょ 孔廟 文 ② 1433
こうびょ 香屏風 遊 365
こうふ 口賦 帝 602
こうふ 広布 産 ② 136
こうふ 甲府 地 ① 701
徳川幕府—役人
【篇】 官 ③ 1363
こうふ 後夫 人 ① 150
前夫子不得—遺産 政 ② 124
こうふ 後父
冒—姓而復姓 姓 260
称—苗字 姓 302
こうふ 耕夫 産 ① 186
こうぶ 工部(兵庫寮) 官 ① 1555
こうぶ 講武 兵 473
こうふう 功封【篇】 封 49
— 封 22
こうふう 綱封蔵
東大寺— 宗 ③ 1144
法隆寺— 宗 ③ 1281
こうふが 甲府学問所 文 ② 1174
こうふか 甲府勝手小普請世話取扱 官 ③ 1367
こうふが 甲府構江戸払 法 ② 345
こうふき 甲府勤番 官 ③ 1366
こうふき 甲府勤番支配 官 ③ 1363
—裁判 法 ③ 872
こうふく 降服【篇】 兵 747

	隠居而—	政	③	847
	佯而—	兵		128
こうふく	興福寺【篇】	宗	③	1175
	—供養	帝		1640
	—維摩会	宗	②	56
	—法華会	宗	②	71
	—長講会	礼	②	1460
	—国忌	礼	②	1259
	—国忌	礼	②	1287
	—寺務	宗	②	974
	—寺領	宗	③	255
	—勧学院	宗	③	138
	—鐘	宗	②	1107
	—南円堂銅燈台銘	宗	②	1082
	—衆徒強訴	神	④	79
こうふこ	甲府小人	官	③	1368
こうぶし	香附子	植	①	961
こうぶし	講武所	武		6
	—	官	③	1629
こうぶし	講武所総裁	武		6
こうぶし	講武所頭取	官	③	1631
こうぶし	講武所取締役	官	③	1632
こうぶし	講武所奉行	官	③	1630
こうぶつ	肴物	飲		139
こうふば	甲府判	泉		273
ごうぶみ	合武三島流(鉄砲)	武		885
こうふめ	甲府目付	官	③	1154
こうふよ	高芙蓉			
	—書画鑑定	文	③	991
	—篆刻	文	③	1143
こうぶり	かうぶり(爵)	政	①	1484
こうぶり	冠	服		1087
	「かんむり冠」も見よ			
こうぶり	かうぶり給(叙爵)	官	③	1778
こうぶん	考文	政	①	1213
こうぶん	弘文院	文	②	1294
こうぶん	弘文館	文	②	1290
こうぶん	弘文天皇	帝		11
	大友皇子娶藤原鎌足女	人	①	791
	大友皇子詩	文	②	453
	大友皇子自縊	帝		985
こうぶん	好文木	植	①	315
こうべ	首	人	①	318
	「くび首」も見よ			
こうへい	こうへい(烏帽子)	服		1025
こうへい	公平【篇】	人	②	23
	藤原武智麿—	法	①	564
	薦挙—	人	②	408
こうへい	康平	歳		190
こうべか	神戸海軍操練所	武		16
こうべこ	神戸港	地	③	570
こうべつ	皇別	姓		24
こうべど	かうべ堂	宗	④	52
こうほう	康保	歳		178
こうほう	黄袍	服		262
こうぼう	かうばう(茅香)	植	①	920
こうぼう	後房(大極殿)	居		141
こうぼう	弘法大師	宗	②	808
	「くうかい空海」も見よ			
ごうぼう	剛卯杖	歳		959
こうぼう	弘法稗	植	①	887
こうほう	孔方兄(銭)	泉		6
こうぼく	好墨	文	③	1365
こうほね	かうほね(骨蓬)	植	②	155
こうほん	藁本	植	②	420
こうぼん	香盆	遊		363
こうまき	紅巻(染様)	服		583
こうまし	黄麻紙	文	③	1182
こうまじ	小馬験役之者(小人)	官	③	987
こうまん	高慢	人	②	630
こうまん	考満叙位	政	①	1006
こうみゃ	鉤脈(身体)	服		806
こうみょ	高名	人	②	294
	—	兵		873
	—	兵		917
こうみょ	光明皇后			
	—建新薬師寺	宗	③	1233
	—建阿閦寺	宗	③	1244
	—建安楽寺	宗	④	44
こうみょ	光明寺(山城)【篇】	宗	③	773
こうみょ	光明寺(江戸)	宗	④	389
こうみょ	光明寺(常陸)【篇】	宗	④	534
こうみょ	光明寺(筑後)	宗	④	1071
こうみょ	光明寺(鎌倉)【篇】	宗	④	328
こうみょ	光明真言法	宗	②	280
こうみょ	光明天皇	帝		34
ごうむね	乞胸	政	③	949
ごうむね	乞胸頭	政	③	949
こうめ	消梅	植	①	318
こうめい	孝明天皇	帝		43
	—賀茂神社行幸	外		40
	—石清水八幡宮行幸	外		41

	—諡	帝		933
	—山陵図	帝		1010
こうめい	興明楽	楽	①	457
こうめい	孔明流(兵法)	兵		4
こうめん	高免	政	④	143
こうもう	黄毛筆	文	③	1278
こうもう	紅毛焼	産	①	712
こうもく	広目天	宗	①	111
こうもつ	公物(税)	政	④	405
こうもり	甲盛(料理)	飲		270
こうもり	蝙蝠	動		260
こうもん	公門	礼	②	687
	著凶服不入—	礼	②	689
	著凶服不入—	礼	②	929
こうもん	考問	政	①	1222
こうもん	肛門	人	①	434
	—無穴	人	①	617
	—多穴	人	①	617
こうもん	黄門	官	①	440
こうもん	閤門	居		224
ごうもん	拷問	法	①	1179
	—	法	③	951
	—	法	③	955
	—図	法	③	954
	—図	法	③	966
	「ごうじん拷訊」も見よ			
ごうもん	拷問蔵	法	③	968
こうもん	興門派	宗	①	1006
	—寺院数	宗	③	16
こうもん	閤門前東堂	居		187
こうや	行夜			
	宮城—	官	①	1329
	近衛—	官	①	1390
	衛門—	官	①	1473
	兵衛—	官	①	1518
こうやが	高野紙	文	③	1242
こうやく	公役(税)	政	④	414
こうやく	膏薬	方		1086
ごうやく	合薬	方		1081
こうやく	香薬寺	宗	③	1232
こうやさ	高野山	地	③	845
	—登山七路	宗	④	929
	「こんごう金剛峯寺」も見よ			
こうやし	高野尺	称		32
こうやす	甲安金	泉		279
こうやの	紺屋の明後日	産	①	840
こうやま	高野槙	植	①	111
こうやろ	高野六十那智八十	人	①	887
こうゆ	孔楡(銭)	泉		8
こうゆう	高遊外	遊		812
こうよ	光誉(僧)	宗	④	381
こうよう	公用(税)	政	④	402
こうよう	紅葉			
	「もみじ紅葉」を見よ			
こうよう	高陽院(泰子)	帝		783
こうよう	甲陽軍鑑	兵		30
こうよう	後葉集	文	②	418
こうよう	公用銭	政	④	402
こうよう	高陽門	居		266
こうらい	高麗	外		217
	「こま高麗」も見よ			
こうらい	高麗鳥	動		852
こうらい	かうらいぎく(茼蒿)	植	②	731
こうらい	高麗語	文	②	1048
こうらい	高麗胡椒	植	②	526
こうらい	かうらいしば(結縷草)	植	①	933
こうらい	高麗台子	遊		648
こうらい	高麗卓	遊		653
こうらい	かうらい煮	飲		216
こうらい	高麗橋	地	③	249
こうらい	高麗縁円座	器	②	104
こうらい	高麗縁畳	器	②	73
こうらい	高麗流(馬術)	武		709
こうらか	高良神楽	楽	①	196
こうらく	後楽園	居		903
	—泉水	居		913
	—中島	居		918
こうらく	康楽堂	居		183
こうらじ	高良神社【篇】	神	④	1498
	—僧兵	兵		299
こうらた	高良玉垂命	神	④	1498
こうらの	高良社	神	③	1306
こうらん	高欄			
	家屋—	居		1174
	橋—	地	③	126
	倚子—	器	②	122
	車—	器	②	760
こうり	小売	産	②	460
こうり	行李	器	①	694
	葛—	植	②	287
こうり	行李(軍士)	兵		196
こうり	高利	政	④	690
	—	政	④	722

	—	政	④	770
	—	政	④	614
ごうりき	合力(援兵)	兵		404
こうりつ	行立次第(朝参)	政	①	20
こうりゃ	康暦	歳		237
こうりゅ	広隆寺【篇】	宗	③	812
	—鎮守神	神	①	801
	—牛祭	神	②	636
	—鐘	宗	②	1104
	—聖徳太子像	宗	③	355
こうりゅ	弘隆寺【篇】	宗	④	761
こうりゅ	香隆寺陵	帝		1016
こうりょ	行旅【篇】	人	②	428
	—出立時詣氏神	神	①	712
	—首途詣産土神	神	①	752
	祈—安全	神	②	881
	救恤—	政	②	1049
	雪中旅行	天		238
	勅使旅行	歳		699
	相撲取旅行	武		1286
	俳優旅行	楽	②	191
こうりょ	虹梁	居		979
こうりょ	綱領	政	②	1212
こうりょ	荒陵寺御手印縁起	宗	④	69
こうりょ	公料地	官	③	1751
こうりょ	後涼殿	居		125
こうりょ	高良薑	植	①	1153
こうりょ	行旅具【篇】	器	②	365
ごうりょ	合力金	封		474
	以—供女中服料	服		1038
ごうりょ	合力米	封		472
	蔵人—	官	②	268
	大名—	官	③	1745
ごうりん	剛琳寺	宗	④	32
こうりん	光琳派(絵画)	文	③	825
ごうれい	郷令	官	②	631
こうれい	孝霊天皇	帝		2
こうれい	興礼門	居		250
こうれい	興礼門外西門	居		249
こうろ	香炉	遊		366
	執—為誓約	人	②	322
こうろう	公粮	封		219
	—	政	②	840
こうろう	康老子(楽曲)	楽	①	430
こうろか	鴻臚館	外		3
ごうろく	号禄	封		158
こうろく	光禄大夫	官	③	1776
こうろけ	鴻臚卿	官	①	863
こうろぞ	黄櫨染	産	①	850
	—	産	①	877
	—	植	①	474
こうろぞ	黄櫨染袍	服		251
	—	服		277
こうろの	香炉の茶会	遊		422
こうろび	行路病死人	政	③	518
	—	政	③	1333
こうろん	口論	人	②	702
	—	法	②	889
こうわ	弘和	歳		232
こうわ	康和	歳		196
こうわ	講和【篇】	兵		699
	文禄征韓役—	外		458
	慶長征韓役—	外		505
こうわか	幸若音曲【篇】	楽	①	734
こうわの	講和使	兵		730
こえ	声			
	空中有—	天		12
	空中有—	天		135
	人—	人	①	392
こえ	肥	産	①	111
	植物—料	植	①	43
こえ	小絵(掛軸)	文	③	1024
こえいし	古詠詩(楽曲)	楽	①	365
こえだい	屎代	政	③	1288
ごえつ	呉越	外		884
こえとり	こえとり車	器	②	863
こえびつ	小絵櫃	遊		1245
ごえふ	五衛府	官	①	1314
こえぶね	糞船	器	②	688
こえぶり	声振	楽	①	35
こえぼし	小烏帽子	帝		328
こえまつ	肥松	植	①	80
ごえもん	五右衛門風呂	居		674
ごえん	後宴			
	踏歌—	歳		1037
	元服—	礼	①	671
	算賀—	礼	①	1395
こえんど	こゑんどろ(胡荽)	植	②	414
ごえんゆ	後円融天皇	帝		35
	択—諱	姓		620
ごおう	牛王	神	②	931
	熊野—宝印	神	②	1818
	—裏書起請文	人	②	353
ごおう	牛黄	動		66

ごおうじ	護王神社【篇】	神	③	1649
ごおうだ	護王大明神	神	③	1649
こおうれ	胡黄連	方		1079
こおり	氷	官	①	95
	—	官	①	393
	—	歳		463
	主水司掌—室	官	①	1089
	親王及三位以上暑			
	月薨者給—	礼	②	225
	諏訪湖—	地	③	1240
こおり	郡	地	①	85
	神—	神	①	620
	—司【篇】	官	②	569
	—検非違使	官	②	177
	—境裁許	法	③	658
	諸国の郡は地部山城国篇以下			
	の各篇に在り。今之を略す			
こおりざ	氷沙糖	飲		890
こおりど	氷豆腐	飲		988
こおりの	こほりのみやつこ			
	(郡領)	官	②	572
こおりぶ	郡奉行【附】	官	③	1486
こおりも	氷餅	飲		547
こおりや	郡山藩	地	①	300
	—藩札	泉		445
こおろぎ	こほろぎ(蜻蛚)	動		1168
こおろし	子下し	法	②	844
ごおん	五音(音韻)	文	①	84
	—相通	文	①	98
ごおん	呉音	文	②	966
	読仏書用—	文	③	291
	—読経	宗	①	323
こおんぞ	小おんぞ(小寝巻)	器	②	194
こか	古歌			
	歌用—句	文	①	619
	用—代己作	文	①	725
	歌引証—	文	①	737
	歌截引—	文	①	738
	連歌用—句	文	①	1084
こか	估価	産	②	371
	—	産	②	726
こが	古河	地	①	1072
ごか	五果	植	①	71
こがい	蚕	産	①	331
ごかい	五戒	宗	①	481
	—	宗	②	610
こがいが	小貝川	政	④	998

こがいが	蚕養川	地	③	1175
ごかいど	五街道	法	③	802
	—	地	③	59
こがえし	小返(戦闘)	兵		587
こかく	小角(折敷)	器	①	150
こがく	古学			
	和学—	文	②	662
	経学—	文	②	788
こがく	古楽	楽	①	44
ごかく	御画			
	摂政加—	帝		819
	摂政加—	官	①	534
	摂政加—	政	①	231
	論奏有—	政	①	406
	奏弾有—	政	①	413
ごかく	語格	文	①	155
ごがく	五岳	地	③	895
ごがく	呉楽	楽	①	13
ごがくし	語学新書	文	①	174
ごかくに	御画日	政	①	218
ごかくの	牛角の戦	兵		511
こがくら	古楽乱声	楽	①	38
こがけ	久我家	姓		434
	—支配座頭	人	②	972
こかけぎ	許可加行	宗	②	407
こかげび	木蔭引	政	④	18
こがごし	古河御所	官	②	1301
こかさが	小笠懸	武		528
こがし	麨【併入】	飲		491
こがしの	焦篦	兵		1583
ごかしゅ	五家宗旨相派(日蓮			
	宗)	宗	①	1030
こがしら	小頭	兵		189
ごかしわ	後柏原院流(書道)	文	③	679
ごかしわ	後柏原天皇	帝		37
	—葬礼	礼	②	67
	—諡	帝		948
こがじん	久我神社	神	③	1001
こかぜ	こかぜ(微風)	天		279
こがせい	古賀精里	文	①	330
ごかせが	五ヶ瀬川	地	③	1194
こがたな	小刀	産	①	577
こかちょ	沽価帳	官	②	388
ごがつ	五月	歳		19
ごがつい	五月五日節【篇】	歳		1138
	—禄	封		184
	—騎射	武		466

	—競馬	武		813
	—歌会	文	②	165
こかで	こかで(小書出)	政	①	721
こがに	小蟹	動		1605
ごかにち	五ヶ日(正月)	歳		593
こがね	こがね	泉		175
	「きんか金貨」も見よ			
こがね	金	金		173
	「きん金」も見よ			
こがねい	小金井	植	①	312
	—	政	④	1117
こがねづ	金装車	器	②	814
こがねづ	金装太刀	兵		1316
	—	兵		1331
こがねの	こがねのすりくづ			
	(金屑)	金		178
こがねの	こがねのぜに(金銭)	泉		137
こがねの	小金牧	地	③	976
こがねま	こがねまぜたる鎧	兵		1794
こがねむ	こがねむし(蟯蜋)	動		1092
こがねむ	小金虫	産	①	149
こがねや	こがねやなぎ(黄芩)	植	②	670
こがのき	こがの木	植	①	663
こがのく	久我国	神	③	1002
ごかのし	五箇荘(山城)	地	①	254
ごかのし	五箇荘(肥後)	地	②	1135
ごかのず	五家髄脳	文	②	439
こがのわ	古河渡	地	③	462
こがはん	古河藩	地	①	1080
ごかばん	五ヶ番	官	②	1245
こかべ	小壁	居		1146
こかほう	沽価法	官	②	388
ごかぼう	五荷棒	飲		665
こがめ	摂亀	動		1583
ごかめや	後亀山天皇	帝		34
	—伝神器於後小松			
	天皇	帝		119
ごかめや	後亀山陵	帝		1081
こがら	小雀	動		920
こがらし	木枯	天		258
こがらす	小烏(名刀)	兵		1401
こからす	小柄耜	産	①	224
こかわで	粉河寺【篇】	宗	④	987
ごがんじ	御願寺	宗	③	176
ごかんじ	後漢書	文	②	849
ごかんの	御感御教書	政	③	49
こき	古稀	礼	①	1450
ごき	五器(合子)	器	①	71
ごきあら	ごきあらひ虫	動		1200
こぎいた	こぎ板	遊		1271
こきし	王	姓		72
	—	姓		129
ごきしち	五畿七道図帳	政	④	36
こきしょ	濃装束	服		182
ごきづる	ごきづる(合子草)	植	②	645
こきでん	弘徽殿	居		122
ごきない	五畿内	地	①	65
ごきない	五畿内構追放	法	②	358
ごきない	五畿内代官	官	③	1516
ごきない	五畿内奉行	官	③	1514
こぎのこ	こぎの子	遊		1271
こぎは	古義派(真言宗)	宗	①	630
	—宗義	宗	①	584
	—寺院数	宗	③	11
こきはか	濃袴	服		1052
こきはし	こき箸(農具)	産	①	99
ごきへい	後騎兵大将軍	兵		171
こきもと	擌元結	器	①	485
こきゃく	古格	法	①	70
こきゅう	呼吸	人	①	313
	揖間—	礼	①	53
こきゅう	胡弓【併入】	楽	②	850
ごきゅう	御給	封		273
ごきょう	五経	文	②	817
	—六籍	文	③	318
	—註疏	文	②	1111
	—活字本	文	③	336
	求朱氏新註—於朝			
	鮮	外		683
ごきょう	碁経	遊		106
ごぎょう	ごぎやう(鼠麴草)	植	②	742
ごぎょう	五行	方		24
	従—之性定名字	姓		606
	以馬毛色配—	動		89
ごきょう	五教館	文	②	1290
ごきょう	後京極流(書道)	文	③	679
ごぎょう	五行座備	兵		51
ごぎょう	五行大義(陰陽書)	方		23
ごぎょう	五行陣	兵		67
ごぎょう	五行幣	神	②	1093
ごきょう	五経博士	文	②	754
こきり	小切(甲斐国田租)	政	④	299
こきりこ	こきりこ(楽器)【併			
	入】	楽	②	1151

ごきれき　五紀暦　方　329
こきん　胡琴　楽 ②　723
ごきん　五金　金　172
こきんび　古今雛　歳　1103
こきんぶ　古今節　楽 ②　398
こきんわ　古今和歌集　文 ②　282
　—序　文 ②　428
　—序歌人評　文 ①　832
　—伝授　文 ①　784
　—伝授　文 ②　402
　—伝授　兵　702
こく　扱　産 ①　97
こく　斛　称　46
こく　梏(囚禁具)　法 ①　486
こく　幗　服　1114
こく　穀　植 ①　752
　国—　政 ②　704
　貯—【篇】　政 ②　1069
　貯—【篇】　政 ④　929
ごく　獄
　「ごくしゃ獄舎」を見よ
こくいん　国印　官 ②　442
こくいん　黒印　政 ③　285
　路頭遇—礼　礼 ①　212
こくいん　極印
　金銀貨—　泉　355
　金貨—　官 ③　574
　銀貨—　官 ③　580
　舟—　官 ③　604
　舟—　器 ②　585
　借駕籠—　器 ②　992
こくいん　極印船改役所　官 ③　605
こくいん　黒印地　宗 ③　235
こくうぞ　虚空蔵(蛄蟹)　動　1095
こくうぞ　虚空蔵求聞持法　宗 ②　314
こくうぞ　虚空蔵法　宗 ②　317
こくうぞ　虚空蔵菩薩　宗 ①　101
こくえい　国営田　政 ②　415
こくえき　国益会所　官 ③　1661
こくえき　国益主法方　官 ③　1661
こくえき　国益主法方頭取　官 ③　1661
こくが　国衙　官 ②　433
　「こくちょ国庁」も見よ
こくがく　国学(和学)　文 ②　651
こくがく　国学(学校)【篇】　文 ②　1079
こくがし　国衙職　官 ②　490
こくぐん　国郡卜定
　大嘗祭—　神 ①　952
　新嘗祭—　神 ②　222
こくげ　国解　政 ①　452
こくげつ　黒月　歳　61
こくごう　国号　地 ①　4
こくごえ　穀肥　産 ①　130
こくごが　国語学【篇】　文 ①　103
こくごし　小供御所屋　神 ①　490
こぐさ　こぐさ(遠志)　植 ②　332
こくさい　国宰
　「くにのみ国宰」を見よ
こくさい　国祭
　賀茂—　神 ③　1094
　松尾—　神 ③　1395
こくさぎ　こくさぎ(蜀漆)　植 ①　448
こくし　告使　官 ③　3
こくし　国史　文 ②　850
こくし　国司【篇】　官 ②　429
　—　官 ①　183
　—上下相牒式　政 ①　474
　大嘗会—除目　政 ①　735
　—功過　政 ①　1235
　—職制　政 ①　1238
　—秩限　政 ①　1287
　—赴任　政 ①　1311
　新任—鋪設　政 ①　1327
　—解由　政 ①　1349
　—墾田　政 ②　346
　以墾田為—功　政 ②　348
　荘家与—争荘園　政 ②　518
　貶為—　法 ①　359
　訴—　法 ①　554
　訴—　法 ①　1032
　任那—　外　254
　路頭遇—礼　礼 ①　186
　—守護人等之墓　礼 ②　1076
　—致富　人 ②　596
　—職田　封　95
　—季禄　封　157
　新任—公廨　政 ①　1326
　兼摂—公廨　封　257
　権任—公廨　封　259
　—後家被給食馬　政 ①　1344
こくし　国使【附】　政 ①　636
　—　官 ②　478
こくし　国師　宗 ②　870
こくし　穀紙　文 ③　1179

こくじ	国字	文	①	8
こくしご	国師号	宗	②	818
こくじご	国事御用掛【併入】	官	①	524
こくじさ	国事参政	官	①	525
こくしし	国史式所	文	②	856
こくしし	国子諸生(大学学生)	文	②	1064
こくしじ	国司事力	封		370
こくしじ	国師事力	封		370
こくしだ	国司代	官	②	478
こくしち	国司秩満帳	政	①	1329
こくしち	国司牒	官	②	518
こくじふ	国事扶助	官	①	524
ごくしゃ	獄舎	法	①	480
	—	法	①	933
	—	法	③	184
	検非違使—	官	②	104
	於—切腹	法	②	188
	獄中著書	文	③	454
こくしゃ	国写田【併入】	政	②	429
こくしゅ	国主(大名)	官	③	1675
こくしゅ	国守	官	②	444
	親王任—	帝		1442
	守護兼—	官	②	927
	—神拝	神	①	407
	—巡行	政	①	1239
	謀殺—罪	法	①	406
	国介称守	官	②	451
ごくしゅ	獄囚帳	法	①	154
こくしゅ	国守傔仗	封		364
ごくしょ	御供所	神	①	489
	—	神	①	621
こくしょ	国掌(諸国)	官	②	475
こくじょ	告状	法	①	579
こくじら	小鯨	動		1488
こくしん	告身	官	③	1869
こくす	哭	人	①	745
こくず	国図	地	①	112
ごくすい	曲水宴	歳		1078
こくせい	国清寺【篇】	宗	④	220
	—鎮守神	神	①	803
こくせき	黒石脂	文	③	1290
こくせん	石銭(舟)	器	②	603
こくせん	国宣	官	②	516
こくせん	国姓爺	外		1010
こくそ	こくそ(蚕沙)	産	①	354
こくそ	告訴【篇】	法	①	569
	—【篇】	法	①	1095
	—【篇】	法	③	683
	囚人—	法	①	492
	「そしょう訴訟」も見よ			
こくそう	穀倉	居		790
こくぞう	国造			
	「くにのみ国造」を見よ			
こくそう	穀倉院【篇】	官	②	348
こくそう	穀倉院別当	官	②	349
こくぞう	国造記	官	①	170
こくぞう	国造丁	政	②	846
こくぞう	国造田	官	①	168
こくぞう	国造本紀	官	①	170
こぐそく	小具足(鎧)	兵		1837
こぐそく	小具足(武術)【併入】	武		1014
ごぐそく	五具足	宗	②	1081
こくだい	石代	政	④	280
こくだい	石代金納	政	④	279
こくだい	石代銀納	政	④	283
こくたい	国泰寺(安芸)【篇】	宗	④	908
こくたい	国泰寺(越中)【篇】	宗	④	831
こくだか	石高	政	④	104
	日本国総—	地	①	101
	徳川氏領国—	政	③	997
	諸国—	政	③	504
	諸国の石高は地部山城国篇以下の各篇に在り。今之を略す			
こくたん	こくたん(烏木)	植	①	622
こぐち	虎口(城郭)	兵		1095
こくちな	こくちなし(玉楼春)	植	①	654
こくちば	小口袴	服		736
こくちょ	国儲	政	②	1071
こくちょ	国庁	官	②	434
	—朝賀	歳		422
	元日—賜饗	歳		516
ごくでん	御供田	神	①	621
こくとう	国稲	政	②	703
	賜—	政	②	709
こくどし	国土修理神	神	①	39
こくどそ	こくどさう(続随子)	植	②	337
こくどち	国土鎮守神	神	①	773
	国土神	神	①	38
こくない	国内事務総裁	官	③	184
こくにん	告人	法	①	570
ごくのも	曲物(楽曲)	楽	①	35
こくは	こくは(獼猴桃)	植	①	532
こくふ	国府	官	②	434
	諸国の国府は地部山城国篇以			

下の各篇に在り。今之を略す
こくふ　国符　官②　519
—　政①　353
こくふう　国封【篇】　封　55
こくふう　国風諡　帝　918
こくふう　国風行幸　帝　623
こくふう　国風尊号　帝　956
こくふく　黒服　礼②　929
こくぶん　告文　人②　357
こくぶん　国文
「わぶん和文」を見よ
こくぶん　国分寺　宗③　152
和泉国—　宗④　44
越後国—【篇】　宗④　837
佐渡国—【篇】　宗④　857
周防国—【篇】　宗④　917
淡路国—【篇】　宗④　1009
—瓦　産①　596
こくぶん　国分寺雑稲帳　政②　684
こくぶん　国分二寺造物帳　政②　684
こくぶん　国文碑　礼②　1182
こくぶん　国文誄　礼②　1520
こくへい　国幣小社　神①　381
—　神④　1718
こくへい　国幣大社　神①　374
こくへい　国幣中社　神④　1715
こくべつ　告別　人②　422
こくぼ　国母　帝　1162
—為院　帝　1190
「こうたい皇太后」も見よ
こくほう　黒袍　服　268
—　服　279
こくぼう　国防　外　59
こくぼた　黒牡丹(牛)　動　39
こくまの　小熊宿　地①　493
こくみ　こくみ(瘜肉)　方　1271
こくみつ　告密　法①　573
以—功贈位　官①　257
こくみて　小組天井　居　1124
こくむ　国務　封　68
こくむし　国務職　官②　490
こくむぶ　国務奉行人　官②　486
こくめい　克明館　文②　1279
こくもつ　穀物
「こく穀」を見よ
こくもり　石盛　政④　160
—　政④　5
—　政④　155
こくもん　国門　居　199
ごくもん　獄門【篇】　法②　191
—図　法②　192
「きょうし梟首」も見よ
ごくもん　獄門寺　法①　733
ごくもん　獄門町　法①　733
ごくや　獄屋　法③　184
「ごくしゃ獄舎」も見よ
こくやか　穀屋方(大威徳寺)　宗④　42
こくよう　国用位記　政①　1051
こくよう　黒羊石　金　327
こくら　小倉　地②　1002
赤間関—間船賃　地③　395
こくらい　刻礼(烏帽子)　服　1205
こくらお　小倉帯　服　812
ごくらく　極楽寺(山城)【篇】　宗③　977
ごくらく　極楽寺(陸奥)【篇】　宗④　782
ごくらく　極楽寺(鎌倉)【篇】　宗④　323
ごくらく　極楽寺(鎌倉浄妙寺)　宗④　299
ごくらく　極楽寺座主　宗②　961
こくらち　小倉縮　産②　162
こくらは　小倉藩　地②　1005
こくらぶ　小倉舟　器②　664
こくらも　小倉木綿　産②　170
こくり　高句麗　外　218
「こま高麗」も見よ
ごくろう　極臈　官②　294
ごくん　五葷　植①　757
こけ　苔【篇】　植②　844
こけ　鱗　動　1242
ごけ　後家　人①　159
国司—被給食馬　政①　1344
ごけ　碁笥　遊　103
ごけい　五刑　法①　117
ごけい　御禊
「みそぎ禊」を見よ
ごけいし　御禊次第司　神①　1084
ごけいし　御禊装束司　神①　1084
ごけいに　御禊女御　帝　1278
ごけたお　ごけたをし(稲扱)　産①　285
こけやき　苔焼　飲　239
ごけやく　後家役　政④　453
こけらず　鱗鮨　飲　960
こけらぶ　柿葺　居　1036
こけらや　柿屋　居　1028
こけん　古検(検地)　政④　31

こげん　古言　人 ① 832
こげん　固関　地 ③ 653
　—　帝 198
　—　帝 458
ごげん　五絃【併入】　楽 ② 810
　—図　楽 ② 811
ごげん　御監
　親王家—　官 ① 1268
　馬寮—　官 ① 1534
ごけんう　五間廐　居 725
ごげんし　五元集　文 ① 1418
こけんじ　沽券状　政 ③ 1321
こげんせ　古言清濁考　文 ① 142
ごこ　五鈷　宗 ② 1128
こごい　こごい(小倉)　居 755
ここう　戸口　政 ③ 500
　—　政 ② 4
　—　政 ② 12
　—　政 ② 54
　—　政 ① 1245
　「かこう家口」も見よ
こごう　小督　帝 1298
　—詞　文 ② 510
ごこう　五更　方 429
ごこう　御幸【篇】　帝 725
　—　帝 588
　太上天皇晴—　帝 809
　稲荷神社—　神 ③ 1460
　八坂神社—　神 ③ 1484
　北野神社—　神 ③ 1631
　住吉神社—　神 ④ 254
　日吉神社—　神 ④ 621
　厳島神社—　神 ④ 1155
　熊野—　神 ④ 1286
　醍醐寺—　宗 ③ 1042
　東大寺—　宗 ③ 1173
　小原—　文 ① 230
　路頭遇—礼　礼 ① 157
　—供奉著狩衣　服 482
　諸国の神社に御幸ありし事は神祇部各神社篇に在り。今之を略す
ごこうぐ　御幸鞍　兵 1973
ごこうご　五公五民(租率)　政 ④ 183
ごこうご　後光厳天皇　帝 35
　—御諱　姓 588
　—即位　帝 260
　—行幸近江国　帝 678
　葬—　礼 ② 66
　納—遺骨於所所寺院　帝 1004
　後小松天皇遺勅不可断絶—一流之事　礼 ② 409
こごうし　紅格子織　産 ② 205
ここうじ　小定考【併入】　政 ① 1175
ここうぜ　戸口税　政 ④ 445
ごこうち　御考帳　政 ④ 351
ごこうで　五更囀(楽曲)　楽 ① 433
ごごうに　五合日　方 141
ごこうば　御幸橋(堀川橋)　帝 727
ごこうば　御幸橋(渡月橋)　地 ③ 214
ごこうは　御幸始(女院)　帝 773
ごこうぶ　御幸舟　器 ② 583
ごこうみ　後光明天皇　帝 38
　—即位　帝 561
　—再興大神宮例幣　神 ③ 407
　—患痘瘡　服 608
　—好学　文 ② 772
　—信儒教　神 ② 1452
　徳大寺公信諫—大酒　人 ② 249
　葬—　礼 ② 188
ごこうら　後高麗【篇】　外 325
ごこく　五穀　植 ① 752
　「こく穀」も見よ
ごこくお　御国恩冥加　政 ④ 425
ごこくじ　護国寺(江戸)【篇】　宗 ④ 385
　—富突　法 ③ 80
ごこくじ　護国寺(近江)【篇】　宗 ④ 667
ごこくじ　護国寺(男山八幡宮)　神 ② 1708
ごこくの　五穀之神　神 ③ 1450
ごこくれ　護国霊験威力神通大自在王菩薩　神 ④ 1514
ごごさん　五五三膳　飲 95
こごし　小腰　服 933
こごし　小輿　器 ② 944
こごしゅ　古語拾遺　官 ① 34
こごしょ　小御所
　内裏—　帝 231
　内裏—　歳 626
　倚廬用—　礼 ② 441
　鎌倉柳営—　居 300
ごごしょ　呉呉所　神 ① 489
こごしょ　小小姓(織田氏)　官 ② 1411

ここちょ 古古鳥 動 979
ここのえ 九重 居 9
「だいり内裏」も見よ
ここのつ 九握剣 兵 1323
ごこまつ 後小松天皇 帝 36
—受神器於後亀山
天皇 帝 119
—遺勅 礼 ② 409
—諡 帝 948
—国忌 礼 ② 1285
ここめ ここめ(醜女) 神 ① 100
こごめ 小米 植 ① 820
こごめ 小籠(徐歩) 礼 ① 116
こごめざ こごめざくら(笑靨
花) 植 ① 380
こごめび 小米雛 歳 1104
こごり 凝魚 飲 221
こころ 心 人 ① 685
こころ 心(心臓) 人 ① 489
こころ 性 人 ① 703
こころ 情 人 ① 711
こころい 心いられ 人 ① 697
こころお 心おきて 人 ① 695
こころか 心かるし 人 ① 697
こころく 心くぐ 人 ① 696
こころく 心くらべ 人 ① 701
こころざ 志 人 ① 692
貧而立— 人 ② 577
こごろし 子殺 法 ② 834
こころづ 心附呼出状 法 ③ 602
こころに 心にくし 人 ① 697
こころの 心の鬼 人 ① 700
こころの 心のをろ 人 ① 694
こころば 心葉 服 1151
こころば 心ばへ 人 ① 693
こころば 心ばしり 人 ① 760
こころば 心ばせ 人 ① 692
こころぶ こころぶと(心太) 植 ② 916
こころぼ 心ぼそし 人 ① 699
こころま こころまどひ(失意) 方 1161
こころみ 試
五節帳台— 神 ① 1347
五節帳台— 神 ② 342
五節御前— 神 ① 1347
五節御前— 神 ② 352
帯刀— 官 ① 1194
滝口— 官 ② 236
弓場殿— 官 ② 336
弓始— 武 367
競馬— 武 867
直講— 文 ② 750
学問料— 文 ③ 35
旬— 文 ③ 43
俊士— 文 ③ 63
書学— 文 ③ 145
「しけん試験」も見よ
こころみ 試衆 文 ③ 45
こころみ 試博士 文 ③ 44
こころも 心もとなし 人 ① 699
こころや 心やまし 人 ① 698
こころや 心やり 人 ① 698
こころよ 快 人 ① 699
ごこん 五献(献数) 礼 ① 238
ごごんし 五言詩 文 ② 473
こころわ 古今和歌六帖 文 ② 357
ござ 御座(畳) 器 ② 81
ごさい 五菜 植 ① 757
ごさい 後妻 人 ① 157
「うわなりうはなり」も見よ
ごさいい 後西院天皇 帝 38
—俳諧 文 ① 1186
—書写記録 文 ③ 379
—愛椿 植 ① 545
—諡 帝 949
葬—於泉涌寺 帝 1008
ごさいえ 御斎会
「さいえ斎会」を見よ
こざいく 小細工頭 官 ③ 655
こざいく 小細工方 官 ③ 655
こざいく 小細工奉行 官 ③ 655
ごさいに 五菜煮 飲 217
ごさいば ごさいば(茼麻) 植 ② 374
ごさいぶ 語斎節 楽 ② 262
ごさいや ごさい焼 飲 246
ござうち 蓙打(乗物) 器 ② 1026
ござえも 五左衛門井 地 ③ 1009
ごさがて 後嵯峨天皇 帝 29
—即位 帝 257
納—遺骨於深草法
華堂 帝 999
こさく 小作
質地— 政 ④ 727
直— 政 ④ 744
別— 政 ④ 744

永代—　産 ①　193
—訴訟　法 ③　510
—滞身代限　法 ②　656
こさくし　小作証文　政 ④　766
こざくら　小桜威(鎧)　兵　1799
こざくら　小桜鋲(冑)　兵　1881
ごさくら　後桜町天皇　帝　41
葬—於泉涌寺　帝　1008
—葬送　礼 ②　70
—葬送御車幷御棺図　礼 ②　364
こざくら　小桜を黄に返したる冑　兵　1868
こざくら　小桜を黄に返したる腹巻　兵　1835
こざくら　小桜を黄に返したる鎧　兵　1799
こざけ　醴　飲　693
神饌用—　神 ②　1153
こざしき　小座敷　居　595
茶室—　遊　543
ござじま　御座島郡　地 ①　435
こさしも　小指物衆　官 ②　1423
ごさたは　御沙汰始【併入】　政 ③　25
こさつ　故殺　法 ①　404
ごさつ　誤殺　法 ②　813
ござづつ　呉筵包(乗物)　器 ②　1019
こざつま　小薩摩　楽 ②　256
こざね　小札(鎧)　兵　1794
こさび　小さび(烏帽子)　服　1172
ござふね　御座舟　器 ②　659
—　兵　1252
こさむら　小侍所　居　590
鎌倉幕府—【篇】　官 ②　770
足利氏—　官 ②　1170
足利氏関東—【併入】　官 ②　1316
こさむら　小侍所所司
鎌倉幕府—　官 ②　773
足利氏—　官 ②　1170
こさむら　小侍所別当　官 ②　770
こさむら　小侍所奉書　政 ③　104
こさむら　小侍奉行　官 ②　772
こさめ　小雨　天　180
ござめ　呉蓙目(小判)　泉　206
こざら　小皿　器 ①　62
こさるが　小猿楽　楽 ①　923
こさん　小三(三十石舟)　器 ②　680
ごさん　後散(楽曲)　楽 ①　457
ござん　五山　宗 ③　194
ごさんさ　五三三膳　飲　108
ごさんじ　後三条天皇　帝　23
—置記録所　官 ②　312
—停重任功　政 ①　1033
—停新立荘園　政 ②　538
—学才　人 ①　1321
—親修繕扇　服　1293
—禁奢侈　人 ②　60
—捨怨挙人材　人 ②　562
—改升量　称　62
—遊覧御幸　帝　738
—創円宗寺　宗 ③　862
—法名　宗 ②　416
—山陵　帝　994
—国忌　礼 ②　1278
ごさんそ　五山僧
—被授公帖　政 ③　91
—勤番以酊庵　外　768
—善詩　文 ②　449
こさんだ　こさん竹　植 ①　689
ごさんに　五三二膳　飲　109
ごさんね　後三年合戦絵巻　文 ③　969
ごさんま　五三昧　礼 ②　1112
こし　腰　人 ①　425
こし　輿【篇】　器 ②　917
—図　器 ②　930
天皇与皇太后同—　帝　635
天皇与中宮同—　帝　638
朝覲行幸時天皇与母后同—　帝　709
幼帝与母后同—　帝　779
中宮行啓用—　帝　783
—鳳落地　帝　654
—上礼　礼 ①　156
婚礼用白木—　礼 ①　982
婚礼乗—法　礼 ①　983
輿入時聟掛手於—　礼 ①　1009
婚礼—請取渡　礼 ①　1014
婚礼—請取渡役人　礼 ①　1167
こし　古詩　文 ②　456
こじ　巾子　服　1118
—　帝　58
こじ　孤児
「みなしご孤」を見よ

ごし	五師	神	②	1644
	—	宗	②	893
こしあじ	腰網代(乗物)	器	②	1018
	—	器	②	989
こしあて	腰宛(箙)	兵		1734
こしいた	腰板(袴)	服		702
こしいた	腰板(墻)	居		858
ごじいん	護持院【篇】	宗	④	381
こじえ	居士衣	服		657
こしおう	古四王神社【篇】	神	④	928
こしおお	輿覆	器	②	964
こしおく	輿送(婚礼)	礼	①	1167
こしおび	腰帯(石帯)	服		780
こしおび	腰帯(婦人)	服		1066
こしおれ	腰折歌	文	①	709
こじおん	こじをん(女菀)	植	②	767
ごじか	ごじくわ(夜落金銭)	植	②	376
こしかき	輿舁	器	②	973
	—著十徳	服		649
こしかけ	腰掛(茶室)	遊		586
こしかけ	腰懸補理料	封		482
こじがた	こじがた(橛)	居		851
こしがた	腰袒相撲	武		1125
こしがた	腰刀	兵		1375
	著直垂帯—	服		560
こしかた	輿帷	器	②	962
こじがみ	巾子紙	服		1120
こしかわ	越川汁	飲		175
こしかわ	越川鱠	飲		202
こしかわ	越川煮	飲		216
こしき	こしき(轂)	器	②	771
こしき	甑	器	①	318
	誕生時落—	礼	①	353
こじき	乞食	政	③	921
	「こつじき乞食」も見よ			
こじき	古事記	文	②	858
	—序	文	①	276
こしきじ	甑島郡	地	②	1216
ごしきな	五色鱠	飲		202
ごしきの	五色雲	天		150
ごしきの	五色幣	神	②	1093
こしきぶ	小式部内侍	地	③	845
こじきま	乞食祭	神	③	1467
こじく	孤軸(掛物)	文	③	1026
こしぐる	こしぐるま(輦)	器	②	807
こしぐろ	腰黒塗(乗物)	器	②	1019
こじごう	居士号	礼	②	300
こしごえ	腰越状	政	③	188
こしごお	古志郡	地	②	341
こしこく	越石	封		387
こじごく	小地獄	地	③	1058
こしこば	腰小旗	兵		2113
こしごめ	輿御免	器	②	923
こしざし	腰指	兵		2126
こしじ	越路	地	③	57
こじじゅ	小侍従	文	①	885
こししょ	腰障子	器	①	873
ごじそう	護持僧	宗	②	901
	—年始参賀幕府	歳		681
	—為祈禱	宗	②	353
こしぞえ	輿添(婚礼)	礼	①	1167
こじた	重舌	方		1171
こしだい	輿台	器	②	968
こしだか	腰高椀	器	①	23
こしため	小舌女(魚)	動		1406
ごしちに	後七日御修法	宗	②	241
ごしちや	後七夜御祝	礼	①	437
ごじっか	五十回忌	礼	②	1427
こしつぎ	腰継	服		765
こしつげ	故失減	法	①	47
ごじっこ	五十講	宗	②	102
こじとみ	小蔀	居		1252
こしぬけ	腰抜	人	①	477
こしのう	越海	地	③	1281
こしのお	輿長	器	②	970
こしのく	越国	地	②	224
こしのく	高志国造	地	②	230
こしのし	腰下物	服		1476
こしのし	越洲	地	③	1346
こしのし	越白嶺	地	③	837
こしのふ	高志深江国造	地	②	335
こしのみ	高志道	地	③	46
こしのみ	こしのみちのくち	地	②	223
	「えちぜん越前国」も見よ			
こしのみ	こしのみちのしり	地	②	328
	「えちごの越後国」も見よ			
こしのみ	こしのみちのなか	地	②	305
	「えっちゅ越中国」も見よ			
こしのも	腰物(刀)	兵		1375
こしのも	腰物頭	官	③	787
こしのも	腰物方	官	③	789
こしのも	腰物奉行【篇】	官	③	786
こしのも	腰物持	官	③	790
こしのや	腰病	方		1202

こしのゆ	越の雪	飲		652
こしのり	輿乗始	器	②	970
	婚礼―	礼	①	978
こしばい	小芝居	楽	②	34
こしばり	腰張(茶室)	遊		566
こしびょ	腰屏風	器	①	906
こしひょ	腰兵糧	兵		999
こしぶみ	腰文	文	①	478
こしべの	越辺蝦夷	人	②	710
こしべの	越部里	地	②	529
こしべの	越部荘	政	②	523
こしほう	小四方(飲食具)	器	①	162
こしぼそ	こしぼそ(蠛)	動		1110
こしぼね	腰骨	人	①	427
こじま	小島(伊豆)	地	①	640
こしまき	こしまき(褌)	服		1514
こしまき	腰巻(冑)	兵		1878
こしまき	腰巻(土蔵)	居		762
こしまき	腰巻(婦人服)【併入】	服		1043
こじまご	児島郡	地	②	584
こじまた	児島高徳	人	①	1013
こしまわ	腰廻(武術)	武		1014
こじみ	こじみ(昏鐘鳴)	歳		89
こしみの	腰蓑(冑)	兵		1895
こしみの	腰蓑(行旅具)	器	②	478
こしむか	輿迎(婚礼)	礼	①	976
	―	礼	①	1167
こしも	腰裳	服		955
こじもく	小除目	政	①	724
	立后行―	帝		1125
こしゃく	古尺	称		32
ごしゃく	語釈	文	①	113
こしやど	輿舎	居		720
こしゅ	戸主	政	②	53
	―出奔	政	③	569
	女―後見	政	③	868
こしゆい	腰結役(著裳)	帝		1253
ごしゅう	後拾遺和歌集	文	②	291
	批難―	文	②	415
ごじゅう	五十韻俳諧	文	①	1191
ごじゅう	五十韻連歌	文	①	982
ごじゅう	五十音図	文	①	84
ごじゅう	ごじふから(五十雀)	動		920
ごじゅう	五拾組香	遊		355
こじゅう	こじうと(夫之兄弟)	人	①	187
こじゅう	こじうと(妻之兄弟)	人	①	189
こじゅう	こじうとめ(夫之姉妹)	人	①	188
こじゅう	こじうとめ(妻之姉妹)	人	①	190
ごじゅう	五十日押込	法	②	567
ごじゅう	五十日手鎖	法	②	535
ごじゅう	五十日戸〆	法	②	577
ごじゅう	五十日逼塞	法	②	556
こじゅう	小十人格庭番	官	③	799
こじゅう	小十人頭	官	③	1118
こじゅう	小十人組	官	③	1117
こじゅう	小十人組頭【篇】	官	③	1117
こじゅう	小十人衆	官	③	1118
ごじゅう	五十年忌	礼	②	1427
ごじゅう	五十賀	礼	①	1389
ごじゅう	五重塔	宗	③	93
ごじゅう	こぢうはん(画食)	飲		18
ごしゅぎ	五種行	宗	②	189
こしゅつ	故出人罪	法	①	625
ごしゅゆ	呉茱萸	植	①	443
こしょ	古書	文	③	333
ごしょ	御所(天皇)	帝		185
ごしょ	御所(第宅)	居		289
ごしょい	御所一揆	兵		430
こしょう	小性	官	③	747
	表―	官	③	753
	奥―	官	③	748
	中奥―【篇】	官	③	752
	徳川氏大奥―	官	③	833
こしょう	小将	兵		188
こしょう	胡床	器	②	142
こしょう	胡椒	植	①	146
こしょう	小性頭			
	織田氏―	官	②	1410
	豊臣氏―	官	②	1451
こしょう	小正月	歳		876
こしょう	小性組衆	官	③	1090
こしょう	小性組番	官	③	1080
こしょう	小性組番頭【篇】	官	③	1080
ごしょう	後将軍	兵		169
ごじょう	五条家	姓		439
	―紀伝道	文	①	354
	―相撲	武		1286
ごじょう	五条袈裟	宗	②	1147
こじょう	小娘子(楽曲)	楽	①	430
こしょう	小性衆			
	織田氏―	官	②	1410
	豊臣氏―	官	②	1451

	徳川氏—	官	③	747
こしょう	胡椒頭巾	服		1256
ごじょう	五条内裏	居		284
ごじょう	五条天神	神	①	155
	—	神	①	321
こしょう	小性頭取【篇】	官	③	746
ごじょう	五条橋	地	③	207
こしょう	胡章楽	楽	①	582
ごじょう	五常楽	楽	①	445
こじょう	小上臈			
	禁裏—	官	①	1099
	徳川氏大奥—	官	③	830
ごしょが	五所柿	植	①	610
こじょく	小卓(茶湯具)	遊		652
こしょく	古織流(挿花)	遊		873
ごしょご	御所号	官	③	1729
ごしょさ	御所様餅	飲		622
ごしょざ	御所侍	官	②	1252
こしよせ	輿寄(家作)	居		617
こしよせ	輿寄(婚礼)	礼	①	1000
ごしょぞ	御所造作総奉行	官	②	1226
ごしょぞ	御所染	産	①	858
ごしょつ	御書使	帝		1270
ごしょづ	御所造	居		520
ごしょど	御書所【篇】	官	②	336
	内—【併入】	官	②	341
	一本—【併入】	官	②	341
	大嘗会悠紀—	神	①	990
	—作文(詩会)	文	②	610
ごしょど	御書所別当	官	②	338
ごしょは	御書始	文	③	246
	—御装束	服		255
ごしょぶ	御所奉行			
	鎌倉幕府—	官	②	812
	足利氏—	官	②	1222
	足利氏関東—【併入】	官	②	1316
ごしょべ	五所別宮	神	④	1696
ごしょま	御所的	武		345
ごしょみ	御書御教書	政	③	33
ごしょや	御所やき	産	①	637
こじょろ	小女郎手(編笠)	器	②	388
ごしらか	後白河天皇	帝		25
	—即位	帝		256
	—出家	帝		865
	—善今様	楽	①	309
	—山陵	帝		996
	—国忌	礼	②	1281
こじり	璫(家屋)	居		989
こじり	鐺(刀剣)	兵		1444
こじん	古人			
	為—建碑	礼	②	1185
	夢—	人	①	805
	以—名為名	姓		679
こじん	故人(文人耆老)	文	②	598
ごしん	五辛	植	①	757
	—	宗	②	681
	湌—穢	神	②	821
ごしん	護身【併入】	封		367
ごじん	五陣	兵		391
ごじん	後陣	兵		390
	—	兵		1196
ごしんぞ	御新造(嫁)	人	①	227
こしんで	古新田	政	④	31
ごしんの	護身御璽	帝		57
ごしんの	護身剣	帝		158
こす	鉤簾	器	①	844
ごす	ごす(無名異)	金		315
	—	産	①	706
こすい	湖水			
	「みずうみ湖」を見よ			
こずいじ	小随身	官	①	1384
こすいぶ	湖水船	器	②	594
こすいり	小水竜(横笛)	楽	②	869
こすう	戸数	地	①	101
こずえ	梢	植	①	7
こすおう	小周防	地	②	687
こすおう	小素襖	服		585
こすき	杴(農具)	産	①	254
ごずこう	牛頭香	遊		310
ごすこう	後崇光院	帝		836
	—誡後花園天皇	人	②	167
ごすざく	後朱雀天皇	帝		22
	—山陵	帝		994
	—国忌	礼	②	1278
こすずり	小硯	文	③	1322
ごすて	呉洲手(磁器)	産	①	706
ごずてん	牛頭天王	神	①	163
	—	神	③	1472
ごぜ	御前(琵琶)	楽	②	756
ごぜ	瞽女	人	②	988
ごせい	五声(音楽)	楽	①	21
ごせい	五星	天		100
ごせいお	五世王	帝		1489

ごせいば　御成敗式目　法 ①　661
ごせいば　御成敗式目註　法 ①　676
ごせいば　御成敗式目追加　法 ①　678
ごせいば　御成敗式目抜書　法 ①　677
こせき　戸籍【篇】　政 ②　1
　—【篇】　政 ③　471
　皇親—　帝　1416
　依—復姓　姓　259
　同籍蠲免　政 ②　1007
こせきぐ　戸籍庫　政 ②　9
こせきじ　古跡寺院　宗 ③　34
ごせちさ　五節定　神 ②　315
ごせちど　五節所　神 ②　319
ごせちど　五節殿　居　94
ごせちの　五節櫛　器 ①　400
ごせちの　五節舞　神 ①　1322
　—　神 ②　263
　—　神 ②　313
　—　神 ③　531
ごせちの　五節舞姫　神 ①　1347
　—　神 ②　263
　—　神 ②　284
　—　神 ②　313
ごせっく　五節供　歳　147
ごせっけ　五摂家　姓　426
こせのか　巨勢金岡　文 ③　802
こせのひ　巨勢広高　文 ③　803
こせは　巨勢派(絵画)　文 ③　801
こせほあ　小瀬甫菴　方　266
こせみ　小蟬(横笛)　楽 ②　874
ごぜめ　後責　兵　635
こぜりあ　小迫合　兵　514
こせん　小銭　泉　105
こせん　古銭　泉　27
　発掘—　泉　129
こせん　故戦(罪名)　法 ①　895
ごぜん　御前(神号)　神 ①　172
こせんか　古銭家　泉　153
ごぜんく　御前公事　法 ③　822
ごぜんさ　御前定　政 ①　179
　—　政 ①　8
こぜんし　厚染紫紙　文 ③　1207
ごぜんし　御前衆　官 ②　1177
ごぜんそ　御前僧　礼 ②　266
ごぜんて　御前庭中　法 ①　992
ごぜんの　御前試(五節)　神 ①　1347
　—　神 ②　352
ごぜんひ　御前評定　法 ①　1124
ごぜんみ　御前未参衆　官 ②　1177
ごせんわ　後撰和歌集　文 ②　286
　—命名　文 ②　244
こそ　こそ(婦人名)　姓　792
こぞ　去年　歳　5
ごそ　後訴　法 ③　470
ごそう　五草(小説)　文 ②　941
ごそう　五曹(算書)　文 ③　552
ごぞう　五臓　人 ①　486
こそかぶ　こそ株　産 ②　526
こぞくさ　こぞ草　植 ①　832
こそで　小袖
　男子用—【篇】　服　421
　男子用—　服　381
　婦人用—【篇】　服　1021
　婦人用—　産 ②　334
　白—　服　557
　嫁入—　礼 ①　1143
こそでた　小袖簞笥　器 ①　676
こそでぬ　小袖脱　服　597
こそでの　小袖座　政 ④　511
こそでば　小袖番衆　官 ②　1259
こそでび　小袖櫃　器 ①　666
こそべや　古曾部焼　産 ①　735
こそんほ　虎蹲砲　武　959
こたい　古体
　和歌—　文 ①　508
　詩—　文 ②　458
ごたい　五体　人 ①　292
ごだいこ　五大虚空蔵法　宗 ②　317
ごだいご　後醍醐天皇　帝　32
　—行幸　帝　665
　—遺誡　人 ②　207
　—山陵　帝　1001
　—国忌　礼 ②　1284
　足利尊氏為—追福
　建天竜寺　宗 ③　900
　祀—於吉野宮　神 ④　1714
ごだいさ　五台山　宗 ②　453
こだいじ　小大進　姓　778
　—　文 ①　885
　—　服　1004
ごだいそ　五大尊　宗 ①　107
ごだいそ　五大尊法　宗 ②　290
ごだいど　五大堂
　法成寺—　宗 ③　408

	醍醐寺—	宗	③	1020
	醍醐寺—	宗	③	1024
	興福寺—	宗	③	1192
こだいば	小台盤	器	①	127
ごたいふ	五体不具穢	神	②	792
	獣—	神	②	826
ごだいり	五大力舟	器	②	647
ごだいり	五大力菩薩	宗	①	86
	書札封書—之五字	文	①	471
こだか	古高	政	④	38
こたかが	小鷹狩	遊		937
	—装束	服		544
	—不著水干装束	服		481
こたかだ	小高檀紙	文	③	1186
こだくみ	木工	産	①	512
	「もっこう木工」も見よ			
こだくみ	木工(伴造)	官	①	117
こだくみ	こだくみのつかさ	官	①	1004
	「もくりょ木工寮」も見よ			
こだたみ	小だたみ	飲		212
こただみ	こただみしる(海鼠湛味汁)	飲		172
こだち	小大刀	兵		1367
こたつ	火闥	器	①	713
こだま	こだま(山彦)	地	③	894
こだま	木霊	神	①	46
こだまぎ	小玉銀	泉		208
こだまけ	児玉家(木彫工)	楽	①	982
こだまご	児玉郡	地	①	860
こだまと	児玉党	兵		439
ごだん	後段(饗礼)	礼	①	282
こだんす	小簞笥奉行	官	③	1236
ごだんほ	五壇法	宗	②	331
こち	鯒	動		1436
こち	東風	天		252
こちく	胡竹	植	①	688
ごちく	五畜	動		6
ごちにょ	五智如来	宗	①	71
こちょう	古調(詩)	文	②	457
こちょう	胡蝶(楽曲)	楽	①	587
こちょう	鼓脹	方		811
ごちょう	五聴	法	①	564
こちょう	胡蝶装	文	③	512
こちょう	小朝拝【篇】	歳		428
こちょう	胡蝶羽(舞楽具)	楽	①	667
ごちんさ	後鎮祭	神	③	210
こつ	骨			
	砕—散山中	帝		970
	納—高野	宗	④	974
	納遺—	礼	②	211
	火葬拾—	礼	②	201
こつあげ	骨挙	礼	②	200
こつお	こつを(鮀魚)	動		1535
こっか	国家			
	祈—安寧	神	②	836
	祈—平安於山陵	帝		1060
こっか	国家(国持大名)	官	③	1676
こづか	小柄	兵		1433
	—彫刻	産	①	688
こっかい	国界	政	②	235
	国境争論裁許	法	③	663
こつがい	乞丐人	政	③	920
	「こつじき乞食」も見よ			
こづかい	小遣之者【併入】	官	③	1007
こづかは	小塚原	法	②	191
こっかん	黒冠	官	③	1784
ごっかん	極官	官	③	1712
ごっかん	獄官	官	②	1156
こっき	克己【併入】	人	②	145
こっき	告貴(逸年号)	歳		341
こっき	国忌【篇】	礼	②	1255
	依—停朝参	政	①	20
	依—廃務	政	①	200
	依—赦宥	法	①	962
	依—釈奠延引	文	②	1395
こっき	国記	文	②	858
こっきん	梏禁	法	①	490
こづくえ	小机荘	地	①	909
こづくえ	小机領	地	①	891
こづくり	木造荘	地	①	458
こづくり	木造始	居		479
	大神宮造替—	神	③	177
こっくん	国訓	文	③	307
こづけ	小漬(飯)	飲		385
こっけい	滑稽【篇】	人	②	687
こづけな	子付鱠	飲		202
こっこう	国興寺【篇】	宗	④	676
こっこく	国穀	政	②	704
こつさい	骨砕補	植	②	852
こっさく	乞索圧状	人	②	376
こっさく	乞索贓	法	①	63
ごっし	兀子	器	②	152
こつじき	乞食	政	③	919
	—入牢	法	③	223

	—八兵衛正直	人 ②	15
	「ひにん非人」も見よ		
こつじき	乞食頭	政 ③	923
こっしき	乞食調	楽 ①	27
	—楽曲	楽 ①	460
こつじょ	骨蒸	方	1184
	—労瘵治療	方	805
こっせつ	骨節病	方	1217
こつぞく	骨鏃箭	兵	1611
ごつちみ	後土御門内裏	居	283
ごつちみ	後土御門天皇	帝	37
	—建般舟三昧院	宗 ③	359
	—諡	帝	947
	—葬送	礼 ②	248
	—葬送用度	礼 ②	377
	—国忌	礼 ②	1285
こづつ	小銃	武	910
	「てっぽう鉄砲」も見よ		
こつづみ	こつづみ(指鼓)	楽 ②	1098
こつづみ	小鼓(能楽)	楽 ①	955
こつづみ	小鼓打(能楽)	楽 ①	955
こつとう	骨塔	礼 ②	1119
こつどう	骨堂	礼 ②	1115
こづの	䚡	動	7
こっぱ	木端	器 ②	336
こつぶ	小粒(貨幣)	泉	206
こっぷ	こつぷ(酒器)	器 ①	241
こづめ	小詰(俳優)	楽 ②	156
ごづめ	後詰	兵	397
こて	鏝	産 ①	586
こて	籠手		
	鎧—	兵	1839
	弓—	兵	1711
	犬射—	武	670
	舞楽—	楽 ①	659
ごていた	五帝太平楽	楽 ①	439
こてえ	鏝画	文 ③	943
こてがた	小手形	政 ④	350
こてさし	小手差原	地 ③	458
ごてせん	碁手銭	遊	78
こてらの	木寺宮	帝	1417
こてらぶ	小寺袋	服	1364
こてりん	小手輪(鎧)	兵	1777
こでん	古田	政 ④	31
ごてん	御殿(清涼殿)	居	104
ごてんす	御殿司	神 ②	1639
ごてんづ	御殿詰	官 ③	513
ごてんば	御殿番		
	小石川—	官 ③	977
	麻布—	官 ③	978
	神田—	官 ③	978
	二条—	官 ③	1289
こと	こと(言)	人 ①	830
	「げんぎょ言語」も見よ		
こと	琴	楽 ②	540
	弾—請神命	神 ①	274
こど	小戸	居	1227
ことあげ	言挙	人 ①	830
ことあま	別天神	神 ①	23
ことい	ことひ(特牛)	動	44
ことう	戸頭	政 ②	53
	「こしゅ戸主」も見よ		
ことう	虎韜(陣法)	兵	65
ごとう	五島	地 ②	1055
	配流—	法 ②	261
ごとう	梧桐	植 ①	529
ごとう	御燈	宗 ②	205
	依—廃務	政 ①	205
ごどう	後堂(僧職)	宗 ②	1029
こどうぐ	小道具	礼 ①	1138
こどうぐ	小道具坊主	官 ③	931
こどうぐ	小道具屋	産 ②	579
こどうぐ	小道具役	官 ③	987
ごとうこ	後藤艮山	方	782
ごとうし	後藤庄三郎	泉	398
ごとうし	五等親	人 ①	113
ごとうず	五島ずるめ	動	1556
ことうだ	小燈台	器 ②	220
ごとうば	後藤橋	居	401
ごとうば	後藤判(貨幣)	泉	196
こどうふ	古銅吹所	官 ③	585
ごとうゆ	後藤祐乗	産 ①	679
ことうら	琴占	神 ②	1297
ことがき	事書	政 ③	164
	使者—	政 ③	335
ごとく	五徳(鉄輪)	器 ①	326
	茶湯用—	遊	663
ことぐさ	ことぐさ	人 ①	879
ことくら	胡徳楽	楽 ①	581
ごどころ	碁所	遊	80
ことさぎ	ことさぎ(琴軋)	楽 ②	565
ことし	今年	歳	5
ことし	琴師	楽 ②	689
ことじ	柱		

	立―	楽	②	541
	和琴―	楽	②	564
	箏―	楽	②	656
ことじの	小刀自神	神	①	878
ことしよ	小年寄(豊臣氏)	官	②	1434
ことじり	琴後集	文	②	379
ことしろ	事代主神	産	①	367
	祀―於長田神社	神	④	296
	祀―於三島神社	神	④	397
	祀―於美保神社	神	④	1075
	鎮魂祭祭辞代主神	神	②	500
ことだま	言霊	文	①	148
ことど	ことど(絶妻之誓)	礼	①	1323
こととき	事解男命	神	④	1714
ことども	ことどもり(吃)	人	①	388
ことなし	ことなし草	植	②	850
ことねり	小舎人			
	関白家―	官	①	1291
	蔵人所―	官	②	233
	鎌倉幕府侍所―	官	②	767
	足利氏侍所―	官	②	1161
	―童著狩衣	服		479
ことのは	言の葉	人	①	831
	「げんぎょ言語」も見よ			
ことのば	小殿原(鰯)	動		1420
ことのま	己等乃麻知神社	神	④	369
ことば	言語	人	①	829
	「げんぎょ言語」も見よ			
ことばい	言葉石	金		266
ことばが	詞書	文	①	692
ごとばて	後鳥羽天皇	帝		27
	―御諱	姓		601
	―踐祚	帝		269
	―踐祚	帝		277
	―踐祚	帝		315
	―即位	帝		445
	―追捕強盗	法	①	921
	―善蹴鞠	遊		1114
	―使信実画肖像	帝		762
	―諡	帝		923
	―諡	帝		946
	称―号隠岐院	帝		951
	―山陵	帝		998
	―国忌	礼	②	1282
	祀―於水無瀬宮	神	④	291
ことばの	詞通路	文	①	162
ことばの	詞の玉の緒	文	①	159
ことばや	詞八衢	文	①	161
ことはら	異腹	人	①	176
ことひき	琴弾八幡宮神宮寺	神	②	1739
ことひら	金刀比羅宮【篇】	神	④	1343
ことふれ	事触	神	④	587
ことり	ことり(帯刀)	官	①	1193
ことり	小鳥	動		498
ことりあ	ことりあはせ(相撲節)	武		1020
ことりあ	小鳥合	遊		262
ことりそ	古鳥蘇(楽曲)	楽	①	555
ことりづ	ことりづかひ(部領使)	武		1091
ことりと	ことりとまらず(刺虎)	植	①	657
ことわざ	諺【篇】	人	①	883
こな	小名(村)	地	①	96
こなおん	小名温泉	地	③	1058
こながき	こながき(餗)【併入】	飲		471
こなから	小半量(升)	称		74
こなぎ	こなぎ(水葱)	植	①	994
こなすび	こなすび(竜葵)	植	②	537
こなた	こなた(墾田)	政	②	336
こなた	此方(他称)	人	①	18
こなみ	こなみ(淪)	地	③	1261
こなみ	こなみ(前妻)	人	①	157
	―	礼	①	1311
こなら	こなら(楢)	植	①	203
ごならて	後奈良天皇	帝		37
	択―諱	姓		624
	―御撰謎	人	①	938
こなんど	小納戸衆	官	③	771
こなんど	小納戸頭取【篇】	官	③	769
こなんど	小納戸奉行	官	③	769
こなんど	小納戸坊主	官	③	928
こにし	こにし(胡荽)	植	②	414
こにしゆ	小西行長			
	―与加藤清正争先陣	外		418
	―逼平壌	外		426
	―為虜	兵		864
	―被梟首	法	②	207
ごにじょ	後二条天皇	帝		31
こにだ	小荷駄	兵		1008
	―通行心得	地	③	370
こにだぶ	小荷駄奉行	兵		1012
	豊臣氏―	官	②	1447

ごにっき	御日記	文	③	447
こにゅう	故入人罪	法	①	625
	—	法	①	603
こにゅう	小入用夫銭	政	④	555
こにわ	小庭	居		887
ごにんが	五人掛(相撲)	武		1208
	—	武		1292
ごにんぐ	五人組	官	③	449
	—	官	③	1550
こぬか	小糠	器	①	543
こぬかむ	こぬか虫	産	①	149
こぬれ	こぬれ(木末)	植	①	6
こねず	こねづ(椐)	植	①	662
こねそ	こねそ(木)	植	①	664
こねまき	小寝巻	器	②	194
ごねんじ	護念寺【篇】	宗	③	563
	—	宗	③	196
このうし	小直衣	服		302
このえ	近衛	官	①	1373
	—将著直衣	服		318
	雷鳴時—侍衛	天		289
このえけ	近衛家	姓		426
	—元服時名字勅撰	礼	①	817
	—学校	文	②	1316
	—記録	文	③	445
このえて	近衛天皇	帝		25
	—建延勝寺	宗	③	697
	—諡	帝		938
	—山陵	帝		996
	—国忌	礼	②	1281
このえの	近衛次将	官	①	1359
	即位時—装束	帝		329
このえの	近衛将監	官	①	1351
このえの	近衛少将	官	①	1351
このえの	近衛将曹	官	①	1351
このえの	近衛陣	政	①	159
	—	官	①	1387
このえの	近衛大将	官	①	1351
	辞—	政	①	1429
このえの	近衛中将	官	①	1351
このえの	このゑのみかど(陽明門)	居		206
このえふ	近衛府	官	①	1343
このえり	近衛流(書道)	文	③	680
このかみ	このかみ	姓		446
	「うじのか氏上」も見よ			
このかみ	このかみ(兄)	人	①	170
このかみ	このかみ(水腹)	人	①	425
このごお	巨濃郡	地	②	439
このごろ	このごろ	歳		72
ごのじの	五の字の指物御免			
	目付—	官	③	344
	普請奉行—	官	③	669
	使番—	官	③	1143
このしま	木島神社	神	②	473
このしろ	このしろ(鰶)	動		1424
ごのぜん	五膳	飲		86
ごのたい	呉太伯			
	本邦人為—苗裔説	姓		408
	本邦人為—苗裔説	文	②	887
ごのつぼ	五之坪流(槍術)	武		72
このてが	このてがしは(側柏)	植	①	117
このとの	此殿奥(催馬楽)	楽	①	212
このとの	此殿西(催馬楽)	楽	①	212
このとの	此殿者(催馬楽)	楽	①	212
このは	このは(鳥)	動		765
このはい	木葉石	金		352
このはか	このはかき(竹杷)	産	①	250
このはざ	このはざる(拳猴)	動		275
このはな	木花開耶姫命	人	②	333
	祀—於駿河国大宮浅間神社	神	④	372
	祀—於駿河国賤機山浅間神社	神	④	388
	祀—於甲斐国浅間神社	神	④	410
このみ	果	植	①	22
	「くだもの果」も見よ			
ごのみや	五宮(社格)	神	①	400
このむ	好	人	①	778
	—雷	天		287
	神田庵小知—児戯具	遊		1278
ごのめ	ごのめ(罫)	文	③	1250
このもと	木本祭	神	③	163
このり	このり(兄鷂)	動		938
このわた	海鼠腸	動		1563
	—	飲		945
このわた	海鼠腸吸物	飲		191
こばい	故買			
	贓物—	法	①	377
	贓物—	法	②	736
	略人—	法	①	383
こばいえ	古梅園	文	③	1373

こばかま	小袴	服		769
	水干—	服		500
	素襖—	服		585
こはく	琥珀	金		237
	—	金		2
こはく	琥珀(舶来絹)	産	②	225
こばこあ	小筥合	遊		288
こはさん	子は三界の首枷	人	①	194
こばし	小橋	地	③	111
こはじと	小半蔀	居		1253
こはぜが	こはぜがけ(足袋)	服		1461
こはた	樸	植	①	5
こはだ	小鰭	動		1425
こばた	小旗	兵		2104
こばた	木幡	地	①	244
	藤原氏—之墓所	礼	②	1098
こばたい	小旗一揆	兵		423
こばたで	木幡寺	宗	③	1063
こばたの	巨幡墓	礼	②	1152
ごはなぞ	後花園天皇	帝		36
	後崇光院誡—	人	②	167
	—出家	帝		886
	—諡	帝		947
	納—遺骨於大原法華堂	帝		1005
ごはのが	五八之賀(四十賀)	礼	①	1367
こばやか	小早川隆景			
	—不背誓紙	人	②	9
	—戦開城	外		444
	—遺訓毛利輝元	人	②	218
	—建学校	文	②	1315
こばやか	小早川秀秋	兵		694
こばやし	小林義信	方		247
こばやぶ	小早舟	器	②	663
こばん	小判	泉		195
	—	官	③	574
	—	泉		342
こばん	小番	政	①	1085
ごはん	後判	政	③	328
ごばん	碁盤	遊		97
	於—上行深曾木	礼	①	513
	於—上行鬢曾木	礼	①	534
	於—上行著袴	礼	①	555
こばんう	小判魚	動		1477
こばんき	小板金	泉		195
ごばんく	碁盤圖	遊		1208
こばんぐ	小判蔵	居		796

こばんざ	小判座	官	③	575
こばんし	小半紙	文	③	1171
こばんし	小判師	官	③	574
ごばんじ	碁盤縞	産	②	27
こばんし	小番衆	官	②	1259
こはんし	古版書目	文	③	326
ごはんち	御判地	神	①	652
ごはんの	御判御教書	政	③	42
	—	政	③	72
ごはんは	御判始【併入】	政	③	6
	—	政	③	1
ごひ	五比(戸籍)	政	②	19
こひえい	小比叡明神	神	④	597
こびき	木挽	産	①	535
こびき	狐媚記	動		359
こひげ	こひげ(石竜蒭)	植	①	1004
こひじ	泥	金		366
こひちり	小篳篥	楽	②	964
こひつ	古筆(書画鑑定)	文	③	987
こひつて	古筆手鑑	文	③	991
こびと	麃	動		332
こびと	小人(職名)			
	織田氏—	官	②	1423
	徳川氏—【併入】	官	③	986
	広敷—	官	③	804
	甲府—	官	③	1368
こびとが	小人頭			
	織田氏—	官	②	1423
	徳川氏—	官	③	986
こびとじ	こびとじま(稲)	植	①	776
こびとめ	小人目付【篇】	官	③	363
	—	官	③	987
こびなた	小日向	地	①	972
こびほう	狐尾袍	服		249
ごひゃく	五百五十年忌	礼	②	1448
こびゃく	小百姓	産	①	192
ごひゃく	五百年忌	礼	②	1448
ごひゃく	五百八十七まがり(餅)	礼	①	1073
ごひゃく	五百羅漢	宗	①	104
	江戸羅漢寺—	宗	④	426
	豊前国羅漢寺—	宗	④	1074
ごひゃっ	五百回忌	礼	②	1448
ごひゃっ	五百石以上之舟	器	②	584
こひょう	孤平(詩)	文	②	536
ごびょう	御廟寺	宗	④	11
こひる	小蒜	植	①	1047

こびる　小昼　飲　23
こびるま　こびるま(昼食)　飲　18
こびわ　小琵琶　楽　②　754
ごひん　五品(俳諧発句)　文　①　1223
こふ　雇夫　政　②　858
こぶ　媚　人　②　669
こぶ　瘤　方　1267
こぶ　昆布　植　②　878
ごふ　護符　方　69
ごふかく　後深草天皇　帝　30
　—亀山天皇両統更立　帝　288
　—諡　帝　948
　納—遺骨於安楽行院　帝　1000
ごふかん　後不堪奏　政　②　398
ごぶぎょ　五奉行　官　②　1435
　豊臣秀吉薨去以前大老—等互相誓　人　②　368
ごふく　五服(服紀)　礼　②　584
ごふくぐ　御服倉勾当　官　①　774
ごふくじ　呉服尺　称　19
ごふくし　御服所
　院—　官　①　1229
　摂関大臣家—　官　①　1293
ごふくど　呉服問屋　産　②　408
ごふくの　呉服之間頭　官　③　836
ごふくば　呉服橋　居　401
　於—外追放　法　②　317
ごふくば　呉服橋御門　居　401
ごふくも　呉服物　産　②　9
　「おりもの織物」も見よ
ごふくや　呉服屋　産　②　237
　—　服　458
ごふくり　呉服料　帝　1465
こふくり　小覆輪剣　兵　1358
こぶくろ　小嚢国　地　①　1004
こぶさし　小総鞦　兵　2028
こふじ　小藤　植　②　301
こぶし　拳　人　①　458
こぶし　辛夷　植　①　243
こぶしう　こぶしうち(相搋)　遊　1213
ごふしみ　後伏見天皇　帝　31
　—譲位　帝　559
　納—遺骨於後深草院法華堂　帝　1000
こぶじる　昆布汁　飲　186
こぶしん　小普請(幕府旗下士格)　官　③　1553
こぶしん　小普請医師　官　③　872
こぶしん　小普請入　官　③　1585
　依長病為—　政　③　453
　役儀召放之上—　法　②　642
こぶしん　小普請方　官　③　685
こぶしん　小普請方改役　官　③　687
こぶしん　小普請方頭　官　③　684
こぶしん　小普請方吟味手伝役　官　③　690
こぶしん　小普請方吟味役　官　③　689
こぶしん　小普請方大工棟梁　官　③　692
こぶしん　小普請方物書　官　③　692
こぶしん　小普請金　官　③　674
　—　官　③　1584
こぶしん　小普請金上納役　官　③　1584
こぶしん　小普請組　官　③　1555
こぶしん　小普請組御用掛　官　③　1582
こぶしん　小普請組支配　官　③　1570
こぶしん　小普請組支配組頭　官　③　1576
こぶしん　小普請組世話役　官　③　1582
ごふじん　五府神社　神　④　9
こぶしん　小普請人足　官　③　1593
こぶしん　小普請人足方上役　官　③　692
こぶしん　小普請奉行【篇】　官　③　673
　—　官　③　1588
こぶしん　小普請奉行組頭　官　③　682
こぶすま　小襖　居　369
ごぶだい　五部大乗経　宗　①　256
こふだお　古札納　歳　1417
こぶたけ　こぶ竹　植　①　692
ごぶちが　五分違　政　④　286
ごぶつ　五仏　宗　①　68
ごふない　御府内　地　①　936
こぶみ　小文　文　①　479
こぶみの　小文の御内書　政　③　77
こぶやか　昆布屋看板　産　②　646
こぶやな　贅柳　植　①　162
こぶん　古文　文　③　778
ごぶんい　五分一直段(出羽国田租)　政　④　291
こぶんじ　古文辞学　文　②　792
こぶんじ　古文字銀　泉　245
こぶんし　古文真宝　文　①　309
こへい　胡瓶　器　①　210
ごほ　五保　官　②　384
ごぼ　五墓　帝　1558

ごほう	五方	天		15
ごぼう	牛蒡	植	②	723
こほうか	古方家(医術流派)	方		782
ごほうし	五方師子舞	楽	①	436
こほうし	戸部尚書	官	①	876
ごほうな	五方内談始	政	③	21
ごほうひ	五方引付	官	②	734
	—	政	③	20
ごぼうも	牛房餅	飲		622
ごぼうら	五坊楽	楽	①	457
ごぼうら	五塝楽	楽	①	445
こぼけ	こぼけ(樝子)	植	①	367
ごぼにち	五墓日	方		126
こほね	こほね(温菘)	植	②	46
ごほりか	後堀河天皇	帝		28
	—諡	帝		946
	—山陵	帝		999
	—国忌	礼	②	1283
こほりま	小堀政一	遊		613
	—壁書	遊		639
こぼれも	盈物仲買	産	②	840
こほん	小本	文	③	365
こほんえ	虎賁衛	官	①	1504
ごほんが	五本懸	遊		1060
ごほんだ	五本立供御	礼	②	457
こま	駒(馬)	動		77
	—	動		107
こま	駒(三線)	楽	②	822
こま	独楽【篇】	遊		1158
こま	高麗【篇】	外		217
	—	外		80
	—	外		369
	後—【篇】	外		325
	—求医於我	方		776
	渤海国—称—	外		277
こま	棋子	遊		160
ごま	胡麻	植	②	656
ごま	護摩			
	修法—	宗	②	335
	神道—	神	②	1368
ごまあげ	胡麻揚	飲		256
こまい	小舞			
	能楽狂言—謡	楽	①	1021
	—十六番	楽	②	462
	芝居—	楽	②	131
こまい	木舞(壁)	居		1142
ごまいか	五枚冑	兵		1861
ごまいざ	五枚篠	植	①	716
こまいぬ	狛犬			
	斗帳前置獅子—	器	①	804
	丹波国出雲神社獅子高麗犬	神	④	1008
こまいぬ	狛犬(琵琶)	楽	②	762
こまいぬ	狛犬(楽曲)	楽	①	585
こまがき	高麗垣	居		859
こまがく	高麗楽	楽	①	13
	—楽曲【篇】	楽	①	551
こまがく	高麗楽師	官	①	842
こまがた	駒嶽(甲斐)	地	③	792
こまがた	駒嶽(信濃)	地	③	818
こまがた	馬形障子	器	①	888
こまがた	駒形神社【篇】	神	④	903
こまがた	駒形渡	地	③	461
こまがた	馬形屛風	器	①	913
こまかね	細練	礼	①	104
こまがみ	駒嶺	地	③	831
ごまから	胡麻加羅(魚)	動		1455
こまかり	小間過料	法	②	675
こまかん	狛冠	服		1112
こまくら	小枕(髪)	器	①	479
こまくら	こまくらべ	武		799
	「けいば競馬」も見よ			
こまごお	巨摩郡	地	①	709
こまごお	高麗郡	地	①	847
こまこじ	狛巾子冠	服		1112
こまごめ	駒込	地	①	975
こまざら	こまざらへ(杷)	産	①	246
こまじょ	高麗女(楽曲)	楽	①	569
こまじん	高麗人			
	—帰化	外		235
	—子孫	器	①	260
こます	小升	称		65
こまぜり	こまぜり(前胡)	植	②	404
こまたお	駒倒(陣法)	兵		73
こまだけ	高麗竹	植	①	698
ごまだけ	胡麻竹	植	①	703
ごまだん	護摩壇	宗	②	337
	—図	宗	②	344
こまちお	小町踊	楽	②	481
こまちだ	小町竹	植	①	693
こまちむ	小町席	器	②	15
こまつ	小松(伊予)	地	②	878
こまづか	小間遣【併入】	官	③	1006
こまつな	こまつなぎ(狼牙)	植	②	109

— 植 ② 320
こまつの 小松帝 帝 311
— 帝 944
「こうこう光孝天皇」も見よ
こまつの 小松山陵 帝 991
こまつは 小松藩 地 ② 885
こまつび 小松引 歳 954
こまつぶ こまつぶり(独楽) 遊 1158
こまつる こまつるぎ(枕詞) 外 244
こまつる 高麗剣 兵 1398
こまと 小的 武 241
ごまどう 護摩堂
東寺— 宗 ③ 795
日光山東照宮— 神 ④ 803
こまどり 駒鳥 動 903
こまなご こまなご(的) 武 232
こまにし 高麗錦 産 ② 280
ごまのあ 胡麻油 器 ② 314
— 器 ① 519
こまのか 高麗紙 文 ③ 1192
こまのの 狛野荘 地 ① 252
ごまのは 胡麻の蠅 人 ② 813
— 政 ④ 1375
ごまのは ごまのはぐさ(玄参) 植 ② 666
こまのひ こまのひざ(牛膝) 植 ② 118
こまのま 胡麻牧 地 ③ 969
こまのわ 狛の渡 地 ③ 418
こまばの 駒場野小鷹狩 遊 963
こまばや 駒場薬園預 官 ③ 879
こまひき 駒牽【併入】 地 ③ 986
四月— 武 445
こまひき 駒曳銭 泉 151
こまひき 駒引草 植 ② 379
こまぶえ 高麗笛【篇】 楽 ② 902
こまべ 狛部 官 ① 114
こまぼこ 狛鉾(楽曲) 楽 ① 560
こままわ 独楽廻 楽 ② 1171
— 遊 1166
こまむか 駒迎 地 ③ 986
神社— 神 ② 1108
ごまめ ごまめ(鱓) 動 1420
ごまもち 胡麻餅 飲 555
こまもの 小間物 外 1340
— 産 ② 753
こまもの 小間物問屋 産 ② 407
こまやっ 高麗奴 政 ② 160
こまよう こまようろ(遊戯) 遊 1232
こまよせ こまよせ(梐枑) 居 883
こまらん 高麗乱声 楽 ① 39
こまりゅ 高麗竜(楽曲) 楽 ① 592
こまんじ 小万女 人 ① 1039
こみ 込(刀剣) 兵 1312
こみ 込(挿花) 遊 895
ごみ 五味 飲 8
喪中絶— 礼 ② 693
ごみあげ こみあげ(泥上) 産 ① 279
こみいで 小三井寺 宗 ③ 373
ごみかづ ごみかづき(虫) 動 1197
こみかど 小御門神社 神 ④ 1714
ごみかゆ 五味粥 飲 464
ごみし 五味子 植 ② 157
ごみすて 塵捨場 政 ④ 998
ごみずの 後水尾天皇 帝 38
—御諱 姓 589
—勅令撰類題和歌集 文 ② 396
—俳諧 文 ① 1186
—建法常寺 宗 ④ 867
—譲位 帝 565
納—遺骨於安楽行院 帝 1008
—国忌 礼 ② 1285
こみだか 込高 封 387
こみぶ 込歩 政 ④ 18
こみやま 小宮山内膳 人 ① 1033
こみら こみら(韮) 植 ① 1039
ごむ 五夢 人 ① 789
こむぎ 小麦 植 ① 836
こむぎの 小麦のかす(麩) 植 ① 855
こむぎひ 小麦醤 飲 842
こむぎわ 小麦藁笠 器 ② 386
こむごお 駁謨郡 地 ② 1183
こむしろ 小筵 器 ② 23
以—為軾 器 ② 116
こむすび 小結(相撲) 武 1181
こむそう 虚無僧 宗 ① 1136
こむそう 虚無僧笠 器 ② 417
こむら こむら(腓) 人 ① 472
こむら こむら(樾) 植 ① 7
こむらか こむらかへり(転筋) 方 1214
ごむらか 後村上天皇 帝 32
—住吉神社行幸 神 ④ 254
—諡 帝 946
—山陵 帝 1017

こむろぶ	小室節	楽	②	393
こめ	米	植	①	809
	天降—穀	天		11
	神饌用—	神	②	1161
	春—【篇】	政	②	614
	松前—	政	③	1218
	—価制限	産	②	555
	—穀廻漕制限	産	②	561
	—輸出	産	②	762
	月料給—	封		191
	要劇料給—	封		213
	宿駅給—	政	④	1252
	検—使	政	①	626
こめ	穀	産	②	199
	—	服		250
	—	服		307
こめ	韶陽魚	動		1525
こめあや	穀綾	産	②	259
ごめい	五明(扇)	服		1290
こめいち	米市場	産	②	505
こめうつ	こめうつぼ(魚)	動		1509
こめうら	米占	神	②	1299
こめえい	米永	地	③	926
こめえい	米永辻	政	④	166
こめかた	米方両替	産	②	522
こめかみ	こめかみ(蟀谷)	人	①	322
こめかわ	米為替	産	②	491
こめきっ	米切手	産	②	547
こめぐら	米蔵	産	①	107
	—	居		786
	徳川幕府—	政	③	1045
	徳川幕府—見分	政	③	1064
こめさき	こめさき(糈)	植	①	820
こめざま	籠様(徐歩)	礼	①	115
こめじし	米地子	政	④	379
こめしゃ	籠目紗	産	②	298
こめしょ	米商	産	②	566
	—	植	①	823
こめず	米醋	飲		802
こめそう	米相場	産	②	505
	札差—	産	②	678
こめだわ	米俵	産	①	108
こめだわ	米俵(玩具)	遊		1254
こめつき	米舂	産	①	99
こめつき	米舂虫	動		1094
こめつぶ	米粒	植	①	812
こめどい	米問屋	産	②	408
こめどり	米取	政	④	236
こめなか	米仲買	産	②	405
こめのべ	米延商売	産	②	540
こめのめ	米飯	飲		389
こめばい	米売買	産	②	533
	—	植	①	823
こめびつ	米櫃	器	①	288
こめまい	込米	政	④	328
こめやざ	米屋座	政	④	522
ごめんか	御免駕籠	器	②	1019
ごめんか	御免革	産	①	902
ごめんか	御免勧化	宗	③	326
こも	菰(草)	植	①	928
こも	薦	器	②	32
	祭祀用—	神	②	1219
	以—為軾	器	②	116
こも	石蓴	植	②	923
こもうの	薦生荘	地	①	413
こもかい	こもかい(熊川)	遊		688
こもがき	蒋垣	居		869
こもかぶ	菰かぶり(乞食)	政	③	921
ごもく	五木	植	①	70
ごもくず	五目鮓	飲		961
ごもくた	ごもくたけ(土菌)	植	②	828
ごもくな	五目ならべ	遊		119
ごもくめ	ごもく飯	飲		419
ごもじつ	五文字附	文	①	1286
こもすだ	菰簾	器	①	849
こもちい	子持一分	泉		206
こもちぎ	子持銀	泉		426
こもちじ	子持縞	産	②	28
こもつつ	こもつつき(魚)	動		1337
こもづの	こもづの(菰首)	植	①	928
こもてん	薦天井	居		1125
こもの	小者	官	③	986
	「こびと小人」も見よ			
こものえ	蒋円座	器	②	99
こものお	薦野温泉	地	③	1050
こものな	小物成	政	④	433
	—	政	③	974
	山—	政	④	466
こものな	小物成高	政	④	123
こものは	薦野藩	地	①	460
	—藩札	泉		446
こものみ	小物見	兵		328
こもふで	薦筆	文	③	1287
こもまく	薦枕(枕詞)	器	②	164

こもまく	薦枕(神楽)	楽	①	160
ごももぞ	後桃園天皇	帝		42
こもりく	こもりくの(枕詞)	地	③	737
こもりく	隠口美仲	文	①	893
こもりけ	小森家	方		759
こもりじ	籠神社【篇】	神	④	1009
こもりそ	籠僧	礼	②	726
	—	礼	②	166
こもろは	小諸藩	地	①	1384
こもろま	小諸眉(烏帽子)	服		1171
こもん	小門	居		848
	忌中自—出入	礼	②	712
こもん	小紋(染模様)	産	①	863
こもんさ	小紋紗綾	産	②	266
こもんせ	小紋石	金		345
こもんだ	小文畳	器	②	73
ごもんの	五文関	地	③	675
ごもんめ	五匁銀	泉		238
	—図	泉		426
	—鋳造料	泉		364
	—品位	泉		387
こや	小屋(外記庁)	官	①	398
	救—	政	④	839
ごや	五夜(誕生)	礼	①	419
ごや	後夜	歳		96
こやかず	小矢数	武		149
こやかた	小屋形(轜)	礼	②	350
こやく	子役(俳優)	楽	②	159
こやく	古役	官	③	112
ごやく	五薬	植	①	759
こやくぎ	小役銀	政	④	439
ごやくし	五役所	官	③	1297
こやこじ	小屋乞食	政	③	924
こやし	肥	産	①	111
	「こえ肥」も見よ			
こやすが	子安貝	動		1675
こやすか	子安観音	宗	④	114
こやすぐ	こやすぐさ(鳶尾)	植	①	1112
こやすし	子安清水	地	③	1025
こやつ	こやつ(他称)	人	①	17
こやのわ	昆陽渡	地	③	423
こやまの	小山墓	礼	②	1152
こやる	こやる	人	①	999
こゆ	肥(身体)	人	①	298
こゆ	超(動作)	人	①	991
こゆいえ	小結烏帽子	服		1198
こゆごお	児湯郡	地	②	1155
こゆび	季指	人	①	482
こゆみ	小弓(遊戯)【篇】	遊		173
こゆみあ	小弓合	遊		177
こゆみえ	小弓会	遊		178
こゆみの	小弓荘	政	②	504
こゆるぎ	小由流支(風俗歌)	楽	①	232
ごようし	御用職人	産	①	497
ごようぜ	後陽成天皇	帝		37
こようづ	小用筒	官	③	921
ごようと	御用取次	官	③	275
ごようま	五葉松	植	①	87
ごようも	御用物			
	—伝馬	政	④	1277
	路頭遇—礼	礼	①	212
こよしも	こよしもの(料理)	飲		221
こよみ	暦	方		308
	七曜—	歳		463
	御—奏	歳		463
	依朔旦冬至増損—日	歳		125
こよみど	暦問屋	産	②	408
	—	方		406
こより	小縷	楽	①	931
こよろぎ	小余綾磯	地	③	1297
こら	子良	神	②	1311
	—	神	③	864
こらでん	小螺鈿(琵琶)	楽	②	758
こらでん	小螺鈿(横笛)	楽	②	879
ごり	鮔	動		1344
ごりおし	ごりおし(鮴押)	産	①	390
こりかき	垢離掻	神	②	718
こりたき	こりたき(仏堂)	宗	③	74
こりつ	古律	法	①	83
ごりにち	五離日	方		141
こりゅう	古流(挿花)	遊		873
ごりゅう	五流	法	①	171
ごりゅう	五竜祭	方		41
	—	産	①	173
こりょう	古令	法	①	85
ごりょう	御料(飯)	飲		351
ごりょう	御霊会	神	②	622
	紫野—	神	①	72
	稲荷—	神	③	1468
	祇園—【附】	神	③	1489
	北野—	神	③	1644
	為避—路行幸	帝		784
ごりょう	御霊社			

	—神階	神	①	318
	—神宮寺	神	②	1713
ごりょう	御陵守	帝		1040
ごりょう	御料所	政	④	250
	—村村貯穀	政	④	951
ごりょう	御料所地方奉公構			
	【併入】	法	②	398
ごりょう	御料人	人	①	154
ごりょう	五両判	泉		253
	—	泉		326
	—吹立高	泉		379
	—品位	泉		387
こりんご	こりんご(棠梨)	植	①	361
ごりんと	五輪塔	宗	③	97
こるもは	こるもは(凝海藻)	植	②	916
ごれい	後礼(茶湯)	遊		467
ごれいぜ	後冷泉天皇	帝		23
これたか	惟喬親王	帝		1372
これとう	惟任氏	姓		329
これむね	惟宗氏	姓		253
これやす	惟康親王	官	②	664
これら	虎列剌	方		1418
ごろ	語路	人	①	878
ごろうい	ごろういん(露西亜			
	人)	外		1480
ころうし	小老子(楽曲)	楽	①	430
ころおん	ころをんほうごろ			
	(鳥)	動		983
ごろくが	五六掛鐙	兵		1997
ころくぶ	小六節	楽	②	396
ころころ	ころころ(料理)	飲		220
ころすつ	ころす罪	法	①	228
ころは	胡蘆巴	植	②	320
ころぶ	ころぶ(転宗)	宗	④	1232
ころぶ	展転	人	①	998
ごろふく	ごろふくれん(毛織			
	物)	産	②	314
ころふね	ころ船	器	②	636
ころも	ころも(直綴)	宗	②	1186
ころも	衣	服		4
	「いふく衣服」も見よ			
ころもが	更衣(催馬楽)	楽	①	209
ころもが	更衣(年中行事)【篇】	歳		1119
ころもが	衣川関	人	②	751
ころもで	ころもでの(枕詞)	地	①	1089
	—	服		20
ころもに	衣煮	飲		215
ころもの	ころものくび(衿)	服		13
ころもの	ころものすそ(裾)	服		33
ころもの	衣関	地	③	603
ころもは	挙母藩	地	①	558
ころり	ころり(虎列剌)	方		1420
ころんぼ	崑崙勃	外		1120
こわいい	強飯	飲		357
こわいろ	声色【併入】	楽	②	238
こわきも	小腋物	飲		273
こわくご	小若子神	神	③	1534
こわしょ	強装束	服		219
こわど	こわど(広戸)	居		1200
こわね	声音	人	①	392
こわらじ	小草鞋	服		1407
こをしる	子を知るは親	人	①	891
こをとろ	子をとろ子とろ	遊		1238
ごんい	勤位	官	③	1789
ごんいぎ	権威儀師	宗	②	929
こんいん	婚姻			
	「こんか婚嫁」を見よ			
こんえ	近衛			
	「このえ近衛」を見よ			
こんか	婚嫁【篇】	礼	①	883
	—図	礼	①	1002
	—図	礼	①	1006
	—図	礼	①	1032
	小笠原流—図	礼	①	1034
	親王諸王—	帝		1415
	女王—	帝		1502
	約—講和	兵		715
	婚姻	人	①	165
	婚姻	政	③	587
	母子兄弟間婚姻	地	②	692
	大名婚姻御礼	官	③	1740
	依将軍家婚礼赦宥	法	③	361
	婚礼著狩衣	服		484
	在重喪婚礼	礼	②	722
	喪中嫁娶	礼	②	687
	神人通婚	神	①	234
	賤民為婚	政	②	161
	里人与賤民不為婚	政	③	914
こんかい	墾開	政	②	336
	「かいこん開墾」も見よ			
こんかい	金戒光明寺【篇】	宗	③	702
こんかき	紺搔	産	①	838
こんがく	艮岳	地	③	803
こんがす	紺がすり	服		1036

ごんかん	権官	官	①	212
	大中納言以—為正官	官	①	437
	大宰府—	官	②	401
	国司—	官	②	460
こんぎく	こんぎく(馬蘭)	植	②	788
こんきゅ	坤宮官【併入】	官	①	755
ごんきょ	権教	宗	①	29
ごんぎり	ごんぎり(鱧)	動		1506
こんぐ	金鼓	宗	②	1095
ごんげき	権外記	官	①	461
こんけん	髠鉗【併入】	法	①	263
こんげん	今言	人	①	832
ごんげん	権現	神	①	160
	—	神	②	1347
	彦山大—	地	③	848
	多田—	神	①	304
	壺井—	神	①	310
ごんげん	権現造	神	①	460
ごんげん	権現堂川	地	③	1175
	—	政	④	1047
こんげん	坤元録屏風	器	①	914
こんご	こんご(金剛草履)	服		1427
こんこう	金光(逸年号)	歳		341
こんごう	金剛(草履)	服		1427
ごんこう	勤広一位	官	③	1790
こんごう	金剛院	宗	③	1265
こんごう	金剛王院【併入】	宗	③	1059
こんごう	金剛界	宗	①	568
	—	神	②	1329
こんごう	金剛界曼荼羅	宗	①	228
こんごう	金剛蔵王菩薩	地	③	759
こんごう	金剛山	地	③	762
ごんこう	勤広三位	官	③	1790
こんこう	金光寺【篇】	宗	③	490
こんごう	金剛寺(大和)	宗	③	1351
こんごう	金剛寺(河内)【篇】	宗	④	1
ごんこう	権講師	宗	②	872
ごんこう	勤広四位	官	③	1790
こんごう	金剛砂(相撲)	武		1130
こんごう	金剛砂(磨沙)	金		323
	—	産	①	612
こんごう	金剛証寺【篇】	宗	④	135
	—鎮守神	神	①	803
こんごう	金剛石	金		323
こんごう	金剛大夫	楽	①	933
こんごう	金剛頂寺【篇】	宗	④	1043
こんごう	金剛杖	器	②	520
ごんこう	勤広二位	官	③	1790
こんごう	金剛福寺【篇】	宗	④	1048
こんごう	金剛峯寺【篇】	宗	④	927
	—	神	①	270
	—為進流声明本処	宗	①	350
	—諸法式	宗	①	593
	—勧学会	宗	②	123
	—万燈会願文	宗	②	202
	—灌頂	宗	②	383
	—年分度者	宗	②	586
	—鐘	宗	②	1114
	—勧学院	宗	③	141
	—寺領	宗	③	250
	高野山僧兵	兵		296
	納骨於高野山	礼	②	1114
こんごう	金剛宝寺	宗	④	992
こんごう	金剛名号	宗	②	416
こんこう	金光明最勝王経	宗	①	268
	転読—	宗	②	39
	光金明経	宗	①	52
	御斎会講最勝王経	宗	②	11
	最勝会講最勝王経	宗	②	27
こんこう	金光明四天王護国寺	宗	③	152
	—	宗	③	1097
	「とうだい東大寺」も見よ			
こんごう	金剛夜叉法	宗	②	295
こんごう	金剛夜叉明王	宗	①	109
こんごう	金剛力士	宗	③	129
こんごう	金剛流(能楽)	楽	①	754
こんごう	金剛輪寺(近江)【篇】	宗	④	662
こんごう	金剛輪寺(河内)【篇】	宗	④	19
ごんごん	ごんごん独楽	遊		1161
ごんごん	権権頭人(足利氏引付)	官	②	1132
ごんさん	権参議	官	①	451
こんし	紺紙	文	③	1206
こんじき	金色堂	礼	②	1221
ごんじし	権寺主	宗	②	860
ごんしし	権史生	官	②	469
こんじな	近事男	宗	②	432
こんじに	近事女	宗	②	432
こんじの	こんぢのき(木)	植	①	459
こんじゅ	胡飲酒(楽曲)	楽	①	345
	—図	楽	①	322
こんじゅ	金重院賢清	神	④	1623
こんじゅ	金鷲寺	宗	③	1100

こんじゅ	金鷲菩薩	宗	②	817
こんしゅ	金鐘寺	宗	③	1098
	「とうだい東大寺」も見よ			
こんじょ	こんじやう(空青)	金		324
こんじょ	紺青	金		196
こんじょ	根生院【篇】	宗	④	388
ごんじょ	権上座	宗	②	859
こんしょ	近松寺	宗	③	426
こんしょ	金粛寺	宗	④	645
こんしょ	金勝寺【篇】	宗	④	645
ごんしょ	権掌侍	官	①	1115
ごんじょ	言上書	政	③	198
ごんしょ	権少僧都	宗	②	755
	—	宗	②	736
ごんしょ	権少納言	官	①	457
こんしょ	金勝荘	地	①	1200
こんじん	金神方	方		181
こんず	こんず(草鞋)	服		1407
ごんずい	ごんずゐ(樗)	植	①	493
こんすう	献数	礼	①	236
ごんずわ	ごんずわらぢ	服		1427
ごんせき	権跡(書)	文	③	710
ごんそう	勤操	宗	②	74
ごんぞう	権蔵(草鞋)	服		1407
こんぞう	金蔵寺【篇】	宗	③	769
ごんそう	権僧正	宗	②	752
	—	宗	②	735
こんそん	昆孫	人	①	234
ごんだい	勲大一位	官	③	1790
ごんだい	権大宮司	神	③	839
ごんだい	勲大三位	官	③	1790
ごんだい	勲大四位	官	③	1790
ごんだい	権大僧都	宗	②	753
	—	宗	②	736
ごんだい	権大納言	官	①	437
	—封	封		35
ごんだい	勲大二位	官	③	1790
こんたい	金胎両部	宗	①	568
こんだて	献立	飲		285
	饗膳—	飲		86
	朝廷年始祝—	歳		597
	幕府年始祝—	歳		649
	大饗—	政	①	919
	婚礼—	礼	①	1192
	出陣—	兵		536
こんちい	金地院	宗	③	668
	—	官	③	373
	—	法	③	785
ごんちゅ	権中納言	官	①	443
こんちょ	今長(逸年号)	歳		346
こんちょ	紺蝶	動		1107
ごんつい	権都維那	宗	②	861
こんでい	健児【篇】	兵		267
こんでい	金泥写経	宗	①	283
こんでい	健児所	兵		267
こんてり	今照気(縞)	産	②	177
こんでん	墾田【篇】	政	②	335
	収—班給	政	②	326
ごんでん	権殿	神	①	501
こんてん	渾天儀	方		285
ごんてん	権典侍	官	①	1111
こんてん	渾天図	方		285
こんどう	金堂	宗	③	78
	東寺—	宗	③	790
	興福寺—	宗	③	1188
	金剛峯寺—	宗	④	938
ごんどう	権導師	宗	②	934
ごんとう	権頭人(足利氏引付)	官	②	1132
こんどう	金銅帯	服		804
こんどう	金銅轡	兵		2010
こんどう	金銅仏像	宗	①	164
こんどう	近藤守重			
	—与古松軒書	地	②	1339
	近藤重蔵石像	礼	②	1248
こんとん	餛飩	飲		608
こんとん	混沌社	文	②	649
こんに	こんに(健児)	兵		267
こんにゃ	蒟蒻	植	①	982
こんにゃ	菎蒻本	文	②	947
ごんにん	権任			
	—季禄	封		152
	—郡司	官	②	578
ごんねぎ	権禰宜	神	②	1486
	—	神	③	855
こんねん	今年	歳		5
ごんのか	権守	官	②	460
	諸国—成功員数	政	①	1044
ごんのき	権の北方	人	①	162
ごんのそ	権帥	官	②	401
ごんのべ	権弁	官	①	467
こんのま	献間	居		610
ごんば	権馬	動		147
こんぱく	魂魄	人	①	626
	—	神	①	180

	「たましい魂」も見よ			
こんぱす	こんはす(渾発)	文	③	652
	—	産	①	557
こんぱす	渾発術(測量)	文	③	635
こんぱに	コンパニヤ派(耶蘇教)	宗	④	1146
こんぱる	金春大夫	楽	①	932
こんぱる	金春流(能楽)	楽	①	754
こんぴら	金毘羅権現	神	④	1343
こんぴら	金比羅祭	神	④	1349
こんぶ	昆布	植	②	878
ごんふく	権副将軍	官	②	23
こんぺい	金米糖	飲		657
ごんべっ	権別当			
	神社—	神	②	1623
	僧職—	宗	②	946
こんべん	衮冕九章	服		160
こんべん	衮冕十二章	服		156
ごんほう	権法務	宗	②	972
こんぽん	混本歌	文	①	544
こんぽん	根本寺【篇】	宗	④	863
こんぽん	根本中堂			
	延暦寺—	宗	④	562
	寛永寺—	宗	④	348
こんめい	昆明池障子	器	①	884
こんや	紺屋	産	①	836
こんやや	紺屋役	政	④	479
ごんりっ	権律師	宗	②	755
	—	宗	②	736
こんりょ	今令(養老令)	法	①	85
こんりょ	今良(賤民)	政	②	195
こんりん	金輪聖主	帝		189
こんりん	金輪仏頂法	宗	②	295
こんる	近流	法	①	169
	—	法	①	769
こんれい	婚礼			
	「こんか婚嫁」を見よ			
こんれい	婚礼愛敬守札	神	②	920
こんれん	金蓮寺【篇】	宗	③	495
	—鐘	宗	②	1106
	—阿弥陀開帳	宗	③	353
こんろ	こんろ(涼炉)	遊		797
こんろう	軒廊	居		86
	—	神	①	959
こんろう	軒廊戸	居		240
こんろう	軒廊御卜【附】	方		547
	—	神	②	1268
	—	神	②	1290
こんろん	崑崙【併入】	外		1120
こんろん	崑崙八仙(楽曲)	楽	①	573

さ

さ	佐(官職)	官	①	199
	授刀—	官	①	1435
	衛門—	官	①	1453
	衛士—	官	①	1493
	兵衛—	官	①	1506
	検非違使—	官	②	107
ざ	座	産	②	626
	諸—役	政	④	511
	金—	泉		398
	金—	官	③	573
	銀—	泉		401
	銀—	官	③	580
	銅—	官	③	582
	鉄—	官	③	588
	真鍮—	官	③	588
	札—	泉		443
	銭—	泉		58
	秤—	称		121
	朱—	官	③	591
	人参—	方		1059
	唐笠—	器	②	474
ざ	座(座敷)	居		594
さあや	紗綾【併入】	産	②	264
さい	さゐ(山百合)	植	①	1016
さい	抄	称		49
さい	采			
	博弈—	法	③	52
	樗蒲—	法	①	448
	双六—	遊		18
	攤—	遊		31
さい	妻			
	「つま妻」を見よ			
さい	豺	動		432
さい	菜	飲		151
さい	最(考課)	政	①	1208
さい	歳(歳時)	歳		2
さい	犀	動		452
さい	麾【篇】	兵		2139

	徳川家康裂帖紙作			
	—	服		1368
	射場用采配	武		263
	小的采配	武		243
	犬追物采配	武		635
	相撲用采配	武		1196
さい	小柄	産	①	214
さいい	災異			
	依—改元	歳		276
	依—譲位	帝		550
	祈—於山陵	帝		1058
	依—賑恤	政	②	1063
	「かいい怪異」も見よ			
さいい	縗衣	礼	②	928
さいいん	斎院(春日)	神	④	94
さいいん	斎院(賀茂)【篇】	神	③	1169
	—相嘗祭	神	②	482
	—服忌	礼	②	899
	賀茂斎王	神	③	1009
	賀茂斎王	神	③	1171
さいいん	斎院(神祇官)	官	①	289
さいいん	斎院給	封		300
さいいん	斎院司【附】	神	③	1234
さいいん	斎院長官	神	③	1235
さいいん	西院帝	帝		941
	「じゅんな淳和天皇」も見よ			
さいいん	済陰方(医書)	方		1025
さいえ	斎会	宗	②	6
	—	宗	②	10
	—図	宗	②	16
	周忌—	礼	②	1366
	国忌—	礼	②	1258
	—内論義	宗	①	395
	諒闇中—内論義有無之事	礼	②	550
さいえい	細纓	服		1131
さいえん	再縁	政	③	595
	行衛不明者妻—	政	③	560
	養子—	政	③	832
さいおう	斎王			
	「さいぐう斎宮」「さいいん斎院」を見よ			
さいおん	西園寺【篇】	宗	③	547
さいおん	西園寺公宗	人	①	1060
さいおん	西園寺家	姓		434
	北条氏尊崇—	帝		1681
	—五代納后	帝		1681
	—放鷹	遊		948
さいか	再嫁	礼	①	1295
	女御—	帝		1275
さいが	雑賀	地	②	747
さいかい	斎戒	神	①	119
	大嘗祭—	神	①	1171
	大神宝使—	神	①	1651
	祈年祭—	神	②	8
	祈年穀奉幣—	神	②	52
	月次祭—	神	②	119
	神今食祭—	神	②	156
	新嘗祭—	神	②	224
	「ものいみ物忌」も見よ			
さいかい	西海道	地	①	68
	—	地	③	59
さいかく	犀角帯	服		800
	—	礼	②	1035
さいかし	さいかし(皂莢)	植	①	391
さいがし	雑賀衆	兵		460
さいかち	さいかち(皂莢)	植	①	391
さいがわ	犀川	地	③	1184
さいかん	祭官	神	②	1459
	釈奠—	文	②	1364
さいかん	歳寒三友	植	①	77
さいきゅ	西宮記	文	②	907
さいきょ	裁許	法	①	1099
	—	法	③	748
さいぎょ	さい魚	動		1321
さいきょ	歳刑	方		172
さいぎょ	西行	人	②	1016
	—参拝大神宮	神	③	664
	—善和歌	文	①	873
	—自歌合	文	②	73
	—堪忍	地	③	437
	—寡欲	人	②	33
	—与遊女贈答	人	②	860
ざいきょ	在京御家人	官	②	886
さいきょ	西教寺【篇】	宗	④	627
ざいきょ	在京人(洛中警固)	官	②	885
さいきょ	裁許下知状	政	③	110
さいきょ	裁許状	法	①	1089
さいきょ	裁許証文	法	③	655
さいきょ	裁許御教書	政	③	51
さいきょ	裁許命令状	法	①	1088
さいきょ	裁許破	法	③	920
さいきん	采芹堂	文	②	1290
さいぎん	再吟味願	法	③	467

さいぐ	祭具【篇】	神	②	1195
さいぐう	斎宮【篇】	神	③	681
	賜櫛—	器	①	406
	奉幣使参—	神	③	615
	—女孀名	姓		777
	大神宮斎王離宮	神	③	826
さいぐう	斎宮給	封		300
さいぐう	斎宮頭	神	③	808
さいぐう	斎宮寮【附】	神	③	801
	—祭神	神	①	881
	—祭	神	③	763
さいくが	細工頭【篇】	官	③	693
さいぐさ	さいぐさ(福草)	植	②	791
さいぐさ	三枝部連	姓		173
さいくど	細工所			
	大嘗祭—	神	①	996
	院—	官	①	1230
	徳川氏—	官	③	694
さいくに	細工人	産	①	491
さいくみ	細工見世物	楽	②	1206
ざいけ	在家	政	②	446
さいげじ	歳下食	方		122
さいげつ	斎月	神	③	728
	「きげつ忌月」も見よ			
ざいけや	在家役	政	④	450
さいげん	斎元神道	神	②	1324
さいこ	茈胡	植	②	405
さいこ	柴胡	方		1080
さいこう	西光			
	—罵平清盛	人	②	677
	—被拷訊	法	①	623
さいこう	再校	文	③	467
さいこう	斉衡	歳		170
さいごう	西郷	地	②	504
さいごう	斎号	宗	③	28
さいこう	西光寺	宗	③	630
さいごお	佐位郡	地	②	17
さいこく	西国	地	①	56
さいごく	西獄	法	①	933
さいこく	西国郡代	官	③	1479
さいこく	西国三十三所巡礼	宗	③	300
さいこく	西国巡礼	宗	③	300
さいこく	西国筋	地	①	54
さいこく	西国代官	官	③	1488
さいごし	菜ごし(食法)	飲		65
さいこの	さいこの節	楽	②	398
さいこん	西金堂	宗	③	1189
さいさい	西西条郡	地	②	559
さいし	釵子	器	①	447
さいし	祭祀			
	「まつり祭」を見よ			
さいじ	西寺【篇】	宗	③	803
	—文殊会	宗	②	108
	—国忌	礼	②	1258
さいじ	細字	文	③	781
さいじ	細字(相撲)	武		1184
さいしき	彩色	文	③	790
	加—於仏像	宗	①	152
さいしき	祭式			
	神祭—	礼	②	1295
	儒祭—	礼	②	1328
さいじき	斎食	礼	②	693
さいしき	彩色画	文	③	912
さいしき	彩色画師	文	③	790
さいしき	彩色具	文	③	978
さいじき	細字金(甲州金)	泉		281
さいじそ	歳時総載【篇】	歳		1
さいじち	細事勅旨	政	①	245
さいしゃ	裁尺	称		19
さいじゃ	纔著	服		386
	—	帝		1562
さいしゅ	祭主	神	②	1459
	大神宮—	神	③	841
さいじゅ	再従兄弟	人	①	273
	—受禅	帝		534
	—為太子	帝		1353
	天皇為—姉妹服	礼	②	501
さいじゅ	再従姪	帝		1357
さいしゅ	済州島	外		269
さいしゅ	再種方	産	①	179
さいじょ	斎女			
	「いつきめ斎女」を見よ			
さいしょ	宰相	官	①	444
	—	官	③	1711
さいじょ	西条(伊予)	地	②	878
さいじょ	西条(安房)	地	①	1014
さいじょ	斎場(吉田家)	神	②	1379
さいしょ	最勝会	宗	②	27
さいしょ	最勝王経			
	「こんこう金光明最勝王経」を見よ			
さいしょ	最勝講	宗	②	35
さいしょ	最勝光院			
	—八講	宗	②	93

於—行高倉天皇国忌 礼 ② 1282
さいじょ 西条郡 地 ② 659
さいしょ 最勝金剛院 宗 ③ 969
さいしょ 最勝寺(山城)【篇】 宗 ③ 693
—灌頂 宗 ② 396
—八講 宗 ② 92
於—行鳥羽天皇国忌 礼 ② 1280
さいしょ 最勝寺(近江)【篇】 宗 ④ 641
さいじょ 最乗寺【篇】 宗 ④ 264
さいしょ 宰相中将 官 ① 1426
さいじょ 西条藩 地 ② 885
さいしょ 採桑老(楽曲) 楽 ① 539
さいしょ 菜食 飲 31
ざいしょ 在職中隠居 政 ③ 842
さいしん 細辛 植 ① 1202
さいじん 祭神
式内—数 神 ① 123
祈年祭— 神 ② 6
祈年穀奉幣— 神 ② 48
相嘗祭— 神 ② 471
大殿祭— 神 ② 559
堤防— 政 ④ 1053
学校— 文 ② 1189
盲人— 人 ② 967
市場— 産 ② 620
諸国の神社の祭神は神祇部各神社篇に在り。今之を略す
さいじん 狭井神社 神 ④ 22
— 神 ② 548
さいしん 再請禅 宗 ① 794
さいしん 再進鉢 器 ① 89
さいしん 祭神流(槍術) 武 20
さいせい 歳星 天 100
さいぜい 細税 政 ② 611
ざいせい 財政意見 政 ③ 245
さいせい 祭政一致 官 ① 6
さいせい 歳星祭 方 37
さいせん 賽銭 神 ② 1083
さいそ 再祚 帝 303
さいそ 再訴 法 ① 997
— 法 ③ 464
さいそ 菜蔬 植 ① 756
神饌用— 神 ② 1171
さいぞう 才蔵 歳 883
さいそう 采藻館 文 ② 1280
さいぞう 催造宮官 官 ② 372
さいぞう 西蔵主 宗 ② 1037
さいぞく 再族伯祖父 帝 1358
さいたい 犀戴寺 宗 ④ 899
さいだい 西大寺(大和)【篇】 宗 ③ 1260
—寺領 宗 ③ 257
さいだい 西大寺(備前)【篇】 宗 ④ 899
さいだい 最大殿 居 129
さいたい 妻帯役 宗 ② 695
さいだて さいだて(戯射) 兵 1677
さいたま 埼玉郡 地 ① 852
さいだん 裁断 法 ① 1099
さいちょ 最澄
—入唐受天台 宗 ② 471
—弘天台宗 宗 ① 537
—学禅 宗 ① 734
—入唐将来物 宗 ② 508
—始行伝法灌頂 宗 ② 377
—建戒壇於延暦寺 宗 ② 647
—創延暦寺 宗 ④ 549
—創願興寺 宗 ④ 682
—謚号 宗 ② 806
為伝教修六月会 宗 ② 214
さいちょ 細長鼓 楽 ② 1115
さいちょ 才長上(造兵司) 官 ① 925
さいづか 先使 政 ① 1319
さいづち さいづち(柊楑) 産 ① 576
さいてん 祭典
「まつり祭」を見よ
さいとう 西党 兵 441
さいとう 西塔 宗 ④ 554
さいどう 西道 地 ① 68
さいどう 採銅使 金 74
さいどう 採銅所 金 8
さいとう 斎藤拙堂 文 ① 332
さいとう 斎藤時頼 宗 ② 448
さいとう 斎藤好玄 武 714
さいない 斎内親王
「さいぐう斎宮」「さいいん斎院」を見よ
さいなの 才なのり 遊 1217
さいなん 西南院 宗 ③ 1141
さいにち 斎日
散— 神 ① 121
六— 宗 ② 227
六— 居 702
—不得決死刑 法 ① 230

さいにん 再任 政 ① 886
　摂政― 官 ① 545
　関白― 官 ① 597
　「ちょうに重任」も見よ
ざいにん 罪人
　大嘗祭禁決罰― 神 ① 1171
　預―於大名 官 ③ 1705
　―変姓名 姓 236
　「はんにん犯人」も見よ
さいねん 西念寺【篇】 宗 ④ 542
さいのえ 佐尉駅 地 ② 434
さいのか 斎神 神 ② 649
さいのか 狭井神 神 ② 548
さいのか さひの川原 礼 ② 1095
さいのこ さいのこま(綿羊) 動 219
さいのめ 骰子目(双六) 遊 7
さいは 歳破 方 173
さいば 細馬 動 82
さいはい 再拝
　神拝― 神 ② 985
　敬礼― 礼 ① 14
さいはい 采配 兵 2139
　「さい麾」も見よ
さいばい 栽培 植 ① 27
　松― 植 ① 91
　杉― 植 ① 106
　桜― 植 ① 298
　梨― 植 ① 352
　蜜柑― 植 ① 411
　漆樹― 植 ① 467
　黄櫨― 植 ① 476
　竹― 植 ① 722
　麦― 植 ① 842
　粟― 植 ① 868
　稗― 植 ① 890
　藺― 植 ① 999
　百合― 植 ① 1013
　葱― 植 ① 1034
　薯蕷― 植 ① 1096
　薑― 植 ① 1146
　蘭― 植 ① 1169
　蕎麦― 植 ② 11
　藍― 植 ② 18
　大黄― 植 ② 33
　大根― 植 ② 48
　蕪菁― 植 ② 57
　牡丹― 植 ② 166
　芍薬― 植 ② 182
　大豆― 植 ② 240
　小豆― 植 ② 256
　葡萄― 植 ② 348
　木綿― 植 ② 370
　当帰― 植 ② 409
　牽牛子― 植 ② 468
　甘藷― 植 ② 479
　紫草― 植 ② 487
　茄子― 植 ② 517
　禁烟草― 植 ② 551
　烟草― 植 ② 560
　瓜― 植 ② 612
　菊― 植 ② 695
　牛蒡― 植 ② 723
　紅花― 植 ② 754
さいはい 采配頭 兵 190
さいはい 再拝付の鐶(鎧) 兵 1788
さいはい 再拝橋 地 ③ 250
さいはい 采幣振(犬追物) 武 663
さいばら 催馬楽【篇】 楽 ① 201
　― 楽 ① 480
　― 楽 ① 500
　大嘗祭巳日節会歌
　― 神 ① 1312
　行幸歌― 帝 1121
さいはら さいはらひ 器 ① 725
さいばり 前張(神楽) 楽 ① 154
さいはん さい飯 飲 419
さいはん 再犯
　追放者― 法 ② 381
　以有―虞者為鉱山
　役夫 法 ② 399
　以有―虞者為寄場
　人足 法 ② 414
　「じゅうは重犯」も見よ
さいばん 裁判 法 ① 1099
　―管轄 法 ③ 717
　―諸制度 法 ③ 736
ざいばん 在番
　京大坂駿府― 官 ③ 1026
　大番頭― 官 ③ 1029
　書院番頭― 官 ③ 1062
　大名城邑― 官 ③ 1697
さいばん 裁判所 法 ① 1099
さいばん 裁判法 法 ③ 748
さいふ さいふ(財布) 泉 167

さいふ　細布　産②　135
　紅染—衫　服　406
ざいふ　在府　官③　1680
さいふく　祭服　服　101
さいふく　斎服　服　101
さいほう　裁縫【篇】　産②　39
さいほう　西方院流(声明)　宗①　350
さいほう　裁縫師　服　722
さいほう　西方寺(尾張)　宗④　145
さいほう　西方寺(紀伊)　宗④　1006
さいほう　西芳寺【篇】　宗③　936
さいほう　裁縫尺　称　12
さいほう　西宝殿　神③　21
さいほく　西北条郡　地②　559
さいみの　細美布　産②　145
さいみょ　最明寺(鎌倉)【併入】　宗④　305
さいみょ　最明寺(相模国足柄上郡)【篇】　宗④　263
さいみょ　西明寺枝折戸　居　1199
ざいめい　在名　姓　319
さいめい　斉明天皇　帝　10
　—重祚　帝　303
　—建川原寺　宗③　1350
　—薄葬　礼②　242
　—山陵　帝　984
さいめん　西面(院司)　官①　1238
さいめん　西面外門　居　251
さいめん　西面中門(宜秋門)　居　224
さいめん　西面中門(章善門)　居　251
ざいもく　材木
　家作用—　居　508
　—運搬人足負担量　政④　1389
ざいもく　材木石　金　258
ざいもく　材木石奉行　官③　651
ざいもく　材木蔵　居　798
ざいもく　材木商定　産②　413
ざいもく　材木堰　政④　1212
ざいもく　材木奉行
　鎌倉幕府—　官②　818
　足利氏—　官②　1229
　徳川氏—　官③　649
ざいもく　材木船　器②　687
ざいもく　材木屋　産②　405
さいもち　佐比持神　神①　91
さいもつ　済物　政④　141
ざいもつ　財物
　—出挙　政②　900
　妄認—　法①　433
　—取上　法②　632
さいもり　菜盛葉　植①　564
さいもん　祭文
　郊祀—　神②　569
　宮咩祭—　神②　573
　牛祭—　神②　636
　歌合—　文②　24
　白居易—　文②　480
　神葬—　礼②　42
　儒葬—　礼②　56
　山作所地鎮—　礼②　334
　墓前—　礼②　1130
　神祭—　礼②　1310
　儒祭—　礼②　1335
　哀悼—　礼②　1549
　起請—　人②　383
さいもん　祭文(俗曲)【併入】　楽②　340
さいもん　斎文(祈年祭)　神②　9
さいやく　採薬　方　1105
さいやく　歳役　政②　799
さいやく　採薬師　方　1108
さいよう　細腰鼓　楽②　1110
さいよう　再養子　政③　820
さいよう　最要日　政①　1089
さいよう　細腰蜂　動　1130
さいらく　西楽寺【篇】　宗④　187
さいらん　釆覧異言　文②　1023
さいり　宰吏　官②　450
さいりゅ　西隆寺【併入】　宗③　1265
　—寺領　宗③　246
さいりょ　宰領
　飛脚—　政④　1335
　流人—　法②　272
さいりょ　菜料(月料)　封　192
ざいりょ　財良寺【篇】　宗④　112
さいりょ　最涼州(楽曲)　楽①　390
さいりん　西琳寺【篇】　宗④　16
さいれい　祭礼
　「まつり祭」を見よ
さいれん　西蓮寺【篇】　宗④　109
さいわい　さいはひだけ(霊芝)　植②　799
さいわい　幸橋御門　居　387
ざいん　坐隠(囲碁)　遊　44
ざうた　坐唄　楽②　415
さえき　佐伯【併入】　人②　729
　山之—野之—　人②　739

さえきう	佐伯氏	姓		83
	—家法	人	②	183
さえきご	佐伯郡	地	②	660
	—	神	④	1139
さえきだ	佐伯代	官	①	56
さえきの	佐伯今毛人			
	東大寺造営時—勧使役民	宗	③	1103
	—為遣唐大使	外		868
さえきは	佐伯藩	地	②	1039
さえじの	左衛士督	官	①	1493
さえじふ	左衛士府	官	①	1492
さえずり	囀	動		509
さえだ	小枝(横笛)	楽	②	869
さえのか	さへのかみ(道祖神)	神	①	54
さえもん	左衛門督	官	①	1453
さえもん	左衛門陣	居		223
さえもん	左衛門府	官	①	1445
さお	さを(秤)	称		127
さお	さを(三線)	楽	②	815
さお	竿			
	間—	政	④	68
	釣—	産	①	369
	舟棹	器	②	699
	舞楽用棹	楽	①	662
さおいれ	竿入	政	④	19
	「けんち検地」も見よ			
ざおうご	蔵王権現	地	③	759
	—	宗	③	1309
さおうち	竿打(検地)	政	④	3
さおがね	さをがね(貨幣)	泉		292
さおしか	さをしか(麚)	動		309
さおだか	竿鷹法	遊		953
さおとめ	さをとめ	産	①	84
さおとり	竿取	政	④	60
さおにな	棹になれ鈎になれ	動		576
さおのべ	竿延	政	④	26
さおのぼ	竿のぼり(曲芸)	楽	②	1186
さおばし	竿橋	地	③	86
さおぶぎ	竿奉行	政	④	44
さおもち	棹持舞	楽	①	560
さおりお	狭織帯	服		807
さか	坂	地	③	704
さか	冠(鳥)	動		500
さか	差科	政	②	860
さが	さが(性)	人	①	703
さが	佐賀	地	②	1091
さかあぶ	酒膏	飲		741
さかい	堺(和泉)	地	①	343
	大坂及—貸借訴訟裁判	政	④	653
さかいき	堺久庵	産	①	799
さかいご	坂井郡	地	②	238
さがいし	嵯峨石	文	③	1325
さかいた	逆板(鎧)	兵		1778
	—	兵		1821
さかいだ	堺代官			
	織田氏泉州—	官	②	1428
	豊臣氏—	官	②	1460
さかいた	酒井忠勝			
	—為大老	官	③	162
	—報怨以恩	人	②	500
さかいた	酒井忠清			
	—為大老	官	③	163
	—逼塞	法	②	559
さかいで	堺伝授(古今集)	文	①	784
さかいの	堺浦	産	②	738
	於—貿易	産	②	737
さかいの	堺荘	地	①	344
さかいの	堺新水門	地	③	568
さかいの	堺津	地	③	513
さかいの	堺祭	神	③	758
さかいば	境原宮	地	①	178
さかいぶ	堺奉行			
	豊臣氏—	官	②	1460
	徳川氏—	官	③	1435
	—裁判	法	③	884
さかいめ	堺目城	兵		1050
さかいり	酒熬	飲		223
さかいり	堺流(書道)	文	③	679
さかいり	堺両郷払	法	②	361
さかおも	逆沢瀉腹巻	兵		1835
さかおも	逆沢瀉鎧	兵		1799
さかき	榊	植	①	556
	以—換門松	歳		865
	以—為神体	神	①	202
	以—為神木	神	②	1759
	祭祀用—	神	②	1197
	葬礼用—	礼	②	347
	神楽用—	楽	①	179
	以—枝為文台	文	③	1460
さかき	榊(神楽)	楽	①	157
さかきざ	さかきざさ(酒蟻)	飲		740
さかきた	坂北郡	地	②	238

さかきた　榊玉串　神 ③ 487
さかきば　榊原篁洲
　—折衷学　文 ② 806
　—通法律　文 ② 902
　—善篆刻　文 ③ 1143
　—通天文　方 249
さがく　左楽　楽 ① 42
ざがぐ　坐臥具【篇】　器 ② 1
さがげん　嵯峨源氏　姓 204
さがごお　佐嘉郡　地 ② 1083
さかごし　坂輿　器 ② 949
さかさが　逆川　地 ③ 1175
さかし　賢　人 ① 1277
さかした　坂下御門　居 408
ざがしら　座頭(俳優)　楽 ② 164
さかずき　盃　器 ① 224
　賜御—　礼 ① 252
　婚姻祝言—　礼 ① 1024
　床—　礼 ① 1047
さかずき　盃台　器 ① 253
さかずき　盃箱　器 ① 252
さかたご　坂田郡　地 ① 1180
さかたで　坂田寺【篇】　宗 ③ 1351
さかたと　坂田藤十郎　楽 ② 184
さかたの　酒田港　地 ③ 577
さかたば　坂田橋　地 ③ 230
さかつぼ　酒壺銭役　政 ④ 526
さかづら　逆頬(甲冑具)　兵 1887
さかつら　酒列磯前神社【篇】　神 ④ 589
さかづら　逆頬箙　兵 1726
さかづる　坂弦(弓)　兵 1567
さかて　逆手(拍手)　神 ② 977
さかて　酒手　服 690
さかてく　坂手国生社　神 ③ 138
さかてじ　坂手神社　神 ③ 135
さがてん　嵯峨天皇　帝 17
　—始置賀茂斎院　神 ③ 1207
　—書風　文 ③ 684
　—薄葬　礼 ② 243
　—山陵　帝 990
さかとけ　酒解子神　神 ③ 1534
さかとけ　酒解神　神 ③ 1534
さかどの　酒殿歌(神楽)　楽 ① 165
さかとの　坂門津　地 ③ 493
さかとの　坂門原陵　帝 983
さがどの　嵯峨殿法華堂　帝 1016
さかな　肴　飲 137
　中陰明御—献上　礼 ② 694
さかな　魚　動 1239
　「うお魚」も見よ
さかなう　魚売　動 1254
さかなが　坂長駅　地 ② 575
さかなせ　肴銭(税)　政 ④ 485
さかなど　肴問屋　産 ② 408
さかなば　肴鉢　器 ① 89
さかなぶ　肴奉行　官 ③ 897
さかなや　魚屋　動 1253
さかなや　魚屋八郎兵衛　礼 ② 189
さがの　嵯峨野　地 ③ 933
さがのい　嵯峨院　宗 ③ 882
さかのう　坂上韋林庵　神 ② 1336
さかのう　坂上家　文 ② 895
さかのう　坂上田村麻呂　人 ② 91
　—征蝦夷　人 ② 720
　—建清水寺　宗 ③ 607
さかのう　坂上宝剣　兵 1402
さがのお　嵯峨小倉陵　帝 1017
さかのか　坂神　神 ① 69
さかのみ　坂之御尾神　神 ① 53
さかばし　逆柱　居 962
さかはた　さかはた(旗)　飲 757
さかはた　逆機物　法 ① 742
さかはり　逆礫【併入】　法 ② 231
　—　法 ① 742
さがはん　佐賀藩　地 ② 1097
さかびた　酒浸　飲 213
さかびと　酒人　官 ① 97
さかひと　酒人内親王　帝 1221
　—印　政 ① 535
　—遺言　人 ② 207
さかべ　酒部(伴造)　官 ① 96
さかべ　酒部(造酒司)　官 ① 1082
さかべの　酒部神祭(斎宮)　神 ③ 766
さかべの　酒部司　神 ③ 809
さかほが　酒楽歌(大歌)　楽 ① 142
さかほこ　逆鉾　地 ③ 854
さがぼん　嵯峨本　文 ③ 356
　—　文 ③ 524
　—　文 ③ 1061
さかまく　坂枕　神 ① 1433
　—　神 ① 1438
　—　神 ② 163
　—　神 ② 203
　—　神 ② 228

さかます	さかます(酒量)	称		76
さがみ	相模(歌人)	文	①	883
さがみが	相模川	地	③	1167
さがみが	相模川橋	地	③	284
さがみこ	相模公	封		60
さかみず	さかみづ(酒)	飲		678
さがみだ	相模代官	官	③	1522
さかみな	坂南郡	地	②	238
さがみの	相模国【篇】	地	①	740
	—減省解文	政	②	697
	—金銀貨	泉		288
さかむか	坂迎	人	②	443
	—	神	③	645
さがむの	相武国造	地	①	750
さかもぎ	逆茂木	兵		669
さかもと	坂本銭	泉		26
さかもと	坂本天山	武		901
さかもと	坂本駅	地	①	1240
さかもり	酒盛	礼	①	229
	「えん宴」「きょうお饗応」も見よ			
さかや	酒屋	飲		752
	—	産	②	405
さかやき	月代	人	①	533
	元服剃—	礼	①	867
	喪中—	礼	②	695
	囚人—	法	③	334
さかやき	月代願	方		1160
さがやま	嵯峨山上陵	帝		1015
さかやや	酒屋役	政	④	524
さかゆめ	さか夢	人	①	822
さかよせ	逆寄	兵		622
さがらご	相楽郡	地	①	224
さがらの	相楽墓	帝		1559
さがらは	相良藩	地	①	595
さがらめ	相良布	植	②	890
さがり	さがり(鍑)	器	①	307
さがりぐ	さがり蜘蛛	動		1209
さがりば	さがりば(髪)	人	①	518
さがりふ	さがりふすべ(懸疣)	方		1273
さかろ	逆櫓	兵		1192
さかろう	左華楼	居		186
さかわが	酒匂川	地	③	1155
	—治水	政	④	1032
	—治水	政	④	1138
さかわが	酒匂川渡	地	③	448
さかわの	酒匂駅	地	①	747
さかん	史			
	「し史」を見よ			
さかん	志			
	「し志」を見よ			
さかん	左官	産	①	583
さかん	主典			
	「しゅてん主典」を見よ			
さかん	佐官	官	①	199
	僧綱—	宗	②	768
さき	崎	地	③	1328
さき	鉇	兵		1309
さぎ	鷺	動		612
	以—為神使	神	②	1821
さぎ	詐偽【篇】	法	①	427
	—【篇】	法	①	903
	—【篇】	法	②	903
	—【篇】	人	②	659
	「あざむく欺」「いつわる詐」も見よ			
さぎあし	鷺足【併入】	遊		1157
さきうち	先打	兵		389
さぎうん	鷺運上	政	④	486
さきがけ	さきがけ(先登)	兵		545
さきくさ	さきくさ(檜)	植	①	114
さきくさ	さきくさ(福草)	植	②	791
さきくさ	さきくさな(薺苨)	植	②	686
さきくさ	さきくさの(枕詞)	植	②	792
さぎごお	佐芸郡	地	①	478
さぎしゅ	詐欺取財	法	①	431
	—	法	①	904
	—	法	②	912
さぎじる	鷺汁	飲		178
さきぜい	先勢	兵		408
さぎそう	さぎさう(紫蕚)	植	①	1082
さぎそう	さぎさう(通泉草)	植	②	673
さぎそう	鷺草	植	①	1179
さきぞな	先備	兵		389
さきたま	埼玉津	地	③	532
さきたま	幸玉宮	地	①	180
さぎちょ	三毬打	歳		930
	—	歳		876
	—図	楽	②	448
さきづつ	先筒頭	官	③	1174
さきて	先手(隊伍)	兵		407
さきて	先手(職名)	官	③	1174
さきてお	先手御鉄砲頭	官	③	1174
さきてが	先手頭【篇】	官	③	1173

さきてた 先手大将 兵 176
さきてゆ 先手弓頭 官 ③ 1174
さきてゆ 先手弓鉄砲物頭 官 ③ 1174
さきのだ 前の太上皇 帝 826
「だじょう太上天皇」も見よ
さきのだ 前太上天皇 帝 824
「だじょう太上天皇」も見よ
さきのた 狭城盾列陵 帝 977
さぎのは 鷺觜(農具) 産 ① 241
さぎのは 鷺羽 兵 1600
さきはこ 先箱 器 ② 529
さきぶれ 先触 政 ④ 1259
囚人護送— 法 ③ 295
さきみた 幸魂 神 ① 175
大己貴神— 神 ④ 1
さきもり 防人 官 ② 421
陳—悲別之情歌 人 ② 425
さきもり 防人正 官 ② 420
さきもり 防人司 官 ② 420
さきもり 防人部領使 政 ① 625
さきょう 左京 地 ① 144
さきょう 左京職 官 ② 375
さきょう 左京大夫 官 ② 376
さきょう 左京坊令 官 ② 376
さく 梀 植 ① 664
さく 柵【併入】 兵 1131
— 居 883
さく 幘 服 1122
斎服著— 服 104
さく 鋜(囚禁具) 法 ① 488
ざぐ 坐具(僧具) 宗 ② 1133
さくきて 作器手
中宮職— 官 ① 746
内膳司— 官 ① 1068
さくげん 策彦 外 988
さくごお 佐久郡 地 ① 1372
さくさく さくさく汁 飲 182
さくし 策試 文 ③ 115
さくじ さくぢ(澡豆) 器 ① 539
さくじか 作事方 官 ③ 634
さくじか 作事方小奉行 官 ③ 636
さくじか 作事方定小屋 官 ③ 636
さくじか 作事方大棟梁 官 ③ 659
さくじか 作事方手大工 官 ③ 659
さくじか 作事方庭作 官 ③ 660
さくじか 作事方被官 官 ③ 642
さくじし 作事下奉行 官 ③ 642
さくじし 作事衆 官 ② 1444
さくじつ 朔日
「ついたち朔日」を見よ
さくじぶ 作事奉行
鎌倉幕府— 官 ② 813
足利氏— 官 ② 1227
織田氏— 官 ② 1414
徳川氏—【篇】 官 ③ 631
さくしま 佐久島 地 ① 475
さくしゃ 作者
撰集—名書式 文 ② 235
勅撰集— 文 ② 265
謡曲— 楽 ① 790
芝居狂言— 楽 ② 143
金平浄瑠璃— 楽 ② 260
浄瑠璃— 楽 ② 306
小唄— 楽 ② 408
さくしゅ 作手(掃部寮) 官 ① 1053
さくしゅ 作州 地 ② 552
「みまさか美作国」も見よ
さくじり 作事料 封 486
さくじん 作人館 文 ② 1283
さくず 澡豆 器 ① 539
さくたん 朔旦冬至 歳 121
— 政 ① 55
—日蝕 天 45
依—赦宥 法 ① 530
依—赦宥 法 ① 960
—議 方 363
—賀表 礼 ② 875
さくたん 朔旦旬 歳 121
— 政 ① 55
さくてい 刪定令条 法 ① 86
さくてん さくてん 文 ② 1336
「せきてん釈奠」も見よ
さくでん 作田勘文 政 ③ 1108
さくでん 作田目録 政 ③ 1107
さくとう 鮓答 動 11
— 金 358
さくなぎ さくなぎ(鳥) 動 674
さくなむ さくなむさ(石楠草) 植 ① 586
さくなり さくなり(作像冑) 兵 1882
さくのく 作鞍 兵 1973
さくひん 作殯宮司 礼 ② 255
さくぶん 策文 文 ③ 91
さくへい 朔幣【併入】 神 ② 1051
さくべい 索餅

「むぎなわ索餅」を見よ
さくへい 朔幣田 神 ① 629
― 神 ② 1054
さくへい 朔平門 居 221
さくまし 佐久間象山
―上書 政 ③ 258
―被命蟄居 法 ② 585
―通西洋砲術 武 895
―鋳造大砲 武 948
さくまも 佐久間盛政 兵 833
さくまり 佐久間流(兵法) 兵 13
さくみょ 冊命(立后) 帝 1109
さくめい 作名 姓 804
さくもう 舴艋 器 ② 666
さくもん 作文(詩会) 文 ② 609
さくもん 作文法
和文― 文 ① 190
漢文― 文 ① 290
さくら 桜 植 ① 283
以―為神木 神 ② 1795
普賢象― 宗 ③ 747
遊里栽― 人 ② 885
南殿― 居 87
蹴鞠場― 遊 1059
―接木 植 ① 38
さくらあ 桜麻 植 ① 1194
さくらい 桜石 金 350
さくらい 桜井宿 人 ② 213
さくらい 桜熬 飲 226
さくらう 桜魚(わかさぎ) 動 1336
さくらう 桜魚(国栖魚) 動 1347
さくらえ 桜会 宗 ② 134
さくらお 桜威鎧 兵 1806
さくらが 桜貝 動 1643
さくらか 佐倉海道 地 ③ 61
― 地 ③ 73
さくらが さくら粥 飲 456
さくらが 桜狩(放鷹) 遊 948
さくらが 桜川 地 ③ 799
さくらが 桜川石 文 ③ 1326
さくらぐ 桜草 植 ② 442
さくらじ 桜島 地 ② 1168
― 地 ③ 1347
さくらず 佐倉炭 器 ② 348
さくらだ 桜田 地 ① 958
さくらだ 桜鯛 動 1370
さくらだ 桜田御殿預 官 ③ 978
さくらた さくらたで(蚕繭草) 植 ② 27
さくらで 桜寺 宗 ④ 679
さくらど 桜戸 居 1214
さくらど 桜灯籠 器 ② 235
さくらの 桜御能 楽 ① 864
さくらの 桜唐衣 服 922
さくらの 桜下襲 服 346
さくらの 桜直衣 服 312
さくらの さくらのり(桜苔) 植 ② 905
さくらは さくらはえ(桜鮠) 動 1333
さくらは 佐倉藩 地 ① 1080
さくらび 桜人(催馬楽) 楽 ① 210
さくらま 佐倉町 地 ① 1073
さくらま 桜町中納言 植 ① 302
さくらま 桜町天皇 帝 40
―再興大嘗会 神 ① 1403
さくらも 桜餅 飲 620
さくらも 桜本陵 帝 1016
さくらり 桜流(盲人) 人 ② 944
さくり 疏 武 229
さくり 噦噎 方 1197
歔欷 人 ① 746
さぐり 探
刀剣― 兵 1443
弓― 兵 1563
さくりも さくりもよよと泣く 人 ① 746
ざくろ 石榴 植 ① 578
ざくろい 石榴石 金 242
さくろの 作路司 礼 ② 257
ざくろば ざくろばな(酒皶鼻) 方 1169
さけ 酒【篇】 飲 675
造―司【篇】 官 ① 1080
神― 神 ② 1149
天甜― 産 ① 4
屠蘇― 歳 789
桃― 歳 1090
白― 歳 1091
菖蒲― 歳 1174
菊― 歳 1340
馬鈴薯― 植 ② 533
新定―式 礼 ① 276
飲―法 礼 ① 289
婚礼飲―法 礼 ① 1191
飲―式法 服 588
孟夏朔賜―禄 政 ① 39
孟冬朔賜―禄 政 ① 44
嫡子荒耽―者聴更

—立　政 ②　87
—盛一而授人　礼 ①　275
火葬之時以一滅火　礼 ②　204
禁売一於百姓　産 ①　196
さけ　梟　動　963
さけ　鮭　動　1284
—簀巻　服　636
さげあま　さげあま　宗 ②　443
さげお　下緒(刀剣)　兵　1456
さげおび　提帯　服　1062
さげがみ　下げ髪　人 ①　541
さげぎり　提斬　法 ②　158
さけぐら　酒蔵　居　791
さけこう　酒麹役　政 ④　524
さげざや　提鞘　兵　1465
さげじゅ　提重　器 ①　290
さげじゅ　提重(隠売女)　人 ②　910
さけじょ　避状　政 ③　759
さけずし　鮭鮓　飲　958
さげずみ　さげずみ(準)　産 ①　559
さけづか　酒司　官 ①　1130
さけづけ　酒漬　飲　1034
さけどの　酒殿【併入】　官 ①　1086
さけどん　酒問屋　産 ②　407
さけにく　酒荷口金　政 ④　530
さけのい　鮭煎焼　飲　218
さげのう　下直衣　服　300
さけのか　酒神　神 ①　76
さけのつ　造酒司【篇】　官 ①　1080
さけのは　酒のはへ(蠛)　動　1141
さげばり　下針をも射る　武　178
さけびと　さけびと(掌酒)　神 ②　1150
さけぶ　叫　人 ①　865
さけぶぎ　酒奉行　官 ③　897
さげふだ　下札(年貢目録)　政 ④　348
さけやく　酒役(徳川氏賄方)　官 ③　896
さけをと　酒飲(催馬楽)　楽 ①　214
ざこ　雑喉　動　1239
さこう　左降　法 ①　351
「させん左遷」も見よ
さこう　鎖港　外　21
さこく　鎖国　外　21
さごく　左獄　法 ①　482
—　法 ①　933
さごし　青箭(鰆)　動　1501
さこしま　佐古島　地 ①　475
ざこじる　雑喉汁　飲　175
さこのえ　左近衛将監　官 ①　1363
さこのえ　左近衛少将　官 ①　1358
さこのえ　左近衛将曹　官 ①　1366
さこのえ　左近衛大将　官 ①　1352
さこのえ　左近衛中将　官 ①　1358
さこのえ　左近衛府　官 ①　1343
ざこば　雑喉場　動　1253
さこんえ　左近右衛門派(射術)　武　125
さこんの　左近桜　植 ①　304
ささ　ささ(酒)　飲　682
ささ　笹　植 ①　712
ささ　篠(神楽)　楽 ①　157
ささいご　佐西郡　地 ②　660
ささうお　ささうを(魚尾竹)　植 ①　718
ささうお　篠魚　動　1336
ささえ　楕　器 ①　258
さざえ　栄螺　動　1661
さざえ　栄螺(冑)　兵　1882
さざえの　栄螺壺焼　飲　230
さざえわ　栄螺破魚　動　1483
ささおり　笹折　器 ①　293
ささがき　笹垣　居　868
ささがき　篠搔　飲　213
さざき　鷦鷯　動　769
ささきが　佐佐木掛鐙　兵　1997
ささきが　佐佐木巌流　人 ②　12
ささきた　佐佐木高綱　人 ①　1254
ささきと　佐佐木党　兵　447
ささきど　佐佐木道誉
—智計　人 ①　1258
—奢侈　人 ②　598
ささきの　佐佐木荘　地 ①　1204
ささきも　佐佐木盛綱
—渡藤戸海　地 ③　475
—渡藤戸海　人 ②　298
ささきよ　佐佐木義賢　武　716
ささきり　佐佐木流(馬術)　武　716
ささきり　佐佐木流(鉄砲)　武　885
ささぐさ　ささぐさ(淡竹葉)　植 ①　937
ささぐも　ささぐも(草蜘蛛)　動　1212
ささくり　ささ栗(杭子)　植 ①　175
ささげ　大角豆　植 ②　260
ささげめ　大角豆飯　飲　404
ささしま　笹島焼　産 ①　745
ざさしん　坐作進退　礼 ①　131
ささすげ　ささすげ(草)　植 ①　960
ささど　笹戸　居　1213

ささなみ 篠波(神楽) 楽 ① 161
さざなみ さざなみの(枕詞) 地 ① 1172
ざさのめ 座左銘 人 ② 179
ささのや 筱舎学則 文 ② 1329
ささはそ ささはそらし(藁本) 植 ② 420
ささばん 笹判金 泉 206
ささぶき 笹吹銀 泉 286
ささぶね 篠舟 器 ② 616
ざさまさ 座さまさぬ秘法 宗 ② 290
ささむた 西寒多神社【篇】 神 ④ 1612
ささむた 西寒多神 神 ④ 1613
ささめ 小小妻(草) 植 ① 928
ささめご ささめごと(私語) 人 ① 851
ささめの 佐佐目郷 地 ① 878
ささもち 笹餅 飲 621
ささやく ささやく(耳語) 人 ① 852
ささやま 笹山 地 ② 387
ささやま 笹山藩 地 ② 393
ささゆ 酒湯(疱瘡) 方 930
ささゆり ささゆり(百合) 植 ① 1010
ささゆり ささゆり(黄精) 植 ① 1018
ささら 編木(楽器)【併入】 楽 ② 1150
ささらえ 左佐良榎壮士 天 57
ささらが ささらがた(枕詞) 服 808
ささらな ささらなみ(泊漪) 地 ③ 1261
ささらの ささらのみおび(帯) 服 808
ささりん ささりんだう(竜胆) 植 ② 445
さざれい さざれいし(細石) 金 247
ざさん 坐参(坐禅) 宗 ① 791
さざんか 山茶花 植 ① 548
さざんざ さざんざ(小唄) 楽 ② 383
さし さし(度) 称 4
「ものさし尺」も見よ
さし さし(城) 兵 1038
さし さし(緡) 泉 15
さし 蠁子 動 1141
さじ 匕 器 ① 109
ざじ 座次 官 ③ 1849
神職— 神 ② 1584
社僧— 神 ② 1688
准后— 封 346
太政大臣等— 官 ① 517
摂政— 官 ① 557
関白— 官 ① 609
蔵人— 官 ② 269
蔭子孫争— 政 ① 1007
禁裏堂上武家— 官 ③ 1716
徳川幕府殿中— 官 ③ 90
幕府殿中座席 官 ③ 1717
番頭席次 官 ③ 1019
さしあけ さしあけみ(颶籃) 産 ① 308
さしあわ 指合(俳諧) 文 ① 1215
さしえび 差箙 兵 1728
さしかけ 指懸 服 1412
さしかけ 差掛料(徳川幕府雑給) 封 482
さしがさ さし傘 器 ② 436
「からかさ傘」も見よ
さしがね 曲尺 称 15
さしがみ 差紙 法 ③ 591
拒— 法 ③ 597
さしき さしき(戸具) 居 1243
さしき 挿木 植 ① 40
さじき 桟敷 居 583
劇場— 楽 ② 55
ざしき 座敷 居 593
—往来作法 礼 ① 133
婚礼—装飾 礼 ① 1109
蹴鞠場— 遊 1070
ざしきか 座敷飾 居 1072
—図 居 1074
ざしきず 座敷相撲 武 1228
さしぎち 差几帳 器 ① 820
—図 器 ① 821
ざしきぶ 座敷奉行 官 ② 1445
ざしきま 座敷鞠 遊 1088
ざしきろ 座敷籠 法 ① 954
さしぐし 刺櫛 器 ① 391
さしぐし 挿櫛(催馬楽) 楽 ① 208
さしくち 差口 法 ③ 970
さしこ 指籠 服 761
さしごえ 指声 文 ③ 284
さしこみ 差込(笄) 器 ① 427
さしこみ 差込(飛脚) 政 ④ 1335
さしこみ さしこみ簪 器 ① 442
さしさば 刺鯖 歳 1280
さじじゅ 左侍従 帝 322
さしそえ 差添(相撲) 武 1216
さしそえ 差添人(訴訟) 法 ③ 556
さしだし 差出(年貢書上帳) 政 ④ 348
さしたび 刺足袋 服 1458
さしだる 指樽 器 ① 190
—図 器 ① 192
さしつぎ 差次蔵人 官 ② 294

さしでい 指出磯 地 ③ 1296
さしなべ さしなべ(銚子) 器 ① 200
さしなわ 差縄
馬― 兵 2057
車― 器 ② 878
さしぬき 指貫 服 737
著袴之時小児初著― 礼 ① 555
奴袴紋図 姓 579
さしばな 挿花【篇】 遊 825
さしひか 差扣【併入】 法 ② 590
隠居― 法 ② 581
さしひか 差扣伺 法 ② 32
― 法 ② 590
さしふだ 差札(聞香) 遊 364
さじふつ 佐士布都神 神 ④ 24
さしぶの さしぶのき(烏草樹) 植 ① 560
さしまご 猨島郡 地 ① 1065
さしみ 指身 飲 207
さしむし 指虫 産 ① 149
さしむし 差筵 器 ② 18
さしもぐ さしもぐさ(艾) 植 ② 711
さしもの 指物【篇】 兵 2121
大番― 官 ③ 1044
書院番― 官 ③ 1068
小十人― 官 ③ 1122
さしもの 指物師 産 ① 543
さしもの 指物持 兵 2127
さしや 指矢 武 122
さしや 差矢 兵 1690
さしやが 指矢懸(陣法) 兵 73
さしゅう 佐州 地 ② 360
「さどのく佐渡国」も見よ
さしゅう 佐州銀 泉 285
さしょう 左将軍 兵 168
― 官 ② 6
さしょう 左少史 官 ① 402
さしょう 左少弁 官 ① 402
さじらん さじらん 植 ② 854
さじろう 左次郎の湯 地 ③ 1055
さす 螫 動 1002
さす 杈首【併入】 居 984
ざす 坐 人 ① 978
ざす 座主 宗 ② 954
神社― 神 ② 1627
水精寺― 神 ④ 1192
高良山― 神 ④ 1509
彦山― 神 ④ 1609
法性寺― 宗 ③ 970
醍醐寺― 宗 ③ 1051
さすえ 棬 器 ① 258
さすが さすが(刀) 兵 1377
さすがね さすがね(戸具) 居 1242
さずき さずき 居 582
「さじき桟敷」も見よ
させき 佐跡(書) 文 ③ 710
さぜごお 佐是郡 地 ① 1037
させん 左遷【篇】 法 ① 341
―為国司 官 ② 463
ざぜん 坐禅【附】 宗 ① 767
ざぜんい 座禅院 宗 ④ 732
ざぞう 坐像 宗 ① 180
ざぞう 坐贓 法 ① 57
さそり さそり(蠮螉) 動 1130
さだいし 左大史 官 ① 402
さだいじ 左大寺 宗 ③ 785
さだいし 左大将 官 ① 1352
さだいじ 左大臣 官 ① 402
― 官 ① 414
―補任 官 ① 490
辞― 政 ① 1410
「だいじん大臣」も見よ
さだいべ 左大弁 官 ① 402
さだおき 貞置流(茶湯) 遊 597
さだくに 狭田国生社 神 ③ 138
さたけう 佐竹氏
―世襲侍所所司 官 ② 1315
―家紋 姓 541
さだじ 蹉跎寺 宗 ④ 1051
さだじん 狭田神社 神 ③ 136
さだちょ 沙陀調 楽 ① 27
―楽曲 楽 ① 367
さだのか 佐陀神主 神 ① 685
さたのか 佐太菅廟 神 ① 208
さたみれ 沙汰未練書 法 ① 677
さだめが 定書 政 ③ 154
「おさだめ御定書」も見よ
さだめぶ 定文
所充― 政 ① 1065
著袴― 礼 ① 551
葬送雑事― 礼 ② 257
さだやす 貞保親王 楽 ② 898
さちぎ 幸木 居 659
ざちゅう 座中取締役(盲人) 人 ② 964

さちゅう　左中弁　官 ①　402
さつ　札　泉　429
「しへい紙幣」も見よ
さつ　撮　称　49
さつうば　茶通箱　遊　756
—作法　遊　490
ざつがく　雑楽　楽 ①　69
さっかほ　作歌法　文 ①　597
さつがみ　札紙書(徳川氏奥女中)　官 ③　836
さつき　さつき(山榴)　植 ①　592
さつき　さつき(五月)　歳　19
ざつげい　雑芸(歌曲)　楽 ①　75
ざつげい　雑芸集　楽 ①　76
ざっこ　雑戸
—籍　政 ②　12
内匠寮—　官 ①　807
大蔵省—　官 ①　967
大膳職—　官 ①　999
—賜姓　姓　231
ざっこう　雑工戸
造兵司—　官 ①　925
典鋳司—　官 ①　968
漆部司—　官 ①　970
織部司—　官 ①　974
兵庫寮—　官 ①　1555
ざっこく　雑穀　植 ①　756
さつざ　札座　泉　443
さっさだ　左左立　遊　1225
ざっしゃ　雑舎造　居　525
さっしゅ　薩州　地 ②　1195
「さつまの薩摩国」も見よ
さっしょ　殺傷【篇】　法 ①　403
—【篇】　法 ①　881
—【篇】　法 ②　811
闘殴—　法 ①　414
闘殴—　法 ①　893
闘殴—　法 ②　890
強盗—　法 ①　368
強盗—　法 ②　682
殺傷奴婢　政 ②　180
殺傷外国人　外　75
ざっしょ　雑掌
諸国—　官 ②　476
諸家—　官 ①　1295
四度使—　政 ①　665
荘—　政 ②　565
税帳—　政 ②　699
さつじょ　撮壌集　文 ①　185
ざっしょ　雑掌人　神 ②　1652
ざっしょ　雑生試　文 ③　114
さつじん　殺人
「さっしょ殺傷」を見よ
さつじん　薩人書　文 ①　7
さつじん　殺人穢　神 ②　791
ざつぜい　雑税【篇】　政 ④　395
ざっそ　雑訴　法 ①　1151
ざっそけ　雑訴決断所　官 ②　634
—牒　政 ①　478
ざっそさ　雑訴沙汰　法 ①　979
ざっそし　雑訴衆　官 ①　1223
ざっそつ　雑卒　兵　253
さった　薩埵　宗 ①　83
さつちの　佐突駅　地 ②　518
ざづつみ　座包(包銀)　泉　402
ざっとう　雑稲　政 ②　703
—等混正税　政 ②　643
—率分　政 ②　815
諸国出挙正税公廨—　政 ②　876
ざつのう　雑納(田租)　政 ④　305
さっぱ　さつは(魚)　動　1425
ざっぱん　雑犯死罪　法 ①　289
ざつぶん　雑分所　官 ①　1076
さっぺい　撤兵　兵　229
さっぺい　撤兵頭　官 ③　1622
さっぺい　撤兵隊　官 ③　1624
ざっぽう　雑袍　服　93
聴—　服　98
被聴—者著直衣　服　314
ざっぽう　雑俸【篇】　封　471
さっぽろ　札幌　地 ②　1322
さっぽろ　札幌区　地 ②　1296
さっぽろ　札幌郡　地 ②　1293
さっぽろ　札幌神社　神 ④　1714
ざつまい　雑米　政 ②　610
—　封　96
さつまい　薩摩芋　植 ②　474
「かんしょ甘藷」を見よ
さつまい　甘藷粥　飲　463
さつまい　甘藷飯　飲　407
さつまう　薩摩馬　動　111
さつまが　薩摩笠　器 ②　386
さつまが　薩摩がすり　産 ②　171

さつまが　薩摩潟　地 ③ 1294
さつまご　薩摩郡　地 ② 1215
さつまご　薩摩暦　方 394
さつまじ　薩摩浄雲　楽 ② 255
さつまに　薩摩人参　植 ② 392
　―　方 1067
さつまの　薩摩国【篇】　地 ② 1195
　配流―　法 ① 787
　配流―　法 ② 261
　―隼人　官 ① 913
　―隼人　人 ② 732
　―鹿野谷牛合　動 64
　―黄櫨　植 ① 477
　英吉利人薩摩事件　外 1429
さつまの　薩摩国図田帳　政 ② 475
さつまの　薩摩国天平八年正税帳　政 ② 669
さつまの　薩摩国造　地 ② 1211
さつまび　薩摩琵琶　楽 ① 729
さつまぶ　薩摩節　楽 ② 397
さつまや　薩摩焼　産 ① 775
　―　産 ① 714
さつまろ　薩摩蠟燭　器 ② 263
ざつむざ　雑務沙汰　法 ① 979
ざつやく　雑役(税)　政 ④ 410
ざつよう　雑用金　封 480
さであみ　纚網　産 ① 383
さと　里　地 ① 89
さと　郷　地 ① 89
さといも　里芋　植 ① 972
さといも　里芋粥　飲 463
さといも　里芋飯　飲 407
さといり　里入(婚礼)　礼 ① 1104
さとう　沙塔　宗 ③ 101
さとう　沙糖【篇】　飲 882
　―盈物品渡　産 ② 840
　―解河豚毒　動 1519
さどう　茶道
　足利氏―　官 ② 1267
　織田氏―　官 ② 1412
　豊臣氏―　官 ② 1443
ざとう　座頭(盲人)　人 ② 940
　―　人 ② 949
　弾左衛門支配―　政 ③ 883
　「もうじん盲人」も見よ
ざどう　坐堂(坐禅)　宗 ① 790
さとうい　佐藤一斎　文 ② 777
　―文章　文 ① 332
　―家訓　人 ② 204
ざとうく　座頭鯨　動 1488
さとうぐ　佐藤組　兵 455
さとうご　佐東郡　地 ② 660
さとうづ　沙糖漬　飲 665
さとうど　沙糖問屋　産 ② 407
さとうな　佐藤直方
　―論赤穂義士復讐　人 ② 509
　―無号　姓 739
さとうの　佐藤信淵
　―関東開墾意見　政 ③ 1194
　―善砲術　武 970
　―善農事　産 ① 182
さとうふ　佐藤不昧軒　金 170
さとうみ　沙糖蜜　飲 909
さとうも　沙糖餅　飲 556
さとうや　沙糖屋　産 ② 405
さとがえ　里帰(婚礼)　礼 ① 1104
さとかぐ　里神楽　楽 ① 195
さどぐつ　佐渡沓　服 1438
さどくに　佐渡国中払　法 ② 362
さどくら　佐渡蔵奉行　官 ③ 1447
さとこ　里子　人 ① 208
さとごお　佐都郡　地 ① 1118
さとこと　里詞　人 ② 898
さとし　さとし(智)　人 ① 1238
さとじろ　里城　兵 1042
さとす　諭　人 ② 147
さどだい　佐渡代官　官 ③ 1530
さとだい　里内裏　居 271
さとづき　里附の女(婚嫁)　礼 ① 1172
さどぬの　佐渡布　産 ② 140
さどのい　佐渡院　帝 952
　「じゅんと順徳天皇」も見よ
さどのく　佐渡国【篇】　地 ② 359
　配流―　法 ① 170
　配流―　法 ① 769
　配流―　法 ② 290
　―銀貨　泉 285
　―銀貨　泉 289
　徳川幕府―御蔵　政 ③ 1071
　―金山　泉 202
　―金山　金 98
　―銀山　金 115
　―銅山　金 143
さどのく　佐渡国造　地 ② 363

さどのし	佐渡洲	地	③	1346
さどはら	佐土原藩	地	②	1162
さどばん	佐渡判(正徳金)	泉		228
さとびら	里開(婚礼)	礼	①	1102
さどぶぎ	佐渡奉行	官	③	1439
	一裁判	法	③	888
さとまわ	さとまはり(黄頷蛇)	動		1019
さとみは	里見八犬伝	文	②	952
さとみま	里見舞(婚礼)	礼	①	1104
さとむら	里村紹巴	文	①	1108
さとめ	里目	称		114
さとめぐ	さとめぐり(黄頷蛇)	動		1026
さないぶ	左内節	楽	②	262
さなえ	早苗	産	①	11
さなき	鐸	楽	②	1134
さなぎあ	蛹油	器	②	323
さなだお	真田帯	服		823
さなだの	真田信之妻	人	①	1266
さにぬり	さに塗の小舟	器	②	621
さぬき	讃岐(横笛)	楽	②	874
さぬきだ	讃岐代官	官	③	1534
さぬきの	讃岐院	帝		951
	「すとくて崇徳天皇」も見よ			
さぬきの	讃岐円座	器	②	103
さぬきの	讃岐国【篇】	地	②	813
	崇徳天皇一遷幸	神	③	1523
	配流一	法	①	779
さぬきの	讃岐国造	地	②	822
さぬきの	讃岐国山田郡田図	政	②	242
さぬきの	讃岐永直	文	②	899
さぬきは	佐貫藩	地	①	1043
さね	札(鎧)	兵		1794
	一	兵		1899
さね	実	植	①	21
さねかず	さねかづら(五味子)	植	②	157
	一	器	①	516
さねさし	さねさし(枕詞)	地	①	742
さねとこ	さねとこ(真床)	居		1065
さねとも	実朝社	神	④	460
さねぶと	さねぶと(酸棗)	植	①	514
さねもり	実盛虫	産	①	148
さのごお	佐野郡	地	①	583
さののさ	佐野郷	地	②	19
さののし	佐野荘(下野)	地	②	56
さののし	佐野荘(紀伊)	官	②	1019
さののふ	佐野舟橋	地	③	335
さののわ	狭野渡	地	③	419

さのはん	佐野藩	地	②	61
さのぼり	さのぼり(魚)	動		1346
さば	鯖	動		1414
さば	生飯【併入】	飲		429
	一	礼	①	284
さばえは	鯖江藩	地	②	251
さばかわ	鯖川渡	地	③	394
さばごお	佐波郡	地	②	687
さはしの	佐橋荘	地	②	347
さばずし	鯖鮓	飲		958
さはたが	狭鰭河(楽曲)	楽	①	480
さばち	砂鉢	器	①	88
さばのお	鯖尾(冑)	兵		1883
さばのつ	佐婆津	地	③	538
さばへな	さばへなす(枕詞)	動		1136
	一	神	①	71
さばやも	佐波夜門徒	宗	④	797
さはり	響銅	金		192
さびえぼ	さび烏帽子	服		1188
さひつ	左筆(虎文下鞍)	兵		1976
さひつえ	さひつゑ(鐏)	産	①	236
さびつち	鏽土	金		374
さびの	さび篦	兵		1584
さひょう	左兵衛督	官	①	1506
さひょう	左兵衛府	官	①	1501
さひょう	左兵庫頭	官	①	1553
さひょう	左兵庫寮	官	①	1553
さふ	左府	官	①	415
	「さだいじ左大臣」も見よ			
さぶ	左舞	楽	①	54
ざぶとん	坐蒲団	器	②	197
さぶらい	候名(女房)	姓		772
さふらん	さふらん(番紅花)	植	①	1134
さぶりし	佐分利重隆	武		75
さぶりり	佐分利流(槍術)	武		71
さへい	佐平(百済官位)	外		180
さへいじ	左平準署	官	②	353
ざへった	座へつたり(練歩)	礼	①	105
さほう	左方(唐楽)	楽	①	42
さぼくら	左撲楽	楽	①	366
さぼてん	さぼてん(仙人掌)	植	②	384
さほのみ	匝布屯倉	官	①	135
さほひこ	狭穂彦王	帝		1155
さほひめ	さほひめ(地黄)	植	②	667
さほひめ	狭穂姫	帝		1155
さほやま	佐保山陵	帝		987
ざぼん	朱欒	植	①	426

さぼんだ	さぼん玉	遊		1275
さま	様(敬語)	文	①	462
さま	狭間(城)	兵		1106
さまにご	様似郡	地	②	1299
さまのか	左馬頭	官	①	1531
さまのじ	左馬陣	居		220
さまりょ	左馬寮	官	①	1526
	—祭神	神	①	881
さみせん	三線【篇】	楽	②	813
	—図	楽	②	815
さみだれ	五月雨	天		186
さむ	寤	人	①	977
さむかわ	寒川郡(讃岐)	地	②	826
さむかわ	寒河郡(下野)	地	②	46
さむかわ	寒川神社【篇】	神	④	415
さむかわ	寒川比古命	神	④	415
さむかわ	寒川比女命	神	④	415
さむしろ	狭席	器	②	22
さむはい	佐無背銭	泉		29
さむらい	侍			
	中宮—長	官	①	748
	親王家—	官	①	1295
	徳川氏姫君—	官	③	810
さむらい	侍一揆	兵		433
さむらい	侍烏帽子	服		1179
さむらい	侍大将	兵		178
さむらい	侍大将軍	兵		179
さむらい	侍所	居		588
	中宮—	帝		1114
	女御—	帝		1237
	親王摂関大臣家—	官	①	1285
	奥州鎮府—	官	②	646
	鎌倉幕府—【篇】	官	②	761
	足利氏—【篇】	官	②	1147
	足利氏—内談始	政	③	21
	足利氏関東—【併入】	官	②	1315
さむらい	侍所開闔	官	②	1159
さむらい	侍所公人	官	②	1161
さむらい	侍所所司			
	鎌倉幕府—	官	②	765
	足利氏—	官	②	1147
さむらい	侍所頭人	官	②	1149
さむらい	侍所別当			
	中宮—	帝		1114
	鎌倉幕府—	官	②	762
	執権兼—	官	②	688
さむらい	侍所奉書	政	③	103
さむらい	侍所目付	官	②	1161
さむらい	侍所寄人	官	②	1161
さむらい	侍始(親王大臣家)	官	①	1285
さむらい	侍東戸	居		239
さむらい	侍役(税)	政	④	565
さむろう	候べく候	文	①	424
さめ	鮫	動		1472
さめうま	鮫馬	動		93
さめがい	醒ヶ井	地	③	1012
さめざめ	さめざめと泣く	人	①	747
さめのか	鮫皮	兵		1421
ざもと	座本(劇場)	楽	②	68
さもも	さもも(麦李)	植	①	338
さや	鞘			
	刀剣—	兵		1438
	以鮫皮装刀—	動		1473
	鑓—	兵		1505
	横笛—	楽	②	868
	高麗笛—	楽	②	905
さや	紗綾	産	②	264
さやえ	鞘画	文	③	945
さやお	鞘尾(刀)	兵		1445
さやぎり	鞘切(楽曲)	楽	①	598
さやぐち	鞘口(刀)	兵		1442
さやし	鞘師	兵		1439
さやじ	佐屋路	地	③	64
さやじり	鞘尻(刀)	兵		1444
さやつき	さやつきどり(鸀鶞)	動		791
さやぶく	鞘袋	兵		1468
さやまき	鞘巻(刀)	兵		1368
さやまは	狭山藩	地	①	327
ざゆう	座揖	礼	①	50
さゆうの	狭結駅	地	②	465
ざゆうの	座右銘	人	②	180
さようご	佐用郡	地	②	525
さようとう	佐用党	兵		448
さよのし	佐用荘	地	②	542
さよのな	佐夜中山	地	③	742
	—	地	①	599
さよみ	貲布	産	②	144
さよみの	貲布衫	服		406
さより	針魚	動		1432
さら	盤(飲食具)	器	①	54
さら	盤(権衡具)	称		125
さらい	さらひ(櫂)	産	①	251
さらいつ	さらゐつき(舞楽)	楽	①	341

— 楽 ① 437
さらかご 皿駕籠 器 ② 985
さらけ 瓼 器 ① 173
さらごお 讃良郡 地 ① 319
さらさ 更紗 産 ② 173
さらさら さらさら越 天 236
さらし 晒【篇】 法 ② 483
—場所 法 ② 243
さらしい 曝井 地 ③ 1015
さらしな 更級郡 地 ① 1369
さらしぬ 曝布 産 ② 118
さらしぬ 曝布衫 服 406
さらしの 晒之上遠島 法 ② 301
さらしの 晒之上鼻をそぎ追放 法 ② 336
さらしの 晒之上礫 法 ② 229
さらしの 晒之上非人手下 法 ② 489
さらしの 晒之上耳をそぎ追放 法 ② 336
さらじゅ 沙羅樹 植 ① 562
さらばか 盤秤 称 128
さららご 讃良郡 地 ① 319
さらりん 沙羅林(歌曲) 楽 ① 75
さりきら 去嫌
連歌— 文 ① 1018
俳諧— 文 ① 1215
さりじょ 去状 礼 ① 1322
さりん 紗綸【併入】 産 ② 269
さる さる(戸具) 居 1232
さる 猿 動 268
以—為神使 神 ② 1830
—為剣術 武 52
さる 猿(玩具) 遊 1249
さる 猿(隠売女) 人 ② 909
ざる 笊籬 器 ① 274
さるえせ 猿江銭 泉 30
さるお 猿尾(指貫括) 服 758
さるおが さるをかせ(松蘿) 植 ② 846
さるか さるか(秦吉了) 動 895
さるかい 猿飼 政 ③ 965
さるがく 猿楽(能楽) 楽 ① 746
さるがく 猿楽(散楽) 楽 ① 69
— 楽 ① 585
さるごお 沙流郡 地 ② 1299
さるさわ 猿沢池 地 ③ 1222
さるすべ さるすべり(百日紅) 植 ① 577
さるだひ 猿田彦神 官 ① 38
— 地 ① 419
— 神 ② 1420
祀—於稲荷神社 神 ③ 1448
さるっこ さるつこ(無袖胴著) 服 1039
さるつな さるつなぎ(戸具) 居 1242
さるど 猿戸 居 1222
茶室露地— 遊 585
さるとり さるとり(菝葜) 植 ① 1059
さるのこ さるのこしかけ(猢猻眼) 植 ② 812
さるばか 猿袴 服 770
さるはし 猿橋 地 ③ 280
さるひき 猿牽 動 302
さるぼお 猿頰(貝) 動 1647
さるぼお 猿頰(甲冑具) 兵 1888
さるほほ さるほほ(猨嗛) 動 271
さるまい 猿舞 動 270
さるみの 猿蓑(俳書) 文 ① 1418
さるめ 猿女 官 ① 38
神祇官— 官 ① 343
さるめ 猿目(銭) 泉 147
さるめの 猿女君 姓 170
さるわか 猿若 楽 ② 5
さるわか 猿若座 楽 ② 27
ざれうた 佐礼歌(狂歌) 文 ① 903
さろう 左楼 居 191
さわあら さはあららぎ(沢蘭) 植 ② 786
さわいと 沢井智明 人 ① 1157
さわおぐ さはをぐるま(狗舌草) 植 ② 769
さわぎ 騒ぎ(小唄) 楽 ② 403
さわぎき 沢桔梗 植 ② 687
さわこお 佐波古温泉 地 ③ 1074
さわしの さはしの(澀篦) 兵 1583
さわすみ 沢角検校 楽 ② 245
さわだが 沢田川(催馬楽) 楽 ① 206
さわだが 沢田川橋 地 ③ 217
さわだげ 沢田源内 姓 415
さわたご 雑太郡 地 ② 366
— 地 ② 340
さわだち さはだち(木) 植 ① 493
さわだと 沢田東江 文 ③ 707
さわのじ 沢之丞帽子 服 1227
さわはし 沢橋が母 法 ② 279
さわひよ さはひよどり(沢蘭) 植 ② 786
さわみこ さはみ巾子 礼 ② 1023
さわら 椹 植 ① 120
さわら 鰆 動 1501
さわらご 早良郡 地 ② 937

さわらし　早良親王
　皇太子―被廃　帝　1386
　追尊―称崇道天皇　帝　852
　御霊会祀―　神 ②　622
さわらの　佐原津　地 ③　502
さわらま　佐原町　地 ①　1073
さわり　さはり(浄瑠璃)　楽 ②　330
さわり　月水　人 ①　446
　「げっすい月水」も見よ
さん　産
　「しゅっさ出産」を見よ
さん　算(算術)　文 ③　544
さん　算(算器)　文 ③　560
さん　繖　器 ②　427
ざん　斬　法 ①　233
ざん　讒【篇】　人 ②　694
さんい　山夷　人 ②　711
さんい　産医　方　866
さんい　散位　官 ③　1818
　―位禄　封　136
　―封　封　47
　文章生―　政 ①　717
　―僧綱　宗 ②　792
さんいの　散位頭　官 ①　833
さんいり　散位寮【篇】　官 ①　832
さんいん　三院挙　政 ①　718
さんいん　山陰道　地 ①　68
　―　地 ③　58
さんえ　三会　宗 ②　10
　―講師　宗 ②　920
　天台宗―　宗 ②　923
さんえ　三衣　宗 ②　1143
さんえい　三会院　宗 ③　924
さんえば　三衣匣　宗 ②　1160
さんえぶ　三衣袋　宗 ②　1161
さんえん　三縁山　宗 ④　389
　「ぞうじょ増上寺」も見よ
さんおき　算おき　方　472
さんか　産科　方　864
さんが　参賀
　踐祚―進献　帝　241
　即位―進献　帝　432
　譲位―進献　帝　520
　立后―　帝　1124
　女御入内―進献　帝　1267
　立太子―進献　帝　1329
　新任―　政 ①　957
　社僧―　神 ②　1689
　「けいが慶賀」「はいが拝賀」も見よ
さんが　算賀【篇】　礼 ①　1365
　―　帝　1534
さんかい　山怪　地 ③　893
さんがい　三がい(馬具)　兵　2025
さんかい　三回忌　礼 ②　1378
さんがい　三階蔵　居　764
さんかい　三開重差(算書)　文 ③　552
さんがい　三界諸天　宗 ①　110
さんがい　三階屋　居　532
ざんかえ　残火会(茶湯)　遊　415
さんがく　散楽　楽 ①　69
ざんがく　残楽　楽 ①　10
さんがく　算学師　文 ③　549
さんがく　算学博士　文 ③　545
さんかし　山家集　文 ②　370
さんがつ　三月　歳　15
　―忌行婚礼　礼 ①　943
さんがつ　三月寺【篇】　宗 ④　534
さんがつ　三月堂　宗 ③　1132
さんがつ　三月三日節【篇】　歳　1076
さんかど　三ヶ度訴状　法 ①　1081
さんかど　三ヶ度陳状　法 ①　1081
さんがの　三箇の津　地 ③　507
さんかん　三関　地 ③　602
　固―　地 ③　653
さんかん　三管(笛)　楽 ②　542
さんかん　三澣　歳　57
さんかん　三韓　外　79
　「からくに韓国」も見よ
さんかん　三羹　飲　496
さんかん　散官　官 ①　210
　―　官 ③　1819
さんかん　算勘　文 ③　544
さんかん　三韓館　外　3
さんかん　三関国　地 ③　602
　―　官 ②　438
　―守傔仗　封　364
さんかん　算勘者　文 ③　545
さんかん　算勘術　文 ③　635
さんかん　三管領　官 ②　1080
　路頭遇―礼　礼 ①　186
さんき　算器　文 ③　560
さんき　纂記　姓　366
さんぎ　参議　官 ①　444

	—補任	官	①	498
	—兼勘解由使	官	②	94
	—封	封		31
	—年給	封		280
	—散二位三位書札礼	文	①	430
さんぎ	算木			
	算術用—	文	③	560
	紙双六用—	遊		25
さんぎい	三議一統	文	②	918
	—	飲		319
さんきか	三帰戒	宗	②	612
ざんきく	残菊宴【併入】	歳		1344
さんきこ	三季講	宗	②	113
さんぎだ	参議代	官	①	451
さんぎめ	三義明致流(剣術)	武		28
さんぎも	算木餅	飲		624
さんきょ	三卿	官	③	1668
	路頭遇—礼	礼	①	188
さんきょ	散梟	法	①	241
さんぎょ	産業	産	①	3
さんぎょ	産業帳	政	①	627
さんきょ	三局(太政官)	官	①	458
さんきょ	三局奏	政	①	703
さんきら	山帰来	植	①	1062
ざんぎり	散切髪	人	①	533
さんきん	山金	金		52
	—	金		176
さんきん	参勤	政	③	406
さんきん	散禁	法	①	490
さんきん	参勤交代	官	③	1680
	参勤御礼献上	官	③	1738
さんきん	三近塾	文	②	1280
さんきん	散金打毬楽	楽	①	489
さんぐ	散供	神	②	1164
	「うちまき散米」も見よ			
さんぐう	三宮			
	准—【篇】	封		313
	准—【併入】	帝		1212
	三后待遇	帝		1126
	三后為院	帝		1198
さんぐう	参宮(大神宮)【篇】	神	③	631
さんけ	三家			
	英雄—	姓		433
	徳川氏—	官	③	1668
	禁徳川氏—間縁組	礼	①	1342
	路頭遇徳川氏—礼	礼	①	188
	徳川氏—逝去之時鳴物普請停止	礼	②	702
さんげ	散華	宗	②	3
さんげ	懺悔	人	②	286
	仏名—	宗	②	153
さんけい	参詣			
	請假社寺—	政	③	459
	神社—	神	②	899
	氏神—	神	①	710
	産神—	神	①	748
	寺院—【篇】	宗	③	299
	御霊屋—	礼	②	1249
さんけい	三計塾	文	②	1331
さんけし	三家神道	神	②	1322
ざんげつ	残月	天		66
さんけん	三賢	人	②	308
さんげん	三元	歳		152
ざんげん	讒言	人	②	695
さんげん	三間厩	居		725
さんげん	山元派	宗	①	937
	—寺院数	宗	③	15
さんこ	三鈷	宗	②	1128
さんこ	三鼓	楽	②	550
さんご	三五(琵琶)	楽	②	723
さんご	珊瑚	金		234
ざんこ	獑猢	動		276
さんこう	三公	官	①	404
	親王—座次次第	帝		1436
さんこう	三后			
	「さんぐう三宮」を見よ			
さんこう	三光(参星)	天		99
さんこう	三綱	宗	②	858
	寺社—	神	②	1655
	寺家人奴婢殴—	法	①	419
さんごう	山号(寺院)	宗	③	23
さんごう	三業帰命	宗	①	870
さんこう	三公戦闘剣	帝		158
さんこう	三光鳥	動		855
さんこう	三光鳥居	神	①	586
さんこう	三公の鋲(冑)	兵		1876
さんごう	さんがう節	楽	②	406
さんごう	三合厄	方		89
	依—改元	歳		278
さんごく	三国一(醴酒看板)	産	②	646
さんこく	三国司	官	②	464
さんこじ	三鈷寺【篇】	宗	③	761
	—寺領	宗	③	251

さんごじ 珊瑚樹 植 ① 663
さんごじ 三五術 方 468
さんごじ 産後蓐労 方 871
さんごふ 産後腹痛 方 1506
さんこん 三献(献数) 礼 ① 236
さんごん 三言詩 文 ② 471
さんさい 散斎 神 ① 119
さんざい さんざい(賤民) 政 ③ 925
ざんざい 斬罪【篇】 法 ① 695
　—【篇】 法 ② 163
　生虜被処斬 兵 848
さんさい 三斎流(茶道) 遊 598
さんさが 三下り調子 楽 ② 830
さんざく 三三九(的) 武 250
さんさく 山作司 礼 ② 1093
さんさく 山作所 礼 ② 65
　— 礼 ② 334
　— 礼 ② 1093
さんざし さんざし(山樝子) 植 ① 373
さんさぶ さんさ節 楽 ② 398
ざんざら ざんざら笠 器 ② 384
さんざん 三山 地 ③ 733
さんざん 三山冠 服 1111
さんさん 三三九度(献数) 礼 ① 236
さんさん 三三九度盃 礼 ① 1024
さんざん 三山幘 礼 ① 776
さんし 三尸 方 144
さんし 三史 文 ② 852
さんし 蚕紙 産 ① 337
さんし 散詩 文 ② 457
さんし 算師
　主計— 官 ① 887
　主税寮— 官 ① 894
　木工寮— 官 ① 1012
　修理職— 官 ② 360
　造宮職— 官 ② 370
　大宰府— 官 ② 403
さんじ 散事 官 ③ 1828
　— 帝 1296
さんじき 桟敷
　「さじき桟敷」を見よ
さんじけ 三事兼帯(蔵人) 官 ② 293
さんじさ 三時祭 神 ③ 373
　斎王参— 神 ③ 758
さんじざ 三時坐禅 宗 ① 794
さんしし 山梔子 植 ① 654
さんしし 蚕飼仕法書 産 ① 356
さんしち 三七 植 ② 777
さんじち 三時知恩寺【篇】 宗 ③ 557
さんじつ 三日 歳 61
ざんしつ 残疾 方 1141
　— 政 ② 79
　— 政 ② 986
さんしづ 算子塚 文 ③ 583
さんじっ 三十組香 遊 355
さんじっ 三十講 宗 ② 96
さんじっ 三十石船 器 ② 690
さんじっ 三十体
　連歌— 文 ① 1040
　俳諧— 文 ① 1222
ざんしつ 残疾帳 政 ② 233
さんして 山子点 文 ③ 295
さんしゃ 三社 神 ① 419
さんじゃ 算者 文 ③ 545
さんじゃ 賛者
　朝賀— 歳 404
　即位— 帝 323
さんしゃ 三社冑 兵 1893
さんじゃ 山鵲 動 855
さんじゃ 三尺帯 服 812
さんじゃ 三尺手拭 器 ① 638
さんしゃ 山鷓鴣曲 楽 ① 544
さんしゃ 三社託宣 神 ① 282
さんしゃ 三社託宣文 神 ② 1373
さんしゃ 三社奉幣 礼 ① 1391
さんしゃ 三社奉幣使 神 ① 1034
さんしゅ 蚕種 産 ① 335
さんじゅ 散手 楽 ① 433
さんしゅ 三州 地 ① 539
　「みかわの三河国」も見よ
さんしゅ 山州 地 ① 203
　「やましろ山城国」も見よ
さんしゅ 三修(僧) 宗 ④ 667
さんしゅ 讃州 地 ② 813
　「さぬきの讃岐国」も見よ
さんじゅ 三重韻(詩学書) 文 ② 552
さんじゅ 三従兄弟 人 ① 273
　—為太子 帝 1355
　—子為太子 帝 1357
　天皇為—服 礼 ② 501
さんじゅ 三十五日(仏祭) 礼 ② 1479
さんじゅ 三十三回忌 礼 ② 1410
さんじゅ 三十三観音 宗 ① 87
さんじゅ 三十三間堂

	京都―	宗③	600
	―通矢	武	149
さんじゅ	三十三所巡礼	宗③	300
さんじゅ	三十三点流(剣術)	武	56
さんじゅ	三十三年忌	礼②	1410
	源経有―	帝	1554
さんじゅ	三重棚	遊	653
さんじゅ	三十日裏書	法③	616
さんじゅ	三十日押込	法②	568
さんじゅ	三十日手鎖	法②	536
さんじゅ	三十日逼塞	法②	558
さんじゅ	三十人番	官③	1034
さんじゅ	三重塔	宗③	92
	―	帝	1083
さんじゅ	三十番神	神①	79
	―	神②	1350
さんしゅ	三州奉行	官③	1485
さんじゅ	三十余壇御修法	礼①	357
さんじゅ	三十六歌仙	文①	822
	―歌合	文②	69
さんじゅ	三十六句連歌	文①	982
さんじゅ	三十六人集	文②	365
さんじゅ	散手作物	楽①	410
さんしゅ	三聚浄戒	宗②	612
さんじゅ	算術【篇】	文③	543
	徳川光圀令子綱条学―	人②	202
さんしゅ	三首日	歳	63
さんしゅ	三種神器	帝	47
	「しんき神器」も見よ		
さんしゅ	三種宝物	帝	55
	「しんき神器」も見よ		
さんじゅ	散手破陣楽	楽①	433
さんしゅ	山茱萸	植①	585
さんじゅ	三旬	歳	57
さんしょ	算書	文③	552
さんじょ	さんじよ(賤民)	政③	916
さんじょ	産所	礼①	335
	―楽曲	楽①	51
	―鳴弦者著直垂	服	565
さんしょ	三商	政④	791
さんしょ	三殤(喪)	礼②	585
さんしょ	三膲	人①	487
さんしょ	秦椒	植①	437
さんじょ	三条	地②	343
さんじょ	散状【篇】	政③	132
さんしょ	山椒魚	動	1565
さんじょ	三升口(甲斐国田祖)	政④	300
さんじょ	三条実万	神④	1715
さんしょ	三聖寺	宗③	959
さんしょ	三省奏	政①	779
さんじょ	三条内裏	居	284
さんしょ	山椒大夫	神④	905
さんじょ	三条天皇	帝	22
	納―遺骨於北山	帝	994
さんじょ	三条殿流(書道)	文③	679
さんじょ	三条西家	姓	435
	―歌道	文①	809
さんじょ	三譲表	政①	384
さんじょ	三条橋	地③	202
さんしょ	三職(三管領)	官②	1081
	路頭遇―礼	礼①	186
さんじん	三身	宗①	71
さんじん	三陣	兵	391
さんじん	三神寺【併入】	宗④	216
さんしん	三真相応(書札)	文①	450
さんず	三頭(馬)	動	89
さんすい	山水(画題)	文③	882
ざんすい	斬衰	礼②	584
さんせい	三成(父師君)	文③	18
さんせい	三聖(書道)	文③	709
さんせい	参政(若年寄)	官③	216
さんせい	算生	文③	547
さんぜい	三世一身法(墾田)	政②	340
さんせき	三蹟(書)	文③	708
	―	帝	1401
さんせつ	三節祭	神③	476
	「さんじさ三時祭」も見よ		
さんぜつ	三絶鐘銘	文③	713
さんせん	三船	器②	741
さんせん	散銭	神②	1082
さんぜん	参禅	宗①	797
さんぜん	産前産後心得	方	877
さんぜん	産前腹痛	方	1505
さんそう	三草	植①	750
さんそう	三草(古今集伝授)	文②	404
さんそう	山相	金	9
さんそう	山荘		
	源常―	帝	615
	粟田―	礼①	1475
さんそう	山葬	礼②	332
さんそう	山相学	金	170
さんそう	山相秘録	金	170
さんぞく	三族	人①	115

さんぞく	山賊	法	①	872
	—	人	②	805
さんそん	三尊(父師君)	文	③	18
さんぞん	三尊(仏)	宗	①	94
	釈迦—	帝		907
	弥陀—	帝		1173
さんだい	参内			
	外記政後—儀	政	①	118
	—著直垂	服		560
	—著狩衣	服		481
	出家人—	帝		1624
さんだい	算題	文	③	627
さんだい	三台塩(楽曲)	楽	①	416
さんだい	三大河	地	③	1157
さんだい	参内傘	器	②	458
さんだい	三大橋	地	③	195
さんたい	三体詩	文	②	485
さんだい	三代実録	文	②	866
	—刊行	文	③	326
さんだい	三代集	文	②	228
さんたい	三台座(冑)	兵		1859
さんだい	三題話	楽	②	534
さんだい	三大仏	宗	①	182
さんだつ	算脱	文	③	623
さんだは	三田藩	地	①	388
さんだや	三田焼	産	①	734
さんだん	さんだんくわ(売子木)	植	①	656
さんたん	山丹国	外		1630
さんだん	三壇法	宗	②	330
さんち	三遅(酒礼)	礼	①	275
さんち	三遅(競馬)	武		806
ざんち	残地	政	④	743
さんちく	三筑衆	兵		461
さんちゃ	散茶(遊女)	人	②	848
さんちょ	三鳥(古今集伝授)	文	②	404
さんちょ	三挺立舟	器	②	586
さんちょ	三鳥派	宗	①	1030
ざんてい	残丁	政	②	23
さんてん	三天儀	方		289
さんどあ	サンドアグスチイノ派(耶蘇教)	宗	④	1146
さんとう	山東	地	①	57
さんとう	三等(琵琶)	楽	②	762
さんとう	三塔(延暦寺)	宗	④	554
さんとう	山頭(葬礼)	礼	②	71
	—	礼	②	336
さんどう	さんだう(山賊)	法	①	872
	「さんぞく山賊」も見よ			
さんどう	三道	人	②	308
さんどう	算道	文	③	574
	—勘日蝕有無	天		47
	—勘月蝕有無	天		80
	—課試	文	③	111
さんどう	算道院	文	②	1058
さんとう	山東京伝	文	②	950
さんとう	山東郡	地	②	338
さんとう	三島郡	地	②	338
さんとう	山頭使(葬礼)	礼	②	273
さんとう	三塔順礼	宗	③	320
さんとう	三答状	法	①	1081
さんとう	三等親	礼	②	392
	天皇為—服	礼	②	491
さんとう	三塔僉議	兵		304
さんどが	三度笠	器	②	384
さんとく	算得業生	文	③	548
さんどさ	三度三献	礼	①	237
さんどし	三度使			
	国使—	政	①	641
	葬礼—	礼	②	272
さんとし	三年寄(町年寄)	官	③	429
さんどび	三度飛脚	政	④	1329
さんどみ	サンドミンゴス派(耶蘇教)	宗	④	1146
さんとめ	桟留(縞)	産	②	174
さんない	三内音	文	①	69
さんなん	三男相続	政	②	91
	—	政	③	698
さんにょ	三如来	宗	①	146
さんにん	三人輿	器	②	975
さんにん	三人称	人	①	19
さんねん	三年忌	礼	②	1378
さんねん	三年祭	礼	②	1300
さんねん	三年竹篦	兵		1582
さんねん	三年之喪	礼	②	738
さんのう	山王	神	④	594
	「ひえじん日吉神社」も見よ			
さんのう	山王院(延暦寺)	宗	④	572
さんのう	山王権現	神	④	476
さんのう	山王祭(日吉神社)	神	④	681
さんのう	山王祭(日枝神社)	神	④	481
さんのう	山王神道	神	②	1338
	—	神	④	379
さんのう	山王鳥居	神	①	586

さんのか　三の合戦　兵　509
さんのか　三の替り(演劇)　楽 ②　96
さんのく　さんのくは(鐽)　産 ①　237
さんのく　三曲輪　兵　1066
　―　居　348
さんのけ　産穢　神 ②　797
　―　神 ③　1385
　―　神 ④　1199
　―　礼 ①　451
　―　政 ①　1155
さんのぜ　三膳　飲　86
さんのた　三対　居　542
さんのた　産の棚　礼 ①　346
　　―図　礼 ①　347
さんのつ　三鼓【併入】　楽 ②　1115
さんのへ　三戸郡　地 ②　130
さんのま　三之間頭　官 ③　837
さんのま　三丸　兵　1064
　　徳川柳営―　居　375
さんのま　三丸番頭　官 ③　734
さんのま　三丸用人　官 ③　808
さんのみ　三宮(社格)　神 ①　400
さんのみ　三宮(日吉神社末社)　神 ④　664
さんぱい　三拝　礼 ①　19
　―　礼 ①　27
さんばい　三杯漬　飲　1036
さんはか　算博士　文 ③　545
さんばそ　三番叟
　　能楽―　楽 ①　822
　　芝居―　楽 ②　90
ざんぱつ　斬髪　政 ③　895
さんばん　山礬(木)　植 ①　602
さんぱん　三犯(盗犯)　法 ①　372
さんぱん　散判　政 ③　328
さんぱん　散班　官 ③　1819
さんぱん　散飯
　　「さば生飯」を見よ
さんばん　三番頭　官 ③　1013
　―　官 ③　1041
さんばん　三番組(十組問屋)　産 ②　440
さんばん　三番手　兵　410
さんばん　三番走(案内)　帝　727
さんぴ　三比(戸籍)　政 ②　18
さんぴつ　三筆
　　京都―　文 ③　680
　　世尊寺―　文 ③　691
　　本朝―　文 ③　708
さんびゃ　三百五十年忌　礼 ②　1445
さんびゃ　三百年忌　礼 ②　1444
さんぶ　三封(馬)　動　86
さんぶい　三分一休　政 ③　468
さんぶい　三分一銀納　政 ④　281
さんぶい　三分一地頭
　　鎌倉幕府―　官 ②　992
　　足利氏―　官 ②　1378
さんふき　三不去(婚姻)　礼 ①　1320
さんぶき　三部経　宗 ①　258
　　鎮護国家―　宗 ①　52
さんぶぎ　三奉行
　　豊臣氏―　官 ②　1437
　　徳川氏―　官 ③　371
　　徳川氏―　官 ③　614
　　下―　官 ③　674
　　―立合裁判　法 ③　769
　　臨時―立合裁判　法 ③　775
さんぷく　三幅対　文 ③　1009
　　―　居　1074
　　―図　文 ③　1029
さんぶに　三分二地頭　官 ②　991
さんふら　サンフランシスコ派
　　(耶蘇教)　宗 ④　1146
さんぶん　散文　文 ①　278
さんぺい　三平　姓　679
さんぺい　三兵　武　2
さんぺい　三平点　文 ③　293
ざんぼ　ざんぼ(朱欒)　植 ①　425
さんぼう　三方　器 ①　162
　　祭祀用―　神 ②　1241
さんぼう　三宝　宗 ①　1
　―　宗 ①　66
さんぼう　三房　人 ②　309
さんぼう　参謀　兵　191
さんぼう　三方相対替　政 ③　1274
さんぼう　三宝院【附】　宗 ③　1048
　　―与醍醐寺院家報
　　恩院等相争　法 ③　494
さんぼう　三宝院流(真言宗)　宗 ①　631
さんぼう　三方楽人　楽 ①　619
さんぼう　三宝吉日　方　134
さんぼう　三宝荒神　神 ①　212
　―　神 ①　894
さんぼう　三宝鳥　動　849
さんぼう　三方引付　官 ②　734
さんぼう　三宝布施稲帳　政 ②　684

さんぼく　三木(古今集伝授)　文 ②　404
さんぼく　散木奇歌集　文 ②　369
さんぼん　三品　官 ③　1794
さんぼん　散品　官 ③　1819
「さんい散位」も見よ
さんぼん　三本木台　地 ③　955
さんぼん　三盆白(沙糖)　飲　897
さんぼん　三本道具　官 ③　1724
さんま　さんま(魚)　動　1435
さんまい　さんまい　礼 ②　1072
「はか墓」も見よ
さんまい　散米
「うちまき散米」を見よ
さんまい　三枚重袷　服　445
さんまい　三枚冑　兵　1861
—　兵　1885
さんまい　三枚枻舟　器 ②　623
さんまい　三昧堂
醍醐寺—　宗 ③　1025
東大寺—　宗 ③　1133
さんまい　三枚橋　地 ③　122
さんまい　三昧流(山門真言)　宗 ①　561
さんまご　讃馬郡　地 ②　125
さんまや　三摩耶戒　宗 ②　409
—　宗 ②　613
さんまや　三昧耶曼荼羅　宗 ①　226
さんまん　三万六千神祭　方　38
さんみ　三位　官 ③　1792
—封　封　42
—位田　封　102
—季禄　封　142
—資人　封　352
—蔭位　政 ①　1002
—以上位袍　服　277
さんみの　三位淵　官 ③　1798
さんめん　三麵　飲　496
さんもつ　散物剣　兵　1361
さんもん　三門　宗 ③　128
さんもん　山門　宗 ④　550
「えんりゃ延暦寺」も見よ
さんもん　三問三答訴陳状　法 ①　1080
さんもん　山門三門跡　宗 ③　184
さんもん　三文殊　宗 ①　96
さんもん　三問状　法 ①　1081
さんもん　山門真言　宗 ①　559
—　宗 ①　611
—十三流　宗 ①　561
さんもん　三文関　地 ③　675
さんもん　山門造　居　829
さんもん　三門徒　宗 ④　793
さんもん　三門徒派　宗 ①　938
—寺院数　宗 ③　15
さんもん　山門派　宗 ①　555
—寺院数　宗 ③　10
さんもん　山門奉行　官 ②　1216
さんもん　山門升　称　91
さんや　三夜(誕生)　礼 ①　419
—儀　礼 ①　402
さんやく　三役(税)　政 ④　441
さんやく　三役(相撲)　武　1184
さんやく　散薬　方　1087
さんやぜ　山野税　政 ④　465
さんよ　参与【併入】　官 ①　526
—　官 ①　665
さんよ　参予【併入】　官 ①　526
さんよう　算用　文 ③　544
さんよう　山陽道　地 ①　68
—　地 ③　58
さんよう　三葉松　植 ①　88
さんり　三里(身体)　人 ①　470
さんりゅ　三流作物　武　250
さんりょ　山陵【篇】　帝　963
—辺立埴輪　礼 ②　18
—形状　礼 ②　1073
四方拝拝—　歳　376
奉告遷都於—　地 ①　134
告地震於—　地 ③　1413
告即位於—　帝　391
告天皇元服於—　礼 ①　654
奉新銭於—　泉　83
以—地名為諡号　帝　942
掘損—　神 ④　29
—廃置之議　礼 ②　1270
諸陵寮【篇】　官 ①　868
さんりょ　山陵志　帝　1099
さんりょ　山陵使　帝　394
—　帝　1049
さんりょ　三稜石　金　283
さんりょ　山陵奉行　官 ③　1660
さんりん　山林　地 ③　899
水源地—　政 ④　1087
—盗伐　地 ③　909
さんりん　三輪宝　方　130
さんる　三流　法 ①　169

さんれん	三連(詩)	文	②	536
さんろう	参籠			
	神社―	神	②	906
	日吉神社―	神	①	268
	一遍上人熊野本宮―	神	①	274
	北野神社―	神	③	1631
	広隆寺―	宗	③	820
	長谷寺―	宗	③	1330
さんろん	三論三十講	宗	②	100
さんろん	三論宗【篇】	宗	①	449
	遊外僧入支那受―	宗	②	468
さんわむ	三和無敵流(剣術)	武		56

し

し	司	官	①	194
	画工―	文	③	790
	内薬―	方		667
	内礼―【篇】	官	①	808
	諸陵―	官	①	869
	喪儀―【篇】	官	①	871
	隼人―【篇】	官	①	909
	兵馬―【篇】	官	①	923
	造兵―【篇】	官	①	924
	鼓吹―【篇】	官	①	926
	主船―【篇】	官	①	929
	主鷹―【篇】	官	①	930
	贓贖―【篇】	官	①	946
	囚獄―【篇】	官	①	947
	典鋳―【篇】	官	①	967
	掃部―【篇】	官	①	968
	漆部―【篇】	官	①	969
	縫部―【篇】	官	①	970
	織部―【篇】	官	①	970
	筥陶―【篇】	官	①	1003
	鍛冶―【篇】	官	①	1018
	土工―【篇】	官	①	1019
	官奴―【篇】	官	①	1044
	主油―【篇】	官	①	1045
	内掃部―【篇】	官	①	1054
	正親―【篇】	官	①	1055
	内膳―【篇】	官	①	1059
	園池―【篇】	官	①	1078
	采女―【篇】	官	①	1086
	主水―【篇】	官	①	1088
	内染―【篇】	官	①	1096
	内侍―	官	①	1103
	蔵―	官	①	1122
	書―	官	①	1124
	薬―	官	①	1125
	兵―	官	①	1126
	闈―	官	①	1126
	殿―	官	①	1127
	掃―	官	①	1129
	水―	官	①	1129
	膳―	官	①	1129
	酒―	官	①	1130
	縫―	官	①	1130
	内兵庫―【併入】	官	①	1562
	造平城宮―	官	②	372
	造難波宮―	官	②	372
	造離宮―	官	②	372
	東西市―【篇】	官	②	386
	大宰府蔵―	官	②	404
	大宰府薬―	官	②	404
	大宰府匠―	官	②	404
	防人―	官	②	420
	斎宮寮主神―	神	③	808
	斎宮寮舎人―	神	③	808
	斎宮寮蔵部―	神	③	809
	斎宮寮膳部―	神	③	809
	斎宮寮酒部―	神	③	809
	斎宮寮水部―	神	③	809
	斎宮寮采部―	神	③	809
	斎宮寮薬部―	神	③	809
	斎宮寮殿部―	神	③	809
	斎宮寮掃部―	神	③	809
	斎宮寮炊部―	神	③	810
	斎宮寮門部―	神	③	810
	斎宮寮馬部―	神	③	810
	斎院―【併入】	神	③	1234
し	史	官	①	199
	神祇官―	官	①	314
	太政官―	官	①	467
	太政官―	官	①	402
し	死	人	①	638
	中霧―	天		168
	由地震人畜―傷	地	③	1398
	装―欺敵	兵		141
	知人―生法	文	③	619

	―亡	政	②	62
	賤民―亡	政	②	170
	丁匠―亡	政	②	864
	流人―亡	法	①	210
	流人在路―亡	法	②	272
	閉門中―亡者処分	法	②	549
し	志	官	①	200
	衛門―	官	①	1453
	衛士―	官	①	1493
	兵衛―	官	①	1506
	授刀―	官	①	1435
	検非違使―	官	②	107
し	私(姉妹之夫)	人	①	187
し	枝(銭)	泉		12
し	祠	神	①	440
	「しゃし社祠」も見よ			
し	師	文	③	18
	―弟【篇】	人	②	389
	殺傷―匠	法	②	840
	尊―	文	②	695
	割公廨送本受業―	文	③	15
	為―服	礼	②	816
	祭―	礼	②	1315
	薦先―子	人	②	407
	復―讐	人	②	545
	和歌―弟伝統	文	①	795
	楽舞―弟	楽	①	110
	手習―匠	文	③	726
	「しはん師範」も見よ			
し	笥(書笥)	文	③	1396
し	詞(詩)	文	②	463
し	詩【篇】	文	②	449
	内宴賦―	歳		1040
	曲水宴賦―	歳		1079
	与新羅人贈答―文	外		160
	与渤海人贈答―文	外		318
	与朝鮮人贈答―文	外		789
	俳諧用―句	文	①	1238
	以―為詩歌合判詞	文	②	51
	狂―【併入】	文	②	604
	釈奠―	文	②	1362
	試験賦―	文	③	57
	懐紙書―	文	③	1265
	色紙書―歌	文	③	1269
	―宴用文台	文	③	1454
	踏歌歌章用―	楽	①	258
	朗詠用―	楽	①	268
	夢―歌	人	①	807
	餞―	人	②	436
し	羊蹄	植	②	23
じ	字	文	①	2
	「もんじ文字」も見よ			
じ	字(銭)	泉		12
じ	地(俳諧)	文	①	1226
じ	侍	政	②	80
じ	持			
	競馬―	武		800
	歌合―	文	②	9
じ	柱			
	「ことじ柱」を見よ			
じ	痔	方		1296
じ	慈【附】	人	①	1100
じ	辞(文書)【篇】	政	①	464
しあい	試合			
	剣術―	武		49
	槍術―	武		83
	柔術―	武		1006
しあくい	塩飽石	金		256
じあまり	字あまり歌	文	①	575
じあみ	地網	産	①	381
しあわせ	詩合	文	②	633
しあん	師安(逸年号)	歳		341
じあん	治安	歳		185
しい	椎	植	①	180
	以―為神木	神	②	1794
しい	四位	官	③	1776
	―封	封		42
	―位田	封		102
	―位禄	封		124
	―季禄	封		142
	―資人	封		352
	―蔭位	政	①	1002
	―位袍	服		278
しい	四維	天		20
しい	師位	宗	②	786
しい	黒眚	動		401
じい	侍医	方		668
	幕府―	方		723
じい	祖父	人	①	129
	「そふ祖父」も見よ			
しいぎゃ	弑逆	人	①	1057
しいごと	しひごと(強言)	人	①	858
しいしば	椎柴(四位)	官	③	1866
しいしば	椎柴染衣	礼	②	1040

しいたけ　椎茸　植 ②　804
しいちだ　四一高　政 ④　128
　―掛夫銭　政 ④　556
しいちは　四一半(博弈)　法 ①　913
しいな　しひな(粃)　植 ①　806
しいなせ　しひなせ(粃)　植 ①　806
しいなつ　椎名紬　産 ②　243
しいなり　椎像(冑)　兵　1882
しいね　しひね(瘤)　方　1267
しーぼる　シーボルト(外国医)　方　751
しいやは　椎谷藩　地 ②　351
しいら　しひら(鱰)　動　1463
しいん　子院　宗 ③　214
　諸国の寺院の子院は宗教部各寺院篇に在り。今之を略す
しいん　司印　政 ①　531
　斎宮主神―　神 ③　808
　隼人―　官 ①　910
　造兵―　官 ①　926
　織部―　官 ①　972
　主水―　官 ①　1089
　東西―　官 ②　387
　大宰府管内諸―　官 ②　397
しいん　私印　政 ①　535
しいん　使印
　観察―　官 ②　74
　勘解由―　官 ②　87
じいん　寺印　政 ①　539
　人別帳―　政 ③　486
　借用証―　政 ④　619
　東大寺―　宗 ③　1172
じいん　寺院
　―総載【篇】　宗 ③　1
　年始祝―参賀幕府　歳　681
　―涅槃会　歳　1063
　―灌仏　歳　1136
　―盂蘭盆　歳　1267
　―追儺　歳　1378
　―節分　歳　1388
　以関税充―修理料　地 ③　677
　―鎮守神　神 ①　787
　―地主神　神 ①　822
　―総社　神 ①　838
　神職建―　神 ②　1601
　課大神宮造営用途於―　神 ③　281
　納礼服於―　帝　331
　施入封戸於―　帝　1539
　―伝奏　官 ①　667
　―封戸　封　8
　以私封入―　封　26
　―賜封　封　61
　以賜封施―　封　62
　以位田施―　封　108
　以功田施―　封　114
　―下文　政 ①　369
　―牒　政 ①　482
　―印　政 ①　539
　―奴婢　政 ②　141
　―奴婢　政 ②　156
　―奴婢不給口分田　政 ②　322
　―墾田　政 ②　349
　以墾田施―　政 ②　354
　以宅地施―　政 ②　458
　―荘園　政 ②　491
　以荘施―　政 ②　500
　―蠲免　政 ②　1008
　請假参詣―　政 ③　460
　令諸国―献金　政 ③　1024
　―開墾　政 ③　1216
　―屋敷　政 ④　3
　為―用途課段銭　政 ④　459
　―貸金　政 ④　604
　―借金　政 ④　618
　依―創建赦宥　法 ①　518
　―吟味　法 ②　3
　―失火　法 ②　789
　詐称―名　法 ②　923
　―富突　法 ③　80
　於―境内追捕犯人　法 ③　143
　―訴訟　法 ③　486
　―訴訟　法 ③　785
　奉新銭於―　泉　82
　―升　称　91
　外国人寄宿于―　外　6
　―募縁朝鮮　外　788
　―仁王会　宗 ②　54
　―八講　宗 ②　90
　―参詣　宗 ③　299
　募縁造―　宗 ③　330
　募―用途　宗 ③　333
　大友宗麟破却領内―　宗 ④　1121
　耶蘇教徒破却―　宗 ④　1127

	耶蘇教—	宗	④	1129
	納歌集於—	文	②	425
	—詩会	文	②	625
	天皇算賀於—修諷誦	礼	①	1368
	—忌籠	礼	②	729
	—楽人	楽	①	622
	於—行田楽	楽	①	712
	於—境内行芝居	楽	②	42
	於—境内禁復讐	人	②	502
	玄関之製出於—	居		611
	於—行蹴鞠	遊		1101
	神宮寺【篇】	神	②	1703
	穢多寺	政	③	884
	外国人宿寺取締	外		7
	寺格【篇】	宗	③	149
	寺領【篇】	宗	③	221
じいん	次韻	文	②	506
じいん	磁印	文	③	1132
じうた	地唄	楽	②	367
じうた	地謡(能楽)	楽	①	941
しうん	紫雲	天		150
しえ	紫衣	宗	②	1191
	青蓮院宮聴—著用	宗	③	654
	盲人—御免	人	②	978
しえいか	思永館	文	②	1289
じえいだ	慈恵大師影像	方		72
じえいど	慈恵堂	宗	④	579
じえき	時疫	方		813
しえん	詩宴	文	②	608
しお	塩【篇】	飲		806
	祓禊用—水	神	②	717
	神饌用—	神	②	1155
	大神宮御饌—	神	③	567
	断—	宗	②	714
	歃—汁為誓約	人	②	322
	—直段	産	②	383
しお	潮	地	③	1254
しおう	雌黄	金		303
しおう	鰤魟	動		1410
じおう	地黄	植	②	666
しおうい	四王院(大和)	宗	③	1260
しおうい	四王院(近江)	宗	④	570
しおうじ	四王寺(出雲)【篇】	宗	④	879
しおうじ	四王寺(長門)【篇】	宗	④	925
しおうじ	四王寺(筑前)【篇】	宗	④	1069
じおうせ	地黄煎	方		1089
	—	飲		876
じおうぼ	地黄坊樽次	飲		781
しおおし	塩押	飲		1012
しおがま	塩釜	飲		818
	千家塩竈	神	④	892
しおがま	塩竈(箏)	楽	②	662
しおがま	塩竈浦	地	③	1322
しおがま	しほがまぎく(馬先蒿)	植	②	672
しおがま	塩竈神社【篇】	神	④	884
しおがま	塩竈党	姓		297
しおから	しほから(魚醬)	飲		939
しおから	しほからとんぼ	動		1159
しおかわ	塩川党	兵		451
しおくじ	塩公事役	政	④	474
しおごり	塩垢離	神	②	719
しおさい	潮さゐ	地	③	1258
しおさい	塩さい鰒	動		1511
しおじ	潮道	地	③	1258
じおし	地押	政	④	28
しおじり	塩尻	飲		812
	—	文	②	654
しおせ	潮瀬	地	③	1259
しおぜ	塩瀬(饅頭屋)	飲		632
しおたけ	しほ竹	植	①	718
しおたの	塩田荘	官	②	1013
しおたる	しほたる(泣)	人	①	745
しおつ	塩津	地	③	534
しおづけ	塩漬	飲		1013
しおづめ	塩詰			
	死骸—之上磔	法	②	223
	死骸—	法	②	888
しおで	しほで(鞖)	兵		2037
しおとう	塩湯治	方		993
しおどん	塩問屋	産	②	408
しおにく	塩肉【併入】	飲		933
しおのの	塩野牧	地	③	964
しおのみ	しほのみちひ	地	③	1256
しおのや	塩屋郡	地	②	47
しおのや	塩谷宕陰	文	②	892
	塩谷甲蔵海防意見上書	政	③	260
しおのや	しほのやほあひ	地	③	1259
しおのや	しほのやほへ	地	③	1258
しおはま	塩浜	飲		817
しおはま	塩浜運上	政	④	473
しおばら	塩原温泉	地	③	1072

しおばら	塩原牧	地	③	964
しおひ	潮干	歳		1093
しおびき	塩引	飲		933
しおふき	塩吹貝(蛤蜊)	動		1636
しおふき	潮吹貝	動		1639
しおぶね	塩舟	器	②	685
しおぶろ	塩風呂	居		692
しおまつ	塩松郡	地	②	120
しおみざ	塩見坂御門	居		409
しおみず	潮	地	③	1254
しおむし	塩虫	産	①	153
しおもの	塩物屋	飲		937
しおや	塩屋	飲		812
しおやき	塩焼	飲		247
しおゆ	塩湯【併入】	地	③	1134
	祓禊用―	神	②	717
しおゆあ	潮浴	人	①	1005
しおり	栞【併入】	文	③	1477
しおりが	枝折垣	居		860
しおりど	枝折戸	居		1216
しおん	子蔭	法	①	48
しおん	紫苑	植	②	765
	植―於墓辺	礼	②	1197
	―資人	封		352
	―蔭位	政	①	1002
	―位袍	服		278
しおん	資蔭【篇】	政	①	1000
じおん	字音	文	①	76
	以―唱人名	姓		821
じおんじ	慈恩寺(大和)	宗	③	1245
じおんじ	慈恩寺(山城)【併入】	宗	③	805
じおんじ	慈恩寺(羽前)【篇】	宗	④	783
じおんじ	慈恩寺(武蔵)【篇】	宗	④	483
しおんり	歯音離	方		1173
しか	鹿	動		309
	焼―肩骨卜	神	②	1259
	以―為神使	神	②	1825
	春日神社神―	神	④	87
	中山神社神―祭	神	④	1097
	厳島神社神―	神	④	1178
	以―皮為衣服	服		8
	―入延休堂	居		180
しか	知客(僧職)	宗	②	1038
じか	自火	法	②	790
しかあわ	詩歌合	文	②	79
じかあわ	自歌合	文	②	73
しかい	支解	法	①	412
しかい	糸鞋	服		1398
しかい	詩会【附】	文	②	608
	―図	文	②	618
しがい	死骸	人	①	294
	―塩詰	法	②	888
	―塩詰之上磔	法	②	223
	―実検	兵		907
	棄―於水中者処罰	礼	②	223
	埋路傍―	礼	②	229
	無―而葬	礼	②	253
	載屍於楯	兵		2080
じかい	自誡	人	②	179
	板倉重矩―	人	②	71
じかい	持戒	宗	②	681
じがい	地貝	礼	①	1013
じがい	自害	法	①	236
	―	法	①	720
	新田義顕―	神	④	951
	「じさつ自殺」も見よ			
じがいお	自害往生	宗	②	717
しかいし	歯科医師	官	③	869
	歯医師	方		857
しがいん	滋賀院【併入】	宗	④	597
しかうら	鹿卜	神	②	1259
しかうら	鹿卜神事	神	④	772
しかく	四角(方角)	天		20
しがく	史学【篇】	文	②	837
しがく	私学【篇】	文	②	1293
しがく	試楽	楽	①	12
	賀茂臨時祭―	神	③	1102
	石清水臨時祭―	神	③	1340
	算賀―	礼	①	1369
じかく	寺格【篇】	宗	③	149
	諸国の寺院の寺格は宗教部各寺院篇に在り。今之を略す			
じがく	字学	文	③	772
しかくし	四角四境祭	方		40
	―【併入】	神	②	555
しがくし	詩学書	文	②	551
しかくた	しかくたけ(方竹)	植	①	698
じかくだ	慈覚大師	宗	②	806
	「えんにん円仁」も見よ			
しかけお	仕掛大銃	武		956
しがごお	志賀郡	地	①	1171
しかしき	四家式(歌書)	文	②	438
しかじる	鹿汁	飲		180
しかすが	志賀須香渡	地	③	428

じかた	地方(職名)【篇】	官	②	1172
じかたか	地方開闔	官	②	1173
じかたさ	地方三帳	政	④	349
じかたと	地方頭人	官	②	1172
しかだの	鹿田荘	政	②	518
じかたぶ	地方奉行【附】	官	③	1487
じかたほ	地方奉書	政	③	105
しかたま	仕形舞	楽	②	465
じかたよ	地方寄人	官	②	1173
しがつ	四月	歳		17
しがつど	四月堂	宗	③	1133
しがでら	志賀寺	宗	④	626
しかどの	四箇度幣	神	②	137
しがのお	志賀大津	地	③	533
しがのお	滋賀大津宮	地	①	129
	滋賀宮瓦	産	①	595
しがのお	滋賀大輪田渡	地	③	468
しかのか	四箇格言	宗	①	955
しかのか	鹿皮鞍覆	兵		1986
しかのけ	鹿毛筆	文	③	1276
しかのだ	四箇大寺	宗	③	191
しかのだ	四家大乗	宗	①	14
しがのた	志賀高穴穂宮	地	①	129
しかのち	鹿のちがへ	動		328
しかのつ	鹿角の立物(冑)	兵		1865
しかのぶ	鹿野武左衛門	楽	②	531
しかのほ	四箇法用	宗	②	3
しかのま	鹿巻筆	文	③	1276
じがばち	似我蜂	動		1130
しかばね	屍	人	①	293
	「しがい死骸」も見よ			
しかまご	色麻郡	地	②	124
しかまご	飾磨郡	地	②	525
じがみ	地紙	服		1300
じがみう	地紙売	服		1353
しかみせ	しかみ銭	泉		124
しかみの	しかみの冑	兵		1866
しかみひ	しかみ火鉢	器	①	706
しがらき	滋賀楽	地	①	1193
しがらき	信楽笠	器	②	411
しがらき	信楽茶	遊		782
しがらき	信楽荘	地	①	1201
しがらき	紫香楽宮	地	①	183
しがらき	信楽焼	産	①	714
	—	産	①	748
しがらみ	柵	政	②	1109
	—	兵		672
しがらみ	笧堰	政	④	1212
しかり	叱(刑名)【附】	法	②	491
じがりに	地借人	政	③	1297
しかるた	詩賀留多	遊		242
じかろ	地火炉	器	①	709
じかろつ	地火炉次	飲		53
しかわか	詞花和歌集	文	②	295
	—命名	文	②	245
	難—	文	②	415
しかん	子癇	方		827
しかん	仕官	政	①	864
	聴流人—	法	①	213
しかん	糸管	楽	①	5
しかん	祠官	神	②	1459
しかん	紙冠	礼	②	100
しかん	紫冠	官	③	1784
しかん	試官	文	③	114
じかん	次官	官	①	199
	巡察使—	官	②	43
	勘解由—	官	②	83
じかん	辞官【篇】	政	①	1379
	僧綱—	宗	②	760
	「じしょく辞職」も見よ			
しかんじ	止観寺【篇】	宗	④	808
しかんち	四灌頂	宗	②	396
じかんど	時観堂	文	②	1289
じかんひ	辞官表	政	①	382
しき	しき(閾)	居		1111
しき	式(政書)	法	①	93
	—	法	①	66
	違—	法	①	10
しき	軾	器	②	766
しき	職(官司)	官	①	191
	中宮—【篇】	官	①	741
	皇后宮—【併入】	官	①	749
	皇太后宮—【併入】	官	①	751
	太皇太后宮—【併入】	官	①	752
	大膳—【篇】	官	①	988
	東宮—	官	①	1172
	修理—【篇】	官	②	354
	造宮—【篇】	官	②	368
	左右京—【篇】	官	②	375
	河内—【併入】	官	②	565
	摂津—【併入】	官	②	565
しき	四季	歳		99
	以—為人名	姓		686

しき	史記			
	—竟宴	文	②	509
	講—	文	②	847
	読書始読—	文	③	247
	—刊行	文	③	1074
しき	死期	人	①	665
	知—	人	①	658
	夢—	人	①	809
しぎ	しぎ(車)	器	②	874
しぎ	鴫	動		621
じき	次規(的)	武		233
じき	磁器	産	①	700
	鋳鉄銭加—末	泉		144
しきい	しきゐ(床席)	居		1066
しきい	敷居	居		1110
じきい	直位(位階)	官	③	1789
しきいた	敷板(車)	器	②	765
しきいた	敷板(風炉)	遊		665
しきいん	職印	政	①	531
	中宮—	官	①	742
	大膳—	官	①	990
しきか	史記家	文	③	212
しきかわ	敷革	産	①	904
しきぎぬ	敷絹	居		1072
じぎぐ	児戯具【篇】	遊		1245
しきけ	式家(藤原氏)	姓		423
しきげし	式外社	神	①	397
しきげゆ	式解由	政	①	1352
しきけん	式乾門	居		222
じきこう	直広一位	官	③	1790
じきこう	直広三位	官	③	1790
じきこう	直広四位	官	③	1790
じきこう	直広二位	官	③	1790
しきごお	志紀郡	地	①	320
じきこさ	直小作	政	④	744
じきさい	直裁	法	①	1138
しきさい	飾西郡	地	②	520
しぎさん	信貴山	宗	③	1297
しきさん	式三献	礼	①	240
	元服—	礼	①	831
	婚礼—	礼	①	1023
しきさん	式三番(芝居)	楽	②	89
じきさん	直参者			
	—養子	政	③	765
	徳川将軍薨去御—剃鬚	礼	②	706
しきし	色紙	文	③	1202
	—【附】	文	③	1265
	—下絵	文	③	917
	貼—於屏風	器	①	907
しきし	職仕	政	②	565
しきじ	職事	官	①	211
	中宮—	官	①	748
	院文殿—	官	①	1223
	摂関大臣家侍所—	官	①	1285
	蔵人所—	官	②	204
	—出陣不把笏	服		1284
しきしが	色紙形	文	③	1266
しきじか	職事官	官	①	210
	—遇父母喪解官	礼	②	663
しきじつ	式日			
	朔望及二十八日曰—	歳		61
	外記政—	政	①	93
	評定所—	法	③	752
しきじつ	式日公事	法	③	409
しきじつ	式日立合裁判	法	③	767
しきしば	色紙箱【併入】	文	③	1405
しきしぶ	色紙文匣	文	③	1422
しきしま	磯城島	地	①	25
しきしま	色紙窓	居		1160
しきしま	しきしまの(枕詞)	地	①	26
しきしま	磯城島金刺宮	地	①	180
しきしま	敷島の道	文	①	495
しきしゃ	職写田【併入】	政	②	427
	—	政	②	422
じきじょ	直叙	官	③	1854
	—	政	①	1499
	—	宗	②	737
しきしょ	職掌	官	①	205
	大膳職—	官	①	997
	京職—	官	②	378
しきじょ	式条	政	③	163
	—	法	①	661
しきしょ	職掌人	神	②	1652
しきしょ	式正の箙	兵		1727
しきしょ	式正料理	飲		112
しきじん	式神	方		540
しきせ	四季施	封		482
	—	産	②	714
しきせだ	四季施代	封		483
しきせん	式占【篇】	方		504
じきそ	直訴	法	①	556
	—	法	①	980

	—	法	③	414
	—	法	③	862
じきそう	直奏	政	①	428
しきたい	式退	礼	①	91
しきだい	式台	居		614
しきだい	色代			
	調庸—	政	②	744
	田租—	政	④	305
じきだい	直大一位	官	③	1790
しきだい	式代解由	政	①	1353
じきだい	直大三位	官	③	1790
じきだい	直大四位	官	③	1790
じきだい	直大二位	官	③	1790
しきたへ	しきたへの(枕詞)	器	②	189
じきちょ	直丁	政	②	849
	—	政	②	835
しきつ	敷津	地	③	518
しきてい	式亭三馬	文	②	956
しきてん	志岐伝(楽曲)	楽	①	562
しきでん	職田【篇】	封		75
	新任外官粮食—	政	①	1325
じきどう	食堂	宗	③	124
	東寺—	宗	③	791
	興福寺—	宗	③	1192
しきとう	飾東郡	地	②	520
じきとつ	直綴	服		648
	—	宗	②	1186
しきない	四畿内	地	①	66
しきない	敷内追込	法	②	409
しきない	式内社	神	①	397
	式内神社数	神	①	123
しきない	式内染鑑	産	①	888
じきにん	直任	政	①	890
	僧官—	宗	②	736
しきねじ	式根島	地	①	639
しきねん	式年遷宮(大神宮)	神	③	145
しきのえ	四季絵	文	③	904
しきのか	城上郡	地	①	283
しきのさ	式肴	飲		140
しきのし	城下郡	地	①	283
しきのぞ	職曹司	官	①	742
しぎのつ	鴫壺焼	飲		251
しきのび	四季屏風	器	①	916
しきのほ	死気方	方		186
じきはん	直判	政	③	286
じきはん	直判地	宗	③	235
しきひょ	式評定衆			
	奥州鎮府—	官	②	645
	足利氏—	官	②	1126
しきふ	職封【篇】	封		30
しきふ	職符	政	①	352
じきふ	食封	封		7
	—	封		31
	—	封		42
	—	封		51
	親王—	帝		1447
	内親王—	帝		1465
しきぶき	式部卿	官	①	815
しきぶき	式部卿流(書道)	文	③	679
しきぶし	式部省【篇】	官	①	811
	以散位寮併—	官	①	833
	—列見	政	①	1179
	—試	文	③	55
しきぶぶ	式部節	楽	②	282
しきぶん	職分資人	封		352
しきぶん	職分田	封		75
じきまい	直米	政	②	640
しきみ	閾【併入】	居		1110
	—	居		852
しきみ	樒	植	①	250
	—	植	①	571
	以—換門松	歳		873
	植—於墓地	礼	②	1197
しきみの	敷見駅	地	②	434
しきもく	式目			
	政書—	政	③	163
	政書—	法	①	661
	連歌—	文	①	1147
	俳諧—	文	①	1207
	俳諧—	文	①	1403
しきもく	式目聞書	法	①	677
しきもく	式目諺解	法	①	676
しきもく	式目抄	法	①	675
しきもり	式守伊之助	武		1191
しぎやき	鴫焼	飲		252
しきょう	詩経	文	②	743
しぎょう	施行(文書)【篇】	政	③	119
しぎょう	施行(講書)	文	③	211
しぎょう	執行(僧職)	宗	②	987
	—	神	②	1638
しぎょう	試業(年分度者)	宗	②	590
じきょう	持経	宗	①	330
じぎょう	地形	居		477
じぎょう	事業(家司)	官	①	1299

しぎょう 試業阿闍梨 宗 ② 919
じぎょう 地形籠(堤防具) 政 ④ 1019
じきょう 地狂言 楽 ② 123
しきょう 詩経集伝 文 ② 761
しぎょう 執行代 宗 ② 987
しきょう 四教堂 文 ② 1290
しぎょう 執行坊升 称 93
しきょう 私教類聚目録 人 ② 233
しきりば しきり羽(矢) 兵 1603
しきりば 仕切場(劇場) 楽 ② 71
しきれ 尻切(草履) 服 1432
しきれ 尻切(腰巻) 服 1043
じきろう 食籠 器 ① 285
じきん 地錦(草) 植 ② 342
しきんせ 試金石 金 269
しく 柷【併入】 楽 ② 1155
じく 軸
　掛物— 文 ③ 1032
　巻本— 文 ③ 496
じく 軸(掛物) 文 ③ 998
じく 自句(俳諧) 文 ① 1226
しくいん 詩句印 文 ③ 1138
しぐう 四隅 天 20
じくかざ 軸飾 文 ③ 1033
じくだす 軸だすけ 文 ③ 1032
しくち しくち(鯔) 動 1395
じぐち 地口 人 ① 876
じぐちせ 地口銭 政 ④ 567
しぐま 羆 動 416
しぐまの 羆皮 外 243
じくもと 軸本(冑) 兵 1875
じくもの 軸物 文 ③ 998
しぐれ 時雨 天 187
じくろ 舳艫 器 ② 576
じくん 慈訓(僧) 宗 ① 518
しくんし 四君子(画題) 文 ③ 880
しくんし 使君子 植 ② 386
じくんし 字訓詩 文 ② 465
じげ 地下 姓 441
　—諸大夫書札礼 文 ① 432
　—著狩衣 服 476
しけい 死刑【篇】 法 ① 227
しけい 師兄(盲人) 人 ② 943
じけい 慈恵 宗 ② 804
じげい 辞迎 帝 589
しげいし 淑景舎 居 150
　於—元服 礼 ① 858
しけいと 絓糸 産 ② 65
しげおか 慈岳川人 方 19
しげき 刺撃 武 26
しけぎぬ 絓絹 産 ② 186
しげたゆ 繁太夫節 楽 ② 294
しげつき 指月橋 地 ③ 222
しげどう 重籐弓 兵 1640
しげのい 滋野井 地 ③ 1012
じげのか 地下官 官 ① 696
しげのの 滋野貞主 文 ② 755
　—上表言大宰府吏員事 官 ② 427
　—建慈恩寺 宗 ③ 805
じけぶぎ 寺家奉行 官 ② 1212
しげやま しげ山 地 ③ 689
しげよし 滋善宗人 文 ② 755
しけん 試験【篇】 文 ③ 41
　郡司— 官 ② 598
　医師— 方 707
　「こころみ試」も見よ
じけん 辞見
　奉使— 政 ① 597
　給假— 政 ① 1159
　交替— 政 ① 1316
じげんじ 示現寺【篇】 宗 ④ 759
じげんだ 慈眼大師 宗 ② 810
　「てんかい天海」も見よ
じげんり 自現流(剣術) 武 44
じげんり 自源流(剣術) 武 28
しこ 矢籠 兵 1743
しこ 飼戸 官 ① 1534
じご 持碁 遊 62
しこう 至孝(僧) 宗 ③ 171
しこう 嗜好 人 ① 778
　「このむ好」も見よ
しごう 賜号【附】 宗 ② 799
しごう 謚号
　「おくりな謚」を見よ
じこう 時効 法 ② 61
じごう 寺号 宗 ③ 18
　以—為地名 地 ① 43
　以—為法号 礼 ② 300
　以—為苗字 姓 327
しこうさ 視告朔 政 ① 21
　「こうさく告朔」も見よ
しこうし 祗候所 帝 1238
しこうの 紫甲袈裟 宗 ② 1150

しこうろ 四公六民(租率) 政 ④ 183
じこえ 地肥 産 ① 118
しごきお しごき帯 服 1067
しこく 四国 地 ① 61
しこく 始哭(逸年号) 歳 344
しこく 賜国【併入】 封 64
じこく 時刻
「とき時」を見よ
じごく 地獄(火山) 地 ③ 859
じごく 地獄(隠売女) 人 ② 914
しこくざ 四国猿 動 271
しこくじ 四国地頭 官 ② 947
しこくじ 四国次郎(河) 地 ③ 1157
しこくす 四国筋 地 ① 54
じこくて 持国天 宗 ① 120
— 宗 ① 111
じごくは 地獄狭間(城) 兵 1110
しこくは 四国八十八箇所遍礼 宗 ③ 309
じごくへ 地獄変屏風 器 ① 917
じごけ ぢごけ(地衣) 植 ② 845
じごじゅ 事後受財 法 ① 53
しこず しこづ(讒) 人 ② 695
しごせん 子午線儀 方 292
しこな 醜名 姓 705
しこめ 醜女 人 ① 39
しこめの しこめの重籐弓 兵 1642
しころ 綴(冑) 兵 1861
しころず 錣頭巾 服 1244
しころづ 綴付(冑) 兵 1861
— 兵 1878
しころや 志戸呂焼 産 ① 747
しこん 四献(献数) 礼 ① 238
しごんし 四言詩 文 ② 472
しこんだ 紫金台寺 宗 ③ 855
しさい 斉衰 礼 ② 584
しざい 死罪 法 ① 228
— 法 ① 695
—【篇】 法 ② 127
—刑場図 法 ② 128
密貿易者— 産 ② 832
しざい 私罪 法 ① 285
しざい 資財
寺院—【篇】 宗 ③ 276
寺院— 宗 ③ 174
蘇我倉山田石川麿
— 人 ② 287
じさい 時祭 礼 ② 1329
じざいか 自在鉤 器 ① 713
茶湯具— 遊 684
しざいち 資財帳 宗 ③ 296
しさく 視朔 政 ① 25
「こうさく告朔」も見よ
じさし 字指 文 ③ 1479
じさつ 自殺
流人— 法 ① 212
囚人— 法 ① 500
囚人— 法 ③ 317
囚禁者— 法 ① 939
人質—励人 兵 812
生虜— 兵 856
渡辺登— 政 ③ 358
自尽 法 ① 238
聴罪人在家自尽 法 ① 230
「じがい自害」も見よ
じさつに 自殺人検使 法 ② 884
しざん 雌山 地 ③ 690
じさん 自讃 人 ② 317
じざん 慈山(僧) 宗 ② 630
じさんか 自讃歌 文 ① 696
じさんき 持参金
妻— 政 ③ 588
養子— 政 ③ 833
じさんき 持参金 礼 ① 1125
じさんで 持参田畑 礼 ① 1125
しし しし(肉) 人 ① 302
しし しし(鹿) 動 311
しし しし(獣) 動 5
しし 刺史 官 ② 432
しし 師子(楽曲)【併入】 楽 ① 614
しし 師資 文 ③ 19
しし 嗣子 礼 ② 1173
しし 獅子 動 441
しし 獅子
斗帳前置—狛犬 器 ① 804
丹波国出雲神社—
高麗犬 神 ④ 1008
しじ 榻 器 ② 872
しじ 四時 歳 99
じし 地子【篇】 政 ② 625
—【篇】 政 ④ 373
大—小— 帝 140
洛中— 帝 646
無主位田— 封 106
輸—田 政 ② 282

官田— 政 ② 416
免— 政 ② 1009
免— 政 ④ 1258
施入—於寺院 宗 ③ 254
穫稲—帳 政 ② 417
じし 璽至(逸年号) 歳 344
ししいで 紫宸殿 居 83
「ししんで紫宸殿」も見よ
ししうど ししうど(独活) 植 ② 397
ししがし 獅子頭
八坂神社— 神 ③ 1493
太神楽— 楽 ② 1182
ししがし 獅子頭の冑 兵 1865
ししがた 獅子形 帝 1162
ししがり 鹿狩 産 ① 159
じしぎん 地子銀 政 ④ 386
しじく 歯衂 方 1173
しじざぜ 四時坐禅 宗 ① 793
ししじの 宍道駅 地 ② 465
ししじの 宍道郷 地 ② 474
じじじゅ 次侍従 官 ① 704
じじしょ 次事抄 法 ① 80
じしせん 地子銭 政 ④ 382
ししたけ ししたけ(鹿茸) 植 ② 824
じしちょ 地子帳 政 ② 631
ししどは 宍戸藩 地 ① 1145
ししのく ししのくびの木(藜
蘆) 植 ① 1076
ししびし 醢【篇】 飲 937
ししびと 宍人 礼 ② 15
ししびと 宍人部 官 ① 101
ししぶえ 鹿笛 産 ① 465
— 動 314
烙印— 動 26
ししぼう 四至牓示 政 ② 513
しじま しじま(無言) 人 ① 848
ししまい 獅子舞 楽 ② 456
— 神 ④ 923
— 政 ③ 883
じしまい 地子米 政 ② 630
— 政 ④ 387
ししまる 師子丸(箏) 楽 ② 662
じしまる 地子丸帳 政 ② 259
しじみ 蜆 動 1633
しじみの 志深里 地 ② 533
しじみめ 蜆飯 飲 414
ししむし ししむし(虫) 動 1056
ししや しし矢 兵 1668
ししゃ 使者【篇】 政 ③ 331
— 政 ① 588
— 礼 ① 976
「つかい使」も見よ
ししゃ 詩社 文 ② 649
じしゃ 侍者
院— 官 ① 1215
親王家— 官 ① 1268
—(僧家) 宗 ② 1055
じしゃ 輀車 礼 ② 350
—図 礼 ② 364
ししやき ししやき草 植 ② 226
じしゃく 磁石 金 203
ししゃし 使者衆 政 ③ 332
じしゃし 寺社諸亭賦 官 ② 1203
じしゃて 寺社伝奏 官 ① 667
じしゃと 寺社取次 官 ③ 391
じしゃぶ 寺社奉行
奥州鎮府— 官 ② 646
鎌倉幕府— 官 ② 802
足利氏— 官 ② 1207
徳川氏—【篇】 官 ③ 371
—裁判 法 ③ 785
じしゃぶ 寺社奉行吟味物調役 官 ③ 389
じしゃぶ 寺社奉行支配留役 官 ③ 389
じしゃや 寺社役 官 ③ 390
じしゅ 寺主 宗 ② 860
じしゅ 自首【篇】 法 ① 588
—【併入】 法 ① 1097
— 法 ③ 699
会赦—日限 法 ① 517
耶蘇教徒— 宗 ④ 1231
博弈打自訴 法 ③ 21
じじゅい 慈受院【篇】 宗 ③ 553
ししゅう 死囚 法 ① 231
ししゅう 志州 地 ① 468
ししゅう 詩集 文 ② 557
じしゅう 時宗【篇】 宗 ① 1041
—寺院数 宗 ③ 9
—衣体 宗 ② 1229
—弊害 宗 ③ 66
—僧連歌 文 ① 1128
じしゅう 時衆 宗 ① 1042
じじゅう 侍従(香) 遊 315
じじゅう 侍従(遊女) 人 ② 856
じじゅう 侍従(職名) 官 ① 687

	—	官 ①	697
しじゅう	四十雀	動	919
じしゅう	時習館(吉田藩)	文 ②	1279
じしゅう	時習館(笠間藩)	文 ②	1280
じしゅう	時習館(熊本藩)	文 ②	1290
	—学則	文 ②	1231
	—経費	文 ②	1259
じしゅう	時習館(大田原藩)	文 ②	1283
じしゅう	時習館(大聖寺藩)	文 ②	1285
じしゅう	時習館(足利学校)	文 ②	1108
しじゅう	四十九日(仏祭)	礼 ②	1479
しじゅう	四十組香	遊	355
しじゅう	四十座祓	神 ②	699
じじゅう	侍従所	官 ①	714
	外記政後著—儀	政 ①	110
じじゅう	仁寿殿	居	89
	於—元服	礼 ①	857
	—東庭相撲儀	武	1028
しじゅう	四十賀	礼 ①	1376
じじゅう	侍従厨	官 ①	716
じじゅう	侍従厨別当	官 ①	716
しじゅう	四十八箇寺詣	宗 ③	319
しじゅう	四十八体(歌)	文 ①	516
しじゅう	四十八手(相撲)	武	1138
しじゅく	私塾	文 ②	1321
じしゅげ	自首減	法 ①	47
じしゅご	地主権現	神 ①	162
	—	神 ①	818
	—	神 ④	597
じしゅし	地主神【附】	神 ①	816
	山田原—	神 ③	120
しじゅせ	私鋳銭【附】	法 ①	434
	—	法 ②	940
	—	泉	85
ししゅま	四種曼荼羅	宗 ①	226
ししゅも	四種物	飲	266
ししょ	四書	文 ②	819
	—	文 ③	333
しじょ	仕女	政 ②	856
しじょ	廝女	政 ②	857
じしょ	字書【併入】	文 ①	180
	和蘭語—	文 ②	1005
	仏蘭西語—	文 ②	1018
じじょ	次女	政 ②	21
ししょう	史生	官 ①	203
	—公廨田	封	98
	—季禄	封	154
	神祇官—	官 ①	314
	太政官—	官 ①	469
	太政官—補任	官 ①	512
	内記—	官 ①	733
	中務省—	官 ①	739
	大舎人寮—	官 ①	764
	内蔵寮—	官 ①	785
	縫殿寮—	官 ①	797
	内匠寮—	官 ①	805
	式部省—	官 ①	830
	諸陵寮—	官 ①	871
	民部省—	官 ①	883
	主計寮—	官 ①	892
	主税寮—	官 ①	897
	兵部省—	官 ①	907
	隼人司—	官 ①	912
	兵馬司—	官 ①	924
	造兵司—	官 ①	925
	鼓吹司—	官 ①	927
	主鷹司—	官 ①	931
	判事—	官 ①	945
	大蔵省—	官 ①	964
	掃部司—	官 ①	968
	織部司—	官 ①	973
	宮内省—	官 ①	988
	大膳職—	官 ①	996
	木工寮—	官 ①	1012
	大炊寮—	官 ①	1027
	主殿寮—	官 ①	1039
	掃部寮—	官 ①	1052
	正親司—	官 ①	1059
	内膳司—	官 ①	1066
	園池司—	官 ①	1078
	造酒司—	官 ①	1082
	采女司—	官 ①	1088
	主水司—	官 ①	1093
	春宮坊—	官 ①	1180
	弾正台—	官 ①	1310
	馬寮—	官 ①	1532
	兵庫寮—	官 ①	1554
	勘解由使—	官 ②	84
	勘解由使—	官 ②	98
	修理職—	官 ②	360
	造宮省—	官 ②	371
	京職—	官 ②	378
	市司—	官 ②	390
	大宰府—	官 ②	404

諸国— 官 ② 469
郡司—試 文 ③ 145
ししょう 司掌 官 ① 206
ししょう 使掌 官 ① 206
ししょう 師匠 文 ③ 19
「し師」「しはん師範」も見よ
しじょう 市場【篇】 産 ② 589
「いち市」も見よ
じしょう 次将
副将軍一称— 兵 168
近衛— 官 ① 1359
じしょう 自称 人 ① 3
じしょう 事抄 法 ① 80
じしょう 治承 歳 207
じじょう 自乗(算術) 文 ③ 592
じじょう 辞状 政 ① 464
しじょう 四条河原
—納涼 歳 1195
—見世物 楽 ② 1204
しじょう 四条家 姓 361
しじょう 熾盛光法 宗 ② 281
しじょう 死杖祭 神 ② 635
じしょう 慈照寺【篇】 宗 ③ 715
—鎮守神 神 ① 793
「ぎんかく銀閣寺」も見よ
ししょう 史生代 官 ① 471
しじょう 四条内裏 居 284
ししょう 私称天皇【併入】 帝 855
しじょう 四条天皇 帝 29
しじょう 四条道場 宗 ③ 495
しじょう 四条畷神社 神 ④ 1715
しじょう 四条后 帝 1115
しじょう 四条派(絵画) 文 ③ 827
しじょう 四条橋 地 ③ 204
ししょう 師匠番 官 ③ 112
ししょう 四聖坊(東大寺) 宗 ③ 1142
しじょう 四条流(料理) 飲 318
ししょく 四職 官 ② 1079
— 官 ② 1148
じしょく 辞職
皇妃— 帝 1223
摂政— 官 ① 548
関白— 官 ① 604
地頭— 官 ② 1032
諸寺別当— 宗 ② 951
座主— 宗 ② 963
「じかん辞官」も見よ
じじょし 児女子(楽曲) 楽 ① 548
ししょし 四書集註 文 ② 761
ししょせ 四所籍 政 ① 702
しじらあ 志之羅綾 産 ② 261
— 服 249
— 服 307
しじらき しじらき(緘) 産 ② 200
ししらん ししらん 植 ② 854
ししりあ シシリア 外 1271
しじん 資人 封 352
国造— 官 ① 169
しじん 詩人 文 ② 563
じしん 地震【篇】 地 ③ 1355
依—改元 歳 276
—蠲免 政 ② 999
—賑給 政 ② 1057
震災救恤 政 ④ 917
じしん 侍臣【併入】 官 ① 23
— 帝 589
じじん 自尽
「じさつ自殺」を見よ
じじん 侍人 政 ② 81
しじんき 四神旗 帝 403
じしんき 地神経 楽 ① 728
じしんき 地神経読 人 ② 1003
じしんぐ 地震口 居 601
じしんさ 地震祭 方 39
しじんそ 四神相応地 方 585
じしんそ 自身葬祭 礼 ② 25
ししんで 紫宸殿 居 81
—図 居 82
—南庭橘桜 植 ① 304
即位— 帝 398
天皇御—聴政 政 ① 15
於—行大嘗会 神 ① 1230
於—行豊明節会 神 ② 395
旬日天皇御—賜宴 政 ① 39
御—覧相撲 武 1024
御—覧相撲 武 1032
於—元服 礼 ① 800
於—元服 礼 ① 857
於—行算賀 礼 ① 1368
釈奠—内論義 文 ② 1374
足利義満邸称寝殿
曰— 居 537
ししんの 四親王家 帝 1427
じしんの 地震神 神 ① 65

じしんの 地震之間 居 601
じしんば 自身番【附】 政 ③ 1359
所司代卒去市中為
— 礼 ② 704
じしんば 自身番屋 政 ③ 1363
じす 帙簀 文 ③ 533
しずい 雌蘂 産 ① 56
しすいら 拾翠楽 楽 ① 500
しずえ 下枝 植 ① 6
しずおり 沈折(扇) 服 1294
しずか 静(源義経妾) 人 ① 1129
— 人 ② 859
しずかの しづかの緒(鎧) 兵 1777
しずたに 閑谷学校 文 ② 1268
しずたま しづたまき(枕詞) 産 ② 132
しずない 静内郡 地 ② 1299
しずのい 静窟(石見) 地 ③ 715
しずのい 静窟(播磨) 神 ① 471
しずのく 賎鞍 兵 1970
しずはた 倭文幡帯 服 807
しずはた 賎機焼 産 ① 748
しずまと 賎間党 兵 450
しずまり 志津摩流(書道) 文 ③ 680
しずめい 沈石 居 930
しずめわ 沈枠(堤防具) 政 ④ 1059
しずや 閑野(神楽) 楽 ① 161
しせい 四声 文 ① 73
しせい 四姓 姓 182
しせい 四聖 人 ② 308
じせい 辞世 人 ① 663
日野資朝—頌 法 ① 799
乞食— 政 ③ 939
しせいう 四姓氏神 神 ① 669
しせいか 思誠館 文 ② 1287
しせいけ 四声圏点 文 ③ 273
じせいじ 自誓受戒 宗 ② 638
しせいど 施政堂 文 ② 1283
しせき 市籍 産 ② 661
しせき 史籍 文 ② 850
しせき 指石【併入】 遊 128
しせき 誌石 礼 ② 1157
しせつ 使節 政 ③ 332
「ししゃ使者」「つかい使」も見よ
じせつ 時節 歳 99
じせつせ 持節征夷将軍 官 ② 9
じせつせ 持節征東将軍 官 ② 10
じせつせ 持節征東大使 官 ② 10
じせつた 持節大使 官 ② 9
じせつた 持節大将軍 兵 200
— 官 ② 9
じせつち 持節鎮狄将軍 官 ② 13
じぜに 地銭 泉 44
しせん 子銭 政 ④ 682
しせん 私賎 政 ② 161
しせん 紙銭
「かみぜに紙銭」を見よ
じせん 字占【併入】 方 604
じせん 自薦【篇】 政 ① 981
— 官 ② 147
神職— 神 ② 1552
しせんか 私撰歌集 文 ② 329
しせんじ 指宣旨 政 ① 277
しぜんし 止善書院明倫堂 文 ② 1289
しせんど 詩仙堂 人 ② 1023
しぜんど 至善堂 文 ② 1290
しせんぶ 四川奉行 政 ④ 1134
しそ 始祖 人 ① 121
しそ 紫蘇 植 ② 495
しそ 緇素 宗 ② 561
じそ 自訴 法 ③ 699
「じしゅ自首」も見よ
しそう 氏宗 姓 448
「うじのか氏上」も見よ
しそう 芝草 植 ② 799
じそう 自葬 礼 ② 82
じぞうお 地蔵踊 歳 1274
じそうか 自走火船 兵 1255
じぞうが 地蔵が嶽 地 ③ 794
じそうき 治瘡記 方 1015
じぞうけ 地蔵悔過 宗 ② 142
じぞうこ 地蔵講 宗 ② 110
—饗礼 礼 ① 243
しそうご 宍粟郡 地 ② 526
じぞうぼ 地蔵菩薩 宗 ① 98
— 宗 ② 110
依地蔵助活人造六
地蔵語 神 ④ 1205
六地蔵詣 宗 ③ 317
六波羅蜜寺地蔵 宗 ③ 630
しそく 紙燭 器 ② 260
神楽用— 楽 ① 175
婚礼用— 礼 ① 1000
しぞくし 氏族志 姓 380

しそくや	脂燭役人(婚礼)	礼	①	1169
しそしゅ	紫蘇酒	飲		709
しそめし	紫蘇飯	飲		408
しそん	子孫	人	①	237
	祈一繁栄	神	②	871
	賜功田於一	封		113
	一遺産	政	②	111
	譲住職於一	宗	②	839
	天皇為一服	礼	②	501
	歿後賜姓於一	姓		240
	「こ子」「まご孫」も見よ			
しそん	至尊	帝		174
	「てんのう天皇」も見よ			
じそん	耳孫	人	①	235
じそん	慈尊	宗	①	94
じそんい	慈尊一音楽	楽	①	510
じそんく	慈尊功徳楽	楽	①	510
じそんだ	慈尊陀羅尼楽	楽	①	510
しそんは	子孫犯過失流	法	①	171
じそんぶ	慈尊武徳楽	楽	①	510
じそんま	慈尊万秋楽	楽	①	509
じそんら	慈尊来迎楽	楽	①	509
じそんら	慈尊楽	楽	①	509
した	舌	人	①	402
した	簧(笙)	楽	②	924
しだ	歯朶	植	②	865
したい	死体			
	「しがい死骸」を見よ			
したい	肢体	人	①	291
したい	詩体	文	②	455
しだい	史代(神祇官)	官	①	314
しだい	始大(逸年号)	歳		344
しだい	詩題	文	②	508
じたい	字体			
	一破拆	官	③	1911
	片仮名一	文	①	24
じだい	地代	政	③	1306
	河岸地土蔵一	居		768
じだいき	時代狂言	楽	②	113
じだいき	次大琴	楽	②	605
じだいぎ	地代銀	政	④	386
じだいじ	時代浄瑠璃	楽	②	278
したいじ	四堆陣	兵		69
したうけ	下請人(奉公人)	政	③	648
したえ	下絵	文	③	916
したえが	下絵紙	文	③	1211
したお	前夫	人	①	150
したおび	下帯	服		817
	一	服		1506
したがい	したがひ(内襟)	服		18
したがさ	下襲【篇】	服		325
	一説	服		409
	舞人用一	楽	①	654
したがさ	下襲尻	服		354
したかた	下帷子	服		1029
したぎ	下著			
	男子用一	服		425
	婦人用一	服		1029
したぎ	襯衣(甲)	兵		1908
したくき	支度金(婚嫁)	礼	①	1142
したくさ	下草銭	地	③	908
したくび	したくび(胡)	人	①	411
したぐら	したぐら(韉)	兵		1975
したげた	下桁	居		984
しだごお	志太郡(陸奥)	地	②	127
しだごお	志太郡(駿河)	地	①	618
しだごお	信太郡	地	①	1111
したごろ	下衣	服		325
したざや	下鞘(舞楽具)	楽	①	665
したさん	下三奉行	官	③	674
したじ	したぢ(助枝)	居		1141
したじ	下地(醬油)	飲		841
だし	仕出	飲		331
したじぐ	舌地履	服		1407
したじま	下地窓	居		1156
したじま	助支丸(横笛)	楽	②	875
したしも	したしもの(茹)	飲		261
したすだ	下簾			
	車一	器	②	868
	輿一	器	②	960
じたたか	地戦	兵		516
しただみ	しただみ(小羸子)	動		1658
したつき	したつき(譂誕)	人	①	404
したつき	したつき(仙沼子)	植	②	645
したつの	下津国	神	①	97
したてや	仕立屋	産	②	43
したてゆ	したてゆばり(淋瀝)	方		1292
したてる	下照比売神社	神	②	478
したとぎ	したとぎ(鵞口瘡)	方		1172
したとり	下取杓子	遊		774
したとり	下取炮烙	遊		773
したなが	舌長鐙	兵		1995
したのう	之太乃浦(風俗歌)	楽	①	233
じたのこ	自他の詞	文	①	163

したのは	褌	服		1503
したのり	下乗(乗馬)	武		729
したばか	下袴			
	男子用—	服		727
	婦人用—	服		1055
したはら	したはら(水腹)	人	①	425
したはら	下腹雪隠	遊		588
したばん	下番人	地	③	141
したひ	下樋	政	②	1126
したひば	下樋橋	地	③	250
したびら	したびらめ(魚)	動		1448
したまえ	下まへ	服		18
したまち	下町	地	①	956
したみ	したみ【併入】	居		1258
したみい	下見板	居		762
したみば	下見橋	地	③	250
したも	したも(湯具)	器	①	630
したも	下裳	服		955
したもち	したもち(根太かけ)	居		1068
したや	下谷	地	①	976
したらご	設楽郡	地	①	551
じたらぬ	字たらぬ歌	文	①	578
しだりや	しだりやなぎ(枝垂柳)	植	①	155
しだりん	尸陀林	礼	②	332
	—	礼	②	1072
したん	紫檀	植	①	393
したんの	紫檀帯	服		803
しち	質			
	「しちもつ質物」「ひとじち人質」を見よ			
しちい	七位	官	③	1776
	—位子	政	①	1007
	—季禄	封		142
しちいん	七音	楽	①	20
しちかい	七回忌	礼	②	1384
しちがつ	七月	歳		23
しちがつ	七月七日節【篇】	歳		1215
しちかぶ	質株	政	④	791
しちかん	七観音	宗	①	87
しちかん	七観音詣	宗	③	316
しちかん	七巻文(除目)	政	①	764
しちきょ	七去(離縁)	礼	①	1321
しちきょ	質挙	政	②	895
しちきょ	七経	文	②	817
	—	文	③	318
しちく	糸竹	楽	①	5
しちく	紫竹	植	①	702
しちけん	質券	政	④	764
しちけん	七間厩	居		726
しちげん	七絃琴	楽	②	605
しちけん	七献上章祭	方		42
しちこう	七高山	地	③	755
しちこく	七国将棋	遊		141
しちごさ	七五三膳	飲		95
しちこん	七献	礼	①	240
しちごん	七言詩	文	②	474
しちざじ	七座呪咀祭	方		49
しちさつ	七殺	方		181
しちじ	七事(茶湯)	遊		521
しちじ	質地	政	④	723
しちじそ	質地訴訟	法	③	510
	—	法	③	517
しちしゅ	七宗	宗	①	38
しちしゅ	七周忌	礼	②	1387
しちじゅ	七十歳	人	①	682
	—以上聴致仕	政	①	1449
	—已後隠居	政	③	842
しちじゅ	七十七賀	礼	①	1453
しちじゅ	七十天供	宗	②	302
しちじゅ	七十二候(時節)	歳		111
	—	歳		136
しちじゅ	七十二候(俳諧)	文	①	1191
しちじゅ	七十日戸〆	法	②	576
しちじゅ	七十二星祭	方		38
しちじゅ	七十賀	礼	①	1440
しちじゅ	七重塔	宗	③	92
	—	帝		896
	相国寺—	宗	③	387
しちじゅ	七十服茶	遊		532
しちしゅ	七出(離縁)	礼	①	1320
しちしょ	七書(兵書)	兵		22
	慶長版—	文	③	1074
しちしょ	七菹	植	①	757
しちじょ	七情	人	①	712
しちじょ	七条袈裟	宗	②	1145
しちじょ	七条銭	泉		29
しちじょ	七条道場	宗	③	490
しちしょ	七所牛王	人	②	354
しちじん	七陣	兵		391
しちすご	七双六	遊		4
しちせい	七声	楽	①	21
しちせい	七星	天		100
しちせい	七清華	姓		434

しちぜつ	七絶(詩)	文	②	461
しちそう	七叟	礼	①	1475
しちそう	七僧	宗	②	4
しちだい	七大河	地	③	1158
しちだい	七大寺	宗	③	191
	—	宗	③	1033
しちだい	七大寺詣	宗	③	315
しちだい	七代集	文	②	229
しちだん	七段備	兵		44
しちちょ	七鳥日	方		129
しちちょ	七張弓	兵		1657
しちとう	七島	地	②	1204
しちどう	七道	地	①	67
	—	地	③	48
	五畿—図帳	政	④	36
しちとう	七島藺	植	①	1003
しちどう	七堂伽藍	宗	③	77
	興福寺—	宗	③	1178
しちとう	七湯巡り	地	③	1058
しちとく	七徳寺	宗	③	1277
しちとく	七徳舞	楽	①	460
しちどは	七度拝	礼	①	19
しちどは	七度祓	神	②	699
しちにん	質人	官	③	1756
しちねん	七年忌	礼	②	1384
しちのぜ	七膳	飲		92
しちはん	七半(博弈)	法	①	451
しちひせ	七比籍	政	②	8
しちひゃ	七百年忌	礼	②	1449
しちびょ	七病(歌)	文	①	628
しちびょ	七廟	礼	②	1263
しちふく	七福神	神	①	88
しちふく	七福神銭	泉		151
しちふく	七福神参	神	①	90
しちぶつ	七物	歳		1241
しちぶつ	七仏事	礼	②	78
しちぶつ	七仏薬師	宗	①	80
	—	宗	②	284
しちぶつ	七仏薬師法	宗	②	284
しちほう	七宝塔	宗	③	95
しちほん	七本道具	官	③	1721
しちほん	七本鑓	人	②	310
しちまい	七枚起請	人	②	360
しちまつ	七松平	官	③	1674
しちめん	七面山	地	③	794
しちめん	七面明神	地	③	794
しちもつ	質物【篇】	政	④	721
	—	政	②	927
	以口分田為質	政	②	328
	以奴婢為質	政	③	618
	家質年賦成崩願	政	③	1286
	盗物質入	政	④	722
	贓物質入	法	①	875
	贓物質入	法	②	746
	拾物質入	法	②	806
	囚人質入	法	③	254
	禁貨幣質入	泉		415
しちもつ	質物改役	政	④	796
しちもつ	質物訴訟	法	①	1027
しちや	七夜(誕生)	礼	①	419
しちや	質屋【併入】	政	④	785
	—	居		774
	—組合	産	②	405
	—組合	産	②	578
	—看板	産	②	648
しちやう	質屋運上	政	④	518
しちやく	七薬師詣	宗	③	316
しちやそ	質屋総代	政	④	794
しちゆう	七遊	歳		1241
じちゅう	侍中(蔵人)	官	②	206
しちよう	七曜	天		100
しちょう	しちやう(囲碁)	遊		59
しちょう	仕丁【併入】	封		376
	—	政	②	837
	—	政	②	833
	木工寮—	官	①	1015
	主殿寮—	官	①	1041
	院—	官	①	1244
	徳川氏—【併入】	官	③	1005
	—服装	服		486
しちょう	使庁	官	②	102
	「けびいし検非違使」も見よ			
しちょう	紙帳	器	②	205
しちょう	詩調	文	②	477
しちょう	廝丁	政	②	847
	—	政	②	833
	神祇官—	官	①	348
しちょう	輜重【併入】	兵		1008
じちょう	次丁	政	②	20
	—調	政	②	722
	—庸	政	②	799
	—雑徭	政	②	823
しちょう	仕丁資養帳	政	②	750
しちよう	七曜星	天		94

しちよう	七曜直日	方		101
しちよう	七葉松	植	①	86
しちょう	仕丁役	政	④	557
しちよう	七曜暦	方		381
	—	歳		463
しちりが	七里浜	地	③	1302
しちりの	七里渡	地	③	425
しちりび	七里飛脚	政	④	1331
しちりゅ	七竜(鎧)	兵		1847
しちりん	七鑪(炉)	器	①	323
じちん	慈鎮	宗	②	805
じちんさ	地鎮祭			
	為奠都行—	地	①	134
	大神宮造替—	神	③	184
	造屋時行—	居		476
しつ	室(妻)	人	①	153
しつ	桎(囚禁具)	法	①	487
しつ	瑟【併入】	楽	②	632
	—	楽	②	588
じつ	実(算術)	文	③	592
じつあく	実悪(俳優)	楽	②	156
しついつ	執鎰(京職)	官	②	378
しついん	執印	政	①	540
じついん	実印	政	③	295
じついん	実因(僧)	人	②	123
しづうた	志都歌	楽	①	146
しつえき	疾疫			
	「しっぺい疾病」を見よ			
しっか	失火【附】	法	①	395
	—【併入】	法	②	789
じっかい	十戒	宗	①	481
	—	宗	②	610
しっかの	失火穢	神	②	808
しっかん	漆冠	服		1109
じっかん	十干	方		27
	—日吉凶	方		97
しつき	志豆岐(鮐腸醢)	動		1431
しっき	漆器	産	①	791
じつき	字突	文	③	1478
じつき	地突	居		477
しつきご	後月郡	地	②	603
じっきょ	実教	宗	①	29
じっきん	じつきん(茶椀)	器	①	35
じっきん	剔金	産	①	801
しっけん	執権			
	院—	官	①	1213
	鎌倉幕府—【篇】	官	②	671

	関東—	官	②	1292
しつげん	失言	人	①	860
じっけん	十間厩	居		726
じっけん	実検使	政	①	630
	—	政	③	356
	—	政	③	1249
	「けんし検使」も見よ			
じっけん	実検取帳	政	③	1114
じっけん	実検間	居		609
じっけん	実検窓	居		609
しつこ	しつこ(弓筒)	兵		1750
しっこう	膝行	人	①	982
	—	礼	①	116
しつごう	失郷	政	②	32
じっこう	十講	宗	②	95
じっこう	剔紅	産	①	801
じつごき	実語教賀留多	遊		246
しつこん	執金剛神	宗	①	128
じっさつ	十刹	宗	③	197
	五山—諸山法度	宗	①	712
しつじ	執事			
	進物所—	官	①	1077
	院—	官	①	1210
	摂関大臣家—	官	①	1274
	内豎所—	官	②	329
	鎌倉幕府—	官	②	672
	鎌倉幕府政所—	官	②	712
	鎌倉幕府問注所—	官	②	756
	足利将軍—	官	②	1078
	改—号管領	官	②	1084
	足利将軍嗣子—【併入】	官	②	1101
	足利氏政所—	官	②	1103
	足利氏問注所—	官	②	1143
	足利氏関東—	官	②	1293
	神社—	神	②	1643
	新羅—	外		103
	任那—	外		262
じっし	十師	宗	②	892
じっし	実子			
	勘当—	政	③	540
	有—以別人為養子	政	③	786
	養子以後—出生	政	③	822
じっしい	十死一生日	方		137
しつじだ	執事代			
	鎌倉幕府政所—	官	②	715
	鎌倉幕府問注所—	官	②	757

足利氏政所― 官 ② 1107
足利氏問注所― 官 ② 1144
しつじべ 執事別当 官 ① 1210
しっしゃ 漆紗冠 服 1109
じっしゅ 十宗 宗 ① 39
しっしゅ 失囚処分 法 ① 495
― 法 ① 929
― 法 ② 273
― 法 ② 522
― 法 ③ 305
じっしゅ 十種供養 宗 ② 187
―奏菩薩及迦陵頻 楽 ① 384
じつじょ 実成寺(伊豆)【篇】 宗 ④ 224
じつじょ 実成寺(岩代)【篇】 宗 ④ 753
じっしん 実心鳥 動 846
しっすい 直歳 宗 ② 1047
しっすい 失出人罪 法 ① 625
しっせい 執政(徳川氏) 官 ③ 175
しっせい 執政(古代官職)【併入】 官 ① 23
しっそう 失踪 政 ③ 558
しっそう 執奏 政 ① 237
じっそう 実相院(山城)【篇】 宗 ③ 738
じっそう 実相院(延暦寺) 宗 ④ 572
じっそう 実相寺【篇】 宗 ④ 210
しったい 膝退 礼 ① 118
じったい 十体
歌― 文 ① 513
連歌― 文 ① 1040
じつだい 実題(詩題) 文 ② 508
しったん 悉曇 文 ② 989
しったん 悉曇家 文 ② 992
しったん 悉檀寺【篇】 宗 ④ 100
じっちく 実竹 植 ① 719
じってつ 十哲
木門― 文 ③ 24
蕉門― 文 ① 1362
釈奠時祀孔子― 文 ② 1337
しつでん 失黏体(詩) 文 ② 533
しっと 嫉妬 人 ① 768
しっとう 執当 神 ② 1643
じっとく 十徳【篇】 服 647
じっとく 十徳姿 服 151
しつにの 漆仁川温泉 地 ③ 1084
しつにゅ 失入人罪 法 ① 625
しつのま 室間 居 598
しつはら しつはらひ(殿軍) 兵 391
じっぱん ジツパン 地 ① 37
じっぱん 実範 宗 ① 489
― 宗 ② 621
しっぴつ 執筆 文 ③ 671
鎌倉幕府引付― 官 ② 753
京下― 官 ② 795
除目― 政 ① 752
叙位― 政 ① 1474
連歌― 文 ① 1137
俳席― 文 ① 1397
しっぴつ 執筆法 文 ③ 753
じっぷ 実父
―養父両度著重服哉否之事 礼 ② 795
養子為―服 礼 ② 802
じっぷく 十服茶 遊 531
しっぺい 竹篦 宗 ② 1133
しっぺい 疾病【篇】 方 1131
依―斎宮解職 神 ③ 787
依―斎院解職 神 ③ 1215
―中招魂祭 神 ② 540
依―譲位 帝 541
依―停朝覲行幸 帝 724
天皇依―出家 帝 880
後宮依―出家 帝 904
外戚―受恩遇 帝 1536
仕丁― 政 ② 845
丁匠― 政 ② 863
依―遠慮 政 ③ 465
依―隠居 政 ③ 845
詐為― 法 ① 431
囚人― 法 ① 499
依―赦宥 法 ① 518
依疾疫改元 歳 277
依疾疫廃朝賀 歳 417
依疾疫停重陽宴 歳 1326
禳疾疫 神 ② 889
依疾疫蠲免 政 ② 999
依疾疫賑給 政 ② 1051
依疾疫給医薬 政 ② 1058
依疾疫救恤 政 ④ 873
病気引込期限 政 ③ 454
囚人病気取扱 法 ③ 311
訴訟人病気不参 法 ③ 580
大嘗祭禁問病 神 ① 1171
祈病痊 神 ② 865
依病奉幣諸陵 帝 1058

	依病辞大臣	帝		1542
	依病廃朝	政	①	193
	病假	政	①	1153
	病假	政	③	452
	療獣病	動		13
	牛病	動		56
	馬病	動		125
	犬病	動		161
	鳥病	動		527
	鷹病	遊		1000
しっぺい	執柄			
	摂政—称—	官	①	531
	関白—称—	官	①	561
しっぺい	執柄家	姓		427
	—	姓		356
じっぺん	十返舎一九	人	②	693
じつぼ	実母			
	以—為准三宮	帝		1213
	養子為—服	礼	②	802
じっぽう	十方暗	方		138
しっぽう	七宝ながし	産	①	781
しっぽう	七宝焼	産	①	781
しっぽく	食卓料理	飲		120
しつみご	七美郡	地	②	422
じつみょ	実名	姓		700
	元服時定—	礼	①	811
じづめ	地詰	政	④	28
しつもん	質問	文	③	202
しつらい	室礼	居		597
じつりん	実厘	政	④	236
して	仕手(能楽)	楽	①	830
してい	志帝(鼓曲譜)	楽	②	1110
してい	師弟【篇】	人	②	389
	—	文	③	18
	—闘殴	法	①	418
	歌道—伝統	文	①	795
	俳諧—伝授	文	①	1362
してき	四滴(水滴)	文	③	1354
しでのき	しでの木(枎移)	植	①	385
しでのき	しでのき石	金		350
しでのた	しでのたをさ(杜鵑)	動		859
	—	動		874
しでます	垂加霊社	神	②	1414
しでやな	しでやなぎ(枎移)	植	①	385
しでん	私田	政	②	293
	—地子	政	②	629
	誤収—班給	政	②	327
しでん	賜田【篇】	封		114
じでん	寺田	宗	③	228
	誤収—班給	政	②	327
してんだ	司天台	方		246
してんの	四天王			
	神—	神	①	164
	仏—	宗	①	111
	和歌—	文	①	667
	源義仲—	兵		313
	藤原惺窩門—	人	②	311
	県門—	文	①	863
してんの	四天王寺(伊勢)【篇】	宗	④	122
してんの	四天王寺(摂津)【篇】	宗	④	66
	天王寺八講	宗	②	91
	天王寺修正会	宗	②	129
	天王寺鐘	宗	②	1107
	天王寺方楽人	楽	①	619
してんの	四天王寺(播磨)	宗	③	246
してんの	四天王神	神	①	164
してんの	四天王法	宗	②	311
してんび	四天鋲(冑)	兵		1881
しと	尿	人	①	450
しど	志度	地	②	838
しど	私度(得度)	宗	②	600
しど	私度(関所)	地	③	680
じど	自度	宗	②	602
しとう	矢頭(矢)	兵		1688
しどう	四道	地	③	46
しどう	四道	文	②	702
しどう	祠堂	礼	②	1214
じとう	地頭	政	②	573
	鎌倉幕府—【篇】	官	②	937
	足利氏—【篇】	官	②	1366
	徳川氏—	産	①	196
	守護兼—	官	②	927
	訴—	法	①	1032
	埦飯役事以—得分行之	礼	①	315
	—職補任政所下文	官	②	708
	寄附—職得分於神社	神	①	652
	施入—職於寺院	宗	③	257
しとうが	指頭画	文	③	943
じとうか	地頭方所務職	官	②	1386
じとうか	地頭方段銭	政	④	458
しとうか	四等官	官	①	197
じとうき	地頭給	官	②	979

しどうき	祠堂金	宗	③	286
	—	政	④	604
しどうけ	志道軒	楽	②	509
しとうご	市東郡	地	①	1030
しどうさ	四道三院挙	政	①	718
しどうし	四道将軍	官	②	2
しとうず	襪【併入】	服		1444
	舞楽用—	楽	①	658
	蹴鞠用—	遊		1134
しとうせ	四当銭	泉		32
しどうせ	祠堂銭	宗	③	229
	—	宗	③	843
	—	政	④	684
じとうだ	地頭代			
	鎌倉幕府—	官	②	1039
	守護代兼—	官	②	1362
	足利氏—	官	②	1385
しどうち	祠堂地	宗	③	229
しとうで	四等田	政	②	285
じとうて	持統天皇	帝		12
	—遊覧御幸	帝		732
	—謚	帝		918
	—薄葬	礼	②	242
	—山陵	帝		985
しどうは	志道派(琵琶法師)	楽	①	720
しどうは	師堂派(盲人)	人	②	943
じとうや	地頭役	政	④	562
しときつ	しとき鍔	兵		1436
しときも	粢餅	神	②	1165
しとく	至徳	歳		238
しどく	師読	文	③	240
じどく	侍読	文	③	233
	—贈官位	官	①	254
	—蒙輦車宣旨	器	②	783
じとくき	自得記流(槍術)	武		72
しとくせ	私徳政	政	④	806
しとくて	至徳天皇	神	②	847
じとくり	自得流(鉄砲)	武		885
しどし	四度使	政	①	650
	大神宮—	神	③	495
しどじ	志度寺【篇】	宗	④	1015
しどしち	四度使帳	政	②	684
しどしゅ	四度宗論	宗	①	443
しどず	志戸簀(堤防具)	政	④	1062
しとだる	四斗樽	器	①	193
しとづつ	尿筒	器	②	571
しとど	しとど(鵐鳥)	動		888

しどどう	志度道場	宗	③	1348
しとどう	巫鳥占	神	②	1299
しとどめ	鵐目			
	刀剣—	兵		1443
	和琴—	楽	②	556
	箏—	楽	②	648
しとね	茵	器	②	106
	車—	器	②	863
	祭祀用—	神	②	1227
しとね	褥	器	②	195
しどのく	四度公文	政	①	650
しどへい	四度幣(大神宮)	神	③	419
しとみ	蔀【篇】	居		1246
	城郭—	兵		1117
しとみの	蔀野井庭神社	神	③	140
しとみば	蔀橋(城)	兵		1077
しとみや	志等美社	神	③	141
じどり	地取(相撲)	武		1171
じどり	地鳥	動		681
しとりぬ	倭文布	産	②	131
しとりべ	倭文部	官	①	43
しな	支那			
	—古代【篇】	外		817
	遊外僧入—	宗	②	465
	以—人名為名	姓		679
しない	しなひ(鷙)	動		924
しない	竹刀	武		59
しないづ	しなひ弦	兵		1567
しなえ	しなへ(靭鞬)	武		85
しながで	磯長寺	宗	④	11
しながと	階香取(神楽)	楽	①	160
しながの	師長国造	地	①	750
しながの	磯長墓	礼	②	1151
しながの	磯長陵	帝		983
しながは	磯長原墓	礼	②	1151
しながは	磯長原陵	帝		983
しながわ	品川	地	①	804
	—海中砲台	武		975
しながわ	品革威(鎧)	兵		1800
しながわ	品川御殿奉行	官	③	978
しながわ	品川溜	法	③	325
しながわ	品川薬園役人	官	③	877
じなしこ	地なし小袖	服		1027
しなそう	支那僧	宗	②	531
しなだま	品玉	楽	②	1165
しなたれ	志奈太礼(冑)	兵		1875
しなつひ	級長津彦命	神	①	30

	祀―於風宮	神	③	108
しなどの	科戸の風	天		251
しなとべ	級長戸辺命	神	①	30
	祀―於風宮	神	③	108
しなねま	しなね祭	神	④	1397
しなのえ	階上郡	地	②	128
しなのが	しなのがき(君遷子)	植	①	614
しなのが	信濃川	地	③	1184
しなのく	信濃轡	兵		2012
しなのこ	信濃公	封		59
しなのし	信濃衆(交替寄合)	官	③	1765
しなのだ	信濃代官	官	③	1527
しなのぬ	信濃布	産	②	139
しなのの	信濃国【篇】	地	①	1344
	八月十五日牽―馬	地	③	987
	―開墾	政	③	1209
	配流―	法	①	170
	配流―	法	①	769
	―金貨	泉		288
	―俗夫死以婦為殉	礼	②	11
しなのの	科野国造	地	①	1361
しなのや	品野焼	産	①	746
じなみ	じなみ(穢多)	政	③	876
じならし	地平	産	①	248
しなんし	指南車	器	②	854
じなんそ	次男相続	政	②	91
	―	政	③	698
じなんそ	次男総領願	政	③	688
しにかえ	死にかへる	人	①	634
じにん	神人	神	②	1529
じにん	慈忍(僧)	宗	②	804
しぬ	しぬ(死)	人	①	638
じぬし	地主	政	③	1286
	殺傷―	法	②	841
	博弈罪及―	法	③	24
じぬしの	地主神			
	「じしゅし地主神」を見よ			
しぬすす	しぬすすき	植	①	923
しぬひ	私奴婢	政	②	152
	「ぬひ奴婢」も見よ			
しねい	雀麦	植	①	840
しねはご	標葉郡	地	②	119
じねん	慈念(僧)	宗	②	804
じねんご	自然粳	植	①	738
じねんじ	じねんじやう(薯蕷)	植	①	1096
しの	篠	植	①	708
しの	小竹	植	①	708
しのうつ	しのうつはもの(瓷)	産	①	703
じのかみ	痔の神	神	②	870
	―	方		1299
しのぎ	鎬	兵		1310
しのけが	死穢	神	②	787
しのぜん	四膳	飲		86
しのだお	篠田大橋派(書道)	文	③	697
しのだな	篠棚	遊		652
しのだの	しのだの森	地	③	916
しのだり	篠田流(書道)	文	③	681
しのつき	しのつき(珠管)	方		1165
しのつづ	四鼓【併入】	楽	②	1122
しのとう	篠党	兵		439
じのなぞ	字謎	人	①	943
しのね	しのね(羊蹄)	植	②	23
しののめ	しののめ	歳		79
しのはこ	しのはこ(清器)	器	②	569
しのばず	不忍池	地	③	1224
しのはら	篠原駅	地	①	1161
しのび	しのび	法	①	865
	「せっとう窃盗」も見よ			
しのび	忍(間諜)	兵		348
しのびお	忍帯	服		1067
しのびぐ	忍轡	兵		2011
しのびご	誄	礼	②	128
	―	礼	②	1517
しのびず	忍頭巾	服		1251
しのびた	しのびた	政	②	362
	「おんでん隠田」も見よ			
しのびち	忍提灯	器	②	255
しのびて	しのびて(短手)	神	②	981
しのびの	忍の緒	兵		1868
しのびの	忍の岡	地	①	923
しのびの	忍者	兵		346
しのびは	忍肌付(馬具)	兵		1982
しのびめ	忍目付	兵		332
しのびも	忍物見	兵		330
しのぶ	しのぶ(忍)	人	②	141
しのぶお	忍岡	地	③	1225
	賜―別荘於林信勝	文	②	1129
しのぶお	忍岡孔廟	文	②	1434
しのぶお	忍岡文庫	文	③	377
しのぶぐ	しのぶぐさ(垣衣)	植	②	847
しのぶぐ	しのぶぐさ(骨砕補)	植	②	852
しのぶぐ	忍草	植	②	848
しのぶご	信夫郡	地	②	122
しのぶず	しのぶずり	産	①	888

しのぶの	信夫国造	地	②	90
しのぶも	しのぶもぢずり	産	①	888
	—	植	②	850
しのぶわ	しのぶ綿	産	②	98
しのみや	四宮	神	①	400
しのやき	志野焼	産	①	714
じのり	地乗(乗馬)	武		693
しのりゅ	志野流(香道)	遊		358
しのをつ	篠をつく雨	天		195
しば	芝(江戸)	地	①	962
しば	柴	器	②	335
	火葬焚料—	礼	②	208
しば	紙馬	神	②	1137
しば	莱草	植	①	932
しはい	支配			
	徳川氏諸役—	官	③	115
	老中—	官	③	185
	若年寄—	官	③	217
	寺社奉行—	官	③	376
	町奉行—	官	③	402
	勘定奉行—	官	③	486
	郡代—	官	③	1468
しはい	四拝	礼	①	18
しばい	芝居【篇】	楽	②	1
	陰—【併入】	楽	②	229
	人形—	楽	②	342
	首かけ—	楽	②	1160
	からくり小—	楽	②	1200
	小見世物—	楽	②	1204
しはいか	支配勘定	官	③	525
しばいご	芝居小屋			
	「げきじょ劇場」を見よ			
しばいし	芝石	金		354
しはいに	四廃日	方		127
しばうじ	斯波氏	官	②	1078
しばがき	芝垣	居		869
しばがき	柴垣	居		868
しばがき	柴籬宮	地	①	179
しばがき	柴垣節	楽	②	384
じはかせ	次博士	文	②	748
しばから	柴唐戸	居		1199
しばくら	芝競	遊		285
しばぐり	茅栗	植	①	175
しばこう	司馬江漢			
	—洋画	文	③	866
	—創銅板	文	③	1097
しはごお	標葉郡	地	②	119
しばごお	斯波郡	地	②	129
しばざい	芝旄(通矢)	武		149
しばざき	芝崎道場	宗	④	437
しばし	しばし(暫)	歳		64
しばた	新発田	地	②	343
しばたき	芝田鳩翁	文	②	925
しばたご	柴田郡	地	②	123
しばたは	新発田藩	地	②	350
しはつ	磯歯津	地	③	517
しばつま	芝撮(楊弓)	遊		191
しはつや	しはつ山振(大歌)	楽	①	141
しばて	芝手(城)	兵		1082
しばでん	芝田楽	楽	①	688
しばど	柴戸	居		1213
しばのう	芝の浦	地	①	923
しばのり	柴野栗山	文	②	781
	—上書	政	③	243
	—碑	礼	②	1184
しばばし	柴橋	地	③	90
しははゆ	しははゆし(鹹)	飲		8
しばびの	柴火会	遊		420
しばぶき	咳嗽	方		1358
しばぶね	柴船	器	②	684
しばみ	芝見(忍物見)	兵		330
しばむら	芝村藩	地	①	300
しばゆば	しばゆばり(淋病)	方		1286
しばよし	斯波義将	官	②	1078
	—訓誡	人	②	188
しばりく	縛首	法	①	697
	—	法	②	155
しばりょ	司馬凌海	文	②	1019
しはん	四半(旗)	兵		2115
しはん	師範	文	③	19
	御読書始—	文	③	240
	武芸—	武		3
	射術—	武		136
	砲術—	武		892
	水練—	武		985
	「し師」も見よ			
しはん	試判	文	③	123
じばん	襦袢	服		460
しはんか	四半紙草子	文	③	518
しび	鮪	動		1497
しび	孳尾	動		513
しび	鴟尾			
	「くつがた鴟尾」を見よ			
じひ	次妃	帝		1222

じひ	慈悲	人	①	1144
しびあみ	鮪網	産	①	387
じびか	耳鼻科	方		855
じびきさ	地曳祭(大神宮造替)	神	③	181
じびきし	地曳式	居		477
じひしん	慈悲心鳥	動		846
しびちゅ	紫微中台【併入】	官	①	754
じひつな	自筆内書	政	③	73
しびとば	しびとばな(石蒜)	植	①	1087
しびない	紫微内相	官	①	424
しひのし	志比荘	地	②	247
じひまん	慈悲万行菩薩	神	①	159
しひゃく	四百四病	方		1528
しひゃく	四百年忌	礼	②	1446
しびょう	四病(歌)	文	①	628
しびょう	詩病	文	②	525
じひょう	辞表	政	①	382
	—	政	①	1379
	尊号—	帝		798
	摂政—	官	①	537
	辞功封表	封		53
	辞封戸表	封		25
	辞封戸表	帝		1523
	僧綱辞官表	宗	②	761
じびょう	持病	方		1143
しびら	しびら(褶)	服		949
しびり	麻痺	方		1445
しふ	司符	政	①	355
しふ	紙布	服		10
しふ	賜封【篇】	封		60
しぶ	柿漆	植	①	610
じふ	寺封	宗	③	225
じぶ	じぶ(料理)	飲		225
しぶいち	四分一地頭	官	②	1378
しぶいち	四分一人足役	政	④	429
しぶがき	渋柿	植	①	614
しぶかわ	渋川郡	地	①	320
しぶかわ	渋河鳥	楽	①	392
しぶかわ	渋川春海	方		248
	—究暦道	方		359
	—作貞享暦	方		333
	—学神道	神	②	1424
しぶかわ	渋川流(柔術)	武		1006
しぶかん	四分官	官	①	198
しぶき	しぶき(蕺)	植	①	1184
じぶき	地葺	居		1044
じぶきょ	治部卿	官	①	835
じぶぎょ	地奉行			
	鎌倉幕府—	官	②	797
	足利氏—	官	②	1173
しぶきん	渋金楽	楽	①	421
じふく	地伏(門)	居		1112
じふく	時服			
	王朝—【篇】	封		164
	徳川幕府—	封		511
	納戸頭掌—出納	官	③	777
しぶくさ	しぶくさ(羊蹄)	植	②	23
しふくつ	四幅対	文	③	1009
しふさぎ	尻塞之矢	武		119
しふしゅ	四不出日	方		124
じぶしょ	治部省【篇】	官	①	834
しぶじわ	渋地椀	器	①	17
しぶすみ	渋墨塗【併入】	産	①	805
じぶつ	持仏	宗	①	204
じぶつど	持仏堂	宗	③	81
	源頼朝—	宗	④	317
じぶのた	じぶの田	帝		1086
しぶや	渋谷	地	①	966
しぶんか	詩文会	文	②	1141
しぶんか	思文館	文	②	1291
しぶんり	四分律	宗	②	615
しべ	蘂	植	①	19
しへい	市兵	兵		262
しへい	私兵	兵		259
しへい	私幣(大神宮)【併入】	神	③	673
しへい	紙幣【篇】	泉		429
	贋造—	法	②	945
じへい	寺兵	兵		303
しべつ	死別	人	②	422
しべつご	標津郡	地	②	1301
しべとろ	蘂取郡	地	②	1302
じぼ	字母			
	仮名—	文	①	29
	音韻—反切	文	①	56
しほう	四方(方角)	天		18
	拝—	歳		376
しほう	四方(器財)	器	①	162
	祭祀用—	神	②	1241
しぼう	死亡			
	「し死」を見よ			
じほう	寺法	法	③	487
じぼう	次房(戸)	政	②	47
しほうこ	四方輿	器	②	947
じほうし	璽封式	礼	②	1230

しぼうし　四望車　器②　854
しほうじ　四方白冑　兵　1885
しほうだ　四方棚　遊　652
しほうち　四方竹　植①　698
しぼうち　死亡帳　政②　232
しぼうと　死亡届　政③　517
しほうに　四方庭　居　889
しほうは　四方拝【篇】　歳　375
　諒闇中—有無例　礼②　549
　軽服之間不行—　礼②　883
しぼく　四木　植①　70
しぼり　絞　産①　865
しほん　四品(臣下位階)　官③　1712
しほん　四品(親王位階)　官③　1794
しほんが　四本懸　遊　1059
しほんば　四本柱(土俵)　武　1164
しま　島【篇】　地③　1336
　賜—【併入】　封　122
　以—為牧　地③　958
　厳島御—廻　神④　1173
しま　緦麻　礼②　584
しまあじ　島鰺　動　1411
しまい　仕舞　楽①　829
しまい　姉妹　人①　177
　為—服　礼②　763
　「あね姉」「いもうと妹」も見よ
しまうお　島魚　動　1335
しまおり　縞織物　産②　25
しまおん　四万温泉　地③　1068
しまがえ　島替　法②　302
しまがさ　島笠　器②　411
しまかみ　島上郡　地①　366
しまきと　島木鳥居　神①　584
しまぎり　しまぎり(海桐)　植①　279
しまごお　志摩郡　地②　936
しまさら　しまさらし(条布)　産②　134
しましも　島下郡　地①　366
しまぞめ　縞染　産②　26
しまだ　島田(結髪)　人①　546
　—　人①　552
しまだい　島台　歳　838
　蓬萊—　飲　272
しまだて　島立　遊　1224
しまだの　島田忠臣　文②　568
しまだま　島田政之　外　1133
しまだゆ　島田幽也　神④　852
しまづい　島津家久　地②　1371
しまづう　島津氏
　—明国通交　外　1002
　—安南通交　外　1132
　—呂宋通交　外　1215
　—犬追物　武　580
　—家紋　姓　519
しまつど　しまつどり(鸕鶿)　動　651
しまづな　島津斉彬　神④　1715
しまづの　島津国造　地①　477
しまづの　島津荘(大隅)　地②　1188
しまづの　島津荘(日向)　政②　473
しまづの　島津荘(薩摩)　地②　1225
しまづの　島津荘荘官　官②　986
しまづよ　島津義久
　—叙法印　宗②　797
　—寛仁　人①　1174
しまぬけ　島抜　法②　305
しまねお　島根温泉　地③　1085
しまねご　島根郡　地②　471
しまのお　島大臣　居　899
しまのか　島神　神①　63
しまのか　島の勘十郎　人①　782
しまのく　志摩国【篇】　地①　468
しまのく　志摩国神亀六年輸庸帳　政②　807
しまのみ　島造　官①　160
しまばら　島原(肥前)
　—山海大変　地③　884
　耶蘇教伝播—　宗④　1125
しまばら　島原(京都)　人②　872
しまばら　島原狂言　楽②　10
しまばら　島原乱　宗④　1129
しまばら　島原藩　地②　1098
しまひよ　島鵯　動　883
しままき　島牧郡　地②　1295
しまむら　島村蟹　動　1600
しまやせ　島屋銭　泉　29
しまりぞ　しまり備　兵　417
じまわり　地廻米　産②　574
じまん　自慢　人②　630
しまんろ　四万六千日　宗③　324
しみ　衣魚　動　1198
しみず　清水(泉)　地③　1022
しみず　清水(徳川氏三卿)　官③　1668
しみずお　清水御船手　官③　1460
しみずく　清水蔵奉行　官③　1460

しみずご	清水御門	居		398
しみずぶ	清水奉行	官	③	1460
しみずり	清水流(測量)	文	③	635
じみち	地道	兵		624
じみょう	持明院(寺号)	宗	③	576
じみょう	持明院家	姓		436
	—書道	文	③	677
	—神楽郢曲相伝	楽	①	190
	—放鷹	遊		948
じみょう	持明院流	文	③	680
じむ	寺務	宗	②	974
じむし	ぢむし(蠐螬)	動		1089
しむしる	新知郡	地	②	1302
しめ	〆(封緘)	泉		12
	書札封書—字	文	①	469
しめ	標	武		798
しめ	鴲	動		796
しめ	四目(矢根)	兵		1687
しめ	注連	神	②	1204
	—縄	歳		864
	—飾	歳		877
	法皇崩御内侍所引御—	礼	②	416
じめいし	自鳴鐘	方		457
しめうり	占売	産	②	343
しめかざ	注連飾 「しめ注連」を見よ			
しめごろ	しめごろも(染衣)	服		12
しめじ	しめぢ(茸)	植	②	823
しめじが	標茅原	地	②	67
しめなわ	注連縄 「しめ注連」を見よ			
しめの	標野	地	③	927
しめはご	標葉郡	地	②	119
じめんな	地面等取上【併入】	法	②	634
しも	霜【篇】	天		175
	植物忌雪—	植	①	31
	因—雪年凶	歳		1463
しもあだ	下足立郡	地	①	842
しもいし	下石派(槍術)	武		71
しもいず	下出雲寺	宗	③	414
しもうさ	下総代官	官	③	1524
しもうさ	下総国【篇】	地	①	1049
	—椿新田開墾	政	③	1213
	配流—	法	①	769
	—金貨	泉		288
	—馬	動		111
しもうさ	下総国小野織幡地帳	政	③	1116
しもうさ	下総国葛飾郡大島郷戸籍	政	②	43
しもうさ	下総国塙世村年貢割付状	政	③	1168
しもうさ	下総国文化六年取箇免状	政	④	359
しもうな	下海上国造	地	①	1055
しもえち	下越後	地	②	344
しもがか	下懸(能楽)	楽	①	755
じもく	除目【篇】	政	①	673
	大嘗会—	神	①	1577
	斎宮—	神	③	738
	賀茂祭—	神	③	1069
	斎院—	神	③	1237
	任大臣—近日例	政	①	912
	坊官—	官	①	1188
じもくじ	甚目寺【篇】	宗	④	142
じもくそ	除目奏	政	①	802
しもくち	しもくち(瘃)	方		1258
しもこう	下河辺長流	文	①	857
	—	人	②	1025
しもすが	下姿	服		211
しもだい	下醍醐	宗	③	1018
しもだじ	下田条約	外		1790
しもだて	下館	地	①	1135
しもだて	下館藩	地	①	1144
しもだぶ	下田奉行	官	③	1455
しもつあ	下県郡	地	②	1260
しもづか	下司			
	神社—	神	②	1529
	荘—	政	②	565
	但馬国土野荘—職	法	①	1015
しもつき	しもつき(十一月)	歳		32
しもつき	霜月会	宗	②	213
しもつく	下座郡	地	②	943
しもつけ	しもつけ(繡線菊)	植	②	109
しもつけ	下毛(木)	植	①	381
しもつけ	下毛郡	地	②	999
しもつけ	下野代官	官	③	1528
しもつけ	下毛野公助	人	①	1074
しもつけ	下野国【篇】	地	②	37
	—新田開発	政	③	1235
	—水沼灌漑	政	④	1186
	配流—	法	①	199
	配流—	法	①	787
	—馬	動		115

しもつけ	下毛野国造	地 ②	41
しもつご	下郡	地 ①	1012
しもつち	下知我麻神社	神 ④	347
しもつふ	しもつふさの国	地 ①	1049
	「しもうさ下総国」も見よ		
しもつま	下妻郡	地 ②	972
しもつま	下妻荘	地 ①	1138
しもつま	下妻藩	地 ①	1145
しもつみ	下道郡	地 ②	602
しもつみ	下道国造	地 ②	599
しもてど	下手渡藩	地 ②	155
しもと	しもと(菱)	植 ①	5
しもと	笞	法 ①	121
しもなげ	下長押	居	1102
しものか	下勘定所	官 ③	527
しものく	下句		
	和歌—	文 ①	535
	連歌唱—和上句	文 ①	973
しものせ	下関港	地 ③	581
	—	地 ②	713
	—英船砲撃事件	外	1443
	—仏蘭西船砲撃事件	外	1679
	—米船砲撃事件	外	1812
	赤間関渡守	地 ③	380
	赤間関船賃	地 ③	395
しものと	しものとり(鷫鸘)	動	559
しものの	下野牧	地 ③	976
しもふり	霜降(料理)	飲	212
しもべ	下部		
	検非違使—	官 ②	114
	諸国検非違使—	官 ②	177
	鎌倉幕府政所—	官 ②	716
	鎌倉幕府侍所—	官 ②	767
	足利氏政所—	官 ②	1113
しもまつ	下松浦郡	地 ②	1083
しもむち	下無調	楽 ①	21
しももも	霜桃	植 ①	338
しもやけ	しもやけ(瘃)	方	1258
しもやし	下屋敷	政 ③	1254
じもり	地守	政 ③	1293
しもん	四門(火屋)	礼 ②	335
じもん	寺門	宗 ④	600
	「おんじょ園城寺」も見よ		
しもんえ	司門衛	官 ①	1451
じもんし	地紋紗狩衣	服	474
しもんせ	四文銭	泉	36

じもんは	寺門派	宗 ①	558
	—寺院数	宗 ③	10
しゃ	舎	居	148
しゃ	紗	産 ②	296
しゃ	赦		
	「しゃゆう赦宥」を見よ		
じゃ	麝	動	333
じゃいん	邪婬	人 ②	645
じゃうな	蛇鰻	動	1365
しゃえい	舎衛【併入】	外	1121
しゃおん	謝恩表	政 ①	402
しゃか	釈迦	宗 ①	71
	清涼寺本尊—	宗 ③	890
	東福寺—像	宗 ③	951
	法隆寺—仏造像記	宗 ③	1289
	以—為姓	姓	300
	以—為人名	姓	654
しゃが	しやが(蝴蝶花)	植 ①	1113
しゃが	車駕	帝	173
しゃかい	釈迦院	宗 ③	1058
しゃかく	社格【篇】	神 ①	345
	氏神—	神 ①	720
	諸国の神社の社格は神祇部各神社篇に在り。今之を略す		
しゃかけ	釈迦悔過	宗 ②	141
じゃかご	蛇籠(築堤)	政 ②	1107
	—	政 ④	1060
じゃかご	蛇籠出し	政 ④	1019
しゃかじ	しやか汁	飲	172
じゃがた	咬𠺕吧	外	1227
	—商船来豊後国府内湊	宗 ④	1103
じゃがた	馬鈴薯	植 ②	529
じゃがた	咬𠺕吧縞	産 ②	176
しゃかた	釈迦誕生会	歳	1129
しゃかつ	沙喝	宗 ②	1063
しゃかど	釈迦堂		
	大報恩寺—	宗 ③	369
	醍醐寺—	宗 ③	1025
	延暦寺—	宗 ④	574
しゃかん	射干	動	335
じゃがん	蛇含石	金	302
しゃきょ	写経	宗 ①	269
しゃきょ	写経司	宗 ①	271
しゃきょ	写経所	宗 ①	270
しゃきん	沙金	金	178
	—	泉	264

しゃぎん	沙銀	金		185
しゃきん	砂金裹	泉		194
しゃきん	砂金袋	泉		183
しゃく	勺	称		49
しゃく	尺	称		4
しゃく	杓			
	「ひしゃく柄杓」を見よ			
しゃく	笏【篇】	服		1261
	正—拝神	神	②	996
	神職把—	神	②	1588
	書詔詞於—	政	①	254
	以—為拍子	楽	①	226
	以扇代—	服		1332
	以扇撃—	服		1337
しゃく	沙狗(蟹)	動		1600
しゃくあ	尺泥障	兵		2019
しゃくい	借位	官	③	1829
	神—	神	①	324
しゃくい	借韻	文	②	507
しゃくお	尺扇	服		1323
じゃくお	石王寺石	文	③	1325
しゃくき	尺木牛(堤防具)	政	④	1058
しゃくき	尺木垣(堤防具)	政	④	1058
しゃくき	尺木組(堤防具)	政	④	1058
じゃくげ	寂源	宗	③	730
しゃくさ	釈菜	文	②	1336
しゃくさ	尺さし	称		26
しゃくし	杓子	器	①	112
しゃくし	杓指	遊		746
しゃくし	笏紙	服		1278
しゃくじ	借字	文	③	302
しゃくじ	勺子湖	地	③	1242
しゃくじ	積聚	方		1190
	—治療	方		809
じゃくし	若州	地	②	201
しゃくし	借書	政	④	632
しゃくじ	錫紵	礼	②	930
	—	礼	②	477
	幼主七歳以前不召			
	—	帝		1187
	永陽門院崩御廃朝			
	—有無之議	礼	②	524
	依仁和寺法親王薨			
	去廃朝—有無之議	礼	②	528
	—著用之議	礼	②	571
しゃくじ	尺杖	称		24
しゃくじ	借状	政	④	633
しゃくじ	錫杖	宗	②	1123
	—	宗	②	3
	—	宗	②	324
じゃくし	寂照院	宗	③	779
しゃくす	錫衰	礼	②	930
	「しゃくじ錫紵」も見よ			
じゃくぜ	赤舌日	方		102
しゃくせ	借銭	政	④	617
	「ふさい負債」も見よ			
しゃくぜ	積善寺【併入】	宗	③	396
しゃくそ	借倉	居		804
しゃくた	借宅	政	③	1299
しゃくた	杓立	遊		747
しゃくち	借地	政	③	1297
	合衆国—交渉	外		1784
しゃくち	借地人	政	③	1297
しゃくと	石塔			
	「せきとう石塔」を見よ			
しゃくと	積塔(盲人)	人	②	966
しゃくど	赤銅	金		192
じゃくと	雀頭(筆)	文	③	1293
じゃくと	雀頭香	遊		311
しゃくど	赤銅作剣	兵		1360
しゃくど	しやくどう作弓	兵		1644
しゃくと	尺蠖	動		1097
しゃくな	しやくなげ(蝦蛄)	動		1543
しゃくな	石南草	植	①	586
じゃくね	若年	法	②	27
しゃくの	策労	文	③	101
しゃくは	尺八【篇】	楽	②	999
	—図	楽	②	1006
	後世—【併入】	楽	②	1012
しゃくは	尺八竹	植	①	692
しゃくは	尺八樋	政	④	1226
しゃくひ	借緋	官	③	1829
しゃくひ	笏引(練歩)	礼	①	105
しゃくび	赤白蓮花楽	楽	①	499
しゃくび	笏拍子	楽	①	171
	—	楽	②	1145
しゃくぶ	尺袋	称		44
しゃくま	借米	政	④	627
	—利息	政	④	701
しゃくも	釈門三十六人歌仙	文	①	868
しゃくや	芍薬	植	②	178
しゃくや	芍薬蓮	植	②	148
しゃくや	借家人	政	③	1298
しゃくよ	借用証文	政	④	632

しゃくり 噦 方 801
しゃくり 爵料 政 ① 1038
じゃくれ 寂蓮 文 ① 874
しゃけ 社家 神 ② 1459
しゃげい 射芸 武 98
しゃけぶ 社家奉行 官 ② 1208
しゃこ 硨磲 金 239
— 動 1642
しゃこ 蝦蛄 動 1543
しゃこ 鷓鴣 動 721
しゃこう 赦降 法 ① 513
じゃこう 麝香 遊 314
— 動 333
じゃこう 麝香草 植 ② 512
じゃこう 麝香猫 動 214
じゃこう 麝香鼠 動 237
しゃこた 積丹郡 地 ② 1295
じゃこつ 蛇骨石 金 346
しゃざ 謝座 礼 ① 232
しゃさん 沙参 植 ② 685
— 植 ② 391
しゃさん 社参
著袴— 礼 ① 551
—献神馬 神 ② 1122
—服 服 149
—著狩衣 服 485
—著直垂 服 565
しゃし 社司 神 ② 1500
— 神 ② 1459
しゃし 社祠【篇】 神 ① 437
—図 神 ① 442
—図 神 ① 454
「じんじゃ神社」も見よ
しゃし 奢侈【篇】 人 ② 623
禁— 人 ② 52
祭祀禁— 神 ① 117
賀茂祭禁—衣服 神 ③ 1088
葬礼禁— 礼 ② 6
佐佐木道誉— 人 ② 598
小堀和泉守— 居 533
江戸町人石川六兵
衛妻— 遊 333
富豪因—零落 人 ② 617
刑—町人 法 ② 628
刑—札差等 法 ② 534
上方風之— 居 733
しゃじ 謝字 遊 1228
しゃじく 車軸 器 ② 769
しゃじく 車軸雨 天 194
しゃじつ 社日 歳 138
しゃじつ 写実画 文 ③ 917
しゃしゅ 謝酒 礼 ① 232
しゃじゅ 射術【篇】 武 97
—図 武 172
しゃじょ 車上礼 礼 ① 154
しゃしょ 社稷 神 ① 434
しゃしょ 写書手 官 ① 768
しゃしょ 赦書状 法 ① 508
しゃしん 捨身 宗 ② 717
しゃじん 沙参 方 1073
しゃせい 写生(絵画) 文 ③ 920
しゃぜい 車税 器 ② 802
しゃせき 射席 武 261
しゃせき 赭石 金 314
しゃぜん 車前草 方 916
しゃそう 社倉 政 ④ 954
しゃそう 社僧【篇】 神 ② 1617
しゃだん 社壇 神 ① 471
しゃち 鱐魶(鯨) 動 1489
しゃちほ しやちほこ 居 1010
「くつがた鴟尾」も見よ
しゃちほ しやちほこ(鱐) 動 1470
しゃちほ 鱐魚(胄) 兵 1882
しゃちゅ 社中 文 ① 1247
しゃちょ 赦帳 法 ③ 373
— 法 ③ 352
しゃっか 借官 官 ② 463
しゃっき 釈教 宗 ① 1
「ぶっきょ仏教」も見よ
しゃっき 借金 政 ④ 617
「ふさい負債」も見よ
しゃっく 借訓 文 ③ 306
じゃっこ 寂光寺(京都)【篇】 宗 ③ 534
— 遊 81
じゃっこ 寂光寺(信濃)【篇】 宗 ④ 688
じゃっこ 寂光寺銭 泉 31
しゃてき 射的会 武 894
しゃてつ 沙鉄 金 200
しゃでん 社殿
諸国の神社の社殿は神祇部各
神社篇に在り。今之を略す
しゃてん 写天儀 方 291
しゃど 沙土【篇】 金 359
しゃど 赭土 産 ② 753

じゃとう	蛇頭弓	兵		1656
しゃなご	紗那郡	地	②	1302
じゃにげ	蛇逃(横笛)	楽	②	875
しゃにん	社人	神	②	1459
しゃのは	紗袴	服		709
じゃのめ	蛇目傘	器	②	441
しゃはく	赭白馬	動		99
しゃふく	射覆	方		497
しゃぶん	射分銭	武		282
しゃほう	社法	法	③	487
しゃほん	写本	文	③	327
しゃぼん	しやぼん(石鹼)	器	①	544
しゃみ	沙弥	宗	②	431
	—	宗	②	1059
	「そう僧」も見よ			
しゃみせ	三味線	楽	②	813
しゃみせ	三味線商	楽	②	823
しゃむ	社務	神	②	1499
	争—職	法	①	1036
しゃむ	暹羅【篇】	外		1159
	—国貿易	産	②	736
しゃむご	暹羅語	文	②	1049
しゃむぞ	暹羅染	産	②	173
しゃむつ	暹羅通詞	文	②	980
しゃむろ	暹羅鶏	動		682
しゃめん	赦免	法	①	508
しゃめん	赦免状	法	①	967
しゃも	しやも(暹羅鶏)	動		684
しゃもい	しやも入	法	③	188
しゃもん	沙門	宗	②	429
	「そう僧」も見よ			
しゃゆう	赦宥【篇】	法	①	507
	—【篇】	法	①	959
	—【篇】	法	③	339
	依日蝕—	天		41
	依流星出現—	天		138
	依慶雲出現—	天		150
	依改元—	歳		159
	依改元—	歳		275
	正月七日節—	歳		1000
	由地震—	地	③	1415
	新嘗会—	神	②	448
	請—表	政	①	397
	徒刑者—	法	①	128
	流刑者—	法	①	213
	依逆修行非常赦	帝		865
	告訴赦前事	法	①	582
	将軍家婚礼祝儀赦	礼	①	1350
しゃよ	車輿	器	②	944
しゃら	しやら(夏椿)	植	①	550
じゃらい	射礼【篇】	武		303
	諏訪神社—	神	④	733
	宮崎宮—	神	④	1668
	依諒闇停—	礼	②	557
	—射手著直垂	服		562
	—射手奉行等著素襖	服		590
じゃらい	射礼田	武		336
しゃらそ	娑羅双樹	植	①	563
しゃり	舎利【附】	宗	①	241
	東寺—	宗	③	170
	泉涌寺—	宗	③	571
	—自内侍所御辛櫃出	帝		146
しゃり	砂利(純錫)	金		207
しゃりえ	舎利会	宗	②	115
しゃりこ	舎利講式	宗	②	117
しゃりご	斜里郡	地	②	1297
しゃりせ	舎利石	金		242
しゃりつ	赦律(政書)	法	②	124
	—	法	③	339
しゃりと	舎利塔	宗	③	91
しゃりょ	射猟	武		475
	「きしゃ騎射」も見よ			
しゃりん	車輪	器	②	770
しゃれい	赦令	法	①	510
	—	法	①	959
しゃれぼ	洒落本	文	②	947
	—	文	③	365
じゃわ	瓜哇【併入】	外		1227
しゅ	主			
	賤民冒旧—罪	法	①	419
	代官罪過懸—人	法	①	812
	—人成敗臣僕	法	②	156
	奴姦—	法	①	442
	謀殺—	法	①	406
	殺傷—	法	①	408
	殺傷—	法	②	826
	殺傷—人親族	法	②	827
	以儒礼祭—	礼	②	1338
	為—復讐	法	②	901
	為—復讐	人	②	509
	為君—服	礼	②	583
	為君—服	礼	②	812

諫一君 人 ② 246
路頭遇一人礼 礼 ① 198
しゅ 守(位署) 官 ③ 1900
しゅ 朱(金銀貨) 泉 178
しゅ 首 官 ① 198
主殿一 官 ① 1204
主書一 官 ① 1205
主漿一 官 ① 1205
主工一 官 ① 1206
主兵一 官 ① 1206
主馬一 官 ① 1206
しゅ 首(正犯) 法 ① 6
しゅ 珠 金 220
しゅ 銖 称 115
しゅ 麈 動 333
じゅ 呪
誦一 宗 ② 357
夢一 人 ① 823
沐浴一 人 ① 1002
鵄鳴時一 動 978
小児夜啼之一 動 1656
一禁 方 52
虫除一禁 歳 1137
四方拝一文 歳 376
追儺一文 歳 1370
夢誦 人 ① 823
じゅ 綬 服 1465
一 服 167
じゅあん 寿安鎮国山 神 ④ 1662
じゅい 儒医 方 729
じゅいき 寿域 礼 ② 1109
じゅいち 従一位 官 ③ 1794
「いちい一位」も見よ
しゅいん 手印 政 ① 562
一 政 ③ 304
土御門天皇一補任 神 ③ 1520
源空施一於起請文 宗 ① 646
しゅいん 朱印 政 ③ 285
一書式 官 ③ 1748
一伝馬 政 ④ 1272
一伝馬 政 ④ 1297
路頭遇一官物礼 礼 ① 209
渡海一 産 ② 798
安南渡海一 外 1135
柬埔寨渡海一 外 1151
占城渡海一 外 1157
暹羅渡海一 外 1174
太泥渡海一 外 1192
田弾渡海一 外 1194
呂宋渡海一 外 1217
じゅいん 入院 宗 ② 849
しゅいん 朱印改 政 ③ 291
一 封 379
しゅいん 酒飲子(楽曲) 楽 ① 360
しゅいん 朱印舟 外 1135
しゅいん 朱印地
神社一 神 ① 647
大神宮一 神 ③ 893
寺院一 宗 ③ 231
以一為質 政 ④ 728
しゆう 雌雄 動 512
しゅう 州 地 ① 71
しゅう 衆(律文用語) 法 ① 3
じゅう 従(従犯) 法 ① 6
じゅう 従(親王家) 官 ① 1264
じゅう 獣【篇】 動 1
神饌用一 神 ② 1182
以一為幣 神 ② 1085
一害 産 ① 158
じゅうあ 十悪 法 ① 13
じゅうあ 十悪日 方 130
しゅうい 拾遺(侍従) 官 ① 697
じゅうい 獣医 動 13
しゅうい 拾遺愚草 文 ② 370
しゅうい 拾遺古今 文 ② 415
しゅうい 拾遺抄 文 ② 288
じゅうい 戎衣神拝 神 ② 1009
じゅうい 十一月 歳 32
じゅうい 十一月会 宗 ② 135
じゅうい 十一経 文 ② 817
一 文 ③ 333
じゅうい 十一宗 宗 ① 48
じゅうい 十一面観音 宗 ① 91
しゅうい 拾遺和歌集 文 ② 288
しゅうえ 周易 文 ② 743
学一 方 474
読書始読一 文 ③ 246
しゅうえ 周淵(陣法) 兵 66
しゅうえ 終焉 人 ① 663
じゅうお 十王 宗 ① 132
じゅうお 十王経 宗 ① 318
しゅうか 秀歌 文 ① 698
対一不返歌 文 ① 725
しゅうが 繡画 文 ③ 942

しゅうか 秋海棠 植 ② 384
　—水揚法 遊 867
しゅうか 集会乱声 楽 ① 38
しゅうか 崇化館 文 ② 1279
　—入学式 文 ③ 8
しゅうか 収穫 産 ① 89
しゅうが 修学【篇】 人 ① 1307
しゅうが 修学院御幸 帝 746
じゅうか 重閣御門 居 210
じゅうが 十月 歳 29
じゅうか 重過料 法 ② 667
しゅうき 周忌 礼 ② 1364
しゅうぎ 祝儀
　行啓— 帝 1125
　立后— 帝 1125
　徳川将軍宣下— 官 ③ 56
　幕府—之赦 法 ③ 342
　元服— 礼 ① 849
　袖止— 礼 ① 865
　婚礼— 礼 ① 1182
　算賀— 礼 ① 1416
しゅうぎ 祝儀方 官 ② 1232
しゅうぎ 集義館 文 ② 1288
しゅうき 蹴鞠【篇】 遊 1039
　—図 遊 1056
　—用扇 服 1348
しゅうき 蹴鞠書 遊 1109
しゅうき 蹴鞠水干 服 497
しゅうき 蹴鞠坪 遊 1059
じゅうぎ 従儀師 宗 ② 930
しゅうき 秋季仁王会 宗 ② 45
しゅうぎ 衆議判
　狂歌— 文 ① 933
　発句合— 文 ① 1317
　歌合— 文 ② 33
じゅうき 従舅 人 ① 262
　— 人 ① 274
しゅうき 秋饗 礼 ② 1333
しゅうき 修教館【併入】 文 ② 1177
しゅうき 習教館 文 ② 1291
しゅうぎ 修業館 文 ② 1279
しゅうぎ 拾玉集 文 ② 370
しゅうき 囚禁【篇】 法 ① 479
　—【篇】 法 ① 932
　—【篇】 法 ③ 183
　「きんごく禁獄」も見よ
しゅうき 囚禁具 法 ① 485
　— 法 ③ 201
しゅうく 秀句 人 ① 873
じゅうぐ 戎具 兵 1270
　「へいき兵器」も見よ
じゅうく 十九布 産 ② 147
じゅうく 十九方(医書) 方 1019
じゅうけ 従兄弟
　「いとこ従父兄弟姉妹」を見よ
じゅうご 十語(小説) 文 ② 941
しゅうこ 収公 法 ① 813
しゅうこ 崇広館 文 ② 1286
しゅうこ 修好通商条約
　「じょうや条約」を見よ
しゅうこ 崇広堂 文 ② 1278
　—生徒数 文 ② 1196
じゅうこ 重光楽 楽 ① 501
しゅうご 囚獄 官 ③ 452
　— 法 ① 480
　「しゅうき囚禁」も見よ
しゅうご 囚獄正 官 ① 948
しゅうご 囚獄司【篇】 官 ① 947
じゅうご 十五間厩 居 726
じゅうご 十五宗 宗 ① 49
じゅうご 十五大寺 宗 ③ 192
　七大寺—等事 宗 ③ 1033
　—安居 宗 ② 699
じゅうご 十五日粥 歳 918
じゅうご 十五人芸 楽 ② 1194
じゅうご 十五夜 歳 1304
しゅうご 主殺 法 ② 826
　— 法 ② 33
じゅうこ 重婚罪 政 ② 58
　— 法 ② 342
しゅうさ 秀才 文 ③ 61
　文章得業生号— 文 ③ 76
しゅうさ 宗崔 宗 ④ 1160
じゅうざ 重罪 法 ① 4
　— 法 ② 32
しゅうさ 秀才試 文 ③ 61
じゅうざ 重肴 飲 149
じゅうざ 従坐減 法 ① 47
じゅうざ 十座論義 宗 ① 406
じゅうさ 十三経 文 ② 817
　明経道専学— 文 ② 745
じゅうさ 十三経註疏和板 文 ③ 325
じゅうさ 十三合升 称 67
しゅうざ 鷲山寺【篇】 宗 ④ 504

じゅうさ	十三重塔	神	④	207
じゅうさ	十三条袈裟	宗	②	1145
じゅうさ	十三代集	文	②	230
じゅうさ	十三壇法	宗	②	335
じゅうさ	十三年忌	礼	②	1389
じゅうさ	獣産穢	神	②	826
じゅうさ	十三仏	宗	①	68
じゅうさ	十三夜	歳		1311
しゅうし	宗旨	宗	①	38
	「しゅうは宗派」も見よ			
しゅうし	修史	文	②	856
しゅうじ	習字	文	③	724
じゅうし	柔紙	文	③	1229
じゅうじ	十字(餅)	飲		628
じゅうじ	住持	宗	②	993
じゅうじ	重次	法	①	4
じゅうし	十死一生の軍	兵		646
じゅうし	十死一生日	兵		522
しゅうし	宗旨順	法	③	551
しゅうし	宗旨証文	政	③	500
じゅうじ	十字銭	泉		30
じゅうし	十七日粥	歳		926
じゅうし	十七年忌	礼	②	1403
じゅうし	十七夜待	神	②	578
しゅうし	宗旨人別帳	政	③	486
じゅうし	獣死穢	神	②	823
じゅうじ	住持奉行	官	②	1219
しゅうじ	習字本	文	③	735
じゅうし	従姉妹			
	「いとこ従父兄弟姉妹」を見よ			
じゅうし	十姉妹	動		901
じゅうし	十四門	居		203
じゅうし	従者【併入】	封		369
	一闘殴	法	①	420
	一著直垂	服		569
	一著素襖	服		592
	外出時使一持笏	服		1284
しゅうし	周尺	称		33
	塚墓之制用一	礼	②	1084
しゅうし	鶖鷲	動		560
じゅうじ	十住心論	宗	①	580
しゅうじ	主従相姦	法	②	965
しゅうじ	主従訴訟	法	①	1035
	一	法	③	481
	一	法	③	821
じゅうし	十炷香	遊		345
じゅうじ	柔術【篇】	武		1002
しゅうし	周章	人	①	761
しゅうし	衆証	法	①	4
	一	法	①	603
じゅうじ	戎仗	兵		1270
	「へいき兵器」も見よ			
じゅうし	獣傷胎穢	神	②	827
じゅうじ	十条断例	法	①	113
じゅうし	住職	宗	②	997
じゅうし	重職	官	①	231
しゅうし	秋色桜	植	①	306
しゅうじ	囚人	法	①	489
	一	法	①	933
	一	法	③	194
	一	地	③	617
しゅうじ	醜人	人	①	38
しゅうし	崇親院	文	②	1307
しゅうし	修身館	文	②	1284
しゅうし	終身蠲免	政	②	1007
しゅうし	修身舎	文	②	1290
しゅうし	修身書	文	②	699
じゅうし	重申状	法	①	1077
しゅうし	終身調庸	政	②	777
しゅうし	修身堂	文	②	1281
しゅうせ	修姓	姓		344
しゅうせ	醜姓	姓		239
じゅうせ	十生(大歌所)	官	①	856
しゅうせ	修正会	宗	②	127
しゅうせ	修成館	文	②	1280
しゅうせ	集成館	文	②	1290
しゅうせ	集成糸綸録	法	②	124
しゅうせ	鞦韆【篇】	遊		1179
じゅうぜ	十善戒	宗	②	612
じゅうぜ	十禅師	宗	②	896
じゅうぜ	十禅師権現	神	①	163
じゅうぜ	十禅師宮	神	④	661
じゅうぜ	十善之主	帝		188
じゅうぜ	十善の王	帝		188
じゅうぜ	十善の君	帝		188
じゅうぜ	十善の位	帝		188
しゅうそ	愁訴	法	①	997
	一	法	③	469
しゅうぞ	繡像	宗	①	177
じゅうそ	十操(笛吹奏)	楽	②	545
じゅうそ	従葬	礼	②	239
じゅうそ	従僧	宗	②	1052
	一	宗	②	769
じゅうそ	従祖昆弟	人	①	273

じゅうそ 重訴状 法 ① 1077
じゅうそ 従祖祖姑 礼 ② 492
じゅうそ 従祖祖父母 人 ① 253
じゅうそ 銃卒 兵 241
じゅうそ 従祖父 人 ① 256
　天皇為一服 礼 ② 493
じゅうそ 従祖母 人 ① 256
じゅうた 銃隊 兵 241
じゅうた 銃隊改役 官 ③ 1625
じゅうた 銃隊頭 官 ③ 1625
じゅうだ 重代家 神 ③ 859
じゅうだ 十代集 文 ② 229
じゅうた 銃隊奉行 官 ③ 1624
じゅうだ 重代丸(横笛) 楽 ② 875
じゅうた 住宅
　「ていたく邸宅」を見よ
じゅうた 重敲 法 ② 478
しゅうち 集注本草 方 1117
じゅうち 重陳状 法 ① 1077
しゅうち 袖珍本 文 ③ 320
じゅうつ 重追放 法 ② 321
　一御構場所 法 ② 311
じゅうて 従姪
　一為太子 帝 1355
　一受禅 帝 535
　為一服 礼 ② 777
じゅうて 重点(文字) 文 ① 4
じゅうて 十天楽 楽 ① 383
しゅうと 舅 人 ① 148
　婚礼時一姑以下親族対面 礼 ① 1054
　聟一対面 礼 ① 1099
しゅうと 舅入 礼 ① 1088
しゅうど 衆道 人 ② 922
しゅうど 修道館(岡藩) 文 ② 1289
しゅうど 修道館(白川藩) 文 ② 1283
しゅうど 修道館(広島藩) 文 ② 1288
　一教則等 文 ② 1221
しゅうど 修道館(西尾藩) 文 ② 1279
しゅうど 修道館(松江藩) 文 ② 1286
しゅうど 修道館(津山藩) 文 ② 1287
しゅうど 修道館(高田藩) 文 ② 1285
しゅうど 修道館(下手渡藩) 文 ② 1284
しゅうど 修道館(久留米藩) 文 ② 1289
しゅうど 修道館(宇都宮藩) 文 ② 1282
しゅうと 崇徳館(長岡藩) 文 ② 1285
しゅうと 崇徳館(延岡藩) 文 ② 1291
しゅうと 外舅ぶるまひ 帝 1688
しゅうと 姑 人 ① 148
　皇后行啓奉訪一后 帝 778
　婚礼時舅一以下親族対面 礼 ① 1054
じゅうに 十二月 歳 34
しゅうに 修二月会 宗 ② 131
じゅうに 十二月往来 文 ① 373
じゅうに 十二客 方 100
じゅうに 十二宮 方 275
じゅうに 獣肉
　散斎内不得食一 神 ① 120
　食一穢 神 ② 818
　忌一 飲 34
　食一 動 19
じゅうに 十二絃琴 楽 ② 605
じゅうに 十二光仏 宗 ① 77
　一 宗 ② 204
じゅうに 十二支 方 27
　以一配十二月 歳 9
　一日吉凶 方 97
じゅうに 十二時(琵琶) 楽 ② 757
じゅうに 十二神将 宗 ① 113
じゅうに 十二段草紙 楽 ② 246
じゅうに 重日 方 113
じゅうに 十二調子 楽 ① 26
じゅうに 十二直 方 394
じゅうに 十二対(詩) 文 ② 475
じゅうに 十二通門 居 203
じゅうに 十二天 宗 ① 112
じゅうに 十二燈 神 ② 1084
じゅうに 十二堂(八省院) 居 159
じゅうに 十二単 服 863
じゅうに 十二一重(夏枯草) 植 ② 504
じゅうに 十二符わけの編笠 器 ② 391
じゅうに 十二門 居 203
じゅうに 十二薬師詣 宗 ③ 316
じゅうに 十二律 楽 ① 26
じゅうね 十年祭 礼 ② 1300
じゅうの 十能(煨昇) 器 ① 325
　一 遊 805
しゅうは 宗派 宗 ① 38
　同寺異一 宗 ③ 48
　耶蘇教一 宗 ④ 1145
じゅうば 重箱 器 ① 289
じゅうは 十八神道 神 ② 1368
じゅうは 十八体(歌) 文 ① 514

じゅうは 十八檀林 宗 ③ 202
じゅうは 十八道加行 宗 ② 408
じゅうは 十八日粥 歳 926
じゅうは 十八番(歌舞伎) 楽 ② 135
じゅうは 十八松平 官 ③ 1728
しゅうは 宗判 礼 ② 26
じゅうは 重犯 法 ① 42
— 法 ② 52
「さいはん再犯」「るいはん累犯」も見よ
じゅうは 十判裏書 法 ③ 623
じゅうば 十番仕立 服 706
しゅうひ 周髀(算書) 文 ③ 552
じゅうび 重病 方 1142
しゅうび 搊琵琶 楽 ② 810
じゅうぶ 十分一大豆銀納 政 ④ 283
しゅうふ 秋風抄 文 ② 361
しゅうふ 秋風楽 楽 ① 516
じゅうふ 従父兄弟
「いとこ従父兄弟姉妹」を見よ
じゅうふ 従服(喪) 礼 ② 819
じゅうぶ 重服 礼 ② 581
—除服宣下書方 礼 ② 832
じゅうぶ 重服者
—元服 礼 ① 880
—著縄纓冠 礼 ② 1023
—重遇軽服 礼 ② 656
—重遇重服 礼 ② 656
—奪情従公 礼 ② 672
—入喪家有忌 礼 ② 716
じゅうふ 重復日 礼 ② 144
じゅうぶ 重服扇 礼 ② 1037
じゅうぶ 重服帯 礼 ② 1035
じゅうぶ 重服冠 礼 ② 1024
じゅうぶ 重服沓 礼 ② 1036
じゅうぶ 重服車 礼 ② 1057
じゅうふ 従父姉妹
「いとこ従父兄弟姉妹」を見よ
しゅうぶ 周文 文 ③ 829
しゅうぶ 秋分 歳 118
— 方 432
従立春至—不得決死刑 法 ① 230
しゅうぶ 衆分(金剛峯寺) 宗 ④ 955
しゅうぶ 修文館(横浜) 文 ② 1045
しゅうぶ 修文館(菰野藩) 文 ② 1279
じゅうぶ 十分盃 器 ① 245
じゅうほ 充補 政 ① 873
じゅうぼ 従母 人 ① 261
しゅうほ 宗法 法 ③ 486
しゅうほ 襲芳舎 居 154
じゅうぼ 従母兄弟姉妹 人 ① 272
しゅうめ 修明門 居 221
じゅうも 什物 宗 ③ 277
諸国の寺院の什物は宗教部各寺院篇に在り。今之を略す
しゅうも 宗門 宗 ① 38
「しゅうは宗派」も見よ
しゅうも 宗門改 宗 ④ 1188
しゅうも 宗門改帳 宗 ④ 1206
しゅうも 宗門請合 宗 ④ 1219
じゅうも 十文字轡 兵 2012
じゅうも 十文字鑓 兵 1512
— 武 72
しゅうも 宗門帳 政 ③ 487
じゅうも 什門派 宗 ① 1004
じゅうや 十夜 宗 ② 162
じゅうや じふやく(蕺) 植 ① 1184
じゅうや 重厄 方 210
しゅうゆ 修猷館 文 ② 1289
じゅうよ 十四日年越 歳 1430
しゅうら 習礼
朝賀— 歳 401
大饗— 歳 552
大嘗祭— 神 ① 1188
賭射— 武 416
釈奠— 文 ② 1373
元服— 礼 ① 706
しゅうら 修来館 文 ② 1280
じゅうら 重来舞(楽曲) 楽 ① 562
じゅうら 十楽院 宗 ③ 653
じゅうら 十楽院上陵 帝 1016
しゅうら 周羅髪 宗 ② 442
じゅうり 縦理 人 ① 312
しゅうり 狩猟
「でんりょ畋猟」を見よ
じゅうり 十陵五墓 帝 1046
じゅうり 十陵四墓 帝 1046
じゅうり 十両判 泉 203
じゅうり 十両吹 泉 198
じゅうり 十輪院 宗 ③ 653
じゅうろ 十六井 地 ③ 1014
じゅうろ 十六騎党 兵 437
じゅうろ 十六ささぎ 植 ② 261

じゅうろ	十六社	神	①	420
じゅうろ	十六善神	宗	①	114
じゅうろ	十六日粥	歳		926
じゅうろ	十六むさし	遊		169
じゅうろ	十六夜叉神	宗	①	114
じゅうろ	十六羅漢	宗	①	103
しゅうろ	宗論【併入】	宗	①	430
	浄土宗与日蓮宗—	宗	①	964
	老中—裁判	法	③	808
	清涼殿—	宗	③	748
	仏耶両徒—	宗	④	1148
じゅえ	受衣	帝		895
	—	宗	②	423
じゅえい	寿永	歳		208
じゅえい	寿永寺【篇】	宗	④	876
しゅえの	朱柄鑓	兵		1506
しゅえん	酒宴	礼	①	229
	「えん宴」「きょうお饗応」も見よ			
しゅおう	主皇破陣楽	楽	①	433
しゅかい	酒海	器	①	198
しゅかい	酒海(本願寺元日行事)	歳		855
じゅかい	受戒	宗	②	637
	太上天皇—	帝		886
	天皇—	帝		901
	後宮出家—【併入】	帝		911
じゅかい	受戒阿闍梨	宗	②	919
しゅがき	朱書(楊弓)	遊		192
しゅかく	主客郎中	官	①	863
しゅがさ	朱傘	器	②	449
しゅかべ	主菓餅	官	①	990
	—	官	①	997
しゅかん	手簡	文	①	365
しゅかん	珠管	方		1165
じゅがん	呪願文			
	仁王会—	宗	②	44
	法勝寺塔供養—	宗	③	684
	円勝寺供養—	宗	③	695
しゅきだ	朱器台盤	器	①	129
	—	歳		544
	—	姓		492
しゅきで	朱器殿	居		97
じゅきょ	儒挙	文	③	78
しゅぎょ	修行【附】	宗	②	704
じゅきょ	儒教			
	—仏教相混	文	②	812
	—仏教相排	文	②	815
しゅぎょ	修行位	宗	②	772
じゅきょ	寿経寺	宗	④	399
しゅぎょ	修行者	宗	②	707
しゅぎょ	修行住位	宗	②	785
しゅぎょ	修行進守	宗	②	787
しゅぎょ	修行大法師位	宗	②	782
じゅぎょ	受業博士	文	②	1085
しゅぎょ	修行法師位	宗	②	785
しゅぎょ	修行満位	宗	②	785
じゅぎょ	授業料	文	③	13
しゅく	叔(夫之弟)	人	①	188
しゅくえ	宿衣	服		876
	以直衣為—	服		314
しゅくえ	宿衛	官	①	1333
しゅくえ	宿駅	政	④	1232
	自京都至鎌倉宿次	地	③	53
	諸国の宿駅は地部山城国篇以下の各篇に在り。今之を略す			
しゅくお	宿送	政	④	1266
しゅくか	宿駕籠	器	②	1029
しゅくか	宿官	政	①	719
しゅくか	宿官勘文	政	①	781
じゅくき	熟金	金		52
	—	金		176
しゅくし	祝詞			
	誕生唱—	礼	①	360
	天皇元服加冠者唱—	礼	①	654
しゅくし	宿紙	文	③	1223
	宣旨用—	政	①	262
じゅくし	熟紙	文	③	1169
しゅくし	縮砂蔤	方		1076
しゅくじ	宿城	兵		1042
しゅくし	粛慎【附】	外		1099
しゅくし	粛慎羽(矢)	兵		1603
じゅくせ	塾生	文	②	1321
しゅくせ	縮線綾	産	②	260
じゅくせ	熟線綾	産	②	260
しゅくぞ	宿蔵物【併入】	法	①	400
しゅくち	宿直【篇】	政	①	1132
	—【篇】	政	③	436
	殿番称—	服		296
	大舎人—	官	①	757
	近衛—	官	①	1388
	衛門—	官	①	1474
	目付—	官	③	333

—著狩衣　服　481
しゅくつ　宿継　政 ④ 1265
しゅくて　宿手代　官 ③ 602
じゅくて　熟鉄　金　199
じゅくど　熟銅　金　191
しゅくの　夙之者　政 ③ 913
しゅくば　宿場　政 ④ 1234
しゅくは　粛拝　礼 ① 26
しゅくひ　叔妣　帝　1214
しゅくふ　叔父
「おじ叔父」を見よ
しゅくぶ　宿奉行(豊臣氏)　官 ② 1446
しゅくぶ　祝文
釈奠—　文 ② 1341
儒祭—　礼 ② 1335
しゅくぼ　叔母
「おば叔母」を見よ
しゅくほ　祝砲　兵　1158
しゅくぼ　宿坊(忌殿)　神 ③ 828
しゅくむ　夙村　政 ③ 914
しゅくや　宿役人　政 ④ 1248
しゅくよ　宿曜道　天　79
しゅくろ　宿老　官 ③ 175
しゅくろ　宿老衆　官 ② 1133
しゅくろ　宿老衆並　官 ③ 205
しゅくん　主君
「しゅ主」を見よ
しゅげい　綜芸種智院　文 ② 1312
しゅけい　主計寮【篇】　官 ① 886
—率分数之勘文　政 ② 818
じゅげん　入眼
除目—　政 ① 787
叙位—　政 ① 1475
しゅげん　修験者　宗 ① 1092
—尊崇出羽神社　神 ④ 911
—以竈門山為道場　神 ④ 1494
—尊崇彦山権現　神 ④ 1601
—吟味席　法 ③ 553
戸隠派修験　神 ④ 767
「やまぶし山伏」も見よ
しゅげん　修験宗　宗 ① 1068
しゅげん　朱元璋　外　924
しゅげん　修験道【篇】　宗 ① 1067
—衣体　宗 ② 1230
—自葬　礼 ② 82
しゅこ　守戸　礼 ② 1150
—　帝　1038
—　政 ③ 914
しゅこ　酒戸　官 ① 1083
しゅご　守護
鎌倉幕府—【篇】　官 ② 907
足利氏—【篇】　官 ② 1335
—段銭　政 ④ 458
路頭遇—礼　礼 ① 186
じゅごい　従五位　官 ③ 1794
「ごい五位」も見よ
しゅこう　炷香　遊　330
しゅこう　珠光(茶人)　遊　602
しゅこう　酒肴　飲　139
じゅごう　准后　封　313
「じゅさん准三宮」も見よ
しゅこう　主工署【併入】　官 ① 1206
じゅこう　授口帳　政 ② 306
しゅこう　珠光餅　飲　621
しゅこし　酒胡子(玩具)　遊　1248
しゅこし　酒胡子(楽曲)　楽 ① 359
しゅごし　守護使　政 ③ 393
鎌倉幕府—　官 ② 933
足利氏—　官 ② 1363
しゅごし　守護所
鎌倉幕府—　官 ② 913
足利氏—　官 ② 1335
しゅごし　守護神
陰陽寮—　方　3
天台宗—　神 ④ 596
しゅごだ　守護代
鎌倉幕府—　官 ② 929
奥州—　官 ② 1329
足利氏—　官 ② 1355
しゅごだ　守護代官　官 ② 930
しゅごだ　守護代の下代　官 ② 1363
しゅごぶ　守護奉行　官 ② 1184
しゅごふ　守護不入地　神 ④ 46
神領—　神 ① 648
寺領—　宗 ③ 264
しゅごま　守護又代　官 ② 933
じゅごん　呪禁　方　52
「じゅ呪」も見よ
じゅごん　呪禁科　方　912
じゅごん　呪禁博士　方　658
しゅざ　朱座　官 ③ 591
しゅざ　首座(僧職)　宗 ② 1029
じゅさい　儒祭【篇】　礼 ② 1328
しゅさつ　手札　文 ① 365

しゅざな　朱座仲買　産 ② 405
しゅさん　朱三(双六骰子目)　遊 7
じゅさん　准三宮【篇】　封 313
　—【併入】　帝 1212
　外戚—　帝 1523
　—蒙牛車輦車宣旨　器 ② 794
　斎宮蒙准后宣旨　神 ③ 793
　初為准后後為后　帝 1146
　准后為皇太后　帝 1176
　親王准后座次　文 ② 132
じゅさん　従三位　官 ③ 1794
　「さんみ三位」も見よ
しゅし　朱四(双六骰子目)　遊 7
しゅし　酒肆　帝 1505
じゅし　呪師　楽 ② 1173
じゅじ　鋳字　文 ③ 1092
じゅしい　従四位　官 ③ 1794
　「しい四位」も見よ
しゅしが　朱子学　文 ② 758
しゅしき　酒式堂　居 181
しゅしき　修式堂　居 181
しゅじげ　種子袈裟　宗 ② 1160
じゅしち　従七位　官 ③ 1794
　「しちい七位」も見よ
しゅじつ　手実
　戸主—　政 ② 53
　計帳—　政 ② 215
しゅしゃ　朱沙　金 215
じゅしゃ　竪者(講書)　文 ③ 198
じゅしゃ　儒者　文 ② 700
　徳川氏—【篇】　官 ③ 843
　—叙僧位　宗 ② 797
しゅじゃ　朱雀天皇
　「すざくて朱雀天皇」を見よ
しゅじゅ　侏儒　人 ① 55
　—犯罪　法 ① 35
じゅしゅ　寿酒　礼 ① 272
じゅじゅ　誦呪　宗 ② 357
しゅじゅ　首従　法 ① 41
しゅしゅ　朱舜水
　—応徳川光圀招聘　人 ② 391
　—帰化　外 1021
　—碑　礼 ② 1182
しゅしょ　主将　兵 156
　—軍令　兵 83
　殺—而降　兵 761
　代—行軍令　兵 95
　代—而戦　兵 565
しゅしょ　主醬　官 ① 990
　—　官 ① 997
しゅしょ　首将　兵 155
しゅじょ　主上　帝 175
　「てんのう天皇」も見よ
しゅじょ　主城(大宰府)　官 ② 422
しゅしょ　修正会　宗 ② 127
　—　神 ① 138
しゅじょ　酒浄子(楽曲)　楽 ① 363
しゅしょ　主漿署【併入】　官 ① 1205
　以—併主膳監　官 ① 1202
じゅしょ　受所監臨贓　法 ① 54
しゅしょ　主書署【併入】　官 ① 1205
　以—併主蔵監　官 ① 1202
じゅじれ　授時暦　方 336
しゅじん　主人(主客)　人 ② 394
しゅじん　主人(主従)
　「しゅ主」を見よ
しゅじん　主神(大宰府)　官 ② 399
じゅじん　寿人(楽曲)　楽 ① 490
しゅじん　主神司　神 ③ 808
じゅしん　寿心楽　楽 ① 484
しゅす　繻子【併入】　産 ② 271
しゅすい　主帥　兵 157
　「しゅしょ主将」も見よ
しゅすい　主帥(衛府)　官 ① 1498
しゅずい　守随彦太郎　称 121
じゅずか　数珠懸鳩　動 740
じゅずね　じゆずねのき(巴戟天)　植 ② 677
しゅずみ　朱墨　官 ③ 592
　似—　法 ② 927
しゅせい　主政(郡司)　官 ② 573
しゅせい　酒清子(楽曲)　楽 ① 363
しゅぜい　主税頭　官 ① 894
じゅせい　寿成門　居 256
しゅぜい　主税寮【篇】　官 ① 892
しゅせん　主船(大宰府)　官 ② 422
じゅせん　鋳銭　泉 66
じゅぜん　受禅【併入】　帝 457
　—之日踐祚　帝 270
　「じょうい譲位」も見よ
しゅせん　酒戦記　飲 782
じゅせん　鋳銭具　泉 78
しゅぜん　主膳監【併入】　官 ① 1201
しゅぜん　修禅寺【篇】　宗 ④ 217

じゅせん 鋳銭司 泉 51
　―祭神 神 ① 881
しゅぜん 修善寺温泉 地 ③ 1058
しゅぜん 修禅寺紙 文 ③ 1199
じゅせん 鋳銭所 政 ② 425
じゅせん 鋳銭地 泉 58
しゅせん 主船正 官 ① 929
しゅせん 主船司【篇】 官 ① 929
じゅせん 鋳銭法 泉 78
じゅせん 鋳銭料 泉 73
じゅそ 呪咀 方 52
　― 帝 1609
じゅそう 儒葬 礼 ② 54
じゅぞう 寿蔵 礼 ② 1110
しゅぞう 酒造運上 政 ④ 528
しゅぞう 酒造株 政 ④ 528
しゅぞう 主蔵監【併入】 官 ① 1203
　以主書主兵二署併
　― 官 ① 1202
しゅぞう 修造主 宗 ② 1047
しゅだい 酒台 器 ① 179
じゅだい 入内
　女院―御幸 帝 773
　出家後再― 帝 910
　女御―儀 帝 1243
しゅたら 修多羅(経) 宗 ① 254
しゅたら 修多羅(僧服) 宗 ② 1165
しゅだん 手談(囲碁) 遊 44
しゅちゅ 主厨 官 ② 426
しゅちゅ 朱中(通貨) 泉 179
しゅちゅ 酒中花 遊 1255
しゅちょ 主帳
　郡司― 官 ② 573
　軍団― 兵 1020
しゅちょ 朱鳥 歳 159
しゅちょ 守塚 礼 ② 1150
じゅちょ 寿塚 礼 ② 1112
しゅちょ 首丁頭巾 服 1238
しゅちょ 主帳丁 政 ② 846
しゅちょ 手勅 政 ① 247
しゅちん 繻珍【併入】 産 ② 273
しゅっか 出火
　「かさい火災」を見よ
しゅっか 出棺 礼 ② 149
しゅっき 出勤届 政 ③ 453
しゅっけ 出家 宗 ② 445
　天皇―【併入】 帝 895
　太上天皇―【篇】 帝 859
　後宮―【篇】 帝 904
　―不上諡 帝 919
　女御― 帝 1272
　更衣― 帝 1285
　―後為准母 帝 1210
　皇子― 帝 1471
　―入道不勤神事 帝 1152
　―時拝氏神 神 ① 716
　―時詣産土神 神 ① 753
　賤民― 政 ② 170
　―得度口分田 政 ② 325
　―乞降 兵 755
　親類預幼者―願 法 ② 515
　―人参内 帝 1624
　―人贈位 官 ① 274
　―人子孫不可称蔭 政 ① 1012
　内親王入道 帝 1480
　入道後不収位封 封 48
　入道後資人 封 360
　剃髪 宗 ② 442
　剃髪後為皇太后 帝 1176
　剃髪後准三宮 帝 1216
　徳川氏大奥女中剃
　髪 官 ③ 829
　隠居剃髪 政 ③ 851
　剃髪称苗字 姓 331
しゅっけ 出家妻帯役 政 ④ 453
　― 政 ④ 423
しゅっけ 出血 方 1439
じゅっこ 熟荒 歳 1436
じゅつこ 術魂 神 ① 181
しゅっさ 出産 礼 ① 351
　― 礼 ① 319
　―図 礼 ① 368
　―雑事【附】 礼 ① 472
　―時詣氏神 神 ① 712
　大嘗祭忌預産 神 ① 1172
　獣産 動 10
しゅっさ 出産届 政 ③ 516
しゅっし 出仕【篇】 政 ③ 397
　停― 法 ① 857
　停―【併入】 法 ② 651
　除服― 礼 ② 820
しゅつじ 出自 人 ① 123
しゅっし 出生 礼 ① 320
しゅつじ 出陣 兵 536

—時拝氏神　神 ① 712
—軍令　兵 96
—時乗馬　武 704
しゅっし　出身　官 ③ 1798
—分限　政 ① 1005
—年齢　政 ① 1005
及第—法　文 ③ 138
しゅっす　出水
「こうずい洪水」を見よ
しゅっせ　出世成道楽　楽 ① 509
しゅっせ　出世評定衆　官 ② 1121
じゅっち　十張弓　兵 1658
しゅって　出庭請書　法 ③ 631
しゅっと　出頭衆　官 ③ 261
しゅつば　出馬　兵 541
「しゅつじ出陣」も見よ
しゅっぱ　出版　文 ③ 348
しゅつぼ　出母
為—服　礼 ② 593
為—服　礼 ② 746
しゅっぽ　出奔　政 ③ 556
「かけおち欠落」「とうぼう逃亡」も見よ
しゅっぽ　出奔届　政 ③ 564
しゅつや　出役　官 ③ 131
しゅつろ　出牢　法 ③ 287
しゅつろ　出牢証文　法 ③ 287
しゅてん　主典　官 ① 200
監物—　官 ① 736
施薬院—　方 670
巡察使—　官 ② 43
勘解由使—　官 ② 81
修理宮城使—　官 ② 364
神職—　神 ② 1527
しゅてん　朱点(訓点)　文 ③ 296
しゅでん　主殿　居 537
じゅでん　授田口帳　政 ② 314
しゅてん　主殿署【併入】　官 ① 1203
しゅてん　主典代　官 ① 1217
—　帝 1189
しゅど　手弩　兵 1766
しゅとう　しゆとう(梭魚腸)　飲 939
しゅとう　主当(牧)　地 ③ 962
しゅとう　種痘　方 934
じゅとう　寿塔　礼 ② 1111
じゅとう　授刀衛【併入】　官 ① 1435
—　政 ② 60
じゅとう　授刀資人　封 360
じゅとう　授刀少将　官 ① 1436
じゅとう　授刀少尉　官 ① 1435
じゅとう　授刀大将　官 ① 1436
じゅとう　授刀大尉　官 ① 1435
じゅとう　授刀中将　官 ① 1436
じゅとう　授刀舎人　官 ① 1433
—季禄　封 156
じゅとう　授刀舎人寮【附】　官 ① 1432
じゅとう　授刀督　官 ① 1435
じゅとう　授刀頭　官 ① 1433
じゅとう　授刀寮　官 ① 1433
じゅとく　樹徳斎　文 ② 1290
じゅとく　寿徳派(射術)　武 126
じゅにい　従二位　官 ③ 1794
「にい二位」も見よ
しゅにく　朱肉　文 ③ 1155
しゅぬり　朱漆椀　器 ① 11
じゅはち　従八位　官 ③ 1794
「はちい八位」も見よ
じゅばん　襦袢
男子用—【併入】　服 460
婦人用—【併入】　服 1039
しゅばん　酒番侍従　官 ① 713
しゅび　首尾(俳諧)　文 ① 1192
しゅびき　朱引(点法)　文 ③ 278
しゅびき　朱引内　地 ① 939
しゅびん　溲瓶　器 ② 572
しゅふく　首服　礼 ① 635
「げんぷく元服」も見よ
じゅふく　寿福寺【篇】　宗 ④ 292
しゅへい　主兵署【併入】　官 ① 1206
以—併主蔵監　官 ① 1202
しゅべつ　朱鼈　動 1585
しゅほう　修法【篇】　宗 ② 237
依日蝕—　天 38
依月蝕—　天 77
出産時—　礼 ① 357
じゅぼく　入木　文 ③ 663
じゅぼく　入木道伝授　文 ③ 683
しゅみせ　須弥山　居 908
しゅみせ　しゆみせん汁　飲 182
じゅみょ　寿命　人 ① 666
じゅみょ　寿命院【篇】　宗 ④ 100
しゅむし　占守郡　地 ② 1302
しゅめ　しゆめ(鴾)　動 795
しゅめし　主馬署【併入】　官 ① 1206

しゅめの 主馬頭 官 ① 1529
しゅめも 主馬盛久 宗 ③ 615
しゅめり 主馬流(水練) 文 ② 1221
しゅめり 主馬寮 官 ① 1528
じゅもく 樹木 植 ① 70
「き木」も見よ
しゅもく 鐘木杖 器 ② 518
じゅもく 樹木奉行 官 ③ 654
じゅもく 樹木役 政 ④ 471
しゅもつ 腫物 方 843
— 方 1222
じゅもん 呪文
「じゅ呪」を見よ
じゅもん 儒門 文 ② 702
—元服叙位 礼 ① 822
「じゅしゃ儒者」も見よ
しゅやく 主鑰
内蔵寮— 官 ① 776
大蔵省— 官 ① 958
しゅゆの 主油正 官 ① 1045
しゅゆの 主油司【篇】 官 ① 1045
しゅよう 主鷹正 官 ① 931
しゅよう 主鷹司【篇】 官 ① 930
しゅよふ 取与不和贓 法 ① 62
しゅら 修羅(車)【併入】 器 ② 914
じゅらく 聚洛 地 ① 128
じゅらく 聚楽第行幸 帝 644
じゅらく 聚楽土 居 758
じゅらく 聚楽焼 産 ① 717
しゅらづ 修羅造艜舟 器 ② 648
しゅらの 修羅のちまた 兵 532
しゅらば 修羅場 兵 532
しゅりき 修理宮城使主典 官 ② 364
しゅりこ 修理国分二寺料稲帳 政 ② 684
しゅりけ 手裏剣【併入】 武 69
しゅりさ 修理左右宮城使【併入】 官 ② 364
しゅりさ 修理左右坊城使【併入】 官 ② 363
しゅりさ 修理左右坊城使別当 官 ② 363
しゅりし 修理職【篇】 官 ② 354
しゅりし 修理職別当 官 ② 359
しゅりぞ 修理造宮使(大神宮) 神 ③ 351
しゅりと 修理東大寺大仏長官 宗 ③ 1171
しゅりの 修理大夫 官 ② 356
しゅりべ 修理別当 宗 ② 947
— 神 ② 1625
じゅりょ 寿陵 礼 ② 1109
じゅりょ 受領 官 ② 536
—唐名 官 ② 432
—功過 政 ① 1258
職人— 産 ① 508
鍛冶工— 産 ① 642
町人— 産 ② 662
じゅりょ 受領挙 政 ① 697
じゅりょ 受領功 政 ① 1040
しゅりょ 首楞厳院 宗 ④ 578
じゅりょ 受領名 官 ③ 67
じゅりん 寿林(鳥) 動 930
じゅりん 儒林 文 ② 700
しゅれい 主礼 官 ① 808
しゅれい 主鈴 官 ① 688
— 官 ① 737
しゅろ 椶櫚 植 ① 137
しゅろう 鐘楼 宗 ③ 118
延暦寺鐘撞堂 宗 ④ 568
じゅろう 入牢証文 法 ③ 221
じゅろう 寿老人 神 ① 88
しゅろが 棕梠笠 器 ② 386
じゅろく 従六位 官 ③ 1794
「ろくい六位」も見よ
しゅろそ しゆろさう(藜蘆) 植 ① 1076
しゅろち 椶櫚竹 植 ① 720
しゅろぼ 椶櫚箒 器 ① 718
しゅわん 朱椀 器 ① 12
しゅん 旬 政 ① 27
「しゅんせ旬政」も見よ
じゅんい 准院家 宗 ③ 190
しゅんえ 旬宴 政 ① 28
しゅんお 春鶯囀(楽曲) 楽 ① 329
しゅんが 春画 文 ③ 929
菱川師信善— 文 ③ 852
じゅんか 巡廻講釈 文 ② 1274
しゅんか 春和門 居 221
しゅんか 春華門 居 220
しゅんか 俊寛 法 ① 183
しゅんか 笋干 飲 219
しゅんぎ しゆんぎく(茼蒿) 植 ② 731
じゅんぎ 准擬牒 政 ① 1322
しゅんき 春季仁王会 宗 ② 45
しゅんぎ 駿牛 動 51
じゅんき 巡給(年給) 封 293
しゅんき 春饗 礼 ② 1331
じゅんき 殉教 宗 ④ 1253

じゅんぎ	遵行【併入】	政	③	125
じゅんく	准国持大名	官	②	1393
しゅんけ	春慶塗	産	①	799
しゅんけ	春慶焼	産	①	740
じゅんけ	准絹	泉		115
じゅんけ	巡見使	政	③	368
じゅんけ	巡検使	政	③	367
じゅんこ	巡行(国司)	官	②	509
じゅんこ	巡幸	帝		589
じゅんご	准合	政	④	218
じゅんこ	巡行開帳	宗	③	351
じゅんこ	順興寺【篇】	宗	④	23
しゅんこ	春興殿	居		96
	—	帝		62
じゅんこ	准国主	官	③	1677
じゅんさ	蓴菜	植	②	153
じゅんさ	巡察			
	検非違使—	官	②	124
	糾弾官—	法	①	600
	「じゅんし巡視」も見よ			
じゅんさ	巡察使【篇】	官	②	41
じゅんさ	巡察弾正	官	①	1303
じゅんさ	准参議	官	①	451
じゅんし	巡視			
	国郡司—勧農	政	②	1095
	堰堤—	政	②	1113
	牢内—	法	③	216
	「じゅんさ巡察」も見よ			
じゅんし	殉死	礼	②	11
	大石内蔵之助家来			
	半右衛門—	礼	①	1259
	—者墓碑	礼	②	1105
しゅんし	俊士試	文	③	63
じゅんし	巡爵	官	②	294
じゅんし	醇酒	飲		684
しゅんじ	春樹顕秘抄	文	①	132
しゅんじ	俊芿	宗	①	491
	—入宋受律	宗	②	469
	—国師号	宗	②	824
じゅんず	准(律文用語)	法	①	3
しゅんせ	旬政	政	①	27
	—	政	①	3
	依—廃朝	政	①	196
じゅんせ	准籍	政	②	6
じゅんせ	准摂政	官	①	549
	—	官	①	554
じゅんせ	准銭	泉		114
じゅんぞ	順造館	文	②	1284
じゅんだ	准大臣	官	①	425
	将軍父為—	官	③	53
しゅんち	春朝(僧)	宗	①	366
しゅんで	春庭花(楽曲)	楽	①	478
	—	楽	①	481
じゅんで	準胝観音	宗	①	93
しゅんで	春庭子(楽曲)	楽	①	478
しゅんで	春庭楽	楽	①	478
じゅんと	准得業生	文	③	75
じゅんと	順徳天皇	帝		27
	—佐渡国遷幸	帝		998
	—号佐渡院	帝		952
	—御廟所	帝		998
	祀—於水無瀬宮	神	④	291
じゅんな	淳和院	文	②	1309
じゅんな	淳和院別当	文	②	1309
	源氏長者為—	姓		455
じゅんな	淳和奨学両院宣旨	官	③	1
じゅんな	淳和天皇	帝		17
	—善書	文	③	711
	—遺詔令薄葬	礼	②	243
	—諡	帝		919
	—山陵	帝		990
じゅんに	淳仁天皇	帝		14
	—退帝位	帝		583
	—号淡路廃帝	帝		951
	—山陵	帝		987
	祀—於野部宮	神	③	1532
	祀—於白峯宮	神	③	1533
じゅんね	閏年	歳		36
しゅんの	旬試	文	③	43
じゅんの	旬鞠	遊		1097
じゅんの	巡鞠	遊		1088
じゅんの	順峯入	宗	③	712
じゅんぱ	順盃	器	①	243
じゅんぴ	潤筆	文	③	473
じゅんぷ	准布	泉		115
じゅんぷ	巡覆	法	①	629
じゅんふ	準蔔汁	飲		183
しゅんぶ	春分	歳		117
	—	方		432
	—	産	①	27
じゅんぼ	准母【併入】	帝		1205
	—為准三宮	封		318
	天皇為—服	礼	②	482
じゅんぽ	巡方帯	服		787

じゅんま	准米	泉		116
しゅんめ	駿馬	動		81
	「めいば名馬」も見よ			
じゅんめ	惇明館	文	②	1285
じゅんも	准門跡	宗	③	187
	—	帝		418
じゅんよ	順養子	政	③	788
しゅんよ	春葉集	文	②	376
しゅんよ	春楊柳(楽曲)	楽	①	429
しゅんら	春蘭	植	①	1160
じゅんれ	巡礼	宗	③	300
	遊外僧支那霊地—	宗	②	518
	百塔—	宗	③	115
	熊野三山順礼	神	④	1294
	六部順礼	政	③	495
	女順礼	政	③	923
じゅんれ	順礼賀留多	遊		246
じゅんろ	馴鹿	動		331
しよ	詩余	文	②	462
しょ	書【篇】	文	③	661
	藤原佐理—	帝		888
	—画用書案	文	③	1444
	題—于壁	居		1148
	狐狸の—画	動		392
しょ	署	官	①	195
	主殿—【併入】	官	①	1203
	主書—【併入】	官	①	1205
	主漿—【併入】	官	①	1205
	主工—【併入】	官	①	1206
	主兵—【併入】	官	①	1206
	主馬—【併入】	官	①	1206
	左右平準—【篇】	官	②	353
じょ	序			
	和文—	文	①	191
	漢文—	文	①	276
	歌会—	文	②	118
	和歌—	文	②	209
	歌集—	文	②	428
	詩会—	文	②	608
	書籍—	文	③	470
じょ	除(算術)	文	③	592
しょあん	書案【篇】	文	③	1439
しょい	初位	官	③	1794
	—季禄	封		142
しょい	書衣	文	③	532
じょい	女医	方		731
じょい	叙位【篇】	政	①	1461
	正月七日節—	歳		977
	依神託—	神	①	277
	大嘗祭—	神	①	1565
	新嘗祭—	神	②	442
	摂政時—	官	①	533
	考満—	政	①	1006
	依献軍粮—	政	①	1046
	依救飢疫—	政	①	1047
	依献銭穀布帛等—	政	①	1048
	依供仏事—	政	①	1049
	依修造池溝—	政	②	1143
	元服時—	礼	①	819
	諸神同時—進階	神	①	317
	神—	神	①	294
	国造—	官	①	165
	出雲国造—	神	④	1060
	紀伊国造—	神	④	1253
	帳内資人—	封		354
	仕丁—	政	②	845
	直丁—	政	②	850
	百済人—	外		212
	渤海人—	外		284
	服者—	礼	②	842
	蝦夷人—	人	②	725
	隼人—	人	②	736
	俘囚—	人	②	755
	夷俘—	人	②	773
	舟—	器	②	717
じょいは	女医博士	方		659
	—	方		667
じょいぼ	叙位簿	政	①	1504
しょいり	初入(茶会)	遊		442
じょいり	叙位略例	法	①	113
しょいん	書院	居		617
	附—【併入】	居		1080
じょいん	助音	楽	②	542
しょいん	書院飾	居		1084
	—図	居		1078
しょいん	諸院挙	政	①	692
しょいん	書院毛抜	器	①	454
しょいん	書院造	居		527
しょいん	書院床	居		1070
	—	居		1081
	—図	居		1082
しょいん	書院番	官	③	1061
しょいん	書院番頭【篇】	官	③	1061
しよう	志陽	地	①	475

しよう　飼養
　神馬―　神 ② 1127
　牛―　動 51
　馬―　動 116
　犬―　動 161
　猫―　動 202
　鳥―　動 522
　鶴―　動 544
　鴨―　動 592
　鴫―　動 624
　鶏―　動 686
　雉―　動 706
　鶉―　動 727
　鳩―　動 746
　雀―　動 758
　雲雀―　動 787
　鶯―　動 816
　杜鵑―　動 863
　孔雀―　動 985
　魚類―　動 1249
しょう　小(田積)　政 ③ 1126
しょう　少　人 ① 58
　―　政 ② 79
　―避老　礼 ① 150
　「ようしゃ幼者」「しょうに小児」「わらわ童」も見よ
しょう　升　称 46
しょう　正　官 ① 198
　画工―　文 ③ 790
　内薬―　方 667
　内礼―　官 ① 808
　諸陵―　官 ① 869
　喪儀―　官 ① 871
　隼人―　官 ① 910
　兵馬―　官 ① 923
　造兵―　官 ① 924
　鼓吹―　官 ① 926
　主船―　官 ① 929
　主鷹―　官 ① 931
　贓贖―　官 ① 947
　囚獄―　官 ① 948
　典鋳―　官 ① 967
　掃部―　官 ① 968
　漆部―　官 ① 969
　縫部―　官 ① 970
　織部―　官 ① 972
　正親―　官 ① 1056
　内膳―　官 ① 1061
　造酒―　官 ① 1080
　鍛冶―　官 ① 1018
　官奴―　官 ① 1044
　園池―　官 ① 1078
　土工―　官 ① 1019
　采女―　官 ① 1087
　主水―　官 ① 1089
　主油―　官 ① 1045
　内掃部―　官 ① 1054
　筥陶―　官 ① 1003
　内染―　官 ① 1096
　舎人―　官 ① 1189
　主膳―　官 ① 1201
　主蔵―　官 ① 1203
　内兵庫―　官 ① 1562
　東西市―　官 ② 387
　防人―　官 ② 420
しょう　妾　人 ① 161
　禁託神事多娶百姓女子為―　官 ① 162
　娶妻―　政 ② 58
　妻―遺産　政 ② 112
　―財不入夫遺産分配　政 ② 113
　亡夫遺産寡妻―得分　政 ② 120
　改嫁妻―不得亡夫遺財　政 ② 123
　囲―　政 ③ 252
　置―　政 ③ 599
　―請状　政 ③ 600
　五位以上―犯罪　法 ① 35
　令妻―随流人　法 ① 172
　略人為―　法 ① 381
　姦父祖―　法 ① 442
　奴姦主―及主親―　法 ① 443
　以―為妻　礼 ① 898
　為妻―服　礼 ② 583
　為―服　礼 ② 756
しょう　妾(自称)　帝 1125
しょう　荘
　「しょうえ荘園」を見よ
しょう　省　官 ① 191
　中務―【篇】　官 ① 683
　式部―【篇】　官 ① 811
　治部―【篇】　官 ① 834

民部—【篇】 官 ① 873
兵部—【篇】 官 ① 897
刑部—【篇】 官 ① 933
大蔵—【篇】 官 ① 951
宮内—【篇】 官 ① 977
内竪— 官 ② 328
勅旨—【篇】 官 ② 366
造宮— 官 ② 370
尚書— 官 ① 371
信部— 官 ① 684
文部— 官 ① 812
礼部— 官 ① 835
仁部— 官 ① 874
武部— 官 ① 898
義部— 官 ① 935
節部— 官 ① 952
智部— 官 ① 978
しょう 笙【篇】 楽 ② 911
—図 楽 ② 923
しょう 商(算術) 文 ③ 592
しょう 掌(職名) 官 ① 205
しょう 殤 礼 ② 626
しょう 蟓(山繭) 産 ① 335
しょう 簫【併入】 楽 ② 960
—図 楽 ② 962
しょう 兄鷹 動 933
じょう じやう(鎖) 居 1235
皇大神宮殿舎— 神 ③ 45
豊受大神宮殿舎— 神 ③ 80
じょう じやう(燼) 器 ② 358
じょう 丈 称 4
じょう 丈(田積) 政 ③ 1135
じょう 上(天皇) 帝 176
じょう 上(書翰用語) 文 ① 436
じょう 允
「いん允」を見よ
じょう 丞 官 ① 199
八省—任料 政 ① 1041
じょう 杖(田積) 政 ③ 1142
じょう 条(田積) 政 ② 270
— 政 ② 263
— 政 ③ 1116
じょう 条(京城) 地 ① 147
じょう 状(書翰) 文 ① 364
じょう 状(書翰用語) 文 ① 436
じょう 帖(音楽) 楽 ① 35
じょう 乗(算術) 文 ③ 592
じょう 尉
「い尉」を見よ
じょう 情 人 ① 711
じょう 判官 官 ① 199
しょうあ 小阿闍梨 宗 ② 914
しょうあ 正安 歳 224
じょうあ 承安 歳 206
じょうあ 常安寺【篇】 宗 ④ 139
しょうあ 小安殿 居 140
しょうあ 正安板 文 ③ 1106
しょうい 正位 官 ③ 1789
しょうい 招慰 政 ② 15
しょうい 尚闈(女官) 官 ① 1126
じょうい 浄位 官 ③ 1789
じょうい 譲位【篇】 帝 455
—固関 地 ③ 660
由—斎宮解職 神 ③ 786
—後御幸始 帝 729
—後称太上天皇 帝 795
—後立后 帝 1147
責催— 帝 1604
由—之恩諒闇例 礼 ② 410
「じゅぜん受禅」も見よ
しょうい 正位阿闍梨 宗 ② 920
しょうい 小威儀師 宗 ② 929
じょうい 攘夷祈請 帝 680
— 帝 1061
しょうい 正一位 官 ③ 1794
神階— 神 ① 295
神階— 神 ① 320
神階— 神 ① 339
生前授— 官 ③ 1802
「いちい一位」も見よ
しょうい 聖一国師 宗 ② 818
「べんえん弁円」も見よ
しょうい 小乙下 官 ③ 1785
しょうい 小乙上 官 ③ 1785
しょうい 小乙中 官 ③ 1786
じょうい 譲位伝奏 官 ① 678
しょうい 小維那 宗 ② 1037
じょうい 攘夷論 外 38
しょうい 小院 帝 1296
しょうい 小韻 文 ② 533
しょうい 省印 政 ① 535
中務— 官 ① 687
治部— 官 ① 835
大蔵— 官 ① 957

式部民部兵部刑部
宮内— 官 ① 980
しょうい 省員 法 ① 295
しょうい 請印 政 ① 541
中宮司行—政 帝 1115
位記— 官 ③ 1895
位記— 政 ① 173
結政— 政 ① 87
外記政— 政 ① 104
政始— 政 ① 128
列見— 政 ① 1180
しょうい 醬院【併入】 官 ① 1002
しょうう 小雨 天 180
しょうう 請雨経供法 産 ① 173
しょうう 請雨経法 宗 ② 317
しょうう 松雲(朝鮮使僧) 外 476
— 外 530
しょうう 松雲(羅漢寺開山) 宗 ④ 426
しょうう 祥雲院 宗 ③ 834
しょうう 祥雲寺 宗 ③ 595
じょうう 浄雲節 楽 ② 255
しょうえ 小衣(僧服) 宗 ② 1144
じょうえ 定恵(僧) 神 ④ 203
じょうえ 浄衣 服 111
じょうえ 貞永 歳 216
じょうえ 貞永式目 法 ① 661
しょうえ 省営田 政 ② 415
しょうえ 生益 政 ② 60
じょうえ 饒益神宝 泉 20
しようえ 糸楊園(楽曲) 楽 ① 481
しょうえ 松煙 文 ③ 1383
しょうえ 荘園【篇】 政 ② 465
—進譲位段銭 帝 518
—地頭職 官 ② 940
—総追捕使 官 ② 194
以—為質 政 ④ 733
—訴訟 法 ① 1004
—訴訟 法 ① 1065
—兵士 兵 256
和歌所— 文 ② 280
荘 地 ① 97
飛騨国荘名有無説 地 ① 1332
諸国の荘園は地部山城国篇以
下の各篇に在り。今之を略す
しょうえ 荘園記録所 官 ② 314
しょうえ 生臙脂 植 ② 377
しょうえ 松煙墨 文 ③ 1366
しょうえ 承燕楽 楽 ① 499
しょうお 正応 歳 223
じょうお 承応 歳 250
じょうお 貞応 歳 213
しょうお 紹鷗棚 居 1091
— 遊 651
じょうお 貞応板 文 ③ 1107
しょうお 韶応楽 楽 ① 357
じょうお 上御使 政 ③ 344
しょうか 正嘉 歳 220
しょうか 証歌 文 ② 34
しょうが 生薑 植 ① 1141
— 植 ① 1144
— 方 1060
しょうが 蘘牙 植 ① 818
しょうが 生害
「じがい自害」を見よ
じょうが 条外 政 ② 273
じょうが 城外 帝 600
— 兵 1130
— 政 ① 1159
しょうが 薑石 金 264
しょうが 生姜市 植 ① 1152
— 産 ② 614
しょうが 小学(経書) 文 ② 819
しょうが 小学(文字学) 文 ② 699
しょうが 小楽 楽 ① 10
しょうが 昇楽 楽 ① 9
じょうか 城郭【篇】 兵 1035
「しろ城」も見よ
じょうが 定額(陵戸) 帝 1036
しょうが 奨学院 文 ② 1310
しょうが 奨学院別当 文 ② 1310
源氏長者為— 姓 454
じょうが 定額寺 宗 ③ 173
しょうか 小華下 官 ③ 1785
じょうが 帖笠 器 ② 387
しょうが 生薑酒 飲 707
しょうか 小華上 官 ③ 1785
しょうか 消渇 方 1294
—治療 方 821
しょうが 正月 歳 10
骨— 歳 835
仮作— 歳 945
—埦飯振舞 礼 ① 315
—重詰 礼 ② 387
—三箇日不行埋葬 礼 ② 389

しょうが	小学校	文	②	1143
しょうが	正月十七日節禄	封		183
しょうが	正月十六日節禄	封		182
しょうが	正月七日節	歳		904
	一禄	封		180
しょうが	生姜鱠	飲		201
じょうが	尉が鬚	植	①	1064
しょうか	焼化法(開墾)	政	③	1193
しょうが	荘川	地	③	1183
しょうか	荘官	政	②	554
しょうか	摂官【併入】	官	②	63
しょうか	傷寒	方		1362
じょうか	上官(政官)	官	①	472
じょうか	政官	官	①	472
じょうか	静観(僧)	宗	②	803
じょうが	貞観	歳		171
じょうか	譲官位【篇】	政	①	1013
じょうが	貞観永宝	泉		21
じょうが	貞観儀式	法	①	76
じょうが	貞観格	法	①	73
	—	法	①	101
しょうが	勝願寺【篇】	宗	④	467
じょうが	貞観寺【篇】	宗	③	973
じょうが	貞観式	法	①	75
	—	法	①	102
しょうか	陞官図	遊		25
じょうが	貞観政要	文	③	258
	慶長版—	文	③	1074
じょうが	貞観租法	政	②	592
じょうが	貞観殿	居		94
しょうか	承観堂	居		188
しょうか	聖観音	宗	①	89
しょうか	聖観音持剣護摩	宗	②	343
しょうか	聖観音法	宗	②	299
じょうか	譲官表	政	①	390
しょうか	傷寒論	方		1022
しょうき	正忌	礼	②	1456
	—	礼	②	1376
しょうぎ	小義(冠位)	官	③	1780
しょうぎ	床机	器	②	143
	—	器	②	151
しょうぎ	将棋【篇】	遊		131
しょうぎ	証義(論義)	宗	①	427
じょうぎ	ぢやうぎ(規矩)	産	①	557
	—	文	③	653
しょうぎ	将棋指	遊		151
しょうぎ	将棋所	遊		153
しょうぎ	将棋書	遊		162
じょうき	蒸気船	器	②	637
	—	兵		1242
しょうぎ	彰義隊	兵		465
	—	宗	④	355
しょうぎ	将棋倒	遊		163
じょうき	上気治療	方		801
しょうぎ	将棋盤	遊		158
じょうき	杖期不杖期	礼	②	1006
	—	礼	②	585
しょうぎ	章義門	居		248
しょうき	正客(茶湯)	遊		431
しょうき	請客使	歳		561
しょうき	昇級(徳川氏職員)	官	③	118
じょうき	承久	歳		213
じょうき	承久乱			
	依—後鳥羽上皇幸日吉社	帝		665
	依—後鳥羽順徳両院遷幸	帝		761
	—軍議	兵		148
	—没収地	法	①	812
じょうき	定居(逸年号)	歳		341
しょうぎ	商業【篇】	産	②	317
	許航海外為—	外		58
じょうき	貞享	歳		255
じょうぎ	常暁			
	—入唐受真言	宗	②	483
	—将来仏像	宗	①	140
じょうき	貞享検地	政	④	58
じょうぎ	常行三昧堂	宗	④	573
しょうぎ	小行事	宗	②	1010
じょうき	貞享通宝	泉		90
しょうき	承香殿	居		92
じょうぎ	常行堂	宗	④	573
じょうき	貞享暦	方		333
しょうき	小曲	楽	①	43
じょうぎ	ぢやうぎ椀	器	①	37
しょうき	小斤	称		109
	—	政	②	611
しょうき	小琴	楽	②	605
じょうき	上勤	政	③	428
じょうき	紹瑾	宗	①	755
しょうき	小錦冠	官	③	1784
しょうき	小錦下	官	③	1786
しょうき	小錦上	官	③	1786
しょうき	小錦中	官	③	1786

しょうき せうきんもん院(昭訓門院) 帝 1202
しょうく 小工 産 ① 514
— 官 ① 1011
しょうぐ 星供 宗 ② 322
じょうぐ 乗具 兵 1935
しょうく 性空
—登霧島山読誦法華 神 ④ 1677
—創円教寺 宗 ④ 891
しょうく 証空 宗 ① 689
しょうぐ 正宮(神号) 神 ① 165
しょうぐ 少宮司 神 ② 1467
— 神 ③ 846
じょうぐ 上宮寺【篇】 宗 ④ 166
じょうぐ 上宮法皇 帝 857
「うまやど厩戸皇子」も見よ
じょうく 畳句歌 文 ① 574
しょうく 上括(指貫) 服 759
しょうぐ 小郡 地 ① 89
しょうぐ 将軍【篇】 官 ② 1
— 兵 164
鎮守府— 官 ② 23
鎮西府— 官 ② 428
鎌倉— 官 ② 649
足利—【篇】 官 ② 1051
徳川—【篇】 官 ③ 1
—軍令 兵 82
—節刀 兵 200
—年始参賀朝廷 歳 618
—年始訪家臣家 歳 649
—詣大神宮 神 ③ 634
於—座前訴訟対決 法 ① 1146
—直裁訴訟 法 ① 1138
—直裁訴訟 法 ③ 816
—親聴公事 法 ③ 828
弓始—自射 武 364
—入京祓 神 ② 680
—上洛課役 政 ④ 537
依—転任赦宥 法 ③ 357
為—講書 文 ③ 187
—家評定始 政 ③ 10
—家吉書始 政 ③ 2
—読書始 文 ③ 256
賜—偏諱 姓 640
—著直衣 服 319
—著水干 服 504
朝鮮国書称—曰日本国王 外 621
じょうぐ 上郡 地 ① 89
しょうぐ 将軍御成
「おなり御成」を見よ
しょうぐ 将軍帯 服 804
しょうぐ 将軍剣 帝 158
しょうぐ 勝軍地蔵 宗 ① 98
しょうぐ 将軍上覧
「じょうら上覧」を見よ
しょうぐ 将軍宣下
鎌倉— 官 ② 651
足利— 官 ② 1052
徳川— 官 ③ 1
依—赦宥 法 ③ 351
しょうぐ 勝軍毘沙門法 宗 ② 312
しょうぐ 勝軍木 植 ① 481
しょうく 昭訓門 居 254
しょうけ 荘家 政 ② 555
しょうげ 生気 歳 794
— 歳 960
じょうげ 上下
「かみしも上下」を見よ
しょうけ 上卿 神 ① 958
践祚— 帝 198
朝賀— 歳 399
神宮— 官 ① 672
記録所— 官 ② 318
しょうけ 正慶 歳 233
じょうけ 上啓 政 ① 446
じょうけ 貞慶(僧) 宗 ③ 1088
じょうけ 定刑之律 法 ① 46
しょうけ 昭慶門 居 258
しょうけ 昭慶門西掖門 居 259
じょうげ 浄華院 宗 ③ 382
— 宗 ③ 393
しょうげ 生気御衣 方 233
しょうげ 少外記 官 ① 402
じょうげ 上下戸 政 ② 73
しょうげ 生気方 方 186
しょうげ 生気方色 方 233
しょうけ 小建(冠位) 官 ③ 1786
しょうけ 荘券 政 ② 511
しょうげ 正元 歳 220
しょうげ 昭元 宗 ① 251
しょうげ 将監 官 ① 199
近衛— 官 ① 1363

中衛―　官 ① 1437
外衛―　官 ① 1443
じょうげ 上元　歳 152
じょうげ 上玄(琵琶曲)　楽 ② 789
じょうげ 上弦　天 59
―不得決死刑　法 ① 230
じょうげ 承元　歳 212
じょうげ 貞元　歳 180
しょうげ 象限儀　方 294
しょうげ 将監鞍馬流(剣術)　武 28
しょうけ 小検使　政 ③ 361
しょうけ 小検見　政 ④ 207
しょうけ 少監物　官 ① 687
じょうげ 上元楽　楽 ① 433
しょうこ 小戸　居 241
しょうこ 鉦鼓【篇】　楽 ② 1123
しょうこ 鐘鼓　楽 ② 548
じょうこ 上戸(酒)　飲 770
じょうこ 上戸(戸口)　政 ② 75
じょうこ 杖鼓　楽 ② 1081
じょうご 漏斗　器 ① 273
しょうご 正五位　官 ③ 1794
「ごい五位」も見よ
しょうご 聖護院【篇】　宗 ③ 712
しょうご 聖護院宮　宗 ③ 713
―　帝 1479
―峯入　宗 ① 1105
しょうこ 小功　礼 ② 584
しょうこ 相公　官 ① 445
しょうこ 荘公　政 ② 478
しょうこ 春功　政 ② 617
しょうこ 焼香　礼 ② 67
天皇葬礼以前―近臣外有憚　礼 ② 108
しょうこ 焼香(即位式職名)　帝 323
しょうご 称号【附】　姓 353
じょうこ 上皇　帝 791
「だじょう太上天皇」も見よ
じょうこ 定光(逸年号)　歳 346
じょうご 成功　政 ① 1026
募―造橋　地 ③ 173
募―修造神社　神 ① 534
募―充大嘗祭用途　神 ① 1467
募―充大神宮造営用途　神 ③ 277
募―充即位費　帝 408
依―贈位　官 ① 257
依―任靫負尉　官 ① 1488
依―叙僧位　宗 ② 793
依―為別当　宗 ② 949
じょうご 成業　文 ③ 141
しょうこ 正広一位　官 ③ 1790
じょうこ 浄広一位　官 ③ 1790
しょうこ 照高院【併入】　宗 ③ 715
しょうこ 彰考館　文 ② 875
しょうこ 青甲袈裟　宗 ② 1150
しょうこ 正広三位　官 ③ 1790
じょうこ 浄広三位　官 ③ 1790
しょうこ 勝興寺【篇】　宗 ④ 826
じょうこ 浄興寺【篇】　宗 ④ 838
じょうこ 常光寺　宗 ③ 1069
しょうこ 正広四位　官 ③ 1790
じょうこ 浄広四位　官 ③ 1790
しょうこ 焼香侍者　宗 ② 1056
しょうこ 称光天皇　帝 36
―謚　帝 950
しょうこ 承光堂　居 179
しょうこ 正広二位　官 ③ 1790
じょうこ 浄広二位　官 ③ 1790
しょうこ 勝光明院【篇】　宗 ③ 987
じょうこ 浄光明寺【篇】　宗 ④ 321
じょうこ 常呼音　文 ① 140
しょうご 小五月会　神 ② 629
―競馬　武 857
しょうこ 小国　地 ① 81
じょうこ 上国　地 ① 80
じょうこ 城国　政 ② 31
じょうこ 譲国　帝 458
しょうご 正五九月　歳 43
しょうこ 小黒冠　官 ③ 1784
しょうこ 少国師　宗 ② 872
しょうこ 相国寺【篇】　宗 ③ 384
しょうこ 聖国寺　宗 ③ 1277
じょうこ 浄国寺【篇】　宗 ④ 485
しょうこ 相国寺派　宗 ① 748
じょうこ 定石代　政 ④ 284
しょうこ 小黒柱　居 952
しょうこ 証拠裁決　法 ① 1153
しょうこ 証拠物　法 ③ 632
じょうこ 上古文　文 ① 198
しょうこ 招魂　礼 ② 111
しょうこ 証金剛院【篇】　宗 ③ 985
しょうこ 招魂祭【附】　神 ② 536
しょうこ 招魂続魄祭　方 50

しょうこ	招魂墓	礼	②	1104
じょうざ	上座	宗	②	859
じょうざ	杖罪	法	①	118
じょうさ	請西藩	地	①	1043
じょうさ	帖佐郡	地	②	1184
じょうざ	上座郡	地	②	944
しょうさ	招差術(算術)	文	③	614
じょうざ	定浚	政	④	1104
しょうさ	小参(参禅)	宗	①	792
しょうさ	正三位	官	③	1794
	「さんみ三位」も見よ			
しょうし	小子	政	②	20
しょうし	小祀	神	①	112
しょうし	匠司	官	②	404
しょうし	省試	文	③	55
しょうし	焼死	人	①	651
しょうし	詔使	政	①	607
	謀殺―	法	①	406
しょうし	詔詞	文	①	205
しょうじ	小字	姓		693
しょうじ	生死	人	①	632
しょうじ	正治	歳		210
しょうじ	床子	器	②	131
しょうじ	承仕			
	足利氏―	官	②	1267
	社僧―	神	②	1648
	僧職―	宗	②	1050
しょうじ	尚侍	官	①	1104
	―	官	①	1106
	―蒙輦車宣旨	器	②	783
	以―為女御	帝		1242
	―衣	服		865
しょうじ	荘司	政	②	556
しょうじ	省字	文	①	9
しょうじ	掌侍	官	①	1104
	―	官	①	1115
しょうじ	障子	器	①	861
	茶室―	遊		566
	―懸金	服		1015
	硝子―	居		533
しょうじ	東海林	姓		309
じょうし	上巳	歳		1077
じょうし	上使	政	③	344
	―	官	③	282
	使番為―	官	③	1144
	賜―於大名	官	③	1731
じょうし	上紙	文	③	1175
じょうし	定使	政	③	333
	―	政	④	1249
じょうし	帖試	文	③	43
じょうじ	貞治	歳		236
じょうじ	畳字	文	①	5
しょうし	正四位	官	③	1794
	「しい四位」も見よ			
しょうじ	障子板(鎧)	兵		1777
	―	兵		1817
しょうし	尚歯会【附】	礼	①	1474
	白河―図	礼	①	1480
しょうし	小紫冠	官	③	1784
しょうし	尚志館(水口藩)	文	②	1281
しょうし	尚志館(鳥羽藩)	文	②	1279
しょうじ	正直【篇】	人	②	17
	神は―の頂にやどる	神	①	287
	船頭久左衛門―	神	①	932
	米屋八郎兵衛―	称		102
	乞食―	政	③	936
しょうじ	正直(大鉋)	産	①	565
しょうじ	尚侍給	封		301
	―	政	①	681
しょうじ	掌侍給	封		301
しょうじ	正字金	泉		259
	―吹立高	泉		380
しょうじ	小軸	文	③	1024
しょうじ	正字小判	泉		259
	―	泉		328
じょうじ	定地子	政	④	379
しょうじ	小字銭	泉		30
しょうし	正七位	官	③	1794
	「しちい七位」も見よ			
しょうじ	障子帳	器	①	807
しょうし	笑疾	方		1521
しょうし	焼失			
	朱印―	政	③	291
	質物―	政	④	784
じょうじ	成実宗【篇】	宗	①	456
じょうじ	成実論	宗	①	456
しょうじ	小地頭職	官	②	1387
じょうし	上巳禊	神	②	693
しょうし	小車(輦)	器	②	808
しょうし	小社(社格)	神	①	354
しょうし	小社(叢祠)	神	①	502
しょうし	摺写(仏経)	宗	①	304
しょうじ	証者(課試)	文	③	117

しょうじ 精舎 宗③ 3
「じいん寺院」も見よ
じょうし 仗舎 居 75
— 居 64
じょうし 常赦 法① 523
— 法① 959
しょうし 小尺 称 8
しょうし 称尺 称 38
じょうし 浄社号 礼② 300
じょうし 常赦赦書状 法① 508
しょうし 尚酒(女官) 官① 1130
じょうし 城主 官③ 1677
じょうし 醸酒 飲 718
じょうじ 上寿 礼① 274
じょうし 上州 地② 4
「こうずけ上野国」も見よ
じょうし 常州 地① 1087
「ひたちの常陸国」も見よ
じょうし 上州一揆 兵 432
じょうじ 常住院 宗③ 712
しょうし 小繍冠 官③ 1784
じょうし 上州絹 産② 216
じょうし 上州紗綾 産② 266
しょうじ 小十師 宗② 893
しょうじ 小銃術【篇】 武 877
じょうし 上州弍幅縮面 産② 251
しょうし 承秋門 居 267
しょうし 承秋楽 楽① 545
じょうし 城主格 官③ 1677
じょうし 上宿 政① 1136
— 政③ 446
しょうし 小守護代 官② 1362
じょうし 貞舜 宗④ 675
じょうじ 上旬 歳 57
しょうし 招俊堂 居 189
しょうし 抄書 文③ 264
しょうし 尚書(女官) 官① 1124
しょうし 尚書(経書) 文② 743
— 文② 817
豊宮崎文庫— 文③ 290
しょうし 詔書 政① 213
改元— 歳 314
銅版— 帝 896
贈官位— 官① 243
内記作— 官① 726
盗— 法① 369
詐為— 法① 427
詐為— 法① 903
赦宥— 法① 508
赦宥— 法① 959
しょうじ 小女 政② 20
— 地③ 635
じょうし 上所(書翰) 文① 459
じょうし 上書【篇】 政③ 215
修史建白 文② 873
しょうし 少初位 官③ 1794
しょうじ 小叙位 政① 724
しょうし 小升 称 51
しょうし 少将
近衛— 官① 1358
授刀— 官① 1436
中衛— 官① 1437
外衛— 官① 1443
しょうし 照勝(逸年号) 歳 344
じょうし 丞相 官① 404
— 官① 415
じょうし 静照(僧) 宗② 491
じょうし 縄床 器② 150
しょうし 少将井 神③ 1474
しょうじ 小乗戒 宗① 481
— 宗② 613
しょうし 小祥忌 礼② 1360
— 礼② 1377
しょうし 小将棋 遊 132
じょうじ 上上勤 政③ 430
じょうし 上将軍 兵 169
しょうじ 清浄華院【篇】 宗③ 382
しょうじ 猩猩毛筆 文③ 1275
じょうじ 上上戸 政② 73
しょうじ 清浄光寺【篇】 宗④ 337
しょうじ 猩猩小僧(玩具) 遊 1248
しょうし 小床子 器② 131
しょうし 小省試 文③ 57
しょうじ 証誠寺【篇】 宗④ 795
じょうし 上召使 政① 718
— 政① 692
じょうし 成勝寺【篇】 宗③ 696
じょうし 常照寺【篇】 宗④ 865
じょうし 誠照寺【篇】 宗④ 796
じょうし 誠照寺派 宗① 937
—寺院数 宗③ 15
しょうじ 清浄泉寺【篇】 宗④ 326
しょうし 少将代冠服 帝 329
じょうじ 上上段(家屋) 居 605

しょうじ　証誠殿　神 ④ 1267
じょうじ　上上田　政 ③ 1164
しょうじ　猩猩袴(草)　植 ① 1075
しょうじ　猩猩緋　産 ② 312
　—　産 ② 753
しょうじ　猩猩緋笠　器 ② 387
じょうじ　上上村　政 ③ 1163
じょうし　上正六位上　官 ③ 1801
しょうし　小食(点心)　飲 25
しょうし　少食　飲 10
じょうし　常色(逸年号)　歳 341
じょうし　譲職　政 ① 1013
　紀伊国造—　神 ④ 1247
　摂政—　官 ① 547
　関白—　官 ① 600
　地頭—　官 ② 1022
　地頭—　官 ② 1381
　徳川将軍—　官 ③ 16
　社僧—　神 ② 1671
しょうし　小織冠　官 ③ 1784
しょうし　小所司代　官 ② 1159
しょうし　尚書省　官 ① 371
しょうし　小信(冠位)　官 ③ 1780
しょうし　焼身　宗 ② 719
しょうじ　小仁(冠位)　官 ③ 1780
しょうじ　承塵　居 1096
　—　居 1117
しょうじ　精進　宗 ② 683
　—　礼 ② 692
　参宮—　神 ③ 632
　熊野詣—　神 ④ 1287
　中陰終詣北野石塔解—　礼 ② 837
じょうし　仗身【併入】　封 367
じょうじ　成尋(僧)　宗 ② 519
しょうじ　精進揚　飲 255
しょうじ　精進板　礼 ② 455
じょうし　定心院　宗 ④ 569
しょうし　聖真子　神 ④ 656
じょうし　上申状【篇】　政 ③ 187
しょうじ　衝陣備　兵 412
じょうし　常心漬　飲 1024
しょうじ　精進解　礼 ② 695
しょうじ　精進物　飲 32
　新嘗祭忌火御膳用—　神 ② 226
　諒闇中供御用—　礼 ② 454
しょうじ　精進料理　飲 115
しょうじ　精進椀　器 ① 31
じょうず　上手　遊 112
じょうず　上手(囲碁)　遊 90
じょうず　上手(将棋)　遊 156
しょうす　尚水(女官)　官 ① 1129
しょうす　将帥【篇】　兵 155
　—　官 ② 1
　「しゅしょ主将」も見よ
しょうず　祥瑞　歳 413
　—慶雲　天 150
　—甘露　天 173
　—獣　動 10
　—馬　動 109
　—犬　動 159
　—兎　動 265
　—鹿　動 320
　—麞　動 332
　—狐　動 340
　—狢　動 400
　—熊　動 407
　—羆　動 417
　—狼　動 435
　—豹　動 451
　—犀　動 453
　—象　動 457
　—麒麟　動 460
　—鳥　動 519
　—鶴　動 544
　—雁　動 569
　—鵠　動 579
　—雉　動 700
　—鳩　動 745
　—雀　動 756
　—燕　動 776
　—烏　動 835
　—鵲　動 854
　—鳳凰　動 991
　—竜　動 1009
　—亀　動 1587
　—貝　動 1619
　—木　植 ① 74
　—黍　植 ① 884
　—芝草　植 ② 799
　依—改元　歳 275
　告—於山陵　帝 1056
　依—蠲免　政 ② 992

依一賑給　政 ② 1049
詐為一　法 ① 431
朝賀奏瑞　歳 413
朝賀奏瑞者　歳 398
しょうず 祥瑞(陶工)　産 ① 700
じょうす 上水　政 ④ 1109
江戸町奉行支配一　官 ③ 400
江戸町年寄支配一　官 ③ 430
道奉行支配一　官 ③ 465
普請奉行支配一　官 ③ 665
じょうす 浄水寺【篇】　宗 ④ 1086
しょうす 小数　文 ③ 589
じょうす 定助郷　政 ④ 1235
しょうず 小豆郡　地 ② 579
じょうず 上手並(将棋)　遊 156
じょうず 上手間手合(将棋)　遊 156
じょうぜ 常是　官 ③ 580
しょうぜ 正税【篇】　政 ② 641
一　封 242
一率分　政 ② 815
一交易率分　政 ② 819
諸国出挙一公廨雑稲　政 ② 876
納一於正倉　居 784
しょうぜ 商税　政 ④ 507
じょうせ 城西(江戸)　地 ① 956
しょうせ 渉成園　宗 ③ 458
しょうせ 小青冠　官 ③ 1784
じょうせ 上政戸　政 ② 48
しょうぜ 正税帳　政 ② 643
しょうぜ 正税帳使　政 ② 699
一給駅伝馬　政 ② 1177
しょうぜ 正税稲　政 ② 642
しょうぜ 正税返却帳　政 ② 689
しょうぜ 正税目録帳　政 ② 668
じょうせ 上西門　居 216
じょうせ 上聖楽　楽 ① 494
しょうせ 消石　金 297
じょうせ 定石　遊 55
しょうせ 小説【篇】　文 ② 937
しょうせ 勝絶調　楽 ① 27
しょうせ 省銭　泉 116
しょうせ 商船　器 ② 601
しょうぜ 尚膳(女官)　官 ① 1129
しょうぜ 掌膳(女官)　官 ① 1129
しょうせ 小山下　官 ③ 1785
しょうせ 小宣旨　政 ① 271
しょうせ 小山上　官 ③ 1785
しょうせ 小山中　官 ③ 1786
じょうそ 上訴　法 ① 550
しょうそ 正倉　居 782
為崇道天皇造一　帝 854
しょうそ 尚掃(女官)　官 ① 1129
しょうそ 省奏　政 ① 426
しょうそ 荘倉　政 ② 576
しょうそ 将曹　官 ① 200
近衛一　官 ① 1366
中衛一　官 ① 1437
外衛一　官 ① 1443
しょうそ 請奏　政 ① 432
しょうぞ 肖像　文 ③ 865
一　文 ③ 886
「がぞう画像」「にがおえ似顔画」も見よ
しょうぞ 尚蔵(女官)　官 ① 1122
しょうぞ 掌蔵(女官)　官 ① 1122
しょうぞ 塲像　宗 ① 168
じょうそ 上奏
一表　政 ① 401
飛駅一　政 ① 438
じょうぞ 浄蔵
一法験　宗 ② 363
一善声明　宗 ① 382
しょうそ 正倉院
大蔵省一　官 ① 953
東大寺一　宗 ③ 1142
東大寺一　居 801
西大寺一　宗 ③ 1262
しょうぞ 正蔵院　居 784
しょうそ 少僧都　宗 ② 754
一　宗 ② 736
しょうぞ 正蔵率分　政 ② 821
しょうそ 承足　器 ② 130
しょうそ 消息　文 ① 360
しょうぞ 装束
即位時臣下一寸法　帝 454
一日晴一　帝 648
武家一　服 43
舞楽一【篇】　楽 ① 640
舞人一　楽 ① 641
田楽一　楽 ① 695
能楽一　楽 ① 984
放鷹一　遊 981
蹴鞠一　遊 1127

	借用—具	服		399
	「いふく衣服」「ふくそう服装」も見よ			
しょうぞ	装束(刀剣飾)	兵		1318
しょうそ	消息合	文	①	419
しょうぞ	正続院	宗	④	289
しょうぞ	装束假	政	①	1152
しょうぞ	装束傘	器	②	458
しょうぞ	装束革	兵		1450
しょうそ	消息使	礼	①	972
しょうぞ	装束司			
	行幸—	帝		590
	葬礼—	礼	②	255
しょうぞ	装束使	神	③	240
しょうぞ	装束師	服		226
	天皇著錫紵時—祇候御前	礼	②	945
	院御—	服		560
	能楽—	楽	①	989
しょうぞ	装束所	服		569
しょうぞ	装束書	服		230
しょうそ	消息宣下	政	①	297
	院号—	帝		1197
	公卿殿上人除服—	礼	②	469
しょうぞ	装束筒	官	③	921
しょうぞ	装束始	帝		1162
じょうそ	仍孫	人	①	234
しょうた	小隊	兵		374
しょうた	正体(神体)	神	①	191
しょうた	昌泰	歳		173
じょうだ	城代			
	織田氏—	官	②	1424
	豊臣氏—	官	②	1456
	二条—	官	③	1285
	大坂—	官	③	1316
	駿府—	官	③	1347
	久能—	官	③	1362
	伏見—	官	③	1369
しょうだ	正大一位	官	③	1790
じょうだ	浄大一位	官	③	1790
しょうだ	小大鼓	楽	②	1057
しょうだ	正大三位	官	③	1790
じょうだ	浄大三位	官	③	1790
じょうだ	城大寺	宗	③	1097
しょうだ	正大四位	官	③	1790
じょうだ	浄大四位	官	③	1790
しょうだ	正大二位	官	③	1790
じょうだ	浄大二位	官	③	1790
しょうた	傷胎穢	神	②	801
しょうだ	小代焼	産	①	775
じょうだ	上代流(書道)	文	③	679
しょうだ	庄田流(剣術)	武		28
じょうだ	上段(家屋)	居		605
しょうち	小智(冠位)	官	③	1780
じょうち	上知	封		381
しょうち	小竹	楽	②	1031
しょうち	松竹梅	植	①	77
じょうち	浄智寺【篇】	宗	④	295
しょうち	承知符	政	①	335
しょうち	正中	歳		228
しょうち	焼酒	飲		700
じょうち	上中戸	政	②	73
しょうち	小腸	人	①	495
しょうち	少丁	政	②	21
	—蠲免	政	②	984
しょうち	正丁	政	②	20
	—調	政	②	722
	—庸	政	②	799
	—雑徭	政	②	823
しょうち	正長	歳		239
しょうち	匠丁	政	②	852
しょうち	荘長	政	②	561
しょうち	聖聴(逸年号)	歳		344
じょうち	上丁	政	②	847
じょうち	定朝(仏師)	宗	①	214
	—	宗	①	192
しょうち	勝長寿院【篇】	宗	④	320
	評定始議—之事	政	③	11
しょうち	少直(兵衛少尉)	官	①	1508
しょうち	詔勅【篇】	政	①	211
しょうち	少鎮	宗	②	952
しょうつ	祥月	礼	②	1457
	忌日一称—	礼	②	1335
	忌日一年忌	礼	②	1362
しょうて	訟庭座次待遇	法	①	1053
	—	法	③	543
じょうて	上丁日釈奠	文	②	1336
しょうて	正徹	文	①	876
	—以歌蒙罪	文	①	757
しょうて	商店【篇】	産	②	621
	—図	産	②	636
しょうて	聖天	宗	①	124
しょうで	正殿	居		83
	奉安神器於—	帝		57

神社— 神 ① 461
しょうで 昇殿 官 ② 259
紀伊国造— 神 ④ 1254
蔵人— 官 ② 272
侍読— 文 ③ 234
—勅許 服 97
元服時— 礼 ① 823
重服者不— 礼 ② 920
しょうで 尚殿(女官) 官 ① 1127
じょうで 上田 政 ② 285
— 政 ③ 1164
—穫稲幷地子 政 ② 627
じょうで 乗田 政 ② 287
— 政 ② 626
しょうて 正天狗流(剣術) 武 28
しょうて 承天寺【篇】 宗 ④ 1057
しょうで 正伝寺【篇】 宗 ③ 725
しょうで 正伝寺升 称 92
しょうで 正殿造 神 ④ 1038
じょうで 上殿舎人 官 ② 328
しょうで 正伝節 楽 ② 295
しょうて 承天楽 楽 ① 339
じょうど 浄土院(東大寺) 宗 ③ 1134
じょうど 浄土院(延暦寺) 宗 ④ 574
しょうと 小刀 服 560
しょうと 小塔 宗 ③ 102
しょうと 称稲 政 ② 875
しょうど 上堂(参禅) 宗 ① 792
しょうど 昭堂 宗 ③ 88
しょうど 勝道
—創中禅寺 神 ④ 861
—開二荒山 地 ③ 825
じょうと 上棟 居 489
じょうと 城東(江戸) 地 ① 956
じょうと 常燈
男山八幡宮— 神 ③ 1299
仏前— 宗 ② 204
延暦寺根本中堂— 宗 ④ 594
園城寺金堂— 宗 ④ 624
板倉重宗建—於明
石人丸社前 人 ① 1269
じょうと 上東郡 地 ② 583
じょうと 城東郡 地 ① 576
じょうど 上道郡 地 ② 583
じょうと 上棟祭(大神宮) 神 ③ 181
しょうど 小導師 宗 ② 933
しょうど 聖道門 宗 ① 34
— 宗 ① 649
じょうと 上東門 居 216
じょうと 上東門院(藤原彰子) 帝 909
しょうと 小徳(冠位) 官 ③ 1780
しょうと 正徳 歳 256
しょうと 聖徳(逸年号) 歳 344
じょうと 承徳 歳 195
しょうと 尚徳館 文 ② 1286
しょうと 正徳金 泉 221
—品位 泉 386
しょうと 正徳銀 泉 221
しょうと 正徳佐字銭 泉 29
しょうと 聖徳太子
「うまやど厩戸皇子」を見よ
しょうと 聖徳太子忌 宗 ② 223
しょうと 称徳天皇 帝 15
—重祚 帝 304
—再行大嘗 神 ① 1385
—出家 帝 861
—建西大寺 宗 ③ 1260
—諡 帝 960
—山陵 帝 987
「こうけん孝謙天皇」も見よ
しょうと 正徳平(織物) 産 ② 209
しょうと 章徳門 居 250
しょうと 章徳門外東門 居 248
じょうど 浄土三部経 宗 ① 258
じょうと 浄土寺(山城)【併入】 宗 ③ 720
じょうど 浄土寺(備後)【篇】 宗 ④ 901
じょうど 浄土寺殿奉行 官 ② 1214
しょうど 小豆島 地 ② 816
— 地 ③ 1346
じょうど 浄土宗【篇】 宗 ① 641
以浄土真宗為—称
号 宗 ① 816
—衣体 宗 ② 1221
—寺院数 宗 ③ 9
—十八檀林 宗 ③ 202
—与天台宗宗論 宗 ① 432
—与日蓮宗宗論 宗 ① 434
—与日蓮宗宗論 宗 ① 966
じょうど 浄土真宗 宗 ① 814
「しんしゅ真宗」も見よ
じょうど 浄土双六 遊 26
じょうど 浄土曼荼羅 宗 ① 234
じょうど 浄土門 宗 ① 34
— 宗 ① 649

しょうな 小儺 歳 1367
しょうな 荘内 地 ② 190
　—洪水 地 ③ 1203
しょうな 少内記 官 ① 687
しょうな 少納言 官 ① 402
　— 官 ① 453
　—補任 官 ① 502
　—兼侍従 官 ① 698
　—牒弁官式 政 ① 473
　「なごん納言」も見よ
しょうな 少納言代 官 ① 457
じょうな 城南(江戸) 地 ① 956
しょうな 勝南郡 地 ② 559
じょうな 城南寺【篇】 宗 ③ 984
じょうな 城南離宮 宗 ③ 984
しょうに 小児 人 ① 59
　—命名 礼 ① 417
　—七歳以前死者不行葬礼 礼 ② 382
　—養育料 政 ③ 1014
　—頭髪風 人 ① 558
　—著長絹 服 524
　「ようしゃ幼者」「わらわ童」も見よ
しょうに 少弐 官 ② 399
じょうに 重二(双六骰子目) 遊 7
しょうに 正二位 官 ③ 1794
　「にい二位」も見よ
しょうに 小児科 方 861
しょうに 小児笠 器 ② 416
しょうに 小児傘 器 ② 460
しょうに 正日(仏祭) 礼 ② 1372
じょうに 上日【篇】 政 ① 1079
　—季禄 封 142
　—時服 封 165
　帯刀— 官 ① 1198
　使— 政 ① 599
　国使— 政 ① 638
しょうに 小児病 方 1509
しょうに 鐘乳石 金 316
しょうに 鐘乳洞 金 318
しょうに 商人【篇】 産 ② 657
　詐称— 帝 585
　—荷物船賃 地 ③ 396
　貿易商 産 ② 742
　清国商 外 1047
　琴商 楽 ② 689
　三線商 楽 ② 823
　扇商 服 1352
　餅商 飲 573
　菓子商 飲 666
　酒商 飲 752
　酢商 飲 804
　塩商 飲 830
　醬油商 飲 847
　味噌商 飲 864
　飴商 飲 879
　沙糖商 飲 900
　鮓商 飲 968
　豆腐商 飲 996
　白粉商 器 ① 501
　紅粉商 器 ① 512
　髪油商 器 ① 526
　簾商 器 ① 858
　屏風商 器 ① 936
　蠟燭商 器 ② 269
　油商 器 ② 332
　薪商 器 ② 338
　炭商 器 ② 353
　笠商 器 ② 421
　傘商 器 ② 474
　烟管商 器 ② 549
　眼鏡商 器 ② 567
　鳥商 動 537
　魚屋 動 1253
　刀屋 兵 1488
　書賈 文 ③ 479
しょうに 証人
　戸籍— 政 ② 34
　貸借— 政 ② 935
　貸借— 法 ③ 565
　質地— 政 ④ 725
　訴訟— 法 ① 1057
　訴訟— 法 ③ 564
　人質一称— 兵 783
　徳川氏召諸大名妻子為— 官 ③ 1756
じょうに 浄人(僧職) 宗 ② 1045
しょうに 上人号 宗 ② 830
しょうに 証人奉行 官 ② 1191
　— 法 ① 1114
じょうね 常寧殿 居 93
　於—行算賀 礼 ① 1408
しょうの 樟脳 植 ① 258

和蘭買渡―　外　1338
じょうの　上納金　官③　576
大名―　官③　1704
じょうの　上納銀包方　泉　186
じょうの　上納物　政④　427
じょうの　仗議　政①　159
しょうの　しやうのこと(箏)　楽②　645
じょうの　仗座　政①　159
じょうの　上祓　神②　669
じょうの　上の村　政③　1163
しょうの　勝餅　歳　1393
しょうは　小拝　礼①　12
しょうば　商売
「しょうぎ商業」を見よ
しょうは　証博士　文③　120
しょうは　肖柏　文①　1106
じょうば　状箱　文③　1426
じょうば　乗馬術
「きじゅつ騎術」を見よ
じょうば　上畠　政③　1171
しょうは　正八位　官③　1794
「はちい八位」も見よ
しょうは　正八幡宮　神①　165
じょうば　乗馬始　武　760
しょうば　相伴　礼①　293
じょうば　定番
大坂―　官③　1322
駿府―　官③　1351
じょうば　城番
織田氏―　官②　1424
豊臣氏―　官②　1456
しょうば　相伴衆(足利氏)【附】　官②　1395
しょうび　少微(鳥)　動　658
しょうび　焦尾　楽②　591
しょうび　焼尾(饗礼)　礼①　296
じょうび　定飛脚　政④　1329
じょうび　定飛脚問屋　産②　408
じょうび　定火消役【篇】　官③　1199
じょうび　上尾病(詩)　文②　525
じょうひ　上表　政①　377
譲位時新帝―　帝　501
―請減職封　封　33
辞官―　政①　382
辞官―　政①　1379
訴人得―　法①　550
しょうふ　少府　官②　400
しょうふ　相府　官①　404
「だいじん大臣」も見よ
しょうふ　省符　政①　350
しょうふ　商布　産②　142
しょうふ　漿麩　飲　536
―　植①　854
しょうぶ　小歩(田積)　政③　1126
しょうぶ　菖蒲　植①　1116
五月五日献―　歳　1154
五月五日葺―　歳　1162
五月五日佩―　歳　1167
喪家五月五日葺―
哉否之事　礼②　716
じょうふ　上布　産②　137
じょうぶ　城舞　楽①　436
しょうふ　傷風　方　1362
―治療　方　823
しょうふ　正風遠州流(挿花)　遊　876
じょうふ　上副寺　宗②　1043
しょうふ　正風体(俳諧)　文①　1344
しょうぶ　菖蒲打　歳　1174
しょうぶ　菖蒲形(馬具)　兵　2046
しょうぶ　菖蒲刀　歳　1180
しょうぶ　菖蒲形のしわ(指貫)　服　757
しょうぶ　菖蒲鬘　歳　1167
しょうぶ　菖蒲冑　歳　1180
しょうぶ　菖蒲革　産①　902
しょうぶ　菖蒲革馬肝　人①　782
しょうぶ　菖蒲切　歳　1181
しょうふ　尚復　文③　240
しょうふ　生福寺　宗④　1017
しょうふ　聖福寺【篇】　宗④　1053
じょうふ　浄福寺(近江)【篇】　宗④　676
じょうふ　浄福寺(京都)【篇】　宗③　495
じょうふ　浄福寺(山城国葛野
郡)【篇】　宗③　945
じょうふ　常福寺【篇】　宗④　544
しょうふ　妾腹男子　政③　691
しょうふ　昌福堂　居　178
しょうぶ　菖蒲輿　歳　1154
しょうぶ　菖蒲御殿　歳　1161
しょうぶ　菖蒲酒　歳　1174
しょうぶ　菖蒲醋　飲　801
しょうぶ　生仏(琵琶法師)　楽①　718
しょうぶ　勝負附(相撲)　武　1203
しょうぶ　菖蒲根合　遊　274
しょうぶ　勝負の木(競馬)　武　800
しょうぶ　勝負標　武　812

しょうぶ	勝負の椊	武		866
しょうぶ	菖蒲枕	歳		1170
しょうぶ	勝負鞠	遊		1103
しょうぶ	菖蒲湯	歳		1172
しょうへ	正平	歳		231
しょうへ	尚兵(女官)	官	①	1126
しょうへ	唱平	礼	①	271
じょうへ	承平	歳		175
しょうへ	正平韋	産	①	901
しょうへ	昌平坂	文	②	1128
しょうへ	昌平坂学問所【篇】	文	②	1127
	—聖堂釈奠	文	②	1418
	—孔廟	文	②	1437
	—入学規	文	③	6
	—試験	文	③	146
じょうへ	常平司	政	②	1087
じょうへ	常平所	政	②	1086
じょうへ	常平倉	政	②	1085
しょうへ	昌平橋	文	②	1128
しょうへ	正平版	文	③	1077
しょうへ	墻壁			
	「かべ壁」を見よ			
しょうべ	少別当	神	②	1624
	—	宗	②	947
しょうへ	檉編	器	①	695
しょうべ	小便	人	①	450
	—肥	産	①	126
	関東の連—	人	①	907
しょうべ	小便所	居		717
じょうほ	定補	政	①	875
しょうほ	小袍	服		249
しょうほ	正保	歳		249
しょうほ	尚縫(女官)	官	①	1130
しょうほ	勝宝(天平勝宝)	歳		332
しょうほ	掌縫(女官)	官	①	1130
しょうぼ	小房(戸)	政	②	47
しょうぼ	消防	官	③	1199
しょうぼ	焼亡			
	「かさい火災」を見よ			
しょうぼ	聖宝	宗	①	633
	—	宗	①	1083
	—	宗	②	410
	—	宗	③	1017
じょうほ	承保	歳		192
じょうほ	上方郡	地	②	602
しょうぼ	正法寺(上総)【篇】	宗	④	505
しょうぼ	正法寺(近江)	宗	④	624
しょうぼ	正法寺(京都)【篇】	宗	③	617
しょうぼ	正法寺(陸中)【篇】	宗	④	779
しょうぼ	正法寺(山城国宇治)	宗	③	1059
しょうぼ	正法寺椀	器	①	40
しょうぼ	昭穆	政	②	98
じょうほ	城北(江戸)	地	①	956
じょうぼ	上墨	文	③	1365
じょうぼ	欀木	植	①	139
しょうほ	勝北郡	地	②	559
じょうほ	上北面	官	①	1234
	後院—	官	①	1253
じょうぼ	上菩提院	宗	③	979
じょうぼ	成菩提院(山城)	宗	③	986
じょうぼ	成菩提院(近江)【篇】	宗	④	674
じょうぼ	成菩提院陵	帝		1016
しょうほ	正本(演劇)	楽	②	118
しょうほ	摺本	文	③	511
じょうぼ	上品弘紙	文	③	1175
じょうぼ	上品紙	文	③	1175
じょうぼ	上品蓮台寺	宗	③	745
しょうま	升麻	植	②	92
しょうま	舂米【篇】	政	②	614
じょうま	城米	政	④	929
	—廻船	政	④	1396
しょうま	焼米石	金		356
じょうま	城米蔵奉行	官	③	548
しょうま	正米相場	産	②	512
じょうま	城米奉行	官	②	1447
しょうま	勝鬘経	宗	①	387
しょうま	勝鬘寺【篇】	宗	④	176
じょうみ	定見取(田租)	政	④	239
しょうみ	小名	官	②	1390
	—	官	③	1678
しょうみ	声明【附】	宗	①	343
じょうみ	定命	人	①	667
しょうみ	声明師	宗	①	382
しょうみ	称名寺(三河)【篇】	宗	④	168
しょうみ	称名寺(下総)【篇】	宗	④	529
しょうみ	称名寺(武蔵)【篇】	宗	④	438
じょうみ	浄妙寺(山城)【篇】	宗	③	1063
	—供養	礼	②	1219
じょうみ	浄妙寺(鎌倉)【篇】	宗	④	299
しょうむ	聖武天皇	帝		13
	—出家	帝		895
	—建東大寺	宗	③	1099
	—諡	帝		922
	—山陵	帝		987

掘損—山陵　帝　1066
—国忌　礼 ②　1275
じょうむ　常武楽　楽 ①　596
しょうめ　松明　器 ②　260
しょうめ　証明(逸年号)　歳　354
しょうめ　承明門　居　226
じょうめ　定免　政 ④　193
相対—　政 ④　78
しょうめ　請免居検見　政 ④　216
しょうめ　正面摺　文 ③　1117
じょうも　条目　政 ③　163
軍令—　兵　83
検地—　政 ④　2
しょうも　小目代
諸国検非違使—　官 ②　176
郡—　官 ②　583
しょうも　抄物　文 ②　648
しょうも　抄物書　文 ①　10
しょうも　青木香　遊　311
—　植 ②　788
しょうも　証文
関所女手形—　地 ③　630
貸借—　政 ②　934
奴婢売買—　政 ③　614
養子—　政 ③　772
家屋売渡—　政 ③　1321
金銭貸借—　政 ④　632
質地—　政 ④　724
家質—　政 ④　753
郷印—　政 ④　759
小作—　政 ④　766
入質—　政 ④　768
流地—　政 ④　782
宿継—　政 ④　1267
訴訟—　法 ①　1153
入牢—　法 ③　221
出牢—　法 ③　287
溜預—　法 ③　329
偽—　法 ③　638
取捨—　法 ③　640
不埒—　法 ③　643
譲—　法 ③　645
裁許—　法 ③　655
請—　法 ③　665
上—　法 ③　670
預—　法 ③　680
誤—　法 ③　987
済口—　法 ③　1018
宗門改—　宗 ④　1214
遊女身請—　人 ②　904
じょうも　定紋　姓　502
—　服　693
付—於表著　服　441
しょうも　証文方　官 ③　1297
しょうも　証文蔵　居　795
しょうも　召問使　官 ②　130
じょうも　定紋付　服　425
—色　服　451
しょうや　庄屋　官 ③　1545
じょうや　上夜　政 ①　1080
しょうや　尚薬(女官)　官 ①　1125
じょうや　条約
朝鮮—　外　725
葡萄牙—　外　1241
伊太利—　外　1265
和蘭—　外　1308
英吉利—　外　1413
露西亜—　外　1526
樺太千島交換—　外　1615
仏蘭西—　外　1661
仏蘭西琉球—　外　1673
独逸—　外　1689
瑞西—　外　1700
白耳義—　外　1705
丁抹—　外　1713
合衆国神奈川—　外　1788
合衆国下田—　外　1790
合衆国江戸—　外　1793
じょうや　定役(税)　政 ④　408
しょうや　請益生　宗 ②　455
じょうや　常夜燈
「じょうと常燈」を見よ
しょうや　庄屋年寄　官 ③　1546
しょうゆ　醬油【篇】　飲　840
しょうゆ　小揖　礼 ①　54
しょうゆ　尚友館　文 ②　1279
じょうゆ　常雄楽　楽 ①　595
しょうゆ　醬油税　政 ④　534
しょうゆ　醬油問屋　産 ②　407
しょうよ　小輿　器 ②　944
じょうよ　乗輿　帝　173
しょうよ　昭陽舎　居　149
しょうよ　少陽之位　帝　1309
しょうよ　少陽之宮　帝　1309

しょうら	将来物	宗	②	508
	常暁入唐―	宗	①	140
	最澄入唐―	宗	②	508
	空海入唐―	宗	②	509
じょうら	上洛			
	鎌倉将軍―	官	②	668
	徳川将軍―	官	③	32
じょうら	常楽庵	宗	③	958
じょうら	常楽会	歳		1068
	―奏陵王破	楽	①	392
	―奏安城楽	楽	①	491
	―奏河南浦	楽	①	492
	―奏清上楽	楽	①	495
	―奏汎竜舟	楽	①	503
	―奏埴破	楽	①	564
	―奏帰徳侯	楽	①	566
	―奏都志	楽	①	568
しょうら	小螺鈿(箏)	楽	②	662
じょうら	上覧			
	将軍山王祭―	神	④	481
	将軍武芸―	武		17
	将軍剣術―	武		56
	将軍槍術―	武		83
	将軍射術―	武		145
	将軍大的―	武		355
	将軍犬追物―	武		598
	将軍水馬―	武		756
	将軍馬術―	武		766
	将軍砲術―	武		903
	将軍水泳―	武		992
	将軍相撲―	武		1134
	将軍舞楽―	楽	①	100
	将軍歌舞伎狂言―	楽	②	225
	将軍操人形―	楽	②	359
	将軍舞楽―	楽	②	629
	将軍蹴鞠―	遊		1092
	将軍打毬―	遊		1149
しょうら	小乱声	楽	①	39
しょうら	翔鸞楼	居		192
じょうり	条里	政	②	270
	―図	政	②	266
じょうり	浄履	服		1422
じょうり	乗陸田	政	②	293
しょうり	正暦	歳		182
しょうり	将略	兵		159
じょうり	承暦	歳		192
しょうり	正暦寺【篇】	宗	③	1247
しょうり	聖隆寺【篇】	宗	④	724
しょうり	小両	称		116
しょうり	小陵	帝		1584
しょうり	少領	官	②	573
しょうり	称量	称		1
しょうり	聖霊院	神	④	204
しょうり	聖霊会(聖徳太子忌)	宗	②	223
しょうり	清涼寺【篇】	宗	③	888
	―本尊開帳	宗	③	353
	―鎮守神	神	①	789
しょうり	聖霊棚	歳		1259
しょうり	精霊祭	歳		1249
しょうり	承涼楽	楽	①	503
しょうり	勝林寺【篇】	宗	③	729
しょうり	小輪転	政	①	1479
じょうる	浄瑠璃【篇】	楽	②	241
じょうる	浄瑠璃語	楽	②	297
じょうる	浄瑠璃座	楽	②	297
じょうる	浄瑠璃寺【篇】	宗	③	1094
じょうる	浄瑠璃本	楽	②	323
	土佐―	楽	②	259
しょうれ	小礼(冠位)	官	③	1780
じょうれ	条令(京職)	官	②	382
しょうれ	勝烈(逸年号)	歳		346
しょうれ	勝劣派	宗	①	983
	――称日什門派	宗	①	1003
	―位階法衣之次第	宗	①	974
しょうれ	青蓮院【篇】	宗	③	652
しょうれ	青蓮院宮	宗	③	654
	門跡―	帝		1480
	―掌紫衣	宗	②	1191
	―支配盲僧	人	②	1003
	―筆道	文	③	677
	―改称中川宮	帝		1427
しょうれ	小練忌	礼	②	1360
しょうれ	青蓮華寺	宗	④	848
しょうれ	勝蓮寺【篇】	宗	④	165
しょうれ	照蓮寺【篇】	宗	④	685
しょうろ	小路	地	③	4
しょうろ	松露	植	②	830
しょうろ	少老(若年寄)	官	③	213
じょうろ	上臈(女房)	官	①	1099
じょうろ	上臈年寄	官	③	830
じょうろ	条録	法	①	46
じょうろ	重六(双六骰子目)	遊		7
しょうろ	正六位	官	③	1794

「ろくい六位」も見よ

じょうろ　丈六仏　宗 ① 191
しょうわ　正和　歳 227
しょうわ　正和(逸年号)　歳 340
しょうわ　唱和(詩)　文 ② 513
じょうわ　承和　歳 169
じょうわ　定和(逸年号)　歳 344
じょうわ　貞和　歳 234
じょうわ　承和昌宝　泉 19
じょうわ　承和二年東寺田図　政 ② 241
じょうわ　貞和板　文 ③ 1109
じょうわ　承和百歩香　遊 317
じょうわ　承和楽　楽 ① 357
　—　楽 ① 360
じょおう　女王
　「にょおう女王」を見よ
しょか　書家　文 ③ 708
しょが　初賀(四十賀)　礼 ① 1376
じょか　女科　方 866
じょか　序歌　文 ① 578
しょかい　曙戒堂　文 ② 1279
しょがか　書画会【併入】　文 ③ 995
じょがく　女楽　官 ① 852
　白馬節会内教坊—　歳 971
　踏歌節会内教坊—　歳 1015
　内宴内教坊—　歳 1043
しょがく　書学生　文 ③ 666
しょがく　書学試　文 ③ 145
じょがく　女楽拝　礼 ① 142
しょがち　書画帖【併入】　文 ③ 991
しょかん　書翰　文 ① 360
じょかん　女官
　「にょうか女官」を見よ
しょかん　書翰屏風　器 ① 926
しょかん　書簡文【篇】　文 ① 359
しょき　書記(僧職)　宗 ② 1032
しょき　書櫃【篇】　文 ③ 1393
じょきょ　助教　文 ② 1061
　—　文 ② 748
じょきょ　助教(大学)　封 85
じょきょ　女教師　文 ② 1273
しょく　卓(茶湯)　遊 651
しょく　食　飲 2
　給—【併入】　封 217
　断—　宗 ② 718
　絶—　人 ① 656
しょく　蝕　天 32
　「がっしょ月蝕」「にっしょ日蝕」も見よ
しょく　職(官職)　官 ① 188
しょく　蠋(虫)　動 1098
しょくい　しよくゐ(即位)　帝 319
しょくえ　触穢【篇】　神 ② 781
　大嘗祭忌—　神 ① 1171
　依—祈年祭延引　神 ② 24
　依—祈年穀奉幣延引　神 ② 104
　依—月次祭延引　神 ② 131
　依—停月次祭　神 ② 138
　依—停神今食　神 ② 194
　依—停新嘗祭　神 ② 259
　依—停鎮魂祭　神 ② 512
　賀茂祭時—　神 ③ 1057
　依—釈奠延引停止　文 ② 1396
しょくえ　触穢假　政 ① 1157
しょくか　織冠　官 ③ 1784
しょくざ　贖罪　法 ① 266
しょくざ　稷山之戦　外 512
しょくし　食指　人 ① 480
しょくじ　食時　飲 11
しょくし　職者　文 ② 905
しょくし　織手　官 ① 974
しょくし　食床　器 ① 133
しょくし　食傷　方 1200
　—治療　方 811
しょくじ　織女星　天 98
しょくじ　織紝【篇】　産 ② 1
しょくぜ　食攻　兵 650
しょくせ　燭剪　器 ② 240
しょくぞ　織像　宗 ① 178
しょくだ　燭台　器 ② 238
しょくた　嘱託　法 ③ 696
　—　宗 ④ 1227
しょくち　食長上(内膳司)　官 ① 1067
しょくに　続日本紀　文 ② 861
しょくに　続日本後紀　文 ② 864
しょくに　職人　産 ① 487
　—年始参賀　歳 697
　「こうじん工人」も見よ
しょくに　職人歌合　文 ② 92
しょくぶ　植物　植 ① 1
　以—為神　神 ① 90
　以—為地名　地 ① 46
　以—為姓　姓 173
　以—為苗字　姓 324

	以―為人名	姓		683
	以―為紋	姓		526
しょくほ	食法	礼	①	286
しょくめ	続命院	官	②	396
しょくめ	続命縷	歳		1146
しょくも	拭目館	文	②	1279
しょくも	食物	飲		2
	「しょく食」も見よ			
しょくも	食物神	神	①	48
しょくり	食量	飲		9
しょくり	殖林法	地	③	899
じょくん	叙勲	官	③	1836
しょけ	所化	宗	②	1075
	東叡山学校―昇進之次第	宗	③	138
じょげ	除解	法	①	292
しょけい	初笄【併入】	礼	①	607
しょけい	庶兄	人	①	177
しょけい	諸稽古所(小田原藩)	文	②	1280
じょけい	除刑日	法	②	76
	―	法	②	133
しょけけ	諸家系図	姓		390
しょけけ	諸家系図纂	姓		391
しょけち	諸家知譜拙記	姓		390
しょけん	所監(侍従所)	官	①	714
しょこ	書賈	文	③	479
じょこ	女戸	政	②	49
じょご	助語	人	①	835
しょこう	初校	文	③	467
しょこう	諸侯			
	「だいみょ大名」を見よ			
じょこう	女公(夫之姉)	人	①	188
じょこう	女工所	神	①	997
じょこう	除蝗録	産	①	178
しょこく	諸国印	政	①	531
しょこく	諸国御林帳	官	③	599
しょこく	諸国巡見使	政	③	368
しょさ	所作(演劇)	楽	②	124
しょさい	書斎	居		622
しょさい	初斎院			
	伊勢―	神	③	694
	伊勢斎王自―退下	神	③	789
	賀茂―	神	③	1189
しょさつ	書札	文	①	364
	―	官	③	242
	―	文	①	487
	「しょじょ書状」も見よ			
しょさつ	書冊	文	③	319
しょさつ	書札礼【附】	文	①	428
しょし	所司			
	鎌倉幕府侍所―	官	②	765
	鎌倉幕府小侍所―	官	②	773
	足利氏侍所―	官	②	1147
	足利氏小侍所―	官	②	1170
	神社―	神	②	1654
しょし	庶子	人	①	197
	―蔭位法	政	①	1002
	嫡子―之分	政	②	96
	嫡子―之分	政	③	699
	以―為嫡子	政	③	692
	―相続	政	②	85
	―相続	政	③	698
しょし	書肆	文	③	479
じょし	女子	人	①	23
	「おんな女」も見よ			
じょし	女史(女官)	官	①	1120
じょし	女使	政	①	596
じょし	叙司	法	①	295
じょじ	助辞	文	①	157
しょしい	諸司印	政	①	531
しょしき	書式			
	位記―	官	③	1869
	詔書―	政	①	218
	勅書―	政	①	237
	宣旨―	政	①	264
	口宣―	政	①	292
	院宣―	政	①	304
	令旨―	政	①	309
	符―	政	①	320
	表―	政	①	377
	論奏―	政	①	405
	奏事―	政	①	411
	便奏―	政	①	412
	官奏―	政	①	413
	奏弾―	政	①	413
	勘解由使奏―	政	①	430
	請奏―	政	①	433
	連奏―	政	①	436
	飛駅上奏―	政	①	438
	啓―	政	①	445
	解―	政	①	451
	辞―	政	①	465
	牒―	政	①	470
	移―	政	①	492

召名— 政 ① 792
假文— 政 ① 1146
戸籍— 政 ② 20
計帳— 政 ② 202
租帳— 政 ② 594
青苗簿帳— 政 ② 603
正税帳— 政 ② 643
教書— 政 ③ 33
下文— 政 ③ 54
内書— 政 ③ 71
公帖— 政 ③ 92
奉書— 政 ③ 96
下知状— 政 ③ 110
施行— 政 ③ 121
召文— 政 ③ 130
挙状— 政 ③ 150
定書— 政 ③ 157
掟書— 政 ③ 156
制札— 政 ③ 178
奏弾— 法 ① 598
度縁— 宗 ② 570
和歌— 文 ② 188
詩— 文 ② 644
伊勢流婚礼— 礼 ① 1220
起請文— 人 ② 349
姓名— 姓 30
しょしご 諸士御条目 法 ② 113
しょしそ 諸司奏 政 ① 429
除目— 政 ① 779
元日宴会— 歳 463
白馬節会— 歳 977
しょしだ 所司代
足利氏侍所— 官 ② 1153
徳川氏京都— 官 ③ 1255
—裁判 法 ③ 842
—卒去鳴物停止 礼 ② 703
—喪 礼 ② 882
しょしで 諸司田【篇】 政 ② 422
しょしの 諸司儲 政 ② 1073
しょしゃ 書写 文 ③ 327
詔書— 政 ① 232
仏経— 宗 ① 269
しょしゃ 書尺 文 ③ 1481
しょじゃ 書籍【篇】 文 ③ 317
—標題傍押文昌星印 天 95
御書所管宮中— 官 ② 336
没収— 法 ① 276
真福寺所蔵— 宗 ④ 153
納—於学習院 文 ② 1120
洋書之禁 宗 ④ 1264
じょしゃ 叙爵 政 ① 1484
蔵人— 官 ② 297
武家— 官 ③ 66
じょしゃ 除籍 法 ① 317
— 法 ① 852
—【併入】 法 ② 650
—賜姓 姓 236
しょしゅ 書手
御書所— 官 ② 336
一本御書所— 官 ② 341
しょじゅ 書儒 文 ③ 665
しょしゅ 初終 礼 ② 85
じょしょ 除書 政 ① 677
しょじょ 書状 文 ① 364
納—於文箱 文 ③ 1431
「しょさつ書札」も見よ
しょじょ 書状侍者 宗 ② 1056
しょじょ 書状取遣金 封 505
しょしょ 所職
収公— 法 ① 814
召放— 法 ① 846
「しょたい所帯」も見よ
しょしょ 所職訴訟 法 ① 1015
しょしん 書信 文 ① 364
しょじん 庶人
廃太子為— 帝 1387
—衣服 服 177
—葬礼著素襖 服 592
「へいにん平人」も見よ
じょしん 女真【附】 外 1103
しょせい 書生 文 ③ 666
式部— 官 ① 830
治部— 官 ① 841
兵部省— 官 ① 908
勘解由使— 官 ② 84
京職— 官 ② 378
大宰府— 官 ② 404
諸国— 官 ② 472
郡— 官 ② 584
じょせい 助成貸付 政 ④ 587
じょせい 助成屋敷 政 ③ 1256
しょせい 書生寮 文 ② 1160
しょせき 書籍

「しょじゃ書籍」を見よ
しょそん　庶孫　人①　230
—相続　政②　85
しょたい　所帯
無—者処流罪　法①　771
無—者処追放　法①　806
召放—　法①　810
改易—　法①　824
「しょしょ所職」も見よ
しょたい　書体　文③　774
「じたい字体」も見よ
しょだい　諸大夫　姓　438
—家々　官①　1295
五位—著大紋　服　574
しょだい　諸大夫格　帝　1095
しょだな　書棚【附】　文③　1414
じょち　除地　政④　16
—　宗③　236
じょちだ　除地高　政④　128
しょちゅ　書厨　文③　1397
じょちゅ　女中方用人　官③　807
じょちゅ　女中侍　官③　808
じょちゅ　女中職(徳川氏大奥)
【篇】　官③　811
徳川氏大奥女中救
恤　政④　838
じょちゅ　女中添番　官③　808
じょちゅ　女中用達　官③　808
じょちょ　女丁　政②　855
—　政②　835
大炊寮—　官①　1028
じょちょ　助丁　政②　847
じょちょ　除帳　政②　62
—　政③　536
しょちん　初陳状　法①　1075
しょっき　食器
「いんしょ飲食具」を見よ
しょっき　食禁　方　997
—　飲　56
しょっこ　蜀紅錦　産②　279
しょっこ　蜀江錦小袖　服　437
しょっこ　蜀江錦鎧直垂　兵　1914
しょっこ　蜀紅蓮　植②　147
しょて　諸手(隊伍)　兵　406
じょてい　女帝
「にょてい女帝」を見よ
しょてん　諸天　宗①　110
しょとう　所当　政②　585
—　政④　138
しょとう　書燈　器②　244
しょどう　書道　文③　674
じょとう　女盗　人②　815
しょどう　諸道具奉行　官③　897
しょどう　諸道儒者　文②　702
しょどう　諸道順検使　政③　382
じょとく　助督　官②　572
しょどの　初度之辰　礼①　1414
しょなの　初七日　礼②　1480
しょにゅ　諸入用金　封　479
しょにん　初任
郡司—叙位　官②　616
—季禄馬料　封　149
しょのう　書嚢【附】　文③　1435
—図　文③　1437
しょはか　書博士　文③　664
じょはき　序破急(音楽)　楽①　36
しょばん　諸蕃　外　3
—　姓　24
しょばん　諸蕃雑姓記　姓　284
しょひ　庶妃　帝　1222
じょぶ　女舞　楽①　54
しょふう　書風　文③　750
じょふく　除服　礼②　820
—　礼②　533
—祓禊　神②　681
—復任同時宣下　礼②　669
じょふく　徐福祠　神④　1317
しょぶん　処分
遺産—　政②　107
資財—　政②　130
資財—　人②　601
しょぶん　処分状　政②　132
—　政③　750
じょへい　女兵【篇】　兵　312
じょほ　助鋪　居　75
じょほ　徐歩　礼①　115
白昼者練歩夜景者
—　礼①　112
しょほう　書法　文③　749
芝居看板—　楽②　214
じょぼく　如木　服　223
じょぼん　叙品
親王—　帝　1440
内親王—　帝　1462

しょまい 庶妹 人 ① 177
じょまい 女妹(夫之妹) 人 ① 188
しょみん 諸民雑姓記 姓 284
しょむ 所務(税) 政 ④ 405
しょむさ 所務沙汰 法 ① 979
しょめい 書名 文 ③ 431
しょめい 署名
位記— 官 ③ 1895
官符— 政 ① 343
じょめい 除名 法 ① 289
— 法 ① 282
じょめい 除名者蔭 政 ① 1007
じょめい 舒明天皇 帝 9
じょめん 除免 法 ① 292
しょもく 書目 文 ③ 394
古版— 文 ③ 326
じょもく 除目
「じもく除目」を見よ
しょもつ 書物 文 ③ 318
「しょじゃ書籍」も見よ
しょもつ 書物簞笥 文 ③ 1401
しょもつ 書物箱 文 ③ 1397
しょもつ 書物奉行【篇】 官 ③ 854
しょもん 初問状 法 ① 1077
しょや 初夜(時刻) 歳 96
しょや 初夜(誕生) 礼 ① 419
じょや 除夜 歳 1428
—初夢 歳 891
しょやく 所役(税) 政 ④ 407
しょやく 諸役(税) 政 ④ 409
じょやぶ 恕也文庫 文 ③ 377
しょよめ 薯蕷麪 飲 506
じょら 女蘿 植 ② 872
しょり 書吏 官 ① 1264
しょりゅ 庶流 政 ③ 700
— 人 ① 125
じょりゅ 叙留 政 ① 1501
以—判官称大夫 官 ① 1364
しょりょ 所領
「りょうち領地」を見よ
じょりょ 叙料 政 ① 1037
しょりょ 所領役 政 ④ 564
しょりょ 諸陵寮【篇】 官 ① 868
しょれい 諸礼(年始) 歳 602
じょれん 鋤簾 産 ① 242
じょろう 女郎 人 ② 838
じょろう 助老(脇息) 器 ② 161
じょろう ぢよらうぐも(絡新婦) 動 1211
しょろく 書簏 文 ③ 1396
しょろん 書論 文 ③ 765
じょん じよん(毛織物) 産 ② 314
しらあえ 白あへ 飲 205
しらいし しらいし(石膏) 金 278
しらうお 白魚 動 1304
しらうお 白魚吸物 歳 1387
しらうお 白魚飯 飲 413
しらうち 白打出の笠 器 ② 404
しらえ 白絵 文 ③ 911
しらえぐ 白絵車 器 ② 833
しらおい 白老郡 地 ② 1298
しらが 白髪(髪置) 礼 ① 487
—図 礼 ① 491
しらがご しらがごけ(白竜鬢) 植 ② 857
しらがさ 白重 服 186
しらかし しらかし(麪櫧) 植 ① 187
しらかす しらかす(酵) 飲 695
しらがの 白髪郷 地 ① 371
しらかば 白樺(笙) 楽 ② 935
しらかべ 白壁(豆腐) 飲 985
しらがべ 白髪部 帝 1133
— 官 ① 134
しらかべ 白壁郡 地 ① 1108
しらかみ 白髪 人 ① 504
若— 人 ① 608
しらかみ 白紙手形 法 ③ 639
しらかゆ 白粥 飲 452
しらかわ 白川(陸奥) 地 ② 140
しらかわ 白川家 官 ① 351
—神道 神 ② 1353
—為神祇伯 官 ① 309
—葬祭 礼 ② 22
—神葬式 礼 ② 40
—服忌法 礼 ② 613
—浄衣許状 服 116
しらかわ 白河郡 地 ② 116
しらかわ 白河山荘 礼 ① 1476
しらかわ 白河天皇 帝 24
—遊覧御幸 帝 738
—出家 帝 883
—禁断殺生 宗 ② 229
—建法勝寺 宗 ③ 683
—建万寿寺 宗 ③ 962
—建証金剛院 宗 ③ 985

	納—遺骨於香隆寺	帝		994
	—国忌	礼	②	1280
しらかわ	白河国造	地	②	90
しらかわ	白河荘(陸奥)	地	②	149
しらかわ	白河荘(越後)	地	②	347
	—	政	③	752
しらかわ	白川関	地	③	597
しらかわ	白川藩	地	②	154
しらき	しらき(木)	植	①	462
しらぎ	新羅【篇】	外		92
	—	外		79
しらぎが	新羅楽	楽	①	13
しらぎが	新羅楽師	官	①	842
しらぎご	新羅郡	地	①	868
しらきご	白木輿	器	②	946
しらぎご	新羅琴【併入】	楽	②	634
しらきじ	しらきじ(白鷳)	動		719
しらぎし	新羅仕丁	政	②	846
しらきし	白木床子	器	②	132
しらきて	白木手洗	器	①	598
しらぎの	新羅宰【併入】	官	①	185
しらきゆ	白木弓	兵		1631
しらくち	しらくち(獼猴桃)	植	①	532
しらくも	白雲(疾病)	方		1256
しらげう	しらげ歌	楽	①	145
しらげし	精代	政	②	617
しらげよ	しらげよね(粺米)	植	①	819
しらごし	白輿	器	②	946
しらし	しらし(米相場)	産	②	526
しらしげ	白重籐弓	兵		1642
しらしめ	白絞油	器	②	307
しらじょ	しらぜう(鷹)	遊		1007
しらす	白子(魚)	動		1311
しらす	白洲	法	③	405
しらすげ	白菅湊	地	③	573
しらすや	白洲役人	法	③	404
しらたま	しらたま(真珠)	金		220
しらたま	白玉	金		221
しらたみ	しらたみ(疝)	方		1191
しらち	白血(疾病)	方		1504
しらつち	白土	金		369
しらとり	白鳥神	神	③	1448
しらとり	白鳥陵	帝		1033
しらなみ	白波(盗賊)	法	①	872
	—	人	②	779
しらにぎ	白和幣	神	②	1065
	白丹寸手	産	②	118
しらぬい	しらぬ火	地	②	1047
しらぬか	白糠郡	地	②	1300
しらね	白嶺(甲斐)	地	③	764
しらねあ	しらねあへ	飲		206
しらねあ	白根安生(刀工)	産	①	634
しらねど	白根銅山	金		143
しらの	白箟	兵		1581
しらばか	白袴	服		716
しらはし	白箸翁	方		620
しらはす	白蓮潟	地	③	1293
しらはた	白旗	兵		2105
	挙—降参	外		127
	樹—降参	兵		759
しらはた	白癜	方		1250
しらはた	白旗一揆	兵		423
しらはた	白旗社	神	④	459
しらはの	白羽牧	地	③	975
しらはの	白羽矢	兵		1590
しらはり	白張	服		111
	—	服		489
しらはり	白張袙	服		381
しらびょ	白拍子	人	②	841
しらべ	しらべ(楽調)	楽	①	18
しらぼり	白堀上水	政	④	1111
しらまゆ	白檀弓	兵		1625
しらみ	虱	動		1217
しらみが	白磨犬追物	武		592
しらみね	白峯宮【篇】	神	③	1517
しらみね	白峯大権現	神	③	1517
しらみね	白峯陵	帝		1016
しらみね	白峯廟	神	③	1517
しらむ	しらむ(音楽)	楽	①	19
しらめ	白目	称		114
しらも	白藻	植	②	925
しらやき	白焼	飲		247
しらやま	白山	地	③	837
	「はくさん白山」も見よ			
しらやま	白山比咩神社【篇】	神	④	954
しらゆう	白由布	産	②	118
しらん	白及(草)	植	①	1175
しり	尻	人	①	431
	—有尾	人	①	617
	決杖笞者背臀分受	法	①	120
	打新婦臀	礼	①	1217
しりえの	しりへのみや(後宮)	帝		1106
しりがい	鞦			
	馬—	兵		2025

	車―	器	②	876
しりかな	しり仮名	文	③	278
じりき	自力(仏教)	宗	①	36
	―	宗	①	853
じりき	事力【篇】	封		369
しりきれ	しりきれ(草履)	服		1432
しりくめ	尻久米縄	神	②	1205
	「しめ注連」も見よ			
しりざや	尻鞘	兵		1459
しりざら	しりざら(台子)	器	①	252
しりだち	しりだちの祭	神	②	640
しりつ	詩律	文	②	493
しりつと	後戸	居		1199
しりつよ	私立洋学校	文	②	1046
しりびな	しりびなる歌	文	①	710
しりべし	後志国	地	②	1294
しりみな	しりみな歌	文	①	710
じりゃく	治暦	歳		190
しりゅう	しりうごと(後言)	人	①	853
しりょう	死霊	方		79
しりょう	私領	政	④	250
じりょう	寺領【篇】	宗	③	221
	―地頭	官	②	1009
	―検地	政	④	52
	国分寺―	宗	③	160
	寺院荘園	政	②	491
	諸国の寺院の寺領は宗教部各寺院篇に在り。今之を略す			
しる	汁	飲		161
	いとこ煮―	歳		1056
	六質―	歳		1056
	御事―	歳		1059
しるかけ	しるかけめし(饡)	飲		386
しるかゆ	粥	飲		448
しるこ	汁粉	飲		557
しるこう	汁講	飲		53
しるしが	印し金	産	②	471
しるしの	しるしの簪	器	①	446
しるしの	しるし木(標)	武		800
しるしの	印の竿	地	②	282
しるしの	験の杉	神	②	1760
しるしの	璽筥【併入】	神	①	228
	―	帝		71
	―	帝		152
	男山八幡宮―	神	③	1291
しるしの	験松	神	④	1455
しるしば	印半天	服		693
しるなま	汁鱠	飲		198
しるひと	しる人	人	②	398
しるもの	汁物	飲		161
しるわん	汁椀	器	①	28
しれい	使令	政	③	331
しれん	師錬			
	―著聚分韻略	文	②	552
	―幼時逸話	人	②	569
	虎関博学	文	②	764
しろ	代(田積)	政	②	275
しろ	城	兵		1037
	―内鎮守神	神	①	785
	大宰府―	官	②	396
	―請取上使	政	③	350
	焼―欺敵	兵		132
	去―而降	兵		752
じろ	地炉	器	①	708
しろあず	白小豆	植	②	252
しろあり	白蟻	動		1112
しろいし	白石	金		343
しろいも	しろいものうり(白粉売)	器	①	501
じろう	次郎	人	①	200
じろう	痔漏	方		1298
	―治療	方		821
しろうし	紙老鴟	遊		1168
しろうち	簆簩竹	植	①	707
しろうと	素人宿	政	③	659
しろうま	白馬	動		94
しろうめ	しろうめもどき(杜茎山)	植	①	606
しろうり	白瓜	植	②	605
しろお	白魚	動		1304
しろかげ	白鹿毛馬	動		92
しろかた	白帷子	服		448
しろかね	白銀(江戸)	地	①	963
しろがね	銀	金		183
	「ぎん銀」も見よ			
しろがね	銀師	産	①	663
しろがね	銀磨付臑当	兵		1844
しろがね	銀作剣	兵		1333
しろがね	しろがねのすりくづ(銀屑)	金		185
しろがね	白がねのぜに	泉		137
しろき	白酒	神	②	1151
	―	神	①	1533
	―	神	②	429

しろきか	白鳥	動		835
しろきで	白酒殿	神	①	1055
しろきも	しろきもの(白粉)	器	①	491
しろくさ	四六三(的)	武		250
しろぐつ	白轡	兵		2011
しろくで	四六出目	政	④	325
しろくぶ	四六文	文	①	282
しろくま	白熊	動		404
しろくら	代鞍	兵		1969
しろくら	白鞍(銀鞍)	兵		1960
しろくら	白鞍(木地鞍)	兵		1967
しろくわ	しろくわゐ(慈姑)	植	①	950
しろこ	白子(伊勢)	地	①	457
しろこ	白子(疾病)	方		1251
しろこそ	白小袖	服		422
しろこと	白児党	兵		445
しろこめ	しろこめし(白飯)	飲		389
しろざけ	白酒	飲		697
	—	歳		1091
しろさや	白鞘巻(刀)	兵		1370
しろしか	白鹿	動		319
しろじく	白管筆	文	③	1278
しろじに	白地錦単	服		404
しろしょ	白装束	服		186
	—	服		875
しろずい	白水晶	金		228
しろすず	白雀	動		752
しろずみ	白炭	器	②	345
	—	遊		497
しろぜめ	城攻	兵		623
しろたえ	しろたへの(枕詞)	産	②	117
しろたえ	しろたへの衣	礼	②	1055
しろたえ	白妙幣	神	②	1068
しろだち	銀剣	兵		1334
しろだち	白大刀	兵		1334
	—	服		559
しろつづ	白葛靫	兵		1714
しろつば	白燕	動		774
しろづる	白弦(弓)	兵		1565
しろつる	白橡袍	服		260
しろなま	しろなまづ(白癩)	方		1250
しろなま	しろなまり(錫)	金		206
しろねず	白鼠	動		231
しろのか	白唐衣	服		918
しろのし	白下襲	服		348
しろのひ	白檜扇	服		1314
しろばと	白鳩	動		745
しろひた	白直垂	服		546
しろひと	白人	方		1250
しろぶく	白覆輪鞍	兵		1959
しろぶく	白幅輪紺糸鎧	兵		1827
しろへび	白蛇	動		1024
しろべり	白端畳	器	②	80
しろほろ	白母衣一揆	兵		427
しろます	白升	称		89
しろまつ	白松	植	①	86
しろまめ	白豆	植	②	234
しろめ	白女(遊女)	人	②	852
しろめ	白眼	人	①	354
しろめ	白鑞	金		208
しろめし	白飯	飲		389
しろめせ	之呂女銭	泉		31
しろもの	しろ物(塩)	飲		808
しろもの	しろ物(豆腐)	飲		984
しろよも	しろよもぎ(白蒿)	植	②	716
しろん	史論	文	②	887
しわ	皺	人	①	312
しわ	私和			
	殺傷—	法	①	412
	殺傷—	法	②	866
しわかみ	磯輪上秀真国	地	①	22
しわし	しわし(吝嗇)	人	②	83
しわじょ	志波城	兵		1057
しわす	しはす(十二月)	歳		34
しわひこ	志波彦神社【篇】	神	④	884
じわりと	地割棟梁	官	③	673
しわんぼ	しわん坊	人	②	83
しん	臣			
	天皇為—下喪廃朝	礼	②	510
	家—為後見	政	③	866
	誡—下	人	②	148
しん	信【篇】	人	②	1
しん	紳	服		815
しん	清【篇】	外		1027
しん	進(官職)	官	①	199
しん	軫(琴)	楽	②	602
しん	蜃	動		1016
じん	仁【篇】	人	①	1143
	細川忠興—慈	遊		777
じん	陣	兵		376
	六衛府—	官	①	1332
	近衛—中糺行	官	①	1387
	—中持扇	服		1346
じん	腎	人	①	493

しんあく 新悪銭 泉 126
しんい 神位 神 ① 293
しんい 神異【篇】 神 ① 231
　氏神示— 神 ① 721
　産土神示— 神 ① 754
しんい 進位(位階) 官 ③ 1789
しんい 嗔恚 人 ① 739
しんい 鍼医 方 886
しんいち 新一分判 泉 380
しんいん 神胤 姓 26
しんいん 新院 帝 791
　— 帝 827
しんいん 新印銀 泉 285
しんいん 浸淫瘡 方 1249
しんいん 新院庁始 帝 810
じんえい 陣営 兵 1138
しんえい 親衛大将軍 官 ① 1354
しんえつ 心越 宗 ② 550
　— 宗 ① 765
　— 楽 ② 630
しんえん 真円(明僧) 宗 ④ 1188
じんおう 秦王破陣楽 楽 ① 460
しんおお 新大橋 地 ③ 303
　—高札場 地 ③ 150
　—掛直修復費用 地 ③ 167
しんか 神火 神 ① 235
　出雲国造—相続 神 ④ 1065
しんか 神歌 神 ③ 1305
しんか 鍼科 方 884
しんが 清画 文 ③ 837
しんかい 神階【篇】 神 ① 293
　為奠都昇— 地 ① 135
　吉田家私許— 神 ② 1392
　諸国の神社の神階は神祇部各神社篇に在り。今之を略す
しんかい 新戒 宗 ② 1060
しんかい 新開 政 ③ 1179
しんがい 震害 地 ③ 1393
しんがく 心学【篇】 文 ② 925
しんがく 秦楽 楽 ① 13
しんがく 新楽 楽 ① 44
しんがく 新楽乱声 楽 ① 37
しんかげ 神陰流(剣術) 武 27
しんかげ 新陰流(剣術) 武 28
じんがさ 陣笠 器 ② 413
しんかじ 請客侍者 宗 ② 1057
じんがし 陣頭 兵 190
しんかせ 新加制式 法 ① 684
しんかで 神嘉殿 居 143
　—焼亡 居 176
　於—行神今食祭 神 ② 188
　於—行新嘗祭 神 ② 393
しんかふ 新河浦(楽曲) 楽 ① 592
しんがり 殿 兵 391
しんがり 殿備 兵 397
しんかん 辰韓 外 80
しんかん 神官 神 ② 1459
　大神宮—【篇】 神 ③ 835
　大神宮—位禄 封 138
　大神宮—季禄 封 153
　「しんしょ神職」「かんぬし神主」も見よ
じんかん 陣官
　近衛府— 官 ① 1365
　衛門府— 官 ① 1459
しんがん 新元興寺 宗 ③ 1228
じんがん 神願寺 神 ② 1706
　— 宗 ③ 863
しんき 神器【篇】 帝 47
　不受—而踐祚 帝 277
　無—而即位 帝 445
　大嘗祭忌部奉— 神 ① 1282
　—之徳 神 ② 1412
じんき 神亀 歳 163
じんぎか 神祇官【篇】 官 ① 275
　—図 官 ① 286
　—祭神 神 ① 843
　於—行祈年月次祭 神 ② 10
　於—行月次祭 神 ② 120
　於—行神今食祭 神 ② 187
　於—行鎮魂祭 神 ② 511
　即位行幸— 帝 380
　—官人季禄 封 153
　—官人馬料 封 231
　依—焼亡廃朝 政 ① 195
　—符 政 ① 349
じんぎか 神祇館 神 ③ 1596
じんぎか 神祇官代 官 ① 283
じんぎか 神祇官帳 神 ① 349
しんぎぐ 新擬郡司 官 ② 582
しんぎし 新義真言 宗 ① 584
じんぎそ 神祇総載【篇】 神 ① 1
　「かみ神」も見よ
じんぎど 神祇道 神 ② 1539

	—家元服叙位	礼 ①	822
	「しんとう神道」も見よ		
じんぎの	神祇伯	官 ①	305
	清仁親王流続—	帝	1494
じんぎの	神祇少史	官 ①	306
じんぎの	神祇少副	官 ①	305
じんぎの	神祇少祐	官 ①	305
じんぎの	神祇大史	官 ①	305
じんぎの	神祇大副	官 ①	305
じんぎの	神祇大祐	官 ①	305
じんぎの	神祇長上	神 ②	1388
じんぎの	神祇の鞠	遊	1102
しんぎは	新義派	宗 ①	634
	—寺院数	宗 ③	11
しんきび	心気病	方	1182
しんきょ	心教	宗 ①	28
しんきょ	神橋(日光)	地 ③	337
しんきょ	神鏡	帝	61
	「やたのか八咫鏡」も見よ		
しんぎょ	心経	宗 ①	282
しんぎょ	心形刀流(剣術)	武	56
しんきょ	真敬法親王	宗 ②	944
しんきり	燭剪	器 ②	240
しんきろ	蜃気楼	天	320
	—	動	1016
しんぎわ	親魏倭王印	政 ①	571
しんきん	新金大判	泉	233
しんきん	神岑山寺	宗 ④	100
しんく	神供	礼 ②	1296
しんぐう	新宮	神 ①	170
	竜田—	神 ④	175
しんぐう	新宮(地名)	地 ②	742
じんぐう	神宮		
	「だいじん大神宮」を見よ		
じんぐう	神宮院	神 ②	1703
じんぐう	神宮開闔	官 ②	1206
じんぐう	神功開宝	泉	19
しんぐう	新宮川	地 ③	1189
しんぐう	新宮港	地 ③	582
じんぐう	神功皇后		
	—征新羅	外	120
	—陵	帝	977
	伐—陵木	帝	1063
	祀—於男山八幡宮	神 ③	1242
	合祀—於摂津国住吉神社	神 ④	235
	祀—於気比神宮	神 ④	939
	祀—於香椎宮	神 ④	1402
	祀—於宇佐神宮	神 ④	1514
	合祀—於鹿児島神宮	神 ④	1678
	祀—於新田神社	神 ④	1696
じんぐう	神供寺	神 ②	1740
じんぐう	神宮寺【篇】	神 ②	1703
	豊国—	神 ③	1659
	大鳥神社—	神 ④	230
	肥前国諏訪—	神 ④	1631
	賀茂神社—	宗 ③	706
じんぐう	神宮上卿	官 ①	672
じんぐう	神宮伝奏	官 ①	669
じんぐう	神功天皇	帝	856
	「じんぐう神功皇后」も見よ		
じんぐう	神宮頭人	官 ②	1206
じんぐう	神宮奉行	官 ②	1206
しんくぞ	真紅染	産 ①	851
しんぐみ	新組(百人組)	官 ③	1163
しんくろ	新蔵人	官 ②	294
しんくろ	新黒谷	宗 ③	703
しんぐん	神郡	神 ①	620
	大神宮—	神 ③	870
	—検非違使	官 ②	177
	—郡司	官 ②	588
しんけ	新家(家格)	姓	440
しんげつ	新月	天	58
しんけん	進献	人 ②	461
	大嘗会参賀—	神 ①	1610
	神馬—	神 ②	1105
	神職—	神 ②	1590
	践祚—	帝	243
	禁裏御料—	帝	646
	立后参賀—	帝	1124
	女御入内参賀—	帝	1267
	立太子参賀—	帝	1329
	衛府—	官 ①	1336
	衛門府—	官 ①	1478
	兵衛府—	官 ①	1519
	新羅人—	外	118
	刀剣—	兵	1484
	弓始—	武	372
	葬礼—	礼 ②	326
	蠟燭—	器 ②	265
	茶—	遊	626
	鷹之鳥—	遊	1031
	鶴—	動	552

雁— 動 571
鴨— 動 593
雉— 動 710
鸚鵡— 動 891
孔雀— 動 987
年始献上 歳 757
八朔幕府御馬献上 歳 1300
守札献上 神 ② 946
大名献上 官 ③ 1735
交替寄合献上 官 ③ 1765
馬具献上 兵 1937
書籍献上 文 ③ 411
遺物献上 礼 ② 331
西丸普請用雑品献
上 居 328
鳥献上 動 519
弓矢進上 兵 1756
具足進上 兵 1854
「こうけん貢献」も見よ
しんけん 新検(検地) 政 ④ 31
しんげん 信玄家法 法 ① 686
しんげん 信玄堤 政 ④ 1046
しんげん 信玄流(兵法) 兵 8
しんこ 神庫 神 ① 474
— 居 799
しんこ 新戸 政 ② 50
しんこ 糝粉 飲 583
じんこ 陣戸 居 237
じんこ 塵壺 器 ① 726
しんこう 診候 方 969
しんこう 新甲(甲州金) 泉 273
しんごう 神号【篇】 神 ① 139
奉—宣命文 神 ④ 292
東照大権現— 神 ④ 376
東照大権現— 神 ④ 776
しんごう 賑給【篇】 政 ② 1013
依慶雲出現— 天 150
依災害— 天 270
依改元— 歳 179
依改元— 歳 275
開義倉— 政 ② 1081
依天皇算賀— 礼 ① 1368
俘囚— 人 ② 758
夷俘— 人 ② 774
依皇后不予賑恤 帝 1129
由地震賑恤 地 ③ 1414
「きゅうじ救恤」も見よ
じんこう 人口 地 ① 101
— 政 ③ 502
諸国の人口は地部山城国篇以下の各篇に在り。今之を略す
じんこう 沈香 植 ① 569
— 遊 302
— 金 2
じんこう 神幸
「みゆき神幸」を見よ
しんこう 進広一位 官 ③ 1791
じんこう 塵劫記 文 ③ 555
しんこう 進広三位 官 ③ 1791
しんこう 秦公寺 宗 ③ 813
しんごう 賑給使 政 ② 1026
しんこう 進広四位 官 ③ 1791
しんごう 賑給帳 政 ② 1017
しんごう 賑給田 政 ② 1029
しんこう 進広二位 官 ③ 1791
じんごう 神功破陣楽 楽 ① 460
しんごう 賑給文 政 ② 1025
じんこう 沈香目 称 113
しんこき 新古今和歌集 文 ② 298
—序 文 ② 432
—竟宴 文 ② 246
しんこく 神国 神 ① 101
— 帝 1151
しんこく 新国史 文 ② 868
じんごけ 神護景雲 歳 166
じんごじ 神護寺【篇】 宗 ③ 863
—荘園 政 ② 502
—年分度者 宗 ② 576
—鐘 宗 ② 1098
しんごし 新後拾遺和歌集 文 ② 320
しんごぜ 新御前(琵琶) 楽 ② 762
しんごせ 新後撰和歌集 文 ② 310
しんこば 新小判(安政) 泉 257
しんごば 新御番 官 ③ 1110
しんごば 新御番組頭 官 ③ 1113
しんごば 新御番衆 官 ③ 1075
— 官 ③ 1111
しんこん 神魂【篇】 神 ① 175
しんごん 真言院
内裏— 居 176
内裏—御修法 宗 ② 241
東大寺— 宗 ③ 1135
しんごん 真言三部経 宗 ① 258
しんごん 真言師 宗 ② 354

じんごん　神今食院　居　175
じんごん　神今食祭【附】　神 ②　153
しんごん　真言宗【篇】　宗 ①　565
　—声明　宗 ①　348
　遊外僧入支那受—　宗 ②　482
　—衣体　宗 ②　1205
　—寺院数　宗 ③　9
　山門真言　宗 ①　559
　真言山伏　宗 ③　712
しんごん　真言修法院　居　177
しんごん　真言神道　神 ②　1339
しんごん　真言法　宗 ②　254
しんごん　真言亡国　宗 ①　955
しんごん　真言論義　宗 ①　402
しんざ　神座(孔子)　文 ②　1450
しんさい　神祭【篇】　礼 ②　1295
しんさい　真済　宗 ①　617
じんさい　神西郡　地 ②　521
しんさい　新寨之戦　外　523
しんさし　しんさし(戸具)　居　1242
しんさつ　診察　方　969
じんざも　甚三紅　産 ①　853
しんさん　神三郡　神 ③　871
しんし　侲子(追儺)　歳　1368
しんし　神使【篇】　神 ②　1809
　以白狐為—　神 ①　88
　狐為稲荷—　動　338
しんし　進士　文 ③　73
しんし　震死　天　293
しんじ　神事
　灌仏日当—　歳　1130
　縁定—　歳　1222
　盂蘭盆当—　歳　1253
　我国重—　神 ①　106
　—違例　神 ①　116
　読国内神名帳—　神 ①　127
　読国内神名帳—　神 ①　137
　神告—　神 ①　271
　出家入道不勤—　帝　1152
　大宰府奏—　官 ②　406
　官政時先—　政 ①　61
　依—廃朝　政 ①　196
　依—廃務　政 ①　203
　御判始吉書載—　政 ③　8
　天皇喪中遇—　礼 ②　549
　服者遇—　礼 ②　847
　—奏東遊　楽 ①　249
　天皇—著白祖　服　379
　—用鏡　器 ①　363
しんじ　神璽　帝　66
　践祚日上—　帝　335
　受—後経月日而践祚　帝　275
　盗—罪　法 ①　369
　偽造—罪　法 ①　428
　置—於倚廬中　礼 ②　422
しんじ　新字　文 ①　8
じんし　仁祠　神 ①　512
しんじい　神事犬追物　武　640
しんじか　神事笠懸　武　553
しんじき　神事騎射　武　486
しんしき　新式連歌　文 ①　1018
しんじこ　宍道湖　地 ③　1243
しんしご　信士号　礼 ②　301
しんじこ　鍼治講習所　方　886
しんじず　神事相撲　武　1209
しんしせ　新司宣　政 ①　1320
じんじつ　人日　歳　904
しんじに　真字二歩判　泉　246
　—引替　泉　326
　—吹立高　泉　379
しんじの　神事能　楽 ①　886
しんしの　進士試　文 ③　61
しんじの　神璽筥　帝　149
しんじぶ　神事奉行　官 ②　808
しんじふ　神事札　神 ①　122
しんじま　神事舞　楽 ②　460
しんじむ　神事行縢　器 ②　504
しんしゃ　辰沙　金　215
じんじゃ　神社
　—卯杖　歳　965
　—上巳　歳　1090
　—端午　歳　1145
　—七夕　歳　1221
　—重陽　歳　1334
　—追儺　歳　1378
　—節分　歳　1387
　以—名為地名　地 ①　42
　為奠都遷—　地 ①　135
　為奠都修理—　地 ①　135
　以関税充—修理料　地 ③　675
　告地震於—　地 ③　1413
　式内—数　神 ①　123
　—鎮守神　神 ①　786

—地主神　神 ①　819
—相嘗　神 ②　481
—新嘗　神 ②　448
—六月祓　神 ②　756
—御幸　帝　727
—伝奏　官 ①　667
—検非違使　官 ②　177
—押領使　官 ②　188
—総追捕使　官 ②　193
—造営奉行　官 ② 1414
以私封入—　封　26
依—炎上廃朝　政 ①　193
依—炎上廃務　政 ①　202
—印　政 ①　537
—荘園　政 ②　487
—封戸蠲免　政 ② 1008
請假参詣—　政 ③　459
使諸国—献金　政 ③ 1024
開墾荒野為—料田　政 ③ 1216
—屋敷検地　政 ④　3
為—用途課段銭　政 ④　458
毀—罪　法 ①　14
毀焼—罪　法 ①　395
闌入—罪　法 ①　401
—失火　法 ②　789
—富突　法 ③　80
於—境内追捕犯人　法 ③　143
—訴訟　法 ③　486
—訴訟　法 ③　785
—樹木採伐訴訟　法 ③　923
奉新銭於—　泉　82
—升　称　87
—募縁朝鮮　外　788
以生虜献—　兵　868
納兵器於—　兵　1288
於—行射　武　338
於—競馬　武　841
於—境内行相撲　武　1209
安仏像於—　宗 ①　203
献舎利於—　宗 ①　247
—読経　宗 ①　335
大友宗麟破却領内
—　宗 ④ 1121
耶蘇教徒破却—　宗 ④ 1127
於—行歌合　文 ②　84
納歌集於—　文 ②　425
—仏寺詩会　文 ②　625
納書籍於—　文 ③　398
掲算題於—　文 ③　629
過—前礼　礼 ①　216
於—元服　礼 ①　858
—通用服忌法　礼 ②　896
——称廟　礼 ② 1210
—楽人　楽 ①　622
於—行田楽　楽 ①　706
於—境内行芝居　楽 ②　42
於—境内禁復讐　人 ②　502
—紋　姓　569
於—行蹴鞠　遊　1100
吉田家私許社号　神 ② 1392
じんじゃ　神社帳　神 ①　126
勘解由使勘—　官 ②　92
しんじや　神事流鏑馬　武　498
しんしゅ　神主　礼 ②　288
—　礼 ② 1232
墓上立—　礼 ② 1080
しんしゅ　新酒　飲　750
しんじゅ　真珠　動　1621
—　金　220
禁私買—　産 ②　326
しんじゅ　真珠庵　宗 ③　754
しんしゅ　信州　地 ① 1344
「しなのの信濃国」も見よ
しんしゅ　真宗【篇】　宗 ①　813
—衣体　宗 ② 1223
—弊害　宗 ③　66
—寺院数　宗 ③　9
—院家　宗 ③　191
一向宗僧兵　兵　298
一向宗葬礼　礼 ②　117
しんじゅ　心中　人 ①　657
じんじゅ　浄頭　宗 ② 1045
しんしゅ　新拾遺和歌集　文 ②　319
しんしゅ　進修館　文 ② 1289
—試験　文 ③　176
しんしゅ　真宗寺　宗 ④　841
しんしゅ　晋州之戦　外　455
しんしゅ　新修本草　方　1117
読—　方　1025
しんしゅ　新修鷹経　遊　950
しんしゅ　信州流(兵法)　兵　5
しんじゅ　真珠貝　動　1641
しんじゅ　新宿　政 ④ 1232
しんじゅ　賑恤

「きゅうじ救恤」「しんごう賑給」を見よ
しんしょ 神書 神 ② 1377
しんしょ 晋書 文 ② 849
しんじょ 神助 神 ① 241
— 兵 604
しんじょ 寝所 居 633
婚姻—雑事 礼 ① 1046
じんじょ 塵除 居 1117
しんしょ 新抄 法 ① 80
しんしょ 審祥(僧) 宗 ① 518
しんじょ 進上 人 ② 461
「しんけん進献」も見よ
しんじょ 進上(書翰用語) 文 ① 460
じんしょ 陣将 兵 158
じんじょ 訊杖 法 ① 614
じんじょ 陣城 兵 1043
しんしょ 信尚館 文 ② 1284
しんじょ 心浄光院 宗 ③ 373
しんしょ 真正極楽寺【篇】 宗 ③ 699
しんじょ 神嘗祭
「かんなめ神嘗祭」を見よ
しんじょ 新嘗祭
「にいなめ新嘗祭」を見よ
しんしょ 新勝寺【篇】 宗 ④ 523
—不動尊開帳 宗 ③ 355
しんしょ 進宿徳(楽曲) 楽 ① 558
しんじょ 新荘藩 地 ② 195
—藩立学校 文 ② 1278
しんじょ 進上番 官 ③ 804
しんしょ 神職【篇】 神 ② 1457
—年始参賀幕府 歳 681
—分領 神 ① 654
吉田家支配— 神 ② 1393
摂津国住吉神社—
世襲 神 ④ 266
—月料 封 197
—考課 政 ① 1215
—自身殺害 法 ① 882
—訴訟 法 ① 1035
—訴訟 法 ③ 493
—訟庭席次待遇 法 ③ 550
—口書認方 法 ③ 650
—行宗門改 宗 ④ 1222
—与僧侶相争葬祭 礼 ② 30
—服忌 礼 ② 613
—服忌 礼 ② 885
—凶服 礼 ② 993
—為音楽 楽 ① 118
「かんぬし神主」「しんかん神官」も見よ
諸国の神社の神職は神祇部各神社篇に在り。今之を略す
しんしょ 新所旬 政 ① 51
しんしり 進士流(料理) 飲 318
しんじん 真心宗 宗 ① 1038
じんしん 壬申之乱 帝 309
しんすい 神水 人 ② 339
じんすい 沈水 遊 302
「じんこう沈香」も見よ
しんせい 辰星 天 111
しんせい 参星 天 99
しんせい 真盛 宗 ① 558
—為西教寺中興開山 宗 ④ 627
しんせい 親征 帝 657
しんぜい 神税 神 ① 518
— 神 ① 637
しんせい しんせい轡 兵 2011
しんせい 新制三十二箇条 法 ① 113
しんせい 新制十三条 法 ① 112
しんせい 新制宣旨 政 ① 272
しんせい 新制宣旨廿箇条 法 ① 660
しんぜい 神税帳 政 ② 684
しんせい しんせい作剣 兵 1362
しんせい 新制廿一箇条 法 ① 660
しんせい 真盛派 宗 ① 558
—寺院数 宗 ③ 11
しんせき 親戚【篇】 人 ① 103
「しんぞく親族」も見よ
しんせん 神仙 方 611
しんせん 神賤 神 ① 635
しんせん 神饌
「みけ神饌」を見よ
しんせん 新銭
—古銭 泉 27
—雑事 泉 82
—売出 泉 84
しんせん 神泉苑
—行幸 帝 603
於—行競馬 武 819
於—行相撲 武 1021
しんせん 神泉苑池 地 ③ 1220
しんせん 新撰陰陽 方 23

しんせん 神仙粥 飲 468
しんぜん 神前元服 礼 ① 858
しんぜん 新善光寺(山城)【篇】 宗 ③ 498
しんぜん 新善光寺(甲斐) 宗 ④ 225
しんせん 新千載和歌集 文 ② 316
しんせん 新撰字鏡 文 ① 180
しんぜん 晋前尺 称 11
しんせん 新撰集 文 ② 355
しんせん 新撰姓氏目録 姓 284
しんせん 新撰姓氏録 姓 381
—三体三例 人 ① 123
じんぜん 神善四郎 称 121
しんせん 神仙調 楽 ① 27
しんせん 新撰菟玖波集 文 ① 1153
しんせん 神仙万秋楽 楽 ① 509
しんせん 神仙門 居 240
しんせん 新撰薬経 方 1117
しんせん 新撰六帖 文 ② 358
しんそう 心喪 礼 ② 531
— 礼 ② 686
天皇—中雑事 礼 ② 550
しんそう 神葬 礼 ② 21
しんそう 神僧 神 ② 1619
しんぞう しんざう(嫁) 礼 ① 1346
しんぞう 心臓 人 ① 489
しんぞう 神像 神 ① 205
じんそう 陣僧 兵 197
しんぞう 新増犬筑波集 文 ① 1415
しんそう 心喪服 礼 ② 985
—著用之議 礼 ② 571
—著用之議 礼 ② 942
婦人— 礼 ② 1000
しんぞく 親族 人 ① 105
—表 礼 ② 623
—表 人 ① 116
—第行啓 帝 780
—議継嗣 政 ③ 719
—為後見 政 ③ 865
対—罪 法 ① 14
六議者—犯罪 法 ① 43
—容隠 法 ① 43
流人—随行 法 ① 185
殺傷— 法 ① 407
殺傷— 法 ② 833
—相盗 法 ① 372
売—為奴婢 法 ① 382
代—反殴 法 ① 418
—闘殴 法 ① 417
詐称—死 法 ① 432
—告訴 法 ① 581
—告訴 法 ① 1097
—告訴 法 ③ 686
—訴訟 法 ① 1033
—訴訟 法 ③ 477
犯罪者—遠慮 法 ② 562
—相姦 法 ② 962
睦— 文 ② 1307
舅姑以下—対面 礼 ① 1054
以—偏名為名 姓 671
譲官親戚 政 ① 1013
譲位親戚 政 ① 1018
有功賜姓其族 姓 236
しんぞく 親属
「しんぞく親族」を見よ
じんそく じんそく(魚) 動 1343
しんぞく 新続古今和歌集 文 ② 321
しんぞく 親族拝 礼 ① 48
しんそり 進曾利古(楽曲) 楽 ① 593
しんたい 身体【篇】 人 ① 289
しんたい 神体【篇】 神 ① 189
以仏像為— 神 ② 1348
封—事 礼 ② 1230
諸国の神社の神体は神祇部各
神社篇に在り。今之を略す
しんたい 真諦 宗 ① 50
しんたい 賑貸 政 ② 919
凶年— 歳 1484
募富豪— 政 ④ 848
しんだい 身代
—召放 法 ① 825
—半減欠所 法 ② 631
応—過料 法 ② 660
しんだい 進大一位 官 ③ 1791
しんだい 身代限【篇】 法 ② 653
— 政 ④ 656
奉公人請人身代切 政 ③ 657
じんだい 神代系図 姓 369
しんだい 進大三位 官 ③ 1791
じんだい 神代字 文 ① 5
しんだい 進大四位 官 ③ 1791
じんだい 神代杉 植 ① 109
しんだい 進大二位 官 ③ 1791
しんだい 新大仏 宗 ③ 951
「とうふく東福寺」も見よ

しんたく	神託【篇】	神	①	257
しんたく	新宅			
	—移徙	居		503
	—五月五日菖蒲	歳		1162
	—追儺	歳		1381
	—煤払	歳		1415
しんだく	新濁(点法)	文	③	278
しんたつ	進達書	政	③	210
じんだて	陣立	兵		43
しんたん	震旦	外		817
しんだん	神壇	神	①	472
しんだん	新弾例	法	①	113
しんち	神地	神	①	619
しんち	新知(知行)	封		384
	—	官	③	1747
しんちあ	新地改	官	③	1104
しんちお	新知恩寺	宗	④	404
しんちじ	新地寺院	宗	③	34
しんちぶ	新地奉行	官	③	1103
しんちゅ	真鍮	金		191
しんちゅ	真鍮元字銭	泉		31
しんちゅ	真鍮工	産	①	664
しんちゅ	真鍮座役人	官	③	588
しんちゅ	真鍮銭	泉		147
じんちゅ	陣中の候(斥候)	兵		339
しんちゅ	真鍮鏃	兵		1607
しんちょ	新徴組	兵		464
	—	官	③	1628
しんちょ	新徴組支配	官	③	1627
じんちょ	ぢんちやうげ(瑞香)	植	①	565
じんちよ	仁智要録	楽	①	120
じんちょ	陣直(衛府)	官	①	1332
しんちょ	新勅撰和歌集	文	②	304
	難—	文	②	420
しんちり	新智流(槍術)	武		72
しんつう	心痛	方		1179
	—治療	方		802
じんづう	神通川	地	③	1184
	—舟橋	地	③	343
	—船渡制度	地	③	369
	—渡守制度	地	③	378
じんづう	神通の鏑	兵		1676
しんてい	真弟	宗	②	693
しんてい	新定酒式	礼	①	276
しんてい	新定読式	法	①	78
しんてき	神笛	楽	②	853
しんてき	神笛生	官	①	337
しんでん	神田	神	①	624
	—	神	①	616
	大神宮—	神	③	885
しんでん	神殿	神	①	466
	大神神社不設—	神	④	3
しんでん	新田	政	③	1179
	—取箇吟味心得	政	④	31
しんでん	寝殿	居		535
	—対屋図	居		522
	大—小—	帝		1319
	鎌倉柳営—	居		302
	—之放出	居		580
しんでん	震殿	居		537
しんてん	信天翁	動		650
しんでん	新田切百姓	政	④	288
しんでん	神田下種祭【併入】	神	③	498
しんでん	新田検地条目	政	④	4
しんでん	寝殿造	居		520
	—平面図	居		524
しんでん	神田役	政	④	465
しんとう	神道【篇】	神	②	1317
	日吉—	神	④	674
じんとう	陣刀	兵		1365
じんどう	じんどう(矢)	兵		1688
じんどう	筌箄(漁具)	産	①	402
しんとう	神道加持	神	②	1368
しんとう	神道方	神	②	1410
じんとう	神東郡	地	②	521
しんとう	神道護摩	神	②	1368
しんとう	神道者	神	②	1320
しんとう	神道宗門	礼	②	23
しんとう	神道葬祭	礼	②	22
	吉田家—	神	②	1399
しんとう	神道伝受(吉田家)	神	②	1374
しんとう	神道人別帳	政	③	487
しんとう	神当流(馬術)	武		717
しんとう	神道流(射術)	武		126
しんとう	神道流(槍術)	武		71
しんとう	新当流(剣術)	武		30
しんどく	真読(読経)	宗	①	327
しんとく	進徳館(高遠藩)	文	②	1281
しんとく	進徳館(綾部藩)	文	②	1286
しんとく	進徳館(鯖江藩)	文	②	1285
しんとく	振徳堂(飫肥藩)	文	②	1291
しんとく	振徳堂(篠山藩)	文	②	1285
しんとね	新利根川	政	④	1071
しんどり	後取	礼	①	260

	年始御薬—	歳		796
しんとり	新鳥蘇(楽曲)	楽	①	552
しんない	新内節	楽	②	292
しんにし	新二朱金	泉		380
しんにし	新二朱銀	泉		245
	—品位	泉		388
しんにぶ	新二分判	泉		380
しんにょ	真如堂	宗	③	699
しんぬき	心貫流(剣術)	武		28
しんねん	新年読書始	文	③	257
しんのう	真能			
	—学牧渓	文	③	837
	—能茶礼	遊		602
しんのう	親王	帝		1412
	—年始諸礼	歳		603
	—年始参賀幕府	歳		707
	為—不為太子而踐祚	帝		255
	不為—不為太子而踐祚	帝		265
	不為—而為太子之日受禅	帝		539
	為—為太子之日受禅	帝		539
	為—不為太子而受禅	帝		540
	廃天皇為—	帝		583
	尊—為太上天皇	帝		834
	童—拝覲	帝		1335
	為—即日為太子	帝		1361
	—贈官位	官	①	263
	—任中務卿	官	①	695
	—任式部卿	官	①	822
	—任弾正尹	官	①	1308
	—任大宰帥	官	②	408
	—任征夷大将軍	官	②	663
	—品封	封		43
	—品田	封		102
	—月料	封		189
	—為准三宮	封		323
	—給帳内	封		352
	—令旨	政	①	312
	請去—号表	政	①	382
	—給駅伝馬	政	②	1173
	—歌人	文	①	820
	—准后座次	文	②	132
	—詩人	文	②	563
	—深曾木	礼	①	525
	—元服	礼	①	639
	—婚姻	礼	①	1225
	—除服宣下	礼	②	829
	賜姓後復—	姓		211
	—礼服	服		160
	—以下諸臣朝服	服		173
	—著黄衣	服		264
	—諸王位袍	服		277
	—屋敷	居		294
	—蒙輦車宣旨	器	②	783
	—蒙牛車宣旨	器	②	795
しんのう	親王給	封		293
	—	政	①	680
しんのう	親王家	姓		355
	—	帝		1416
	—家司	官	①	1264
	請宮家取立上書	政	③	273
しんのう	神農祭	方		1029
しんのう	親王宣下	帝		1335
	—式	帝		1429
しんのう	親王代	帝		327
しんのう	親王門跡	宗	③	182
しんのか	真飾(座敷飾)	居		1072
じんのぎ	陣儀	政	①	162
じんのざ	陣座			
	近衛—	政	①	159
	衛門—	官	①	1472
じんのさ	陣定	政	①	159
	—	政	①	7
しんのし	真の祝言	礼	①	1032
しんのし	真之神道流(柔術)	武		1008
しんのは	針博士	方		658
しんのは	しんのはしら(檫)	宗	③	112
	—	居		950
しんのは	心柱	居		947
	皇大神宮正殿—	神	③	38
	豊受大神宮正殿—	神	③	75
	豊受大神宮—顚倒	政	①	203
しんのみ	心御柱祭(大神宮)	神	③	181
じんのも	陣申文	政	①	169
しんぱい	信牌	外		1053
じんはい	神拝【篇】	神	②	975
	吉田家—作法	神	②	1376
	国司—	官	②	510
じんはい	神拝伝授	神	②	1001
じんばお	陣羽織	兵		1918

しんはく	新白象(琵琶)	楽	②	763
じんばさ	人馬指	政	④	1248
しんはた	新畑	政	③	1179
しんはち	神八郡	神	③	874
しんはち	新八幡	神	①	171
じんばつ	人馬継立	政	④	1234
しんばり	しんばり棒	居		1243
しんばん	新番頭【篇】	官	③	1106
しんひえ	新日吉祭	神	②	628
	—流鏑馬	武		504
	—競馬	武		857
しんひえ	新日吉門跡	宗	③	590
しんぴつ	宸筆位記	官	③	1897
しんぴつ	宸筆写経	宗	①	296
しんぴつ	宸筆宣命	神	③	574
	摂政代天皇書—	官	①	535
しんぴつ	宸筆勅書	政	①	247
しんぴつ	宸筆法華八講	宗	②	76
しんびね	辛未年籍	政	②	9
しんぷ	神府	神	①	474
しんぷ	神封	神	①	617
しんぷ	神符【篇】	神	②	911
	—	方		69
しんぷ	新婦	人	①	227
じんぷ	陣夫	政	④	558
しんぷく	申覆	法	①	629
しんぷく	診腹	方		975
しんぷく	真福寺(尾張)【篇】	宗	④	153
しんぷく	真福寺(武蔵)【篇】	宗	④	386
しんぷく	真福寺本	文	③	375
しんぷこ	新附戸	政	②	34
	—蠲免	政	②	990
しんぶし	信部省	官	①	684
じんふし	準蔔汁	飲		183
しんぷそ	神封租帳	政	②	684
しんふち	新府中	地	①	706
しんぶつ	真仏(僧)	宗	①	932
じんぶつ	人物(画題)	文	③	885
じんぶれ	陣触	兵		82
じんぷん	人糞	産	①	124
しんぶん	新聞紙	外		76
しんぶん	真文字銀	泉		245
	—品位	泉		387
しんぶん	新文字銀	泉		245
しんぶん	神分乱声	楽	①	37
しんぺい	神兵	神	①	235
じんべえ	甚兵衛羽織	服		678
しんべつ	神別	姓		24
しんべつ	神別記	姓		421
しんぺん	新編追加	法	①	681
しんぺん	神変菩薩	宗	②	816
	「えんのお役小角」も見よ			
じんぽう	神宝			
	皇大神宮—	神	③	41
	豊受大神宮—	神	③	78
	摂関賀茂詣時於私第覧—	神	③	1141
	男山八幡宮—	神	③	1295
	梅宮神社—	神	③	1538
	北野神社—	神	③	1632
	宇佐神宮—	神	④	1556
	二種—	帝		55
じんぽう	陣法【篇】	兵		43
じんぽう	神宝勘文	政	①	1320
じんほう	神鳳寺	神	④	230
じんぽう	神宝使			
	大—【附】	神	①	1631
	大神宮—	神	③	240
じんぽう	陣法博士	兵		14
じんぽう	神宝奉行	官	②	805
しんぼく	神木【篇】	神	②	1757
	—	植	①	72
	大神神社—	神	④	7
	春日—	神	④	82
	春日—在洛無小朝拝	歳		446
	春日—在洛天皇不出御元日節会	歳		496
	春日—在洛停年始参賀	歳		643
	鹿島神社—	神	④	573
しんぽじ	新補地頭	官	②	983
しんぼち	新発意	宗	②	445
しんぼり	新堀組(十組問屋)	産	②	440
しんまか	新靺鞨(楽曲)	楽	①	579
じんまく	陣幕	器	①	739
しんまち	新町(大坂)	人	②	882
しんみの	新見荘	官	②	980
	—	法	①	1075
しんみゃ	診脈	方		970
しんみょ	針妙	産	②	46
じんみょ	神名帳	神	①	123
じんみん	人民	人	①	2
じんむて	神武天皇	帝		1

―親征　帝　657
―即位　帝　342
―立霊時於鳥見山　神 ②　569
―山陵　帝　971
―山陵図　帝　972
―山陵荒廃　帝　1074
―山陵修築議　帝　1089
―山陵修造　帝　1096
祀―於橿原神宮　神 ④　1712
祀―於宮崎宮　神 ④　1667
じんめ　神馬【併入】　神 ②　1102
―図　神 ②　1110
祈年祭時献―　神 ②　31
八坂神社―　神 ③　1485
厳島神社―　神 ④　1151
為元服祈禱献―　礼 ①　880
しんめい　神名
以―為地名　地 ①　44
以―為姓　姓　170
じんめい　人名　姓　583
以―為地名　地 ①　45
詐称―　法 ①　432
詐称―　法 ①　905
詐称―　法 ②　925
―反切　文 ①　61
以―為姓　姓　170
以―為苗字　姓　317
魚以―為名　動　1574
しんめい　神明造　神 ①　456
しんめい　神明鳥居　神 ①　586
しんめい　神明無想東流(剣術)　武　28
じんめの　神馬藻　植 ②　891
じんめぶ　神馬奉行　神 ②　1120
じんめや　神馬屋　神 ②　1128
しんめん　新免無二　武　39
しんもつ　進物　人 ②　461
しんもつ　進物所
内膳司―【篇】　官 ①　1077
院―　官 ①　1230
関白大臣家―　官 ①　1293
任―執事　政 ①　679
しんもつ　進物取次番頭　官 ③　290
しんもつ　進物番【附】　官 ③　289
しんもつ　進物奉行
鎌倉幕府―　官 ②　819
足利氏―　官 ②　1242
徳川氏賄方―　官 ③　897
じんもり　沈盛　飲　270
しんもん　神文　人 ②　345
音楽口伝時―　楽 ①　111
「きしょう起請文」も見よ
しんもん　真門派　宗 ①　1012
しんもん　神門文庫　文 ③　376
じんや　陣屋　兵　1140
美濃郡代―　官 ③　1478
関東郡代―　官 ③　1468
郡代―　官 ③　1474
飛驒郡代―　官 ③　1485
代官―　官 ③　1500
しんやく　新役　官 ③　112
しんやく　新益京　地 ①　134
しんやく　新薬師寺【篇】　宗 ③　1232
しんやく　新約書　宗 ④　1134
しんやじ　神野寺【篇】　宗 ④　501
しんやし　新屋敷　政 ③　1179
しんやめ　新家目付　官 ③　1297
しんゆう　心友　人 ②　400
しんゆう　深揖　礼 ①　58
しんよ　神輿　神 ①　595
―図　神 ①　598
―図　神 ①　607
男山八幡宮―　神 ③　1296
男山八幡宮―　神 ③　1317
祇園―　神 ③　1493
祇園―　帝　624
春日―　歳　643
敢国神社―　神 ④　304
熱田神宮―　神 ④　324
山王祭―　神 ④　482
日吉神社―　神 ④　633
日吉祭―渡御　神 ④　681
白山―　神 ④　966
熊野坐神社―　神 ④　1285
筥崎宮―　神 ④　1455
しんよう　新葉和歌集　文 ②　323
しんよし　新吉原　人 ②　872
しんよつ　真四ッ目垣　居　860
しんら　新羅
「しらぎ新羅」を見よ
しんらし　新羅社服忌　礼 ②　891
しんらみ　新羅明神　神 ①　270
―　神 ①　808
―氏人　神 ①　676
於―神前元服　礼 ①　858

しんらり	新羅陵王(楽曲)	楽	①	381
しんらん	親鸞	宗	③	420
	一	宗	①	919
	一於西念寺撰教行信証文類	宗	④	542
	一創専修寺	宗	④	743
	一創浄興寺	宗	④	838
	一諡号	宗	②	812
	一報恩講	宗	②	222
しんりつ	新律	法	①	83
しんりゅ	進流(声明)	宗	①	350
しんりゅ	真柳流(鉄砲)	武		891
しんりょ	神領【篇】	神	①	615
	大神宮一【篇】	神	③	869
	一検地	政	④	47
	日光一開墾	政	③	1206
	一地頭	官	②	1005
	一内之葬送	礼	②	383
	諸国の神社の神領は神祇部各神社篇に在り。今之を略す			
しんりょ	新令(養老令)	法	①	85
しんりょ	深緑袍	服		282
じんりん	人倫売買	政	③	609
	一	法	①	878
しんるい	親類	人	①	105
	「しんぞく親族」も見よ			
しんるい	親類預	法	②	512
しんるい	親類書	人	①	119
しんるい	新類題和歌集	文	②	396
しんるい	親類永預	法	②	518
しんろう	真臘	外		1146

す

す	洲【併入】	地	③	1352
	川一	政	④	1005
す	巣			
	鼠一	動		242
	鳥一	動		533
	鸛一	動		558
	鳰の浮一	動		603
	燕一	動		777
	鶯一	動		824
	烏一	動		839
	鵲一	動		854
	蜂一	動		1116
す	酢【篇】	飲		799
	置吉一於亡者鼻辺	礼	②	96
	料理用醋	飲		282
す	簀	産	①	403
	祭祀用一	神	②	1222
ず	図			
	図書寮掌経籍一書	官	①	768
	地一	地	①	112
	測量地一	文	③	650
	田一	政	②	240
ず	図(田積)	政	②	277
すあい	すあひ	産	②	456
すい	騅	動		98
ずい	隋【篇】	外		834
ずい	髄	人	①	300
ずい	蘂	植	①	19
すいうん	水運	政	②	1217
	一	政	④	1390
	「うんそう運漕」も見よ			
すいうん	水雲紙	文	③	1232
ずいうん	瑞雲寺	宗	④	681
すいえい	水泳	武		986
	徒方一	官	③	1137
すいえい	垂纓	服		1125
すいえい	水泳艫手世話役	官	③	1636
すいえき	水駅	政	②	1161
ずいおう	瑞応	法	①	431
	「しょうず祥瑞」も見よ			
すいか	西瓜	植	②	632
	以一目方為賭	法	③	108
すいがい	水害	地	③	1196
	依一改元	歳		276
	依一停重陽宴	歳		1325
	依一堤防普請	政	④	1001
	一蠲免	政	②	996
	一賑給	政	②	1054
	一救恤	政	④	835
	一救恤	政	④	886
すいがい	透垣	居		865
すいかし	垂加神道	神	②	1414
すいかず	すひかづら(忍冬)	植	②	649
すいかり	垂加流神葬式	礼	②	49
すいかん	水干【篇】	服		495
すいかん	水干鞍	兵		1955
ずいがん	瑞巌寺【篇】	宗	④	762

すいかん	水干袴	服		502
ずいき	芋茎	植	①	976
すいきく	推鞠【篇】	法	①	602
	—【篇】	法	①	1175
すいぎゅ	水牛	動		75
	以—角為印材	政	③	307
すいぎょ	水玉	金		224
すいきょ	吹挙状	政	③	47
すいきょ	吹挙御教書	政	③	46
すいぎり	すい切(料理)	飲		306
すいきん	水金	金		52
すいぎん	水銀	金		213
	—煎煉法	金		51
	—貿易	産	②	789
	令服—於嬰児	礼	①	476
すいぎん	水銀山相	金		31
すいぎん	水銀商	人	②	606
すいく	出九(博弈)	法	①	454
すいくち	吸口(料理)	飲		283
すいぐん	水軍【篇】	兵		1153
	文禄役—	外		431
	慶長征韓役—	外		508
	「かいぐん海軍」も見よ			
すいけつ	推決	法	①	597
すいげん	水源	地	③	1156
	養—	政	②	1112
	養—	政	④	1087
すいこ	出挙	政	②	873
	—	政	②	869
	—	政	④	601
	—	政	④	679
すいこう	推拷	法	①	599
すいこぐ	出挙倉	政	②	895
すいこけ	吹戸計帳	政	②	228
すいこし	酔公子(楽曲)	楽	①	359
すいこせ	出挙銭	政	②	900
すいこち	出挙帳	政	②	895
すいこて	推古天皇	帝		9
	—践祚	帝		299
	—薄葬	礼	②	242
	—山陵	帝		984
すいこと	出挙稲	政	②	875
すいこま	出挙米	政	④	601
すいこら	酔胡楽	楽	①	345
すいし	水死	人	①	651
すいじ	水治	地	③	1125
すいしゃ	出車	器	②	893
すいしゃ	水車運上	政	④	504
すいしゅ	水腫	方		820
すいじゅ	水術	武		985
すいじょ	推叙	政	①	1499
	—	官	③	1854
すいしょ	水晶	金		224
	—	産	①	612
	以—為神体	神	①	201
ずいしょ	隋笙	楽	②	913
すいじょ	水上画【併入】	遊		930
すいしょ	水精寺	神	④	1192
ずいしょ	瑞聖寺【篇】	宗	④	422
すいしょ	水晶地鞍	兵		1962
すいしょ	水晶筈	兵		1615
ずいじん	随身【併入】	封		368
	譲位時—装束	帝		505
	近衛—	官	①	1383
	かりの—	官	①	1385
	摂政関白賜—兵仗	官	①	556
	辞—表	政	①	393
	—蛮絵袍文	服		276
	—著布衣	服		478
	—著褐衣	服		491
ずいしん	随心院【篇】	宗	③	1013
ずいしん	随心院流	宗	①	631
ずいじん	随身箙	兵		1723
すいしん	水心抄	帝		726
ずいじん	随身所			
	院御—	官	①	1241
	摂関大臣家—	官	①	1291
ずいじん	随身門	神	①	919
すいす	瑞西【篇】	外		1696
すいせい	水星	天		111
すいせい	彗星	天		112
	依—出現改元	歳		276
	依—之変譲位	帝		551
	覘—	方		267
すいぜい	綏靖天皇	帝		1
	—即位	帝		284
	—山陵	帝		976
すいせん	水仙	植	①	1090
	—挿花法	遊		838
すいせん	水戦	兵		1155
	「すいぐん水軍」も見よ			
すいせん	水線	植	②	284
すいせん	水仙梅	植	①	320
ずいせん	瑞泉寺(相模)【篇】	宗	④	302

ずいせん　瑞泉寺(越中)【篇】　宗 ④ 822
すいぜん　水前草　植 ② 778
すいそ　水蘇　植 ② 512
すいそう　水葬　礼 ② 223
　—　礼 ② 379
　—　方 1331
すいそし　推訴使　法 ① 562
すいた　簀板(船具)　器 ② 715
すいだお　次田温泉　地 ③ 1095
すいだん　推断　法 ① 626
すいちょ　水調　楽 ① 27
　—唐楽楽曲　楽 ① 500
すいちょ　水鳥記　飲 781
すいづつ　吸筒　器 ① 214
すいつぼ　吸壺　動 1668
すいでん　水田　産 ① 35
すいてん　水天供　産 ① 173
すいでん　水田種子　産 ① 3
すいとう　水痘　方 1412
すいとう　出納
　内膳司贄殿—　官 ① 1070
　蔵人所—　官 ② 232
すいどう　水道
　「じょうすい上水」を見よ
すいとう　出納所(大嘗祭)　神 ① 997
すいなん　水難除守札　神 ② 930
すいにち　衰日　方 215
すいにん　推任　政 ① 889
　—　官 ③ 1855
すいにん　垂仁天皇　帝 3
　—立為皇太子　帝 1342
　—山陵　帝 976
すいのう　水嚢　器 ① 273
　—　宗 ② 1136
すいば　すいば(酸模)　植 ② 34
すいばじ　水馬術　武 749
すいはつ　垂髪　人 ① 539
　—　礼 ① 528
すいはつ　垂髪(相撲)　武 1080
すいはひ　水破兵破の矢　兵 1673
すいはん　水飯　飲 372
すいはん　推判　法 ① 597
すいひつ　水筆　文 ③ 1283
ずいひつ　随筆　文 ③ 448
すいびん　水瓶　器 ① 565
すいふく　推覆　法 ① 629
　—　法 ① 603
すいふろ　水風呂　居 674
すいぼう　水防請負人　地 ③ 144
すいぼう　水防道具　地 ③ 145
すいぼく　水墨の画　文 ③ 910
すいぼん　水盆　器 ① 611
すいみん　睡眠　人 ① 972
すいみん　睡眠病　方 1521
すいもの　吸物　飲 186
　兎—　歳 646
　白魚—　歳 1387
すいもの　すいものぐさ(酢漿草)　植 ② 325
すいもの　吸物椀　器 ① 30
すいもん　水門　政 ② 1124
　—　政 ④ 1229
すいもん　推問　法 ① 1175
すいもん　推問殺害使　法 ① 606
すいもん　推問使　法 ① 604
すいもん　推問密告使　法 ① 586
すいよう　水曜祭　方 37
すいよく　水浴　服 119
すいり　水利【篇】　政 ② 1099
　—【篇】　政 ④ 995
　「かんがい灌漑」も見よ
すいり　酢煎　飲 223
すいりじ　酢入汁　飲 176
すいりゅ　水流(居合)　武 66
ずいりゅ　瑞竜寺(京都)【篇】　宗 ③ 560
ずいりゅ　瑞竜寺(越中)【篇】　宗 ④ 833
すいれん　睡蓮　植 ② 152
すいれん　水練具　武 998
すいれん　水練術【篇】　武 981
すいろう　水籠　法 ① 616
すいろん　水論　政 ④ 1202
すう　数　文 ③ 589
すうがく　数学　文 ③ 544
すうがく　数学学士　文 ③ 549
すうでん　崇伝　宗 ③ 668
　—預徳川幕府法律制定　法 ② 87
すうふく　崇福寺(近江)【併入】　宗 ④ 626
　於—行天智天皇国忌　礼 ② 1274
すうふく　崇福寺(筑前)【篇】　宗 ④ 1059
すえ　仮髪　器 ① 469
すえうす　陶臼　産 ① 288
すえうつ　陶器　産 ① 702

すえかま 窯 産 ① 599
すえごお 周准郡 地 ① 1032
すえつぐ 末次平蔵茂朝
—欠所 産 ② 830
—欠所 法 ② 627
すえつく 陶部 官 ① 121
すえつむ 末摘花 植 ② 753
すえのく 須恵国造 地 ① 1025
すえのた 末珠名娘子 人 ① 31
すえのま 末松山 地 ③ 748
すえはん すゑ判 政 ① 572
「かおう花押」も見よ
すえひと 陶人 産 ① 698
すえひろ 末広 服 1318
すえふろ 据風呂 居 674
すおう 素袍 服 577
すおう 素襖【篇】 服 577
——謂単物 服 445
すおう 蘇芳 植 ① 393
— 金 2
— 産 ① 877
すおうが 蘇芳貝 動 1643
すおうぎ すはう木(紫荊) 植 ① 394
すおうご 周防郡 地 ② 687
すおうそ 周防総領 官 ② 567
すおうな 周防灘 地 ③ 1268
すおうぬ 素襖脱 服 596
すおうの 蘇芳唐衣 服 921
すおうの 周防国【篇】 地 ② 676
—三田尻開墾 政 ③ 1211
配流— 法 ① 170
配流— 法 ① 769
すおうの 周防国玖珂郡玖珂郷
戸籍 政 ② 27
すおうの 周防国天平六年正税
目録帳 政 ② 666
すおうの 周防国造 地 ② 684
すおうの 蘇芳下襲 服 342
すおうの 蘇芳袍 服 260
すおうの 蘇芳弓 兵 1630
すおうび 素襖引 服 595
ずが 図画
「かいが絵画」を見よ
すがい 醋貝 動 1620
すがかき 菅がき
和琴— 楽 ② 577
箏— 楽 ② 668
すがき 素画 文 ③ 912
すがごも 菅薦 器 ② 33
すかしく 透鞍覆 兵 1985
すがた 姿 人 ① 296
すがだこ すが紙鳶 遊 1171
すがどり 菅鳥 動 880
すがぬき 菅貫 神 ② 715
— 神 ② 752
すがぬま 菅沼主水 人 ① 1043
すがの 菅野(浄瑠璃) 楽 ② 285
すがのあ 菅荒野 地 ③ 944
すがのく 素賀国造 地 ① 573
すがのさ 周賀郷 地 ② 1089
すがのね すがのねの(枕詞) 植 ① 1069
すがむら 菅牟良(風俗歌) 楽 ① 236
すがめ 眇 人 ① 362
すがも 巣鴨 地 ① 975
すかり すかり(樗蒲) 法 ① 455
すがりま すがりまた(矢) 兵 1679
すがる すがる(鹿) 動 312
すがる 蜾蠃 動 1130
すがわら 菅原氏
土師氏改姓— 礼 ② 19
—氏神 神 ① 669
発—墳墓 礼 ② 1148
—儒道 文 ② 702
すがわら 菅原氏長者 姓 481
すがわら 菅原文時
—意見封事 政 ① 522
—善詩 文 ② 571
すがわら 菅原道真
—奏議太政大臣職
掌有無事 官 ① 410
—諫宇多天皇 政 ① 509
—諫宇多天皇 人 ② 247
—儒学 文 ② 704
—善文 文 ① 314
—善詩 文 ② 569
—詩風 文 ② 545
—善書 文 ③ 709
藤原時平讒— 人 ② 696
—左遷 法 ① 342
—懐旧 人 ② 457
—贈官位 官 ① 252
祀—於北野号天満
天神 神 ① 153
祀—於北野神社 神 ③ 1616

	祀―於太宰府神社	神	④	1459
	祭―文	礼	②	1344
すがわら	菅原伏見陵(安康)	帝		982
すがわら	菅原伏見陵(垂仁)	帝		976
すがわら	菅原焼	産	①	734
すかんぼ	すかんぼう(酸模)	植	②	35
すき	鋤	産	①	213
すき	主基	神	①	952
	―国蠲免	政	②	1003
	次	神	②	222
すき	数奇	遊		378
すぎ	杉	植	①	103
	―揷木法	植	①	40
	―大木	植	①	72
	以―為神木	神	②	1760
	大神神社―	神	④	7
	香椎宮綾―	神	④	1404
すきあぶ	すき油	器	①	525
すきいい	次飯	飲		352
すぎいた	杉板焼	飲		237
すきいん	主基院	神	①	1067
すきおう	透扇	神	②	459
すきおこ	犂起	産	①	31
すきかえ	還魂紙	文	③	1226
	―写経	宗	①	281
すきがま	透構(城郭)	兵		1070
すきぎ	透木(茶湯具)	遊		684
すきぎが	透木釜	遊		669
すきぎぶ	透木風炉	遊		660
すきくさ	鋤耘	産	①	85
すきぐる	透車	器	②	846
すきごお	周吉郡	地	②	505
すぎごけ	すぎごけ(土馬騣)	植	②	848
すきごと	すきごと(好色)	人	②	645
すぎさわ	杉沢金山	金		98
すきしゃ	数奇者	遊		601
すぎしょ	杉障子	器	①	866
すきすお	透素襖	服		584
すぎたい	杉田壱岐	人	②	267
すぎたけ	杉茸	植	②	806
すぎたげ	杉田玄白	方		960
	―蘭学	文	②	999
すぎと	杉戸	居		1212
	徳川柳営本丸―之絵筆者	居		366
すぎな	すぎな(問荊)	植	②	871
すぎなり	杉形椀	器	①	19
すきのえ	須岐駅	地	①	358
すぎのや	杉社	神	②	1766
すきば	透歯	人	①	401
すぎばし	杉柱	居		945
すぎはら	杉原(紙)	文	③	1200
	書札用―	文	①	483
	御教書用―	政	③	34
	下文用―	政	③	70
	下知状用―	政	③	111
	申状用―	政	③	192
	目安用引合―	政	③	195
すぎはら	棒原神社	神	③	135
すぎはら	杉原餅	飲		622
すきびた	透額冠	服		1107
すぎぶね	杉舟	器	②	616
すぎめお	杉目扇	服		1316
すきや	数寄屋	遊		543
すきやが	数寄屋頭【篇】	官	③	940
すきやき	鋤焼	飲		237
すぎやき	杉焼	飲		217
すきやば	数寄屋橋御門	居		402
すきやぼ	数寄屋坊主	官	③	942
すきわた	透廊	居		567
ずきん	頭巾【篇】	服		1233
	―	服		1113
すく	すく(賭)	法	①	449
すく	すく(嗜好)	人	①	778
	「このむ好」も見よ			
ずく	豆蔻	方		1075
すくいあ	攩網	産	①	382
すくいき	救金	政	④	833
	―	封		506
すくいご	救小屋	政	④	839
	由地震立―	地	③	1414
すくいま	救米	政	④	833
すくじん	守宮神	人	②	967
すくせむ	宿世結	遊		1230
すくせや	宿世焼	飲		567
ずくせん	ずく銭	泉		144
ずくてつ	生鉄	金		199
すくなひ	少彦名神			
	―修理国土	神	①	39
	―定療病之方	神	①	75
	―為医神	方		1028
	祀―於酒列磯前神社	神	④	590
	祀―於札幌神社	神	④	1714

	宿奈彦奈命行伊予			
	国湯郡浴湯	地	③	1091
すくなひ	すくなひこのくすね			
	(石斛)	植	①	1175
すくね	宿禰	姓		42
	—	姓		96
すくねび	宿禰雛	歳		1104
すぐひだ	すぐひだ(袴)	服		606
すくみど	すくみ取(田租)	政	④	189
すくも	すくも(穭)	植	①	807
すくも	すくも(泥炭)	金		342
すくもむ	すくもむし(蠐螬)	動		1088
すぐやき	直焼(刀剣)	兵		1315
すくよう	宿曜師	方		301
すくよう	宿曜道【併入】	方		301
すぐり	村主【併入】	官	①	180
	—	姓		74
	—	姓		130
すぐろく	双六	遊		1
	「すごろく双六」も見よ			
すけ	すけ(榰柱)	居		954
すけ	すけ(鮭胆)	動		1289
すけ	次官	官	①	199
すげ	菅	植	①	955
	祓禊用—	神	②	706
ずけい	徒刑【篇】	法	①	124
	—以下赦宥	法	①	534
すげがさ	菅笠	器	②	379
	—	植	①	957
	菅蓋	神	①	1209
すけがな	すけ仮名	文	③	278
すけがわ	助川駅(常陸)	地	①	1097
すけがわ	助河駅(出羽)	地	②	174
すけごう	助郷	政	④	1235
	信濃国—	地	①	1358
	—訴訟	法	③	469
すけごう	助郷穀	政	④	954
すけごう	助郷帳	政	④	1236
すけさだ	祐定(刀工)	産	①	634
すけだち	助太刀	人	②	537
	喧嘩—	法	②	893
すけて	助手(相撲)	武		1081
すけとう	介党(鱈)	動		1384
すげのあ	習宜阿曾麻呂	神	④	1558
すげのえ	菅円座	器	②	99
すげのや	菅谷高政	文	①	1373
すけはか	助博士	文	②	748
すけばん	助番	政	③	402
すこ	すこ(賤子)	産	①	190
すこ	出挙	政	②	873
	「すいこ出挙」も見よ			
すこう	速香	遊		314
すごうい	菅生石部神社【篇】	神	④	977
すごうて	菅生天神	神	④	977
すこうて	崇光天皇	帝		35
	—不行大嘗	神	①	1397
	—一流相続	礼	②	411
すごうの	菅生荘	地	①	1041
すごきだ	扱竹	産	①	285
すごも	食薦	器	①	123
	祭祀用—	神	②	1219
すごもる	すごもる(蟄)	動		1002
すごろく	双六【篇】	遊		1
	—	法	①	444
	禁—	法	①	914
	賭—	法	③	105
	紙—【併入】	遊		23
すごろく	双六子	遊		20
すごろく	双六盤	遊		16
すさ	すさ	居		1140
ずざい	徒罪	法	①	125
すさいご	周西郡	地	①	1033
すさか	すさか(朱雀)	居		209
すさかは	須坂藩	地	①	1385
すさきみ	洲崎明神	神	④	506
すざく	朱雀(逸年号)	歳		358
すざくい	朱雀院	神	①	783
	朱雀天皇遷—	帝		937
	—競馬	武		820
	—八講	宗	②	75
すざくて	朱雀天皇	帝		20
すざくも	朱雀門	居		209
	—大祓	神	②	724
	—大祓図	神	②	730
	—前臨時大祓	神	②	774
すさじん	須佐神社	神	④	1329
すさのお	素戔嗚尊	神	①	26
	—之田	産	①	22
	—与天照大神互相			
	誓	人	②	332
	—被科千座置戸	神	②	663
	—娶奇稲田姫	礼	①	912
	—毛髪化成樹木	地	③	911
	祀—於稲荷神社	神	③	1449

	祀—於氷川神社	神	④	469
	合祀—於出雲大社	神	④	1026
	祀—於日御崎神社	神	④	1077
	祀—於八坂神社	神	④	1713
	祀熊野大神於出雲国熊野神社	神	④	1073
	祭熊野大神於波上宮	神	④	1709
すさのさ	須佐郷	地	②	478
すし	酸	飲		8
すし	鮓【篇】	飲		949
	魚—	動		1249
	鮒—	動		1269
すじ	筋	人	①	300
すじ	筋	地	①	100
	甲斐国九—二領	地	①	729
すじ	筋(冑)	兵		1874
ずし	厨子			
	仏像—	宗	③	84
	家什具—	器	①	658
	蔵人所置物—	服		1287
	元服用—	礼	①	786
	居宅—【併入】	居		1095
すじうお	すぢ魚	飲		926
すじうち	筋打	遊		39
すじかい	筋違御門	居		391
すじかい	筋違橋	地	③	118
すじかい	筋違矢	武		123
すじかぶ	筋冑	兵		1874
すじきり	筋切	産	①	238
すじこ	筋子	動		1246
すじだけ	筋竹	植	①	696
すじちが	筋違願	法	③	410
すじとま	筋宿(冑)	兵		1859
すじみす	筋簾織	産	②	206
すしや	鮓屋	飲		968
ずしゅう	豆州	地	①	637
	「いずのく伊豆国」も見よ			
すしゅん	崇峻天皇	帝		9
	—即位	帝		255
	蘇我馬子弑—	人	①	1057
	—山陵	帝		984
すしょう	酢商	飲		804
	—看板	産	②	648
すじょう	種姓	姓		12
ずしょの	図書頭	官	①	768
ずしょり	図書寮【篇】	官	①	766
すじんて	崇神天皇	帝		3
	—模造神器奉安殿内	帝		57
	—校人民科調役	政	②	719
	—山陵	帝		976
すす	すす(魚)	動		1433
すす	煤	器	②	362
すず	鈴【併入】	楽	②	1134
	神—	神	②	1210
	内侍所—	帝		144
	馬—	兵		2051
	鷹—	遊		1017
すず	錫	金		206
すず	錫(酒器)	器	①	220
すず	箬箭	植	①	710
ずす	豆子	器	①	77
ずず	数珠	宗	②	1124
	「ねんじゅ念珠」も見よ			
すずいた	鈴板(鷹具)	遊		1017
すずか	鈴鹿(和琴)	楽	②	568
すずかが	鈴之川(催馬楽)	楽	①	215
すずかけ	篠懸	宗	②	1235
すずかけ	鈴掛草	植	②	673
すずかご	鈴鹿郡	地	①	442
すずかの	鈴鹿駅	地	①	431
すずかの	鈴鹿関	地	③	602
すずがも	鈴ヶ森	法	②	191
すずかや	鈴鹿山悪賊	官	②	954
すずから	鈴唐鞍	兵		1946
すすき	薄	植	①	920
	堤防植—	政	④	1052
すずき	鱸	動		1400
すずきく	鈴木久三郎	人	②	262
すずきじ	鱸汁	飲		168
すずくさ	すずくさ(王不留行)	植	②	130
すずくら	篶倉	居		753
すすごお	周准郡	地	①	1032
すすごお	珠洲郡	地	②	291
すずざい	すずざいこ(徐長卿)	植	②	457
すずし	生糸	産	②	65
すずし	生絹	産	②	183
	—	服		108
すずし	錫師	産	①	667
すずしの	生絹唐衣	服		915
すずしば	生袴			
	男子用—	帝		1258
	男子用—	服		715

	婦人用―	服		1052
すずしろ	すずしろ(鬐)	人	①	561
すずしろ	すずしろ(蘿蔔)	植	②	44
すずせん	錫銭	泉		146
すすたけ	煤竹色	産	①	857
ずずだま	ずずだま(薏苡)	植	①	899
すずつけ	鈴付一揆	兵		427
すすど	すす戸	居		1214
すずとり	弄鈴(曲芸)	楽	②	1166
すずな	菁	植	②	56
すずなま	鈴鉛問屋	産	②	409
すずのま	鈴間	居		610
すずのや	鈴の屋	姓		739
すずのや	鈴屋集	文	②	378
すすはな	すすはな(洟)	人	①	379
すすはら	煤払	歳		1408
	依諒闇宮中無―	礼	②	562
すずふね	すず船	器	②	691
すずふり	すずふりばな(沢漆)	植	②	335
すずみ	涼(盲人)	人	②	966
すずみ	納涼【篇】	歳		1194
すずみた	すずみたか(雀鷂)	動		940
すずむぎ	すずむぎ(雀麦)	植	①	840
すずむし	鈴虫	動		1176
すずめ	雀	動		750
	擬―声	歳		1386
すずめう	雀魚	動		1522
すずめが	雀合戦	動		531
すずめこ	雀小弓【併入】	遊		186
すずめの	すずめのをこげ(白前)	植	②	459
すずめの	すずめのたご(雀甕)	動		1097
すずめの	すずめのたまご(竹篿)	植	②	830
すずめの	雀の笛	遊		1261
すずめの	雀のほいと	動		875
すずめの	すずめのやり(地楊梅)	植	①	938
すずめま	雀的	遊		186
すずめや	雀焼	飲		253
すずやま	錫山	金		153
	―山相	金		28
すずり	硯【篇】	文	③	1315
	―図	文	③	1344
すずりし	硯師	文	③	1333
	―図	文	③	1332
すずりば	硯箱【附】	文	③	1346
	除目―	政	①	760
すずりば	硯箱蓋	文	③	1351
	以―為文台	文	③	1460
すずりぶ	硯蓋	器	①	144
	歌会時代文台以―	文	②	119
すずりぶ	硯蓋抄	法	①	674
すそ	裾	服		33
すそかけ	裾かけ(表袴)	服		722
すそかな	裾金物(鎧)	兵		1824
すそご	末濃(染色)	産	①	857
すそご	末濃(琵琶)	楽	②	747
すそつぎ	裾継(表袴)	服		722
すそなが	裾長下襲	服		329
すそのは	すそのはらへ	方		49
すそぼそ	裾細袴	服		771
すそまわ	すそまはし	服		33
すそもよ	裾模様	服		1032
ずだ	頭陀	宗	②	707
すだか	巣鷹	動		935
	―	遊		986
すだがわ	須田川	地	③	1169
すだく	すだく	動		1003
ずたけ	図竹	楽	①	31
ずだじ	頭陀寺【篇】	宗	④	183
すたすた	すたすた坊主	政	③	956
すたのは	すたのは節	楽	②	393
すだのわ	須田渡	地	③	453
ずたぶく	頭陀袋	宗	②	707
すだれ	簾	器	①	841
	錦縁御―	帝		235
	薨奏後垂御―	帝		1545
	喪家懸―	礼	②	81
	諒闇時下内裏御―	礼	②	397
	鈍色御―	礼	②	724
	茶室―	遊		566
	車―	器	②	865
	輿―	器	②	960
すちごお	周智郡	地	①	582
ずちょう	図帳倉	居		795
ずつう	頭痛	方		1159
	―治療	方		801
	祈―平愈	神	②	870
すづけ	酢漬	飲		1035
すつつご	寿都郡	地	②	1295
すっぱ	透波(間諜)	兵		360
すっぽん	鼈	動		1580
すっぽん	鼈車	産	①	274

すっぽん 鼈汁 飲 175
すていし 捨石(庭) 居 930
すておぶ 捨小舟(漬物) 飲 1034
すてがな 捨仮名 文 ③ 278
すてご 棄子 政 ② 62
　— 人 ① 212
　—罪 法 ② 846
　—賜姓 姓 226
　犬養育— 動 170
すてじろ 捨城 兵 1045
すてそ 捨訴 法 ③ 430
すてそじ 捨訴状 法 ③ 430
すててん 捨てん節 楽 ② 399
すてび 捨火 政 ③ 968
すてひだ すてひだ(袴) 服 606
すてぶ 捨歩 政 ④ 27
　— 政 ④ 18
すてふだ 捨札 法 ② 148
　獄門— 法 ② 191
　磔— 法 ② 212
　火罪— 法 ② 242
すてぶみ 捨文 法 ③ 431
すてもの 捨物 法 ② 799
ずでんち 図田帳 政 ② 473
　— 官 ② 996
　— 政 ③ 1095
すとうご 周東郡 地 ① 1033
すどうじ 崇道尽敬皇帝 帝 851
　「とねりし舎人親王」も見よ
すどうて 崇道天皇 帝 1388
　—謚 帝 853
　—国忌 礼 ② 1265
　「さわらし早良親王」も見よ
すとくて 崇徳天皇 帝 25
　—建成勝寺 宗 ③ 696
　—出家 帝 885
　—讃岐国遷幸 神 ③ 1523
　—号讃岐院 帝 951
　—謚 帝 923
　—山陵 帝 995
　—山陵荒廃 帝 1074
　祀—於白峯宮 神 ③ 1517
　祀—於粟田宮 神 ③ 1528
　配祀—於金刀比羅宮 神 ④ 1343
すどもん 簀戸門 居 840
すな 沙
　—土【篇】 金 359
　天降— 天 8
　殿庭敷— 官 ② 253
　交—舂米 産 ① 106
　盆石用— 遊 918
　蹴鞠場敷— 遊 1066
すなあそ 砂あそび 遊 1245
すなえ 砂画【併入】 遊 935
すなくぐ すなくぐり(泳沙魚) 動 1343
すなぐさ すなぐさ(海金沙) 植 ② 866
すなご 沙 金 359
　「すな沙」も見よ
すなせっ 砂雪隠 遊 588
すなづつ 砂堤 政 ④ 1016
すなどけ 沙漏【併入】 方 454
すなどめ 砂留(治水法) 政 ④ 1090
すなどる すなどる(漁) 産 ① 359
　「ぎょぎょ漁業」も見よ
すなぶね 砂舟 器 ② 687
すなもち 砂もち 居 477
ずにん 徒人 法 ① 127
すね 髄 人 ① 300
すねあて 臑当 兵 1844
すねおし 臑押 遊 1212
すねくさ すねくさ(雁来瘡) 方 1243
すのこ 簀子【併入】 居 1167
すのこが 簀子皮(鯨) 動 1488
すのこじ 簀子敷床子 器 ② 133
すのこば 簀子橋 地 ③ 89
すのまた 墨俣川 地 ③ 1162
　—浮橋 地 ③ 325
すのまた 洲俣渡 地 ③ 471
すのり す乗(乗馬) 武 693
すばく 寸白 方 1436
すばし 簀椅 器 ② 715
すばしり すばしり(魚) 動 1392
すはたの 簀秦画師 文 ③ 789
すはま 洲浜(台) 飲 272
すはま 洲浜(泉水) 居 912
すはま 洲浜(菓子) 飲 661
すはまぐ 醋蛤 動 1636
すはまそ すはまさう(獐耳細辛) 植 ② 192
すばらの 素腹后 帝 1143
すばるぼ 昴星 天 98
すびつ 炭櫃 器 ① 700
ずふう 頭風 方 1158

すふごお	周敷郡	地	②	870
すぶた	巣蓋	遊		720
すぺいん	西班牙【篇】	外		1248
	支倉常長謁—国王	外		1262
すべしが	すべし髪	人	①	541
すべらお	すべらおほんかみ	神	①	140
	「あまてら天照大御神」も見よ			
すべらか	すべらかし(垂髪)	人	①	541
すべらき	すべらき	帝		179
	「てんのう天皇」も見よ			
すべりひ	すべりひゆ(馬歯莧)	植	②	112
すほう	修法			
	「しゅほう修法」を見よ			
すほびき	すほ引	遊		39
すほん	素本	文	③	319
すまい	相撲【篇】	武		1119
	—図	武		1082
	—図	武		1212
	依—勝負欲決皇嗣	帝		1590
すまいぐ	角觝草	植	①	939
すまいた	相撲立詩歌合	文	②	80
すまいの	相撲長	武		1079
すまいの	相撲節【篇】	武		1017
	—楽曲	楽	①	51
	—奏陵王	楽	①	373
	—奏剣気褌脱	楽	①	520
	—奏狛犬	楽	①	585
	—奏桔桿	楽	①	595
	—奏抜頭	楽	①	452
すまいの	相撲銭	政	④	567
すまいの	相撲使	武		1091
すまいの	相撲司	武		1076
すまいび	相撲人	武		1076
	—	武		1256
	—苗字	姓		312
	—名	姓		811
すまいぶ	相撲奉行	武		1280
すまいべ	相撲別当	武		1077
すまごと	須磨琴	楽	②	709
すまし	すまし(樋洗)	官	①	1155
すましす	すまし吸物	飲		188
すましも	すましもの(褌)	服		1504
すまのう	須磨浦	地	③	1318
すまのえ	須磨駅	地	①	358
すまろぐ	すまろぐさ(天門冬)	植	①	1056
すみ	角(冠)	服		1091
すみ	炭	器	②	345
	茶湯用—	遊		497
	煎茶用—	遊		804
	給—薪油【併入】	封		199
すみ	墨【篇】	文	③	1363
	—図	文	③	1390
すみあか	隅赤(箱)	器	①	682
すみいろ	墨色【併入】	方		608
すみうり	炭売	器	②	353
すみえ	墨画	文	③	910
すみおき	炭置(茶湯)	遊		445
	—作法	遊		492
すみかぎ	炭鉤	器	①	325
	—	産	①	649
すみがき	墨書	文	③	909
すみがさ	墨傘	器	②	450
すみがね	墨曲尺	産	①	557
すみがま	炭竈役	政	④	494
すみぎ	桷【併入】	居		991
すみきら	角切らず(折敷)	器	①	150
すみくち	済口	法	③	1006
すみくち	済口証文	法	③	1018
すみくち	済口留帳	法	③	1022
すみさか	墨坂神	神	②	1080
すみざけ	清酒	飲		687
すみさし	すみさし(墨柄)	文	③	1391
すみさし	すみさし(墨恷)	産	①	559
すみし	墨師	文	③	1380
	—図	文	③	1391
すみしょ	炭所望(茶湯)	遊		495
すみずき	角頭巾	服		1246
すみすり	硯	文	③	1315
すみすり	すみすりがめ(水滴)	文	③	1354
すみぞめ	墨染桜	植	①	305
すみぞめ	墨染寺	宗	③	975
すみぞめ	墨染衣	礼	②	993
すみだが	隅田川	地	③	1169
	—納涼	歳		1197
	—都鳥	動		641
すみだが	隅田河堤桜	植	①	310
すみだが	隅田川橋	地	③	291
すみだの	隅田渡	地	③	453
すみつか	墨柄【附】	文	③	1391
	—図	文	③	1392
すみつぎ	墨継	文	①	448
すみつぎ	墨続(書歌式)	文	②	200
すみつぼ	墨斗	産	①	558
すみでら	角寺	宗	③	1246

すみとり 炭斗 器 ① 711
　茶湯用― 遊 762
すみなが 墨流 文 ③ 1209
　― 文 ① 559
すみなが 墨流会 文 ① 560
すみなわ 縄墨 産 ① 558
すみのえ 住吉津(摂津) 地 ③ 514
すみのえ 墨江之三前大神 神 ④ 233
すみのく 角倉流(書道) 文 ③ 699
すみのく 角倉了以
　―疏鑿賀茂川分川 政 ④ 1067
　―浚濬保津川 政 ④ 1095
　角蔵了以拝領安南渡海朱印 外 1136
すみまえ 角前髪 人 ① 528
すみまき 炭薪問屋 産 ② 408
すみやき 炭焼 器 ② 352
すみよし 住吉 地 ③ 515
すみよし 住吉踊 楽 ② 476
すみよし 住吉具慶 文 ③ 811
すみよし 住吉組 産 ② 440
すみよし 住吉慶恩 文 ③ 810
すみよし 住吉郡 地 ① 364
すみよし 住吉神社(壱岐)【篇】 神 ④ 1702
すみよし 住吉神社(長門)【篇】 神 ④ 1212
すみよし 住吉神社(摂津)【篇】 神 ④ 232
　―相嘗祭 神 ② 494
　―相嘗祭幣帛 神 ② 477
　―神宮寺 神 ② 1714
　―神領 神 ④ 242
　―田植神事 産 ① 79
　―法楽歌会 文 ② 174
すみよし 住吉鳥居 神 ① 587
すみよし 住吉派(絵画) 文 ③ 810
すみよし 住吉浜 地 ③ 1302
すみよし 住吉松 神 ② 1778
すみよし 住吉明神 神 ④ 235
　八十島祭祭住吉神 神 ① 1661
すみれな 菫菜 植 ② 378
すむ すむ(婚) 礼 ① 889
すむじの 住道神 神 ① 1661
すむのり すむのり(紫菜) 植 ② 902
すめおお 皇大神
　「あまてら天照大御神」も見よ
すめみま 皇御孫命 帝 178
すめら すめら 帝 179
すめらみ すめらみこと 帝 179
すめろぎ すめろぎ 帝 179
すもう 相撲
　「すまい相撲」を見よ
すもうた 角力隊 兵 467
すもうと すまふとりぐさ(角觝草) 植 ① 939
　― 植 ② 379
すもうば 相撲場 武 1163
すもじ すもじ(鮓) 飲 951
すもと 須本 地 ② 775
すもも 李 植 ① 341
すもり すもり(鰕) 動 515
すやき 素焼 産 ① 711
すやつ すやつ(他称) 人 ① 18
すやり 直槍 兵 1512
すり 掏摸 人 ② 814
　― 法 ② 712
　「きんちゃ巾著切」も見よ
すりうす すりうす(礱) 産 ① 300
　―図 産 ① 91
すりがい 摺貝 産 ① 833
すりから 摺唐衣 服 924
すりこぎ 擂木 器 ① 340
すりこば 摺粉鉢 器 ① 336
すりごろ 摺衣 服 12
　― 服 128
すりつづ 揩鼓【併入】 楽 ② 1098
　―図 楽 ② 1099
すりばか 摺袴 服 718
すりばち 擂盆 器 ① 335
すりほん 摺本 文 ③ 328
　― 文 ③ 1058
すりもの 摺物 文 ③ 1120
すりもの 摺物画 文 ③ 855
ずりょう 受領
　「じゅりょ受領」を見よ
ずりんし 豆淋酒 飲 707
する する(艘) 器 ② 739
するがこ 駿河公 封 60
するがご 駿河郡 地 ① 621
するがし 駿河衆 兵 459
するがだ 駿河台 地 ① 947
するがど 駿河問 法 ③ 980
するがに 駿河煮 飲 216
するがの 駿河国【篇】 地 ① 601
　―金貨 泉 288
　―金山 金 90

するがの	駿河国天平九年正税			
	目録帳	政	②	675
するがの	珠流河国造	地	①	613
するがば	駿河判	泉		202
するがぼ	駿河本	文	③	341
するがま	駿河舞	楽	①	244
	賀茂臨時祭試楽行			
	—	神	③	1103
するすみ	磨墨(名馬)	動		135
するめ	するめ(烏賊)	動		1551
するめ	するめ(小蛸魚)	動		1546
するめい	するめいか(柔魚)	動		1556
するもぎ	するもぎ(矢羽)	兵		1588
すわうじ	諏訪氏	神	④	748
すわえ	楚	植	①	8
	舞楽用—	楽	①	666
すわえし	楚鞦	兵		2031
すわこ	諏訪湖	地	③	1238
	狐渡—	神	②	1852
	湖水神幸	神	④	759
すわごお	諏訪郡	地	①	1366
すわじん	諏訪神社(肥前)【篇】	神	④	1622
すわじん	諏訪神社(信濃)【篇】	神	④	721
	—神宮寺	神	②	1732
	—七称木	神	②	1802
すわのか	諏訪上下社	神	④	721
すわのく	諏方国	地	①	1361
すわのく	須羽国造	地	①	1361
すわのな	諏訪七不思議	宗	③	115
すわほっ	諏訪法性冑	兵		1893
すわやり	すはやり(魚条)	飲		925
すわりゅ	諏訪流(放鷹)	遊		948
すわりゅ	諏訪流(剣術)	武		28
すわる	坐	人	①	979
すん	寸	称		4
ずんがら	ずんがらすき	産	①	222
すんしゅ	駿州	地	①	601
	「するがの駿河国」も見よ			
すんとう	駿東郡	地	①	621
すんぱく	寸白	方		1435
すんぷ	駿府			
	—役人【篇】	官	③	1347
	徳川幕府—貯穀	政	④	930
	—城大番	官	③	1036
	—城書院番	官	③	1062
すんぷか	駿府加番	官	③	1562
	大名—	官	③	1697
すんぷき	駿府勤番	官	③	1353
すんぷぐ	駿府具足奉行	官	③	1354
すんぷく	寸袋	兵		1467
すんぷじ	駿府城代	官	③	1347
すんぷは	駿府破損奉行	官	③	1354
すんぷば	駿府払	法	②	362
すんぷぶ	駿府武具奉行	官	③	1354
すんぷま	駿府町奉行	官	③	1355
	—裁判	法	③	881
すんぷめ	駿府目付	官	③	1154

せ

せ	畝	政	②	264
	—	政	③	1147
せ	瀬	地	③	1139
	七—祓	神	②	688
せい	世			
	—代之別	人	①	239
	—数計算法	人	①	241
せい	性	人	①	703
せい	姓			
	—氏【篇】	姓		1
	姓帯—字	姓		143
	以—為苗字	姓		316
	截—字為苗字	姓		328
	賜—	姓		193
	依神託賜—	神	①	278
	皇子賜—	帝		1452
	諸王賜—	帝		1499
	国造賜—	官	①	166
	夷俘賜—	人	②	773
	蝦夷人賜—	人	②	725
	俘囚賜—	人	②	755
	国造貶—	官	①	169
	賜松平—	官	③	1728
	外戚—名特典	帝		1531
せい	制	政	①	215
せい	甥	人	①	262
	妻之昆弟曰—	人	①	189
せい	騂	動		100
せい	鮬	動		1406
せい	尨蹄子	動		1670
ぜい	税			

	主一寮【篇】	官	①	892
	武家時代雑一【篇】	政	④	395
	関一	地	③	672
	林一	地	③	908
	神一	神	①	637
	細一	政	②	611
	船一	器	②	591
	車一	器	②	802
	駕籠一	器	②	1012
	貿易品課一	産	②	773
	清国貿易一	外		1071
せいい	正位	官	③	1804
せいいか	誠意館	文	②	1287
せいいじ	征夷持節大使	官	②	9
せいいし	征夷将軍	官	②	9
せいいた	征夷大将軍	官	②	10
	源氏為一	官	②	649
	足利氏為一	官	②	1051
	徳川氏為一	官	③	1
	一除目	政	①	727
せいいん	政印	政	①	538
せいうけ	晴雨計	天		332
せいえい	精鋭隊	兵		466
せいえき	精液	人	①	446
せいえち	征越後蝦夷将軍	官	②	9
せいおう	西王楽	楽	①	498
せいおん	声音	人	①	392
せいか	請假	政	①	1145
	一赴温泉	地	③	1103
	国使一	政	①	645
	遭喪一	礼	②	680
せいが	西河(楽曲)	楽	①	473
せいが	清華	姓		429
	一為准三宮	封		333
	一元服叙位	礼	①	819
ぜいか	砌下	居		1192
せいがい	青蓋車	器	②	854
せいがい	青海波(楽曲)	楽	①	532
	一	楽	①	521
せいかか	栖霞観(内裏)	居		192
せいかか	栖霞観(源融別業)	宗	③	894
せいがく	西岳真人祭	方		38
せいかじ	栖霞寺【併入】	宗	③	894
せいかて	惺窩点	文	③	292
せいかど	西華堂	居		186
せいがど	菁莪堂	文	②	1278
せいがの	清花装束	服		88
せいかも	西華門	居		257
せいかも	盛化門	居		253
せいがも	清花門跡	宗	③	182
せいかろ	栖霞楼	居		192
せいかん	正官	官	①	212
	一	官	①	437
せいかん	青冠(冠位)	官	③	1784
せいかん	清閑寺【篇】	宗	③	619
	清水寺与一争境界	宗	③	620
せいがん	誓願寺【篇】	宗	③	539
せいかん	清閑寺陵	帝		1016
せいきか	成器館	文	②	1282
せいぎか	精義館	文	②	1281
せいきど	成器堂	文	②	1285
せいぎど	正義堂	文	②	1285
せいきも	青綺門	居		266
せいきょ	逝去	人	①	647
	「し死」も見よ			
せいきん	生金	金		52
	一	金		176
せいきん	成斤	政	②	611
せいくも	整句文	文	①	230
せいけい	正刑	法	①	292
せいけい	成形図説	産	①	180
せいけい	霽景楼	居		193
せいけこ	清家古点	文	③	282
せいけつ	正決	法	①	46
せいげん	請減(律文用語)	法	①	47
せいけん	清見寺【篇】	宗	④	201
せいけん	清見寺奉行	官	②	1214
せいこ	政戸	政	②	48
せいご	せいご(鮬)	動		1400
せいごい	成語印	文	③	1138
せいこう	生壙	礼	②	1109
せいごう	精好(絹布)	産	②	190
せいごう	精好大口袴	服		734
せいごう	精好平	産	②	209
せいごう	制剛流(柔術)	武		1010
せいこく	正鵠	武		233
せいごく	西獄	法	①	483
せいこし	清酟子(楽曲)	楽	①	360
せいこつ	整骨科	方		850
せいさ	青瑣	居		1229
せいざえ	清左衛門湯	地	③	1055
せいさつ	制札	政	③	178
	橋一	地	③	136
	陣所一	兵		83

	墓所—	礼	②	1086
せいざん	青山(琵琶)	楽	②	760
せいざん	棲山	宗	②	704
せいざん	西山派	宗	①	689
	—寺院数	宗	③	13
せいし	正使	政	①	590
せいし	姓氏【篇】	姓		1
	以—為人名	姓		670
	従—命名	姓		690
せいし	青紙	政	①	791
せいし	制詞			
	歌—	文	①	637
	俳諧—	文	①	1246
せいし	誓紙	人	②	351
	講和—	兵		738
	切支丹—	宗	④	1234
	「きしょう起請文」「せいし誓詞」「せいじょ誓状」も見よ			
せいし	誓詞	人	②	329
	—血判	政	③	301
	武家伝奏—	官	①	654
	徳川氏諸役—	官	③	141
	大奥女中—	官	③	818
	大名—	官	③	1754
	村名主年寄—	官	③	1546
	宿役人—	政	④	1248
	聴訟吏員—	法	③	757
	浄瑠璃門人—	楽	②	333
	乗物駕籠願—	器	②	999
	「きしょう起請文」「せいし誓紙」「せいじょ誓状」も見よ			
せいじ	姓字	姓		5
せいじ	青磁	産	①	704
せいじ	政事	政	①	11
せいしか	誠之館	文	②	1288
せいじそ	政事総裁【併入】	官	③	168
せいじそ	政治総載【篇】	政	①	1
せいしつ	性質	人	①	703
せいじの	青磁皿	器	①	57
せいじの	青磁鉢	器	①	87
せいしぼ	勢至菩薩	宗	①	93
せいじほ	政事輔翼【併入】	官	③	169
せいしゅ	清酒	飲		687
せいしゅ	聖主	人	①	1279
せいしゅ	勢州	地	①	419
	「いせのく伊勢国」も見よ			
せいしゅ	勢州総奉行	官	②	1429
せいじゅ	静樹園	文	②	1290
せいしゅ	星宿図	天		86
せいじゅ	清順尼	宗	④	126
せいしょ	政書【篇】	法	①	65
	—【篇】	法	①	659
	—【篇】	法	②	85
せいじょ	正女	政	②	20
せいしょ	請章(律文用語)	法	①	46
せいじょ	西浄	居		712
せいじょ	性情【篇】	人	①	685
せいじょ	青蘘	植	②	663
せいじょ	聖上	帝		176
	「てんのう天皇」も見よ			
せいじょ	誓状	人	②	360
	—	帝		1366
	「きしょう起請文」「せいし誓詞」「せいし誓紙」も見よ			
せいしょ	成章館(田原藩)	文	②	1279
	—入学規	文	③	8
せいしょ	成章館(蓮池藩)	文	②	1290
せいしょ	青松寺【篇】	宗	④	418
せいしょ	成章堂	文	②	1285
せいしょ	清少納言	文	①	824
	—敏慧	天		209
	—零落	人	②	418
	紫式部評—	姓		349
せいじょ	清上楽	楽	①	494
せいじょ	聖浄楽	楽	①	494
せいじよ	政事要略	法	①	69
せいしょ	清暑堂	居		184
	—御神楽	神	①	1311
	—御神楽	楽	①	172
	—御神楽御遊	楽	①	222
せいしん	正寝	居		83
せいじん	聖人(酒)	飲		679
せいすい	清水寺(山城)【篇】	宗	③	607
	—与清閑寺争境界	宗	③	620
	—鐘	宗	②	1101
せいすい	清水寺(豊後)	宗	④	1078
せいすう	整数術	文	③	614
せいせい	征西将軍	官	②	7
せいせい	斉正破陣楽	楽	①	460
せいせん	成選	政	①	1177
せいせん	精銭	泉		120
	—	泉		49
せいせん	成選位記	政	①	1194
せいせん	正遷宮(大神宮)	神	③	145

せいせん 成選短冊 政 ① 1190
　奏— 政 ① 1177
せいせん 成選人 政 ① 1178
せいぞう 正贓 法 ① 52
せいぞう 聖像 文 ② 1095
　— 文 ② 1128
せいそど せいそ堂 居 186
せいだい 西台 居 169
せいだく 清濁
　音韻— 文 ① 79
　仮名— 文 ① 141
せいだま 勢だまり 兵 1100
せいちょ 性調 楽 ① 27
　—楽曲 楽 ① 473
せいちょ 清帳 政 ④ 328
ぜいちょ 税長 官 ② 585
ぜいちょ 税帳 政 ② 684
せいちょ 清澄寺【篇】 宗 ④ 495
ぜいちょ 税帳使 政 ① 655
ぜいちょ 税帳枝文 政 ② 684
せいてき 征狄将軍 官 ② 12
せいてつ 製鉄所 兵 1244
せいてん 星点 文 ③ 274
せいと 生徒 文 ③ 25
　藩学— 文 ② 1196
せいとう 清党 兵 449
せいどう 西堂(僧職) 宗 ② 1023
せいどう 西堂(西朝集堂) 居 183
せいどう 青銅 金 191
せいどう 青銅(銭) 泉 6
せいどう 政道 政 ① 11
せいどう 聖堂 文 ② 1127
　「しょうへ昌平坂学問所」も見よ
せいどう 聖堂(長崎) 文 ② 1176
せいどう 聖堂(佐賀藩) 文 ② 1290
せいどう 誠道館(佐貫藩) 文 ② 1280
せいとう 征東使 官 ② 9
せいとう 征討使 官 ② 5
せいとう 征東将軍 官 ② 8
せいどう 聖堂世話役 官 ③ 852
せいとう 征東大使 官 ② 4
せいとく 正徳館 文 ② 1285
せいとく 成徳書院 文 ② 1280
　—経費 文 ② 1252
せいなん 征南海賊使 官 ② 7
せいにく 青肉 政 ③ 286
せいねい 正寧殿 居 93
せいねい 清寧天皇 帝 6
　—即位 帝 287
　—山陵 帝 983
せいのと 清党 姓 299
せいはく 省陌 泉 119
せいはつ 生髪(髪置) 礼 ① 495
せいはや 征隼人持節大将軍 官 ② 7
せいはん 青飯 飲 423
せいはん 整版 文 ③ 1073
せいばん 西蕃 外 183
せいひ 正妃 帝 1220
せいびか 済美館 文 ② 1281
せいびょ せいびやう(精兵) 武 188
せいびょ 声病(詩) 文 ② 525
せいびょ 聖廟
　北野— 神 ③ 1616
　足利学校— 文 ② 1095
　安楽寺— 礼 ② 1211
せいびょ 青苗簿 政 ② 603
せいひん 清貧 人 ② 575
せいふ 青蚨(銭) 泉 6
せいふ 制符【篇】 政 ③ 153
せいふ 青鳬(銭) 泉 6
ぜいふ 税布 政 ② 744
せいふう 清風藤 植 ② 347
せいふく 正服(喪) 礼 ② 583
せいふく 制服 服 177
せいぶん 正文 文 ③ 296
せいへい 世平弓 兵 1659
せいへき 性癖
　「くせ癖」を見よ
せいべつ 生別 人 ② 422
　楠父子— 人 ② 213
せいぼ 歳暮【篇】 歳 1399
せいほう 請法(律文用語) 法 ① 46
せいほう 栖鳳楼 居 192
せいぼだ 聖母大菩薩 神 ① 159
　— 神 ④ 1415
せいみょ 清妙寺【篇】 宗 ④ 895
せいむ 政務 政 ① 11
せいむて 成務天皇 帝 4
　—山陵 帝 977
　掘損—山陵 帝 1064
せいめい 生命【篇】 人 ① 623
せいめい 正明館 文 ② 1288
せいめい 聖明楽 楽 ① 449

せいもく	聖目(囲碁)	遊		56
	—	遊		99
せいもん	誓文	人	②	344
	「きしょう起請文」「せいし誓紙」「せいじょ誓状」も見よ			
せいもん	誓文状	人	②	346
	「きしょう起請文」「せいし誓紙」「せいじょ誓状」も見よ			
せいやく	誓約【篇】	人	②	320
	仏前取火打誓	帝		1674
	絶妻之誓	礼	①	1323
せいやく	製薬	方		1081
せいやく	製薬所	方		1056
せいよう	勢陽	地	①	423
せいよう	西洋医学所	方		698
せいよう	西洋家(医術流派)	方		791
せいよう	西洋画	文	③	863
せいよう	西洋学	文	②	1021
せいよう	西洋傘	器	②	448
せいよう	西洋算法	文	③	559
	—	文	③	571
せいよう	西洋宗	宗	④	1101
せいよう	西洋銃	兵		242
せいよう	青腰虫	動		1113
せいよう	西洋手拭	器	①	642
せいよう	西洋品商売	産	②	744
せいよう	西洋服	兵		242
せいよう	西洋麦	植	①	841
せいよう	西洋流(鉄砲)	武		889
せいよう	西洋暦法	方		352
せいらい	西来寺【篇】	宗	④	121
せいらん	青鸞	動		989
せいりつ	声律(詩)	文	②	491
せいりゅ	清滝寺【篇】	宗	④	671
せいりゅ	青竜楼	居		190
せいりょ	清良記	産	①	174
せいりょ	清涼殿	居		104
	—図	居		106
	賀茂臨時祭—試楽	神	③	1102
	石清水臨時祭—東庭試楽	神	③	1340
	悪党乱入—	帝		678
	—前相撲	武		1042
	—最勝講	宗	②	35
	—歌合	文	②	150
	於—皇太子元服	礼	①	800
	於—元服	礼	①	858
	於—行算賀	礼	①	1382
	以—北廊為倚廬	礼	②	432
せいりょ	清涼殿代	帝		231
せいりょ	清涼殿御剣	帝		101
せいりん	清林寺	宗	④	139
せいれん	清廉	人	②	28
せいろう	井楼	兵		672
せいろう	栖楼	居		193
せいろう	蒸籠	器	①	321
せいろう	城楼棚	遊		653
せいろう	井楼舟	兵		1254
せいろん	錫蘭	外		1120
せいろん	錫蘭山縞	産	②	176
せいわい	清和院【篇】	宗	③	543
せいわげ	清和源氏	姓		206
せいわて	清和天皇	帝		18
	惟仁親王東宮諍	帝		1372
	—出家	帝		862
	—行脚	宗	②	708
	—号水尾天皇	帝		944
	—山陵	帝		991
せいわら	清和楽	楽	①	486
ぜえんし	是円抄	法	①	675
せおりつ	瀬織津比咩神	神	②	664
せおんじ	施音寺	宗	④	988
せかい	狭匕	器	①	110
せがい	せがい(舟)	器	②	581
せかいさ	世界定(演劇)	楽	②	84
せがき	施餓鬼	宗	②	163
	—	歳		1256
せがれ	悴	人	①	196
せがわ	瀬川(遊女)	人	②	866
	—復讐	人	②	543
せがわぼ	瀬川帽子	服		1227
せき	せき(射術)	武		120
せき	堰	政	④	1212
せき	関【篇】	地	③	593
	—図	地	③	650
	大名—所支配	官	③	1698
せき	関(相撲)	武		1181
せき	積(算術)	文	③	592
せき	籍			
	「こせき戸籍」を見よ			
せき	咳嗽	方		1358
せきい	石韋	植	②	852
せきい	赤夷(露西亜人)	外		1456
せきいた	関板	居		1028

せきいん 石印 文 ③ 1132
せきいん 惜陰堂 文 ② 1285
せきうん 赤雲 天 150
せきえい 石英 金 228
せきえん 石燕 金 351
せきが 席画 文 ③ 958
せきがき 席書 文 ③ 746
—図 文 ③ 747
せきがく 碩学(僧官) 外 768
せきがく 碩学料 外 768
せきがく 碩学領 宗 ③ 274
せきかね 関兼定 産 ① 631
せきがは 関ヶ原 地 ③ 953
せきぐち 関口 地 ① 973
せきぐち 関口黄山 文 ① 101
せきぐち 関口柔心 武 1002
せきぐち 関口流(居合) 武 63
せきぐち 関口流(柔術) 武 1002
せきぐち 関口流(小具足) 武 1128
せきごお 関郡 地 ① 1119
せきこく 石斛(草) 植 ① 1175
せきざい 石材 金 252
せきし 石芝 金 308
せきし 石脂 金 310
せきし 赤紙 文 ③ 1205
せきじ 席次
「ざじ座次」を見よ
せきじ 関路 地 ③ 596
せきしき 関思恭 文 ③ 706
せきしゅ 石州 地 ② 486
「いわみの石見国」も見よ
せきしゅ 石州銀 泉 297
せきしゅ 石州流(茶道) 遊 596
せきしゅ 石州流(挿花) 遊 873
せきじゅ 積術 文 ③ 614
せきしょ 関所 地 ③ 595
「せき関」も見よ
せきしょ 石菖 植 ① 1118
せきしょ 関荘三郎 方 247
せきしょ 石鍾乳 金 315
せきしょ せきしやうも(苦草) 植 ① 952
せきしょ 関所手形 官 ③ 700
せきしょ 関所番
荒井— 官 ③ 1461
三崎— 官 ③ 1463
嘉永三年諸国— 官 ③ 1503
せきしょ 関所破 地 ③ 681
せきじん 石人 産 ① 608
せきじん 石神 神 ① 243
— 神 ① 783
せきじん 赤人(露西亜人) 外 1456
せきずい 石髄 金 312
せきすた せきすたんと(六分円器) 文 ③ 655
せきぜい 関税 地 ③ 672
せきせつ 赤雪 天 216
せきせつ 積雪草 植 ② 424
せきせん 関銭 地 ③ 675
以—充大神宮造営用途 神 ③ 279
せきそ 尺素 文 ① 360
せきぞう 石象(琵琶) 楽 ② 789
せきぞう 石像 宗 ① 167
近藤重蔵— 礼 ② 1248
せきぞろ 節季候 歳 1427
せきだ 席駄(雪踏) 服 1438
せきたい 石帯 帝 1068
せきたか 関孝和 文 ③ 577
関新助安貧 人 ② 580
せきたん 石炭 金 63
— 金 340
— 植 ① 671
せきたん 石炭山 金 154
—開掘法 金 63
せきちく 石竹 植 ② 123
せきちゅ 石中黄子 金 307
せきちょ 籍帳 政 ② 7
諸王— 帝 1491
市人— 産 ② 661
せきちょ 石長生 植 ② 855
せきちん 石鎮祭 方 50
せきづる 関弦 兵 1565
せきて 関手 地 ③ 674
せきでら 関寺【篇】 宗 ④ 636
—駆牛化伽葉仏 動 60
せきでら 関寺小町 楽 ① 840
せきてん 釈奠【篇】 文 ② 1335
—図 文 ② 1376
—図 文 ② 1384
—百度食 封 216
—饗宴 礼 ① 230
依諒闇停—礼 礼 ② 556
せきでん 籍田法 政 ④ 980
せきとう 石塔 宗 ③ 100

	—	礼	②	1190
	—	産	①	607
	—供養	帝		1026
	立—於宇治川孤島	宗	②	233
	十三重—	宗	③	954
	高野山—場之制	礼	②	1118
せきとう	関党	姓		297
せきとう	石塔師	産	①	605
せきどう	石動寺【篇】	宗	④	810
せきとく	尺牘	文	①	360
せきどみ	関戸明神	地	③	602
せきとり	関取(相撲)	武		1181
せきのう	石脳油	器	②	326
せきのし	関清水	地	③	1026
せきのつ	関司	地	③	665
せきのと	関戸	地	③	596
せきのみ	関明神	地	③	601
せきはく	赤白桃李花(楽曲)	楽	①	495
せきはん	赤飯	飲		358
	—	飲		401
	婚姻披露配—	礼	①	1058
せきひ	石碑			
	「ひ碑」を見よ			
せきひつ	石筆	文	③	1290
	—	金		314
せきびゃ	赤白万秋楽	楽	①	510
せきひん	赤貧	人	②	575
せきぶね	関船	器	②	662
	—	器	②	672
せきふん	せきふん(鮓答)	動		11
	「さくとう鮓答」も見よ			
せきべつ	石鼈	金		356
せきぼく	石墨	文	③	1290
せきみつ	石蜜	飲		890
せきむか	関迎	地	③	686
せきめん	石麵	金		310
せきめん	関免	政	④	172
せきもり	関守	地	③	665
せきもり	関守神	地	③	601
せきや	関屋	地	③	597
	「せき関」も見よ			
せきやく	関役	地	③	668
せきやど	関宿	地	①	1072
せきやど	関宿藩	地	①	1080
せきやま	関山	地	③	596
せきやま	関山温泉	地	③	1080
せきゆ	石油	器	②	326
せきり	赤痢	方		1413
	—	帝		1548
せきり	瀬切(相撲)	武		1184
せぎり	背切(料理)	飲		306
せきりゅ	関流(盲人)	人	②	944
せきりゅ	関流(鉄砲)	武		885
せきりゅ	関流(算術)	文	③	571
せきりゅ	石竜子(虫)	動		1054
せきりん	石淋	方		1290
せきれい	鶺鴒	動		664
せきろう	夕郎(蔵人)	官	②	206
せきわき	関脇(相撲)	武		1181
せきわく	関枠	政	④	1229
せこ	勢子	産	①	480
せごし	背ごし(料理)	飲		307
せしゅう	世襲			
	神官—	神	③	843
	神職—	神	②	1564
	社僧—	神	②	1676
	官職—	官	①	8
	官職—	官	①	234
	官職—	官	③	134
	医家—	方		757
せしゅう	世襲親王	帝		1416
ぜじょう	ぜじやう(軟障)	器	①	825
ぜじょう	是定	姓		453
せしょく	世職	官	①	234
	—	官	③	134
	「せしゅう世襲」も見よ			
せしんこ	世親講	宗	②	112
せしんだ	世親大士	宗	②	112
ぜぜせん	膳所銭	泉		31
ぜぜのし	膳所城	地	①	1166
ぜぜはん	膳所藩	地	①	1212
ぜぜやき	膳所焼	産	①	749
せそんじ	世尊寺様(書道)	文	③	677
せた	瀬田	地	①	1191
せたがや	世田谷郷	地	①	882
せたけ	勢多家	文	②	895
せたごお	勢多郡	地	②	16
せたなご	瀬棚郡	地	②	1295
せたのえ	勢多駅	地	①	1161
	—	地	③	319
せたのさ	勢田郷	神	④	696
せたのし	勢多荘	地	①	1198
せたのせ	勢多関	地	③	602
せたのは	勢多橋	地	③	315

	断—而拒守	兵		665
せたのわ	勢多渡	地	③	465
せち	節	歳		99
	正月—	歳		832
せちえ	節会	歳		146
	元日—【篇】	歳		453
	白馬—【篇】	歳		971
	踏歌—【篇】	歳		1012
	三月三日—	歳		1079
	五月五日—	歳		1140
	九月九日—	歳		1315
	大嘗祭辰日—	神	①	1245
	大嘗祭巳日—	神	①	1297
	大嘗祭豊明—	神	①	1320
	新嘗祭豊明—	神	②	262
	譲位—	帝		474
	任大臣—	政	①	908
	不行—而任大臣	帝		1616
	—日謝座謝酒	礼	①	232
	諒闇中不行—	礼	②	557
	相撲節【篇】	武		1017
せちえて	節会伝奏	官	②	1202
せちだい	節代(相撲)	武		1027
せちぶる	節振舞	歳		830
	—	礼	①	314
せつ	節	歳		99
せついん	切韻(韻書)	文	①	46
せついん	雪隠	居		713
	露地—	遊		588
ぜつおん	絶蔭	政	①	1007
せっか	せつか(鳥)	動		931
せつが	せつが(脊梁)	動		86
ぜっかい	絶海			
	—入明受禅	宗	②	500
	—国師号	宗	②	823
	—善文	文	①	323
	—善詩	文	②	576
	—善書	文	③	701
せっかは	雪荷派(射術)	武		125
せっかぼ	石花墨	文	③	1372
せっかん	切諌	人	②	246
せっかん	石棺	礼	②	362
ぜっかん	絶貫	政	②	40
せっかん	摂関賀茂詣【篇】	神	③	1140
せっかん	摂関大臣正月大饗【篇】	歳		543
せっき	赤気	天		317
せっき	節季	歳		1400
	—用脚納銭	政	④	538
せっき	褻器	器	②	569
せっきょ	石経	宗	①	309
せっきょ	説経	宗	①	384
せっきょ	説経(俗曲)【併入】	楽	②	333
せっきょ	説教師	宗	①	390
せっく	節供	歳		147
	正月—	歳		825
	三月—	歳		1078
	初—	歳		1101
	桃—	歳		1104
	姫瓜—	歳		1114
	鬘子—	歳		1114
	五月—	歳		1139
	男—	歳		1140
	初—	歳		1188
	七月七日—	歳		1215
	憑—	歳		1285
	九月—	歳		1314
	栗—	歳		1315
	菊—	歳		1315
	依喪停—	礼	②	884
ぜっく	絶句	文	②	461
せっくせ	節句銭	政	③	1289
せっけ	摂家	姓		426
	—年始諸礼	歳		602
	—年始参賀幕府	歳		707
	—元服叙位	礼	①	819
	—著直衣	服		320
	—之宅有上段間	居		605
	「せっしょ摂政」も見よ			
せっけも	摂家門跡	宗	③	182
せっけん	石剣	兵		1395
	以—為神体	神	①	197
せっけん	石硯	文	③	1317
せっけん	石鹼	器	①	544
せっけん	節剣	帝		66
せっけん	節倹	人	②	48
	「けんやく倹約」も見よ			
ぜっこ	絶戸	政	②	52
	—遺産	政	②	110
せっこう	石工【篇】	産	①	605
せっこう	石膏	金		278
せっこう	斥候【篇】	兵		321
ぜっこう	舌講	文	③	195
ぜっこう	絶交	人	②	401

	—	文	③	27
せっこう	斥候舟	兵		1250
ぜっこく	絶戸口分田	政	②	323
ぜっこで	絶戸田	政	②	363
せっさく	節朔衆	官	②	1247
せつじつ	節日			
	大名—献上	官	③	1737
	服者遇—	礼	②	883
せつじつ	節日祭	礼	②	1323
せっしゃ	摂社	神	①	423
	大神宮—【併入】	神	③	132
	諸国の神社の摂社は神祇部各神社篇に在り。今之を略す			
せっしゅ	窃取	法	①	368
せっしゅ	雪舟	文	③	831
せっしゅ	摂州	地	①	352
	「せっつの摂津国」も見よ			
せっしゅ	拙修斎叢書	文	③	1084
せっしょ	摂政【篇】	官	①	529
	皇后—	帝		1181
	太子—	帝		1339
	臣下—始	帝		1570
	幼帝時—行大神宮奉幣事	神	③	398
	—賀茂詣	神	③	1140
	—春日詣	神	④	66
	践祚以前—	帝		280
	即位時—服装	帝		329
	—加御画	帝		819
	—加御画	政	①	231
	—為准三宮	封		327
	—祖母及室家為准三宮	封		334
	—覧官奏	政	①	424
	於—直廬行除目	政	①	746
	—私第所充	政	①	1074
	辞—	政	①	1384
	—蒙牛車宣旨	器	②	794
	路頭遇—礼	礼	①	168
	「せっけ摂家」も見よ			
せっしょ	殺生禁断	宗	②	227
	依彗星出現—	天		115
	為神祇—	神	②	1349
	諒闇中—	礼	②	414
	依喪—	礼	②	564
せっしょ	摂政家			
	—臨時客	歳		576
	—年始拝礼	歳		732
	—子読書始	文	③	253
	摂関大臣正月大饗【篇】	歳		543
せっしょ	摂政家家司	官	①	1272
せっしょ	摂政家政所下文	政	①	366
せっしょ	殺生石	金		294
せっしょ	殺生奉行【併入】	官	③	954
せっせん	石川楽	楽	①	586
ぜっそ	舌疽	方		1235
せっそん	雪村(僧)	文	③	835
せった	雪踏	服		1436
	茶湯用—	遊		595
せっちゅ	節中(逸年号)	歳		344
せっちゅ	折衷家(医術流派)	方		796
せっちゅ	折衷学	文	②	806
せっちゅ	折衷尺	称		22
せっちゅ	雪中四友	植	①	77
せっちょ	摂蝶(馬具)	兵		2051
せっちん	せつちん(雪隠)	居		713
せっつう	摂津氏	官	②	1181
せっつか	摂津河内郡代	官	③	1485
せっつか	摂津河内両国払	法	②	360
せっつさ	摂津猿楽	楽	①	752
せっつし	摂津職【併入】	官	②	565
	—官人季禄月料	封		162
せっつの	摂津国【篇】	地	①	351
	—多田鉸銀	泉		288
せっつの	摂津国天平八年正税目録帳	政	②	668
せっとう	窃盗	法	①	135
	—	法	①	368
	—	法	①	865
	—	法	②	686
	—	人	②	782
せっとう	節刀	兵		1413
	賜—	兵		200
	賜—	帝		157
	遣唐使賜—	外		850
	遣唐使進—	外		851
	将軍不賜—	兵		202
	将軍返進—	兵		203
せっとう	窃盗贓	法	①	53
せっとう	節刀櫃	帝		168
	—	兵		1414
せつどし	節度使	封		363
せつどし	節度使符	政	①	352

せっぱ	切羽(刀剣)	兵		1426
せっぱん	摂判	官	①	219
ぜっぱん	絶版	文	③	359
せっぷ	節婦	人	①	1121
せっぷく	切腹	法	①	239
	—【篇】	法	①	717
	—【篇】	法	②	167
	—場図	法	②	170
せつぶし	節部省	官	①	952
せつぶん	節分	歳		137
	立春前日—【篇】	歳		1383
	—夜初夢	歳		891
	—内侍所参詣	帝		140
	—方違	方		191
せつぶん	せつぶんさう(兎葵)	植	②	197
せっぽう	説法	宗	①	384
せつよう	節用集	文	①	186
	—	文	③	1062
せつろく	節禄【篇】	封		178
せつろく	摂籙	官	①	530
せつろく	摂籙家	姓		426
せと	瀬戸	地	③	1269
せどうか	旋頭歌	文	①	540
せともの	瀬戸物	産	①	707
せともの	瀬戸物問屋	産	②	407
せとやき	瀬戸焼			
	尾張—	産	①	714
	尾張—	産	①	739
	越中—	産	①	757
せなか	背	人	①	421
ぜに	銭【篇】	泉		1
	—図	泉		168
	出羽国通用—用丁百	地	②	200
	但馬国城崎以—九十八文為一匁	地	③	1084
	渡—	地	③	393
	以—為幣	神	②	1081
	豊臣秀吉擲—卜戦闘勝敗	神	④	1154
	給米—	封		213
	収課—	封		375
	依献—穀布帛等叙位	政	①	1048
	考—	政	①	1233
	調—	政	②	745
	出挙—	政	②	900
	贖—	法	①	271
	私鋳—【附】	法	①	434
	過—	法	①	830
	贋造—	法	②	939
	—飢渇	泉		166
	皇子誕生置—於枕上	礼	①	360
	納—於棺中	礼	②	375
	碁手—	遊		78
ぜにあお	ぜにあふひ(錦葵)	植	②	358
ぜにうち	ぜにうち(意銭)【附】	遊		38
ぜにうら	銭卜	方		486
ぜにかけ	銭掛松	地	③	938
ぜにがさ	ぜにがさ(癬)	方		1247
ぜにがた	ぜにがた(紙銭)	泉		149
ぜにがた	銭形屏風	器	①	901
ぜにがめ	ぜにがめ(水亀)	動		1580
ぜにがめ	ぜにがめ(朱鼈)	動		1585
ぜにがめ	銭瓶	泉		130
ぜにがめ	銭瓶橋	泉		130
ぜにきり	銭切幣	神	②	712
ぜにくび	銭くび(衣紋)	服		219
ぜにぐら	銭蔵	居		796
ぜにぐら	銭蔵番	官	③	572
ぜにけか	銭飢渇	泉		166
ぜにごま	銭独楽	遊		1164
ぜにざ	銭座	泉		58
ぜにさし	緡	泉		15
ぜにさつ	銭札	泉		430
ぜにしょ	銭商	産	②	472
ぜにそう	銭相場	泉		95
ぜにだい	銭大鼓	遊		1257
ぜにつら	緡	泉		14
ぜにばこ	銭箱	泉		167
ぜにぶぎ	銭奉行【併入】	官	③	572
ぜにや	銭屋	泉		98
ぜにやほ	銭屋圃	泉		91
ぜにやま	銭病	方		1428
せにゅう	施入	宗	③	245
せにゅう	施入状	政	②	500
せのおの	妹尾郷	地	②	606
せのおり	妹尾柳斎	泉		154
せのやま	背山	地	③	751
せひえ	せひえ(接靿)	服		819
せびき	畝引	政	④	18
	—	政	④	216
せびきけ	畝引検見	政	④	212

せふくじ	施福寺【篇】	宗	④	44
せぶみ	瀬踏	兵		529
せぼね	脊骨	人	①	421
せまい	施米	政	②	1038
せみ	蟬	動		1183
	竹根化―	植	①	742
せみ	蟬(横笛)	楽	②	863
せみおれ	蟬折(結髪)	人	①	525
せみおれ	蟬折(横笛)	楽	②	869
せみがた	蟬形(袴)	服		771
せみくじ	世美鯨	動		1488
せみね	脊梁(馬)	動		86
せみのお	瀬見小河	地	③	1150
せみまる	蟬丸	人	②	978
せみまる	蟬丸(横笛)	楽	②	874
せむ	攻	兵		617
せむいで	施無畏寺【篇】	宗	③	806
せむし	傴僂	人	①	422
せめうた	責歌	楽	①	34
せめうま	責馬	武		720
せやく	施薬	政	④	875
	私人―	方		673
せやくい	施薬院	政	②	1031
	―	方		670
	徳川氏―	官	③	880
せやくい	施薬院使	方		671
せやくい	施薬院宗伯	方		1112
せやくい	施薬院別当	方		670
せらごお	世羅郡	地	②	628
せり	芹	植	②	400
せりあい	迫合	兵		514
せりあい	迫合軍	兵		514
せりうり	糶売	産	②	353
せりにん	せりにんじん(胡蘿蔔)	植	②	430
せりふ	せりふ(演劇)	楽	②	120
せりやき	芹焼	飲		218
せりょう	芹生里	地	①	248
ぜるまに	ゼルマニヤ	外		1685
せろっぽ	せろつぽん(繊蘿蔔)	植	②	52
せわ	世話	人	①	884
せわきょ	世話狂言	楽	②	113
せわじょ	世話浄瑠璃	楽	②	277
せわた	背腸	飲		943
せん	阡	地	③	4
せん	洗	器	①	610
せん	宣			
	大府―	官	②	416
	内侍―	政	①	283
	口―	政	①	291
	院―【篇】	政	①	303
	新司―	政	①	1320
せん	選	政	①	1203
せん	賤【篇】	人	②	568
	―避貴	礼	①	150
	葬礼貴―之別	礼	②	6
せん	僭【篇】	人	②	637
せん	檈	器	①	130
せん	氈	器	②	39
せん	籤【併入】	文	③	1474
ぜん	善(考課)	政	①	1208
ぜん	膳	器	①	138
	饗―	飲		75
ぜんい	禅衣	帝		895
せんいり	先意流(長刀術)	武		92
せんいん	仙院	帝		791
せんいん	山陰道	地	③	50
せんおう	仙翁花	植	②	132
ぜんおう	善応寺【篇】	宗	④	1032
せんか	仙過	文	③	1230
せんか	泉貨	泉		1
せんかあ	撰歌合	文	②	67
せんかい	線鞋	服		1398
せんがく	泉岳寺【篇】	宗	④	415
ぜんかご	膳籠	器	①	287
せんがじ	千箇寺参	宗	③	319
せんかて	宣化天皇	帝		8
せんかま	仙歌万秋楽	楽	①	509
せんかも	仙華門	居		239
せんがわ	千川上水	政	④	1111
せんかん	千観(僧)	宗	①	364
せんかん	遷貫	政	②	36
ぜんかん	前官	官	①	215
せんき	疝気	方		1191
	―治療	方		810
せんぎ	僉議	政	①	179
ぜんき	善記(逸年号)	歳		340
せんきぎ	璿璣玉衡	方		286
ぜんきへ	前騎兵大将軍	兵		171
せんきゅ	川芎	植	②	418
せんきょ	選挙			
	徳川氏職員―	官	③	102
	奥御用人―	官	③	774
	住職―	宗	②	842

せんきょ 薦挙【篇】 政 ① 975
—【篇】 人 ② 406
神職— 神 ② 1549
医師推挙 方 726
せんきょ 仙境 方 631
ぜんきょ 漸教 宗 ① 30
せんきょ 遷喬館(芝村藩) 文 ② 1278
せんきょ 遷喬館(岩槻藩) 文 ② 1280
せんきん 千金女児(楽曲) 楽 ① 474
せんきん 千金秘髄方(医書) 方 1016
せんきん 千金方(医書) 方 1021
せんく 千句(俳諧) 文 ① 1197
せんぐ 船具 器 ② 695
せんぐ 饌具 文 ② 1365
せんぐう 遷宮
大神宮—【篇】 神 ③ 143
大神宮—図 神 ③ 214
賀茂神社— 神 ③ 947
男山八幡宮— 神 ③ 1248
春日神社— 神 ④ 38
住吉神社— 神 ④ 236
香取神宮— 神 ④ 516
鹿島神宮— 神 ④ 541
諏訪神社— 神 ④ 724
宇佐神宮— 神 ④ 1525
ぜんくし 全九集 方 1025
せんぐど 船具問屋 産 ② 409
せんくれ 千句連歌 文 ① 990
せんげ 宣下 政 ① 258
年号勘者— 歳 294
太上天皇尊号— 帝 807
御諡号— 帝 928
儲君— 帝 1369
東宮— 帝 1397
親王—式 帝 1429
内親王— 帝 1459
法親王—式 帝 1475
贈官位— 官 ① 246
復辟— 官 ① 553
太閤称号— 官 ① 565
鎌倉将軍— 官 ② 651
足利将軍— 官 ② 1052
徳川将軍— 官 ③ 1
准后— 封 314
流人— 法 ① 774
公卿殿上人除服消息— 礼 ② 469
除服— 礼 ② 536
せんげ 遷化 人 ① 646
ぜんげ 善化(逸年号) 歳 345
せんけう 千家氏 神 ④ 1066
せんけう 千家裏(茶道) 遊 596
せんげえ 千花会 宗 ② 211
せんけお 千家表(茶道) 遊 596
せんけむ 千家武者小路(茶道) 遊 597
せんげん 浅間神社
「あさまじ浅間神社」を見よ
せんげん 浅間大菩薩 神 ④ 372
ぜんこ 前胡 植 ② 404
せんこう 浅香 遊 308
せんこう 戦功
「ぐんこう軍功」を見よ
せんごう 遷郷 政 ② 36
ぜんこう 禅閤 官 ① 563
せんこう 千光寺
—僧兵 兵 298
—鐘 宗 ② 1105
ぜんこう 善光寺(甲斐)【篇】 宗 ④ 225
ぜんこう 善光寺(信濃)【篇】 宗 ④ 692
—如来開帳 宗 ③ 354
—如来京都遷座 宗 ③ 589
ぜんこう 禅興寺【篇】 宗 ④ 304
せんこう 宣光門 居 256
せんこう 剪紅羅(草) 植 ② 132
せんこく 宣告 法 ① 643
—用辞例 法 ② 79
せんごく 仙石一件御仕置申渡 法 ② 199
せんごく 仙石左京 法 ② 200
せんこく 撰国史所 文 ② 856
せんごく 千斛簁 産 ① 311
せんごく 千石船 器 ② 689
ぜんごし 膳ごし(食法) 飲 65
ぜんごし 前後次第司 帝 590
せんざい 千歳(太笛) 楽 ② 855
せんざい 千歳(神楽) 楽 ① 162
せんざい 千歳(能楽) 楽 ① 822
せんざい 前栽 居 889
せんざい 船材 器 ② 609
— 器 ② 614
ぜんさい 前妻 人 ① 157
— 礼 ① 1311
ぜんざい 善哉 飲 557
せんざい 前栽合 遊 270
せんざい 千載和歌集 文 ② 297

—命名　文 ②　245
難—　文 ②　419
せんさく　穿鑿　法 ①　1179
せんさく　穿鑿所　法 ③　953
せんし　先師　文 ②　1446
せんし　専使　政 ①　590
—　政 ③　334
せんし　戦死
「うちじに討死」を見よ
せんし　選士　官 ②　423
—　兵　280
せんじ　宣旨【篇】　政 ①　257
立后—　帝　1124
女御—　帝　1238
准摂政—　官 ①　555
一座—　官 ①　610
内覧—　官 ①　630
下中務—　官 ①　689
下内記—　官 ①　726
下式部省—　官 ①　819
下兵部省—　官 ①　901
下弾正台—　官 ①　1307
下検非違使—　官 ②　123
使—　官 ②　108
使—　官 ②　152
蔵人方—　官 ②　241
補任—　官 ③　8
補任—　政 ①　872
詐為—　法 ①　427
赦免—　法 ①　514
登省—　文 ③　56
課試—　文 ③　84
除服—　礼 ②　820
橡—　礼 ②　981
禁色—　服　93
輦車—　器 ②　783
牛車—　器 ②　793
せんじ　宣旨(女房)　官 ①　1298
斎宮—　神 ③　816
斎院—　神 ③　1236
東宮—　官 ①　1183
院—　官 ①　1244
ぜんじ　前司　官 ①　216
ぜんじ　禅師　宗 ②　894
せんしい　撰子稲　産 ①　58
せんじが　宣旨がき(書翰)　文 ①　441
せんじぎ　撰糸絹　産 ②　189
ぜんじご　禅師号　宗 ②　826
せんしし　戦死者　兵　962
ぜんじし　禅師親王　帝　1472
せんしぞ　撰氏族志所　姓　380
せんじて　千字鉄銭　泉　32
せんしな　選子内親王　神 ③　1220
せんじの　宣旨使　政 ①　618
せんじま　宣旨升　称　62
—図　称　104
せんじも　千字文
—伝来　文 ③　320
読書始読—　文 ③　249
せんしゃ　千射　武　150
せんじゃ　撰者
万葉集—　文 ②　335
勅撰集—　文 ②　250
せんじゃ　選択集　文 ③　1066
せんじゃ　千社詣　神 ②　903
せんじゅ　千住　地 ①　805
せんじゅ　千寿(遊女)　人 ②　857
ぜんしゅ　善珠(僧)　宗 ③　1271
せんしゅ　泉州　地 ①　335
「いずみの和泉国」も見よ
せんしゅ　撰集　文 ②　234
ぜんしゅ　禅宗【篇】　宗 ①　699
遊外僧入支那受—　宗 ②　485
—衣体　宗 ②　1216
—寺院数　宗 ③　9
—五山　宗 ③　194
—十刹　宗 ③　197
せんしゅ　撰秀館　文 ②　1280
せんしゅ　千秋楽　楽 ①　546
せんじゅ　千手観音　宗 ①　88
せんじゅ　専修寺(下野)【篇】　宗 ④　742
せんじゅ　専修寺(伊勢)【篇】　宗 ④　116
せんじゅ　専修寺派　宗 ①　932
—僧徒位階法衣等
定書　宗 ①　916
高田派寺院数　宗 ③　9
せんじゅ　仙術【篇】　方　611
せんじゅ　戦術
「ぐんりゃ軍略」「じんぽう陣法」「へいほう兵法」を見よ
せんじゅ　千住橋　地 ③　294
せんじゅ　千手法　宗 ②　302
せんしゅ　千首和歌
詠—　文 ①　665

講一 文 ② 180
せんじょ 選叙 政 ① 1208
一 政 ① 1205
ぜんしょ 膳所 居 649
せんしょ 船廠 兵 1244
せんじょ 先生(帯刀長) 官 ① 1193
せんじょ 戦場 兵 531
於一揚言系譜 姓 399
ぜんじょ ぜんじやう(軟障) 器 ① 825
ぜんしょ 前将軍 兵 169
ぜんしょ 前将軍奏者番 官 ③ 289
ぜんしょ 前将軍老中 官 ③ 206
ぜんしょ 前将軍若年寄 官 ③ 231
せんしょ 仙沼子 植 ② 644
せんしょ 専照寺【篇】 宗 ④ 799
ぜんしょ 善勝寺長者 姓 497
ぜんじょ 禅定仙院 帝 791
せんじょ 選定申文 政 ① 772
ぜんしょ 膳所小間遣 官 ③ 908
ぜんしょ 膳所台所頭 官 ③ 903
ぜんしょ 膳所台所人 官 ③ 906
せんじん 先陣 兵 379
一 兵 1196
争一 外 418
せんじん 戦陣 兵 508
せんじん 選人 政 ① 1178
ぜんじん 前陣 帝 693
せんしん 仙神歌 楽 ① 444
ぜんしん 前進士 文 ③ 73
せんすい 泉水 居 909
ぜんすい 善水寺【篇】 宗 ④ 651
せんずい 山水屏風 器 ① 914
せんすぐ 扇子車(棟上) 神 ② 605
せんずま 千秋万歳 歳 879
せんすや 扇子屋 服 1352
せんせい 先生(尊称) 文 ③ 19
せんせい 先生(得業生) 文 ② 1064
せんせい 先聖 文 ② 1446
せんせい 染生 官 ② 427
せんせい 宣制 神 ① 1332
せんぜい 船税 器 ② 591
一 政 ④ 497
ぜんせい 前星(皇太子) 帝 1309
せんせい 先聖殿 文 ② 1128
せんせい 宣政門 居 252
せんせん 撰銭 泉 120
せんぜん 遷善館 文 ② 1285
せんそ 先訴 法 ③ 470
せんそ 践祚【篇】 帝 191
一年改元 歳 273
一日受神器 帝 66
一時献昼御座御剣
於新帝 帝 153
一時嗣君受大刀契 帝 162
一後久不即位 帝 443
一即位後朝覲始 帝 711
一立坊同日例 帝 1403
せんぞ 先祖 人 ① 120
「そせん祖先」も見よ
せんそう 戦争
「せんとう戦闘」を見よ
せんそう 千僧供 宗 ② 193
せんそう 千僧供養 宗 ③ 470
せんそう 浅草寺【篇】 宗 ④ 369
一観音 宗 ① 182
一境内曲芸 楽 ② 1188
一境内見世物 楽 ② 1207
せんそう 千僧読経 宗 ① 335
せんそう 千瘡万病膏 歳 791
せんぞう 千艘や万艘や 遊 1245
せんそく 洗足 器 ① 604
ぜんそく 喘息 方 1180
一治療 方 801
せんそく 洗足代(小物成) 政 ④ 435
せんそて 践祚伝奏 官 ① 678
せんだい 仙台 地 ② 140
一金山 金 93
一銀山 金 107
せんだい 遷代 政 ① 1342
せんだい 川内川 地 ③ 1195
せんだい 先代旧事本紀 文 ② 857
せんだい 仙台通宝 泉 36
せんだい 仙台胴(鎧) 兵 1784
せんだい 仙台藩 地 ② 153
せんだい 仙台糒 飲 482
せんだい 仙台米 植 ① 823
一御買上納仕法 政 ③ 1070
せんだく 洗濯【併入】 産 ② 53
せんだつ 先達 神 ③ 1307
山伏一 宗 ① 1096
山伏一 宗 ③ 713
ぜんだな 膳棚 器 ① 143
せんだら 旃陀羅 政 ③ 872
せんたん 展単(坐禅) 宗 ① 795

せんだん せんだん(楝) 植 ① 449
せんだん 栴檀 植 ① 235
せんだん せんだんぐさ(鬼鍼草) 植 ② 771
せんだん 栴檀板(鎧) 兵 1777
— 兵 1818
せんだん 栴檀弦 兵 1568
せんだん せんだん葉の菩提樹 植 ① 508
せんだん 千段巻(刀鞘) 兵 1368
せんだん 千檀巻弓 兵 1645
せんち せんち(雪隠) 居 715
せんち 戦地
—蠲免 政 ② 1004
—賑給 政 ② 1059
せんちゃ 煎茶【篇】 遊 781
せんちゃ 煎茶家 遊 810
せんちゃ 煎茶会 遊 806
せんちゃ 煎茶具 遊 796
せんちゃ 煎茶書 遊 820
ぜんつう 善通寺【篇】 宗 ④ 1022
せんて 先手 遊 55
ぜんてい 禅庭花 植 ① 1074
ぜんでん 前殿 居 83
ぜんてん 禅天魔 宗 ① 955
せんと 遷都 地 ① 132
依—大嘗会延引 神 ① 1387
行幸相—地 帝 660
—蠲免 政 ② 1002
せんとう 仙洞
於—行除目 政 ① 752
為内裏—造営課段銭 政 ④ 457
—論義 宗 ① 401
—歌会 文 ② 164
禁中—詩会 文 ② 608
於—近傍禁復讐 人 ② 502
せんとう 仙洞 帝 791
「だじょう太上天皇」も見よ
せんとう 先登 兵 545
せんとう 専当 官 ① 217
荘— 政 ② 561
神社— 神 ② 1637
寺院— 宗 ② 1004
せんとう 戦闘【篇】 兵 507
— 兵 1207
—図 兵 552
祈戦勝 神 ② 841
「かっせん合戦」も見よ
せんとう 銭湯 居 680
せんどう 山道 地 ③ 56
せんどう 船頭 器 ② 726
橋附— 地 ③ 147
渡船—処罰 地 ③ 380
せんどう 磴道 地 ③ 15
ぜんどう 前堂(僧職) 宗 ② 1027
ぜんとう 前唐院 宗 ④ 571
せんとう 千燈会 宗 ② 204
せんとう 詹糖香 遊 313
ぜんどう 善導寺(上野)【篇】 宗 ④ 721
ぜんどう 善導寺(筑後)【篇】 宗 ④ 1071
ぜんとう 全唐詩逸 文 ③ 428
せんとう 山東七郡(奥州) 地 ② 116
せんとう 仙洞附 官 ③ 1279
せんとう 仙洞庖所頭 官 ③ 1285
せんとう 仙洞賄頭 官 ③ 1285
ぜんとく 善徳寺【篇】 宗 ④ 825
せんどは 千度祓 神 ② 697
— 神 ② 949
せんどめ 船頭飯 飲 406
せんども 千度詣
神社— 神 ② 902
寺院— 宗 ③ 320
せんなん 泉南郡 地 ① 341
せんにち 千日忌 礼 ② 1456
せんにち 千日紅(草) 植 ② 120
せんにち 千日講 宗 ② 166
せんにち 千日詣
神社— 神 ② 903
寺院— 宗 ③ 322
せんにほ 撰日本紀所 官 ① 830
せんにゅ せんにう(鳥) 動 930
せんにゅ 泉涌寺【篇】 宗 ③ 565
—祠堂金 宗 ③ 287
せんにゅ 泉涌寺御陵 帝 1008
泉涌寺月輪御陵図 帝 1006
せんにゅ 泉涌寺尺 称 32
せんにん 仙人 方 612
せんにん 遷任 政 ① 882
せんにん 仙人河(楽曲) 楽 ① 444
せんにん 遷任解由 政 ① 1377
せんにん 千人講 宗 ③ 341
せんにん 遷任功 政 ① 1036
せんにん 仙人草 植 ② 189
せんにん 千人塚 礼 ② 1108

せんにん 千人同心頭 官 ③ 1227
せんにん 宣仁門 居 237
せんねん 千年忌 礼 ② 1450
せんねん せんねんせう(鉄樹) 植 ① 139
せんのう 銭納(田租) 政 ④ 303
せんのり 千利休 遊 603
　—門弟 遊 596
せんば せんば(料理) 飲 219
せんぱい 遷配 法 ① 219
せんぱく 阡陌 政 ② 265
せんぱく 船舶
　「ふね舟」を見よ
せんばこ 仙波湖 地 ③ 1234
せんばん 煎盤 器 ① 311
せんぱん 先判 政 ③ 328
ぜんばん 膳番
　豊臣氏御— 官 ② 1445
　徳川氏小納戸衆為将軍御— 官 ③ 771
せんびき 千匹牧猿 動 276
せんぷ 籤符 政 ① 332
ぜんぷ 前夫
　—子不得後夫遺産 政 ② 124
せんぷう 旋風 天 259
せんぷう 旋風葉【併入】 文 ③ 529
　— 文 ③ 511
ぜんぶぎ 膳奉行【篇】 官 ③ 885
ぜんぷく 善福寺【篇】 宗 ④ 433
せんぶつ 選仏場 宗 ③ 123
せんぶり せんぶり 植 ② 448
せんぶん 選文(考選) 政 ① 1213
せんべい 煎餅 飲 652
せんべつ 餞別
　「はなむけ餞」を見よ
せんぼう 懺法 宗 ① 363
せんぽう 先鋒 兵 389
せんぼう 懺法講 宗 ② 146
ぜんぽう 善峯寺【篇】 宗 ③ 765
せんぼが 千保川 政 ④ 1048
せんぼく 仙北郡 地 ② 185
せんぼん 千本閻魔堂 宗 ③ 746
せんぼん 千本流 宗 ① 362
せんまい 洗米 神 ② 1162
ぜんまい ぜんまひ(薇) 植 ② 866
せんまい 千枚漬 飲 1043
せんまい 千枚分銅 泉 261
せんみょ 仙命 人 ② 563
せんみょ 宣命 政 ① 252
　朝賀— 歳 398
　元日節会— 歳 464
　白馬節会— 歳 979
　大嘗祭由奉幣— 神 ① 1031
　大神宝— 神 ① 1646
　祈年穀— 神 ② 84
　奉幣— 神 ② 1032
　十二社奉幣—除仏語 神 ② 1035
　大神宮神嘗祭奉幣— 神 ③ 388
　大神宮神嘗祭中臣—奏進図 神 ③ 456
　大神宮祈年穀奉幣— 神 ③ 497
　宸筆— 神 ③ 574
　大神宮臨時奉幣— 神 ③ 578
　賀茂祭— 神 ③ 1031
　賀茂臨時祭— 神 ③ 1121
　石清水放生会— 神 ③ 1312
　石清水臨時祭— 神 ③ 1358
　平野臨時祭— 神 ③ 1441
　祇園臨時祭— 神 ③ 1510
　春日祭— 神 ④ 118
　祈晴— 神 ④ 192
　東照大権現— 神 ④ 777
　香椎宮奉幣— 神 ④ 1412
　宇佐神宮奉幣— 神 ④ 1575
　山陵使焼— 帝 395
　譲位— 帝 498
　立后— 帝 1108
　立太子— 帝 1309
　藤原百川偽作— 帝 1388
　贈官位— 官 ① 242
　摂政補佐— 官 ① 536
　内記作— 官 ① 726
　任大臣— 政 ① 897
　任僧綱— 宗 ② 744
　—文 文 ① 198
せんみょ 宣命使 政 ① 617
せんみょ 千妙寺【篇】 宗 ④ 531
せんみょ 宣明暦 方 330
せんみん 賤民【篇】 政 ② 139
　—【篇】 政 ③ 871
　—籍 政 ② 12
　—蠲免 政 ② 987

良民—闘殴 法 ① 418
—姦良人 法 ① 441
—与良民結婚 礼 ① 895
せんみん 賤民口分田 政 ② 322
— 政 ② 319
せんむ 占夢 人 ① 819
ぜんむい 善無畏 宗 ① 614
— 宗 ② 560
ぜんもん ぜんもん(乞食) 政 ③ 921
せんもん せんもん寺(施無畏寺) 宗 ③ 806
せんやく 仙薬 方 631
せんやく 煎薬 方 1088
せんやぞ 千弥染 産 ① 859
ぜんゆう 善友 人 ② 400
せんゆう 仙遊霞(楽曲) 楽 ① 444
せんゆう 仙遊寺 宗 ③ 565
せんゆう 仙遊鳥 動 910
せんよう 宣耀殿 居 101
せんよう 山陽道 地 ③ 50
せんよう 宣陽門 居 229
せんよく 蟬翼(布帛) 産 ② 299
せんよく 蟬翼綾 産 ② 260
せんりき 千里鏡 器 ② 564
— 方 295
ぜんりつ 禅律 宗 ① 709
ぜんりつ 禅律方 官 ② 1219
ぜんりつ 禅律奉行
足利氏— 官 ② 1219
足利氏関東—【併入】 官 ② 1317
せんりゃ 戦略
「ぐんりゃ軍略」を見よ
せんりゅ 川柳 文 ① 1360
せんりゅ 潜竜館 文 ② 1281
せんりょ せんりやう(珊瑚) 植 ② 437
ぜんりょ 前令(大宝令) 法 ① 85
せんりょ 千両役者 楽 ② 77
ぜんりん 禅林寺(大和) 宗 ③ 1303
ぜんりん 禅林寺(京都永観堂)【篇】 宗 ③ 677
ぜんりん 禅林寺(京都南禅寺) 宗 ③ 658
せんれい 洗礼 外 1262
せんろふ 繊蘿蔔 植 ② 52
せんろふ 繊蘿蔔汁 飲 180
せんわか 撰和歌所 文 ② 273

そ

そ 衣 服 6
そ 胙 文 ② 1380
そ 租 政 ② 584
国司犯用—調 政 ① 1276
輸—田 政 ② 282
不輸—田 政 ② 282
田—【篇】 政 ② 583
田—【篇】 政 ④ 135
封戸—賦 封 6
そ 疽 方 1229
そ 疏 官 ① 199
— 官 ① 1303
そ 蘇 方 1051
— 歳 545
そあまぐ 蘇甘栗使 歳 559
そいのお 副嫗 神 ③ 863
そいんこ 蘇因高 姓 348
そう さう 姓 3
「せい姓」も見よ
そう 壮 人 ① 81
そう 宋【篇】 外 887
そう 宗(苗字) 姓 328
そう 相
観— 方 561
地—【併入】 方 584
墓—【併入】 方 589
家—【併入】 方 593
剣—【併入】 方 596
そう 奏【篇】 政 ① 402
御暦— 歳 463
氷様— 歳 463
腹赤— 歳 464
腹赤— 歳 989
外任— 歳 465
外任— 歳 989
諸司— 歳 501
諸司— 歳 977
御弓— 歳 977
復辟— 官 ① 548
御鎰— 官 ① 735
勘解由使— 官 ② 88

	蔵人伝—	官	②	241
	位禄—	封		125
	庭立—	政	①	29
	吉書—	政	①	145
	三局—	政	①	703
	除目—	政	①	802
	擬階—【篇】	政	①	1190
	不堪佃田—【併入】	政	②	385
	後不堪—	政	②	398
	飛駅—	政	②	1197
	—事不実	法	①	430
	—断罪文	法	①	629
	御馬—	武		814
	遺詔—	礼	②	397
	遺令—	礼	②	479
そう	奏(楽舞)	楽	①	5
そう	僧	宗	②	428
	—徒年始諸礼	歳		602
	—徒年始参賀幕府	歳		681
	—徒年始回礼	歳		743
	—造橋	地	③	179
	社—【篇】	神	②	1617
	—女不補内侍官	官	①	1116
	—徒為准三宮	封		338
	—辞官表	政	①	391
	—牒	政	①	482
	—侶人別	政	③	496
	穢多—	政	③	883
	—徒配流	法	①	207
	—徒流罪	法	①	794
	—徒流罪	法	②	299
	—徒死罪	法	①	713
	—徒死罪	法	②	144
	—徒獄門	法	②	210
	追捕—徒	法	①	468
	追捕—徒	法	①	921
	—徒過怠	法	①	839
	—徒盗犯	法	①	868
	—徒闘殴	法	①	892
	—徒犯姦	法	①	912
	—徒犯姦	法	②	969
	—徒訴訟	法	①	1040
	—徒訴訟	法	③	492
	—徒好訴訟	法	③	498
	—徒訟庭席次待遇	法	③	551
	—徒追放	法	②	370
	晒—徒于日本橋	法	②	485
	—徒犯殺傷罪	法	②	853
	—徒博奕処刑	法	③	44
	—徒入牢	法	③	271
	—徒揚屋入	法	③	275
	—徒揚座敷入	法	③	285
	京都五山之—所称錢之異名	泉		14
	陣—	兵		197
	—徒帯刀	兵		309
	—徒為武人勧講和	兵		710
	—徒用長刀	武		91
	—侶呪禁	方		58
	耶蘇教—徒	宗	④	1146
	使—徒諭耶蘇教徒	宗	④	1185
	—徒書札礼	文	①	434
	—徒善和歌	文	①	868
	—徒為足利学校校主	文	②	1102
	俗人拝—	礼	①	27
	路頭—徒相遇礼	礼	①	205
	路頭—俗相遇礼	礼	①	205
	神官与—徒相争	礼	②	30
	後土御門天皇崩御湯灌—徒行之	礼	②	104
	籠—	礼	②	726
	—徒凶服	礼	②	994
	—徒善音楽	楽	①	119
	盲—【併入】	人	②	1002
	—徒賜姓	姓		227
	還俗—復姓	姓		261
	呼—徒加称姓	姓		300
	商—	産	②	709
	—侶扇	服		1349
	—徒蒙輦車宣旨	器	②	783
	—徒蒙牛車宣旨	器	②	794
	—徒乗物	器	②	1019
	「そうに僧尼」も見よ			
そう	箏【篇】	楽	②	645
そう	艘	器	②	574
そう	驄	動		90
ぞう	ぞう(族)	人	①	106
ぞう	象	動		455
ぞう	臓	法	①	52
そうあみ	相阿弥	居		897
そうあみ	相阿弥流(香道)	遊		358
そうあん	草鞍	兵		1969
そうあん	僧安(逸年号)	歳		344

ぞうあん	雑鞍	兵		1969
ぞうあん	造行宮使	帝		590
そうい	僧医	方		728
そうい	僧位【篇】	宗	②	771
ぞうい	贈位	官	①	241
	—	官	③	1804
	神祇—	神	①	323
	妃—	帝		1223
	夫人—	帝		1227
	女御—	帝		1273
	外戚—	帝		1549
	足利将軍—	官	②	1072
	徳川将軍—	官	③	31
	徳川将軍母及妻—	官	③	51
	—蔭	政	①	1005
	僧徒—	宗	②	795
ぞうい	贈遺【篇】	人	②	461
	年始—	歳		767
	彼岸—	歳		1075
	八朔—	歳		1285
	歳暮—	歳		1405
	五節—	神	②	378
	進献—	神	②	1590
	歌集—	文	②	423
	書籍—	文	③	411
	葬礼—	礼	②	326
	鷹—	遊		1011
	「おくりも贈物」も見よ			
ぞういき	贈位記	官	①	248
ぞういし	贈位使	官	①	243
ぞういせ	造伊勢斎宮使	神	③	805
そういち	総一(通矢)	武		156
ぞういん	造印	政	③	307
そういん	宗因流(俳諧)	文	①	1344
そううじ	宗氏			
	—朝鮮通交	外		693
	宗対馬守掌朝鮮通交事	外		529
そううみ	総海鞍	兵		1971
そううん	早雲寺【篇】	宗	④	266
そううん	早雲寺殿二十一箇条	法	①	686
ぞうえい	造営	居		933
ぞうえい	造営奉行			
	鎌倉幕府—	官	②	815
	足利氏寺社—	官	②	1208
	神社—	官	②	1414
そうおう	相応院流(声明)	宗	①	350
そうおう	相応寺【篇】	宗	③	783
そうおう	相応術(算術)	文	③	613
そうおう	総押領使	官	②	188
そうおさ	総押備	兵		397
そうおん	総御鉄砲頭	官	③	1174
そうおん	総御弓頭	官	③	1174
そうか	そうか(隠売女)	人	②	911
そうか	挿花【篇】	遊		825
そうか	挿鞋	服		1393
	蔵人執御—	官	②	249
そうかい	僧戒	宗	②	609
そうかえ	挿花会	遊		879
そうがえ	総返	兵		587
そうかし	挿花書	遊		901
そうがな	草仮名	文	①	31
ぞうかの	造化神	神	①	36
そうがま	総構(城)	兵		1070
そうかり	僧伽梨	宗	②	1143
そうかれ	葱花輦	器	②	936
そうかん	走還	政	②	15
そうかん	僧官【篇】	宗	②	729
そうかん	総官	官	①	219
	荘—	政	②	565
そうかん	総管	封		363
ぞうかん	贈官	官	①	241
	足利将軍—	官	②	1072
	徳川将軍—	官	③	31
	僧徒—	宗	②	767
ぞうがん	象眼(絹)	産	②	234
ぞうかん	贈官位	官	①	241
ぞうがん	象眼工	産	①	691
そうかん	総勘定頭	官	③	472
ぞうがん	象眼下襲	服		333
そうかん	総官奉行	神	③	844
そうかん	宗鑑流(書道)	文	③	679
そうぎ	宗祇	文	①	1102
	—善俳諧	文	①	1183
そうぎ	葬儀			
	「そうれい葬礼」を見よ			
そうぎが	喪儀掛	礼	②	254
ぞうきし	造器手	官	①	999
そうぎの	喪儀正	官	①	871
そうぎの	宗祇の蚊帳	器	②	213
そうぎの	喪儀司【篇】	官	①	871
そうきゃ	走脚詩	文	②	467
そうきゅ	双丘寺	宗	③	857
そうきゅ	宗及棚	遊		653

ぞうきょ 造橋使 地 ③ 157
ぞうきょ 造橋所 地 ③ 157
そうぎり 宗祇流(書道) 文 ③ 679
そうぐ 僧供 宗 ② 192
そうぐ 僧具【篇】 宗 ② 1119
ぞうぐう 造宮 地 ① 130
　—蠲免 政 ② 1002
ぞうぐう 造宮卿 官 ② 368
ぞうぐう 造宮司 地 ① 133
ぞうぐう 造宮使 官 ② 372
　大神宮— 神 ③ 219
ぞうぐう 造宮職【篇】 官 ② 368
　廃— 官 ① 1005
ぞうぐう 造宮省 官 ② 370
ぞうぐう 造宮大夫 官 ② 370
ぞうぐう 造宮丁 政 ② 865
そうぐる 総曲輪 兵 1064
ぞうげ 象牙 動 456
　— 産 ① 619
そうけい 奏慶
　新任— 政 ① 944
　叙位— 政 ① 1477
　「けいが慶賀」も見よ
そうけい 糟鶏 飲 24
そうげい 送迎 礼 ① 137
そうけい 総稽古 楽 ② 86
そうけい 総稽古所 文 ② 1278
そうけつ 奏決 法 ① 231
ぞうげの 象牙帯 服 803
ぞうげの 象牙櫛 器 ① 397
ぞうげの 象牙尺 称 32
そうけん 総見院 宗 ③ 755
そうけん 総検校
　武蔵国—職 地 ① 926
　荘— 政 ② 561
　僧職— 宗 ② 987
　盲人— 人 ② 949
そうげん 宗源行事 神 ② 1368
そうけん 総見寺【篇】 宗 ④ 657
そうげん 宗源神道 神 ② 1322
　— 神 ② 1367
　「ゆいいつ唯一神道」も見よ
そうげん 宗源宣旨 神 ① 335
そうげん 宋元風画 文 ③ 829
ぞうけん 造硯法 文 ③ 1324
そうけん 崇賢門 居 262
そうけん 相見礼 礼 ① 127
そうこ 倉庫 居 734
　— 産 ① 107
　校倉 神 ① 474
　神輿倉 神 ① 608
　皇大神宮倉 神 ③ 28
　大神宮御倉 神 ③ 282
　礼服倉 帝 332
　兵庫寮倉 官 ① 1550
　荘倉 政 ② 576
　出挙倉 政 ② 895
　常平倉 政 ② 1085
　勅封倉 宗 ③ 1142
　徳川幕府金蔵 政 ③ 1035
　徳川幕府米蔵 政 ③ 1045
　徳川幕府大津御蔵 政 ③ 1049
　徳川幕府佐渡国御蔵 政 ③ 1071
　経蔵 宗 ③ 119
　塩硝蔵 武 927
　神庫 神 ① 474
　神祇官庫 官 ① 295
　太政官庫 官 ① 391
　中務省庫 官 ① 686
　大宰府庫 官 ② 396
　戸籍庫 政 ② 9
そうこう 双鉤 文 ③ 738
そうごう 僧綱 宗 ② 731
　社僧任— 神 ② 1685
　医師任— 方 734
そうごう 僧綱(僧服著方) 宗 ② 1171
ぞうこう 蔵鉤【篇】 遊 225
そうごう そうがうくび 服 218
ぞうこう 贈皇后 帝 1178
そうこう 装潢功程 文 ③ 506
そうこう 装潢手 官 ① 768
そうこう 装潢匠 文 ③ 502
ぞうこう 贈皇太后 帝 1178
そうごう 総合鳥居 神 ① 586
　—図 神 ① 585
ぞうこう 造興福寺長官 宗 ③ 1199
そうこう 双皐麗(楽曲) 楽 ① 363
そうこく 総国分寺 宗 ③ 1097
ぞうごま 象独楽 遊 1161
そうこん 早婚 礼 ① 1262
そうこん 草根集 文 ② 373
そうざ 草坐 宗 ② 1135
そうさい 総裁

	—職【併入】	官	①	526
	海陸軍—	官	③	1606
そうさい	喪祭儀略(書名)	礼	②	1097
ぞうさい	造斎宮長官	神	③	804
そうざい	総在庁	宗	②	1011
ぞうさく	造作	居		933
そうさご	匝瑳郡	地	①	1061
そうさん	早参	政	①	1124
そうざん	早産	礼	①	473
そうし	冊子【附】	文	③	509
	—	文	③	319
そうし	草子(小説)	文	②	939
そうし	叢祠	神	①	509
そうじ	さうじ	宗	②	683
	—	礼	②	694
	「しょうじ精進」も見よ			
そうじ	草字	政	①	573
	「かおう花押」も見よ			
そうじ	奏事	政	①	411
そうじ	掃除			
	雪—	天		232
	晦日—	歳		56
	太政官—	官	①	524
	主殿寮掌禁中—	官	①	1034
	宮城—	居		13
	茶室露地—	遊		579
	正月二日掃始	歳		898
ぞうし	曹子	人	①	203
ぞうし	曹司	居		640
	神祇官—	官	①	294
	太政官—	官	①	386
	納言—	官	①	387
	弁官—	官	①	387
	外記—	官	①	399
	中宮職—	官	①	742
	木工寮—	官	①	1005
ぞうし	雑仕	官	①	1157
そうしあ	双紙合	遊		296
そうじい	総持院(近江)	宗	④	569
そうじい	総持院(京都)【篇】	宗	③	561
ぞうしが	造紙形	文	③	1423
ぞうしが	雑司谷	地	①	975
ぞうしか	造士館(三田藩)	文	②	1278
ぞうしか	造士館(安中藩)	文	②	1282
ぞうしか	造士館(鹿児島藩)	文	②	1291
そうじか	喪事監護	礼	②	225
ぞうしき	雑色	官	①	206
	春宮—	官	①	1183
	蔵人所—	官	②	229
	諸国—	官	②	477
	鎌倉幕府—	官	②	832
	足利氏—	官	②	1278
	京都町奉行所—	官	③	1305
ぞうしき	雑色田	政	②	326
ぞうしき	雑色所	官	①	1292
ぞうしき	雑色人帳	政	②	233
そうじじ	総持寺(紀伊)【篇】	宗	④	1000
そうじじ	総持寺(能登)【篇】	宗	④	815
ぞうじし	造寺司	宗	③	44
	東寺—	宗	③	801
	西寺—	宗	③	805
	東大寺—	宗	③	1169
	薬師寺—	宗	③	1259
	秋篠寺—	宗	③	1273
	興福寺—	宗	③	1199
	大安寺—	宗	③	1224
	法華寺—	宗	③	1239
	西大寺—	宗	③	1264
	西隆寺—	宗	③	1266
ぞうじし	造寺使	宗	③	45
	法性寺—	宗	③	970
ぞうしし	造紙手	文	③	1243
ぞうしし	造士書院	文	②	1282
	—束脩謝儀	文	③	17
	—試験	文	③	171
そうしだ	草子棚	文	③	1417
そうしち	冊子帙	文	③	540
そうしち	相思鳥	動		931
そうじと	総地頭	官	②	985
	—職兼郷地頭	官	②	1037
そうじに	草字二歩判	泉		246
	—	泉		327
	—	泉		379
そうじの	掃除頭	官	③	995
そうじの	掃除之者【併入】	官	③	995
そうしの	草子の読初	文	③	257
そうしば	草子箱【併入】	文	③	1402
	—図	文	③	1403
そうしば	草子挟【附】	文	③	1423
そうじは	奏事始			
	神宮—	官	①	670
	賀茂—	官	①	673
ぞうしほ	造紙法	文	③	1231
そうしゃ	葬車	礼	②	350

そうじゃ　奏者　政 ③ 336
　足利氏—　官 ② 1253
　織田氏—　官 ② 1409
　豊臣氏—　官 ② 1438
そうじゃ　総社【篇】　神 ① 825
そうじゃ　奏者番【篇】　官 ③ 277
そうじゅ　宋儒　文 ② 758
そうじゅ　奏授　官 ③ 1796
　—位記式　官 ③ 1870
そうしゅ　相州　地 ① 741
　「さがみの相模国」も見よ
そうしゅ　総州　地 ① 1021
　「かずさの上総国」も見よ
そうしゅ　総州　地 ① 1049
　「しもうさ下総国」も見よ
ぞうしゅ　雑宗　宗 ① 1068
　「しゅげん修験道」も見よ
そうしゅ　総州一揆　兵 432
そうしゅ　送秋楽　楽 ① 460
そうじゅ　宗十郎頭巾　服 1256
ぞうじゅ　贈准三宮　帝 1216
そうじゅ　蒼朮　植 ② 774
そうじゅ　槍術【篇】　武 70
そうじゅ　槍術教授方　官 ③ 1634
そうじゅ　槍術師範役　官 ③ 1634
そうしょ　草書　文 ③ 775
　—経　宗 ① 314
そうしょ　葬所　礼 ② 1094
そうしょ　叢書　文 ③ 450
ぞうしょ　蔵書　文 ③ 368
　大学寮—　文 ② 1075
　足利学校—　文 ② 1093
　昌平坂学問所—　文 ② 1152
　藩学—　文 ② 1245
ぞうしょ　蔵書印　文 ③ 1142
そうしょ　宗匠
　香道—　遊 362
　茶道—　遊 597
　歌道—　文 ① 810
　狂歌—　文 ① 930
　連歌—　文 ① 1099
　俳諧—　文 ① 1365
そうしょ　総省　官 ① 219
そうじょ　奏状　政 ① 778
そうじょ　相乗(算術)　文 ③ 592
そうじょ　葬場　礼 ② 332
そうじょ　僧正　宗 ② 749
　—　宗 ② 735
そうじょ　曹娘褌脱【楽曲】　楽 ① 547
そうじょ　葬場使　礼 ② 272
ぞうじょ　増上寺【篇】　宗 ④ 389
　—大蔵経刊行　宗 ① 307
　—住職選挙　宗 ② 842
　—鐘　宗 ② 1108
　—学寮　宗 ③ 142
　—霊廟　礼 ② 1207
そうじょ　相生相剋　方 24
　鎧権毛—　兵 1853
　名乗剋生　文 ① 61
そうじょ　葬場殿　礼 ② 335
　—指図　礼 ② 69
そうしょ　総庄屋　官 ③ 1544
そうしょ　僧職【篇】　宗 ② 854
　—通載【篇】　宗 ② 833
ぞうしょ　贓贖司【篇】　官 ① 946
そうしん　崇親院　政 ② 1032
そうじん　宗陣座(銀座)　泉 402
ぞうしん　雑神政所　神 ③ 826
そうじん　崇仁門　居 240
そうず　添水　産 ① 168
そうず　僧都　宗 ② 752
そうず　僧都(案山子)　産 ① 167
ぞうす　蔵主　宗 ② 1034
ぞうすい　増水(粥)　飲 471
そうずう　曾布豆碓　産 ① 298
ぞうずさ　象頭山　神 ④ 1343
そうせい　双生　礼 ① 481
そうせい　早世　人 ① 679
そうせき　送籍　政 ③ 533
ぞうせき　造籍　政 ② 16
　—　政 ② 1
そうぜめ　総攻　兵 621
ぞうせん　造船　器 ② 608
　—　兵 1242
ぞうせん　造船学　官 ③ 1646
　学—於和蘭　外 57
そうせん　総泉寺【篇】　宗 ④ 419
ぞうせん　造船場　兵 1243
そうそう　葬送　礼 ② 5
　「そうれい葬礼」も見よ
そうそう　喪葬假　礼 ② 679
ぞうそう　造曹司　官 ① 394
そうそう　遭喪帳　政 ② 233
そうぞく　相続【篇】　政 ② 83

	—【篇】	政	③	669
	出雲国造神火—	神	④	1065
	諸王人臣家—	帝		1502
	功封—	封		51
	功田—	封		109
	家督—訴訟	法	①	1001
	名跡—者服忌	礼	②	610
そうぞく	僧俗	宗	②	561
そうそこ	曾祖姑	人	①	258
そうそふ	曾祖父	人	①	127
	天皇為—服	礼	②	491
	為—服	礼	②	583
	為—服	礼	②	754
そうそぼ	曾祖母	人	①	127
	天皇為—服	礼	②	491
	為—服	礼	②	583
	為—服	礼	②	754
そうそん	曾孫	人	①	231
	大臣—蔭位	政	①	1005
ぞうたい	贈太皇太后	帝		1180
そうだい	総大将	兵		174
そうだい	総大判官代	官	②	488
そうたき	総滝	地	③	1212
ぞうだじ	贈太上天皇	帝		842
そうたつ	宗達流	文	③	826
そうだん	奏弾	政	①	413
そうだん	相談書	政	③	212
	訴訟—	法	③	651
そうち	葬地	礼	②	332
ぞうち	蔵知(逸年号)	歳		341
そうちく	さうちく(草)	植	①	1059
そうちょ	双塚	礼	②	1105
そうちょ	双調	楽	①	20
	唐楽—楽曲	楽	①	476
	高麗楽—楽曲	楽	①	601
そうちょ	宗長	文	①	1107
そうちょ	僧聴(逸年号)	歳		340
そうちょ	叢塚	礼	②	1108
ぞうちょ	増長天	宗	①	111
そうちん	総鎮守神	神	①	813
そうつい	総追捕使	官	②	191
	地頭兼—	官	②	1038
	神社—	神	②	1525
そうてん	奏天楽	楽	①	339
そうとう	澡豆	器	①	539
そうどう	僧堂	宗	③	123
ぞうとう	贈答			
	歌—	文	①	713
	狂歌—	文	①	917
	連歌—	文	①	947
	詩—	文	②	513
そうどう	さうどう打	人	①	158
そうとう	送唐客使	外		848
そうとう	曹洞派	宗	①	753
	—宗規	宗	①	720
	—寺院数	宗	③	12
そうとう	双頭蓮	植	②	148
そうとし	総年寄			
	大坂—	官	③	1344
	奈良町—	官	③	1429
そうとん	草墪	器	②	140
	舞楽用—	楽	①	670
ぞうとん	造頓宮使	帝		693
ぞうなが	造長岡宮使	官	②	372
ぞうなに	造難波宮司	官	②	372
そうに	僧尼			
	—総載【篇】	宗	②	427
	大嘗祭忌—	神	①	1178
	—大神宮参拝	神	③	663
	玄蕃寮掌—事	官	①	862
	—叙位	官	③	1861
	—位記	官	③	1891
	—位封	封		48
	—給位田	封		105
	—位禄	封		138
	—名籍	政	②	9
	—遺産	政	②	114
	—不得父母遺産	政	②	124
	—犯罪	法	①	30
	—犯罪	法	①	651
	—犯罪	法	②	2
	—配流	法	①	193
	—死刑	法	①	256
	—盗犯	法	①	369
	寺家人奴婢殴—	法	①	419
	—犯姦	法	①	443
	—犯罪者会赦	法	①	517
	—訴訟	法	①	553
	訴訟引証—	法	①	553
	不拷訊犯罪—	法	①	613
	—得度	宗	②	567
	国分寺—	宗	③	166
	—賜封戸田地	宗	③	273
	—服忌	礼	②	908

	為一服	礼	②	915
	一名	姓		796
	一私不得為売買	産	②	328
	一禁飲酒	飲		785
ぞうに	雑煮	歳		839
	—	飲		568
そうには	僧尼拝所(大神宮)	神	③	671
そうにん	相人	方		561
	—	宗	②	114
そうにん	奏任	官	①	221
ぞうにん	雑人	政	③	607
ぞうにん	雑任	官	①	202
そうねい	総寧寺【篇】	宗	④	509
そうねい	さうねいでん(常寧殿)	居		93
そうのあ	層富県	地	①	83
そうのか	添上郡	地	①	280
そうのこ	箏【篇】	楽	②	645
そうのし	添下郡	地	①	280
そうのし	草の祝言	礼	①	1032
そうば	相場			
	水名—	政	④	486
	金銀—	泉		389
	米—	産	②	505
そうば	曹婆(楽曲)	楽	①	395
そうば	騸馬	動		103
そうはい	総拝所	神	①	500
そうはく	相博	政	①	1088
ぞうはく	造泊使	地	③	558
ぞうはく	造泊所	地	③	558
そうばし	相場師	産	②	532
そうはつ	総髪	人	①	528
そうばど	喪場殿	礼	②	332
そうはん	宋版	文	③	1078
そうはん	草飯	飲		424
そうはん	総判	官	①	305
そうばん	総番	官	②	1245
ぞうはん	蔵版	文	③	339
	—	文	②	1245
ぞうひつ	造筆手	文	③	1298
ぞうひつ	造筆法	文	③	1292
そうびょ	宗廟	礼	②	1201
	称神社曰—	神	①	431
	称伊勢神宮曰—	帝		578
	称石清水八幡宮曰—	神	③	1242
ぞうひょ	雑兵	兵		253
そうびら	双鼻麗(楽曲)	楽	①	359
	—	楽	①	364
そうひら	宗妃楽	楽	①	451
ぞうふ	贓布	法	①	63
ぞうふ	臓腑	人	①	486
ぞうふう	増封【併入】	封		63
そうぶぎ	総奉行	官	②	1179
そうふく	僧服【篇】	宗	②	1137
そうふし	総普請奉行	官	③	663
ぞうぶつ	造仏工	宗	①	211
	「ぶっし仏師」も見よ			
ぞうふな	造船瀬使	地	③	555
そうぶれ	想夫憐	楽	①	399
そうぶん	草文字銀	泉		245
	—品位	泉		387
そうへい	僧兵【篇】	兵		283
ぞうへい	造平城宮司	官	②	372
ぞうへい	造兵正	官	①	924
ぞうへい	造兵司【篇】	官	①	924
そうへき	藻壁門	居		213
そうへん	宗偏流	遊		597
そうほ	蕫甫(瑞木)	植	①	75
そうぼう	僧坊	宗	③	121
そうほう	総判官代	官	②	487
そうほう	総法務	宗	②	972
そうぼく	掃墨	文	③	1389
ぞうぼく	造墨手	文	③	1379
ぞうぼく	造墨法	文	③	1372
そうほだ	宗甫棚	遊		648
そうほん	双本歌	文	①	545
そうまき	さう巻(刀)	兵		1372
そうまご	相馬郡	地	①	1064
そうまっ	総末社	神	①	424
そうまや	相馬焼	産	①	752
そうまん	皀縵頭巾	服		1113
ぞうみか	造御竈長官	礼	②	255
そうみょ	草名	政	①	573
	「かおう花押」も見よ			
ぞうみょ	増命(僧)	宗	②	803
そうめい	聡明(釈奠)	文	②	1369
そうめい	崇明門	居		237
そうめい	宗明楽	楽	①	517
そうめつ	総目付	官	③	308
そうめん	草綿	産	②	101
	「わた綿」も見よ			
そうめん	索麵	飲		503
	—	歳		1222

ぞうめん 造面(舞楽) 楽 ① 670
そうもく 草木六部耕種法 産 ① 181
ぞうもつ 臓物 法 ① 135
— 法 ① 377
— 法 ① 875
— 法 ② 723
そうもん 奏聞 政 ① 402
そうもん 総門 居 844
そうやか 宗谷海峡 地 ③ 1276
そうやく 草薬 方 1069
ぞうやく 雑役車 器 ② 856
そうやご 宗谷郡 地 ② 1297
ぞうよ 増誉 宗 ① 1083
そうよう 僧要(逸年号) 歳 341
そうよう 瘡瘍 方 1219
ぞうよう 雑徭【篇】 政 ② 822
以—而役 封 374
そうよく 澡浴具【篇】 器 ① 535
そうらず 皀羅頭巾 服 1113
ぞうり 草履 服 1422
数寄屋— 遊 595
ぞうりか 草履かくし 遊 1236
ぞうりき 造離宮司 官 ② 372
ぞうりと 草履取 官 ③ 987
そうりゅ 双竜舞 楽 ① 588
そうりゅ 蒼竜楼 居 190
そうりゅ 蒼竜楼掖門 居 254
そうりょ 僧侶
「そう僧」を見よ
そうりょ 双陵 帝 1034
そうりょ 総領(家督) 政 ② 84
— 政 ③ 684
—出奔 政 ③ 570
そうりょ 総領(職名)【併入】 官 ② 567
そうりょ 草梁館 外 762
そうりょ 総領地頭
鎌倉幕府— 官 ② 985
足利氏— 官 ② 1376
そうりょ 総領除 政 ③ 722
養子— 政 ③ 706
そうりょ 総領分 政 ③ 685
そうりん 叢林 宗 ③ 137
そうりん 双林寺【篇】 宗 ③ 676
そうりん 相輪樘 宗 ③ 96
延暦寺— 宗 ④ 575
輪王寺— 宗 ④ 735
そうれい 葬礼【篇】 礼 ② 1
—著素襖 服 592
喪儀司掌葬喪 官 ① 871
用明天皇御葬送図 礼 ② 170
厩戸皇子及妃御葬送図 礼 ② 174
葬送図 礼 ② 178
未葬送先帝而踐祚 帝 273
葬送先帝後久不踐祚 帝 273
葬送以前奉假文 礼 ② 681
そうれん 操練 兵 473
そうれん 操練場 兵 489
そうろう 候 文 ① 422
そうろく 総録 人 ② 950
そうろく 僧録司 宗 ③ 668
— 官 ③ 373
— 宗 ③ 392
ぞうわ 蔵和(逸年号) 歳 341
そうわぜ 宗和膳 器 ① 141
そうわわ 宗和椀 器 ① 42
そえ そゑ(諸衛) 官 ① 1314
そえざか 添肴 飲 146
そえじょ 添状【併入】 政 ③ 149
そえたか 添高札 政 ③ 184
そえち 添地 政 ③ 1271
そえづか 添使 法 ③ 589
そえなが 添轅 器 ② 964
そえばん 副番 政 ③ 402
そえばん 添番人 地 ③ 141
そえもん 添紋 姓 503
そおごお 囎唹郡 地 ② 1181
そおど 曾富騰(案山子) 神 ① 93
— 産 ① 165
そがきょ 曾我兄弟 人 ② 514
そがだそ 曾我蛇足 文 ③ 829
そがのい 蘇我稲目
—信仏教 宗 ① 206
—建向原寺 宗 ④ 16
そがのい 蘇我入鹿 帝 1584
そがのう 蘇我馬子
—専権 帝 1583
—伐物部守屋 宗 ④ 68
—建法興寺 宗 ③ 1337
—捨自宅為寺 宗 ③ 1349
—建竜泉寺 宗 ④ 14
そがのえ 蘇我蝦夷 帝 1583
そがのく 蘇我倉山田石川麻呂

—納女於中大兄 礼 ① 1278
—忠 人 ① 1010
そがのし 曾我荘 地 ① 782
そがまつ 曾我祭 楽 ② 223
そがりゅ 曾我流(書札) 文 ① 452
そぎそで そぎ袖羽織 服 688
そぎぶき そぎ葺 居 1026
そく 束(稲秉) 植 ① 797
そく 束(計矢長語) 兵 1543
— 称 8
そぐ そぐ(楽舞) 楽 ① 5
ぞく 属 官 ① 200
ぞく 賊
「とうぞく盗賊」を見よ
そくい 即位【篇】 帝 317
—図 帝 360
嘉永元年—図 帝 372
天皇—後行大嘗祭 神 ① 951
—後直行大嘗 神 ① 1385
踐祚—無別 帝 244
踐祚—漸分 帝 245
踐祚—後朝覲始 帝 711
—前立后 帝 1147
—時大名進献 官 ③ 1735
—蠲免 政 ② 1004
—賑給 政 ② 1060
—赦宥 法 ③ 380
そくいて 即位伝奏 官 ① 678
そくがり 束刈 政 ④ 114
ぞくげん 俗言 人 ① 832
ぞくこき 続古今和歌集 文 ② 308
—命名 文 ② 246
—竟宴 文 ② 248
ぞくごし 続後拾遺和歌集 文 ② 313
—命名 文 ② 245
ぞくごせ 続後撰和歌集 文 ② 306
批難— 文 ② 420
ぞくざい 贖罪【篇】 法 ① 265
そくさい 息災増益法 宗 ② 316
そくさい 息災法 宗 ② 316
ぞくし 続氏 姓 270
ぞくしか 続詞花集 文 ② 359
そくしゅ 束脩 文 ③ 13
ぞくしゅ 続拾遺和歌集 文 ② 309
ぞくしょ 俗称 姓 700
ぞくしょ 属星 方 199
ぞくしょ 贖章(律文用語) 法 ① 47
ぞくしょ 属星祭 方 34
ぞくしん 続新抄 法 ① 80
ぞくずい 続随子 植 ② 337
ぞくせき 属籍
削— 政 ② 31
削— 帝 1469
復— 帝 1506
そくせき 即席料理 飲 114
ぞくせん 贖銭 法 ① 271
ぞくせん 続千載和歌集 文 ② 312
ぞくそう 粟倉 居 790
ぞくそう 族曾王父 人 ① 258
天皇為族祖曾父服 礼 ② 492
ぞくそう 族曾王母 人 ① 258
ぞくそう 族曾祖姑
天皇為—服 礼 ② 492
天皇為—服喪議 礼 ② 517
ぞくそこ 族祖姑 人 ① 257
天皇為—服 礼 ② 494
ぞくそふ 族祖父 人 ① 257
族叔祖父受禅 帝 535
族叔祖父為太子 帝 1357
ぞくそぼ 族祖母 人 ① 257
そくたい 束帯 服 178
凶服— 礼 ② 1009
以—為祭服 服 146
著—把笏 服 1282
著—持扇 服 1344
ぞくたい 俗諦 宗 ① 50
ぞくだん 続断 方 1079
そくちが 測地学 文 ③ 631
そくつう 触桶 器 ① 573
そくてん 測天術 文 ③ 648
ぞくとう 贖稲 法 ① 271
ぞくどう 贖銅 法 ① 270
— 法 ① 833
— 法 ① 48
— 法 ① 630
そくとう 捉稲使 政 ② 888
そくどく そくどく(蒴藋) 植 ② 651
ぞくのう 続農家貫行 産 ① 177
そくはく 側柏 植 ① 117
ぞくふ 族父 人 ① 256
天皇為族伯父服 礼 ② 494
ぞくふ 贖布 法 ① 271
ぞくぶん 俗文 文 ① 251
ぞくべっ 俗別当

	神社—	神	②	1622
	粟田宮—	神	③	1530
	寺院—	宗	②	947
ぞくほう	贖法	法	①	47
ぞくほん	続本朝通鑑	文	②	871
ぞくまん	続万葉集	文	②	283
ぞくみょ	俗名	姓		700
	—	姓		592
ぞくみょ	続命法	宗	②	308
そくり	息利	政	②	904
	—	政	④	679
	「りそく利息」も見よ			
そくりょ	測量	文	③	631
	日本海—	外		1452
	下縄測海深	帝		611
そくりょ	測量家	文	③	638
そくりょ	測量器械	文	③	651
そくりょ	測量術	文	③	640
	学—於和蘭	外		57
そくりょ	測量図	地	①	121
そくりょ	測量台	方		283
ぞくろう	続労	政	①	1023
ぞくろう	贖労	政	①	1023
そけん	素絹	宗	②	1181
そげん	祖元	宗	①	746
	—参禅	宗	①	798
	—弘禅宗	宗	②	541
	—為円覚寺開山	宗	④	277
そこ	そこ(他称)	人	①	18
そこ	塞	兵		1121
そこ	祖姑	人	①	256
そこう	蘇合香(楽曲)	楽	①	504
そごうこ	蘇合香(香)	遊		313
そごうび	十河額	人	①	537
そこく	租穀	政	②	585
そこくら	底倉湯	地	③	1059
そこつい	底津石根	居		951
そこつつ	底筒之男命	神	②	663
	祀—於住吉神社	神	④	233
	祀—於長門国住吉神社	神	④	1212
	祀—於壱岐国住吉神社	神	④	1702
そこつわ	底津綿津見神	神	②	663
	祀—於海神社	神	④	1087
そことり	底取炮烙	遊		773
そこぬけ	底脱井	地	③	1013
そこのく	底之国	神	①	97
そこひ	そこひ(目翳)	方		1163
そしき	祖師忌【附】	宗	②	214
そじしの	膂之空国	外		120
そしどう	祖師堂	宗	③	87
そしまり	蘇志摩利(楽曲)	楽	①	601
そしもり	曾尸茂梨(新羅)	外		96
そしもり	蘇志茂利(楽曲)	楽	①	601
そしゅひ	鼠鬚筆	文	③	1275
そしゅん	楚俊(僧)	宗	②	543
そしょう	訴訟【篇】	法	①	549
	—【篇】	法	①	977
	—【篇】	法	③	401
	神領—	神	①	650
	社僧—	神	②	1693
	大神宮神領—	神	③	914
	非人—	政	③	902
	開墾—	政	③	1243
	用水—	政	④	1203
	寺領—	宗	③	265
そじょう	訴状	法	①	1064
	—	法	③	587
	—	法	①	550
	山門—中之語	帝		1591
	捨—	法	③	430
そしょう	訴訟方	法	③	497
	—	法	③	648
そしょう	訴訟挙状	政	①	151
そじょう	訴状下げ	法	③	1009
そしょう	訴訟帳	法	③	675
そしょう	訴訟人【篇】	法	①	1051
	—【篇】	法	③	537
そじょう	訴状箱	法	③	448
	—	法	③	861
そしょう	訴訟日	法	③	847
そしょう	訴訟文書【篇】	法	①	1064
	—【篇】	法	③	585
そしる	誹謗	人	②	673
そじん	祖神			
	祭—	神	①	661
	木工—	産	①	579
そすい	疏水	政	②	1111
	—	政	④	1065
そせい	蘇生	人	①	634
	—	礼	②	127
そぜい	租税			
	「ぜい税」「そ祖」を見よ			

そぜいき	租税交名帳	政	②	750
そぜいそ	租税損益帳	政	②	602
そせいほ	素性法師	帝		734
	—	文	①	870
そせき	疎石	宗	①	749
	—為等持寺開山	宗	③	393
	—為相国寺開山	宗	③	384
	—為天竜寺開山	宗	③	900
	—為臨川寺開山	宗	③	918
	—為慧林寺開山	宗	④	229
	—為瑞泉寺開山	宗	④	302
	—為補陀寺開山	宗	④	1011
	夢窓国師与足利尊氏教訓状	人	②	241
	夢窓国師作西方寺庭	居		892
	夢窓国師碑銘	礼	②	1181
	夢窓国師諡号	宗	②	820
	夢窓国師七年忌	服		570
そせつだ	疎節竹	植	①	692
そせん	祖先	人	①	120
	祭—	神	①	699
	祭—	礼	②	1306
そせん	租銭	政	②	613
そぞう	塑像	宗	①	168
そそき	そそき(飛廉)	植	②	760
そそぎあ	注網	産	①	382
そそろ	そそろ(鳩)	動		508
そぞろご	そぞろごと(譫語)	人	①	850
そだ	麁朶	器	②	334
そちのみ	帥宮	帝		1414
そちょう	租帳	政	②	594
	勘—	政	②	602
そちんじ	訴陳状	法	①	1065
そつ	卒	人	①	645
そつ	帥	官	②	394
	「だざいの大宰帥」も見よ			
そっけつ	則欠官	官	①	409
ぞっこ	族姑	人	①	257
ぞっこう	属纊	人	①	661
そっこく	卒哭忌	礼	②	1360
そっこく	卒哭辰	礼	②	1370
そっちゅ	卒中	方		1463
そで	袖			
	衣服—	服		19
	鎧—	兵		1788
	鎧—	兵		1899
	車—	器	②	761
そでがき	袖垣	居		866
そでがき	袖書	政	①	683
	除目申文加—	政	①	775
そでぎち	袖几帳	器	①	819
そでぐく	袖括	服		31
そでぐち	袖口	服		27
そでごい	袖乞	政	③	926
	「こつじき乞食」も見よ			
そでごう	袖格子(車)	器	②	761
そでごし	袖輿	器	②	958
そでじる	袖印【併入】	兵		2137
	—	兵		600
そでじろ	袖白車	器	②	831
そでずき	袖頭巾	服		1244
そでつけ	そでつけ衣	服		22
そてつよ	蘇鉄葉	方		849
そでどめ	袖止	礼	①	864
	——称月見	礼	①	544
そでなし	袖無羽織	服		677
そでのこ	袖の子稲	植	①	778
そでのみ	袖湊	地	③	543
そではん	袖判	政	③	317
そでひと	袖単	服		398
そでへり	そでへり(袖端)	服		29
そてろ	ソテロ	外		1260
そとう	租稲	政	②	588
そどう	祖堂	宗	③	87
そとうば	蘇東坡			
	—詩	文	②	481
	祭—	礼	②	1345
そとおり	衣通郎姫	帝		1294
そとがは	外ヶ浜	地	③	1303
そとかん	外神田	地	①	960
そどく	素読	文	③	228
そどくぎ	素読吟味	文	③	162
	—図	文	③	164
そとぐる	外曲輪	兵		1065
	徳川柳営—諸門	居		384
そとけみ	外検見(犬追物)	武		592
そとさく	外桜田御門	居		395
そとさぶ	外侍	居		589
そとざや	外鞘(獄舎)	法	③	194
そとじろ	外城	兵		1040
そとぞな	外備	兵		416
そとのい	外の犬(犬追物)	武		593
そとのえ	外重(内裏)	官	①	1326

そとば	卒堵婆	礼	②	1190
	—	宗	③	103
	石—	帝		1026
	墓上立—	礼	②	1076
	彫—於笏	服		1268
そとも	背面	天		15
そないの	園相社	神	③	132
そなえ	備	兵		43
	本—中—	兵		378
	船—	兵		1195
そなえく	備九段	兵		43
そなた	そなた(他称)	人	①	18
そなれま	そなれ松	植	①	90
そに	鴗	動		659
そにん	訴人	法	①	550
	—	法	①	1051
	偽—	法	②	935
	博奕—	法	③	21
そにん	訴人(職名)	法	①	1096
そにんさ	庶人三台(楽曲)	楽	①	440
そねのえ	曾禰駅	地	①	1094
そねむ	妬	人	①	768
そのいけ	園池正	官	①	1078
そのいけ	園池司【篇】	官	①	1078
	—祭神	神	①	879
そのかみ	そのかみ	歳		70
そのから	園韓神	神	①	851
そのきご	彼杵郡	地	②	1086
そのくに	襲国	人	②	731
そのくら	租倉	居		785
そのけ	園家	姓		436
	—活花	遊		876
そのこま	其駒(神楽)	楽	①	165
そののか	園神	神	①	851
そのはち	園八節	楽	②	294
そのはら	園原	地	③	953
そのびと	園人	官	①	72
そのべ	園部	官	①	72
そのべは	園部藩	地	②	393
	—講堂	文	②	1286
そのべり	園部流	飲		319
	徳川幕府饗礼用—	礼	①	297
そば	そば(袴)	服		700
そば	蕎麦	植	②	7
	以—為地子	政	④	387
そば	蕎麦(蕎麦切)	飲		513
そばいし	側医師	官	③	866
そばうり	そばうり(胡瓜)	植	②	608
そばがき	蕎麦がき	飲		517
そばかす	そばかす(雀斑)	方		1266
そばがゆ	蕎麦粥	飲		458
そばきり	蕎麦切	飲		512
そばこう	側高家	官	③	305
そばしゅ	側衆			
	朝廷—	官	①	643
	徳川氏—【篇】	官	③	268
	徳川氏—聴訟	法	③	765
	豊臣氏傍衆	官	②	1442
そばじら	側白木弓	兵		1632
そばつづ	傍続	服		303
そばな	そばな(草)	植	②	687
そばのき	そばの木(柧棱)	植	①	665
そばむぎ	そばむぎ(蕎麦)	植	②	7
そばめし	蕎麦飯	飲		400
そばや	蕎麦屋	飲		521
そばゆう	側右筆	官	③	256
そばよう	側用人【篇】	官	③	261
	—聴訟	法	③	765
そはん	蘇判	外		101
そび	鴗	動		658
そび	陰頽	方		1203
そびまめ	鵐豆	植	②	237
そびょう	祖廟	帝		1034
そふ	祖父	人	①	129
	—為後見	政	③	864
	依擬—帝無諒闇	礼	②	421
	天皇為—服	礼	②	489
	為—服	礼	②	583
	為—服	礼	②	749
	復—讐	人	②	512
そふき	そふき(歴草)	動		86
そふく	素服	礼	②	951
	諒闇時賜—	礼	②	462
	—挙哀	礼	②	654
	—著用之議	礼	②	942
	給—人尚著吉服祇候	礼	②	974
	著—於凶服上	礼	②	979
	婦人—	礼	②	998
	不論重軽服著—	礼	②	1061
	「もふく喪服」も見よ			
そぼ	祖母	人	①	129
	—遺産	政	③	742
	天皇為—服	礼	②	489

	天皇為皇―服喪議	礼②	513
	為―服	礼②	583
	為―服	礼②	749
そほうひ	蘇芳菲(楽曲)	楽①	471
そほき	そほき(歴草)	動	86
そぼふね	そぼ舟	器②	621
そほん	素本	文③	296
そほん	麁本	文③	319
そま	杣【併入】	地③	912
	玉滝―工	地①	410
そまくし	蘇莫者(楽曲)	楽①	538
そまづけ	杣漬	飲	1028
そまとり	杣取役	政④	474
そまびと	杣人	産①	538
そまやま	杣山(大神宮)	神③	297
そみかく	そみかくだ(山伏)	宗①	1093
そみんし	蘇民将来	神②	924
	―	神③	1473
	―	方	1337
	―札	宗①	1093
そめいい	染飯	飲	421
そめいろ	染色	産①	845
そめえ	染画	文③	943
そめかた	染帷子	服	451
そめがみ	染紙(経)	宗①	255
そめかり	染狩衣	服	465
そめかわ	染皮	兵	1900
そめぎぬ	染絹	産②	185
そめこう	染工【篇】	産①	835
そめし	染師	官①	798
	―	産①	836
そめした	染下襲	服	337
そめしば	そめしば(山礬)	植①	602
そめしょ	染装束	服	182
そめしり	染鞦	兵	2034
そめつけ	染付焼	産①	743
そめどの	染殿	産①	838
そめぬの	染布	産②	124
そめは	染羽(矢)	兵	1601
そめばか	染袴	服	715
そめはの	染羽国造	地②	90
そめべ	染部	官①	107
そめもの	染物	産①	835
	―	産②	335
そめもの	染物師	産①	835
そめもよ	染模様	産①	845
そめや	染屋	産①	836
そめりょ	染料	産①	890
そめわけ	染分袴	服	718
そもん	素問(医書)	方	1022
そや	征箭	兵	1663
	―	兵	1539
そら	そら(天空)	天	4
	「てん天」も見よ		
そらいろ	そら色の紙	文③	1206
そらごと	そらごと(虚言)	人②	660
そらし	そらし(藁本)	植②	420
そらじに	虚死	人①	658
そらずき	そら頭巾	服	1254
そらだき	空薫物	遊	330
そらちご	空知郡	地②	1296
そらつひ	虚空津日高(太子)	帝	1306
そらね	虚寝	人①	974
そらまめ	そらまめ(蚕豆)	植②	270
そらみつ	蘇羅密(楽曲)	楽①	365
そらみつ	虚空見日本国	地①	22
そり	反(刀剣)	兵	1311
そり	娖(相撲)	武	1138
そり	橇【併入】	器②	911
	犬引―	動	186
そりかん	橇かんじき	産①	264
そりさげ	そりさげ髪	人①	531
そりつ	租率	政④	183
そりはし	反橋	地③	116
そりわん	反椀	器①	21
それがし	某(他称)	人①	19
それがし	某(自称)	人①	9
それる	それる(音楽)	楽①	18
ぞろ	ぞろ(索麵)	飲	504
そろばん	算盤	文③	562
	検地用―	政④	23
そろばん	算盤橋	地③	346
そろぼじ	そろぼ汁	飲	180
ぞろりこ	ぞろりこ	飲	219
そろんに	訴論人	法①	1051
そわり	楚割	飲	925
そんい	遜位	帝	457
	「じょうい譲位」も見よ		
そんえん	尊円流	文③	679
そんおう	孫王	帝	1491
	―為親王	帝	1497
	「こうそん皇孫」も見よ		
そんきゃ	尊客	礼①	291
そんきょ	蹲踞	人①	981

	—	礼	①	77
	跪与蹲居之別	礼	①	96
そんごう	尊号			
	上—式	帝		793
	出家後上太上天皇—	帝		817
	停—称太上法皇	帝		821
	皇太后—	帝		1181
そんこと	損戸得戸課丁率	政	②	370
そんし	孫子(算書)	文	③	552
そんじゃ	尊者			
	大饗—	歳		544
	大饗—	政	①	919
	大饗—	礼	①	291
	加冠—	礼	①	742
そんしょ	尊証	宗	②	662
そんしょ	尊勝院(大和)	宗	③	1141
そんしょ	尊勝院(山城)	宗	③	969
そんしょ	尊星王法	宗	②	320
そんしょ	尊勝護摩	宗	②	343
そんしょ	尊勝寺【篇】	宗	③	690
	—八講	宗	②	92
	—灌頂	宗	②	396
	於—行堀河天皇国忌	礼	②	1280
そんしょ	尊勝法	宗	②	287
そんしり	孫子流	兵		19
そんぞく	尊属	人	①	111
	—親為後見	政	③	863
そんちょ	尊長卑幼	人	①	111
そんでん	損田【篇】	政	②	365
そんでん	損田定	政	②	375
そんでん	損田七分已上帳	政	②	750
そんぴち	尊卑長幼	人	①	111
そんもん	存問使	外		13
そんもん	存問渤海客使	外		285
そんりょ	損料貸	政	④	707

た

た	田	産	①	44
	—数	地	①	101
	船瀬功徳—	地	③	559
	神—	神	①	624
	大嘗会—	神	①	1618
	朔幣—	神	②	1054
	大神宮神—	神	③	885
	国司耕—	官	②	521
	職—【篇】	封		75
	公廨—【併入】	封		93
	功—【篇】	封		108
	賜—【篇】	封		114
	—籍【篇】	政	②	235
	—積【篇】	政	②	262
	—積【篇】	政	③	1115
	—品【篇】	政	②	281
	—品【篇】	政	③	1157
	班—【篇】	政	②	302
	校—【併入】	政	②	314
	口分—【篇】	政	②	317
	墾—【篇】	政	②	335
	勅旨—【併入】	政	②	359
	隠—【篇】	政	②	362
	損—【篇】	政	②	365
	荒—【併入】	政	②	381
	不堪佃—奏【併入】	政	②	385
	官—【篇】	政	②	414
	諸司—【篇】	政	②	422
	職写—【併入】	政	②	427
	府儲—【併入】	政	②	429
	国写—【併入】	政	②	429
	公営—【併入】	政	②	430
	—租【篇】	政	②	583
	—租【篇】	政	④	135
	決池水漑—	政	②	1136
	穿溝渠漑—	政	②	1137
	—文【篇】	政	③	1087
	—畑開墾	政	③	1179
	隠—【篇】	政	③	1246
	—畑検地	政	④	3
	—畠租之差	政	④	187
	—地子	政	④	373
	以—畠為質	政	④	733
	—圃灌漑	政	④	1163
	妄認公私—為己地	法	①	433
	没収—	法	①	821
	没収—	法	②	612
	墓—	礼	②	1155
	放生—	宗	②	225
	寺—	宗	③	228
	僧尼賜封戸—地	宗	③	273

諸国の田数は地部山城国篇以下の各篇に在り。今之を略す

だ	鈦	法	①	488
	著—政【附】	法	①	131
	囚人著—	法	①	127
だ	舵	器	②	401
だ	攤【附】	遊		29
たーにー	太泥【附】	外		1189
たい	体	人	①	292
たい	対(対屋)	居		541
たい	蔕(鏡)	器	①	353
たい	鯛	動		1369
たい	田居	産	①	94
だい	大(田積)	政	③	1126
だい	代(世代)	人	①	239
だい	代(田積)	政	③	1120
だい	台			
	文—【篇】	文	③	1452
	大鼓—	楽	②	1060
	鞨鼓—	楽	②	1083
	鉦鼓—	楽	②	1127
	方磬—	楽	②	1139
	献上物—	人	②	468
	食器—	器	①	130
だい	台(官司)	官	①	195
だい	題			
	歌—	文	①	670
	俳諧—	文	①	1297
	詩—	文	②	508
だいあじ	大阿闍梨	宗	②	914
たいあみ	鯛網	産	①	387
だいあん	大安寺【篇】	宗	③	1211
	—大般若会	宗	②	104
	—釈迦悔過	宗	②	142
	—鐘	宗	②	1098
だいあん	大安寺尺	称		32
だいあん	大安殿	居		139
だいいぎ	大威儀師	宗	②	929
だいいつ	大乙下	官	③	1785
だいいつ	大乙上	官	③	1785
だいいつ	大乙中	官	③	1786
たいいつ	太一余糧	金		306
だいいと	大威徳寺【篇】	宗	④	41
だいいと	大威徳法	宗	②	295
だいいと	大威徳明王	宗	①	109
たいいん	大陰	天		54
	「つき月」も見よ			

たいいん	退院【併入】	法	②	394
	—	宗	②	849
だいいん	大院	帝		1296
だいいん	大韻	文	②	532
だいいん	大陰茎	方		1206
たいいん	太陰祭	方		36
たいいん	太陰暦	方		344
たいう	大雨	天		182
だいうん	大雲寺	宗	③	738
	—鎮守神	神	①	790
だいえ	大衣	宗	②	1143
だいえい	大永	歳		246
だいえい	題詠			
	和歌—	文	①	675
	狂歌—	文	①	916
だいえど	大会堂(金剛峯寺)	宗	④	945
だいえは	大衣隼人	官	①	911
だいえん	大円寺	宗	④	450
たいえん	大衍暦	方		328
たいえん	大衍暦経	方		415
だいおう	大黄	植	②	32
だいおう	大応国師塔銘	礼	②	1179
たいおつ	太乙式	方		506
だいおん	大陰方	方		172
たいか	大化	歳		158
たいか	大家(学者)	文	②	807
だいがく	大学【篇】	文	②	1055
だいがく	大楽	楽	①	10
だいかく	大角干	外		101
だいかく	大覚寺【篇】	宗	③	881
だいかく	大覚寺学問所	文	②	1315
だいかく	大覚寺御門跡	帝		1479
だいかく	大覚寺宮	宗	③	887
だいかく	大覚禅師	宗	②	827
	「どうりゅ道隆」も見よ			
だいがく	大学頭	文	②	1061
だいがく	大学別当	文	②	1063
だいかぐ	大神楽(大神宮)	楽	①	197
だいかぐ	代神楽(勧進)	楽	②	1181
	熱田方—	服		115
だいがく	大学寮	文	②	1056
	—図	文	②	1058
	—孔廟	文	②	1434
	—釈奠	文	②	1338
	—釈奠饗宴	文	②	1348
だいがく	大学寮試	文	③	46
だいかげ	大華下	官	③	1785

だいがさ　台笠　器 ②　465
だいかじ　大華上　官 ③　1785
たいかそ　大化租法　政 ②　587
たいかに　大禍日　方　123
たいかに　大化二年籍　政 ②　7
だいがわ　代替
　将軍—下諸国巡見使　政 ③　385
　将軍—大名誓詞　官 ③　1754
たいかん　対捍
　—詔使　政 ①　605
　—班挙　政 ②　890
　—使者　政 ③　340
　年貢—地　政 ④　341
　—公使　法 ①　11
　犯人—　法 ①　596
　公事—　法 ①　650
だいかん　代官
　守護代一曰—　官 ②　930
　守護代一曰—　官 ②　1355
　地頭代一曰—　官 ②　1039
　関東郡代一曰—　官 ③　1473
　徳川氏—【篇】　官 ③　1487
　町の両御—　官 ③　408
　徳川氏—検見　政 ④　207
　徳川氏—弊風　政 ③　393
　—召放　法 ①　848
だいかん　代官頭　官 ③　1466
だいかん　大歓喜寺【併入】　宗 ③　554
だいかん　代官裁判　法 ③　897
だいがん　大巌寺【篇】　宗 ④　520
だいかん　代官縞　産 ②　242
だいかん　代官所　官 ③　1488
だいかん　大勧進　宗 ④　696
だいかん　大官大寺　宗 ③　1212
だいかん　代官町御門　居　404
だいかん　代官手代　官 ③　1539
だいかん　代官手附　官 ③　1535
たいかん　大官令　官 ①　990
だいぎ　大義(冠位)　官 ③　1780
たいきゃ　対客
　老中—　官 ③　186
　若年寄—　官 ③　218
だいきゅ　大休寺　宗 ③　560
だいきょ　だいきよ(大車)　器 ②　753
だいきょ　大饗
　—図　歳　548
　二宮—【篇】　歳　531
　摂関大臣正月—【篇】　歳　543
　任大臣—　政 ①　919
だいきょ　大経師　文 ③　505
だいぎょ　大行事　宗 ②　1010
だいぎょ　大行事権現　神 ①　163
たいきょ　大曲
　左右楽—　楽 ①　43
　神楽—　楽 ①　168
たいきり　たいきり(鶏)　動　681
だいきん　大斤　称　108
　—　政 ②　611
だいきん　大琴　楽 ②　605
だいきん　代金
　売掛—不払　産 ②　354
　—不払　産 ②　359
　—授受　産 ②　358
だいきん　大錦冠　官 ③　1784
だいきん　大錦下　官 ③　1786
だいきん　大錦上　官 ③　1786
だいきん　大錦中　官 ③　1786
だいく　大工　産 ①　512
　—　官 ①　1010
　—建築作業図　産 ①　518
　穴蔵—　居　781
　船—　器 ②　614
　車—　器 ②　805
　鉱山—　金　57
だいぐう　大宮司　神 ②　1467
　—　神 ③　846
たいぐう　対偶文　文 ①　227
だいくが　大工頭
　豊臣氏—　官 ②　1445
　徳川氏—　官 ③　657
だいくが　大工金(曲尺)　称　15
だいくと　大工棟梁　官 ③　659
だいくぶ　大工奉行　官 ②　1416
だいくや　大工役　政 ④　475
たいぐん　大郡　地 ①　89
たいぐん　退軍　兵　584
たいくん　帯勲者　官 ③　1835
　—処刑減法　法 ①　46
　—犯罪贖法　法 ①　47
たいけい　大兄(高麗官名)　外　229
だいけい　大慶寺【篇】　宗 ④　309
だいけい　大計帳　政 ②　202

たいげき	大戟	植	②	333
だいげき	大外記	官	①	402
だいけご	大華厳寺	宗	③	1097
	「とうだい東大寺」も見よ			
たいけつ	対決	法	①	1139
たいけん	帯剣			
	解—拝礼	神	②	1013
	殿上—	官	②	279
	国郡司等—	官	②	520
だいけん	大建(冠位)	官	③	1786
だいけん	大検使	政	③	361
たいげん	体源抄	楽	①	120
だいげん	太元堂	宗	③	1016
たいげん	大元帥法	宗	②	263
だいけん	大検見	政	④	207
たいげん	大元帥明王	宗	①	109
だいけん	大監物	官	①	687
たいけん	待賢門	居		207
	不蒙宣旨以前乗牛車輦車不得出入—	器	②	794
たいけん	待賢門院	帝		1191
	—出家	帝		905
	—建円勝寺	宗	③	694
	—国忌	礼	②	1292
たいけん	待賢門戦	人	②	100
たいけん	帯剣寮	官	①	1433
たいけん	帯剣寮長官	官	①	1433
たいこ	大鼓			
	貝—役【篇】	官	③	1244
	軍陣用—	兵		2150
	打—報時	方		443
	楽器—【篇】	楽	②	1055
	能楽—	楽	①	962
	玩具—	遊		1257
たいご	隊伍【篇】	兵		367
だいこ	大戸(酒)	飲		770
だいこ	大戸(戸口)	政	②	75
たいこう	大功	礼	②	584
たいこう	大閤	官	①	563
	—	官	①	408
たいこう	退紅【併入】	服		486
だいこう	代講	文	③	192
だいこう	大光院【篇】	宗	④	707
たいこう	太閤検地	政	④	48
だいこう	大高寺【篇】	宗	④	547
だいこう	大興寺【篇】	宗	④	216
だいごう	台格子	居		1262
たいこう	太皇太后【併入】	帝		1176
	—行啓【併入】	帝		785
	天皇為—服喪議	礼	②	513
	—鎮魂祭	神	②	526
	—大神宮奉幣	神	③	626
たいこう	太皇太后給	封		291
たいこう	太皇太后宮職【併入】	官	①	752
たいこう	太鼓打	楽	①	962
たいこう	大鼓打方世話出役	官	③	1635
たいこう	大行天皇	帝		954
たいこう	退紅袍	服		269
だいこう	大光明寺陵	帝		1017
たいごお	田夷郡	地	②	126
たいこく	大国	地	①	79
たいごく	滞獄	法	③	318
だいこく	大黒傘	器	②	459
だいこく	大黒冠	官	③	1784
だいこく	大黒作兵衛	泉		404
だいこく	大国師	宗	②	872
だいこく	大黒頭巾	服		1240
だいこく	大黒銭	泉		151
だいこく	大黒突	法	③	77
だいこく	大黒天	宗	①	125
	—	神	①	88
	—像	神	①	211
	印—像於銀貨幣	泉		356
	甲子日祭—	神	②	593
	以鼠為—之使	神	②	1835
	以白鼠為—之使	動		231
だいごく	大極殿	居		126
	—図	居		127
	於—行大嘗節会	神	①	1271
	即位—	帝		397
	天皇御—聴政	政	①	14
	天皇御—視朔	政	①	26
	—御斎会	宗	②	10
	—季御読経	宗	②	137
だいごく	大極殿院	居		158
だいこく	大こく柱	居		952
たいこく	大国火矢	武		957
だいこく	大黒舞	楽	②	459
	—	楽	②	93
だいこく	大黒虫	動		1197
だいこく	大黒屋の韓傘	器	②	459
だいごし	大五師(社僧)	神	②	1646
だいごじ	醍醐寺【篇】	宗	③	1017
	—鎮守神	神	①	790

	—法度	宗	①	589
	—桜会	宗	②	135
	—灌頂	宗	②	410
	—座主	宗	②	954
	—座主拝堂	宗	②	848
	—執行	宗	②	987
	—鐘	宗	②	1100
たいこじ	牽頭女郎	人	②	851
たいこだ	大鼓樽	器	①	195
だいごて	醍醐天皇	帝		19
	—訓誡	人	②	149
	—遺誡	人	②	206
	—山陵	帝		992
	—国忌	礼	②	1267
だいごの	醍醐花見	宗	③	1044
だいごの	醍醐山陵	帝		992
たいこば	大鼓橋	地	③	121
たいこば	大鼓張(障子)	器	①	863
たいこば	大鼓判(甲州金)	泉		281
たいこぼ	大鼓坊主	官	③	940
	—	方		439
たいこも	大鼓持	人	②	937
たいこや	大鼓役	官	③	1246
だいごり	醍醐流(声明)	宗	①	350
だいごり	醍醐流(真言宗)	宗	①	631
だいこん	大根	植	②	42
だいこん	大根粥	飲		458
だいこん	だいこんさう(水楊梅)	植	②	110
だいこん	大根飯	飲		405
だいさい	大歳方	方		168
たいさく	対策	文	③	81
だいさく	代作			
	漢文—	文	①	342
	歌—	文	①	726
たいさく	対策文	文	③	91
	評定—	文	③	124
たいさく	対策問頭博士	文	③	114
だいさん	第三句			
	連歌—	文	①	1053
	俳諧—	文	①	1267
たいさん	太山寺【篇】	宗	④	887
たいさん	泰山府君祭	方		42
たいし	たいし(舵)	器	②	701
たいし	大師	官	①	407
	恵美押勝為—	官	①	413
たいし	太子	帝		1305
	「こうたい皇太子」も見よ			
たいし	太子(香)	遊		325
たいし	太師(東宮傅)	官	①	1169
たいし	苔紙	植	②	902
たいじ	胎児	礼	①	379
だいし	大祀	神	①	112
	—日不得決死刑	法	①	230
だいし	台子	器	①	252
だいし	代指(疾病)	方		1238
だいじ	大士	宗	①	83
だいじ	大寺	宗	③	191
だいじ	大字	文	③	780
だいじ	大治	歳		199
だいじい	大慈院【併入】	宗	③	519
だいしか	大紫冠	官	③	1784
たいしき	大食調	楽	①	22
	—楽曲	楽	①	432
たいしき	大史局	方		2
だいじく	大軸	文	③	1024
だいしこ	大師講	宗	②	136
だいしご	大姉号	礼	②	301
だいしご	大師号	宗	②	806
	僧入支那受—	宗	②	517
だいじざ	大自在天	宗	①	120
だいじじ	大慈寺(日向)【篇】	宗	④	1087
だいじじ	大慈寺(肥後)【篇】	宗	④	1080
だいじっ	大十師	宗	②	893
たいしの	大師局	神	①	1347
たいしゃ	大社(社格)	神	①	354
	—	神	①	345
たいしゃ	大射	武		303
たいしゃ	大赦	法	①	523
	—	法	①	959
	—	法	③	341
	—	法	③	378
	—	法	①	508
	「しゃゆう赦宥」も見よ			
だいしゃ	題者			
	歌会—	文	②	120
	対策—	文	③	88
たいしゃ	貸借【篇】	政	②	869
	—【篇】	政	④	571
	奴婢—	政	②	178
	—訴訟	法	①	1024
	—訴訟	法	③	516
	—訴訟	法	③	864
だいしゃ	大尺	称		8

たいしゃ 帝釈天 宗 ① 114
たいしゃ 帝釈天王(神号) 神 ① 165
たいしゃ 代赭石 金 314
たいしゃ 大社造 神 ① 462
だいしゃ 大赦律 法 ③ 339
たいしゅ 大守 官 ② 431
— 官 ② 451
たいしゅ 対州 地 ② 1245
「つしまの対馬国」も見よ
だいじゅ 大銃 武 939
だいしゅ 大繡冠 官 ③ 1784
だいじゅ 大樹寺【篇】 宗 ④ 170
だいじゅ 大樹将軍 官 ② 649
— 官 ② 1051
「しょうぐ将軍」も見よ
たいじゅ 体術 武 1002
たいしゅ 退出音声 楽 ① 7
—楽 楽 ① 50
だいじゅ 大屯(逸年号) 歳 355
だいしょ 大初位 官 ③ 1794
たいしょ 大将 兵 172
— 官 ② 3
近衛— 官 ① 1352
授刀— 官 ① 1436
中衛— 官 ① 1437
外衛— 官 ① 1443
任—例 政 ① 933
任—饗 政 ① 935
—の六具 兵 1293
たいしょ 滞訟 法 ① 1149
— 法 ③ 911
たいじょ 怠状【附】 法 ① 331
—【附】 法 ① 860
「かじょう過状」も見よ
たいじょ 帯仗 兵 1281
だいしょ 大小(刀剣) 兵 1305
だいしょ 大升 称 49
だいしょ 大匠 産 ① 516
だいしょ 台掌 官 ① 205
— 官 ① 1311
だいじょ 大乗 宗 ① 13
だいじょ 大乗院【併入】 宗 ③ 1204
だいじょ 大乗会 宗 ② 102
だいじょ 大嘗会
「だいじょ大嘗祭」を見よ
だいじょ 大嘗会所琴 楽 ② 568
だいじょ 大乗戒 宗 ① 481
— 宗 ② 613
— 宗 ② 673
だいじょ 太政官【篇】 官 ① 369
—図 官 ① 378
—祭神 神 ① 851
於—院行大嘗祭 神 ① 1218
—官政 政 ① 59
—宣旨 政 ① 263
—論奏 政 ① 408
—牒僧綱 政 ① 473
—列見 政 ① 1177
だいじょ 太政官印 政 ① 534
だいしょ 大聖歓喜天 宗 ① 124
だいじょ 太政官候庁 政 ① 120
だいじょ 太政官庁 官 ① 380
即位— 帝 400
—定考儀 政 ① 1166
於—行釈奠 文 ② 1338
だいじょ 太政官所充 政 ① 1055
だいじょ 太政官符 政 ① 321
たいしょ 泰将棋 遊 140
だいしょ 大祥忌 礼 ② 1360
— 礼 ② 1379
だいしょ 大将棋 遊 138
だいじょ 大嘗宮 神 ① 1067
—図 神 ① 1068
—地図 神 ① 1072
—内図 神 ① 1410
—鋪設 神 ① 1407
だいじょ 大乗経 宗 ② 102
たいしょ 大将軍 官 ② 3
— 兵 166
鎮守府— 官 ② 21
たいしょ 大将軍(星) 方 168
たいしょ 大将軍祭 方 48
たいしょ 大将軍神 兵 532
たいじょ 大常卿(式部卿) 官 ① 815
たいじょ 大常卿(治部卿) 官 ① 836
だいしょ 大鉦鼓 楽 ② 1126
だいしょ 大相国 官 ① 407
「だいじょ太政大臣」も見よ
だいしょ 大勝金剛法 宗 ② 297
だいしょ 大祥斎 礼 ② 1374
だいじょ 大嘗祭【篇】 神 ① 943
貞享四年—図 神 ① 1240
踐祚—賜斎服 服 134
大嘗会奉神器 帝 70

大嘗会国司除目　政 ①　735
大嘗会叙位　政 ①　1519
服假中供奉大嘗会
御禊例　礼 ②　849
大嘗会舞楽　楽 ①　89
大嘗会倭舞　楽 ②　431
たいじょ　大常寺　官 ①　278
だいしょ　大床子　器 ②　131
だいしょ　大荘司　政 ②　556
だいしょ　大聖寺【篇】　宗 ③　553
—　宗 ③　196
だいしょ　大床子のおもの　飲　349
—御膳図　帝　1122
だいしょ　大聖寺宮　帝　1481
だいしょ　大聖寺藩　地 ②　278
だいじょ　大丞相　官 ①　408
「だいじょ太政大臣」も見よ
だいじょ　大掾職　官 ②　460
たいしょ　大将代　帝　322
—　帝　366
—冠服　帝　329
だいじょ　太政大臣　官 ①　406
—　官 ①　401
—補任　官 ①　481
—封　封　31
—為准三宮　封　327
—資人　封　352
—上日　政 ①　1120
辞—　政 ①　1400
だいじょ　太政大臣禅師　官 ①　414
だいじょ　大定太平楽　楽 ①　460
だいじょ　大定破陣楽　楽 ①　460
だいしょ　大相府　官 ①　408
「だいじょ太政大臣」も見よ
だいじょ　大定楽　楽 ①　457
だいじょ　大常楽　楽 ①　450
たいしょ　大食　飲　9
たいしょ　帯蝕　天　35
たいしょ　大食会　飲　55
—　飲　674
たいしょ　大織冠　官 ③　1784
だいしり　大師流　文 ③　674
たいじる　鯛汁　飲　167
たいじん　大人　文 ③　19
たいじん　対訊　法 ①　613
だいしん　大信(冠位)　官 ③　1780
だいじん　大仁(冠位)　官 ③　1780
だいじん　大臣
—喪廃朝賀　歳　415
摂関—正月大饗
【篇】　歳　543
—候剣璽　帝　72
—養子為后　帝　1137
—院司之始　帝　1203
不行節会而任—　帝　1616
—大連【篇】　官 ①　11
摂政不帯—　官 ①　547
関白不帯—　官 ①　599
—封　封　31
—職田　封　79
—年給　封　280
—室家為准三宮　封　334
—資人　封　352
—口宣　政 ①　293
任—儀　政 ①　897
任—大饗　政 ①　919
任—兼宣旨　政 ①　890
任—例　政 ①　903
—曾孫蔭位　政 ①　1005
—私第所充　政 ①　1076
辞—　政 ①　1400
—書札礼　文 ①　429
—算賀　礼 ①　1375
—蒙輦車宣旨　器 ②　783
—蒙牛車宣旨　器 ②　794
「うだいじ右大臣」「さだいじ左大臣」「だいじょ太政大臣」も見よ
だいしん　大神階　神 ①　300
だいじん　大神宮【篇】　神 ③　1
—無神階　神 ①　338
—神木　神 ②　1770
—大麻　神 ②　936
—神宮寺　神 ②　1715
—別宮摂社【篇】　神 ③　87
—遷宮【篇】　神 ③　143
—遷宮勅使　神 ②　1400
以関税充—造営費　地 ③　676
慶光院清順遂—遷
宮之功　宗 ④　126
—神嘗祭【篇】　神 ③　373
—神田下種祭【併
入】　神 ③　484
—祈年祭【篇】　神 ③　484

—祈年穀奉幣【併入】　神 ③ 496
—神衣祭【併入】　神 ③ 507
—月次祭【篇】　神 ③ 526
—朝夕御饌【篇】　神 ③ 561
—臨時奉幣【篇】　神 ③ 573
—大嘗祭由奉幣　神 ① 1029
—参宮【篇】　神 ③ 631
—神官【篇】　神 ③ 835
—神官　神 ② 1459
—神官葬送　礼 ② 384
—神領【篇】　神 ③ 869
—神領　神 ① 620
—神領不為検地　政 ④ 47
於—神領不行礫　法 ② 155
—神領払　法 ② 367
告即位由於—　帝 321
告天皇元服於—　礼 ① 654
依—異変廃務　政 ① 203
評定始議—之事　政 ③ 11
—法楽歌会　文 ② 171
—早駆　礼 ② 88
軽服人奉行—仗議　礼 ② 853
—服忌　礼 ② 885
—大神楽　楽 ① 197
—之升　称 87
坊門為隆奏—訴　神 ① 111
後悔而謝—　帝 1209
「こうたい皇大神宮」「とゆけの豊受大神宮」も見よ
だいじん　大神宮司　神 ③ 826
だいじん　大神宮司印　政 ① 537
だいじん　大神宮棚　神 ① 933
だいじん　大神宮紋　姓 570
たいしん　大身国持　官 ③ 1676
だいじん　大臣家　姓 435
—臨時客　歳 580
—家司　官 ① 1266
摂関—政所下文　政 ① 366
—元服叙位　礼 ① 819
だいじん　大臣直廬　官 ① 387
だいしん　大新嘗　神 ① 949
だいじん　大臣禅師　官 ① 430
だいじん　大臣大饗
—御遊　楽 ① 89
摂関大臣正月大饗【篇】　歳 543
だいしん　大心派(射術)　武 126
だいじん　大神宝使【附】　神 ① 1631
だいじん　大人米　植 ① 776
だいじん　大尽舞　楽 ② 399
だいす　台子　遊 647
だいず　大豆　植 ② 229
だいすう　大数　文 ③ 589
だいすか　台子飾　遊 513
だいすけ　大助郷　政 ④ 1235
だいすけ　代助郷　政 ④ 1238
だいずご　大豆肥　産 ① 131
だいすさ　台子作法　遊 483
たいずし　鯛鮓　飲 958
だいずめ　大豆飯　飲 403
たいせい　隊正　兵 1020
たいぜい　大税　政 ② 642
「しょうぜ正税」も見よ
だいせい　大青冠　官 ③ 1784
たいぜい　大税帳　政 ② 655
たいせい　大成殿(会津藩)　文 ② 1184
たいせい　大成殿(足利学校)　文 ② 1108
たいせい　大成殿(昌平坂学問所)　文 ② 1127
たいぜい　大税負死亡人帳　政 ② 685
たいぜい　大税目録帳　政 ② 678
たいせき　大石寺　宗 ① 1006
たいせき　大石寺【篇】　宗 ④ 204
だいせん　大川　地 ③ 1157
だいせん　大山(伯耆)　神 ④ 1019
だいせん　大銭　泉 33
だいせん　大山下　官 ③ 1785
だいせん　大宣旨　政 ① 270
だいせん　大泉寺【篇】　宗 ④ 241
だいぜん　大善寺【篇】　宗 ④ 443
だいぜん　大膳職【篇】　官 ① 988
—祭神　神 ① 867
以筥陶司併—　官 ① 1003
だいせん　大山上　官 ③ 1785
だいぜん　大膳大夫　官 ① 990
だいせん　大山中　官 ③ 1786
だいせん　大山陵　帝 1019
たいそ　大租　政 ② 643
「しょうぜ正税」も見よ
たいそ　大素　方 1025
たいそ　太祖　帝 955
だいぞう　大蔵　礼 ② 197
だいぞう　大蔵一覧

—翻刻 文 ③ 1076
—刊行 文 ③ 1088
たいぞう 胎蔵界 宗 ① 568
— 神 ② 1329
たいぞう 胎蔵界曼荼羅 宗 ① 229
だいぞう 大蔵経 宗 ① 264
—刊行 文 ③ 1062
増上寺三— 宗 ④ 394
大内氏求—於朝鮮 外 369
大内氏求—於朝鮮 外 682
摺本一切経 宗 ① 263
一切経書写 宗 ① 293
寛永寺一切経 宗 ④ 357
北野神社一切経供養 神 ③ 1638
たいぞう 胎蔵寺 宗 ④ 242
だいそう 大僧正 宗 ② 751
— 宗 ② 735
だいそう 大僧都 宗 ② 753
— 宗 ② 736
だいそう 退宿徳(楽曲) 楽 ① 557
だいぞう 大蔵八神祭 方 48
たいそう 大宋屏風 器 ① 911
だいぞく 大属星祭 方 34
たいそび 太祖廟 帝 1047
たいだ 怠惰
「おこたる怠」を見よ
だいたい 大隊 兵 373
だいだい 橙 植 ① 421
だいだい 大大神楽 楽 ① 197
だいだい 大大将棋 遊 139
だいたん 大誕之賀(八十賀) 礼 ① 1367
だいち 大智(冠位) 官 ③ 1780
だいち 代地 政 ③ 1276
だいち 代知(知行) 封 382
たいちし 太一式祭 方 36
だいちみ 大智明神 神 ④ 1021
たいちゅ 対中懸の備 兵 72
だいちゅ 大中寺【篇】 宗 ④ 739
たいちゅ 胎中之帝 帝 306
たいちょ 泰澄 宗 ② 894
—創岩間寺 宗 ③ 1059
—創那谷寺 宗 ④ 807
—創石動寺 宗 ④ 810
たいちょ 隊長 兵 158
だいちょ 大長(逸年号) 歳 342
だいちょ 大帳(計帳) 政 ② 199
だいちょ 大帳(芝居正本) 楽 ② 118
だいちょ 大腸 人 ① 494
だいちょ 大潮(僧) 文 ① 329
だいちょ 大帳後死帳 政 ② 750
だいちょ 大帳使 政 ① 656
— 政 ② 230
だいちょ 大帳枝文 政 ② 233
だいちょ 大帳所判官代 官 ② 490
だいちょ 大帳総大判官代 官 ② 488
だいちょ 大直(兵衛大尉) 官 ① 1508
だいちん 大鎮 宗 ② 952
だいちん 大鎮祭 方 47
だいつう 大通尼 宗 ③ 1241
だいつけ 第付(富突) 法 ③ 94
たいつり 鯛釣(玩具) 遊 1261
だいでん 大殿(大極殿) 居 129
だいてん 台天目作法 遊 486
だいてん 大天楽 楽 ① 457
— 楽 ① 486
だいど 代度 宗 ② 590
たいとう 帯刀
隠居剃髪者— 政 ③ 853
僧徒— 兵 309
相撲— 武 1203
修験者— 宗 ① 1079
だいとう 大刀 帝 158
だいとう 大塔 宗 ③ 77
金剛峯寺— 宗 ④ 939
だいどう 大同 歳 167
だいどう 大道 地 ③ 17
だいどう 大道(逸年号) 歳 371
だいとう 大唐花(琵琶) 楽 ② 763
だいとう だいたうごめ(秈) 植 ① 773
たいとう 帯刀御免 姓 310
江戸町年寄— 官 ③ 430
金座後藤氏— 官 ③ 580
百姓町人— 官 ③ 320
百姓— 産 ① 204
町人— 産 ② 663
弾左衛門— 政 ③ 881
だいどう 大導師 宗 ② 933
だいどう 大童子 宗 ② 1067
だいどう 大道寺【篇】 宗 ④ 895
たいとう 帯刀資人 封 361
たいとう 帯刀者吟味 法 ③ 548
だいどう 大同租法 政 ② 592
たいとう 帯刀願 官 ③ 578

だいどう 大同類聚方 方 1015
だいとう 大統暦 方 332
だいとく 大徳(冠位) 官 ③ 1780
たいとく 台徳院 帝 1555
「とくがわ徳川秀忠」も見よ
だいとく 大徳院奉行 官 ② 1213
だいとく 大徳寺【篇】 宗 ③ 748
——一流僧侶階級次第 宗 ① 715
だいとく 大徳寺伝奏 官 ① 677
だいとく 大徳寺派 宗 ① 750
だいとけ 大刀契【附】 帝 157
だいどこ 台所 居 649
鎌倉幕府— 居 302
徳川氏—役人【篇】 官 ③ 902
だいどこ 台所頭 官 ③ 903
だいどこ 台所御門 居 411
だいどこ 台所衆 官 ② 1445
だいどこ 台所女官 官 ① 1160
だいどこ 台所番 官 ③ 917
だいどこ 台所奉行 官 ② 1445
だいどこ 台所船 器 ② 661
だいどこ 台所目付 官 ③ 916
たいな 大儺 歳 1367
だいない 大内記 官 ① 687
たいない 胎内くぐり 地 ③ 829
だいなご 大納言 官 ① 402
— 官 ① 430
—補任 官 ① 494
—職田 封 79
—資人 封 352
官政時申—雑事 政 ① 61
—書札礼 文 ① 429
藤原朝成競望— 服 1287
「なごん納言」も見よ
だいなご 大納言(小豆) 植 ② 249
たいなん 体軟 人 ① 611
だいにち 大日如来 宗 ① 73
— 宗 ① 568
だいにほ 大日本国 地 ① 8
だいにほ 大日本史 文 ② 875
だいにん 代人
訴人— 法 ① 1053
流人— 法 ② 288
入牢— 法 ③ 228
訴訟— 法 ③ 559
だいねい 大寧寺【篇】 宗 ④ 923
だいねん 大念寺【篇】 宗 ④ 535
だいねん 大念仏寺【篇】 宗 ④ 59
だいねん 大念仏宗 宗 ① 637
だいのう 代能 楽 ① 896
たいのう 鯛潮煮 飲 193
たいのか 鯛かき煎 飲 223
だいのし 台熨斗 礼 ① 283
たいのし 対代 居 542
たいのむ 鯛の聟源八(鉄甲魚) 動 1382
だいのも 台物 飲 272
たいのや 対屋 居 539
—図 居 522
たいのや 対屋造 居 525
だいば 台場 武 972
— 外 59
たいはい 大敗日 方 131
だいはか 大博士 文 ② 747
たいはく 太白星 天 106
たいはく 太白星祭 方 37
たいはく 太白方 方 175
だいはじ 代始
—改元 歳 273
—賀茂神社行幸 神 ③ 978
—吉書 政 ① 150
将軍—弓始 武 369
依—賭射停止 武 415
—歌会 文 ② 160
将軍—起請 人 ② 374
だいはち 大八車 器 ② 860
だいはち 大八車税 器 ② 802
たいはつ 胎髪 礼 ① 415
だいはん 代判 政 ③ 297
— 政 ③ 485
だいばん 代番 政 ③ 403
だいばん 台盤 器 ① 125
— 礼 ② 461
だいばん 台盤所 居 115
— 居 648
聴入— 帝 1530
以—北廂欲為倚廬 礼 ② 432
—台盤 礼 ② 461
だいはん 大般若会 宗 ② 104
だいはん 大般若経 宗 ① 256
於熱田神社供養—願文 神 ④ 336
—転読 宗 ② 104
だいはん 大般若免 神 ④ 1106

だいひぼ　大悲菩薩　宗 ② 816
　「かくじょ覚盛」も見よ
だいびゃ　大白衣法　宗 ② 301
たいびょ　大廟(大神宮)　神 ① 433
だいびょ　代病身祭　方 48
だいびる　大毘盧舎那寺　宗 ③ 682
たいふ　大夫　官 ③ 1856
　以叙留判官称—　官 ① 1458
　—将監　官 ① 1364
　—尉　官 ① 1459
　蔵人—　官 ② 219
たいふ　大夫
　千秋万歳—　歳 883
　幸若—　楽 ① 739
　能—　楽 ① 930
　芝居狂言—　楽 ② 156
　浄瑠璃—　楽 ② 301
たいふ　大夫(神職)　神 ② 1501
たいふ　大夫(古代官職)【併入】　官 ① 23
だいふ　大府(大宰府)　官 ② 393
だいふ　内府　官 ① 422
　「ないだい内大臣」も見よ
だいぶ　大夫　官 ③ 1857
　閑院東宮—　帝 1394
　中宮—　官 ① 743
　皇后宮—　官 ① 749
　皇太后宮—　官 ① 751
　大宮—　官 ① 753
　太皇太后宮—　官 ① 753
　大膳—　官 ① 990
　春宮—　官 ① 1169
　修理—　官 ② 356
　造宮—　官 ② 370
　左右京—　官 ② 376
　摂津—　官 ② 565
　河内—　官 ② 565
　—以上食封　封 42
だいぶ　大歩(田積)　政 ③ 1126
たいふう　大風　天 269
　「かぜ風」も見よ
たいふく　大腹子(木)　植 ① 140
だいふく　大福長者　人 ② 600
だいふく　大福米　植 ① 826
だいふく　大福餅　飲 621
たいふけ　大府卿　官 ① 958
だいふけ　大不敬　法 ① 14
たいふじ　太夫人　帝 1184
だいふせ　大府宣　官 ② 416
だいぶつ　大仏　宗 ① 182
　—　宗 ① 75
　京都—　宗 ③ 582
　改鋳千枚分銅充京都—建立之資　泉 261
　東大寺—　宗 ③ 1103
　鎌倉—　宗 ④ 326
だいぶつ　大仏開眼筆　文 ③ 1283
だいぶつ　大仏寺　宗 ④ 801
だいぶつ　大仏銭　泉 25
だいぶつ　大仏殿
　京都—　宗 ③ 578
　東大寺—　宗 ③ 1125
　鎌倉—　宗 ④ 326
だいぶつ　大仏判　泉 196
　—　泉 203
だいぶつ　大仏餅　飲 571
たいへい　泰平(逸年号)　歳 364
たいへい　太平弓　兵 1658
たいへい　太平記読　楽 ② 507
たいへい　太平御覧　文 ③ 1086
たいへい　大平元宝　泉 18
たいへい　太平寺　宗 ④ 22
たいへい　太平墨　文 ③ 1371
たいへい　太平楽　楽 ① 436
だいへき　大辟　法 ① 228
だいべつ　大別王寺【併入】　宗 ④ 63
だいべっ　大別当
　院司—　官 ① 1210
　寺家—　神 ② 1624
だいべん　大弁　官 ① 402
　—　官 ① 461
　—為非儒官　文 ② 707
だいべん　大便　人 ① 434
　以—為肥料　産 ① 124
たいほ　逮捕
　「ついほ追捕」を見よ
たいほう　大宝　歳 162
だいほう　大袍　服 249
だいぼう　大房(戸)　政 ② 47
だいほう　大法阿闍梨　宗 ② 914
だいほう　大報恩寺【篇】　宗 ③ 369
だいほう　大判官代　官 ② 488
だいほう　大方紙　文 ③ 1230
だいほう　大法師　宗 ② 786

だいほう 大宝寺【篇】 宗 ④ 1037
だいほう 大法師位 宗 ② 780
たいほう 大砲術【篇】 武 939
たいほう 大宝租法 政 ② 588
だいほう 大奉幣
　大嘗祭― 神 ① 1025
　一代一度― 神 ① 1635
だいほう 大宝楽 楽 ① 457
たいほう 大宝律令 法 ① 84
たいぼく 大木 植 ① 71
　柞― 植 ① 207
　禁為造船伐― 外 317
だいぼさ 大菩薩 神 ① 156
だいぼだ 大菩提寺 宗 ④ 645
だいぼち 大簿帳 政 ② 199
だいほら 大補楽 楽 ① 457
たいぼん 退凡下乗 器 ② 1008
たいま 大麻
　「おおぬさ大麻」を見よ
たいまい 瑇瑁 動 1586
たいまい 瑇瑁竹 植 ① 699
たいまい 玳瑁帯 服 800
たいまい 玳瑁櫛 器 ① 398
だいまち 代待 神 ② 584
たいまつ 松明 器 ② 274
　婚礼用― 礼 ① 1004
　舞楽用― 楽 ① 665
　持笏取― 服 1287
たいまつ 焼松炙 法 ① 752
だいまっ 大鞍韉(楽曲) 楽 ① 569
たいまで 当麻寺【篇】 宗 ③ 1303
　―曼荼羅 宗 ① 235
たいまど 当麻道場 宗 ④ 269
たいまむ 当麻邑 地 ① 292
だいまる 大丸屋 人 ② 614
たいまん 戴曼公 宗 ② 549
　―長痘科 方 916
　―善詩 文 ② 584
　―書法 文 ③ 704
だいまん 大曼荼羅 宗 ① 226
たいみそ 鯛味噌 飲 860
だいみょ 大名 官 ② 1388
　公家― 官 ② 464
　足利氏―【篇】 官 ② 1387
　織田氏― 官 ② 1431
　豊臣氏― 官 ② 1461
　徳川氏―【篇】 官 ③ 1663
　法師― 兵 305
　―開墾 政 ③ 1208
　―貯穀 政 ④ 939
　―親耕 政 ④ 979
　令―修築堤防 政 ④ 1038
　―道中人馬遣高 政 ④ 1299
　―揚屋入 法 ③ 275
　―朝鮮通交 外 679
　―明国通交 外 1001
　―養相撲人 武 1272
　路頭遇―礼 礼 ① 193
　諸―小袖 服 428
　―家風 服 628
　以諸―参勤祝儀供幕府女中衣服料 服 1038
　徳川幕府―屋敷門図 居 823
だいみょ 大名預 法 ② 497
だいみょ 大名永預 法 ② 507
だいみょ 大明寺【篇】 宗 ④ 875
だいみょ 大名縞 産 ② 27
だいみょ 大明神 神 ① 143
だいみょ 大名竹 植 ① 693
だいみょ 大名辻番 政 ③ 1340
だいみょ 大明日 方 136
たいみん 大明頭巾 服 1244
だいめぎ 台目切畳 遊 545
たいめし 鯛飯 飲 412
たいめん 対面所 居 625
だいもく 題目宗 宗 ① 946
だいもく 題目銭 泉 151
だいもつ 代物替 政 ④ 535
だいもつ 大物荘 地 ① 387
だいもつ 大物浜 地 ③ 1302
だいもん 大門 宗 ③ 128
　北向― 宗 ③ 1082
　金剛峯寺― 宗 ④ 945
だいもん 大紋【併入】 服 571
だいもん 代紋 姓 502
だいもん 大門川 地 ③ 1184
だいもん 大文黒半臂 服 373
だいもん 大文字(京都東山) 歳 1277
だいもん 大文畳 器 ② 73
だいもん 大門岬 地 ③ 1334
たいや 逮夜 礼 ② 1510
たいやく 代厄祭 方 48
たいよう 太陽 天 21

たいよう	対揚	官	②	282
たいよう	太陽祭	方		36
たいよう	太陽暦	方		344
たいらう	平氏	姓		182
	—	姓		213
たいらぎ	たいらぎ(蛂)	動		1649
たいらこ	たひらこ(鰤)	動		1276
たいらの	平景正	人	②	98
たいらの	たひらのきやう(平安京)	地	①	128
たいらの	平清盛			
	—専権	帝		1612
	—驕傲	帝		1638
	—驕傲	人	②	632
	西光罵—	人	②	677
	—悔源頼朝助命	人	②	288
	—築経島	地	③	557
	—尊崇厳島神社	神	④	1127
	—遺言	人	②	212
	—薨	帝		1620
たいらの	平定文	人	②	648
たいらの	平重時家訓	人	②	184
たいらの	平重衡			
	—焼東大興福二寺	宗	③	1118
	—為生虜赴鎌倉	兵		832
	斬—於南都	兵		862
たいらの	平重盛			
	—与源義平戦	人	②	100
	—諫父	人	②	272
	—誡弟	人	②	170
	—捐軀祈請	神	②	883
	—献燈	宗	②	204
	—改葬	礼	②	233
たいらの	平季武	人	②	95
たいらの	平忠度	文	②	269
たいらの	平忠盛			
	—智慮	人	①	1248
	—沈勇	人	②	99
たいらの	平経正	楽	②	806
たいらの	平教盛	人	②	110
たいらの	平将門			
	—叛逆	帝		1595
	—驕慢	人	②	631
	—僭越	人	②	638
	—住宅之礎	居		966
たいらの	平政子			
	—買妹夢	方		603
	—賞静貞操	人	①	1129
	—誡源頼家	人	②	170
たいらの	平政連諫草	政	③	225
たいらの	平宗清	兵		852
たいらの	平宗盛			
	—為生虜	兵		851
	梟—	法	①	254
だいり	内裏【篇】	居		1
	—図	居		58
	以関税充—修理料	地	③	680
	—焼亡神器焼損	帝		72
	—焼亡大刀契焼損	帝		166
	依—焼亡譲位	帝		550
	—炎上後政始	政	①	143
	依—焼亡廃務	政	①	201
	為—造営課段銭	政	④	457
だいり	内裏(天皇)	帝		185
だいりう	内裏歌合式	文	②	7
だいりき	大力	人	②	121
	遊女金—	人	②	861
だいりぎ	内裏儀式	法	①	78
だいりし	内裏式	法	①	77
	—	法	①	97
だいりっ	大律師	宗	②	758
だいりび	内裏雛	歳		1099
たいりゅ	太竜寺【篇】	宗	④	1013
たいりょ	大陵	帝		1584
たいりょ	大領	官	②	573
たいりょ	体療	方		800
だいりょ	大両	称		115
だいりん	大輪転	政	①	1479
だいれい	大礼(冠位)	官	③	1780
だいれん	大練忌	礼	②	1360
だいろ	大路	地	③	4
たいろう	大老			
	豊臣氏—	官	②	1434
	徳川氏—【篇】	官	③	159
たいろう	大粮【篇】	封		219
だいろう	大牢	法	③	188
たいろう	大老格	官	③	165
だいろく	第六天	宗	①	120
たいろん	対論	法	①	1139
だいわ	大和(逸年号)	歳		345
だいわま	大和万秋楽	楽	①	509
たいわん	台湾【篇】	地	②	1387
	鈴木弥兵衛到—	産	①	209
たうえ	田植	産	①	71

たうえの 田植輿 産 ① 77
たうえの 田植神事 産 ① 79
　—図 産 ① 80
　住吉神社御— 神 ④ 246
　香取神宮御— 神 ④ 528
　諏訪神社— 神 ④ 736
たうえま 田植祭(阿蘇神社) 神 ④ 1649
たうこぎ 田うこぎ(狼把草) 植 ② 770
たうた 田歌
　今宮祭— 神 ② 626
　雑芸— 楽 ① 75
　田植— 産 ① 78
だうち 攤【附】 遊 29
たえ 妙(遊女) 人 ② 860
たえいる 絶入 人 ① 642
たえのは 栲袴 服 710
たおおい 太覆(馬具) 兵 1989
たおさ 田長(杜鵑) 動 859
たおやめ 手弱女 人 ① 24
たおる 倒 人 ① 997
たおる 斃 動 12
たおるる たふるるやまひ(癲) 方 1474
たか 高【篇】 政 ④ 73
たか 鷹 動 933
　— 遊 983
　以—為神使 神 ② 1825
　主—司【篇】 官 ① 930
　大名—拝領 官 ③ 1744
　路頭遇主家—犬礼 礼 ① 214
たかあし 高足【併入】 遊 1157
たかあな 高穴穂宮 地 ① 178
たかあみ 高網 産 ① 450
たかあみ 高網役 政 ④ 486
たかい 他界 人 ① 647
たがい たがひ(蚌) 動 1632
たかいご 高井郡 地 ① 1370
たがいせ 互先 遊 56
たかいど 高井戸宿 地 ① 807
たがいの たがひのたま(蚌珠) 動 1623
たかいの 高位牧 地 ③ 964
たかうす 鷹うすびやうの矢 兵 1596
たかうち 高内引 政 ④ 75
たかうま 高馬 遊 1157
たかえ たかゑ(高笑) 人 ① 729
たがえし たがへし(相扠) 遊 1211
たがえす たがへす(耕) 産 ① 30
たかお 高尾(遊女) 人 ② 862
たかおい 高尾稲荷社 神 ② 870
たかおう 高扇 服 1321
たかおか 高岡 地 ② 318
たかおか 高岡郡 地 ② 900
たかおか 高岳親王
　皇太子—被廃 帝 1386
　—入印度 宗 ② 524
　真如法親王建超昇寺 宗 ③ 1273
たかおか 高岳宮 地 ① 177
たかおか 高岡藩 地 ① 1081
たかおか 高靇神 神 ① 32
　祀—於貴船神社 神 ③ 1550
　祀—於丹生川上神社 神 ④ 1711
たかおし 高折敷 器 ① 150
たかおで 高雄寺 宗 ③ 863
　最澄於—行伝法灌頂 宗 ② 377
たかおは 高尾張邑 地 ① 291
たかおや 高雄山 宗 ③ 863
　—紅葉 植 ① 496
たかおや 高雄山寺【併入】 宗 ④ 808
たかかい 鷹養戸 官 ① 932
たかかい 鷹甘部 官 ① 99
たかがか 高掛金 帝 1234
たかがか 高掛物 政 ④ 437
たかがき たかがきひめがき(雉堞) 居 863
たかかた 笄刀 礼 ① 788
たかがた 鷹像幢 帝 404
たかかも 高鴨神社 神 ② 475
たかかも 高賀茂大明神 神 ④ 1388
　—神宮寺 神 ② 1740
たかがり 鷹狩 遊 937
　「ほうよう放鷹」も見よ
たかがり 鷹狩初 遊 963
たかかわ 高河原社 神 ③ 140
たかきご 高城郡 地 ② 1215
たかくご 高来郡 地 ② 1086
たかくさ 高草郡 地 ② 441
たかくら 高蔵 居 743
たかくら 高倉家 姓 439
　—家業装束事 服 227
　—半臂 服 371
　—打衣著様秘事 服 387
　—直垂故実 服 539

	—冠制	服		1105
たかくら	高座郡	地	①	759
たかくら	高倉下	居		739
たかくら	高倉天皇	帝		26
	—仁徳	人	①	1150
	—雅量	人	①	1160
	—厳島神社御幸	神	④	1158
	—鳥羽御幸	帝		728
	—山陵	帝		997
	—国忌	礼	②	1282
たかくら	高鞍荘	政	②	526
たかくら	高座結御子神社	神	④	346
たかくら	高倉屋敷講書	文	②	1151
たかごお	多可郡	地	②	526
たかごお	多珂郡	地	①	1117
たがごお	多賀郡	地	②	128
たかこじ	高巾子	服		1120
たかこと	鷹詞	遊		957
たかさき	高崎	地	②	23
たかさき	高崎大明神	外		701
たかさき	高崎藩	地	②	29
たかさご	たかさご(台湾)	地	②	1388
	—	外		1346
たかさご	高砂	地	②	551
たかさご	高砂(催馬楽)	楽	①	206
たかさご	高砂染	産	①	854
たかさご	高砂泊	地	③	560
たかさご	高砂松	植	①	101
	—	神	②	1783
たかさご	高砂社	神	④	1087
たかざし	鷹ざし(尺)	称		14
たかさぶ	たかさぶらふ(鱧腸草)	植	②	770
たかざら	高盤	器	①	60
だがし	駄菓子	飲		665
たかしが	鷹師頭	官	③	946
たかしこ	たかしこ(竹矢籠)	兵		1744
たかしな	高階氏	姓		83
	—氏神	神	①	668
	—氏神	神	①	678
たかしな	高階氏長者	姓		480
たかしの	たかしの(篠竹)	植	①	710
たかしの	高師浦	地	③	1318
たかしの	高師浜	地	③	1302
たかしま	高島	地	②	487
たかしま	高島石	文	③	1326
たかしま	高島郡(伊豆)	地	①	667
たかしま	高島郡(近江)	地	①	1184
たかしま	高島郡(後志)	地	②	1295
たかしま	高島秋帆	武		894
たかしま	高島藩	地	①	1384
たかしま	高島本荘	法	①	1081
たかしま	高島流(鉄砲)	武		889
たかしや	高師山	地	①	598
たかじょ	鷹匠	遊		980
たがじょ	多賀城	兵		1055
	—	人	②	718
たかじょ	鷹匠頭【篇】	官	③	945
たかじょ	鷹匠衆	官	③	949
たかじょ	鷹匠目付	官	③	948
たかしろ	高白田墓	礼	②	1152
たがじん	多賀神社【篇】	神	④	699
たかすで	高渚寺【篇】	宗	④	38
たかすは	高須藩	地	①	1294
たかせが	高瀬学山	文	②	902
たかせの	高瀬済	地	③	382
たかせぶ	高瀬舟	器	②	643
たがそで	誰袖	器	①	528
たかた	高田(江戸)	地	①	973
たかた	高田(越後)	地	②	343
たがた	田潟	政	④	1082
たかたい	高田石	文	③	1325
たがだい	多賀大明神	神	④	1331
たかたご	田方郡	地	①	666
たかたご	高田郡	地	②	662
たかたの	高田馬場	武		793
	於—行流鏑馬	武		508
	於—行打毬	遊		1149
たかたは	高田派　「せんじゅ専修寺派」を見よ			
たかたは	高田派(槍術)	武		71
たかたは	高田藩	地	②	350
	—藩札	泉		449
たかたま	竹玉	神	②	745
たかだや	高田屋嘉兵衛	外		1477
たかたよ	高田吉次	武		85
たかだん	高檀紙	文	③	1188
たかちほ	高千穂嶺	地	③	852
たかぢょ	高提灯	器	②	250
たかつ	高津	地	③	519
たかつか	鷹司家	姓		426
たかつき	高坏	器	①	186
	祭祀用—	神	②	1241
たかつき	高槻蔵奉行	官	③	1335

たかつき	高月駅	地	②	575
たかつき	高槻藩	地	①	388
たかつじ	高辻	政	④	166
たかつじ	高辻家	姓		439
	一紀伝道	文	①	354
たかつの	鷹角一揆	兵		430
たかつの	高角打たる冑	兵		1864
たかつの	高津宮	地	①	179
たかとう	たかとうだい(大戟)	植	②	334
たかとう	高燈台	器	②	220
たかとお	高遠藩	地	①	1384
たかとみ	高富藩	地	①	1294
たかとり	高取	政	④	234
たかとり	高取藩	地	①	300
たかとり	高取焼	産	①	767
	一	産	①	714
たかな	たかな(菘)	植	②	62
たかなが	尊良親王	神	④	1714
たかなべ	高鍋藩	地	②	1162
たかなわ	高縄	産	①	455
たかなわ	高輪	地	①	963
たかにわ	高庭荘	宗	③	1155
たがね	たがね(飴)	飲		876
たがね	たがね(鑽)	産	①	610
	一	産	①	647
	一	産	①	690
	一図	金		86
たかの	鷹野	遊		938
たかのお	鷹野御成	遊		966
たかのか	鷹野方	官	③	1476
たかのく	高国造	地	①	1102
たかのこ	鷹子(催馬楽)	楽	①	209
たかのご	竹野郡(丹後)	地	②	404
たかのご	竹野郡(筑後)	地	②	969
たかのご	高野郡	地	②	116
たがのこ	多賀国府	地	②	94
たがのし	多賀荘	地	①	1207
たかのち	高野長英	文	③	455
	一以洋学獲罪	文	②	1034
	一入獄記事	法	③	272
たかのて	高野天皇	帝		942
	「こうけん孝謙天皇」も見よ			
たかのの	高野駅	地	②	85
たかのの	高野山陵	帝		987
たかのは	鷹羽(矢)	兵		1597
たかのば	高野橋	地	③	347
たかのぶ	鷹部領使	政	①	625
たかのみ	高宮	神	③	114
たかのや	高野山	地	③	845
たかば	鷹場	遊		944
たかばか	竹量	称		12
たかはし	高橋	地	③	115
たかはし	高橋一揆	兵		429
たかはし	高橋氏	飲		318
	一世襲内膳司奉膳	官	①	1064
	一世襲御厨子所預	官	①	1076
たかはし	高橋氏文	官	①	87
	一	官	①	1065
	一	姓		376
たかはし	高橋景保	地	①	121
たかはし	高橋図南	飲		324
たかはし	高橋津	地	③	511
たかはし	高橋波自女	人	①	1121
たかはし	高橋宗恒	文	②	912
たかはし	高橋宗直	文	②	912
たかはた	高機	産	②	31
	一	産	②	10
たかはら	高原焼	産	①	734
たかひも	高紐	兵		1822
	一	兵		1776
たかふだ	高札			
	「こうさつ高札」を見よ			
たかべ	鷉	動		587
たかべや	鷹部屋番人	官	③	951
たかほこ	たかほこ(鷹架)	遊		1019
たかまき	高蒔絵	産	①	817
たかまつ	高松	地	②	837
たかまつ	高松城	地	②	609
たかまつ	高松軟障	器	①	826
たかまつ	高松藩	地	②	844
たかまつ	高松焼	産	①	766
たかまの	高天原	神	①	94
たかまひ	高天彦神社	神	②	476
たかまゆ	高眉	礼	①	876
たがまわ	箍廻	遊		1244
たかみく	高御座	帝		405
	一図	帝		407
	大嘗祭用一	神	①	1447
たがみの	田上杣	地	③	912
たかみむ	高皇産霊神	神	①	35
	鎮魂祭祭高御魂神	神	②	500
たかみや	高宮川	地	③	1155
たかみや	高宮郡	地	②	661
たかみや	高宮布	産	②	138

たかみや	高宮平	産	②	209
たかむこ	高向玄理	外		860
	一名之読方	姓		722
たかむし	たかむしろ(簟)	器	②	48
たかもり	高盛	飲		269
たかやぐ	高やぐら(相撲法)	武		1157
たかやぐ	高櫓	兵		1103
たがやさ	たがやさん(桄榔子)	植	①	139
たがやさ	たがやさん(鉄刀木)	植	①	622
たかやす	高安郡	地	①	318
たかやす	高安城	兵		1054
たかやの	高屋城	帝		1070
たかやま	高山(飛驒)	地	①	1331
たかやま	鷹山(催馬楽)	楽	①	213
たかやま	高山党	兵		447
たかやま	高山彦九郎			
	祭一	礼	②	1351
	一招魂墓	礼	②	1104
	高山正之拝宮城	地	③	203
たかやや	高屋山上陵	帝		971
たかゆお	高湯温泉	地	③	1076
たからあ	宝合	文	①	264
たからい	宝井其角	文	①	1358
	一雨乞句	文	①	1337
たからが	たから貝	動		1675
たからぐ	たからぐら(神庫)	神	①	474
	「しんこ神庫」も見よ			
たからぐ	宝蔵	居		802
たからく	宝競	遊		297
たからこ	たからかう	植	②	770
たがらし	たがらし(石竜芮)	植	②	205
たがらし	たがらし(砕米紫)	植	②	82
たからで	宝寺	宗	③	781
たからど	財殿	神	①	477
たからの	宝市	産	②	617
	一	神	④	248
たからの	宝国	外		120
たからぶ	宝船	歳		892
たからべ	財部継麿	人	①	1068
たかりん	高厘	政	④	235
たがわご	田川郡	地	②	187
たがわご	田河郡	地	②	995
たかわり	高割上納金	居		333
たかわり	高割辻番	政	③	1326
たかんな	たかんな(筍)	植	①	729
たき	滝【附】	地	③	1206
	庭上一	居		919
たぎ	弾碁【篇】	遊		124
たきがわ	滝川儀大夫	人	①	1195
たきぎ	薪	器	②	334
	給炭一油【併入】	封		199
たきぎの	薪能	楽	①	893
たきぐち	滝口	官	②	235
	五節時饗一	神	②	467
たきぐち	滝口戸	居		120
たきけい	多紀桂山	方		796
だきごい	抱鯉(捕鯉方)	産	①	419
たきごお	多紀郡	地	②	385
たぎごお	多芸郡	地	①	1253
たきざわ	滝沢馬琴	文	②	950
たきさん	滝山寺【篇】	宗	④	170
たぎし	たぎし(舵)	器	②	702
たぎしの	多芸志之小浜	神	④	1029
たきつご	たきつ心	人	①	689
たきつせ	たきつせ	地	③	1139
たぎつひ	湍津姫命	人	②	332
	合祀一於日御崎神社	神	④	1077
	祀一於宗像神社	神	④	1422
	祀多岐都比売命於田島神社	神	④	1620
たきない	多紀内親王	神	③	780
だきにて	荼枳尼天	宗	①	134
たきのえ	多伎駅	地	②	465
たきのお	滝尾権現	神	④	859
たきのけ	滝野検校	楽	②	245
たぎのば	弾碁盤	遊		126
	一図	遊		127
たきはら	滝原神社	神	③	136
たきはら	滝原並宮	神	③	101
たきはら	滝原宮	神	③	96
たきびの	焚火間	居		601
たきびの	焼火間番	官	③	760
たきぼし	焼乾飯	飲		368
たきもと	滝本坊昭乗	文	③	680
たきもと	滝本流	文	③	679
たきもの	たきもの(薫物)	遊		315
たきもの	焼物(薪)	器	②	335
たきもの	薫物合	遊		334
たきもの	薫物売	称		135
たきもの	たきもののこ(薫籠)	遊		362
だきゅう	打毬【篇】	遊		1143
	一時奏狛犬	楽	①	585
だきゅう	打毬屏風	器	①	911

だきゅう　打毬楽　楽 ① 441
たく　鐸【併入】　楽 ② 1134
たくあん　沢庵
　—配流　法 ② 299
　徳川家光為—建東
　海寺　宗 ④ 453
たくあん　沢庵漬　飲 1021
だくおん　濁音　文 ① 141
　無—歌　文 ① 578
たくじし　拆字詩　文 ② 465
たくしつ　沢漆　植 ② 335
だくしゅ　濁酒　飲 689
たくじゅ　卓淳国　外 184
たくしん　宅神　神 ① 890
たくしん　宅神祭　神 ① 891
たくす　托子　器 ① 79
たくせん　託宣　神 ① 257
たくぜん　択善堂　文 ② 1283
たくち　宅地　政 ② 445
　—　政 ③ 1264
　為䙴都班給—　地 ① 136
　禁—質入　政 ② 928
　以—為質　政 ④ 746
　—地子　政 ④ 376
　没収—　法 ② 612
　設墓於—　礼 ② 1101
たくちひ　宅地引料　封 487
たくちん　宅鎮祭　方 50
だくてん　濁点　文 ③ 278
たくはつ　托鉢　宗 ② 712
　虚無僧—修行　宗 ① 1145
たくぶす　たくぶすま(枕詞)　器 ② 181
たくぶす　栲衾新羅国　外 120
たくぼく　啄木(楽曲)　楽 ① 598
　—　楽 ② 789
たくまご　託麻郡　地 ② 1122
たくまし　宅間勝賀　文 ③ 809
たくまの　宅間郷　地 ② 835
たくまの　託間荘　政 ② 477
たくまは　宅磨派　文 ③ 809
たくみ　工　産 ① 486
　「こうじん工人」も見よ
たくみど　たくみどり(巧婦鳥)　動 766
たくみの　内匠頭　官 ① 802
たくみべ　工部　官 ① 1006
たくみり　内匠寮【篇】　官 ① 800
　併画工漆部二司於
　—　官 ① 969
　併典鋳司於—　官 ① 968
たくより　宅寄合(老中)　官 ③ 185
たぐりぶ　たぐり船　地 ③ 360
たけ　竹【篇】　植 ① 673
　山林—木仕立方　地 ③ 899
　—年貢　政 ④ 471
　弓—　兵 1538
　以—為画題　文 ③ 880
　立—於墓上　礼 ② 388
　倚廬用—　礼 ② 436
　—水揚法　遊 863
　植—於蹴鞠場　遊 1060
　松—梅　植 ① 77
たけ　菌【篇】　植 ② 795
たけ　嶽　地 ③ 692
たけいわ　健磐竜命神社　神 ④ 1637
たけうま　竹馬【篇】　遊 1153
　—図　遊 1154
たけえび　竹箙　兵 1725
たけがき　竹垣　居 867
たけがさ　竹笠　器 ② 373
たけがり　茸狩　植 ② 838
たけかわ　竹河(催馬楽)　楽 ① 212
たけかわ　武河牧　地 ③ 971
たけかわ　竹川橋　地 ③ 256
たけきひ　たけきひと(壮士)　人 ① 81
たけぐそ　竹具足(剣術具)　武 60
たけぐち　竹口英斎　帝 1099
たけくま　武隈松　植 ① 100
たけくら　たけくらべ　地 ① 1233
たけごお　多気郡　地 ① 444
たけごま　竹独楽　遊 1162
たけざい　竹工【併入】　産 ① 580
　竹細工　植 ① 726
たけしう　武内宿禰
　—為大臣　官 ① 11
　—為棟梁之臣　官 ① 22
　—輔神功皇后征新
　羅　外 120
　—長命　人 ① 671
　祀—於気比神宮　神 ④ 938
　祀—於宇倍神社　神 ④ 1015
　祀—於新田神社　神 ④ 1696
　建内宿禰名之読方　姓 601
たけしう　武内社(山城)　神 ③ 1305
たけしう　武内社(相模)　神 ④ 458

たけしま	竹島	地	②	1199
たけしま	竹島交渉	外		779
たけしょ	竹商	植	①	741
たけすぎ	竹杉	植	①	126
たけだい	竹台子	遊		648
たけだい	竹田出雲	楽	②	310
たけだう	竹田氏氏神	神	①	677
たけだか	武田勝頼			
	—願書	地	③	766
	—娶織田信長養女	礼	①	1279
たけだし	武田衆	兵		462
たけだし	竹田昌慶	方		768
たけだし	武田信玄			
	—起請文	神	①	777
	—兵法	兵		6
	—度量	人	①	1162
	—家法	法	①	686
	—家法	人	②	155
	—建甲斐国善光寺	宗	④	225
	—遺命	人	②	215
たけだじ	竹田神社	神	①	677
たけだの	竹田里	地	①	249
たけたば	竹束【附】	兵		2083
たけだり	武田流(兵法)	兵		8
たけだり	武田流(射術)	武		127
たけだり	武田流(流鏑馬)	武		525
たけだん	たけ檀紙	文	③	1189
たけち	高市(笙)	楽	②	928
たけちご	高市郡	地	①	284
たけちだ	高市大寺	宗	③	1214
たけちょ	竹町渡	地	③	461
	—請負人	地	③	384
たけど	竹戸	居		1213
たけとり	竹取翁女	人	①	34
たけなが	たけなが(元結)	器	①	485
たけなが	尺永	文	③	1173
たけなが	竹流(金貨)	泉		264
たけなか	竹中重治	人	②	178
たけにす	竹に雀紋	姓		514
たけぬな	建渟河別命			
	—為将軍	官	②	2
	祀建沼河別命於伊佐須美神社	神	④	882
たけのあ	竹のあまはだ(竹茹)	植	①	739
たけのう	竹内式部	法	②	322
たけのう	竹内守次郎	武		1011
たけのう	竹内門跡	宗	③	721
たけのう	竹内流(剣術)	武		20
たけのか	竹皮細工	器	②	377
たけのか	竹皮問屋	産	②	409
たけのく	たけのくし(籤)	器	①	116
たけのこ	笋	植	①	729
たけのこ	竹子笠	器	②	373
たけのご	竹御所	居		301
たけのこ	たけのこのかは(籜)	植	①	736
たけのさ	多気郷	地	②	52
たけのじ	武野紹鷗	遊		603
たけのそ	竹園	帝		1412
たけのと	竹床	器	②	151
たけのと	竹鶏	動		723
たけのは	竹花生筒	遊		885
たけのみ	たけの宮	神	③	683
たけのみ	多気宮	神	③	802
たけのみ	竹の都	文	②	655
たけのむ	竹鞭	兵		2044
たけのゆ	竹弓	兵		1633
たけばし	竹橋	地	③	89
たけばし	竹橋御門	居		397
たけばし	竹柱	居		946
たけばち	竹蜂	動		1129
たけび	たけび(叫)	人	①	865
たけびし	竹菱(防戦具)	兵		669
たけぶん	武文蟹	動		1605
たけべか	建部賢弘	方		360
たけべじ	建部神社【篇】	神	④	695
たけべの	建部郷	地	②	476
たけべり	建部凌岱	文	①	1382
たけみか	武甕槌命	神	①	30
	配祀—於香取神宮	神	④	512
	祀—於鹿島神宮	神	④	539
	祀—於塩竈神社	神	④	885
	祀—於古四王神社	神	④	928
	祀—於大原野神社	神	③	1556
	祀建御賀豆知命於吉田神社	神	③	1590
	祀健御加豆智神於春日神社	神	④	32
	祀健御加豆智命於枚岡神社	神	④	219
	健御雷神	神	④	721
たけみそ	竹みそ(竹黄)	植	①	739
たけみな	建御名方神	神	④	721
	祀—於肥前国諏訪神社	神	④	1719

	祀健御名方富命於信濃国諏訪神社	神	④	721
たけもと	竹本(義太夫節流派)	楽	②	269
たけやぶ	竹藪	植	①	740
たけやり	竹鑓	兵		1518
たけるべ	武部	官	①	133
たげん	多言	人	①	847
たこ	海蛸	動		1545
たこ	紙鳶【篇】	遊		1167
たこ	脊瘡(馬病)	動		125
たご	田子	産	①	84
	—	産	①	190
だこ	唾壺	器	①	726
	—飾方	帝		1252
	元服用—	礼	①	786
たこうな	たかうな(笋刀)	礼	①	788
たごおけ	担桶	産	①	280
たごごお	多胡郡	地	②	13
たこし	たこし(鱅)	動		1536
たごし	手輿	器	②	941
たごし	腰輿	器	②	939
	—	帝		147
たごしの	手越駅	地	①	612
たこずき	鮹頭巾	服		1238
たこつぼ	たこつぼ(長瓦壺)	動		1549
たこつり	鮹釣	産	①	365
たごのう	田子浦	地	③	1320
たごのひ	多胡碑	政	①	356
たこはた	鮹旗	兵		2120
たこはん	多古藩	地	①	1081
たこぶね	たこぶね(貝鮹)	動		1694
たこまく	たこまくら(海燕)	動		1694
たこまつ	鮹松	植	①	90
たごりひ	田心姫命	人	②	332
	合祀—於日御崎神社	神	④	1077
	祀—於宗像神社	神	④	1422
	祀多紀理毘売命於田島神社	神	④	1620
たさいご	多西郡	地	①	834
だざいし	太宰春台			
	—善音韻	文	①	101
	—善文	文	①	327
	—経済説	文	②	697
	—学弊	文	②	720
	—古文辞学	文	②	793
	—矯正悪癖	人	②	145

だざいの	大宰権帥	官	②	401
	貶為大宰員外帥	法	①	351
だざいの	大宰主神	官	②	399
だざいの	大宰帥	官	②	399
	—赴任	政	①	1311
	—傔仗	封		364
だざいの	大宰大弐	官	②	399
	—赴任	政	①	1311
	—傔仗	封		364
だざいふ	大宰府【篇】	官	②	391
	—貢献	地	②	956
	—官人職田	封		95
	—官人季禄	封		157
	—官人公廨	封		251
	—官人事力	封		370
	—調	政	②	728
	—儲	政	②	1073
	—兵【篇】	兵		279
	備弓矢於—	兵		1759
	—学校及教官学生	文	②	1079
だざいふ	大宰府守護	官	②	893
だざいふ	太宰府神社【篇】	神	④	1459
	—神宮寺	神	②	1741
だざいふ	大宰府符	政	①	352
たさん	多産	礼	①	480
	—賜乳母	人	①	285
だし	だし	飲		280
だし	花車(山王祭)	神	④	483
だしがい	出貝	礼	①	1013
だしぎち	出几帳	器	①	818
たしさげ	足下ゲ前(小物成)	政	④	436
たしだか	足高	封		452
たしち	足地	政	③	1269
だしちゃ	だし茶	遊		794
たじひ	虎杖	植	②	27
たじひう	丹治比氏	姓		156
たじひご	丹比郡	地	①	321
たじひと	丹治党	兵		439
たじひの	丹比宿禰	姓		163
たじひの	丹比高鷲原陵	帝		982
たじひの	多治真人	姓		171
たじひべ	蝮部	官	①	134
たじひむ	丹比邑	地	①	325
たしぶち	足扶持	封		467
だしべい	出屏(城郭)	兵		1085
たしまい	足米	封		462
たしまい	足米(小物成)	政	④	435

たじまう	但馬牛	動		48
たじまが	但馬紙	文	③	1197
だしまき	出し巻籠(堤防)	政	④	1019
たじまじ	田島神社【篇】	神	④	1620
たじまだ	但馬代官	官	③	1531
たじまの	但馬国【篇】	地	②	413
	—供奉大嘗祭事	神	①	963
	—金銀貨	泉		289
たじまの	但馬国大田文	政	②	551
	—	政	③	1092
たじまの	但遅麻国造	地	②	418
たじまぶ	但馬奉行	官	③	1531
たしむ	嗜	人	①	779
	「このむ好」も見よ			
だしやぐ	出櫓	兵		1104
たしょう	他称	人	①	9
だじょう	太上皇	帝		791
	「だじょう太上天皇」も見よ			
だじょう	太上天皇【篇】	帝		789
	—四方拝	歳		390
	即位以前尊前帝為—	帝		448
	—御幸	帝		725
	—出家【篇】	帝		859
	—御給	封		280
	—服喪	礼	②	565
	—著直衣	服		319
	—以下著布衣	服		476
	明正天皇欲贈—尊号於徳川秀忠	帝		1555
	太上皇以夫人立后	帝		1147
	太上皇尊号後始著烏帽子	服		486
	上皇奉幣	神	②	1045
	上皇奉幣大神宮	神	③	624
	上皇吉書	政	①	155
	天皇上上皇表	政	①	377
	上皇上天皇表	政	①	379
	上皇内旨叙位	政	①	1517
	上皇算賀	礼	①	1369
たしらか	多之良加	器	①	561
	—図	器	①	562
たじりの	田後駅	地	①	1094
たしろし	田代松意	文	①	1342
たず	鶴	動		539
たすき	襷	服		1488
たすけの	たすけのほね(肋)	人	①	415
たすけぶ	助船	政	④	886
たそがれ	黄昏	歳		87
たそがれ	黄昏の茶湯	遊		415
たそやあ	たそや行燈	器	②	246
だたい	堕胎	方		880
	—	礼	①	476
	—	法	②	843
	闘殴—	法	①	415
だたいこ	大大鼓	楽	②	1057
	—図	楽	②	1058
たたかう	戦	兵		508
	「せんとう戦闘」も見よ			
たたき	たたき(魚醤)	飲		939
たたき	敲【篇】	法	②	470
	—図	法	②	474
たたきご	叩き独楽	遊		1164
たたきつ	敲土	金		378
たたきの	敲之上江戸払	法	②	345
たたきの	敲之上軽追放	法	②	335
たたきの	敲之上重追放	法	②	325
たたきの	敲之上於溜手鎖	法	②	538
たたきの	敲之上中追放	法	②	330
たたきの	敲之上所払	法	②	350
たたきの	敲之上門前払	法	②	353
たたきば	敲放し	法	②	471
たたきぼ	敲箒	法	②	473
たたきや	たたき屋根	居		1038
ただぎん	多田銀山	金		107
たたけ	たたけ(狸)	動		382
たたけの	狸毛筆	文	③	1274
ただごん	多田権現	神	①	304
ただすつ	ただすつかさ(弾正台)	官	①	1301
ただすの	糺宮	神	③	942
ただすの	糺森	地	③	917
たたずむ	たたずむ(彷徨)	人	①	985
ただち	ただち(径)	地	③	6
たたなめ	たたなめて(枕詞)	兵		2077
ただのし	多田荘	地	①	386
たたみ	畳	器	②	51
	祭祀用—	神	②	1226
	茶室—	遊		563
	以—為軾	器	②	117
	車—	器	②	864
たたみい	畳板	器	②	58
たたみい	たたみいわし	動		1346
たたみお	摺扇	服		1317

たたみお 畳帯 服 1069
たたみお 畳表 器 ② 53
たたみお 畳表青筵問屋 産 ② 407
たたみぎ 帖絹 産 ② 240
たたみぐ 畳蔵 居 798
たたみご たたみごも(枕詞) 器 ② 84
たたみさ たたみ盃 器 ① 230
たたみさ 畳刺 器 ② 90
　—図 器 ② 94
たたみぢ 摺提灯 器 ② 250
たたみづ たたみ作り(指身) 飲 307
たたみて 畳手代世話役 官 ③ 648
たたみぶ 畳奉行 官 ③ 646
たたみべ 畳縁 器 ② 55
たたみや 畳屋 器 ② 90
たたみわ 畳綿 産 ② 98
たたむき たたむき(腕) 人 ① 455
ただよし 多田義俊 文 ② 915
たたら 鞴(橋具) 地 ③ 125
たたら 踏鞴 産 ① 645
　— 産 ① 660
たたらぎ 多多良岐荘 官 ② 1019
たたらは 多多良浜(周防) 地 ② 689
たたらは 多多良浜(筑前) 地 ③ 1305
たたらひ 多多良比売花搗 飲 1046
ただらめ ただらめ(䑋) 方 1164
たたらめ 多多良女の花 植 ① 315
たたり たたり(絡垜) 産 ② 78
たたり 祟
　神— 神 ① 243
　神— 神 ① 272
　依—贈位 官 ① 252
たたりが たたりがた(栭)【併入】 居 969
ただりゅ 多田流(居合) 武 68
ただわた 多田綿 産 ② 107
たち 大刀 兵 1299
　「とうけん刀剣」も見よ
たちあい 立合(相撲) 武 1131
たちあい 立合(評定所) 法 ③ 752
たちあい 立合公事 法 ③ 409
　「たちあい立合裁判」も見よ
たちあい 立合裁判
　評定所式日— 法 ③ 767
　三奉行— 法 ③ 769
　臨時三奉行— 法 ③ 775
　大目付町奉行勘定奉行目付— 法 ③ 781
　大目付町奉行目付— 法 ③ 782
　町奉行宅目付— 法 ③ 792
たちあい 立合者(相撲) 武 1079
たちあお たちあふひ(蜀葵) 植 ② 361
たちいた 裁板 産 ② 51
たちいふ 立居ふるまひ(進退) 礼 ① 131
たちうお 太刀魚 動 1461
たちうち 大刀打 武 25
たちうり 立売 産 ② 698
たちおよ 立泳 武 985
たちがえ たちがへのも 服 952
たちかき たちかき(撃刀) 武 24
たちがく 立楽 楽 ① 8
　—奏万歳楽 楽 ① 403
　—奏長慶子 楽 ① 422
たちかけ 太刀懸(鎧) 兵 1823
　— 兵 1778
たぢから たぢから 政 ② 585
　「でんそ田租」も見よ
たぢから 手力雄命
　「あめのた天手力雄神」を見よ
たちぎき 立聞(轡) 兵 2007
たちぎみ 立君 人 ② 907
　—図 人 ② 908
たちすく たちすくみ(仏) 宗 ① 138
たちつけ 裁著 服 773
たちぬい たちぬひ(裁縫) 産 ② 39
たちのの 立野牧 地 ③ 964
たちはき 帯刀 官 ① 1192
　—騎射 武 481
たちはき 帯刀試 官 ① 1194
たちはき 帯刀舎人 官 ① 1192
たちはき 大刀佩部 官 ① 63
たちばな 橘 植 ① 396
　南殿— 居 88
たちばな 橘氏 姓 182
　—氏神 神 ① 667
　—爵 政 ① 1491
　—私学 文 ② 1308
たちばな 橘氏是定 姓 470
たちばな 橘氏長者 姓 470
たちばな 橘家蟇目 武 214
たちばな 橘樹郡 地 ① 834
たちばな 橘寺【篇】 宗 ③ 1348
たちばな 橘嘉智子 帝 1670

	—建檀林寺	宗	③	898
	—等建学館院	文	②	1308
たちばな	橘郷	神	④	551
	—	政	③	745
	—	法	①	1089
たちばな	橘宿禰	姓		174
たちばな	橘俊綱	人	②	603
たちばな	橘敏行	文	①	823
	—発願従冥途返語	宗	①	300
たちばな	橘奈良麿	官	①	252
たちばな	橘逸勢			
	—善書	文	③	708
	—謀反	帝		1586
	—贈官位	官	①	252
	御霊会祀—	神	②	622
	—祭	神	②	657
たちばな	橘逸勢女	人	①	1073
たちばな	橘広相			
	—草賜藤原基経勅答文	官	①	565
	—由侍読労被贈官位	官	①	254
たちばな	橘岑継	人	①	1317
たちばな	橘諸兄	帝		1500
	—撰万葉集説	文	②	335
たちばな	橘紋	姓		527
たちばな	橘良基	人	②	30
たちばな	橘守部	文	①	866
たちばな	橘焼(添肴)	飲		146
たちばな	橘流(兵法)	兵		7
たちはれ	たちはれ(馬腹瘇)	動		125
たちぶう	たちふうり(瓝瓟)	植	②	607
たちぶく	刀袋	兵		1466
たちふる	たちふるまひ(進退)	礼	①	131
たちまち	たちまちぐさ(牛扁)	植	②	206
たちまち	たちまちぐさ(萹蓄)	植	②	29
たちまち	立待月	天		63
たちまわ	立廻り(芝居)	楽	②	133
たちやく	立役(役者)	楽	②	156
だちょう	駝鳥	動		980
だちん	駄賃	政	④	1276
	—	政	④	1307
	駄荷功賃	政	②	1205
たつ	立	人	①	984
たつ	竜	動		1008
たつ	闥	居		848
だつ	啄長魚	動		1435
だつえ	脱衣(僧徒犯罪者)	法	②	3
だつえじ	脱衣重追放	法	②	372
だつえに	脱衣入牢	法	③	271
たつかい	たつかひ(田令)	政	②	444
たつがし	竜頭の冑	兵		1862
たつがた	竜像纛(即位調度)	帝		403
たつかゆ	手束弓	兵		1656
たつき	たつき(鐇)	産	①	560
たつくり	田作(鰯)	動		1420
たつくり	田作(耕作)	産	①	30
たつくる	たつくるを(農夫)	産	①	186
たつけう	田付氏	官	③	1212
たつけか	田付景澄	武		885
たつけり	田付流(鉄砲)	武		884
たつけり	田付流(鉄砲鍛冶)	官	③	1212
だっこう	脱疘	方		1300
たつごも	立薦	器	①	837
だっし	脱屣	帝		457
	—	帝		791
	「じょうい譲位」も見よ			
たっしが	達書【併入】	政	③	148
たっしも	達物	政	③	148
だつじょ	奪情従公	礼	②	670
だつじょ	奪情復任	礼	②	670
	—季禄	封		151
たっす	塔主	宗	②	1031
だっそ	脱疽	方		1235
たっそつ	達率	外		180
たつた	竜田	神	④	175
たつたが	竜田川紅葉	植	①	495
たつたき	竜田清水墓	礼	②	1152
たつたじ	竜田神社【篇】	神	④	174
たつたそ	竜田菀部墓	礼	②	1152
たつたひ	竜田比古竜田比女神社	神	④	175
たつたや	竜田山	地	③	741
たっちも	達智門	居		215
たっちも	達智門(笙)	楽	②	935
たっちゅ	塔頭	宗	③	215
たっちゅ	堂頭和尚	宗	②	1021
たっつけ	たつつけ(裁著)	服		774
たつつま	たつつまふまひ(殊舞)	楽	②	442
たつどう	達道館	文	②	1282
たつとり	たつ鳥のから舟	器	②	624
たづな	手綱(馬具)	兵		2014
	烏帽子に—うたせ			

	て	服		1212
たづな	手綱(犢鼻褌)	服		1506
たつのい	辰市	産	②	601
たつのお	たつのおとしご(海馬)	動		1536
たつのお	竜尾道	居		168
たつのく	竜口(相模)	法	①	699
たつのし	たつのした(竜舌草)	植	①	952
たつのは	竜野藩	地	②	543
たつのひ	たつのひげ(石竜芻)	植	①	1004
たつのひ	たつのひげ(竜常草)	植	①	937
たつのひ	辰日節会	神	①	1245
たつのむ	立野村	神	④	174
たつび	田螺	動		1667
たつひひ	多都比毘売命	神	④	905
たつぼ	田坪	政	②	270
たつまき	竜巻	天		263
たつまつ	辰松風髪	人	①	527
たつみ	巽	天		21
たつやま	竜山石	金		257
たて	たて(演劇)	楽	②	133
たて	楯【篇】	兵		2069
	—図	兵		2071
	—図	姓		576
	大嘗祭神—	神	①	1430
	舞楽用—	楽	①	661
たて	[illegible]	産	①	321
たで	蓼	植	②	1
たであい	蓼藍	植	②	16
たてあか	たてあかし(炬火)	器	②	280
たてあげ	たてあげ(鎧胴)	兵		1781
たていし	立石	居		924
たていた	立板(車)	器	②	764
たていも	多天井門	居		215
たてえ	竪絵	文	③	1025
たてえぼ	立烏帽子	服		1176
	—名所	服		1170
	元服時用—	礼	①	782
	著直垂時用—	服		558
	著道服時用—	服		635
たてかえ	竪替	産	②	537
たてかけ	立かけ(結髪)	人	①	524
たてがさ	立傘	器	②	465
たてがみ	鬣	動		85
たてかわ	竪川	政	④	1070
たてぐし	建具師	産	①	544
たでくら	蓼倉郷	地	①	229
だてけぞ	伊達家蔵書	文	③	384
だてけそ	伊達家騒動裁判	法	③	808
だてごお	伊達郡	地	②	122
たてしと	立蔀	居		1254
たてしな	立科山	地	③	815
たてだい	竪題(俳諧)	文	①	1297
たてつ	楯津	地	③	485
たてつき	楯突の軍	兵		509
たててん	竪点	文	③	277
たてどい	竪樋	政	④	1226
たてなし	楯無(名鎧)	兵		1849
たてぬい	楯縫郡	地	②	471
たてぬい	楯縫部	官	①	114
たてはき	帯刀 「たちはき帯刀」を見よ			
たてはぎ	竪はぎの板(冑)	兵		1878
たてばな	立花(挿花)	遊		828
たてばや	館林	地	②	23
たてばや	館林藩	地	②	30
たてはら	楯原神社	神	④	268
たてぶし	楯節舞	楽	②	443
たてふだ	建札	政	③	178
たてぶみ	竪文	文	①	474
	—	服		490
たてまい	竪米	産	②	536
だてまさ	伊達政宗			
	—信耶蘇教	宗	④	1116
	—使到新伊斯把你亜	外		1257
	—遣使於羅馬	外		1260
	徳川家康与—欲通婚	礼	①	904
たてむし	立筵(輿)	器	②	966
たてもの	立物(冑)	兵		1862
	以—為神体	神	①	202
たてもの	立者(俳優)	楽	②	163
たてもの	立物(埴輪)	礼	②	18
たてもの	竪物(曲芸)	楽	②	1188
たてもの	立物台	兵		1875
たてやま	たて山	地	③	719
たてやま	立山	地	③	839
	—	地	③	879
たてやま	館山	地	①	1015
たてやま	立山大菩薩	地	③	839
たてやま	立山藤橋	地	③	344
たてやま	館山藩	地	①	1017
たとうが	帖紙【附】	服		1357

たとうが	帖紙売	服		1367
たとうご	多東郡	地	①	834
たとえ	譬	人	①	884
たとえう	譬喩歌	文	①	586
たどごお	多度郡(伊勢)	地	①	435
たどごお	多度郡(讃岐)	地	②	831
たどころ	田荘	政	②	468
たどころ	田所職	政	②	565
たどじん	多度神社神宮寺	神	②	1716
たどつ	多度津	地	②	837
たどつは	多度津藩	地	②	845
たとり	鶏鳥	動		784
たどん	炭団	器	②	356
たな	たな(蒲公英)	植	②	739
たな	棚【篇】	居		1085
	神—【附】	神	①	927
	風流—	神	②	385
	祭祀用—	神	②	1236
	書—【附】	文	③	1414
	産—	礼	①	346
	蚕—	産	①	355
	初音の—	産	①	825
	褻居—	居		630
	茶湯—	遊		651
たない	たな井(種池)	産	①	58
たないた	棚板(茶道具)	遊		654
たなうけ	店請人	政	③	1305
たなうし	棚牛(堤防具)	政	④	1056
たなおの	棚小の舟	器	②	623
たなかき	田中丘隅右衛門	動		1350
	—	政	④	1138
たなかざ	棚飾	居		1092
	—図	居		1093
たなかの	田中井戸	政	②	1119
たなかの	田中井戸(催馬楽)	楽	①	215
たなかの	田中荘	地	②	750
たなかの	田中保	地	②	321
たなかの	田中社	神	③	1449
たなかは	田中藩	地	①	630
たながり	店借	政	③	1298
たなぎょ	棚経	歳		1259
たなくら	棚倉荘	地	①	251
たなくら	棚倉藩	地	②	154
たなこ	店子	政	③	1299
たなご	たなご(河鰱魚)	動		1276
	捕—	産	①	390
たなご	たなご(海鰱魚)	動		1458
たなごい	たなごひの箱(巾箱)	器	①	650
たなごこ	掌			
	人—	人	①	459
	獣—	動		7
たなしし	たなしし(膜)	人	①	301
たなしま	棚島駅	地	①	1097
たなすえ	たなすゑ(手子)	人	①	460
たなすえ	手末調	政	②	720
たなそこ	たなそこ(掌)	人	①	459
たなちん	店賃	政	③	1308
たななし	棚無小舟	器	②	622
たなはし	棚橋	地	③	110
たなはし	棚橋駅	地	①	1095
たなばた	七夕	歳		1215
たなばた	七夕歌会	文	②	165
たなばた	七夕踊	楽	②	482
たなばた	七夕笠懸	武		555
たなばた	七夕御遊	楽	①	91
たなばた	七夕帷	服		418
たなばた	たなばたづめ	天		98
たなばた	織女祭	歳		1224
たなばた	七夕鞠	遊		1099
たなはめ	たなはめ(金剛草履)	服		1427
たなべ	田辺	地	②	405
たなべの	田辺湯	地	③	1087
たなべは	田辺藩	地	②	410
たなべり	田辺流(槍術)	武		71
たなもり	棚守	神	②	1521
たならし	たならし(碌碡)	産	①	246
たなんぷ	多男父	政	②	81
たなんぷ	多男父帳	政	②	81
	—	政	②	233
たに	谷	地	③	708
たに	太泥【附】	外		1189
たに	商布	産	②	142
だに	蜹	動		1219
だに	駄荷	政	④	1290
たにうつ	たにうつぎ(楊櫨)	植	①	658
たにうま	谷馬鍬	産	①	245
たにかぜ	谷風梶之助	武		1268
	—横綱免許	武		1182
たにぐく	谷ぐく	動		1064
たにぐみ	谷汲寺	宗	④	678
たにし	田螺	動		1667
たにしげ	谷重遠	方		360
たにじち	谷時中	文	②	770
たにふじ	谷藤	植	②	301

たにぶん　谷文晁　文 ③ 872
たにやま　谿山郡　地 ② 1221
たにりゅ　谷流(山門真言)　宗 ① 562
たにわう　丹波氏氏神　神 ① 683
たにわご　丹波郡　地 ② 404
たにわの　たにはのくに　地 ② 377
「たんばの丹波国」も見よ
たにわの　丹波国造　地 ② 383
たにわの　たにはのみちのしり
(丹後)　地 ② 397
たぬき　狸　動 382
たぬきじ　狸汁　飲 179
たぬきね　貉睡　人 ① 975
たぬきの　狸腹鼓　動 383
たぬまお　田沼意次
—被命隠居　法 ② 579
—差扣　法 ② 595
—偽系図　姓 417
たぬまが　田沼髷　服 1365
たね　種子　植 ① 21
—　産 ① 3
凶年貸賜—　歳 1484
撰種　産 ① 53
浸種　産 ① 58
たねおろ　たねおろし(下種)　植 ① 32
—　産 ① 61
大神宮神田下種祭
【併入】　神 ③ 498
たねがき　たね柿(博弈)　法 ③ 108
たねかし　たねかし(浸種)　産 ① 58
たねかし　たねかしの社　産 ① 58
たねがし　種子島　地 ② 1170
耶蘇教伝播—　宗 ④ 1119
葡萄牙人来—　外 1234
配流多褹島　法 ① 185
たねがし　種子島　武 909
「てっぽう鉄砲」も見よ
たねかす　たねかす(糩)　産 ① 254
たねがみ　蚕種紙　産 ① 335
たねせん　種銭　泉 25
たねだり　種田流(槍術)　武 71
たねつけ　たねつけばな(砕米
紫)　植 ② 82
たねほん　種本　文 ② 949
たねまき　種蒔　植 ① 32
—　産 ① 61
たねまき　播種季節　産 ① 23
たねもの　種物問屋　器 ② 305
たのえお　田上大水社　神 ③ 141
たのえじ　田乃家神社　神 ③ 133
たのかみ　田神　産 ① 10
たのくさ　田草引　産 ① 86
たのぐち　田野口藩　地 ① 1384
たのごい　手巾　器 ① 632
たのしむ　楽　人 ① 725
たのまず　不憑秘事　宗 ① 870
たのまつ　田祭　神 ② 618
—　産 ① 10
たのみ　たのみ(結納)　礼 ① 948
たのみお　頼納　政 ④ 743
たのみの　たのみの節(八朔)　歳 1285
たのみの　憑節供　歳 1285
たのもし　頼母子講　法 ③ 68
—　政 ④ 711
たのもの　田面節　歳 1285
たば　束(稲)　植 ① 797
たばこ　煙草　植 ② 542
江戸城内禁—　官 ③ 349
於牢内喫—　法 ③ 255
たばこい　煙草入　器 ② 552
たばこい　煙草入問屋　産 ② 408
たばこう　煙草売　産 ② 690
たばこし　煙草商　植 ② 574
たばこど　煙草問屋　産 ② 409
たばこの　煙草茎　産 ① 151
たばこぼ　煙草盆　器 ② 557
たばさみ　手挟(的)　武 250
たはたく　田畠位付　政 ③ 1157
たはたろ　田畑六分違(租率)　政 ④ 187
たばねわ　束綿　産 ② 100
たび　たび(手火)　礼 ② 176
たび　旅
「こうりょ行旅」を見よ
たび　足袋【併入】　服 1453
木綿—　服 682
革—　産 ① 904
数寄屋—　遊 436
だび　荼毘　礼 ② 5
—　礼 ② 196
「そうれい葬礼」も見よ
たびいし　たびいし(礫)　金 248
たびかわ　旅川流(槍術)　武 71
たびし　足袋師　産 ① 904
大坂革足袋商人　産 ② 408

たびしょ 旅所 神 ① 609
　松尾神社— 神 ③ 1376
　稲荷神社— 神 ③ 1453
　祇園— 神 ③ 1480
たびすず 旅硯 文 ③ 1323
たびだん 旅簞笥 遊 653
たびね 旅寝 人 ② 449
たびのみ たびのみや(斎王離宮) 神 ③ 826
たひばり 田雲雀 動 785
たびびと 旅人 人 ② 430
たふ 太布 産 ② 134
たぶさ たぶさ(手節) 人 ① 458
たぶさ 髻 人 ① 512
たぶせ たぶせ(田廬) 産 ① 95
　— 地 ③ 388
たぶせた 田布施忠宗 武 886
たぶせの 田布勢荘 法 ① 1041
たぶせり 田布施流(鉄砲) 武 884
たぶちど 田淵銅山 金 145
たふね 田船 産 ① 265
たぶみ 田文【篇】 政 ③ 1087
たべ 田部 官 ① 69
　— 政 ② 444
たべもの たべもの(食物) 飲 4
　「しょく食」も見よ
たぼ たぼ(結髪) 人 ① 519
たほうと 多宝塔 宗 ③ 98
　二重— 帝 1083
たぼさし 髱刺 器 ① 474
だぼはぜ だぼはぜ(鯆) 動 1340
たま 玉 金 220
　以—為神体 神 ① 193
　以—為幣 神 ② 1078
　舞楽用— 楽 ① 665
たま 珠 金 220
たま 霊 人 ① 626
　「たましい魂」も見よ
たまい 田舞 楽 ② 428
　大嘗祭巳日節会奏— 神 ① 1297
たまいの 玉井轡 兵 2012
たまおや 玉祖神社【篇】 神 ④ 1203
たまがき 玉垣 神 ① 571
たまかき 玉牆内国 地 ① 22
たまかず 玉葛(枕詞) 植 ② 283
たまがわ 多摩川 地 ③ 1167
たまがわ 玉川石 金 255
たまがわ 玉川上水 政 ④ 1110
たまがわ 玉河郷 官 ② 1020
たまき 手纏 服 1486
たまぎく 玉菊(遊女) 人 ② 885
たまきの 珠城宮 地 ① 178
たまきは たまきはる(冠詞) 人 ① 625
たまきび たまきび(玉蜀黍) 植 ① 880
たまきよ 玉清井 地 ③ 1015
たまきり 玉置流 文 ③ 682
たまぐし 玉串 神 ② 942
　— 神 ② 1085
　— 神 ② 1093
　「へいはく幣帛」も見よ
たまくし 玉匣 器 ① 684
たまぐす 銃薬 武 925
たまぐす 玉薬奉行 官 ③ 1230
たまくだ 玉砕(陣法) 兵 73
たまご 卵
　鳥— 動 513
　鶏— 動 687
　虫— 動 1006
たまごお 多磨郡 地 ① 831
たまござ 玉子酒 飲 708
たまごつ 玉子土 金 374
たまごふ 玉子吹(博弈) 法 ③ 109
たまごめ 鶏卵飯 飲 414
たまごも 卵餅 飲 621
たまざい 玉細工職 産 ① 612
たまさき 玉前神社【篇】 神 ④ 509
たまさき 玉前命 神 ④ 509
たまざん 珠算 文 ③ 565
たましい 魂 人 ① 627
　神—【篇】 神 ① 175
　鎮—祭 神 ② 497
　招—祭【附】 神 ② 536
　慰怨—贈官位 官 ① 260
たましず 鎮魂祭 神 ② 497
　「ちんこん鎮魂祭」も見よ
たましだ たましだ 植 ② 865
だます だます(騙) 人 ② 660
たまずさ 玉づさ 文 ① 361
たますだ 玉簾 器 ① 846
たますり 玉磨 産 ① 610
たまたき 玉滝荘 地 ① 414
たまだな 霊棚 歳 1249
たまだれ 玉垂(枕詞) 器 ① 847

たまだれ　玉垂（風俗歌）　楽 ① 232
たまつく　玉作　産 ① 611
たまつく　玉造温泉（出雲）　地 ③ 1084
たまつく　玉造温泉（陸奥）　地 ③ 1074
たまつく　玉造郡　地 ② 125
たまつく　玉作部　官 ① 112
たまつし　玉津島　地 ② 764
たまつし　玉津島神社法楽歌会　文 ② 174
たまつば　玉椿　植 ① 635
たまての　玉手丘上陵　帝 976
たまてば　玉手箱　器 ① 684
たまとり　たまとり（弄丸）　楽 ② 1166
「しなだま品玉」も見よ
たまとり　珠取神事　神 ④ 1452
たまなご　玉名郡　地 ② 1118
たまのお　たまのを（命）　人 ① 624
たまのお　玉帯　服 794
たまのお　玉祖命　神 ④ 1203
たまのか　玉冠　服 1094
—　服 169
たまのこ　瑶輿　器 ② 937
たまのさ　玉盃　器 ① 228
たまのの　玉野駅　地 ② 174
たまばし　玉橋　地 ③ 117
たまばは　玉箒　器 ① 718
たまびや　玉火矢筒　武 945
たまぶち　玉縁（笠）　器 ② 394
たまほ　香茅　植 ① 959
たまほの　玉穂宮　地 ① 180
たままつ　霊祭　歳 1259
長崎—　礼 ② 1135
たまむか　魂迎　歳 1259
たまむし　たまむし（蠼）　動 1093
貯玉虫於白粉中　器 ① 503
たまむし　玉むし色　産 ② 21
たまむす　たまむすび　神 ② 542
たまもい　たまもひ（玉鋺）　器 ① 9
たまもよ　たまもよし（枕詞）　地 ② 814
たまや　たまや（霊屋）　礼 ② 1200
「びょう廟」も見よ
たまや　玉工【篇】　産 ① 610
たまゆら　たまゆら　歳 65
たまよば　魂呼　神 ② 541
たまよば　招魂祭【附】　神 ② 536
たまより　玉依姫（神武天皇母）
祀—於大歳御祖神社　神 ④ 388
祀—於竈門神社　神 ④ 1487
たまより　玉依比売（賀茂別雷命母）　神 ③ 943
たまり　豆油　飲 842
たまりづ　溜詰【併入】　官 ③ 170
—　官 ③ 1672
たまりづ　溜詰格【併入】　官 ③ 173
たまるむ　魂留魂神　神 ② 500
たまろ　太丸（笙）　楽 ② 935
たみ　民　産 ① 187
だみえ　濃画　文 ③ 981
たみくさ　たみくさ（民種）　産 ① 190
たみつか　民使　官 ① 71
たみの　田蓑　器 ② 478
たみのつ　たみのつかさ（民部省）　官 ① 873
たみやし　田宮重正　武 67
たみやり　田宮流（居合）　武 64
たむぎの　田麦所当　政 ④ 141
たむけ　たむけ（峠）　地 ③ 703
たむけの　たむけの神　神 ① 58
たむけの　手向幣　神 ② 1072
たむけや　手向山　地 ③ 730
たむざけ　たむざけ（甜酒）　飲 683
たむし　たむし（癬）　方 1247
たむのき　たむの木（秦皮）　植 ① 626
たむらご　田村郡　地 ② 120
たむらじ　田村神社【篇】　神 ④ 1339
たむらそ　田村草（鼠尾草）　植 ② 502
たむらの　田邑郷　地 ① 229
たむらの　田邑帝　帝 944
「もんとく文徳天皇」も見よ
たむらの　田邑山陵　帝 991
たむらひ　田村比売命　神 ④ 1339
たむらら　田村藍水　方 1115
ため　溜【附】　法 ③ 323
—内手鎖　法 ② 537
だめ　徒目（囲碁）　遊 59
ためあず　溜預　法 ③ 328
—　法 ② 520
ためあず　溜預証文　法 ③ 329
ためい　溜井　政 ④ 1176
—　政 ④ 1195
ためいけ　溜池　政 ④ 1178
ためおけ　溜桶　産 ① 281
ためかぎ　溜鍵役　法 ③ 326
ためかね　為兼流（和歌）　文 ① 807

ためし	ためし(坪刈)	政	④	209
ためしぎ	様斬	法	②	151
	—	兵		1480
ためしょ	溜証文	法	③	197
ためじん	多米神社	神	④	268
	—	産	①	58
ためたか	為尊親王	方		1222
ためつも	多米都物	神	①	1287
	—	飲		5
ためなが	為永春水	文	②	956
ためぬけ	溜抜	法	③	335
ためのさ	多米酒屋	神	①	1056
ためのり	多米料理屋	神	①	1056
ためやく	溜役人	法	③	325
ためやぶ	溜破	法	③	335
だも	月桂	植	①	274
たもと	袂	服		19
たもとご	たもとご(稲)	植	①	779
たもん	多門	兵		1119
たもんて	多聞天	宗	①	118
たもんの	多門の鎧	兵		1798
たや	他屋	礼	①	335
たやく	田役	政	④	465
たやす	田安	官	③	1668
たやすご	田安御門	居		403
たやすだ	田安台	居		404
たゆい	手結	服		1486
たゆいじ	田結神社	産	①	83
たゆう	太夫(遊女)	人	②	847
たゆうも	太夫元	楽	②	68
たら	鱈	動		1382
たらい	盥	器	①	595
たらし	たらし(帯)	服		778
たらじる	鱈汁	飲		168
たらちね	たらちね	人	①	139
だらに	陀羅尼	宗	①	371
	百万塔中所納一摺本	文	③	1059
たらのき	たらのき(楤木)	植	①	582
たらのし	太良荘(若狭)			
	補一名主職	地	②	213
	一地頭	官	②	985
	訴一地頭	法	①	1033
	一訴訟文書	法	①	1077
	一雑掌訴状	官	②	879
たらのほ	太良保	地	②	217
たらよう	多羅葉	植	①	487
たららこ	多良羅鼓	楽	②	1101
たり	鸞(馬病)	動		126
たりき	他力(仏教)	宗	①	36
	—	宗	①	853
たりこく	哆唎国守	官	①	185
たる	樽	器	①	188
	酒—	飲		755
たるいの	垂井宿	地	①	1242
たるかい	樽買	器	①	197
たるき	榱【篇】	居		986
たるきが	たるき形	居		761
たるきし	たるきしり(瑠)	居		990
たるころ	樽ころ	服		1497
たるざか	樽肴	人	②	466
たるしま	足島神	神	④	1712
たるだい	樽代	帝		243
	—	政	③	1288
たるにん	樽人形	器	①	195
たるひの	垂氷牧	地	③	969
たるひろ	樽拾	器	①	198
たるぶね	樽舟	器	②	636
たるぶね	樽船問屋	産	②	455
だるま	達磨	宗	②	559
	—	宗	①	702
だるまし	達磨宗	宗	①	700
だるまそ	だるまさう(仏頭菊)	植	②	709
だるまづ	達摩漬	飲		1018
だるまと	達磨糖	飲		665
たるみの	垂水神	神	①	1661
たるみの	海神社【篇】	神	④	1087
たるむす	足魂神	神	②	500
たるや	樽屋(江戸町年寄)	官	③	429
たるやと	樽屋藤左衛門	称		56
たれ	誰	人	①	19
たれあま	垂尼	宗	②	443
たれかご	垂駕籠	器	②	1031
たれぬの	垂布	器	①	782
たればか	垂袴	服		765
たればな	垂鼻	人	①	376
たれまく	垂幕	器	①	745
たろう	太郎	人	①	200
	—	姓		664
たろうづ	太郎月	歳		11
たろすけ	太郎助鱠	飲		203
たわく	たはく(婬)	人	②	645
たわけ	たはけ(白癡)	人	①	1285
たわけけ	田別検見	政	④	218

たわごと	たはこと(狂言)	人	①	857
たわぶれ	たはぶれごと(戯言)	人	①	855
たわら	俵	産	①	313
	—	産	①	108
たわらて	田原天皇(志貴親王)	帝		852
たわらの	田原郷	地	①	238
たわらの	田原陵	帝		990
たわらは	田原藩	地	①	558
たわらみ	田原道	地	①	211
たわらや	田原焼	産	①	724
たわれう	戯歌	文	①	903
たん	丹(黄丹)	金		211
たん	胆	人	①	492
たん	段(田積)	政	②	264
	—	政	③	1122
たん	毯	器	②	43
たん	緂(平緒)	兵		1450
たんあて	反当	政	④	239
たんいん	痰飲	方		1181
だんおつ	檀越	宗	③	56
	—選任僧職	宗	②	841
たんおん	単音	文	①	80
たんか	短歌	文	①	535
	以長歌称—	文	①	520
たんが	淡画	文	③	912
たんかい	湛海(僧)	宗	③	571
たんかい	端改(逸年号)	歳		346
たんかい	淡海公	封		56
	—	帝		1549
	「ふじわら藤原不比等」も見よ			
だんがい	弾劾上書	政	③	278
たんかく	丹鶴叢書	文	③	347
たんかこ	短歌行(俳諧)	文	①	1191
たんから	たんから(紅樹皮)	産	②	753
たんがら	たんがら(木)	植	①	577
たんき	短気	人	①	708
だんぎ	談義			
	典籍—	文	③	193
	仏教—	宗	①	384
だんぎぼ	だんぎぼふす(魚)	動		1341
だんきゅ	弾弓【併入】	兵		1768
だんぎょ	団魚会	飲		54
たんきり	痰切(菓子)	飲		662
たんきり	たんきりまめ(穭豆)	植	②	238
だんきん	断金調	楽	①	27
だんきん	断金之契	人	②	402
たんけい	丹桂	植	①	625
たんけい	短檠	器	②	222
	茶湯用—	遊		573
たんけい	端渓硯	文	③	1330
たんけい	単経本	文	③	296
たんけい	丹渓流(医術流派)	方		789
たんこ	鍛戸	官	①	1019
たんご	端午	歳		1139
	—図	歳		1184
だんご	団子【併入】	飲		579
	明月夜供—	歳		1310
だんごい	団子石	金		262
たんこう	単功	産	①	500
	造挂甲—	兵		1897
	耕種園圃—	産	①	31
たんこう	単鉤	文	③	749
たんこう	短功	産	①	500
	造剣—	兵		1316
	雑織—	産	②	14
たんこう	短甲	兵		1827
たんこう	鍛工【篇】	産	①	621
だんこう	檀香	植	①	235
たんごぎ	丹後絹	産	②	220
たんごだ	丹後代官	官	③	1531
たんごち	丹後縮面	産	②	250
たんごの	丹後国【篇】	地	②	397
たんごの	丹後国造	地	②	401
たんざ	端坐	人	①	979
たんさい	淡彩(絵画)	文	③	912
だんざい	断罪【篇】	法	①	625
	—【篇】	法	①	1186
	—【附】	法	③	990
	検非違使—行決	官	②	139
だんざい	断罪(斬罪)	法	①	696
	—	法	①	867
だんざえ	弾左衛門	政	③	878
たんざく	短冊【附】	文	③	1253
	成選—	政	①	1190
	和歌用—	文	①	1400
	和歌—書法	文	②	188
たんざく	短冊一歩	泉		206
たんざく	短冊箱【併入】	文	③	1406
たんざの	旦座之式(茶七事)	遊		521
だんざん	談山	地	③	740
だんざん	談山神社【篇】	神	④	202
たんじ	探字(和歌)	文	②	187
だんし	男子			
	「おとこ男」を見よ			

だんし	檀紙	文	③	1186
	書札用—	文	①	483
だんじき	断食	宗	②	714
	—	宗	②	718
だんじき	断食療法	方		982
たんしゃ	丹砂	金		215
だんしゅ	断酒	飲		790
	「きんしゅ禁酒」も見よ			
たんしゅ	丹州	地	②	377
	「たんばの丹波国」も見よ			
たんしゅ	丹州	地	②	398
たんしゅ	但州	地	②	413
	「たじまの但馬国」も見よ			
たんしゅ	淡州	地	②	765
	「あわじの淡路国」も見よ			
たんしゅ	単首奴婢	政	②	146
だんしょ	檀所	宗	③	137
たんしょ	短章(律詩)	文	②	456
たんしょ	端正(逸年号)	歳		344
たんしょ	端政(逸年号)	歳		341
	—	神	④	1355
たんじょ	短帖	器	②	58
だんしょ	男娼【併入】	人	②	919
たんじょ	誕生祝【附】	礼	①	319
	依将軍子女—赦宥	法	③	360
たんじょ	誕生会(釈迦)	歳		1129
だんじょ	弾正検察	封		131
たんじょ	誕生寺(安房)【篇】	宗	④	499
たんじょ	誕生寺(美作)【篇】	宗	④	896
たんじょ	誕生石	神	④	1386
だんじょ	弾正台【篇】	官	①	1301
	併内礼司於—	官	①	809
	—為糾弾	法	①	595
だんじょ	弾正尹	官	①	1303
	—不受元服禄物	礼	①	831
だんじょ	弾正弼	官	①	1303
だんじょ	弾正宮	帝		1414
たんじょ	誕生日			
	—詣産土神	神	①	751
	天皇—除刑	法	②	78
たんじん	丹参	方		1074
たんす	箪笥	器	①	676
	鉄砲—奉行【篇】	官	③	1235
	書物—	文	③	1401
	枕—	器	②	175
	印籠—	服		1474
	茶湯用—	遊		651
たんすど	箪笥同心	官	③	321
たんせき	丹石流(剣術)	武		28
たんせん	段銭	政	④	454
	課—充大嘗祭用途	神	①	1472
	課—充譲位用途	帝		516
	寺院為借銭返済課—	政	④	620
たんせん	短銭	泉		119
たんぜん	丹前(小唄)	楽	②	391
たんぜん	丹前(芝居)	楽	②	127
だんせん	団扇形	服		1356
たんせん	段銭国分奉行	官	②	1194
たんせん	段銭総奉行	官	②	1193
たんぜん	丹前立髪	人	①	533
たんせん	反銭升	称		91
たんぞう	湛増(僧)	神	④	1315
だんそう	弾奏	法	①	597
たんだい	探題			
	論義—	宗	①	422
	講書—	文	③	198
	和歌—	文	②	184
	詩—	文	②	509
	詩—	文	②	639
たんだい	探題(職名)			
	両—	官	②	690
	六波羅—	官	②	848
	鎌倉幕府九州—	官	②	889
	鎌倉幕府長門—	官	②	898
	鎌倉幕府鎮西—	官	②	890
	足利氏九州—	官	②	1318
	足利氏鎮西—	官	②	1318
	筑紫—	官	②	1319
	足利氏中国—	官	②	1324
	足利氏奥州—	官	②	1325
	羽州—	官	②	1329
	織田氏中国—	官	②	1431
たんだい	毯代	器	②	44
たんだか	段高	政	④	120
だんちが	段違又従弟	人	①	274
たんちく	淡竹	植	①	679
たんちゅ	単注本	文	③	336
たんちょ	丹頂(鶴)	動		541
だんちょ	団長楽	楽	①	381
たんてい	探偵	法	③	172
たんでん	丹田	人	①	496
だんてん	談天門	居		212
たんとう	丹党	兵		438

たんとう 短刀 兵 1379
だんとう 団頭 政 ③ 877
たんどく 丹毒瘡 方 1238
だんどく 檀特草 植 ① 1157
たんどり 段取 政 ④ 234
だんな 檀那 宗 ③ 56
「だんおつ檀越」も見よ
だんなで 檀那寺 宗 ③ 57
たんなん 丹南郡 地 ① 321
たんなん 丹南藩 地 ① 327
だんのう 壇浦 地 ③ 1323
— 地 ② 714
— 神 ④ 1209
だんのう 壇浦合戦 兵 1210
たんばう 丹波牛 動 48
たんばぐ 丹波郡代 官 ③ 1486
たんばさ 丹波猿楽 楽 ① 754
たんばし 丹波衆 兵 460
たんばだ 丹波代官 官 ③ 1531
たんはち 胆八樹 植 ① 518
たんばぬ 丹波布 産 ② 141
たんばの 丹波国【篇】 地 ② 377
以—為大嘗祭主基 神 ① 952
—隼人 官 ① 911
配流— 法 ① 199
—金銀貨 泉 289
たんばの 丹波国風土記 神 ① 1584
たんばの 丹波畳表 器 ② 63
たんばや 丹波焼 産 ① 714
— 産 ① 759
たんばん 胆礬 金 339
だんぱん 団飯 飲 444
たんぴょ 丹標紙 文 ② 944
だんびら だんびらもの(大刀) 兵 1305
たんぷ 担夫 政 ② 866
だんぶく だんぶくろ(衣服) 兵 243
だんぶく だんぶくろ(番袋) 器 ① 698
だんべえ 団兵衛船 器 ② 686
たんぺん 短篇(律詩) 文 ② 456
たんぽ たんほ(湯婆) 器 ① 716
だんほう 壇法 宗 ② 329
だんぼう 男房 官 ② 303
たんほう 丹鳳門 居 210
たんぼく 丹北郡 地 ① 321
たんぽぽ 蒲公英 植 ② 739
たんまい 段米 政 ④ 462
課—充大嘗祭用途 神 ① 1469
だんまつ 断抹磨 人 ① 661
たんめい 短命 人 ① 679
たんめん 段免 政 ④ 203
たんめん 祖免(喪) 礼 ② 585
たんもの 反物
「おりもの織物」を見よ
たんもの 反物糸綿等改所 産 ② 8
たんやく 丹薬 方 1085
たんやの 鍛冶司【篇】 官 ① 1018
たんよ 担輿 器 ② 958
たんら 耽羅【篇】 外 269
たんりょ 短慮 人 ① 708
たんりょ 単寮 宗 ② 1027
だんりん 檀林 宗 ③ 137
十八— 宗 ③ 202
だんりん 檀林寺【篇】 宗 ③ 898
— 宗 ③ 196
だんりん 談林風(俳諧) 文 ① 1342
だんれい 弾例 法 ① 71
たんれん 短連歌 文 ① 958
だんわ 談話 人 ① 839

ち

ち 血 人 ① 303
—書経 宗 ① 287
—書起請文 人 ② 380
合— 人 ① 277
鶴— 動 549
ち 地
—総載【篇】 地 ① 1
拝天— 歳 376
賜—【併入】 封 120
ち 乳 人 ① 428
ち 茅 植 ① 917
ち 笞(刑具) 法 ① 121
ち 智【篇】 人 ① 1238
松平左近将監明— 法 ③ 945
ちあい 血合(魚肉) 動 1408
— 動 1440
ちあなぎ 脚病(馬病) 動 125
ちあれ 血荒 神 ② 803
ちいさが 小県郡 地 ① 1371
ちいさが 小さ刀 兵 1378

ちいさき　ちひさきこけ(石衣)　植 ②　848
ちいさき　ちひさきたこ(小蛸魚)　動　1546
ちいさき　ちひさきもの(褌)　服　1504
ちいさこ　少子部蜾蠃
　—娶嬰児　人 ①　72
　小子部栖軽碑　礼 ②　1175
ちいさこ　少子部連　姓　168
ちいさわ　ちひさわらは(内豎)　官 ②　326
ちいみ　血忌　礼 ①　455
ちいみび　血忌日　方　109
ちいん　知音　人 ②　397
ちいんじ　知院事　宗 ②　1007
ちうし　乳牛　動　45
　「にゅうぎ乳牛」も見よ
ちえかゆ　智恵粥　飲　457
ちえき　馳駅　政 ②　1192
　—　政 ④　1325
ちえしょ　智恵将棋　遊　142
ちえのい　智恵板　遊　1262
ちえのわ　智恵輪　遊　1262
ちえん　智演(僧)　宗 ①　695
ちおも　ちおも　人 ①　277
　「めのと乳母」も見よ
ちおんい　知恩院　宗 ③　639
　—御忌　宗 ②　220
　—鐘　宗 ②　1105
ちおんい　知恩院御門跡　帝　1478
ちおんい　知恩院宮　宗 ③　650
ちおんじ　知恩寺(京都)【篇】　宗 ③　706
　—鎮守神　神 ①　792
ちおんじ　智恩寺(丹後)【篇】　宗 ④　873
ちかい　誓　人 ②　321
　「せいやく誓約」も見よ
ちがいだ　違棚　居　1091
　—図　居　1087
ちがえし　道反大神　神 ①　142
ちがえも　千加倍物見車　器 ②　830
ちかきの　近木荘　政 ②　528
ちかきま　ちかきまもり(近衛)　官 ①　1345
ちかげり　千蔭流　文 ③　723
ちかごと　ちかごと　人 ②　329
　「せいし誓詞」も見よ
ちかごと　ちかごとぶみ　人 ②　385
　「せいもん誓文」も見よ
ちかつあ　近飛鳥宮　地 ①　180
ちかつお　近淡海国造　地 ①　1164
ちかつづ　近津堤　政 ④　1040
ちかのし　値嘉島　地 ②　1064
　配流血鹿島　法 ①　192
ちかまつ　近松門左衛門　楽 ②　307
　—法名　礼 ②　306
ちかまつ　近松行重母　人 ①　1205
ちかめ　近目　人 ①　363
ちがや　茅　植 ①　917
ちから　ちから　政 ②　584
　「ぜい税」も見よ
ちから　力　人 ②　121
ちから　力(弓)　兵　1546
ちからあ　力足(相撲)　武　1130
ちからが　力紙　武　1169
ちからが　ちからがは(逆靻)　兵　2001
ちからぐ　ちからぐさ(知風草)　植 ①　938
ちからぐ　税倉　居　785
ちからく　力競　武　1124
ちからぐ　力車　器 ②　860
ちからし　ちからしろのぬの(庸布)　政 ②　809
　—　産 ②　141
ちからぜ　力攻　兵　621
ちからな　無力蝦(催馬楽)　楽 ①　215
ちからの　ちからのつかさ(主税寮)　官 ①　892
ちからび　ちからびと(健児)　兵　267
ちからべ　税部　官 ①　71
ちからみ　力水(相撲)　武　1168
ちからも　力持　人 ②　121
ちかわち　知河内和泉事　官 ②　63
ちかん　智侃(僧)　宗 ④　1076
ちぎ　ちぎ(権衡)　称　128
ちぎ　千木【併入】　居　1002
　—　神 ①　545
　—　居　431
　—図　神 ①　558
ちぎ　地祇　神 ①　13
　—　神 ①　156
ちきゅう　地久(楽曲)　楽 ①　603
ちきゅう　地球儀　地 ①　122
ちぎょう　知行【篇】　封　377
　—渡　政 ④　107
　改稟米為—　封　424
ちぎょう　知行替　封　381
ちぎょう　知行国　封　65
ちぎょう　知行所　封　388

ちきょう	乳兄弟	人	①	286
ちぎょう	知行役	政	④	563
ちぎょう	知行割	封		379
ちきり	ちきり(縢)	産	②	37
ちきり	ちきり(小秤)	称		108
ちきり	ちきり(乱碁)	遊		124
ちぎる	契	人	②	322
ちきれ	地切れ(埋葬)	礼	②	389
ちぐう	知遇【篇】	人	②	411
ちくえん	竹園	帝		1412
	「こうしん皇親」も見よ			
ちくけい	竹檠	遊		573
ちくごが	筑後川	地	③	1191
ちくごの	筑後国【篇】	地	②	961
	—土蜘蛛	人	②	740
	—石炭山	金		157
ちくごの	筑後国神名帳	神	①	131
ちくごぶ	筑後節	楽	②	270
ちくこん	竹根印	文	③	1132
ちくさん	畜産制度	動		14
ちくしゅ	筑州	地	②	961
	「ちくごの筑後国」も見よ			
ちくしゅ	筑州	地	②	915
	「ちくぜん筑前国」も見よ			
ちくしょ	畜生	動		3
	「じゅう獣」も見よ			
ちくじょ	築城	兵		1050
ちくしょ	畜生谷	地	②	692
ちくしょ	畜生塚	礼	②	1109
ちくすい	竹酔日	植	①	722
ちくぜん	筑前国【篇】	地	②	915
	—司	官	②	395
	配流—	法	①	216
	—銀貨	泉		289
ちくぜん	筑前国島郡川辺里太宝二年戸籍	政	②	329
ちくちつ	竹帙	文	③	532
	—図	文	③	538
ちくてい	築堤具	政	②	1107
ちくでん	逐電	政	③	556
	「かけおち欠落」「とうぼう逃亡」も見よ			
ちくど	竺土	外		1117
	「てんじく天竺」も見よ			
ちくば	竹馬【篇】	遊		1153
ちくび	齆鼻	方		1515
ちくふげ	竹布袈裟	宗	②	1160
ちくぶじ	竹生島	地	①	1155
ちくまが	筑摩川	地	③	1184
ちくまご	筑摩郡	地	①	1366
ちくみの	千酌駅	地	②	465
ちくよう	竹葉(酒)	飲		679
ちくら	ちくら(千座)	居		735
ちくらお	千座置戸	神	②	663
	—	神	②	701
ちくらお	千座置戸の祓	神	②	161
ちくりん	竹林派(射術)	武		126
ちくりん	竹林楽	楽	①	544
ちくるい	畜類	動		4
	「じゅう獣」も見よ			
ちくわ	竹輪	飲		977
ちけい	地形	兵		618
	地名因—名	地	①	41
ちけい	致敬	礼	①	10
ちけがれ	地穢	礼	②	837
ちけじ	知家事			
	大神宮—	神	③	849
	親王摂関大臣家政所—	官	①	1273
	鎌倉幕府政所—	官	②	706
ちけん	地券	政	②	451
ちけん	地検	政	④	34
ちご	児	人	①	71
	「しょうに小児」「わらわ童」も見よ			
ちご	児(寺院児童)	宗	②	1069
ちこうり	池溝料	政	②	1141
ちごかっ	児喝食風髪	人	①	574
ちござく	児桜	植	①	291
ちござさ	児篠	植	①	717
ちごすが	児姿	礼	①	694
ちごばな	ちごばな(白頭公)	植	②	190
ちごみや	ちご宮	帝		1414
ちさ	苣	植	②	727
ちさい	致斎	神	①	119
ちざい	笞罪	法	①	118
ちさとは	千里浜	地	②	761
ちさのき	ちさのき(売子木)	植	①	656
ちさのき	ちさのき(斉墩果)	植	①	623
ちさん	遅参	政	①	1124
	参勤—	政	③	430
ちし	地誌	地	①	104
ちし	致仕【篇】	政	①	1448
	請—表	政	①	391

	一封	封		33
ちじ	知事(僧職)	宗	②	1007
ちじかた	知事方	宗	②	1021
ちしき	知識(募縁)	宗	③	326
	「かんじん勧進」も見よ			
ちしきじ	知識寺【篇】	宗	④	21
ちしきぶ	智識物	宗	③	326
	遊外僧募一而行支那	宗	②	523
ちしひょ	致仕表	政	①	1450
ちしまの	千島の蝦夷	外		1544
ちしまの	千島国	地	②	1301
	樺太千島交換条約	外		1615
ちしゃく	智積院【篇】	宗	③	594
	一学寮	宗	③	142
ちしゃの	ちしやのき(松楊)	植	①	624
ちじょう	智静	宗	②	805
ちじょう	笞杖刑【篇】	法	①	117
ちしょう	智証大師	宗	②	808
	「えんちん円珍」も見よ			
ちじょく	恥辱	人	①	765
ちしんか	知新館	文	②	1281
ちじんご	地神五代	神	①	23
ちず	地図	地	①	112
	一	文	②	1029
	蝦夷一	地	②	1344
	行幸時持一	帝		601
	為戦闘製一	兵		526
	測量一	文	③	650
ちずごお	智頭郡	地	②	441
ちずびょ	地図屏風	器	①	899
ちそう	地相【併入】	方		584
ちそう	知僧(逸年号)	歳		341
ちぞう	智蔵			
	一入唐受三論	宗	②	468
	一弘三論宗	宗	①	449
ちそくい	知足院(大和)	宗	③	1136
ちそくい	知足院(江戸)	宗	④	381
ちそん	智尊(僧)	人	②	91
ちだいじ	知太政官事	官	①	429
ちたがけ	知多掛鐙	兵		1998
ちたごお	智多郡	地	①	506
ちち	父	人	①	134
	皇后行啓訪一帝	帝		778
	譲官於一	政	①	1013
	譲位於一	政	①	1018
	依一功叙位	政	①	1491
	令一隠居	政	③	849
	一罪及子	法	②	32
	殺一	人	①	1096
	諫一	人	②	271
	藤原成経追慕亡一	人	②	459
	一命名于其子	姓		630
	婦人以一官職為名	姓		778
	「ふし父子」「ふぼ父母」も見よ			
ちちかぶ	ちちかぶり(鯆)	動		1340
ちちこぐ	父子草	植	②	744
ちちしま	父島	地	①	680
ちちのお	ちちのおほをぢ	人	①	258
	「ぞくそう族曾祖父」も見よ			
ちちのは	ちちのはぐさ(紫参)	植	②	31
ちちのや	乳病	方		1506
ちちぶぎ	秩父絹	産	②	215
ちちぶご	秩父郡	地	①	862
ちちぶの	知知夫国造	地	①	818
ちちぶの	秩父牧	地	③	964
ちちほむ	ちちほむ(癮胗)	方		1254
ちぢみ	縮【併入】	産	②	156
ちぢらと	ちぢら糖	飲		662
ちちらら	知知良良(風俗歌)	楽	①	236
ちぢれげ	縮毛	人	①	507
ちぢわせ	千千石清左衛門	宗	④	1114
ちつ	帙【附】	文	③	531
ちっきょ	蟄居	法	①	324
	一	法	①	956
	一	法	②	580
	一【併入】	法	②	582
ちつけ	乳付(誕生)	礼	①	374
	一図	礼	①	376
ちつげん	秩限	政	①	1287
	神職一	神	②	1548
	社僧一	神	②	1670
	講読師一	宗	②	886
	諸寺別当一	宗	②	950
	「にんげん任限」も見よ			
ちつまん	秩満	政	①	1287
	国司一去官	政	①	1329
ちつまん	秩満更任	封		275
ちつまん	秩満帳	政	①	765
ちつまん	秩満簿	政	①	1329
ちどうか	致道館(大垣藩)	文	②	1281
ちどうか	致道館(山家藩)	文	②	1286
ちどうか	致道館(日出藩)	文	②	1290

ちどうか	致道館(高知藩)	文	②	1289
	—試験	文	③	175
ちどうか	致道館(鶴岡藩)	文	②	1284
ちどうか	致道館(湯長谷藩)	文	②	1283
ちとせが	千年川	地	③	1191
ちとせが	千歳川	地	③	1195
ちとせご	千歳郡	地	②	1298
ちどめぐ	ちどめぐさ(石胡荽)	植	②	429
ちどり	千鳥	動		643
ちどりい	千鳥石	金		254
ちに	鎮仁(鯛)	動		1375
ちぬかん	珍努官	地	①	337
ちぬだい	茅渟鯛	動		1371
ちぬのあ	茅渟県	地	①	83
ちのなみ	血涙	人	①	369
ちのみち	ちのみち(脈)	人	①	304
ちのわ	茅輪	神	②	713
	—	神	②	752
	—図	居		523
	金銀—	歳		1234
ちばうじ	千葉氏	官	②	1315
ちばごお	千葉郡	地	①	1059
ちはつ	薙髪	宗	②	442
	—	人	①	531
	「しゅっけ出家」「ていはつ剃髪」も見よ			
ちばでら	千葉寺【篇】	宗	④	519
ちばまち	千葉町	地	①	1071
ちはや	千早	服		143
ちはやじ	千剣破城	兵		662
ちはやぶ	ちはやぶる(枕詞)	神	①	2
ちばりゅ	千葉流(挿花)	遊		874
ちひきう	血引魚	動		1399
ちびきの	ちびきのいし(磐石)	金		249
ちふ	乳癰	方		1508
ちぶさ	乳房	人	①	428
ちぶしょ	智部省	官	①	978
ちふりご	知夫郡	地	②	505
ちぶりの	ちぶりの神	神	①	57
ちぶりの	千波湊	地	③	580
ちへいけ	地平経緯儀	方		293
ちほのさ	知舗郷	地	②	1157
ちまき	ちまき(糉)	歳		1176
	—	飲		548
ちまきさ	ちまきざさ(箬)	植	①	714
ちまきの	茅纏之矟	兵		1495
ちまきば	ちまき柱	居		942
ちまた	街	地	③	6
ちまたの	衢神	神	①	54
ちまつり	血祭	兵		532
ちみ	地味	産	①	115
ちめい	地名	地	①	41
	—用字	文	①	83
	以駅家為—	政	②	1157
	以—為姓	姓		150
	以—為苗字	姓		319
	以—為人名	姓		658
ちめいの	知命之賀	礼	①	1422
ちめくさ	ちめくさ(敗醤)	植	②	652
ちも	知母(草)	植	①	1022
ちもり	ちもり(逭邏)	兵		346
ちゃ	茶	植	①	550
	—	遊		782
	喫—沿革	遊		379
	—名	遊		535
	—進献	遊		626
	徳川幕府用—	遊		629
	挽—	遊		638
ちゃいれ	茶入	遊		703
	—扱法	遊		507
ちゃいれ	茶入袋	遊		722
ちゃう	ちやう(舶来絹)	産	②	223
ちゃうけ	茶請	飲		31
	—	飲		589
ちゃうす	茶臼	遊		758
ちゃうす	茶磨石	金		358
ちゃおけ	茶おけ	飲		672
ちゃかい	茶会	遊		388
ちゃがし	茶菓子	飲		588
ちゃかぶ	茶かぶき之式	遊		521
ちゃがま	茶釜	器	①	297
ちゃがゆ	茶粥	飲		454
ちゃき	茶器	遊		647
	—扱法	遊		506
	—所望	遊		511
	—置合	遊		517
ちゃきん	茶巾	遊		739
	—扱法	遊		511
ちゃきん	茶巾筒	遊		740
ちゃくい	著衣始	礼	①	400
ちゃくざ	著座	礼	①	122
	陣—	政	①	162
	新任—	政	①	965
	著直衣人—法	服		323

	鎌倉幕府評定衆—			
	次第	官	②	729
ちゃくさ	嫡妻	人	①	156
ちゃくし	嫡子	人	①	197
	—	政	②	94
	—	政	③	688
	—	政	②	20
	—蔭位法	政	①	1002
	—庶子之分	政	②	96
	—庶子之分	政	③	699
	—伝領	政	②	116
	—相続	政	②	85
	—処分父遺産	政	②	125
	—分	政	③	698
	以—為他家養子	政	③	805
	為—服	礼	②	760
ちゃくじ	嫡女	政	②	94
	—	政	②	22
ちゃくし	著色摺	文	③	1118
ちゃくじ	著陣	政	①	162
	新任—	政	①	960
ちゃくそ	嫡孫	人	①	230
	—相続	政	②	89
	—相続	政	③	703
	廃—不為相続者	政	③	723
ちゃくそ	嫡孫承祖願	政	③	703
ちゃくた	著帯	礼	①	323
	依将軍妻—赦宥	法	③	381
	—時用仙沼子	植	②	646
ちゃくだ	著鈦政【附】	法	①	131
	—図	法	①	164
ちゃくて	嫡弟	政	②	94
	—	政	②	21
ちゃくと	著到	政	③	406
	摂籙家蔵人所—	官	①	1282
	家司—	官	①	1260
ちゃくと	著到歌	文	①	668
ちゃくと	著到殿	神	①	486
ちゃくと	著到櫓	兵		1102
ちゃくぼ	嫡母	人	①	144
	天皇為—服	礼	②	482
	為—服	礼	②	583
	為—服	礼	②	743
ちゃくり	嫡流	政	③	700
ちゃごう	茶合	遊		800
ちゃさん	茶盞室	器	①	80
ちゃし	茶師	遊		633
ちゃしき	茶式	遊		386
	—伝授	遊		600
ちゃしつ	茶室	遊		543
	奥坊主掌—事	官	③	927
	数寄屋頭掌—事	官	③	940
ちゃしゃ	茶杓	遊		733
ちゃじん	茶人	遊		601
	—之弊	遊		619
ちゃせん	茶筅	遊		729
	—扱法	遊		509
	普化僧作茶筌	宗	①	1142
ちゃせん	茶筅売	服		652
ちゃせん	茶筅置	遊		732
ちゃせん	茶筅髪	人	①	532
ちゃせん	茶筅立	遊		732
ちゃせん	茶筅筒	遊		732
ちゃぞめ	茶染	産	①	855
ちゃぞめ	茶染師	産	①	844
ちゃだい	茶台	器	①	79
ちゃたて	茶立口	遊		568
ちゃたて	茶立奉公人	政	③	601
ちゃつ	楪子	器	①	77
ちゃづけ	茶漬飯	飲		386
ちゃづけ	茶漬屋	飲		332
ちゃっこ	著袴			
	「はかまぎ著袴」を見よ			
ちゃつぼ	茶壺	遊		699
	徳川幕府—	遊		629
	路頭遇御—礼	礼	①	174
ちゃどん	茶問屋	産	②	409
ちゃのき	茶の木の稲荷	神	②	870
ちゃのこ	茶子	飲		29
ちゃのゆ	茶湯【篇】	遊		375
ちゃのゆ	茶湯会	遊		390
ちゃのゆ	茶湯具【篇】	遊		647
ちゃのゆ	茶湯者	遊		602
ちゃのゆ	茶湯書	遊		625
ちゃばん	茶番【併入】	楽	②	231
ちゃひき	ちやひきぐさ(雀麦)	植	①	840
ちゃびし	茶柄杓	遊		745
ちゃびん	茶瓶	遊		796
ちゃぶね	茶船	器	②	599
	—	器	②	674
ちゃべん	茶弁当	器	①	295
	—	官	③	1721
ちゃぼ	矮鶏	動		680
ちやまし	知山城国事	官	②	63

ちゃめし 茶飯 飲 410
ちゃや 茶屋 産 ② 405
　芝居— 楽 ② 45
　料理— 飲 324
ちゃやお 茶屋女 人 ② 915
ちゃやし 茶屋四郎次郎 外 1133
ちゃやぞ 茶屋染 産 ① 861
ちゃらん 茶蘭 植 ① 1187
ちゃわん 茶碗 器 ① 32
　嗽— 器 ① 578
　茶湯用— 遊 687
　煎茶用— 遊 799
　—鉢 器 ① 82
　茶垸 産 ① 703
ちゃんち ちやんちん(香椿) 植 ① 452
ちゃんぱ 占城【附】 外 1154
ちゅう 中(中男) 政 ② 79
ちゅう 忠【篇】 人 ① 1009
　—僕代主死 法 ② 138
　鴻池番頭某—死 居 935
　為—臣義士建碑 礼 ② 1186
ちゅう 忠(職名) 官 ① 199
　弾正— 官 ① 1303
ちゅう 杻(囚禁具) 法 ① 486
ちゅう 柱(琵琶) 楽 ② 734
ちゅうあ 仲哀天皇 帝 4
　—親征 帝 659
　—親征 外 120
　—山陵 帝 977
　祀—於気比神宮 神 ④ 938
　祀—於香椎宮 神 ④ 1402
　祀—於鹿児島神宮 神 ④ 1678
ちゅうあ 中安殿 居 140
ちゅうい 中板(茶湯具) 遊 657
　— 遊 667
ちゅうい 中院(的) 武 233
ちゅうい 中院(上皇) 帝 791
ちゅうい 中院(中和院) 居 175
ちゅうい 中陰【附】 礼 ② 1477
　—後政始 政 ① 144
　—後脱素服 礼 ② 467
　—間男女心得 礼 ② 712
　—時籠僧 礼 ② 726
ちゅうい 中陰明け 礼 ② 694
ちゅうい 中院正庁 居 144
ちゅうい 中院南門 居 270
ちゅうう 中有 礼 ② 1477
　「ちゅうい中陰」も見よ
ちゅうえ 中衣(僧服) 宗 ② 1143
ちゅうえ 中衛 官 ① 1437
ちゅうえ 中衛少将 官 ① 1437
ちゅうえ 中衛大将 官 ① 1437
ちゅうえ 中衛中将 官 ① 1438
ちゅうえ 中衛府【附】 官 ① 1437
ちゅうお 中踊 楽 ② 475
ちゅうか 中階 居 1182
ちゅうか 中和院 居 173
　—諸門 居 268
　於—行月次祭 神 ② 130
　於—行神今食祭 神 ② 187
　於—行新嘗祭 神 ② 228
ちゅうか 注夏病 方 1489
ちゅうか 中和門 居 268
ちゅうか 柱下類林 法 ① 69
ちゅうか 中寒 方 1489
　—治療 方 828
ちゅうか 中管【併入】 楽 ② 859
ちゅうか 中瓘(僧) 政 ① 491
ちゅうき 中気 方 1463
ちゅうき 註記
　論義— 宗 ① 429
　講書— 文 ③ 198
ちゅうぎ 忠義公 帝 1545
　「ふじわら藤原兼通」も見よ
ちゅうき 仲恭天皇 帝 28
　—事変行幸 帝 665
　—遜位 神 ① 1614
ちゅうき 中曲 楽 ① 43
ちゅうき 中琴 楽 ② 605
ちゅうぐ 中宮 帝 1106
　—鎮魂祭 神 ② 525
　—二季御贖 神 ② 738
　—節折 神 ② 746
　—毎月御贖 神 ② 749
　賀茂祭—使 神 ③ 1045
　—行啓 帝 777
　新皇后為— 帝 1116
　—宣下 帝 1125
　—用途 帝 1131
　—為皇太后 帝 1175
　—皇后並立 帝 1151
　—為太皇太后 帝 1178
　—吉書 政 ① 155
　—令旨 政 ① 310

—所充　政 ① 1073
「こうごう皇后」も見よ
ちゅうぐ　中宮給　封 289
ちゅうぐ　中宮寺【併入】　宗 ③ 1292
ちゅうぐ　中宮職【篇】　官 ① 741
—田　政 ② 423
改—為大宮院　帝 1194
ちゅうぐ　中宮寺宮　帝 1481
ちゅうぐ　中宮大夫　官 ① 743
ちゅうぐ　中宮庁　居 95
ちゅうぐ　中宮宮主　官 ① 330
ちゅうぐ　中宮病　方 1428
ちゅうぐ　中郡　地 ① 89
ちゅうけ　厨家(太政官)　官 ① 391
ちゅうけ　中啓　服 1319
ちゅうげ　中元　歳 153
—　歳 1249
ちゅうげ　中元(逸年号)　歳 344
ちゅうげ　中間【篇】　官 ③ 981
—小者著十徳　服 650
—装束　服 556
ちゅうげ　中間押　官 ③ 983
ちゅうげ　中間頭　官 ③ 982
ちゅうげ　仲間組合　官 ③ 1758
ちゅうげ　中間目付　官 ③ 983
ちゅうけ　中監物　官 ① 687
ちゅうこ　中戸(酒)　飲 771
ちゅうこ　中戸(戸口)　政 ② 75
ちゅうこ　中功　産 ① 500
造挂甲—　兵 1897
雑織—　産 ② 14
ちゅうこ　中候(斥候)　兵 339
ちゅうこ　鋳工【篇】　産 ① 650
ちゅうこ　中興祖　帝 955
ちゅうご　中国　地 ① 61
ちゅうご　中国(国等級)　地 ① 80
—納貢期限　政 ② 753
ちゅうご　中国路　地 ③ 74
ちゅうご　中国筋　地 ① 54
ちゅうご　中国探題
足利氏—　官 ② 1324
織田氏—　官 ② 1431
ちゅうこ　中古文　文 ① 213
ちゅうざ　中座(職名)　官 ③ 1308
ちゅうざ　中柵門　居 413
ちゅうざ　籌算　文 ③ 602
ちゅうざ　中山王　地 ② 1368
ちゅうざ　中山国　地 ② 1380
「りゅうき琉球国」も見よ
ちゅうざ　中山神社【篇】　神 ④ 1093
ちゅうさ　中散大夫　官 ③ 1776
ちゅうし　中祀　神 ① 112
ちゅうし　中紙　文 ③ 1176
ちゅうし　注子　器 ① 569
ちゅうじ　中食　飲 20
ちゅうじ　昼食　飲 11
ちゅうし　中湿　方 1490
—治療　方 828
ちゅうし　中巳祓　神 ② 696
ちゅうし　中社　神 ① 354
ちゅうじ　鍮石　金 192
ちゅうし　注釈書　文 ③ 438
ちゅうじ　中雀門　居 413
ちゅうじ　鍮石門　居 838
ちゅうし　中酒　方 1496
ちゅうし　酎酒　飲 685
ちゅうし　中宗　宗 ① 460
ちゅうし　中秋　歳 1304
ちゅうし　中洲　地 ① 55
ちゅうじ　中旬　歳 57
—之初天皇御紫宸
殿賜宴　政 ① 28
ちゅうし　中暑　方 1489
—治療　方 828
ちゅうし　中殤　礼 ② 585
ちゅうじ　中将
近衛—　官 ① 1358
外衛—　官 ① 1443
授刀—　官 ① 1436
中衛—　官 ① 1439
外衛—　官 ① 1443
ちゅうし　中将棋　遊 133
ちゅうし　中将軍　兵 169
ちゅうじ　中上戸　政 ② 73
ちゅうじ　中条郡　地 ② 521
ちゅうじ　中将代　帝 329
ちゅうじ　中将姫　宗 ① 235
ちゅうじ　中条流(剣術)　武 27
ちゅうし　中書王　官 ① 688
ちゅうし　中書格　文 ③ 750
ちゅうし　中書令　官 ① 684
ちゅうし　忠臣(官名)　官 ① 425
ちゅうし　忠臣蔵　楽 ② 100
ちゅうし　注進状　政 ③ 206

ちゅうす 中水井 地 ③ 1008
ちゅうせ 忠誠館 文 ② 1280
ちゅうせ 中政戸 政 ② 48
ちゅうせ 中星暦 方 384
ちゅうせ 抽籤
「くじ鬮」を見よ
ちゅうぜ 中禅寺【篇】 宗 ④ 727
ちゅうぜ 中禅寺湖 地 ③ 1241
ちゅうそ 中宗 帝 955
ちゅうぞ 中備 兵 378
ちゅうそ 中尊 宗 ① 200
ちゅうそ 中尊寺【篇】 宗 ④ 769
—金銀泥一切経 宗 ① 284
—金色堂 礼 ② 1221
ちゅうだ 中台(八省院) 居 158
ちゅうだ 中大鼓 楽 ② 1057
ちゅうだ 中大童子 宗 ② 1068
ちゅうだ 中大名 官 ③ 1720
ちゅうだ 中段(暦) 方 394
ちゅうだ 中段(家屋) 居 605
ちゅうち 中鎮 宗 ② 952
ちゅうつ 中追放 法 ② 326
—御構場所 法 ② 311
ちゅうて 中丁釈奠 文 ② 1395
ちゅうで 中田 政 ③ 1164
— 政 ② 285
ちゅうで 中殿(仁寿殿) 居 89
ちゅうで 中殿(神嘉殿) 居 143
ちゅうで 中殿(清涼殿) 居 104
ちゅうで 中殿歌会 文 ② 150
ちゅうで 中殿作文 文 ② 609
ちゅうど 中堂
「こんぽん根本中堂」を見よ
ちゅうど 中童子 宗 ② 1068
ちゅうど 中毒 方 1491
魚— 動 1440
河豚— 動 1511
—治療 方 828
ちゅうど 中年寄(徳川氏奥女中) 官 ③ 832
ちゅうな 中内記 官 ① 687
ちゅうな 中納言 官 ① 440
— 官 ① 403
—補任 官 ① 497
官政時申—雑事 政 ① 61
—書札礼 文 ① 430
藤原師家八歳任— 帝 1616
「なごん納言」も見よ
ちゅうな 中男作物【併入】 政 ② 780
— 封 12
ちゅうな 中男作物帳 政 ② 750
ちゅうな 中男作物率分 政 ② 819
ちゅうな 中男残帳 政 ② 233
ちゅうな 中男雑徭 政 ② 824
ちゅうな 中男帳 政 ② 233
ちゅうの 中祓 神 ② 669
ちゅうの 中の村 政 ③ 1163
ちゅうば 中畠 政 ③ 1171
ちゅうは 中飯 飲 18
ちゅうは 中半太刀 兵 1372
ちゅうひ 中菱牛(堤防具) 政 ④ 1057
ちゅうひ 中聖牛(堤防具) 政 ④ 1055
ちゅうび 中百姓 産 ① 192
ちゅうふ 仲父 人 ① 250
ちゅうぶ 中風 方 1463
— 方 1351
—治療 方 824
ちゅうふ 中風帯(掛物) 文 ③ 1001
ちゅうぶ 抽分銭 政 ④ 522
ちゅうぶ 抽分料 政 ④ 521
ちゅうぼ 中墨 文 ③ 1365
ちゅうぼ 中本 文 ② 948
— 文 ③ 519
ちゅうも 中物見 兵 327
ちゅうも 中門 居 845
— 居 572
神嘉殿南— 居 270
院号用—之号 帝 1202
ちゅうも 中門切妻 居 573
ちゅうも 中門廊 居 572
ちゅうや 昼夜帯 服 1065
ちゅうや 昼夜雑色 官 ② 834
ちゅうや 昼夜廻【併入】 官 ③ 1096
ちゅうや 昼夜矢数 武 156
ちゅうや 忠也流(剣術) 武 28
ちゅうよ 中様(紙) 文 ③ 1178
ちゅうり 中律師 宗 ② 758
ちゅうる 中流 法 ① 169
— 法 ① 769
ちゅうろ 中路 地 ③ 4
ちゅうろ 中臈(女房) 官 ① 1100
徳川氏奥女中— 官 ③ 832
ちゅうろ 中老人衆 官 ② 1134
ちゅうわ 中枠(堤防具) 政 ④ 1059

ちょい　儲闈(皇太子)　帝　1309
ちょう　町(田積)　政②　264
　—　政③　1123
ちょう　町(京城条坊)　地①　153
ちょう　長(苗字)　姓　328
ちょう　張(屛障)　器①　789
ちょう　腸　人①　493
ちょう　牒【篇】　政①　468
　皇親家司—式　帝　1448
　国司—　官②　518
　雑訴決断所—　官②　637
　准擬—　政①　1322
　蒙古国—　外　897
　戒—　宗②　666
　元服時発—召諸国菓子鮮物　礼①　804
ちょう　蝶　動　1105
ちょう　蝶(玩具)　遊　1250
ちょう　蝶(楽曲)　楽①　588
ちょう　調【篇】　政②　715
　—　封　12
　大神宮—荷前　神③　471
　大神宮神領—　神③　902
　国司犯用租—　政①　1276
　—率分　政②　816
ちょう　寵【篇】　人②　641
ちょう　寵(古今集作者)　姓　790
ちょうあ　寵愛　人②　641
ちょうあ　帳合現金相場　産②　525
ちょうあ　帳合相場　産②　513
ちょうあ　蝶足膳　器①　140
ちょうあ　長安　地①　144
ちょうあ　長案　政①　337
ちょうあ　長安寺【併入】　宗④　783
ちょうい　帳帷　器①　799
ちょうい　朝衣　服　175
ちょうい　調印　政③　300
ちょうう　鳥雲陣　兵　67
ちょうお　潮音(僧)　文③　461
ちょうが　朝賀【篇】　歳　396
　—　帝　1127
　—図　歳　402
ちょうが　帳外(戸籍)　政③　536
ちょうが　帳外(訴訟)　法③　406
　—　法③　401
ちょうか　鳥海山　地③　833
　—　神④　920
　—噴火　地③　878
ちょうが　調楽　楽①　12
　賀茂臨時祭—　神③　1101
　石清水臨時祭—　神③　1337
ちょうか　長歌行(俳諧)　文①　1191
ちょうか　てうかはか(蔵鉤)【篇】　遊　225
ちょうか　鳥歌万歳楽　楽①　401
ちょうか　庁官
　院司—　官①　1225
　後院—　官①　1253
　親王家—　官①　1268
　国府—　官②　441
ちょうか　長官　官①　198
　造平城宮司—　地①　133
　催造宮—　官②　372
　神—　神②　1481
　斎院—　神③　1235
　勘解由使—　官②　81
　造寺使—　宗③　45
　造東大寺—　宗③　1170
　造興福寺—　宗③　1199
ちょうか　長寛　歳　205
ちょうぎ　嘲戯【篇】　人②　678
ちょうぎ　朝議大夫　官③　1776
ちょうき　長久　歳　188
ちょうき　重九　歳　1315
ちょうき　彫弓　兵　1638
ちょうき　貂裘　服　8
ちょうき　長久館　文②　1288
ちょうき　長久楽　楽①　601
ちょうき　長享　歳　243
ちょうき　朝覲　帝　696
ちょうぎ　丁銀　泉　202
　—品位　泉　387
　慶長—図　泉　426
ちょうき　朝覲行幸【附】　帝　695
　—御遊　楽①　88
　—時歌催馬楽　楽①　224
ちょうく　長句(七律)　文②　456
ちょうけ　長檠　器②　223
ちょうけ　長慶子(楽曲)　楽①　422
ちょうげ　朝外異内　官③　1815
ちょうけ　長絹【篇】　服　519
　—水干之別　服　499
ちょうけ　長絹(布帛)　産②　195
ちょうげ　長元　歳　187

ちょうげ	重源			
	—入宋受天台	宗	②	481
	—再興大仏	宗	③	1109
ちょうげ	調絃	楽	②	540
ちょうけ	町見術	文	③	634
ちょうけ	長絹狩衣	服		474
ちょうけ	長絹直垂	服		542
ちょうげ	長元楽	楽	①	547
ちょうご	重五(五月五日)	歳		1140
ちょうこ	丁香	植	①	573
ちょうこ	長功	産	①	500
	造挂甲—	兵		1897
	雑織—	産	①	14
ちょうこ	長庚	天		106
ちょうこ	長講堂【篇】	宗	③	374
ちょうこ	長講堂伝奏	官	①	677
ちょうこ	長講堂領	政	②	479
	—	帝		288
ちょうこ	長講斗	称		92
ちょうこ	鳥向楽	楽	①	537
ちょうこ	彫刻師	産	①	540
ちょうご	朝護国孫子寺【篇】	宗	③	1297
ちょうこ	朝小子(楽曲)	楽	①	440
ちょうご	長恨歌屏風	器	①	921
ちょうざ	朝座	政	①	57
ちょうさ	調采	飲		318
ちょうざ	調剤	方		1092
ちょうさ	長斎持戒	宗	②	681
ちょうざ	蝶鮫	動		1474
ちょうさ	朝参	政	①	18
	—	政	①	1
	致仕者—座次	政	①	1449
	停—	法	①	317
ちょうさ	朝散大夫	官	③	1776
	—	官	③	1711
ちょうし	弔使	礼	②	321
ちょうし	長子	人	①	199
	—相続	政	②	83
ちょうし	朝使	政	①	619
ちょうし	銚子	器	①	200
ちょうし	調子(音楽)	楽	①	18
	時—	楽	①	24
	六—	楽	①	25
	十二—	楽	①	26
	枝—	楽	①	31
	高—	楽	②	541
	緩—	楽	②	541
ちょうじ	長治	歳		196
ちょうじ	丁子香	遊		309
ちょうじ	丁子酒	飲		760
ちょうし	鳥觜銃	武		909
ちょうじ	丁子透(扇)	服		1299
ちょうじ	長字銭	泉		32
ちょうじ	丁子草	植	②	452
ちょうじ	丁子染	産	①	856
ちょうし	銚子縮	産	②	163
ちょうし	銚子町	地	①	1073
ちょうし	彫漆工【併入】	産	①	801
ちょうじ	長日講経	宗	②	54
ちょうし	銚子鍋	器	①	218
ちょうじ	長者			
	氏—	姓		447
	寺院—	宗	②	979
	駅—	政	④	1246
	富人曰—	人	②	599
ちょうじ	諜者	兵		346
ちょうじ	長者が塚	礼	②	1077
ちょうじ	朝夕(職名)	官	②	1281
ちょうじ	朝夕雑色番頭	官	②	833
ちょうじ	朝夕人	官	②	1281
	徳川氏公人—【併入】	官	③	921
ちょうじ	長者屋敷	神	④	1103
ちょうじ	長寿	人	①	668
	祈—	神	②	871
ちょうし	長州	地	②	699
	「ながとの長門国」も見よ			
ちょうじ	鳥銃	武		880
	—	武		909
	「てっぽう鉄砲」も見よ			
ちょうし	朝集院	居		184
ちょうし	長秋詠草	文	②	370
ちょうし	長秋監	官	①	743
ちょうし	長秋宮	帝		1106
ちょうし	朝集使	政	①	658
ちょうし	朝集殿	居		184
ちょうし	朝集堂	居		183
ちょうし	長鬚会	人	①	607
ちょうし	頭首方	宗	②	1021
ちょうじ	長寿者	人	①	671
	—	礼	①	1474
ちょうし	弔書	礼	②	323
ちょうし	朝所	官	①	388
ちょうじ	長女	人	①	199

ちょうし 長承 歳 199
ちょうし 長殤(喪) 礼② 585
ちょうし 聴訟【篇】 法① 561
　—【篇】 法① 1099
　—【篇】 法③ 715
　検非違使— 官② 130
　蔵人— 官② 262
　足利氏政所— 官② 1114
　寺社奉行— 官③ 372
　江戸町奉行— 官③ 398
　勘定奉行— 官③ 472
ちょうじ 長上 政① 1091
　— 政① 1079
　—官免課役 官③ 1837
　別勅才伎—季禄 封 154
　—時服 封 165
　諸司—成選人列見 政① 1178
　—等第 政① 1214
　—選 政① 1228
　分番入—考 政① 1230
ちょうじ 長帖 器② 58
ちょうし 聴訟官 法① 1104
ちょうじ 長上工 産① 494
　修理職— 官② 360
　造宮職— 官② 370
ちょうし 超昇寺【篇】 宗③ 1273
ちょうし 超勝寺 宗③ 1273
ちょうし 捻壖像 宗① 169
ちょうし 寵臣 人② 642
　源顕基為後一条天皇— 人② 1014
ちょうし 長信宮 帝 1177
ちょうず 手水 人① 1001
　神拝— 神② 975
　天皇御— 官① 1160
　茶会露地入— 遊 440
ちょうず 手水桶 器① 572
ちょうず てうづかけ(烏帽子具) 服 1207
ちょうず 手水粉 器① 542
ちょうず 手水盥 器① 602
ちょうず 手水場 居 715
ちょうず 手水鉢 器① 574
　—図 器① 575
　以塔為— 帝 1026
　露地— 遊 590
ちょうず 手水番 官③ 769
ちょうせ 長西 宗① 690
ちょうせ 長星 天 113
ちょうせ 長生楽 楽① 498
ちょうせ 長石 金 281
ちょうせ 庁宣 政① 358
　検非違使— 官② 146
　国司— 官② 516
　初任国司— 政① 1321
ちょうせ 長銭 泉 119
ちょうせ 朝鮮【篇】 外 365
　— 外 217
　大名掌—来聘事 官③ 1710
　求仏経於— 宗① 264
　遊外僧入— 宗② 461
　—馬技 武 733
ちょうせ 調銭 政② 745
ちょうせ てうせんあさがほ(曼陀羅花) 植② 584
ちょうせ 朝鮮扇 服 1324
ちょうぜ 長善館(高島藩) 文② 1282
ちょうぜ 長善館(亀田藩) 文② 1284
ちょうせ 朝鮮使
　—来聘 外 369
　—来聘 外 562
　路頭遇—礼 礼① 167
ちょうせ 朝鮮鞦 兵 2035
ちょうせ 朝鮮征伐 外 387
　—水戦 兵 1227
ちょうせ 朝鮮僧 宗② 529
ちょうせ 朝鮮緞子 産② 270
ちょうせ 朝鮮問屋 産② 424
ちょうせ 朝鮮人参 植② 393
　— 方 1056
　— 方 1060
ちょうせ 朝鮮筆 文③ 1285
ちょうせ 朝鮮本 文③ 376
ちょうせ 朝鮮流(書道) 文③ 707
ちょうそ 重祚 帝 303
ちょうそ 張訴 法③ 436
ちょうそ 疔瘡 方 1228
ちょうそ 長送使 法① 193
ちょうそ 長曾我部氏 姓 322
ちょうそ 長曾我部元親百箇条 法① 690
ちょうそ 町卒都婆 宗③ 108
ちょうだ 長蛇(陣法) 兵 61
ちょうだ 帳台 器① 798
　— 居 635

ちょうだ	長大人	人	①	43
ちょうだ	帳台試	神	①	1347
	—	神	②	342
ちょうち	打擲	法	①	894
ちょうち	庁牒	官	②	146
ちょうち	調帳	政	②	748
ちょうち	提灯	器	②	248
	将軍葬送道筋掲—	礼	②	186
ちょうち	提灯師	器	②	257
ちょうち	提灯に釣鐘	人	①	919
ちょうち	挑灯奉行【併入】	官	③	1003
ちょうつ	蝶番	器	①	901
ちょうつ	帳付			
	検地—	政	④	60
	問屋場—	政	④	1248
	婚礼—役人	礼	①	1168
ちょうて	朝廷			
	—年始祝	歳		594
	—涅槃	歳		1062
	—上巳	歳		1079
	—灌仏	歳		1129
	—嘉祥	歳		1204
	—七夕	歳		1216
	—乞巧奠	歳		1229
	—盂蘭盆	歳		1252
	—八朔	歳		1287
	—八月十五夜	歳		1306
	—玄猪	歳		1348
	—追儺	歳		1369
	—節分	歳		1384
	—歳暮	歳		1400
	為—用途課段銭	政	④	456
	—修史	文	②	856
	—有職	文	②	907
	—行田楽	楽	①	698
	—行能楽	楽	①	864
ちょうで	兆殿主	文	③	896
ちょうで	長殿楽	楽	①	516
ちょうど	調度	兵		1529
	—	器	①	1
ちょうと	庁頭	官	①	1370
ちょうど	朝堂院	居		158
	於—行大嘗祭	神	①	1334
	御—覧相撲	武		1032
ちょうど	朝堂院東中門	居		252
ちょうど	長道館	文	②	1282
ちょうど	朝堂政	政	①	57
	—	政	①	4
ちょうど	調度歌合	文	②	110
ちょうど	調度懸(矢)	兵		1745
ちょうど	調度懸(烏帽子具)	服		1206
	—	服		548
ちょうど	調度懸役	兵		1746
ちょうと	長徳	歳		182
ちょうど	調度御覧	神	①	1454
ちょうと	てふとんぼ(紺蠜)	動		1159
ちょうと	蝶とんぼ	動		1107
ちょうな	帳内資人【篇】	封		349
ちょうな	帳内舎人	帝		1446
ちょうな	庁南	地	①	1035
ちょうな	長男	人	①	200
ちょうに	町人	産	②	658
	—年始参賀	歳		696
	—苗字帯刀御免	官	③	320
	—苗字帯刀御免	姓		310
	—帯刀御免	兵		1280
	寺社奉行支配—	官	③	376
	禁—武術修業	武		5
	—抱相撲取	武		1272
	—婚嫁	礼	①	1253
	—御能拝見	楽	①	884
	—自為能楽	楽	①	920
	—衣服	服		830
ちょうに	重任	官	①	231
	神職—	神	②	1555
	国司—	官	②	523
	東寺別当—	宗	②	949
	「さいにん再任」も見よ			
ちょうに	停任	政	①	885
	—	法	①	296
	—	法	①	304
	—	法	①	843
	「げかん解官」「げしょく解職」「げにん解任」「めんかん免官」も見よ			
ちょうに	重任功	政	①	1033
ちょうね	奝然			
	—入唐	宗	②	518
	—将来釈迦像	宗	①	144
	—将来釈迦像	宗	③	889
ちょうね	長年大宝	泉		20
ちょうの	鯅尾(鏃)	兵		1611
ちょうの	長上郡	地	①	579
ちょうの	庁下文	官	②	142

ちょうの 庁座
　太政官— 政 ① 59
　官外記— 政 ① 93
ちょうの 長下郡 地 ① 579
ちょうの 調副物 政 ② 722
ちょうの 庁申文 政 ① 71
　結政— 政 ① 82
ちょうの 庁屋
　神社— 神 ① 498
　検非違使— 官 ② 104
ちょうは 朝拝 歳 398
　「ちょうが朝賀」も見よ
ちょうは 庁始
　院— 官 ① 1255
　検非違使— 官 ② 164
ちょうは 長半頭巾 服 1258
ちょうは 丁半博弈 法 ③ 105
ちょうひ 丁火矢 武 963
ちょうひ 丁百 泉 118
ちょうび 長病 方 1143
ちょうふ 長布 産 ② 135
ちょうふ 長府 地 ② 713
ちょうふ 調布 政 ② 742
　— 産 ② 141
　紺—衫 服 406
ちょうふ 朝服 服 56
　— 服 39
　男子用— 服 173
　婦人用— 服 862
ちょうぶ 調伏 宗 ② 359
　依—法験利仁将軍
　死語 外 131
ちょうふ 長福寺【篇】 宗 ③ 940
ちょうぶ 重文 文 ① 5
ちょうへ 徴兵制 兵 211
ちょうぼ 帳簿
　会計— 政 ③ 1071
　質屋—改 政 ④ 797
　商家— 産 ② 389
　組合帳面 産 ② 398
　宗門改帳面 宗 ④ 1206
ちょうぼ 塚墓【篇】 礼 ② 1067
　—図 礼 ② 1078
　「はか墓」も見よ
ちょうほ 長保 歳 183
ちょうぼ 長房(戸) 政 ② 47
ちょうほ 長保寺【篇】 宗 ④ 1004
ちょうほ 頂法寺【篇】 宗 ③ 363
ちょうほ 長奉送使 神 ③ 717
ちょうほ 長保楽 楽 ① 576
ちょうほ 庁北 地 ① 1035
ちょうぼ 雕木 器 ② 570
ちょうま 鳥馬(鳥) 動 804
ちょうま 張前(通矢) 武 150
ちょうま 脹満 方 1192
ちょうみ 調味 飲 73
ちょうみ 頂妙寺【篇】 宗 ③ 523
ちょうめ 重目(双六骰子目) 遊 7
ちょうめ 長命 人 ① 668
ちょうめ 長命(逸年号) 歳 344
ちょうめ 長命女児(楽曲) 楽 ① 474
ちょうめ 長命縷 歳 1147
ちょうめ 帳面
　「ちょうぼ帳簿」を見よ
ちょうめ 帳面方(勘定衆) 官 ③ 513
ちょうめ 徴免課役帳 政 ② 972
ちょうも 鳥目 泉 6
ちょうも 弔問 礼 ② 321
ちょうも 朝門 居 244
ちょうよ 重陽 歳 1315
　—出仕之小袖 服 435
ちょうよ 重陽歌会 文 ② 167
ちょうよ 調徭銭用帳 政 ② 829
ちょうよ 調庸帳 政 ② 748
ちょうら 長楽宮 帝 1162
ちょうら 長楽寺(山城)【篇】 宗 ③ 672
ちょうら 長楽寺(上野)【篇】 宗 ④ 712
ちょうら 長楽寺派 宗 ① 691
ちょうら 長楽門(宮城) 居 227
ちょうら 長楽門(八省院) 居 247
ちょうり 長吏(僧職) 宗 ② 976
ちょうり 長吏(穢多頭) 政 ③ 877
ちょうり 長暦 歳 188
ちょうり 張良草 植 ② 748
ちょうり 張良流(兵法) 兵 7
ちょうれ 庁例 官 ② 146
ちょうれ 調練 兵 483
　銃隊洋式— 兵 242
　砲術— 武 903
　「えんしゅ演習」も見よ
ちょうれ 長連歌 文 ① 981
ちょうれ 調練場 武 951
ちょうろ 長老 宗 ② 990
ちょうろ 嘲弄 人 ② 679

ちょうろ	長老奉行	官	②	1219
ちょうろ	ちようろぎ(草石蚕)	植	②	498
ちょうろ	長禄	歳		242
ちょうわ	長和	歳		184
ちよがみ	千代紙	文	③	1230
ちょきぶ	猪牙船	器	②	651
ちょく	勅	政	①	213
	違—	法	①	647
	違—	法	①	7
	奉—講和	兵		700
	辞講和—命	兵		703
ちょく	猪口(盃)	器	①	239
ちょく	猪口(盛菜器)	器	①	22
ちょくあ	直鞍流(馬術)	武		717
ちょくお	直音	文	①	83
ちょくが	勅額			
	談山神社—	神	④	209
	寺院—	宗	③	132
ちょくか	直火鳳(楽曲)	楽	①	424
ちょくが	勅願寺	宗	③	176
ちょくが	勅願所	宗	③	177
	以金毘羅大権現社為—	神	④	1345
ちょくげ	直言	人	②	246
ちょくさ	勅裁	政	①	280
	訴訟—	法	①	567
	訴訟—	法	①	1136
ちょくし	勅旨	政	①	213
	「ちょく勅」も見よ			
ちょくし	勅使	政	①	610
	伊勢公卿—	神	③	585
	—年始参向幕府	歳		698
	高家接伴—	官	③	292
	馬出—	武		814
	路頭遇—公使及幕府使礼	礼	①	163
	葬礼—	礼	②	271
	遣—弔喪	礼	②	321
ちょくし	勅旨卿	官	②	366
ちょくし	勅旨交易雑物	政	②	958
ちょくし	勅旨荘	政	②	469
ちょくし	勅旨省【篇】	官	②	366
ちょくし	勅旨田【併入】	政	②	359
ちょくし	勅使坊(興福寺)	宗	③	1193
ちょくし	勅旨牧	地	③	969
ちょくじ	勅授(位階)	官	③	1796
ちょくじ	勅授位記式	官	③	1869
ちょくじ	勅授帯剣	兵		1283
ちょくし	勅書	政	①	213
	准后宣下為—	帝		1214
	賜—於喪家	礼	②	323
ちょくし	勅書荘	政	②	534
ちょくし	勅信	政	①	611
	「ちょくし勅使」も見よ			
ちょくせ	勅撰詩集	文	②	557
ちょくせ	勅撰氏族志	姓		381
ちょくせ	勅撰集	文	②	228
	載連歌於—	文	①	949
	批難—	文	②	414
	—序	文	②	428
ちょくせ	勅撰書	文	③	433
ちょくだ	勅断(断罪)	法	①	643
ちょくて	勅典館	文	②	1284
ちょくと	勅答	政	①	249
	論奏有—	政	①	410
ちょくと	勅答使	政	①	250
ちょくに	勅任	官	①	221
	—	官	②	402
	—	政	①	865
ちょくは	勅版	文	③	339
ちょくひ	勅筆様	文	③	677
ちょくふ	勅符	政	①	331
	飛駅駅伝—	政	②	1190
	固関—	地	③	654
	開関—	地	③	663
ちょくふ	勅封倉	宗	③	1142
	—	居		800
ちょくべ	勅別当			
	斎宮—	神	③	815
	斎院—	神	③	1238
	親王家—	官	①	1268
ちょくほ	勅補	政	①	866
ちょくほ	直方堂	文	②	1278
ちょくれ	直輦	器	②	953
ちょくろ	直廬			
	大臣—	官	①	387
	於—行除目	政	①	746
	於—行叙位	政	①	1482
ちょくん	儲君	帝		1365
	—	帝		1308
	—宣下後立太子	帝		264
	「こうたい皇太子」も見よ			
ちょこく	貯穀【篇】	政	②	1069
	—【篇】	政	④	929

ちょさく	著作料	文	③	473
ちょし	儲士	兵		274
ちょじ	儲弐	帝		1308
	「こうたい皇太子」も見よ			
ちょしょ	著書	文	③	474
	献―	文	③	435
	獄中―	文	③	454
	―獲罪	文	③	456
ちょじん	儲人	兵		274
ちょっか	勅勘	法	①	314
	―	法	①	850
ちょっか	直諫は一番槍より難し	人	②	280
ちょっこ	直講	文	②	748
ちよの	千代野(如大尼)	宗	③	562
ちょへい	楮幣	泉		429
ちょぼ	ちよぼ(演劇)	楽	②	123
ちょぼ	樗蒲	法	①	447
ちょぼい	ちよぼ一	法	③	107
ちょれい	豬苓	植	②	836
ちょろけ	ちよろけん(鎖絹)	産	②	226
ちょんま	丁髷	人	①	524
ちらしが	ちらしがき(書翰)	文	①	445
ちらしず	ちらし鮓	飲		961
ちり	地利	政	④	142
	―	政	②	626
ちり	地理	地	①	4
	古川古松軒為地理学漫遊	人	②	447
ちりあな	塵穴	遊		585
ちりおと	塵落(城)	兵		1119
ちりがみ	塵紙	文	③	1211
ちりしょ	地理書	方		18
ちりつも	塵積りて山となる	人	①	887
ちりとり	塵拈	器	①	725
ちりとり	塵取(輿)	器	②	960
ちりめん	縮緬【篇】	産	②	247
ちりめん	縮緬紙	文	③	1212
ちりめん	ちりめんざこ	動		1346
ちりめん	縮緬頭巾	服		1240
ちりゅう	知立神	神	④	367
ちりょう	治療	方		976
	内科―	方		801
	外科―	方		842
	眼科―	方		853
	婦人科―	方		869
	鍼―	方		889
	灸―	方		897
	按摩―	方		910
	呪禁―	方		914
	痘科―	方		918
	馬―法	動		127
ちりょう	螭竜	動		1009
ちろり	ちろり(酒器)	器	①	219
ちん	鎮(僧職)	宗	②	952
ちん	矮狗	動		190
ちんいけ	沈惟敬	外		460
ちんかい	鎮懐石	金		259
ちんかさ	鎮火祭【篇】	神	②	544
ちんきゅ	陳宮怨(楽曲)	楽	①	335
ちんきん	沈金	産	①	804
ちんぎん	賃銀			
	「ちんせん賃銭」を見よ			
ちんぎん	賃銀附抱屋敷	政	③	1257
ちんげん	陳元贇			
	―帰化	外		1022
	―伝柔術	武		1004
ちんこ	ちんこ(襦袢)	服		460
ちんこう	珍皇寺【篇】	宗	③	633
	―	礼	②	1095
ちんこく	鎮国衛	官	①	1438
ちんこく	鎮国驍騎将軍	官	①	1438
ちんこく	鎮国大尉	官	①	1438
ちんごし	鎮護守護三部経	宗	①	258
ちんこん	鎮魂歌	神	②	509
ちんこん	鎮魂祭【篇】	神	②	497
	軽服中行―	礼	②	858
	―斎服	服		135
ちんさい	鎮祭	神	②	615
ちんざさ	鎮座祭	神	④	1141
ちんし	鎮子	器	②	538
ちんし	鎮紙	文	③	1482
ちんし	鎮詞			
	帰徳侯―	楽	①	565
	振桙―	楽	①	608
ちんじさ	鎮地祭(大神宮造替)	神	③	181
ちんじゅ	鎮主	神	①	773
ちんじゅ	鎮守神【篇】	神	①	771
	以鎮守称総社	神	①	841
	家鎮守	神	①	889
ちんじゅ	鎮守講	宗	①	405
ちんじゅ	鎮守将軍	官	②	3
	―	官	②	16
ちんじゅ	陳述表	政	①	397

ちんじゅ 鎮守府【篇】 官 ② 13
—祭神 神 ① 881
—官人職田 封 99
—官人公廨 封 253
—官人事力 封 373
—兵 兵 275
ちんじゅ 鎮守府将軍 官 ② 23
—傔仗 封 363
ちんじょ 陳状
訴訟— 法 ① 1075
歌合— 文 ② 52
ちんしん 鎮信派 遊 599
ちんせい 鎮星 天 105
ちんぜい 鎮西 地 ① 64
ちんぜい 鎮西九党 姓 300
ちんぜい 鎮西守護 官 ② 892
ちんぜい 鎮西守護人 官 ② 896
ちんぜい 鎮西探題
鎌倉幕府— 官 ② 890
足利氏— 官 ② 1318
ちんぜい 鎮西鎮撫使【併入】 官 ② 79
ちんぜい 鎮西派 宗 ① 682
—寺院数 宗 ③ 13
ちんぜい 鎮西引付衆 官 ② 895
ちんぜい 鎮西評定衆 官 ② 894
ちんぜい 鎮西府【併入】 官 ② 428
ちんぜい 鎮西奉行
鎌倉幕府— 官 ② 892
足利氏— 官 ② 1323
ちんせん 賃銭
宿駅人馬— 政 ④ 1306
飛脚— 政 ④ 1352
手間賃銀 産 ① 504
「こうちん工賃」も見よ
ちんそ 賃租 政 ② 626
— 政 ② 281
官田— 政 ② 421
ちんたく 鎮宅法 居 503
ちんちく 沈竹 植 ① 719
ちんちん ちんちん節 楽 ② 398
ちんちん ちんちんもんがら 遊 1242
ちんてき 鎮狄将軍 官 ② 13
ちんてん 賃伝馬 政 ④ 1276
ちんとう 鎮東将軍 官 ② 8
ちんなん 沈南蘋 文 ③ 838
ちんば 跛 人 ① 475
ちんぴ 陳皮 植 ① 399
ちんぶつ 珍物 飲 6
ちんぺい 鎮兵【篇】 兵 275
— 官 ② 34
ちんみ 珍味 飲 6
ちんむら 耽牟羅 外 269
ちんら 耽羅【篇】 外 269

つ

つ 津【篇】 地 ③ 481
ついい 追位 官 ③ 1789
ついいん 追院【併入】 法 ② 390
ついがき 築墻 居 871
ついがさ 衝重 器 ① 158
ついきご 築城郡 地 ② 998
ついきゃ 追却 法 ① 802
ついく 対句 文 ② 474
ついこう 堆紅 産 ① 801
ついごう 追号
天皇— 帝 916
古代天皇— 帝 953
諡号—之別 帝 920
ついこう 追広一位 官 ③ 1791
ついこう 追広三位 官 ③ 1791
ついこう 追広四位 官 ③ 1791
ついこう 追広二位 官 ③ 1791
ついざ 追坐 法 ① 39
ついし 追使 法 ① 175
ついし 餢子 飲 611
ついじ 築地 居 871
内裏— 楽 ② 494
城郭— 兵 1082
ついじく 対軸 文 ③ 1026
ついしつ 追失 法 ① 805
ついしゅ 堆朱 産 ① 801
ついしょ 追従 人 ② 669
ついぜん 追善 官 ② 730
—願文 礼 ② 1555
「ついふく追福」も見よ
ついぜん 追膳 飲 86
ついぜん 追善歌会 文 ② 181
ついぜん 追善合戦 兵 516
ついそ 追訴 法 ③ 468
ついそん 追尊天皇【附】 帝 850

ついだい	追大一位	官	③	1791
ついだい	追大三位	官	③	1791
ついだい	追大四位	官	③	1791
ついだい	追大二位	官	③	1791
ついたく	追琢舎	文	②	1287
ついたけ	ついたけ(寸法)	服		364
	—	服		1023
ついたち	朔日	歳		52
	乙子—	歳		53
	—拝竈神	神	①	907
	—拝井神	神	①	916
	文武官毎—朝	政	①	19
	—不得決死刑	法	①	230
	朔幣	神	②	1051
	綿抜朔	歳		1123
ついたて	衝立障子	器	①	870
ついだん	追弾	法	①	596
ついな	追儺【篇】	歳		1367
	—図	歳		1374
	諒闇中行—	礼	②	557
ついな	都維那	宗	②	861
ついなじ	追儺除目	政	①	738
ついのし	対の下著	服		426
ついはせ	ついはせ(農具)	産	①	279
ついばむ	喙	動		509
ついひじ	ついひぢ(築墻)	居		872
ついひじ	ついひぢいた(牏)	居		876
ついふく	追福			
	為女御—修仏事	帝		1275
	為—赦宥	法	①	971
	為—建塔婆	礼	②	1193
	「ついぜん追善」も見よ			
ついぶく	つゐぶく	法	①	462
	「ついほ追捕」も見よ			
ついぶし	追捕使【篇】	官	②	189
	神社—	神	②	1525
ついほ	追捕【篇】	法	①	461
	—【篇】	法	①	921
	—【篇】	法	③	115
	—	官	③	1195
	検非違使為—	官	②	132
ついほ	追捕(検非違使尉)	官	②	108
ついほう	追放【篇】	法	①	801
	—【篇】	法	②	309
	神職—	神	②	1597
	—赦免	法	③	352
	追放刑人於亜媽港	外		1208
ついほう	追放者欠所	法	②	617
ついほう	追放御教書	政	③	51
ついまつ	ついまつ(歌賀留多)	遊		245
ついまつ	続松	器	②	274
つうおん	通音	文	①	140
つうかん	都官	宗	②	1048
つうき	通貴	官	③	1862
つうげん	通玄寺	宗	③	551
	—	宗	③	196
つうごお	都宇郡	地	②	602
つうじ	通事	文	②	960
	—	文	②	1049
	渤海—	外		286
	暹羅—	外		1173
つうしち	通糸竹	植	①	707
つうしよ	都鬱志与呂岐(楽曲)	楽	①	568
つうす	都寺	宗	②	1039
つうちじ	津打治兵衛	楽	②	143
つうてん	通天橋	地	③	221
つうてん	通天銭	泉		152
つうふう	痛風	方		1217
	—治療	方		822
つうぶん	都聞	宗	②	1048
つうほう	通法寺	宗	③	252
つうや	通夜	神	③	992
	—	神	③	1631
つうよう	通陽門	居		253
つえ	杖	器	②	516
	献卯—	歳		959
	以竹—代麾	兵		2146
	算賀之時贈—	礼	①	1435
	葬礼用—	礼	②	282
	挟巾—	器	①	651
	茶湯用—	遊		595
つえ	杖(神楽)	楽	①	157
つえがた	杖刀	兵		1398
つえはら	杖払	政	④	1383
つか	束	称		8
つか	柄(刀剣)	兵		1417
つか	塚	礼	②	1069
	一里—	地	③	30
	灰—	帝		1029
	算子—	文	③	583
	机—	文	③	1447
	猫—	動		207
つが	栂	植	①	126
つかい	使	政	①	588

蘇甘栗—　歳　559
将軍—年始参賀朝廷　歳　622
大嘗祭抜穂—　神 ① 1006
大嘗祭大祓—　神 ① 1020
大嘗祭奉幣—　神 ① 1025
大嘗祭由加物—　神 ① 1044
大嘗祭神服—　神 ① 1048
大神宝—【附】　神 ① 1631
八十島祭—　神 ① 1664
奉幣—　神 ② 1026
宇佐—　神 ④ 1570
巡察—【篇】　官 ② 41
按察—　官 ② 50
観察—【篇】　官 ② 64
監察—【併入】　官 ② 77
勘解由—【篇】　官 ② 79
検非違—【篇】　官 ② 101
押領—【篇】　官 ② 182
追捕—　官 ② 189
修理左右坊城—【併入】　官 ② 363
修理左右宮城—【併入】　官 ② 364
造宮—　官 ② 372
造長岡宮—　官 ② 372
大宰府諸—　官 ② 406
国—　官 ② 478
郡摂—　官 ② 586
勅答—　政 ① 250
官符—　政 ① 344
班田—　政 ② 311
検不堪佃田—　政 ② 413
検調物—　政 ② 750
貢調—　政 ② 750
賑給—　政 ② 1026
駅—　政 ② 1146
遣—節奉書　政 ③ 107
—受送遣　法 ① 55
追立—　法 ① 177
消息—　礼 ① 972
後朝—　礼 ① 1066
外国—　外　3
遣蕃国—　外　16
遣新羅—　外　151
遣百済—　外　202
遣高麗—　外　241
遣任那—　外　257
遣耽羅—　外　273
遣渤海—　外　315
送唐客—　外　848
遣唐—　外　849
遣仏蘭西—　外　1658
遣合衆国—　外　1780
講和—　兵　730
相撲—　武　1091
僧為—節入朝鮮　宗 ② 463
僧為—節入支那　宗 ② 501
支那僧為—節渡来　宗 ② 554
「ししゃ使者」「ほうし奉使」も見よ
つがい　番
歌合—　文 ② 25
舞楽—　楽 ① 54
つかいく　使組頭(小人)　官 ③ 987
つかいた　使大刀　兵　1389
つかいば　つかひ柱　居　956
つかいば　使番　政 ③ 354
陣中—　兵　195
織田氏—　官 ② 1420
豊臣氏—　官 ② 1450
徳川氏—【篇】　官 ③ 1141
徳川氏大奥女中—　官 ③ 839
つかいべ　使部　官 ① 207
太政官—　官 ① 474
内匠寮—　官 ① 807
民部省—　官 ① 884
隼人司—　官 ① 913
大蔵省—　官 ① 966
園池司—　官 ① 1078
近衛府—　官 ① 1378
衛門府—　官 ① 1465
兵衛府—　官 ① 1510
兵庫寮—　官 ① 1554
大宰府—　官 ② 405
つがいま　番舞　楽 ① 54
—　楽 ① 249
つかいや　使役　政 ③ 356
—　官 ③ 1142
つかえど　仕所　官 ① 1228
つかえび　つかへ日　政 ① 1080
「じょうに上日」も見よ
つかえよ　つかへよぼろ　政 ② 838
「しちょう仕丁」も見よ

つかえよ	つかへよぼろ	政	②	849
	「じきちょ直丁」も見よ			
つかがし	柄頭	兵		1423
つかぐち	柄口	兵		1424
つがごお	都賀郡	地	②	46
つかさ	つかさ(山)	地	③	697
つかさ	つかさ(官)	官	①	2
つかざき	柄崎温泉	地	③	1097
つかさど	掌	官	①	2
つかさび	官人	官	①	2
つかざめ	柄鮫	動		1474
つかさめ	つかさめし	政	①	722
つかなみ	つかなみ(藁積)	器	②	83
つがのき	つがのきの(枕詞)	植	①	126
つかのま	つかのま	歳		65
つかばし	束柱【併入】	居		967
つかはら	塚原卜伝	武		31
	—	武		58
つかぶく	柄袋	兵		1469
つかぶな	束鮒	動		1268
つかまお	筑摩温泉	地	③	1062
	束間温泉行幸	地	③	1102
つかまき	柄巻師	兵		1419
つかまご	筑摩郡	地	①	1366
つかや	つかや(魚)	動		1534
つかや	塚屋	礼	②	1154
つかりぐ	つかりぐさ(秦艽)	植	②	195
つがるい	津軽石	金		241
つがるか	津軽海峡	地	③	1276
つがるご	津軽郡(陸奥)	地	②	132
つがるご	津軽郡(渡島)	地	②	1294
つがるの	津刈蝦夷	人	②	711
つがるぶ	津軽笛	遊		1260
つがるふ	津軽富士	地	③	832
つがるま	津軽米	産	②	507
つかわし	つかはしめ(神使)	神	②	1809
つかんま	つかんまつるひかず	政	①	1080
	「じょうに上日」も見よ			
つき	月【篇】	天		54
	星入—	天		141
つき	月(歳時)	歳		7
	—大小之議	方		366
	依—大小換判形	政	③	313
	—吉凶	方		93
	不行婚礼—	礼	①	943
	以—為人名	姓		686
つき	坏	器	①	184
つき	鵃	動		633
つき	槻	植	①	214
	以—為神木	神	②	1788
つきあい	つきあひ(交際)	人	②	398
つきあげ	突上窓	居		1158
	茶室—	遊		564
つきうす	搗臼	産	①	287
つぎうた	次歌	楽	②	388
つぎうた	続歌	文	①	667
	—	文	②	185
つきかけ	つきかけ侍従	官	①	703
つきかず	月数(鎧)	兵		1849
つきがせ	月瀬梅	植	①	330
つきがた	月像幢	帝		403
つきかつ	つきかつぎの板(鎧)	兵		1819
つきがね	つきがね(鐘)	宗	②	1097
	「かね鐘」も見よ			
つぎがみ	継上下	服		618
つぎき	接木	植	①	33
つきぎょ	月行事	産	②	398
	江戸町名主—	官	③	448
つききり	月切駕籠	器	②	1003
つきくさ	つきくさ(鴨頭草)	植	①	990
つきくじ	突鯨運上	政	④	487
つきげう	月毛馬	動		93
つきこみ	つき込帯	服		1067
つきごめ	舂米	産	①	100
つきさか	撞賢木厳之御魂天疎向津媛命	神	④	272
つきじご	築地御門跡	宗	④	428
つぎしゃ	続酌	礼	①	267
つきしら	つきしらひ(觝)	動		8
つぎそち	継訴陳状	法	①	1065
つきだの	桃花鳥田丘上陵	帝		976
つぎてい	縫印	政	③	299
つきなし	月成銭	政	④	692
つきなみ	月次歌会	文	②	146
つきなみ	月次絵	文	③	904
つきなみ	月次祭【篇】	神	②	117
	預—社	神	①	361
	大神宮—【篇】	神	③	526
	大神宮—祝詞	神	③	486
つきなみ	月次屏風	器	①	915
つきねぐ	つきねぐさ(及已)	植	①	1188
つぎねふ	つぎねふや(枕詞)	地	①	204
つきのい	調伊企儺	人	②	90
つぎのう	次宇治墓	礼	②	1152

つきのえ	月会(茶湯)	遊		418
つきのお	月面(風俗歌)	楽	①	234
つきのか	月神	神	①	26
つきのぬ	つきのぬの	産	②	141
	「ちょうふ調布」も見よ			
つぎのま	次之間	居		608
つきのわ	月輪(熊)	動		404
つきのわ	月之輪(川普請)	政	④	1014
つきのわ	月輪陵	帝		1016
つぎば	継場	政	④	1234
つぎはし	継橋	地	③	109
つぎはず	つぎ筈	兵		1614
つきばん	月番			
	老中―	官	③	175
	若年寄―	官	③	213
	高家―	官	③	304
	目付―	官	③	328
	寺社奉行―	官	③	372
	江戸町奉行―	官	③	398
	勘定奉行―	官	③	473
	評定所留役―	官	③	619
	作事奉行―	官	③	634
	中奥番―	官	③	757
	京都町奉行―	官	③	1295
	大坂町奉行―	官	③	1336
	外国奉行―	官	③	1653
つぎび	継火	法	②	789
つきひが	月日貝(海鏡)	動		1642
つぎびき	継飛脚	政	④	1331
つぎぶし	次節	楽	②	388
つきふる	つきふるふ(擣簁)	産	①	99
つきほが	舂穂刈	政	④	209
つきまち	月待	神	②	578
つきみ	月見	歳		1304
つきみ	月見(鬢曾木)	礼	①	531
つきみ	月見(男子袖止)	礼	①	544
つきみさ	月見杯	器	①	249
つきめ	舂女	礼	②	15
つぎめの	継目朱印	政	③	287
つきもう	月詣			
	内侍所―	帝		139
	神社―	神	②	899
	寺院―	宗	③	321
つきやづ	舂屋勤組頭	官	③	893
つきやと	月雇	政	③	663
つきやぶ	舂屋奉行	官	③	897
つきやま	築山	居		908
	忌坤方―	方		199
つきやま	月山神社【篇】	神	④	908
つきゆみ	槻弓	兵		1627
つきよね	舂米部	官	①	70
つきよみ	月読神社	神	③	139
つきよみ	月読壮子	天		55
つきよみ	月読尊	神	①	26
	祀―於月山神社	神	④	908
つきよみ	月読宮(皇大神宮別宮)	神	③	91
つきよみ	月読宮(豊受大神宮別宮)	神	③	123
つぎれん	継連歌	人	①	948
つく	釻(弓)	兵		1560
つく	木兎	動		959
つく	擣舂	産	①	99
つくいき	津久井清影	帝		1081
つくいの	津久井県	地	①	763
つくえ	机			
	祭祀用―	神	②	1229
	文房具―	文	③	1439
	文房具―図	文	③	1451
	食器―	器	①	119
	「あん案」も見よ			
つくえづ	机塚	文	③	1447
つくし	土筆	植	②	870
つくし	筑紫	地	①	62
つくしが	筑紫方(盲人)	人	②	943
つくしか	筑紫加理麻多箭	兵		1691
つくしぎ	筑紫絹	産	②	220
つくしぐ	筑紫櫛	器	①	408
つくしぐ	筑紫鞍	兵		1965
つくしご	筑紫箏【篇】	楽	②	681
つくしさ	筑紫三郎(河)	地	③	1157
つくしし	筑紫洲	地	③	1346
つくしず	筑紫墨	文	③	1371
つくしそ	筑紫総領	官	②	395
つくした	筑紫探題	官	②	1319
つくしの	筑紫君磐井	人	②	630
つくしの	筑紫国	地	②	915
つくしの	筑志国造	地	②	918
つくしの	筑紫大宰【併入】	官	①	182
	―	官	②	393
つくしの	筑紫都督府	官	②	392
つくしの	つくしのみちのくち	地	②	915
	「ちくぜん筑前国」も見よ			
つくしの	つくしのみちのしり	地	②	961

「ちくごの筑後国」も見よ
つくしの　筑紫の湯　地 ③ 1094
つくしふ　筑紫富士　地 ③ 880
つくしふ　筑紫筆　文 ③ 1285
つくしぶ　筑紫船　器 ② 658
つくしも　筑紫諸県(楽曲)　楽 ① 396
つくしわ　筑紫綿　産 ② 107
づくせん　づく銭　泉 63
つくだじ　佃島　地 ① 798
　—　法 ② 416
つくだぶ　佃節　楽 ② 405
つくつく　つくつく　歳 1352
つくつく　つくつくぼうし(寒蜩)　動 1189
つぐなう　償　政 ② 912
つくねい　つくねいも(仏掌薯)　植 ① 1104
つくのふ　つくのふね(船)　器 ② 640
つくばう　蹲踞　礼 ① 77
　—　人 ① 981
つくばご　筑波郡　地 ① 1108
つくばし　菟玖波集　文 ① 1151
つくばね　つくばね(木)　植 ① 237
つくばね　つく羽子　遊 1273
つくばね　筑波嶺　地 ③ 799
つくばね　つくばね草　植 ① 1021
つくばの　筑波国造　地 ① 1101
つくばの　筑波の道　文 ① 946
つくばや　筑波山　地 ③ 799
　—著　方 500
つくばや　筑波山(風俗歌)　楽 ① 234
つくまい　つくまひ(鞦韆)　遊 1180
つくまえ　つくま江沼　地 ③ 1246
つくまの　筑摩御厨　官 ① 1069
つくまの　筑摩御厨長　官 ① 999
つくまま　筑摩祭　神 ② 638
つぐみ　鶇　動 804
つぐみの　つぐみのいひね(白英)　植 ② 540
つくもど　作物所【篇】　官 ② 343
つくもど　作物所別当　官 ② 343
つくもば　九十九橋　地 ③ 341
つくら　つくら(鰢)　動 1392
つぐら　つぐら(射術具)　武 227
　—　武 242
つくり　旁(文字)　文 ① 2
つぐり　つぐり(鷊子)　動 940
つくりあ　造合　居 434
つくりえ　作り絵　文 ③ 912
つくりか　つくりかへせるさけ(酎酒)　飲 685
つくりか　作替証文　政 ④ 637
つくりか　つくりかは(革)　産 ① 898
つくりた　作大刀　兵 1389
つくりな　作名　姓 804
つくりま　作眉　人 ① 346
つくりも　作物(楽曲)　楽 ① 596
つくりも　作物(射術的)　武 256
つげ　黄楊　植 ① 462
　以—木為印材　政 ① 564
　以—木為印材　文 ③ 1132
つけあい　附合
　連歌—　文 ① 1027
　俳諧—　文 ① 1211
　俳諧—　文 ① 1276
つけあげ　つけあげ(天麩羅)　飲 256
つけいし　つけいし(試金石)　金 269
つけおび　附帯　服 1062
つけがみ　付髪　器 ① 473
つけぎ　附木　器 ② 296
つけく　附句
　連歌—　文 ① 1071
　俳諧—　文 ① 1275
つげくし　黄楊櫛　神 ② 1303
つけこ　漬粉　器 ① 541
つけこみ　附込帳　産 ② 389
つけしょ　附書院【併入】　居 1080
　—図　居 1083
つけじょ　付状　文 ① 438
つけじろ　付城　兵 1040
つけそで　付袖(鎧)　兵 1789
つけだけ　附竹　器 ② 296
つけどこ　附床　居 1080
つげのさ　柘殖郷　地 ① 405
つげのさ　都介郷　地 ① 290
つけび　附火
　「ほうか放火」を見よ
つけまび　付目庇(冑)　兵 1876
つけもの　漬物【篇】　飲 1007
つけもの　漬物市　飲 1057
つけもの　漬物屋　飲 1056
つけやき　付焼　飲 247
つごもり　晦日　歳 56
　大嘗祭—大祓　神 ① 1376
　六月十二月—大祓　神 ② 723

—不得決死刑 法 ① 230
つし 都志(楽曲) 楽 ① 568
つじ つじ(具足) 兵 1853
つじ 辻 地 ③ 7
つじ 旋毛 人 ① 507
「つむじ旋毛」も見よ
つじうら 辻占 神 ② 1304
つじおど 辻踊 楽 ② 475
つじかご 辻駕籠 器 ② 993
— 器 ② 1031
つじかぜ 旋風 天 259
つじがた 辻固
課行幸—於大名 帝 648
行幸—置目 帝 650
婚礼之時— 礼 ① 990
葬礼之時— 礼 ② 184
つじぎみ 辻君 人 ② 845
—図 人 ② 846
つじぎり 辻斬 法 ② 863
つじずも 辻相撲 武 1223
つしだま つしだま(薏苡) 植 ① 899
つじのう 辻能 楽 ① 925
つじばん 辻番【附】 政 ③ 1326
つじばん 辻番受負人 産 ② 409
つじばん 辻番所 政 ③ 1337
於—為博弈 法 ③ 36
つじばん 辻番人 政 ③ 1327
つじばん 辻番役 官 ③ 1702
つじふさ 辻総鞦 兵 2030
つじふだ 辻札 政 ③ 185
つじぶろ 辻風呂 居 675
つじほう 辻宝引 遊 1205
つしま 津島 地 ③ 506
つしまい 対馬伊呂波 文 ② 990
つしまお 対馬音 文 ② 966
— 歳 299
つしまの 津島県直 地 ② 1259
つしまの 対馬国【篇】 地 ② 1245
配流— 法 ① 217
配流— 法 ① 788
新羅寇— 外 142
元寇— 外 907
女真寇— 外 1104
—銀貨 泉 289
—銀山 金 133
つしまの 対馬渡 地 ③ 477
つしまの 津島渡 地 ③ 428
つじめく 辻目睛 政 ③ 883
つしょう 通障子 器 ① 871
つた 蔦 植 ② 355
つたうる つたうるし(蔓生鉤吻) 植 ② 343
つたえの 伝之城 兵 1042
つたかご 津高郡 地 ② 584
つたかの 津高駅 地 ② 575
つだけん 津田監物 武 885
つたのほ 蔦細道硯箱 文 ③ 1349
つたのほ 蔦細道文台 文 ③ 1462
つだまた 津田又左衛門 外 1181
つたみ つたみ(哯吐) 方 1509
つち 土
沙—【篇】 金 359
鋳鉄銭時交— 泉 144
鴻池家遭火災而欲替— 居 935
以泥—塗屋柱 居 960
陶器用— 産 ① 708
—宜 産 ① 17
植物栽培用— 植 ① 29
つち 地 地 ① 3
つち 鎚 産 ① 575
— 産 ① 646
つちいっ 土一揆 兵 433
— 法 ① 869
つちいみ 土忌 方 197
つちうす 土臼 産 ① 302
つちうら 土浦 地 ① 1134
つちうら 土浦小判 金 92
つちうら 土浦藩 地 ① 1144
つちおい 土負木堰 政 ④ 1212
つちかい つちかひ(農具) 産 ① 252
つちかう つちかふ(培) 産 ① 140
— 植 ① 27
「さいばい栽培」も見よ
つちかえ つちかへる(黒蝦蟇) 動 1067
つちかね 土金之伝 神 ② 1412
つちぎみ 土公祭 方 41
つちぐも 土蜘蛛【篇】 人 ② 738
つちぐも 土蜘蛛(螲蟷) 動 1212
つちくら つちくら 居 754
「どぞう土蔵」も見よ
つちくら 窖 居 778
つちくら 土倉 政 ④ 786
つちぐり つちぐり(翻白草) 植 ② 110

つちぐり　土栗　植　②　831
つちくれ　つちくれ(墓忌詞)　礼　②　1073
つちくれ　土塊　金　365
「つち土」も見よ
つちざら　土盤　器　①　56
つちしょ　土商　政　④　1105
つちすり　つちすり(腴)　動　1245
つちぜに　土銭　泉　149
つちだし　土出し(堤防)　政　④　1023
つちたら　つちたら(独活)　植　②　396
つちたら　つちたらえ(𤭖)　器　①　597
つちづつ　土堤　政　④　1015
つちつば　つちつばめ(石燕)　動　782
つちど　土戸　居　1210
つちどの　土殿　礼　②　427
つちなぶ　土なぶり　遊　1245
つちのか　土神　神　①　52
つちのの　土野荘　法　①　1015
つちのみ　土宮　神　③　120
つちのろ　土牢　法　①　933
つちばし　土橋　地　③　91
つちはっ　土八付(磔)　法　①　739
つちはら　つちはらひ(乗泥)　器　②　880
つちはり　つちはり(王孫)　植　①　1021
つちはん　つちはんめう(地胆)　動　1091
つちびさ　土庇　居　560
つちぶね　土舟　器　②　686
つちふろ　土風炉　遊　658
つちみか　土御門　居　216
つちみか　土御門家　方　12
つちみか　土御門内裏　居　279
つちみか　土御門天皇　帝　27
—依武家推挙践祚　帝　257
—即位　帝　539
—譲位　帝　556
—遷幸於土佐阿波両国　帝　762
—院号　帝　952
納—遺骨於金原御堂　帝　998
—国忌　礼　②　1282
祀—於水無瀬宮　神　④　291
つちみつ　土蜜　動　1117
つちもん　土門　居　835
つちや　土屋　居　755
つちやえ　土屋越前守　法　③　946
つちやか　土屋数直　泉　313
つちやと　土屋党　兵　449
つちろく　土轆轤　産　①　779
つちわり　つちわり(櫌)　産　①　254
つつ　筒(吸筒)　器　①　214
つづ　つづ(十歳)　人　①　682
つつい　筒井　地　③　1005
つつい　筒居　礼　①　102
つついし　筒井衆　兵　461
つついじ　筒井順慶　人　②　286
つつうち　銃撃　産　①　469
つつが　恙　方　1139
つっかけ　つッかけ侍従　礼　①　879
つつがむ　恙虫　動　1234
つづきが　続書　政　③　777
つづきき　続狂言　楽　②　115
つづきご　都筑郡　地　①　829
つづきご　綴喜郡　地　①　223
つづきと　綴党　兵　446
つづきの　綴喜郷　地　①　239
つづきの　筒城宮　地　①　180
つづきわ　続枠　政　④　1020
—　政　④　1060
つつげ　つつげ(淋滲)　動　502
つっこみ　つつこみ(結髪)　人　①　526
つつこわ　都都古和気神社(磐城国棚倉)【篇】　神　④　879
つつこわ　都都古和気神社(磐城国八槻村)【篇】　神　④　879
つつじ　躑躅　植　①　588
つつじの　躑躅下襲　服　352
つつしむ　つつしむ(謹慎)　人　①　1225
つつそで　筒袖羽織　服　688
つつとり　つつとり(蚊母鳥)　動　673
つつどり　つつどり(布穀鳥)　動　878
つつなわ　つつなはせどり(鶺鴒)　動　665
つつまな　つつまなばしら(鶺鴒)　動　664
つづまや　つづまやか　人　②　47
「けんやく倹約」も見よ
つつみ　堤　地　③　1145
—　政　②　1104
—　政　④　996
つづみ　鼓　楽　②　549
軍陣用—　兵　2150
撃—開閉諸門　居　196
脱直垂而打—　服　566

つつみい	裹飯	飲		443
つつみう	包討	兵		635
つつみか	包方			
	贈遺物—	人	②	470
	金銀—	泉		183
つつみか	堤方	政	④	1137
つつみか	つつみかはら(疏瓦)	産	①	591
つつみぎ	包銀	泉		184
つつみこ	包輿	器	②	958
つつみさ	つつみささぎ(八首鳥)	動		803
つつみど	包胴(鎧)	兵		1781
つづみば	鼓鉢	器	①	86
つつみぶ	堤奉行	政	④	1133
つつみほ	堤宝山流(柔術)	武		1003
つつみや	つつみやき(炰)	飲		232
つづら	葛籠	器	①	691
つづらお	つづらをり	地	③	705
つづらが	葛籠笠	器	②	400
つづらき	つづら切付	兵		1980
つづらつ	葛籠造	器	①	693
つづらふ	つづらふぢ(防己)	植	②	221
つづれに	綴錦	産	②	282
つと	つと(土産)	人	②	462
つと	つと(結髪)	人	①	519
つと	苞(花)	植	①	21
つと	裹	産	①	319
つとさし	髱刺	器	①	474
つとむ	勤	人	②	41
つとめか	勤方帳	政	③	1073
つとめき	勤金	封		484
つとめぎ	勤銀	封		485
つとめて	つとめて(早旦)	歳		81
つとめり	勤料	封		485
つどり	津取	政	④	238
つながの	津長社	神	③	138
つなぎの	繫の城	兵		1041
つなごお	津名郡	地	②	773
つなこし	綱越神社	神	④	9
つなし	つなし(魚)	動		1425
つなで	つなで(牽紋)	器	②	711
つなぬき	つなぬき	服		1415
つなね	綱根	居		426
つなばし	綱橋	地	③	104
つなひき	綱引	遊		1208
つなひき	綱引金村	人	①	1067
つなみ	海嘯	地	③	1390
	—	天		269
つなわた	綱渡(渡)	地	③	360
つなわた	綱渡(曲芸)	楽	②	1186
つぬが	角鹿	地	②	236
	—	地	③	536
つぬがの	角鹿国造	地	②	231
つぬさし	角刺宮	地	①	179
つぬさわ	つぬさはふ(枕詞)	地	②	486
つぬのく	都怒国造	地	②	684
つねえだ	恒枝保	地	②	217
つねさだ	恒貞親王			
	皇太子—被廃	帝		1386
	—書風	文	③	711
つねなが	恒良親王			
	皇太子—被廃	帝		1392
	祀—於金崎宮	神	④	1714
つねよし	恒世親王	帝		1377
つの	角			
	獣—	動		6
	牛—	動		40
	零羊—	動		220
	鹿—	動		314
	犀の鼻—	動		453
	人額上生—	人	①	613
つの	角(簪)	服		1143
つのあわ	角合	遊		295
つのかく	角かくし	服		1229
つのき	角木(矢)	兵		1608
つのきわ	角きはり(矢)	兵		1608
つのくに	津国	地	①	352
	—	地	③	505
	「せっつの摂津国」も見よ			
つのぐる	角ぐる(結髪)	人	①	544
つのごお	都濃郡	地	②	686
つのざい	角細工	産	①	619
つのじ	津字(鮫)	動		1473
つのじ	津字(九万匹)	動		1463
つのじん	都農神社【篇】	神	④	1670
つのずき	角頭巾	服		1246
つのずき	角頭巾冑	兵		1883
つのだら	角盥	器	①	600
つののお	角帯	服		800
つのはず	角筈(矢)	兵		1614
つのはず	角筈(優婆塞)	宗	②	433
つのはず	角弭弓	兵		1555
つのふく	角覆輪鞍	兵		1959
つのぶく	角袋(馬具)	兵		2052

つのまた	つのまた(角俣菜)	植	②	920
つのみや	津宮津	地	③	501
つのむし	つのむし(蜚蠊)	動		1194
つのゆみ	角弓	兵		1635
つば	鍔	兵		1433
	—彫刻	産	①	688
つば	甖	器	①	177
つばいも	椿餅	飲		617
つばいも	づばい桃	植	①	338
つばがた	鍔刀	兵		1363
つばき	唾	人	①	404
つばき	椿	植	①	537
	以—為神木	神	②	1802
つばきあ	つばきあゐ(木藍)	植	②	16
つばきあ	椿油	器	②	319
	—	植	①	546
つばきち	椿椿山	文	③	873
つばきば	椿灰	産	①	893
つばきも	椿餅	飲		617
つばきも	つばき桃	植	①	338
つばくら	燕	動		772
つばくら	燕口(鼻紙袋)	服		1367
つばさ	翼			
	人身有—	人	①	617
	鳥—	動		503
つばな	茅花	植	①	918
つばなぬ	つばなぬこ	遊		1237
つばめ	燕	動		772
つばめ	燕(玩具)	遊		1250
つばめぐ	燕口(椀)	器	①	22
つばや	鍔屋	兵		1435
つはん	津藩	地	①	460
つび	海贏	動		1660
つびのふ	つびのふた(角蓋)	動		1619
つぶ	無患子	植	①	505
つぶなぎ	つぶなぎ(踝)	人	①	471
つぶねぐ	つぶねぐさ(杜蘅)	植	①	1203
つぶぶし	つぶぶし(踝)	人	①	471
つふり	つふり(鷊子)	動		939
つぶり	つぶり(頭)	人	①	320
つべた	つべた(光螺)	動		1667
つぼ	坪(村)	地	①	96
つぼ	坪(庭)	居		888
つぼ	坪(田積)	政	②	270
	—	政	③	1116
つぼ	壺	器	①	175
	茶—	遊		699
つぼ	壺(殿舎)	居		148
つぼあぶ	壺鐙	兵		1995
つぼいく	坪軍	兵		516
つぼいご	壺井権現			
	—神階	神	①	310
	—位記	神	①	331
つぼいた	壺板(鎧)	兵		1814
つぼいよ	壺井義知	文	②	913
つぼうち	つぼうち(投壺)	遊		208
つぼうち	壺打楊枝	器	①	582
つぼえの	坪江郷	神	④	45
つぼがさ	つぼ笠	器	②	407
つぼかざ	壺飾	遊		516
つぼがね	つぼがね(戸具)	居		1242
つぼがり	坪刈	政	④	225
つぼかん	鐙冠	服		1110
つぼきり	壺切御剣	帝		1327
	—紛失	帝		1344
つぼくさ	つぼくさ(積雪草)	植	②	424
つぼけみ	坪検見	政	④	207
つぼさか	壺坂寺【篇】	宗	③	1346
つぼざら	坪皿	器	①	22
つぼしょ	壺装束	服		876
つぼすみ	つぼすみれ	植	②	379
つぼつけ	坪付帳	政	②	255
	—	政	②	385
	—	政	③	1098
つぼつぼ	つぼつぼ(玩具)	遊		1262
つぼなお	つぼなほし(坪移)	政	②	362
つぼなげ	つぼなげ(投壺)	遊		208
つぼねが	つぼね笠	器	②	407
つぼねじ	局女郎	人	②	849
つぼのい	壺石文	地	②	165
つぼのう	壺内	居		888
つぼのば	壺の馬場	武		581
つぼみ	莟	植	①	20
つぼみが	つぼみ笠	器	②	407
つぼやき	壺焼			
	栄螺—	飲		230
	鴨—	飲		251
つぼやな	壺胡簶	兵		1723
つま	妻	人	①	150
	—	政	②	20
	娶—妾	政	②	58
	娶—	政	③	587
	非御—称后	帝		1159
	大臣—蒙輦車宣旨	器	②	783

	鎌倉将軍—	官	②	669
	足利将軍—	官	②	1074
	徳川将軍—	官	③	51
	—妾遺産	政	②	112
	—財不入夫遺産分配	政	②	113
	亡夫遺産寡—妾得分	政	②	120
	改嫁—妾不得亡夫遺財	政	②	123
	行衛不明者—再縁	政	③	560
	—遺物	政	③	748
	令—妾随流人	法	①	172
	略誘為—	法	①	381
	—資財処分	法	②	613
	討—敵	礼	①	1066
	娶数—	礼	①	1311
	為—妾服	礼	②	583
	為—服	礼	②	756
	為—党服	礼	②	583
	為—党服	礼	②	784
	—党親属表	礼	②	625
	真宗僧徒肉食—帯	宗	①	939
	社僧—帯	神	②	1678
	信濃国俗夫死以婦為殉	礼	②	11
つま	褄	服		36
	—模様	服		872
	切小袖妻	服		436
つまいり	つまいり(蹢躅)	動		56
つまおり	爪折傘	器	②	447
つまおり	爪折立傘	官	③	1723
つまくれ	つまくれなゐ(鳳仙花)	植	②	346
つまごと	つま琴	楽	②	556
つまずく	躓	人	①	997
つますず	つま硯	文	③	1324
つまだつ	つまだつ(佇)	人	①	984
つまど	妻戸	居		1200
	—図	居		1202
つまどり	つまどり(相撲)	武		1126
つまどり	つま取(鎧)	兵		1804
つまどり	つまどりして(妻取)	礼	①	889
つまなら	爪鳴(奏楽)	楽	②	541
つまのさ	都麻里	地	②	532
つまはら	つまはらみ(代指)	方		1238
つまべに	つまべに(錦辺蓮)	植	②	146
つまべに	爪紅台子	遊		648
つまみだ	抓高	政	④	127
つまよう	爪楊枝	器	①	583
つまよる	つまよる(矢)	武		116
つみ	柘	植	①	222
つみ	罪			
	天—国—	神	②	666
	贖—【篇】	法	①	265
	責—過【篇】	法	①	314
	責—過【篇】	法	①	850
	—過隠居	政	③	847
	依歌蒙—	文	①	757
	依歌免—	文	①	749
	墳墓発掘—	礼	②	1074
つみ	椺	産	②	85
つみ	雀鷂	動		940
つみいし	柱礎【併入】	居		965
つみいれ	摘入	飲		982
つみきん	積金講	政	④	712
つみた	摘田	産	①	44
つみなく	罪無くして配所の月を見る	人	①	886
つみゆみ	柘弓	兵		1629
つむぎ	紬【篇】	産	②	241
つむぐり	つむぐり(独楽)	遊		1158
つむくる	紡車	産	②	87
つむじ	旋毛			
	人—	人	①	507
	牛—	動		40
	馬—	動		84
つむじか	旋風	天		259
つむらみ	津村御堂	宗	④	93
つめ	爪	人	①	483
	七草—	歳		914
	中陰之間男女不切—	礼	②	712
	施紅粉於—	器	①	509
つめ	爪(楽器)			
	箏—	楽	②	659
	筑紫箏—	楽	②	689
つめ	甲(獣)	動		8
つめ	詰(茶湯客)	遊		431
つめかみ	爪髪役(馬)	官	③	964
つめごえ	詰声	武		219
つめごや	詰小屋	法	③	189
つめしゅ	詰衆【篇】	官	③	741
	足利氏—	官	②	1250

豊臣氏— 官 ② 1439
つめしゅ 詰衆並 官 ③ 742
つめじろ 詰城 兵 1040
つめたい つめたいぞろ(冷麦) 飲 499
つめづか 爪塚 礼 ② 1122
つめのま 詰の丸(城郭) 兵 1067
つめはじ 爪弾(叩頭虫) 動 1094
つめはん 爪判 政 ③ 304
— 法 ③ 985
つめばん 詰番 政 ③ 399
伝奏— 官 ① 649
中奥番— 官 ③ 756
つめびき 爪弾 楽 ② 541
つめびら 詰開 礼 ① 134
つめろう 詰牢 法 ③ 285
つもじ 津綟 服 608
つもりう 津守氏
—氏神 神 ① 678
—世襲住吉神社神職 神 ④ 266
つもりし 津守集 文 ② 421
つもりの 津守連 地 ③ 497
つや 津屋 産 ② 423
つやおよ 艶泳 武 985
つやま 津山 地 ② 562
つやまは 津山藩 地 ② 565
つゆ 露【篇】 天 169
つゆ 露(直垂) 服 536
つゆ 梅雨 歳 141
つゆくさ つゆくさ(鴨頭草) 植 ① 990
つゆしも 露霜 天 171
つゆのあ 梅雨穴 地 ③ 1009
つゆのい 入梅の井 地 ③ 1013
つゆのご 露五郎兵衛 楽 ② 531
つゆはら 露払役(蹴鞠) 遊 1073
つよかた 強片馬(将棋) 遊 156
つよゆみ 強弓 武 170
つら 頬 人 ① 330
つらがま つらがまち(輔車) 人 ① 334
つらぬき 頬貫 服 1415
つらね つらね(演劇) 楽 ② 122
つらねう つらね歌 文 ① 945
つらねこ つらねこ(鼯鼬) 動 234
つらのま つらの舞 楽 ① 337
つらほね つらほね(顴) 人 ① 333
つらみせ つら見せ(芝居) 楽 ② 88
つららい つらら石 金 316
つり 釣 産 ① 360
つりあい つりあひの合戦 兵 511
つりいと つりいと(綸) 産 ① 371
つりがね 釣鐘 宗 ② 1097
「かね鐘」も見よ
つりがね つりがねさう(沙参) 植 ② 685
つりがね つりがねさう(薺苨) 植 ② 687
つりがね つりがねにんじん(沙参) 植 ② 685
つりごう 釣格子 居 1262
つりごし 釣輿 器 ② 959
つりざお 釣竿 産 ① 369
つりしと 釣蔀 居 1253
つりだい 釣大鼓 楽 ② 1057
つりだな 釣棚 遊 569
つりとお つりとほし(篩穀篣) 産 ① 311
つりどの 釣殿 居 586
つりなわ 釣縄 産 ① 379
つりはし 釣橋 地 ③ 109
つりばり 鉤 産 ① 373
つりぶね 釣船 器 ② 666
つりぶね 釣船釘 遊 894
つりふね つりふね草(赤車使者) 植 ② 347
つりぶね 釣舟花生 遊 853
— 遊 884
つりへい 釣屏 兵 138
つりょう 津料 政 ④ 494
— 地 ③ 499
つる つる 法 ③ 253
つる 弦(弓) 兵 1561
つる 弦(升) 称 58
つる 鶴 動 539
御鷹之— 政 ③ 349
鷹之—進献 遊 965
大名—拝領 官 ③ 1743
つるうち 弦打 武 210
つるおか 鶴岡(出羽) 地 ② 193
つるおか 鶴岡八幡宮【篇】 神 ④ 418
評定始議—之事 政 ③ 11
—神宮寺 神 ② 1722
つるおか 鶴岡藩 地 ② 195
つるおな 鶴御成 遊 965
つるかけ 弦掛升 称 75
つるがご 敦賀郡 地 ② 235
つるがの 敦賀津 地 ③ 536
— 地 ② 242

つるがの	敦賀港	地	③	577
つるがは	敦賀藩	地	②	251
つるぎ	剣	兵		1302
	「とうけん刀剣」も見よ			
つるぎの	剣池島上陵	帝		976
つるぎや	剣山	地	③	846
つるくさ	蔓草	植	①	751
つるごお	都留郡	地	①	709
つるさい	弦さいで(弓)	兵		1564
つるしが	釣柿	植	①	618
つるじる	鶴汁	飲		176
つるそば	つるそば(赤地利)	植	②	25
つるにん	弦人参	植	②	685
つるのこ	つるのこ(雲孫)	人	①	235
つるのは	鶴觜	産	①	241
つるのは	鶴羽矢	兵		1598
つるのほ	鶴庖丁	飲		311
つるのも	鶴紋	産	②	641
つるばし	弦走	兵		1817
	—	兵		1776
つるばみ	つるばみ(橡)	植	①	199
つるばみ	橡色	礼	②	1038
つるばみ	橡染御衣	礼	②	956
つるばみ	橡宣旨	礼	②	981
つるばみ	橡袍	服		268
	諒闇之時著—	礼	②	972
つるび	つるび(遊牝)	動		10
つるぶく	弦袋	兵		1569
つるふじ	蔓藤袴	植	②	310
つるべ	釣瓶	地	③	1018
つるべの	釣瓶花生	遊		885
つるぼ	つるぼ(綿棗児)	植	①	1074
つるまい	鶴舞(楽曲)	楽	①	568
	—	楽	①	573
つるまき	弦巻	兵		1569
つるまき	鶴牧藩	地	①	1043
つるみね	鶴峯戊申	文	①	174
つるみの	鶴見郷	地	①	874
つるみや	鶴見山	地	③	879
つるむら	つるむらさき(落葵)	植	②	157
つるめそ	つるめそ(弦売僧)	政	③	918
つるれい	つるれいし(苦瓜)	植	②	638
つるれん	つるれんげ(仏甲草)	植	②	90
つるわ	弦輪(弓)	兵		1564
つれ	ツレ(能楽)	楽	①	831
つれ	連(帯刀)	官	①	1193
つれこ	連子	政	③	599
つれさぎ	連鷺草	植	①	1180
つれづれ	徒然草	文	③	448
	—伝授	文	②	658
つわの	津和野	地	②	495
つわのは	津和野藩	地	②	496
	—藩札	泉		447
	—藩札図	泉		455
つわもの	つはもの	兵		208
	「ぶし武士」「へいし兵士」も見よ			
つわもの	つはもの	兵		1269
	「へいき兵器」も見よ			
つわもの	兵庫	居		792
つわもの	つはものとねりのつかさ(兵衛府)	官	①	1502
つわもの	つはもののくらのつかさ	官	①	1551
	「ひょうご兵庫寮」も見よ			
つわもの	つはもののつかさ	官	①	898
	「ひょうぶ兵部省」も見よ			
つわもの	兵道	外		166
つわり	つはり(妊娠)	礼	①	322
つんつく	つんつく踊	歳		1275
つんぼ	聾	人	①	339
つんぼむ	聾武者	人	①	342

て

て	手	人	①	453
	無—人	人	①	615
	断—	法	①	262
	断—	法	①	761
	入墨於—	法	②	451
て	手(手跡)	文	③	662
て	手(隊伍)	兵		406
てあそび	手遊物	遊		1245
てあてき	手当金	封		476
てあてじ	手当受用金	封		480
てあてび	手当引(田租)	政	④	217
てあてぶ	手当扶持	封		476
てあてぶ	手当船	地	③	150
てあてま	手当米	封		475
てあても	手当者	法	③	194
てあてよ	手当呼出状	法	③	600

てあぶり　手焙　器 ①　704
てあみが　手網笠　器 ②　388
てあらい　手洗　人 ①　1000
てあわせ　手合(相撲)　武　1130
てあわせ　手合の軍　兵　512
てい　丁　政 ②　79
　役—法　政 ②　858
てい　貞【篇】　人 ①　1118
　—婦復夫讐　人 ②　542
　—婦応天感　方　1456
　—婦不改嫁　礼 ①　1307
　—婦結廬於夫墓側　礼 ②　728
　—操寡婦不再嫁物語　動　778
てい　悌【附】　人 ①　1107
てい　艇　器 ②　641
でい　出居　居　627
ていい　廷尉(検非違使佐)　官 ②　107
　—佐以下諒闇服　礼 ②　970
ていい　帝位
　互譲—而践祚　帝　281
　皇后登—　帝　1181
　太子辞而不即—　帝　1383
ていいお　廷尉扇　服　1322
でいえ　泥絵　文 ③　933
でいえお　泥絵扇　服　1315
ていおう　帝王　帝　169
　—通載【篇】　帝　1
　「てんのう天皇」も見よ
ていおう　帝王系図　姓　367
ていかか　ていかかづら(絡石)　植 ②　451
ていかか　定家仮名遣　文 ①　115
でいがき　泥書(楊弓)　遊　192
ていかき　定家卿点　文 ③　282
ていかに　定家煮　飲　217
ていかり　定家流(書道)　文 ③　679
ていぎま　庭儀曼荼羅供　宗 ②　179
ていきゅ　涕泣　人 ①　745
ていきん　庭訓　人 ②　148
ていきん　庭訓往来　文 ①　375
ていきん　提金楽　楽 ①　498
ていけい　丁奚疳　方　1516
ていこ　鵜鶘　動　561
ていこう　定口　政 ②　27
ていごう　帝号【篇】　帝　169
でいこう　泥工【篇】　産 ①　583
ていさい　丁妻　政 ②　21
でいじじ　出居侍従　官 ①　712
ていじて　亭子天皇　帝　941
　「うだてん宇多天皇」も見よ
ていじの　亭子院　帝　941
　「うだてん宇多天皇」も見よ
でいしゅ　出居衆(番衆)　官 ②　829
でいしゅ　出居衆(同居人)　政 ③　527
ていしゅ　程朱学　文 ②　758
ていじょ　丁女　政 ②　28
ていしり　鄭芝竜　地 ②　1391
　—　外　1005
ていせい　鄭成功　地 ②　1391
　—　外　1010
ていせい　定省假　政 ①　1151
　—　政 ③　452
ていそく　鼎足の備　兵　71
ていたく　邸宅【篇】　政 ②　445
　—【篇】　政 ③　1253
　没収—　法 ①　821
ていたく　第宅神【篇】　神 ①　883
でいたん　泥炭　金　342
ていちゅ　庭中　法 ①　991
ていてい　定鼎門　居　199
ていとう　低頭　礼 ①　145
でいとう　泥塔　宗 ③　99
ていとく　貞徳流(俳諧)　文 ①　1341
ていない　第内社　神 ①　884
ていない　第内総社　神 ①　841
ていのけ　丁穢　神 ②　781
でいのざ　出居座　官 ①　1394
ていはつ　剃髪　人 ①　576
　医師—　方　740
　儒家—　文 ②　729
　—祝　礼 ①　415
　「しゅっけ出家」も見よ
ていはつ　剃髪(刑罰)【併入】　法 ②　468
ていはつ　剃髪巾　器 ①　641
ていふん　綎粉　器 ①　503
ていぼ　帝母
　—為太夫人　帝　1185
　非—儀賜院号初例　帝　1198
　—為准三宮　帝　1212
　—為准三宮　封　316
　「こうたい皇太后」「こうたい皇太夫人」も見よ
ていぼう　堤防　政 ②　1104
　—　政 ④　1007

	国郡司—検行	政	②	1099
ていぼう	堤防料	政	②	1107
ていぼく	貞木	植	①	79
ていやく	丁役【篇】	政	②	833
でいり	出入(訴訟)	法	③	406
でうす	デウス	宗	④	1137
てうちそ	手打蕎麦切	飲		528
でうり	出売	産	②	349
ておの	釿	産	①	561
ておのく	釿鋤	産	①	236
ておのづ	手斧作	居		933
ておのは	釿始	居		479
てがい	手蓋	兵		1842
でがい	出買	産	②	349
でがいち	出開帳	宗	③	351
てがいの	手飼の虎	動		198
てかがみ	手鑑【併入】	文	③	991
てかき	てかき	文	③	708
	「のうしょ能書」も見よ			
てがさ	手傘	器	②	460
てかし	杻	法	①	486
	—図	法	①	487
てがた	手形	政	①	561
	関—	地	③	630
	裏門通行—	官	③	718
	切米—	封		419
	切米—改【附】	官	③	563
	扶持方—	封		435
	小—	政	④	350
	預金—	政	④	703
	宿継—	政	④	1267
	牢—	法	③	320
	白紙—	法	③	639
	宗門—	宗	④	1217
	寺—	宗	④	1232
	商業—	産	②	495
てがた	手形			
	鞍—	兵		1944
	車—	器	②	760
てがたの	手形のしわ(指貫)	服		757
てがぬま	手賀沼	政	③	1205
てがみ	手紙	文	①	365
てがみば	手紙番	官	③	177
でがわり	出替季節	政	③	635
でがわり	出替奉公人	政	③	621
てき	敵	兵		517
	賞—人功	兵		945
	憐—	人	①	1153
てきがた	敵方(訴訟)	法	①	1057
できしま	出来島	地	③	1338
てきちょ	彳亍	文	①	4
てきにん	敵人(訴訟)	法	①	1055
てぎりさ	手限裁判	法	③	783
てぐす	天蚕糸	産	①	371
てぐすね	手ぐすね引	人	①	454
てくだき	手砕(相撲)	武		1142
でくのぼ	でくのぼう	遊		1246
	「にんぎょ人形」も見よ			
てくみ	手組(犬追物)	武		596
てぐりあ	手繰網	産	①	385
てぐりぶ	手繰舟	器	②	668
てぐるま	てぐるま(輦)	器	②	807
てぐるま	手車(玩具)	遊		1252
てぐるま	手車(遊戯)	遊		1242
てぐるま	てぐるまの宣旨(輦車宣旨)	器	②	783
でごうし	出格子	居		1263
てさき	手先(冑)	兵		1878
てさき	手先(目明)	法	③	176
てさだめ	手定の合戦	兵		511
てさばき	手捌(相撲)	武		1142
てさるが	手猿楽	楽	①	923
でし	弟子	文	③	19
	—	人	②	389
	薦—	人	②	407
	僧徒殺傷—	法	②	841
	住職—譲	宗	②	839
	「してい師弟」も見よ			
てしおが	天塩川	地	③	1195
てしおご	天塩郡	地	②	1297
てしおざ	天塩皿	器	①	65
てしおの	天塩国	地	②	1296
てじなぶ	手品節	楽	②	282
でしぶみ	弟子ぶみ	文	③	11
てしまい	豊島石	金		255
てしまご	豊島郡	地	①	366
てじまと	手島堵庵	文	②	925
てしまの	豊島牧	地	③	969
てしまむ	手島席	器	②	27
てじょう	手鎖(刑名)【篇】	法	②	527
てじょう	手鎖(囚禁具)	法	③	201
	—図	法	③	202
てじょう	手鎖帳	法	②	528
てしょく	手燭	器	②	238

でじろ	出城	兵		1040
てぜめの	手攻の諍合	兵		512
てそう	手相	方		582
てだい	手代			
	漆奉行—	官	③	598
	作事方—	官	③	645
	材木石奉行—	官	③	651
	小細工方—	官	③	657
	小普請方—	官	③	691
	二条蔵—	官	③	1292
	大津御蔵—	官	③	1460
	関東郡代奉行—	官	③	1476
	西国郡代—	官	③	1484
	武蔵代官元〆—	官	③	1523
	代官—	政	④	1248
	代官—検見	政	④	209
	商家—	産	②	713
てだいく	手大工	官	③	659
てたかし	手鷹師	官	③	950
てたかじ	手鷹匠	官	③	950
てだて	てだて(博弈)	法	①	449
てだて	歩楯	兵		2074
てだま	手玉	服		1483
でだめし	出溜証文	法	③	334
てだる	手樽	器	①	190
てぢょう	手提灯	器	②	250
てつ	鉄	金		197
	—	金		2
	—煎煉法	金		48
	地子交易—価	政	②	632
	以—為庸	政	②	811
てつあぶ	鉄鐙	兵		1994
てっか	鉄火	法	①	1168
てつがい	手結			
	射礼—	武		305
	賭射—	武		381
	騎射—	武		452
てつがさ	鉄笠	器	②	387
てづき	手附			
	寺社奉行—	官	③	389
	勘定吟味役—	官	③	543
	鳥見—	官	③	956
	神奈川奉行—出役	官	③	1411
	西国郡代—	官	③	1484
	代官—	官	③	1535
てつぎゆ	手継譲状	政	③	751
てっきょ	鉄響	楽	②	1136

でっく	重五(双六骰子目)	遊		7
てづくり	てづくり	政	②	742
	「ちょうふ調布」も見よ			
てづくり	手作布	産	②	146
	「ちょうふ調布」も見よ			
てつけき	手附金	産	②	357
	—	政	③	1316
てつげん	鉄眼	宗	③	334
てつご	綴五【併入】	遊		119
てっこう	手甲	服		1499
てっこう	鉄工	産	①	664
てっこう	鉄甲	兵		1829
てつざや	鉄座役所	官	③	588
てつざや	鉄座役人	官	③	588
てつざん	鉄山	金		151
てつざん	鉄山相	金		27
てっしゃ	鉄沙	金		362
てっしゃ	鉄尺	称		18
てつじゅ	綴術(算書)	文	③	552
てつじゅ	綴術(算術)	文	③	616
てつじょ	鉄杖とぢ	文	③	514
てっせん	鉄銭	泉		143
てっせん	鉄線花	植	②	187
てっせん	鉄銭佐字銭	泉		29
てつたご	哲多郡	地	②	603
てつたた	鉄蹈鞴	産	①	645
でっち	重一(双六骰子目)	遊		7
てっちゅ	鉄冑	兵		1885
てっちょ	輟朝	政	①	184
	「はいちょ廃朝」も見よ			
でっちょ	粘葉【併入】	文	③	530
	—	文	③	511
てつづみ	手鼓【併入】	楽	②	1123
てっとう	鉄塔	宗	③	99
てつのた	鉄盾	兵		2070
てつのと	てつのとびくづ(鉄落)	金		202
てつのま	鉄的	武		257
てつのや	鉄鏃	兵		1607
てっぱつ	鉄鉢(冑)	兵		1887
てつびし	鉄菱(防戦具)	兵		667
てっぴつ	鉄筆	文	③	1125
てっぴつ	鉄筆家	文	③	1143
てっぷん	鉄粉	金		202
てっぽう	鉄砲【併入】	武		908
	—	武		878
	—	産	①	159

てっぽう	鉄砲(玩具)	遊		1274
てっぽう	鉄砲(河豚)	動		1511
てっぽう	鉄砲足軽	兵		251
てっぽう	鉄砲改	武		914
	—	官	③	315
	—	官	③	632
てっぽう	鉄砲軍	兵		515
てっぽう	鉄砲戦	兵		578
てっぽう	鉄砲一揆	兵		428
てっぽう	鉄砲運上	政	④	492
てっぽう	鉄砲会所	武		924
てっぽう	鉄砲頭	官	②	1454
てっぽう	鉄砲頭百人組	官	③	1158
てっぽう	鉄砲方【篇】	官	③	1211
てっぽう	鉄砲方鍛冶師	官	③	1212
てっぽう	鉄砲薬込衆	官	③	1234
てっぽう	鉄砲工	産	①	641
てっぽう	鉄砲御用衆	官	③	1212
てっぽう	鉄砲衆			
	織田氏—	官	②	1422
	豊臣氏—	官	②	1454
てっぽう	鉄砲先手箪笥奉行	官	③	1236
てっぽう	鉄砲大将	兵		187
てっぽう	鉄砲玉	武		924
てっぽう	鉄砲玉薬奉行【篇】	官	③	1230
てっぽう	鉄砲玉薬元〆	官	③	1233
てっぽう	鉄砲箪笥奉行【篇】	官	③	1235
てっぽう	鉄砲通手形	地	③	645
てっぽう	鉄砲之間	居		604
てっぽう	鉄砲の者	兵		241
てっぽう	鉄砲狭間	兵		1108
てっぽう	鉄砲奉行			
	二条—	官	③	1290
	大坂—	官	③	1329
てっぽう	鉄砲舟	兵		1249
てっぽう	鉄砲磨同心	官	③	1214
てっぽう	鉄砲焼	飲		239
てづま	手づま	楽	②	1178
てづめか	手詰懸(陣法)	兵		73
てつめん	鉄面(甲冑具)	兵		1887
てて	てて	人	①	140
	「ちち父」も見よ			
ててら	ててら(襦袢)	服		460
ててれ	囮	産	①	453
てとりが	手取釜	遊		668
てなおし	手直し(囲碁)	遊		89
てなが	手長	礼	①	261
てながざ	手長猿	動		272
てならい	手習	文	①	39
	—	文	③	724
てならい	手習師匠	文	③	726
てには	てには	文	①	131
	「てにをは氐爾乎波」も見よ			
てにはて	氐爾波点	文	③	277
てにをは	氐爾乎波	文	①	127
	—	文	①	155
	—	文	①	166
でにんべ	出人別帳	政	③	474
でぬぐい	手拭	器	①	632
	婦女外出戴手巾	服		1232
てぬぐい	手拭掛	器	①	652
てぬぐい	手拭台	器	①	651
てぬぐい	手拭引	遊		1209
てのあや	手文	人	①	460
てのう	手能	楽	①	924
てのすじ	てのすぢ(腡)	人	①	460
てのひら	てのひら(掌)	人	①	459
てばこ	手箱	器	①	682
	安仏像於—	宗	①	204
でばぼう	出歯庖丁	器	①	333
てはん	手判	政	③	305
	「しゅいん手印」も見よ			
でばん	出番	政	③	406
	—	官	③	132
てびと	手人	姓		77
	—	姓		131
	—	産	①	486
でぶち	出扶持	封		484
てぶね	手船	器	②	587
てへん	手辺(冑)	兵		1871
てぼうか	てぼうかに(独螯蟹)	動		1605
てぼこ	手戟	兵		1498
てほん	手本	文	③	735
	仮名—	文	①	39
てまえ	手前(茶湯)	遊		475
でまえ	出前	飲		332
てまちん	手間賃	産	①	502
	「こうちん工賃」も見よ			
てまり	手鞠	遊		1268
	—	楽	②	1170
てまりか	てまりくわ(繡毬花)	植	①	662
でまる	出丸(城郭)	兵		1068
でみせ	出店	産	②	650
でむら	出村	政	③	874

でめえい	出目永	政	④	129
でめけ	出目家	楽	①	981
でめだか	出目高	政	④	121
てめばく	手目博弈打	法	③	34
でめまい	出目米	政	④	325
てやり	手鑓	兵		1515
てゆうば	手友梅	人	②	981
てゆのこ	手湯戸(澡浴具)	器	①	570
てら	寺	宗	③	2
	三井寺略称—	宗	④	600
	「じいん寺院」も見よ			
てらあず	寺預	法	①	953
てらいり	寺入	宗	③	48
	—	法	①	953
てらうけ	寺請	宗	④	1219
てらうけ	寺請状	政	③	1304
てらうけ	寺請証文	政	③	500
てらがま	寺構	宗	③	35
てらきん	てら金	法	③	50
てらこや	寺小屋	文	③	724
	—	文	②	1176
	—	文	②	1315
てらざわ	寺沢流(書道)	文	③	682
てらしゅ	寺主	宗	②	860
てらしょ	寺証文	宗	④	1215
でらだの	寺田郷	地	①	237
てらつつ	てらつつき(啄木鳥)	動		827
てらてが	寺手形	宗	④	1215
	—	宗	④	1232
てらのう	寺廐	居		727
てらぶぎ	寺奉行	官	②	1212
てらめぐ	寺めぐり	宗	③	300
てりはき	照葉狂言【併入】	楽	②	229
てりふ	照布	産	②	149
てるくに	照国神社	神	④	1715
てるてる	照照法師	天		332
てれめん	てれめんていな	植	①	483
でわぎぬ	出羽絹	産	②	218
でわごお	出羽郡	地	②	187
でわだい	出羽代官	官	③	1529
でわのか	出羽守傔仗	封		366
でわのく	出羽国【篇】	地	②	169
	—国産	地	②	197
	—司任限	政	①	1291
	—検地	政	④	31
	—石代直段	政	④	288
	—海運	政	④	1393
	配流—	法	①	795
	配流—	法	②	292
	—鎮兵	兵		275
	—軍糧	兵		975
	—陰陽師	方		11
	—方言	人	①	834
	—俘囚反乱	人	②	750
	—夷俘反乱	人	②	763
	—馬	動		113
	陸奥出羽按察使	官	②	51
	出羽蝦夷	人	②	711
でわむつ	出羽陸奥探題	官	②	1328
てん	天【篇】	天		1
	拝—地	歳		376
	祭—	神	②	567
てん	典	官	①	200
	按察使—	官	②	55
	大宰府—	官	②	399
てん	点(訓点)	文	③	269
てん	点(評点)			
	和歌—	文	①	652
	連歌—	文	①	1091
てん	貂	動		252
てん	殿(考課)	政	①	1210
てん	鄽	産	②	624
てん	簟	器	②	48
てん	囀(舞曲)	楽	①	67
	安摩—	楽	①	367
	陵王—	楽	①	373
	三台塩—	楽	①	417
	還城楽—	楽	①	465
でん	殿	居		77
てんあん	天安	歳		171
てんあん	天安寺	宗	③	857
てんあん	天安楽	楽	①	500
てんい	典闈(女官)	官	①	1126
でんい	田夷	人	②	711
てんいち	天一方	方		177
てんいち	天一坊	法	②	51
	—	法	③	281
てんいん	点印	文	①	1312
でんえ	伝衣【併入】	宗	②	423
てんえい	天永	歳		197
てんえい	天永寺	宗	③	169
てんえん	天延	歳		180
てんおう	天応	歳		167
てんおん	天恩日	方		106

てんが　点画(文字)　文 ①　3
でんか　殿下
　尊称三后皇子称—　帝　1125
　摂政曰—　官 ①　531
　関白曰—　官 ①　561
てんかい　天海　宗 ①　547
　—神道　神 ②　1338
　—創喜多院　宗 ④　473
　—為寛永寺開山　宗 ④　345
　—諡号　宗 ②　810
てんがい　天蓋　宗 ②　1084
てんかい　天下一
　通矢—　武　149
　工人—　産 ①　509
　鏡屋—　器 ①　352
てんかい　天下一同之徳政　政 ④　806
てんかく　典革(大蔵省)　官 ①　965
でんがく　田楽【篇】　楽 ①　687
でんがく　田楽(豆腐)　飲　993
でんがく　田楽踊　神 ②　643
でんがく　田楽法師　楽 ①　692
　—図　楽 ①　694
でんがく　田楽焼　飲　245
てんかん　天冠　服　1112
　舞楽—　楽 ①　650
てんかん　天漢　天　145
てんかん　天感(天平感宝)　歳　331
てんかん　添翰　法 ③　589
てんかん　癲癇　方　1474
　—治療　方　826
てんがん　天眼鏡　方　295
てんかん　天観五常楽　楽 ①　445
てんき　天気　天　330
　依天色予知—　天　15
　依日暈予知—　天　30
　依日珥予知—　天　31
　依月暈及月珥予知
　—　天　69
　依北斗星予知—　天　94
　依雲予知—　天　159
　依朝やけ及夕やけ
　予知—　天　163
　依霧予知—　天　168
　依霜予知—　天　178
　依雨予知—　天　197
　依雪予知—　天　241
　依風予知—　天　281
　依雷予知—　天　307
　依虹霓予知—　天　317
　梅雨—　歳　143
　依地震知晴雨歌　地 ③　1362
てんぎ　天喜　歳　190
てんぎ　典儀
　即位—　帝　322
　朝賀—　歳　399
でんき　田記　政 ②　240
でんき　田器　産 ①　208
てんぎぐ　転擬郡司　官 ②　582
てんきゅ　典厩令　官 ①　1531
てんきょ　転居　政 ③　520
てんきょ　転経　宗 ①　326
てんきょ　癲狂　方　1472
てんぎょ　天慶　歳　176
でんぎょ　伝教大師　宗 ②　806
　「さいちょ最澄」も見よ
てんぎょ　天慶之乱　帝　1595
てんぐ　天狗(流星)　天　134
てんぐ　天狗(金毘羅権現)　神 ④　1351
てんぐぐ　天狗組　兵　468
てんぐじ　典具帖　文 ③　1196
てんぐだ　天狗倒　神 ④　1181
てんげん　天元　歳　180
てんげん　天元術　文 ③　599
てんげん　天元術算盤　文 ③　562
てんげん　天元之一　文 ③　600
てんこ　点壺　文 ③　274
てんご　転語　文 ①　111
でんこ　伝戸　政 ②　1154
てんこう　覘候　方　250
でんこう　電光　天　308
でんごう　殿号　礼 ②　300
てんこう　天行病　方　1302
てんこく　篆刻　文 ③　1124
でんこく　伝国璽　帝　66
　—　帝　162
てんさく　天策上将楽　楽 ①　460
てんさつ　天殺日　方　122
てんさん　天蚕　産 ①　371
てんざん　点竄術　文 ③　608
てんし　天子　帝　170
　「てんのう天皇」も見よ
てんし　点紙　文 ①　480
てんじ　天治　歳　198
てんじ　天璽　帝　55

てんじ　典侍　官 ① 1111
—　官 ① 1104
即位時—装束　帝 330
—凶服　礼 ② 998
—衣　服 865
でんし　伝子　政 ② 1154
でんし　伝使　政 ② 1198
でんし　伝屍　方 1184
—治療　方 806
てんじき　典侍給　封 301
てんじく　天竺【篇】　外 1117
僧入印度　宗 ② 524
印度僧　宗 ② 558
てんじく　天竺桂　植 ① 273
てんじく　天竺語　文 ② 1049
てんしし　天子神璽　帝 335
でんじそ　田字草　植 ① 987
てんじて　天智天皇　帝 10
—為二代太子　帝 1362
—与藤原鎌足蹴鞠　遊 1041
—朝倉木丸殿歌　楽 ① 156
—建観世音寺　宗 ④ 1062
—山陵　帝 985
—国忌　礼 ② 1266
てんしの　天子之神道　神 ② 1323
てんじゃ　天蛇　動 1231
てんじゃ　点者
歌会—　文 ② 124
連歌—　文 ① 1090
俳諧—　文 ① 1292
俳諧—　文 ① 1312
俳諧—　法 ③ 62
でんしゃ　田者　産 ① 186
てんしゃ　天酌　礼 ① 249
てんしゃ　天赦日　方 106
てんしゅ　天守(城郭)　兵 1110
徳川柳営—　居 381
てんしゅ　典主　神 ② 1501
てんしゅ　典酒(女官)　官 ① 1130
てんしゅ　典酒(造酒正)　官 ① 1080
てんじゅ　天授　歳 232
でんじゅ　伝授
神拝—　神 ② 1001
射術—　武 138
舞踏—　礼 ① 40
砲術—　武 897
歌道—　文 ① 784
和学—　文 ② 653
神葬祭—　礼 ② 22
楽舞—　楽 ① 110
茶式—　遊 600
—起請　人 ② 372
てんしゅ　転宗(耶蘇教)　宗 ④ 1232
でんしゅ　伝習館　文 ② 1289
でんしゅ　伝習艦　兵 1254
てんしゅ　天主教　宗 ④ 1102
「やそきょ耶蘇教」も見よ
てんしゅ　天祝五常楽　楽 ① 445
てんじゅ　天寿国曼荼羅　宗 ① 225
てんじゅ　典鋳正　官 ① 967
てんじゅ　典鋳司【篇】　官 ① 967
てんしゅ　天守番【附】　官 ③ 734
てんじゅ　天寿楽　楽 ① 365
てんじゅ　天寿楽(三台塩)　楽 ① 416
てんじゅ　天寿楽(春鶯囀)　楽 ① 329
でんしゅ　田畯官　政 ④ 986
でんしゅ　田畯年中行事　産 ① 182
てんしょ　典書(女官)　官 ① 1124
てんしょ　篆書　文 ③ 775
てんしょ　天正　歳 247
てんじょ　天井【篇】　居 1115
—図　居 1120
茶室—　遊 561
結付袍衣於—　礼 ① 394
てんじょ　天承　歳 199
てんじょ　殿上　居 115
近衛督察—非違　官 ① 1386
—元服　礼 ① 857
てんしょ　天正大判金　泉 199
てんじょ　殿上口　居 239
てんしょ　天正検地　政 ④ 36
てんじょ　殿上定　政 ① 179
—　政 ① 8
てんしょ　天正十合升　称 71
てんしょ　天照大神
「あまてら天照大御神」を見よ
てんしょ　天照大神宮　神 ③ 3
「だいじん大神宮」も見よ
てんじょ　殿上台盤　礼 ② 461
てんしょ　天正通宝　泉 22
てんじょ　殿上所充　政 ① 1059
てんじょ　殿上簡　官 ② 259
—　政 ① 1104
てんじょ　殿上簡一　政 ① 1498

てんじょ	天上間	居		537
てんじょ	殿上之交	服		549
てんじょ	殿上賭射	武		423
てんじょ	殿上始(女院)	帝		773
てんじょ	殿上人	居		115
	—書札礼	文	①	431
	路頭遇—礼	礼	①	168
	算賀時以—為舞人	礼	①	1426
	—諒闇服	礼	②	970
	—狩衣	服		465
	—狩衣	服		476
	非色—	服		748
てんじょ	殿上童	服		190
てんしん	点心	飲		23
	—	礼	①	246
てんじん	天神	神	①	13
	—	神	①	152
	—七代	神	①	23
てんじん	天神(遊女)	人	②	848
でんしん	電信	文	②	1020
てんじん	天神会	神	③	1643
てんしん	天真正伝神道流(剣術)	武		27
てんじん	天神真楊流(柔術)	武		1008
てんじん	天神銭	泉		151
てんしん	天心独名流(剣術)	武		28
てんじん	天神橋	地	③	248
てんじん	天人楽	楽	①	456
てんず	点図	文	③	272
でんす	殿主	宗	②	1047
でんず	田図	政	②	240
	—	政	②	236
てんすい	天水	政	④	1186
てんすい	典水(女官)	官	①	1129
でんずう	伝通院【篇】	宗	④	399
てんせい	天靖(逸年号)	歳		364
でんせい	黏臍	飲		610
てんせい	天生術	文	③	611
てんせい	天生法	文	③	584
てんせき	典籍	文	③	318
	「しょじゃ書籍」も見よ			
でんせき	田積【篇】	政	②	262
	—【篇】	政	③	1115
でんせき	田籍【篇】	政	②	235
てんぜん	典膳(女官)	官	①	1129
てんぜん	典膳(内膳司)	官	①	1061
でんせん	伝宣	政	①	264
てんぞ	典座	宗	②	1044
でんそ	田租【篇】	政	②	583
	—【篇】	政	④	135
	大神宮神領—	神	③	903
	食封—全給	帝		1447
	新田—	政	③	1181
でんそ	田鼠	動		233
てんそう	伝奏	官	①	648
	院—	官	①	1219
	節会—	官	②	1202
	神楽—	官	②	1202
	学習院—	文	②	1121
	御凶事—	礼	②	261
	諒闇—	礼	②	261
てんそう	典掃(女官)	官	①	1129
てんぞう	典蔵(女官)	官	①	1122
てんそう	天曹地府祭	方		41
てんそう	伝奏屋敷	歳		699
てんそう	伝奏屋敷番【併入】	官	③	979
でんそち	田租帳	政	②	594
でんそり	田租率分	政	②	815
てんそん	天孫氏	地	②	1368
てんそん	天孫降臨之地	地	③	852
てんたい	天体	方		238
てんだい	天台会	宗	②	136
てんだい	天台灌頂	宗	②	399
てんだい	天台座主	宗	②	954
てんだい	天台山	地	③	803
てんだい	天台宗【篇】	宗	①	521
	—与法相宗宗論	宗	①	430
	浄土宗与—宗論	宗	①	432
	—三会	宗	②	923
	—衣体	宗	②	1203
	—寺院数	宗	③	9
	僧入支那受天台	宗	②	471
てんだい	天台神道	神	②	1334
てんだい	天台山伏	宗	③	712
てんだい	天台論義	宗	①	402
でんたん	田弾【附】	外		1192
でんち	田地			
	「た田」を見よ			
てんちさ	天地災変祭	方		38
でんちや	田地役	政	④	464
てんちゃ	点茶作法	遊		475
てんちゅ	殿中	居		290
でんちゅ	殿中	居		290
	徳川氏職員—座次	官	③	90

幕府—闘殴　法 ② 893
でんちゅ 殿中(菅笠)　器 ② 384
でんちゅ 殿中総奉行　官 ② 1222
でんちゅ 殿中羽織　服 678
てんちょ 天長　歳 168
てんちょ 天長格抄　法 ① 81
てんちよ 天地擁護三十番神　神 ① 79
てんちょ 天長最寿楽　楽 ① 329
てんちよ 天地鎔造神　神 ① 36
てんちょ 天長宝寿楽　楽 ① 329
てんちょ 天長宝青楽　楽 ① 329
てんちわ 天地和合楽　楽 ① 510
てんてい 天帝宗　宗 ④ 1130
「やそきょ耶蘇教」も見よ
てんてん 展転　人 ① 998
てんでん 典殿(女官)　官 ① 1127
てんと 奠都　地 ① 130
「せんと遷都」も見よ
てんど 躔度　方 272
てんとう 纏頭　武 825
でんとう 伝燈位　宗 ② 773
でんどう 伝道者　宗 ④ 1105
でんとう 伝燈住位　宗 ② 784
てんどう 天道溯原　宗 ④ 1134
でんとう 伝燈大法師位　宗 ② 780
でんとう 伝燈入位　宗 ② 785
てんどう 天童藩　地 ② 196
てんとう 伝道舟　器 ② 680
でんとう 伝燈法師位　宗 ② 782
でんとう 伝燈満位　宗 ② 783
てんどう 天道流(剣術)　武 27
てんとく 天徳　歳 176
てんどく 点読　文 ③ 271
てんどく 転読　宗 ① 326
てんとく 天徳院【篇】　宗 ④ 808
てんとく 天徳歌合　文 ② 13
てんとく 天徳三年詩合　文 ② 633
てんとく 天徳寺【篇】　宗 ④ 411
—門前地　宗 ③ 243
てんとく 天徳寺(紙衾)　器 ② 183
てんとり 点取(俳諧)　文 ① 1310
てんな 天和　歳 254
でんない 伝内流　文 ③ 679
てんなさ 天和三年武家諸法度　法 ② 102
てんなん 天南国　外 1135
てんなん 天南星(草)　植 ① 965
てんにく 天に口なし人を以て
いはせよ　人 ① 885
てんにん 天仁　歳 197
てんにん 転任　政 ① 883
—　封 275
てんにん 転任勘文　政 ① 781
てんねい 天寧寺【篇】　宗 ④ 751
てんねん 天然戕　文 ③ 1212
てんのう 天王(神号)　神 ① 163
てんのう 天皇　帝 170
—即位【篇】　帝 317
—譲位【篇】　帝 455
—行幸【篇】　帝 587
—山陵【篇】　帝 963
—諡号【篇】　帝 915
大嘗祭—御服　神 ① 1539
—神今食祭親祭　神 ② 189
—新嘗祭親祭　神 ② 254
—避祇園神輿　神 ③ 1494
追尊—【附】　帝 850
私称—【併入】　帝 855
—出家【併入】　帝 895
大行—　帝 954
追尊—陵　帝 1032
皇后及追尊—陵戸
守戸　帝 1039
—上上皇表　政 ① 377
—義譲表　政 ① 379
上皇上—表　政 ① 379
—親発軍令　兵 82
射場始—親射　武 294
賭射—親射　武 416
—法諱　宗 ② 416
—受灌頂　宗 ② 416
—受戒　宗 ② 670
—歌人　文 ① 820
—詩人　文 ② 563
於—御前講書　文 ③ 186
—御読書　文 ③ 258
后妃妊娠之時—結
帯　礼 ① 326
—元服　礼 ① 637
—元服蠲免　政 ② 1005
—算賀　礼 ① 1368
野見宿禰子孫掌—
喪葬　礼 ② 18
—葬礼用仏式　礼 ② 65
内親王薨去—不視

事三日 礼 ② 228
一服喪【篇】 礼 ② 391
為一服 礼 ② 812
一著錫紵 礼 ② 931
一諒闇服 礼 ② 967
一可遠凡賤事 人 ② 571
一無姓 姓 291
択一諱 姓 611
一賜偏諱 姓 644
一礼服 服 154
一束帯 服 191
一位袍 服 277
一著直衣 服 319
一出御大極殿 居 130
一躬耕 産 ① 12
童帝成服 礼 ② 474
幼帝踐祚 帝 295
幼帝受尊号 帝 819
幼主時荷前 帝 1044
幼主時無四方拝 歳 389
幼主時二孟旬 政 ① 32
幼主時射場始 武 294
幼主御書始 文 ③ 246
幼主時御倚子前置
承足 器 ② 130
てんのう 天皇記 文 ② 858
てんのう 天王講 神 ③ 1494
てんのう 天王寺(江戸)【篇】 宗 ④ 365
一富突 法 ③ 81
てんのう 天王寺(摂津) 宗 ④ 66
「してんの四天王寺」も見よ
てんのう 天王寺屋長左衛門 泉 154
てんのう 天皇之璽 帝 66
てんのう 天皇流(書道) 文 ③ 685
てんのけ 鼦毛筆 文 ③ 1275
でんのひ 殿東掖門(青綺門) 居 266
てんぱ 転派 宗 ③ 50
てんぱい 天盃 礼 ① 249
てんぱつ 点発 文 ① 75
てんぱん 天判 武 1056
てんひょ 典兵(女官) 官 ① 1126
てんぴょ 天平 歳 164
てんぴょ 天平韋 産 ① 900
てんぴょ 天平感(天平感宝) 歳 332
てんぴょ 天平感宝 歳 164
てんぴょ 天平寺僧兵 兵 293
てんぴょ 天平尺 称 35
一図 称 42
てんぴょ 天平勝宝 歳 165
てんぴょ 天平勝宝寺 宗 ④ 810
てんぴょ 天平神護 歳 166
てんぴょ 天平筆 文 ③ 1283
一図 文 ③ 1284
てんぴょ 天平宝(天平宝字) 歳 332
てんぴょ 天平宝字 歳 165
てんびん 天秤 称 128
一図 称 136
でんひん 田品【篇】 政 ② 281
一【篇】 政 ③ 1157
てんびん 天秤棒 器 ② 523
一 産 ① 329
てんびん 天秤料(税) 政 ④ 517
でんふ 田父 産 ① 186
でんぷ 田婦 産 ① 12
でんぷ 伝符 政 ② 1171
てんぷく 天福 歳 216
てんぷら 天麩羅 飲 256
てんぶん 天文 歳 247
てんぶん 天文縄 政 ④ 35
てんぺん 天変
依一改元 歳 276
禳一 神 ② 888
依一譲位 帝 551
依一赦宥 法 ① 511
覡一 方 252
てんほう 典縫(女官) 官 ① 1130
てんぽう 天保 歳 266
でんぽう 伝法阿闍梨 宗 ② 910
一 宗 ② 402
てんぽう 天保一分銀 泉 253
一図 泉 427
でんぽう 伝法院(江戸) 宗 ④ 369
でんぽう 伝法院(紀伊) 宗 ④ 977
でんぽう 伝法会 宗 ② 124
でんぽう 伝法灌頂 宗 ② 377
てんぽう 天保金 泉 251
一吹立高 泉 379
てんぽう 天保銀 泉 252
てんぽう 天保九年武家諸法度 法 ② 109
てんぽう 天保山砲台 武 973
てんぽう 天宝字(天平宝字) 歳 332
でんぽう 伝法船 器 ② 677
てんぽう 天保通宝 泉 35
てんほう 点法伝授 文 ③ 285

でんぽう 伝法焼 飲 245
てんぽう 転法輪護摩 宗 ② 346
てんぽう 転法輪寺 宗 ④ 11
てんぽう 転法輪法 宗 ② 297
てんぽう 天保暦 方 342
てんぽか 天輔館 文 ② 1284
てんぽん 点本 文 ③ 290
てんま 伝馬 政 ② 1165
— 政 ④ 1271
諸国—数 政 ② 1154
—乗用 政 ② 1181
「えきでん駅伝」も見よ
でんまー 丁抹【篇】 外 1712
てんまき 伝馬金 封 505
てんまし 伝馬宿入用 政 ④ 441
てんまだ 天満大自在天神 神 ① 154
てんまち 伝馬長 政 ② 1153
てんまて 天満天神 神 ① 153
てんまば 天満橋 地 ③ 247
てんまぶ 天満節 楽 ② 337
てんまぶ 伝馬船 器 ② 681
てんまや 伝馬役 政 ④ 558
— 政 ④ 1281
てんまん 天満宮
北野— 神 ③ 1620
太宰府— 神 ④ 1459
てんみょ 天貓釜 遊 668
てんみょ 天命宿 地 ② 40
てんむて 天武天皇 帝 12
—辞東宮 帝 1384
—辞東宮 宗 ② 445
—作五節舞 神 ② 313
—即位 帝 309
—山陵 帝 1015
掘損—陵 帝 1067
てんめい 天命 人 ① 667
てんめい 天明 歳 263
てんめい 天明七年武家諸法度 法 ② 108
てんもう 天網四張日 方 143
てんもく 天目 遊 687
てんもく 天目台 遊 697
てんもん 天文方 方 242
てんもん 天文器 方 284
てんもん 天文台 方 282
— 方 243
てんもん 天門冬 植 ① 1056
てんもん 天文道【篇】 方 237
— 天 80
てんもん 天文博士 方 240
— 方 22
てんもん 天文密奏 方 279
— 政 ① 439
てんやく 天役(税) 政 ④ 412
てんやく 典薬(女官) 官 ① 1125
てんやく 典鑰 官 ① 739
— 官 ① 688
てんやく 点役(税) 政 ④ 413
てんやく 転役 官 ③ 123
— 官 ③ 74
てんやく 典薬頭 方 658
徳川氏— 官 ③ 865
てんやく 典薬別当 方 664
てんやく 典薬寮 方 657
てんゆ 諂諛【篇】 人 ② 668
でんよ 伝誉(僧) 宗 ④ 1187
てんよう 天養 歳 201
てんり 典履
内蔵寮— 官 ① 776
大蔵省— 官 ① 965
てんりゃ 天暦 歳 176
てんりゅ 天流(剣術) 武 27
てんりゅ 天竜川 地 ③ 1164
—浮橋 地 ③ 277
—高札 地 ③ 374
—修築 政 ④ 1038
—浚濬 政 ④ 1096
てんりゅ 天竜川渡 地 ③ 435
てんりゅ 天竜寺【篇】 宗 ③ 900
—鎮守神 神 ① 792
—募縁朝鮮 外 788
てんりゅ 天竜寺派 宗 ① 749
てんりゅ 天竜寺奉行 官 ② 1213
てんりゅ 天竜寺船 産 ② 794
— 外 921
てんりゅ 天竜灘 地 ③ 1267
てんりょ 点料(俳諧) 文 ① 1316
でんりょ 畋猟【篇】 産 ① 439
禁賀茂神山— 神 ③ 947
禁春日神山— 神 ④ 95
遊猟行幸 帝 611
遊猟御幸 帝 749
遊猟著狩衣 服 480
外国人遊猟 外 77
狐狩 動 342

豹狩 動 452
小金中野牧鹿狩 服 669
薬猟 方 1105
てんりん 転輪院 礼 ② 1291
てんろう 天老日 方 136
てんろく 天禄 歳 179

と

と 戸【篇】 居 1197
輦— 器 ② 761
茶室— 遊 566
露地— 遊 584
と 斗(枡) 称 46
と 斗(量) 称 46
ど 弩【併入】 兵 1764
ど 度(尺)【篇】 称 1
とい 樋 政 ④ 1220
— 政 ② 1123
男山八幡宮唐銅— 神 ③ 1252
とい 刀伊【附】 外 1103
どい 土居(堤) 政 ④ 1014
どい 土居(城郭) 兵 1082
どいおう 土硫黄 産 ① 139
といぐち 問口(産養啜粥詞) 礼 ① 434
どいげた 土居桁 居 984
といし 砥石 金 269
伊予— 産 ① 766
といしや 砥石山運上 政 ④ 468
どいつ 独逸【篇】 外 1685
どいつご 独逸語 文 ② 1019
どいとし 土井利勝
—為大老 官 ③ 162
—智謀 人 ① 1262
—不捨唐糸屑 人 ② 69
といまる 問丸 産 ② 424
といや 問屋 産 ② 422
— 産 ② 397
飛脚—組合 政 ④ 1338
暦— 方 406
薬種— 方 1102
糸— 産 ② 89
和糸— 産 ② 8
綿— 産 ② 111
木綿— 産 ② 170
明樽— 器 ① 196
釜鍋— 器 ① 301
種物— 器 ② 305
油— 器 ② 305
魚油— 器 ② 311
鳥— 動 538
といやう 問屋運上 政 ④ 512
といやか 問屋駕籠 器 ② 1029
といやご 問屋格子 居 1263
といやば 問屋場 政 ④ 1247
といやや 問屋役 政 ④ 1248
どいんけ 土殷孽 金 322
とう とふ(弔) 礼 ② 320
とう 党 兵 436
— 姓 295
とう 唐【篇】 外 840
在—者叙位 政 ① 1518
刻文金石置— 文 ① 345
とう 塔 宗 ③ 89
— 宗 ③ 73
賀茂神社— 神 ③ 996
八坂神社— 神 ③ 1486
陵— 帝 1026
髪— 帝 1029
銀— 帝 1067
造—蔵経 宗 ① 268
法勝寺— 宗 ③ 684
東寺— 宗 ③ 792
西寺— 宗 ③ 804
安楽寿院— 宗 ③ 981
醍醐寺— 宗 ③ 1026
東大寺東西— 宗 ③ 1131
興福寺— 宗 ③ 1191
薬師寺— 宗 ③ 1253
西大寺— 宗 ③ 1262
出産時供養泥— 礼 ① 359
忌明— 礼 ② 836
遺命不建碑— 礼 ② 1196
一国一基—婆 宗 ③ 170
為古人建—婆 礼 ② 1192
為追福建—婆 礼 ② 1193
とう 鵃 動 633
とう 幢 宗 ③ 116
とう 頭 官 ① 198
斎宮— 神 ③ 808
左右大舎人— 官 ① 757

図書一　官①768
内蔵一　官①776
縫殿一　官①793
陰陽一　方3
内匠一　官①802
大学一　文②1061
散位一　官①833
雅楽一　官①842
玄蕃一　官①862
諸陵一　官①869
主計一　官①887
主税一　官①894
木工一　官①1006
大炊一　官①1022
主殿一　官①1032
掃部一　官①1047
典薬一　方658
授刀一　官①1433
主馬一　官①1529
左右馬一　官①1531
兵庫一　官①1552
蔵人一　官②205
歌合左右一　文②2
とう　轂　器②771
とう　簦　器②432
どう　胴　人①428
どう　胴
鎧一　兵1779
撃剣道具一　武61
どう　堂
神社一　神①444
寺院一　宗③74
内裏一　居177
どう　筒
大鼓一　楽②1057
鞨鼓一　楽②1081
双六一　遊20
攤一　遊31
どう　𦨴　器②579
どう　銅　金186
一　金2
一淘汰煎練法　金43
以一為庸　政②811
贖一　法①833
一貿易　外1059
和蘭買渡一定高　外1333
一輸出　産②778
一輸出　産②842
一輸出　金158
長崎表廻一定例　産②782
豊前国採一所　神①218
どうあげ　胴揚　歳1389
とうあず　たうあづき(相思子)　植①395
とうあぶ　唐鐙　兵1991
とうあみ　唐網　産①382
とうあみ　唐網船　器②665
とうあん　東安寺　宗③1031
どうあん　道安紙　文③1230
とうあん　東安殿　居139
どうあん　道安流　遊599
とうい　湯医　地③1056
どういつ　道乙点　文③293
とういほ　東医宝鑑　方1026
とういん　踏印　政①558
どういん　銅印　官②442
一　文③1132
朝鮮以一為使船之
証　外733
どういん　導引　方909
盲人以一為業　人②971
どううど　銅烏幢　帝402
どううら　胴裏(羽織)　服665
どううん　洞雲寺【篇】　宗④766
とうえい　東叡山　宗④345
「かんえい寛永寺」も見よ
とうえん　東垣十書　方1022
とうおう　闘殴【篇】　法①414
一【篇】　法①891
一【篇】　法②889
一　法①1187
一　法②812
「とうそう闘争」も見よ
とうおん　唐音　文②972
一　文②984
一　文③271
どうおん　同音(楽調)　楽①34
とうおん　唐音家　文②984
とうおん　東音譜　文②1023
とうか　痘科　方916
とうか　登霞　人①643
とうか　踏歌【篇】　楽①257
一図　楽①262
一後宴賭射　武435
住吉神社一　神④244

とうが 冬瓜 植 ② 610
とうが 唐画 文 ③ 797
どうか 同火 政 ③ 968
とうがい 燈械 器 ② 226
とうかい 東海氏之墓 礼 ② 1125
とうかい 東海郡 地 ① 821
とうかい 東海寺【篇】 宗 ④ 453
どうかい 銅会所 金 9
とうかい 東海女国 地 ① 35
とうかい 東海道 地 ① 68
— 地 ③ 51
— 地 ③ 62
—駄賃 政 ④ 1309
とうかい 東海道筋 地 ① 54
とうかえ 桃花会 神 ④ 363
とうかえ 唐楓 植 ① 498
とうがき たうがき(珊瑚茄) 植 ② 525
とうかぐ 燈火具【篇】 器 ② 217
とうがく 唐楽 楽 ① 14
—楽曲【篇】 楽 ① 319
とうがく 唐楽師 官 ① 842
どうがく 道学堂 文 ② 1285
どうがこ 銅瓦工【併入】 産 ① 601
とうがさ 唐瘡 方 1281
とうがさ 藤笠 器 ② 386
とうがし 唐菓子 飲 598
どうがし 堂島湯 地 ③ 1059
とうかせ 桃花石 金 313
どうがせ 銅牙石 金 302
どうかた 胴肩衣 服 607
とうかで 登華殿 居 124
とうかど 東華堂 居 186
とうかの 藤花宴 文 ② 1297
とうかの 踏歌節会【篇】 歳 1012
とうかの 踏歌祭 楽 ① 261
とうがら たうがらし(蕃椒) 植 ② 526
とうがら 唐烏 動 852
とうかん 唐冠 楽 ① 650
とうかん 頭管 楽 ② 965
とうがん 唐雁 動 583
とうかん 唐冠冑 兵 1883
どうかん 道灌草 植 ② 130
どうかん 道間派 遊 599
とうき 当帰 植 ② 407
とうき 逃毀 政 ③ 611
とうき 陶器 産 ① 702
どうき 道基 方 18
どうぎ 胴著
男子用—【併入】 服 459
婦人用—【併入】 服 1039
どうぎう 胴木牛(堤防具) 政 ④ 1058
とうきち 東吉流(劇場看板書法) 楽 ② 214
とうきび たうきび(蜀黍) 植 ① 877
とうぎぼ たうぎぼうし(玉簪) 植 ① 1082
とうぎゅ 闘牛 動 64
どうきょ 同居 政 ② 55
— 政 ③ 524
とうきょ 東京 地 ① 137
— 地 ① 189
— 地 ① 930
どうきょ 道鏡
—有覬覦神器之意 人 ② 638
—婬佚 人 ② 646
—任薬師寺別当 宗 ④ 742
—印 政 ① 535
とうきょ 東京医学校 方 698
とうぎり 唐桐 植 ① 638
どうぎり 胴切(死刑) 法 ② 153
とうぎん 当今 帝 177
とうきん 唐金銀 泉 301
とうぎん とうぎん竹 植 ① 718
とうぐう 東宮 帝 1307
—二季御贖 神 ② 739
—節折 神 ② 746
—毎月御贖 神 ② 749
賀茂祭—使 神 ③ 1045
—吉書 政 ① 156
—御読書始 文 ③ 249
「こうたい皇太子」も見よ
とうぐう 東宮学士 官 ① 1168
とうぐう 東宮給 封 292
— 封 280
とうぐう 東宮職 官 ① 1172
とうぐう 東宮切韻 文 ① 46
とうぐう 春宮宣旨(女官) 官 ① 1183
とうぐう 春宮大夫 官 ① 1169
とうぐう 東宮鎮魂祭 神 ② 527
とうぐう 東宮厩 居 727
とうぐう 春宮帯刀 官 ① 1192
とうぐう 東宮宮主(神祇官) 官 ① 327
とうぐう 東宮傅 官 ① 1168
とうぐう 春宮坊【篇】 官 ① 1165
どうぐか 道具方(芝居) 楽 ② 197

どうぐぐ 道具蔵 居 796
どうぐく 道具競 遊 286
とうぐし 唐櫛 器 ① 392
どうぐし 道具師(能楽) 楽 ① 994
どうぐだ 道具代 封 506
とうぐつ 唐沓 服 1413
とうぐど 東求堂 宗 ③ 716
どうぐや 道具屋節 楽 ② 267
とうくわ たうくは(钁) 産 ① 235
とうぐん 東軍新当流(剣術) 武 56
とうぐん 東軍流 武 28
—兵法免許 武 45
とうげ 峠 地 ③ 703
どうけ 道化(役者) 楽 ② 156
とうけい 刀圭 方 1126
とうけい 燈檠 器 ② 223
とうけい 闘鶏 遊 250
とうけい 東慶寺【篇】 宗 ④ 310
—駆込女取計 法 ③ 630
とうげの 塔下社 神 ① 840
とうけん 刀剣【篇】 兵 1297
—図 兵 1307
以—為神体 神 ① 196
贈遺— 人 ② 463
祓禊用大刀 神 ② 668
舞楽用—大刀 楽 ① 660
著直垂帯刀 服 560
男山八幡宮御剣 神 ③ 1293
模造鏡剣為神器 帝 57
壺切剣 帝 1327
張良剣 帝 1328
とうけん 唐硯 文 ③ 1322
とうけん 陶研 文 ③ 1329
とうけん 闘犬 動 185
どうけん 銅硯 文 ③ 1317
どうげん 道元 宗 ① 754
—入宋受禅 宗 ② 487
—創興聖寺 宗 ③ 1069
—創永平寺 宗 ④ 800
とうこ 投壺【篇】 遊 208
とうご 倒語 人 ① 854
— 兵 117
どうこ 銅壺 居 654
どうご 道後(伊予) 地 ② 852
とうこう 陶工【篇】 産 ① 697
どうこう 道光(僧) 宗 ② 469
どうこう 道皎
—入元受禅 宗 ② 495
—中興長福寺 宗 ③ 940
—国師号 宗 ② 819
どうこう 銅工 産 ① 664
どうごう 堂号(寺名) 宗 ③ 25
どうごう 道号 礼 ② 299
とうこう 東光寺【篇】 宗 ③ 637
どうこう 道幸棚 遊 570
とうこう 東江風(書道) 文 ③ 707
どうごお 道後温泉 地 ③ 1089
—行幸 地 ③ 1100
とうごく 東国 地 ① 56
とうごく 東獄 法 ① 483
— 法 ① 933
とうごく 東国管領 官 ② 1287
とうごく 東国都督【併入】 官 ① 181
どうごご 道後郡(伊勢) 地 ① 439
どうこし 堂腰懸 遊 586
どうこに 道虚日 方 124
とうごま たうごま(萆麻) 植 ② 341
とうごま 唐独楽 遊 1160
とうこん 東金堂 宗 ③ 1188
どうさ 動作【篇】 人 ① 953
どうざ 動座 礼 ① 64
とうさあ 唐紗綾 産 ② 265
どうさい 道斎(乞食頭) 政 ③ 924
どうさい 筒簺 遊 31
どうざい 銅細工 産 ① 664
とうさぎ 襣 服 1503
どうざし 銅座支配商売人 産 ② 405
とうさつ 闘殺 法 ① 414
「とうおう闘殴」も見よ
とうざの 当座赦 法 ③ 351
どうざや 銅座役人 官 ③ 582
とうさん 逃散 政 ③ 556
とうさん 唐算 文 ③ 561
とうさん 燈盞 器 ② 224
どうさん 銅盞 器 ① 228
どうざん 銅山 金 3
— 金 134
—開掘法 金 63
とうざん 唐桟縞 産 ② 176
とうざん 当山衆 宗 ③ 1049
どうざん 銅山相 金 25
どうざん 銅山代官 金 4
とうさん 東山道 地 ① 68
— 地 ③ 55

とうざん	当山派	宗	①	1087
	—修験宗門座階級装束之次第	宗	①	1074
どうざん	銅山奉行	金		4
とうし	刀子	兵		1316
とうし	島司	官	②	457
	多禰—	官	②	437
	—公廨田	封		95
とうし	凍死	人	①	655
とうし	唐紙	文	③	1189
とうし	闘詩	文	②	633
とうじ	冬至	歳		118
とうじ	杜氏(酒工長)	飲		737
とうじ	東寺(山城)【篇】	宗	③	785
	—鎮守神	神	①	787
	—鎮守神	神	③	1450
	—訴訟文書	法	①	1008
	—訴訟文書	法	①	1074
	—鎮守講	宗	①	405
	—文殊会	宗	②	108
	—伝法会	宗	②	124
	—修正会	宗	②	128
	—御影供	宗	②	218
	—灌頂	宗	②	382
	—年分度者	宗	②	586
	—安居	宗	②	701
	於—行国忌	礼	②	1258
とうじ	東寺(東大寺)	宗	③	1098
とうじ	湯治	方		989
どうし	道志	官	②	108
どうし	導師	宗	②	931
	葬礼—	礼	②	267
どうじ	童子	人	①	75
	「ようしゃ幼者」「しょうに小児」「わらわ童」も見よ			
どうじ	童子(寺院)	宗	②	1065
どうじ	道慈	宗	①	615
	—弘三論宗	宗	①	449
どうしい	同士軍	兵		516
とうじい	東寺印	政	①	539
とうじい	等持院【篇】	宗	③	839
とうじき	東寺金蓮院尺	称		32
とうしご	答志郡	地	①	478
とうじさ	唐苣	植	②	37
とうじじ	等持寺【篇】	宗	③	393
	—鎮守神	神	①	792
	—八講	宗	②	93
	—八講	礼	②	1468
とうじし	東寺真言	宗	①	611
	—流派	宗	①	630
とうしせ	当四銭	泉		32
とうしせ	唐詩選	文	②	487
	—	文	③	357
とうじそ	東寺総法務	宗	②	972
とうしち	藤氏長者	姓		461
	—	帝		1574
	争—	帝		1608
	—管勧学院	文	②	1295
とうじち	東寺長者	宗	②	979
	—拝堂	宗	②	846
とうじぶ	東寺奉行	官	②	1218
とうじほ	東寺法務	宗	②	970
とうしみ	答志岬	地	③	1332
とうしゃ	唐紗	産	②	298
どうしゃ	童爵	政	①	1496
どうじゃ	銅雀硯	文	③	1322
どうしゃ	堂社造	神	①	460
どうしゅ	堂衆			
	延暦寺—	宗	④	586
どうしゅ	銅手	金		74
とうじゅ	当十大銭	泉		34
とうしゅ	桃朱術(草)	植	②	117
とうじゅ	刀術	武		26
とうしゅ	東首南面	礼	②	85
とうじゅ	討隼賊将軍	官	②	7
どうしゅ	道春点	文	③	293
とうしょ	堂上	姓		441
	—衆著直垂	服		539
とうしょ	答笙	楽	②	913
とうしょ	登省	文	③	56
どうしょ	洞簫【併入】	楽	②	1011
どうしょ	道昭	宗	①	733
	—創造宇治橋	地	③	224
	—伝法相宗	宗	①	469
どうじょ	道場(寺院)	宗	③	3
	講説—	宗	①	387
	於市中構—	宗	③	36
	皇帝本命—	方		220
	「じいん寺院」も見よ			
どうじょ	道場(武術)	武		6
とうしょ	東照宮(久能山)【篇】	神	④	376
	—鎮座所々	神	④	856
とうしょ	東照宮(日光山)【篇】	神	④	775
	—神領	神	①	650

—棟上祭 神 ② 599
将軍年始奉幣— 歳 630
依—正遷宮赦宥 法 ③ 357
朝鮮使—参詣 外 583
日光山服忌 礼 ② 891
日光山僧兵 兵 298
とうしょ 東照宮神宮寺 神 ② 1722
どうじょ 道場号 宗 ③ 28
とうじょ 東条郡 地 ① 1121
とうしょ 東松寺 宗 ④ 831
とうしょ 東勝寺【篇】 宗 ④ 305
どうじょ 道成寺【篇】 宗 ④ 1001
とうしょ 唐招提寺【篇】 宗 ③ 1266
—鴟尾図 居 1008
—戒壇 宗 ② 647
—寺領 宗 ③ 247
とうしょ 騰詔勅符 政 ① 330
とうしょ 堂上点 文 ③ 293
とうじょ 東条郷 地 ① 1014
どうじょ 道場法師 人 ② 123
とうしょ 当証文 政 ④ 349
どうじょ 童女扇 服 1293
とうしょ 燈燭 器 ② 218
とうしょ 闘食 飲 54
とうしょ 燈燭具(茶湯用) 遊 573
とうしょ 燈燭料 文 ③ 30
とうしろ 藤四郎焼 産 ① 740
とうしん 投身 宗 ② 725
とうしん 等親 人 ① 113
— 礼 ② 585
以—為人名 姓 669
とうしん 燈心 器 ② 227
— 政 ③ 879
子— 神 ② 593
とうじん 唐人
—奏踏歌 歳 1020
—之墓 礼 ② 1124
どうしん 同心 官 ③ 412
与力—払御先 帝 1366
放与力—【併入】 法 ① 828
徳川幕府の同心は官位部徳川氏職員篇に在り。今之を略す
とうじん 唐人歌(小唄) 楽 ② 407
とうしん 等身衣 宗 ② 1199
とうしん 燈心おさへ 器 ② 229
とうじん 唐人踊 楽 ② 486
とうじん 唐人笠 器 ② 418
とうじん 唐人笠冑 兵 1883
とうじん 唐人沓 服 1413
とうしん 燈心草 植 ① 997
とうしん 等身仏 宗 ① 193
とうす 堂主 宗 ② 1046
どうす だうす(白鑞) 金 338
とうすい 桃水 人 ② 1023
とうずき 唐頭巾 服 1258
どうせい 同姓
—養子 政 ③ 763
—養子 政 ③ 779
不娶— 礼 ① 1341
—異出 姓 174
—異字 姓 178
とうせい 東征伝絵縁起 宗 ③ 1270
とうせい 洞清楼 居 192
どうせつ 道雪派(射術) 武 126
とうせつ 踏雪馬 動 103
とうせん 投扇【篇】 遊 215
とうせん 唐船 器 ② 613
— 器 ② 659
—作之船通行時浦々心得 地 ③ 1308
どうせん 道璿 宗 ① 734
どうせん 銅銭 泉 142
— 泉 16
どうぜん 道前(伊予) 地 ② 852
とうぜん 唐禅院 宗 ③ 1134
どうぜん 道前郡(伊勢) 地 ① 438
とうぜん 東禅寺(江戸) 外 1435
とうぜん 東漸寺(下総)【篇】 宗 ④ 506
とうせん 東山道 地 ③ 50
とうせん 唐船入津 産 ② 745
とうせん 唐船抜買 産 ② 819
とうせん 唐船奉行 官 ② 1204
とうそ 答酢 礼 ① 272
とうそう 島葬 礼 ② 332
とうそう 痘瘡 方 986
とうそう 闘争【篇】 人 ② 702
— 法 ① 892
「けんか喧嘩」「とうおう闘殴」も見よ
とうそう 闘草 遊 266
— 植 ① 760
どうぞう 銅像 文 ② 1449
どうそう 同宗異姓 姓 176
とうぞう 東蔵主 宗 ② 1037

とうぞく	盗賊【篇】	人	②	777
	火附一改【篇】	官	③	1184
	捕一	法	①	463
	神器免賊手	帝		87
	賊盗昼御座御剣	帝		153
どうぞく	道俗	宗	②	561
とうぞく	盗賊幷火方改	官	③	1184
とうぞく	当贖法	法	①	292
どうそじ	道祖神	神	①	54
とうだい	当代	帝		178
とうだい	等第			
	計上日定一	政	①	1115
	考課一	政	①	1213
	以出仕定一	政	③	427
とうだい	燈台	器	②	219
	寺院用一	宗	②	1082
	茶室用一	遊		573
どうたい	童体			
	一著服	礼	②	644
	一著直衣	服		319
とうだい	とうだいぐさ(沢漆)	植	②	335
とうだい	東大寺【篇】	宗	③	1097
	一鎮守神	神	①	793
	僧重源祈請一造立於大神宮	神	③	665
	一寺領	宗	③	259
	一奴婢	宗	③	292
	一荘園	政	②	491
	一墾田	政	②	349
	鴨社与一相争長渚開発	政	②	358
	依一大仏開眼赦宥	法	①	523
	一御斎会	宗	②	27
	一法華会	宗	②	70
	一華厳会	宗	②	103
	一梵網会	宗	②	106
	一修正会	宗	②	127
	一修二月会	宗	②	131
	一羂索院桜会	宗	②	134
	一万僧供	宗	②	192
	一万燈会	宗	②	201
	一受戒	宗	②	639
	一戒壇	宗	②	642
	一拝堂	宗	②	845
	一鐘	宗	②	1107
	一醍醐寺勝劣対論事	宗	③	1033
	設国忌於一	礼	②	1288
	一所蔵礼服	帝		331
	一所蔵屛風	器	①	923
	一所蔵蘭奢待	遊		325
とうだい	東大寺印	政	①	539
とうだい	東大寺寺務	宗	②	974
とうだい	東大寺奴婢籍帳	政	②	141
とうだい	燈台もと暗し	人	①	919
とうだい	等第禄【併入】	封		163
どうだつ	堂達	宗	②	935
どうたて	胴立(鎧)	兵		1847
とうたん	東丹国	外		280
どうち	道智(僧)	宗	④	1185
どうちく	筒竹	植	①	721
とうちゃ	闘茶			
	抹茶一	遊		529
	煎茶一	遊		815
どうちゅ	道中(遊女)	人	②	897
どうちゅ	道中駕籠(遊戯)	遊		1244
どうちゅ	道中双六	遊		24
どうちゅ	道中奉行【篇】	官	③	601
	一裁判	法	③	802
どうちゅ	道中不法取締	政	④	1368
とうちょ	島儲	政	②	1073
どうちょ	道調	楽	①	27
	一楽曲	楽	①	432
どうちょ	道澄寺鐘	宗	②	1099
どうちょ	道澄流	文	③	679
とうちょ	当直	政	①	1083
とうつう	唐通事	文	②	978
とうづつ	唐包	人	②	465
とうつね	東常縁	文	②	405
とうてい	登貞楽	楽	①	545
とうてん	登天楽	楽	①	605
どうと	道登(僧)	地	③	224
とうとう	東党	兵		441
とうとう	東塔			
	比叡山一	宗	④	554
	金剛峯寺一	宗	④	943
とうとう	透撞	楽	②	1191
とうどう	東堂(僧職)	宗	②	1022
どうとう	同党	政	②	56
どうとう	堂塔【篇】	宗	③	73
	諸国の寺院の堂塔は宗教部各寺院篇に在り。今之を略す			
どうとう	銅刀	礼	①	374
とうどう	藤堂高虎	居		323

どうどう　どうどうめぐり　遊　1241
とうとし　たふとし(貴)【篇】　人②　555
とうどり　頭取
　小性―【篇】　官③　746
　小納戸―【篇】　官③　769
　和学所―　官③　860
　歩兵差図役―　官③　1616
　陸軍所教授方―　官③　1633
　辻番―　政③　1345
　相撲―　武　1194
とうどり　頭取(笛吹)　楽②　542
どうとり　筒取　法③　10
どうとん　道頓堀見世物　楽②　1205
とうな　たうな(菘)　植②　63
とうなす　唐茄子　植②　629
とうなす　唐茄子飯　飲　406
とうなん　東南院　宗③　1137
とうなん　東南条郡　地②　559
とうなん　盗難除守札　神②　930
とうにん　頭人
　鎌倉幕府引付―　官②　733
　足利氏政所―　官②　1104
　足利氏評定衆―　官②　1119
　足利氏引付―　官②　1130
　内談―　官②　1133
　足利氏侍所―　官②　1149
　地方―　官②　1172
　神宮―　官②　1206
　禅律方―　官②　1219
どうにん　道人　宗②　431
とうぬの　唐布　産②　149
とうぬの　唐布帷子　服　447
とうねり　唐練　礼①　106
とうねん　当年給　封　283
　―　政①　681
どうねん　道念節　楽②　395
とうのう　兜納香　遊　312
とうのお　塔尾陵　帝　1016
とうのこ　たふのこし(層)　宗③　114
とうのさ　塔之沢湯　地③　1059
とうのち　頭中将　官②　199
とうのつ　唐の土(白粉)　器①　492
とうのは　鴇羽矢　兵　1599
とうのひ　塔のひさくかた(火珠)　宗③　111
とうのべ　頭弁　官②　208
とうのみ　多武峯　地③　740
　―　神④　202
とうのみ　多武峯少将　人②　1012
とうのみ　多武峯墓　帝　1557
　―　神④　204
　―　礼②　1146
どうのや　銅鏃　兵　1607
とうば　塔婆　宗③　90
　「とう塔」も見よ
とうはい　答拝　礼①　11
どうはず　銅弭　兵　1555
とうはぜ　とうはぜ(烏臼木)　植①　459
とうはち　陶鉢　器①　81
とうはつ　頭髪
　「かみ髪」を見よ
とうはっ　東八箇国管領　官②　1286
どうばつ　銅鈸子【併入】　楽②　1132
とうはん　盗犯【篇】　法①　367
　―【篇】　法①　865
　―【篇】　法②　681
　―　法②　53
　放火而盗　法①　388
とうはん　鐺飯　飲　424
とうばん　当番　政①　1081
　―　政③　399
　奏者番―　官③　280
どうばん　銅版　文③　1094
　―詔書　帝　896
とうばん　当番書　政③　426
とうひつ　唐筆　文③　1285
とうびゃ　当百銭　泉　35
とうびょ　頭病　方　1158
とうひょ　唐表具　文③　1021
とうびわ　唐びは(松楊)　植①　624
とうふ　豆腐【篇】　飲　984
　伊勢―　飲　220
とうぶ　答舞　楽①　54
どうぶ　童舞　楽①　53
とうぶぎ　唐奉行　官②　1205
とうぶぎ　塘奉行　政④　1014
どうぶく　道服【篇】　服　633
とうふく　東福寺【篇】　宗③　951
　―鎮守神　神①　789
　―通天橋　地③　221
　―中通用銭　泉　121
とうふく　東福寺派　宗①　747
とうふく　東福寺奉行　官②　1212
とうふく　東福門　居　257

とうぶち	当縁郡	地	②	1299
とうぶつ	唐物	産	②	727
どうぶつ	動物	動		1
	以—名為地名	地	①	45
	以—為神	神	①	90
	以—為姓	姓		172
	以—為苗字	姓		323
	以—為紋	姓		521
	以—名為人名	姓		681
どうぶつ	銅仏	宗	①	163
とうぶつ	唐物毛織物商	産	②	405
とうぶつ	唐物屋	産	②	580
とうふや	豆腐屋	飲		996
	—	産	②	409
とうぶん	島分寺(大隅)【篇】	宗	④	1089
とうぶん	島分寺(壱岐)【篇】	宗	④	1095
とうぶん	島分寺(対島)【篇】	宗	④	1096
とうぶん	燈分帳	政	②	684
とうほい	憕褙	文	③	1018
とうぼう	逃亡	政	②	62
	—	政	③	556
	賤民—	政	②	167
	—口分田	政	②	324
	仕丁—	政	②	844
	匠丁—	政	②	855
	負債人—	政	②	934
	—蠲免	政	②	988
	駅子—	政	②	1150
	奴婢—	政	③	619
	捕—者	法	①	471
	囚人—	法	①	495
	流人在路—	法	②	272
	犯軍令—	兵		108
	人質—	兵		802
	生虜—	兵		860
	「かけおち欠落」も見よ			
どうぼう	同朋			
	足利氏—	官	②	1260
	織田氏—	官	②	1412
	豊臣氏—	官	②	1443
	徳川氏—	官	③	917
どうぼう	同房(戸)	政	②	47
どうぼう	同朋頭【篇】	官	③	917
どうぼう	同朋衆			
	足利氏—	官	②	1260
	徳川氏—	官	③	919
とうほう	東方十二道	地	③	46
とうぼう	逃亡帳	政	②	233
とうほう	東宝殿	神	③	20
とうぼく	唐墨	文	③	1367
とうほく	東北院(法成寺)	宗	③	406
とうほく	東北院(法性寺)	宗	③	967
とうほく	東北条郡	地	②	559
どうぼけ	同母兄	人	①	174
とうぼし	たうぼし(秈)	植	①	773
どうぼま	同母妹	人	①	174
とうほん	搨本	文	③	325
とうまき	藤巻鞭	兵		2043
とうまく	籐枕	器	②	168
どうます	銅升	称		74
とうまっ	兜末香	遊		312
とうまる	たうまる(鸊鵜)	動		680
どうまる	胴丸	兵		1785
とうみ	たうみ(颺扇)	産	①	308
どうみ	堂見(通矢)	武		149
とうみょ	唐名			
	官職—	官	①	229
	人名—	姓		721
とうみょ	燈明	器	②	219
どうみょ	同名(同族)	姓		306
どうみょ	道命(僧)	宗	①	366
とうみょ	等妙寺【篇】	宗	④	1039
どうみょ	道明寺【篇】	宗	④	28
どうみょ	道明寺香物	飲		1028
どうみょ	道明寺糒	飲		482
とうみょ	燈明台	政	③	379
どうむ	同夢	人	①	800
とうむし	唐筵切付	兵		1981
とうめ	専(老女)	人	①	98
とうめ	専女(狐)	動		338
とうめ	唐目	称		113
とうめい	冬明楽	楽	①	360
どうめん	堂免	政	③	916
とうめん	東面外大門	居		263
とうめん	東面外門	居		253
とうめん	頭面瘡	方		1239
とうめん	東面中門	居		252
とうもく	湯沐料	帝		1131
とうもん	東門寺	法	③	663
とうや	答矢	武		121
とうやく	たうやく(膏薬)	歳		791
とうやく	当薬	植	②	448
とうやく	湯薬	方		1088
とうやく	湯薬侍者	宗	②	1057

とうゆ　桐油(雨衣)　器 ②　489
とうゆ　燈油　器 ②　301
どうゆい　胴結(巻藁)　武　255
どうゆう　道雄(僧)　宗 ①　518
どうよう　童謡　人 ①　869
とうよう　登庸試　文 ③　41
とうらん　闘乱　法 ①　414
「とうおう闘殴」も見よ
どうらん　胴卵　服　1479
とうりか　桃李花(楽曲)　楽 ①　495
とうりゅ　当流(剣術)　武　28
とうりゅ　逗留　政 ③　523
どうりゅ　道隆　宗 ①　745
—渡来弘禅宗　宗 ②　539
—為建長寺開山　宗 ④　272
—為禅興寺開山　宗 ④　304
—為海晏寺開山　宗 ④　456
とうりょ　棟梁　産 ①　489
大工—　官 ③　659
大工受領—　産 ①　523
大鋸—　官 ③　660
飾師—　官 ③　660
地割—　官 ③　673
とうりょ　統領(大宰府兵)　兵　280
とうりょ　当梁年　方　91
とうりょ　棟梁之臣【併入】　官 ①　22
とうりん　桃林(牛)　動　39
どうろ　道路【篇】　地 ③　1
皇都—　地 ①　157
於—闘殴　法 ①　423
徇罪人於—　法 ①　705
以斬首徇—　法 ①　728
将軍息女婚礼時—
取締　礼 ①　996
禁—内独楽遊　遊　1160
禁—内花火　遊　1192
植樹木於—　植 ①　63
路傍穿井　地 ③　1011
諸国の道路は地部山城国篇以
下の各篇に在り。今之を略す
とうろう　灯籠　器 ②　231
雪—　天　239
盆—　歳　1269
盆—図　歳　1271
日光山—　神 ④　797
日光山—　外　614
婚姻之日以後三日
間不消—火　礼 ①　1000
葬礼—　礼 ②　354
遊里点—　人 ②　885
茶室露地—　遊　593
切組—　遊　1274
とうろう　東楼　居　191
とうろう　螳螂(虫)　動　1180
とうろう　蟷螂(馬)　動　81
とうろう　灯籠踊　歳　1274
とうろう　とうろうばな(山慈
姑)　植 ①　1026
とうろだ　燈炉大臣　宗 ②　204
とうわけ　唐話稽古　文 ②　982
とうわん　唐椀　器 ①　19
とうわん　陶椀　器 ①　10
—　器 ①　43
とえい　登営　政 ③　398
どえん　度縁　宗 ②　570
とおい　遠射　武　121
とおかえ　十日恵美須　神 ②　595
とおかさ　遠笠懸　武　528
とおぎき　遠聞(斥候)　兵　333
とおけ　斗桶　称　74
とおけみ　遠検見　政 ④　211
とおざと　遠里小野　地 ③　937
とおさぶ　遠侍　居　590
とおし　とほし(籭)　産 ①　310
とおしか　通し上下　服　623
とおしひ　通日雇　政 ④　1303
とおしや　通矢　武　149
とおぜめ　遠攻　兵　631
とおだご　遠田郡　地 ②　126
とおたら　十不足　遊　1226
とおちご　十市郡　地 ①　284
とおつあ　遠飛鳥宮　地 ①　179
とおつお　遠淡海国造　地 ①　573
とおつお　とほつおや(高祖父)　人 ①　126
とおつお　遠祖　人 ①　121
「そせん祖先」も見よ
とおつか　とほつかみ　帝　183
とおつら　十列　武　808
とおとう　遠江牛　動　48
とおとう　遠江公　封　60
「ふじわら藤原兼通」も見よ
とおとう　遠江代官　官 ③　1518
とおとう　遠江国【篇】　地 ①　566
—供奉大嘗祭事　神 ①　963

	配流―	法	①	787
	―布	礼	②	936
	―貲布	礼	②	956
とおとう	遠江国浜名郡租帳夾名帳	政	②	598
とおとう	遠江鞦	兵		2033
とおとう	遠江椀	器	①	42
とおなげ	とほなげ(遠射)	武		121
とおのり	遠乗	武		723
とおまき	遠巻	兵		631
とおまと	遠的	武		147
とおみけ	遠見検見	政	④	217
とおみば	遠見番	兵		329
とおみば	遠見番所	地	③	601
とおめ	遠目(斥候)	兵		329
とおめが	遠眼鏡	器	②	562
	―	方		295
とおめつ	遠目付(斥候)	兵		330
とおもの	遠物見	兵		329
とおや	遠矢	武		122
とおりじ	通字(人名)	姓		672
とおりし	通障子	器	①	871
とおりだ	通棚	居		1092
	―図	居		1087
とおりて	通手形	地	③	634
とおりま	通町組	産	②	438
とおりん	遠輪廻(連歌)	文	①	1020
とが	栂	植	①	125
とかいぶ	渡海舟	器	②	664
どがかり	度掛訴訟	法	③	533
とかき	斗掻	称		57
とがくし	戸隠神社【篇】	神	④	763
とがくし	戸隠山	地	③	818
	―	神	④	764
とかげ	蝘蜓	動		1054
とかじん	砥鹿神社【篇】	神	④	367
とがた	とがた(枓)【併入】	居		970
とかち	兎褐	産	②	308
とかちが	十勝川	地	③	1195
とかちご	十勝郡	地	②	1299
とかちの	十勝国	地	②	1299
とがの	兎餓野	動		323
とがのお	栂尾	宗	③	878
とがのお	栂尾寺	宗	③	878
とがのお	栂尾茶	遊		529
とかみ	とかみ(楣)	居		850
とから	吐火羅【併入】	外		1121
	―	地	②	1205
とがりが	尖笠	器	②	406
とがりす	とがりすもも(均亭李)	植	①	343
とかりの	利刈牧	地	③	969
とがりや	利雁矢	兵		1681
とき	時	歳		63
	―吉凶	方		157
	―刻制	方		427
	葬礼択―刻	礼	②	141
	以猫眼睛知―刻	動		199
	以鶏鳴知―刻	動		695
とき	鳵	動		635
とき	閧	兵		595
どき	土器			
	「かわらけ土器」を見よ			
どぎ	土宜	産	①	17
ときうじ	土岐氏	地	①	1245
ときうま	駿馬	動		81
	「めいば名馬」も見よ			
とぎき	外聞(斥候)	兵		332
ときけん	時献上	官	③	1738
ときごお	土岐郡	地	①	1263
とぎし	硎師【併入】	産	①	649
ときじく	ときじくのかぐのこのみ	植	①	398
とぎしや	硎師役	政	④	476
とぎしゅ	伽衆			
	豊臣氏―	官	②	1441
	徳川氏―【併入】	官	③	744
ときどう	鴾銅山	金		143
ときなわ	解縄	神	②	716
ときのか	時鐘所	地	③	601
ときのか	時鐘役	方		439
ときのき	ときのきざみ(漏刻)	方		422
ときのけ	ときのけ(疫)	方		1301
ときのこ	閧声	兵		595
どきのさ	土器盃	器	①	232
ときのさ	斎の生飯	飲		432
ときのそ	時奏	方		441
ときのち	時調子(音楽)	楽	①	24
	―	楽	①	497
ときのね	時音	楽	①	23
ときひじ	斎非時	宗	②	686
ときべ	解部			
	治部―	官	①	835
	刑部―	官	①	935

ときべ	解部(伴造)	官	①	63
とぎぼう	伽坊主	官	③	837
ときもり	ときもり(守辰丁)	方		438
どぎゅう	土牛童子【併入】	歳		1382
ときゅう	兎裘賦	帝		1596
どきょう	読経【附】	宗	①	322
	依日蝕—	天		38
	依月蝕—	天		78
	依彗星出現—	天		115
	季御—	宗	②	136
	臨時御—	宗	②	138
とぎょく	登玉舞	楽	①	564
ときわ	常盤	人	①	37
ときわあ	ときはあけび(郁子)	植	②	216
ときわい	常盤井	地	③	1012
ときわい	常盤井宮	帝		1416
ときわぎ	常盤菊	植	②	709
ときわじ	常盤神社	神	④	1715
ときわづ	常盤津節	楽	②	287
	—浄瑠璃文	楽	②	322
ときわば	常盤橋	居		401
	追放江戸—外	法	②	317
ときわば	常盤橋御門	居		401
ときん	頭巾	宗	②	1201
	—	宗	②	1236
とく	督	官	①	198
	授刀—	官	①	1435
	衛門—	官	①	1453
	衛士—	官	①	1493
	兵衛—	官	①	1506
とく	徳【篇】	人	①	1171
	陰—【併入】	人	①	1176
とく	櫝	礼	②	1232
どく	毒			
	魚—	動		1440
	河豚—	動		1511
	菌—	植	②	839
	中—	方		828
	中—	方		1491
	銅—	金		197
とくい	得意(朋友)	人	②	397
どくがい	毒害	法	②	820
	「どくさつ毒殺」も見よ			
とくがわ	徳川家定	官	③	28
とくがわ	徳川家重	官	③	22
とくがわ	徳川家継	官	③	21
とくがわ	徳川家綱			
	—為征夷大将軍	官	③	5
	—倹約	人	②	71
とくがわ	徳川家斉	官	③	25
とくがわ	徳川家宣			
	—為征夷大将軍	官	③	8
	—淘汰奥女中	官	③	841
	—遺言	人	②	228
とくがわ	徳川家治			
	—為征夷大将軍	官	③	24
	—仁恵	遊		1175
とくがわ	徳川家光			
	—為征夷大将軍	官	③	19
	—倹約	人	②	70
とくがわ	徳川家茂			
	—為征夷大将軍	官	③	28
	—上洛	外		49
とくがわ	徳川家康			
	—関東入国	居		315
	—為征夷大将軍	官	③	1
	—太政大臣宣下	官	①	486
	—免老姥追放	法	②	797
	—与伊達政宗欲通婚	礼	①	904
	—好学	文	②	773
	—重礼	人	①	1217
	—倹約	人	②	66
	—訓誡近習	人	②	156
	—訓誡秀忠妻	人	②	174
	—之律儀	遊		644
	—建景徳院	宗	④	247
	—神葬	礼	②	49
	改葬—	神	④	779
	改葬—	礼	②	235
	祀—像於院中	帝		561
	祀—於久能山東照宮	神	④	376
	祀—於日光山東照宮	神	④	776
とくがわ	徳川家慶	官	③	27
とくがわ	徳川氏	姓		339
	—産土神	神	④	476
	皇族降嫁—	礼	①	1233
	—三家及三卿	官	③	1668
	—紋	姓		533
とくがわ	徳川和子			
	—女御入内	帝		1261
	—立后	帝		1120

	—号東福門院	帝		1197
	東福門院簪	器	①	435
とくがわ	徳川将軍【篇】	官	③	1
	—参詣久能山東照宮	神	④	385
	—日光御社参	神	④	833
	—贈官位	官	①	273
	寛永寺—廟	宗	④	364
	増上寺—廟	宗	④	396
	—院号	姓		741
とくがわ	徳川忠長	人	②	266
とくがわ	徳川綱吉			
	—為征夷大将軍	官	③	20
	—講経書	文	②	824
	—造営大成殿	文	②	1130
	—保護犬	動		180
とくがわ	徳川斉昭			
	—建言光格天皇葬祭之儀於幕府	帝		933
	—整理寺社	神	②	648
	—上書論政要	政	③	229
	—被命蟄居	法	②	589
	—鎔梵鐘鋳砲	宗	②	1117
	—誡家臣	人	②	161
	—儒葬	礼	②	60
	祀—於常磐神社	神	④	1715
とくがわ	徳川幕府			
	—職員	官	③	63
	—造進皇大神宮	神	③	291
	—大神宮神領奉進	神	③	897
	—会計	政	③	971
	—検地	政	④	51
	—貸金	政	④	572
	—救恤	政	④	833
	—貯穀	政	④	929
	—勧農	政	④	961
	—水利	政	④	995
	—灌漑	政	④	1163
	—法律	法	②	1
	—造紙幣議	泉		434
	—朝鮮通交	外		529
	—明国通交	外		994
	—饗礼用園部流	礼	①	297
	—撰氏族志	姓		385
	—時代家作	居		444
	徳川柳営	居		315
とくがわ	徳川治済	官	③	53
とくがわ	徳川判	政	③	312
とくがわ	徳川秀忠			
	—為征夷大将軍	官	③	16
	—謹慎	人	①	1233
	—厳守時刻	人	②	20
とくがわ	徳川光圀			
	—修史	文	②	875
	—整理寺社	宗	③	64
	—追放僧徒	法	②	374
	—以儒葬葬先考	礼	②	55
	—善騎術	武		731
	—重倹約	人	②	48
	—誡子綱条	人	②	201
	—優遇儒者	人	②	590
	—寛仁	動		549
	—植並木	地	③	949
	—移植珍奇草木	政	④	969
	—辞世	人	①	665
	祀—於常磐神社	神	④	1715
とくがわ	徳川光友			
	—建建中寺	宗	④	156
	徳川光義倹約	人	②	73
とくがわ	徳川宗武	楽	①	795
とくがわ	徳河村	地	②	24
とくがわ	徳川慶喜	官	③	30
とくがわ	徳川吉宗			
	—為征夷大将軍	官	③	22
	—求下民意見	政	③	217
	—善放鷹	遊		956
	—度量	人	①	1169
	—重礼義	人	①	1219
	—勧学	人	①	1309
	—倹約	人	②	74
	—誡家臣	人	②	159
	—試小性之智愚	居		703
とくがわ	徳川頼宣			
	—納諫言	人	②	269
	—墓	礼	②	1085
とくがわ	徳川柳営	居		315
	—図	居		360
どくかん	独犴	動		159
とくかん	徳貫子(楽曲)	楽	①	545
	—	楽	①	548
どくきゃ	独脚蜂	動		1129
どくぎん	独吟(俳諧)	文	①	1183
どくぎん	独吟(謡曲)	楽	①	808
とくけん	徳見(僧)	宗	②	492

とくげん	徳源院	宗	④	671
どくげん	独絃琴	楽	②	709
とくごう	得業(僧職)	宗	②	938
とくごう	得業生			
	明法―	文	②	896
	諸道―試	文	③	74
とくこか	得戸課丁率	政	②	370
とくさ	木賊	植	②	868
	―	産	①	577
とくさが	木賊刈(能楽)	楽	①	821
どくさつ	毒殺	法	①	406
	―	法	②	820
とくさぶ	木賊葺	居		1043
とくじ	徳治	歳		225
どくし	読師			
	歌合―	文	②	9
	歌会―	文	②	118
	詩会―	文	②	612
どくし	読師(僧職)	宗	②	872
とくしつ	篤疾	政	②	79
	―	方		1141
	―蠲免	政	②	986
	高年及―者給侍	政	②	1048
とくしま	徳島	地	②	801
とくしま	徳島藩	地	②	807
とくしゃ	特赦	法	①	538
	―	法	③	381
どくじゃ	毒蛇	動		1029
どくしゅ	毒酒	飲		712
どくじゅ	読誦	宗	①	322
どくしょ	読書【篇】	文	③	219
	―用書案	文	③	1442
	―用文台	文	③	1460
	―用見台	文	③	1467
とくしょ	督将	兵		156
どくじょ	独条	政	②	272
とくじょ	徳譲館	文	②	1290
どくしょ	読書場	文	②	1282
どくしょ	読書始	文	③	242
どくしょ	読書法	文	③	219
とくせい	徳政【篇】	政	④	805
	―	法	①	869
	依洛中訴訟行―	官	②	1167
	由地震行―	地	③	1414
とくせい	徳政一揆	政	④	823
とくぜに	得銭子(神楽)	楽	①	163
どくぜり	どくぜり(芹葉鉤吻)	植	②	413
とくせん	得選	官	①	1141
	―凶服	礼	②	998
とくせん	徳銭	政	④	452
とくぜん	徳禅寺	宗	③	756
とくそう	秃瘡	方		1256
とくそう	徳崇権現	神	①	162
とくぞう	徳造書院	文	②	1279
とくそう	徳宗領	人	②	34
とくだい	徳大寺公信	人	②	249
どくだみ	どくだみ(蕺)	植	①	1184
とくちょ	得長寿院【併入】	宗	③	604
とくちょ	篤耨香	植	①	483
どくてい	独底船	器	②	618
とくど	得度【篇】	宗	②	567
	出家―口分田	政	②	325
とくどう	徳道(僧)	宗	③	1324
とくどじ	得度除帳田	神	③	1558
どくなが	毒流(捕魚法)	産	①	418
とくにち	徳日	方		215
とくびこ	犢鼻褌	服		1504
とくひれ	とくひれ(魚)	動		1534
とくぶろ	徳風呂	居		674
とくぶん	得分			
	地頭―	官	②	965
	地頭―	官	②	1370
	施入―於寺院	宗	③	254
どくほう	独蜂	動		1130
とくほん	徳本翁遺方	方		1019
どくみ	毒味	官	③	772
とくみこ	十組香	遊		347
とくみど	十組問屋	産	②	401
	―	産	②	407
	―	産	②	436
	―	政	④	512
とくみり	とく見領主	地	①	705
とくめい	匿名	姓		805
	―箱訴	法	③	454
とくめい	匿名書	法	①	582
どくや	毒箭	兵		1697
どくやく	毒薬	方		1040
	服―而死	人	①	657
とくやま	徳山	地	②	688
とくやま	徳山藩	地	②	695
とぐら	塒	動		535
とくり	徳利	器	①	220
とくりご	とくりご(無手人)	人	①	615
とくりょ	督領	官	②	572

どくりん　独輪車（陣法）　兵　73
どくれい　独礼寺院　宗③　205
どくろ　髑髏　人①　320
　埋—　礼②　229
　埋葬—　礼②　384
どくろは　髑髏盃　器①　233
とけい　時計【併入】　方　457
　土圭　方　291
　土圭　方　423
とけいさ　杜茎山　植①　606
とけいし　時計師　方　464
とけいそ　とけいさう（西蕃蓮）　植②　383
とけいの　土圭間肝煎御坊主　方　438
とけいの　土圭間組　官③　1107
とけいの　土圭間番　官③　765
とけいの　土圭間坊主　官③　932
とけいや　時計役坊主　官③　932
　—　方　439
とけつ　吐血　方　1439
　—治療　方　802
とげつき　渡月橋　地③　214
とこ　とこ（鞴）　器②　758
とこ　床【篇】　居　1063
　茶室—　遊　561
とこ　床（畳）　器②　58
とご　都護　官②　51
とこう　とこふ（呪咀）　方　52
とこう　都講　文③　242
どこう　土公　方　41
　鎮—祭　神②　615
どこう　土功　官③　661
どこう　土貢　政④　137
どこうさ　土公祭　方　41
どこうの　土工正　官①　1019
どこうの　土工司【篇】　官①　1019
どこうの　土公方　方　185
とこかざ　床飾　居　1072
　婚礼—　礼①　1113
　贈婚礼—之品於里方　礼①　1072
とこさか　床盃　礼①　1047
とこしば　とこしばり（鞲）　器②　770
とこしま　床島堰　政④　1188
とこづめ　とこづめ（眠瘡）　方　1260
とこなつ　とこなつ（瞿麦）　植②　123
とこなめ　常滑焼　産①　744
とこなり　とこなり（木）　植①　430
とこぬし　とこぬしの神　神①　816
　「じしゅし地主神」も見よ
とこのま　床間　居　1069
とこばし　床柱　居　954
とこひれ　禿骨畢列（魚）　動　1534
とこぶし　とこぶし（貝）　動　1687
とこよの　常世神　神②　646
とこよの　常世国　外　2
　—　外　99
とこよの　常世長鳴鳥　動　679
とこよの　常世浪寄国　地①　419
ところ　地　地①　2
ところ　薢　植①　1107
ところあ　所充【篇】　政①　1055
　東宮—　官①　1187
　院—　官①　1256
ところあ　ところあらはし（婚姻露顕）　礼①　1057
ところぐ　所口　地②　294
ところご　常呂郡　地②　1297
ところじ　所質　政④　757
ところつ　徳勒津　地③　539
ところて　ところてん（石花菜）　植②　916
ところど　所藤弓　兵　1646
ところの　所衆（蔵人）　官②　230
ところば　所払　法②　346
どこんじ　土紺青　金　373
とさいし　土佐石　文③　1325
どざえも　土左衛門　人①　653
とさか　とさか（毛冠）　動　501
とさかの　とさかのり（鶏冠菜）　植②　914
とさぐみ　土佐組　兵　456
とさごお　土佐郡　地②　900
とさごま　土佐駒　動　115
とざし　扃　居　1234
とさじん　土佐神社【篇】　神④　1388
とさのい　土佐院　帝　952
　「つちみか土御門天皇」も見よ
とさのく　土佐国【篇】　地②　888
　—妹兄島　人①　185
　—幡多郡上山郷検地　政④　50
　—寺川村婚礼奇習　礼①　1260
　—豊永郷葬送奇習　礼②　386
　配流—　法①　170
　配流—　法①　769
　—金貨　泉　288

とさのく	土佐国減省解文	政 ②	694
とさのく	都佐国造	地 ②	896
とさのく	土佐国幡多郡上山郷御地検高目録	政 ③	1166
とさのこ	土佐国司	官 ②	464
とさのさ	土佐猿	動	278
とさは	土佐派	文 ③	805
とさぶし	土佐節	楽 ②	258
	—浄瑠璃文	楽 ②	312
とさぶし	土佐節(鰹節)	飲	930
とさぼう	土佐房昌俊	兵	289
とざま	外様		
	—公家賜天盃	礼 ①	251
	—衆年始諸礼	歳	602
	足利氏—大名	官 ②	1393
	徳川氏—大名	官 ③	1674
	徳川氏—大名私領	政 ④	250
とさみつ	土佐光起	文 ③	808
とさみつ	土佐光茂	文 ③	808
とさみつ	土佐光信	文 ③	807
とさん	台盞	器 ①	252
とし	年(律文用語)	法 ①	3
とし	歳(年)	歳	2
	—吉凶	方	83
とじ	刀自	人 ①	98
	婦人名某—	姓	771
とじ	刀自(女官)	官 ①	1149
どし	弩師	兵	233
	兵庫寮—	官 ①	1555
	鎮守府—	官 ②	34
	大宰府—	官 ②	424
	諸国—	官 ②	472
としおと	年男	歳	877
	—	歳	1387
とじがね	とぢ金	金	41
とじきみ	とじきみ(軾)	器 ②	766
とじきみ	とじきみ(閾)	居	1110
	門—	居	851
としごい	としごひのまつり	神 ②	3
	「きねんさ祈年祭」も見よ		
としこし	年越	歳	1430
としし	菟糸子	植 ②	484
とししり	とししり(益智子)	方	1077
としだま	年玉	歳	771
としづよ	年強	人 ①	682
としとく	年徳神	神 ②	648
	—	神 ①	938
としとく	年徳棚	神 ①	936
としとく	歳徳方	方	179
としのい	年市	歳	1423
	—図	歳	1424
としのみ	年実	人 ②	467
としは	としは(年歯)	人 ①	681
	「ねんれい年齢」も見よ		
としば	鳥柴	遊	1027
とじぶき	綴葺	居	1044
とじふみ	とぢふみ(冊子)	文 ③	509
としま	利島	地 ①	639
とじまか	戸島方(盲人)	人 ②	943
としまご	豊島郡	地 ①	838
としまの	豊島駅	地 ①	803
とじまは	戸島派(琵琶法師)	楽 ①	720
とじめ	戸〆(刑名)【篇】	法 ②	574
とじめの	戸〆之上過料	法 ②	673
どしゃ	土沙	金	363
どしゃ	度者	宗 ②	573
	外戚賜—之始	帝	1536
どしゃど	土砂留(治水法)	政 ④	1091
どしゅ	弩手	兵	233
どしゅう	土州	地 ②	888
	「とさのく土佐国」も見よ		
とじゅけ	吐綬鶏	動	718
としょう	杜松	植 ①	86
としょう	都省	官 ①	371
とじょう	都状		
	泰山府君祭—	方	42
	泰山府君祭—	方	475
とじょう	登城	政 ③	398
	大名月次—	官 ③	1733
どじょう	鰌	動	1365
としょう	度瘴散	歳	789
どじょう	鰌汁	飲	174
としより	年寄		
	徳川氏奥女中—	官 ③	831
	村—	官 ③	1546
	庄屋—	官 ③	1546
	問屋場—	政 ④	1248
	相撲—	武	1195
	米相場—	産 ②	528
としより	俊頼口伝	文 ②	441
としより	としよりこひ(鳩)	動	740
としより	年寄衆		
	朝廷—	官 ①	643
	織田氏—	官 ②	1407

徳川氏—　官 ③ 175
としよわ　年弱　人 ① 682
としわす　年忘　歳 1422
どすうが　度数学　文 ③ 573
とずなの　とづなの橋　地 ③ 367
とすのさ　鳥樔郷　地 ② 1087
どせい　土星　天 105
とせんば　渡船場　地 ③ 368
どそう　土葬　礼 ② 187
—　礼 ② 379
どぞう　土蔵　居 754
—　産 ① 107
どぞうづ　土蔵造　居 527
どぞうや　土蔵焼　飲 239
どぞうや　土蔵破　法 ② 686
とそしゅ　屠蘇酒　飲 707
—　歳 789
とだい　斗代　政 ④ 155
とだうじ　戸田氏　官 ③ 946
とだえば　途絶橋　地 ③ 339
とだただ　戸田忠至
—為山陵奉行　帝 1095
—建言火葬廃止　礼 ② 190
—列諸侯　帝 1098
とだただ　戸田忠恕　帝 1093
とだな　戸棚　居 1090
とだのわ　戸田渡　地 ③ 452
とだりゅ　戸田流(剣術)　武 28
とだりゅ　戸田流(長刀術)　武 92
とだるあ　登陀流天之御巣　居 427
とたん　亜鉛　金 212
とち　橡　植 ① 199
とちがゆ　橡粥　飲 463
とちぎ　栃木(下野)　地 ② 59
とちぜい　土地税　政 ④ 454
とちそし　土地訴訟　法 ① 1004
—　法 ③ 507
—　法 ③ 921
とちのき　とちのき(天師栗)　植 ① 504
とちぶき　橡葺　居 1037
どちへん　どちへんなしの天野
三郎兵衛　人 ① 897
とちもち　橡餅　飲 554
どちゃく　土著　政 ③ 521
—　政 ③ 1229
とちゅう　杜仲　植 ① 456
とちょう　斗帳　器 ① 789
—図　器 ① 794
仏事用—　宗 ② 1083
どちょう　度牒　宗 ② 568
とつかの　戸塚宿　地 ① 746
とつかの　十握剣　兵 1323
とつがわ　十津川温泉　地 ③ 1038
とっかん　吶喊　兵 595
どつき　土突　居 477
とつぎお　とつぎをしへどり
(鶺鴒)　動 664
とつぎど　とつぎどり(鶺鴒)　動 665
とつぐ　嫁　礼 ① 887
「こんか婚嫁」も見よ
どっく　船渠　兵 1244
とつくに　とつくに　外 1
「がいこく外国」も見よ
とつけさ　衲袈裟　宗 ② 1148
とっけつ　突厥雀　動 765
とっこ　独鈷　宗 ② 1128
慈覚大師—　帝 767
とっこか　独鈷鎌首　文 ② 35
とっちり　とつちりとん節　楽 ② 404
とっつけ　取付(馬具)　兵 2039
とっとり　鳥取　地 ② 443
とっとり　鳥取藩　地 ② 444
—藩札　泉 446
—藩札図　泉 454
とっぱ　突波(間諜)　兵 362
とっぱい　とつはい(冑)　兵 1882
とっぱい　とつはひ烏帽子　服 1201
とつべん　訥弁　人 ① 846
どて　土手(城郭)　兵 1082
どてから　どてからみ(築堤具)　政 ② 1108
どてぶし　土手節　楽 ② 389
とと　とと　動 1239
「うお魚」も見よ
とと　とと　人 ① 140
「ちち父」も見よ
とど　胡獱　動 469
どどいつ　どどいつ節　楽 ② 405
とどうい　都堂院　文 ② 1057
ととく　都督
東国—【併入】　官 ① 181
大宰帥大弐日—　官 ② 400
とどこ　外床　居 1068
ととやお　ととや織【併入】　産 ② 307
ととやの　爺爺屋茶碗　人 ② 250

ととりべ 捕鳥部万 人 ② 90
とどろき 轟滝 地 ③ 1214
とどろき 轟橋 地 ③ 235
となかい となかひ(馴鹿) 動 331
となごま 鳥名子舞 楽 ② 443
どなべ 土鍋 器 ① 309
となみご 砺波郡 地 ② 311
とね 刀禰 神 ① 1256
　神職— 神 ② 1527
　保— 官 ② 383
　市— 官 ② 391
　郷— 官 ② 632
　村— 官 ② 633
とねがわ 利根川 地 ③ 1174
　— 政 ④ 998
　— 政 ④ 1070
とねがわ 利根川渡 地 ③ 473
とねごお 利根郡 地 ② 16
とねのつ とねのつかさ(散位寮) 官 ① 832
とねり 舎人 封 351
　帳内— 帝 1446
　名代— 官 ① 134
　内— 官 ① 717
　中宮— 官 ① 744
　内蔵— 官 ① 786
　東宮— 官 ① 1190
　帯刀— 官 ① 1192
　院御厩— 官 ① 1230
　摂関大臣家御厩— 官 ① 1290
　衛府擬—奏 政 ① 425
　衛府— 官 ① 1317
　衛府— 官 ① 1463
　近衛— 官 ① 1376
　授刀—寮【附】 官 ① 1432
　東— 官 ① 1441
　内豎省— 官 ② 328
とねりか 舎人監【併入】 官 ① 1189
とねりこ とねりこの木(秦皮) 植 ① 626
とねりし 舎人親王
　—撰日本紀 文 ② 859
　—為知太政官事 帝 1443
　—墓 礼 ② 1213
　追尊—称崇道尽敬天皇 帝 851
とねりど 舎人所 官 ① 719
とねりの 舎人司 神 ③ 808
との 殿(琵琶) 楽 ② 756
との 殿(敬語) 文 ① 461
　帝呼臣下付—字 帝 1394
とのい 宿直 政 ① 1133
　「しゅくち宿直」も見よ
とのいぎ 宿衣 服 180
とのいそ 宿装束
　男子用— 服 179
　婦人用— 服 875
とのいと とのゐ関 兵 596
とのいど 宿直所(神社) 神 ① 497
とのいひ 宿直引目 武 214
とのいぶ 宿直袋 器 ② 187
とのいも 宿奏 政 ① 1137
　近衛— 官 ① 1388
とのいも 宿直物 器 ② 185
とのえ 外重 居 61
とのじょ 戸鍱 居 1233
とのど 殿騰戸 居 1243
とのな 殿名(女房) 姓 772
とのぬし とのぬし 政 ② 54
　「こしゅ戸主」も見よ
とののだ 吐乃大明神 神 ④ 1671
とのひき とのひきて(鐶鈕) 居 1229
とのまく 殿枕 器 ② 168
とのもり 主殿所 官 ① 1230
とのもり 主殿頭 官 ① 1032
とのもり 殿司 官 ① 1127
とのもり 殿部 官 ① 1040
とのもり 殿部司 神 ③ 809
とのもり 主殿寮【篇】 官 ① 1031
　併主油司於— 官 ① 1045
　併官奴司於— 官 ① 1045
　—祭神 神 ① 869
　—領山 神 ③ 1551
どば 駑馬 動 82
とばいん 鳥羽院競馬 武 820
とばえ 鳥羽絵 文 ③ 927
とばかり とばかり 歳 65
とばく 賭博
　「ばくえき博弈」を見よ
どばし 土橋 地 ③ 91
　城郭— 兵 1077
とばせん 鳥羽銭 泉 30
どばち 土蜂 動 1116
とばてん 鳥羽天皇 帝 24
　—敬神之詔 神 ① 123

—遊覧御幸　帝　739
—出家　帝　864
—受戒　帝　892
—建最勝寺　宗 ③ 693
—建安楽寿院　宗 ③ 979
—建勝光明院　宗 ③ 987
—山陵　帝　995
—国忌　礼 ② 1280
とばのさ　鳥羽郷　地 ① 231
とばのぶ　鳥羽之文台　文 ③ 1457
とばのみ　鳥羽港　地 ③ 573
とばはん　鳥羽藩　地 ① 483
とばまち　鳥羽町　地 ① 481
とばや　鳥羽屋(家屋)　居　1026
とばり　とばり　器 ① 750
「まん幔」も見よ
とばり　とばり(幌)　器 ① 777
とび　鵄　動　951
以鳶為神使　神 ② 1820
どひ　土賓　政 ② 1123
とびいし　飛石　居　930
露地—　遊　582
とびうお　とびうを(鰩)　動　1531
とびうめ　飛梅　植 ① 327
とびお　鰩　動　1530
とびざや　とびざや(花文綾)　産 ② 265
とびざわ　鳶沢町　地 ① 946
とびしょ　飛将棋　遊　143
とびすご　飛双六　遊　24
とびち　飛知(知行)　封　392
とびてい　飛体(俳諧)　文 ① 1342
とびにん　飛人形　遊　1247
とびのお　鴟尾(車)　器 ② 768
とびのお　鵄尾　居　1007
「くつがた鴟尾」も見よ
とびのお　鴟尾琴　楽 ② 567
とびはし　飛橋　地 ③ 104
とびむら　鵄邑　地 ① 291
とひゃく　十百韻
—俳諧　文 ① 1197
—連歌　文 ① 993
どひょう　土俵　武　1163
どひょう　土俵入　武　1173
どひょう　弩俵空穂　兵　1743
どびょう　銅鈸子【併入】　楽 ② 1132
舞楽具銅拍子　楽 ① 667
どひょう　土俵堰　政 ④ 1212
とびら　扉　居　1227
以—為橋　居　207
とびらえ　扉絵　文 ③ 962
とびらの　とびらの木(石楠草)　植 ① 586
どびん　土瓶　器 ① 260
とふく　屠腹　宗 ② 725
僧徒—　宗 ② 725
「せっぷく切腹」も見よ
どぶくり　土茯苓　植 ① 1062
どぶづけ　酴醾漬　飲　1019
とふのあ　十符の編笠　器 ② 391
とふのす　とふのすがごも(十符菅薦)　器 ② 33
とぶひ　とぶひ(烽燧)　兵　1144
とぶらい　弔　礼 ② 320
とぶらい　弔合戦　兵　517
とぶらい　とぶらひ状　礼 ② 321
どぶろく　どぶろく(濁酒)　飲　689
とべやき　砥部焼　産 ① 766
とべら　とべら(海桐花)　植 ① 280
とほう　吐方　方　978
どぼくや　土木役　官 ③ 1703
とぼそ　枢　居　1230
とほれい　徒歩礼　礼 ① 156
とま　苫　器 ② 708
どま　土間(劇場)　楽 ② 55
とまあみ　苫編部　産 ① 632
とまきた　苫北郡　地 ② 559
とます　斗升　称　46
とまだご　苫田郡　地 ② 559
とまにし　苫西郡　地 ② 559
とまひが　苫東郡　地 ② 559
とまびさ　苫庇　居　560
とままえ　苫前郡　地 ② 1297
とまみな　苫南郡　地 ② 559
とまや　苫屋　居　1026
とまやか　苫屋形　器 ② 708
とまら　とまら(枢)　居　1230
とまり　泊【篇】　地 ③ 553
とまりあ　泊明　政 ③ 438
とまりい　泊一火　武　885
とまりお　泊御番夜詰之席　官 ③ 94
とまりの　泊介　政 ③ 438
とまりば　泊番　政 ③ 437
—　官 ③ 94
とみ　富【篇】　人 ② 594
—人　人 ② 599

国司致— 官 ② 556
移—民 政 ② 41
借—家稲賑貸 政 ② 921
募—豪賑貸 政 ④ 848
淀屋三郎右衛門— 法 ② 629
「ふうき富貴」も見よ
とみおか 富岡八幡宮 神 ① 786
とみくさ 富草 植 ① 764
とみくじ 富鬮 政 ④ 712
とみざわ 富沢町 地 ① 947
とみたく 富田九郎右衛門 武 38
とみたご 富田郡 地 ② 124
とみたの 富田荘 政 ② 557
— 宗 ④ 285
とみたり 富田流(剣術) 武 27
とみたり 富田流(槍術) 武 71
とみつき 富突 法 ③ 75
感応寺— 宗 ④ 367
とみつき 富突勧化 宗 ③ 336
とみつき とみつき講 法 ③ 76
とみふだ 富札 法 ③ 80
とみみの 登美蓑 器 ② 478
とみもと 富本節 楽 ② 295
とみをた とみをたまふ 政 ② 1032
「しんごう賑給」も見よ
とむしろ 籐筵 器 ② 13
とめき とめ木(小袖) 服 459
とめぶろ 留風呂 居 699
とも 友 人 ② 397
「ほうゆう朋友」も見よ
とも 鞆 兵 1701
—図 兵 1703
とも 艫 器 ② 576
ともうじ 伴氏氏神 神 ① 678
ともうじ 伴氏長者 姓 479
ともえ 巴女 兵 313
ともえも 鞆絵紋 姓 550
— 姓 569
ともおか 友岡郷 地 ① 227
ともかが 友鏡 器 ① 385
ともがき 友がき 人 ② 397
ともがし 友が島 地 ② 726
ともくず 友崩 兵 589
ともくみ 供組頭 官 ③ 983
ともこも ともこも頭巾 服 1242
ともし ともし(照射) 産 ① 463
ともし 乏 人 ② 573
ともじ 唱門師 歳 936
ともしび 燭 器 ② 218
燃櫛為— 器 ① 405
ともしび ともし火の望(学問料) 文 ③ 39
ともしゅ 供衆 官 ② 1267
ともだち ともだち 人 ② 397
「ほうゆう朋友」も見よ
ともだの 鞆田荘 地 ① 414
ともづな ともづな(纜) 器 ② 712
ともなり 友成(刀工) 産 ① 633
とものう 鞆の浦 地 ② 633
とものえ 登望駅 地 ② 1075
とものお 伴緒 官 ① 28
とものぐ 伴野鞍 兵 1972
とものこ 伴健岑 帝 1586
とものべ 伴部 官 ① 208
— 産 ① 786
とものみ とものみやつこ(門部) 官 ① 1461
とものみ とものみやつこ(品部) 官 ① 129
とものみ 伴造【篇】 官 ① 25
— 姓 57
ともびき 友引 方 103
葬礼忌—日 礼 ② 142
ともびき 友引方 方 187
ともひら 具平親王
—詩 文 ② 573
—子孫 帝 1678
ともぶと ともふと舟 器 ② 650
ともまわ 供廻り 礼 ① 222
どもり 吃 人 ① 388
ともりゅ 伴流(射術) 武 124
とや 鳥屋 動 536
とやのが 鳥屋野潟 地 ③ 1293
とやま と山 地 ③ 689
とやま 富山 地 ② 316
とやまは 富山藩 地 ② 321
—藩札 泉 447
とゆけの 豊受大神 神 ③ 60
とゆけの 豊受大神宮 神 ③ 52
—域内略図 神 ③ 56
—殿舎図 神 ③ 64
「だいじん大神宮」も見よ
とゆらで 豊浦寺 宗 ③ 1334
とゆらの 豊浦宮 地 ① 178

とよあし　豊葦原之千秋長五百秋之水穂国　地 ①　15
とよあし　豊葦原之水穂国　地 ①　15
どよう　土用　歳　140
　—　方　131
とようけ　豊宇気毘売神　産 ①　6
どようし　土用芝居　楽 ②　96
どようも　土用餅　飲　570
とよおか　豊岡藩　地 ②　426
とよかげ　豊蔭　文 ②　369
とよかし　豊香島宮　神 ④　539
とよかわ　豊河駅　地 ①　546
とよかわ　豊河渡　地 ③　430
とよきの　豊城命　帝　1342
　祀豊城入彦命於二荒山神社　神 ④　1716
とよくに　豊国　地 ②　985
とよくに　豊国神社【篇】　神 ③　1653
　—神宮寺　神 ②　1713
とよくに　豊国大明神　神 ③　1653
とよくに　豊国野　地 ③　937
とよくに　豊国荘　官 ②　1041
とよくに　とよくにのみちのくち　地 ②　985
　「ぶぜんの豊前国」も見よ
とよくに　とよくにのみちのしり　地 ②　1011
　「ぶんごの豊後国」も見よ
とよすき　豊鍬入姫命　神 ③　779
とよたけ　豊竹(義太夫節流派)　楽 ②　269
とよたご　豊田郡(下総)　地 ①　1067
とよたご　豊田郡(安芸)　地 ②　663
とよたご　豊田郡(長門)　地 ②　709
とよたご　豊田郡(遠江)　地 ①　581
とよたご　豊田郡(讃岐)　地 ②　832
とよたま　豊玉姫命　礼 ①　913
　祀—於海神神社　神 ④　1704
とよとみ　豊臣氏
　—職員【篇】　官 ②　1433
　—法令　法 ①　692
　—検地　政 ④　36
とよとみ　豊臣秀吉
　—幼名　姓　697
　—任太政大臣改姓称豊臣　官 ①　486
　—結婚　礼 ①　1248
　—伐根来寺　宗 ④　981
　—与毛利輝元講和　兵　737
　—為関白　官 ①　592
　—朝鮮征伐　外　387
　—献大神宮造営料　神 ③　289
　—奉進大神宮神領　神 ③　894
　—頒金銀於諸侯　泉　413
　—禁耶蘇教　宗 ④　1163
　—建方広寺　宗 ③　578
　—高野詣　宗 ④　973
　—栄達　人 ②　566
　—於北野行茶湯　遊　391
　—浴有馬温泉　地 ③　1040
　—詣白旗社　神 ④　459
　—参内服装　服　677
　—擲銭卜戦争勝敗　神 ④　1154
　—赦花房助兵衛罪　人 ①　1163
　—忍耐　人 ②　142
　—物数寄　遊　968
　—遺命　人 ②　218
　—葬送　礼 ②　249
　祀—於豊国神社　神 ③　1653
　高台寺—魄舎　礼 ②　1204
　—像　宗 ③　637
とよとみ　豊臣秀頼
　—幼名　姓　699
　—御守　官 ②　1461
とよなが　豊名賀(浄瑠璃流派)　楽 ②　293
とよのあ　豊明節会
　大嘗祭—　神 ①　1320
　新嘗祭—　神 ②　217
　新嘗祭—　神 ②　262
とよのく　豊国　外　87
とよのく　豊国造　地 ②　986
とよのみ　豊のみそぎ(大嘗祭)　神 ①　1083
とよはた　豊旗雲　天　148
とよひめ　豊姫命　神 ④　938
とよみや　豊宮川　地 ③　1160
とよめご　登米郡　地 ②　127
とよらご　豊浦郡　地 ②　709
とよらの　豊浦津　地 ③　539
とら　虎　動　442
とら　虎(遊女名)　人 ②　860
　—出家　人 ①　1130
どら　度羅　外　269
とらいち　虎市相場　産 ②　525
とらえび　とらへびと　法 ①　489
　「しゅうじ囚人」も見よ

とらおり	虎尾流(槍術)	武		71
どらがく	度羅楽	楽	①	17
どらがく	度羅楽師	官	①	846
とらげう	虎毛馬	動		96
とらげふ	虎毛筆	文	③	1275
とらでん	団乱旋(楽曲)	楽	①	327
とらのい	虎の印	政	③	307
とらのお	虎尾	植	②	857
とらのお	虎之尾(竹杉)	植	①	126
とらのお	虎尾草	植	②	444
とらのか	虎皮鞍覆	兵		1986
とらのか	虎皮抛鞘鎗	兵		1506
とらのご	虎之御門	居		388
とらのひ	寅日			
	嫁娶忌―	礼	①	940
	葬礼忌―	礼	②	142
とらふだ	虎彪竹	植	①	700
とらふね	とらふ鼠	動		232
どらやき	どら焼	飲		664
とり	鳥【篇】	動		497
	喫―肉穢	神	②	818
	神饌用―	神	②	1181
	―害	産	①	158
	野菜魚―売買期節	飲		46
	煎―	飲		223
	―化為餅	飲		577
	乾―	飲		919
とり	鳥(楽曲)	楽	①	388
とり	鶏	動		678
	「にわとり鶏」も見よ			
とりあげ	とりあげばば(穏婆)	方		732
とりあし	鳥足	礼	①	287
とりあみ	鳥網	産	①	449
とりあわ	闘鶏	遊		250
	―図	遊		260
とりい	鳥居	神	①	574
	―図	神	①	585
	黒木―	神	③	710
	厳島神社大―	神	④	1135
	英彦山神社銅―	神	④	1604
	陵前―	帝		1025
	葬場殿四方有―	礼	②	188
とりいき	鳥井清信	文	③	852
とりいし	鳥居障子	器	①	872
とりいす	鳥井強右衛門	法	①	739
とりいど	鳥居戸	居		1245
とりいと	鳥居峠	地	③	822

とりいふ	鳥井風(絵画)	文	③	852
	―	楽	②	218
とりいも	鳥居元忠	人	①	1035
とりいれ	通入障子	器	①	872
とりいわ	鳥居枠(堤防具)	政	④	1059
とりうち	鳥打(弓)	兵		1558
とりえい	とりえひ(魚)	動		1528
とりお	取緒(秤)	称		127
とりおい	鳥追	政	③	963
	―	歳		889
とりおど	鳥おどし	産	①	161
とりおや	とりおや	人	①	148
	「ようふ養父」も見よ			
とりおや	取親	官	③	811
とりか	取箇	政	④	143
とりがい	鳥蛤	動		1636
とりかい	鳥養牧	地	③	964
とりかい	鳥貝船	器	②	685
とりかい	鳥養部	官	①	97
とりかい	鳥養流(書道)	文	③	679
とりかえ	取替質	政	④	785
とりかか	取箇方	官	③	513
とりかご	鳥籠	動		536
とりかご	取箇郷帳	政	④	348
とりかさ	取箇差出帳	政	④	352
とりかち	取箇帳	政	④	348
とりがな	とりがなく(枕詞)	地	①	59
とりかぶ	とりかぶと(鳥頭)	植	②	199
とりかぶ	鳥甲(舞楽)	楽	①	649
とりき	とりき(圧条)	植	①	43
とりくび	鳥頸剣	兵		1361
とりくび	鳥頸瓶子	器	①	210
とりけば	鳥毛羽織	服		676
とりけは	鳥毛半月一揆	兵		427
とりこ	とりこ	人	①	206
	「ようし養子」も見よ			
とりこ	生虜	兵		832
	「いけどり生虜」も見よ			
とりごえ	鳥越	地	③	459
とりごえ	鳥越里	地	①	923
とりこし	取越米(切米)	封		393
とりこし	取拵証文	政	④	641
	―	法	③	640
とりさか	鳥坂寺【篇】	宗	④	23
とりざか	取肴	飲		145
とりさか	とりさかのり(鶏冠菜)	植	②	914

とりさげ 取下場 政④ 240
とりさし 鳥指 産① 455
とりしょ 鳥商 動 537
とりぞめ 取初(正月) 歳 838
とりぞめ 取染 産① 871
— 服 583
とりて 取手(相撲) 武 1128
とりて 捕手 武 1014
とりで 砦 兵 1121
とりでじ 取出城 兵 1122
とりとり 鳥取部 官① 97
とりとり 鳥取役(税) 政④ 486
とりどん 鳥問屋 産② 408
とりなま 鳥鱠 飲 204
とりにげ 取逃 法② 714
とりぬけ 取抜無尽 政④ 712
とりのあ 鳥の足(木) 植① 665
とりのあ 鳥の足(海藻) 植② 929
とりのあ 鳥足草(升麻) 植② 92
とりのい 酉市 産② 603
とりのい 鳥磐櫲樟船 器② 615
とりのき 取退無尽 法③ 68
とりのこ 鳥子(紙) 文③ 1210
下文用— 政③ 70
御内書用— 政③ 73
書札用— 文① 483
とりのこ 鳥子飯 飲 445
とりのさ 鳥指身 飲 209
とりのし 鳥舌(鏃) 兵 1611
とりのひ 鳥醤 飲 948
とりのふ 鳥のふえ(吭) 動 507
とりのふ 鳥糞 産① 129
とりのべ 鳥別足(料理) 飲 249
— 礼① 288
とりのま 酉待 神② 585
とりのわ とりのわた(膍胵) 動 507
とりはな 鶏鳴(催馬楽) 楽① 209
とりひき 取引 産② 358
とりぶき 取葺 居 1035
とりふだ 鳥札運上 政④ 486
とりべの 鳥部郷 地① 230
とりべや 鳥戸山陵 帝 1047
とりみ 鳥見(職名) 官③ 956
とりみが 鳥見頭 官③ 955
とりみく 鳥見組頭【篇】 官③ 954
とりめ 雀目 方 1164
— 人① 364
—治療 方 853
とりめき 鳥目金 泉 273
とりめし 鳥飯 飲 414
とりもち 黐 産① 453
とりもの 捕者 法③ 115
とりもの 採物(神楽) 楽① 153
どりょう 度量【併入】 人① 1158
藤原俊成— 文② 252
とりょう 都梁香 遊 312
とりりょ 鳥料理 飲 114
どろ 泥 金 368
「つち土」も見よ
どろくし 土緑青 金 374
どろごえ 泥肥 産① 137
どろぼう どろばう 人② 779
「とうぞく盗賊」も見よ
どろめ どろめ(麵条魚) 動 1304
とろめん 兜羅綿 産② 309
とろろあ 黄蜀葵 植② 363
とろろじ とろろ汁 飲 184
とわずが とはずがたり 人① 849
どわん 土椀 器① 10
とんあ 頓阿 文① 875
とんいし 頓医抄 方 1018
とんきょ 頓教 宗① 30
とんきん 東京 外 1124
どんきん 段金 産② 293
とんきん 東京通詞 文② 980
とんきん 東京紬 産② 246
とんきん 東京錦 産② 280
とんきん 東京錦茵 器② 109
とんぐう 頓宮
斎宮群行時— 神③ 718
斎宮帰京時— 神③ 769
行幸— 帝 602
どんぐり どんぐり(橡) 植① 199
どんぐり どんぐり舟 器② 649
どんげい 曇華院【篇】 宗③ 551
—寺領 宗③ 254
どんげい 曇華院宮 帝 1481
とんこう 遁甲 方 523
とんこう 遁甲書 方 18
とんし 頓死 人① 649
— 帝 1404
とんじき 屯食【併入】 飲 435
どんじき 鈍色(僧服) 宗② 1171
とんしゃ 頓写経 宗① 289

どんす	緞子【併入】	産	②	269
どんすく	段子鞍覆	兵		1986
どんすの	段子袴	服		709
とんせい	遁世	宗	②	445
	「しゅっけ出家」も見よ			
とんぜい	噸税	産	②	751
とんそう	屯倉【篇】	政	②	435
	—	神	③	826
	—	居		784
とんでん	屯田	政	②	439
どんど	どんど(三毬杖)	歳		934
	—	歳		876
どんぶり	どんぶり(鼻紙袋)	服		1365
どんぶり	丼鉢	器	①	87
とんぼ	蜻蛉	動		1153
とんぼ	蜻蛉(袍)	服		235
	—	服		286
とんぼ	蜻蛉(玩具)	遊		1250
とんぼが	蜻蛉笠	器	②	418
とんぼた	とんぼたま(猫睛石)	金		244
とんや	問屋			
	「といや問屋」を見よ			

な

な	な(汝)	人	①	10
な	な(魚)	動		1238
な	名	政	②	294
	「めいでん名田」も見よ			
な	名(人名)【篇】	姓		583
	姓一書式	姓		30
	冒一請過所	地	③	680
	印用一一字	政	①	535
	草名具一	政	③	326
	於戦場唱己一	兵		560
	盲人一	人	②	941
	琵琶法師一	楽	①	720
な	菜	植	②	62
ない	柰	植	①	358
ない	地震	地	③	1355
	—	方		23
	「じしん地震」も見よ			
ないあん	内安殿	居		139
ないい	内衣	器	①	621

ないい	内位	官	③	1802
ないいん	内印	政	①	531
	—	政	①	339
	偽造—	法	①	428
ないいん	内院(的)	武		233
ないえん	内宴【篇】	歳		1039
ないえん	内宴丸(横笛)	楽	②	875
ないおう	内応【篇】	兵		677
ないか	内科(医術)	方		799
ないかい	内階(位階)	官	③	1815
ないがま	薙鎌	産	①	262
ないがも	内衙門	居		236
ないかん	内官	官	①	210
ないかん	内官公廨	封		246
ないき	内記	官	①	687
	—	官	①	724
ないき	内規(的)	武		233
ないきど	内記所	官	①	725
ないきゅ	内給	政	①	681
	—	封		282
ないきゅ	内給所	封		284
ないきょ	内教坊【篇】	官	①	851
ないきょ	内教坊別当	官	①	852
ないぎん	内吟味	法	③	807
ないくう	内宮	神	③	2
	「こうたい皇大神宮」も見よ			
ないくう	内宮政印	政	①	538
ないくう	内宮造営奉行	官	③	1478
ないぐぶ	内供奉十禅師	宗	②	896
ないぐぶ	内供奉豎子	官	②	327
ないげこ	内外交替式	法	①	95
ないけん	内検使	政	③	364
ないこう	内候所			
	木工—	官	①	1006
	主殿掃部—	官	①	1032
	造酒主水—	官	①	1080
ないさい	内済	法	③	1007
ないさい	内済異変	法	③	1016
ないざよ	内座寄合	法	③	776
ないし	内侍(女官)	官	①	1103
	即位時—装束	帝		330
	譲位時—装束	帝		505
	—礼服	服		859
	—衣	服		865
	—年給	封		280
ないし	内侍(斎宮)	神	③	816
ないし	内侍(厳島神社巫女)	神	④	1185

ないしき	内職事	官	③	1817
ないしき	内史局	官	①	766
ないしせ	内侍宣	政	①	283
	—	政	①	257
ないしだ	内侍代	官	①	1120
ないしど	内侍所(神鏡)	帝		58
ないしど	内侍所(御殿)	帝		62
	—	居		100
	—図	帝		64
ないしど	内侍所三十番神	神	①	81
ないしど	内侍所御神楽	帝		126
	—	楽	①	171
ないしど	内侍所法楽歌会	文	②	171
ないしの	内侍のかみ	官	①	1106
ないしの	内侍のじよう	官	①	1115
ないしの	内侍のすけ	官	①	1111
ないしの	内侍司	官	①	1103
ないじぶ	内持仏堂	宗	③	81
ないしゃ	内射	武		330
ないしゃ	ないしやく(内戚)	人	①	108
ないじゅ	内豎卿	官	②	328
ないじゅ	内豎省	官	②	328
ないじゅ	内豎所【篇】	官	②	326
	—	政	①	702
ないじゅ	内豎所式	官	②	334
ないじゅ	内豎所別当	官	②	329
ないじゅ	内豎頭	官	②	329
ないしょ	内書【篇】	政	③	71
	賜—	官	③	1730
ないしょ	内相	官	①	425
ないじょ	内状	文	①	439
ないしょ	内清浄	神	③	666
ないしん	内臣	官	①	425
ないしん	内親	人	①	108
ないしん	内親王	帝		1459
	—為斎宮	神	③	683
	—為斎院	神	③	1173
	—為院	帝		1202
	—為准母	帝		1209
	—院号無先規	帝		1210
	—品封	封		43
	—為准三宮	封		323
	—令旨	政	①	314
	叙—以下儀	政	①	1477
	—深曾木	礼	①	525
	—著袴	礼	①	593
	—著裳	礼	①	602

	—初笄	礼	①	607
	—薨去天皇不視事三日	礼	②	228
	—以下女官礼服	服		857
	—蒙輦車宣旨	器	②	783
	「こうしん皇親」も見よ			
ないしん	内親王給	封		293
ないせき	内戚	人	①	108
ないせん	内染正	官	①	1096
ないぜん	内膳正	官	①	1061
ないせん	内染司【篇】	官	①	1096
ないぜん	内膳司【篇】	官	①	1059
	併園池司於—	官	①	1079
	—祭神	神	①	869
	諒闇—御膳次第	礼	②	459
	—不著素服	礼	②	467
ないそ	内訴	法	①	557
	—	法	①	982
ないそう	内奏	法	①	982
ないぞう	内蔵	居		800
ないだい	内大臣	官	①	422
	—補任	官	①	490
	辞—	政	①	1428
ないだん	内談	法	①	1128
	引付—	官	②	1138
	足利氏政所—	官	②	1115
	足利氏侍所—	官	②	1170
	地方—	官	②	1173
ないだん	内談衆	官	②	1132
ないだん	内談頭人	官	②	1133
ないだん	内談始【併入】	政	③	20
ないちょ	内長上			
	—等第	政	①	1214
	—選	政	①	1228
ないつう	内通	兵		677
ないつう	内通詞	外		1324
	—	文	②	980
ないてん	内典	宗	①	255
	—	宗	①	268
	—	方		33
ないてん	内転(音韻)	文	①	66
ないとう	内藤組	兵		455
ないどう	内道場	宗	③	6
	—	居		176
ないとう	内藤新宿	地	①	807
	—	地	③	72
ないとう	内藤流(馬術)	武		709

ないひょ 内評定 法 ① 1133
足利氏政所— 官 ② 1115
足利氏問注所— 官 ② 1147
ないひょ 内評定始【併入】 政 ③ 18
ないふう 内封状 文 ① 469
ないぶん 内分番
—等第 政 ① 1214
—選 政 ① 1229
ないべん 内弁
朝賀— 歳 400
続— 歳 455
元日節会— 歳 455
白馬節会— 歳 988
踏歌節会— 歳 1015
即位— 帝 322
ないほう 内方(他人妻) 人 ① 155
ないぼく 内墨 文 ③ 738
ないみょ 内命婦 官 ① 1145
—礼服 服 857
ないもん 内問(推鞠) 法 ① 1178
ないやく 内薬正 方 667
ないやく 内薬司 方 667
ないらい 内礼正 官 ① 808
ないらい 内礼司【篇】 官 ① 808
ないらん 内覧【附】 官 ① 624
— 官 ① 535
—賀茂詣 神 ③ 1161
官符— 政 ① 339
官奏— 政 ① 422
ないろん 内論義
御斎会— 宗 ① 395
釈奠— 文 ② 1374
釈奠—図 文 ② 1376
なえうえ 植苗季節 産 ① 23
なえぎは 苗木藩 地 ① 1294
なえごえ 苗肥 産 ① 131
なえしょ なへ装束 服 219
なえばや 苗場山 地 ③ 841
なおえ 直江(越後) 地 ② 346
なおえか 直江兼続 泉 140
なおえぐ 直江組 兵 455
なおえば 直江板 文 ③ 1088
なおしも 直物 政 ① 803
— 政 ① 676
なおひと 直仁親王(花園帝皇子)
—為皇太弟 帝 1349
皇太弟—被廃 帝 1393
なおひと 直仁親王(東山帝皇子)
「ひでのみ秀宮」を見よ
なおびの 直日神 神 ① 66
鎮魂祭時祭— 神 ② 500
なおびの 直毘霊 神 ② 1442
なおらい 直会【併入】 神 ② 1192
なおらい 直会歌 神 ③ 527
なおらい 直会殿 神 ① 496
なおらい 直会米 神 ② 1192
なおりご 直入郡 地 ② 1023
なおる なほる(死) 人 ① 648
ながあず 永預 法 ② 507
ながあめ なが雨 天 180
「りんう霖雨」も見よ
ながあり 長有駅 地 ② 85
なかい 中居 居 644
なかい 仲居 人 ② 894
なかいが 仲居頭(徳川氏奥女中) 官 ③ 838
ながいき 長生 人 ① 668
ながいし 長井鞦 兵 2033
なかいず 中泉荘 地 ② 57
なかいた 中板 遊 547
ながいた 長板 遊 657
なかいち 中井竹山塾 文 ② 1325
ながいも 長芋 植 ① 1095
ながうた 長唄【併入】 楽 ② 413
ながうた 長歌 文 ① 520
—短歌之別 文 ① 536
仁明天皇四十算賀興福寺僧等献— 礼 ① 1377
ながえ 轅 器 ② 766
ながえ 名替 政 ① 714
— 政 ① 682
ながえ 長柄(輿) 器 ② 919
ながえが 長柄傘 器 ② 443
ながえが 長柄刀 兵 1374
ながえぎ 長柄切(乗物) 器 ② 1020
婚姻時—乗物請取渡 礼 ① 1016
ながえぐ 長柄組 兵 458
ながえご 長柄輿 器 ② 955
ながえた 長柄大将 兵 186
ながえた 長柄倒(陣法) 兵 73
なかえち 中越後 地 ② 344

なかえと	中江藤樹			
	—陽明学	文	②	803
	—徳行	人	①	1175
	—徳化及里人	人	②	302
	—令悔悟盗賊	人	②	821
	祭—	礼	②	1345
ながえの	長江荘	官	②	1031
ながえの	長柄銚子	器	①	201
ながえの	長柄之間	居		604
ながえの	長柄鑓	兵		1507
ながえぶ	長柄船	兵		1250
ながえぼ	長烏帽子	服		1197
ながおう	長尾氏	官	②	1310
ながおか	長岡	地	②	343
ながおか	長岡郡(土佐)	地	②	900
ながおか	長岡郡(陸奥)	地	②	126
ながおか	長岡獄	法	①	481
ながおか	長岡天皇	帝		851
	「くさかべ草壁皇子」も見よ			
ながおか	長峡県	地	①	84
ながおか	長岡山陵	帝		1047
ながおか	長岡宮	地	①	184
ながおか	長岡藩	地	②	350
なかおく	中奥小性【篇】	官	③	752
なかおく	中奥番【篇】	官	③	755
なかおし	中押勝	遊		62
なかおび	中帯	服		817
ながおり	長尾流(書道)	文	③	682
なかがい	仲買	産	②	456
	米—	産	②	528
	盈物—	産	②	840
なかがい	仲買株	産	②	400
	米—	産	②	528
なかがみ	なかがみ(天一神)	方		177
なががみ	長上下	服		619
なかがわ	那珂川	地	③	1178
なかがわ	中川郡(十勝)	地	②	1299
なかがわ	中川郡(天塩)	地	②	1297
なかがわ	中川関所	地	③	618
なかがわ	中川里	地	②	531
なかがわ	中河御厨	神	③	912
なかがわ	中川宮	帝		1427
なかぎ	中著	服		1030
なかぎん	中銀	泉		211
	—	泉		324
なかくぐ	中くぐり	居		849
なかぐさ	なかぐさ(白頭公)	植	②	189
なかくみ	なかくみ(酤)	飲		693
ながくみ	長組輪烏帽子	服		1199
ながくら	長倉	居		744
ながくら	長倉駅	地	①	611
ながくら	長倉牧	地	③	964
なかぐろ	中黒矢	兵		1592
なかご	なかご(刀剣)	兵		1311
なかご	中心(刀剣)	兵		1311
なかごお	中郡(丹後)	地	②	404
なかごお	那珂郡(日向)	地	②	1156
なかごお	那珂郡(武蔵)	地	①	859
なかごお	那珂郡(常陸)	地	①	1114
なかごお	那珂郡(筑前)	地	②	938
なかごお	那珂郡(讃岐)	地	②	830
なかごお	那賀郡(石見)	地	②	494
なかごお	那賀郡(伊豆)	地	①	667
なかごお	那賀郡(阿波)	地	②	798
なかごお	那賀郡(紀伊)	地	②	735
なかごし	中御所番	官	②	823
ながこゆ	長小結烏帽子	服		1198
ながさき	長崎	地	②	1091
	—	地	③	582
	—貿易	産	②	738
	—貿易	産	②	808
	—清国貿易	外		1031
	—和蘭貿易	外		1324
	英吉利船入—	外		1374
	英吉利人—事件	外		1429
	露西亜船来—	外		1495
	—枉餅	飲		569
	—ばいろん	遊		1188
ながさき	長崎医学校	方		699
ながさき	長崎海軍伝習所	兵		1159
ながさき	長崎代官	官	③	1535
ながさき	長崎銅座出張役所	官	③	587
ながさき	長崎問屋	産	②	424
ながさき	長崎津	地	③	550
ながさき	長崎払	法	②	363
ながさき	長崎奉行	官	③	1383
	—裁判	法	③	874
ながさき	長崎節	楽	②	397
ながさき	長崎町年寄	官	③	1399
ながさご	長狭郡	地	①	1013
なかざし	中差簪	器	①	444
なかざし	中指矢	兵		1693
ながさの	長狭国造	地	①	1007
なかざわ	中沢道二	文	②	925

読み	項目	部	巻	頁
	―堪忍の歌	人	②	144
ながさわ	長沢蘆雪			
	―絵画	文	③	827
	―魚字印	文	③	1163
なかし	中仕	服		1496
ながしあ	流し網	産	①	389
なかじま	中島(庭)	居		914
ながしま	長島(伊勢)	地	①	448
なかじま	中島郡(尾張)	地	①	502
なかじま	中島郡(美濃)	地	①	1264
ながしま	長島藩	地	①	460
なかじま	中島流(鉄砲)	武		885
ながしも	流しもと	居		654
ながじゃ	長尺	称		32
ながしょ	長床子	器	②	133
なかじろ	中白一揆	兵		425
ながずき	長頭巾	服		1247
ながすく	長須鯨	動		1489
ながすの	長洲荘	地	①	381
なかせき	中瀬金山	金		103
なかせん	中山道	地	③	67
なかそう	那珂宗助	政	④	1062
ながそで	長袖の人(公家)	礼	①	202
なかぞり	中剃始	礼	①	864
ながだい	長台盤	器	①	127
なかたご	名方郡	地	②	797
ながたご	長田郡	地	①	579
ながたじ	長田神社【篇】	神	④	296
ながたず	永尋	政	③	568
なかだち	媒	礼	①	1159
なかだち	中立(茶会)	遊		453
ながだち	長剣	兵		1336
ながたな	菜刀	器	①	333
なかたに	中谷顧山	泉		154
ながたの	長田荘	政	②	568
なかたゆ	仲太夫節	楽	②	294
ながち	長血	方		1504
ながちわ	長道磐神	神	①	53
なかつ	中津	地	②	1002
ながつ	長津	地	③	544
なかつか	中務卿	官	①	687
なかつか	中務省【篇】	官	①	683
なかつか	中務宮	帝		1414
なかつか	なかつかみ(豹)	動		451
なかつぎ	中次(茶入)	遊		705
ながつき	ながつき(九月)	歳		27
なかつご	仲津郡	地	②	997
なかつつ	中筒男命	神	④	233
	祀―於摂津国住吉神社	神	④	233
	祀―於長門国住吉神社	神	④	1212
	祀―於壱岐国住吉神社	神	④	1702
なかつは	中津藩	地	②	1005
なかつわ	中津綿津見命	神	②	663
	祀―於海神社	神	④	1087
なかて	中稲	植	①	787
ながとけ	長門警固番	官	②	901
ながどこ	長床	居		1069
ながとた	長門探題	官	②	898
ながどの	長殿	官	①	954
ながとの	長宿直	政	①	1134
ながとの	長門国【篇】	地	②	699
	配流―	法	①	193
	配流―見島	法	①	790
	―銀貨	泉		289
	―銅山	金		148
	―石炭山	金		155
ながとの	長門国天平九年大税目録帳	政	②	678
ながとの	長門守護	官	②	899
なかとみ	中臣	神	①	960
	神祇官―	官	①	316
	祈年祭時―宣祝詞	神	②	10
	月次祭時―宣祝詞	神	②	122
なかとみ	中臣氏	官	①	30
	―	姓		159
	―	神	②	1327
	―氏神	神	①	680
	―氏神	神	①	668
	―氏神	神	④	33
	―世襲春日社司	神	④	91
	中臣忌部二氏互争職掌	神	②	1030
なかとみ	中臣氏長者	姓		459
なかとみ	中臣女(神祇官)	官	①	320
なかとみ	中臣祓	神	②	727
	―	宗	②	325
	吉田家講―	神	②	1377
なかとみ	中臣寿詞	神	①	1283
なかとみ	中臣部	官	①	30
なかとり	中取(食器)	器	①	279
ながとろ	長瀞藩	地	②	196

なかなげ	中長押	居		1104
ながにし	長螺	動		1656
なかにわ	中庭	居		887
ながぬま	長沼氏	官	②	1315
ながぬま	長沼宗敬	兵		12
ながぬま	長沼流(兵法)	兵		12
なかねげ	中根元圭			
	―善算術	文	③	571
	中根玄圭善暦道	方		361
なかねり	中根流(槍術)	武		71
なかのい	中の院	帝		827
なかのい	中院家歌道	文	①	809
なかのえ	中重(内裏)	居		65
	―	官	①	1326
なかのえ	中重諸門	居		218
なかのえ	中重の輦車宣旨	器	②	789
ながのか	長上郡	地	①	579
なかのか	中野かや銅山	金		145
なかのく	中之口御門	居		412
なかのく	仲国造	地	①	1101
ながのく	長国造	地	②	793
ながのし	長下郡	地	①	579
なかのし	仲野親王	官	①	825
なかのだ	中太上天皇	帝		798
なかのて	中の手	兵		410
ながのの	長野陵	帝		977
なかのは	中袴	服		727
なかのま	なかのまつりごとのつかさ(中務省)	官	①	684
なかのみ	中呑(飲酒礼)	礼	①	248
なかのみ	中御門	居		207
なかのみ	なかのみやのつかさ	官	①	741
	「ちゅうぐ中宮職」も見よ			
ながばお	長羽織	服		678
ながばか	長袴	服		766
なかばし	中橋	地	③	114
ながはし	長橋(橋梁)	地	③	115
ながはし	長橋(清涼殿)	居		120
ながはし	長橋局	官	①	1118
ながはた	長幡部(伴造)	官	①	41
ながはま	長浜(近江)	地	①	1196
なかはま	中浜万次郎	外		1820
なかはら	中原家			
	―世襲外記	官	①	458
	―明経道	文	②	745
	―明法道	文	②	895
	中原氏氏神	神	①	668
なかはら	中原章信	人	②	517
ながばん	長番	政	③	404
ながばん	長半天	服		695
ながひら	永平親王	人	①	1288
ながぶえ	長笛【併入】	楽	②	901
ながふく	長覆輪剣	兵		1357
ながぼう	長帽子の甲	兵		1884
なかまど	中窓	居		1156
なかみか	中御門家	姓		358
なかみか	中御門天皇	帝		40
	―諡	帝		953
	葬―於泉涌寺	帝		1008
ながみつ	長光(刀工)	産	①	634
ながみる	ながみる(海藻)	植	②	897
ながむし	長筵	器	②	19
なかむら	中村(陸奥)	地	②	140
なかむら	中村座	楽	②	27
なかむら	中紫袍	服		277
なかむら	中村党	兵		450
なかむら	中村荘	地	②	57
なかむら	中村派(槍術)	武		71
なかむら	中村藩	地	②	154
なかむら	中村竜袋	方		566
ながめん	長面道	居		572
なかもち	中持	器	①	675
ながもち	長持	器	①	672
なかもち	中持奉行	官	②	819
ながもの	長物見(車)	器	②	762
ながや	長屋(城)	兵		1119
ながやお	長屋王	帝		1584
なかやし	中屋敷	政	③	1254
なかやま	仲山金山彦神社	神	④	707
なかやま	中山尚歯会	礼	①	1492
なかやま	中山信吉	人	②	281
なかやま	中山派(日蓮宗)	宗	①	1004
なかやま	中山祭	神	①	784
ながやも	長屋門	居		835
	―	居		412
ながやり	長鑓	兵		1511
なかゆい	中結	服		878
	―	服		930
なかゆび	中指	人	①	481
なからい	半井	地	③	1012
なからい	半井氏	官	③	865
ながらが	長良川	地	③	1162
	―鵜飼	産	①	408
なからぎ	半木宮	神	③	1003

ながらご 長柄郡 地 ① 1035
ながらの 長良墓 帝 1559
ながらの 長柄橋 地 ③ 236
以一柱作文台 文 ③ 1460
ながらの 長等山前陵 帝 1015
ながらの 長柄渡 地 ③ 421
なからま 半量(升) 称 74
なからむ なからむすこ(婿) 人 ① 222
ながれか 流灌頂 宗 ② 422
ながれく 流鯨運上 政 ④ 487
ながれさ 流作場 政 ④ 238
ながれじ 流質 政 ④ 777
ながれち 流地 政 ④ 780
ながれの ながれの身(遊女) 人 ② 838
ながわき 長脇差 政 ③ 581
なぎ 梛 植 ① 131
以一為神木 神 ② 1790
伊豆山一 神 ② 921
なぎ 水葱 植 ① 994
なぎさ 渚 地 ③ 1263
なぎなた 長刀香薷 植 ② 506
なぎなた 長刀術【篇】 武 91
なぎなた 長刀耜 産 ① 224
なぎなた 長刀袋 器 ② 1025
なぎなた 長刀役之者 官 ③ 987
なきめ 哭女 礼 ② 15
なきり なきり(魚) 動 1509
なく 泣 人 ① 745
なくさご 名草郡 地 ② 736
なくさの 名草駅 地 ② 729
なくさの 名草宮 神 ④ 1220
なくさや 名草焼 産 ① 765
なぐそ 麦稍蛇 動 1027
なくにが 名国替(年給) 封 275
なぐや 投矢 兵 1698
なげ 投(相撲) 武 1131
なげいれ 投入(挿花) 遊 842
なげえぼ 投烏帽子 服 1201
なげく 嘆 人 ① 750
なげくび 抛頭 人 ① 409
なげけみ 投検見 政 ④ 210
なげし 長押【篇】 居 1095
なげずき 投頭巾 服 1253
なげずき 投頭巾(冑) 兵 1883
なげたい 投松明 器 ② 276
なげづく なげ作り(指身) 飲 307
なげつる なげつるべ(戽桶) 産 ① 278
なげぶし 投節 楽 ② 386
なげわた 抛渡橋 地 ③ 85
なこうど 仲人 礼 ① 1159
なこくし 名国司 官 ② 492
なこくで 那谷寺【篇】 宗 ④ 807
なごしの 名越祓 神 ② 750
一麻輪図 神 ② 714
「みなつき六月祓」も見よ
なこその 奈古曾関 地 ③ 602
なごでら 那古寺【篇】 宗 ④ 489
なごのえ 奈呉江 地 ③ 1287
なごや なごや(海藻) 植 ② 929
なごや 名古屋 地 ① 513
なごや 名護屋 地 ② 1093
なごやお 名古屋帯 服 821
なごやは 名古屋藩 地 ① 523
一教諭所 文 ② 1274
なごやぶ 名古屋節 楽 ② 404
なごり 名残(茶湯) 遊 423
なごりき 名残狂言 楽 ② 98
なごりの 名残の月 歳 1311
なごん 納言
一以下諸官辞表 政 ① 1436
一封 封 31
一年給 封 280
一著狩衣 服 476
「しょうな少納言」「だいなご大納言」「ちゅうな中納言」も見よ
なごんの 納言曹司 官 ① 387
なさいご 那西郡 地 ② 798
なさかの 波逆海 地 ③ 1280
なさけ なさけ(仁慈) 人 ① 1144
なさけ 情 人 ① 711
なし 梨 植 ① 348
なしうち 梨打烏帽子 服 1195
なしじの 梨地鞍 兵 1961
なしじま 梨地蒔絵 産 ① 815
なしつぼ 梨壺 居 149
なしつぼ 梨壺五人 文 ② 251
なしのき 梨木神社 神 ④ 1715
なじまが 名島学校 文 ② 1315
なしもと 梨本門跡 宗 ③ 727
なしもの なしもの(鮾鰊) 飲 939
なす 茄子 植 ② 515
なす 茄子(茶入) 遊 703
なすうじ 那須氏

	—氏神	神	①	685
	—世襲関東侍所所司	官	②	1315
なすおん	那須温泉	地	③	1070
なすごお	那須郡	地	②	48
なすざん	那須山	地	③	876
なすしゅ	奈須衆	官	③	1765
なずな	薺	植	②	75
なずなじ	薺汁	飲		181
なすの	那須野	地	③	944
	—	地	②	65
	—狩	産	①	474
	—殺生石	金		294
なすのく	那須国造	地	②	41
	—碑	礼	②	1176
なすび	茄子	植	②	515
なすみそ	茄子味噌	飲		861
なすむね	那須宗高	武		189
なすめし	茄子飯	飲		406
なぞ	謎【附】	人	①	931
なぞあわ	謎合	人	①	945
なぞうた	謎歌	文	①	588
なぞだて	謎立	人	①	931
なぞづけ	謎付	人	①	949
	—	法	③	108
なぞとき	謎解	人	①	951
なぞなぞ	なぞなぞ(謎)	人	①	931
なそり	納蘇利	楽	①	588
なた	鉈	産	①	263
なだ	灘	地	③	1267
なだいめ	名対面	政	①	1138
なだかの	名高浦	地	③	1325
なたきり	鉈切銀	泉		295
なたね	菜種	植	②	73
なたねあ	菜種油	器	②	302
	—	器	①	519
なたまめ	なたまめ(刀豆)	植	②	278
なたまめ	刀豆飯	飲		404
なたやが	鉈屋笠	器	②	418
なだれ	雪頽	天		216
なち	那智	地	②	743
なちぐろ	那智黒石			
	以—為試金石	金		269
	以—為硯材	文	③	1327
なちじん	那智神社	神	④	1263
なちのう	那智浦	地	③	1326
なちのた	那智滝	地	③	1214
なつ	夏	歳		106
	—雲	天		149
	—霜	天		178
	—雨	天		194
	—降雪	天		213
	—冬異扇	服		1330
なついん	捺印	政	①	542
	官省符—	政	①	339
	官符不—	政	①	342
	移—	政	①	494
なつおび	夏帯	服		823
なつかぐ	夏神楽	楽	①	187
なつかざ	夏汗衫	服		413
なつがみ	夏上下	服		620
なつき	なつき(脳)	人	①	323
なつぎじ	名次神社	神	④	282
なづけ	菜漬	飲		1014
なつけの	名付の父母	官	②	1105
なつげふ	夏毛筆	文	③	1276
なつご	原蚕	動		1100
なつこく	夏石(畑年貢)	政	④	331
なっしょ	納所	宗	②	1043
なつずい	なつずゐせん(鉄色箭)	植	①	1089
なつずき	夏頭巾	服		1250
なつぜみ	なつぜみ(蟪蛄)	動		1193
なつつば	夏椿	植	①	550
なっとう	納豆【併入】	飲		871
なっとう	なつとう烏帽子	服		1183
なっとう	納豆汁	飲		183
なつとう	なつとうだい(甘遂)	植	②	337
なつなり	夏成(畑年貢)	政	④	331
なつばお	夏羽織	服		675
なつはぜ	なつはぜ(夏黄櫨)	植	①	479
なつはら	夏祓	神	②	750
なつびき	夏引(催馬楽)	楽	①	206
なつびき	夏引の手びきの糸	産	②	64
なつびき	夏引楽	楽	①	499
なつまめ	夏豆	植	②	232
なつみか	なつみかん(盧橘)	植	①	428
なつむし	夏虫	動		1000
なつめ	棗(木)	植	①	512
なつめ	棗(茶入)	遊		703
なつやせ	夏痩	方		1489
なでかく	撫角銭	泉		39
なでしこ	瞿麦	植	②	123
なでしこ	瞿麦合	遊		280

— 文 ② 99
なでしこ なでしこの若葉の色したる唐衣 服 918
なでつけ なでつけ髪 人 ① 531
なでもの 撫物 神 ② 702
— 方 74
— 礼 ① 367
なでんの 南殿桜 植 ① 294
なとうご 那東郡 地 ② 798
なとりお 名取温泉 地 ③ 1073
なとりが 名取川 地 ③ 1156
なとりご 名取郡 地 ② 124
なないろ 七色菓子 神 ② 1169
— 飲 672
なないろ 七色役 政 ④ 439
ななお 七尾(能登) 地 ② 294
ななかざ 七飾 居 1085
ななきめ 名鳴女 動 707
ななくさ 七種粥 歳 904
— 飲 464
ななくさ 七種菜 歳 904
— 植 ① 757
ななくち 七口(京) 地 ① 211
ななくり 七久里温泉 地 ③ 1063
ななこお 魚子織 産 ② 211
ななこさ 斜子紗織 産 ② 266
ななしゆ 無名指 人 ① 481
ななせ 七瀬 地 ③ 1141
ななせの 七瀬祓 神 ② 688
— 方 51
ななぞな 七備 兵 412
ななつご 七子鏡 器 ① 357
ななつさ 七枝刀 兵 1397
ななつじ 七じるし 兵 1294
ななつど 七道具(立花) 遊 839
ななつど 七道具(武具) 兵 290
ななつと 七ッ綴 文 ③ 513
ななつば 七鉢 器 ① 85
ななつめ 七ッ目(婚礼) 礼 ① 1346
ななつも 七ッ物(武具) 兵 1294
ななつる 七絃琴 楽 ② 567
ななつわ 七つ椀 器 ① 45
なななぬ 七七日(仏祭) 礼 ② 1479
ななひこ 七彦粥 飲 467
ななふし 七不思議
越後— 地 ② 356
鹿島神宮— 神 ④ 588
諏訪— 神 ④ 758
諏訪— 宗 ③ 115
ななりそ ななりそ(莫鳴菜) 植 ② 891
なにがし なにがし(他称) 人 ① 19
なにがし なにがし(自称) 人 ① 9
なにわい なにはいばら(金桜子) 植 ① 380
なにわえ 難波江 地 ③ 1286
なにわえ 難波江橋 地 ③ 235
なにわお 難波大寺 宗 ④ 67
「してんの四天王寺」も見よ
なにわが 難波潟 地 ③ 1289
なにわが 難波潟(神楽) 楽 ① 159
なにわが 難波潟(催馬楽) 楽 ① 215
なにわず 難波頭巾 服 1252
なにわせ 難波銭 泉 30
なにわた 難波大社 神 ④ 288
なにわづ 難波津 地 ③ 520
立澪標於— 地 ③ 489
なにわづ 難波津の歌 文 ① 498
なにわの 難波のあしは伊勢の浜をぎ 植 ① 906
なにわの 難波曲(大歌) 楽 ① 140
なにわの 浪速国 地 ① 358
なにわの 難波之碕 地 ③ 1332
なにわの 難波長柄豊碕宮 地 ① 181
なにわの 難波堀江 政 ② 1111
なにわの 難波御津 地 ③ 524
なにわの 浪速之渡 地 ③ 356
なにわば 難波橋 地 ③ 248
なにわぶ 難波船 器 ② 654
なにわみ 難波御堂 宗 ④ 96
なにわや 難波焼 産 ① 733
なぬかい 七日市 地 ② 23
なぬかい 七日市藩 地 ② 30
なぬかう 七日裏書 法 ③ 614
なぬかの 七日節会 歳 972
なぬかの なぬかのよ(七夕) 歳 1215
なぬかも 七日詣 神 ② 902
なぬし 名主
江戸— 地 ① 953
橋掛— 地 ③ 141
村— 官 ③ 1545
牢— 法 ③ 257
溜内— 法 ③ 326
殺傷— 法 ② 841
—苗字御免 姓 314

なぬしし	名主職	法	①	1016
なのしる	菜汁	飲		180
なのにし	名西郡	地	②	797
なのひが	名東郡	地	②	797
なのふだ	なのふだ(名籍)	政	②	7
なのり	名乗	姓		585
	—	礼	①	811
なのりあ	名乗揚(前行司)	武		1186
なのりそ	なのりそ(海藻)	植	②	891
なばりご	名張郡	地	①	404
なばりの	名張駅	地	①	400
なぶり	なふり(農具)	産	①	252
なぶりぎ	嬲切	法	①	748
なべ	鍋	器	①	308
	製糸用—	産	②	81
なべうり	鍋売	器	①	313
	—図	器	①	314
なべかね	鍋金	金		199
なべかぶ	鍋かぶり(流行病)	方		1429
なべかま	鍋釜問屋	器	①	301
	—	産	②	410
なべしま	鍋島家家法	法	②	390
なべしま	鍋島御門	居		388
なべづる	鍋弦	器	①	313
なべとり	鍋取	器	①	316
なべとり	鍋取公家	服		1139
なべぶた	鍋蓋	器	①	315
なべぶた	鍋蓋大明神	神	①	204
なべまつ	鍋祭	神	②	638
なべやき	鍋焼	飲		218
なほやま	奈保山東陵	帝		985
なほやま	奈保山陵	帝		987
なま	奈末	外		102
なまあげ	生揚	飲		1001
なまい	沢瀉	植	①	946
なまえの	なまえの木(牡荊)	植	①	637
なまがね	なまがね(熟鉄)	金		199
なまかわ	生皮(料理)	飲		219
なまぐさ	腥	動		1571
なまこ	海鼠	動		1562
なまこの	生海鼠吸物	飲		191
なましな	男信郷之訓	文	①	71
なます	鱠	飲		194
	—	動		1248
なまず	鯰	動		1351
なまずお	鯰尾(冑)	兵		1883
なまずは	歴易(癜風)	方		1251
なまずぶ	鯰魚舟	器	②	649
なまだれ	生垂(料理)	飲		281
なまなり	生成(早鮓)	飲		952
なまびう	未乾魚	飲		921
なまびょ	なま兵法は大疵の基	人	①	916
なまぶね	なま船(鱻船)	器	②	685
なまぶり	奈末不利(風俗歌)	楽	①	235
なまむぎ	生麦事件	外		1438
なまめ	儺豆	歳		1388
なまもの	生物(料理)	飲		263
なまよみ	なまよみの(枕詞)	地	①	691
なまり	なまり(鰹)	飲		927
なまり	鉛	金		209
なまりこ	鉛工	産	①	667
なまりぜ	鉛責	法	③	984
なまりせ	鉛銭	泉		146
	—	泉		125
なまりば	なまりばし(食法)	飲		65
なまりや	鉛山	金		152
なまりや	鉛山相	金		29
なまる	訛	人	①	837
なまわり	名廻次郎右衛門	人	①	1181
なみ	波	地	③	1261
なみかた	並片馬(将棋)	遊		156
なみき	並木	地	③	34
	—敷地	地	③	30
	徳川光圀植—	地	③	949
なみぎぬ	波絹	器	①	619
なみきの	列城宮	地	①	180
なみくぬ	なみくぬぎ(釣樟)	植	①	260
なみだ	涙	人	①	366
なみつぎ	なみ次	政	④	1266
なみのう	波上宮【篇】	神	④	1709
なみよけ	浪除石垣	政	④	1024
なめ	なめ(銭)	泉		8
なめ	白痢	方		1413
なめ	屧脊	兵		1981
なめかた	なめかた	法	③	106
	—	法	③	46
なめかた	行方郡(常陸)	地	①	1113
なめかた	行方郡(陸奥)	地	②	119
なめくじ	なめくぢ(蛞蝓)	動		1223
なめさの	滑狭郷	地	②	477
なめし	菜飯	飲		404
なめしが	滑革	産	①	899
なめしが	滑革師	産	①	896
なめすす	なめすすき(鼠茸)	植	②	806

なめらへ	滑蛇	動		1020
なめりう	滑魚	動		1494
なめりが	滑川	人	②	62
なもみ	葈耳	植	②	762
なや	納屋	居		810
なやみ	悩	方		1137
なやらい	なやらひ	歳		1367
	「ついな追儺」も見よ			
なゆた	那由他(大数)	文	③	589
なゆたけ	なゆたけの(枕詞)	植	①	686
なよし	鯔	動		1392
なよたけ	なよ竹	植	①	685
なら	楢	植	①	202
なら	奈良	地	①	295
ならえし	楢画師	文	③	789
ならえん	那羅延	宗	①	129
ならがみ	奈良紙	文	③	1198
ならさら	奈良曝布	産	②	122
ならし	鐽	産	①	646
ならしか	平均籠(堤防具)	政	④	1019
ならだい	奈良代官	官	②	1331
ならちゃ	奈良茶	飲		332
ならちゃ	奈良茶飯	飲		411
ならづけ	奈良漬	飲		1032
ならでん	奈良伝授	文	①	784
ならてん	奈良天皇	帝		940
	「へいぜい平城天皇」も見よ			
ならとじ	難良刀自神社	神	③	1206
ならぬり	奈良塗	産	①	799
ならのか	奈良神	神	①	351
ならのご	平城獄	帝		1505
ならのこ	奈良許知麿	人	①	1067
ならのさ	平城坂上墓	礼	②	1151
ならのさ	奈良郷	地	①	235
ならのだ	奈良大仏	宗	③	1103
	—	宗	①	182
ならのに	奈良の庭竈	居		656
ならのみ	平城宮	地	①	182
	—瓦	産	①	595
ならはご	楢葉郡	地	②	119
ならはら	奈良波良神社	神	③	135
ならびぐ	双倉	居		744
ならひら	なら平(織物)	産	②	209
ならぶぎ	奈良奉行			
	足利氏—	官	②	1331
	徳川氏—	官	③	1424
	徳川氏—裁判	法	③	876
ならぶろ	奈良風炉	遊		658
ならまち	奈良町総年寄	官	③	1429
ならまち	奈良町奉行	官	③	1425
ならや	奈良屋(江戸町年寄)	官	③	429
ならやま	那羅山	地	③	731
ならやま	椎山陵	帝		985
なり	なり(農)	産	①	3
なりあい	成相寺【篇】	宗	④	870
なりあい	成相墓	礼	②	1151
なりいた	鳴板(清涼殿)	居		119
なりかぶ	なりかぶら(鏑)	兵		1671
なりかも	成箇物成	政	④	143
なりがら	成柄(除目申文)	政	①	786
なりたか	鳴高(唱詞)	政	①	94
なりたか	奈利高之(風俗歌)	楽	①	237
なりたし	成田重成	武		68
なりたつ	熟田津(饒田津)	地	③	539
なりたま	成田町	地	①	1073
なりつか	成束(除目申文)	政	①	787
なりどこ	なりどころ(別業)	政	②	468
なりなが	成良親王	帝		1393
	—為征夷大将軍	官	②	667
なりのこ	成残申文	政	①	786
なりひさ	なりひさご(瓢)	器	①	270
	—	植	②	587
なりひら	業平竹	植	①	692
なりひら	業平渡	地	③	461
なりぶみ	成文	政	①	786
なりもの	鳴物停止			
	依崩御—	礼	②	696
	依女院崩御—	帝		1131
	依准后薨去—	帝		1235
	依徳川将軍薨去—	官	③	49
	依老中逝去—	官	③	191
	依大名逝去—	官	③	1732
	—中虚無僧得吹尺八哉否哉事	楽	②	1026
	依崩薨等鳴物禁止	礼	②	541
なりわい	なりはひ	産	①	2
	「のうぎょ農業」も見よ			
なるかみ	鳴神(雷)	天		283
なるかみ	鳴神(三線名器)	楽	②	827
なるかみ	鳴雷神祭	神	②	613
なるこ	なるこ(目張魚子)	動		1453
なるこ	鳴子	産	①	169
なるこお	鳴子温泉	地	③	1075
なるこゆ	なるこゆり(黄精)	植	①	1017

なるしま 成島司直
　—仕幕府 文 ② 711
　—上書 政 ③ 226
なるたき 鳴滝 地 ③ 1214
なると 鳴門 地 ② 811
　— 地 ③ 1272
なるはじ なるはじかみ(蜀椒) 植 ① 440
なるみが 鳴海潟 地 ③ 1290
なるみの 鳴海駅 地 ① 493
なれ なれ(汝) 人 ① 10
なれこま 馴子舞 楽 ② 445
なれずし 馴鮓 飲 951
なわ 縄(犬追物馬場) 武 581
なわあぶ 縄鐙 兵 1994
なわあぶ 那波鐙 兵 1998
なわいれ 縄入 政 ④ 16
　「けんち検地」も見よ
なわえい 縄纓冠 礼 ② 1023
なわごお 那波郡 地 ② 14
なわさば なはさば(鯆魚) 動 1415
なわしょ 縄床子 帝 579
なわしろ 苗代 産 ① 67
なわしろ 苗代ぐみ(木) 植 ① 576
なわじん 名和神社 神 ④ 1715
なわすだ 縄簾 器 ① 849
なわせみ 蚱蟬 動 1187
なわて 畷 地 ③ 16
なわなが 名和長年 人 ① 1015
　祀—於名和神社 神 ④ 1715
なわのし 奈和荘 官 ② 1048
なわのみ 那和港 地 ③ 579
なわのり なはのり(海藻) 植 ② 929
なわばり 縄張(城) 兵 1050
なわぶぎ 縄奉行 政 ④ 60
なわふね 縄舟 器 ② 668
なんいん 南院 居 84
なんえん 南円堂 宗 ③ 1190
　— 宗 ③ 1178
　—造立 帝 1671
なんか 南華 人 ① 1287
なんが 南画 文 ③ 842
なんかい 南海総督 官 ② 1431
なんかい 南海道 地 ① 68
　— 地 ③ 58
なんがく 南学(学派) 文 ② 770
なんぎょ 難行道 宗 ① 32
　— 宗 ① 643
なんきょ 南極老人星 方 37
なんきん 軟錦 産 ② 278
なんきん 南京操 楽 ② 364
なんきん 南京梅 植 ① 252
なんきん 南京竹 植 ① 695
なんきん なんきんはぜ(烏臼木) 植 ① 459
なんきん 南京豆 植 ② 281
なんぐう 南宮神社【篇】 神 ④ 707
　—神宮寺 神 ② 1732
なんけ 南家(藤原氏) 姓 423
なんけて 南家点 文 ③ 282
なんこ なんこ 遊 226
　— 法 ③ 106
　—図 遊 227
なんこ 南戸 居 239
なんごし 難後拾遺 文 ② 415
なんざ 南座 服 544
なんさい 南祭 神 ③ 1335
なんざこ 南座勾当 官 ① 312
なんざん 難産 礼 ① 473
なんじ 汝 人 ① 9
なんしゅ 南斗 天 94
なんしゅ 南宗画 文 ③ 842
なんしゅ 南宗寺【篇】 宗 ④ 39
なんじょ 南条(安房) 地 ① 1014
なんじょ 南条郡(越前) 地 ② 237
なんじょ 南条郡(讃岐) 地 ② 828
なんしょ 男色 人 ② 922
なんぜん 南禅院 宗 ③ 671
なんせん 難千載 文 ② 419
なんぜん 南禅寺【篇】 宗 ③ 656
　—鎮守神 神 ① 791
なんぜん 南禅寺派 宗 ① 749
なんそう 南曹 文 ② 1295
なんたい 男体山 地 ③ 828
　— 神 ④ 862
なんだい 南大寺 宗 ③ 1212
なんだい 南大門之戦 外 438
なんたち なむたち(汝等) 人 ① 10
なんたん 南端門 居 220
なんちょ 南挺 泉 271
なんちん 難陳
　年号— 歳 296
　和歌— 文 ② 34
なんてい 南廷(銀) 泉 271
なんてい 南庭 居 887

なんでん　南殿　居　18
なんでん　南殿　居　81
　天皇於一行元服　礼　①　797
　「ししんで紫宸殿」も見よ
なんでん　南殿(寝殿)　居　539
なんてん　南天燭　植　①　238
　鋳付一於鏡背　器　①　351
なんど　納戸　居　642
なんどう　南堂　文　②　1060
なんどが　納戸頭【篇】　官　③　776
なんとが　南都方楽人　楽　①　619
なんどが　納戸構　居　643
なんどし　納戸衆　官　③　783
なんとず　南都墨　文　③　1371
なんとて　南都伝奏　官　①　676
なんとま　南都町奉行　官　③　1424
なんとり　南都両門跡　宗　③　184
なんにょ　男女歌合　文　②　77
なんにょ　男女耦生神　神　①　36
なんば　なんば(欙)　産　①　264
なんぱせ　難破船　政　③　1079
　—　政　④　249
　—　政　④　1392
　—　政　④　1406
なんばり　難波流(蹴鞠)　遊　1104
なんばん　南蛮　外　1199
　追放一図　法　②　369
なんばん　南蛮笠　器　②　412
なんばん　南蛮菓子　飲　656
なんばん　南蛮甲　兵　1884
なんばん　南蛮黍　植　①　880
なんばん　南蛮胡椒　植　②　526
なんばん　南蛮人
　一渡来　武　911
　一渡来禁制　外　22
なんばん　南蛮頭巾　服　1239
なんばん　南蛮誓詞　人　②　375
なんばん　南蛮船
　一来于長崎港　地　③　583
　一渡海制禁　外　23
なんばん　南蛮漬　飲　1037
なんばん　南蛮鉄　兵　1317
なんばん　南蛮寺　宗　④　1129
　破却—　宗　④　1163
なんばん　南蛮鞴　産　①　645
なんばん　南蛮料理　飲　134
なんぶぎ　南部絹　産　②　217
なんぶき　南部金山　金　93
なんぶの　南部御牧　地　③　965
なんぶわ　南部椀　産　①　799
　—　器　①　41
なんぽう　南方　居　83
なんぽう　南方毛抜　器　①　455
なんぼう　南坊流(茶道)　遊　597
なんぼく　南北朝
　一神器授受始末　帝　105
　北朝帝為南朝帝服喪　礼　②　502
なんみょ　南明院　宗　③　957
なんめん　南面外大門　居　261
なんめん　南面内門(会昌門)　居　249
なんめん　南面内門(承明門)　居　226
なんめん　南面僻仗中門　居　219
なんもん　南門(中和院)　居　270
なんもん　南門(朱雀門)　居　210
なんりょ　南鐐　泉　271
　—　金　185
なんりょ　南鐐座　泉　402
なんわ　南倭　地　①　22

に

に　弐(大宰府職名)　官　①　199
に　荷
　車馬一　政　②　1203
　人馬一物負担量　政　④　1288
　一物船賃　地　③　396
　正月初一　歳　901
にあえ　煮和　飲　218
にあがり　二上り調子(三線)　楽　②　830
にい　二位　官　③　1776
　一封　封　42
　一位田　封　102
　一季禄　封　142
　一資人　封　352
　一蔭位　政　①　1002
　「しょうに正二位」「じゅにい従二位」も見よ
にいいご　新居郡　地　②　869
にいがた　新潟　地　②　343
にいがた　新潟港　地　③　579

にいがた 新潟奉行 官 ③ 1448
にいかっ 新冠郡 地 ② 1299
にいかわ 新川郡 地 ② 313
にいくら 新座郡 地 ① 842
にいじま 新島 地 ① 639
にいそ 甘遂 植 ② 337
にいた 新田 政 ② 338
にいたご 新田郡 地 ② 125
にいたじ 新田神社【篇】 神 ④ 1696
にいたは 新田八幡宮 神 ④ 1697
にいたは 新田藩 地 ② 195
にいなめ 新嘗祭【篇】 神 ② 215
預―社 神 ① 361
斎宮― 神 ③ 764
―斎服 服 135
新嘗会図 神 ② 246
新嘗会節禄 封 180
にいはり にひはり(枕詞) 地 ① 1109
にいはり にひはり(新墾) 政 ② 338
にいはり 新治郡 地 ① 1107
にいはり 新治国造 地 ① 1101
にいはり 新治牧 地 ③ 969
にいまぐ にひまぐさ(藺茹) 植 ② 339
にいみは 新見藩 地 ② 611
にいむろ 新室寿 居 507
にいや 新谷 地 ② 878
にいやの 新屋牧 地 ③ 964
にいやは 新谷藩 地 ② 885
にうけに 荷請人 産 ② 405
にうごお 丹生郡 地 ② 236
にうじん 丹生神社神宮寺 神 ② 1714
にうのか 丹生川上神社【篇】 神 ④ 187
にうのは 丹生祝氏文 姓 377
にうのひ 丹生弘吉 人 ① 1068
にうのみ 丹生明神 神 ① 270
にうめ 煮梅 飲 1040
にうり 煮売 産 ② 697
にうりち 煮売茶屋 飲 327
にえ 沸(刀) 兵 1306
にえ 贄
腹赤御― 歳 463
大神宮種薑御― 神 ③ 501
大神宮御饌― 神 ③ 568
神嘗祭御― 神 ③ 435
神事笠懸懸― 武 553
神事犬追物懸― 武 640
「いけにえ生贄」も見よ
にえ 二会(法会) 宗 ② 30
にえうみ 贄海神事 神 ③ 534
にえどの 贄殿
大嘗祭斎場― 神 ① 1055
内膳司― 官 ① 1070
摂関大臣家― 官 ① 1293
にえのは 贄土師部 官 ① 120
にお 鳰 動 601
におい 匂(鎧威毛) 兵 1800
においか 匂唐櫃 器 ① 668
においだ 匂箪笥 器 ① 677
においの 匂の花(俳諧) 文 ① 1389
においぶ 匂袋 器 ① 528
蚊帳懸― 器 ② 210
におう 二王 宗 ① 129
― 宗 ① 111
― 宗 ③ 129
におうも 仁王門(日光東照宮) 神 ④ 795
におどり にほどりの(枕詞) 動 604
におのう 鳰の浮巣 動 603
におのう 鳰海 地 ③ 1234
にかい 尼戒 宗 ② 610
にかいず 二階厨子 器 ① 660
―図 器 ① 660
―飾方 帝 1252
にかいど 二階堂氏 姓 304
―世襲政所執事 官 ② 712
にかいど 二階堂党 姓 296
にかいも 二階門(城) 兵 1092
にかいや 二階屋 居 531
にかいや 二階矢倉 兵 1106
にがおえ 似顔画 文 ③ 925
「しょうぞ肖像」も見よ
にがかた 二が方のみこ神 礼 ② 1326
にがき にがき(木) 植 ① 446
にがし 苦 飲 8
にがそば 苦蕎麦 植 ② 10
にがたけ 苦竹 植 ① 680
にがつ 二月 歳 14
にがつど 二月堂 宗 ③ 1132
― 宗 ② 131
於―読神名帳 神 ① 134
にがな 苦菜 植 ② 745
にがな 竜胆 植 ② 445
にがにれ にがにれ(蕪荑) 植 ① 211
にがぶな 苦鮒 動 1267
にがもも 苦桃組 兵 456

にがよも	にがよもぎ(苦蒿)	植	②	718
にかわ	膠			
	鹿角—	動		326
	彩画仏菩薩像不用—	文	③	984
にがわら	にがわらひ(苦笑)	人	①	733
にき	日記	文	③	441
	「にっき日記」も見よ			
にきえみ	熟蝦夷	人	②	711
にぎたえ	和妙神服	神	①	1051
	大嘗祭—	神	①	1441
にぎたづ	熟田津(饒田津)	地	③	539
にぎたづ	熟田津石湯	地	③	1090
にぎて	丹寸手	神	②	1064
	「へいはく幣帛」も見よ			
にきのい	日記之家	文	③	443
にきのお	二季御贖	神	②	736
にぎはや	饒速日命	官	①	60
にきび	面皰	方		1255
にきみ	痤	方		1225
にぎみた	和魂	神	①	175
にきみは	皶鼻	方		1169
にぎめ	和布	植	②	883
にぎりい	握出(冑)	兵		1882
にぎりか	握革(弓)	兵		1556
にぎりず	握鮓	飲		952
にぎりめ	握飯	飲		445
にく	肉(身体)	人	①	302
にく	褥	器	②	106
にく	麢羊	動		221
にぐ	逃			
	「とうぼう逃亡」を見よ			
にぐうの	二宮大饗	歳		531
にぐうの	二宮臨時客【併入】	歳		539
にくさび	にくさび	器	②	710
にくじき	肉食妻帯	宗	①	939
にくじき	肉食穢	神	②	818
にくしょ	肉蓯蓉	植	②	674
にくしょ	肉食	飲		34
	—	動		19
	大嘗祭禁—	神	①	1171
にくむ	悪	人	①	766
にくら	荷鞍	兵		1970
	—	産	①	196
にぐら	荷蔵	居		762
にくるべ	にくるべ(釈迦牟尼仏)	宗	①	72
にぐるま	荷車	器	②	855
にぐろめ	にぐろめ(烏銅)	金		192
にぐんじ	二郡地頭	官	②	990
にけかみ	にけかみ(齝)	動		8
にげのう	二毛馬	動		103
にげみず	逃水	天		329
にけんの	二間厩	居		724
にけんろ	二間牢	法	③	188
にごい	にごひ(魚)	動		1318
にごう	二合	政	①	584
	「かおう花押」も見よ			
にごう	二合(年給)	封		274
	—	政	①	682
にごうし	二合精代	政	②	617
にごうは	二郷半村	地	①	904
にこくご	二石五斗替	政	④	280
にこげ	毳	動		501
にこごり	煮凝	飲		221
にごし	荷輿	器	②	958
にごすみ	和炭	器	②	347
にごそう	和奏	政	②	386
にこにこ	にこにこ笑	人	①	732
にこよの	和世御服	神	②	741
にごりが	濁川	政	④	1048
にごりざ	濁酒	飲		689
にごろ	にごろ(鮒)	動		1270
にころし	煮殺【併入】	法	①	753
にこん	二献	礼	①	236
にざいぐ	二罪倶発	法	①	42
	—	法	①	657
	—	法	②	59
にし	西	天		19
にし	辛螺	動		1654
にじ	虹【篇】	天		310
にじ	二字(人名)	姓		597
にしうら	西浦	地	③	1280
にしうら	西浦賀番所	官	③	1402
にしおお	西大川	地	③	1188
にしおお	西大平藩	地	①	558
にしおは	西尾藩	地	①	557
にしかい	西会廂門	居		216
にしがく	西学問稽古所	文	②	1289
にしかわ	西川祐信	文	③	853
にしかわ	西川正休	方		288
にしかわ	西川流(絵画)	文	③	853
にしき	錦【篇】	産	②	274
にしき	二色(料理)	飲		220

にしきう　錦浦　地 ②　748
　—　地 ①　480
にしきえ　錦絵　文 ③　852
にしきが　錦貝　動　1674
にしきぎ　衛矛　植 ①　489
にしきこ　錦小路　地 ①　159
にしきこ　錦小路家　方　759
にしきし　錦島郡　地 ①　435
にしきそ　にしきさう(地錦)　植 ②　342
にしきの　錦帯　服　809
にしきの　錦唐衣　服　914
にしきの　錦冠　服　1109
にしきの　錦袴　服　709
にしきの　錦旗　兵　2111
にしきの　錦袍　服　250
にしきの　錦靫　兵　1714
にしきへ　にしきへみ(蚺蛇)　動　1021
にしきや　錦焼　産 ①　711
にじぐち　二字口(相撲場)　武　1163
にしぐら　西倉　居　781
にしごお　爾志郡　地 ②　1294
にしこの　西近衛御門　居　214
にしごり　錦部　官 ①　106
　—　産 ②　6
にしごり　錦部郡　地 ①　317
にしざむ　西侍　居　588
にしじん　西陣織　産 ②　22
にしづの　西津荘　地 ②　213
にしどの　西殿　居　102
にしなり　西成郡　地 ①　365
にしのあ　西の主　宗 ①　78
にしのい　西市正　官 ②　387
にしのい　西市司　官 ②　386
にしのう　西の内　文 ③　1200
にしのえ　西掖門　居　259
にしのき　西階　居　1183
にしのき　西京　地 ①　145
　平安京—図　地 ①　167
にしのく　西国　地 ①　56
にしのじ　西陣　居　224
にしのた　西対　居　541
にしのて　西寺(山城)　宗 ③　803
にしのて　西寺(土佐国金剛頂寺)　宗 ④　1043
にしのと　西野党　兵　437
にしのと　西洞院紙　文 ③　1228
にしのな　西中御門　居　214
にしのひ　西廂僻仗門　居　222
にしのひ　西廂門(永福門)　居　259
にしのひ　西廂門(徽安門)　居　229
にしのみ　西道　地 ③　46
にしのみ　西宮　神 ④　272
にしのろ　西楼　居　191
にしのろ　西廊北掖門　居　252
にしのろ　西廊門　居　255
にじばし　虹橋　地 ③　117
にしはね　西拮橋御門　居　409
にしほん　西本願寺(大坂)【篇】　宗 ④　93
にしほん　西本願寺(尾張)【篇】　宗 ④　162
にしほん　西本願寺(東京)【篇】　宗 ④　428
にしほん　西本願寺(京都)【篇】　宗 ③　419
　本願寺献即位費　帝　418
にしほん　西本願寺派　宗 ①　926
　—位階得度次第　宗 ①　913
　—寺院数　宗 ③　9
にしほん　西本願寺山科別院【篇】　宗 ③　1001
にしまる　西丸　兵　1064
　徳川柳営—　居　376
にしまる　西丸伊賀之者　官 ③　1009
にしまる　西丸馬預　官 ③　962
にしまる　西丸馬方　官 ③　963
にしまる　西丸裏門番頭　官 ③　724
にしまる　西丸大手御門　居　408
にしまる　西丸大目付　官 ③　323
にしまる　西丸奥医師　官 ③　870
にしまる　西丸奥坊主　官 ③　933
にしまる　西丸奥右筆　官 ③　249
にしまる　西丸表台所役人　官 ③　916
にしまる　西丸表坊主　官 ③　939
にしまる　西丸表右筆　官 ③　256
にしまる　西丸徒押　官 ③　363
にしまる　西丸徒頭　官 ③　1140
にしまる　西丸徒目付　官 ③　362
にしまる　西丸切手門番頭　官 ③　728
にしまる　西丸桐之間番　官 ③　762
にしまる　西丸下男頭　官 ③　1005
にしまる　西丸高家　官 ③　306
にしまる　西丸腰物方　官 ③　791
にしまる　西丸小十人　官 ③　1126
にしまる　西丸小性　官 ③　751
にしまる　西丸小性組番　官 ③　1094
にしまる　西丸御膳所役人　官 ③　910
にしまる　西丸御膳奉行　官 ③　888

にしまる　西丸小納戸　官 ③ 775
にしまる　西丸小人頭　官 ③ 989
にしまる　西丸小間遣　官 ③ 1006
にしまる　西丸細工頭　官 ③ 696
にしまる　西丸先手頭　官 ③ 1183
にしまる　西丸儒者　官 ③ 850
にしまる　西丸書院番　官 ③ 1077
にしまる　西丸新番　官 ③ 1116
にしまる　西丸進物取次組頭　官 ③ 291
にしまる　西丸数寄屋頭　官 ③ 943
にしまる　西丸奏者番　官 ③ 289
にしまる　西丸添番　官 ③ 723
にしまる　西丸側衆　官 ③ 277
にしまる　西丸側用人　官 ③ 267
にしまる　西丸鷹匠頭　官 ③ 947
にしまる　西丸焼火間番　官 ③ 761
にしまる　西丸中間頭　官 ③ 983
にしまる　西丸同朋　官 ③ 920
にしまる　西丸土圭間番　官 ③ 765
にしまる　西丸鳥見　官 ③ 958
にしまる　西丸納戸頭　官 ③ 785
にしまる　西丸鷂頭　官 ③ 951
にしまる　西丸旗奉行　官 ③ 1223
にしまる　西丸火之番　官 ③ 367
にしまる　西丸広敷役人　官 ③ 806
にしまる　西丸賄頭　官 ③ 901
にしまる　西丸目付　官 ③ 345
にしまる　西丸持之頭　官 ③ 1172
にしまる　西丸鑓奉行　官 ③ 1225
にしまる　西丸留守居　官 ③ 719
にしまる　西丸留守居番　官 ③ 724
にしまる　西丸老中　官 ③ 207
にしまる　西丸若年寄　官 ③ 232
にしむら　西村忠次　武 886
にしむら　西村流(鉄砲)　武 885
にしめ　西目　称 112
にしめ　煮染　飲 213
にしやど　にしやどち(腹蛸)　動 1185
にしやま　西山拙斎　文 ② 677
にしやま　西山宗因　文 ① 1343
にじゅう　二十一回忌　礼 ② 1405
にじゅう　二十一箇寺詣　宗 ③ 319
にじゅう　二十一史　文 ② 818
　―和板　文 ③ 325
にじゅう　二十一寺　宗 ③ 193
にじゅう　二十一社　神 ① 420
　祈年穀―奉幣　神 ② 47
にじゅう　二十一代集　文 ② 230
にじゅう　二十一波(銭)　泉 148
にじゅう　二十一年忌　礼 ② 1405
にじゅう　二重売　政 ④ 760
にじゅう　二重御仕置　法 ② 76
にじゅう　二重書入　政 ④ 760
にじゅう　二十騎組　官 ③ 1161
にじゅう　二十五回忌　礼 ② 1408
にじゅう　二十五箇所詣　宗 ③ 319
にじゅう　二十五騎組　官 ③ 1161
にじゅう　二十五座神楽　楽 ① 197
にじゅう　二十五三昧　礼 ② 1113
にじゅう　二十五大寺　宗 ③ 192
にじゅう　二十五年忌　礼 ② 1408
にじゅう　二十五菩薩　宗 ① 86
にじゅう　二十三回忌　礼 ② 1407
にじゅう　二十三年忌　礼 ② 1407
にじゅう　二十三夜待　神 ② 578
にじゅう　二十四気　歳 111
　―日不得決死刑　法 ① 230
にじゅう　二重質　政 ④ 760
にじゅう　二十七回忌　礼 ② 1410
にじゅう　二十七年忌　礼 ② 1410
にじゅう　二十四輩　宗 ① 922
にじゅう　二十四輩詣　宗 ③ 318
にじゅう　二十二社　神 ① 420
　―　神 ① 346
　祈年穀―奉幣　神 ② 47
にじゅう　二十年祭　礼 ② 1300
にじゅう　二十八宿　天 96
　―　方 274
にじゅう　二十八天　宗 ① 110
にじゅう　二十八日　歳 61
にじゅう　二重屏　兵 1085
にじゅう　二重布衣　官 ③ 69
にじゅう　二重家根　居 530
　―　居 1060
にしゅき　二朱金
　元禄―　泉 209
　天保―　泉 253
　万延―　泉 258
　―吹立高　泉 379
　―品位　泉 387
にしゅぎ　二朱銀
　安永―　泉 239
　文政―　泉 245
　安政―　泉 257

	—引替増歩	泉	326
	—品位	泉	387
にしゅば	二朱判		
	元禄—	泉	209
	明和南鐐—	泉	240
	明和南鐐—図	泉	426
にじょう	二条院(章子内親王)	帝	1175
にじょう	二条蔵奉行	官③	1291
にじょう	二条家	姓	426
	—歌道	文①	791
	—古今伝授	文②	403
	—神楽	楽①	190
	—蹴鞠	遊	1134
	—用将軍偏諱	姓	641
にじょう	二条御所	居	313
にじょう	二条御殿番	官③	1289
にじょう	二条御殿番坊主	官③	1289
にじょう	二条城		
	—修復入用	政③	998
	徳川氏—大番	官③	1029
	徳川氏—役人	官③	1285
	徳川氏—御蔵	政③	1039
	徳川氏—貯穀	政④	930
にじょう	二条城代	官③	1285
にじょう	二条定番	官③	1286
にじょう	二条城門番頭	官③	1286
にじょう	二条内裏	居	284
にじょう	二条鉄砲奉行	官③	1290
にじょう	二条天皇	帝	26
	—行幸六波羅	帝	660
	—山陵	帝	996
	—国忌	礼②	1281
にじょう	二条武具奉行	官③	1291
にじょう	二条目付	官③	1150
にしょだ	二所大神宮	神③	6
	「だいじん大神宮」も見よ		
にじりあ	にじりあがり(茶室)	遊	567
にしん	鯡	動	1427
にじん	二陣	兵	391
にせいげ	二世源氏	姓	211
にせいん	偽印	政③	308
にせえ	似絵	文③	924
	「にがおえ似顔画」も見よ		
にせかお	偽花押	政③	324
にせがね	似金	法②	939
にせきん	贋金銀	泉	408
にせさつ	似札	法②	945
にせしょ	偽証文	政④	641
	—	法③	638
にせぜに	贋銭	泉	92
	「がんぞう贋造貨幣」も見よ		
にせつつ	似せ包銀	泉	186
にせばか	似せ秤	称	117
にせます	似せ枡	称	53
にせんに	二千日忌	礼②	1456
にそん	二尊	宗①	94
にそんい	二尊院【篇】	宗③	895
	—寺領	宗③	257
にだいの	二代后	帝	1158
にたいぼ	二諦坊墨	文③	1372
にたごお	仁多郡	地②	472
にたやま	新田山絹	産②	216
にたりぶ	荷足舟	器②	674
にだんほ	二段布衣	官③	69
にち	にち(稲病)	産①	150
にち	日	歳	44
にちい	日意(僧)	宗③	509
にちいき	日域	地①	11
にちいん	日印(僧)	宗①	1000
にちうん	日暈	天	28
にちえ	日恵(僧)	宗④	1188
にちおう	日奥	宗①	1012
	—再興妙覚寺	宗③	499
にちじ	日持(僧)	宗④	198
にちじゅ	日什(僧)	宗①	1001
	—創妙満寺	宗③	487
にちじゅ	日純(僧)	宗①	1010
にちじょ	日乗(僧)	宗④	242
にちじょ	日常(僧)	宗①	1004
にちじょ	日静(僧)	宗①	999
にちじん	日陣(僧)	宗③	538
にちぞう	日像	宗①	981
	—創妙顕寺	宗③	483
にちゆう	日遊	方	115
にちよう	日曜祭	方	36
にちょう	二挺立舟	器②	586
にちりゅ	日隆(僧)	宗①	1010
にちりょ	日料【併入】	封	198
にちりん	日輪寺【篇】	宗④	437
にちれん	日蓮	宗①	978
	—誕生地	宗④	499
	追捕—	法①	934
	—流罪	法①	780
	赦—流罪	法①	967

―入于身延山　宗 ④ 249
―創池上本門寺　宗 ④ 457
―菩薩号　宗 ① 85
―菩薩号　宗 ② 816
―会式　宗 ② 222
にちれん　日蓮宗【篇】　宗 ① 945
浄土宗与―宗論　宗 ① 434
―衣体　宗 ② 1229
―寺院数　宗 ③ 9
―弊害　宗 ③ 67
にちれん　日蓮神道　神 ② 1341
にちろう　日朗(僧)　宗 ① 998
にっかも　日華門　居 233
にっかん　日観集　文 ② 561
にっき　日記　文 ③ 440
蔵人殿上―　官 ② 245
大目付掌―事　官 ③ 313
百手的―　武 343
弓場始―　武 353
笠懸―　武 555
犬追物―　武 618
にっきえ　日記絵　文 ③ 901
にっきか　日記方右筆　官 ③ 245
にっきか　日記唐櫃　文 ③ 1395
にっきつ　日記付
笠懸―　武 565
犬追物―　武 663
にっきゅ　日給簡　政 ① 1101
にっきよ　仁木頼章　官 ② 1085
にっきん　日勤　政 ③ 417
―　官 ③ 129
にっく　日供　神 ③ 967
にっくど　日供堂　宗 ③ 89
にっけい　肉刑【篇】　法 ① 262
―【篇】　法 ① 761
―　法 ② 462
にっけい　肉桂　植 ① 266
にっけい　肉桂酒　飲 760
にっこう　日功　政 ② 839
にっこう　日光　地 ② 64
にっこう　日向(僧)　宗 ① 997
にっこう　日興(僧)　宗 ① 1006
―　宗 ③ 521
にっこう　日講　文 ③ 189
にっこう　日光御宮番　官 ③ 1449
にっこう　日光御宮守　官 ③ 1449
にっこう　日光御社参　神 ④ 833
―赦宥　法 ③ 352
にっこう　日光温泉　地 ③ 1072
にっこう　日光学問所【併入】　文 ② 1180
にっこう　日光御殿番　官 ③ 1453
にっこう　日光御門跡　帝 1478
にっこう　日光御領払　法 ② 368
にっこう　日光権現　神 ④ 859
にっこう　日光祭礼奉行　官 ③ 1706
にっこう　日光山　地 ③ 825
にっこう　日光山守護職　官 ③ 1452
にっこう　二荒山神社【篇】　神 ④ 859
にっこう　日光山東照宮　神 ④ 775
「とうしょ東照宮」も見よ
にっこう　日光神橋　地 ③ 337
にっこう　日光責　神 ④ 855
にっこう　日光膳椀　産 ① 799
にっこう　日光道中　地 ③ 72
にっこう　日光火消番頭　官 ③ 1228
にっこう　日光奉行　官 ③ 1449
―裁判　法 ③ 889
にっこう　日光樅　植 ① 124
にっこう　日光らん(藜蘆)　植 ① 1076
にっこう　日光蘭　植 ① 1160
にっこう　日光椀　器 ① 40
にっしゅ　日収　政 ② 776
にっしゅ　日州　地 ② 1143
「ひゅうが日向国」も見よ
にっしゅ　日秀(僧)　宗 ① 1033
にっしゅ　日祝(僧)　宗 ③ 524
にっしょ　日昭(僧)　宗 ④ 222
にっしょ　日章旗　兵 2112
にっしょ　日蝕【併入】　天 32
正月元日―　歳 498
正月元日―　歳 680
依―廃朝賀　歳 417
依―停朔日朝参　政 ① 20
依―旬政延引　政 ① 35
依―廃朝　政 ① 197
依―廃務　政 ① 198
依―釈奠延引　文 ② 1395
候―　方 270
にっしん　日真(僧)　宗 ① 1012
―創本隆寺　宗 ③ 528
にっしん　日親　宗 ③ 515
―創本法寺　宗 ③ 515
にっしん　日新館(会津藩)　文 ② 1283
―校舎　文 ② 1183

	—生徒数	文	②	1197
	—束脩謝儀	文	③	17
にっしん	日新館(仁正寺藩)	文	②	1281
にっしん	日新館(対馬府中藩)	文	②	1291
にっしん	日新堂	文	②	1281
にっそう	日奏	政	①	1142
にっそん	日存(僧)	宗	①	1010
にったう	新田氏	地	②	17
	—	姓		319
	—氏寺	宗	④	712
にったご	新田郡	地	②	17
にったの	新田駅	地	②	6
にったの	新田荘	地	②	22
にったよ	新田義興	地	③	451
にったよ	新田義貞			
	—忠	人	①	1015
	—娶勾当内侍	礼	①	1290
	祀—於藤島神社	神	④	1715
にったよ	新田義重	宗	④	707
にっちか	日知館(田中藩)	文	②	1279
にっちか	日知館(久保田藩)	文	②	1284
にっちゅ	日忠(僧)	宗	①	1005
につつじ	につつじ(茵芋)	植	①	595
にってん	日躔	方		277
にっとう	日東	地	①	11
にっぽう	日法(僧)	宗	④	242
にっぽう	日峯(僧)	宗	③	836
にっぽん	日本	地	①	5
にてん	二天	宗	①	111
にとうき	二東記	礼	②	682
にとうじ	二答状	法	①	1077
にとうし	二等親	礼	②	392
にとうて	二刀鉄人流(剣術)	武		28
にとうに	二刀二天流(剣術)	武		28
にとうま	二刀政名流(剣術)	武		28
にどがけ	二度懸	兵		549
にとべの	新渡戸駅	地	②	85
にとり	煮取	飲		948
にとりご	丹取郡	地	②	125
にな	蜷	動		1668
にないか	荷唐櫃	器	①	667
にないご	担輿	器	②	958
にないし	荷鉦鼓	楽	②	1126
にないだ	荷大鼓	楽	②	1057
にないつ	になひつじ(双旋)	人	①	507
にないぶ	荷ひ風呂	居		675
にながわ	蜷川氏	官	②	1110
にながわ	蜷川流(将棋)	遊		163
ににぎの	瓊瓊杵尊	帝		54
	—受三種神器	帝		54
	—降臨高千穂峯	地	③	852
	祀—於霧島神宮	神	④	1672
	祀—於新田神社	神	④	1696
ににんし	二人称	人	①	9
にぬき	煮貫(料理)	飲		281
にぬりや	丹塗矢	兵		1622
	—	神	③	942
にのうた	二歌(東遊)	楽	①	245
にのうで	二の腕	人	①	456
にのかっ	二の合戦	兵		508
にのかわ	二の替り(演劇)	楽	②	94
にのくる	二曲輪諸門(徳川柳営)	居		392
にのぜん	二膳	飲		86
にのたい	二対	居		542
にのつづ	二鼓【併入】	楽	②	1115
にのて	二の手	兵		409
にのての	二之手合戦	兵		582
にのへご	二戸郡	地	②	130
にのまい	二舞	楽	①	367
	—仮面	楽	①	670
にのまい	二の舞(諺)	人	①	915
にのまる	二丸	兵		1064
	徳川柳営—	居		375
にのまる	二丸御膳奉行	官	③	888
にのまる	二丸小人	官	③	989
にのまる	二丸添番	官	③	733
にのまる	二丸納戸頭	官	③	786
にのまる	二丸張番	官	③	733
にのまる	二丸番	官	③	733
にのまる	二丸火之番	官	③	369
にのまる	二丸門番	官	③	733
にのまる	二丸留守居	官	③	729
にのみや	二宮	神	①	400
	淡路国—神宮寺	神	②	1738
にのみや	二宮尊徳			
	—開日光祭田	政	③	1206
	—興復宇津家采邑	政	④	974
にのや	二矢	武		120
にはい	二拝	礼	①	17
にはちそ	二八蕎麦切	飲		528
にばんぞ	二番備	兵		414
にばんて	二番手	兵		410
にはんば	二半場	官	③	75

にびいろ 鈍色 礼 ② 1038
にびいろ 鈍色紙 文 ③ 1207
にびたし 煮浸 飲 218
にひゃく 二百五十戒 宗 ② 609
にひゃく 二百五十回忌 礼 ② 1444
にひゃく 二百五十年忌 礼 ② 1443
にひゃく 二百十日 歳 145
にひゃく 二百二十日 歳 145
にひゃく 二百年忌 礼 ② 1439
にひゃっ 二百回忌 礼 ② 1439
にぶきん 二分金
文政― 泉 243
文政―図 泉 427
安政― 泉 256
万延― 泉 258
―引替増歩 泉 327
―吹立高 泉 379
にふくつ 二幅対 文 ③ 1009
にぶね 荷舟 器 ② 636
にべ 鮸 動 1386
にべ 鰾 動 1245
― 兵 1539
鱁鮧 動 1247
にべつ 二別(花押) 政 ① 577
にほう 二方(飲食具) 器 ① 162
にほしま 仁保島 地 ② 645
にほん 二品 官 ③ 1776
にほん 日本 地 ① 5
―神国也 神 ① 101
にほんお 日本扇 服 1292
にほんが 日本外史 文 ③ 484
にほんか 日本海測量 外 1452
にほんが 日本楽府 文 ② 511
にほんぎ 日本紀私記 文 ② 851
にほんこ 日本後紀 文 ② 862
にほんこ 日本国王
外国国書称将軍曰
― 外 621
足利義満称― 人 ② 640
足利義満称― 外 943
にほんこ 日本国大君 外 621
にほんざ 日本左衛門 人 ② 803
―人相書 法 ③ 157
―処刑 法 ② 204
にほんし 日本紙 文 ③ 1229
にほんじ 日本寺【篇】 宗 ④ 522
にほんし 日本書紀 文 ② 859
講― 文 ② 839
吉田家講― 神 ② 1377
―尚復 文 ③ 241
慶長版― 文 ③ 1082
日本紀竟宴 楽 ① 198
にほんそ 日本総社 神 ① 840
にほんそ 日本総鎮守 神 ① 812
にほんち 日本地図 地 ① 114
にほんち 日本長暦 方 416
にほんと 日本刀 兵 1290
にほんは 日本博士 文 ② 838
にほんば 日本橋 地 ① 960
― 地 ③ 288
晒罪人於― 法 ② 483
晒女犯僧於― 政 ③ 361
にほんば 二本柱台子 遊 649
にほんふ 日本府 外 88
― 外 253
にほんま 二本松藩 地 ② 154
にほんま 日本丸 兵 1221
にまいき 二枚起請 人 ② 360
にまごお 邇摩郡 地 ② 494
にまのさ 邇磨郷 地 ② 606
にもうの 二孟旬 政 ① 29
にもつか 荷物貫目改所 政 ④ 1292
にもつぶ 荷物船 器 ② 682
にもの 煮物 飲 213
にもんじ 二問状 法 ① 1077
にやけ 若気(男娼) 人 ② 919
にゅうか 入海病 方 1428
にゅうが 入学【篇】 文 ③ 1
にゅうが 入学願 文 ③ 6
にゅうか 新川郡 地 ② 313
にゅうが 乳岩 方 1509
にゅうか 入棺式 礼 ② 86
にゅうぎ 乳牛 動 45
― 方 1051
にゅうぎ 乳牛院 方 1049
にゅうぎ 乳牛役 政 ④ 494
にゅうこ 乳戸 方 1051
にゅうこ 乳香 植 ① 482
にゅうさ 入西郡 地 ① 846
にゅうさ 入札
以―購物品 官 ③ 779
新田― 政 ③ 1245
欠所物―払 法 ② 619
和蘭貿易― 外 1324

以一任命住持 宗 ② 838
葬車製作付一 礼 ② 352
楽人課試一 楽 ① 629
家財欠所時一 居 765
にゅうし 乳師 方 1050
にゅうじ 入寺 神 ② 1641
一 宗 ② 1000
にゅうす 入水 人 ① 652
一 宗 ② 721
にゅうせ 入声借音 文 ① 82
にゅうど 入道 宗 ② 431
「しゅっけ出家」も見よ
にゅうと 入東郡 地 ① 846
にゅうど 入道親王 帝 1471
にゅうど 入道禅下 帝 1539
にゅうな 入内 政 ① 1498
一 官 ③ 1818
にゅうな 入内雀 動 755
にゅうば 入梅 歳 141
にゅうふ 入夫 政 ③ 803
にゅうふ 乳父 人 ① 285
にゅうぶ 入部(国使) 政 ① 638
にゅうぼ 乳母
「めのと乳母」を見よ
にゅうめ 入滅 人 ① 646
にゅうめ にうめん 飲 512
にゅうも 入門 文 ③ 11
にゅうよ 乳癰 方 1507
にゅうわ 柔和 人 ① 706
にょい 如意 宗 ② 1130
にょいし 如意珠 帝 783
にょいの 如意の渡 地 ③ 404
にょいり 如意輪観音 宗 ① 93
にょいり 如意輪寺【篇】 宗 ③ 1318
にょいり 如意輪法 宗 ② 302
にょう 鐃 宗 ② 1094
にょうい 女院【併入】 帝 1186
一奉幣 神 ② 1046
一御幸【篇】 帝 773
一男山八幡宮御幸 神 ③ 1288
一令旨 政 ① 311
にょうい 女院給 封 288
にょうい 女院司 官 ① 1245
にょうい 女院執事 官 ① 1245
にょうい 女院庁下文 政 ① 361
にょうい 女院附 官 ③ 1285
にょうい 女院年預 官 ① 1245
にょうい 女院判官代 官 ① 1245
にょうい 女院別当 官 ① 1245
にょうか 女官【篇】 官 ① 1097
内侍所一 帝 141
主殿寮一 官 ① 1039
一位田 封 105
一季禄 封 158
一時服 封 173
一月料 封 190
一雑用料【併入】 封 200
一馬料 封 236
任一儀 政 ① 943
任一饗 政 ① 944
一自薦 政 ① 999
一選 政 ① 1228
一礼服 服 857
一凶服 礼 ② 998
にょうか 女官厨 官 ① 1158
にょうか 女官除目 政 ① 739
一 政 ① 676
一 政 ① 855
にょうご 女御【篇】 帝 1231
初為一後為后 帝 1142
一為皇太后 帝 1176
一為皇太夫人 帝 1185
一以下宮人為院 帝 1202
一准三宮 帝 1212
一再嫁 帝 1275
更衣進為一 帝 1285
称一為御息所 帝 1289
東宮一 帝 1405
王一 帝 1489
一御装束 服 864
一蒙輦車宣旨 器 ② 783
にょうご 女御給 封 301
一 政 ① 681
にょうご 女御代 帝 1278
御禊行幸一 神 ① 1090
にょうは 鐃鈸 宗 ② 1094
にょうぼ 女房
禁裏一 官 ① 1099
院一 官 ① 1244
摂籙家一 官 ① 1297
一日給簡 政 ① 1106
一鬢曾木 礼 ① 531
一礼服 服 857
歌合時天皇摂関称

	—	文	②	28
にょうぼ	女房	人	①	152
	「つま妻」も見よ			
にょうぼ	女房歌合	文	②	78
にょうぼ	女房扇	服		1324
にょうぼ	女房輿	器	②	959
にょうぼ	女房詞	人	①	880
にょうぼ	女房三十六人歌仙	文	①	879
にょうぼ	女房名	姓		772
にょうぼ	女房のさむらひ(台盤所)	居		116
にょうぼ	女房奉書	政	①	289
にょおう	女王	帝		1489
	—為斎宮	神	③	683
	—為斎院	神	③	1172
	以—充褰帳	帝		325
	—礼服	服		857
	即位時—装束	帝		328
	「こうしん皇親」も見よ			
にょおう	女王禄			
	「おうろく女王禄」を見よ			
にょくろ	女蔵人	官	①	1151
	東宮—	官	①	1182
	—礼服	服		858
にょじゅ	女孺			
	中宮—	官	①	746
	縫殿寮—	官	①	797
	内教坊—	官	①	855
	掃部寮—	官	①	1052
	内侍司—	官	①	1104
	内侍司—	官	①	1143
にょせん	女仙	方		628
にょだい	如大尼	宗	③	562
にょてい	女帝			
	—踐祚	帝		299
	—礼服	服		854
にょにん	女人往生	宗	①	858
にょにん	女人禁制	宗	③	46
	岩木山—	神	④	907
	比叡山—	宗	④	551
	高野山—	宗	④	929
にょべっ	女別当			
	斎宮—	神	③	816
	斎院—	神	③	1236
にょほう	如法経	宗	①	287
	—	神	①	270
にょほう	如法経守護三十番神	神	①	86
にょぼん	女犯僧	宗	②	692
	—	政	③	361
	—	法	②	3
	—	法	②	969
にょらい	如来	宗	①	69
	—十号	宗	①	70
にら	韮	植	①	1039
にらぎ	葅	飲		1052
にらくり	二楽流(書道)	文	③	679
にらめく	にらめくら	遊		1215
にらやま	韮山笠	器	②	410
にらやま	韮山頭巾	服		1252
にりょう	二寮	官	①	895
にれ	楡	植	①	208
にれたけ	楡茸	植	②	808
にれもみ	楡樅	植	①	124
にわ	庭	居		887
	於—除服	礼	②	827
	地震時出于—上	地	③	1401
にわいし	庭石	居		930
	—	金		267
にわうじ	丹波氏	方		759
にわうめ	にはうめ(郁李)	植	①	376
にわか	俄(狂言)【併入】	楽	②	231
	—	人	②	887
にわかま	庭竈	居		656
にわくさ	にはくさ(地膚)	植	②	39
にわくな	にはくなぶり(鶺鴒)	動		664
にわぐら	庭蔵	居		809
にわこ	庭子	産	①	194
にわごお	丹羽郡	地	①	503
にわざく	にはざくら(朱桜)	植	①	294
	—	神	②	1285
にわざく	にはざくら(多葉郁李)	植	①	377
にわせは	庭瀬藩	地	②	611
	—藩札	泉		444
にわせん	庭銭			
	宿駅—	政	④	1375
	遊女—	人	②	900
にわそ	甘遂	植	②	337
にわたず	にはたづみ(潦)	天		189
にわたた	にはたたき(鶺鴒)	動		666
にわだち	庭立奏(旬政)	政	①	29
にわちょ	庭帳	政	④	251
にわつく	庭作	居		931
にわつく	庭作(職名)			

	作事方—	官	③	660
	数寄屋頭支配—	官	③	942
にわつつ	にはつつ(地胆)	動		1090
にわつど	にはつどり(枕詞)	動		679
にわつど	庭つ鳥	動		677
にわとこ	にはとこ(接骨木)	植	①	659
にわとり	鶏	動		677
	擬—鳴	歳		1386
	祈年祭時献白—	神	②	32
	以—為神使	神	②	1824
にわとり	鶏糞	産	①	129
にわにお	庭生(催馬楽)	楽	①	207
にわのか	庭神	神	①	921
にわのざ	庭座			
	賀茂臨時祭—	神	③	1109
	石清水臨時祭—	神	③	1347
にわのは	庭の拝	礼	①	142
にわのも	庭之者			
	足利氏—	官	②	1225
	徳川氏休息—	官	③	979
にわのり	庭乗(乗馬)	武		727
にわび	庭燎	器	②	281
にわびの	爾波比神	神	④	228
にわびの	庭火曲(神楽)	楽	①	156
にわぶぎ	庭奉行	官	②	1224
にわやな	にはやなぎ(萹蓄)	植	②	29
にんあん	仁安	歳		206
にんかい	仁海	宗	①	634
	—創随心院	宗	③	1013
にんがい	人外	政	③	876
	「えた穢多」も見よ			
にんがい	仁亥(応仁元年丁亥)	歳		333
にんかん	任官	政	①	863
	依神託—	神	①	277
	—新旧称呼	官	①	236
	将軍—吉書始	政	③	5
	—挙状	政	③	151
	服者叙位—	礼	②	842
	「ぶにん補任」も見よ			
にんぎょ	人魚	動		1568
にんぎょ	人形			
	冑—	歳		1180
	納—於棺中	礼	②	375
	操—【篇】	楽	②	341
	玩具—	遊		1246
にんぎょ	人形(衣服)	服		1022
にんぎょ	人形仕立(下著)	服		426
にんぎょ	人形芝居	楽	②	342
にんぎょ	人形樽	器	①	195
にんぎょ	人形遣	楽	②	354
	—著長羽織	服		679
にんぎょ	人形筆	文	③	1285
にんげん	人間	人	①	2
にんげん	任限【篇】	政	①	1287
	郡司—	官	②	615
	「ちつげん秩限」も見よ			
にんけん	仁賢天皇	帝		7
	—為皇太子	帝		1353
	—与顕宗天皇互譲帝位	帝		1384
	—諫顕宗天皇	人	②	246
	—山陵	帝		983
にんげん	人間万事塞翁馬	人	①	913
にんこう	仁孝天皇	帝		42
	—諡	帝		933
	葬—於泉涌寺	帝		1009
	—国忌	礼	②	1286
にんじ	仁治	歳		219
にんじゅ	仁寿	歳		170
にんしょ	忍性(僧)	宗	④	324
にんじょ	人長	楽	①	178
にんじょ	人情	人	①	712
にんじょ	刃傷	法	①	415
	—	法	①	881
にんしょ	仁正寺藩	地	①	1212
にんじょ	人情本	文	②	956
	—	文	③	362
にんしん	妊娠			
	「かいにん懐妊」を見よ			
にんじん	にんじん(胡蘿蔔)	植	②	430
にんじん	人参	植	②	390
	—	方		1060
	—	方		1072
	求—於朝鮮	外		685
	求—於朝鮮	外		752
にんじん	人参座	方		1059
にんじん	人参汁	飲		180
にんじん	人参製法所	方		1056
にんじん	にんじんぼく(牡荊)	植	①	637
にんそう	人相	方		562
にんそう	人相書	法	③	151
にんそく	人足			
	寄場—【篇】	法	②	414
	川普請—	政	④	1140

　宿駅—定数 政 ④ 1285
　宿駅—負担量 政 ④ 1288
　宿駅—賃 政 ④ 1306
　材木運搬—負担量 政 ④ 1389
　駕籠— 器 ② 1035
にんそく 人足運上 政 ④ 454
にんそく 人足肝煎 政 ④ 1248
にんそく 人足役 政 ④ 551
にんそく 人足寄場 法 ② 414
　—図 法 ② 415
にんたい 忍耐【篇】 人 ② 140
にんだい 任大将 政 ① 933
にんちゅ 人中 人 ① 378
にんちょ 忍頂寺 宗 ④ 100
にんどう 忍冬 植 ② 649
にんどう 忍冬酒 飲 707
にんとく 仁徳天皇 帝 5
　—与菟道稚郎子互譲帝位 帝 281
　—除三年課役 人 ① 1149
　—山陵 帝 982
　—山陵新図 帝 980
　合祀—於鹿児島神宮 神 ④ 1678
にんな 仁和 歳 172
にんなじ 仁和寺【篇】 宗 ③ 845
　—鎮守神 神 ① 789
　—八講 宗 ② 90
　—灌頂 宗 ② 410
　—年分度者 宗 ② 582
　於—校合声明 宗 ① 350
　於—行宇多法皇算賀 礼 ① 1382
　於—行待賢門院国忌 礼 ② 1292
にんなじ 仁和寺布 産 ② 148
にんなじ 仁和寺宮 宗 ③ 852
　— 帝 1479
　— 帝 1445
にんなら 仁和楽 楽 ① 597
にんにく にんにく(蒜) 植 ① 1045
にんのう 仁王(逸年号) 歳 341
にんのう 仁王会 宗 ② 40
にんのう 仁王経 宗 ① 258
　仁王会時講仁王般若経 宗 ② 40
にんのう 仁王経疏 文 ③ 423
にんのう 仁王経法 宗 ② 319
にんのう 仁王講 宗 ② 54
にんびょ 仁平 歳 202
にんぷ 任符 政 ① 1296
　郡司— 官 ② 614
にんぶし 仁部省 官 ① 874
にんぷへ 任符返上 政 ① 716
　— 政 ① 684
にんぷや 人夫役 政 ④ 547
にんべつ 人別改 政 ③ 490
にんべつ 人別送 政 ③ 533
にんべつ 人別帳 政 ③ 473
にんみょ 仁明天皇 帝 17
　—博学 文 ② 984
　—建近江国護国寺 宗 ④ 667
　—号深草天皇 帝 943
　—薄葬 礼 ② 244
　—山陵 帝 990
　—国忌 礼 ② 1266
にんめん 人面瘡 方 1233
にんよう 任用 官 ② 540
にんりょ 任料 政 ① 1039

ぬ

ぬ ぬ(野) 地 ③ 922
ぬいおび 縫帯 服 1064
ぬいから 縫唐衣 服 925
ぬいづか 縫司 官 ① 1130
ぬいどの 縫殿頭 官 ① 793
ぬいどの 縫殿陣 居 222
ぬいどの 縫殿寮【篇】 官 ① 791
　—祭神 神 ① 866
　併縫部司於— 官 ① 970
　併采女司於— 官 ① 1086
　併内染司於— 官 ① 1096
ぬいとり 繡画 文 ③ 942
ぬいのつ ぬひのつかさ(縫殿寮) 官 ① 791
ぬいのべ 縫延(鎧) 兵 1828
ぬいはく 縫箔 産 ② 60
ぬいはく 縫箔小袖 服 1027
ぬいべ 縫部 官 ① 798
ぬいべの 縫部正 官 ① 970

ぬいべの	縫部司【篇】	官	①	970
ぬいめ	縫女	官	①	966
ぬいもの	刺繡【併入】	産	②	57
ぬいもの	縫物	産	②	39
ぬいもの	縫物師	産	②	58
ぬえ	鵺	動		974
ぬか	糠	植	①	807
ぬか	額	人	①	328
ぬかえ	蘇	植	②	491
ぬかがき	楼額(馬具)	兵		2049
ぬかがみ	ぬかがみ(髻)	人	①	517
ぬかご	零余子	植	①	1102
ぬかごえ	糠肥	産	①	131
ぬかごお	奴可郡	地	②	625
ぬかごや	零余子焼	飲		236
ぬかずき	ぬかづき(酸醬)	植	②	533
ぬかずき	叩頭虫	動		1094
ぬかずく	ぬかづく	神	②	1014
ぬかたご	額田郡	地	①	550
ぬかたで	額田寺	宗	③	1294
ぬかたの	額田国造	地	①	1164
ぬかたべ	額田部蘇提売	人	①	1121
ぬかづけ	糠漬	飲		1019
ぬかどい	糠問屋	産	②	407
ぬかどり	額鳥	動		924
ぬかば	板歯	人	①	399
ぬかぶく	糠袋	器	①	543
ぬかみそ	ぬかみそ汁	飲		185
ぬかみそ	糠味噌漬	飲		1012
ぬき	欄額	居		969
ぬきあし	蹐	人	①	463
ぬきかぶ	縨車	産	②	34
ぬきがわ	貫河(催馬楽)	楽	①	207
ぬきこじ	抜巾子	服		1119
	元服著―冠	礼	①	771
ぬきさき	貫前神社【篇】	神	④	770
	―卜鹿神事	神	②	1264
ぬきざや	貫鞘(鎧)	兵		2003
ぬきし	ぬきし(盗人)	人	②	815
ぬきしろ	ぬき白織	産	②	206
ぬきす	貫簀	器	①	607
ぬきで	抜手(水練)	武		982
ぬきで	抜出(相撲)	武		1063
ぬきでの	抜出司	武		1077
ぬきぶ	抜歩	政	④	26
ぬきほ	抜穂	産	①	92
ぬきほの	抜穂使	神	①	1006
ぬくめど	温鳥	動		943
ぬけがけ	抜懸	兵		547
ぬけに	抜荷	産	②	818
ぬけまい	抜参	神	③	647
ぬけまる	抜丸(名刀)	兵		1405
ぬさ	幣	神	②	1071
	以―為神体	神	①	203
	祓禊用―	神	②	706
	餞―	人	②	433
	「へいはく幣帛」も見よ			
ぬさぶく	奴佐袋	神	②	1095
ぬし	主(他称)	人	①	13
ぬし	塗師	産	①	785
ぬしま	沼島	地	②	768
ぬしろご	渟代郡	地	②	188
ぬすびと	盗人	人	②	777
	「とうぞく盗賊」も見よ			
ぬすびと	盗人隠	遊		1227
ぬすびと	ぬすびとのあし(赤箭)	植	①	1180
ぬすみし	盗み将棋	遊		143
ぬすみも	盗物	法	①	875
ぬたあえ	ぬたあへ	飲		258
ぬたごお	沼田郡	地	②	657
ぬたはず	ぬた筈	兵		1613
ぬたはだ	ぬたはた(魦)	動		6
ぬための	ぬためのの鏑	兵		1675
ぬたりご	沼垂郡	地	②	341
ぬで	白膠木	植	①	479
ぬでのき	ぬでのきの虫(樗鶏)	動		1105
ぬなくま	沼名前神社【篇】	神	④	1119
ぬなわ	ぬなは(蓴)	植	②	152
ぬの	布【篇】	産	②	115
	地子交易―価	政	②	632
	以―為質	政	②	931
	贖―	法	①	271
	仁和寺―	服		472
ぬのおび	白布帯	服		808
ぬのかた	布肩衣	服		602
ぬのかた	布帷	服		418
ぬのかり	布狩衣	服		472
ぬのかわ	布革(笠懸)	武		534
ぬのぎぬ	布衣	服		7
ぬのこ	布子	服		439
ぬのしと	布蔀	居		1255
ぬのしょ	布障子	器	①	864
ぬののの	布直衣	服		311

ぬののは	布袴	服		710
ぬののほ	布袍	服		251
ぬのびき	布引	武		1114
ぬのびき	布引滝	地	③	1209
ぬのひた	布直垂	服		571
ぬのびょ	布屏風	器	①	904
ぬのみせ	布鄽	産	②	151
ぬのやく	布役	泉		278
ぬばかま	奴袴			
	「さしぬき指貫」を見よ			
ぬばりぐ	ぬばり草(王孫)	植	①	1021
ぬひ	奴婢	政	②	151
	—	政	③	607
	絶戸—	政	②	52
	—籍帳	政	②	141
	—口分田	政	②	322
	—容隠	法	①	43
	—訴訟	法	①	1045
	寺院—	宗	③	291
	国分寺—	宗	③	162
	東大寺—	宗	③	1166
	興福寺—	宗	③	1198
	法隆寺—	宗	③	1292
	薬師寺—	宗	③	1259
	四天王寺—	宗	④	81
	—結婚制度	礼	①	895
	—賜姓	姓		231
	—衣服	服		177
	以外国人為—	外		13
	以婢為妻	政	②	59
	姦婢	法	①	442
	「せんみん賤民」も見よ			
ぬま	沼【附】	地	③	1244
ぬまおの	沼尾牧	地	③	964
ぬまくま	沼隈郡	地	②	626
ぬまた	沼田	地	②	23
ぬまたが	沼田学舎	文	②	1282
ぬまたの	沼田荘	政	②	527
ぬまたは	沼田藩	地	②	30
ぬまづの	沼津郷	地	①	623
	—	政	③	109
ぬまづは	沼津藩	地	①	629
ぬまのく	怒麻国造	地	②	865
ぬみぐす	ぬみぐすり(芍薬)	植	②	178
ぬみぐす	ぬみぐすり(枸杞)	植	①	640
ぬめ	ぬめ(銭)	泉		8
ぬめ	絖【併入】	産	②	269
ぬめさや	絖紗綾	産	②	267
ぬめり	滑り(小唄)	楽	②	390
ぬめりん	絖綾子	産	②	269
ぬりあお	塗泥障	兵		2020
ぬりあぶ	塗鐙	兵		1994
ぬりえび	漆箙	兵		1726
ぬりおけ	ぬりをけ(紡塼)	産	②	52
ぬりがさ	塗笠	器	②	401
ぬりぐつ	塗轡	兵		2010
ぬりぐら	塗蔵	居		754
ぬりくら	塗鞍覆	兵		1987
ぬりごし	塗輿	器	②	953
ぬりごし	塗輿御免	器	②	923
ぬりごめ	塗籠	居		636
	仁寿殿—	居		90
	川原院—之戸	帝		1292
ぬりごめ	塗籠籐弓	兵		1644
ぬりごめ	塗籠の矢	兵		1580
ぬりごめ	塗籠弓	兵		1645
ぬりし	塗師	産	①	785
ぬりだい	塗大工	産	①	583
ぬりだる	塗樽	器	①	191
ぬりたれ	塗垂(縛壁)	居		1258
ぬりたれ	ぬりたれの蔵	居		764
ぬりづる	塗弦(弓)	兵		1565
ぬりて	鐸	楽	②	1134
ぬりの	塗箆	兵		1579
ぬりばし	ぬりばし(蕨類)	植	②	856
ぬりはず	塗筈	兵		1613
ぬりべ	泥戸	官	①	1019
ぬりべ	漆部	官	①	108
ぬりべの	漆部正	官	①	969
ぬりべの	漆部司【篇】	官	①	969
ぬりむか	塗行縢	器	②	504
ぬりむち	塗鞭	兵		2043
ぬりもの	塗物	産	①	791
ぬりもの	塗物師	産	①	785
ぬりもの	塗物問屋	産	②	407
ぬりや	塗屋	居		527
ぬりゆぎ	塗靫	兵		1714
ぬりゆみ	塗弓	兵		1636
ぬるで	白膠木	植	①	479
ぬれえん	濡縁	居		1166

ね

ね	ね(山)	地	③	695
ね	直	産	②	360
ね	根(植物)	植	①	1
ねあがり	根あがり松	植	①	102
ねあざみ	ねあざみ(蕳茹)	植	②	339
ねあわせ	根合	遊		274
	—	文	②	95
ねいがわ	婦負川	地	③	1184
ねいごお	婦負郡	地	②	312
ねがいこ	願石代	政	④	283
ねがいさ	願下	法	③	1009
ねがいふ	願譜代家	官	③	1674
ねかばね	根可婆禰	姓		8
ねぎ	葱	植	①	1030
ねぎ	禰宜	神	②	1481
	—	神	③	850
ねぎ	禰宜(蠜螽)	動		1162
ねぎじる	葱汁	飲		181
ねぎぜい	禰宜税帳	政	②	233
ねぎめし	葱飯	飲		407
ねぐい	根杭(堤防)	政	④	1022
ねぐら	塒	動		535
ねこ	猫	動		194
	以—皮張三線胴	楽	②	819
ねこ	根子(尊称)	帝		956
ねこあし	猫足膳	器	①	141
ねこかい	猫飼(農具)	産	①	328
ねこがき	猫掻	遊		1060
	—	礼	②	439
ねこぐさ	猫草	植	②	191
ねこざめ	ねこざめ(鮫)	動		1473
ねこずき	猫頭巾	服		1244
ねごと	寝言	人	①	977
ねこま	猫間(扇)	服		1299
ねこまた	ねこまた(猱㹶)	動		277
ねこやぎ	根古屋絹	産	②	215
ねごろ	根来	地	②	747
ねごろあ	根来足軽頭	官	③	1158
ねごろぐ	根来組	官	③	1160
ねごろじ	根来寺**【篇】**	宗	④	977
	—鎮守神宮寺	神	②	1737
	—僧兵	兵		296
	—衆	兵		460
ねごろも	根来物(塗物)	産	①	799
ねごろわ	根来椀	器	①	41
ねざさ	越王竹	植	①	714
ねざめ	寝覚	人	①	978
ねじあや	ねぢあやめ(蠡実)	植	①	1132
ねじき	緶木	植	①	602
ねじくび	捻頸	人	①	409
ねじろ	根城	兵		1039
ねずお	ねずを(鷹具)	遊		1017
ねずお	ねずを(指貫括)	服		758
ねずはし	鼠走	居		850
ねずばん	不寝番	政	①	1083
	—	政	③	439
	辻番—	政	③	1328
	獄舎—	法	③	185
ねすみ	ねすみ(寝住)	礼	①	889
ねずみ	鼠	動		229
	以—為神使	神	②	1835
	—毒治療	方		846
	治—咬人方	方		1495
	—賦	文	①	237
ねずみい	鼠色	産	①	884
ねずみが	鼠返	居		761
ねずみき	鼠木戸	居		839
	—	居		1225
ねずみく	鼠倉	産	①	108
ねずみげ	鼠毛馬	動		98
ねずみこ	鼠小僧次郎吉	法	②	57
ねずみご	鼠こつこ鼬こつこ	遊		1217
ねずみこ	鼠ころし(砒石)	金		288
ねずみざ	ねずみざし(杜松)	植	①	124
ねずみざ	鼠算	文	③	624
ねずみた	鼠茸	植	②	806
ねずみど	鼠戸	居		1225
ねずみと	鼠取樹	植	①	606
ねずみの	鼠祠	神	①	508
ねずみの	ねずみのみみ(巻耳)	植	②	137
ねずみの	鼠の嫁入	動		243
ねずみも	ねずみもち(女貞)	植	①	633
ねずみも	ねずみもちの木(楰)	植	①	651
ねだ	ねだ(床)	居		1068
ねたば	寝刃	兵		1476
ねたむ	妬	人	①	768
ねだん	直段	産	②	360
ねづ	根津	地	①	974

ねっき	熱気	方		1367
ねつけ	根附	服		1477
ねつけこ	根附工	産	①	541
ねっそう	熱瘡	方		1233
ねつっぽ	ねつつぽう(魚)	動		1534
ねつびょ	熱病	方		1365
ねつぶ	ねつふ(獣)	動		471
ねどころ	ねどころ(帷内)	居		632
ねとり	音取	楽	①	40
	三管—	楽	②	547
	横笛—	楽	②	889
ねとり	根取	政	④	165
ねなしか	ねなしかづら(菟糸子)	植	②	484
ねのかた	根之堅洲国	神	①	97
ねのくに	根国	神	①	97
ねのひ	子日(正月)【篇】	歳		949
ねのひじ	子の聖神	神	②	871
ねのひの	子日遊	歳		950
ねのひの	子日宴	歳		950
ねはん	涅槃【篇】	歳		1060
ねばん	寝番	政	③	438
ねはんえ	涅槃会	歳		1063
	二尊院—	宗	③	898
ねはんぞ	涅槃像	宗	①	180
	—	歳		1065
ねびる	沢蒜	植	①	1048
ねぶか	ねぶか(葱)	植	①	1031
ねぶと	根太	方		1227
ねぶのき	ねぶのき(合歓木)	植	①	390
ねふり	音振	楽	①	34
ねぶりの	ねぶりのき(合歓木)	植	①	389
ねぼけ	寝惚	人	①	970
ねぼとけ	臥仏	宗	①	180
ねまき	寝巻	器	②	194
ねまち	子待	神	②	578
ねまちづ	寝待月	天		64
ねまつり	子祭	神	②	593
ねむし	根虫	産	①	150
ねむり	眠	人	①	971
ねむろご	根室郡	地	②	1300
ねむろの	根室国	地	②	1300
ねものが	寝物がたり(美濃)	地	①	1233
ねや	根矢	兵		1690
	—	武		160
ねや	寝殿	居		632
ねや	閨房	居		630
ねよとの	ねよとの鐘	方		447
ねり	ねり(鉄)	金		197
ねり	練(練歩)	礼	①	104
ねりあし	練足	楽	①	815
ねりいと	練糸	産	②	65
ねりがし	練菓子	飲		639
ねりかわ	煉革	産	①	900
ねりぎぬ	練絹	産	①	893
	—	産	②	184
	—	服		108
ねりくよ	練供養	宗	②	172
ねりくら	練鞍	兵		1968
ねりざけ	練酒	飲		698
ねりつば	練鍔	兵		1436
ねりぬき	練貫	産	②	204
ねりぬき	練貫威(鎧)	兵		1809
ねりぬき	練貫直衣	服		308
ねりばか	練袴	服		715
ねりもの	邌物	神	①	118
ねりもの	練物師	産	①	894
ねる	寝	人	①	959
ねん	年	歳		2
	「とし歳」も見よ			
ねんが	年賀(算賀)	礼	①	1367
ねんがび	年賀屏風	器	①	902
ねんかん	年官	政	①	680
ねんかん	年官年爵【篇】	封		270
	親王—	帝		1449
	辞—表	政	①	394
ねんき	年忌	礼	②	1362
	—贈官位	官	①	250
ねんきゅ	年給	政	①	704
	—	封		273
	献五節舞姫者賜—	神	②	341
ねんきょ	年挙	政	①	718
ねんぎょ	年行事	官	③	1308
ねんぎょ	年玉	歳		771
ねんぐ	年貢	政	④	137
	野—	地	③	926
	荘園—	政	②	526
ねんぐか	年貢皆済帳	政	④	348
ねんぐき	年貢金	政	③	978
ねんぐせ	年貢銭	政	④	276
ねんぐぶ	年貢船	器	②	605
ねんぐま	年貢米	政	④	249
	納—於郷倉	居		782
ねんぐま	年貢米其他諸向納渡			

	書付	政	③	981
ねんぐま	年貢升	称		92
ねんぐめ	年貢免状	政	④	348
ねんぐわ	年貢割付	政	④	348
ねんごう	ねんがう	遊		1233
ねんごう	年号【篇】	歳		155
	以―為寺号	宗	③	20
	服者―勘進有無	礼	②	879
ねんこう	拈香文	礼	②	1556
ねんさん	年算賀	礼	①	1367
ねんし	年始	歳		591
	―祝【篇】	歳		587
	―雑載【篇】	歳		861
	―物詣	神	①	710
	―御幸始	帝		731
	女院―御幸	帝		773
	後花園帝崩御―祝停止	礼	②	412
	諒闇中朝廷不行―礼	礼	②	557
	―舞御覧	楽	①	94
	―著狩衣	服		483
	―著直垂	服		561
	―著素襖	服		589
	―著熨斗目	服		767
	年首政始	政	①	129
	年首吉書	政	①	147
	年首吉書始	政	③	2
	年首評定始	政	③	10
	歳首朝覲	帝		701
ねんじび	念二病(詩)	文	②	525
ねんしゃ	年爵	封		309
ねんじゅ	念珠	宗	②	1124
	摺―	宗	②	359
ねんじゅ	念誦	宗	①	329
	大嘗祭忌―	神	①	1178
ねんしゅ	年終帳	官	②	91
ねんしゅ	年終試	文	③	43
ねんじゅ	念誦堂	宗	③	81
ねんじん	念人			
	弓場始―	武		266
	賭射―	武		430
	歌合―	文	②	4
	詩合―	文	②	634
	小弓合―	遊		178
	闘鶏―	遊		253
	鴨合―	遊		265
ねんぜい	年筮	文	②	1106
ねんちゅ	年中行事歌合	文	②	90
ねんちゅ	年中行事絵巻	文	③	968
ねんちゅ	年中行事障子	器	①	883
ねんとう	燃燈会	宗	②	199
ねんとう	燃燈祭	服		148
ねんねこ	ねんねこ半天	服		694
ねんねん	年年引(高)	政	④	75
ねんばん	年番			
	勘定吟味役―	官	③	531
	小普請方改役小屋―	官	③	687
	中奥番―	官	③	757
ねんぷ	年賦			
	家質―成崩願	政	③	1286
	貸金―返納	政	④	593
	借金―返済	政	④	656
ねんぷし	年賦証文	政	④	576
ねんぶつ	念仏	宗	①	373
	責―	歳		1075
	百日御―	帝		767
	不断―	宗	①	333
	十夜―	宗	②	162
	無言―	礼	②	113
	浄土宗勧―	宗	①	657
ねんぶつ	念仏踊	歳		1075
ねんぶつ	念仏寺【併入】	宗	③	759
ねんぶつ	念仏尺	称		23
ねんぶつ	念仏宗	宗	①	642
	「じょうど浄土宗」も見よ			
ねんぶつ	念仏銭	泉		151
ねんぶつ	念仏僧	礼	②	269
ねんぶつ	念仏堂	宗	①	373
	東大寺―	宗	③	1134
ねんぶつ	念仏無間	宗	①	955
ねんぶん	年分度者	宗	②	575
ねんよ	年預			
	神祇官―	官	①	315
	院―	官	①	1210
	院庁―	官	①	1226
	院別納所―	官	①	1229
	女院―	官	①	1245
	摂関大臣家―	官	①	1274
	和歌所―	文	②	278
	寺院―	宗	②	1011
ねんよだ	年預代	宗	②	1012
ねんりゅ	念流(剣術)	武		28

ねんりょ　年料雑器　政 ②　947
ねんりょ　年料舂米　政 ②　615
ねんりょ　年料租舂米　政 ②　616
ねんりょ　年料別貢雑物　政 ②　943
ねんりょ　年料別貢率分　政 ②　819
ねんれい　年礼　歳　743
ねんれい　年齢　人 ①　681
　偽―　政 ③　781
　落欵記―　文 ③　994
ねんろう　年粮【併入】　封　265
ねんろう　年労叙位　政 ①　1489

の

の　野【篇】　地 ③　921
　賜―【併入】　封　121
　―論裁許　法 ③　657
の　箆　兵　1576
のいくさ　野軍　兵　513
のいずみ　肉刺　方　1276
のう　能
　田楽―　楽 ①　688
　猿楽―　楽 ①　750
のう　脳　人 ①　323
のう　農　産 ①　2
　「のうぎょ農業」も見よ
のういん　能因　文 ①　871
のうかえ　農家益　産 ①　178
のうかぎ　農稼業事　産 ①　177
のうがく　能楽【篇】　楽 ①　745
　春日若宮祭―　神 ④　167
　勅使参向時行―　歳　699
のうかひ　農稼肥培論　産 ①　180
のうかん　能冠　礼 ①　741
のうき　農器　産 ①　208
のうぎょ　農業【篇】　産 ①　1
　皇后観―之風　帝　780
　勧農【篇】　政 ②　1088
　勧農【篇】　政 ④　961
　農者民之天也　神 ②　84
のうぎょ　農業自得　産 ①　183
のうぎょ　農業全書　産 ①　174
のうぎょ　農業余話　産 ①　183
のうぐ　乃貢　政 ④　138
のうぐ　農具【篇】　産 ①　207
のうぐべ　農具便利論　産 ①　179
のうけ　能化　宗 ②　1073
のうご　苗籠　産 ①　321
のうこつ　納骨　礼 ②　211
　―　宗 ④　974
のうこつ　納骨所　礼 ②　1114
のうこつ　納骨堂　礼 ②　1118
のうし　直衣【篇】　服　295
　外戚著―　帝　1529
　社参不著―　服　149
　著―把笏　服　1283
　著―持扇　服　1345
　凶服―　礼 ②　1017
のうしこ　直衣冠　服　318
のうしす　直衣姿　服　200
のうしそ　直衣束帯　服　190
のうしは　直衣始　服　320
のうしほ　直衣布袴　服　206
のうしゅ　能州　地 ②　283
　「のとのく能登国」も見よ
のうしゅ　濃州　地 ①　1230
　「みののく美濃国」も見よ
のうじゅ　農術鑑正記　産 ①　176
のうしょ　能書　文 ③　708
　梵字―家　文 ②　995
　召―者令書銭文　泉　82
　―不択筆　人 ①　915
のうしょ　農書　産 ①　174
のうしょ　囊床子　器 ②　133
のうしょ　納所高　政 ④　99
のうじん　農神　産 ①　4
のうせい　農政意見　政 ③　247
のうせい　農政本論　産 ①　183
のうせん　納銭一衆　官 ②　1198
のうせん　納銭方　官 ②　1198
のうぜん　のうぜんかづら(紫葳)　植 ①　646
のうにん　農人【附】　産 ①　186
のうのけ　のうのけさ(衲袈裟)　宗 ②　1150
のうふ　農夫　産 ①　186
　―　産 ①　12
のうへい　農兵　兵　261
のうべん　能弁　人 ①　844
のうほん　納本　文 ③　353
のうまい　納米　政 ④　249
のうまい　能米　植 ①　815

のうみん	農民	産	①	187
	—	産	①	12
	—	政	④	990
	—年始参賀	歳		618
	—上書論時政	政	③	238
	為—扶助鋳銭	泉		64
	禁—商売	産	②	327
	「ひゃくし百姓」も見よ			
のうやく	納薬倉	居		793
のうらぎ	乃宇羅幾魚	動		1464
のうりょ	納涼【篇】	歳		1194
のうりん	膿淋	方		1292
のうるし	のうるし(草藺茹)	植	②	340
のうれん	暖簾	産	②	642
のおくり	野送	礼	②	43
のーばい	のをばいすぱにや	外		1250
のかがみ	のかがみ(白前)	植	②	459
のかずき	筧かづき	兵		1584
のがみの	野上里	地	①	1274
のがみむ	野上村	官	②	1024
のがん	鴇	動		581
のき	檐【併入】	居		993
のき	鯁	動		1244
のぎ	芒	植	①	806
のぎく	野菊	植	②	709
のきぐち	退口	兵		584
のきごう	軒格子(車)	器	②	761
のぎごお	能義郡	地	②	470
のきしの	のきしのぶ(瓦葦)	植	②	853
のぎたが	野北貝	動		1636
のぎらん	のぎらん(老虎蕉)	植	①	1076
のくら	野倉	居		793
のくら	野鞍	兵		1970
のくるみ	野胡桃	植	①	150
のげいと	のげいとう(青葙)	植	②	116
のけえも	のけえもん(服飾)	服		42
のけざま	仰様	人	①	995
のげし	苦菜	植	②	745
のこ	野子(鳥)	動		914
のごいの	拭筧	兵		1582
のこぎり	鋸	産	①	566
	—	産	①	535
のこぎり	鋸草	植	②	720
のこぎり	鋸挽【併入】	法	①	745
	—【篇】	法	②	233
	—図	法	①	746
のことり	喉紅鳥	動		808
のこりご	残御膳	飲		85
のこりし	のこりしね(秳)	植	①	807
のざき	荷前	帝		1041
	—	帝		1557
	大神宮調—	神	③	471
のざきの	荷前使	帝		1050
のざきの	荷前の箱	帝		1041
のざんし	のざんせう(崖椒)	植	①	442
のし	長鰒	動		1683
のし	紫菀	植	②	765
のし	熨斗(進物)	人	②	470
のし	熨斗(裁縫具)	産	②	50
のしかた	のしかたのくぎ(釮鏂)	産	①	573
のじこ	のじこ(鳥)	動		914
のしじの	熨地直衣	服		308
のしちぢ	のし縮	産	②	163
のしつけ	熨斗付の鑓	兵		1518
のしぶき	舒葺	居		1033
のしめ	熨斗目	産	②	201
のしめあ	熨斗目綾	産	②	261
のしめあ	熨斗目袷	服		444
のしめか	熨斗目上下	服		616
のしめこ	熨斗目小袖	服		432
のじゅく	野宿	人	②	449
	—	政	④	839
のしょう	紫葳	植	①	646
のしらん	熨蘭	植	①	1070
のじりと	野尻党	兵		447
のしろが	野代川	地	③	1183
のしろの	野城駅	地	②	465
のじろの	筧じろのかづき	兵		1585
のしろの	野代港	地	③	577
のじん	野陣	兵		1143
のすず	山篠	植	①	712
のせ	鶬鶊	動		939
のせごお	能勢郡	地	①	369
のせずき	のせ頭巾	服		1238
のせぼう	のせ帽子	服		1221
のせもち	能勢餅	歳		1352
のぜり	前胡	植	②	404
のぜり	茈胡	植	②	405
のせん	野銭	地	③	926
	—	政	④	126
のぞきか	覗からくり	楽	②	1200
のぞきだ	除高	政	④	127
のたあえ	のたあへ	飲		258

のだか	野高	政④	125
	—	政④	16
のだけ	箆竹	植①	705
のだげん	野田元倫	文③	587
のだち	野剣	兵	1348
のだち	短刀	兵	1379
のだまち	野田町	地①	1072
のだめ	箆撓	兵	1755
のちずみ	後炭(茶湯)	遊	464
のちのあ	後飛鳥岡本宮	地①	181
のちのあ	後阿陀墓	礼②	1152
のちのい	後の諱	姓	745
のちのう	後宇治墓	礼②	1152
のちのえ	後円教寺陵	帝	1016
のちのお	後愛宕墓	礼②	1152
のちのお	後小野墓	礼②	1153
のちのさ	後相楽墓	礼②	1152
のちのだ	後太上皇	帝	826
のちのだ	後太上天皇	帝	797
のちのた	後田邑陵	帝	991
のちのた	後田原天皇	帝	943
	「こうにん光仁天皇」も見よ		
のちのつ	後月宴	歳	1311
のちのつ	後月輪陵	帝	1009
のちのは	後廃帝	帝	586
	「ちゅうき仲恭天皇」も見よ		
のちのや	後山国陵	帝	1017
のちのや	後山階太上皇(醍醐)	帝	945
のちのや	後山科陵	帝	992
のちのや	後山階山陵	帝	1047
のちまき	のちまき	産①	67
のちょう	野帳	政④	6
	—	政④	66
のつけご	野付郡	地②	1301
のづちの	野槌神	神①	45
のづちの	野槌蛇	動	1027
のっぺい	のつへいとう	飲	219
のて	野手	地③	926
のてまい	野手米永	政④	467
のでんお	野田御駕籠	器②	1024
のど	咽喉	人①	411
のとごお	能登郡	地②	291
のとのく	能登国【篇】	地②	283
	—院	地②	1038
	配流—	法①	205
	配流—	法①	795
のとのく	能等国造	地②	288
のどぶえ	のどぶえ(吭)	人①	411
のどわ	喉輪(甲冑)	兵	1887
のなかけ	野中兼山	政④	1184
	—驕奢	人②	634
	—以儒葬葬其母	礼②	57
	—放蛤蜊於土佐海	動	1629
のなかの	野中清水	地②	549
	—	地③	1029
	—	礼①	1319
のなかの	野中湯	地③	1054
のねずみ	野鼠	動	233
のねんぐ	野年貢	政④	466
	—	地③	926
ののえ	仮蘇	植②	508
ののかみ	野神	神①	45
ののぎょ	野行幸	帝	616
	—奏放鷹楽	楽①	469
ののくち	野野口隆生	文②	1328
ののくち	野野口立圃	文①	1371
ののくら	野倉	官①	954
ののこ	ののこ(布子)	服	439
ののしる	ののしる(罵)	人②	675
ののつか	ののつかさ	官①	811
	「しきぶし式部省」も見よ		
ののみく	野御倉	官①	775
ののみや	野宮		
	斎宮—	神③	705
	伊勢斎王自初斎院及—退下	神③	789
	斎院—	神③	1195
ののみや	野宮定基	文②	912
のばかま	野袴	服	771
のはら	野原	地③	922
のびきや	のびきやし(仙人條)	植②	88
のびすぱ	濃毘数般【附】	外	1249
のびどめ	野火留開発	政④	1183
のひにん	野非人	政③	582
	—	政③	897
のびる	野蒜	植①	1048
のぶし	野伏	兵	262
のぶしい	野伏軍	兵	515
のぶしぞ	野伏備	兵	418
のぶすま	野衾(料理)	飲	220
のぶすま	野衾(鼯鼠)	動	258
のぶち	野扶持	封	483
のぶみ	野文	礼②	10
のべうり	延売	政④	345

のべおか 延岡藩 地 ② 1162
のべがく 延楽 楽 ① 7
のべかた 延方郷校 文 ② 1267
のべがね 延金 泉 196
— 泉 340
のべがみ 延紙 文 ③ 1217
のべだい 延大豆 政 ④ 326
のべだか 延高 封 387
のべのみ 野部宮 神 ③ 1532
のべばい 延売買 産 ② 471
のべまい 延米 政 ④ 325
のべまわ 延真綿 政 ④ 326
のほぎり のほぎり(鋸) 産 ① 566
のぼのの 能裒野墓 礼 ② 1150
のぼり のぼり(賤民) 政 ③ 888
のぼり 幟
軍陣用— 兵 2114
五月— 歳 1180
のぼりた 昇大将 兵 184
のぼりぶ 幟奉行 兵 186
のぼりも 幟持 兵 255
のぼるか のぼるかすみ(昇霞) 人 ① 644
のまおい 野馬追 動 146
のまかた 野馬方 官 ③ 967
のまき 箆巻(矢) 兵 1616
のまごお 能満郡 地 ② 1183
のまごお 野間郡 地 ② 871
のまてん 野間天皇神 神 ① 164
のまのし 野間荘 地 ① 518
のまぶぎ 野馬奉行 官 ③ 966
のみ 蚤 動 1148
のみ 絗 器 ② 714
のみ 鑿 産 ① 567
のみごお 能美郡 地 ② 269
のみね 鑿根(鏃) 兵 1612
のみのさ 能美郷 地 ② 1089
のみのす 野見宿禰
—為相撲 武 1127
—造埴輪 礼 ② 18
のむし 蠹 動 1085
のむらそ 野村宗達 文 ③ 826
のもり 野守 地 ③ 946
のや 野矢 兵 1666
のやくま 野役米 政 ④ 467
— 地 ③ 926
のやまが 野山学問所 文 ② 1287
のよとう 野与党 兵 443
のら のら(野) 地 ③ 922
のらえ 蘇 植 ② 491
のらねず 鼱鼩 動 237
のらまめ のらまめ(野豆) 植 ② 267
のり のり 人 ① 303
「ち血」も見よ
のり 糊 文 ③ 1006
のり 海苔 植 ② 903
のりいり 糊入紙 文 ③ 1170
のりかけ 乗懸 政 ④ 1290
のりかけ 乗懸賃 政 ④ 1312
のりかわ 乗川網 産 ① 388
のりきり 乗切(戦法) 兵 576
のりくず 乗崩(戦法) 兵 73
のりくら 乗鞍嶽 地 ③ 809
のりこみ 乗込(戦法) 兵 576
のりじり 乗尻(乗馬) 武 692
のりぞめ 乗始
新車— 器 ② 892
輿— 器 ② 970
のりだし 乗り出し(元服) 礼 ① 636
のりと 祝詞 文 ① 192
— 文 ① 198
大嘗祭卯日祭— 神 ① 1217
祈年祭— 神 ② 19
月次祭— 神 ② 128
新嘗祭— 神 ② 250
斎戸祭— 神 ② 535
鎮火祭— 神 ② 545
道饗祭— 神 ② 554
大殿祭— 神 ② 561
上棟— 神 ② 606
大祓— 神 ② 726
神嘗祭— 神 ③ 440
大神宮祈年祭— 神 ③ 486
大神宮神衣祭— 神 ③ 509
大神宮月次祭— 神 ③ 532
斎内親王参入時— 神 ③ 717
平野祭— 神 ③ 1419
春日祭— 神 ④ 123
広瀬大忌祭— 神 ④ 179
竜田風神祭— 神 ④ 180
熱田神宮— 神 ④ 327
神葬式— 礼 ② 43
霊祭— 礼 ② 1310
釿始— 居 480
清鉋— 居 483

のりとし　詔刀師　神③　864
のりとや　祝詞屋　神①　495
のりのし　法師　宗②　430
　「そう僧」も見よ
のりのす　のりのすべらき　帝　860
　「ほうおう法皇」も見よ
のりのつ　のりのつかさ　官①　811
　「しきぶし式部省」も見よ
のりまさ　則正流(槍術)　武　78
のりもの　のりもの(賭物)　法①　450
のりもの　乗物(輿)　器②　919
のりもの　乗物(駕籠)　器②　982
　関所—通行心得　地③　612
　大名—　官③　1721
　農人—　産①　195
のりもの　乗物駕籠御免　器②　1003
　乗物御免　器②　985
　大名家老乗物御免　官③　1728
のりもの　乗物駕籠願　器②　998
のりゆみ　賭射【篇】　武　379
　—図　武　102
　—時奏陵王　楽①　376
のる　のる(罵)　人②　675
のろ　麞　動　332
のろう　呪咀　方　52
のろし　狼烟　兵　1144
のろまに　のろま人形　楽②　349
のろんじ　呪師　楽②　1173
のわき　野分　天　265
のんど　咽喉　人①　411
のんやほ　のんやほ節　楽②　397
のんりょ　暖寮　宗②　854

は

は　羽　動　502
　「はね羽」も見よ
は　羽(矢)　兵　1587
は　葉　植①　9
　木—写経　宗①　282
　木—盃　器①　238
　竹—　植①　677
は　歯
　人—　人①　395
　納—骨於墓　礼②　1119
　埋—於塚　礼②　1120
　—療治　産②　700
　以—知馬齢　動　106
はあり　飛蟻　動　1111
はい　灰　器②　358
　天降—　天　8
　噴火降—　地③　860
　茶湯—　遊　501
　藜—　産②　55
はい　拝　礼①　4
　神—【篇】　神②　975
　内侍所御—　帝　138
　女院御—順序　帝　908
　庭の—　礼①　142
　—礼図　礼①　8
　孔廟—礼　文②　1451
　女院—礼　帝　1188
　紅毛江府—礼　歳　722
　年始—礼　歳　725
はい　肺　人①　488
はい　鞴　器②　758
ばい　海螄　動　1661
ばい　馬医　武　777
　—　動　13
　馬寮—　官①　1532
　徳川氏—　官③　967
はいい　肺痿　方　1183
ばいう　梅雨　歳　141
はいえき　配役　法①　172
はいえつ　拝謁
　諸大名—次第　官③　1720
　諸大名—　官③　1733
ばいえん　梅苑春鶯囀(楽曲)　楽①　329
はいが　拝賀
　検非違使—　官②　160
　蔵人—　官②　282
　新任—　政①　944
　諒闇中不行—之礼　礼②　542
　「けいが慶賀」「さんが参賀」も見よ
ばいか　梅花(香)　遊　315
はいかい　灰買　器②　359
はいかい　俳諧【篇】　文①　1173
　—会用文台　文③　1457
はいかい　徘徊　人①　985
はいがい　沛艾(馬)　動　81

ばいかい　媒介　礼 ① 1159
はいかい　俳諧歌　文 ① 581
　—　文 ① 905
はいかい　俳諧師　文 ① 1365
　—　姓 809
はいかい　俳諧連歌　文 ① 997
ばいかむ　梅花無尽蔵　方 1019
はいかん　拝官　政 ① 863
はいかん　廃官　法 ① 295
ばいかん　売官位【篇】　政 ① 1021
はいきん　拝観　帝 1335
ばいきん　倍金質　政 ④ 639
はいぐん　敗軍　兵 588
はいけつ　肺血　方 1440
はいけん　配見(首実検)　兵 874
はいこう　廃后　帝 1154
はいこう　輩行
　以—為名　姓 592
　以—為名　姓 663
ばいこう　売講　文 ③ 191
ばいこう　陪幸　帝 588
はいこえ　灰肥　産 ① 135
ばいごま　ばいごま(陀螺)　遊 1162
ばいさお　売茶翁　遊 812
はいし　歯医師　方 857
はいしつ　廃疾　政 ② 79
　—　方 1141
　—嫡子　政 ② 87
　—蠲免　政 ② 986
　—者賑給　政 ② 1041
　老幼—者犯罪　法 ① 32
はいしつ　廃疾帳　政 ② 233
はいしの　拝志墓　帝 1559
はいしゃ　拝借金
　代官—　官 ③ 1498
　大名—　官 ③ 1745
　遠国役人—　政 ④ 578
　—訴訟　法 ③ 517
　家屋建築—　居 1016
　伝馬宿拝借銭　政 ④ 1254
はいしゃ　灰杓子　遊 774
はいしゃ　拝借屋敷　政 ③ 1256
はいしゃ　拝謝祭　方 47
はいしょ　配所　法 ① 169
　—　法 ① 348
　—　法 ① 779
　—　法 ② 274
はいしょ　俳書　文 ① 1407
はいじょ　拝叙　政 ① 1464
ばいじり　ばい尻(笠)　器 ② 407
はいじん　俳人　文 ① 1367
ばいしん　陪臣
　—揚屋入　法 ③ 275
　—乗物駕籠願　器 ② 999
　徳川将軍薨去—剃月代　礼 ② 706
はいすい　排水　政 ④ 1197
はいすい　背水陣　兵 69
はいすく　灰すくひ　遊 774
はいずみ　はいずみ(掃墨)　文 ③ 1389
　—　産 ① 800
はいせい　孛星　天 112
はいせき　配石(庭)　居 924
はいせき　俳席　文 ① 1385
はいせん　盃洗　器 ① 252
ばいぜん　陪膳　礼 ① 261
　—の図　帝 1123
　—采女　官 ① 1134
　近衛—　官 ① 1389
　蔵人—　官 ② 246
ばいぜん　陪膳番　政 ① 1128
はいそう　灰葬　礼 ② 221
ばいそう　陪葬　礼 ② 239
ばいぞう　倍贓　法 ① 62
はいた　はいた(乞食)　政 ③ 921
ばいた　売女　人 ② 905
　—　政 ③ 250
はいたい　廃太子　帝 1386
はいたか　はひたか(鷂)　動 939
はいだて　脛楯　兵 1842
ばいたら　梖多羅　植 ① 488
はいちゃ　廃嫡　政 ③ 720
　—　政 ② 85
はいちょ　廃朝　政 ① 184
　—　政 ① 8
　依中宮崩御—　帝 1130
　依法親王薨去—　帝 1483
　元日—　歳 414
　依大神宮異変—　神 ③ 620
　依宇佐神宮焼亡—　神 ④ 1526
　依徳川将軍薨去—　官 ③ 51
　—後政始　政 ① 144
　諒闇之時—　礼 ② 395
　由主上実母薨去—　礼 ② 479

	天皇為臣下喪—	礼	②	510
	皇子薨去時於無親王宣下者不—	礼	②	500
ばいちょ	陪塚	礼	②	1104
はいつか	灰塚	帝		1029
はいてい	廃帝【附】	帝		583
はいてい	廃帝社	神	③	1532
はいでん	拝殿	神	①	480
	—図	神	①	482
	日光東照宮—	神	④	802
	「らいでん礼殿」も見よ			
はいでん	廃田	政	③	1207
はいどう	拝堂	宗	②	845
はいどう	牌堂	宗	③	88
はいとう	配当米	封		484
ばいどく	黴毒	方		1276
	—治療	方		821
はいとり	はいとりぐも(蠅虎)	動		1210
はいとり	はいとりばな(茅膏菜)	植	②	84
はいにん	拝任	政	①	863
ばいにん	媒人	礼	①	1159
はいのし	拝之笏	服		1280
はいのや	拝屋	神	①	485
	「はいでん拝殿」も見よ			
ばいばい	売買	産	②	322
	賤民—	政	②	172
	田地—	政	②	297
	口分田—	政	②	327
	宅地家屋—	政	②	450
	宅地家屋—	政	③	1313
	奴婢—	政	③	609
	人倫—	法	①	878
	贓物—	法	②	736
	系譜—	姓		404
	古手—	服		1514
	牛馬—	動		34
	—訴訟	法	①	1030
はいはら	蠅払—揆	兵		430
はいばら	蓁原郡	地	①	583
はいばら	榛原升	称		80
はいびゃ	はひびやくしん(矮檜)	植	①	119
はいびょ	拝廟	文	②	1360
	釈奠—図	文	②	1384
はいびょ	肺病	方		1182
	—治療	方		804

はいぶ	拝舞	礼	①	40
はいふき	灰吹(唾壺)	器	②	559
はいふき	灰吹(金銀吹方)	金		52
はいふき	灰吹銀	泉		298
	—	泉		324
	—吹方	泉		345
はいぶつ	排仏	宗	①	54
はいぶん	俳文	文	①	254
はいぶん	配分状(地頭職)	官	②	1027
はいほう	灰炮烙	遊		774
はいぼく	敗北	兵		588
ばいぼく	売卜者	方		472
はいぼつ	配没	法	①	276
はいま	はいま(駅)	政	②	1146
はいまつ	這松	植	①	90
はいまゆ	はひまゆみ(杜仲)	植	①	456
はいむ	廃務	政	①	197
	—	政	①	9
	依賀茂祭—	神	③	1206
	依徳川将軍薨去—	官	③	49
	依—釈奠延引	文	②	1395
はいめい	俳名	姓		809
	—	文	①	1426
ばいも	貝母(草)	植	①	1024
ばいやく	売薬	方		1097
	—	産	②	700
はいゆう	拝揖	礼	①	50
はいゆう	俳優	楽	②	154
	「やくしゃ役者」も見よ			
はいよう	肺癰	方		1183
	—治療	方		804
はいよせ	灰寄(納骨)	礼	②	211
はいらい	拝礼	礼	①	4
	「はい拝」も見よ			
はいりぐ	這入口	居		614
はいりつ	排律	文	②	460
はいりょ	拝領			
	年始—物	歳		767
	大名—物	官	③	1743
	時服—	封		511
	諒闇服—	礼	②	981
	宅地—	政	③	1267
	鷹之鳥—	遊		1032
	—紋付羽織著用制	服		687
はいりょ	拝領地	政	③	1267
	寺院—	宗	③	236
はいりょ	拝領屋敷	政	③	1256

	大名―	官	③	1720
はいる	齗	方		1175
はいる	配流	法	①	169
はいるち	配流地	法	①	769
	―	法	②	261
はいるに	配流人			
	「るにん流人」を見よ			
はいれい	拝礼	礼	①	4
	「はい拝」も見よ			
ばいろ	陪臚(楽曲)	楽	①	426
ばいろは	陪臚破陣楽	楽	①	426
ばいろん	ばいろん	遊		1188
はう	はふ(匍匐)	人	①	982
はう	はふ(蚑行)	動		1001
はうた	端歌	楽	②	366
はうむし	匐虫	動		999
はえ	はえ(鮠)	動		1331
はえ	はえ(南風)	天		252
はえ	蝕	天		33
	「がっしょ月蝕」「にっしょ日蝕」も見よ			
はえ	蠅	動		1136
はえき	榱	居		986
はえころ	蠅ころし(砒石)	金		288
はえとり	蠅取草	植	②	491
はえのこ	はへのこ(蛆)	動		1139
はえはら	はへはらひ(白払)	宗	②	1131
はおり	羽織			
	男子用―【篇】	服		658
	婦人用―【併入】	服		1047
	歩兵―標	兵		228
	陣―	兵		1918
はおりし	羽織師	産	②	43
はおりは	羽織袴役	官	③	85
はか	墓			
	塚―【篇】	礼	②	1069
	墳―称廟	礼	②	1211
	発―穢	神	②	797
	発―罪	法	①	370
	掃―假	政	①	1157
	掃―假	政	③	465
	天皇外戚塚―	帝		1557
	告即位之由於墳―	帝		392
	為奠都遷丘―	地	①	134
	新任拝墳―	政	①	957
	立埴輪於陵―	礼	②	18
	―側廬	礼	②	728
	藤原鎌足多武峯―鳴動	神	④	216
はか	擌(捕鳥具)	産	①	453
はか	薄荷	植	②	509
ばか	馬鹿	人	①	1285
はかあな	墓穴	礼	②	1087
はかい	破戒	宗	②	687
はかいそ	破戒僧	法	②	2
ばかおど	馬鹿踊	楽	②	475
ばかがい	馬鹿蛤	動		1649
はがき	羽書	泉		450
	―	法	②	946
はがごお	芳賀郡	地	②	47
はかじる	はかじるし(墓誌)	礼	②	1157
はかせ	はかせ(舟)	器	②	649
はかせ	はかせ(墨譜)			
	音楽―	楽	①	35
	声明―	宗	①	345
はかせ	博士	文	②	746
	大学寮―	文	②	1061
	諸国―	官	②	469
	諸国―公廨田	封		98
	文章―【併入】	文	①	353
	紀伝―	文	②	838
	明法―	文	②	893
	音―	文	②	975
	大宰―	文	②	1079
	算―	文	③	545
	陣法―	兵		14
	暦―	方		311
	漏刻―	方		438
	易―	方		478
	医―	方		658
	針―	方		658
	按摩―	方		658
	呪禁―	方		658
	女医―	方		667
はがせそ	はがせそ(舟)	器	②	649
はかせの	博士命婦	官	①	1122
はかた	博多	地	②	947
	―貿易	産	②	736
	―練酒	飲		699
はかたお	博多帯	服		811
はかたお	博多織	産	②	220
はかたか	伯太仮学校	文	②	1278
はかたご	博多独楽	遊		1163
はかたの	博多津	地	③	543

はかたの　博多港　地 ③ 581
はかたは　伯太藩　地 ① 348
はがため　歯固　歳 815
はがね　鋼鉄　金 200
はかのた　墓工　礼 ② 1110
はかのみ　埏(墓道)　礼 ② 1070
はかはら　はかはら(墓原)　礼 ② 1071
はかま　袴
　男子用—【篇】　服 697
　婦人用—【篇】　服 1047
　僧徒用—　宗 ② 1180
　舞楽用—　楽 ① 656
　水干—　服 502
　直垂—　服 535
　素襖—　服 585
　木綿—　産 ② 46
　著袴時—腰結様　礼 ① 561
はかま　袴(徳利)　器 ① 222
はがま　歯釜　器 ① 297
はかまい　墓参　礼 ② 1135
　「えつぼ謁墓」も見よ
はかまぎ　著袴【篇】　礼 ① 547
　—図　礼 ① 556
　—時詣産土神　神 ① 751
はかまぎ　袴著親　礼 ① 555
はかまご　袴腰　服 700
はかまだ　袴垂(盗人)　人 ② 812
はかまつ　はかまつり(墓祭)　礼 ② 1128
はかまぼ　はかま坊城　政 ③ 914
はかまむ　はかま行縢　器 ② 504
はがみ　齘歯　人 ① 400
はがみ　類齘　人 ① 401
はかもり　墓守　礼 ② 1154
はかや　墓屋　礼 ② 1153
はかり　権衡　称 108
　—図　称 134
　似秤　法 ② 927
　調剤用秤　方 1127
はかりぐ　はかりぐさ(秦艽)　植 ② 195
はかりざ　秤座　称 121
はかりた　計立　政 ④ 323
ばかん　馬韓　外 80
はぎ　脛　人 ① 469
はぎ　萩　植 ② 301
　—水揚法　遊 867
はぎ　萩(長門)　地 ② 711
はぎくら　萩倉牧　地 ③ 964
はぎしり　歯ぎしり　人 ① 400
はきぞめ　掃始　歳 898
はぎどり　萩鳥　動 912
はぎのし　萩下襲　服 352
はぎのと　萩戸(清涼殿)　居 118
はぎのは　萩の花(牡丹餅)　飲 556
はぎのは　萩花競　遊 282
はぎのふ　萩筆　文 ③ 1279
はぎはら　萩原駅　地 ② 729
はぎはら　萩原里　地 ② 530
はぎはん　萩藩　地 ② 715
はぎめい　萩明倫館　文 ② 1288
はきもの　履　服 1369
はぎやき　萩焼　産 ① 764
　—　産 ① 714
ばぎゅう　馬牛帳　動 24
はく　伯(神祇官)　官 ① 198
　—　官 ① 308
　—　官 ① 281
　—　官 ① 305
はく　柏　植 ① 112
はく　陌　地 ③ 4
はく　舶　器 ② 640
　検—使　政 ① 626
はく　箔
　金—　金 181
　銀—　金 186
　銅—　金 193
　錫—　金 207
　白鑞—　金 208
はく　鞲　器 ② 770
ばく　貘　動 494
ばぐ　馬具　兵 1933
　笠懸—　武 570
　犬追物—　武 681
はくあく　白亜石　金 344
はくいご　羽咋郡　地 ② 290
はくいの　羽咋国造　地 ② 288
はくいん　白印　政 ① 571
はくうち　薄うち　産 ① 672
　—　金 181
ばくうち　博打　法 ① 448
はくえい　白英　植 ② 540
ばくえき　博弈【篇】　法 ① 444
　—【篇】　法 ① 913
　—【篇】　法 ③ 1
　牢内禁—　法 ③ 212

—者会赦年限　法 ③ 343
以三笠附為—　文 ① 1288
ばくえき　博弈具　法 ③ 52
ばくえき　博弈銭　法 ③ 49
ばくえき　博弈軍　兵 512
はくが　白蛾　神 ④ 946
はくがく　博学　人 ① 1293
虎関—　文 ② 764
はくぎ　博戯　法 ① 444
「ばくえき博弈」も見よ
はくぎの　波区芸県　地 ① 84
はくきの　波久岐国造　地 ② 684
ばくぎゃ　莫逆交　人 ② 402
はくぎゅ　白牛　動 41
はくきょ　白居易　礼 ② 1344
ばくげ　麦蘖　植 ① 856
はくけし　伯家神道　神 ② 1353
はくげつ　白月　歳 61
はくざ　はくざ(草)　植 ① 939
はくざ　箔座　産 ① 675
はくさい　百済　外 170
「くだら百済」も見よ
はくさい　白犀帯　服 800
はくさん　白山　地 ③ 837
—　神 ④ 954
—噴火　地 ③ 878
加賀国—雷鳥　動 972
はくさん　白山カタイ　方 1250
はくさん　白山上人　神 ① 161
「たいちょ泰澄」も見よ
はくさん　白山松　植 ① 90
はくさん　白山詣　神 ④ 964
はくし　白紙　文 ③ 1203
除目清書用—　政 ① 791
歌会置—　文 ② 208
はくしか　白紙官符　政 ① 342
はくしも　白氏文集　文 ② 477
—舶来　文 ③ 417
はくしゅ　拍手　礼 ① 21
—　神 ② 977
はくしゅ　伯州　地 ② 447
「ほうきの伯耆国」も見よ
ばくしゅ　麦秋　植 ① 861
はくしゅ　博修堂　文 ② 1046
ばくしょ　曝書　文 ③ 400
はくじょ　白状　法 ① 622
—　法 ③ 955
はくじょ　薄帖　器 ② 58
はくじょ　白状祭　神 ④ 532
はくしょ　薄蝕　天 35
はぐすり　歯薬　器 ① 593
はくせき　鉑石　金 41
はくせつ　白雪糕　飲 651
はくそう　薄葬　礼 ② 241
ばぐそく　馬具足　兵 1934
はくたく　餺飥　飲 609
—　神 ④ 64
はくち　白雉(鳥)　動 700
はくち　白雉(年号)　歳 159
はくち　白癡　人 ① 1285
はぐち　羽口(堤防)　政 ④ 1023
ばくち　博打　法 ① 448
「ばくえき博弈」も見よ
ばくちく　爆竹　歳 930
はくちさ　白雉三年籍　政 ② 8
ばくちじ　博弈汁　飲 182
はくちそ　白雉租法　政 ② 588
ばくちや　博弈宿　法 ③ 10
はくちゅ　白柱(楽曲)　楽 ① 547
はくちょ　白丁
健児用—　兵 270
鎮兵用—　兵 275
はくちょ　白鳥　動 577
はくちょ　白張【併入】　服 489
はくちょ　白丁烏帽子　服 1189
はくちょ　白丁花　植 ① 567
はくちょ　白鳥汁　飲 178
はくちょ　白鳥庖丁　飲 314
はくでん　白田　封 119
「はた畠」も見よ
ばくと　博徒　法 ① 448
はくどう　白銅　金 191
はくどう　白銅火炉　帝 404
はくどく　白読　文 ③ 43
—　文 ③ 228
はくどく　白読試　文 ③ 43
はくのき　帛　産 ② 227
はくのき　帛衣　服 105
はくのは　帛袴　服 710
はくのみ　帛御装束　服 110
はくばの　白馬節会
「あおうま白馬節会」を見よ
はくはん　拍板(楽器)　楽 ② 1150
はくばん　薄盤　器 ① 167

ばくはん 麦飯 飲 393
はくふ 伯父
「おじ伯父」を見よ
ばくふ 幕府 官 ② 650
—年始祝 歳 645
—上巳 歳 1083
—端午 歳 1145
—嘉祥 歳 1207
—七夕 歳 1218
—乞巧奠 歳 1238
—盂蘭盆 歳 1256
—八朔 歳 1291
—十五夜 歳 1308
—重陽 歳 1333
—玄猪 歳 1355
—節分 歳 1385
—歳暮 歳 1401
徳川—牧 地 ③ 976
大名—警衛 官 ③ 1688
—開墾 政 ③ 1197
—借金 政 ④ 617
違—命令 法 ① 649
—斬擯紳 法 ① 709
—梟擯紳首 法 ① 732
—配流擯紳 法 ① 792
—所在地追放 法 ① 802
—管国追放 法 ① 803
—追放擯紳 法 ① 806
—没収擯紳領地 法 ① 820
—没収擯紳家財 法 ① 823
—停擯紳職 法 ① 843
—勘当擯紳 法 ① 856
—召禁擯紳 法 ① 945
—赦宥擯紳 法 ① 973
諸藩刑遵—法 法 ② 82
—練兵 兵 483
—騎射 武 485
—馬場 武 792
—医学館 方 691
—医師 方 718
—論義 宗 ① 401
—仁王会 宗 ② 54
—八講 宗 ② 84
—儒者 文 ② 706
—修史 文 ② 869
路頭遇—使礼 礼 ① 163
—職員著布衣 服 477
ばくふ 幕府(柳営) 居 288
—構造 居 285
ばくふ 幕府(近衛府) 官 ① 1346
ばくふ 瀑布 地 ③ 1206
ばくふえ 幕府苑地別館役人
【篇】 官 ③ 968
はくぶつ 博物【篇】 人 ① 1293
はくぶん 白文 文 ③ 295
— 文 ③ 319
はくぶん 博文館 文 ② 1287
はくべつ 白鼈 動 1582
はくべら はくべら(蘩蔞) 植 ② 134
はくぼ 伯母
「おば伯母」を見よ
はくほう 白鳳(逸年号) 歳 358
はくほう 白峯寺【篇】 宗 ④ 1019
— 神 ③ 1526
はぐま 鬼督郵 植 ② 778
はくまい 白米 植 ① 816
— 産 ① 102
年料— 政 ② 615
ばくまく 獏枕 歳 894
— 器 ② 172
はくまし 白麻紙 文 ③ 1183
ばくもん 麦門冬 植 ① 1064
はくゆど 博喩堂 文 ② 1282
ばくよう はくやう(博弈) 法 ① 445
はくよう 白羊石 金 327
はくらい 白癩 方 1459
はくらい 舶来縮緬 産 ② 254
はくらく 伯楽 動 130
はくらん 博覧 人 ① 1293
はくり 白痢 方 1413
はくりく 博陸 官 ① 561
はくりご 羽栗郡 地 ① 1264
はくりご 葉栗郡 地 ① 502
はくりゅ 白竜(琵琶) 楽 ② 763
ばくりょ 曝涼 歳 1223
兵器— 官 ① 1557
はぐるま 羽車 帝 147
はぐろ はぐろ(歯黒) 礼 ① 620
はくろう 白鑞 金 208
ばくろう 馬喰 動 35
はくろう 伯労鳥 動 798
はくろさ 白鷺祭 方 51
はぐろさ 羽黒山 地 ③ 834
—僧兵 兵 299

はぐろさ	羽黒山権現	神	④	911
	—	神	④	918
はぐろは	羽黒派(修験道)	宗	①	1086
はぐろみ	はぐろみ(歯黒)	礼	①	620
はぐろめ	はぐろめ(歯黒)	礼	①	619
はくわん	薄椀	器	①	21
はけ	驂筆(漆工具)	産	①	800
	絵刷毛【併入】	文	③	1310
はげ	禿	人	①	323
ばげい	馬芸	武		720
はげいと	はげいとう(雁来紅)	植	②	115
はこ	箱	器	①	678
	訴状—	法	③	448
	銭—	泉		167
	刀—	兵		1483
	硯—【附】	文	③	1346
	書物—	文	③	1397
	料紙—【併入】	文	③	1402
	草子—【併入】	文	③	1402
	色紙—【併入】	文	③	1405
	短冊—【併入】	文	③	1406
	懐紙—	文	③	1406
	文—【篇】	文	③	1426
	盃—	器	①	252
	挟—	器	②	525
	璽筥【併入】	神	①	228
	祭祀用筥	神	②	1237
	御衣筥	礼	①	403
	児御衣筥図	礼	①	406
	辞表筥	政	①	384
	上表筥	政	①	385
	櫛筥	器	①	411
	告朔函	政	①	26
	三衣匣	宗	②	1160
	三線匣	楽	②	822
はご	擌(捕鳥具)	産	①	453
はごいた	羽子板	遊		1271
	—	植	①	507
ばこう	馬耕	産	①	48
はこえ	はこえ			
	袍—	服		235
	直衣はこへ	服		200
	袴はこへ	礼	①	562
はこえ	葉肥	産	①	134
はこがた	筥形(下襲文様)	服		353
はごく	破獄	法	①	940
	—	法	③	289
はこざき	筥崎	神	④	1446
はこざき	筥崎宮【篇】	神	④	1444
はこすえ	筥陶正	官	①	1003
はこすえ	筥陶司【篇】	官	①	1003
はこずし	筥鮓	飲		952
はこせこ	はこせこ	服		1366
はこそ	箱訴	法	③	448
はこだて	箱館	地	②	1320
はこだて	箱館御勘定吟味方改役	官	③	1416
はこだて	函館区	地	②	1294
はこだて	箱館港	地	③	589
はこだて	函館事件	外		1429
はこだて	箱館市中払	法	②	364
はこだて	函館通宝	泉		39
はこだて	函館八幡宮【篇】	神	④	1708
はこだて	箱館奉行	官	③	1412
	—	地	②	1285
はこだて	箱館奉行通弁御用出役	官	③	1418
はこぢょ	箱提灯	器	②	250
はこつき	筥坏	器	①	184
ばこつせ	馬骨石	金		346
はこどり	箱鳥	動		971
はこねう	箱根うつぎ	植	①	658
はこねお	箱根温泉	地	③	1058
はこねぐ	箱根草	植	②	855
はこねご	箱根権現			
	—神領	神	①	161
	書—名於起請文中	人	②	352
はこねじ	箱根路	地	③	18
はこねだ	箱根竹	植	①	709
はこねの	箱根宿	地	①	746
はこねの	箱根関	地	③	604
はこねや	箱根山	地	③	796
はこぶみ	筥文	政	①	759
はこぶろ	箱風呂	居		674
はこべ	筥戸	官	①	1003
はこべ	蘩蔞	植	②	134
はこべじ	はこべ汁	飲		181
はこべら	はこべら(蘩蔞)	植	②	135
はこまく	箱枕	器	②	170
はこむね	箱棟	居		977
はこやな	はこ柳(白楊)	植	①	161
はこやの	はこやの山(仙洞)	帝		791
	—	方		631
はごろも	羽衣草	植	②	720

はさいい	破砕印	文	③	1132
はざま	はざま(谷)	地	③	709
はざまし	間重富	方		361
はさみ	挟(舟)	器	②	582
はさみい	挟板	居		855
はさみお	はさみ帯	服		1067
はさみが	鋏刀	産	①	648
はさみき	鋏切形	遊		1231
はさみざ	挟肴	飲		146
はさみし	挟将棋	遊		142
はさみだ	はさみ竹(夾算)	文	③	1471
はさみだ	挟竹(行旅具)	器	②	525
はさみば	挟箱	器	②	525
はさみば	挟箱覆	器	②	527
はさみば	挟箱持	器	②	525
はさみも	はさみ物(挟肴)	飲		146
はさみも	挟物(的)	武		252
はし	階【篇】	居		1178
はし	箸	器	①	91
	祭祀用―	神	②	1242
	饗礼立―匕	礼	①	285
	宮城野萩―	礼	①	543
はし	橋【篇】	地	③	77
	織田信長修理道路―梁	地	③	21
	断―而拒守	兵		665
	城郭―	兵		1077
	以―材造仏像	宗	①	160
	下乗―	器	②	1010
	以扉為―	居		207
	庭之―	居		919
はじ	恥	人	①	764
はじ	黄櫨	植	①	473
	―運上	政	④	424
	―栽培	政	④	963
はしいた	橋板	地	③	127
はしうけ	橋請負人	地	③	161
はしうら	橋占	神	②	1307
はしおや	箸親	礼	①	471
はしか	麻疹	方		1394
	―治療	方		920
	―出仕遠慮	政	③	465
はしがか	橋懸			
	能楽―	楽	①	994
	劇場―	楽	②	58
はしがき	端書			
	書翰―	文	①	474
	歌―	文	①	693
はしかく	階隠【併入】	居		1189
はしがく	階隠間	居		1189
	―	居		561
はしがけ	橋掛名主	地	③	141
はしがっ	端合戦	兵		510
はしかの	端鹿里	地	②	533
はしがみ	箸紙	器	①	108
はじかみ	はじかみ(薑)	植	①	1144
はじかみ	はじかみ魚	動		1565
はしき	はしき(愛)	人	①	715
はじき	はじき(指石)	遊		128
はじきし	弾き将棋	遊		143
はしぎち	端几帳	器	①	817
はしきと	橋祈禱	地	③	190
はしぎょ	橋行事	地	③	138
はしきら	はしきらず(紙)	文	③	1174
はしくよ	箸供養	器	①	109
はしくよ	橋供養	地	③	185
はしけぶ	はしけ船(艀下)	器	②	681
はしし	箸師	器	①	101
はじし	斷	人	①	400
はしじょ	端女郎	人	②	849
はしじろ	端城	兵		1040
はしせん	橋銭	地	③	153
はじぞめ	黄櫨染			
	「こうろぞ黄櫨染」を見よ			
はした	半下(徳川氏奥女中)	官	③	840
はしだい	箸台	器	①	104
はしだい	箸台銭	器	①	107
はしたか	はしたか(鷂)	動		938
はしたか	鷂頭	官	③	950
はしたて	箸立	礼	①	464
はしだめ	橋試	地	③	350
はしたも	半物(職名)	官	①	1157
はしつき	間坏	器	①	184
はしづく	端作(和歌懐紙)	文	②	197
はしづつ	箸筒	器	①	108
はしつぼ	箸壺	器	①	107
はしでら	橋寺【篇】	宗	③	1068
はじでら	土師寺	宗	④	29
はじとみ	半蔀	居		1251
はじとみ	半蔀車	器	②	842
はじにお	黄櫨匂鎧	兵		1813
はしのし	橋下の菖蒲	遊		1237
はじのむ	土部連	姓		160
はしば	羽柴	姓		329

はしば　橋場(江戸)　地 ③ 292
はしばえ　端芝烏帽子　服 1201
はしばか　箸墓　礼 ② 1098
はしばこ　箸箱　器 ① 107
はしはこ　圭冠　服 1110
はしばの　橋場渡　地 ③ 454
はしばみ　はしばみ(榛)　植 ① 167
はしばん　橋番請負人　地 ③ 144
はしばん　橋番人　地 ③ 141
はしばん　橋番屋　地 ③ 148
はしひと　間人皇女廟窟　礼 ② 1081
はしぶぎ　橋奉行　地 ③ 158
はしふね　はしふね(游艇)　器 ② 640
はします　橋升形(城)　兵 1078
はしまつ　橋祭　地 ③ 191
はしむか　はしむかふ(枕詞)　人 ① 169
はしめの　波斯馬脳帯　服 779
はしもと　橋本駅　地 ① 571
　　—遊女　人 ② 872
はしもと　橋本郷　地 ① 237
はしもと　橋本宿　地 ③ 274
はしもと　橋本社　神 ③ 1000
はじもみ　はじ紅葉　植 ① 473
はしもり　橋守　地 ③ 137
はしや　箸屋　器 ① 101
はしゅう　波州　地 ② 785
　　「あわのく阿波国」も見よ
ばじゅつ　馬術
　　「きじゅつ騎術」を見よ
ばしょう　芭蕉　植 ① 1135
ばじょう　馬上提灯　器 ② 251
ばしょう　芭蕉布　産 ② 130
ばしょう　芭蕉布麻上下　服 617
ばじょう　馬上の作物(的)　武 256
ばじょう　馬上礼　礼 ① 150
ばじょう　馬上本　文 ③ 320
ばじょう　馬上免　政 ④ 189
はしら　柱【篇】　居 937
　　大神宮心御—祭　神 ③ 181
　　—礎【併入】　居 965
　　束—【併入】　居 967
　　土蔵—　居 755
　　門—　居 849
　　茶室—　遊 562
　　橋—　地 ③ 124
はしらか　柱かくし　居 959
はしらが　柱隠(掛軸)　文 ③ 1025
はしらか　柱飾　居 959
はしらだ　柱立　居 484
はしらで　端螺鈿鞍　兵 1963
はしらぬ　欄額【併入】　居 969
はしらま　柱松　器 ② 281
はしらよ　柱寄　居 959
はしりい　走井(井)　地 ③ 1008
はしりい　走井(催馬楽)　楽 ① 207
はしりう　走馬　武 797
　　賀茂祭—　神 ③ 1034
　　八坂神社—　神 ③ 1485
　　大原野神社—　神 ③ 1575
　　春日祭—　神 ④ 123
　　「けいば競馬」も見よ
はしりう　走馬鞍　兵 1939
はしりが　はしりがき　文 ③ 782
はしりが　走笠　器 ② 417
はしりく　はしりくらべ(競走)　遊 1213
はしりし　走衆
　　鎌倉幕府—　官 ② 830
　　足利氏—　官 ② 1273
　　織田氏—　官 ② 1423
はしりし　走り衆の頭　官 ③ 1129
はしりど　はしりどころ(莨菪)　植 ② 541
はしりみ　走水番所　官 ③ 1462
はしりみ　走水奉行　官 ③ 1462
はしりも　走物(舞曲)　楽 ① 54
はしりや　走矢倉　兵 1104
はしりゆ　走湯温泉　地 ③ 1051
はしりゆ　走湯権現　神 ① 160
　　—神領　神 ① 652
はしりゆ　走湯山　地 ③ 1051
はしりゆ　走湯山地主神　神 ① 820
はしる　走　人 ① 989
はす　はす(魚)　動 1338
はす　蓮　植 ② 138
　　車紋画—花　帝 1624
はす　鰣　動 1460
はず　弭　兵 1552
はず　筈(矢)　兵 1613
はず　巴豆(木)　植 ① 461
はず　撚綿軸　産 ② 88
はすいけ　蓮池御門　居 409
はすいけ　蓮池藩　地 ② 1098
ばすいぼ　馬酔木　植 ① 596
はすがた　はすがた　礼 ② 100
はずかん　弭冠　兵 1556

はずごお	幡豆郡	地	①	550
はずだま	筈溜(弓)	兵		1564
はすのい	藕糸袈裟	宗	②	1153
はすのは	蓮葉笠	器	②	409
はすのは	はすのはかづら(千金藤)	植	②	223
はすめし	蓮飯	飲		408
	—	歳		1280
はぜ	粶	歳		855
はぜ	鯊	動		1315
はぜ	黄櫨	植	①	474
	「はじ黄櫨」も見よ			
はせあい	馳合の軍	兵		510
はせがわ	長谷川等伯	文	③	836
はせがわ	長谷川平蔵	法	②	414
はせがわ	長谷川流(剣術)	武		28
はせがわ	長谷川流(鉄砲)	武		885
はぜくさ	はぜくさ(穀精草)	植	①	988
はせくら	支倉常長	外		1260
	—	宗	④	1116
はせつか	丈部路祖父麻呂	人	①	1072
はぜつり	はぜ釣	産	①	361
はせでら	長谷寺【篇】	宗	③	1321
	—学寮	宗	③	142
	—開帳	宗	③	351
はぜのか	沙魚皮帯	服		803
はせべの	長谷部信連	人	②	102
	—	人	②	296
ばせん	馬氈	兵		1989
はそ	はそ(魚)	動		1338
はそ	鰣	動		1460
はそりが	端反笠	器	②	413
はそんぶ	破損奉行			
	大坂—	官	③	1331
	駿府—	官	③	1354
はた	はた(鰭)	動		1242
はた	畠			
	田—祖	政	④	187
	—地子	政	②	630
	—地子	政	④	373
	田—位付	政	③	1157
	田—検地	政	④	3
	以田—為質	政	④	733
	田畑開墾	政	③	1179
	没収畑	法	②	612
はた	旗【篇】	兵		2097
	相図—	兵		603
	巻—而降	兵		752
	墨田家—	兵		1275
	—施紋	姓		559
	—紋図	姓		577
	舞楽用—	楽	①	661
	仏事用幡	宗	②	1087
	葬礼用幡	礼	②	355
はた	機	産	②	30
はだ	肌	人	①	308
はたいた	鰭板	居		880
はたうじ	秦氏	姓		168
	—氏神	神	①	680
	—世襲松尾社司	神	②	1566
	—為稲荷神社禰宜祝部	神	③	1448
	神宮法不知姓職掌号—	姓		255
はたうじ	秦氏本系帳	姓		380
はだえ	膚	人	①	307
はたえだ	幡枝焼	産	①	728
はたおり	織紝【篇】	産	②	1
はたおり	はたおりめ(促織)	動		1168
はだか	躶	人	①	309
はだかお	裸踊	楽	②	484
はたがし	旗頭	兵		190
	—	兵		158
はだかじ	裸城	兵		1045
はたがた	畠方免	政	④	204
はだかひ	はだか単	服		399
はだかむ	裸麦	植	①	838
はだかも	裸詣	神	②	904
はだぎ	はだぎ(襯)	服		460
はたけ	疥	方		1244
はたけご	はたけごめ(旱稲)	植	①	781
はたけす	畠水練	武		982
はたけぜ	はたけぜり(菫)	植	②	381
はたけや	畠山氏	官	②	1079
はたけや	畠山重忠	人	①	1216
はだこ	はだこ	服		460
	「じゅばん襦袢」も見よ			
はたごお	幡多郡	地	②	900
はたごぶ	旅籠振舞	政	①	1292
はたごや	旅籠屋	政	④	1362
	—	産	②	405
	—	政	④	535
	「りょしゅ旅宿」も見よ			
はたざお	旗竿	兵		2099

はたさし　旗差　兵　253
はたさし　旗指之者　官 ③　983
はだしも　跣詣　神 ②　904
　—　宗 ③　615
はたしろ　旗代魚　動　1456
はたすす　はたすすき(薄)　植 ①　923
はたすそ　耳末濃鎧　兵　1812
はたそで　波多袖　服　21
　袍鰭袖　服　235
はただい　旗大将　兵　184
はたち　はたち(二十歳)　人 ①　682
はだつけ　はだつけ　服　460
　「じゅばん襦袢」も見よ
はだつけ　膚付(馬具)　兵　1981
はたづつ　旗筒　兵　2102
はたつも　はたつもり(山茶科)　植 ①　639
はたどの　機殿　産 ②　30
　大神宮—【併入】　神 ③　524
はたどの　機殿祭　神 ③　523
はたのい　秦忌寸　姓　168
はたのお　秦大津父　人 ②　596
はだのお　肌の帯　服　1506
はたのか　秦河勝
　—止淫祀　神 ②　646
　—建広隆寺　宗 ③　812
はたのく　波多国造　地 ②　896
はたのと　秦豊永　人 ①　1068
はたのの　波多野荘　地 ①　781
はたのひ　鰭広物鰭狭物　動　1240
はたのみ　秦造　外　824
はたはた　はたはた(鰰)　動　1533
はたはた　はたはた(蜈蚸)　動　1161
はたびの　幡梭皇女　帝　1158
はたぶぎ　旗奉行　兵　184
　徳川氏—【篇】　官 ③　1219
はたぶく　旗袋　兵　2102
はたべの　秦部総成女　人 ①　1122
はたほこ　はたほこ(幢)　宗 ③　116
はたもと　旗本　官 ③　68
　—八万騎　官 ③　66
　—揚屋入　法 ③　275
　—揚座敷入　法 ③　284
はたもと　旗本(隊伍)　兵　376
はたもと　旗本組　兵　457
はたもの　機物　法 ①　734
　「はりつけ磔」も見よ
はたらき　活(語格)　文 ①　161
はだれ　はだれ(雪)　天　200
はたん　はたん(鸊鷉)　動　890
はたん　巴旦【併入】　外　1230
はたんき　巴旦杏　植 ①　347
ばたんこ　ばたん国　外　1193
はち　はち(熅房)　政 ③　915
はち　蜂　動　1115
　以—為神使　神 ②　1855
はち　鈸　宗 ②　1094
はち　鉢(冑)　兵　1859
はち　鉢(僧具)　宗 ②　1120
　飛—　宗 ②　363
はち　鉢(飲食具)　器 ①　81
はち　顱　人 ①　321
ばち　桴(撥)
　舞楽—　楽 ①　662
　大鼓—　楽 ②　1062
　鞨鼓—　楽 ②　1083
　雉婁鼓用鞨鼓—　楽 ②　1105
　鉦鼓—　楽 ②　1128
　琵琶撥　楽 ②　740
　三線撥　楽 ②　822
　方磬撥　楽 ②　1139
はちい　八位　官 ③　1776
　—位子　政 ①　1007
　—季禄　封　142
　「しょうは正八位」「じゅはち従八位」も見よ
はちいん　八音(音楽)　楽 ①　26
　—　楽 ②　550
はちうえ　鉢植　植 ①　52
はちおう　八王子(日吉神社)　神 ④　657
はちおう　八王子絹　産 ②　215
はちおう　八王子権現　神 ①　163
はちおう　八王子千人頭【附】　官 ③　1226
はちおう　八王子千人同心　官 ③　1228
はちおう　八王子千本槍衆　官 ③　1227
はちおう　八王子平(織物)　産 ②　209
はちおか　蜂岡寺　宗 ③　812
　「こうりゅ広隆寺」も見よ
はちかい　蜂飼大臣　動　1135
はちがつ　八月　歳　25
はちがつ　八月十五日歌会　文 ②　166
はちがつ　八月十五夜【篇】　歳　1304
はちぎ　八議　法 ①　46
はちぎゃ　八虐　法 ①　14
　六議者犯—　法 ①　46

はちく	淡竹	植	①	679
はちくま	はちくま(鷹)	動		938
はちくら	鉢鞍	兵		1972
はちこく	八穀	植	①	755
はちざ	八座(参議)	官	①	444
はちざか	鉢肴	飲		149
はちじゅ	八十一難経	方		1025
はちじゅ	八重戒	宗	②	677
はちじゅ	八十座祓	神	②	699
はちじゅ	八十賀	礼	①	1453
はちじゅ	八十八賀	礼	①	1458
はちじゅ	八十八夜	歳		141
はちじゅ	八十八箇所遍礼	宗	③	309
はちじょ	八条大宮水閣	産	①	77
はちじょ	八丈貝	動		1674
はちじょ	八丈絹	産	②	196
はちじょ	八丈島	地	①	639
	—	産	②	196
はちじょ	八丈島代官	官	③	1522
はちじょ	八丈島地役人	官	③	1522
はちじょ	八条内裏	居		284
はちじょ	八条房繁	武		717
はちじょ	八乗冪式	文	③	596
はちじょ	八条遍照心院奉行	官	②	1214
はちじょ	八条流(馬術)	武		709
はちじん	八陣(陣法)	兵		52
はちす	蓮	植	②	138
はちすけ	八介	官	②	459
はちすの	はちすのはひ(藕)	植	②	138
はちだい	八代集	文	②	229
はちだい	八大夜叉	宗	①	113
はちだい	八代流(挿花)	遊		877
はちだい	八大竜王	宗	①	130
はちたた	鉢叩	政	③	883
はちつけ	鉢付板(冑)	兵		1879
はちつけ	鉢附鋲(冑)	兵		1881
はちどう	八道行成【篇】	遊		168
はちどは	八度拝	神	②	989
	—	礼	①	19
はちにん	はちにんくるま(木綿軒車)	産	②	87
はちにん	八人芸	楽	②	1191
はちのき	鉢の木の帯	服		1059
はちのぜ	八膳	飲		94
はちのへ	八戸藩	地	②	155
	—学校	文	②	1283
はちばみ	はちばみの羽(矢)	兵		1598
はちはん	八判裏書	法	③	617
はちびょ	八病			
	歌—	文	①	628
	詩—	文	②	525
ばちびん	撥鬢(結髪)	人	①	526
はちぶぞ	八分ぞり(笠)	器	②	392
はちぶん	八分円器	文	③	655
はちぶん	八分儀	方		294
はちぼく	八木(木)	植	①	70
はちぼく	八木(米)	植	①	811
はちまい	八枚起請	人	②	362
はちまき	鉢巻	兵		1905
	以手拭為—	器	①	649
はちまる	八丸(省銭)	泉		119
はちまん	八幡宮			
	—氏人	神	①	672
	男山—【篇】	神	③	1241
	鶴岡—【篇】	神	④	418
	筥崎—	神	④	1444
	大隅正—	神	④	1678
	新田—	神	④	1697
	対馬国—	神	④	1704
	函館—	神	④	1708
	—神願寺	神	②	1706
	常陸国安郎河—神宮寺	神	②	1730
	淡路国—神宮寺	神	②	1738
	—服忌	礼	②	889
はちまん	八幡宮奉行	官	②	1209
はちまん	八幡座(冑)	兵		1870
はちまん	八幡三所大神	神	④	1513
はちまん	八幡大神	神	①	157
はちまん	八幡大菩薩	神	①	156
はちまん	八幡大菩薩筥崎宮	神	④	1444
はちまん	八幡舟	兵		1215
	「ばはんし八幡舟」も見よ			
はちみ	八味	飲		9
はちみつ	蜂蜜	動		1117
	—	飲		907
はちもん	八文字屋	文	②	946
はちもん	八文字舎自笑	文	②	955
はちや	はちや(番太)	政	③	969
はちゃつ	葉茶壷	遊		699
はちやの	蜂屋荘	地	①	1285
はちょう	波長魚	動		1339
はちよう	八葉車	器	②	847
はちりゅ	八竜(冑)	兵		1892

はちりゅ	八竜(鎧)	兵		1849
はちりゅ	八竜日	方		129
はちりょ	蜂竜盃	器	①	247
はちりょ	八両判	泉		203
はつ	鮪	動		1497
ばつ	跋	文	③	470
はつあい	発哀	礼	②	653
	「きょあい挙哀」も見よ			
はついつ	八佾舞	楽	②	442
はつう	初卯	神	②	587
はつうま	初午	神	②	587
	—日詣稲荷	神	③	1462
	—日詣稲荷	服		1215
はつうま	初午芝居	楽	②	95
はっか	薄荷	植	②	509
ばっか	幕下	官	①	1354
	—	官	②	650
はっかい	八戒	宗	①	481
	—	宗	②	610
はっかい	八海山	地	③	844
はつかえ	二十日恵美須	神	②	595
はつかぐ	二十日草(牡丹)	植	②	164
はっかく	八角墨	文	③	1364
はっかく	八角堂(法成寺)	宗	③	407
はっかけ	はつかけ(裾)	服		33
はっかさ	白花菜	植	②	84
はつかし	羽束郷	地	①	227
はつかし	埿部	官	①	1019
はつかし	泊橿部	官	①	129
はつかし	二十日正月	歳		944
はつがつ	初鰹	動		1443
はつがっ	初合戦	兵		508
はつかね	はつかねずみ(鼷鼠)	動		235
はつかの	二十日の月	天		65
はつかみ	初雷	天		288
はっかん	白鷴	動		719
はつき	はつき(八月)	歳		25
はつき	八つき(女服)	服		1043
はつき	刺螺	動		1668
はっき	白気	天		317
はっき	白亀	動		1587
はっきも	白綺門	居		267
はっきょ	発狂	方		827
はつくら	初倉荘	地	①	589
	—	宗	③	663
はつくり	爪工	官	①	114
はづくろ	はづくろひ(刷蕩)	動		501

はっけ	八卦	方		471
ばっけ	末家	政	③	733
はっけい	八景			
	甲斐—	地	①	739
	近江—	地	①	1227
	和歌浦—	地	②	764
ばっけい	祓禊【併入】	神	②	659
	神嘗祭—	神	③	433
	「はらえ祓」「みそぎ禊」も見よ			
はっけい	八卦忌	方		228
はつこ	裔	人	①	237
はっこう	八講	宗	②	73
	祇園—	神	③	1485
	於春日神社行—	神	④	89
	於日光山東照宮行			
	法華—	神	④	849
	忌日行—	礼	②	1461
	依—赦宥	法	①	961
	—門—	人	②	1015
はっこう	白虹	天		313
はっこう	白膠	動		326
ばっこう	麦光紙	文	③	1237
はっこう	八講伝奏	官	①	679
はっこう	八講布	産	②	144
はっさい	八斎戒	宗	②	611
	—	宗	②	676
はっさく	八朔【篇】	歳		1285
	—参賀幕府図	歳		1296
はっさく	八朔梅	植	①	318
はっさん	八算	文	③	593
はっし	八使	官	②	42
はっしき	八色之姓	姓		77
ばっしゅ	罰酒	礼	①	275
	—	武		385
はっしゅ	八宗	宗	①	38
はっしゅ	八宗兼学	宗	③	49
	—	宗	③	1149
はっしゅ	八種供養	宗	②	189
はっしょ	八省	官	①	191
	—東廊臨時大祓	神	②	773
はっしょ	八省院	居		158
	—図	居		163
	—諸楼	居		191
	—諸門	居		243
はっしょ	八将神	方		399
はっしょ	八将神方	方		166

はっしょ	はつしようまめ(黎豆)	植	②	279
はっしょ	八所御霊	神	②	622
はっしん	八神殿			
	神祇官—	神	①	845
	大嘗宮—	神	①	1082
	吉田神社—	神	③	1596
はつせあ	長谷朝倉宮	地	①	179
はっせい	発声	文	②	124
はっせい	八姓氏神	神	①	668
はつせさ	泊瀬斎宮	神	③	3
はつせっ	初節供	歳		1101
	—	歳		1188
はつせべ	長谷部舎人	官	①	134
はつせや	初瀬山	地	③	737
はっせん	八仙(楽曲)	楽	①	573
はっせん	八専	方		131
はっそう	八草	植	①	750
はっそう	発喪	礼	②	653
	「きょあい挙哀」も見よ			
はっそろ	八祖論義	宗	①	406
ばった	ばつた(螇蚸)	動		1163
はったい	はつたい(食物)	飲		491
はったい	八体(俳諧)	文	①	1222
はったえ	はつたへ(食物)	飲		491
はつたけ	初茸	植	②	821
はつたけ	初茸飯	飲		410
はったの	八田御牧	地	③	966
はったん	八端掛	産	②	235
ぱっち	ぱつち(股引)	服		1500
はっちぼ	はつち坊(乞食)	政	③	922
はっちょ	はつてう(舟)	器	②	637
はっちょ	八張弓	兵		1657
はっつい	八対(詩)	文	②	474
はっつけ	磔	法	①	734
	「はりつけ磔」も見よ			
はっと	法度	法	②	86
はっとう	撥鐙	文	③	755
はっとう	八東郡	地	②	440
はっとが	法度書	政	③	161
	牢内—	法	③	211
	牢内揚屋内—	法	③	273
	浅草溜内—	法	③	327
はっとく	八徳【併入】	服		657
はっとり	服部党	兵		450
はっとり	服部南郭			
	—文	文	①	328
	—詩	文	②	587
はつなす	初茄子	植	②	524
はつに	初荷	歳		901
ばつにち	伐日	方		121
はつね	初子	歳		949
はつねな	初音鱠	飲		202
はつねに	初音人形	遊		1247
はつのぼ	初幟	歳		1192
はっぴ	法被【併入】	服		691
はっぴゃ	八百五十回忌	礼	②	1449
はっぴゃ	八百五十年忌	礼	②	1449
はっぴゃ	八百年忌	礼	②	1449
はっぴゃ	八百回忌	礼	②	1449
はっぴん	八品商	産	②	578
はっぴん	八品商売人	産	②	409
はっぷく	八幅対	文	③	1009
はつぶり	半首(甲冑具)	兵		1887
はっぷん	八分(書体)	文	③	775
はつほ	初穂(稲)	神	②	1156
はつほ	初穂(幣)	神	②	1082
はっぽう	八方	天		15
はっぽう	八方衆	宗	③	1201
はっぽう	八方白冑	兵		1885
はっぽう	八方天	宗	①	112
はっぽん	八品派	宗	①	1010
	—寺院数	宗	③	16
はつむか	初昔後昔(茶)	遊		537
はつもと	はつもとゆひ(初冠)	礼	①	635
はつもの	初物	飲		49
はつゆ	初湯	居		694
はつゆき	初雪	天		203
はつゆめ	初夢	歳		891
	—	歳		862
はつゆめ	初夢漬	飲		1037
はて	はて(稲機)	産	①	285
はて	果(音楽)	楽	①	36
はてきけ	破敵剣	帝		158
はてのひ	はてのひ(忌日)	礼	②	1365
はてのわ	はてのわざ(周忌)	礼	②	1367
はと	鳩	動		737
	以—為神使	神	②	1812
はとあわ	鳩合	遊		265
ばとう	抜頭(楽曲)	楽	①	451
ばとう	馬唐	植	①	940
ばとうか	馬頭観音	宗	①	90
ばとうば	馬頭盤	器	①	103
はとおの	鳩尾板(鎧)	兵		1777

はとくさ	はとくさ(大青)	植	②	22
はとざけ	鳩酒	飲		708
はとのつ	鳩杖	器	②	517
	—	礼	①	1472
	舞楽—	楽	①	665
はとのつ	鳩杖記	礼	①	1450
はとのみ	鳩峯	神	③	1245
はとのめ	鳩目銭	泉		147
はとむね	亀胸	人	①	419
はとむね	鳩胸(鐙)	兵		1993
はとや	鳩屋(鷹)	遊		1008
はとり	服部	官	①	105
はとりか	波珍干岐	外		101
はとりの	執翳女孺	帝		330
	—	帝		367
はとりの	服部連	産	②	11
はな	花	植	①	13
	挿—【篇】	遊		825
	桜花略称—	植	①	285
はな	鼻	人	①	371
	削罪人—	法	①	763
	削罪人—	法	②	462
	晒之上—をそぎ追放	法	②	336
はな	纏頭			
	相撲—	武		1127
	遊女—	人	②	902
はなあお	はなあふひ(蜀葵)	植	②	358
はなあや	花菖蒲	植	①	1117
はなあわ	花合(物合)	遊		285
はなあわ	花合(骨牌)	遊		247
はないく	花軍	兵		513
はないっ	花一揆	兵		428
はないれ	花入	遊		881
はなうり	花売	植	①	62
はなかく	鼻隠し(橋)	地	③	125
はなかけ	劓	人	①	378
はながさ	花笠	器	②	407
はなかた	花方渡	地	③	461
はながつ	花鰹	飲		927
はなかつ	はなかつみ(菰)	植	①	930
	五月五日葺—	歳		1166
はながみ	鼻紙	文	③	1216
	—	服		671
	—	服		1358
はながみ	鼻紙袋	服		1364
はながめ	花瓶	遊		881
はなかわ	鼻皮(馬具)	兵		2056
はながわ	花瓦	産	①	591
はなかん	花簪	器	①	432
はなきり	劓刵【併入】	法	②	462
はなきれ	鼻きれ(履)	服		1378
	—	服		1408
はなくき	鼻くき	人	①	377
はなくそ	はなくそ(乾涕)	人	①	379
はなげ	鼻毛	人	①	378
はなげぬ	はなげぬき(鑷子)	器	①	452
はなこう	花笄	器	①	426
はなごけ	はなごけ(石蕊)	植	②	845
はなさき	花咲郡	地	②	1300
はなし	咄	人	①	840
はなしう	放打	法	①	698
はなしか	落語家	楽	②	531
はなしこ	放巾子	服		1119
はなしし	咄衆			
	織田氏—	官	②	1411
	豊臣氏—	官	②	1440
はなしず	鎮花祭【篇】	神	②	548
はなしぞ	噺初(芝居)	楽	②	84
はなしど	放し鰌	動		1366
はなしね	はなしね	神	②	1164
	「うちまき散米」も見よ			
はなしば	談伴【併入】	官	③	743
はなしぼ	咄本	楽	②	535
はなしめ	放召人	法	①	955
はなしょ	花所望	遊		860
はなずお	はなずはう(紫荊)	植	①	394
はなすげ	はなすげ(知母)	植	①	1022
はなすじ	鼻すぢ	人	①	377
はなすす	花薄	植	①	920
はなずも	花相撲	武		1227
はなそぎ	鼻そぎ	産	②	832
はなぞの	花園(琵琶)	楽	②	762
はなぞの	花園天皇	帝		32
	—誠光厳天皇	人	②	165
	—撰風雅和歌集	文	②	261
	—捨離宮為寺	宗	③	823
	葬—	帝		1001
	—鏡御影	宗	③	830
はなぞの	花園村	地	①	250
	—	宗	③	823
はなぞめ	花染頭巾	服		1250
はなたか	鼻高(練歩)	礼	①	106
はなたけ	はなたけ(齆鼻)	方		1170

はなだぞ　縹染　産 ①　879
はなたち　花橘　植 ①　400
はなたち　花橘(香)　遊　315
はなたち　花橘下襲　服　344
はなだぼ　縹帽子　服　1220
はなたれ　鼻垂疾　方　1352
はなぢ　衂　方　1443
はなちい　放出　居　574
はなちが　はなちがき　文 ③　781
はなちが　放紙　政 ①　1102
はなぢさ　はなぢさ(萵苣)　植 ②　730
はなちじ　放十徳　服　655
はなづか　鼻塚　礼 ②　1124
はなつみ　花摘社　歳　1138
はなづら　はなづら(牛縻)　器 ②　877
はなどめ　花留　遊　895
はなのあ　鼻孔　人 ①　378
はなのい　花窟　礼 ②　15
はなのが　花之賀　礼 ①　1375
はなのか　花会(茶湯)　遊　419
はなのか　花会(挿花)　遊　879
はなのか　鼻頭　人 ①　378
はなのき　はなの木　植 ①　666
はなのご　花の御所　居　309
はなのて　花亭　居　309
はなのも　花の下(連歌師)　文 ①　1093
はなのや　鼻病　方　1167
　　—治療　方　857
はなばい　花葉色下襲　服　343
はなばし　鼻柱　人 ①　377
はなばた　花畠教場　文 ②　1287
はなばた　花畑番衆　官 ③　1081
はなばた　花畑奉行　官 ③　968
はなび　花火【篇】　遊　1191
はなひせ　はなひせ(塞鼻)　方　1167
はなびら　葩　植 ①　19
はなびら　花びら(餅)　飲　563
はなひり　はなひりのき(木黎蘆)　植 ①　601
はなひる　はなひる(嚔)　人 ①　380
　　—のまじなひ　方　62
はなぶく　花袋(匂袋)　器 ①　529
はなぶさ　はなぶさ(蕚)　植 ①　19
はなぶさ　英一蝶
　　—絵画　文 ③　824
　　—遠島　法 ②　294
はなふり　花降銀　泉　296
はなみ　花見　植 ①　303
　　醍醐—　宗 ③　1044
　　—御幸　帝　739
はなみが　花見帰の茶湯　遊　423
はなみず　はなみづ(涕)　人 ①　379
はなみち　花道(劇場)　楽 ②　59
はなみど　花御堂　歳　1136
はなみね　鼻梁(馬)　動　86
はなみょ　はなめうが(山薑)　植 ①　1153
はなむけ　餞　人 ②　432
　　官人賜—　官 ②　412
　　外官赴任時賜—　政 ①　1318
　　以櫛為—　器 ①　406
はなむす　花結　遊　1229
はなめが　鼻眼鏡　器 ②　561
はなもう　花毛氈　器 ②　39
はなもり　花盛(料理)　飲　270
はなゆず　花柚　植 ①　431
はなよめ　花嫁　人 ①　227
はなりの　放の髪　人 ①　566
はなれき　離狂言　楽 ②　115
はなろう　華蠟燭　器 ②　264
はなわほ　塙保己一　人 ②　983
　　—和学　文 ②　678
　　—祈群書類従之成業　神 ②　874
　　—編群書類従　文 ③　452
　　—校大日本史　文 ③　469
はなをそ　鼻をそぎ江戸五里四方追放　法 ②　340
はに　埴　金　368
はにおか　聖岡里　地 ②　532
はにぐち　埴口墓　礼 ②　1150
はにし　はにし(黄櫨)　植 ①　473
　　「はじ黄櫨」も見よ
はにしな　埴科郡　地 ①　1370
はにしの　土師臣　礼 ②　18
はにしべ　土部　官 ①　869
はにしべ　土師部　官 ①　118
　　—　産 ①　699
はにぞう　はにさふ(匜)　器 ①　554
はにふる　はにふる(葬)　礼 ②　5
はにやす　埴安池　地 ③　1221
はにやす　埴安神　神 ①　52
はにやす　波邇夜須毘古神　神 ①　52
はにやま　埴山姫神　神 ①　52
ばにゅう　馬入川　地 ③　1167

　一高札　地 ③ 373
ばにゅう　馬入川渡　地 ③ 446
はにゅう　埴生郡(上総)　地 ① 1037
はにゅう　埴生郡(下総)　地 ① 1064
はにわ　埴輪　礼 ② 18
はにわり　はにわり(半月)　人 ① 616
はにわり　埴破(楽曲)　楽 ① 564
はね　羽　動 503
　鴛鴦のおもひ一　動 608
　贈遺真一或鷹一　人 ② 464
はね　八子(馬具)　兵 2050
はねうま　騂馬　動 83
はねおど　跳踊　楽 ② 475
はねくび　刎首　法 ② 155
はねせん　刎銭　政 ④ 1248
はねだぶ　羽田奉行　官 ③ 1458
はねつる　桔槹　産 ① 277
はねばし　刎橋　地 ③ 103
はねもと　はね元結　器 ① 486
はのかみ　歯の神　神 ② 871
はのはや　はのはやし(近衛将官)　官 ① 1354
はのやま　歯病　方 1173
はは　母　人 ① 134
　一　政 ② 21
　譲位一　政 ① 1018
　一遺産　政 ② 112
　一遺産　政 ③ 741
　欲殺一者配流　法 ① 202
　父喪未終重遇一喪　礼 ② 656
　復父一讐　人 ② 512
　冒一姓而復姓　姓 259
　冒一姓　姓 264
　冒一党苗字　姓 329
　一党親属表　礼 ② 625
　為一党服　礼 ② 583
　為一服　礼 ② 778
　「ふぼ父母」も見よ
ばば　祖母　人 ① 129
　「そぼ祖母」も見よ
ばば　馬場【附】　武 785
　流鏑馬一　武 493
　笠懸一　武 529
　犬追物一　武 581
　犬追物一図　武 590
ははか　朱桜　植 ① 294
　一　神 ② 1285
ははかた　母方のおほぢ(外祖父)　人 ① 130
　「がいそふ外祖父母」も見よ
ははかた　母方のばば(外祖母)　人 ① 131
　「がいそふ外祖父母」も見よ
はばき　鎺(刀剣)　兵 1425
はばき　脛巾　器 ② 508
ははきう　箒売　器 ① 723
ははきぎ　箒木　植 ① 72
ははきぎ　箒木(地膚)　植 ② 40
ははきじ　箒尻　法 ③ 990
ははきべ　波波伯部保　法 ① 1157
はばきも　はばきもと(刀剣)　兵 1306
ははきも　持帚者　礼 ② 15
ははくそ　ははくそ(黶)　人 ① 332
ははくそ　ははくそ(黒子)　方 1262
ははくり　ははくり(貝母)　植 ① 1024
ははこぐ　母子草　植 ② 741
ばばさき　馬場先御門　居 397
ははじま　母島　地 ① 680
ははそ　柞　植 ① 206
　一　植 ① 486
ははその　柞の森　地 ③ 916
ははちょ　ははてう(鸛鴒)　動 807
ばばでん　馬場殿(豊楽院)　居 169
ばばどの　馬場殿(武徳殿)　居 144
ばばぶぎ　馬場奉行　武 664
ばばまつ　馬場祭　武 794
ばばむか　祖母昔(茶)　遊 536
ばばりゅ　馬場流(書道)　文 ③ 682
ばはん　ばはん(海賊)　人 ② 807
ばはんし　八幡舟　兵 1215
ばはんぶ　八幡船　外 1013
はひきの　波比岐神　神 ① 921
はびつ　羽櫃　兵 1755
ばびほう　馬尾蜂　動 1129
はふ　搏風【篇】　居 998
　一　神 ① 545
はぶ　はぶ(蛇)　動 1031
はぶごお　埴生郡(上総)　地 ① 1037
はぶごお　埴生郡(下総)　地 ① 1064
はぶしあ　羽節あへ　飲 206
はぶそう　はぶさう(茳芒決明)　植 ② 312
はぶたえ　羽二重　産 ② 228
　一　産 ② 208
　一　服 105
はふたつ　葉二(横笛)　楽 ② 871

はぶてこ	はぶてこぶら(呉茱萸)	植	①	443
はふに	はふに(白粉)	器	①	491
ばぶみ	馬踏(堤防)	政	④	1015
はふり	祝	神	②	1491
	—	姓		67
	—	姓		124
はぶりう	葬歌	楽	①	144
はふりこ	祝子	神	②	1491
はふりそ	祝園郷	地	①	243
はぶりつ	はぶりつもの(喪具)	礼	②	347
はふりべ	祝部	官	①	46
	以神主—等為姓氏	神	②	1568
	—名籍	政	②	11
はふる	はふる(翥)	動		511
はぶる	はふる(葬)	礼	②	5
ばふん	馬糞	産	①	127
ばべんそ	馬鞭草	植	②	490
はぼうき	羽箒	遊		772
はぼたん	はぼたん(甘藍)	植	②	82
はま	はま(囲碁)	遊		59
はま	浜【篇】	地	③	1298
はま	浜(河岸)	地	③	1144
はまあそ	浜遊(蜃気楼)	動		1016
はまいち	浜市	産	②	617
はまうつ	はまうつぼ(列当)	植	②	673
はまうど	はまうど(土当帰)	植	②	398
はまえん	浜縁	居		1167
はまおぎ	浜荻	植	①	906
はまおに	浜御庭世話役	官	③	976
はまおも	はまおもと(浜木綿)	植	①	1094
はまかず	はまかづら(蔓荊)	植	①	636
はまがわ	浜川庄蔵	人	②	803
はまぎく	はまぎく(千里及)	植	②	772
はまぎく	浜菊	植	②	709
はまぎぬ	浜絹	産	②	215
はまぐら	浜土蔵	居		761
はまぐり	蛤	動		1625
	焼—	飲		230
	雛遊用—貝	歳		1108
はまぐり	蛤吸物	飲		190
	婚礼用—	礼	①	1199
はまぐり	蛤刃	兵		1317
はまくり	葉まくり虫	産	①	149
はまぐり	蛤飯	飲		414
はまごう	はまごう(蔓荊)	植	①	637
はまごて	浜御殿	居		905
はましま	浜島氏	飲		318
はますが	はますがな(防風)	植	②	425
はますげ	はますげ(莎草)	植	①	961
はまぜり	はまぜり(蛇床)	植	②	411
はまぜり	はまぜり(葶藶)	植	②	78
はまだ	浜田	地	②	495
はまたか	はまたかな(葶藶)	植	②	78
はまたか	はまたかな(天名精)	植	②	764
はまだは	浜田藩	地	②	496
はまだや	浜田弥兵衛	外		1369
はまち	魬	動		1406
はまちり	浜縮緬	産	②	249
はまどの	浜殿添奉行	官	③	976
はまどの	浜殿奉行	官	③	976
はまどの	浜殿普請方大工頭	官	③	659
はまなげ	浜なげ	遊		1243
はまなこ	浜名湖	地	③	1230
はまなご	浜名郡	地	①	578
はまなた	はまなたまめ(黄環)	植	②	308
はまなな	浜名納豆	飲		872
はまなば	浜名橋	地	③	271
はまなり	浜成式	文	②	438
はまにが	はまにがな(防風)	植	②	425
はまにん	はまにんじん(蛇床)	植	②	412
はまのみ	浜宮	神	④	1241
はまのや	浜社	神	④	228
はまのゆ	浜の湯	地	③	1054
はまはい	はまはひ(蔓荊)	植	①	636
はまびし	はまびし(蒺藜)	植	②	328
はまひと	はまひとぐさ(大戟)	植	②	333
はまふく	はまふくら(天名精)	植	②	764
はまぼう	はまぼう(木)	植	①	528
はままし	浜益郡	地	②	1296
はままつ	浜松宿	地	①	570
はままつ	浜松荘	地	①	589
	—	政	②	484
はままつ	浜松藩	地	①	594
はまも	浜藻	植	②	893
はまもく	浜木蓮	植	①	489
はまもっ	はまもくこく(水木犀)	植	①	381
はまやき	浜焼	飲		237
はまゆう	浜木綿	植	①	1094
はまゆか	浜床	居		1069
	—	器	①	793
はまゆみ	破魔弓【併入】	遊		187
	棟上—	神	②	605

はまよも	はまよもぎ(九牛草)	植	②	719
はみ	はみ(蝮)	動		1028
はみかえ	はみかへす(瘻)	方		1141
はみがき	歯磨売	人	①	397
はみがき	歯磨粉	器	①	593
	—	産	②	700
はむ	鱧魚	動		1503
はむしゃ	葉武者	兵		874
はめん	破免	政	④	193
はも	鱧	動		1504
はもごお	羽茂郡	地	②	365
はもちご	羽茂郡	地	②	365
はものこ	鱧子煎	飲		223
はもりの	葉守神	神	①	46
	—	植	①	11
はや	鮠	動		1331
はや	甲矢	武		117
はやあき	速開都比咩神	神	②	664
はやうた	早歌	楽	①	34
	—為雑芸	楽	①	75
	神楽—	楽	①	162
はやうた	早歌(小唄)【併入】	楽	②	417
はやうち	早打	政	④	1325
はやうま	早馬	政	④	1325
	—	政	③	206
	—	政	④	1285
はやおい	早追継	政	④	1321
はやおそ	早遅練	礼	①	108
はやがく	早楽	楽	①	7
はやかけ	早駆(神葬)	礼	②	88
はやかわ	早川党	兵		445
はやかわ	早河荘	地	①	779
はやがわ	早替り(芝居)	楽	②	133
はやきせ	はやきせ	地	③	1139
はやくち	早口	人	①	846
はやさす	速佐須良比咩神	神	②	664
はやさめ	はやさめ(暴雨)	天		184
はやし	林【篇】	地	③	896
	賜—	封		122
はやし	囃子(能楽)	楽	①	829
はやしお	早潮	地	③	1260
はやしか	囃子方			
	能楽—	楽	①	946
	芝居—	楽	②	206
はやしざ	林崎重信	武		64
はやしざ	林崎御厨	神	③	936
はやしざ	林崎文庫	文	③	381
はやしし	林子平			
	—金華山開発意見	政	③	1242
	—地利意見	政	④	992
	—著海国兵談	兵		36
	—処刑	法	②	583
はやしだ	林大学頭	官	③	844
	—	文	②	1163
はやしだ	林田藩	地	②	544
はやしち	林帳	地	③	908
はやしど	林道栄	文	③	704
はやしと	林東溟	文	③	464
はやしの	林信篤	文	②	708
	—為幕府儒者	官	③	844
	新井君美難—之無服殤説	礼	②	637
はやしの	林信勝	文	②	708
	—為幕府儒者	官	③	844
	—善詩	文	②	582
	林道春預幕府法律制定	法	②	87
	林道春博学	人	①	1299
	林羅山善文	文	①	324
	林羅山訓点	文	③	293
	林羅山蔵書	文	③	376
	林羅山叙法印	宗	②	797
	林羅山排仏教	宗	①	54
	林羅山排耶蘇	宗	④	1150
はやしの	拝志牧	地	③	969
はやしは	林春勝	官	③	844
	—文集	文	①	325
	林春斎以儒葬葬其母	礼	②	58
はやしぶ	林奉行【篇】	官	③	599
はやしも	林守	地	③	907
はやしも	林門入(碁所)	遊		80
はやずし	早鮓	飲		951
はやたま	速玉男尊	神	④	1714
はやだよ	早便	政	④	1335
はやち	はやち(暴風)	天		265
はやて	早手(疾病)	方		1425
はやと	隼人【併入】	人	②	730
	—	官	①	913
	—	姓		131
	—計帳	政	②	229
はやとの	隼人正	官	①	910
はやとの	隼人国	地	②	1196
はやとの	隼人司【篇】	官	①	909

はやとの　隼人舞　楽 ② 430
はやとも　早鞆明神　神 ② 641
はやとり　速鳥（船名）　器 ② 718
はやねり　早練　礼 ① 104
はやはし　早走　遊 1213
はやびけ　早退　政 ③ 432
はやびと　隼人　官 ① 63
「はやと隼人」も見よ
はやひと　はやひとぐさ（大戟）　植 ② 333
はやひと　はやひとぐさ（旋花）　植 ② 461
はやひと　巴戟天　植 ② 677
はやびと　隼人司【篇】　官 ① 909
はやぶさ　隼　動 944
はやふね　早舟　器 ② 662
はやま　は山　地 ③ 689
はやみか　速瓶玉命　神 ④ 1637
はやみご　速見郡　地 ② 1026
はやみち　早道　政 ④ 1328
はやわざ　はやわざ（勁捷）　人 ① 991
はゆう　波遊（貝）　動 1638
はゆまじ　はゆまぢ（駅路）　地 ③ 8
はゆまづ　はゆま使（駅使）　政 ② 1146
はら　原【附】　地 ③ 947
はら　腹　人 ① 420
はら　腹（氏族）　姓 11
はらあて　腹当（鎧）　兵 1839
はらあて　腹当（著物）　服 1498
はらあわ　腹合帯　服 1065
はらいか　払方御金奉行　官 ③ 569
はらいか　払方納戸頭　官 ③ 776
はらいま　払升　称 86
はらうん　原雲溪　文 ② 588
はらえ　祓　神 ② 661
荒見河―　神 ① 1367
大―【篇】　神 ② 723
春日祭河頭―　神 ④ 101
出棺之後行―　礼 ② 389
除服於河原修―　礼 ② 822
由―　礼 ② 851
神職被科―　神 ② 1593
御燈―　宗 ② 209
旅人為―　人 ② 430
「ばっけい祓禊」「みそぎ禊」も見よ
はらえ　禳
「きじょう祈禳」を見よ
はらえう　祓馬　神 ② 31
はらえが　祓刀　神 ② 728
はらえこ　祓詞　神 ② 728
はらえど　祓戸　神 ① 495
はらえど　祓所　神 ① 495
はらえど　祓所神　神 ② 664
はらえど　祓殿　神 ① 494
離宮院―　神 ③ 829
はらえの　祓具　神 ② 701
はらおび　腹帯（馬具）　兵 2020
はらか　腹赤（魚）　動 1300
はらかけ　腹掛　服 1498
はらかの　腹赤奏　歳 464
―　歳 989
はらかの　腹赤御贄　歳 463
はらから　はらから（兄弟）　人 ① 168
「きょうだ兄弟」も見よ
はらかん　はらかん（大砲）　武 959
はらきょ　原狂斎　文 ③ 192
はらごお　幡羅郡　地 ① 857
はらざい　原在中　文 ③ 872
はらじろ　腹白（指貫）　服 757
はらだつ　腹立　人 ① 738
はらだの　原田荘　地 ① 591
はらのか　腹の皮をよる　人 ① 730
はらのふ　はらのふえ（大角）　兵 2150
はらのや　腹病　方 1186
はらばう　匍匐　人 ① 982
はらぶと　はらぶと　飲 622
はらぶと　腹太（鯔）　動 1394
はらまき　腹巻（鎧）　兵 1831
はらみつ　波羅蜜（木）　植 ① 230
はらむ　妊娠　礼 ① 321
「かいにん懐妊」も見よ
ばらもん　婆羅門双六　遊 4
ばらもん　波羅門僧正
―伝楽曲　楽 ① 384
―碑幷序　礼 ② 1178
はらや　はらや（白粉）　器 ① 496
はらやむ　はらやむ（腹転病）　動 126
はららご　はららご（鮞）　動 1245
―　動 1293
はららじ　はらら汁　飲 173
はらわた　腸　人 ① 493
はらをか　はらをかかゆ（捧腹）　人 ① 730
はらん　葉蘭　植 ① 1063
ばらん　馬蘭　植 ② 788
―　植 ① 1160

はり	はり(墾)	政	②	338
はり	針			
	裁縫用—	産	②	47
	鍼治用—	方		885
	夢出自—孔	帝		1177
はり	張(弓)	兵		1545
はり	鉤	産	①	360
はり	玻璃	金		234
	—	産	①	615
はり	婆理(楽曲)	楽	①	398
ばり	罵詈【併入】	人	②	675
はりあこ	張袙	服		378
はりい	鍼医	方		886
	徳川氏—師	官	③	869
はりうち	針打	遊		1232
はりお	針魚	動		1432
はりおう	張扇	服		1317
はりがさ	張笠	器	②	401
はりがね	針金	外		1339
はりがみ	張紙(文書)	政	③	177
はりがみ	張紙直段	封		399
はりかわ	張革鞍	兵		1968
はりぎり	はりぎり(木)	植	①	584
はりくち	針口(秤)	称		125
	—図	称		134
はりくよ	針供養	歳		1056
はりくら	張鞍	兵		1968
はりごし	張輿	器	②	952
はりした	張下襲	服		330
はりすい	はりすひいし(磁石)	金		203
はりすり	針摺	産	②	48
はりすり	榛摺	産	①	889
はりせん	はりせんぼん(魚虎)	動		1515
はりたけ	針茸	植	②	827
はりちり	鍼治療	方		986
はりつけ	磔【篇】	法	①	734
	—【篇】	法	②	212
	—図	法	②	215
	逆—【併入】	法	②	231
	水—【併入】	法	②	231
	鋸引晒之上—	法	②	233
	—人質	兵		808
	—密貿易者	産	②	830
はりつけ	磔木	法	①	737
はりつけ	磔柱	法	②	214
はりづつ	針管	産	②	49
はりぬき	張貫像	宗	①	170
はりねず	はりねずみ(猬)	動		246
はりのき	はりのき(榿)	植	①	168
はりのき	はりの木(榛)	植	②	301
はりのり	針野流(射術)	武		133
はりはか	針博士	方		658
はりばか	張袴			
	男子用—	服		707
	婦人用—	服		1049
はりひと	張単	服		397
はりぶみ	張文	政	③	177
はりまが	播磨紙	文	③	1197
はりまか	針間鴨国造	地	②	520
はりまく	張枕	器	②	170
はりまし	播磨衆	兵		461
はりまだ	播磨代官	官	③	1533
はりまち	はりまち(魬魚)	動		1406
はりまの	播磨国【篇】	地	②	511
	—為大嘗祭主基	神	①	963
	—為大嘗祭主基	神	①	1218
	配流—	法	①	207
	配流—	法	①	787
	—夷俘	人	②	760
	—銅山	金		147
はりまの	針間国造	地	②	519
はりむし	張筵	器	①	838
はりめあ	張目綾	服		249
はりもの	張物師	産	①	894
はりやの	はりやのせんくづ(鍼沙)	金		202
はりゆみ	張弓	兵		1660
ばりん	蠡実	植	①	1132
はる	春	歳		104
	—霜	天		177
	—雷鳴	天		288
はるがす	春霞	天		161
はるけの	晴気保	官	②	975
はるけん	春検地	政	④	30
はるさめ	春雨	天		185
ばるしゃ	ばるしや馬	動		110
はるせみ	はるせみ([虫寧]母)	動		1193
はるたゆ	治太夫節	楽	②	265
はるたゆ	春太夫節	楽	②	294
はるとら	はるとらのを(紫参)	植	②	31
はるのじ	春除目	政	①	678
はるのみ	春宮	帝		1307
	「こうたい皇太子」も見よ			
はるび	はるび(馬腹帯)	兵		2021

はるまわ	はるま和解	文	②	1006
はるりす	はるりす(米国人)	外		1759
はるるや	腫病	方		1445
はれ	霽【篇】	天		330
	由地震知晴雨歌	地	③	1362
	祈晴	神	②	854
	祈晴	神	④	187
はれのお	晴御会(歌会)	文	②	157
はれのご	晴御幸	帝		725
はれのご	晴御膳	飲		82
はれのふ	晴服	服		212
	—	服		869
はれもの	腫物	方		1222
ばれん	蠡実	植	①	1132
はわかれ	歯わかれ	人	①	401
はん	半(田積)	政	③	1126
はん	判	政	①	573
	—	政	③	313
	御—始【併入】	政	③	6
	印—	政	③	285
	「いん印」「かおう花押」も見よ			
はん	飯【篇】	飲		343
	「いい飯」も見よ			
はん	藩			
	諸—儒者	文	②	706
	諸—洋学校	文	②	1046
	諸—医学館	方		691
	諸—紙幣	泉		440
	諸—刑遵幕府法	法	②	82
	諸国の藩封は地部山城国篇以下の各篇に在り。今之を略す			
ばん	番	政	③	399
ばん	鷭	動		630
ばんあじ	鑁阿寺【篇】	宗	④	724
	—学校	文	②	1091
はんあわ	判合	泉		340
ばんいえ	伴家主	人	①	1067
ばんいし	番医師	官	③	870
はんいた	半板(茶湯具)	遊		657
	—	遊		667
ばんいり	番入	官	③	105
	—	官	③	1020
ばんうか	番伺	政	③	427
はんうら	判占【併入】	方		608
ばんえた	蛮絵毯代	器	②	45
ばんえの	蛮絵袍	服		275
	唱人著—	服		480
はんえん	攀縁	人	①	738
ばんおな	方目御成	遊		964
はんおん	反音	文	①	54
はんか	反歌	文	①	533
はんかい	樊噲草	植	②	748
はんかい	樊噲流(兵法)	兵		7
はんがき	半垣作(舟)	器	②	636
はんがく	板額	兵		315
	—非醜女	人	①	40
はんがく	藩学【篇】	文	②	1183
	——覧表【併入】	文	②	1278
	—釈奠	文	②	1428
	—試験	文	③	168
ばんかく	蕃客	外		4
	—列朝賀	歳		404
	—列元日節会	歳		463
	—列白馬節会	歳		978
	—列踏歌節会	歳		1013
	蕃人入相府	帝		1641
ばんがさ	番傘	器	②	459
はんがし	判頭	官	③	1546
ばんがし	番頭			
	足利氏—	官	②	1243
	足利氏公人—	官	②	1279
	徳川氏—【篇】	官	③	1013
	小性組—【篇】	官	③	1080
	徳川氏—聴訟	法	③	910
ばんかず	伴一安	武		135
ばんかた	番方	官	②	1247
はんがみ	半上下	服		624
はんがや	榛谷駅	地	①	1094
ばんかわ	晩花和歌集	文	②	375
ばんがわ	番代	政	①	1088
ばんがわ	番替	政	③	404
はんかん	犯姦【篇】	法	①	439
	—【篇】	法	①	908
	—【篇】	法	②	951
	賤民—	政	②	161
はんがん	判官			
	「ほうがん判官」を見よ			
はんかん	藩翰譜	姓		387
はんぎ	版木	文	③	1069
ばんきの	万機旬	政	①	52
ばんきの	万機政	政	①	11
ばんきも	番著物	服		441
はんぎゃ	反逆縁坐流	法	①	171

はんきゅ 半弓 兵 1660
はんきゅ 班給
　口分田― 政 ② 306
　宅地― 政 ② 449
はんきゅ 繁久寺 宗 ④ 835
はんきょ 班挙 政 ② 888
はんぎょ 判形 政 ① 573
　― 政 ③ 313
　「かおう花押」も見よ
はんきり 半切(紙) 文 ③ 1172
はんぎり 半切(輿) 器 ② 959
はんぎり 半切桶 器 ① 266
はんきん 板琴 楽 ② 710
はんぎん 半斤(稲束) 政 ② 611
ばんきん 板金 泉 195
はんきん 半金納(租法) 政 ④ 281
はんぎん 判銀納(租法) 政 ④ 289
はんぐそ 半具足 兵 1839
ばんぐそ 番具足 兵 1831
はんぐつ 半靴 服 1391
ばんぐみ 番組人宿 産 ② 409
はんけ 半家(家格) 姓 440
はんげ 半夏(草) 植 ① 969
ばんけい 盤形燈台 器 ② 222
はんげし 半夏生(気節) 歳 144
ばんげた 番桁 政 ③ 426
はんけつ 判決 法 ① 551
はんげん 半元服 礼 ① 862
はんご 反語 人 ① 854
はんご 反語(反切) 文 ① 112
ばんこ 番子
　散手破陣楽― 楽 ① 434
　帰徳侯― 楽 ① 565
ばんこ 番子(辻番) 政 ③ 1354
ばんこ 番子(賤民) 政 ③ 968
はんこう 半甲(小児頭髪) 人 ① 562
はんこう 板校の字 文 ③ 1078
はんごく 半国守護
　鎌倉幕府― 官 ② 928
　足利氏― 官 ② 1354
ばんこく 万国地図 地 ① 122
はんごく 半石半永(租法) 政 ④ 236
はんこと 判詞(歌合) 文 ② 38
はんごの 飯後会(茶湯) 遊 408
ばんこや 万古焼 産 ① 737
ばんこん 晩婚 礼 ① 1262
はんごん 反魂術 方 643
はんごん はんごんさう(劉寄奴草) 植 ② 750
はんざ 反坐 法 ① 3
　― 法 ① 570
　― 法 ① 1095
　―徒杖法 法 ① 293
はんざい 犯罪
　賤民― 政 ② 165
　穢多― 政 ③ 889
　非人― 政 ③ 903
　穢多非人― 法 ② 18
　役丁― 政 ② 862
　化外人― 法 ① 30
　僧尼― 法 ① 30
　僧尼― 法 ① 651
　僧尼― 法 ② 2
　老幼廃疾― 法 ① 32
　狂疾愚昧者― 法 ② 21
　幼者― 法 ② 27
　婦人― 法 ① 35
　婦人― 法 ② 25
　武士― 法 ② 2
　盲人― 法 ② 9
　告― 法 ③ 683
ばんざい 万歳 礼 ① 36
はんざい 斑犀帯 服 801
　凶服用― 礼 ② 1035
はんざい 犯罪解 法 ① 295
ばんさい 板西郡 地 ② 796
ばんさし 番指物 兵 2126
はんさつ 藩札 泉 440
　―図 泉 454
はんざわ 榛沢郡 地 ① 858
はんし 半紙 文 ③ 1171
はんじ 判事
　刑部― 官 ① 935
　大宰― 官 ② 399
ばんし 番士 地 ③ 666
はんじあ 半時菴淡々 文 ① 1348
はんじあ 半時菴流 文 ① 1348
ばんしい 万死一生日 方 138
ばんしき 盤渉参軍(楽曲) 楽 ① 545
ばんしき 盤渉調 楽 ① 20
　―楽曲 楽 ① 503
はんしげ 反支月 方 233
はんしじ 班子女王 帝 1240
　―建浄福寺 宗 ③ 945

はんした 半舌鐙 兵 1995
はんした 板下画 文 ③ 852
はんしは 半死半生 人 ① 633
はんじも 判じ物 人 ① 950
はんじゃ 判者
　歌合― 文 ② 28
　歌合― 文 ② 8
　狂歌― 文 ① 918
　句合― 文 ① 1317
　詩合― 文 ② 634
　名香合― 遊 342
はんしゅ 藩主
　―臨校 文 ② 1260
　―入学 文 ③ 28
　為―講書 文 ③ 188
はんじゅ 判授 官 ③ 1796
はんじゅ 判儒 文 ③ 124
はんじゅ 判授位記式 官 ③ 1871
ばんしゅ 番衆
　鎌倉幕府―【篇】 官 ② 820
　足利氏―【篇】 官 ② 1243
　豊臣氏― 官 ② 1455
　徳川氏奥向―【篇】 官 ③ 759
　徳川氏― 官 ③ 1014
ばんしゅ 播州 地 ② 511
　「はりまの播磨国」も見よ
はんしゅ 般舟院 宗 ③ 359
はんしゅ 般舟三昧院(京都)
　【篇】 宗 ③ 359
はんしゅ 般舟三昧院(延暦寺) 宗 ④ 573
ばんしゅ 万秋門 居 264
はんしゅ 半夙 政 ③ 917
はんじゅ 半熟銅 金 191
はんじゅ 半熟飯 飲 365
ばんしゅ 万春楽 楽 ① 481
ばんしょ 番所
　陸奥国内― 地 ② 76
　関所遠見― 地 ③ 601
　関― 地 ③ 612
　船改― 官 ③ 608
　広鋪― 官 ③ 796
　百人組― 官 ③ 1158
　御先手― 官 ③ 1175
　浦賀― 官 ③ 1401
　走水― 官 ③ 1462
　江戸城― 官 ③ 1688
　辻― 政 ③ 1336
　倚廬― 礼 ② 439
はんじょ 半帖(音楽) 楽 ① 36
ばんしょ 番匠 産 ① 513
ばんじょ 番上 封 165
　― 政 ① 1079
　諸司―成選人列見 政 ① 1179
　―隼人 官 ① 911
　―大粮 封 219
　工人― 産 ① 494
ばんじょ 番城 兵 1041
ばんしょ 万松寺【篇】 宗 ④ 160
はんじょ 半帖畳 器 ② 67
はんしょ 判少納言 官 ① 457
ばんじょ 万乗の主 帝 187
はんじょ 半丈六仏 宗 ① 193
ばんしょ 蕃書調所 文 ② 1037
ばんしん 蕃神 宗 ① 66
ばんじん 蕃人 外 13
　「がいこく外国人」「ばんきゃ蕃客」も見よ
ばんしん 盤鍼術 文 ③ 635
ばんずい 幡随意(僧) 宗 ④ 1186
ばんずい 幡随院【篇】 宗 ④ 404
ばんせい 坂西 地 ① 57
ばんせい 番勢 兵 405
ばんせい 万歳旗 帝 403
はんぜい 反正天皇 帝 5
はんせき 半石(五斗器) 称 46
はんせき 礬石 金 333
はんせつ 反切 文 ① 54
　人名― 姓 717
　人名― 姓 621
はんせん 判銭 政 ③ 311
はんぜん 伴禅 宗 ① 794
ばんせん 番船 兵 1226
ばんせん 番銭 政 ④ 565
はんそう 凡倉 居 801
はんぞう はんざふ(半挿) 器 ① 555
ばんそう 伴僧 宗 ② 936
ばんそう 番奏
　六府― 官 ① 1461
　旬政六衛府― 政 ① 29
ばんぞう ばん蔵(乞食) 政 ③ 921
ばんぞう 伴造
　「とものみ伴造」を見よ
はんぞう 半蔵御門 居 403
ばんぞな 番備 兵 406

ばんた	ばんた(番太)	政	③	1372
はんだい	飯台	器	①	143
ばんだい	番代魚	動		1347
はんだい	飯台懐石	遊		453
ばんだい	磐梯山	地	③	876
ばんだい	番大将	兵		188
ばんだい	番代銭	政	④	565
ばんだい	伴大膳	人	①	1038
はんだぎ	半田銀山	金		108
はんだち	半太刀	兵		1372
はんたの	半頼納	政	④	743
はんだや	半田焼	産	①	769
はんだゆ	半太夫節	楽	②	265
ばんたろ	番太郎	政	③	968
	—	政	③	1364
ばんたん	番旦【併入】	外		1230
はんちく	斑竹	植	①	700
はんちく	斑竹筆	文	③	1278
	—図	文	③	1284
ばんちょ	番町(江戸)	地	①	958
ばんちょ	番長			
	大舎人—	官	①	764
	近衛—	官	①	1371
	中衛—	官	①	1437
	衛門府—	官	①	1461
	兵衛—	官	①	1506
ばんちょ	番帳	政	③	423
	小侍所—	官	②	777
	永享以来御—	官	②	1245
はんちん	判賃	政	③	650
ばんづけ	番附			
	相撲—	武		1203
	芝居—	楽	②	221
	復讐見立—	人	②	551
ばんて	番手	兵		405
はんてい	半帝	帝		586
ばんての	番手の城	兵		1041
はんてん	半天【併入】	服		692
はんでん	班田【篇】	政	②	302
はんでん	班田使	政	②	311
はんでん	班田授口帳	政	②	314
はんてん	半天羽織	服		678
はんでん	班田簿帳	政	②	314
はんど	犯土	方		197
はんどう	飯銅	器	①	610
	—	器	①	704
	—図	器	①	611
ばんとう	番頭(商家)	産	②	714
ばんどう	坂東	地	①	57
	—	地	①	54
ばんどう	坂東郡	地	②	796
ばんどう	坂東太郎	地	③	1174
ばんどう	坂東八平氏	姓		294
ばんどう	坂東道	地	③	41
ばんとみ	伴富成女	人	①	1121
はんなが	半長持	器	①	674
はんにゃ	般若湯(酒)	飲		679
はんにゃ	般若丸(横笛)	楽	②	877
はんにん	犯人			
	蔵人勘禁殿上之—	官	②	261
	—怠状	法	①	338
	捕—	法	①	921
	捕—	法	③	115
	為犯罪者服喪	礼	②	661
	犯罪者遇喪	礼	②	663
	「ざいにん罪人」も見よ			
はんにん	判任	官	①	221
はんねん	班年	政	②	304
はんのき	はんの木(榿)	植	①	169
はんのぐ	伴野鞍	兵		1972
ばんのぶ	伴信友	文	②	677
	—	文	③	470
はんばか	半袴	服		766
はんはつ	半髪	人	①	531
ばんばの	番馬宿	地	①	1162
はんぴ	半臂【篇】	服		367
	—引倍木重著	服		390
	舞楽用—	楽	①	653
はんびさ	半庇車	器	②	841
はんびた	半額冠	服		1107
はんぶ	半歩(田積)	政	③	1126
はんぷ	斑布	産	②	134
ばんぶ	番舞	楽	①	54
	—	楽	①	249
ばんぶく	番袋	器	②	187
はんぶろ	半風呂	政	③	917
ばんぶん	番文			
	鎌倉幕府引付—	官	②	739
	足利氏引付—	官	②	1131
はんぶん	半分地頭			
	鎌倉幕府—	官	②	990
	足利氏—	官	②	1378
はんぺい	半平	飲		981
はんぺい	藩兵	兵		256

はんぺん 半片 飲 981
はんぺん 半辺蓮 植 ② 688
はんぽ 判補 官 ① 221
はんぽお 半頬(甲冑具) 兵 1887
はんまと 半的 武 240
はんまん 斑幔 器 ① 752
はんみょ 反名 姓 721
はんみょ 斑猫 動 1090
はんめい 半名人
　囲碁— 遊 90
　将棋— 遊 156
ばんめし 晩食 飲 17
はんもつ 判物 政 ③ 286
はんもつ 判物地 宗 ③ 235
はんもと 判元見届 官 ③ 313
はんもの 半物草(草履) 服 1435
はんもよ 半模様 服 1032
はんもん 判文 法 ① 550
ばんや 番屋 政 ③ 1361
　「ばんしょ番所」も見よ
ぱんや ぱんや(木綿) 植 ② 365
はんやく 半役 政 ④ 561
ばんやつ 番屋坪立 政 ③ 883
はんやま 泛野舞 楽 ① 576
ばんやり 番鑓 兵 1516
はんゆ 半輸 政 ② 75
　— 政 ② 969
はんよう 燔様石 金 9
ばんりょ 番料 封 505
はんりょ 汎竜舟(楽曲) 楽 ① 502
はんれい 凡例 文 ③ 470
はんれき 頒暦調所 方 283
ばんろん 番論義
　講書— 文 ③ 197
　法会— 宗 ① 401

ひ

ひ 日 歳 44
　—凶吉 方 94
　択—時 方 159
　戦闘択—時 兵 519
　婚礼択—時 礼 ① 939
　葬礼択— 礼 ② 141
　喪期以—易月 礼 ② 394
ひ 日【篇】 天 21
　以—輪附会大日如来 宗 ① 75
ひ 火
　鎮—祭【篇】 神 ② 544
　放—【篇】 法 ① 387
　放—【篇】 法 ② 779
　放—【併入】 法 ① 879
　失—【併入】 法 ① 395
　失—【併入】 法 ② 789
　神— 神 ① 235
　出雲国造神—相続 神 ④ 1065
　穢— 神 ② 810
　忌— 神 ② 811
　漁— 産 ① 420
　門—(婚礼) 礼 ① 981
　婚礼後三日間不消灯籠— 礼 ① 1000
　火葬之時以酒滅— 礼 ② 204
　忌明之日改— 礼 ② 835
　地穢之日終而改— 礼 ② 837
　由地震噴— 地 ③ 1387
ひ 妃【篇】 帝 1217
　皇太子—【併入】 帝 1404
　皇親—【併入】 帝 1507
　—為准母 帝 1212
　贈— 帝 1223
　—蒙輦車宣旨 器 ② 783
　「こうひ后妃」も見よ
ひ 杼 産 ② 34
ひ 婢
　「ぬひ奴婢」を見よ
ひ 脾 人 ① 492
ひ 樋(便器) 器 ② 569
ひ 碑 礼 ② 1167
　上野国山名村— 地 ② 19
　多賀城— 地 ③ 42
　益田池— 地 ③ 1223
　地震懲毖之— 地 ③ 1419
　伊予国道後湯— 帝 651
　多胡— 政 ① 356
　高麗永楽大王— 外 223
　小野毛人— 産 ① 690
　墓—銘 礼 ② 1157
　移替石—者無穢 礼 ② 840
　墓上立石— 礼 ② 1076

	遺命不建一塔	礼	②	1196
ひ	樋	政	④	1220
	「とい樋」も見よ			
ひ	樋(刀剣)	兵		1310
ひ	檜	植	①	114
ひあぶり	火焙【篇】	法	①	751
	—	法	②	242
	「かざい火罪」も見よ			
ひいか	雛烏賊	動		1554
ひいがわ	斐伊川	地	③	1188
ひいずる	日出国	地	①	11
ひいっき	日一揆	兵		431
びいどろ	びいどろ(硝子)	金		234
	「はり玻璃」も見よ			
びいどろ	びいどろ笄	器	①	425
ひいなあ	雛遊【附】	歳		1094
ひいなぐ	ひいな草	歳		1106
ひいなし	雛師	歳		1113
ひいなに	雛人形	歳		1103
ひいのべ	非違別当	官	②	102
ぴいぴい	ぴいぴい	遊		1258
ひいらぎ	ひひらぎ(黄岑)	植	②	670
ひいらぎ	ひひらぎ(黄芩)	植	①	629
	節分之時挿柊鰯於門戸	歳		1391
びーる	ビール	植	②	14
ひいれ	火入	器	②	558
ひいろ	火色	服		341
	—	服		91
ひいろ	緋色	産	①	850
ひいろえ	ひいろえぼうし(卑陋烏帽子)	服		1201
ひいろの	火色下襲	服		339
ひいろの	緋色袴	服		715
ひうち	燧	器	②	287
	贈—	人	②	433
	敲石火誓約	人	②	323
	取火打誓言	帝		1674
ひうちい	燧石	金		283
	—	器	②	289
ひうちご	肥内郡	地	②	131
ひうちば	燧箱	器	②	294
ひうちぶ	燧袋	器	②	291
ひうんか	飛雲閣	宗	③	440
ひうんか	飛雲観	居		193
ひえ	稗	植	①	884
ひえいざ	比叡山	地	③	802
ひえいざ	比叡山寺	宗	④	549
	「えんりゃ延暦寺」も見よ			
ひえき	飛駅	政	②	1193
	—	政	④	1326
	—上奏	政	①	438
	—上奏	人	②	763
	—勅符	政	②	1190
ひえきば	飛駅函	政	②	1190
ひえじん	日吉神社(近江)【篇】	神	④	593
	—為平氏氏神	神	①	689
	—社領	神	①	629
	—神宮寺	神	②	1730
	—以猿為神使	神	②	1830
	日吉社服忌令	礼	②	894
ひえじん	日枝神社(武蔵)【篇】	神	④	476
ひえつぎ	稗継郡	地	②	95
ひえどり	鵯	動		882
ひえぬい	薭縫郡	地	②	128
ひえぬき	稗貫郡	地	②	95
ひえのま	日吉祭【篇】	神	④	678
ひえのや	ひえの山	地	③	803
ひえのり	日吉臨時祭【併入】	神	④	691
ひえめし	稗飯	飲		399
ひえん	飛檐【併入】	居		995
ひお	氷魚	動		1311
	旬日給—	政	①	31
ひおうぎ	ひあふぎ(烏扇)	植	①	1113
ひおうぎ	檜扇	服		1312
ひおおい	日覆船	器	②	589
ひおおお	ひおほをば(曾祖姑)	人	①	258
ひおきご	日置郡	地	②	1217
ひおきべ	日置部	官	①	49
ひおきべ	日置部小手子	人	①	1122
ひおけ	火桶	器	①	700
ひおどし	緋威鎧	兵		1801
ひおのや	ひをの山(標山)	神	①	1294
ひおむし	ひをむし(蟜)	動		1183
ひおやま	檜尾山陵	帝		1001
ひおりの	ひをりの日	武		453
ひがい	ひがい(魚)	動		1344
ひがき	檜垣(舟)	器	②	636
ひがき	檜垣(墻)	居		864
ひがき	檜垣(遊女)	人	②	854
ひがきか	菱垣廻船問屋	産	②	452
ひがきか	菱垣廻船問屋運上	政	④	512
ひがくし	日隠	居		560
ひがくし	日隠間	居		560

ひかげ	ひかげ(蘿)	植	②	872
ひかげの	ひかげのかづら	植	②	873
ひかげの	日陰鬘	服		1152
ひがさ	檜笠	器	②	385
ひがし	東	天		18
	産湯汲─方水	礼	①	386
ひがし	干菓子	飲		644
ひがしお	東大川	地	③	1188
ひがしか	東会廂門	居		216
ひがしが	東学問稽古所	文	②	1289
ひがしぐ	東倉	居		781
ひがしざ	東侍	居		588
ひがしな	東成郡	地	①	365
ひがしの	東市正	官	②	387
ひがしの	東市佑	官	②	387
ひがしの	東市令史	官	②	387
ひがしの	東市司	官	②	386
ひがしの	東掖門(永陽門)	居		254
ひがしの	東掖門(高陽門)	居		266
ひがしの	東階	居		1183
ひがしの	東京	地	①	145
	平安京─図	地	①	164
ひがしの	東御所	居		301
ひがしの	東陣	居		229
ひがしの	東対	居		541
ひがしの	東寺	宗	④	1044
ひがしの	東廂	居		119
ひがしの	東廂門(安喜門)	居		229
ひがしの	東廂門(嘉喜門)	居		259
ひがしの	東楼	居		192
ひがしぼ	東坊城家	文	①	354
ひがしほ	東本願寺(大坂)【篇】	宗	④	95
ひがしほ	東本願寺(江戸)【篇】	宗	④	429
ひがしほ	東本願寺(尾張)【篇】	宗	④	163
ひがしほ	東本願寺(京都)【篇】	宗	③	451
	─学寮	宗	③	143
ひがしほ	東本願寺派	宗	①	928
	─階級次第	宗	①	914
	─寺院数	宗	③	9
ひがしま	東丸	兵		1064
ひがしや	東山天皇	帝		39
	─再興大嘗祭	神	①	1403
	─再興新嘗祭	神	②	260
	─諡	帝		952
ひがしや	東山殿	居		312
	─	宗	③	716
	「じしょう慈照寺」も見よ			
ひがしや	東山流(挿花)	遊		873
ひがしら	東埒殿	居		145
ひがしろ	東廊北掖門	居		253
ひがしろ	東廊中門(高陽門)	居		266
ひがしろ	東廊中門(逢春門)	居		267
ひがしろ	東廊門	居		254
ひかず	日数(鎧)	兵		1849
ひかた	日方(風)	天		252
ひがた	干潟	地	③	1287
ひがたの	日像之鏡	帝		51
ひがたの	日像幢	帝		402
ひがって	非勝手(茶湯)	遊		476
ひかみご	氷上郡	地	②	386
ひかみの	氷上姉子神社	神	④	342
ひがら	ひがら(鴶)	動		921
ひがらか	日傘	器	②	452
ひかりど	光堂(山城観勝寺)	宗	③	628
ひかりど	光堂(陸中中尊寺)	礼	②	1221
	─	宗	④	777
ひかりの	雷神祭	方		39
ひかわじ	氷川神社【篇】	神	④	469
ひかん	被管	官	①	219
	─解由	政	①	1376
ひがん	彼岸【篇】	歳		1069
	─	歳		138
	─	方		402
びかん	薇銜	植	②	748
ひがんえ	彼岸会	歳		1069
ひがんざ	彼岸桜	植	①	291
ひがんば	ひがんばな(石蒜)	植	①	1087
ひき	匹(銭)	泉		10
ひき	蟾蜍	動		1067
ひぎ	榑風	神	①	545
	─	居		1004
	「ちぎ千木」も見よ			
ひきあい	引合人	法	③	567
ひきあみ	塘網	産	①	381
ひきあわ	引合(紙)	文	③	1212
	下文用─	政	③	70
	内書用─	政	③	72
	目安用─	政	③	195
ひきあわ	引合(鎧)	兵		1823
ひきいた	引板	産	①	170
ひきいれ	引入烏帽子	服		1200
ひきいれ	ひきいれの大臣(加冠人)	礼	①	741
ひきうす	磑	産	①	300

ひきうす	磨	産	①	303
ひきおこ	ひきおこし(草)	植	②	513
ひきおこ	ひきおこし(何首烏)	植	②	30
ひきおび	衿帯	服		817
ひきかえ	引返	服		872
ひきかえ	引替膳	飲		111
ひきがき	曳柿直垂	服		549
ひきかけ	引懸筵	器	②	865
ひきがし	引菓子	飲		672
ひききり	引切(盞置)	遊		747
ひきごお	比企郡	地	①	849
ひきごし	引腰	服		933
	著裳時以一結裳	礼	①	606
ひきざか	引肴	飲		146
ひきざく	ひきざくら(蕪荑)	植	①	211
ひきさげ	引下ゲ勤	官	③	116
ひぎしょ	火起請	人	②	338
	—	法	①	1169
	—	法	③	936
ひきたか	疋田陰流(剣術)	武		28
ひきたて	引立烏帽子	服		1193
ひきたり	疋田流(槍術)	武		70
ひきたれ	引垂焼	飲		251
ひきちゃ	引茶	遊		383
ひきつ	引津	地	③	548
ひきつけ	引付	官	②	732
	鎌倉幕府奥州鎮府—	官	②	645
	六波羅一頭	官	②	864
	足利氏一【篇】	官	②	1130
	関東一【併入】	官	②	1313
	一内談始	政	③	21
	一奉書	政	③	104
	一庭中	法	①	992
ひきつけ	引付開闔	官	②	1136
ひきつけ	引付開闔代	官	②	1136
ひきつけ	引付権権頭人	官	②	1132
ひきつけ	引付権頭人	官	②	1132
ひきつけ	引付執事	官	②	753
ひきつけ	引付衆			
	鎌倉幕府一【篇】	官	②	732
	鎮西—	官	②	895
	足利氏—	官	②	1132
ひきつけ	引付頭	官	②	743
ひきつけ	引付頭人(足利氏)	官	②	1130
ひきつけ	引付頭人(鎌倉幕府)	官	②	733
ひきづな	引綱(舟)	器	②	711
ひきて	ひきて(鐶鈕)	居		1230
	障子引手	器	①	864
ひきでも	引出物	人	②	461
	大饗—	歳		564
	大饗—	礼	①	295
	元服—	礼	①	831
	元服—	礼	①	849
	聟—	礼	①	1094
	婚礼—	礼	①	1173
ひきど	引戸	居		1220
ひきのう	引直衣	服		300
ひきのひ	ひきのひたひぐさ(細辛)	植	①	1202
ひきはぎ	引剝	法	①	874
ひきばし	引橋	兵		1077
ひきはだ	皺文	兵		1468
ひきびと	ひきびと(侏儒)	人	①	55
ひきふだ	引札	産	②	391
ひきふね	引舟(遊女)	人	②	850
ひきふね	引船	器	②	682
ひきへぎ	引倍木	服		389
	—	服		380
ひきへぎ	引耗下襲	服		331
ひきまど	引窓	居		1159
ひきまわ	引廻(刑罰)	法	②	148
ひきまわ	引廻之上火罪	法	②	242
ひきまわ	引廻之上獄門	法	②	206
ひきまわ	引廻之上斬罪	法	②	166
ひきまわ	引廻之上死罪	法	②	147
ひきまわ	引廻之上鋸挽	法	②	233
ひきまわ	引廻之上磔	法	②	229
ひきめ	蟇目	兵		1682
	出産時射—	武		206
	出産時射—	礼	①	353
	犬追物用引目	武		677
ひきめく	蟇目くり	兵		1687
ひきめの	蟇眼粥	飲		468
ひきもの	引物(料理)	飲		276
ひきもの	弾物(楽器)	楽	②	539
ひきもの	ひきものし(鏇匠)	産	①	550
ひきゃく	飛脚	政	④	1327
ひきゃく	飛脚船	器	②	674
	蒸気—	器	②	638
ひきゃく	飛脚屋	政	④	1333
ひぎょう	飛香舎	居		151
ひぎょう	非業博士	文	②	1085
ひきょく	秘曲	楽	①	107

	神楽―	楽	①	168
	陵王―	楽	①	374
	能楽―	楽	①	839
	和琴―	楽	②	574
	箏―	楽	②	675
	筑紫箏―	楽	②	704
	琵琶―	楽	②	789
	横笛―	楽	②	892
	高麗笛―	楽	②	907
	笙―	楽	②	949
	篳篥―	楽	②	982
	大鼓―	楽	②	1073
	壱鼓―	楽	②	1113
ひきよも	ひきよもぎ(茵蔯蒿)	植	②	714
ひきよも	ひきよもぎ(馬先蒿)	植	②	672
ひきよも	ひきよもぎ(菴薗子)	植	②	741
ひきり	火鑽	器	②	283
	燧臼燧杵	器	②	284
	火切臼火切杵	神	④	1065
ひぎり	頳桐	植	①	638
ひぎりた	日限尋	政	③	567
	―	法	③	129
ひきりょ	引両	姓		548
ひきりょ	引料(宅地)	政	③	1276
ひきりょ	ひきりやう轡	兵		2011
ひきりょ	引両紋	姓		547
ひきれう	ひきれ売	器	①	74
ひきれご	引入合子	器	①	73
ひきわけ	引分(相撲)	武		1158
ひきわた	引渡橋	地	③	85
ひく	ひく(弾)	楽	②	541
びく	びく(魚籠)	産	①	379
びく	比丘	宗	②	429
	名字―	姓		303
	「そう僧」も見よ			
ひくいど	火くひどり(食火鶏)	動		980
ひくしま	引島	地	②	701
ひぐちば	火口番	官	③	1144
びくに	比丘尼	宗	②	432
	―年始諸礼	歳		602
	―為売女	人	②	909
	「あま尼」も見よ			
びくにい	比丘尼隠居(徳川氏奥女中)	官	③	840
びくにご	美国郡	地	②	1295
びくにご	比丘尼御所	帝		1481
	―宝鏡寺	宗	③	518
	―曇華院	宗	③	552
	―慈受院	宗	③	553
	―大聖寺	宗	③	554
	―光照院	宗	③	556
	―三時知恩寺	宗	③	558
	―宝慈寺	宗	③	559
	―瑞竜寺	宗	③	561
	―総持院	宗	③	561
	―霊鑑寺	宗	③	697
	―林丘寺	宗	③	724
	―法華寺	宗	③	1239
	―円照寺	宗	③	1243
	―中宮寺	宗	③	1292
ひくまの	引馬野	地	③	938
ひくまの	引馬宿	地	①	571
ひぐらし	ひぐらし(茅蜩)	動		1191
ひぐれ	日暮	歳		89
ひくろう	非蔵人	官	②	223
	院―	官	①	1227
ひぐん	比郡	政	②	325
ひげ	髭鬚	人	①	601
ひげきり	髭切(名刀)	兵		1402
ひげこ	鬚籠	器	①	689
ひけしし	火消装束	服		682
ひけしつ	火消壺	器	①	326
ひけしや	火消役			
	定―【篇】	官	③	1199
	大名―	官	③	1700
ひけつ	碑碣	礼	②	1167
ひげぼう	鬚帽子	服		1221
ひこ	彦(男称)	人	①	20
ひこう	披講			
	歌会―	文	②	118
	詩会―	文	②	612
びこうぐ	鼻広履	服		1411
びこうり	鼻高履	服		1411
ひごえ	失声	方		1177
ひこく	比国	政	②	325
ひこくに	被告人	法	①	576
ひこさん	彦山	地	③	848
	―	神	④	1601
ひこさん	彦山権現	神	④	1601
	―	地	③	848
ひこさん	彦山座主	神	④	1609
ひこさん	彦山衆	宗	①	1086
ひこしま	彦島	地	②	702
ひごとの	日ごとの招魂の祭	神	②	539

ひこね	彦根	地	①	1197
ひこねじ	彦根城	地	①	1166
ひこねは	彦根藩	地	①	1212
ひごのく	肥後国【篇】	地	②	1102
	寛永九年一之制法	政	③	161
	一検地	政	④	38
	一洪水	政	④	1049
	一八代蜜柑	植	①	414
	一土蜘蛛	人	②	743
	一神楽歌	楽	①	165
ひこばえ	ひこばえ(蘖)	植	①	8
ひこぼし	彦星	天		96
ひこほほ	彦火火出見尊	神	④	1679
ひごまい	肥後米	産	②	509
ひごん	秘錦	産	②	276
ひごんの	秘錦冠	服		1109
ひざ	膝	人	①	466
	折一礼	礼	①	100
ひさあき	久明親王	官	②	665
ひさいは	久居藩	地	①	460
ひさうお	比佐魚	動		1536
ひざおお	膝覆	器	①	631
ひさかき	ひさかき(柃)	植	①	559
ひさかき	ひさかき(柃灰)	産	①	893
ひさかた	ひさかたの(枕詞)	天		2
ひさかた	久方宮	神	④	1104
ひさぎ	楸	植	①	649
ひさきみ	日割御子神社	神	④	347
ひさぎめ	販婦	産	②	710
	一	産	②	46
ひざくら	火桜	植	①	294
ひさげ	提子	器	①	207
ひさご	杓	器	①	270
ひさご	杓(神楽)	楽	①	158
ひさごづ	ひさごづる(烏蘝苺)	植	②	354
ひさごの	瓢の花入	遊		893
ひさごば	ひさごばな(束髪)	人	①	569
ひさし	久	歳		66
ひさし	庇	居		547
ひさし	庇(車)	器	②	754
ひさしぐ	庇車	器	②	838
ひさしざ	庇指糸毛車	器	②	826
ひさしざ	庇指車	器	②	841
	皇太子行啓用一	帝		786
ひさしば	廂番			
	鎌倉幕府一	官	②	821
	関東一	官	②	644
ひさだり	久田流(茶道)	遊		599
ひざつき	ひざつき(軾)	器	②	115
ひざつぎ	ひざ継(表袴)	服		722
ひざとも	膝とも談合	人	①	910
ひざのか	ひざのかはら(膝骬)	人	①	468
ひざのし	膝のしわ(指貫)	服		757
ひざのす	膝筋	法	①	262
ひざばさ	膝挟	遊		1213
ひざまず	跪	礼	①	96
	一	人	①	981
ひざまる	膝丸(鎧)	兵		1849
ひさめ	ひさめ(大雨)	天		182
ひざよろ	膝鎧	兵		1842
	一図	兵		1843
ひさんぎ	非参議	官	①	451
ひし	芰	植	②	387
ひし	菱(防戦具)	兵		667
ひし	篗(漁具)	産	①	404
ひし	斐紙	文	③	1184
ひじ	臂	人	①	456
ひじ	日出(豊後)	地	②	1032
ひじ	非時	宗	②	686
びし	美紙	文	③	1176
びじ	鼻痔	方		1170
ひじい	曾祖父	人	①	128
ひしいた	菱板(冑)	兵		1879
ひしうし	菱牛(堤防具)	政	④	1058
ひしお	醬【篇】	飲		836
ひしおい	醬煎	飲		224
ひしおづ	醬漬	飲		1025
ひじかき	遅加伎(農具)	産	①	246
ひじがさ	ひぢ笠	器	②	418
ひじがさ	ひぢがさ雨	天		183
ひじがね	肱金(長押)	居		1106
ひしかり	菱刈郡	地	②	1180
ひしかわ	菱川師宣	文	③	851
ひしかわ	菱川流	文	③	852
ひしき	火敷(香道具)	遊		368
ひじき	枅【併入】	居		971
ひじき	鹿尾菜	植	②	894
ひしきお	ひしきおほの(青飯)	飲		423
ひじきづ	臂木造	神	①	453
ひしくい	菱喰(雁)	動		568
ひしぐざ	彼此倶罪贓	法	①	62
ひしこい	ひしこいわし(鯷魚)	動		1419
ひしこめ	鯷飯	飲		413
ひじじゅ	非侍従	官	①	713

ひしずめ 鎮火祭【篇】 神 ② 544
ひしぬい 菱縫板(甲冑) 兵 1823
— 兵 1776
— 兵 1879
ひしのも 菱紋 姓 539
ひじはん 日出藩 地 ② 1038
—藩札 泉 447
ひじぶく 臂袋 文 ③ 1438
ひしもち 菱餅 歳 1093
ひしゃ 飛車 器 ② 854
ひしゃく 柄杓 器 ① 271
— 器 ① 576
茶湯用— 遊 745
結付手拭於柄長杓 器 ① 653
びしゃも 毗沙門双六 遊 4
びしゃも 毘沙門天 宗 ① 117
— 神 ① 88
— 宗 ③ 1297
びしゃも 毘沙門堂【篇】 宗 ③ 998
びしゃも 毘沙門法 宗 ② 312
ひしゅ 匕首 帝 1155
— 兵 1381
ひじゅ 非儒 文 ② 706
ひしゅう 肥州 地 ② 1102
「ひごのく肥後国」も見よ
ひしゅう 肥州 地 ② 1045
「ひぜんの肥前国」も見よ
ひしゅう 飛州 地 ① 1316
「ひだのく飛驒国」も見よ
ひしゅう 飛舟 器 ② 610
びしゅう 尾州 地 ① 487
「おわりの尾張国」も見よ
びしゅう 備州 地 ② 569
「びぜんの備前国」も見よ
びしゅう 備州 地 ② 595
「びっちゅ備中国」も見よ
びしゅう 備州 地 ② 615
「びんごの備後国」も見よ
ひしゅう 飛州地役人 官 ③ 1485
ひじゅか 非儒官 文 ② 707
ひしょ 避暑 歳 1194
びじょ 美女 人 ① 29
ひしょう 裨将 兵 168
びしょう 微笑庵 宗 ③ 834
ひしょう 被摂官 官 ① 219
ひじょう 非成業 文 ③ 141
ひじょう 非常赦 法 ① 517
— 法 ① 961
—赦書状 法 ① 509
為外戚行— 帝 1538
為非外戚者行— 帝 1542
ひしょう 非少納言 官 ① 457
ひしょで 秘書殿 官 ② 336
ひじり 聖 人 ① 1278
ひじりか 聖方(金剛峯寺) 宗 ④ 963
ひじりこ ひぢりこ(泥) 金 366
ひじりの ひじりのきみ 帝 183
ひじりま ひじり窓 居 1159
ひしろ 樋代【併入】 神 ① 226
ひしろの 日代宮 地 ① 178
ひじん 肥人 官 ① 915
びじん 美人 人 ① 26
ひじんし 肥人書 文 ① 7
びじんし 美人蕉(草) 植 ① 1158
びじんそ 美人草 植 ② 225
ひず 比徒 法 ① 286
— 法 ① 580
ひず 氷頭(鮭) 動 1293
ひすい 翡翠 動 658
ひすきも ひすきも(鹿尾菜) 植 ② 894
ひすまし 樋洗(女官) 官 ① 1154
ひせき 砒石 金 287
ひぜめ 火攻 兵 636
ひぜめ 火責 法 ① 1184
— 法 ③ 983
ひせん 日銭 政 ④ 700
— 政 ④ 722
びぜん 美膳 飲 7
ひぜんか 肥前瘡 方 1245
ひぜんだ 肥前代官 官 ③ 1534
ひぜんの 肥前国【篇】 地 ② 1045
—金貨 泉 289
—土蜘蛛 人 ② 741
びぜんの 備前国【篇】 地 ② 569
以—為大嘗祭主基 神 ① 963
以—為大嘗祭悠紀 神 ① 1218
以—為大嘗祭主基 神 ① 1218
配流— 法 ① 178
—銅山 金 147
ひぜんぶ 肥前節 楽 ② 257
びぜんや 備前焼 産 ① 714
ひそう 砒霜 金 287
ひそく 秘色(陶器) 産 ① 705
ひぞく 卑属 人 ① 111

ひそでら	比蘇寺【篇】	宗	③	1319
ひた	引板	産	①	170
ひたい	ひたひ(蔽髪)	器	①	471
ひたい	額	人	①	327
	入墨於—	法	②	450
	付三角形白紙於死人—	礼	②	100
ひたい	額			
	冠—	服		1091
	烏帽子—	服		1170
ひたいあ	額宛	服		1117
ひたいえ	額烏帽子	礼	②	100
	—	服		1199
ひたいか	ひたひかくし(帽額)	器	①	786
ひたいが	額髪	人	①	517
ひたいつ	額突	居		562
ひたいな	額直(元服)	礼	①	862
ひだか	ひだか(魚)	動		1508
ひたかが	日高川	地	③	1189
ひたかご	日高郡	地	②	738
ひたかの	日高国	地	②	1298
ひたかみ	日高見国	人	②	711
ひたき	ひたき(鶲)	動		922
ひたき	ひたき(火炉)	器	①	708
ひたき	火焼	器	②	360
ひたきの	火炬小子(職名)	官	①	1042
ひだぐん	飛驒郡代	官	③	1485
ひだごお	日田郡	地	②	1022
ひたしも	ひたしもの(蘸物)	飲		263
びたせん	鐚銭	泉		39
	—	泉		23
ひだだい	飛驒代官	官	③	1526
ひたたれ	直垂【篇】	服		527
	—	礼	②	1022
	古昔称上下謂—	服		598
	鎧—	兵		1912
ひたちう	常陸歌	楽	①	234
ひたちお	常陸帯	服		824
	—	神	④	560
ひたちさ	常陸曝布	産	②	121
ひたちだ	常陸代官	官	③	1524
ひたちな	常道仲国造	地	①	1101
ひたちの	常陸国【篇】	地	①	1087
	配流—	法	①	170
	配流—	法	①	769
	—人足寄場	法	②	419
	—金貨	泉		288
	—国栖	人	②	739
	—馬	動		113
	—金山	金		91
	—銅山	金		135
	—石炭山	金		155
ひたちの	常陸国大田文	政	③	1092
ひたちの	常陸太守	帝		1442
ひたちの	常陸宮	帝		1444
ひたづか	頓使	政	①	591
びだつて	敏達天皇	帝		8
ひだのく	飛驒国【篇】	地	①	1313
	—高原藤橋	地	③	326
	—籠渡	地	③	361
	—司	官	②	464
	—検地	政	④	4
	—銀貨	泉		288
	—猿神止生贄語	動		281
ひだのく	比多国造	地	②	1018
ひだのた	飛驒工	産	①	524
	—	地	①	1343
ひたまい	ひたまひのふだ(日給簡)	政	①	1102
ひたまゆ	ひたまゆ(車)	器	②	819
ひだめ	襞積	服		36
	—なき肩衣	服		607
	袴の—	服		700
ひだりあ	左上り(烏帽子)	服		1171
ひだりが	左勝手(茶湯)	遊		476
ひだりけ	左闕楼	居		192
ひだりじ	左甚五郎	産	①	541
ひだりの	左掖門	居		235
ひだりの	左大舎人頭	官	①	757
ひだりの	左大舎人少属	官	①	757
ひだりの	左大舎人少允	官	①	757
ひだりの	左大舎人助	官	①	757
ひだりの	左大舎人大属	官	①	757
ひだりの	左大舎人大允	官	①	757
ひだりの	左青瑣門	居		241
ひだりの	左廂門(礼成門)	居		261
ひだりの	左廂門(長楽門)	居		227
ひだりの	左廂門(武徳門)	居		231
ひだりの	左廂門(通陽門)	居		253
ひだりの	左廂門(高陽門)	居		266
ひだりの	左廂門(章徳門)	居		250
ひだりの	左廂門(敬法門)	居		252
ひだりの	左廂門(朝堂院)	居		247
ひだりの	左廂門(嘉陽門)	居		230

ひだりの 左廂僻仗門 居 220
ひだりの 左靫負府 官 ① 1492
ひだりも 左文字花押 政 ① 578
ひたれ ひたれ(膠) 動 506
ひたん 悲嘆 人 ① 750
ひち 比笞 法 ① 580
ひちら 饆饠 飲 610
ひちりき 篳篥【篇】 楽 ② 963
ひつ 弼(弾正) 官 ① 1303
ひつ 櫃 器 ① 665
　祭祀用— 神 ② 1239
　大刀契— 帝 167
　弓矢— 兵 1754
　書—【篇】 文 ③ 1393
ひっか 筆架【併入】 文 ③ 1311
ひつかわ 櫃川橋 地 ③ 230
ひっかん 筆管 文 ③ 1296
ひっかん 必観楼 文 ② 1284
ひつぎ ひつぎ(棺) 礼 ② 357
ひつぎ 日嗣 帝 1346
　「こうたい皇太子」も見よ
ひつぎ 火継 神 ④ 1066
ひつぎの ひつぎのみこと 帝 1305
　「こうたい皇太子」も見よ
びっくり びつくり(驚) 人 ① 759
ひつけ 火附 法 ② 779
ひづけ 日附(書翰) 文 ① 465
ひつけあ 火附改方吟味 法 ③ 804
ひつけと 火附盗賊改【篇】 官 ③ 1184
ひつけと 火附盗賊改同心 官 ③ 1195
ひつけと 火附盗賊改与力 官 ③ 1195
ひっこし 引越 居 505
　— 政 ③ 521
　「わたまし移徙」も見よ
ひっこし 引越料 封 487
ひっさん 筆算 文 ③ 602
ひつじ 羊 動 215
ひつじ 穭 植 ① 792
ひっしき 引敷 産 ① 904
ひっしき 引敷板(鎧) 兵 1821
ひつじぐ ひつじぐさ(白鮮) 植 ② 330
ひつじぐ ひつじぐさ(睡蓮) 植 ② 152
ひつじさ ひつじさる(坤) 天 21
ひつじの 羊毛筆 文 ③ 127
ひつじの 羊病 方 142
ひっしょ 筆床【併入】 文 ③ 131
ひっせん 筆洗【併入】 文 ③ 131
ひっそく 逼塞【篇】 法 ② 555
　役儀召放之上小普
　請入— 法 ② 644
ひつだい 筆台【併入】 文 ③ 1310
びっちゅ 備中紙 文 ③ 1197
びっちゅ 備中組 兵 457
びっちゅ 備中鍬 産 ① 228
びっちゅ 備中代官 官 ③ 1534
びっちゅ 備中国【篇】 地 ② 594
　以—為大嘗祭主基 神 ① 952
　以—為大嘗祭主基 神 ① 963
　配流— 法 ① 183
　配流— 法 ① 787
　—銅山 金 147
　—鍾乳洞 金 318
びっちゅ 備中国大税負死亡人
　帳 政 ② 685
びっちゅ 備中国天平十一年大
　税負死亡人帳 政 ② 916
ひって ひつて(轡名所) 兵 2007
ひってん 筆硯【併入】 文 ③ 1313
ひつどう 筆道 文 ③ 677
ひつばつ 蓽茇(薬種) 方 1077
ひっぱり 引張り(隠売女) 人 ② 914
ひっぱり 引張切(死刑) 法 ② 153
ひつぼう 筆帽 文 ③ 1296
　—図 文 ③ 1284
ひづめ 蹄 動 8
　牛馬— 動 87
ひでのみ 秀宮 帝 1426
　— 帝 1483
ひでひら 秀衡小判 泉 292
ひでひら 秀衡椀 産 ① 799
　— 器 ① 41
ひでり ひでり(旱)
　「かんばつ旱魃」を見よ
ひでりが 日旱笠 器 ② 412
ひでりな ひでり鱠 飲 200
ひでん ひでん(賤民) 政 ③ 875
ひでんい 悲田院 政 ② 1031
　— 政 ③ 874
　於—行後花園天皇
　葬礼 礼 ② 67
ひでんは 悲田派 宗 ① 1025
　「ふじゅふ不受不施派」も見よ
ひと 人
　—総載【篇】 人 ① 1

指—称廟　礼 ② 1211
呼神—之数称幾柱　居 938
木材—担量　政 ② 1204
以—為生贄　動 279
狐馴—　動 351
狐与—婚　動 354
ひと　毗登　姓 127
ひとあき　人商　政 ③ 611
ひとあな　人穴　地 ③ 714
ひとあら　人改　政 ③ 491
ひといが　ひと井川　地 ① 797
—　地 ③ 463
ひとうけ　人請　政 ③ 648
びとうじ　尾藤二洲
—詩文　文 ① 331
—国防意見上書　政 ③ 256
ひとえ　単衣
男子用—【篇】　服 397
婦人用—【篇】　服 1006
ひとえあ　単襖　服 381
ひとえい　単衣冠　服 199
ひとえが　単重　服 1009
ひとえぎ　衫【併入】　服 405
ひとえご　ひとへ心　人 ① 688
ひとえさ　単綾　産 ② 260
ひとえつ　単使　政 ① 591
ひとえの　ひとへのきぬ(布衫)　服 405
ひとえば　単羽織　服 672
ひとえば　単袴　服 706
ひとえひ　単直垂　服 530
ひとえも　単物
男子用—　服 445
婦人用—　服 1035
ひとおり　一折連歌　文 ① 958
ひとがき　人垣　居 884
ひとかし　ひとかしら　人 ① 320
「どくろ髑髏」も見よ
ひとがた　人形　神 ② 703
ひとがた　人形屋(相撲)　武 1129
ひとかど　人勾引【併入】　法 ① 878
—【篇】　法 ② 771
「りゃくに略人」も見よ
ひとき　ひとき(棺)　礼 ② 357
ひとくさ　ひとくさ(人民)　人 ① 2
ひとくら　一倉炭　器 ② 349
ひどけい　晷刻【併入】　方 456
ひとこし　一腰(矢)　兵 1533
ひとこと　一言主神　神 ④ 1388
ひとさか　斛　称 46
ひとさし　ひとさし指　人 ① 480
ひとじち　人質【篇】　兵 783
納質講和　兵 714
新羅納質　外 133
百済納質　外 191
ひとだま　人魂　人 ① 631
ひとだま　人魂(流星)　天 138
ひとだま　ひとだまひ(人給車)　器 ② 893
ひとだま　人給(年官年爵)　封 272
ひとつか　ひとつかど(一族)　人 ① 108
ひとつき　一月　歳 7
ひとつぎ　一つ著　服 1030
ひとつつ　一包(金貨)　泉 182
ひとつば　ひとつば(石葦)　植 ② 853
ひとつば　ひとつば(金星草)　植 ② 854
ひとつば　ひとつばし(独梁)　地 ③ 82
ひとつば　一橋家　官 ③ 1668
ひとつば　一橋御門　居 399
ひとつび　一火　器 ② 360
ひとつひ　一引両　姓 548
ひとつひ　ひとつひる(独子蒜)　植 ① 1048
ひとつや　一柳家祠堂記　礼 ② 1215
ひとて　一手(矢)　兵 1533
ひとで　ひとで(海燕)　動 1696
ひとてき　一手切の合戦　兵 510
ひとぬし　人主　政 ③ 648
ひどの　樋殿　居 147
ひとはこ　一箱(金貨)　泉 182
ひとばし　人柱　地 ③ 238
ひとはだ　人肌石　金 346
ひとふく　一ふくら(弓)　兵 1533
ひとまど　一間所　居 602
ひどまり　火どまり　礼 ① 1212
ひとみ　眸　人 ① 355
ひとみの　人見郷　地 ① 876
ひとも　人面(姓氏)　姓 133
ひとも　人面(神職)　神 ② 1520
ひともじ　ひともじ(葱)　植 ① 1030
ひとや　ひとや(獄)　法 ① 480
「ごくしゃ獄舎」も見よ
ひとやど　人宿　政 ③ 659
—家業取放　法 ② 636
ひとやの　ひとやのつかさ(囚獄司)【篇】　官 ① 947
ひとよぎ　一節切【併入】　楽 ② 1029

ひとよざ ひとよざけ(醴) 飲 693
ひとよし 人吉 地 ② 1128
ひとよし 人吉荘 官 ② 1015
ひとよし 人吉藩 地 ② 1138
ひとよめ 一夜めぐり(太白神) 方 176
ひとり ひとり(薫炉) 遊 362
ひどり 緋鳥(鴨) 動 587
ひとりき 独客(茶湯) 遊 413
ひとりき 独狂言【併入】 楽 ② 228
ひとりご 独言 人 ① 848
ひとりし 独床子 器 ② 138
ひとりす 独双六 遊 21
ひとりむ ひとりむし(燈蛾) 動 1104
ひとりゆ 独弓 武 367
ひとるた ひとるたま(火精) 金 227
ひとわた 一わたり(音楽) 楽 ① 36
びどんし 毘曇宗 宗 ① 473
ひな 鄙【併入】 地 ① 199
ひな 雛 動 518
　鶏— 動 689
ひなあそ 雛遊【附】 歳 1094
ひなくお 日奈久温泉 地 ③ 1099
ひなげし ひなげし(虞美人草) 植 ② 225
ひなさき ひなさき(吉舌) 人 ① 446
ひなしが 日成貸 政 ④ 700
ひなしぜ 日成銭 政 ④ 700
ひなたじ 日向神社 神 ④ 8
ひなにん 雛人形手遊問屋 産 ② 409
ひなのう ひなのうすつぼ(草) 植 ② 666
ひなぶり 夷振 楽 ① 137
　— 文 ① 903
ひなもり 夷守【併入】 官 ① 186
ひなわ 火縄 武 930
びなん 美男 人 ① 26
びなんか びなんかづら(五味子) 植 ② 157
びなんせ 美軟石 植 ② 158
ひにん 非人 政 ③ 893
　—犯罪 法 ② 18
　—犯殺傷罪 法 ② 854
　—死罪 法 ② 147
　—欠所処分 法 ② 616
　—牢舎 法 ③ 189
　—訴訟 法 ③ 500
　納屋下— 居 761
　「こつじき乞食」も見よ
ひにんが 非人頭 政 ③ 898
ひにんご 非人小屋 政 ③ 910
ひにんご 非人小屋預 法 ② 520
ひにんだ 非人溜 法 ③ 328
ひにんて 非人手下【附】 法 ② 485
ひにんむ 非人村 政 ③ 911
ひにんよ 非人寄場 政 ③ 905
ひねごお 日根郡 地 ① 340
ひねずみ 火鼠 動 233
ひねのし 日根野綴(冑) 兵 1861
ひねのり 日根野流 兵 1898
ひねもす ひねもす(終日) 歳 84
ひねり 捻(相撲) 武 1138
ひねりぶ ひねりぶみ(短籍) 文 ③ 1258
ひねりぶ 捻文(書翰) 文 ① 476
ひのおお 緋大纈袍 服 269
ひのおま 昼御座 居 113
ひのかみ 日神 神 ① 26
　— 産 ① 22
　「あまてら天照大御神」も見よ
ひのかみ 火神 神 ① 34
ひのき 檜 植 ① 114
ひのきが 檜笠 器 ② 385
ひのきだ 檜茸 植 ② 806
ひのきつ 檜椿 植 ① 547
ひのきぬ 日野絹 産 ② 216
ひのきば 檜柱 居 942
ひのくち ひのくち(閘) 政 ② 1124
　— 政 ④ 1229
ひのくち 樋口守(鸊鷉鳥) 動 614
ひのくに 肥国 地 ② 1045
ひのくに 火国造 地 ② 1046
ひのくま 檜隈安古岡上陵 帝 985
ひのくま 檜隈大内陵 帝 985
ひのくま 檜隈坂合陵 帝 983
ひのくま 日前神宮【篇】 神 ④ 1219
　—相嘗祭 神 ② 486
　—相嘗祭幣帛 神 ② 479
　—大祓 神 ② 761
ひのくま 檜隈墓 礼 ② 1151
ひのくま 檜隈宮 地 ① 180
ひのくま 日野阿新
　—訪父於配所 法 ① 780
　—討父仇 人 ② 519
ひのけ 日野家 姓 359
　—儒道 文 ② 702
　日野流元服叙位 礼 ① 820
ひのけさ 緋袈裟 宗 ② 1158

ひのげろ 日下﨟 官 ② 220
ひのごお 日野郡 地 ② 453
ひのござ 昼御座御剣【附】 帝 153
以—為宝剣 帝 101
ひのこし 火輿 礼 ② 354
ひのころ 緋衣 宗 ② 1194
ひのし 熨斗 産 ② 50
ひのした 日下判 政 ③ 318
ひのしょ 昼装束 服 179
ひのたた 日竪 天 15
ひのため 氷様 歳 463
ひのため 氷様奏 歳 463
ひのちゃ 非の茶(茶湯) 遊 530
ひののし 日野荘 地 ① 1205
ひのはか 緋袴 服 1054
ひのばん 火之番所 法 ③ 221
ひのばん 火之番役【篇】 官 ③ 366
大名火之番 官 ③ 1700
徳川氏大奥女中火之番 官 ③ 839
ひのふだ 火札 法 ② 786
ひのほう 緋袍 服 260
— 服 282
ひのまる 日の丸の旗 兵 2112
ひのまる 日之丸幟 器 ② 724
ひのみこ 日之皇子 帝 181
ひのみこ 火之御子命 神 ④ 469
ひのみさ 日御崎神社【篇】 神 ④ 1077
—神職 神 ② 1554
日御崎与杵築争境堺 法 ① 1009
ひのみち ひのみちのくち 地 ② 1045
「ひぜんの肥前国」も見よ
ひのみち ひのみちのしり 地 ② 1102
「ひごのく肥後国」も見よ
ひのみつ 日御綱 神 ② 1207
ひのもと ひのもと(日本) 地 ① 9
ひのやく 日野薬師 宗 ③ 1061
ひのよこ 日横 天 15
ひのわが 日のわが君(天皇) 帝 181
ひのわか 日之少宮伝 神 ② 1419
ひのわん 日野椀 産 ① 799
ひばかり ひばかり(熇尾蛇) 動 1026
— 動 1019
ひはぎ 引剥 人 ② 812
ひはく 飛白(書体) 文 ③ 779
—花押 政 ① 579
ひばし 火箸 器 ① 710
茶湯用— 遊 767
ひばし 檜橋 地 ③ 88
ひばち 火鉢 器 ① 704
奈良— 産 ① 729
ひはつ 被髪 人 ① 508
ひばば 曾祖母 人 ① 128
ひばめし 干葉飯 飲 406
ひばり 雲雀 動 785
大名—拝領 官 ③ 1744
ひばりげ 雲雀毛馬 動 91
ひばりご 雲雀独楽 遊 1256
ひばん 非番 政 ③ 406
— 政 ① 1088
ひひ 狒狒 動 307
ひび ひび(魚) 動 1399
ひひおお ひひおほをば(高祖姑) 人 ① 258
ひびきの 響孔(冑) 兵 1860
ひびきの ひびきの灘 地 ③ 1268
ひひこ 曾孫 人 ① 231
ひひじい ひひぢい(高祖父) 人 ① 127
ひびつ 火櫃 器 ① 699
ひひばば ひひばば(高祖母) 人 ① 127
ひびやご 日比谷御門 居 402
ひびらく ひびらく(疼) 方 1138
ひひる ひひる(蛾) 動 1103
ひふ 一二 楽 ② 1169
ひふ 皮膚 人 ① 307
ひふ 披風【併入】 服 644
びふう 微風 天 279
ひふきだ 火吹竹 器 ① 324
— 遊 805
ひふくめ ひふくめ(比比丘女) 遊 1238
びふくも 美福門 居 208
ひぶつ 秘仏 宗 ③ 357
びぶつ 美物 飲 7
ひふるい 簸振 産 ① 98
ひぶん 碑文 礼 ② 1157
元明天皇山陵— 帝 986
ひべ 氷部 官 ① 95
ひへぎ ひへぎ(引倍木) 服 389
ひぼう 誹謗【篇】 人 ② 673
儒家互— 文 ② 723
ひほうむ 非法務 宗 ② 974
ひぼかわ 経革(平饂飩) 飲 498
ひぼこ 日矛 兵 1497

ひぼしう	火乾魚	飲		925
ひぼなお	ひぼ直(帯直)	礼	①	613
ひぼろぎ	神籬	神	①	541
ひぼろけ	胙肉	神	②	1192
ひまち	日待	神	②	578
ひまつり	火祭			
	戸隠神社―	神	④	767
	出雲国造―	神	④	1066
ひまつり	日祀部	官	①	48
ひまわり	日まはり(向日葵)	植	②	752
ひまわり	火廻	遊		1220
ひみ	瘕	方		1258
びみょう	微妙(孝女)	人	①	1075
ひむけじ	日向神社	神	④	703
ひむしの	ひむしのかは(鵝皮)	服		8
ひむろ	ひむろ(杜松)	植	①	124
ひむろ	氷室	官	①	95
	斎宮―神祭	神	③	767
ひめ	姫	人	①	25
	―	人	①	20
	婦人名某比売	姓		784
ひめ	鴲	動		795
ひめ	糄糅	飲		366
ひめあざ	ひめあざみ(苦芺)	植	②	761
ひめうり	姫瓜	植	②	604
ひめうり	姫瓜節供	歳		1114
ひめうり	姫瓜雛	歳		1106
ひめおお	比売大神			
	祀―於男山八幡宮	神	③	1243
	配祀姫大神於香取神宮	神	④	512
ひめかが	ひめかがみ(徐長卿)	植	②	456
ひめがき	ひめがき(雉堞)	居		863
ひめがき	女墻	居		862
ひめかぶ	ひめ鏑	兵		1674
ひめがみ	比売神			
	祀―於平野神社	神	③	1396
	祀―於大原野神社	神	③	1556
	祀―於吉田神社	神	③	1590
	祀―於春日神社	神	④	32
	祀―於枚岡神社	神	④	219
	祀―於宇佐神宮	神	④	1513
ひめぎみ	姫君侍	官	③	810
ひめぎみ	姫君添番格侍	官	③	810
ひめぎみ	姫君用達	官	③	809
ひめぎみ	姫君用人【併入】	官	③	808
ひめくる	姫胡桃	植	①	149
ひめこそ	姫社郷	地	②	1087
ひめごも	姫御門	居		388
ひめさん	姫三神	神	②	922
ひめじ	姫路	地	②	535
ひめしお	ひめしおん(女菀)	植	②	767
ひめじか	姫路革	産	①	903
ひめじは	姫路藩	地	②	543
	―藩札	泉		448
ひめちう	ひめち魚	動		1399
ひめつげ	ひめつげ(姫黄楊)	植	①	463
ひめつば	ひめつばき(女貞)	植	①	632
ひめのり	ひめのり(糄糅)	飲		367
ひめはぎ	ひめはぎ(遠志)	植	②	332
ひめまゆ	ひめまゆみ(紅葉木)	植	①	492
ひめみこ	ひめみこ	帝		1459
	「ないしん内親王」「こうじょ皇女」も見よ			
ひめみや	姫宮	帝		1413
	「ないしん内親王」「こうじょ皇女」も見よ			
ひめもり	姫盛(料理)	飲		270
ひめゆぎ	姫靫	兵		1713
ひめゆり	姫百合	植	①	1008
ひも	紐【併入】	服		825
	掛軸―	文	③	1034
	羽織―	服		666
ひもおと	紐おとし(帯直)	礼	①	613
ひもかが	紐鏡	器	①	354
ひもがた	紐小刀	兵		1391
ひもかわ	ひもかは(平饂飩)	飲		500
びもく	眉目	人	②	299
ひもくぎ	比目魚	動		1446
ひもずき	紐頭巾	服		1240
ひもとき	紐解(帯直)	礼	①	613
ひもの	乾魚	飲		920
	干物	飲		263
ひものし	檜物師	産	①	549
ひものし	檜物師役	政	④	474
ひものど	檜物所国役	政	④	474
ひものぶ	檜物舟	器	②	685
	―	帝		664
ひもろぎ	ひもろぎ(胙)	文	②	1380
ひもろぎ	神籬	神	①	541
ひもろぎ	神籬祓	神	②	699
ひもん	秘紋	姓		503
ひや	火矢	兵		1694
	―	武		957

ひや	火屋	礼②	335
	—	礼②	205
ひやかす	ひやかす(素見)	人②	899
ひゃくい	百韻(俳諧)	文①	1191
ひゃくい	百韻連歌	文①	983
ひゃくえ	百会	人①	322
びゃくえ	白衣	服	214
びゃくえ	白衣観音法	宗②	302
びゃくえ	白衣勤	官③	86
びゃくご	白毫院	宗③	748
ひゃくご	百五減	遊	1227
ひゃくご	百五十回忌	礼②	1436
ひゃくご	百五十年忌	礼②	1436
ひゃくさ	百済		
	「くだら百済」を見よ		
ひゃくさ	百歳賀	礼①	1472
びゃくさ	白散	歳	789
びゃくし	白芷	植②	422
びゃくし	白芷香	遊	313
ひゃくし	百子銃	武	960
ひゃくし	百子帳	器①	810
ひゃくじ	百日紅	植①	577
ひゃくし	百射(通矢)	武	150
ひゃくし	百社詣	神②	903
ひゃくし	百種供養	宗②	186
びゃくじ	白朮	植②	773
	節分焚—	歳	1393
ひゃくし	百首和歌		
	—披講	文②	179
	詠百首	文①	660
ひゃくし	百姓	産①	188
	—	政④	990
	—帯神職	神②	1561
	—苗字帯刀御免	官③	320
	不輙聴—改名	政②	76
	—新田開墾	政③	1212
	—屋敷	政③	1266
	新田切—	政④	288
	殺—	法①	408
	—法名	礼②	302
	—待遇	産①	204
	「のうみん農民」も見よ		
ひゃくし	百姓一揆	兵	435
ひゃくし	百姓隊	兵	467
ひゃくし	百姓代	官③	1549
ひゃくし	百姓役	政④	449
ひゃくし	百姓宿	政④	1367
ひゃくし	百姓読	文③	314
びゃくし	柏身	植①	121
	—	植①	114
びゃくせ	白鮮	植②	330
びゃくぜ	白前	植②	459
ひゃくそ	百草	植①	759
ひゃくぞ	百造	人②	852
びゃくだ	白檀	植①	236
	—	金	2
びゃくだ	白檀香	遊	303
ひゃくど	百度座	文②	1355
ひゃくど	百度食【併入】	封	214
ひゃくど	百度祓	神②	699
ひゃくど	百度詣	神②	900
ひゃくに	百日押込	法②	565
ひゃくに	百日斎	礼②	1451
ひゃくに	百日招魂祭	神②	539
ひゃくに	百日咳	方	1517
ひゃくに	百日手鎖	法②	531
ひゃくに	百日鞠	遊	1089
ひゃくに	百日目付	官③	1150
ひゃくに	百日詣		
	神社—	神②	903
	神社—	神④	646
	寺院—	宗③	321
ひゃくに	百人一首	文②	385
	—五歌之秘決	文②	412
ひゃくに	百人組	兵	458
ひゃくに	百人組同心	官③	1164
ひゃくに	百人組之頭【篇】	官③	1157
ひゃくに	百人組与力	官③	1164
ひゃくに	百人講	法③	76
ひゃくに	百人衆	兵	462
ひゃくに	百人鉄砲頭	官③	1157
ひゃくね	百年忌	礼②	1433
ひゃくば	百番笠懸	武	555
ひゃくば	百番競馬	武	501
ひゃくば	百番相撲	武	501
ひゃくば	百番流鏑馬	武	501
びゃくび	白薇	植②	457
ひゃくふ	百服茶	遊	532
ひゃくま	百枚起請	人②	362
ひゃくま	百眼	楽②	1191
ひゃくま	百万塔	宗③	102
ひゃくま	百万遍(知恩寺)	宗③	706
ひゃくみ	百味飲食	飲	2
ひゃくみ	百味供養	宗②	187

ひゃくも　百文銭　泉　35
ひゃくり　百両金(草)　植 ②　436
びゃくれ　白蘞　植 ②　354
びゃくれ　白蓮宗　宗 ①　642
ひゃくわ　百和香　遊　317
ひやじる　冷汁　飲　164
ひゃっか　百回忌　礼 ②　1435
ひゃっか　百怪祭　方　49
ひゃっか　百箇寺詣　宗 ③　319
ひゃっか　百箇日(仏祭)　礼 ②　1451
びゃっか　白冠　神 ②　1520
ひゃっか　百官名　姓　660
　—　姓　608
ひゃっき　百騎党　兵　437
ひゃっき　百鬼夜行　方　77
ひゃっき　百鬼夜行日　方　122
びゃっこ　白狐　動　340
びゃっこ　白虎楼　居　191
ひやとい　日雇座　政 ③　632
ひやとい　日雇人　政 ③　631
ひやとい　日雇人別帳　政 ④　454
びやぼん　びやぼん(津軽笛)　遊　1260
ひやまご　檜山郡　地 ②　1294
ひやむぎ　冷麦　飲　497
ひゆ　莧　植 ②　111
ひゅうが　ひうが葵(向日葵)　植 ②　752
ひゅうが　日向国　地 ②　1143
　—土蜘蛛　人 ②　743
　配流—　法 ①　193
　配流—　法 ①　785
ひゅうが　日向国図田帳　政 ②　473
ひゅうが　日向国造　地 ②　1153
ひゆか　譬喩歌　文 ①　586
ひよう　日傭　政 ③　631
ひょう　ひやう(莧)　植 ②　112
ひょう　表
　官国幣社一覧—　神 ④　1711
　鎌倉将軍—　官 ②　668
　足利将軍—　官 ②　1072
　徳川将軍—　官 ③　31
　徳川氏職員昇進—　官 ③　118
　徳川氏大奥女中昇進—　官 ③　812
　藩学一覧—　文 ②　1278
　親属—　礼 ②　623
　親属—　人 ①　116
ひょう　表(文書)【篇】　政 ①　375
　致仕—　政 ①　1450
　責問渤海王—無礼　外　290
ひょう　豹　動　451
ひょう　雹【篇】　天　245
ひょう　標
　競馬—　武　798
　相撲司—　武　1089
ひょう　瓢　植 ②　587
ひょう　驃　動　90
びょう　鋲　産 ①　573
びょう　鋲(冑)　兵　1881
びょう　廟【附】　礼 ②　1199
　神社称—　神 ①　433
　藤原鎌足—　神 ④　203
　香椎—　神 ④　1401
　菅原道真—　神 ④　1461
　僧親鸞—　宗 ③　462
　足利氏—　宗 ③　841
　僧空海—　宗 ④　941
びょうう　鋲打乗物　器 ②　1026
ひょうえ　兵衛　官 ①　1511
　雷鳴時—侍衛　天　290
　国造帯—　官 ①　165
　—季禄　封　156
びょうえ　苗裔　人 ①　238
びょうが　病学通論　方　1028
びょうき　病気
　「しっぺい疾病」を見よ
びょうき　病気断　政 ③　452
ひょうぐ　表具　文 ③　999
ひょうぐ　表具切　文 ③　1036
ひょうぐ　表具師　文 ③　1050
ひょうぐ　表具屋節　楽 ②　267
ひょうご　兵庫(倉庫)　兵　1276
ひょうご　兵庫(結髪)　人 ①　551
ひょうご　兵庫踊　楽 ②　477
ひょうご　兵庫鎖剣　兵　1358
ひょうご　兵庫港　地 ③　569
　—　地 ①　385
　—開港　産 ②　733
　—開港　外　55
ひょうご　兵庫司御門　居　214
ひょうご　兵庫将軍　兵　171
びょうご　病後御礼　政 ③　455
ひょうご　兵庫関　地 ③　678
　—　神 ④　48
ひょうご　兵庫津　地 ③　557

ひょうご 兵庫奉行 官 ③ 1434
ひょうご 兵庫寮【篇】 官 ① 1550
併造兵司於― 官 ① 926
併鼓吹司於― 官 ① 929
併内兵庫司於― 官 ① 1562
ひょうし 兵司(女官) 官 ① 1126
ひょうし 拍子
能楽八ッ― 楽 ① 769
太鼓雌― 楽 ② 550
ひょうし 拍子(馬具) 兵 2057
ひょうし 拍子(楽器)【篇】 楽 ② 1144
笏― 服 1282
以扇代― 服 1337
ひょうし 表紙 文 ③ 519
ひょうし 褾紙 文 ③ 492
びょうし 病死 人 ① 649
行路―人 政 ③ 518
びょうし 廟司 神 ② 1474
ひょうし 表紙屋 文 ③ 527
びょうし 病者 方 1145
遺棄― 法 ① 409
遺棄― 法 ② 852
閉門中―処分 法 ② 549
逼塞中―処分 法 ② 555
遠慮中―処分 法 ② 562
牢舎之病人溜預 法 ③ 328
病人乗物御免 器 ② 985
ひょうじ 平調 楽 ① 20
―板 楽 ① 30
唐楽―楽曲 楽 ① 399
高麗楽―楽曲 楽 ① 598
ひょうじ 兵仗
「へいじょ兵仗」を見よ
ひょうじ 評定 政 ① 179
検非違使庁― 官 ② 147
朝廷訴訟― 法 ① 1121
幕府訴訟― 法 ① 1125
ひょうじ 評定衆
院― 官 ① 1220
鎌倉幕府―【篇】 官 ② 717
六波羅― 官 ② 863
鎮西― 官 ② 894
足利氏―【篇】 官 ② 1119
関東―【併入】 官 ② 1312
ひょうじ 評定衆頭人(足利氏) 官 ② 1119
ひょうじ 評定所
鎌倉幕府― 官 ② 718
徳川氏― 法 ③ 731
徳川氏― 官 ③ 211
―役人【篇】 官 ③ 612
遠国奉行―出座 官 ③ 1381
御預人之時―式法
之図 法 ② 498
―給仕用遊女 服 608
ひょうじ 評定所改役 官 ③ 628
ひょうじ 評定所書物方 官 ③ 628
ひょうじ 評定所書役 官 ③ 627
ひょうじ 評定所勤役儒者 官 ③ 624
ひょうじ 評定所助役 官 ③ 618
ひょうじ 評定所使之者 官 ③ 630
ひょうじ 評定所同心 官 ③ 627
ひょうじ 評定所留役 官 ③ 617
ひょうじ 評定所番 官 ③ 625
ひょうじ 評定所目安読 官 ③ 624
ひょうじ 評定始【篇】 政 ③ 9
鎌倉幕府― 官 ② 728
足利氏正月― 官 ② 1128
―著狩衣 服 483
―著直垂 服 562
ひょうじ 評定奉行
鎌倉幕府― 官 ② 785
奥州鎮府― 官 ② 646
足利氏― 官 ② 1181
関東―【併入】 官 ② 1316
ひょうし ひやうし鎧 兵 1852
ひょうそ 瘭疽 方 1236
ひょうそ 表装(書画幅) 文 ③ 999
ひょうぞ 評贓 法 ① 63
びょうそ 廟倉院 文 ② 1059
ひょうそ ひようそうかづら
(葛) 礼 ② 443
ひょうそ 平仄 文 ② 491
ひょうた 瓢箪 植 ② 587
ひょうた 瓢箪(酒器) 器 ① 216
ひょうた 瓢箪で鯰 人 ① 908
ひょうた へうたんのき(吉利
子樹) 植 ① 662
ひょうた へうたんの木(忍冬) 植 ② 650
ひょうた ひやうたん節 楽 ② 406
びょうど 平等院【篇】 宗 ③ 1080
びょうど 平等寺【篇】 宗 ③ 366
「いなばど因幡堂」も見よ
びょうど 平等寺(播磨)【篇】 宗 ④ 895
―経蔵有四門 居 854

びょうに　病人
　　「びょうし病者」を見よ
びょうに　病人船　兵　1255
ひょうの　豹皮鞍覆　兵　1986
ひょうの　標勅使　武　814
ひょうの　標山(大嘗祭作物)　神 ①　1290
びょうは　廟拝　文 ②　1360
ひょうび　豹尾　方　174
ひょうひ　表白
　　被修公家仁王講―　宗 ②　55
　　唯識会―　宗 ②　106
びょうぶ　屏風　器 ①　892
　　大嘗祭用―　神 ①　1445
　　大嘗祭用―　神 ①　1581
　　茶室用―　遊　572
　　葬礼用―以絵方為
　　外　礼 ②　68
　　夾纈―　産 ①　867
　　車―　器 ②　871
　　―色紙形　帝　1292
ひょうぶ　兵部卿　官 ①　899
ひょうぶ　兵部卿宮　帝　1414
ひょうぶ　兵部省【篇】　官 ①　897
　　―手結　武　305
ひょうぶ　兵部少輔　官 ①　899
ひょうぶ　兵部少録　官 ①　899
ひょうぶ　兵部少丞　官 ①　899
ひょうぶ　兵部大録　官 ①　899
ひょうぶ　兵部大丞　官 ①　899
ひょうぶ　兵部大輔　官 ①　899
びょうぶ　屏風帳　器 ①　810
びょうぶ　屏風屋　器 ①　936
ひょうほ　裱褙　文 ③　1016
　　―　文 ③　998
ひょうほ　兵法づかひ　武　25
ひょうも　ひようもん(紋)　姓　503
ひょうも　ひやうもん(染様)　服　582
ひょうも　平文(蒔絵)　産 ①　817
ひょうも　平文倚子　器 ②　125
ひょうも　平文移鞍　兵　1951
ひょうも　平文轡　兵　2010
ひょうも　平文師　産 ①　806
ひょうも　平文野剣　兵　1354
びようや　びやうやなぎ(金糸
　　桃)　植 ①　562
びょうり　病理　方　949
ひょうり　表裏陣　兵　69
ひょうり　漂流
　　徳川時代―規定　外　18
　　―者帰朝取計　法 ③　279
　　新羅人―　外　140
　　渤海人―　外　321
　　後高麗人―　外　362
　　朝鮮人―　外　802
　　宋人―　外　892
　　清人―　外　1084
　　安南人―　外　1142
　　呂宋人―　外　1221
　　巴旦人―　外　1231
　　英国人―　外　1447
　　合衆国人―　外　1814
　　―物　外　18
　　遊外僧―　宗 ②　458
　　遣唐使―　外　860
　　国人漂流清国　外　1079
　　国人漂流暹羅　外　1178
　　国人漂流亜媽港　外　1207
　　国人漂流呂宋　外　1222
　　国人漂流和蘭　外　1367
　　国人漂流英国　外　1448
　　国人漂流露西亜　外　1627
　　国人漂流合衆国　外　1819
びょうり　廟陵記　帝　1101
ひょうろ　兵粮　兵　969
ひょうろ　兵粮攻　兵　650
ひょうろ　兵粮奉行　兵　1004
　　豊臣氏―　官 ②　1446
ひよくし　比翼下著　服　426
ひよくど　比翼鳥　動　979
ひよけち　火除地
　　皇大神宮―　神 ③　9
　　女院御所―　居　44
　　御城―　居　878
ひよけぶ　日除船　器 ②　588
　　―　器 ②　632
ひよこ　雛　動　689
　　「ひな雛」も見よ
ひよしじ　日吉神社
　　「ひえじん日吉神社」を見よ
ひよした　日吉大夫　楽 ①　932
ひよどり　鵯　動　883
ひよどり　鵯合　遊　265
ひよどり　鵯越　兵　644
ひよどり　ひよどりじやうご

	（白英）	植	②	540
ひよどり	ひよどりじやうご			
	（蜀羊泉）	植	②	539
ひよどり	ひよどりはな（山蘭）	植	②	785
ひより	日和	天		331
ひょんか	ひよんかつ（伽羅類）	産	②	753
ひょんの	ひよんのき（蚊母樹）	植	①	280
ひら	平（織物）	産	②	208
ひら	鯿	動		1461
びら	びら（寄席）	楽	②	519
ひらいご	平井権八	法	②	217
ひらいし	平井新田銭	泉		31
ひらいず	平泉	地	②	116
ひらいず	平泉鬼貫	文	①	1355
	—道引	方		911
ひらいず	平泉郡	地	②	128
ひらいず	平泉保	地	②	151
ひらいて	平井手牧	地	③	964
ひらいわ	平岩氏	姓		325
ひらいん	平院家	宗	③	190
ひらうち	平討	兵		591
ひらうど	平餛飩	飲		499
ひらえぼ	平烏帽子	服		1201
ひらお	平緒	兵		1450
	舞楽—	楽	①	656
ひらおか	枚岡神社【篇】	神	④	219
	—氏人	神	①	681
	—相嘗祭幣帛	神	②	476
ひらおし	平折敷	器	①	150
ひらおり	平織	産	②	24
ひらか	平瓫	器	①	181
	—	神	②	1249
	天—	神	③	39
ひらがげ	平賀源内			
	—製火浣布	産	②	154
	—教沙糖培養法	飲		888
	平賀鳩渓自負其才			
	気	方		1116
	平賀鳩渓犯罪	法	③	323
ひらかご	平鹿郡	地	②	185
ひらがさ	平笠	器	②	406
ひらがな	平仮名	文	①	28
	「かな仮名」も見よ			
ひらがね	ひらがね（金鼓）	宗	②	1095
ひらかわ	平河御門	居		408
ひらぎ	枸骨（木）	植	①	630
ひらきき	枚聞神社【篇】	神	④	1692
ひらきき	開聞神	神	④	1693
ひらきき	枚聞山	神	④	1693
ひらきど	開戸	居		1220
ひらきど	開戸（車）	器	②	761
ひらぎな	ひらぎなんてん（木）	植	①	631
ひらぎぬ	平絹	産	②	208
ひらぎの	比良木社	神	③	1001
ひらきば	開柱	居		957
	—	地	③	126
ひらぐつ	平沓	服		1413
ひらぐみ	平組の軍	兵		509
ひらくも	平雲釜	遊		668
ひらけさ	平袈裟	宗	②	1152
ひらけた	平桁（橋）	地	③	125
ひらざ	平座			
	元日節会—	歳		493
	九月九日宴—	歳		1326
	九月九日宴—停止	帝		1548
	新嘗祭豊明節会—	神	②	307
	二孟旬—	政	①	47
ひらざや	平鞘剣	兵		1354
	—	兵		1349
ひらざら	平皿	器	①	22
ひらざら	枚盤	器	①	61
ひらざわ	平沢左内	方		479
ひらしゅ	平衆	姓		440
ひらしょ	平装束	服		211
ひらしら	ひらしらけのよね			
	（糲米）	植	①	814
ひらじり	平塵剣	兵		1343
ひらじろ	平城	兵		1044
ひらぜめ	平攻	兵		631
ひらたあ	平田篤胤			
	—神道	神	②	1444
	—励神道弘通	神	②	1403
	—著書	文	③	477
	—撰古史祈願詞	神	②	875
	—勤勉	人	①	967
ひらたぐ	ひらた蜘蛛	動		1212
ひらたけ	平茸	植	②	808
ひらだて	平伊達染	産	①	861
ひらたぶ	ひらた舟（艜）	器	②	646
ひらだる	匾樽	器	①	190
ひらづか	平塚宿	地	①	746
ひらづく	平作（刀剣）	兵		1315
ひらて	平手（拍手）	神	②	977
ひらで	葉盤	器	①	51

— 神 ② 1255
ひらてま 平手前(茶湯) 遊 476
ひらてま 平手政秀
—自殺而諫織田信長 人 ② 257
織田信長追慕— 人 ② 489
ひらでん 樋螺鈿剣 兵 1341
ひらどの 平戸港 地 ③ 585
— 地 ② 1055
和蘭船平戸入津 外 1277
和蘭船平戸入津 産 ② 807
英吉利船平戸入津 外 1374
英吉利船平戸入津 産 ② 738
ひらどは 平戸藩 地 ② 1098
—藩札 泉 449
—藩札図 泉 457
ひらどや 平戸焼 産 ① 772
ひらぬま 平沼郷 地 ① 890
ひらのじ 平野神社【篇】 神 ③ 1396
—氏人 神 ① 668
—神宮寺 神 ② 1712
ひらのま 平野祭【附】 神 ③ 1414
ひらのめ 平野目 称 114
ひらのり 平野臨時祭【附】 神 ③ 1437
ひらのり 平野臨時祭使 神 ③ 1442
ひらはし 平橋 地 ③ 116
ひらばの 平場の軍 兵 513
ひらばり ひらばり(帟) 器 ① 771
ひらび ひらび(褶) 服 949
ひらびゃ 平百姓 産 ① 191
びらびら びらびら簪 器 ① 441
ひらぶが 比良夫貝 動 1647
ひらほこ 平戈駅 地 ② 174
ひらまさ ひらまさ(魚) 動 1409
ひらまめ 藊豆 植 ② 274
ひらみる ひらみる(海藻) 植 ② 897
ひらめ 平目(魚) 動 1448
ひらもと 平元結 器 ① 485
ひらもり 平盛(料理) 飲 269
ひらもん 平門 居 833
ひらや 平屋 居 531
ひらやき 比良焼 産 ① 750
ひらやな 平胡籙 兵 1720
ひらやま 比良山 地 ③ 806
ひらやま 平山潜 政 ③ 253
ひらよう 平楊枝 器 ① 582
ひらよせ 平寄揖 礼 ① 61
ひりき 飛力 政 ④ 1328
ひりつ 悲篥 楽 ② 964
ひりゅう ひりうづ(油揚) 飲 257
— 飲 988
ひりょう 肥料
「こえ肥」を見よ
ひる 昼 歳 83
星—見 天 108
—間禁火葬 礼 ② 1113
ひる 蛭 動 1229
ひる 蒜 植 ① 1045
ひる 簸 産 ① 97
ひるいう 非類歌合 文 ② 106
ひるうち 昼討 兵 568
ひるおの 昼生荘 地 ① 459
ひるかい 飼蛭(治療法) 方 986
ひるがお ひるがほ(旋花) 植 ② 461
ひるがこ ひるが湖 地 ③ 1242
ひるこ 蛭児 神 ④ 284
ひるごう 昼強盗 法 ① 869
ひるこだ ひるこ玉(海虫) 方 1298
びるしゃ 毗盧遮那仏 宗 ① 73
「るしゃな盧遮那仏」も見よ
びるしゃ 毗盧舎那法 宗 ② 281
ひるつき 搗蒜 飲 1046
ひるとび 昼鳶(盗賊) 人 ② 780
ひるぬす 昼盗 人 ② 781
ひるね 昼寝 人 ① 966
ひるのか 昼会(茶湯) 遊 402
ひるばん 昼番 政 ③ 404
禁裏— 政 ① 1083
鎌倉幕府番衆— 官 ② 829
ひるまこ 蒜間湖 地 ③ 1233
ひるむし ひるむしろ(蛇床) 植 ② 411
ひるむし ひるむしろ(眼子菜) 植 ① 945
ひるむや ひるむやまひ(痿痹) 人 ① 474
ひるめし 昼食 飲 11
ひるめの ひるめ歌(大歌) 楽 ① 144
ひるめの 昼目歌 楽 ① 164
ひれ 鰭 動 1242
鮝— 動 1482
ひれ 平礼(烏帽子) 服 1202
ひれ 領巾【篇】 服 1075
— 神 ① 193
ひれいた 鰭板 居 881
ひれだい 領巾代 服 1081
ひれのす 鰭吸物 飲 189

ひれはか	褶墓	礼	②	1126
ひれふる	領巾麾山	地	③	753
ひろ	尋	称		7
ひろい	ひろい(位階)	官	③	1795
ひろいも	拾物	法	②	799
びろう	蒲葵	植	①	140
びろうお	檳榔扇	服		1321
びろうげ	檳榔毛車	器	②	816
	藤原伊通破壊—	服		500
ひろうじ	披露状	文	①	437
ひろうす	広薄様	文	③	1178
びろうど	天鵝絨【篇】	産	②	302
びろうひ	檳榔庇車	器	②	823
ひろうぶ	披露奉行	官	②	1188
ひろえん	広縁	居		1166
ひろおか	広岡山陵	帝		987
ひろおご	広尾郡	地	②	1299
ひろおで	広御出居	居		302
ひろおび	博帯	服		815
ひろごし	広御所	居		301
ひろさき	弘前	地	②	140
ひろさき	弘前藩	地	②	154
ひろざし	広座敷(徳川氏奥女中)	官	③	838
ひろさわ	広沢流	宗	①	630
ころさわ	広沢流(灌頂)	宗	②	410
ひろしき	広敷小仕事之者	官	③	804
ひろしき	広敷小人	官	③	804
ひろしき	広敷侍	官	③	797
ひろしき	広敷進上番	官	③	804
ひろしき	広敷膳所台所組頭	官	③	797
ひろしき	広敷添番	官	③	803
ひろしき	広敷番頭	官	③	799
ひろしき	広敷番所	官	③	796
ひろしき	広敷役人	官	③	793
ひろしき	広敷用達	官	③	796
ひろしき	広敷用人	官	③	793
ひろしき	広敷用部屋書役	官	③	798
ひろしき	広敷用部屋吟味役	官	③	798
ひろしき	広敷用部屋賄吟味役	官	③	798
ひろしま	広島	地	②	665
	—	神	④	1139
ひろしま	広島藩	地	②	672
	—藩札	泉		444
ひろせお	広瀬大忌祭	神	④	179
ひろせか	広瀬川合神	神	④	172
ひろせご	広瀬郡	地	①	281
ひろせじ	広瀬神社【篇】	神	④	171
ひろせた	広瀬竜田祭【篇】	神	④	178
ひろせた	広瀬淡窓			
	—塾	文	②	1324
	—善詩	文	②	597
ひろせは	広瀬藩	地	②	482
ひろせぶ	広瀬曲(大歌)	楽	①	140
ひろそで	広袖羽織	服		677
ひろたか	広高宮	地	①	180
ひろたじ	広田神社【篇】	神	④	272
	—相嘗祭幣帛	神	②	478
	—神職訴訟	法	③	493
ひろたの	広田荘	神	④	276
ひろにわ	広庭	居		887
ひろはし	広橋	地	③	114
ひろびさ	広庇	居		557
ひろぶた	広蓋	器	①	687
	納諒闇服於弘蓋	礼	②	980
ひろま	広間	居		603
ひろまぼ	広間坊主	官	③	939
ひろむし	広筵	器	②	22
ひろめ	ひろめ(昆布)	植	②	878
ひろやま	広山里	地	②	529
ひわ	鶸	動		915
びわ	枇杷	植	①	374
びわ	琵琶【篇】	楽	②	721
	—図	楽	②	727
びわあわ	琵琶合	楽	②	761
びわかい	琵琶会	楽	①	732
びわこ	琵琶湖	地	③	1234
	—	地	①	1155
	—疏水計画	政	④	1079
	—北海運河計画	政	④	1083
	—鯉	動		1261
	—鮒	動		1268
ひわだい	檜皮色紙	文	③	1206
ひわだた	檜皮工	産	①	602
ひわだぶ	檜皮葺	居		1045
ひわだぶ	檜皮葺倉	居		753
びわのは	枇杷葉(農具)	産	①	239
びわほう	琵琶法師【篇】	楽	①	715
びわむし	琵琶虫(舟)	器	②	649
ひわりご	檜破子	器	①	282
ひん	貧【篇】	人	②	572
	—窮蠲免	政	②	992
	賑給—窮者	政	②	1041
	救恤—窮者	政	④	862

	—窮者葬式	礼	②	10
	由—薄葬	礼	②	246
ひん	嬪【篇】	帝		1229
びん	緡(銭)	泉		12
びん	鬢	人	①	515
	剃罪人半—	法	①	766
	剃落寄場人足片—	法	②	425
	尾去沢銅山鉱夫片—剃刑	金		4
びんあげ	鬢上	器	①	476
びんいれ	鬢入	器	①	479
びんえぼ	鬢烏帽子	服		1200
びんおや	鬢親	礼	①	536
びんかが	鬢鏡	器	①	359
ひんきゃ	賓客	人	②	393
	「きゃく客」も見よ			
びんごだ	備後代官	官	③	1534
びんごた	備後畳表	器	②	54
びんごの	備後国【篇】	地	②	614
	配流—	法	①	193
	—銅山	金		147
びんざさ	びんざさら(編木)	楽	②	1150
	—	楽	①	695
びんざさ	びんざさらのまつり(柏板祭)	神	②	642
びんさし	鬢刺	器	①	476
ひんしゅ	賓主【篇】	人	②	393
びんしょ	鬢所	居		643
ひんじょ	貧女吟	礼	①	1339
ひんすい	ひんすい(鳥)	動		930
びんずる	賓頭盧尊者	宗	①	105
	安置賓頭盧像於食堂	宗	③	124
びんそぎ	鬢曾木【篇】	礼	①	531
	—図	礼	①	532
ひんちゃ	品茶	遊		818
びんつけ	鬢付油	器	①	523
びんづら	びんづら(鬟)	人	①	510
	—	人	①	515
ひんてい	殯庭	礼	②	128
びんはつ	鬢髪	人	①	501
びんはり	鬢張	器	①	478
びんぶく	びんぶく	器	①	472
	—図	器	①	472
びんぼう	貧乏	人	②	573
	「ひん貧」も見よ			
びんぼう	鬢帽子	服		1221
びんみず	鬢水入	器	①	553
びんみの	鬢蓑	器	①	470
ひんれん	殯斂	礼	②	123
	従軍者及使人喪給—調度	礼	②	225
びんろう	檳榔	植	①	140
びんろう	檳榔子木綿	産	②	175

ふ

ふ	扶(親王家)	官	①	1264
ふ	府(官司)	官	①	195
	衛—	官	①	1313
	左右近衛—【篇】	官	①	1343
	中衛—【附】	官	①	1437
	外衛—【附】	官	①	1442
	左右衛門—【篇】	官	①	1445
	左右衛士—【附】	官	①	1492
	左右兵衛—【篇】	官	①	1501
	鎮守—【篇】	官	②	13
	大宰—【篇】	官	②	391
	筑紫都督—	官	②	392
	鎮西—【併入】	官	②	428
ふ	封			
	—戸総載【篇】	封		1
	職—【篇】	封		30
	食—【篇】	帝		1494
	位—【篇】	封		41
	功—【篇】	封		49
	国—【篇】	封		55
	賜—【篇】	封		60
	増—【併入】	封		63
	夫人賜—	帝		1225
	外戚歿後賜—	帝		1555
	「ふこ封戸」も見よ			
ふ	訃	礼	②	309
ふ	負(考課)	政	①	1210
ふ	符【篇】	政	①	319
	国—	官	②	519
	郡—	官	②	589
	任—	政	①	1296
ふ	副(官職)	官	①	199
ふ	傅(東宮)	官	①	1168
ふ	輔(官職)	官	①	199

ふ　賦　文①　279
ふ　麩【併入】　飲　536
ふ　麩(小麦皮屑)　植①　855
ふ　賻　礼②　310
　賜—贈位　帝　1227
ふ　譜(音楽)
　「きょくふ曲譜」を見よ
ぶ　分(金銀貨)　泉　177
ぶ　歩(田積)　政②　262
　—　政②　264
　—　政③　1154
ふい　付衣　宗②　1199
ふい　負扆　官①　531
ふいご　鞴　産①　644
ふいごし　鞴師　産①　645
ふいじょ　普為乗教　宗①　460
ふいち　不一(書翰語)　文①　436
ぶいち　分一(税)　政④　429
ぶいちき　歩一金　泉　365
　鯨—　政④　486
　鰯—　政④　489
ぶいちぎ　歩一銀　泉　367
ふいん　府印
　鎮守—　官②　19
　大宰—　官②　397
　鎮西—　官②　428
ふいん　訃音　礼②　309
ふう　楓　植①　498
ふういん　封印　政③　300
　金蔵—　政③　1039
　手鎖—　法②　527
ふうがい　風害　天　260
　「ふうさい風災」も見よ
ふうがわ　風雅和歌集　文②　315
　—命名　文②　246
　—序　文②　433
　—竟宴　文②　248
ふうかん　風管　楽②　965
ふうかん　封緘(書翰)　文①　467
ふうかん　諷諫　人②　248
ふうき　富貴　人②　595
　祈—顕達　神②　876
　婚嫁択—家　礼①　1272
ふうきい　風紀意見　政③　250
ふうきん　封金講(無尽)　政④　712
ふうげん　諷言　人①　855
ふうさい　風災
　—改元　歳　276
　禳—　神②　885
　風損蠲免　政②　997
　風損賑給　政②　1056
ふうじ　封事【篇】　政①　499
ふうじさ　封事定　政①　500
ふうしつ　風疾　外　329
ふうじゃ　風邪　方　1354
ふうじゅ　諷誦　宗①　366
　天皇算賀於寺院修
　—　礼①　1368
　藤原忠平六十賀於
　六十寺修—　礼①　1429
ふうす　副寺　宗②　1043
ふうぞく　風俗　官①　1303
　—　地①　103
　諸国の風俗は地部山城国篇以
　下の各篇に在り。今之を略す
ふうぞく　風俗歌【篇】　楽①　231
　大嘗祭奏—舞　神①　1199
ふうぞく　風俗所　神①　997
ふうそん　風損
　「ふうさい風災」を見よ
ふうたい　風帯(掛軸)　文③　1000
ふうちょ　風鳥　動　972
ふうつう　風通(織物)【併入】　産②　306
ふうでん　風伝流(槍術)　武　78
ふうとう　封筒　文①　471
ふうとう　風藤蔓　植①　1186
ふうどび　風土病　方　1497
ふうはく　風伯祭　神②　614
　—　方　39
ふうふ　夫婦
　歌和—　文①　754
　—之道　帝　1221
　「つま妻」「おっと夫」も見よ
ふうむす　封結　文③　1436
ふうよう　風葉和歌集　文②　361
ふうらん　風蘭　植①　1160
ふうりゅ　風流車　器②　902
ふうりん　風鈴蕎麦切　飲　528
ふえ　笛　楽②　541
　朝覲行幸主上始吹
　—　帝　707
　能楽—　楽①　951
　玩具—　遊　1257
　鹿—　産①　465

鹿― 動 314
ぶえい 武衛 官 ① 1502
ぶえいけ 武衛家 官 ② 1082
ぶえいり 武衛流(鉄砲) 武 885
ふえかわ 笛川橋 地 ③ 256
ふえき 符益 政 ② 232
ふえし 笛師 官 ① 842
―叙僧位 宗 ② 799
ふえたけ 笛竹 植 ① 693
ふえふき ふえふき(笛工) 官 ① 842
能楽笛吹 楽 ① 951
ふえまき 笛巻汁 飲 175
ふえん 不縁 政 ③ 592
― 礼 ① 1335
ふおうい 不応為(律文用語) 法 ① 30
ふおうほ 不枉法贓 法 ① 53
ふか 鯗 動 1480
ふか 不課 政 ② 969
ふかあみ 深網笠 器 ② 389
ふかいけ 不壊化身院奉行 官 ② 1212
ふかえの 深江浦 地 ③ 583
ふかえむ 深江村 地 ② 948
ふかがわ 深川 地 ① 979
本所―屋敷改 官 ③ 468
ふかがわ 深川教授所 文 ② 1318
ふかがわ 深川銭 泉 30
ふがく 巫学 神 ② 1320
ぶがく 舞楽 楽 ① 45
―装束【篇】 楽 ① 640
―具 楽 ① 662
ふかくさ 深草天皇 帝 943
「にんみょ仁明天皇」も見よ
ふかくさ 深草元政 人 ② 1022
ふかくさ 深草郷 地 ① 232
ふかくさ 深草墓 帝 1559
ふかくさ 深草山陵 帝 990
ふかくさ 深草法華堂 帝 1016
―御陵図 帝 1002
ふかくさ 深草焼 産 ① 725
ふかぐつ 深履 服 1375
ぶがくり 武学寮 文 ② 1185
ふがけ 踏懸(舞楽) 楽 ① 657
ふかけい 附加刑 法 ② 76
ふかこ 不課戸 政 ② 75
ふかざわ 深沢大仏 宗 ④ 326
ふかしぎ 不可思議(数) 文 ③ 589
ふかそぎ 深曾木【篇】 礼 ① 513
―図 礼 ① 520
ふかだの 深田郷 宗 ① 333
ぶがっこ 武学校 文 ② 1283
ふかつご 深津郡 地 ② 625
ふかづみ ふかづみ(石竜芮) 植 ② 205
ふかのあ 鱶油 器 ② 322
ふかのひ 鱶鰭 動 1482
― 外 1060
ふかはな 深縹袍 服 282
ふかひの 深緋袍 服 278
ふかみぐ ふかみぐさ(牡丹) 植 ② 163
ふかむら 深紫袍 服 277
ぶがり 歩刈 政 ④ 218
ふかわ 深川 地 ② 714
ぶかん 武官 官 ① 209
― 官 ① 8
内―外― 官 ① 1314
外― 官 ② 1
―位記 官 ③ 1873
―馬料 封 234
―選 政 ① 1228
―礼服 服 165
―朝服 服 175
ふかんで 不堪佃田定 政 ② 386
ふかんで 不堪佃田奏【併入】 政 ② 385
― 政 ② 366
ふき 袘 服 36
ふき 蕗 植 ② 732
ふぎ 不義 法 ① 15
ふぎ 不義(姦通) 法 ② 952
「はんかん犯姦」も見よ
ぶき 武器
「へいき兵器」を見よ
ふきあげ 吹上織殿之者 官 ③ 974
ふきあげ 吹上花壇方 官 ③ 974
ふきあげ 吹上御園 居 905
ふきあげ 吹上御門 居 409
ふきあげ 吹上座敷方 官 ③ 973
ふきあげ 吹上大工役之者 官 ③ 975
ふきあげ 吹上鳥方 官 ③ 973
ふきあげ 吹上庭之者支配 官 ③ 970
ふきあげ 吹上花畑添奉行 官 ③ 968
ふきあげ 吹上花畑奉行 官 ③ 968
ふきあげ 吹上浜(紀伊) 地 ② 760
― 地 ③ 1304
ふきあげ 吹上浜(薩摩) 地 ③ 1305
ふきあげ 吹上藩 地 ② 61

ふきあげ　吹上奉行　官 ③ 968
ふきあげ　吹上普請方　官 ③ 975
ふきあげ　吹上薬園方　官 ③ 974
ふきあげ　吹上役人目付　官 ③ 972
ふきいた　ふき板　居 1032
ふきかえ　吹返(冑)　兵 1876
ふきかわ　鞴　産 ① 643
ふきかわ　吹革祭　神 ② 596
ふきざ　葺座　政 ④ 511
ふきしゅ　葺主　産 ① 601
ふきじる　欵冬汁　飲 181
ぶぎそう　武技総載【篇】　武 1
ふきだま　吹玉　産 ① 614
ふきなが　吹流(旗)　兵 2101
ふきなが　吹流し(五月幟)　歳 1186
ふきぬき　吹貫(旗)　兵 2114
　新御番頭―　官 ③ 1113
ふきのと　ふきのとう(欵冬花)　植 ② 734
ふきべ　吹部　官 ① 928
ふきもの　吹物(楽器)　楽 ② 541
ふきや　吹矢【併入】　遊 206
ふきゅう　普救類方(医書)　方 1020
ぶぎょう　奉行
　橋―　地 ③ 158
　山陵―　帝 1095
　鎌倉幕府―　官 ② 780
　足利氏諸―【篇】　官 ② 1175
　足利氏関東諸―　官 ② 1316
　織田氏諸―　官 ② 1412
　豊臣氏諸―　官 ② 1445
　細工―　産 ① 491
　三―立合裁判　法 ③ 769
　遠国―裁判　法 ③ 839
　徳川幕府の諸奉行は官位部徳川氏職員篇に在り。今之を略す
ふきょう　普教館　文 ② 1289
ぶぎょう　奉行衆　官 ② 1132
ぶぎょう　奉行職　官 ③ 175
ぶぎょう　奉行人　官 ② 1120
　―　官 ② 781
　―　官 ② 1176
　六波羅―　官 ② 865
　除目―　政 ① 758
ぶぎょう　奉行奉書　政 ③ 105
ぶきょく　部曲　官 ① 129
ぶきょく　舞曲　楽 ① 45
ふきよせ　ふきよせ籐弓　兵 1643
ぶきん　夫金　政 ④ 551
ふく　輻　器 ② 772
ふぐ　不具(書翰用語)　文 ① 436
ふぐ　河豚　動 1510
ぶく　服　礼 ② 581
　「ぶくき服紀」「も喪」も見よ
ぶぐ　武具
　「へいき兵器」を見よ
ふくい　福井　地 ③ 1016
ふくいい　福井医学所　方 700
ふくいさ　福井作右衛門　称 57
ふくいの　福井荘　地 ② 250
ふくいは　福井藩　地 ② 251
　―藩礼　泉 441
ふくいふ　福井舟橋　地 ③ 342
ふくいり　福井流(小具足)　武 1128
ふぐう　不遇【篇】　人 ② 417
ふくうけ　不空羂索　宗 ① 92
ふくえは　福江藩　地 ② 1098
ふくおう　福王寺【篇】　宗 ④ 911
ふくおか　福岡　地 ② 947
ふくおか　福岡藩　地 ② 954
ぶくか　服假　礼 ② 676
　―日数　礼 ② 588
　神社行幸―人供奉　礼 ② 861
ぶくき　服紀【篇】　礼 ② 577
ふくきく　覆鞠状　法 ① 626
ふくぎぐ　副擬郡司　官 ② 581
ぶくきれ　服忌令　礼 ② 589
ふくげ　襹褷　動 502
ぶくげ　服解　礼 ② 663
ふくげん　副元帥　兵 157
　―　官 ② 675
ふくさ　服紗(茶湯)　遊 754
　―扱法　遊 510
ふくさあ　服紗袷　服 444
ふくさお　袱紗帯　服 1064
ふくさこ　ふくさ小袖　服 616
ふくさば　ふくさ張下襲　服 330
ふくし　副使　政 ① 590
ふぐし　鑱(農具)　産 ① 255
ぶくじ　夫公事　政 ④ 398
ふくしま　福島　地 ② 140
ふくしま　福島潟　地 ③ 1293
ふくしま　福島絹　産 ② 217
ふくしま　福島郡　地 ② 1294

ふくしま 福島藩 地 ② 154
ふくしま 福島平(織物) 産 ② 209
ふくしも ふくしもの(肴) 飲 137
ふくしゃ 副車 器 ② 893
ふぐしゃ 不具者 人 ① 609
ぶくしゃ 服者
　大嘗祭忌— 神 ① 1175
　—叙位任官 礼 ② 842
　—遇神事 礼 ② 847
　—遇公事 礼 ② 871
　—扇 服 1349
ふくしゅ 復讐【篇】 人 ② 500
　鏡山—実説 法 ② 901
ふくじゅ 福寿草 植 ② 186
ふくじょ 復叙 法 ① 293
　— 法 ① 287
ふくしょ 副将 兵 168
　— 兵 175
ふくしょ 副将軍 兵 168
　鎮守— 官 ② 23
ふくしょ 福昌寺【篇】 宗 ④ 1092
ふくしょ 服色 服 85
　— 服 55
　婦人服— 服 837
　凶服— 礼 ② 1038
ふくしょ 服飾
　—総載【篇】 服 1
　—雑載【篇】 服 1463
ふぐじる 鰒汁 飲 168
ふくじん 福神銭 泉 151
ふくすい 覆推 方 498
ふぐせ ふぐせ(農具) 産 ① 255
ふくせい 復姓 姓 256
　— 姓 143
　— 姓 341
ふくそう 服装
　五節舞姫以下— 神 ② 365
　四方拝— 歳 393
　朝賀— 歳 422
　小朝拝— 歳 447
　元日節会— 歳 513
　年始— 歳 779
　内宴— 歳 1052
　女官— 官 ① 1162
　衛府— 官 ① 1337
　近衛府職員— 官 ① 1392
　衛門府職員— 官 ① 1477
　兵衛府職員— 官 ① 1519
　検非違使— 官 ② 166
　「いふく衣服」「しょうぞ装束」も見よ
ふくそう 覆奏 政 ① 219
　— 政 ① 236
ふくぞう 福蔵弓 兵 1659
ふくだい 副大将 兵 175
ふくだこ 福田浩斎 文 ② 1012
ふくだの 福田荘 地 ② 480
ふくだめ 福溜 動 1687
ふくちゃ 福茶 歳 850
ふくちや 福智山 地 ② 387
ふくちや 福智山藩 地 ② 393
ふくつう 腹痛 方 810
ふくてい 副丁 政 ② 843
　事力— 封 375
ふくとく 福徳(逸年号) 歳 365
ふくとく 福徳延命守札 神 ② 918
ふくとく 福徳寺【篇】 宗 ④ 43
ふくとく 福徳朱印 政 ③ 286
ふくとく 福徳神 神 ① 508
ふくとみ 福富 法 ③ 78
ふくにち 復日 方 113
ふくにん 復任 政 ① 885
　服者— 礼 ② 842
　服者— 礼 ② 665
ふくにん 復任除目 政 ① 728
ふくのか 福神 産 ① 4
　—像 神 ① 211
ふくのり 福野流(柔術) 武 1007
ふくはら 福原 地 ① 176
　—遷都 神 ① 1388
ふくびき 福引 遊 1205
ふくびき 福引(富突) 法 ③ 78
ぶぐぶぎ 武具奉行 官 ③ 1242
　二条— 官 ③ 1291
　駿府— 官 ③ 1354
ふくふく ふくふくし(肺) 人 ① 488
ふくぶん 復文 文 ① 295
ふくべ ふくべ(河豚) 動 1510
ふくべ 瓢 器 ① 216
ふくべ 壺盧 植 ② 587
ふくへい 伏兵 兵 117
ふくへき 復辟 官 ① 548
ふくへき 復辟表 政 ① 387
ふくべす 瓢炭斗 遊 764

ふくべん	伏弁	法	①	332
ふくまい	福参	産	①	7
ふくみぐ	含轡	兵		2010
ふくめん	覆面(帽子)	服		1230
ふくめん	覆面頭巾	服		1242
	禁用―	服		1235
ふぐもど	鰒もどき汁	飲		172
ふくもん	覆問	法	①	1149
ふくやく	服薬	方		995
ふくやま	福山藩	地	②	635
ふくより	福依売	人	①	1068
ふくら	福良	地	②	775
ふくらい	福来病	方		1428
ふくらい	福来門	居		265
ふくらい	脹熬	飲		225
ふくらの	福良津	地	③	537
ふくらは	ふくらはぎ(腓)	人	①	472
ふくらも	ふくらもち(冬青)	植	①	484
ふぐりつ	ふぐりつき(鸗)	動		146
ぶくりょ	茯苓	植	②	832
	―	植	①	83
ふくる	皺	方		1271
ふぐるま	文車【附】	文	③	1408
	―図	文	③	1413
ふくろ	袋	器	①	695
	ぬさ―	神	②	1095
	日給簡―	政	①	1102
	金入―	泉		423
	かて―	兵		1001
	鞘―	兵		1468
	弦―	兵		1569
	和琴―	楽	②	565
	琴―	楽	②	604
	箏―	楽	②	661
	箏爪―	楽	②	661
	琵琶―	楽	②	742
	横笛―	楽	②	867
	笙―	楽	②	927
	篳篥―	楽	②	973
	屏風―	器	①	936
	宿直―	器	②	187
	燧―	器	②	291
	笠―	器	②	419
	傘―	器	②	467
	長刀―	器	②	1025
	七歳以前死者納―置山野	礼	②	382
	書嚢【附】	文	③	1435
ふくろい	袋入杖	器	②	517
ふくろう	梟	動		963
ふくろえ	袋烏帽子	服		1215
ふくろか	負嚢者	政	②	153
ふくろく	福禄寿	神	①	88
ふくろご	嚢児	方		874
ふくろさ	袋冊子	文	③	512
	―	文	③	529
ふくろず	袋頭巾	服		1256
ふくろせ	袋堰	政	④	1213
ふくろぞ	袋草紙	文	②	441
ふくろだ	袋田温泉	地	③	1061
ふくろだ	袋棚	居		1091
	茶湯―	遊		651
ふくろた	袋足袋	服		1458
ふくろづ	ふくろづの(茸)	動		314
ふくろと	袋綴	文	③	513
ふくろや	袋鑓	兵		1514
ふくわか	福沸	歳		920
ふくわけ	福わけ(贈遺)	人	②	481
ぶくん	武勲			
	「ぐんこう軍功」を見よ			
ふけ	頭垢	人	①	324
ぶけ	武家			
	―官位	官	①	237
	―官位	官	③	1710
	―叙位	官	③	1800
	―請位記	官	③	1869
	―貸米貸金	政	④	601
	―借金	政	④	618
	―有職	文	②	918
	―埦飯	礼	①	304
	―婚姻制度	礼	①	896
	―婚嫁	礼	①	1243
	―凶服	礼	②	1012
	―行能楽	楽	①	871
	―服制	服		59
	―無位人著素襖	服		586
	直垂為―官服	服		553
	―富	人	②	597
	―列清華	姓		435
	―家作	居		440
	―家作	居		611
	「ぶし武士」「ぶじん武人」も見よ			
ふけい	婦兄	人	①	189

ぶげい	武芸	武		1
ぶげいし	武芸四門	武		2
ぶげいじ	武芸十四事	武		2
ふけいの	吹井浦	地	③	1318
ふけおし	普化和尚	宗	①	1130
ぶけけい	武家系図	姓		371
ふげしご	鳳至郡	地	②	291
ふけしゅ	普化宗【篇】	宗	①	1113
ぶけしょ	武家装束	服		43
ぶけしょ	武家諸法度	法	②	92
ぶけてん	武家伝奏	官	①	650
ぶけひゃ	武家百人一首	文	②	390
ぶけほう	武家奉公構【併入】	法	②	398
ふけまち	更待月	天		65
ぶけもん	武家門跡	宗	③	185
ぶけやく	武家役	政	④	564
ふげんえ	普賢延命護摩	宗	②	346
ふげんえ	普賢延命法	宗	②	308
ぶげんし	分限者	人	②	599
ふげんぞ	普賢象(桜)	植	①	298
ふげんだ	普賢嶽	地	③	884
ふげんぼ	普賢菩薩	宗	①	96
	—	楽	①	289
ふげんら	不言楽	楽	①	388
ふこ	封戸			
	—総載【篇】	封		1
	神社—	神	①	616
	太上天皇—	帝		801
	外戚賜—	帝		1523
	—施入勅書	政	①	242
	辞—表	政	①	392
	聴辞職而賜—	政	①	1445
	以—為質	政	②	931
	寺院—	宗	③	225
	僧尼賜—	宗	③	273
	「ふ封」も見よ			
ふご	畚	産	①	327
ぶこ	武庫	兵		1276
ふこう	不孝【併入】	人	①	1095
	—子不得父母遺産	政	②	124
ぶこう	武功			
	「ぐんこう軍功」を見よ			
ふこうじ	普光寺	宗	④	23
ふこうの	深野池	地	③	1224
ふこうへ	不公平	人	②	26
ふこうる	不孝流	法	①	171
ぶこく	誣告	法	①	293
	—	法	①	493
	—	法	①	575
	—	法	①	1097
ふこつそ	附骨疽	方		1235
ふこでん	封戸田	封		29
ふさ	輔佐	官	①	561
ふさい	負債【併入】	人	②	591
	—弁償	政	②	912
	—保人代償	政	②	913
	—免除	政	②	913
ふさいり	普斎流(茶道)	遊		597
ぶざお	歩竿(検地具)	政	④	70
ふさがわ	房川渡中田関所	地	③	617
ふさく	不作	歳		1438
	「ききん飢饉」も見よ			
ふさしり	総鞦	兵		2027
ふさたに	府沙汰人	官	①	1370
ふさつ	布薩【併入】	宗	②	703
ふさのく	総国	地	①	1025
ふさはじ	ふさはじかみ(蜀椒)	植	①	440
ふさん	不参	政	①	1125
	—猶給上日	政	①	1124
	出仕—	政	③	431
	無故—	政	③	432
ぶざんじ	豊山寺	宗	③	1321
	「はせでら長谷寺」も見よ			
ふさんと	不三得七	政	②	365
ふざんぽ	釜山浦城	外		413
ふし	ふし(鰹節)	飲		930
ふし	ふし(剪紅羅)	植	②	132
ふし	節(植物)	植	①	4
	竹—	植	①	677
ふし	父子			
	—礼節事	礼	①	97
	路頭—相遇礼	礼	①	204
	—兄弟婚姻	礼	①	1343
	—同日葬送	礼	②	383
	歌道—伝統	文	①	791
	—異姓	姓		176
	「こ子」「ちち父」も見よ			
ふじ	藤	植	②	293
	以—為神木	神	②	1802
	—水揚法	遊		864
ぶし	武士	兵		214
	—為掃部頭	官	①	1052
	—犯罪	法	②	2
	—追放方法	法	②	316

—闘殴 法 ② 894
—博弈処刑 法 ③ 36
「ぶけ武家」「ぶじん武人」も見よ
ぶしあず 武士預 法 ① 946
ふじいう 藤井右門 法 ② 197
ふじいた 藤井高尚 文 ① 272
ふじいで 葛井寺【篇】 宗 ④ 32
—本尊開帳 宗 ③ 353
ふじいほ 藤井方亭 文 ② 1015
ふじうの 藤生野(催馬楽) 楽 ① 213
ふじえだ 藤枝駅 地 ① 611
ふしおが 伏拝(社祠) 神 ① 512
— 神 ② 1009
ふじおで 藤尾寺 神 ③ 1332
ふじおど 藤威(鎧) 兵 1811
ふじおは 藤尾八幡宮神宮寺 神 ② 1738
ふじおろ 富士おろし(笠) 器 ② 393
ふしかげ 節景(矢) 兵 1580
ふじかず ふぢかづら(黄環) 植 ② 308
ふじかず ふぢかづら(倚廬用) 礼 ② 444
ふじかわ 富士川 地 ③ 1166
—修築 政 ④ 1038
—疏鑿 政 ④ 1068
—高札 地 ③ 374
ふじかわ 富士川渡 地 ③ 445
ふしぎば 伏木橋 地 ③ 84
ふじこう 富士講 神 ② 1425
ふしごお 鳳至郡 地 ② 291
ふじごお 富士郡 地 ① 621
ふじごり 葛籠 植 ② 287
ふじごろ ふぢごろも(縗衣) 礼 ② 928
ふじごろ 藤衣 服 7
ふじごん 富士権現 神 ④ 372
常陸国—神宮寺 神 ② 1729
ふじさわ ふぢさはぎく(狗舌草) 植 ② 769
ふじさわ 藤沢上人 宗 ① 1054
ふじさわ 藤沢銭 泉 31
ふじさわ 藤沢道場 宗 ④ 338
ふじさわ 藤沢宿 地 ① 746
ふじさん 富士山 地 ③ 763
—人穴 地 ③ 714
—噴火 地 ③ 860
ふじさん 富士山(冑) 兵 1882
ふじしだ ふぢしだ 植 ② 865
ふししば ふし柴の加賀 文 ① 891
ふじしま 藤島神社 神 ④ 1715
ふじしま 藤島保 地 ② 251
ふじしょ 富士上人 地 ③ 771
ふじしろ 藤代墨 文 ③ 1369
ふじぜん 富士禅定 神 ② 720
ふしだか ふしだか竹 植 ① 692
ふじたた 藤田彪 人 ② 182
ふじたで 藤蓼銀山 金 115
ふじたに 藤谷成章 文 ① 861
ふじつ 藤津 地 ③ 550
ふしづけ 臥漬【併入】 法 ① 757
—【併入】 法 ② 258
ふしづけ 柴積 産 ① 401
ふしづけ 節付(浄瑠璃) 楽 ② 323
ふじつご 藤津郡 地 ② 1085
ふじつた 葛津立国造 地 ② 1077
ふじつぼ 藤壺 居 152
ふしとう 不試登庸 文 ③ 143
ふじとの 藤戸浦 地 ③ 1323
ふじとの 藤戸の仏うろひ(能楽) 楽 ① 817
ふじとの 藤戸渡 地 ③ 475
佐佐木盛綱—先陣 兵 383
ふじな 蒲公英 植 ② 739
ふじなみ 藤波家 神 ③ 843
—服忌法 礼 ② 613
ふしなや 布志名焼 産 ① 760
ふしなわ 伏縄目腹巻 兵 1834
ふしなわ 節縄目の鎧 兵 1800
ふじぬの 藤布 産 ② 130
ふじの 富士野 地 ③ 939
—之狩 産 ① 475
ふじのか 不時会(茶湯) 遊 410
ふしのき ふしのきのみ(塩麸子) 植 ① 481
ふじのご 藤野郡 地 ② 581
ふじのな ふじのなるさは 地 ③ 768
ふじのぬ 富士沼 地 ③ 1245
ふしのの 椹野荘 官 ② 1037
ふじのは ふぢのはな(蛸子) 動 1549
ふじのは 藤の花咲懸りたる様威せる鎧 兵 1811
ふじのも 藤森天王 神 ① 164
ふじは 富士派(日蓮宗) 宗 ① 1008
ふしはか 節はかせ(音楽) 楽 ① 35
ふじばか ふぢばかま(菊) 植 ② 707
ふじばか ふぢばかま(蘭草) 植 ② 780

ふじばし 藤橋 地 ③ 105
—図 地 ③ 106
飛騨国高原— 地 ③ 326
越中国立山— 地 ③ 344
ふしはず 節筈 兵 1613
ふじはな 藤放しの弓 兵 1659
ふしまき 節巻弓 兵 1650
ふしまち 臥待月 天 64
ふじまつ ふじ松 植 ① 89
ふじまつ 富士松(浄瑠璃流派) 楽 ② 292
ふじまる 藤丸銭 泉 151
ふしみ 伏見 地 ① 245
—役人【篇】 官 ③ 1368
ふしみさ 伏見三寸葛籠 器 ① 692
ふしみさ 伏見三年番 官 ③ 1036
ふしみじ 伏見城代 官 ③ 1369
ふしみじ 伏見城留守居 官 ③ 1370
ふしみせ 伏見銭 泉 31
ふしみて 伏見鉄銭 泉 32
ふしみて 伏見天皇 帝 31
ふしみの 伏見宮 帝 1417
ふしみば 伏見払 法 ② 359
ふしみぶ 伏見奉行 官 ③ 1370
—裁判 法 ③ 860
—小堀和泉守建さ
ざい堂 居 533
ふじみほ 富士見宝蔵番【附】 官 ③ 737
ふじみほ 富士見宝蔵番頭 官 ③ 737
ふしみま 伏見升 称 80
ふしみも 伏見桃山城瓦 産 ① 597
ふしみろ 伏見牢番 官 ③ 1375
ふじもど ふぢもどき(木) 植 ① 572
ふしもの 賦物
連歌— 文 ① 1057
俳諧— 文 ① 1293
ぶしゃ 歩射 武 99
ぶしゃ 奉射【併入】 武 337
ふしゃに 布灑日 方 143
ぶしゃの 歩射的 武 235
ふしゅ 浮腫 方 824
ふじゅ 符呪 方 68
「じゅ呪」も見よ
ふしゅう 俘囚【篇】 人 ② 749
ぶしゅう 武州 地 ① 798
「むさしの武蔵国」も見よ
ぶしゅう 武州一揆 兵 432
ぶしゅう 武州北一揆 兵 432
ふしゅう 不衆の重服 礼 ② 581
ふしゅう 俘囚部領使 政 ① 625
ぶしゅう 武州本一揆 兵 432
ぶしゅう 武州南一揆 兵 432
ぶしゅか 仏手柑 植 ① 426
ふじゅし 富寿神宝 泉 19
ぶじゅつ 武術 武 4
ふじゅふ 不受不施派 宗 ① 1012
—宗論 宗 ① 443
—寺院数 宗 ③ 17
ふしょう 府生
衛府— 官 ① 1317
近衛— 官 ① 1367
中衛— 官 ① 1437
衛門— 官 ① 1460
検非違使— 官 ② 107
ふしょう 府掌
近衛府— 官 ① 1372
衛門府— 官 ① 1461
兵衛府— 官 ① 1510
鎮守府— 官 ② 34
大宰府— 官 ② 404
ぶしょう 部将 兵 158
ぶしょう ぶしやう独楽 遊 1162
ふじょう 不成就日 方 138
ふしょう 扶省掌 官 ① 206
中務省— 官 ① 740
式部省— 官 ① 831
民部省— 官 ① 884
兵部省— 官 ① 909
ぶしょう 武昌太平楽 楽 ① 436
ぶしょう 凫鐘調 楽 ① 27
ふじょう 不浄流(城) 兵 1119
ぶしょう 武将破陣楽 楽 ① 436
ぶしょう 武昌楽 楽 ① 436
ぶしょう 武頌楽 楽 ① 365
ふしょく 不食病 方 1518
ふじょま 扶助米 封 509
ふじわた 富士綿 産 ② 107
ふじわら 藤原氏 姓 152
— 姓 182
—略系 帝 1663
—四門 姓 423
—累世為帝室外戚 帝 1660
—氏神 神 ① 662
—氏寺 宗 ③ 1175
—私学 文 ② 1295

—氏爵　政 ① 1491
—木幡墓地　宗 ③ 1064
—木幡墓地　礼 ② 1098
ふじわら　藤原氏氏長者印　政 ① 536
ふじわら　藤原氏長者　姓 461
—大饗　歳 543
—春日詣　神 ④ 66
以—宣処流刑　法 ① 798
ふじわら　藤原系図　姓 371
ふじわら　藤原郡　地 ② 581
ふじわら　藤原惺窩
—朱子学　文 ② 770
—訓点　文 ③ 292
—排仏　文 ② 815
悼—詞　礼 ② 1540
ふじわら　藤原顕忠　人 ② 60
ふじわら　藤原敦光
—勘文　政 ① 523
—善文　文 ① 321
ふじわら　藤原有国
—智慮　人 ① 1247
—報怨以恩　人 ② 499
ふじわら　藤原在衡
—恪勤　人 ② 44
—粟田山荘尚歯会　礼 ① 1475
ふじわら　藤原家隆　文 ① 850
ふじわら　藤原宇万伎　文 ① 863
ふじわら　藤原小黒麿　人 ② 717
ふじわら　藤原緒嗣
—於殿上元服　礼 ① 857
—上意見　政 ① 509
ふじわら　藤原乙牟漏　帝 1405
ふじわら　藤原葛野麻呂　外 871
ふじわら　藤原兼家
—驕傲　帝 1629
—賜度者　帝 1538
—六十賀於六十寺
修諷誦　礼 ① 1430
—建法興院　宗 ③ 394
ふじわら　藤原兼実　帝 1580
—為摂政　官 ① 541
—驕傲　帝 1640
ふじわら　藤原兼通　帝 1575
—薨　帝 1545
—諡号　封 60
ふじわら　藤原兼良
—神道説　神 ② 1434
—蔵書　文 ③ 370
—博学　人 ① 1298
—訓誡　人 ② 242
ふじわら　藤原鎌足
天智天皇与—蹴鞠　遊 1041
—感孝徳天皇知遇　人 ② 411
—官位　帝 1560
—始行維摩会　宗 ② 55
—建興福寺　宗 ③ 1175
天智天皇問—病　姓 152
—改葬　礼 ② 231
祀—於談山神社　神 ④ 202
—像　神 ④ 202
—像破裂　礼 ② 1252
ふじわら　藤原姞子　帝 1679
ふじわら　藤原清河　外 865
ふじわら　藤原清輔
—善和歌　文 ① 849
—善歌合判　文 ② 28
—和歌尚歯会　礼 ① 1478
ふじわら　藤原清衡　宗 ④ 769
ふじわら　藤原公季　姓 745
ふじわら　藤原公継　人 ② 247
ふじわら　藤原公経　宗 ③ 547
ふじわら　藤原公任
—於殿上元服　礼 ① 858
—善和歌　文 ① 843
ふじわら　藤原妍子　帝 1648
ふじわら　藤原高子　宗 ③ 991
ふじわら　藤原媓子　帝 1642
ふじわら　藤原伊周
—為内覧　官 ① 630
—修大元帥法　宗 ② 276
—左遷　法 ① 344
—量移　法 ① 362
—召還　法 ① 364
—遺言　人 ② 211
ふじわら　藤原伊尹　帝 1574
—奢侈　人 ② 624
—為参河公　封 60
—諡号　姓 745
ふじわら　藤原伊通　政 ① 514
ふじわら　藤原定家　文 ① 852
ふじわら　藤原実氏　帝 1640
ふじわら　藤原実定
—以謀計任大将　人 ① 1252
—訪旧都　地 ① 194

ふじわら 藤原実資 人 ① 1282
—不忘旧恩 人 ② 483
—好色 人 ② 650
ふじわら 藤原実基 法 ① 1173
ふじわら 藤原実頼
—謹飭 帝 1641
—賜度者 帝 1538
—有職 文 ② 907
—諡号 封 60
ふじわら 藤原重家 人 ② 1014
ふじわら 藤原重光 帝 1681
ふじわら 藤原順子 宗 ③ 993
ふじわら 藤原遵子 帝 1647
ふじわら 藤原娍子 帝 1648
ふじわら 藤原佐理 文 ③ 708
ふじわら 藤原純友 人 ② 807
ふじわら 藤原聖子
—入内 帝 1679
—号皇嘉門院 帝 1199
ふじわら 藤原詮子
—入内 帝 1642
—号東三条院 帝 1189
—四十賀 礼 ① 1383
ふじわら 藤原竴子 帝 1658
ふじわら 藤原隆家
—配流 法 ① 358
—召還 法 ① 364
—患眼疾 外 1113
ふじわら 藤原高藤 宗 ③ 1006
ふじわら 藤原高光 人 ② 1012
ふじわら 藤原多子
—命名 姓 617
—為近衛天皇女御 帝 1254
—為二条天皇皇后 帝 1158
ふじわら 藤原忠実
—為関白 官 ① 580
—専権 帝 1608
—算賀 礼 ① 1445
ふじわら 藤原忠平 帝 1573
—為摂政 官 ① 540
—賜度者 帝 1537
—六十賀 礼 ① 1429
—建法性寺 宗 ③ 965
—諡号 封 59
—沈勇 人 ② 93
貞信公辞摂政表 官 ① 549
ふじわら 藤原忠文 人 ② 44
ふじわら 藤原忠通 帝 1578
—専権 帝 1608
—為摂政 官 ① 545
—辞摂政 官 ① 551
—為関白 官 ① 581
—与弟頼長争氏長者 姓 491
—能書 文 ③ 719
ふじわら 藤原為相 文 ① 1147
ふじわら 藤原為業 人 ② 1016
ふじわら 藤原為世 文 ① 1147
ふじわら 藤原長子 帝 1659
ふじわら 藤原呈子 帝 1652
ふじわら 藤原時平
—於殿上元服 礼 ① 857
—奪伯父国経妻 人 ② 646
—讒菅原道真 人 ② 696
ふじわら 藤原俊成
—善歌 文 ① 849
—善歌合判 文 ② 28
—九十賀 礼 ① 1462
—墓 礼 ② 1099
ふじわら 藤原利仁
—饗薯蕷粥 飲 461
依調伏法験利仁将軍死語 外 131
ふじわら 藤原俊基 文 ① 232
ふじわら 藤原敏行 文 ① 823
—能書 文 ③ 713
ふじわら 藤原仲成 帝 1628
ふじわら 藤原仲平
—元服 帝 1533
—謙譲 人 ① 1222
—富 人 ② 596
ふじわら 藤原仲麻呂
—賜姓名 帝 1531
—改官名 官 ① 377
藤原恵美押勝専権 帝 1585
ふじわら 藤原成親 法 ① 177
ふじわら 藤原成経 人 ② 459
ふじわら 藤原成通 遊 1045
ふじわら 藤原任子 帝 1656
ふじわら 藤原信頼
—驕慢 人 ② 632
—怯懦 人 ② 132
ふじわら 藤原教通 帝 1637
ふじわら 藤原春津 人 ② 596

ふじわら 藤原秀郷
　—蜈蚣退治 動 1204
　祀—於唐沢山神社 神 ④ 1715
ふじわら 藤原秀衡 礼 ② 1148
ふじわら 藤原広嗣
　—上表 政 ① 396
　御霊会祀— 神 ② 622
ふじわら 藤原藤房
　—諫後醍醐天皇 人 ② 248
　—遁世 人 ② 1021
ふじわら 藤原不比等
　—興家 帝 1669
　—賜度者 帝 1536
　—諡号 封 56
ふじわら 藤原冬嗣
　—奏状 政 ① 507
　—建勧学院 文 ② 1295
ふじわら 藤原芳子 人 ① 1303
ふじわら 藤原真楯 文 ② 341
ふじわら 藤原道家 帝 1581
　—建東福寺 宗 ③ 951
ふじわら 藤原道兼
　—勧出家於花山天皇 帝 1600
　—居喪違制 礼 ② 720
ふじわら 藤原道隆 帝 1575
　—嗜酒 飲 772
ふじわら 藤原道長 帝 1576
　—専権 帝 1601
　—驕傲 帝 1630
　行幸—第 帝 1540
　—五十賀 帝 1535
　—五十賀 礼 ① 1411
　—賜度者 帝 1538
　—建法成寺 宗 ③ 397
　—建浄妙寺 宗 ③ 1064
　—葬儀 帝 1545
ふじわら 藤原通憲
　—博学 人 ① 1296
　—教舞於磯禅師 人 ② 841
ふじわら 藤原光親 人 ② 248
ふじわら 藤原宮 居 17
　— 地 ① 181
ふじわら 藤原武智麿
　—公平 法 ① 564
　—吏材 人 ② 557
ふじわら 藤原宗忠 礼 ① 1476
ふじわら 藤原基実 帝 1579
ふじわら 藤原基経 帝 1571
　—廃陽成立光孝 帝 1591
　—関白万機 官 ① 565
　—為関白 官 ① 575
　—為摂政 官 ① 538
　—五十賀 礼 ① 1409
　—賜度者 帝 1537
　—建極楽寺 宗 ③ 977
　—諡号 封 59
ふじわら 藤原基俊 文 ① 847
ふじわら 藤原基衡 宗 ④ 778
ふじわら 藤原基房
　—辞摂政 官 ① 552
　—停任 官 ① 583
　—左遷 法 ① 346
ふじわら 藤原師賢
　—諡号 姓 746
　祀—於小御門神社 神 ④ 1714
ふじわら 藤原師輔
　—有職 文 ② 907
　—遺誡 人 ② 209
ふじわら 藤原師長
　—善琵琶 楽 ② 805
　—於熱田社前弾琵琶 神 ④ 334
ふじわら 藤原師通
　—専権 帝 1608
　—勤学 人 ① 1318
ふじわら 藤原保則 人 ① 1173
　—討出羽夷俘 人 ② 767
ふじわら 藤原保昌 人 ② 812
ふじわら 藤原有子 帝 1201
　—入内 帝 1658
ふじわら 藤原行成
　—度量 人 ① 1159
　—不忘旧恩 人 ② 483
　—善書 文 ③ 690
ふじわら 藤原能信 帝 1606
ふじわら 藤原良房 帝 1569
　—為摂政 官 ① 536
　—六十賀 帝 1534
　—建貞観寺 宗 ③ 973
ふじわら 藤原良相 文 ② 1307
ふじわら 藤原良基
　—博覧 文 ② 911
　—作連歌式目 文 ① 1149

—撰菟玖波集 文 ① 1151
ふじわら 藤原能保 官 ② 836
ふじわら 藤原頼忠 帝 1575
—諡号 封 60
ふじわら 藤原頼嗣 官 ② 662
ふじわら 藤原頼経 官 ② 659
ふじわら 藤原頼長
—専権 帝 1608
—為内覧 官 ① 633
—勤学 人 ① 1318
—厳正 人 ② 24
—尊師 人 ② 390
—遺誡 人 ② 212
—贈官位 官 ① 260
祀—於粟田宮 神 ③ 1528
ふじわら 藤原頼通 帝 1578
—奉仕三朝専権 帝 1607
—驕慢 人 ② 631
—建平等院 宗 ③ 1080
ふじわら 藤原立子 帝 1657
ふじわら 藤原麗子 帝 1657
ふじわら 藤原部 官 ① 134
ふしん 普請
城— 兵 1047
川— 政 ④ 998
用水— 政 ④ 1176
ふじん 夫人【篇】 帝 1224
太上皇以—立后 帝 1147
—為皇太夫人 帝 1184
以—為妃 帝 1223
ぶじん 武人
—為太政大臣 官 ① 486
—貢挙 政 ① 980
—凶服 礼 ② 1005
—為相撲 武 1246
—為能楽 楽 ① 913
—叙僧位 宗 ② 797
武臣年始参賀幕府 歳 652
武臣為准三宮 封 334
「ぶけ武家」「ぶし武士」も見よ
ふじんか 婦人科 方 864
ふしんか 普請方 産 ① 513
徳川氏— 官 ③ 671
ふしんし 普請下奉行 官 ② 1415
ふしんし 普請衆
足利氏— 官 ② 1230
織田氏— 官 ② 1416
豊臣氏— 官 ② 1444
ふしんそ 普請総奉行 官 ② 1414
ふしんて 普請停止 礼 ② 696
依崩御— 礼 ② 696
依大名逝去— 官 ③ 1732
ふじんの 婦人拝 礼 ① 26
ふじんび 婦人病 方 1503
ふしんぶ 普請奉行
足利氏— 官 ② 1229
織田氏— 官 ② 1414
豊臣氏— 官 ② 1443
徳川氏—【篇】 官 ③ 661
ふしんや 普請役 政 ④ 566
ふす 伏 人 ① 995
ふす 臥 人 ① 957
ふず 譜図 姓 374
ぶす 附子 植 ② 199
ぶす 附子(能楽狂言) 飲 905
ふすいの 臥猪床 動 421
ふずく ふずく(粉熟) 飲 607
ふずくむ ふづくむ(恚) 人 ① 737
ふずくむ ふづくむ(憤) 人 ① 737
ふずちょ 譜図牒 官 ② 599
ふすべ 附贅 方 1272
ふすべま 燻鞠 遊 1119
ふすま ふすま(小麦皮屑) 植 ① 855
ふすま 衾 器 ② 180
腰— 神 ② 206
ふすま 襖(茶室) 遊 566
「からかみ唐紙」も見よ
ふすまお 衾覆(婚姻) 礼 ① 1169
ふすまし 襖障子 器 ① 863
「からかみ唐紙」も見よ
ふすませ 衾宣旨 政 ① 277
ふすまだ 衾田墓 礼 ② 1150
ぶすや 附子矢 兵 1697
ふせ ふせ(伏兵) 兵 121
ぶせ 伏(矢) 称 8
— 兵 1544
ふせあみ 伏編笠 器 ② 388
ふせいき 不成斤 政 ② 611
ふせいほ ふせいほ 地 ③ 388
ふせいも 敷政門 居 238
ふせがさ 伏笠 器 ② 424
ふせき 附籍 政 ② 34
ふせご ふせご(臥籠) 遊 363

ふせづる ふせ弦(弓) 兵 1567
ふせどり ふせ鳥 産① 448
射― 武 110
ふせのみ 布勢湖 地③ 1242
ふせはら 伏原家 姓 441
―明経道 文② 745
ふせや 布施屋 政② 1030
ふせん 不宣(書翰語) 文① 436
ふせん 父銭 泉 141
ぶせん 夫銭 政④ 553
― 政④ 129
ふせんち 臥蝶(下襲文様) 服 353
ふせんち 浮線蝶直衣 服 313
ぶぜんの 豊前国【篇】 地② 985
配流― 法① 216
―銅山 金 150
ふせんり 浮線綾 産② 259
ふそう 扶桑(木) 植① 527
ふそう 祔葬 礼② 239
ふそうこ 扶桑国 地① 35
ふそうし 扶桑集 文① 313
ふそうぼ 扶桑木 植① 669
ふそん 符損 政② 232
ふた 蓋
鍋― 器① 315
茶入― 遊 719
茶湯釜― 遊 677
ふだ 札
神事― 神① 122
物忌― 神① 122
守― 神② 917
高― 政③ 178
刀剣鑑定― 兵 1486
日給簡 政① 1101
ぶた 豕 動 224
ふたあい 二藍唐衣 服 919
ふたあい 二藍下襲 服 349
ふたあい 二藍直衣 服 312
ふたあら 二荒山 地③ 825
ふたあら 二荒山神社【篇】 神④ 859
ふだい 譜代 官③ 75
ふだい 譜第 姓 375
郡司選― 官② 599
―争訟 法① 561
ぶたい 舞台
舞楽―【篇】 楽① 682
舞楽― 楽① 95
能楽― 楽① 994
劇場― 楽② 58
操芝居― 楽② 343
ふたいじ 不退寺【篇】 宗③ 1245
ふだいし 扶台掌 官① 1311
ふだいだ 譜代大名 官③ 1672
― 政④ 250
ふたいて 不退転法輪寺 宗③ 1245
ふたいと ふたいとこをば(族姑) 人① 257
ふだいな 譜代並 官③ 1674
ふだいも 譜代者 政③ 621
ふたいろ 二色毯代 器② 44
ふだうち 札打 宗③ 108
ふたえお 二重織物 産② 24
ふたえも ふたえもの 服 530
ふたおき 蓋置 遊 747
―扱法 遊 510
ふたおり 二折連歌 文① 958
ふたかた 二方郡 地② 422
ふたかた 二方国造 地② 418
ふたがみ 二上神 神④ 993
ふたご 孿 礼① 480
ふたごこ 二心 人① 688
ふださし 札差 産② 671
― 産② 408
ふたさや 二鞘之家 居 933
ふたさや 二鞘刀 兵 1398
ふだじ 補陀寺 宗④ 1011
ふだしゅ 簡衆 官② 828
ふたたび 二度飯 飲 368
ぶだち 武剣 兵 1356
ふたつえ 二つえり(衣紋) 服 217
ふたつお 二ッ尾銅山 金 144
ふたつひ 二引両 姓 546
― 姓 527
ふたつほ 二宝字銀 泉 212
ふたての 二手の犬追物 武 597
ふたとこ 二所籐弓 兵 1647
ふたなし 二名洲 地③ 1346
ふたなぬ 二七日 礼② 1480
ふたなり ふたなり(舟) 器② 637
ふたなり ふたなり(二形) 人① 617
ふたなり 二成豆 植② 255
ぶたねず ぶたねずみ(隠鼠) 動 233
ふたの 二布 服 1514
ふたばあ 二葉葵 植① 1205

	—	神	②	1806
ふたはし	二柱鳥居	神	①	584
	—図	神	①	585
ふたま	二間	居		602
	—清涼殿	居		119
ふたまか	ふたまかみ(杜蘅)	植	①	1203
ふたまた	二俣小舟	器	②	619
ふたまた	双岐竹	植	①	677
ふたまの	二間社	神	①	459
ふたみが	二見浦	地	③	1320
	—	神	①	652
ふたみの	二見郷	地	①	455
ふたむね	二棟御所	居		301
ふたむね	二棟造	居		525
ふたむね	二棟廊	居		566
ふたもじ	ふたもじ(韮)	植	①	1039
ふだやま	札山	地	③	719
ふたよの	二夜の月	歳		1311
ふだらく	補陀洛山神宮寺	宗	④	727
ふたらさ	二荒山	地	③	825
ふたりし	二人静(及已)	植	①	1188
ふたん	布毯	器	②	46
ふだんき	不断経	宗	①	332
ふだんざ	不断桜	植	①	297
ふだんそ	ふだんさう(唐苣)	植	②	37
ふだんね	不断念仏	宗	①	377
ふち	淵	地	③	1142
ふち	扶持【併入】	封		427
	放—【併入】	法	①	827
	隠居—	政	③	853
ぶちうま	駁馬	動		102
ふちえぼ	縁烏帽子	服		1194
ふちかた	扶持方奉行	官	②	1447
ふちがみ	淵上流(射術)	武		133
ふちぎょ	不知行所領	法	①	836
ふちごお	敷智郡	地	①	578
ふちだか	縁高(折)	器	①	293
ふちだか	縁高(折敷)	器	①	156
ふちまか	扶持賄			
	中間—	官	③	983
	小人—	官	③	987
ふちめし	扶持召放【併入】	法	②	646
ふちゃり	普茶料理	飲		131
ふちゅう	不忠【併入】	人	①	1056
ふちゅう	府中(上野)	地	②	9
ふちゅう	府中(安芸)	地	②	654
ふちゅう	府中(対馬)	地	②	1259
ふちゅう	府中(長門)	地	②	711
ふちゅう	府中(武蔵)	地	①	819
ふちゅう	府中(常陸)	地	①	1103
ふちゅう	府中(越前)	地	②	232
ふちゅう	府中(駿河)	地	①	609
ふちゅう	府中城主	地	①	704
ふちゅう	府中藩(対馬)	地	②	1262
ふちゅう	府中藩(長門)	地	②	715
ふちゅう	府中藩(常陸)	地	①	1144
ふちょう	封丁	封		12
ふちょう	符牒(商家)	産	②	388
ふちょう	譜牒【篇】	姓		365
ふちょで	府儲田【併入】	政	②	429
	—	政	②	423
ふちらで	縁螺鈿鞍	兵		1963
ぶつ	仏			
	「ほとけ仏」を見よ			
ふつうろ	不通路	政	③	553
ぶっか	物化	人	①	646
ぶっか	物価	産	②	360
ぶつが	仏画	文	③	892
ぶっかく	仏閣			
	「じいん寺院」を見よ			
ふっかん	復貫	政	②	39
ふっかん	覆勘			
	御書所—	官	②	338
	内御書所—	官	②	342
ぶつがん	仏龕	宗	③	84
ふづき	ふづき(七月)	歳		23
ぶっき	仏器	宗	②	1079
ぶっきょ	仏教			
	—総載【篇】	宗	①	1
	百済伝—	外		191
	朝鮮僧来朝弘—	宗	②	529
	支那僧来朝弘—	宗	②	531
	太上天皇信—而出家	帝		861
	皇后信—而出家	帝		904
	儒教—相混	文	②	812
	—徒与耶蘇教徒宗論	宗	④	1148
	神祇護仏法	神	②	1349
ぶつぐ	仏具	宗	②	1079
ふづくえ	書案【篇】	文	③	1439
ぶつげし	仏牙舎利	宗	①	248
ぶつげん	仏眼法	宗	②	297
ぶっこ	物故	人	①	646

ぶつご　仏語
　以―為苗字　姓　327
　以―為人名　姓　653
ふっこう　複講(僧職)　宗 ②　937
ぶっこう　仏光寺【篇】　宗 ③　467
ぶっこう　仏光寺派　宗 ①　933
　―階級衣体次第書　宗 ①　918
　―寺院数　宗 ③　14
ぶっこう　仏甲草　植 ②　88
ぶつごじ　仏護寺【篇】　宗 ④　910
ぶっさい　仏祭【篇】　礼 ②　1359
ぶっさき　ぶつさき羽織　服　680
ぶっし　仏師【併入】　宗 ①　211
　―図　宗 ①　220
　―叙僧位　宗 ②　798
　―善絵画　文 ③　874
　―彫刻小忌模様　服　141
ぶつじ　仏寺　宗 ③　2
　「じいん寺院」も見よ
ぶつじ　仏事
　為奠都修―　地 ①　135
　神告―　神 ①　273
　大嘗祭禁忌―　神 ①　1171
　為神社修―　神 ②　1348
　神職修―　神 ②　1601
　―行啓　帝　783
　依―廃務　政 ①　205
　依供―叙位　政 ①　1049
　天皇喪中遇―　礼 ②　555
　詣墓所而修―　礼 ②　1145
　―著狩衣　服　486
　―用鏡　器 ①　366
　諸国の神社に於て仏事を修せし事は神祇部各神社篇に在り。今之を略す
ぶっしき　仏式拝　礼 ①　27
ぶつじぶ　仏事奉行　官 ②　809
ぶっしゃ　仏舎　宗 ③　82
ぶっしゃ　仏舎利
　「しゃり舎利」を見よ
ぶっしゃ　仏舎利会　宗 ②　116
ぶつじょ　仏助　兵　610
ぶっしょ　仏生会　歳　1129
ぶっしょ　仏性斗　称　93
ぶっしょ　仏餉升　称　94
ぶっしん　仏心宗　宗 ①　700
ぶつぜん　仏前の鞠　遊　1102
ぶっそう　仏葬　礼 ②　63
ぶつぞう　仏像【篇】　宗 ①　137
　以―為神体　神 ①　213
　以―為神体　神 ②　1348
　廃棄神社―　神 ②　1698
　縫物―　帝　907
　蔵舎利於―中　宗 ①　246
　―開帳　宗 ③　341
　黒戸之内安置―　礼 ②　442
　以―為墓標　礼 ②　1195
ぶっそう　仏桑花　植 ①　527
ぶっそく　仏足石　宗 ③　1254
ぶっだ　仏陀　宗 ①　64
　「ほとけ仏」も見よ
ぶったい　仏体　宗 ①　138
　「ぶつぞう仏像」も見よ
ぶつだん　仏壇　宗 ③　80
ぶつだん　仏壇構　宗 ③　36
ぶつだん　仏壇床　居　1070
ぶっつう　仏通寺【篇】　宗 ④　913
ふつつか　不束(律文用語)　法 ②　79
ぶつでん　仏殿　宗 ③　80
ぶつなん　仏南寺【篇】　宗 ④　869
ぶつにち　仏日庵　宗 ④　291
ふつぬし　経津主神　神 ①　30
　祀―於香取神宮　神 ④　512
　祀―於香取神宮　神 ④　539
　祀―於貫前神社　神 ④　770
　祀―於塩竈神社　神 ④　885
　祀伊波比主命於大原野神社　神 ③　1556
　祀伊波比主命於吉田神社　神 ③　1590
　祀伊波比主命於春日神社　神 ④　32
　祀伊波比主命於枚岡神社　神 ④　219
ふつのみ　布都御魂剣　神 ④　25
ぶっぽう　仏法
　「ぶっきょ仏教」を見よ
ぶっぽう　仏法双六　遊　25
ぶっぽう　仏法僧鳥　動　846
ぶつみょ　仏名会　宗 ②　153
ぶつみょ　仏名経　宗 ②　153
ぶつめん　仏面竹　植 ①　691
ぶつりゅ　仏立宗　宗 ①　523
ふつろう　仏狼機(大砲)　武　959

ふで	筆【篇】	文	③	1271
ふてい	不悌【併入】	人	①	1117
ふてい	婦弟	人	①	189
ふでおや	筆親(鉄漿始)	礼	①	625
ふでくさ	筆草	文	③	1288
ふでし	筆師	文	③	1300
	—図	文	③	1301
	弾左衛門支配—	政	③	883
ふでたけ	ふでたけ(蘑菰蕈)	植	②	827
ふでたて	筆筒【併入】	文	③	1313
ふでづか	筆塚	礼	②	1127
ふでゆい	筆結	文	③	1299
ふと	浮図(塔)	宗	③	90
ふと	浮屠	宗	①	64
	「そう僧」も見よ			
ぶと	餢飳	飲		603
	神饌用—	神	②	1169
ふとい	莞	植	①	960
ふといの	太井渡	地	③	463
ふとう	布答(小弓)	遊		181
ふどう	不道	法	①	14
ぶとう	舞踏	礼	①	33
	帯弓箭人不—	礼	①	30
	諒闇中不—	礼	②	542
ぶどう	葡萄	植	②	348
ふどうい	不動院【篇】	宗	④	907
ふどうこ	不動穀	政	②	1074
ふどうご	不動護摩	宗	②	362
ぶどうし	葡萄酒	飲		706
ぶどうせ	葡萄石	金		345
ふとうぜ	浮逃絶貫	政	②	40
ふどうそ	不動倉	政	②	1073
	開—充大粮	封		223
ふどうな	不動縄	産	①	320
ぶどうの	葡萄下襲	服		351
ふどうの	不動の呪	宗	②	358
ふどうほ	不動法	宗	②	291
ふどうみ	不動明王	宗	①	107
	不動尊供養	帝		1173
	目黒不動	宗	④	448
	成田不動	宗	④	523
ふとおび	太帯	服		817
ふどき	風土記	地	①	104
ふとぎぬ	ふとぎぬ(絁)	産	②	191
ぶとくた	武徳太平楽	楽	①	320
ぶとくで	武徳殿	居		144
	天皇幸—覧駒牽	武		445
	天皇幸—覧騎射	武		466
	於—前行相撲	武		1026
	於—行競馬	武		813
ぶとくも	武徳門	居		231
ぶとくら	武徳楽	楽	①	365
ふところ	懐硯	文	③	1324
ふとだま	太玉串	神	②	1087
ふとだま	太玉命	帝		49
	祀—於安房神社	神	④	506
ふとどき	不届(律文用語)	法	②	79
ふとに	太煮	飲		214
ふとのり	太詔戸社	神	②	471
ふとばし	太箸	器	①	98
ふとぶえ	太笛【篇】	楽	②	853
ふとまに	太占【篇】	神	②	1259
ふとむぎ	大麦	植	①	835
ふともの	太物			
	「おりもの織物」を見よ			
ふともの	太物問屋	産	②	407
ふとり	太織	産	②	194
ふとろご	太櫓郡	地	②	1294
ふとん	蒲団	器	②	195
ふな	鮒	動		1266
	吉高—	産	①	419
ぶな	橅	植	①	202
ふなあし	船足	器	②	583
ふなあそ	舟遊	器	②	632
ふないく	舟師	兵		1155
ふないご	船井郡	地	②	385
ふないは	府内藩	地	②	1039
ふなうた	船歌	器	②	743
ふなえ	柰	植	①	358
ふなおさ	船長	官	①	77
ふながく	船楽	楽	①	8
	—奏万歳楽	楽	①	403
	—奏放鷹楽	楽	①	469
	—奏蘇芳菲	楽	①	471
ふなかざ	舟飾	器	②	608
ふなかん	船管絃	神	④	1143
ふなき	船木	器	②	614
ふなきの	船木荘	地	①	1203
ふなぐら	船庫	居		798
ふなくら	ふなくらべ(競渡)	遊		1187
ふなこ	舟子	器	②	726
ふなし	船師	器	②	727
ふなじる	鮒汁	飲		173
ふなじる	船印	器	②	721

	—	兵		1215
ふなしろ	船代【併入】	神	①	225
ふなしろ	船代祭	神	③	201
ふなすえ	船居(船瀬)	地	③	554
ふなずし	鮒鮓	飲		956
ふなせ	船瀬	地	③	553
ふなせく	船瀬功徳田	地	③	559
ふなぜん	船禅頂	神	④	876
ふなぞこ	船底	器	②	579
ふなぞな	船備	兵		1195
ふなぞろ	舟揃	兵		1215
ふなだい	船大工	器	②	614
ふなだい	船大将	兵		1183
ふなだい	船大将衆	官	③	1247
ふなだな	ふなだな(舷)	器	②	580
ふなだま	船霊	神	①	77
ふなちん	船賃	器	②	738
	渡—	地	③	393
	運送—	政	④	1404
ふなつ	船津	地	③	486
ふなづか	船官	官	①	116
ふなつり	船津流(槍術)	武		71
ふなて	船手	官	③	1247
	大坂—	官	③	1326
ふなてか	船手水主	官	③	1249
ふなてが	船手頭【篇】	官	③	1246
ふなてた	船手大将	官	②	1448
ふなどこ	舟笭	器	②	579
ふなどし	道祖親王	帝		1386
ふなどの	ふなどのかみ(岐神)	神	①	54
ぶなのき	ぶなのき石	金		350
ふなばし	舟橋	地	③	100
	宮川—	地	③	251
	神通川—	地	③	343
	「うきはし浮橋」も見よ			
ふなばし	舟橋家	姓		440
	—明経道	文	②	745
ふなばし	舟橋駅	地	①	1072
ふなばた	ふなばた(舷)	器	②	580
ふなぶぎ	船奉行	兵		1184
	鎌倉幕府—	官	②	801
	織田氏—	官	②	1418
	豊臣氏—	官	②	1448
	徳川氏—	官	③	1247
ふなべつ	船別銭	政	④	499
ふなまん	船饅頭	人	②	915
ふなもと	舟本弥七郎	外		1135
ふなもり	船盛(海老)	飲		269
ふなやか	船屋形	器	②	708
ふなやく	船役	政	④	498
	—	器	②	591
ふなやど	船宿	器	②	733
ふなやど	船宿預	法	②	522
ふなやま	ふなやまひ(苦船)	方		1523
ふなゆさ	船遊山	器	②	632
ふなよそ	ふなよそひ(艤)	器	②	739
ふなわた	船渡	地	③	358
ふなわた	船渡請負人	地	③	384
ふなわら	ふなわら(白薇)	植	②	458
ふなわら	ふなわら(徐長卿)	植	②	457
ふなん	扶南(楽曲)	楽	①	429
ふにん	赴任	政	①	1296
	大宰府官人—	官	②	412
	大宰府官人不—	官	②	418
	国司不—	官	②	552
ぶにん	補任【篇】	政	①	861
	神職—	神	②	1540
	社僧—	神	②	1661
	帳内資人—	封		353
	僧職—	宗	②	833
	僧職—	宗	②	865
	「にんかん任官」も見よ			
ぶにんく	補任下文	政	③	62
ぶにんじ	補任状	政	①	872
ぶにんち	補任帳	政	①	763
	—	政	①	969
ぶにんみ	補任御教書	政	③	45
ふね	舟【篇】	器	②	573
	為伐新羅造—	外		130
	朱印—	外		1151
	網の筌	産	①	394
	橋附手当船	地	③	150
	渡船	地	③	386
	異国船	外		18
	奉書船	外		22
	遣唐使船	外		853
	兵船【附】	兵		1239
	漁船	産	①	419
	鯨船	産	①	434
	貿易船	産	②	744
	行水船	居		676
	主船司【篇】	官	①	929
	地震時乗船	地	③	1401
	船積	政	④	1405

船中射法　武　107
船上飾鏡　器①　363
ふね　船(棺)　礼②　363
ふね　槽(祭祀具)　神②　1238
ふねあら　舟改墨印衆　官③　605
ふねのお　船首墓誌　礼②　1159
ふねのの　ふねののめ(⿰糸加)　器②　714
ふねのふ　船史　姓　164
ふねのり　舟乗始　歳　902
ふのうじ　不能自存者　政②　80
ふのやき　麩焼　飲　663
ふのり　海蘿　植②　921
ふはく　布帛
以一為幣　神②　1061
贈遺一　人②　465
ふはくお　布帛帯　服　807
ふばこ　笈　文③　1395
ふばこ　文箱【篇】　文③　1426
ぶばん　分判　泉　206
ふひ　腐婢　植②　249
ふび　不備(書翰語)　文①　436
ふびと　史　姓　67
一　姓　125
ふびとべ　史部　官①　79
ふびょう　ふびやう(風病)　方　1472
ふびらい　忽必烈　外　894
ふふ　封符　政①　337
ぶぶ　武舞　楽①　51
一　楽①　324
ふふき　蕗　植②　732
ふぶき　雪吹　天　216
ふぶぎょ　賦奉行
鎌倉幕府一　官②　790
足利氏一　官②　1191
ふふしご　鳳至郡　地②　291
ぶぶしょ　武部省　官①　898
ふぶてん　布武天下(織田信長印文)　政③　307
ふふどり　ふふどり(布穀鳥)　動　878
ふべつぶ　賦別奉行　官②　1190
ふへんの　不返遠流　法①　800
ふぼ　父母
年始訪一　歳　748
太上天皇観一　帝　728
不孝子及僧尼不得一遺産　政②　124
対一罪　法①　14
告訴一　法①　581
以一為訴訟証人　法①　1057
天皇為一服　礼②　477
為一服　礼②　583
為一服　礼②　737
七歳以下者遭一喪服假之事　礼②　627
職事官遇一喪解官　礼②　663
以儒礼祭一近親　礼②　1339
復一讐　人②　512
百済新羅俗雖一死永不自看　外　163
「ちち父」「はは母」も見よ
ふぼくわ　夫木和歌抄　文②　360
ふほほて　ふほほてぐさ(飛廉)　植②　760
ぶまい　夫米　政④　551
ふまき　ふまき(帙)　文③　532
ぶまし　歩増(銭)　泉　107
ふみ　ふみ(書翰)　文①　364
ふみ　ふみ(書籍)　文③　318
ふみあわ　文合　文①　262
ふみいた　踏板(車)　器②　764
ふみうす　踏碓　産①　295
ふみえ　踏絵　宗④　1222
ふみくら　ふみくら(文庫)　居　794
ふみくる　踏車　産①　270
ふみくわ　鋳鍬　産①　228
ふみずし　文厨子　文③　1416
ふみづか　文塚　礼②　1127
ふみづき　七月　歳　23
ふみづく　書案【篇】　文③　1439
ふみで　筆　文③　1272
ふみどの　文殿　居　103
太政官一　官①　390
外記一　官①　401
院一　官①　1223
摂関大臣家一　官①　1280
一庭中　法①　991
於一聴訟　法①　1100
ふみどの　文殿役　官①　479
ふみのお　書首　官①　79
ふみのた　ふみのたより(書信)　文①　364
ふみのつ　ふみのつかさ(図書寮)　官①　766
ふみばこ　ふみばこ(笈)　文③　1395
ふみばこ　ふみばこ(笥)　文③　1396
ふみはじ　書始　文③　253

ふみびつ　書櫃【篇】　文 ③ 1393
ふみぶく　書囊【附】　文 ③ 1435
ふみべ　文部　神 ② 728
ふみやの　ふみやのつかさ(大学寮)　文 ② 1056
「だいがく大学寮」も見よ
ふみやの　文室綿麻呂　人 ② 721
ふみやわ　ふみやわらは(文屋童)　文 ② 1065
ふむすき　銛　産 ① 217
ふめいご　不明御門　居 397
ふもうふ　鳬毛筆　文 ③ 1278
ふもつ　負物　政 ④ 645
親不負子―子負親―　政 ④ 670
ふもと　麓　地 ③ 707
ふもん　普門　宗 ① 749
―為南禅寺開山　宗 ③ 657
ふもんい　普門院　宗 ④ 450
ふもんじ　普門寺　宗 ③ 960
ぶやく　夫役　政 ④ 546
ふゆ　冬　歳 109
―霧　天 167
―霜　天 177
―雷鳴　天 288
ふゆう　蜉蝣　動 1183
ふゆおび　冬帯　服 823
ふゆぎ　冬葱　植 ① 1030
ふゆげ　氄毛　動 8
ふゆげふ　冬毛筆　文 ③ 1276
ふゆざん　冬山椒　植 ① 442
ふゆそで　不輸租田　政 ② 282
ふゆづた　ふゆづた(常春藤)　植 ② 395
ふゆもも　冬桃　植 ① 338
ふよ　不予　方 1135
―廃朝賀　歳 415
―停小朝拝　歳 444
―停九月九日節会　歳 1325
ふよ　扶余　外 170
ふよう　芙蓉(蓮)　植 ② 138
ふよう　木芙蓉　植 ① 525
ふよくど　扶翼童子　宗 ② 1067
ふよげゆ　不与解由状　政 ① 1367
ぶらいか　武礼冠　服 1099
ぶらくい　豊楽院　居 169
―諸堂　居 184
―諸楼　居 192
―諸門　居 260
―豊明節会　神 ② 394
―射礼　武 309
皇后元日御―儀　帝 1127
ぶらくい　豊楽院後堂　居 184
ぶらくで　豊楽殿　居 142
於―行大嘗節会　神 ① 1263
大嘗祭―鋪設　神 ① 1412
即位―　帝 398
―鴟尾　帝 1606
ぶらくで　豊楽殿後房　居 184
ぶらくも　豊楽門　居 261
ふらすこ　ふらすこ　産 ① 615
ふらち　不埒(律文用語)　法 ② 79
ふらちし　不埒質地　政 ④ 744
ふらちし　不埒証文　法 ③ 643
―　政 ④ 643
ぶらぢょ　不落提灯　器 ② 254
ぷらん　ぷらん(大砲)　武 959
ぶらんこ　ぶらんこ(鞦韆)　遊 1179
ふらんす　仏蘭西【篇】　外 1643
―貿易　産 ② 736
ふらんす　仏蘭西語　文 ② 1018
ふらんす　仏蘭西字書　文 ② 1018
ふらんそ　フランソワーザウキヱー　宗 ④ 1105
ぶり　鰤　動 1406
ぶりあみ　鰤網　産 ① 386
ふりうり　振売　産 ② 694
ぶりぎり　ぶり切(料理)　飲 306
ふりしょ　不理訟　法 ① 567
ふりじょ　不理状　法 ① 550
ふりそで　振袖　服 25
ふりつけ　振付師(芝居)　楽 ② 213
ふりつづ　鼗鼓【併入】　楽 ② 1106
―図　楽 ② 1108
玩具―　遊 1256
ぶりって　ブリッテン　外 1373
「いぎりす英吉利」も見よ
ふりはた　振幡　神 ③ 1501
ふりばち　振撥　産 ① 287
ふりふり　ふりふり(はたはたの鰤)　動 1533
ぶりぶり　ぶりぶり　遊 1267
ぶりぶり　布利布利(的)　武 247
ふりょ　俘虜
百済献―　外 192

高麗献— 外 233
「いけどり生虜」「いふ夷俘」
「ふしゅう俘囚」も見よ
ぶりょう 部領使 政 ① 624
ふりわけ 振分髪 人 ① 565
ふるあき 古開神 神 ③ 1396
ふるい 篩 産 ① 309
ふるいぎ 篩絹 産 ② 213
ふるいけ 古池やの句 文 ① 1329
ふるいち 古市郡 地 ① 317
ふるいち 古市寺 宗 ④ 16
ふるいち 古市郷 地 ① 1187
ふるいち 古市高屋墓 礼 ② 1150
ふるいち 旧市高屋丘陵 帝 983
ふるいち 古市邑 地 ① 325
ふるいれ 振入 政 ② 608
ふるうご 古宇郡 地 ② 1295
ふるがさ 古傘買 器 ② 475
ふるがね 古金 産 ② 333
ふるがね 古鉄買 産 ② 418
— 産 ② 580
ふるがね 古鉄商人 産 ② 579
ふるかわ 古川古松軒 人 ② 447
ふるかわ 古河三喜 方 779
ふるき 黒貂 動 254
ふるぎい 古著市 産 ② 616
ふるぎか 古著買 産 ② 580
ふるぎど 古著問屋規約 服 1516
ふるきの 貂裘 服 8
ふるぎや 古著屋 服 1514
— 産 ② 578
ふるきよ ふるきよね(陳廩米) 植 ① 820
ふるこう 古甲(甲州金) 泉 273
ふるたし 古田重勝 遊 612
ふるたり 古田流(鉄砲) 武 908
ふるて 古手 服 1514
ふるてや 古手屋 服 1514
— 産 ② 405
ふるどう 古道具屋 産 ② 405
— 産 ② 580
ふるのた 布留高橋 地 ③ 234
ふるのや 布留社 神 ④ 23
「いそのか石上神宮」も見よ
ふるひら 古平郡 地 ② 1295
ふるまい ふるまひ 礼 ① 228
「きょうお饗応」も見よ
ふるまい ふるまひ(挙動) 人 ① 953
ふるまい ふるまひ(進退) 礼 ① 131
ふるみた 布留御魂神社 神 ④ 23
「いそのか石上神宮」も見よ
ふるもち ふるもちのゐ(豕) 動 223
ふるやな 古柳(歌曲名) 楽 ① 75
ふるわん 古椀買 器 ① 47
ふれ 触れ(前行司) 武 1186
ふれおり 触折紙 政 ③ 140
ふれじょ 触状 政 ③ 139
ふれだい 触大鼓(相撲) 武 1170
ぶれつて 武烈天皇 帝 7
—即位 帝 288
—山陵 帝 983
ふれなが 触流(能楽) 楽 ① 927
ふれべつ 振別郡 地 ② 1302
ふろ 風呂 居 668
塩— 地 ③ 1135
ふろ 風呂(賤民) 政 ③ 917
ふろ 風炉 器 ① 708
茶湯— 遊 658
煎茶— 遊 797
土— 産 ① 729
ふろあが 風呂上りの茶湯 遊 423
ふろうち 浮浪帳 政 ② 750
ふろうに 浮浪人 政 ② 66
—蠲免 政 ② 991
「ろうにん浪人」も見よ
ふろうに 浮浪人帳 政 ② 233
ふろうも 不老門 居 262
ふろうも 不老門内南堂 居 185
ふろさき 風炉先屏風 遊 572
ふろさき 風炉先窓 遊 564
ふろしき 風呂敷 器 ① 631
大丸屋為広告配賦
— 人 ② 614
ふろどの 風炉殿 居 669
ふろのち 風炉の茶 遊 423
ふろのな 風炉の名残 遊 423
ふろふき 風呂吹 居 705
ふろや 風呂屋 産 ② 405
「ゆや湯屋」も見よ
ふろや 風鑪屋 居 680
ふわけ 腑分 方 960
ふわごお 不破郡 地 ① 1255
ふわのえ 不破駅 地 ① 1240
ふわのせ 不破関 地 ③ 602
ぶん 文

	和—【篇】	文	①	189
	漢—【篇】	文	①	273
	対策—	文	③	91
	碑—	礼	②	1158
	哀悼—【篇】	礼	②	1517
	謡曲—	楽	①	780
	田楽謡—	楽	①	690
	浄瑠璃—	楽	②	312
ぶん	聞			
	論奏画—字	政	①	406
	奏弾画—字	政	①	413
	衛府擬舎人奏画—字	政	①	425
ぶんあん	文安	歳		240
ぶんい	文位	官	③	1778
	兼—勲位者考課	政	①	1215
ぶんいん	分韻	文	②	639
ぶんえい	文永	歳		222
ぶんえい	文永役	外		336
	—	外		897
ぶんおう	文応	歳		221
ふんか	噴火	地	③	858
ぶんか	文化	歳		266
ぶんかい	文会	文	①	348
ぶんかい	文会書庫記	文	③	386
ぶんがく	文学(親王家)	官	①	1264
ぶんかし	文華秀麗集	文	②	560
ぶんがっ	文学校	文	②	1283
ぶんかん	文官	官	①	209
	—	官	①	8
	—位記	官	③	1873
	—馬料	封		232
	—選	政	①	1227
ぶんかん	文観(僧)	人	②	625
ぶんかん	文館詞林	文	③	423
ぶんき	文亀	歳		245
ぶんきゅ	文久	歳		270
ぶんきゅ	文久永宝	泉		36
ぶんきゅ	文久銭	泉		36
ぶんきん	文金銀	泉		236
ぶんきん	文金風髪	人	①	532
	—図	人	①	527
ぶんけ	分家	政	②	107
	—	政	③	729
ふんけい	刎刑	法	①	697
	「ざんざい斬罪」も見よ			
ぶんけん	分絹	政	④	180
ぶんこ	文匣【篇】	文	③	1419
ぶんこ	文庫	文	③	368
	—	居		793
	東福寺—	宗	③	957
	足利—	文	②	1108
ぶんこう	文匣【篇】	文	③	1419
	—	器	①	684
ぶんこう	聞香【篇】	遊		299
ぶんこう	聞香書	遊		370
ぶんごだ	豊後代官	官	③	1479
ぶんこつ	分骨	礼	②	221
ぶんこつ	分骨所	帝		1028
	—	礼	②	1119
ぶんごの	豊後国【篇】	地	②	1010
	—土蜘蛛	人	②	740
ぶんごの	豊後国図田帳	政	②	478
ぶんごの	豊後国高田名知行坪付	政	③	1165
ぶんごの	豊後国高田名坪付	政	④	178
ぶんごの	豊後国天平九年正税帳	政	②	680
ぶんごば	豊後橋	地	③	222
ぶんごふ	豊後富士	地	③	880
ぶんごぶ	豊後節	楽	②	287
ふんごみ	踏込	服		775
ふんごみ	踏込袴	服		771
ぶんさい	豊西郡	地	②	709
ふんさつ	焚殺	法	①	752
	—	法	①	412
ぶんざっ	分雑穀	政	④	171
ぶんさん	分散	政	④	655
ふんし	刎死	人	①	650
ぶんし	分子	文	③	597
ぶんじ	ぶんじ(穢多)	政	③	876
ぶんじ	文治	歳		209
ぶんじき	文字金銀	泉		236
ぶんじし	分地子	政	④	374
ぶんじせ	文字銭	泉		28
ぶんしち	文七元結	器	①	485
ふんしつ	紛失方	官	②	1145
ぶんしゃ	文車	器	②	832
ぶんしゅ	文集	文	①	311
ぶんしゅ	文集屏風	器	①	921
ぶんしょ	文正	歳		243
ぶんしょ	文昌星	天		94
ぶんしろ	ぶんしろ(小鯉)	動		1259
ぶんしん	文申(文明八年丙申)	歳		333

ぶんしん	文身	人	①	310
ぶんじん	文人	文	②	598
	—	文	②	608
ぶんじん	文人画	文	③	842
ふんずく	粉熟	飲		607
ぶんせい	文政	歳		266
ぶんせい	文政金	泉		243
	—	泉		326
	—図	泉		427
	—吹立高	泉		379
	—品位	泉		386
ぶんせい	文政銀	泉		243
	—	泉		326
	—図	泉		427
	—吹方手続	泉		350
	—鋳造料	泉		368
ぶんせき	分拆(戸籍)	政	②	24
ぶんせき	文籍	文	③	318
ぶんせん	文銭	泉		25
ぶんせん	分銭	政	④	171
ぶんせん	文宣王	文	②	1449
ぶんたい	文体			
	和文—	文	①	194
	評和文—	文	①	264
	漢文—	文	①	278
	評漢文—	文	①	333
ぶんだい	文台【篇】	文	③	1452
	歌会用—	文	②	118
	以隅田川埋木造—	地	③	293
ぶんだん	文談	文	③	193
ぶんち	分知	政	②	107
	—	政	③	729
ぶんちゅ	文中	歳		232
ぶんちょ	文鳥	動		899
ぶんちん	文鎮【併入】	文	③	1482
ぶんつけ	分附百姓	産	①	193
ふんで	筆	文	③	1272
ぶんてつ	分鉄	政	④	180
ふんどう	分銅(金銀)	泉		261
ふんどう	分銅(権衡具)	称		125
	—	官	③	575
ぶんどう	ぶんどう(緑豆)	植	②	253
ふんどう	分銅改	官	③	576
ぶんとう	豊東郡	地	②	709
ふんどし	ふんどし	服		1504
ぶんどり	分取高名(軍功)	兵		873
ふんのつ	書司(女官)	官	①	1124
ふんのつ	書司(和琴)	楽	②	569
ぶんはん	文範			
	漢文—	文	①	305
	書簡—	文	①	371
ぶんばん	分番	政	①	1214
ぶんひつ	文櫃	文	③	1394
ぶんぶ	文舞	楽	①	51
ぶんぶが	文武学校	文	②	1281
ぶんぶか	文武館(八幡藩)	文	②	1281
ぶんぶか	文武館(加納藩)	文	②	1281
ぶんぶか	文武館(吉田藩)	文	②	1289
ぶんぶか	文武館(松江藩)	文	②	1286
ぶんぶか	文武館(高知藩)	文	②	1289
ぶんぶし	文武舎	文	②	1281
ぶんぶし	文武所	文	②	1281
ぶんぶじ	文武場	文	②	1288
ぶんべん	分娩			
	「しゅっさ出産」を見よ			
ぶんべん	分娩術	方		871
ふんぼ	墳墓	礼	②	1069
	「はか墓」も見よ			
ぶんぼ	分母	文	③	597
ぶんぽう	文保	歳		227
ぶんぽう	分封(大名)	官	③	1750
ぶんぽう	文保記	礼	②	885
ぶんぼち	蚊母鳥	動		673
ふんぼど	墳墓堂	礼	②	1219
ふんぽん	粉本	文	③	956
ぶんまい	分米	政	④	166
ぶんまわ	ぶんまはし(規)	産	①	557
ぶんめい	文明	歳		243
ぶんめい	文明館	文	②	1286
ぶんめい	文命堤	政	④	1032
ぶんもみ	分籾	政	④	170
ぶんやぶ	文弥節	楽	②	266
ぶんゆう	文雄			
	—著磨光韻鏡	文	①	52
	—通唐音	文	②	987
ふんゆの	枌楡社	神	①	511
ぶんりゃ	文暦	歳		217
ぶんりん	文林(茶入)	遊		703
ぶんれい	文礼館(刈谷藩)	文	②	1279
ぶんれい	文礼館(長島藩)	文	②	1279
ぶんろく	文禄	歳		248
ぶんろく	文禄検地	政	④	46
ぶんろく	文禄通宝	泉		22
ぶんろく	文禄之役	外		387

ぶんわ	文和	歳		235

へ

へ	辺(海)	地	③	1264
へ	屁	人	①	437
へ	瓮	器	①	174
へ	舳	器	②	576
へ	綜	産	②	36
へい	屏	居		876
	城郭—	兵		1084
	徳川柳営—	居		348
へい	椑	礼	②	114
へい	幣			
	「へいはく幣帛」を見よ			
へいあん	平安京	地	①	184
へいあん	平安城	帝		1619
へいあん	平安神宮	神	④	1712
へいあん	平安墨	文	③	1371
へいあん	平安内裏	居		19
へいいっ	平一揆	兵		426
べいえん	米塩勘文	政	②	1032
へいか	陛下	帝		172
へいがく	兵学	兵		19
へいかん	平関白(平清盛)	帝		1614
へいき	兵器			
	—通載【篇】	兵		1269
	為糞都移—	地	①	136
	以—為幣	神	②	1079
	造兵司造—	官	①	924
	軽太子穴穂王子各造—	帝		1385
	軍器輸入	産	②	762
	舞楽武器	楽	①	659
	私売武具于朝鮮罪	産	②	753
へいぎょ	平魚(鯛)	動		1369
へいきん	平巾冠	服		1111
へいぐし	幣串	神	②	1093
へいけが	平家蟹	動		1600
へいけび	平家琵琶	楽	①	726
へいけも	平家物語	楽	①	727
	—作者	楽	①	716
	語平家	楽	①	718
	勧進平家	宗	③	335
へいけん	平絹	産	②	208
へいげん	平間寺【篇】	宗	④	447
へいけん	平絹唐衣	服		915
へいけん	平絹直衣	服		310
へいごお	平郡	地	①	1011
へいごお	閉伊郡	地	②	129
へいざえ	平左衛門湯	地	③	1054
べいさつ	米札(紙幣代)	泉		433
へいさる	へいさるばさる	動		11
	「さくとう鮓答」も見よ			
へいし	平氏	姓		294
	—	姓		213
	—氏神	神	①	670
	—氏神	神	①	689
	—繁栄	人	②	564
	—都落	帝		662
へいし	兵士	兵		208
	—	政	②	20
	京職—	官	②	379
	軍団—	政	②	1100
	軍団—	兵		1025
	寺院—	兵		303
	醍醐寺宿直—	宗	③	1046
	鎮兵【篇】	兵		275
	僧兵【篇】	兵		283
	女兵【篇】	兵		312
	練兵【篇】	兵		471
へいじ	平治	歳		204
へいじ	瓶子	器	①	210
	貴人把—	礼	①	257
	舞楽用—	楽	①	669
へいじも	へいぢもん(屏中門)	居		845
べいじゅ	陪従	官	①	1379
	賀茂臨時祭—	神	③	1101
べいじゅ	陪従神楽	楽	①	199
へいじゅ	屏重門	居		845
へいじゅ	平十郎結(帯)	服		1069
へいしゅ	平出(書式)	帝		1126
へいじゅ	平準署【篇】	官	②	353
へいじゅ	平準令	官	②	354
へいしょ	兵書	兵		23
	水軍—	兵		1177
	講—	兵		37
へいじょ	平壌	外		426
へいじょ	兵仗	兵		1270
	—宣下	官	③	1
	「ぎじょう儀仗」も見よ			

へいしょ 平章館 文 ② 1285
へいじょ 平城宮 居 18
へいしょ 屛障具【篇】 器 ① 729
へいじょ 平城獄 法 ① 483
へいしょ 平章事 官 ① 445
へいせい 兵政官 官 ① 898
へいぜい 平城天皇 帝 16
—諱 姓 601
—諡 帝 919
—称奈良天皇 帝 940
—山陵 帝 990
—国忌 礼 ② 1268
へいせん 兵船【附】 兵 1239
— 官 ② 419
「ぐんかん軍艦」も見よ
へいせん 平泉寺 宗 ④ 776
「ちゅうそ中尊寺」も見よ
へいそつ 兵卒【篇】 兵 207
「へいし兵士」も見よ
へいだい 屛代 器 ① 758
へいだい 幣台 神 ② 1095
へいたん 餅餤 飲 602
へいでん 幣殿 神 ① 479
へいとう へいたう(乞食) 政 ③ 921
へいとう 平頭抄出(書式) 帝 1126
へいとう 平頭病(詩) 文 ② 525
へいない 平内 姓 659
へいにん 平人
穢多偽称— 政 ③ 888
—為非人 政 ③ 900
非人復— 政 ③ 901
乞食復— 政 ③ 946
—著直垂 服 570
「へいみん平民」も見よ
べいねん 米年(算賀) 礼 ① 1458
べいのう 米納 政 ④ 268
べいのが 米之賀 礼 ① 1367
へいのけ 丙穢 神 ② 781
へいはく 幣帛【篇】 神 ② 1057
—図 神 ② 1100
大嘗祭神宝— 神 ① 1652
八十島祭— 神 ① 1663
祈年祭— 神 ② 21
祈年穀— 神 ② 103
月次祭— 神 ② 145
新嘗祭— 神 ② 431
相嘗祭— 神 ② 471
鎮火祭— 神 ② 545
鎮花祭— 神 ② 550
道饗祭— 神 ② 554
大神宮神嘗祭— 神 ③ 469
大神宮祈年祭— 神 ③ 494
大神宮神衣祭— 神 ③ 521
大神宮月次祭— 神 ③ 557
大神宮臨時奉幣— 神 ③ 579
王臣以下不得供—
於大神宮 神 ③ 673
奉山陵— 帝 1053
以楯為— 兵 2083
相撲方屋祭— 武 1171
大神宮幣帛殿 神 ③ 20
朔幣【併入】 神 ② 1051
大神宮私幣【併入】 神 ③ 673
へいばの 兵馬正 官 ① 923
へいばの 兵馬少令史 官 ① 923
へいばの 兵馬佑 官 ① 923
へいばの 兵馬大令史 官 ① 923
へいばの 兵馬司【篇】 官 ① 923
へいはつ 蔽髪 器 ① 471
へいばん 平蛮楽 楽 ① 419
へいふく 平伏 礼 ① 83
—図 礼 ① 89
低頭磬屈—之別 礼 ① 145
へいふく 平服 服 688
以直垂為— 服 552
著—出仕 服 616
へいほう 兵法【篇】 兵 1
へいほう 兵法家 兵 14
へいほう 兵部尚書 官 ① 900
へいほく 平北郡 地 ① 1011
へいまん 屛幔 器 ① 756
へいみん 平民 政 ② 140
— 政 ② 68
—婚嫁 礼 ① 1253
—藩立学校入学 文 ② 1262
「へいにん平人」も見よ
へいもつ 幣物
「へいはく幣帛」を見よ
へいもん 閉門 法 ① 326
— 法 ① 957
徳川氏—【篇】 法 ② 549
役儀召放之上小普
請入— 法 ② 644
へいらい 平礼烏帽子 服 1202

へいらせ　へいら銭　泉　125
へいらん　兵乱
　依一改元　歳　277
　依一無小朝拝　歳　447
　一時踏歌節会　歳　1028
　討乱而踐祚　帝　284
　依乱御幸　帝　756
へいりゃ　兵略
　「ぐんりゃ軍略」を見よ
へいりん　平林寺【篇】　宗 ④　470
へいろ　平露(瑞木)　植 ①　74
へお　鱍(鷹具)　遊　1022
べかぐる　べか車　器 ②　862
べかこ　べかこ　遊　1214
べかぶね　べか舟　器 ②　623
へぎ　片木　器 ①　157
べき　冪(算術)　文 ③　592
へきが　壁画　文 ③　962
へきしょ　壁書　政 ③　171
　石川丈山凹凸窠一　遊　806
　芭蕉庵一　文 ①　1390
　茶人一　遊　638
へきちゅ　壁中門　居　845
へきちょ　碧鳥　動　897
へきてい　碧蹄館戦　外　444
へきまさ　日置正次　武　134
へきりゅ　日置流(射術)　武　124
へきれき　霹靂　天　292
へきれき　霹靂神祭　神 ②　613
へきれき　霹靂木　天　302
べくさか　可盃　器 ①　245
へくそか　へくそかづら(草)　植 ②　679
へぐりご　平群郡(大和)　地 ①　280
へぐりご　平群郡(安房)　地 ①　1011
へぐりの　平群真鳥　人 ②　637
へざ　戸座
　神祇官一　官 ①　345
　斎宮寮一　神 ③　811
へしたが　へしたがね(平鑽)　産 ①　694
ぺすと　ぺすと(百斯杜)　方　1427
へそ　臍　人 ①　423
　「ほぞ臍」も見よ
へそ　巻子　産 ②　38
へそがち　臍が茶をわかす　人 ①　731
へた　へた(海辺)　地 ③　1264
へた　下手　遊　112
へちかん　丿貫(茶人)　遊　611
へちかん　丿観流　遊　598
へちま　糸瓜　植 ②　639
へちまの　糸瓜皮　器 ①　545
へつい　竈　居　652
へついの　竈神　神 ①　894
　「かまどが竈神」も見よ
べついん　別院　宗 ③　212
べっか　別火(神葬)　礼 ②　46
べっかく　別格官幣社　神 ④　1714
へつぎど　戸次道雪　人 ①　1161
べつぎも　別儀目録　人 ②　474
べっきゅ　別給　封　293
べつぎょ　別業　政 ②　468
　一　帝　629
べつぐう　別宮
　大神宮一　神 ③　87
　祇園一　神 ③　1476
べつくだ　別下文　政 ③　70
べっけ　別家　政 ③　730
　雇人一証文　産 ②　714
べっこ　別戸　政 ②　50
べっこう　別功　政 ①　1033
べっこう　別貢　政 ②　942
べっこう　鼈甲　動　1597
べつごう　別号　姓　735
べっこう　鼈甲簪　器 ①　433
べっこう　鼈甲櫛　器 ①　398
べっこう　鼈甲笄　器 ①　423
べっこう　鼈甲漬　飲　1034
べつこさ　別小作　政 ④　744
べっしき　別式　法 ①　93
べっしど　別子銅山　金　148
べつじゅ　別巡給　封　293
べっしょ　別墅　帝　615
べつしょ　別装束　楽 ①　647
べっそ　別祖　人 ①　121
べっそう　別荘　居　464
　賜忍岡一於林信勝　文 ②　1129
べっそく　別足(料理)　飲　249
べっそく　韈足　服　1462
べったい　別隊組　官 ③　1629
べっちょ　別勅　政 ①　246
　一才伎長上季禄　封　154
べっちょ　別勅生　文 ②　896
べっちょ　別勅長禁　法 ①　490
べっちょ　別勅封　封　60
へっつい　竈　居　654

べってぐ　別手組　官 ③ 1628
べっとう　別当　官 ① 217
斎院—　神 ③ 1236
女御—　帝 1236
三位方侍所—　帝 1236
勅—　帝 1446
法親王—　帝 1483
後院—　帝 1623
太政官文殿—　官 ① 477
官厨家—　官 ① 477
侍従厨—　官 ① 716
内蔵寮—　官 ① 789
雅楽—　官 ① 846
内教坊—　官 ① 852
大歌所—　官 ① 856
楽所—　官 ① 858
木工寮—　官 ① 1012
正親司—　官 ① 1059
内膳—　官 ① 1068
内膳御厨—　官 ① 1069
内膳司贄殿—　官 ① 1070
御厨子所—　官 ① 1074
進物所—　官 ① 1077
酒殿—　官 ① 1086
御匣殿—　官 ① 1148
女官厨—　官 ① 1158
院—　官 ① 1210
院御服所—　官 ① 1229
院御厩—　官 ① 1230
女院—　官 ① 1245
後院—　官 ① 1249
親王家—　官 ① 1268
親王摂関大臣家政所—　官 ① 1273
摂関大臣家文殿—　官 ① 1280
摂関大臣家蔵人所—　官 ① 1282
摂関大臣家侍所—　官 ① 1285
摂関大臣家厩—　官 ① 1290
摂関大臣家随身所—　官 ① 1291
摂関大臣家贄殿—　官 ① 1294
馬寮—　官 ① 1535
検非違使—　官 ② 107
蔵人所—　官 ② 207
内竪所—　官 ② 329
御書所—　官 ② 338
一本御書所—　官 ② 341
内御書所—　官 ② 342
作物所—　官 ② 343
穀倉院—　官 ② 349
修理職—　官 ② 359
修理左右坊城使—　官 ② 363
鎌倉幕府政所—　官 ② 706
鎌倉幕府公文所—　官 ② 706
鎌倉幕府侍所—　官 ② 762
鎌倉幕府小侍所—　官 ② 770
功課—　政 ① 1267
荘—　政 ② 561
典薬—　方 664
施薬院—　方 670
撰和歌所—　文 ② 277
大学—　文 ② 1063
勧学院—　文 ② 1295
学館院—　文 ② 1308
淳和院—　文 ② 1309
奨学院—　文 ② 1310
神社—　神 ② 1620
寺院—　宗 ② 941
盲人—　人 ② 949
庄屋—　官 ③ 1546
相撲—　武 1077
遊君—　人 ② 917
べっとう　別当宣　官 ② 145
べっとう　別当代
神社—　神 ② 1623
寺院—　宗 ② 946
べつのう　別納所　官 ① 1229
べつのう　別納租　政 ② 609
べっぷ　別府　地 ② 1034
べつぼう　別房(戸)　政 ② 47
へつほつ　ノ乀　文 ① 4
べつみょ　別名　姓 594
べつもん　別紋　姓 502
べつやく　別役　政 ④ 409
へつらう　へつらふ(諂諛)　人 ② 668
へどつく　へどつく(嘔吐)　方 1198
へなだり　へなだり(甲香)　動 1620
へなだり　へなだり(長螺)　動 1656
へなつち　へなつち　金 369
へなも　へなも(疱瘡)　方 1386
べに　紅粉　器 ① 503
中陰婦人不付紅　礼 ② 712
べにえ　紅絵　文 ③ 860

べにさし	べにさし指	人	①	482
べにずき	紅頭巾	服		1249
べにすげ	紅菅	植	①	959
べにすず	紅雀	動		752
べにたけ	紅茸	植	②	822
べにのは	紅花	植	②	752
べにのは	紅藍花	器	①	505
へぬきご	部貫郡	地	②	129
へのこ	へのこ(陰核)	人	①	443
へのふだ	へのふだ(籍帳)	政	②	7
へび	蛇	動		1018
	以一為神使	神	②	1854
	以一皮張三線胴	楽	②	815
	蛙一合戦	動		1075
	烏賊墨解一毒	動		1558
	舞楽具一	楽	①	669
	麦藁細工一	植	①	860
へびいち	蛇いちご	植	②	98
へびおと	蛇男	動		1033
へびがみ	蛇神	動		1033
へびくい	蛇喰八兵衛	動		1034
へびたけ	蛇茸	植	②	839
へびのぼ	へびのぼらず(木)	植	①	657
へふんだ	へふむた(戸籍)	政	②	6
べべかや	べべ榧	植	①	136
へまき	へまき(鷹具韝)	遊		1022
へみ	椐	植	①	662
へみゆみ	へみ弓	兵		1630
へや	部屋	居		641
へやご	部屋子	政	③	530
へやさか	部屋盃(婚礼)	礼	①	1048
へやしゅ	部屋衆	官	②	1248
へやずみ	部屋住	政	③	695
へら	篦	礼	①	373
へらがた	篦刀	礼	①	375
へらさぎ	篦鷺	動		618
へらのき	へらの木	植	①	235
へらま	倍羅麼(鳥)	動		503
へりくだ	へりくだる(謙)	人	①	1220
へりぬり	縁塗烏帽子	服		1193
ぺりぺり	ぺりぺり病	方		1468
へりまい	減米	政	④	328
べるぎー	白耳義【篇】	外		1705
ぺるしあ	波斯【併入】	外		1122
	一国語	文	②	1049
ぺるり	ぺるり	外		1729
べん	弁			
	太政官一	官	①	402
	太政官一	官	①	461
	一補任	官	①	506
	酒殿一	官	①	1086
	記録所一	官	②	315
	摂関家一	官	①	1274
	一官兼勘解由使	官	②	94
	一官口宣	政	①	293
	一官符	政	①	356
	一官牒少納言式	政	①	472
	一官著軾時不把笏	服		1283
べんあ	弁阿	宗	①	682
	一創善導寺	宗	④	1071
へんえん	辺遠	地	①	55
べんえん	弁円	宗	①	747
	一入宋受禅	宗	②	488
	一為承天寺開山	宗	④	1057
へんか	返歌	文	①	713
	不一	文	①	723
べんがら	べんがら(赤土)	金		371
べんがら	弁柄縞	産	②	177
べんがら	べんがら紬	産	②	247
べんかん	弁官	官	①	461
	「べん弁」も見よ			
べんかん	弁韓	外		80
べんかん	冕冠	服		160
べんかん	弁官政	政	①	72
べんかん	弁官曹司	官	①	387
べんかん	弁官庁	官	①	386
へんき	偏諱			
	賜一	姓		640
	賜一	官	③	1729
	「おんいち御一字」も見よ			
べんぎじ	便宜所	居		644
へんきょ	返挙	政	②	891
べんけい	弁慶	兵		290
べんけい	弁慶縞	産	②	27
べんけい	弁慶草	植	②	85
べんけい	弁慶土俵	政	④	1138
べんけい	弁慶枠(堤防具)	政	④	1059
へんこ	編戸	人	②	754
	一	政	②	16
	一	政	②	52
へんさい	辺塞	政	②	1001
べんざい	弁才天	宗	①	121
	一	神	①	88
へんざん	徧衫	宗	②	1182

へんし	変死	人	①	650
べんし	便使	政	①	590
へんしに	変死人			
	—検使	法	②	881
	—埋葬制度	礼	②	9
べんしゅ	便習音	文	①	140
へんしゅ	編首奴婢	政	②	146
へんしょ	返抄			
	国使受—	政	①	638
	調庸進納畢而給—	政	②	775
へんじょ	変生	人	①	618
へんじょ	変蒸	方		1510
べんしょ	弁正(僧)	宗	②	459
べんしょ	弁償			
	負債—	政	②	912
	過怠—	法	①	838
へんしょ	変暑州(楽曲)	楽	①	502
べんしん	弁辰	外		80
へんせい	貶姓	姓		268
へんせき	編石(方磬)	楽	②	1137
べんそう	便奏	政	①	412
べんだい	弁代	官	①	467
へんたく	貶謫	法	①	342
へんち	返地	政	③	1278
へんちく	へんちく(斑竹)	植	①	700
へんちく	萹蓄	植	②	29
べんちく	便竹	官	③	921
へんつぎ	偏つぎ	遊		1219
へんてつ	編綴	服		648
へんとう	籩豆	文	②	1341
べんとう	弁当	器	①	295
べんどく	便毒	方		1285
	—治療	方		820
へんぬり	へんぬり烏帽子	服		1193
へんのう	片脳	植	①	260
べんのさ	弁侍	地	③	172
へんぱ	偏頗	法	①	813
	—	人	②	26
へんばい	反閉	方		65
へんはく	扁柏	植	①	115
へんび	反鼻(楽器)【併入】	楽	②	1154
へんびこ	遍鼻胡徳楽	楽	①	582
へんひょ	変表州(楽曲)	楽	①	502
べんぷく	俛伏	礼	①	53
べんぷく	冕服	服		156
へんぼう	偏旁(文字)	文	①	2
へんみり	逸見流(射術)	武		126
へんもく	篇目	政	③	164
べんもん	便門	居		849
へんよう	辺要国	地	①	55
	辺要墾田	政	②	345
	辺要開墾	政	③	1218
	辺要賑給	政	②	1059
へんらく	反楽胡徳(楽曲)	楽	①	475
へんるー	へんるうだ(芸香)	植	②	329
	—	植	①	605
へんれい	返礼	帝		1125

ほ

ほ	帆	器	②	703
ほ	保	官	②	384
ほ	穂			
	稲—	植	①	798
	粟—	植	①	872
ほ	穂(鑓)	兵		1504
ほあか	頬赤鳥	動		765
ほあかり	火明命	神	④	1719
ほあしば	帆足万里塾	文	②	1326
ほい	布衣	服		465
	—の御幸始	帝		730
	以—為祭服	服		148
ほい	布衣(武家格式)	官	③	68
	比—於六位	服		478
ほいごお	宝飯郡	地	①	551
ほいぜん	陪禅	宗	①	794
ほいとう	ほいたう(乞食)	政	③	921
ほいのか	布衣冠	服		207
ほいのは	布衣袴	服		762
ほいろう	焙籠	器	①	323
ほう	法(算術)	文	③	592
ほう	保	地	①	97
	—	地	①	152
ほう	袍【篇】	服		233
	—文図	姓		575
	親王元服之時著用御—	礼	①	776
	冬期葬送之時著夏—	礼	②	1064
	舞楽用—	楽	①	652
	下襲之色随—色	服		364

婦人用—【併入】 服 931
ぼう 坊 官 ① 194
内教—【篇】 官 ① 851
春宮—【篇】 官 ① 1165
ぼう 坊(条坊) 地 ① 150
ぼう 坊(東宮) 帝 1308
ぼう 房(戸口) 政 ② 43
ぼう 房(居宅) 居 155
ぼう 堋 武 225
楊弓— 遊 202
ぼう 棒(刑具) 法 ① 123
ぼう 棒(座禅) 宗 ① 806
ぼう 牓(門) 居 195
ぼう 謀 法 ① 3
ほうあん 保安 歳 198
ほうい 方位 天 15
「ほうがく方角」も見よ
ほうい 布衣 服 465
ほういは 布衣始 服 486
— 帝 838
ほういみ 方忌(葬礼) 礼 ② 145
ほういん 法印 宗 ② 775
社僧叙— 神 ② 1687
医師叙— 方 735
ほういん 縫印 政 ③ 299
— 政 ① 559
ぼういん 坊印 官 ① 1167
ほういん 法印大和尚位 宗 ② 775
ぼうう 暴雨 天 184
ほうえ 法会【篇】 宗 ② 1
依—赦宥 法 ① 961
依—赦宥 法 ③ 373
国分寺— 宗 ③ 164
鎮花— 宗 ③ 747
算賀行— 礼 ① 1398
—行道楽 楽 ① 50
—行道奏鳥向楽或
渋河鳥 楽 ① 392
—楽舞 楽 ① 105
—奏東遊 楽 ① 253
—奏安楽塩 楽 ① 394
—奏十天楽或弄槍 楽 ① 396
—奏十天楽 楽 ① 383
—奏頑徐 楽 ① 570
法事施行 政 ④ 923
依法事赦宥 法 ③ 345
ほうえい 宝永 歳 256
ほうえい 宝永銀 泉 323
—品位 泉 387
ほうえい 宝永金銀 泉 212
ほうえい 宝永七年武家諸法度 法 ② 104
ほうえい 豊栄神社 神 ④ 1715
ほうえい 宝永銭 泉 91
ほうえい 宝永通宝 泉 33
ぼうえき 貿易【篇】 産 ② 725
— 産 ② 326
長崎奉行掌外国— 官 ③ 1385
官物— 法 ① 61
新羅— 外 139
渤海— 外 317
朝鮮— 外 725
清国— 外 1031
葡萄牙— 外 1234
西班牙— 外 1248
和蘭— 外 1318
英吉利— 外 1427
露西亜— 外 1456
仏蘭西— 外 1667
独逸— 外 1689
瑞西— 外 1700
白耳義— 外 1706
丁抹— 外 1714
合衆国— 外 1723
ぼうえき 貿易商運上 政 ④ 535
ほうえき 縫腋袍 服 244
ぼうえつ 貌閲 政 ② 17
ほうえん 方円(陣法) 兵 63
ほうえん 保延 歳 200
ぼうえん 防援 法 ① 127
— 法 ① 173
— 法 ① 229
— 法 ① 489
ぼうえん 望遠鏡 器 ② 565
— 方 295
ほうえん 方円座備図 兵 48
ほうえん 法円寺 宗 ④ 833
ほうおう 法王
厩戸皇子—号上宮
聖徳— 帝 857
道鏡為— 人 ② 638
—法臣法参議月料 封 197
ほうおう 法皇 帝 860
依—崩御赦宥 法 ① 521
ほうおう 鳳凰 動 990

ほうおう	法王宮職印	政	①	535
ほうおう	鳳凰山	地	③	794
ほうおう	法皇寺	宗	③	777
ほうおう	鳳凰竹	植	①	695
ほうおう	鳳凰堂	宗	③	1082
ほうおん	報恩【篇】	人	②	483
	荻生徂徠—	文	②	736
	盗賊—	人	②	824
	馬—	動		145
	犬—	動		177
	猫—	動		206
	猿—	動		288
	狐—	動		363
	雀—	動		760
	蜂—	動		1133
	亀—	動		1592
	蟹—	動		1606
ぼうおん	冒蔭	政	①	1010
ほうおん	報恩院【併入】	宗	③	1058
	—	宗	③	1050
ほうおん	報恩会	宗	②	222
ほうおん	報恩講	宗	②	222
ほうおん	報恩寺(江戸)【篇】	宗	④	430
ほうおん	報恩寺(紀伊)【篇】	宗	④	1004
ほうおん	報恩舎利講	宗	②	117
ほうおん	鳳音調	楽	①	27
ほうか	放下	楽	②	1175
ほうか	放火【篇】	法	①	387
	—【併入】	法	①	879
	—【篇】	法	②	779
ほうが	奉加	宗	③	325
	「かんじん勧進」も見よ			
ぼうかい	防火意見	政	③	253
ほうかい	宝戒寺【篇】	宗	④	307
ほうかい	法界寺【篇】	宗	③	1061
	—文庫	文	③	368
ほうかい	方解石	金		281
ほうがく	方角【篇】	天		15
	以側柏枝西向得知—	植	①	119
	葬礼択—	礼	②	141
	以方位為地名	地	①	42
	戦闘択方位	兵		523
	方位吉凶	方		163
ほうがく	法学【篇】	文	②	893
ぼうかく	防閣【併入】	封		361
ほうかし	放下師	楽	②	1165
	—	政	③	883
ぼうかし	防鴨河使	政	②	1113
ほうかそ	放下僧	楽	②	1175
ぼうがた	乏形(楊弓)	遊		202
ほうがち	奉加帳	宗	③	340
ぼうかど	防葛野河使	政	②	1116
ほうかろ	豊稼録	産	①	179
ほうかん	法官	官	①	812
ほうかん	宝冠	服		1094
ほうかん	幇間	人	②	937
ほうがん	判官	官	①	199
	巡察使—	官	②	43
	勘解由使—	官	②	81
	施薬院—	方		670
ほうがん	判官(官職)	官	①	199
	勘解由—	官	②	83
	修理宮城使—	官	②	364
ぼうかん	坊官			
	春宮坊—	官	①	1166
	寺院—	宗	②	1014
ぼうかん	坊官除目	政	①	734
ほうがん	判官代	帝		1189
	院—	官	①	1215
	女院—	官	①	1245
	国司—	官	②	486
	領家—	官	②	489
ほうき	箒	器	①	717
ほうき	宝亀(年号)	歳		167
ほうき	法諱	帝		861
	「ほうみょ法名」も見よ			
ほうぎ	方技	方		650
ぼうき	防葵	植	②	429
ぼうき	傍期	礼	②	392
	—	礼	②	516
ぼうきが	望気学	方		262
ほうきぐ	伯耆組	兵		456
ほうきじ	法起寺【篇】	宗	③	1296
ほうきじ	箒尻	法	③	990
ほうきだ	伯耆代官	官	③	1532
ほうきの	伯耆国【篇】	地	②	447
	後醍醐天皇行幸於—	帝		672
	—銀貨	泉		289
ほうきの	伯岐国造	地	②	450
ほうきぼ	彗星	天		112
	「すいせい彗星」も見よ			
ほうぎょ	崩御	人	①	643

依天皇―斎宮解職　神 ③ 786
先帝―之明年踐祚　帝 271
先帝―後久不踐祚　帝 271
―後譲位　帝 549
―後出家　帝 886
先帝―後為太子　帝 1362
依天皇及法皇―除刑　法 ② 77
依天皇―赦宥　法 ③ 380
天皇―臣下献香奠　礼 ② 316
ほうきょ　方磬【篇】　楽 ② 1136
―図　楽 ② 1138
ほうきょ　豊凶【篇】　歳 1433
―　産 ② 365
見星予知―　天 145
依年―異租法　政 ④ 144
ほうきょ　宝鏡寺【篇】　宗 ③ 518
ほうきょ　宝鏡寺宮　帝 1481
ほうきり　伯耆流(居合)　武 64
ほうぐ　法具
仏家―【篇】　宗 ② 1079
耶蘇教―　宗 ④ 1144
ぼうくん　傍訓　文 ③ 271
ほうけい　宝髻　器 ① 467
―　人 ① 550
ほうけん　封建　封 1
ほうげん　方言　人 ① 832
ほうげん　宝元(逸年号)　歳 345
ほうげん　放言　人 ① 859
ほうげん　法眼　宗 ② 774
社僧叙―　神 ② 1686
―成功員数　政 ① 1044
ほうげん　法験　宗 ② 362
ほうげん　保元　歳 204
ほうげん　法眼和尚位　宗 ② 776
ほうこ　布袴　服 204
ぼうこ　房戸　政 ② 47
ほうこう　法興(逸年号)　歳 354
ほうごう　法号　礼 ② 299
ぼうこう　膀胱　人 ① 495
ぼうごう　坊号(寺院)　宗 ③ 25
ほうこう　法興院【篇】　宗 ③ 394
―八講　礼 ② 1461
ほうこう　法興元(逸年号)　歳 356
ほうこう　方広寺(京都)【篇】　宗 ③ 578
―鐘銘一件　兵 829
―大仏殿鐘　宗 ② 1102
ほうこう　方広寺(遠江)【篇】　宗 ④ 181
ほうこう　放光寺【篇】　宗 ③ 1300
ほうこう　法興寺　宗 ③ 1230
―　宗 ③ 1333
ほうこう　奉公人　政 ③ 621
ほうこと　澎湖島【併入】　地 ② 1398
ほうごろ　鳳五郎鳥　動 982
ほうこん　法金剛院【篇】　宗 ③ 856
ほうさい　報賽　神 ② 895
―献神馬　神 ② 1121
大神宮―　神 ③ 429
大神宮―　神 ③ 623
勝歌合而―　文 ② 23
ほうさい　法斎湯　地 ③ 1054
ほうさつ　炮殺　法 ① 408
ぼうさつ　謀殺　法 ① 404
謀殺朝使　政 ① 607
乞食謀殺人　政 ③ 931
ほうさん　放参(坐禅)　宗 ① 795
ほうし　はうし(拍子)　楽 ② 1145
ほうし　放氏　姓 270
ほうし　奉使【篇】　政 ① 587
蔵人―　官 ② 249
―給上日　政 ① 1121
―蠲免　政 ② 989
「つかい使」も見よ
ほうし　法師　宗 ② 430
千秋万歳―　歳 880
―為相撲　武 1233
「そう僧」も見よ
ほうし　烽子　兵 1152
ほうじ　宝字(天平宝字)　歳 332
ほうじ　法事　宗 ② 6
―　礼 ② 1371
「ほうえ法会」も見よ
ほうじ　宝治　歳 219
ぼうし　帽子【篇】　服 1219
舞楽用―　楽 ① 650
ぼうし　蒙氏　姓 262
ぼうし　鋩子(刀剣)　兵 1309
ぼうじ　牓示　政 ② 513
犬追物―　武 583
ほうしが　法師笠　器 ② 417
ほうしが　鋒矢形(陣法)　兵 63
ほうしか　法し甲　兵 1884
ぼうしか　帽子冑　兵 1884
ほうしき　法式　法 ② 91

ほうじぎ　宝字銀　泉　212
ほうじぎ　保字銀　泉　254
　—吹方手続　泉　353
　—品位　泉　387
ほうしご　法師子稲　植 ①　778
ほうじこ　保字小判　泉　254
　—引換増歩　泉　257
　—引換増歩　泉　328
　—品位　泉　387
ほうじじ　宝慈寺【篇】　宗 ③　559
ほうじし　宝字称徳孝謙皇帝　帝　960
　「こうけん孝謙天皇」も見よ
ほうしだ　法師大名　兵　305
ぼうじつ　望日　歳　61
　—不得決死刑　法 ①　230
ぼうしっ　棒漆喰　居　761
ぼうしつ　亡失罪　法 ①　398
ほうじて　法事伝奏　官 ①　680
ほうして　法師天皇　帝　898
ぼうじま　棒縞　産 ②　27
ほうしま　ほふしまらひとのつかさ(玄蕃寮)　官 ①　862
ほうしむ　法師武者　兵　284
ほうしゃ　蓬沙　金　362
ほうしゃ　宝積寺【篇】　宗 ③　781
ほうじゅ　宝寿(逸年号)　歳　371
ほうじゅ　法寿庵尺　称　32
ほうしゅ　豊州　地 ②　985
　「ぶぜんの豊前国」も見よ
ほうしゅ　豊州　地 ②　1011
　「ぶんごの豊後国」も見よ
ぼうしゅ　防州　地 ②　677
　「すおうの周防国」も見よ
ぼうしゅ　房州　地 ①　1001
　「あわのく安房国」も見よ
ぼうしゅ　傍周　人 ①　110
ほうじゅ　法住寺法華堂　帝　1016
ほうしゅ　法主王　帝　857
ほうじゅ　法准三宮　帝　1527
ほうじゅ　砲術　武　892
　—　官 ③　1215
　西洋—　武　11
ぼうじゅ　棒術【併入】　武　88
ほうじゅ　砲術教授方　官 ③　1635
ほうじゅ　砲術師範役　官 ③　1635
　—　武　896
　講武所—　武　11
ほうしゅ　逢春門　居　267
ほうしょ　法書　文 ③　730
ほうしょ　奉書(文書)【篇】　政 ③　94
　—　法 ①　1082
ほうしょ　報書　帝　807
　尊号—再興　帝　816
ぼうしょ　謀書　法 ①　431
　—　法 ①　903
　—　法 ②　903
ほうしょ　鳳笙　楽 ②　913
ほうじょ　方丈　宗 ③　122
ほうじょ　北条(安房)　地 ①　1014
ほうじょ　奉上(書翰語)　文 ①　461
ほうじょ　放生【附】　宗 ②　224
ほうじょ　法帖　文 ③　735
ぼうしょ　芒消　金　299
ぼうしょ　坊掌　官 ①　1180
　—　官 ①　206
ほうしょ　宝生院　宗 ④　154
ほうじょ　北条氏綱
　—与上杉朝成戦　兵　867
　—与上杉氏戦　兵　525
　—建早雲寺　宗 ④　266
ほうじょ　北条氏直
　—陣伊豆三島　兵　363
　—小田原籠城　兵　581
　—贈家宝於黒田孝高　兵　710
　—蟄居高野山　兵　725
ほうじょ　北条氏長　兵　11
ほうじょ　北条氏政
　—用大石平次兵衛　兵　112
　—与里見義高戦　兵　1149
　—建日本寺　宗 ④　522
　—切腹　兵　725
ほうじょ　北条氏康
　—使国安造鉄砲　武　882
　—与武田信玄戦　兵　647
　—河越夜軍　兵　573
　—河越夜軍　兵　90
　—与上杉謙信講和　兵　711
　—和歌　方　64
ほうじょ　放生会
　依神託修—　神 ①　273
　石清水—【篇】　神 ③　1311
　鶴岡八幡宮—　神 ④　438
　宗像神社—　神 ④　1435

筥崎宮― 神 ④ 1452
宇佐神宮― 神 ④ 1545
ほうしょ ほうしやうぐし 服 1213
ほうじょ 北条郡(伊豆) 地 ① 667
ほうじょ 北条郡(常陸) 地 ① 1121
ほうじょ 北条郡(讃岐) 地 ② 828
ほうしょ 宝荘厳院尚歯会 礼 ① 1478
ほうじょ 北条貞顕
―為六波羅探題 官 ② 861
―為連署 官 ② 695
―為執権 官 ② 688
ほうじょ 北条貞時
―為執権 官 ② 685
―出家 官 ② 695
ほうしょ 法照寺【篇】 宗 ④ 203
ほうじょ 放生司 宗 ② 225
ほうじょ 法成寺【篇】 宗 ③ 397
―総社 神 ① 839
―八講 礼 ② 1462
ほうじょ 法常寺【篇】 宗 ④ 867
ほうじょ 峯定寺【篇】 宗 ③ 736
ほうじょ 北条重時
―為六波羅探題 官 ② 858
―為連署 官 ② 691
―建極楽寺 宗 ④ 323
ほうじょ 北条早雲
―詐講和 兵 720
―二十一箇条 法 ① 686
ほうじょ 北条高時
―為執権 官 ② 686
―遷後醍醐天皇於隠岐国 人 ① 1060
祀―号徳崇権現 神 ① 162
―贈位 官 ① 269
ほうしょ 宝生大夫 楽 ① 931
ほうじょ 北条経時
―為執権 官 ② 683
―建蓮華寺 宗 ④ 328
ほうじょ 北条時房
―為連署 官 ② 691
―為六波羅探題 官 ② 857
ほうじょ 北条時政 官 ② 679
ほうじょ 北条時宗 外 894
―為連署 官 ② 693
―為執権 官 ② 685
―郤元寇 外 894
―建円覚寺 宗 ④ 277
ほうじょ 北条時頼
―為執権 官 ② 683
―倹約 人 ② 63
―廻国修行 法 ① 999
―建最明寺 宗 ④ 263
―建建長寺 宗 ④ 272
―建海晏寺 宗 ④ 456
ほうじょ 北条長時
―為六波羅探題 官 ② 858
―為執権 官 ② 684
―建浄光明寺 宗 ④ 321
ほうじょ 北条熙時
―為連署 官 ② 695
―為執権 官 ② 686
ほうじょ 北条政村
―為連署 官 ② 692
―為執権 官 ② 684
ほうじょ 北条宗宣
―為六波羅探題 官 ② 861
―為連署 官 ② 695
―為執権 官 ② 686
ほうじょ 北条基時
―為六波羅探題 官 ② 861
―為執権 官 ② 686
ほうじょ 北条守時 官 ② 688
ほうじょ 北条師時
―為執権 官 ② 685
―建浄智寺 宗 ④ 295
ほうじょ 北条泰時
承久役―率兵上洛 兵 149
―為六波羅探題 官 ② 857
―為執権 官 ② 682
―建東勝寺 宗 ④ 306
―仁慈 人 ① 1151
―倹約 人 ② 61
―受教於明恵上人 人 ② 237
ほうじょ 北条義時
―為執権 官 ② 681
―建温室 居 702
ほうしょ 宝生流 楽 ① 754
ほうじょ 北条流(兵法) 兵 7
ほうじょ 北条流(剣術) 武 37
ほうしょ 奉書紙 文 ③ 1213
越前―製造図 文 ③ 1214
ほうしょ 奉書船 外 22
ほうしょ 奉書連判 官 ③ 175
ほうしん 報身 宗 ① 69

ぼうしん　傍親　人 ①　110
於遠所亡沒―假日
数半減事　礼 ②　647
―服假　礼 ②　802
僧尼為―不著服　礼 ②　908
ぼうじん　防人司　官 ②　420
ほうしん　法親王　帝　1475
―　帝　1471
―令旨　政 ①　314
―為准三宮　封　338
―為総法務　宗 ②　972
―為輪王寺門主　宗 ④　732
ほうしん　法親王給　封　299
ほうしん　法親王庁下文　政 ①　362
ほうしん　捧心方(医書)　方　1019
ほうず　奉(書翰語)　文 ①　436
ほうず　崩　人 ①　642
「ほうぎょ崩御」も見よ
ぼうす　卯酒　飲　794
ぼうず　坊主　宗 ②　430
「そう僧」も見よ
ぼうず　坊主(職名)【篇】　官 ③　927
二条御殿番―　官 ③　1289
御―著十徳　服　654
御―服装　服　686
ほうすい　烽燧【附】　兵　1144
ぼうずこ　坊主子(小児頭髪)　人 ①　562
ぼうずわ　坊主椀　器 ①　19
ほうせい　法清(逸年号)　歳　341
ぼうせい　冒姓　姓　262
ぼうせい　昴星　天　98
ほうせい　豊生楽　楽 ①　421
ぼうせき　紡績　産 ②　82
ほうせん　方銭(革帯具)　服　805
ほうぜん　宝前　神 ①　473
ほうぜん　放禅　宗 ①　795
ほうぜん　奉膳　官 ①　1061
ぼうせん　防戦(罪名)　法 ①　895
ほうせん　鳳仙花　植 ②　346
ほうせん　奉遷使　神 ③　253
ほうせん　宝泉寺駕籠　器 ②　1019
ぼうそ　謀訴　法 ①　996
ほうそう　法倉　居　801
ほうそう　皰瘡　方　1367
―治療　方　918
依―改元　歳　277
依―出仕遠慮　政 ③　465
ほうぞう　ほうざう(雑煮)　飲　568
ほうぞう　宝蔵　居　802
神社―　神 ①　476
ほうぞう　宝蔵院【併入】　宗 ③　1211
ほうぞう　宝蔵院胤栄　武　72
ほうぞう　宝蔵院流(槍術)　武　71
ほうそう　疱瘡神　神 ①　73
―　神 ①　506
―　方　1392
ほうそう　方相氏　歳　1370
―　礼 ②　350
ほうそう　疱瘡呪　神 ②　926
ほうその　祝園郷　地 ①　243
ほうだい　砲台【併入】　武　972
ぼうだい　傍題
歌―　文 ①　689
俳諧―　文 ①　1297
ほうだい　法大王　帝　857
ぼうたい　謀大逆　法 ①　14
―　法 ①　196
ほうたく　宝鐸　宗 ③　109
ほうだじ　宝陀寺【篇】　宗 ④　1078
ほうだて　桙立(車)　器 ②　760
ほうだて　鋒立(旛)　兵　1732
ぼうだて　方立(棖)　居　851
ほうだの　法太里　地 ②　532
ほうだん　法談　宗 ①　385
ぼうちゅ　旁註　文 ③　271
ぼうちゅ　房中楽　楽 ①　490
ほうちょ　ほほてふ(鳳蝶)　動　1107
ほうちょ　庖丁　器 ①　333
―　産 ①　625
ほうちょ　庖丁(料理)　飲　73
―作法　飲　302
ほうちょ　放鳥　動　529
―　礼 ②　380
ほうちょ　烽長　兵　1151
ぼうちょ　坊長　官 ②　380
ほうちょ　庖丁師　飲　316
ほうちょ　庖丁汁　飲　184
ほうちょ　庖丁人　飲　315
ほうづき　ほうづき(酸醤)　植 ②　533
ほうつち　ほうつち(耞耰)　産 ①　97
ほうてき　鳳笛　楽 ②　862
ほうでん　宝殿　神 ①　468
ぼうど　冒度(関所)　地 ③　680
ほうとう　はうたう(餺飩)　飲　609

ほうとう	宝塔			
	日光東照宮―	神	④	852
	気多神社―	神	④	990
	寺院―	宗	③	91
ほうとう	宝幢	宗	③	116
ほうどう	法堂	宗	③	85
ほうとう	宝幢三昧寺	宗	③	372
ほうとう	宝幢寺【篇】	宗	③	925
ほうとう	宝幢寺奉行	官	②	1213
ほうどう	法道仙人	方		618
ほうとう	放島試	文	③	102
ほうとく	宝徳	歳		241
ほうに	はふに(白粉)	器	①	491
ほうねん	法然			
	「げんくう源空」を見よ			
ほうねん	豊年	歳		1433
	雪者―之瑞	天		211
ほうねん	豊稔			
	祈―	神	②	844
	祈年祭祈―	神	②	3
	祈年穀奉幣祈―	神	②	47
	―賑給	政	②	1050
	「ほうきょ豊凶」も見よ			
ほうねん	法然寺【篇】	宗	④	1017
ほうねん	法然上人行状絵図	宗	③	649
ぼうのつ	坊津	地	③	551
	―	産	②	737
ぼうのて	棒の手	武		88
ぼうはく	磅礴隊	兵		466
ほうはん	芳飯	飲		415
ほうはん	法飯	飲		415
ぼうはん	謀判	法	①	903
	―	法	②	903
ほうびき	宝引	遊		1205
	―	法	③	99
	―	産	②	691
ぼうびき	棒引紋付	法	③	97
	売棒引之紋紙	法	②	487
ほうびち	鳳尾竹	植	①	694
ぼうびや	棒火矢	兵		1694
	―	武		957
ほうひん	白浜(楽曲)	楽	①	606
ぼうふう	防風	植	②	425
	―	方		1078
ぼうふう	暴風	天		265
ぼうふせ	望夫石	地	③	753
ぼうふら	ぼうふら(孑孑)	動		1148
ぼうぶら	ぼうぶら(南瓜)	植	②	628
ほうぶる	はうふる(葬)	礼	②	5
ほうふん	方墳	礼	②	1083
ほうへい	奉幣【篇】	神	②	1021
	祈年穀―【篇】	神	②	45
	大神宮臨時―【篇】	神	③	573
	大神宮祈年穀―【併入】	神	③	496
	将軍年始―	歳		630
	大嘗祭大―	神	①	1025
	大嘗祭由―	神	①	1028
	一代一度大―	神	①	1635
	大神宮月次祭―	神	③	557
	斎王卜定後大神宮―	神	③	684
	平野祭時皇太子親―	神	③	1415
	算賀時三社―	礼	①	1391
	藤原忠平六十賀六十社―	礼	①	1429
	諒闇中―有無之事	礼	②	554
	諸国の神社の奉幣の事は神祇部各神社篇に在り。今之を略す			
ほうへい	砲兵	兵		244
ほうへい	砲兵頭	官	③	1619
ほうへい	砲兵組之頭	官	③	1620
ほうへい	奉幣定	神	②	55
ほうへい	奉幣使	神	②	1026
	大嘗祭―	神	①	1025
	祈年穀―	神	②	91
	大神宮神嘗祭―	神	③	376
	大神宮臨時―	神	③	583
	即位後―	帝		380
	鎌倉将軍家―	官	②	805
	高家勤―	官	③	292
ほうへん	褒貶(詩歌)	文	②	33
ほうべん	放免			
	「ほうめん放免」を見よ			
ほうぼう	魴鮄	動		1457
ほうま	法馬(権衡)	称		125
	―図	称		134
ぼうます	坊升	称		93
ぼうまゆ	棒眉	礼	①	623
	―	礼	①	877
ほうまん	法曼荼羅	宗	①	226
ほうまん	宝満菩薩	神	④	1487

ほうまん	法曼流(山門真言)	宗	①	562
ほうみご	法美郡	地	②	440
ほうみょ	法名	姓		796
	―	礼	②	299
	太上天皇―	帝		861
ほうむ	法務	宗	②	968
	―	宗	②	736
ほうめい	保命酒	飲		708
ほうめん	放免			
	役畢獄囚―儀	法	①	156
	生虜―	兵		842
ほうめん	放免(職名)	官	②	114
	―	法	①	176
	―	神	③	1051
ほうも	袍裳(僧服)	宗	②	1169
ほうもう	法申	政	①	99
ほうもん	法問	宗	①	403
ほうゆう	朋友【篇】	人	②	397
	薦―	人	②	408
	諫友	人	②	277
	復友讐	人	②	545
ほうゆう	封邑	封		3
ほうよう	方向(陣法)	兵		63
ほうよう	放鷹【篇】	遊		937
	禁―	地	③	927
	―行幸	帝		613
	―御幸	帝		749
	鷹匠頭掌―事	官	③	945
ほうよう	放鷹書	遊		950
ほうよう	放鷹装束	遊		981
ほうよう	放鷹司	官	①	930
ほうよう	蜂腰病(詩)	文	②	525
ほうよう	放鷹楽	楽	①	469
ほうらい	蓬萊(饌具)	歳		835
ほうらい	蓬萊園	居		906
ほうらい	蓬萊山	地	③	772
ほうらい	宝来紙	文	③	1191
ほうらい	鳳来寺【篇】	宗	④	178
ほうらい	蓬萊島	動		1016
ほうらい	蓬萊島台	飲		272
ほうらく	法楽	宗	①	335
	水無瀬宮―	神	④	293
ほうらく	法楽歌会	文	②	168
ほうらく	法楽神能	楽	①	892
ほうらく	豊楽焼	産	①	746
ほうらく	法楽連歌	文	①	1124
ぼうらん	ぼうらん(釵子股)	植	①	1174
ぼうり	棒利	政	④	699
ほうりつ	法律	法	①	1
	―	文	②	893
ほうりつ	法律書			
	「せいしょ政書」を見よ			
ほうりゃ	方略	文	③	61
ほうりゃ	方略宣旨	文	③	84
ほうりゅ	宝竜寺	宗	③	1277
ほうりゅ	法隆寺(大和)【篇】	宗	③	1277
	―鎮守神	神	①	801
ほうりゅ	法隆寺(羽前)【併入】	宗	④	783
ほうりゅ	法隆寺(近江)	宗	④	668
ほうりん	法琳寺【篇】	宗	③	1016
	―修大元帥法	宗	②	264
ほうりん	法輪寺(山城)【篇】	宗	③	930
ほうりん	法輪寺(泉涌寺)	宗	③	565
ぼうりん	謀綸旨	法	①	903
ほうりん	法輪寺橋	地	③	214
ぼうる	ぼうる(菓子)	飲		656
ぼうれい	坊令	官	②	380
ほうれい	法令綿	産	②	109
ほうれき	宝暦	歳		261
ほうれき	宝暦十一年武家諸法度	法	②	107
ほうれき	宝暦暦	方		340
ほうれん	鳳輦	器	②	933
ほうれん	はうれんさう(菠薐草)	植	②	38
ほうろう	法臘	宗	②	608
ほうろう	崩漏	方		1505
	―治療	方		869
ほうろく	封禄	封		1
	凶年減服御及―	歳		1479
	致仕者―	政	①	1449
	検非違使俸禄	官	②	181
	蔵人俸禄	官	②	267
	幕府楽人俸禄	楽	①	620
	朝廷楽人俸禄	楽	①	635
ほうろく	炮碌	器	①	321
	茶湯用―	遊		773
ほうろく	土鍋師	政	③	883
ほうろく	ほうろく頭巾	服		1248
ほうろく	炮烙調練	武		48
ほうろく	炮烙筒	武		945
ほうろく	炮礫火矢	武		957
ほうろく	炮烙焼	飲		237
ぼえん	募縁【篇】	宗	③	325

	寺社募縁於朝鮮	外		788
	「かんじん勧進」も見よ			
ほお	頬	人	①	330
ほおあて	頬当	兵		1887
ほおあて	頬当頭巾	服		1242
ほおがし	ほほがしは(厚朴)	植	①	245
ほおかぶ	頬冠	器	①	645
ほおきど	法吉鳥	動		814
ほおごお	宝飫郡	地	①	550
ほおじろ	頬白(鳥)	動		906
ほおずき	ほほづき(酸醬)	植	②	533
ほおずき	酸漿提灯	器	②	250
ほおすけ	緌	服		1137
ほおつき	ほほつき(顔)	人	①	324
ほおのき	ほほの木(厚朴)	植	①	245
ほおぼね	頬骨	人	①	333
ほかい	行器	器	①	281
ほかいび	ほかひびと(乞食)	政	③	919
ほかけぶ	帆懸船	器	②	690
ぼぎ	母儀			
	非帝一賜院号	帝		1198
	可為一者賜院号	帝		1210
	非后位非一而賜院号	帝		1202
ほぎうた	ほぎ歌	楽	①	142
ほきしゅ	簠簋袖夷伝	方		24
ほきない	簠簋内伝	方		416
ほぐ	反故	文	③	1220
	一紙写経	宗	①	281
ぼく	僕(自称)	人	①	7
ほくえつ	北越	地	②	224
ほくえん	北円堂	宗	③	1190
	一	宗	③	1177
ほくさい	北祭	神	③	1008
	一	神	③	1100
ぼくさい	牧宰	官	②	450
ほくさい	北斎流(絵画)	文	③	854
ほくざん	北山抄	文	②	907
ぼくしゃ	僕射(大臣)	官	①	404
ほくしゅ	北首	礼	②	95
ぼくしょ	朴消	金		298
ぼくじょ	卜定			
	大嘗祭国郡一	神	①	952
	大嘗祭在京斎場一	神	①	1053
	神今食祭職員一	神	②	195
	新嘗祭国郡一	神	②	222
	斎宮一	神	③	683
	斎院一	神	③	1172
ぼくじょ	牧場	地	③	964
	「まき牧」も見よ			
ぼくじょ	墨帖	文	③	734
ほくしん	北辰星	天		92
	祭北辰	宗	②	205
	斎月間不得奉燈北辰	神	③	728
ぼくぜい	卜筮	方		467
ほくそ	ほくそ(火屑)	器	②	295
ほくそう	北宗画	文	③	842
ほくそえ	ほくそ笑	人	①	731
ほくそず	ほくそ頭巾	服		1256
ほくち	ほくち(火屑)	器	②	295
ほくちば	火口箱	器	②	290
ぼくちょ	墨勅	政	①	247
ほくてい	北亭子(楽曲)	楽	①	358
ほくてい	北庭楽	楽	①	358
ぼくてん	墨点(訓点)	文	③	296
ほくでん	北殿門	居		258
ぼくでん	卜伝流(剣術)	武		27
ほくと	北斗	天		94
	拝一	帝		1394
	拝一属星	歳		376
ほくどう	北堂	文	②	1057
ぼくとう	木刀	兵		1393
	一	武		59
ぼくとう	幞頭	服		1093
	一	服		1124
ほくどう	北堂得業生	文	③	75
ほくとし	北斗七星	方		34
ほくとし	北斗七星法	宗	②	321
ほくとほ	北斗法	産	①	173
ほくとま	北斗曼荼羅	宗	①	241
ぼくば	牧馬(琵琶)	楽	②	752
ぼくほん	墨本	文	③	734
ほくめん	北面(院司)	官	①	1234
	院中置上下一	帝		832
	一著狩衣	服		478
ほくめん	北面外大門	居		262
ほくめん	北面外門	居		258
ほくゆう	北遊祭	方		40
ほくら	正殿	神	①	465
ほくら	秀倉	神	①	502
ほくら	宝倉	神	①	478
ほくら	神庫	神	①	474
	一	居		799

	石上神宮—	神	④	28
ほくり	ほくり(春蘭)	植	①	1161
ぼくり	木履	服		1420
ほくれい	北嶺	地	③	803
ほくろ	黒子	方		1262
ほくろく	北陸道	地	③	56
	—	地	①	68
ほくろく	北陸道総職	官	②	1430
ほくわ	北倭	地	①	22
ぼけ	木瓜	植	①	364
ほげい	捕鯨【併入】	産	①	429
	—	政	④	486
ほけきょ	法華経	宗	①	256
	—	宗	①	531
	—	宗	②	73
	—部領使	政	①	625
	読誦—	宗	①	324
	埋—於地下	礼	②	1088
ほけきょ	法華経寺【篇】	宗	④	511
ほげた	帆竿	器	②	706
ほけんだ	保検断奉行	官	②	797
ほこ	矛【篇】	兵		1493
	高千穂峯之—	地	③	852
	以—為神体	神	①	196
	大嘗祭神桙	神	①	1430
	祇園祭桙	神	③	1497
	競馬用桙	武		815
	近衛陣鉾	帝		404
	舞楽用鉾	楽	①	661
ほこ	弰(弓)	兵		1551
ほこ	鉾(神楽)	楽	①	158
ほこ	保辜	法	①	424
ほごしょ	布護将軍	官	①	910
ほこたち	棖	居		850
ほことり	ほことり(弄槍)	楽	②	1168
ほことり	桙取	兵		231
ほこぼし	戈星	天		143
ぼこまる	母子丸(名刀)	兵		1402
ほこら	小祠	神	①	506
ほこら	秀倉	神	①	503
	—図	神	①	504
ほこらづ	秀倉造	神	①	503
ほこりだ	ほこりだけ(馬勃)	植	②	832
ほこる	傲	人	②	630
ほさ	輔佐【併入】	官	③	168
ぼさい	墓祭	礼	②	1128
ほさかの	穂坂牧	地	③	964
ほさかの	穂坂渠(甲斐)	政	④	1188
ぼさつ	菩薩	宗	①	83
	立山大—	地	③	839
ぼさつ	菩薩(米)	植	①	812
	—	産	①	14
ぼさつ	菩薩(神号)	神	①	156
	—	神	②	1348
ぼさつ	菩薩(楽曲)	楽	①	384
	—装束	楽	①	648
ぼさつい	菩薩石	金		281
ぼさつか	菩薩戒	宗	②	611
	—	宗	②	670
ぼさつご	菩薩号	宗	②	814
	私称—	宗	②	816
ぼさん	墓参	礼	②	1135
ほし	星【篇】	天		85
	月犯—	天		69
	—供	宗	②	322
ほし	星(冑)	兵		1872
ほし	保子	官	②	629
ぼし	墓誌	礼	②	1157
ぼじ	母字(仮名)	文	①	14
ほしあわ	干鮑			
	神饌用—	動		1682
	貿易—	外		1059
ほしい	糒	飲		477
	裹—裀中	帝		1295
ほしいい	乾飯【篇】	飲		476
ほしいお	乾魚	飲		920
ほしいぐ	糒倉	居		790
ほしうお	乾魚	飲		920
ほしうお	鮑魚	動		1247
ほしうど	乾温飩	飲		498
ほしか	干鰯	産	①	121
	—	動		1420
ほしか	乾香	飲		922
ほしかな	干鰯仲間定書	産	②	401
ほしくさ	ほしくさ(穀精草)	植	①	988
ほしさけ	乾鮭	飲		921
ほじし	脯	飲		915
ほしだい	干鯛	動		1376
ほしつき	星つきの馬	動		102
ほしづき	星月夜井	地	③	1013
ほしどり	乾鳥	飲		919
ほしなじ	干菜汁	飲		180
ほしなと	星名党	兵		448
ほしなの	保科宿	地	①	1358

ほしなま 保科正之
一学神道 神 ② 1423
一禁火葬 礼 ② 199
葬一以神葬 礼 ② 50
ほしにく 乾肉【篇】 飲 915
ほしにし 干鯡 産 ① 123
ほしのう 星歌 楽 ① 154
ほしのか 星神 神 ① 30
ほしのく 星の階 官 ① 404
ほしぼと 星仏 宗 ① 102
ほしまだ ほしまだら(⿰牜平牛) 動 43
ほしゃ 輔車 人 ① 334
ぼしょ 墓所 礼 ② 1070
ほしょう 歩障 器 ① 824
一 礼 ② 354
一 服 883
ほしょう 保証
新附戸取一 政 ② 34
負債一 政 ② 934
ほじるし 帆印 器 ② 724
ほじんど 輔仁堂 文 ② 1289
ほずえ 末枝 植 ① 6
ぼせん 母銭 泉 141
ほそ 疐 植 ① 22
ほぞ 臍 人 ① 423
雷取一 天 302
ほそいと 細井知慎 帝 1084
一篆刻 文 ③ 1144
細井広沢善書 文 ③ 705
細井広沢長測量術 文 ③ 638
ほそいと 細井知名 帝 1084
ぼそう 墓相【併入】 方 589
ほそえぼ 細烏帽子 服 1187
ほそおび 細帯 服 1023
ほそかわ 細川氏
一為管領 官 ② 1079
細川家犬追物 武 686
ほそかわ 細川勝元
一為管領 官 ② 1092
一建竜安寺 宗 ③ 835
ほそかわ 細川重賢
一建時習館 文 ② 1195
一勧農 政 ④ 970
一倹約 人 ② 79
ほそかわ 細川忠興
一再興宇佐神宮行幸会 神 ④ 1550
一売相伝家宝而救飢民 遊 777
一諫前田利家 人 ② 277
一茶道 遊 597
ほそかわ 細川忠興妻 兵 794
ほそかわ 細川党 兵 450
ほそかわ 細川幽斎
一訓誡家臣 人 ② 156
細川藤孝善和歌 文 ① 855
ほそかわ 細川頼之
一為執事 官 ② 1088
一定法誡足利義満近習 人 ② 152
一選足利義満師傅 人 ② 409
ほそかわ 細川流(有職) 文 ② 919
ほそぎ ほそぎ(蔓椒) 植 ① 441
ほそきく 細櫛 器 ① 391
ほそく 捕捉 法 ① 63
ほそくず ほそくづ(櫛) 器 ② 295
ほそくみ ほそくみ(半夏) 植 ① 969
ほそじま 細島港 地 ③ 587
ほそしり 細鞦 兵 2033
ほそずき 細頭巾 服 1247
ほそだち 細剣 兵 1336
ほそたに 細谷川 地 ② 614
一 地 ③ 1157
ほぞち 熟瓜 植 ② 599
ほぞちえ 熟瓜会 植 ② 603
ほそづく 細作 飲 212
ほそつし 歩卒衆 官 ③ 1129
ほそつの 歩卒の六具 兵 1294
ほそつみ 細屯綿 産 ② 98
ほそどの 細殿 居 564
ほそなが 細長【篇】 服 507
ほそぬき 細貫筵 器 ② 14
ほぞのお 臍緒
截一 礼 ① 372
以練糸結一 礼 ① 377
ほそばし 細橋 地 ③ 113
ほそみづ 細身造剣 兵 1337
ほそめ 海帯 植 ② 882
ほそもの ほそもの(索麵) 飲 504
ほそり ほそり(小唄) 楽 ② 384
ほそろく 保曾路久勢利(楽曲) 楽 ① 576
ほそわた 小腸 人 ① 495
ほだ ほだ(囚禁具) 法 ③ 203
ほだ 榾 器 ② 334

ぼだい	母代	帝		1486
ぼだい	菩提(印度僧)	宗	②	558
ぼだいい	菩提院流	宗	①	350
ぼだいこ	菩提講	宗	②	114
ぼだいさ	菩提山寺	宗	③	1247
ぼだいじ	菩提寺(大和)	宗	③	1348
ぼだいじ	菩提寺(岩代)【篇】	宗	④	761
ぼだいじ	菩提寺(美濃)【篇】	宗	④	677
ぼだいじ	菩提樹	植	①	233
	—	宗	③	625
ぼだいじ	菩提樹院【篇】	宗	③	705
ぼだいじ	菩提樹院陵	帝		1016
ぼだいじ	菩提樹下楽	楽	①	509
ぼだいし	菩提所	宗	③	56
ほだせ	ほだせ(囚禁具)	法	③	201
ほたてが	帆立貝	動		1640
ぼたもち	牡丹餅	飲		556
	—	歳		1365
ほたる	螢	動		1079
ほたるが	螢合戦	動		1084
ほたろ	保田紹	産	②	189
ほだわら	ほだわら(海藻)	植	②	892
ぼたん	牡丹	植	②	163
ぼたんづ	ぼたんづる(女萎)	植	②	186
ぼたんに	ぼたんにんじん(防葵)	植	②	429
ぼち	墓地	礼	②	1094
	賜—	礼	②	1090
	買—	礼	②	373
ほちょう	保長	官	②	384
	—	官	②	628
ぼっかい	渤海【篇】	外		277
ほっかい	北海道	地	②	1269
ぼっかい	渤海楽	楽	①	17
	—	楽	①	13
ぼっかん	没官			
	「もっかん没官」を見よ			
ほつがん	発願起請	人	②	374
ほっきょ	法橋	宗	②	774
	叙—	神	②	1686
	—成功員数	政	①	1044
ほっきょ	法橋上人位	宗	②	778
	—	神	②	1686
ほっきょ	北極	文	③	648
ほっきょ	北極高度	方		276
ほっきょ	北極星	天		92
ほっく	発句			
	詩—	文	②	470
	連歌—	文	①	1043
	俳諧—	文	①	1254
ほっくあ	発句合	文	①	1317
ほっけ	北家(藤原氏)	姓		423
ぼっけい	牧溪鉢	器	①	89
ほっけえ	法華会	宗	②	67
	—奏重光楽	楽	①	502
ほっけえ	法華園	宗	④	67
ほっけご	法華護摩	宗	②	343
ほっけさ	法華山寺【篇】	宗	③	934
ほっけさ	法華三十講	宗	②	96
ほっけさ	法華三昧院	宗	④	573
ほっけじ	法華寺【篇】	宗	③	1236
ほっけじ	法華寺(笙)	楽	②	927
ほっけし	法華宗	宗	①	946
	「にちれん日蓮宗」も見よ			
ほっけし	法華宗(天台宗)	宗	①	522
ほっけし	法華衆	兵		462
ほっけじ	法華十講	宗	②	95
ほっけし	法華守護三十番神	神	①	86
ほっけせ	法華懺法	宗	②	148
ほっけど	法花堂(上総)	宗	④	503
ほっけど	法花堂(近江)	宗	④	575
ほっけど	法華堂(岩代)	宗	④	753
ほっけど	法華堂(鎌倉)【篇】	宗	④	317
	—	礼	②	1223
ほっけの	法華乱	宗	③	473
ほっけは	法華八講	宗	②	73
	「はっこう八講」も見よ			
ほっけま	法華曼荼羅	宗	①	240
ほっけめ	法華滅罪寺	宗	③	152
	大和国—	宗	③	1236
ほっけん	ほつけん(北絹)	産	②	225
ほっけん	北絹	産	②	225
ほっけん	北絹紬	産	②	246
ほっこ	北戸	居		237
ほっこく	北国	地	①	60
ほっこく	北国筋	地	①	54
ほっこく	北国舟	器	②	649
ぼっしゅ	没収			
	「もっしゅ没収」を見よ			
ほっしょ	法性寺【篇】	宗	③	965
	—座主	宗	②	961
	—八講	宗	②	90
ほっしょ	法勝寺【篇】	宗	③	682
	—八講	宗	②	92

—大乗会 宗 ② 102
—修正会 宗 ② 127
—千僧供 宗 ② 195
於—賀白河上皇六十算 礼 ① 1371
於—行白河天皇国忌 礼 ② 1280
—瓦 産 ① 597
ほっしょ 法性寺一橋 地 ③ 220
ほっしょ 法性寺笠 器 ② 409
ほっしょ 法勝寺歩 文 ② 1306
ほっしん 法身 宗 ① 69
ほっしん 法身塔 宗 ③ 96
ほっす 払子 宗 ② 1131
ほっそう 法相宗【篇】 宗 ① 459
遊外僧入支那受— 宗 ② 467
—与天台宗宗論 宗 ① 430
—寺院数 宗 ③ 9
ほっそう 法曹至要抄 法 ① 70
ほっそう 法曹類林 法 ① 70
ほったい 法体 宗 ② 431
ほったて 掘立柱 居 951
ほったま 堀田正俊 遊 716
ほづな 帆綱 器 ② 707
ぼつにち 没日 方 104
ぼつにち 没日還午楽 楽 ① 372
ほつみさ 最御崎寺【篇】 宗 ④ 1044
ほて 最手(相撲) 武 1080
— 武 1181
ほてい 布袋 神 ① 88
ほていぐ 布袋鞍 兵 1972
ほていそ ほていさう 植 ② 780
ほていち 布袋竹 植 ① 689
ぼてふり ぼてふり(棒手振) 産 ② 694
ほてやく 最手役(相撲) 武 1173
ぼでん 墓田 礼 ② 1155
ほど 土圞児 植 ② 310
ほとぎ 缶(飲食具) 器 ① 183
ほとぎ 缶(澡浴具) 器 ① 572
ほとけ 仏【篇】 宗 ① 63
—像【篇】 宗 ① 137
灌—【篇】 歳 1127
歌感通神— 文 ① 741
誓神—起請 人 ② 320
夢神— 人 ① 813
祈—求富 人 ② 601
以神—号為人名 姓 653
供餅於神— 飲 560
ほとけこ 仏高力鬼作左どちへんなしの天野三郎兵衛 人 ② 26
ほとけど 仏胴(鎧) 兵 1779
ほとづら ほとづら(百部) 植 ① 1005
ほととぎ 杜鵑 動 858
ほととぎ 杜鵑草 植 ① 1074
ほととぎ 杜鵑の落文 動 872
ほとのさ 穂門郷 地 ② 1029
ほどむら 程村(紙) 文 ③ 1200
ほない 保内(常陸) 地 ② 152
ほなしあ ほなしあがり(無火殯斂) 礼 ② 123
ほなみご 穂浪郡 地 ② 942
ほにん 保人
戸籍— 政 ② 34
—代償 政 ② 913
ほね 骨 人 ① 299
截皮—造仏像 宗 ① 161
「こつ骨」も見よ
ほね 骨(扇) 服 1297
ほねつぎ 接骨医 方 850
ほねつぼ 骨壷 礼 ② 212
ほねなし ほねなし(体軟) 人 ① 612
ほねぬき 骨抜(料理) 飲 219
ぼねんき 暮年記 文 ① 319
ほのかみ 火上姉子神社 神 ④ 347
ほのくに 穂国造 地 ① 547
ほのぐら ほのぐらし 歳 78
ほのぼの ほのぼの 歳 80
ほばく 捕縛 武 1014
ほばしら 帆柱 器 ② 705
ほはら 鰾 動 1245
ぼひぶん 墓碑文 礼 ② 1168
ぼひょう 墓標 礼 ② 1194
ほぶぎょ 保奉行 官 ② 797
ほふく 匍匐 人 ① 982
ほふくれ 匍匐礼 礼 ① 98
ほふら ほふら 天 216
ほへい 歩兵 兵 227
— 官 ③ 1619
ほへいが 歩兵頭 官 ③ 1614
ほへいが 歩兵頭並 官 ③ 1615
ほへいぐ 歩兵組の頭 官 ③ 1216
ほへいさ 歩兵差図役 官 ③ 1617
ほへいさ 歩兵差図役頭取 官 ③ 1616

ほへいぶ	歩兵奉行	官	③	1613
ほへいめ	歩兵目付	官	③	1619
ほほえむ	微咲	人	①	731
ほまれ	誉	人	②	293
ほめこと	褒詞(俳優)	楽	②	191
ほや	寄生	植	①	666
ほや	老海鼠	動		1565
ほやく	帆役	政	④	498
ほゆ	吼	動		71
ほら	洞	地	③	714
ほら	法螺			
	仏具―	宗	②	1092
	軍陣鳴宝螺	兵		2154
	吹螺報時	方		450
ぼら	鯔	動		1392
ほらあな	洞穴	礼	②	1089
ほらがい	法螺	動		1664
ほらしの	ほらしのぶ	植	②	852
ほらだな	洞棚	遊		654
ほらのみ	保良宮	地	①	184
ほり	堀			
	徳川柳営―	居		351
	陵隍	帝		1024
	墓隍	礼	②	1091
	城隍	兵		1071
ほりあげ	堀揚起(農具)	産	①	256
ほりえ	堀江	地	③	1286
ほりえの	堀江荘	地	②	319
ほりえば	堀江橋	地	③	235
ほりかつ	堀勝名	人	②	38
ほりかね	堀兼井	地	③	1014
	―	地	①	921
ほりかわ	堀河家	姓		440
	―明法道	文	②	895
ほりかわ	堀河内裏	居		275
ほりかわ	堀河天皇	帝		24
	―賢明	人	①	1280
	―善神楽曲	楽	①	191
	―建尊勝寺	宗	③	691
	―山陵	帝		995
	―国忌	礼	②	1280
ほりかわ	堀河百首	文	②	383
ほりき	ほりき(城隍)	兵		1071
ほりきり	堀切	政	④	1068
ほりづり	堀釣	産	①	367
ほりとし	堀利熙	外		1828
ほりどめ	堀留組	産	②	440

ほりぬき	堀抜井	地	③	1007
ほりひで	堀秀政	人	②	65
ほりもの	文身	人	①	310
ほりもの	彫物			
	木―	産	①	540
	漆器―	産	①	801
ほりもの	彫物師	産	①	679
	―	官	③	574
	木彫師	産	①	540
ほりょ	捕虜			
	「いけどり生虜」「ふりょ俘虜」を見よ			
ぼるとが	ほるとがる(大砲)	武		959
ぼるとが	葡萄牙【篇】	外		1233
	―人伝耶蘇教	宗	④	1105
ぼるとが	ほるとがるの油	植	①	518
	―	器	②	320
ほるとそ	ほるとさう(続随子)	植	②	337
ぼるねお	ぼるねを(浡泥)	外		1189
ほれる	ほれる(惚)	人	②	645
ほろ	母衣	兵		1920
ほろいず	幌泉郡	地	②	1299
ほろいっ	母衣一揆	兵		427
ほろう	歩廊	居		564
ほろがや	母衣蚊帳	器	②	208
ほろぐし	母衣串	兵		1922
ほろし	ほろし(風癮胗)	方		1254
ほろし	白英	植	②	540
ほろし	蜀羊泉	植	②	539
ほろだい	母衣台	兵		1920
ほろつけ	母衣付(冑)	兵		1880
ほろのか	母衣の風切はいだる矢	兵		1595
ほろは	保呂羽	動		503
ほろぶく	母衣袋	兵		1920
ほろべつ	幌別郡	地	②	1298
ぼろぼろ	ぼろぼろ	宗	①	1136
ほろみそ	法論味噌	飲		859
ほろろし	ほろろ宗	宗	④	1103
ほわけう	帆別運上	政	④	499
ほん	本	文	③	318
	「しょじゃ書籍」も見よ			
ほん	品	官	③	1779
ぼん	盆			
	食器―	器	①	146
	茶湯―	遊		726
	盆石―	遊		920

ぼん　盂蘭盆【篇】　歳　1248
「うらぼん盂蘭盆」も見よ
ほんあみ　本阿弥家　姓　317
—　兵　1470
ほんあみ　本阿弥光悦
—善書　文 ③　680
—絵画　文 ③　825
ほんい　本位　官 ①　250
ほんいっ　本一揆　兵　431
ほんいん　本院　帝　791
—　帝　827
ほんいん　本因坊　遊　72
ほんいん　本因坊算砂　遊　80
—囲碁手合図　遊　60
ほんいん　本因坊道悦　遊　89
ほんいん　本因坊道策　遊　83
—囲碁手合図　遊　60
ぼんおど　盆踊　歳　1273
—　楽 ②　473
ぼんおん　梵音　文 ②　990
—　宗 ②　3
ほんおん　本遠寺【篇】　宗 ④　260
ほんか　本歌　文 ①　619
—　文 ①　1020
ぼんが　盆画【併入】　遊　928
ほんかい　本海道　地 ③　9
ほんかく　本覚寺【篇】　宗 ④　197
ほんかく　本覚大師　宗 ②　809
「やくしん益信」も見よ
ぼんかざ　ぼんくわ肴　飲　149
ほんがっ　本勝手(茶湯)　遊　476
ほんかど　本歌取連歌　文 ①　1084
ほんから　本唐戸　居　1199
ほんかん　本官
贈—　官 ①　250
奪情以—起之　礼 ②　672
ほんかん　品官　官 ①　200
ほんがん　本貫　政 ②　31
放還—　法 ①　293
ほんがん　本願　宗 ③　60
ほんがん　本願(善光寺尼)　宗 ④　696
ほんがん　本元興寺【篇】　宗 ③　1333
ほんがん　本願寺　宗 ③　419
「にしほん西本願寺」も見よ
ほんがん　本願寺　宗 ③　451
「ひがしほ東本願寺」も見よ
ほんがん　本願僧正　宗 ③　622
ほんき　本器(升)　称　94
ぼんきょ　盆狂言　楽 ②　97
ぼんきれ　ぼんきれ(浮浪人)　政 ③　948
ほんきん　本禁　法 ①　498
ほんくじ　本公事　法 ③　408
ほんくに　本国持(大名)　官 ③　1675
ほんけ　本家　政 ③　733
—分家訴訟　法 ③　826
ほんけ　本家(荘園)　政 ②　550
ぼんけい　盆景　遊　909
ほんけい　本系帳　姓　379
—　姓　393
多米宿禰—　官 ①　92
ほんけが　本卦かへり　礼 ①　1438
ほんけし　本家職　宗 ③　257
ほんげじ　本解状　法 ①　1070
ほんけそ　本家相続　政 ③　715
ほんげん　本元(僧)　宗 ①　799
ほんげん　本元服　礼 ①　867
ぼんご　梵語　文 ②　990
ほんごう　本郷
勅還—【併入】　法 ①　225
宥流人放還—　法 ①　219
ほんごう　本郷(江戸)　地 ①　973
ほんごう　本郷追分　地 ①　955
ほんこう　本光寺【篇】　宗 ④　467
ほんこう　本興寺【篇】　宗 ④　106
ほんこく　本石　政 ④　323
ほんこく　翻刻　文 ③　1115
ほんごく　本国　政 ②　32
ほんこく　本国寺【篇】　宗 ③　473
ほんこく　本国寺派　宗 ①　999
ほんこら　本胡楽　楽 ①　450
ほんさい　本妻　人 ①　156
ほんざい　本罪　法 ①　542
ぼんさい　盆栽　植 ①　52
ほんさか　本坂奉行　官 ③　1462
ほんさか　本坂道　地 ③　64
ほんざん　本山　宗 ③　52
「ほんじ本寺」も見よ
ぼんさん　盆山　遊　908
ほんざん　本山寺【篇】　宗 ④　98
ほんざん　本山衆(山伏)　宗 ③　1049
ほんざん　本山派　宗 ①　1089
—修験法﨟階級法
服之次第　宗 ①　1072
ほんじ　本寺　宗 ③　205

	—	宗	③	1033
ぼんし	凡紙	文	③	1176
ぼんじ	梵字	文	②	989
	—花押	政	①	580
ほんしき	本式連歌	文	①	1018
ほんじご	品治郡	地	②	626
ほんじし	本地子	称		68
ほんじす	本地垂跡	神	②	1342
	—	宗	①	49
	金蔵王—	宗	③	1308
ほんじど	本地堂	神	①	513
ほんしゃ	本社	神	①	464
ほんじゃ	本迹縁起神道	神	②	1322
ぼんしゃ	梵釈寺【篇】	宗	④	639
ほんしゅ	本主			
	殺—罪	法	①	15
	杖罪以下—任決	法	①	120
	為—服	礼	②	812
ほんじゅ	本宿	政	④	1235
ほんしゅ	本首従法	法	①	374
ほんじょ	本所(江戸)	地	①	979
ほんじょ	本所(荘園)	政	②	550
ほんじょ	本城	兵		1038
ほんしょ	本証寺【篇】	宗	④	167
ほんじょ	本成寺【篇】	宗	④	848
ほんじょ	本成寺派	宗	①	1000
	—寺院数	宗	③	16
ほんしょ	本生所養服	礼	②	803
ほんじょ	本荘藩	地	②	195
ほんしょ	本生父母			
	為—服	礼	②	801
	為—服	礼	②	583
ほんじょ	本所火事場目付	官	③	348
ほんじょ	本所上水	政	④	1119
ほんじょ	本所昼夜廻【併入】	官	③	1101
ほんじょ	本所深川屋敷改	官	③	468
ほんじょ	本所奉行	官	③	466
ほんじょ	本所道役	官	③	468
ほんじょ	本所牢屋敷	法	③	189
ほんじょ	本所渡	地	③	461
ほんしん	本親	人	①	110
ほんじん	本陣			
	行幸—	帝		700
	隊伍—	兵		376
	水軍—	兵		1196
ほんじん	本陣(宿駅)	政	④	1360
ほんしん	本心鏡智流(槍術)	武		71
ほんせい	本姓	姓		28
	帰化人用—	姓		230
	復—	姓		256
	復—	姓		338
ほんせい	奔星	天		133
ほんせい	本誓寺(江戸)	外		586
ほんせい	本誓寺(越後)【篇】	宗	④	840
ほんせき	本席(徳川氏職員)	官	③	110
ぼんせき	盆石【篇】	遊		908
ほんぜん	本膳	飲		86
ほんせん	品川寺【篇】	宗	④	450
ほんぜん	本禅寺【篇】	宗	③	537
ほんそう	本葬	礼	②	253
ほんぞう	本草	方		1109
ほんぞう	本草家	方		1111
ほんぞう	本草綱目	方		1118
ほんぞう	本草綱目啓蒙	方		1119
ほんぞう	本草書	方		1117
ほんぞう	本草図譜	方		1120
ほんぞう	本草和名	方		1117
ほんぞく	本属	政	②	31
ほんぞな	本備	兵		378
ほんぞん	本尊	宗	①	198
	禁—什物等質入	政	④	729
	鞠—	遊		1140
ほんぞん	本尊脇絵	文	③	1028
ほんだく	本濁(点法)	文	③	278
ほんだけ	本多家	人	②	72
ほんだし	本多重次			
	—諫徳川家康	人	②	263
	本多作左衛門砕人煎釜	法	①	756
ほんだた	本多忠籌	政	④	979
ほんだた	本多忠勝			
	—倹約	人	②	72
	—沈勇	人	②	118
ぼんだて	盆点作法	遊		488
ほんだと	本田利明	文	③	581
ほんだふ	本多風結髪	人	②	72
	—	人	①	528
ほんだま	本多正純	人	②	11
ほんだま	本多正信	人	②	414
ほんちべ	品遅部	官	①	133
ほんちゅ	本中(相撲)	武		1184
ほんちょ	本朝王代系図	姓		369
ほんちょ	本調子	楽	②	830
ほんちょ	本朝食鑑	方		1118

ほんちょ	本朝尊卑分脈	姓		389
ほんちょ	本朝通鑑	文	②	869
	—	姓		411
ほんちょ	本朝武家評林大系図	姓		371
ほんちょ	本朝法家文書目録	法	①	71
ほんづと	本勤	官	③	110
ほんでん	本殿(清涼殿)	居		105
ほんでん	品田	封		101
ぼんてん	梵天	宗	①	114
ぼんてん	梵天(劇場)	楽	②	52
ぼんでん	ぼんでん花	植	①	524
ぼんてん	梵天竹(検地具)	政	④	29
ほんてん	本伝馬	政	④	1275
ほんどう	本堂	宗	③	79
ほんどう	本道	地	③	10
ほんどう	本道(医師)	方		800
ほんとう	本統寺【篇】	宗	④	114
ほんどじ	本土寺【篇】	宗	④	518
ほんどま	本泊	政	③	438
ほんなお	ほんなほし(酒)	飲		703
ほんのう	本能寺【篇】	宗	③	530
ほんのち	本の茶	遊		530
ぼんばい	梵唄	宗	①	344
	—	宗	②	3
ほんばこ	本箱	文	③	1398
ほんばん	本番	政	③	400
ほんぱん	本犯	法	①	292
ほんぱん	本犯収叙法	法	①	213
ほんぱん	本犯除名	法	①	212
ほんばん	本番勤	官	③	132
ほんぷ	品封	封		43
ほんぶき	本葺	居		1056
ほんぶぎ	本奉行	官	②	782
	—	官	②	1179
ほんぶく	本服	礼	②	392
ほんぶつ	本仏阿闍梨	宗	②	920
ほんぼう	本坊方(大威徳寺)	宗	④	42
ほんぽう	本法寺【篇】	宗	③	515
ぼんぼく	凡墨	文	③	1365
ほんぽじ	本補地頭	官	②	983
ぼんぼり	ぼんぼり	器	②	246
ぼんぼり	ぼんぼり扇	服		1320
ほんま	本馬	政	④	1321
ほんまき	本槙	植	①	111
ほんまき	本蒔絵	産	①	808
ほんまし	本間重氏	武		197
ほんます	本間資氏	人	①	1227
ほんまと	本間党	兵		450
ほんまり	本間流(槍術)	武		71
ほんまる	本丸	兵		1064
	徳川柳営—	居		354
ほんまん	本満寺【篇】	宗	③	505
ほんみょ	本名	姓		595
ほんみょ	本命祭	方		36
ほんみょ	本妙寺【篇】	宗	④	1083
ほんみょ	本妙法華宗	宗	①	1012
ほんめい	本命的殺	方		219
ほんめい	本命日	方		218
ほんめん	本免	政	④	203
ぼんもう	梵網会	宗	②	106
ぼんもう	梵網経	宗	②	106
ほんもく	本牧郷	地	①	891
ほんもん	本紋	姓		502
ほんもん	本門寺(武蔵)【篇】	宗	④	457
ほんもん	本門寺(駿河国富士郡北山村)【篇】	宗	④	208
ほんもん	本門寺(駿河国富士郡西山村)【篇】	宗	④	206
ほんもん	本門法華宗	宗	①	1011
ほんや	本屋	文	③	479
	—	産	②	405
ほんやく	翻訳	文	②	1023
ほんやく	飜訳方			
	海軍所—	官	③	1652
	外国奉行支配—	官	③	1657
ほんよう	本様使	神	③	237
ほんよみ	本読(芝居)	楽	②	86
ほんりゅ	本流恩刃流(槍術)	武		85
ほんりゅ	本隆寺【篇】	宗	③	528
ほんりゅ	本隆寺派	宗	①	1012
	—寺院数	宗	③	17
ほんりょ	本領訴訟	法	①	1012
ぼんれき	梵暦法	方		356
ほんろう	本牢	法	③	185

ま

ま	間	居		598
まい	舞【篇】	楽	②	421
	五節—	神	①	1347
	五節—	神	②	313

一曲 楽 ① 45
文一 楽 ① 51
武一 楽 ① 51
番一 楽 ① 54
幸若一 楽 ① 739
能楽一 楽 ① 811
まい 烏牛 動 42
まいおう 舞扇 服 1322
まいかい 玫瑰 金 329
まいきね 輪杵 産 ① 287
まいきょ 埋経 宗 ① 310
まいご 迷子 人 ① 209
まいこは 舞子浜 地 ② 551
まいごら 舞御覧 楽 ① 91
一 楽 ① 326
まいさお まいさを(馬工) 官 ① 104
まいさか 舞坂 地 ③ 398
まいし 儛師 官 ① 842
まいす 売子 産 ② 709
まいそう 埋葬 礼 ② 127
まいぞう 埋蔵物【併入】 法 ② 806
まいたけ 舞茸 植 ② 825
まいだん 毎段再拝 礼 ① 18
まいどの 舞殿 神 ① 487
まいない 賂
「わいろ賄賂」を見よ
まいのは 蟠車 産 ② 87
まいびと 舞人 楽 ① 617
一 楽 ① 249
賀茂臨時祭一 神 ③ 1101
まいびと 舞人装束 楽 ① 641
まいひめ 舞姫
「ごせちの五節舞姫」を見よ
まいぶみ まひぶみ(舞踏) 礼 ① 33
まいまい 舞舞 楽 ① 742
一 楽 ① 946
まいよう 毎葉蓮 植 ② 146
まいらど まひら戸 居 1221
まいりお 参音声 楽 ① 7
一楽 楽 ① 50
春節会一奏春庭楽 楽 ① 478
まいりぐ まひりぐさ(苦参) 植 ② 317
まいる まゐる
「さんけい参詣」を見よ
まうと まうと 姓 36
「まひと真人」も見よ
まえ 前(社格) 神 ① 396
まえいた 前板(車) 器 ② 764
まえいた 前板(鎧) 兵 1776
まえおび 前帯 服 1067
まえがき 前書
起請文一 官 ③ 141
俳諧一 文 ① 1297
まえがし 前頭(相撲) 武 1182
まえがみ 前髪 人 ① 528
剃一 礼 ① 867
まえかわ 前土器 遊 664
まえきょ 前狂言(演劇) 楽 ② 113
まえぎょ 前行司 武 1186
まえく 前句(連歌) 文 ① 1067
まえくづ 前句附
連歌一 文 ① 1080
俳諧一 文 ① 1282
俳諧一 法 ③ 58
まえこわ 前強大口 服 733
まえざし 前差簪 器 ① 432
まえずも 前相撲 武 1184
まえぞな 前備 兵 390
まえだけ 前田家蔵書 文 ③ 384
まえだつ 前田綱紀 文 ③ 384
一座右銘 人 ② 180
まえだれ 前垂 服 1494
まえつぎ まへつぎみ 官 ① 24
まえど 前戸 居 1199
まえのう 前魚 動 1370
まえのり 前野良沢 文 ② 1002
まえば 板歯 人 ① 399
まえばし 前橋 地 ② 25
まえばり 前張大口 服 733
まえみせ 前店 地 ① 960
まえれい 前礼(茶会) 遊 429
まえわあ 前輪後輪(鞍) 兵 1942
まお 麻苧 植 ① 1196
まおう 麻黄 植 ① 941
まおか 真岡 地 ② 55
まおしか 真男鹿 神 ② 1260
まかい 麻鞋 服 1401
まがい 紛(相撲) 武 1138
まかお まかを(阿媽港) 外 1198
まかから 摩訶伽羅天 宗 ① 125
まがき 籬 居 869
まがきぶ 籬節 楽 ② 388
まがごと 枉言 人 ① 857
まかだい 摩訶大大将棋 遊 139

まがつひ	枉津日神	神	①	66
まかない	賄頭【篇】	官	③	889
まかない	賄方	官	③	896
まかない	賄方見廻役	官	③	888
まかない	賄勘定役	官	③	895
まかない	賄新組	官	③	901
まかない	賄春屋勤	官	③	893
まがね	まがね	金		198
	「てつ鉄」も見よ			
まがねふ	真金吹(催馬楽)	楽	①	211
まかべご	真壁郡(下野)	地	②	43
まかべご	真壁郡(常陸)	地	①	1108
まかやき	まかやき(紫葳)	植	①	646
まがりお	曲峡宮	地	①	178
まがりが	曲尺	称		14
	—	産	①	556
まがりの	勾金橋宮	地	①	180
まがりの	勾舎人部	官	①	136
まがりの	勾靫部	官	①	136
まかりも	罷申	政	①	1311
まがりも	糫餅	飲		604
	神饌用—	神	②	1169
まかる	まかる(死)	人	①	639
まき	牧【篇】	地	③	956
	—	動		111
	賜—【併入】	封		122
まき	柀	植	①	110
	—	植	①	104
まき	薪	器	②	334
まぎ	間木【併入】	居		1106
まきあげ	巻上筆	文	③	1281
まきいも	まきいもち(稲害虫)	産	①	149
まきえ	蒔絵	産	①	813
まきえい	巻纓	礼	②	1023
まきえぐ	蒔絵櫛	器	①	398
まきえぐ	蒔絵鞍	兵		1961
まきえこ	蒔絵工【篇】	産	①	805
まきえし	蒔絵師	産	①	788
	—	産	①	806
まきえの	蒔絵剣	兵		1341
まきえむ	蒔絵鞭	兵		2043
まきえゆ	蒔絵弓	兵		1638
まきえら	蒔絵螺鈿剣	兵		1340
まきおじ	槙尾尺	称		32
まきかご	巻籠(堤防具)	政	④	1018
まきがり	巻狩	産	①	446
まきぎぬ	巻絹	産	②	240
まきくさ	まきくさ(地膚)	植	②	39
まきずし	巻鮓	飲		954
まきぜめ	巻攻	兵		632
まきぞめ	巻染	産	①	873
まきた	蒔田	産	①	44
まきたけ	捲筳	産	②	88
まきたば	巻烟草	器	②	546
まきづけ	巻漬	飲		1036
まきづる	巻弦(弓)	兵		1565
まきのい	まきの板戸	居		1210
まきのう	牧馬取扱方	動		120
まきのお	巻尾寺	宗	④	45
まきのか	牧の方	官	②	681
まきのし	牧荘	地	①	726
まきのの	牧野墓	帝		1559
まきのの	真衣野牧	地	③	964
まきばし	真木柱	居		942
まきびん	巻鬢	人	①	527
まきぶぎ	薪奉行			
	織田氏—	官	②	1417
	徳川氏—	官	③	897
まきふみ	まきふみ(巻本)	文	③	487
まきほぐ	巻ほぐし	兵		584
まきむし	包虫	産	①	150
まきもの	巻物	文	③	487
	—図	文	③	499
まきもの	巻物(織物)	産	②	29
まきや	薪屋	器	②	338
まきり	間切	地	②	1380
まきりょ	巻菱湖	文	③	723
まきわら	巻藁	武		142
まく	幕	器	①	734
	—図	器	①	736
	軍陣用—	兵		2087
	能楽用—	楽	①	994
	劇場用—	楽	②	60
	—施紋	姓		559
	—紋図	姓		576
	花見以小袖為—	服		459
	法華経—	居		733
	湿—滅火	居		743
まく	膜	人	①	301
まくぐし	幕串	器	①	748
	—	兵		2092
まくこと	幕詞	器	①	749
まぐさ	楣【併入】	居		981
まくなぎ	まくなぎ(蠛蠓)	動		1150

まくのう	幕内(相撲)	武		1184
まくのう	幕の内(弁当)	飲		20
まくぶぎ	幕奉行【篇】	官	③	1243
まくも	莫目【篇】	楽	②	995
まくゆ	幕湯	地	③	1126
まくら	枕	器	②	163
	菖蒲―	歳		1170
	以―為神体	神	①	199
	坂―	神	①	1433
	近親者蹴死人―而除之	礼	②	386
	以合子為―	器	①	76
まくらえ	枕絵	文	③	929
まくらか	枕掛	器	②	174
まくらが	枕蚊帳	器	②	206
まくらき	枕几帳	器	①	817
まくらこ	枕詞	器	②	179
	文用―	文	①	238
	俳諧用―	文	①	1235
まくらだ	枕台	器	②	174
まくらだ	枕大刀	兵		1389
まくらだ	枕簞笥	器	②	175
まくらづ	枕包	器	②	173
まくらば	枕箱	器	②	174
まくらひ	枕引	遊		1209
まくらび	枕屏風	器	①	906
まくり	鷓胡菜	植	②	926
まくりや	まくり焼	飲		239
まぐろ	鮪	動		1497
まぐわ	馬杷	産	①	242
まくわう	真桑瓜	植	②	600
まくわの	真桑荘預所職	法	①	1123
まけいし	摩醯首羅	宗	①	120
まげどめ	髷止	器	①	479
まげのし	髷の心	器	①	471
まけわざ	負態			
	競馬―	武		818
	小弓―	遊		176
	闘鶏―	遊		255
	鳩合―	遊		265
	蹴鞠―	遊		1077
	競渡―	遊		1188
	歌合―	文	②	57
まご	孫	人	①	228
	亡祖父遺産諸―得分	政	②	118
	略人為―	法	①	381
	為―服	礼	②	583
	為―服	礼	②	769
	「しそん子孫」も見よ			
まご	馬子	動		131
まこうい	磨光韻鏡	文	①	51
まこぎ	摩粉木	器	①	340
まこと	誠	人	②	1
まごのて	まごのて(爪杖)	器	②	568
まごばし	孫橋	地	③	111
まごびさ	孫庇	居		555
	清涼殿―	居		119
まこも	真菰	植	①	929
まこもだ	真菰高	政	④	123
まごわか	孫若御子神社	神	④	348
まさ	勝(姓)	姓		71
	―	姓		128
まさき	冬青	植	①	635
まさきの	まさきのかづら(真辟葛)	植	②	344
まさきり	正木流(長刀術)	武		92
まさご	砂	金		360
まさこな	正子内親王	宗	③	882
まさごや	真砂子焼	産	①	761
まさざね	雅実のおとど	帝		1641
まさしげ	正繁(刀工)	産	①	632
まさしげ	正成流(兵法)	兵		4
まさすけ	雅亮装束抄	服		230
まさひで	正秀(刀工)	産	①	632
まさむね	正宗(刀工)	産	①	638
まさむね	当宗氏氏神	神	①	668
まさむね	当宗祭	神	①	702
まさゆめ	正夢	人	①	790
まさより	政頼流(放鷹)	遊		948
まし	まし(汝)	人	①	12
まし	麻紙	文	③	1179
ましきご	益城郡	地	②	1122
ましけご	増毛郡	地	②	1297
ましこど	増子鳥	動		912
ましすけ	増助郷	政	④	1235
ましたい	増隊	兵		467
ましたご	益田郡	地	①	1326
ましつ	益津	地	③	530
ましつご	益頭郡	地	①	619
ましつの	益頭荘	政	③	756
まじない	呪	方		52
	「じゅ呪」も見よ			
まじない	厭勝銭	泉		151

ましまご	真島郡	地	②	559
ましら	ましら	動		269
	「さる猿」も見よ			
ましらけ	ましらけのよね(䊪米)	植	①	819
まじりま	交丸(笙)	楽	②	932
まじろぐ	まじろく(瞬)	人	①	352
ましん	麻疹			
	「はしか麻疹」を見よ			
ます	升	称		46
	似―	法	②	927
	薬―	方		1127
	京―	産	②	331
	風呂場―	器	①	578
ます	鱒	動		1298
ますあみ	鱒網	産	①	388
ますおの	ますほのすすき	植	①	924
ますかが	ます鏡	器	①	348
ますかき	ますかき(斗格)	称		57
ますかげ	益影の井	神	④	1495
ますかけ	升繫の祝	礼	①	1458
ますがた	ますがた(枓)	居		971
ますがた	升形(城)	兵		1097
ますざ	升座	称		56
ますし	枡師	称		57
	―図	称		106
まずしい	貧【篇】	人	②	572
ますずき	升頭巾	服		1238
ますだか	増田鶴楼			
	―斎居師忌日	人	②	391
	―好客	人	②	395
ますだき	益田勤斎	文	③	1143
ますだぎ	増田銀山	金		115
ますだご	沙田郡	地	②	663
ますだの	益田池	地	③	1223
ますだの	ますだの神	神	④	360
ますだの	益田荘	地	①	459
ますみだ	真清田神社【篇】	神	④	360
ますみの	ますみの鏡	器	①	354
ますらお	ますらを(丈夫)	人	①	20
ませ	鈚(灰吹銀)	泉		299
まぜ	まぜ(舟)	器	②	637
ませがき	間瀬垣	居		860
まぜはや	交羽矢	兵		1602
ませわさ	間瀬和三郎	帝		1095
まそおの	まそをのすすき	植	①	924
また	胯	人	①	465
また	猱狿	動		277
またいと	三従兄弟	人	①	273
	「さんじゅ三従兄弟」も見よ			
またがる	跨	人	①	986
またけ	苦竹	植	①	680
またしち	又質	政	④	763
またしち	又七夜御祝	礼	①	437
またしろ	又四郎尺	称		22
またしろ	又四郎節	楽	②	267
またたび	またたび(木天蓼)	植	①	533
またのや	俣野矢	兵		1681
またびさ	又庇	居		556
またふり	またふり(杈椏)	植	①	9
またふり	またふりぐさ(白蔹草)	植	②	793
まだらう	斑瓜	植	②	607
またらか	麻多羅神	神	②	636
まだらね	まだらねずみ(鼨鼠)	動		232
まだらま	斑幔	器	①	752
まち	町(市街)	地	①	94
	―	産	②	590
まち	町(田積)	政	②	264
まち	襠(袴)	服		607
	―	服		699
まちあい	待合(露地)	遊		586
まちあず	町預	法	②	508
まちあぶ	待油	礼	①	269
まちいく	待軍	兵		509
まちいし	町医師	方		726
まちうり	町売(遊女)	人	②	901
まちえ	町絵	文	③	863
まちおく	町送	政	③	1329
まちかい	町会所			
	―宅地貸付	政	③	1283
	―貸金	政	④	596
	―貯穀	政	④	944
まちがし	町頭	官	③	1361
まちかた	町方			
	―借金	政	④	621
	―訴訟	法	③	789
まちかっ	待合戦	兵		509
まちかね	まちかね(小糠)	器	①	543
まちかぶ	町冑	兵		1895
まちがま	町構(城)	兵		1071
まちくる	町郭	兵		1066
まちござ	町御座船	器	②	627
まちこづ	町小使	政	④	1359

まちざか	待肴	飲		143
まちさや	まち鞘巻(刀)	兵		1371
まちぞな	待備	兵		415
まちだい	町代			
	江戸—	官	③	451
	京都—	官	③	1309
まちどう	町同心	官	③	417
まちどし	町年寄			
	江戸—	地	①	953
	京都—	官	③	1309
	長崎—	官	③	1399
まちなみ	町並屋敷	政	③	1257
	寺院—	宗	③	240
まちにょ	待女房	礼	①	1168
まちのう	町野氏	官	②	755
まちびき	町飛脚	政	④	1359
まちひた	町直垂	服		571
まちぶ	町夫	政	④	549
まちふう	町風(衣服)	服		452
まちぶぎ	町奉行			
	江戸—【篇】	官	③	396
	大坂—	官	③	1335
	駿府—	官	③	1355
	南都—	官	③	1424
	奈良—	官	③	1425
	伊勢—	官	③	1430
	堺—	官	③	1435
	大津—	官	③	1459
	—役宅目付立合裁判	法	③	792
	大目付—勘定奉行目付立合裁判	法	③	781
	大目付—目付立合裁判	法	③	782
	—裁判	法	③	789
	—裁判	法	③	844
まちぶぎ	町奉行家老	官	③	428
まちぶぎ	町奉行吟味物調役	官	③	411
まちぶぎ	町奉行支配留役	官	③	411
まちぶぎ	町奉行所			
	江戸—	官	③	404
	京都—	官	③	1295
	大坂—	官	③	1336
まちぶぎ	町奉行用人	官	③	428
まちまき	町蒔絵	産	①	808
まちや	店家	産	②	621
まちやか	町屋形舟	器	②	627
まちやし	町屋敷	政	③	1257
	寺院—	宗	③	240
まちより	町与力	官	③	417
まちれい	町礼	政	③	1297
	—	政	③	1314
まちん	番木鼈	植	②	444
まつ	松	植	①	77
	植—於街道	地	③	35
	以—為神木	神	②	1776
	以—枝為文台	文	③	1460
	蹴鞠場植—	遊		1059
まつい	松井	地	③	1012
まついし	松石	金		349
まつえ	松江(出雲)	地	②	480
まつえ	松江(紀伊)	地	②	748
まつえは	松江藩	地	②	482
	—藩札	泉		443
まつえも	松右衛門	政	③	899
まつおか	松岡恕庵	方		1115
まつおで	松尾寺	宗	④	662
まつおば	松尾芭蕉	文	①	1345
	—	文	①	1187
	芭蕉翁碑	礼	②	1182
まつおり	松尾流(茶道)	遊		599
まつかげ	松蔭硯	文	③	1334
まつかさ	松かさ(松毬)	植	①	83
まつかさ	松笠熬	飲		226
まつがさ	松ガ崎	地	②	25
まつがさ	松重下襲	服		342
まつかざ	松飾	歳		868
	「かどまつ門松」も見よ			
まつがし	松ヶ島	地	①	432
まつかぜ	松風(菓子)	飲		655
まつかぜ	松風独楽	遊		1256
まっかつ	靺鞨【附】	外		1099
まつがみ	松紙	文	③	1211
まつかわ	松皮紙	文	③	1211
まつかわ	松皮轡	兵		2012
まっこう	末額(冠)	服		1116
	舞楽袜額	楽	①	650
まっこう	末額(額)	人	①	330
まっこう	真向(冑)	兵		1872
まっこう	真甲鯨	動		1489
まつくぐ	まつくぐり(鳥)	動		927
まつげ	睫	人	①	359
まつざか	松坂	地	①	432
まつじ	末寺	宗	③	205

— 宗 ③ 50
— 宗 ③ 1033
まつした 松下見林
—史学 文 ② 891
—蔵書 文 ③ 384
まつした 松下禅尼 人 ② 62
まつしま 松島 地 ② 165
— 地 ③ 1350
まつしま 松島寺 宗 ④ 762
まっしゃ 末社 神 ① 423
諸国の神社の末社は神祇部各
神社篇に在り。今之を略す
まつしろ 松代 地 ① 1379
まつしろ 松代藩 地 ① 1383
まつだい 松平 地 ① 555
三家庶子称— 官 ③ 1668
賜—称号 官 ③ 1728
賜—号 姓 333
まつだい 松平定信
—為徳川幕府輔佐 官 ③ 168
—撰老中心得十九
条 官 ③ 181
—倹約 人 ② 79
—自誡 人 ② 180
—矯正悪癖 人 ② 271
祭松平楽翁 礼 ② 1353
まつだい 松平重信 植 ① 87
まつだい 松平親忠 宗 ④ 170
まつだい 松平信綱
—知地震強弱 地 ③ 1361
—忍耐 人 ② 143
まつだい 松平正甫 泉 154
まつだい 松平村 地 ① 555
まつだい 松平容堂 政 ③ 271
まつたけ 松茸 植 ② 814
まつたけ 松茸市 産 ② 614
まつたけ 松茸鮓 飲 963
まつたけ 松茸吸物 飲 192
まつだで 松田伝十郎 外 1550
まつち 真土 産 ① 17
まっちゃ 末茶家 遊 810
まつちや 待乳山 地 ① 922
まつつの 松津国造 地 ② 1077
まつどの 松戸駅 地 ① 1072
まつな 松菜 植 ② 39
まつなが 松永昌三 文 ② 774
まつなが 松永貞徳 文 ① 1341
まつなが 松永久秀
弑主— 人 ① 1062
—自害時為灸治 人 ① 1229
まつのお 松尾社家奉行 官 ② 1210
まつのお 松尾神社【篇】 神 ③ 1373
—相嘗祭幣帛 神 ② 472
—神宮寺 神 ② 1709
まつのお 松尾寺【篇】 宗 ④ 48
まつのお 松尾祭【附】 神 ③ 1388
まつのき 松蠹虫 動 1086
まつのく まつの位(三位) 官 ③ 1776
まつのく 松の位(遊女) 人 ② 847
まつのこ 松蘿 植 ② 846
まつのし 松の汁 植 ① 83
まつのぜ まつのぜにごけ(艾
納) 植 ② 848
まつのは 松葉紙 文 ③ 1211
まつのは 松の花 植 ① 84
まつのふ 松筆 文 ③ 1279
まつのみ 松実 植 ① 82
まつのみ 松翠(菓子) 飲 662
まつば 松葉 植 ① 94
露地敷— 遊 579
まっぱ 末派 宗 ③ 52
まつはし まつはしのうへのき
ぬ(縫腋) 服 244
まつばし 松橋門跡 宗 ③ 1058
まつばし 松柱 居 944
まつばや 松囃 楽 ① 843
まつばら 松原客館 外 6
まつばら 松葉蘭 植 ② 874
まつふぐ 松ふぐり(松毬) 植 ① 83
まつぼ 真壷 遊 699
まつほど まつほど(茯苓) 植 ② 832
— 植 ① 83
まつまえ 松前 地 ② 1317
まつまえ 松前馬 動 116
まつまえ 松前郡 地 ② 1294
まつまえ 松前市中払 法 ② 365
まつまえ 松前港 地 ③ 590
まつまえ 松前渡 地 ② 1344
まつまえ 松前奉行 官 ③ 1412
—裁判 法 ③ 891
まつまえ 松前奉行改役 官 ③ 1416
まつまえ 松前奉行吟味役 官 ③ 1416
まつまえ 松前福山藩 地 ② 1323
まつむし 松虫 動 1176

まつむし	まつむしり(松蒐)	動		927
まつむら	松村景文	文	③	828
まつむら	松村月渓	文	③	827
まつも	松藻	植	②	897
まつもと	まつもと(剪春羅)	植	②	133
まつもと	松本	地	①	1378
まつもと	松本藩	地	①	1383
まつもと	松本節	楽	②	288
まつもと	松本焼	産	①	764
まつもと	松本流(射術)	武		133
まつやか	松屋形船	器	②	628
まつやに	松脂	植	①	83
まつやに	松脂蠟燭	器	②	264
まつやま	松山(伊予)	地	②	878
まつやま	松山(備中)	地	②	608
まつやま	松山(讃岐)	地	②	838
まつやま	松山藩(出羽)	地	②	195
まつやま	松山藩(伊予)	地	②	884
まつやま	松山藩(備中)	地	②	610
まつよい	待宵侍従	人	②	584
	—	文	①	892
まつらご	松浦郡	地	②	1083
まつらさ	松浦佐用姫	地	③	753
	—	人	②	424
まつらじ	松浦神宮弥勒智識寺	神	②	1750
まつらと	松浦党	姓		300
	—	兵		444
まつらの	末羅国造	地	②	1077
まつらの	松浦宮物語	楽	②	993
まつらぶ	松浦船	器	②	658
まつり	祭			
	氏神—	神	①	699
	産土神—	神	①	747
	宅神—	神	①	891
	竈神—	神	①	901
	井神—	神	①	914
	厠神—	神	①	917
	門神—	神	①	920
	庭神—	神	①	924
	大嘗—【篇】	神	①	943
	八十島—【附】	神	①	1660
	祈年—【篇】	神	②	1
	月次—【篇】	神	②	117
	神今食—【附】	神	②	153
	新嘗—【篇】	神	②	215
	相嘗—【附】	神	②	469
	鎮魂—【篇】	神	②	497
	斎戸—【附】	神	②	535
	招魂—【附】	神	②	536
	鎮火—【篇】	神	②	544
	鎮花—【篇】	神	②	548
	道饗—【篇】	神	②	552
	四角四境—【併入】	神	②	555
	大殿—【篇】	神	②	559
	雑—【篇】	神	②	571
	神嘗—【篇】	神	③	373
	大神宮祈年—【篇】	神	③	484
	神田下種—【併入】	神	③	498
	風日祈—【併入】	神	③	499
	大神宮神田下種—【併入】	神	③	484
	神衣—【篇】	神	③	507
	大神宮月次—【篇】	神	③	526
	斎宮祈年—	神	③	763
	斎宮新嘗—	神	③	764
	城南寺—	宗	③	985
	賀茂—【篇】	神	③	1005
	葵—	神	③	1007
	賀茂臨時—【篇】	神	③	1099
	石清水臨時—【篇】	神	③	1335
	平野—【附】	神	③	1414
	平野臨時—【附】	神	③	1437
	松尾—【附】	神	③	1388
	稲荷—【附】	神	③	1464
	梅宮—【附】	神	③	1539
	大原野—【附】	神	③	1566
	吉田—【附】	神	③	1597
	北野—【附】	神	③	1643
	大神—【附】	神	④	10
	春日—【篇】	神	④	99
	春日若宮—	神	④	162
	広瀬竜田—【附】	神	④	178
	日吉—【篇】	神	④	678
	日吉臨時—【併入】	神	④	691
	橋—	地	③	191
	馬場—	武		794
	方屋—	武		1177
	陰陽道—	方		32
	熊—	動		415
	—政一致	官	①	6
	神祇—祀假	政	①	1151
	近衛預—事	官	①	1395
	—祀禁制	神	①	116
	—祀献神馬	神	②	1113

	—祀具	神	②	1195
	四箇—祀	神	②	1532
	山王—礼	神	④	481
	—礼万度	器	②	247
まつりご	政	政	①	9
	祭——致	官	①	6
	院中聴—	帝		830
	太子聴朝—	帝		1340
	外戚輔—	帝		1568
まつりご	政始	政	①	126
	—	政	①	7
まつりご	まつりごとまちぎみ（大夫）	官	①	23
まつりの	祭除目	政	①	738
	—重服人任官	礼	②	864
まつりの	祭使（賀茂祭）	神	③	1034
まつりの	祭官	神	③	841
まつる	祭（祀）			
	—農神	産	①	9
	—祖先以国風式	礼	②	1295
	—祖先以儒礼	礼	②	1328
	—祖先以仏家式	礼	②	1359
	—戦死者	兵		962
	—墓	礼	②	1128
まつろう	まつろふ	兵		747
	「こうふく降服」も見よ			
まて	待（相撲）	武		1133
まて	蟶	動		1650
まてつが	真手結			
	射礼—	武		305
	賭射—	武		381
	騎射—	武		452
まと	的	武		231
	笠懸—	武		534
	流鏑馬—	武		495
	小弓—	遊		181
	楊弓—	遊		202
	以扇代—	服		1338
まど	窓【篇】	居		1150
	茶室—	遊		564
	将軍葬送蓋—	礼	②	186
まとい	纏（馬印）	兵		2130
まといば	纏番	官	③	1700
まどう	惑	人	①	763
まどおの	間遠渡	地	③	425
まどがい	まどがひ（海鏡）	動		1642
まとかわ	的皮	武		258
まとかん	的冠	服		1112
まとぐし	的串	武		235
まどころ	まどころ	官	①	1271
	「まんどこ政所」も見よ			
まどせん	窓銭	居		1162
まとたて	的立			
	射場—	武		264
	流鏑馬—	武		521
まとつけ	的付			
	射場—	武		263
	賭射—	武		386
	小弓—	遊		178
まとつけ	的付文	武		386
まとば	的場	武		225
まとはじ	的始	武		345
まとぶぎ	的奉行	武		352
まともう	的串（射場）	武		265
まとや	的矢	兵		1669
まどろむ	まどろむ（睡）	人	①	976
まとわし	まとはしの袍	服		245
まな	まな（魚）	動		1238
	「うお魚」も見よ			
まな	真名	文	①	10
	—仮名交消息	文	①	405
	歌集—序	文	②	428
まない	真井	地	②	406
まないた	俎	器	①	328
	—図	器	①	331
まないた	まな板烏帽子	服		1218
まなかし	滑海藻	植	②	889
まながつ	まながつを（鯧魚）	動		1439
まなかぶ	まなかぶら（眶）	人	①	358
まなくり	厨	居		647
まなこ	眼	人	①	352
まなこ	眸	人	①	355
まなご	繊沙	金		359
まなしか	无間勝間之小船	器	②	620
まなじり	まなじり（眦）	人	①	357
まなせど	曲直瀬道三	方		772
	—	宗	②	798
まなせぼ	曲直瀬本	文	③	376
まなづる	真鶴	動		541
まなのい	魚味祝	礼	①	464
まなばし	俎箸	器	①	99
まなはじ	魚味始	礼	①	463
まなばし	まなばしら（鳥）	動		664
まなぶた	まなぶた（瞼）	人	①	359

まなべあ	間部詮勝	法	②	610
まにあい	間似合	文	③	1175
まにら	マニラ	外		1211
まねき	まねき(旗)	兵		2101
まねき	まねき(烏帽子)	服		1170
まねき	機躡	産	②	33
まねきづ	招造	居		530
まのごお	真野郡	地	①	1037
まは	真羽(矢)	兵		1589
まばらが	まばらがけの軍	兵		511
まびさし	目庇(冑)	兵		1876
まひと	真人	姓		36
	—	姓		82
まふさぎ	間塞(平胡籙)	兵		1736
まぶし	射翳	産	①	461
まぶた	瞼	人	①	359
まぼろし	まぼろし(幻術)	方		637
まま	まま(飯)	飲		352
ままき	真柀	植	①	110
ままきや	ままき矢	兵		1678
ままきゆ	ままき弓	兵		1653
ままこ	継子	人	①	204
ままこだ	継子立	文	③	622
まませ	まませ(庶兄)	人	①	177
ままちち	継父	人	①	144
ままのい	真間入江	地	③	315
	—	地	③	1286
ままのつ	真間継橋	地	③	314
ままのて	真間乃手古奈	人	①	31
ままはは	ままはは(嫡母)	人	①	144
	「ちゃくぼ嫡母」も見よ			
ままはは	継母	人	①	144
まみ	猯	動		396
まみたぬ	まみ貍	動		396
まみやり	間宮林蔵	外		1550
まむぎ	小麦	植	①	836
まむし	蝮	動		1028
	—	動		1019
まむしざ	蝮酒	動		1019
	—	飲		708
まめ	豆	植	②	229
	儺—	歳		1388
	聴布穀鳥声種—	動		879
まめあめ	豆飴	飲		661
まめいた	豆板銀	泉		202
	慶長—図	泉		426
	—品位	泉		387
まめうえ	豆植庖丁	産	①	257
まめうち	豆打(節分)	歳		1388
まめうま	豆甘鳥	動		793
まめがゆ	豆粥	飲		457
まめがら	まめがら(萁)	植	②	230
まめごけ	まめごけ(螺靨草)	植	②	857
まめぞう	豆蔵	楽	②	1175
まめだい	豆大鼓	遊		1257
まめづた	まめづた(螺靨草)	植	②	858
まめでっ	豆鉄砲	遊		1274
まめのめ	豆名月	歳		1311
まめはん	まめはんめう(葛上亭長)	動		1091
まめまき	豆蒔車(農具)	産	①	256
まめまわ	豆廻(鵤)	動		793
まもり	守(神符)	神	②	912
	疫病除—	方		1343
まもりが	守刀	兵		1381
	—	礼	①	349
まもりぶ	守袋	神	②	968
	—図	神	②	970
まもりふ	守札	神	②	915
	雷除—	天		304
	節分—	歳		1388
まもる	守(戦)	兵		617
まや	両下	居		518
まやばし	厩橋	地	②	23
まゆ	眉	人	①	343
	剃—毛	礼	①	876
まゆ	眉(車)	器	②	755
まゆ	眉(作眉)	人	①	346
	児—	宗	②	1067
	依喪拭—	礼	②	704
	諒闇中拭—哉否之事	礼	②	544
まゆ	眉(烏帽子)	服		1170
まゆ	繭	産	①	352
まゆずみ	黛	人	①	346
まゆだま	繭玉	歳		855
	—	神	②	587
まゆつく	眉作	器	①	499
まゆとじ	眉止之女(催馬楽)	楽	①	214
まゆねか	眉根掻	人	①	345
まゆはき	眉掃	器	①	499
まゆみ	まゆみ(騎射)	武		444
まゆみ	檀	植	①	491
まゆみ	檀弓	兵		1623

まゆわお 眉輪王 帝 286
まよけの 魔除守札 神 ② 927
まよわし 迷はし神 神 ① 74
まら まら(男称) 人 ① 23
まらたけ まらたけりぐさ(仙霊毗草) 植 ② 208
まらびと まらびと 人 ② 393
「きゃく客」も見よ
まり まり(蹴鞠) 遊 1041
「しゅうき蹴鞠」も見よ
まり 盌 器 ① 4
まり 鞠
蹴鞠用— 遊 1118
手— 遊 1268
まりあし 鞠足 遊 1046
まりうち 打毬【篇】 遊 1143
まりくく 鞠括 遊 1125
まりこが 鞠子川 地 ③ 448
— 地 ③ 1155
「さかわが酒匂川」も見よ
まりこが 丸子川渡 地 ③ 444
まりこの 丸子駅 地 ① 611
まりこの 鞠児郷 地 ① 889
まりこゆ まりこゆ 遊 1039
「しゅうき蹴鞠」も見よ
まりざお 鞠棹 遊 1125
まりして 摩利支天 宗 ① 127
武士信— 兵 524
まりしょ 鞠装束 服 496
まりずき 鞠頭巾 服 1247
まりのか 鞠懸 遊 1059
まりのか 鞠神 神 ① 78
まりのつ 鞠の壺 遊 1059
まりば 鞠場 遊 1059
まりはく 鞠は九損一徳 人 ② 301
まりはじ 鞠始 遊 1095
まる まる(便器) 器 ② 572
まる 丸(城) 兵 1064
まるあわ 丸合組 産 ② 438
まるあん 丸行燈 器 ② 243
まるいた 丸板(風炉) 遊 666
まるお 丸緒 服 816
まるおか 丸岡絹 産 ② 219
まるおか 丸岡藩 地 ② 251
まるおび 丸帯 服 1065
まるがね 金丸(貨幣) 泉 294
まるがめ 丸亀 地 ② 837
まるがめ 丸亀藩 地 ② 845
まるきか 丸木皮剝鳥居 神 ① 586
まるきぐ 丸木倉 居 746
まるきぶ 丸木船 器 ② 618
水軍用— 兵 1250
まるきゆ 丸木弓 兵 1630
まるぐけ 丸ぐけ帯 服 1065
まるごお 丸郡 地 ① 1013
まるこぶ 丸木舟 器 ② 619
まるざや 丸鞘 兵 1441
まるしょ 円卓 遊 652
まるずき 丸頭巾 服 1247
まるずみ 丸墨 文 ③ 1364
まるせん 丸銭 泉 37
まるぞな 丸備 兵 413
まるたう 丸太魚 動 1321
まるたご 丸太格子 居 1263
まるだな 丸棚 遊 654
まるたな 丸太長押 居 1104
まるたぶ 丸太船 器 ② 618
まるちょ 丸帳 政 ② 259
— 政 ③ 1106
まるぢょ 丸提灯 器 ② 252
まるとも 丸鞆帯 服 791
まるね まるね(仮寝) 人 ① 965
まるね 丸根(鏃) 兵 1612
まるのひ 丸日 人 ② 900
まるばし 丸橋忠弥 法 ② 216
まるばし 円柱 居 947
まるばの まるばのほろし(白英) 植 ② 540
まるぶし まるぶしゆかん(枸櫞) 植 ① 427
まるべの 丸部明麻呂 人 ① 1068
まるぼう 丸棒駕籠 器 ② 1019
まるぼこ 丸架(橋具) 地 ③ 125
まるまげ 丸髷 人 ① 556
まるむね 丸棟作 居 825
まるめも 丸目主水正 武 68
まるめろ まるめろ(榲桲) 植 ① 370
まるもの 丸物(小袖) 服 421
まるもの 円物(的) 武 247
まるやき 丸焼 飲 251
まるやせ 丸屋銭 泉 29
まるやま 円山応挙 文 ③ 826
—写生臥猪 文 ③ 923
まるやま 円山派 文 ③ 826

まろ	まろ(銭)	泉		6
まろ	麻呂(人名)	姓		695
	—	姓		821
まろ	麻呂(自称)	人	①	8
まろうど	まらうど	人	②	394
	「きゃく客」も見よ			
まろうど	客居	居		624
まろうど	客人宮	神	④	660
まろかな	まろかなへ(釜)	器	①	297
まろきば	円木橋	地	③	83
まろぐら	まろぐら	居		734
まろばし	円橋	地	③	83
まろむし	まろむし(蜣蜋)	動		1092
まろや	丸屋	居		1026
まわし	まはし			
	相撲—	武		1199
	拳—	遊		239
まわた	真綿	産	②	100
	—	産	②	8
まわたし	壁帯	居		1144
まわりけ	廻検地	政	④	28
	—	文	③	638
まわりご	回碁	遊		76
まわりし	まはり下著	服		426
まわりし	廻り将棋	遊		143
まわりず	廻炭之式	遊		521
まわりど	廻筒博弈打	法	③	31
まわりど	廻灯籠	器	②	233
まわりの	まはりのまはりの小仏	遊		1240
まわりば	廻花之式	遊		521
まん	幔	器	①	750
	以笏褰—	服		1280
まんあん	万安方(医書)	方		1017
まんえん	万延	歳		269
まんえん	万延金	泉		258
まんがん	満願寺	宗	④	732
まんぎょ	万行保	官	②	1026
まんぎん	漫吟集	文	②	375
まんく	万句(俳諧)	文	①	1200
まんくれ	万句連歌	文	①	994
まんげえ	万花会	宗	②	211
まんげさ	縵袈裟	宗	②	1159
まんげつ	満月	天		61
まんごく	万斛籮	産	①	311
まんさい	満済	宗	③	1049
まんざい	万歳	歳		879
まんざい	万歳楽(唐楽)	楽	①	401
	天皇始習—	楽	①	110
まんざい	万歳楽(踏歌)	楽	①	258
まんさく	満作	歳		1433
	「ほうねん豊年」も見よ			
まんじ	万治	歳		251
まんじゅ	万寿	歳		186
まんじゅ	曼殊院【篇】	宗	③	721
まんじゅ	曼殊院宮	帝		1480
まんしゅ	まんしゆう(海芋)	植	①	980
まんじゅ	饅頭	飲		626
	饗曾木月見之時供—	礼	①	543
まんじゅ	饅頭石	金		263
まんじゅ	饅頭売	飲		627
	—図	飲		630
まんじゅ	饅頭屋	飲		632
	—看板	産	②	647
まんじゅ	万秋楽	楽	①	509
まんじゅ	万寿寺(山城)【篇】	宗	③	962
まんじゅ	万寿寺(豊後)【篇】	宗	④	1076
まんじゅ	万寿寺副奉行	官	②	1216
まんじゅ	曼珠沙華(石蒜)	植	①	1087
まんしん	慢心	人	②	630
まんすじ	万筋縞	産	②	27
まんそう	万僧供	宗	②	192
	—	帝		1539
まんだい	茨田池	地	③	1224
まんだい	万代和歌集	文	②	360
まんだご	茨田郡	地	①	319
まんだま	曼荼万秋楽	楽	①	509
まんだら	曼荼羅【篇】	宗	①	223
	—	文	③	893
	当麻寺—	宗	③	1305
まんだら	曼荼羅供	宗	②	175
	—	礼	②	1390
まんだら	曼陀羅花	植	②	583
まんだら	曼荼羅寺	宗	③	1013
まんだら	曼荼羅道場	居		177
まんだら	まんだら引目	兵		1686
まんだら	曼荼羅弓	兵		1656
まんちょ	満潮	地	③	1256
まんど	万度			
	祭礼—	器	②	247
	玩具—	遊		1274
まんどう	万燈会	宗	②	201
	—	歳		1256

　　北野神社—　神 ③ 1639
まんとく　万徳寺【篇】　宗 ④ 140
まんとく　満徳寺【篇】　宗 ④ 719
まんどこ　まんどころ(務所庁)　神 ① 499
まんどこ　政所
　　大神宮祭主—　神 ③ 844
　　女御—　帝 1236
　　親王摂関大臣家—　官 ① 1271
　　勧学院—　文 ② 1305
　　鎌倉幕府—【篇】　官 ② 697
　　—訴訟対決　法 ① 1147
　　地頭—　官 ② 950
　　足利氏—【篇】　官 ② 1103
　　関東—【併入】　官 ② 1312
　　寺院—　宗 ③ 127
まんどこ　政所開闔　官 ② 1107
まんどこ　政所吉書　帝 238
　　—吉書始　政 ③ 2
まんどこ　政所下文
　　鎌倉幕府—　政 ③ 58
　　摂関大臣家—　政 ① 366
まんどこ　政所公人
　　鎌倉幕府—　官 ② 716
　　足利氏—　官 ② 1113
まんどこ　政所職　官 ① 316
まんどこ　政所執事
　　鎌倉幕府—　官 ② 712
　　足利氏—　官 ② 1103
まんどこ　政所執事代
　　鎌倉幕府—　官 ② 715
　　足利氏—　官 ② 1107
まんどこ　政所代　官 ② 1110
まんどこ　政所頭人　官 ② 1104
まんどこ　政所内談始　政 ③ 21
まんどこ　政所内評定始　政 ③ 18
まんどこ　政所始
　　摂政家—　官 ① 1272
　　将軍家—　政 ③ 3
　　—著狩衣　服 483
　　—著直垂　服 562
まんどこ　政所符　政 ① 356
まんどこ　政所別当　官 ② 706
まんどこ　政所奉書　政 ③ 102
まんどこ　政所寄人
　　鎌倉幕府—　官 ② 716
　　足利氏—　官 ② 1111
まんどは　万度祓　神 ② 696
　　—　神 ② 960
まんどや　万度流鏑馬　武 501
まんな　まんな(真名)　文 ① 11
まんねん　まんねんぐさ(玉柏)　植 ② 874
まんねん　万年ぐさ(仏甲草)　植 ② 88
まんねん　万年酢　飲 801
まんねん　まんねんすぎ(玉柏)　植 ② 874
まんねん　万年さう(壁生草)　植 ② 88
まんねん　万年通宝　泉 18
まんねん　万年弦(弓)　兵 1568
まんねん　万年堂　地 ③ 844
まんねん　万年樋　政 ② 1127
まんねん　まんねんろう(迷迭香)　植 ② 513
まんのう　万能(農具)　産 ① 237
まんぷく　万福寺(山城)【篇】　宗 ③ 1071
　　—鐘　宗 ② 1106
　　宇治黄檗山大蔵経刊行　宗 ① 307
まんぷく　万福寺(甲斐国山梨郡栗原村)　宗 ④ 240
まんぷく　万福寺(甲斐国山梨郡等力村)【篇】　宗 ④ 237
まんぶど　万部読経　宗 ① 334
まんぼう　まんぼう(魚)　動 1529
まんまく　幔幕　器 ① 750
　　—　兵 2093
まんもん　幔門　器 ① 758
まんゆう　漫遊　人 ② 447
まんよう　万葉仮名　文 ① 11
まんよう　万葉集　文 ② 332
まんよう　万葉集抄　文 ② 333
まんよう　万葉集略解　文 ② 353
まんりき　万力　産 ① 286
まんりょ　まんりやう(硃砂根)　植 ② 441
まんるそ　まんるさう(迷迭香)　植 ② 513

み

み　み(自称)　人 ① 6
み　身　人 ① 291
み　実　植 ① 21
　　山吹—　植 ① 383
　　竹—　植 ① 738

	藕―	植	②	138
み	猯	動		396
み	箕	産	①	305
み	鱙	動		1318
みあいま	みあひまして(婚)	礼	①	888
みあえ	みあへ(饗)	礼	①	228
みあかし	みあかし(燈明)	器	②	219
みあがの	御贖節折【附】	神	②	735
みあげ	見上(冑)	兵		1880
みあらか	みあらか(御舎)	神	①	447
	―	神	①	466
みあれ	みあれ(賀茂祭)	神	③	1007
みい	三井(井)	宗	④	606
みい	三井(地名)	地	③	1016
みい	御井(地名)	地	③	1013
みいくさ	御軍祭	神	④	564
みいごお	御井郡	地	②	970
みいじん	三井神社	神	③	1001
みいでら	三井寺	宗	④	599
	「おんじょ園城寺」も見よ			
みいでら	三井寺升	称		91
みいのか	御井神	神	①	872
みいもり	御井守	官	①	1093
みいら	みいら(木乃伊)	方		1090
みいらと	木乃伊取が木乃になる	人	①	901
みいれの	身いれの衣	服		380
みいろも	三色目録	人	②	474
みうけ	身請(遊女)	人	②	904
みうせぬ	みうせぬ(死)	人	①	640
みうちき	みうちきの人	服		394
みうまの	巳午市	神	③	1462
みうらあ	三浦荒次郎	人	②	117
みうらご	三浦郡	地	①	762
みうらし	御占神事	神	③	536
みうらと	三浦党	兵		446
みうらど	御卜所(神祇官)	官	①	298
みうらも	三浦木綿	産	②	166
みうらり	三浦流(柔術)	武		1007
みうらり	三浦流(流鏑馬)	武		525
みえいく	御影供	宗	②	218
みえいど	御影堂	宗	③	87
	新善光寺―	宗	③	498
	大織冠―	神	④	206
	後鳥羽院―	神	④	293
	金剛峯寺影堂	宗	④	943
	「かいさん開山堂」も見よ			
みえいど	御影堂折	服		1352
みえごお	三重郡	地	①	441
みえのさ	三重郷	地	②	1030
みえむら	三重村	地	①	456
みえやの	三重屋荘	政	②	505
みおさら	澪浚	政	④	1097
みおし	水押	器	②	578
みおつく	澪標	地	③	489
みおひき	みをひきの船(水脈船)	器	②	681
みか	瓺	器	①	171
	―	神	②	1244
みかいこ	未開紅	植	①	318
みがきい	みがき石	金		274
みがきず	琢砂	器	①	593
みかきも	御垣守	官	①	1447
みかくし	みかくし(縮砂蜜)	方		1076
みかくり	甕栗宮	地	①	179
みかげ	霊	人	①	626
みかげい	御影石	金		256
みかげの	御蔭社	神	③	1095
みかげま	御蔭祭	神	③	1095
みかさご	御笠郡	地	②	944
みかさし	御笠神事	神	③	501
みかさづ	三笠附	文	①	1288
	―	法	③	58
	―	法	③	1
みかさの	三笠森	地	③	916
みかさや	三笠山(大和)	地	③	730
	―	神	④	32
みかさや	三笠山(近衛)	官	①	1352
みかさや	三笠山(筑前)	神	④	1487
みかしお	みかしほ(枕詞)	地	②	512
みかしき	御炊(内膳司)	官	①	1067
みかしき	御炊殿	神	①	490
みかしわ	みかしはどの(御饌殿)	神	①	489
みかた	御方	兵		518
みかた	御形(神体)	神	①	189
みかたが	三方原	地	③	951
	―	地	③	938
みかたこ	御形湖	地	③	1242
みかたご	三方郡	地	②	209
みかたの	御方里	地	②	531
みがため	身固	方		67
みかづき	三日月	天		58
みかづき	三日月(琵琶)	楽	②	763

みかづき	三日月藩	地	②	544
みかづき	三日月待	神	②	578
みかど	みかど(帝)	帝		184
	「てんのう天皇」も見よ			
みかどお	みかどをがみ	歳		396
	「ちょうが朝賀」も見よ			
みかどま	みかどまゐり	政	①	18
	「ちょうさ朝参」も見よ			
みかどま	御門祭	神	①	849
みかのは	瓶原郷	地	①	241
みかのも	三日餅(婚姻)	礼	①	1206
みかばち	みかばち(木蜂)	動		1117
みかふつ	甕布都神	神	④	24
みかまぎ	御薪	歳		927
	—	器	②	334
	—	歳		877
みかみご	三上郡	地	②	627
みかみの	三上荘	地	②	753
みかみは	三上藩	地	①	1213
みかみや	三上山	地	③	744
みがら	みから(蟾)	動		1147
みかわあ	みかはあへ	飲		207
みかわぐ	参河郡代	官	③	1485
みかわこ	参河公	封		60
みかわし	三河衆	官	③	1765
みかわだ	参河代官	官	③	1518
みかわち	三河内焼	産	①	772
みかわの	三河国【篇】	地	①	539
	以一為大嘗祭悠紀	神	①	963
	以一為大嘗祭悠紀	神	①	1218
	一内神明名帳	神	①	127
みかわの	参河国造	地	①	547
みかわぶ	三河武士	地	①	565
みかわみ	御川水祭	神	①	848
	—	神	②	616
みかわや	廁殿	居		711
	—	居		148
みかわや	御廁人	官	①	1156
みかん	蜜柑	植	①	409
みかんい	蜜柑市	産	②	614
みかんざ	蜜柑酒	飲		708
みき	幹	植	①	3
みき	神酒	神	②	1149
	—	飲		677
みぎあが	右上り(烏帽子)	服		1171
みぎがっ	右勝手(茶湯)	遊		476
みきごお	三木郡	地	②	826
みぎのえ	右掖門	居		236
みぎのお	右大舎人頭	官	①	757
みぎのお	右大舎人寮	官	①	756
みきのか	造酒正	官	①	1080
みぎのせ	右青瑣門	居		241
みきのつ	造酒司【篇】	官	①	1080
	一祭神	神	①	877
みぎのひ	右廂辟仗門	居		221
みぎのひ	右廂門(永安門)	居		227
みぎのひ	右廂門(永嘉門)	居		248
みぎのひ	右廂門(含利門)	居		267
みぎのひ	右廂門(延政門)	居		230
みぎのひ	右廂門(章徳門)	居		251
みぎのひ	右廂門(崇賢門)	居		262
みぎのひ	右廂門(遊義門)	居		232
みぎのひ	右廂門(感化門)	居		253
みぎのひ	右廂門(嘉楽門)	居		266
みぎのひ	右廂門(顕親門)	居		252
みぎのゆ	右靫負府	官	①	1492
みぎのろ	右楼	居		191
みきまち	三木町棚	遊		653
みきゅう	未給	封		273
	—	政	①	684
みきゅう	未給爵	政	①	1494
みぎり	砌【併入】	居		1192
みきりゅ	三木流(鉄砲)	武		885
みぎわ	汀	地	③	1226
みくさ	みくさ(草)	植	①	922
みくさの	三くさのたから	帝		48
	「しんき神器」も見よ			
みくさは	三草藩	地	②	544
みくじ	御鬮	神	②	1312
	以一定将軍職	官	②	1091
	以一定継嗣	政	③	709
	以一決軍功	兵		953
	諒闇有無取一定之	礼	②	411
みぐし	みぐし	人	①	502
	「かみ髪」も見よ			
みぐしあ	御髪上	歳		1406
みくしげ	御匣殿	居		94
みくしげ	御匣殿別当	官	①	1148
	以一為女御	帝		1242
みくずれ	見崩	兵		589
みくだり	三行半(離縁)	礼	①	1323
みくに	三国	地	②	243
みくにの	三国君	地	②	243
みくにの	三国国造	地	②	231

みくにの　三国吸物　飲　192
みくにの　三国渡　地 ③　421
みくにゆ　みくにゆづり　帝　457
「じょうい譲位」も見よ
みくまか　三熊花顛　文 ③　918
みくみご　美含郡　地 ②　422
みくもん　未公文受領　官 ②　564
みくらこ　御蔵小舎人　官 ②　233
みくらじ　御蔵島　地 ①　639
みくらた　御倉板挙之神　居　740
みくり　三稜草　植 ①　963
みくりや　御厨
神社―　神 ①　620
大神宮―　神 ③　826
大神宮―　神 ③　876
蔵人所―　官 ②　301
みけ　神饌【篇】　神 ②　1147
―　飲　4
大嘗祭―図　神 ①　1526
大嘗祭―　神 ①　1501
新嘗祭―　神 ②　429
大神宮朝夕御饌【篇】　神 ③　561
神嘗祭御饌　神 ③　435
諸国の神社の神饌の事は神祇部各神社篇に在り。今之を略す
みけごお　三毛郡　地 ②　972
みけし　みけし(衣裳)　服　6
みけしき　御気色　法 ①　852
みけちし　御結鎮神事　神 ④　244
みけつか　御饌都神　神 ①　49
みけつじ　御食津神社　神 ①　50
みけつの　御膳魂　神 ②　500
みけどの　御饌殿　神 ①　488
大神宮―　神 ③　561
みけのく　御木国　地 ②　972
みけのや　御食社　神 ③　141
みけびと　御食人(葬礼)　礼 ②　15
みけん　眉間　人 ①　330
みこ　巫　神 ②　1514
―祝呪詛　方　62
みこ　神子　神 ②　1516
みこ　親王　帝　1412
「しんのう親王」も見よ
みごい　みごひ(魚)　動　1318
みこう　獼猴　動　268
みこうお　みこ魚　動　1349
みこえ　身こえ　産 ①　113
みこがみ　御子神　礼 ②　1324
みこがみ　神子上忠明　武　35
みこし　神輿　神 ①　595
「しんよ神輿」も見よ
みこしあ　神輿洗　神 ③　1503
―　神 ①　606
みこしお　御輿長　官 ①　1378
みこしぐ　神輿倉　神 ①　608
みこしふ　神輿振
男山八幡宮―　神 ③　1309
日吉神社―　神 ④　635
日吉神社―　神 ①　603
みこしむ　御輿迎　神 ③　1489
みこしや　御輿宿　神 ①　608
みこしろ　御子代【併入】　官 ①　133
みこしろ　皇子代里　地 ②　529
みこと　御琴(和琴)　楽 ②　562
みことの　詔　政 ①　213
即位―　帝　343
譲位―　帝　475
上尊号―　帝　799
改元―　歳　159
天皇元服時―　礼 ①　700
蓄銭―　泉　128
みこども　みこともち(宰)　官 ①　182
みことり　尊流(射術)　武　126
みこのみ　皇子尊　帝　1307
みこのみ　みこのみや(東宮)　帝　1307
みこのみ　みこのみやのつかさ(春宮坊)　官 ①　1166
みこひだ　御子左家　姓　358
―歌道　文 ①　791
―蹴鞠　遊　1104
みさお　貞操　人 ①　1118
みさき　岬　地 ③　1328
みさきじ　御崎神社　神 ④　1077
「ひのみさ日御崎神社」も見よ
みさきせ　三崎関所番　官 ③　1463
みさきの　三崎湊　産 ②　738
みさきぶ　三崎奉行　官 ③　1463
みさご　鴡鳩　動　956
みさごず　鶚鮓　飲　970
みささぎ　陵　帝　966
「さんりょ山陵」も見よ
みささぎ　諸陵正　官 ①　869

みささぎ	みささぎのつかさ(諸陵寮)	官	①	869
みさんざ	みさんざい	政	③	925
みじかう	短歌	文	①	535
みじかで	短手(拍手)	神	②	981
みじかば	短羽織	服		678
みしぎょ	未施行(講書)	文	③	211
みしち	見質	政	④	764
みしはせ	みしむせ(肅愼)	外		1101
みしほ	みしほ(御修法)	宗	②	238
	「しゅほう修法」も見よ			
みしま	三島(伊豆)	地	①	659
みしま	見島	地	②	702
みしまえ	三島江	地	③	1286
みしまご	三島郡(越後)	地	②	342
みしまご	見島郡(長門)	地	②	711
みしまご	三島暦	方		391
みしまじ	三島神供寺	神	②	1740
みしまじ	三島神社【篇】	神	④	397
	—神領	神	①	631
みしまだ	三島大明神	神	④	1353
みしょう	未生流	遊		877
みしろの	みしろのいね(穇)	植	①	772
みしん	未進			
	舂米—	政	②	621
	地子—	政	②	636
	調庸—	政	②	766
	庸—	政	②	811
	調庸—率分	政	②	816
	義倉—	政	②	1082
	田租—	政	④	336
	地子—	政	④	388
みじんじ	微塵縞	産	②	27
みじんり	微塵流(剣術)	武		33
みず	水			
	秋露—	天		171
	雪—	天		234
	三都—性	地	③	1019
	由地震—涌出	地	③	1387
	若—	歳		846
	神饌用—	神	②	1153
	大神宮御饌—	神	③	564
	茶湯用—	遊		539
	煎茶用—	遊		788
みずあえ	水あへ	飲		205
みずあげ	水揚(挿花)	遊		860
みずあさ	みづあさがほ(草)	植	①	952
みずあび	水あびせ(婚姻)	礼	①	1214
みずあぶ	水油	器	②	302
みずあぶ	水油問屋	産	②	407
みすあみ	御簾編	器	①	858
みずあわ	水合	方		56
みずい	瑞井	地	③	1016
みずいた	水板(茶湯具)	遊		658
みずいた	水鼬	動		251
みすいり	御翠簾入	礼	①	929
みずいり	水入場	政	④	210
みずいれ	水滴【併入】	文	③	1354
	—図	文	③	1355
みずいわ	水祝(婚姻)	礼	①	1212
みずうす	碾磑	産	①	297
みずうま	水駅	政	②	1161
みずうみ	湖【篇】	地	③	1228
みずお	みづを(鐙靻)	兵		2003
みずおけ	水桶	器	①	265
	将軍葬送道筋出—	礼	②	186
みずおち	みづおち(鳩尾)	人	①	419
みずかえ	水替人足	法	②	399
みずかが	水鏡	文	③	1087
みずかき	みづかき(蹼)	動		508
みずがき	瑞籬	神	①	568
みずかき	水かき桶	産	①	279
みずがき	瑞籬宮	地	①	178
みずかけ	水懸(婚姻)	礼	①	1212
みずかけ	水掛草	植	②	502
みずかげ	水陰草	植	①	764
みずがし	水菓子	飲		597
	将軍家法事時献—	礼	②	1407
みずがし	水菓子屋	飲		669
みずがし	みづがしは(睡菜)	植	②	451
みずがね	水銀	金		213
みずがね	みづがねのかす(汞粉)	金		217
みずがね	汞ほり	金		214
みすがみ	簾紙	文	③	1218
みずがめ	水瓶	器	①	565
	—	器	①	178
みずがめ	水亀	動		1579
みずから	みづから(自称)	人	①	6
みずき	みづき(木)	植	①	586
みずき	みづき(承鞚)	兵		2007
みずき	水城	兵		1126
みずきぼ	水木帽子	服		1227
みずぐき	みづぐき(書翰)	文	①	362

みずくき 水茎振(大歌) 楽 ① 141
みずくみ みづくみ(戽斗) 産 ① 278
みずくり 水くり(魚) 動 1276
みずぐる 水車 産 ① 266
— 産 ① 298
以—舂米 産 ① 104
淀— 官 ③ 610
みずごい 水乞鳥 動 658
みずごえ 水肥 産 ① 136
— 産 ① 118
みずこし 水こし 器 ① 273
みずこぼ 水こぼし(水覆) 遊 751
みずさし 水注子 器 ① 569
茶湯用水指 遊 740
みすじた 三筋立(織物) 産 ② 27
みずしだ 御厨子棚 器 ① 659
みずしど 御厨子所【併入】 官 ① 1074
みずしま 水島永政 帝 1101
みずしま 水島卜也 礼 ① 1347
みずしま 水島流(有職) 文 ② 921
みすずか みすずかる(枕詞) 植 ① 710
みずぜめ 水攻(攻城) 兵 639
みずぜめ 水責(拷訊) 法 ① 612
— 法 ① 1183
— 法 ③ 981
みずたで 水蓼 植 ② 3
みずたま 水玉会所 法 ② 416
みずだれ 御簾入 帝 1509
みずちょ 水帳(田文) 政 ③ 1108
— 政 ④ 8
— 政 ④ 62
みずちょ 水帳(人別帳) 政 ③ 485
みずつき みづつき(承鞚) 兵 2007
みずづく 水作 飲 211
みずづけ 水漬 飲 374
みずて 水手(画) 文 ③ 941
みすてち 見捨地 政 ④ 16
— 政 ④ 128
みすてり 身捨流(剣術) 武 44
みずてん 水伝馬(舟) 器 ② 687
みずとり 水鳥 動 499
射— 武 112
みずとる みづとるたま(水精) 金 224
みずな 水菜 植 ② 62
みずなそ 水名相場 政 ④ 486
みずなわ 水縄(検地具) 政 ④ 70
みずねず 水鼠 動 233
みずのえ 水江浦島子 方 612
みずのお 水尾天皇 帝 944
「せいわ清和天皇」も見よ
みずのお 水尾山陵 帝 1015
みずのか 水神 神 ① 33
みずのか 水神祭 方 47
鎮水神祭 神 ② 615
みすのし 三栖荘 地 ① 254
みずのみ 水呑の緒(鎧) 兵 1791
みずのみ 水飲百姓 産 ① 194
みずのみ 美豆御牧 地 ③ 964
みずのり 水野流(居合) 武 65
みずは みづは(魍魎) 神 ① 33
みずはか みづはかり(準縄) 産 ① 558
みずはじ みづはじき(翻車) 産 ① 271
みずはし 水橋渡 地 ③ 474
みずばし みづばせを(海芋) 植 ① 979
みずはね 水刎 政 ④ 1001
みずはの 罔象女神 神 ① 34
祀—於丹生川上神社 神 ④ 187
みずはや 水早信正 武 1010
みずはり 水磔【併入】 法 ② 231
みずひき 水引(鎧) 兵 1778
みずひき 水引(幕類) 器 ① 788
みずひき 水引(進物用) 人 ② 471
— 人 ② 464
みずひき 水引草 植 ② 26
みずひき 水引幕 器 ① 744
— 武 1165
みずぶね 水舟(棺) 礼 ② 114
みずぶね 水船 器 ② 687
みずふぶ みづふぶき(芡) 植 ② 154
みずふる みづふるひ(漉水嚢) 宗 ② 1135
みずへび 水蛇 動 1027
— 動 1020
みずほう 御修法 宗 ② 238
「しゅほう修法」も見よ
みずほの 瑞穂国 地 ① 15
みずまり 水鋺 器 ① 6
— 器 ① 26
みずもり 水もり(木工具) 産 ① 518
みすや 翠簾屋 器 ① 858
みずや 水屋 遊 571
黒田如水—法度書 遊 638
みずやぐ 水櫓 兵 1105
みずやの 水屋の神 神 ① 916

　　　　「いのかみ井神」も見よ
みずやの　水屋具　遊　759
みずら　鬟　人①　510
みせ　みせ(鄽)　産②　622
　　　脇店　産②　573
みせがね　見せ金　地②　1234
みせぐら　見世蔵　居　762
みせざや　見せ鞘　兵　1465
みせだな　見世棚　産②　622
みせばや　みせばや(草)　植②　86
みせもの　見せ物　楽②　1203
みせん　弥山　神④　1180
みそ　味噌【篇】　飲　851
みぞ　溝【併入】　地③　1227
　　　―　政②　1137
　　　穿溝渠灌田　政②　1137
　　　穿溝渠漑田　政④　1179
みそうず　みそうづ(醬水)　飲　472
みそか　晦日　歳　56
　　　大―　歳　1428
みぞがい　溝貝　動　1648
みぞかく　みぞかくし(半辺蓮)　植②　688
みぞかけ　みぞかけ(衣架)　器②　534
みそぎ　禊
　　　大嘗祭―　神①　1083
　　　大嘗祭―　神①　1622
　　　斎宮卜定後―　神③　683
　　　斎院卜定後―　神③　1189
　　　賀茂祭斎院―　神③　1009
　　　賀茂臨時祭―　神③　1106
　　　石清水臨時祭―　神③　1344
　　　「ばっけい祓禊」「はらえ祓」
　　　も見よ
みそぎ　御衣木　宗①　149
みそぎえ　御祓会　神④　1555
みぞくち　溝口流(書道)　文③　682
みぞごい　溝五位(鸀鷉鳥)　動　614
みそこし　味噌漉　器①　274
みそこし　味噌漉縞　産②　28
みそこし　味噌漉頭巾　服　1251
みそさざ　みそさざい(鷦鷯)　動　769
みそしる　味噌汁　飲　163
みぞそば　みぞそば(牛面草)　植②　30
みぞそば　みぞそば(苦蕎麦)　植②　11
みそづけ　味噌漬　飲　1026
みそどん　味噌問屋　産②　408
みその　御園　神①　620
　　　大神宮―　神③　876
みそのす　味噌吸物　飲　188
みそのの　御園の御牧　地③　979
みそのば　御園橋　地③　200
みそのや　三十輻　器②　772
みそはぎ　みそはぎ(鼠尾草)　植②　502
みそや　味噌屋　飲　864
　　　―看板　産②　647
みぞれ　みぞれ(酒)　飲　684
みぞれ　霙【篇】　天　241
みぞろや　御菩薩焼　産①　721
みた　三田(江戸)　地①　963
みた　屯田　政②　439
みだ　弥陀　宗①　77
　　　「あみだ阿弥陀」も見よ
みだいさ　御台様用人　官③　794
みだいど　御台所　人①　154
　　　―　官③　51
みだいん　弥陀引摂楽　楽①　510
みだかん　弥陀感応日　宗③　323
みたけ　嶽　地③　692
みたけ　御嶽(金峯山)　地③　757
みたけこ　御嶽講　法②　31
みたけさ　御嶽山(武蔵)　地③　798
みたけそ　御嶽精進　宗③　1312
みたけも　御嶽詣　宗③　1312
みたじょ　三田上水　政④　1121
みたじり　三田尻　地②　691
みたてお　三立岡墓　礼②　1151
みたなら　御手ならし(和琴)　楽②　569
みたにご　三谿郡　地②　628
みだぬき　みだぬき(猯)　動　396
みたのじ　御田神社　神④　348
みたま　霊　人①　626
みたま　神魂【篇】　神①　175
　　　鎮御魂斎戸祭　神②　535
みたまし　御霊代　礼②　290
みたまふ　みたまふり(招魂)　神②　498
みたまむ　御魂結緒　神②　535
みたやも　みたやもり(御田屋
　　　守)　産①　71
みだらお　みだらをの馬　動　95
みだれお　乱緒履　服　1407
みだれば　乱箱　器①　686
みだれは　みだれ腹白(指貫括)　服　758
みだれや　乱焼(刀剣)　兵　1315
みち　道　地③　2

	「どうろ道路」も見よ			
みち	海驢	動		470
みちあえ	道饗祭【篇】	神	②	552
みちうら	道占	神	②	1304
みちがく	道楽	楽	①	8
みちき	道行(音楽)	楽	①	41
みちくら	道くらべ(牽道)	遊		171
みちのい	道今古	人	①	1122
みちのお	みちのおくのくに	地	②	71
	「むつのく陸奥国」も見よ			
みちのお	道首名	文	②	898
みちのか	道神	神	①	53
みちのく	陸奥(風俗歌)	楽	①	233
みちのく	陸奥紙	文	③	1194
	—	文	③	1213
みちのく	道口	地	③	3
みちのく	道口(催馬楽)	楽	①	209
みちのく	道口岐閉国造	地	②	89
みちのく	道奥菊多国造	地	②	89
みちのし	道師	姓		59
	—	姓		122
みちのし	みちのしり(道後)	地	③	4
みちのり	道法	地	③	39
みちはば	道幅	地	③	24
みちぶぎ	道奉行【附】	官	③	463
みちむら	通村流(書道)	文	③	679
みちょう	御帳	器	①	791
	以—為衣	服		1005
みちょう	御帳帷	器	①	799
みつ	蜜【併入】	飲		906
	—	動		1117
みつ	御津	地	③	484
みついし	三石郡	地	②	1299
みついし	三石宿	地	②	576
みついし	三井親和	宗	①	199
みつうろ	三鱗形紋	姓		525
みつえし	御杖代			
	天照大神—	神	③	683
	賀茂明神—	神	③	1171
	厩戸皇子—	官	①	1189
みつえり	三つえり(衣紋)	服		217
みっかい	三日市藩	地	②	351
みつかう	みつかふつみ(徒罪)	法	①	128
みっかが	三日帰	礼	①	1104
みっかこ	三日ころり	方		1418
みっかは	三日法度	服		903
みっかも	三日戻	礼	①	1105
みっかや	三日病	方		1429
	三日疫病	方		1330
みつぎ	貢			
	三韓納—	外		90
	新羅納—	外		107
	百済納—	外		182
	高麗納—	外		231
	任那納—	外		255
	耽羅納—	外		272
みつぎ	調	政	②	717
	「ちょう調」も見よ			
みつぎご	御調郡	地	②	627
みつぎも	貢物	政	②	717
	「みつぎ貢」も見よ			
みっきょ	密教	宗	①	566
	—	宗	①	28
みつぐそ	三具足	宗	②	1081
	床飾—	居		1075
みつくち	三口	人	①	386
みつぐら	三ッ蔵	居		810
みつくり	箕作阮甫	文	②	1011
みつけ	見付	兵		1119
	—十四箇所勤番	官	③	1562
みつけの	見附宿	地	①	571
みつこう	蜜香	植	①	571
みつごし	三子出産	政	③	516
みっし	密使	政	①	591
みつしゃ	密迹金剛	宗	①	129
みっしゅ	密宗	宗	①	565
	「しんごん真言宗」も見よ			
みっそう	密奏	政	①	439
みっそう	密葬	礼	②	253
みつだそ	密陀僧	金		211
みつただ	光忠(刀工)	産	①	638
みつち	蛟	動		1017
みっつう	密通	法	①	908
	—	法	②	953
	奉公人—	政	③	624
	「はんかん犯姦」も見よ			
みつでら	三津寺	宗	④	67
みつなか	御綱柏	植	①	190
	—	神	②	1251
みつのか	三角柏占	神	②	1311
みつのさ	三津郷	地	②	478
みつのし	三津荘	官	②	1044
みつのた	三のたから	帝		48
	「しんき神器」も見よ			

みつのつ	三箇の津	地 ③	507
みつのと	美津泊	地 ③	559
みつのは	三始	歳	592
みつのは	御津浜	地 ③	542
みつのみ	御津岬	地 ③	1331
みつばい	密売婬	法 ②	974
みつばぐ	みつばぐさ(前胡)	植 ②	404
みつはし	三柱鳥居	神 ①	586
みつばぜ	三葉芹	植 ②	403
みつばち	蜜蜂	動	1117
みっぷ	密夫	法 ③	963
	—非密夫論	法 ②	868
みつぼう	密貿易	産 ②	818
みつほう	三宝銀	泉	211
	—引替割合	泉	324
	—品位	泉	387
みつぼし	三ッ星	天	99
みつまた	みつまた(三椏)	植 ①	567
みつまと	三的	武	249
みつめ	三ッ目(婚礼)	礼 ①	1346
	—祝	礼 ①	1072
みつめぎ	三ッ目錐	産 ①	570
みつもの	三物		
	連歌—	文 ①	1137
	俳諧—	文 ①	1252
みつもの	三物(射術)	武	100
みつもの	三ッ物(武具)	兵	1294
みつろう	蜜蠟	動	1119
みてうち	三手内一把	政 ④	115
みてぐら	みてぐら(幣)	神 ②	1057
	「へいはく幣帛」も見よ		
みてぐら	幣(神楽)	楽 ①	157
みてぐら	御幣殿	官 ①	294
みてのい	三手の犬追物	武	596
みと	水戸	地 ①	1134
みどう	御堂(法成寺)	宗 ③	398
みとうば	御たうばり(年給)	封	272
みどうぶ	御堂奉行	官 ②	804
みとかい	水戸海道	地 ③	73
みときの	三時鞠	遊	1098
みとけ	水戸家	官 ③	1668
	—蔵書	文 ③	384
みとこん	水戸蒟蒻	植 ①	984
みとさぎ	みとさぎ(蒼鷺)	動	615
みとしの	御年神	神 ①	51
	—	産 ①	7
みとしの	御年皇神	産 ①	7
みとしろ	みとしろ(神田)	神 ①	624
	御刀代田	産 ①	64
	「しんでん神田」も見よ		
みとで	水戸手(銭)	泉	61
みどのご	緑野郡	地 ②	14
みとは	水戸派(経学)	文 ②	809
みとはん	水戸藩	地 ①	1144
	—藩札	泉	444
	—修史	文 ②	875
	—自葬式	礼 ②	83
みとびら	御戸開	神 ③	1098
みども	みども(自称)	人 ①	6
みとやの	三刀屋郷	官 ②	1015
みとり	視取(田租)	政 ④	193
みどり	緑	産 ①	879
みどりご	緑児	人 ①	68
みどりの	緑舄	服	1384
みどりの	緑の袖(六位)	官 ③	1776
みどりの	緑林(盗賊)	人 ②	779
みとりば	見取場	政 ④	238
みどりべ	緑端畳	器 ②	77
みとりま	見取米	政 ④	239
みな	蜷	動	1668
みなかた	南方刀美神社	神 ④	721
みなきご	美嚢郡	地 ②	526
みなくち	水口城	地 ①	1166
みなげ	身投	人 ①	651
みなしご	孤	人 ①	207
	救恤—独窮乏	政 ④	862
	—児附籍	政 ②	34
みなしじ	水無神社【篇】	神 ④	714
みなしむ	みなしむぎ(浮麦)	植 ①	858
みなしろ	御名代【併入】	官 ①	133
みなしろ	みなしろぐさ(白薇)	植 ②	457
みなせが	水無瀬川	地 ③	1152
みなせけ	水無瀬家	姓	361
	—蹴鞠	遊	1104
みなせの	水無瀬宮【篇】	神 ④	291
	水無瀬神社法楽歌会	文 ②	168
みなつき	みなつき(六月)	歳	21
みなづき	六月祓【附】	神 ②	749
	—図	居	523
	諒闇中—有無之事	礼 ②	553
みなと	港【篇】	地 ③	562
	貿易—	産 ②	736
みなとが	湊紙	文 ③	1198

みなとが 湊川 地 ③ 1152
みなとが 湊川神社 神 ④ 1715
みなとだ 湊田(神楽) 楽 ① 162
みなとの 水戸神 神 ① 63
みなとや 湊焼 産 ① 732
みなぬか 三七日 礼 ② 1479
みなのが 女男川 地 ③ 1155
みなぶち 南淵年名 礼 ① 1474
みなみ 南 天 19
みなみい 南伊勢 地 ① 423
みなみご 南郡 地 ① 337
みなみど 南所(外記庁) 官 ① 398
みなみの 南腋門 居 235
みなみの 南階 居 1184
みなみの 南中門 居 270
みなみの 南廂門 居 265
みなみの 南御堂(東本願寺) 宗 ④ 96
みなみの 南御堂(勝長寿院) 宗 ④ 321
みなみほ 南法華寺 宗 ③ 1346
みなみま 南祭 神 ③ 1311
みなみろ 南牢 法 ③ 188
みなもと 源氏 姓 182
　— 姓 204
　「げんじ源氏」も見よ
みなもと 源顕家
　—為鎮守府将軍 官 ② 31
　祀—於霊山神社 神 ④ 1715
　祀—於阿部野神社 神 ④ 1715
みなもと 源顕房
　—驕傲 帝 1638
　—薨 帝 1548
みなもと 源顕基 人 ② 1014
みなもと 源有仁
　—好色 人 ② 650
　—好衣紋 服 222
みなもと 源競 人 ② 496
みなもと 源実朝
　—為征夷大将軍 官 ② 658
　—遭害 人 ② 517
みなもと 源高明
　—著西宮鈔 文 ② 908
　—左遷 帝 1597
　—左遷 法 ① 342
みなもと 源忠顕 人 ② 624
みなもと 源為朝
　—善射 武 180
　—配流 法 ① 198
みなもと 源親房
　—為准三宮 封 333
　—神道 神 ② 1432
　祀—於霊山神社 神 ④ 1715
　祀—於阿部野神社 神 ④ 1715
みなもと 源経基 姓 215
　経基王廟 礼 ② 1208
みなもと 源融
　—於殿上元服 礼 ① 857
　—於河原院模造陸
　奥塩竈 飲 818
　—霊 帝 1292
　—古墳 宗 ③ 457
みなもと 源俊房 礼 ① 1444
みなもと 源俊頼 文 ① 847
みなもと 源成信 人 ② 1014
みなもと 源博雅
　—善音楽 楽 ① 117
　—習琵琶秘曲 人 ② 978
みなもと 源雅実
　—舞胡飲酒 楽 ① 346
　—謹飭 帝 1641
みなもと 源満仲
　—讒源高明 帝 1598
　—讒源高明 人 ② 696
　—贈位 官 ① 261
　—墓 礼 ② 1085
　—廟鳴動 礼 ② 1253
みなもと 源義家
　—追討俘囚 人 ② 751
　—於奈古曾関詠和
　歌 地 ③ 685
　—善射 武 177
　—奉弓於白河上皇 人 ① 825
みなもと 源義高妻 人 ① 1128
みなもと 源義経
　—幼時居鞍馬寺 宗 ③ 734
　—元服 神 ④ 351
　—一谷戦 兵 644
　—屋島戦 兵 1209
　—於相州腰越上款
　状於源頼朝 政 ③ 188
　—北国落 宗 ① 1094
　—等通過三口関 地 ③ 672
　—兵法 兵 4
　—善剣術 武 27
　—忍耐 人 ② 142

みなもと 源義朝
—令鎌田正清斬父
為義 法 ① 235
—於長田荘司湯殿
被殺 居 695
梟— 法 ① 248
—改葬 礼 ② 233
—贈官位 官 ① 267
みなもと 源義仲
—驕慢 人 ② 633
梟— 法 ① 250
みなもと 源義平
—於紫宸殿庭与平
重盛戦 人 ② 100
—被誅 法 ① 237
みなもと 源義光
—赴兄陣 人 ① 1109
—笙伝授弁 楽 ② 953
みなもと 源頼家
—為征夷大将軍 官 ② 657
—建建仁寺 宗 ③ 621
みなもと 源頼朝
—配流 法 ① 200
—与北条政子婚 礼 ① 1351
—隠臥木内 人 ② 664
—奉願書於大神宮 神 ③ 678
—報池禅尼恩 人 ② 486
—為征夷大将軍 官 ② 651
—誡奢侈 人 ② 61
—訓誡佐々木定重 人 ② 150
—建勝長寿院 宗 ④ 320
みなもと 源頼信
—討平忠恒 兵 643
—善射 武 176
みなもと 源頼政
—善射 武 184
—善和歌 文 ① 744
—善和歌 文 ① 847
—連歌 文 ① 966
—被賜菖蒲前 礼 ① 1290
—於平等院戦死 宗 ③ 1087
みなもと 源頼義
—征奥州 人 ② 750
—射殺馬盗人 人 ② 789
—善絵画 文 ③ 870
みなもと 源倫子 人 ② 560
みならい 見習 官 ③ 110
みなわか 水若酢命神社【篇】 神 ④ 1086
みなわた みなわた(背腸) 飲 943
みにしゅ 壬二集 文 ② 370
みぬのく 三野前国造 地 ① 1244
みぬのく 三野国造 地 ② 578
みぬのし 三野後国造 地 ① 1244
みぬめの 敏馬浦 地 ③ 1319
みね 峯 地 ③ 694
みね 峯(刀剣) 兵 1308
みね 峯(烏帽子) 服 1170
みねいり 峯入(山伏) 宗 ① 1102
みねおか 峯岡牧 地 ③ 978
みねかえ みねかへり 動 877
みねごお 三根郡 地 ② 1082
みねごお 美禰郡 地 ② 710
みねたて みねたてまつる(哭) 礼 ② 653
みねどう 峯堂 宗 ③ 935
みねのお 峯湯泉 地 ③ 1099
みねのさ 三根郷 地 ② 1088
みねまわ 峯廻行者 宗 ② 352
みねやま 峯山 地 ② 405
みねやま 峯山藩 地 ② 410
みねやま 三根山藩 地 ② 351
みの 蓑 器 ② 477
みの 葟子 植 ① 897
みのいち 蓑市 産 ② 617
みのおで 箕面寺【篇】 宗 ④ 101
みのおの 箕面滝 地 ③ 1208
みのがみ 美濃紙 文 ③ 1195
みのがめ 蓑亀 動 1584
みのくさ 蓑草 植 ① 959
みのぐん 美濃郡代 官 ③ 1477
みのぐん 美濃郡代堤方役 官 ③ 1479
みのこう 美濃公 封 56
みのごお 三野郡 地 ② 831
みのごお 美濃郡 地 ② 494
みのごお 御野郡 地 ② 583
みのごめ みのごめ(茵草) 植 ① 897
みのしゅ 美濃衆 官 ③ 1765
みのしろ 身代金 政 ③ 618
みのじろ 三幅白幕 器 ① 743
みのだい 美濃代官 官 ③ 1526
みのだの 箕田郷 地 ① 877
みのちご 水内郡 地 ① 1370
みのちり 美濃縮緬 産 ② 250
みのつく 蓑作 政 ③ 883
みののく 美濃国【篇】 地 ① 1229

	—為大嘗祭悠紀	神	①	963
	配流—	法	①	787
	—銅山	金		135
	—真桑瓜	植	②	600
みののく	美濃国太宝二年戸籍	政	②	20
	—	政	②	48
みののく	美濃国奉行	官	③	1478
みのに	みのに(吸物)	飲		190
みのは	薺苨	植	②	686
みのばこ	蓑箱	器	②	484
みのひの	巳日節会	神	①	1297
みのひの	巳日禊	神	②	693
みのぶさ	身延山派	宗	①	996
	—檀林之階級住職次第	宗	①	970
	—寺院数	宗	③	16
みのむし	蓑虫	動		1099
みのやま	美濃山(催馬楽)	楽	①	214
みのりゅ	美濃流(俳諧)	文	①	1359
みのわた	みのわた(三焦)	人	①	487
みのわど	みのわ堂	礼	②	1123
みはか	御陵	帝		967
	「さんりょ山陵」も見よ			
みはかし	みはかし(刀剣)	兵		1303
みはし	階	居		1179
みはら	三原(備後)	地	②	631
みはらご	三原郡	地	②	773
みはらご	御原郡	地	②	969
みはるは	三春藩	地	②	154
	—講所	文	②	1283
みひたき	御火炬	官	①	347
みひどの	御樋殿	居		147
みふ	御封	封		3
	「ふ封」も見よ			
みぶきょ	壬生狂言	楽	②	229
	—	宗	③	373
みぶじぞ	壬生地蔵堂	宗	③	372
みぶでら	壬生寺【篇】	宗	③	372
	—本尊開帳	宗	③	353
みふねじ	御船神社	神	③	135
みぶねん	壬生念仏会	宗	③	373
みぶのの	壬生野荘	地	①	415
みぶはん	壬生藩	地	②	60
みぶべ	乳部	官	①	127
みぶべ	壬生部	官	①	134
みぶもん	壬生門	居		208
みほじん	美保神社【篇】	神	④	1075
みほすす	御穂須須美命	神	④	1075
みほつひ	三穂津姫命	神	④	1005
みまかる	みまかる	人	①	639
みまきご	御牧郡	地	②	940
みまごお	美馬郡	地	②	797
みまさか	美作(催馬楽)	楽	①	213
みまさか	美作代官	官	③	1533
みまさか	美作国【篇】	地	②	552
	以—為大嘗祭主基	神	①	963
	—銀貨	泉		289
	—銅山	金		147
みまし	みまし(汝)	人	①	11
みまち	巳待	神	②	586
みまな	任那【篇】	外		247
みまなの	任那宰【併入】	官	①	185
みまなふ	任那府	外		88
みまや	みまや(厩)	居		728
みまやの	三馬屋渡	地	③	473
みみ	耳	人	①	334
	切罪人—	法	①	763
	晒之上—をそぎ追放	法	②	336
みみ	耳(冑)	兵		1877
みみ	珥			
	日—	天		30
	月—	天		69
みみかき	耳掻	器	①	451
	簪添—	器	①	434
みみかわ	耳土器	器	①	104
みみぎき	耳聞(斥候)	兵		332
みみきり	刵			
	劓—	法	①	763
	劓—【併入】	法	②	462
みみくそ	みみくそ(耵)	人	①	338
みみしい	みみしひ(聾)	人	①	339
みみじろ	耳白(寛永通宝)	泉		25
みみじろ	耳白貝	動		1627
みみじろ	耳白銭	泉		29
みみず	蚯蚓	動		1226
	以—為魚釣餌	産	①	376
みみずが	蚯蚓書	文	③	782
みみずく	木兎	動		959
みみせせ	みみせせのほね(完骨)	人	①	343
みみたび	みみたひ(耳埵)	人	①	337
みみだら	みみだらひ(匜盥)	器	①	601
	—図	器	①	603

みみだれ	みみだれ(聹耳)	方		1165
みみづか	耳塚	礼	②	1123
みみづつ	耳筒(馬)	動		86
みみなぐ	みみな草(巻耳)	植	②	137
みみなし	耳梨山	地	③	735
みみなり	耳鳴	方		1166
みみのあ	耳の垢取	人	①	338
みみのや	耳病	方		1165
	—治療	方		856
みみはら	耳原陵	帝		982
みみひき	耳引	遊		1211
みむまご	三瀦郡	地	②	970
みめ	妃	帝		1219
	「ひ妃」も見よ			
みめ	嬪	帝		1230
	「ひん嬪」も見よ			
みめいさ	未明祭	文	②	1389
みめぐり	三囲稲荷	神	②	853
みもすそ	御裳濯川	地	③	1153
	—	神	③	19
みもすそ	御裳濯川歌合	文	②	73
みもすそ	御裳濯川橋	地	③	252
みもとし	身元調	政	③	645
みもろや	三諸山	地	③	738
みや	宮(神社)	神	①	441
みや	宮(皇親)	帝		1413
みやいち	宮市	産	②	601
みやいん	宮筠圃	文	③	871
みやおり	宮尾流(能楽)	楽	①	755
みやがき	宮垣	居		66
みやかざ	宮飾使	神	③	241
みやがわ	宮川	地	③	1160
	—舟橋	地	③	251
みやがわ	宮川石	文	③	1325
みやがわ	宮河歌合	文	②	73
みやがわ	宮川長春	文	③	854
みやがわ	宮川渡	地	③	423
みやがわ	宮川藩	地	①	1213
みやぎご	宮城郡	地	②	124
みやぎの	宮城野	地	③	945
	—萩	植	②	304
	—萩箸	礼	①	543
みやぎの	宮城野忍復讐	人	②	526
みゃく	脈	人	①	304
	—	服		806
	診—	方		970
みやけ	屯倉	政	②	437
	「とんそう屯倉」も見よ			
みやけ	宮家	外		88
	任那—	外		251
みやけじ	三宅島	地	①	639
みやけし	三宅尚斎	文	③	454
みやけし	三宅尚斎妻	人	②	77
みやけだ	御宅田	政	②	417
	—	政	②	414
みやけで	三宅寺【篇】	宗	④	28
みやけど	三宅道乙			
	—史学	文	②	891
	—訓点	文	③	295
	—強記	人	①	1305
みやけの	三宅笠雄麻呂	人	①	1180
みやけや	三宅康直	政	④	986
みやこ	都	地	①	126
	「こうと皇都」も見よ			
みやこい	都一中	服		639
	—善楊弓	遊		196
みやごう	宮号	神	①	428
みやこぐ	みやこぐさ(百脈根)	植	②	317
みやこご	京都郡	地	②	996
みやこじ	宮古路節	楽	②	287
みやこど	都鳥	動		639
	伊勢物語—伝	文	②	654
みやこの	都の富士(笠)	器	②	393
みやこの	都良香			
	—改名	外		307
	—善文	文	①	314
	—富士山記	地	③	770
	—詩	文	②	568
みやざ	宮座	神	②	1398
みやざき	宮崎郡	地	②	1156
みやざき	宮崎文庫	文	③	383
みやざき	宮崎宮【篇】	神	④	1667
みやざき	宮崎社	神	④	1670
みやじ	宮主			
	神祇官—	官	①	324
	為大嘗会抜穂使—	神	①	1008
	斎院司—	神	③	1235
みやじ	宮仕	神	②	1650
みやじだ	宮主代	官	①	333
みやじま	宮島の神	神	④	1123
みやすど	御息所【篇】	帝		1288
	以—為女御	帝		1242
	東宮—	帝		1406
みやすひ	宮簀媛	神	④	306

みやすみ	御休所	帝		1292
みやせん	宮銭	泉		147
みやその	宮薗	楽	②	295
みやちし	宮地芝居	楽	②	42
みやちぢ	宮縮	産	②	163
みやづ	宮津	地	②	405
みやづか	宮仕	政	①	864
みやつか	宮司(中宮)	帝		1117
みやつこ	造	官	①	27
	—	姓		56
	—	姓		120
みやつこ	みやつこぎ(接骨木)	植	①	659
みやづは	宮津藩	地	②	409
みやでら	宮寺	神	②	1704
みやとこ	宮処牧	地	③	964
みやのう	宮能	楽	①	893
みやのう	みやのうちのつかさ	官	①	977
	「くないし宮内省」も見よ			
みやのさ	宮西面内門	居		231
みやのし	宮下湯	地	③	1059
みやのと	宮東辟仗中門	居		223
みやのと	宮東面内門	居		230
みやのな	宮南面内門	居		226
みやのほ	宮北辟仗内門	居		228
みやのほ	宮北辟仗中門	居		222
みやのめ	宮咩祭	神	②	572
みやばら	宮ばら	帝		1414
みやびお	みやびを(風流士)	人	①	27
みやびと	宮人曲(神楽)	楽	①	159
みやびと	宮人振(大歌)	楽	①	140
みやぶぎ	宮奉行	官	③	1361
みやま	み山	地	③	689
みやま	御山(山陵)	帝		967
みやまい	宮参	礼	①	460
みやまし	みやましきみ(茵芋)	植	①	595
みやまし	深山樒	植	①	252
みやます	宮升	称		91
みやまど	深山鳥	動		926
みやもと	宮本武蔵	武		39
みやもん	宮門跡	宗	③	182
	—	帝		1478
	—年始諸礼	歳		602
みゆき	みゆき			
	「ぎょうこ行幸」「ごこう御幸」を見よ			
みゆき	みゆき(徭役)	政	②	823
みゆき	神幸			
	石清水放生会—	神	③	1312
	祇園御霊会—	神	③	1490
	香取神宮—神事	神	④	528
	日吉神社神輿—	神	④	681
みゆきえ	行幸会	神	④	1549
みゆどの	御湯殿	居		121
みょうあ	明安(逸年号)	歳		345
みょうう	明雲			
	—配流	法	①	177
	奪—座主職	宗	②	966
みょうえ	明恵	宗	②	622
	—再興高山寺	宗	③	878
	—不受荘園寄進	人	②	33
	—教訓北条泰時	人	②	237
	—植茶	遊		381
みょうお	明王	宗	①	107
みょうお	妙音院流	宗	①	362
みょうが	蘘荷	植	①	1140
みょうか	妙海尼	人	①	1137
みょうが	冥加永	政	④	420
	質屋—	政	④	520
	醬油屋—	政	④	534
	旅籠屋—	政	④	535
みょうが	冥加金	政	④	424
	酒造—	政	④	532
みょうが	冥加銀	産	②	399
	—	産	②	8
	酒造—	政	④	532
みょうか	妙覚寺【篇】	宗	③	499
みょうが	冥加銭	政	④	424
みょうが	冥加米永	政	④	421
みょうか	妙観派	人	②	943
みょうき	妙喜庵茶室	遊		553
みょうぎ	妙義祭	神	②	587
みょうぎ	妙義山	地	③	823
みょうぎ	妙義寺【篇】	宗	④	885
みょうぎ	めうぎち(魚)	動		1393
みょうき	妙吉侍者	宗	④	297
みょうぎ	明経家	文	②	753
	—元服叙位	礼	①	821
みょうぎ	明経道	文	②	743
	—課試	文	③	108
みょうぎ	明経道院	文	②	1059
みょうぎ	明経博士	文	②	747
みょうけ	妙見寺【篇】	宗	④	13
みょうげ	妙顕寺【篇】	宗	③	483
みょうけ	妙見法	宗	②	320

みょうけ 妙見菩薩 宗 ① 102
みょうこ 妙光寺【篇】 宗 ④ 502
みょうこ 妙興寺【篇】 宗 ④ 147
—寺領 官 ② 1383
みょうこ 妙国寺【篇】 宗 ④ 464
みょうざ 名西郡 地 ② 797
みょうじ 名字 姓 5
— 姓 301
みょうじ 苗字【篇】 姓 301
改— 官 ③ 794
—帯刀者吟味 法 ③ 548
相撲取無— 武 1285
三線弾き— 楽 ② 843
農人— 産 ① 204
みょうじ 苗字御免 姓 310
百姓町人— 官 ③ 320
江戸町年寄— 官 ③ 435
銀座役人— 官 ③ 580
みょうじ 苗字帯刀 姓 310
医師— 方 736
町人—御免 産 ② 663
みょうじ 妙実 宗 ① 982
みょうじ 名字の地 姓 302
みょうじ 名字比丘 姓 303
みょうじ 名籍 政 ② 9
神職— 神 ② 1562
親王諸王— 帝 1416
田部— 政 ② 445
僧尼— 宗 ② 442
みょうじ 明星 天 107
みょうじ 明星(神楽) 楽 ① 163
みょうじ 明星供 宗 ② 322
みょうし 明正天皇 帝 38
—譲位 帝 561
—謚 帝 950
みょうじ 名神(社格) 神 ① 382
みょうじ 明神(神号) 神 ① 143
みょうじ 名神祭 神 ① 382
みょうし 妙心寺【篇】 宗 ③ 823
— 外 685
—諸法度 宗 ① 717
—一流僧侶階級并
衣体次第書 宗 ① 718
—浴室敷瓦 産 ① 597
—鐘 宗 ② 1098
みょうし 妙心寺派 宗 ① 751
みょうじ 名神大社 神 ① 361
みょうせ 猫晴石 金 242
みょうせ 名跡相続 政 ③ 678
みょうせ 妙泉寺【篇】 宗 ③ 536
みょうせ 妙宣寺【篇】 宗 ④ 860
みょうそ 明尊(僧) 礼 ① 1460
みょうだ 名代
大名為将軍— 官 ③ 1705
路頭遇将軍—礼 礼 ① 165
みょうだ 名代国司 封 71
みょうち 妙超 宗 ① 751
—創大徳寺 宗 ③ 748
みょうち 命長(逸年号) 歳 341
みょうち 明珍家系図 兵 1904
みょうで 名田 政 ② 294
— 政 ② 282
— 政 ③ 1174
— 姓 302
みょうで 妙伝寺【篇】 宗 ③ 509
みょうど 冥道供 宗 ② 322
— 方 42
みょうど 名東郡 地 ② 797
みょうに 明忍(僧) 宗 ② 627
みょうは 妙葩 宗 ① 748
—創宝幢寺 宗 ③ 925
みょうば 明礬 金 334
みょうぶ 命婦 官 ① 1145
王— 帝 1489
—凶服 礼 ② 998
御前—礼服 服 860
みょうぶ 命婦(狐) 動 337
みょうぶ 命婦のおもと(猫) 動 203
みょうほ 妙法院【篇】 宗 ③ 590
みょうほ 妙法院宮 帝 1479
みょうぼ 明法家 文 ② 896
みょうほ 妙法寺(甲斐)【篇】 宗 ④ 259
みょうほ 妙法寺(近江)【篇】 宗 ④ 641
みょうほ 妙法寺(武蔵)【篇】 宗 ④ 445
みょうほ 妙法寺(相模) 宗 ③ 474
みょうぼ 明法生 文 ② 896
みょうぼ 明法道 文 ② 895
—課試 文 ③ 110
みょうぼ 明法道院 文 ② 1058
みょうぼ 明法得業生 文 ② 896
みょうぼ 明法博士 文 ② 893
—兼大判事 官 ① 943
大宰— 文 ② 1079
みょうほ 妙法華寺【篇】 宗 ④ 222

みょうほ	妙本寺(安房)【篇】	宗	④	491
みょうほ	妙本寺(相模)【篇】	宗	④	331
みょうま	妙満寺【篇】	宗	③	487
みょうま	妙満寺派	宗	①	1001
	—寺院数	宗	③	16
みょうも	名聞	人	②	293
みょうも	妙文派	楽	①	720
みょうも	妙聞派	人	②	943
みょうよ	明要(逸年号)	歳		341
みょうら	明礼堂	居		180
みょうら	妙楽寺(大和)	宗	③	209
	—	神	④	203
みょうら	妙楽寺(信濃)【篇】	宗	④	688
みょうり	妙理大菩薩	神	④	954
みょうれ	明蓮(僧)	神	④	1022
みょうれ	明練(僧)	宗	③	1297
みょうれ	妙蓮寺(山城)【篇】	宗	③	532
みょうれ	妙蓮寺(駿河)【篇】	宗	④	213
みょうろ	命禄(逸年号)	歳		370
みよし	水押	器	②	578
みよしい	三吉一揆	兵		429
みよしう	三善氏	文	③	545
みよしご	三次郡	地	②	629
みよしご	三好郡	地	②	797
みよしの	三善朝臣	姓		252
みよしの	三善清行			
	—名之読方	姓		724
	—意見封事	政	①	520
みよしの	御蔭神事	神	④	323
みよのほ	三世仏	宗	①	68
みらい	未来	歳		72
みらのね	みらのねぐさ(細辛)	植	①	1202
みりんし	味淋酒	飲		704
みりんづ	味淋漬	飲		1034
みる	海松	植	②	897
みるいろ	海松色	服		251
みるくい	みるくひ(海松蛤)	動		1649
みるらん	みるらん(苔)	植	②	854
みろく	弥勒(逸年号)	歳		367
みろくう	弥勒謡	神	④	587
みろくえ	弥勒会	宗	②	213
みろくき	弥勒帰敬寺【篇】	宗	④	1029
みろくさ	弥勒三部経	宗	①	258
みろくじ	弥勒寺(加賀)【併入】	宗	④	808
みろくじ	弥勒寺(江戸)【篇】	宗	④	388
みろくじ	弥勒寺(伊予)【篇】	宗	④	1036
みろくじ	弥勒寺(摂津)	宗	④	105
みろくち	弥勒知識寺	神	②	1750
みろくぼ	弥勒菩薩	宗	①	94
みわ	三輪	神	②	1766
みわ	神酒	神	②	1150
みわきけ	三輪希賢	文	②	804
みわそう	三輪索麵	飲		511
みわたり	三渡	地	③	424
みわのさ	神郷	地	①	342
みわのた	三輪高市麿	人	②	246
みわのと	三輪鳥居	神	①	585
みわみょ	三輪明神	神	④	1
	祀—於日吉神社	神	④	596
	—歌	神	②	1767
みわやま	三輪山	地	③	738
みん	明【篇】	外		923
みんが	明画	文	③	829
みんかそ	民家育草	産	①	180
みんぎょ	民業	産	①	11
みんちょ	明兆	宗	①	174
みんぶき	民部卿	官	①	876
みんぶし	民部省【篇】	官	①	873
みんぶし	民部省図帳	官	①	875
	—	政	②	249
みんぶし	民部省符	政	①	350
みんぶし	民部省例	法	①	113
みんみん	みんみん(蟬)	動		1190
みんりつ	明律	文	②	901

む

むい	務位(位階)	官	③	1789
むい	無位	官	③	1865
むいかと	六日年越	歳		1430
むえんぼ	無縁墓地	礼	②	1096
むかいう	向井氏	官	③	1247
むかいか	向唐門	居		825
むかいし	迎使者(婚姻)	礼	①	976
むかいじ	向城	兵		1040
むかいめ	むかひめ(嫡妻)	人	①	156
むかいや	向櫓	兵		1104
むかいや	向屋敷	政	③	1258
むがいり	無外流(剣術)	武		28
むかえが	迎鐘	歳		1268
むかえこ	迎講	宗	②	169

むかえこ	迎小袖	礼	①	1071
むかえぞ	迎備	兵		416
むかえび	迎火	歳		1259
むかし	昔	歳		69
むかで	蜈蚣	動		1202
むかでぐ	むかでぐさ	植	②	864
むかばき	行縢	器	②	500
むかばき	行縢切付	兵		1979
むかばき	行縢造	器	②	508
むかもも	向股	人	①	464
むがわり	むがはり(人質)	兵		783
むかん	无冠	官	③	1865
むき	無木	遊		1232
むぎ	麦	植	①	831
	以一為地子	政	④	387
	賜一種於百済王	外		211
	一輸出	産	②	762
むぎかた	むぎかた(捻頭)	飲		605
むぎがみ	武儀紙	文	③	1229
むぎから	麦から(稍)	植	①	859
むぎきり	麦切	飲		499
むぎこ	麪	植	①	853
むぎごお	武芸郡	地	①	1261
むぎこが	麦こがし	飲		492
むぎこき	麦扱	産	①	285
むぎこく	麦石	政	④	331
むぎざけ	麦酒	飲		761
むぎすく	むぎすくひ(笊籬)	器	①	274
むきな	むき名	姓		774
むぎなわ	索餅	飲		506
	一	飲		605
	一	歳		1222
むぎのあ	麦秋	植	①	861
むぎのか	麦神	産	①	11
むぎのく	むぎのくろみ(麦奴)	植	①	859
むぎはた	麦畑地子	政	④	375
むぎほま	麦穂祭	産	①	11
むぎめし	麦飯	飲		393
むぎめし	麦飯石	金		268
むきやす	むきやす(青稞)	植	①	838
むぎらく	麦落雁	飲		651
むぎらん	むぎらん(麦斛)	植	①	1178
むぎわら	麦藁細工	植	①	860
むぎわら	麦稍蛇	動		1027
むく	椋	植	①	217
	以一為神木	神	②	1793
	蹴鞠場植一木	遊		1060
むく	無垢(衣服)	服		425
むくうち	木槵子打【併入】	遊		39
むくげ	木槿	植	①	520
	以一作綿	産	②	105
むくげい	むくげいぬ(狵)	動		158
むくたけ	椋蕈	植	②	807
むくどり	椋鳥	動		911
むくのは	椋葉	産	①	578
むくはら	向原寺	宗	④	16
むくひつ	むくひつじ(山羊)	動		218
むくみ	むくみ(浮腫)	方		1446
むくめく	むくめく(蠢動)	動		1002
むぐら	葎	植	②	680
むぐらも	むぐらもち(鼹鼠)	動		248
むぐらわ	葎椀	器	①	15
むくりょ	木工寮	官	①	1004
むくれに	むくれにじのき(欒)	植	①	507
むくろ	むくろ(軀)	人	①	292
むくろじ	むくろじ(無患子)	植	①	505
むくわり	むくわり(鳥)	動		912
むけ	無卦	方		206
むけがら	むけがら宗	宗	①	1039
むこ	聟	人	①	221
	譲官于一	政	①	1014
	輿入時一掛手於輿	礼	①	1009
	執一合巹饗膳式	礼	①	1021
	婚礼時一衣装	礼	①	1142
	一沓舅姑相共懐臥	服		1444
むこいり	聟入	礼	①	1094
むこうい	向板	遊		550
むこうい	務広一位	官	③	1791
むこうさ	務広三位	官	③	1791
むこうし	務広四位	官	③	1791
むこうに	務広二位	官	③	1791
むこうみ	向溝八左衛門	法	③	398
むこぎ	五茄	植	①	581
むこごお	武庫郡	地	①	367
むことり	婿取	礼	①	913
	聟取時有消息	礼	①	972
	執聟家歌催馬楽	楽	①	225
むこのい	武庫入江	地	③	1286
むこのう	武庫海	地	③	1278
むこのと	六児泊	地	③	559
むこのみ	武庫水門	地	③	568
むこのわ	武庫渡	地	③	423
むこふじ	無故不上	政	①	1127
むこよう	婿養子	政	③	795

	—	政	③	764
むごん	無言	人	①	848
むごんの	無言行	宗	①	6
むさごお	武射郡	地	①	1036
むささび	むささび(鼯鼠)	動		256
むさし	むさし(遊戯)	遊		169
むさしあ	武蔵鐙	兵		1998
	—	外		237
むさしあ	武蔵鐙(草)	植	①	966
むさしお	武蔵温泉	地	③	1093
むさしし	武蔵七党	姓		297
むさしだ	武蔵代官	官	③	1522
むさしの	武蔵野	地	③	939
	—開発	政	③	1197
むさしの	武蔵国【篇】	地	①	791
	—金貨	泉		288
	—馬	動		111
むさしの	武蔵国造	地	①	818
むざしの	无邪志国造	地	①	818
むさしの	武蔵野盃	器	①	243
むさしば	武蔵判	泉		202
	—引替増歩	泉		326
	—吹立高	泉		378
	—品位	泉		384
むさずみ	武佐墨	文	③	1370
むさのく	武社国造	地	①	1025
むさのつ	身狭桃花鳥坂上陵	帝		983
むさばん	武佐判升	称		81
むさます	武佐升	称		81
むし	むし(味噌)	飲		853
むし	虫【篇】	動		997
	祭—	神	②	646
	駆—	産	①	147
	為植物除害—	植	①	46
	以扇払—	服		1341
	食—癖	人	①	785
むし	虫(婦人名)	姓		771
むしあけ	むしあけの瀬戸	地	③	1270
むしあわ	虫合	遊		266
むしいい	蒸飯	飲		358
むしうり	虫売	動		1008
むしえら	虫撰み	動		1003
むしおく	虫送	産	①	153
むしおく	蝗送の歌	産	①	154
むしかご	虫籠	動		1004
むしがし	蒸菓子	飲		611
むしかめ	むしかめば(齲歯)	方		1174
むしがれ	蒸鰈	飲		922
むしくい	虫喰鳥	動		875
むしくい	むしくひば(齲歯)	方		1174
むしけら	虫けら	動		998
むしけん	虫拳	遊		228
むしこご	虫籠格子	居		1262
むしこま	虫籠窓	居		1160
むしぜめ	蒸攻	兵		632
むしぞな	蒸備	兵		417
むしそば	蒸蕎麦切	飲		517
むしたれ	むし垂	器	②	405
むしつじ	むしつ汁	飲		182
むしつじ	六質汁	歳		1056
むじな	貉	動		399
むじなじ	貉汁	飲		178
むしのす	虫の巣玉	金		222
むしのた	むしの垂絹	器	②	405
むしのや	虫病	方		1433
むしはら	虫払	服		165
むしふき	虫吹	動		1005
むしぼし	虫干	服		1366
むしま	武島	地	②	768
むしむぎ	蒸麪	飲		509
むしめが	虫眼鏡	器	②	562
むしもの	蒸物(料理)	飲		260
むしや	虫屋	動		1004
むしゃえ	武者絵	文	③	855
むしゃし	武者修行	武		20
	河野家徒為—播鉄炮術	武		884
	水野勝成為—	人	①	1263
むしゃぞ	武者揃	服		525
むしゃだ	無遮大会	宗	②	190
むしゃだ	武者大将	兵		177
むしゃだ	武者溜	兵		1100
むしゃど	武者所			
	朝廷—	官	②	641
	院—	官	①	1232
むしゃど	武者所牒	政	①	479
むしゃの	武者小路実陰	文	①	856
むしゃば	武者走	兵		1097
むしゃぶ	武者船	兵		1241
むしゃわ	武者わらぢ	服		1427
むしゅい	無主位田	封		106
むしゅく	無宿	政	③	580
	以—者為鉱山役夫	法	②	399
	—者追捕	法	③	126

	一者赦宥	法	③	344
むしゅく	無宿牢	法	③	188
むしゅし	無主職田	封		91
むしゅし	無主賜田	封		120
むしょ	墓所	礼	②	1070
むじょう	無城(大名)	官	③	1678
むじょう	無上体(和歌)	文	①	518
むしよう	蒸夜討	兵		575
むしよけ	虫除呪禁	歳		1137
むしよけ	虫除守札	神	②	927
むしりわ	むしり綿	産	②	99
むしろ	筵	器	②	5
	祭祀用一	神	②	1224
むしろう	筵打	器	②	30
むしろし	席障子	器	①	866
むしろだ	席田(催馬楽)	楽	①	214
むしろだ	席田郡(美濃)	地	①	1258
むしろだ	席田郡(筑前)	地	②	938
むしろだ	筵田駅	地	②	927
むしろば	筵張車	器	②	855
むじん	無尽【併入】	政	④	711
	取退一	法	③	68
	一呪	器	①	546
むじんさ	無人斎流(捕縛術)	武		1015
むしんし	無心所著歌	文	①	589
むじんせ	無尽銭	政	④	713
むしんた	無心体			
	和歌一	文	①	520
	俳諧一	文	①	1222
むす	哽咽	方		1176
むすこ	むすこ(息)	人	①	194
むすび	摶飯	飲		444
むすびが	結び髪	人	①	545
むすびか	むすび唐衣	服		927
むすびだ	結題	文	①	672
むすびと	結燈台	器	②	221
	一	遊		573
むすびの	むすびの神	神	①	36
むすびぶ	結文	文	①	478
むすびま	結松	植	①	99
むすぶの	むすぶの神	神	①	37
	一	神	④	1057
むすめ	娘	人	①	201
むせびな	むせび泣	人	①	747
むせる	噎	方		1176
むそう	夢想	人	①	787
	従一欲定皇嗣	帝		313
	一連歌	文	①	1124
むそう	夢想(俳諧)	文	①	1388
むそうま	夢想枕	器	②	171
むそうま	夢想窓	器	②	1013
むそうも	むさう餅	飲		621
むそうり	夢相流(捕縛術)	武		1015
むそうり	夢想流(結髪)	人	①	557
むそく	無足	封		510
むだいい	務大一位	官	③	1791
むだいさ	務大三位	官	③	1791
むだいし	務大四位	官	③	1791
むだいに	務大二位	官	③	1791
むたか	無高	官	③	1668
むち	鞭	兵		2041
むち	無智	人	①	1285
むちかじ	鞭加持	武		872
むちけい	鞭競馬	武		824
むちだか	無地高	政	④	122
むちたけ	鞭竹	植	①	705
むちばこ	鞭笪	兵		2046
むちぶく	鞭袋	兵		2046
むつ	むつ(石鮅魚)	動		1317
むつがる	むつがる	人	①	738
むつき	むつき(正月)	歳		10
むつき	襁褓	礼	①	400
むつごと	睦語	人	①	851
むつだい	陸奥代官	官	③	1528
むつでわ	陸奥出羽按察使	官	②	51
むつのえ	陸奥蝦夷	人	②	711
むつのお	六の緒(和琴)	楽	②	555
むつのか	陸奥守			
	一兼鎮守府将軍	官	②	16
	京官人兼一	官	②	543
	一傔仗	封		366
むつのき	陸奥絹	産	②	218
むつのく	陸奥国【篇】	地	②	71
	一鎮守府	官	②	15
	一戸籍	政	②	23
	一交易馬	政	②	957
	一検地	政	④	41
	一四一高	政	④	128
	一石代直段	政	④	288
	一海運	政	④	1393
	配流一	法	①	197
	配流一	法	①	769
	配流一	法	①	788
	配流一	法	②	288

—金銀貨 泉 288
—鎮兵 兵 275
—軍糧 兵 975
—軍団 兵 1017
—方言 人 ① 834
—俘囚反乱 人 ② 750
—馬 動 111
—黄金 金 174
むつのく 陸奥国好島浦島検注目録 政 ③ 1145
むつのこ 陸奥国司
—任限 政 ① 1291
—公廨 封 253
むつのた 陸奥の田植歌 産 ① 83
むつのち 陸奥鎮所 官 ② 17
むつむさ 六むさし 遊 170
むつゆび むつゆび(駢拇) 人 ① 615
むつらの 六浦荘 地 ① 908
むつらぼ むつら星 天 99
むてきし 無敵神飛砲 武 959
むてんぼ 無点本 文 ③ 299
むどうじ 無動寺 宗 ④ 574
—寺領 宗 ③ 276
むとうて 武塔天神 神 ③ 1472
むないた 胸板(鎧) 兵 1776
— 兵 1816
むながい 鞅(車) 器 ② 877
むながき 当胸(馬具) 兵 2036
むなかた 宗像郡 地 ② 939
むなかた 宗像神社【篇】 神 ④ 1422
—氏人 神 ① 678
—神職 神 ② 1472
むなかた 宗像君 神 ② 1566
むなかた 宗像明神 帝 1568
むなかた 胸形箭 兵 1691
むなかな 胸金物(鎧) 兵 1824
むながわ 棟瓦 産 ① 593
作鱅形為— 動 1471
むなぎ むなぎ(鰻) 動 1355
むなぎ 棟 居 976
むなぐる むな車 器 ② 908
むなさし 胸刺国造 地 ① 818
むなぬか 六七日 礼 ② 1480
むなぼね むなぼね(鳩尾骨) 人 ① 420
むなもと 胸元 人 ① 419
むにんと 無人島 地 ① 679
むにんべ 無人別 政 ③ 489
むね むね(刀剣) 兵 1309
むね 胸 人 ① 416
むね 棟【篇】 居 972
むね 棟(車) 器 ② 755
むねあげ 上棟 居 489
むねあげ 棟あげ輿 器 ② 947
むねあげ 棟上祭 神 ② 599
むねおか 宗岳氏 宗 ③ 54
むねかど 棟門 居 831
むねこし 棟越の引目 武 213
むねたか 宗尊親王 官 ② 663
むねたた 胸叩 政 ③ 966
むねたて 棟立井 地 ③ 1013
むねたて 棟立輿 器 ② 947
むねちか 宗近(刀工) 産 ① 633
むねとお 棟融(車) 器 ② 755
むねなが 宗良親王
—撰新葉和歌集 文 ② 324
祀—於井伊谷神社 神 ④ 1713
むねのま 胸守 礼 ① 1148
むねのや 胸病 方 1178
—治療 方 802
むねふだ 棟札 居 499
むねべつ 棟別 政 ④ 445
むねべつ 棟別銭 政 ④ 446
むねまち むねまちぎみ 官 ① 22
むねもん 棟門 居 831
むねやく 棟役 政 ④ 449
むばらき 茨城郡 地 ① 1112
むひしえ 武菱烏帽子 服 1200
むふくの 無服之殤 礼 ② 626
むべ 郁子 植 ② 214
むへん 謀反 法 ① 14
誣告— 法 ① 576
むへんむ 無辺無極流(槍術) 武 86
むへんり 無辺流(槍術) 武 71
むほん 謀叛 法 ① 14
むぼんさ 無凡山神宮寺 神 ② 1751
むまご むまご 人 ① 228
「まご孫」も見よ
むまごお むまごをひ(離孫) 人 ① 236
むまごめ むまごめひ(離孫) 人 ① 236
むまのた むまのたま 動 11
「さくとう酢答」も見よ
むまや 厩
「うまや厩」を見よ
むまやじ 駅路

「えきろ駅路」を見よ
むみょう　無名(琵琶)　楽 ②　753
むみょう　無名異　金　315
むみょう　無明流(剣術)　武　28
むむき　肫(鳥)　動　507
むめいし　無名指　人 ①　481
むめいも　無名門(和徳門)　居　242
むめいも　無名門(殿上口)　居　239
むもんの　無文扇　礼 ②　1037
むもんの　無文帯　服　785
むもんの　無文冠　服　1102
むもんの　無文黒漆剣　兵　1346
むもんの　無紋小袖　服　428
むもんの　無文紗綾　産 ②　265
むもんの　無文袍　服　275
むやい　むやひ(舟)　器 ②　739
むやく　無役　政 ④　561
むら　村　地 ①　94
　一役人　官 ③　1543
　依田品定一位　政 ③　1163
　御料所一々貯穀　政 ④　951
　非人一　政 ③　911
　穢多一　政 ③　884
　夙一　政 ③　914
むら　幹(弓材)　兵　1538
むらあず　村預　法 ②　510
むらおく　村送病人　政 ③　518
むらおさ　村長　官 ②　633
むらがえ　村替　官 ③　1752
むらかが　村鑑大概帳　政 ③　1073
むらかた　村方三役　産 ①　191
むらかた　村方借金　政 ④　623
むらかみ　村上(越後)　地 ②　343
むらかみ　村上天皇　帝　20
むらかみ　村上陵　帝　1016
むらかみ　村上藩　地 ②　350
　一学館　文 ②　1285
むらかみ　村上英俊　文 ②　1018
むらかみ　村上義光　人 ①　1013
むらかり　村過料　法 ②　676
むらぎみ　むらぎみ(漁翁)　産 ①　421
むらくに　村国墓　帝　1559
むらくみ　村組頭　官 ③　1549
むらくも　村雲御所　宗 ③　560
むらくも　叢雲剣
　「くさなぎ草薙剣」を見よ
むらご　村濃　産 ①　857
むらこき　むらこき弓　兵　1639
むらこし　村こし奉公人　政 ③　645
むらざか　村境裁許　法 ③　659
むらざか　村境争論　法 ③　618
むらさき　むらさき(鰯)　動　1421
むらさき　紫　産 ①　877
むらさき　むらさきいね(紫芒稲)　植 ①　780
むらさき　紫貝　動　1674
むらさき　紫紙　文 ③　1204
むらさき　紫草　植 ②　485
むらさき　紫袈裟　宗 ②　1157
むらさき　むらさきごけ(紫衣)　植 ②　846
むらさき　紫師　産 ①　841
むらさき　紫式部　姓　778
　一之歌　文 ①　883
むらさき　むらさきずゐしやう(紫石英)　金　231
むらさき　紫頭巾　服　1250
むらさき　紫末濃鎧　兵　1798
むらさき　紫染屋　産 ①　841
むらさき　紫竹　植 ①　702
むらさき　紫土　金　373
むらさき　紫根　産 ①　842
むらさき　紫野今宮　神 ①　171
むらさき　紫野今宮祭　神 ②　624
むらさき　紫野院　神 ③　1171
むらさき　紫の薄様　文 ③　1219
むらさき　紫唐衣　服　918
むらさき　むらさきの雲(皇后)　帝　1106
むらさき　紫の袖(位階)　官 ③　1776
むらさき　紫袴　服　716
むらさき　紫袍　服　260
むらさき　むらさきのり(紫菜)　植 ②　903
むらさき　紫端畳　器 ②　76
むらさき　紫帽子　服　1226
むらさめ　むらさめ(村雨)　天　184
むらじ　連　官 ①　15
　一　姓　50
　一　姓　112
むらしげ　村重籐弓　兵　1642
むらずも　村相撲　武　1225
むらだか　村高　政 ④　104
　応一過料　法 ②　660
むらたし　村田下荘　官 ②　1014
むらたは　村田春海
　一善和文　文 ①　270

	—善和歌	文	①	862
むらと	腎	人	①	493
むらとし	村年寄	官	③	1546
むらなぬ	村名主	官	③	1545
むらばら	村払	法	③	652
むらまつ	村松竹	植	①	707
むらまつ	村松藩	地	②	351
むらやま	村山郡	地	②	183
むらやま	村山党	兵		442
むらんの	無襴直衣	服		306
むりょう	むりやう(絹布)【併入】	産	②	274
むりょう	無量(数)	文	③	589
むりょう	無量光寺【篇】	宗	④	269
むりょう	無量寿院(法成寺)	宗	③	401
むりょう	無量寿院(醍醐寺)【併入】	宗	③	1057
	—	宗	③	1050
むりょう	無量寿寺(専修寺)	宗	④	742
むりょう	無量寿寺(喜多院)	宗	④	473
むろ	室			
	麹—	神	①	1054
	氷—	官	①	95
	植物栽培用温—	植	①	48
むろうじ	室生寺【篇】	宗	③	1320
むろうの	室原泊	地	③	560
むろきゅ	室鳩巣	文	②	775
むろごお	室郡	地	①	667
むろごお	牟婁郡	地	②	738
むろつ	室津(土佐)	地	③	542
むろつ	室津(播磨)	地	③	538
	—鯵	動		1411
むろづみ	室積泊	地	③	561
むろとの	室戸津	地	③	542
むろのき	むろの木(檉)	植	①	123
むろのと	室泊	地	③	560
	—遊女	人	②	870
むろのや	室八島	地	②	65
むろのや	室八島烟	天		323
むろのゆ	牟婁温泉	地	③	1086
	—行幸	地	③	1102
むろほき	室寿	居		507
むろまち	室町笠	器	②	409
むろまち	室町宗甫	人	①	1180
むろまち	室町殿	居		308
むろやや	室屋役	政	④	534

め

め	め(女)	人	①	20
	「おんな女」も見よ			
め	め(妻)	人	①	150
	「つま妻」も見よ			
め	女(人名)	姓		783
め	目	人	①	348
	額上有眼	人	①	613
め	海布	植	②	877
めあかし	目明【附】	法	③	172
	免犯人為—	法	③	685
めあらい	洗眼湯	地	③	1048
めあわす	めあはす(娶)	礼	①	887
めい	姪	人	①	265
	皇—受禅	帝		533
	皇—受禅以前帝子為太子	帝		536
	皇—為太子	帝		1349
	為—服	礼	②	583
	為—服	礼	②	772
めい	銘	文	①	281
	宇治橋—	地	③	183
	兵器—	兵		1273
	剣—	兵		1480
	鐘—	宗	②	1098
	三絶鐘—	文	③	713
	硯—	文	③	1339
	墨—	文	③	1386
	本箱—	文	③	1400
	見台—	文	③	1468
	墓碑—	礼	②	1157
	座左—	人	②	179
	座右—	人	②	180
	盃—	器	①	251
	鴨毛屛風—	器	①	928
	石—	遊		916
めいい	明位	官	③	1789
めいえつ	名謁	政	①	1138
めいおう	明応	歳		244
めいか	名家	姓		437
	—元服叙位	礼	①	820
めいかま	鳴歌万秋楽	楽	①	509

めいき　銘旗　礼②　347
めいぎど　明義堂（盛岡藩）　文②　1283
めいぎど　明義堂（豊楽院）　居　189
めいぎも　明義門　居　238
めいきょ　明教館（松山藩）　文②　1289
めいきょ　明教館（松江藩）　文②　1286
めいきょ　明教館（和歌山藩）　文②　1288
めいげつ　名月　歳　1304
めいげん　鳴弦　武　205
　誕生時―　礼①　353
　名謁時滝口―　政①　1139
めいこう　名香合　遊　336
めいこう　明広一位　官③　1790
めいこう　明衡往来　文①　372
めいこう　明広二位　官③　1790
めいざん　名山　地③　720
めいじ　明治　歳　271
　―年号難陳　歳　307
めいしょ　名所
　鶯―　動　821
　杜鵑―　動　865
　―旧跡保存　政③　1246
めいしょ　名所絵　文③　905
めいじん　名人
　囲碁―　遊　90
　将棋―　遊　156
めいしん　明新館（山ノ上藩）　文②　1284
めいしん　明新館（駿河国府中）【併入】　文②　1174
めいしん　明親館（淀藩）　文②　1278
めいしん　明親館（沼津藩）　文②　1279
めいすい　名水茶湯　遊　419
めいせん　茗戦　遊　815
めいせん　めいせん織　産②　245
めいぜん　明善館　文②　1287
めいぜん　明善堂（佐嘉藩）　文②　1290
めいぜん　明善堂（久留米藩）　文②　1289
めいだい　明大一位　官③　1790
めいだい　明大二位　官③　1790
めいちょ　名帳（文官名籍）　官①　815
めいちょ　名帳（計帳手実）　政②　232
めいてつ　迷迭香　植②　513
　―　遊　313
めいどう　明道館（福井藩）　文②　1285
　―学科　文②　1218
めいどう　明道館（久保田藩）　文②　1284
めいどう　明堂図　方　966
めいとく　明徳　歳　239
めいとく　明徳館　文②　1284
めいとく　明徳堂　文②　1283
めいとく　明徳門　居　199
めいにち　命日　礼②　1470
めいば　名馬　動　132
めいぶつ　名物切れ　文③　987
めいぼ　名簿
　納―而降　兵　760
　入学―　文③　2
めいほう　鳴鳳館　文②　1288
めいほり　明浦流（書道）　文③　681
めいめい　命名
　地―　地①　41
　皇都―　地①　137
　人―　姓　630
　小児―　礼①　417
　元服―　礼①　811
　勅撰集―　文②　243
　舟―　器②　717
めいよ　名誉【篇】　人②　293
めいりょ　明両（皇太子）　帝　1309
めいりん　明倫歌集　文②　399
めいりん　明倫館（大野藩）　文②　1285
めいりん　明倫館（丸亀藩）　文②　1288
めいりん　明倫館（田辺藩）　文②　1286
めいりん　明倫館（宇和島藩）　文②　1289
めいりん　明倫舎　文②　1279
めいりん　明倫堂（長崎）【併入】　文②　1176
めいりん　明倫堂（琉球）　文③　177
めいりん　明倫堂（上田藩）　文②　1281
めいりん　明倫堂（小諸藩）　文②　1282
めいりん　明倫堂（安志藩）　文②　1287
めいりん　明倫堂（近衛家）　文②　1316
めいりん　明倫堂（金沢藩）　文②　1285
　―入学式　文③　9
　―生徒数　文②　1197
　―経費　文②　1255
めいりん　明倫堂（高鍋藩）　文②　1291
　―寄宿生　文②　1203
めいりん　明倫堂（新荘藩）　文②　1284
めいりん　明倫堂（名古屋藩）　文②　1279
　―教則　文②　1212
　―寄宿生　文②　1200
　―生徒数　文②　1196
めいれき　明暦　歳　251
めいわ　明和　歳　261

めうし	牸	動		39
めか	牝鹿	動		309
めか	蘘荷	植	①	1140
めかくし	目隠し	遊		1235
めかくし	目隠葺	居		1052
めかけ	妾			
	「しょう妾」を見よ			
めかけほ	妾奉公人請状	政	③	600
めかこう	目かかう	遊		1214
めかずら	めかづら(桂)	植	①	263
めがね	眼鏡	器	②	560
めがねし	眼鏡師	器	②	567
めがねば	目鏡橋	地	③	121
めかりの	和布刈神事	神	②	641
	—	神	④	1216
めかわら	牝瓦	産	①	592
めぎ	小蘗	植	①	238
めきき	目利			
	刀剣—	兵		1470
	馬—	武		774
	書画—	文	③	987
めきしこ	メキシコ	外		1250
めくぎ	目釘			
	刀剣—	兵		1427
	鑓—	兵		1505
めくぎあ	目釘穴	兵		1306
めぐし	めぐし(愛)	人	①	714
めくそ	めくそ(眵)	人	①	370
めぐむ	めぐむ(徳)	人	①	1171
めくら	盲	人	①	365
	—	人	②	940
	「もうじん盲人」も見よ			
めくらご	盲暦	方		394
めぐらし	めぐらし文	政	③	135
めくらし	盲心経	宗	①	316
めくらす	めくら水精	金		232
めくらそ	盲僧【併入】	人	②	1002
	—訴訟	法	③	486
めくらぶ	盲船	兵		1254
めくらべ	目くらべ	遊		1216
めくらま	目くらまし(幻戯)	楽	②	1179
めぐり	めぐり(遊戯)	遊		1241
めくりか	めくり賀留多	法	③	102
めくりふ	めくり札	法	③	57
めぐりぼ	転棒	産	①	287
めくるめ	めくるめくやまひ(眩)	方		1165
めぐろ	めぐろ(鮪)	動		1498
めぐろ	目黒(江戸)	地	①	964
めぐろふ	目黒不動	宗	④	448
めけもの	めけもの(牝)	動		9
めご	目碁	遊		119
めざし	魬	飲		930
めざし	目刺(小児頭髪)	人	①	563
	—	人	①	78
めし	飯【篇】	飲		343
	「いい飯」も見よ			
めしあわ	召合(相撲)	武		1049
めしい	盲	人	①	365
	「もうじん盲人」も見よ			
めしうど	囚人			
	「しゅうじ囚人」を見よ			
めしうま	召馬預	官	③	959
めしおお	召仰	政	①	897
	行啓無—	帝		781
	相撲—	武		1037
めしおき	召置(拘留)	法	①	941
めじか	めじか(鮪)	動		1497
めじか	めじか(鰹)	動		1441
めしがま	飯釜	器	①	299
めしこめ	召籠【併入】	法	①	504
	—	法	①	940
めしじょ	召状	政	③	128
めしつか	召使(太政官)	官	①	475
めしつぎ	召次			
	院—	官	①	1239
	後院—	官	①	1254
めしつぎ	飯次	器	①	289
めしつぎ	召次所	官	①	1239
めしな	召名	政	①	791
	—	姓		703
	—	姓		772
めしはな	召放	法	①	846
	所帯—	法	①	810
	所領—	法	①	813
	身代—	法	①	825
	役儀—【篇】	法	②	638
	扶持—【併入】	法	②	646
	「もっしゅ没収」も見よ			
めしびと	召人	文	③	242
めしふ	召符	政	③	128
	—	法	①	1082
めしぶね	召船上乗役	官	③	1250
めしぶね	召船役【篇】	官	③	1250

めしぶみ 召文【篇】 政 ③ 128
— 法 ① 1082
めしぶみ 召文奉書 政 ③ 107
めしぶみ 召文御教書 政 ③ 50
めしもり 飯盛女 人 ② 915
めじろ 目白(魚) 動 1407
めじろ 目白(鳥) 動 905
めじろお 目白押 遊 1241
めしわん 飯椀 器 ① 7
— 器 ① 27
めすりな 眼摩鱠 飲 204
めせきが 目狭笠 器 ② 395
めせんふ 目専太織 産 ② 194
めぞめ 目染 産 ① 873
めたい 米多井 地 ③ 1017
めだか 目高(魚) 動 1283
めたのさ 米多郷 地 ② 1088
めっかち めつかち(偏盲) 人 ① 360
めっき 鍍金 産 ① 669
めっきし 滅金師 産 ① 671
めつけ 目付
公文— 官 ② 484
足利氏— 官 ② 1161
侍所— 官 ② 1161
織田氏— 官 ② 1419
豊臣氏— 官 ② 1448
徳川氏大—【篇】 官 ③ 307
徳川氏—【篇】 官 ③ 325
国— 官 ③ 348
徒—【篇】 官 ③ 351
小人—【篇】 官 ③ 363
台所— 官 ③ 916
鷹匠— 官 ③ 948
吹上役人— 官 ③ 972
中間— 官 ③ 983
小人— 官 ③ 987
使番火事場— 官 ③ 1149
二条大坂— 官 ③ 1150
駿府甲府— 官 ③ 1154
騎兵— 官 ③ 1612
歩兵— 官 ③ 1619
検地—役 政 ④ 60
—出座聴訟 法 ③ 765
大目付町奉行勘定奉行—立合裁判 法 ③ 781
大目付町奉行—立合裁判 法 ③ 782
町奉行宅—立合裁判 法 ③ 792
軍陣— 兵 194
忍— 兵 332
めつけえ 目付絵 遊 1229
めつけべ 目付部屋 官 ③ 351
めっしゅ 滅宗(僧) 宗 ④ 147
めったま めつた的 法 ③ 103
めつにち 滅日 方 104
めっぽう めつぽう島 地 ① 679
めつもん 滅門日 方 123
めて 馬手(犬追物矢所) 武 630
めで めで(愛) 人 ① 714
めてぎり 馬手切(犬追物矢所) 武 630
めてざし 妻手指(刀) 兵 1380
めでたか 目出度かしく 文 ① 444
めど めど(馬道) 居 569
めど 蓍 植 ② 720
めどう 馬道 居 569
— 地 ③ 75
めとじ めとぢ(捉迷蔵) 遊 1235
めどはぎ 蓍(卜筮具) 方 500
めとり 捕女 法 ① 908
めなしご 目梨郡 地 ② 1301
めなしど 目なしどち 遊 1235
めなしわ めなし綿 産 ② 98
めなだ 女那多魚 動 1394
めなみ めなみ(小波) 地 ③ 1261
めなもみ めなもみ(豨薟) 植 ② 763
めぬき 目貫(刀剣) 兵 1426
鋳— 産 ① 659
—彫刻 産 ① 689
めのう 馬脳 金 240
— 金 2
めのうの 馬脳帯 服 796
めのうの 馬脳剣 兵 1398
めのおと めのおと(乳母) 人 ① 277
「めのと乳母」も見よ
めのこ めのこ(女子) 人 ① 24
「おんな女」も見よ
めのこざ 目の子算 文 ③ 625
めのと 乳母【併入】 人 ① 277
— 礼 ① 375
足利春王安王— 人 ① 1192
—従流人到配所 法 ② 280
猫— 動 203
めのとご 乳母子 人 ① 286

めのとの　乳母のふみ　人 ②　238
めばかり　目計頭巾　服　1242
めはじき　めはじき(茺尉)　植 ②　499
めばる　目張(魚)　動　1453
めひしば　めひじは(馬唐)　植 ①　940
めひらぎ　めひらぎ(木)　植 ①　630
めひる　小蒜　植 ①　1047
めぶ　馬部　官 ①　1533
めぶきち　馬部吉上　官 ①　1321
めぼうき　めばうき(羅勒)　植 ②　499
めま　牝馬　動　77
めまい　暈眩　方　801
めまし　目勝(博弈)　法 ①　913
めみえ　目見
　大名御―御体　官 ③　1739
　御―以上　官 ③　70
　御―以上養子　政 ③　767
　御―以上之流人　法 ②　263
　御―以上揚座敷入　法 ③　284
　御―以下　官 ③　70
　御―以下関所通行
　心得　地 ③　615
　御―以下養子　政 ③　766
　御―以下揚屋入　法 ③　275
めみえい　目見医師　官 ③　876
めめず　蚯蚓　動　1227
めやす　目安
　申状―　政 ③　195
　訴訟―　法 ①　1066
　訴訟―　法 ③　587
　―裏判　法 ③　603
　―裏書　法 ③　609
　―裏書初判　法 ③　718
　算盤―　文 ③　568
めやに　眵　人 ①　370
めゆい　目結　産 ①　873
めらのつ　妻郎津　地 ③　532
めりやす　めりやす(小唄)　楽 ②　400
めりやす　めりやす(手覆)　服　1500
　―　楽 ②　401
めりょう　馬料【篇】　封　228
めりょう　馬寮　官 ①　1526
めりょう　馬寮御監　官 ①　1534
めん　免(田租)　政 ④　189
　―　政 ③　977
めん　面(剣術具)　武　60
めん　麺【篇】　飲　495
　―　植 ①　853
めん　仮面
　舞楽用―　楽 ①　670
　舞楽用―図　楽 ①　671
　二舞―　楽 ①　369
　能楽用―　楽 ①　973
　能楽狂言用―　楽 ①　1012
　玩具―　遊　1256
めんあい　免相　政 ④　234
めんいと　綿糸　産 ②　71
めんえん　麺筵　器 ②　1021
めんかん　免官　法 ①　289
　―　法 ①　281
　僧綱―　宗 ②　767
　「げかん解官」「げしょく解職」
　「げにん解任」も見よ
めんきょ　免許
　剣術―　武　44
　槍術―　武　81
　馬術―　武　715
　砲術―　武　897
　水練―　武　986
めんきょ　免許状
　冠懸―　服　1136
　烏帽子懸―　服　1211
　槍術免状　武　82
　相撲行司免状　武　1190
　囲碁免状　遊　90
めんぐ　面具　兵　1887
めんこう　面額(斗帳帽額)　器 ①　796
めんこう　綿甲　兵　1829
めんこう　仮面工　楽 ①　979
めんし　免司　法 ①　295
めんし　面脂　器 ①　513
めんしゃ　免者(免囚)　法 ①　513
　―　法 ①　960
めんじょ　免状(田租)　政 ④　193
めんしょ　免所居官　法 ①　288
　―　法 ①　281
めんしょ　免職
　「めんかん免官」を見よ
めんぜい　免税
　「けんめん蠲免」を見よ
めんそ　免租
　「けんめん蠲免」を見よ
めんぞう　眠蔵　居　640
めんち　面打(遊戯)【併入】　遊　39

めんちゅ　綿冑　兵　1885
めんつう　面桶　器　①　295
めんつけ　免附　政　④　234
めんどう　面道　居　569
めんどう　馬道　居　569
めんない　めんないちどり　遊　1235
めんばく　面縛　兵　748
めんびき　免引地　宗　③　237
めんぶる　免振舞　政　④　351
めんぼお　面頬(甲冑具)　兵　1890
めんぼよ　綿圃要務　産　①　179
めんもく　面目　人　②　294
めんもつ　免物(免囚)　法　①　510
めんゆう　面友　人　②　400
めんよう　綿羊　動　219
　以一毛織羅紗　産　②　72
めんろう　めんらう(馬道)　居　569

も

も　喪　礼　②　580
　天皇服一【篇】　礼　②　391
　師一　人　②　391
　仕丁遭一　政　②　845
　丁匠遭一　政　②　863
　囚人遭一　法　①　498
　一中停小朝拝　歳　444
　一中無白馬節会　歳　1011
　一中追儺　歳　1381
　一中鎖神棚　神　①　939
　大嘗祭禁弔一　神　①　1171
　依父母一斎宮解職　神　③　787
　由母一斎院解職　神　③　1214
　中宮訪親一　帝　780
　依一廃朝　政　①　185
　依一廃務　政　①　201
　一假　政　①　1154
　一假　政　③　464
　遭一蠲免　政　②　987
　一家固辞葬礼官給　礼　②　228
　服一者諒闇中出仕　礼　②　547
も　裳【篇】　服　931
　著一【篇】　礼　①　601
も　藻【篇】　植　②　877
もい　盌　器　①　4
もいがた　椀形　器　①　46
もいとり　水司　官　①　1129
もいとり　主水司【篇】　官　①　1088
もいとり　水戸　官　①　1094
もいとり　水部　官　①　1093
もいとり　水取部　官　①　93
もいとり　水部司　神　③　809
もいとり　水部神祭　神　③　767
もうお　藻魚　動　1455
もうかの　孟夏旬　政　①　32
もうき　毛亀　動　1585
もうき　朦気(喪)　礼　②　581
もうぎゅ　蒙求
　読書始読一　文　③　250
　文禄板一補注　文　③　1079
もうぎゅ　蒙求和歌　文　②　400
もうけ　まうけ(饗)　礼　①　228
　「きょうお饗応」も見よ
もうけが　儲勝(競馬)　武　801
もうげつ　孟月
　一朝参　政　①　19
　一告朔　政　①　25
もうけど　儲殿　神　③　367
もうけの　まうけのみや　帝　1308
　「こうたい皇太子」も見よ
もうこ　蒙古　外　894
もうご　妄語　人　①　856
もうこし　蒙古襲来　神　①　236
　一　外　336
　一　兵　1211
もうしあ　申合書　政　③　212
もうしじ　申状　政　③　191
　一　法　①　1068
もうしつ　申次衆　官　②　1252
もうしつ　申次番　官　②　828
もうしぶ　申文
　庁一　政　①　71
　結政一　政　①　78
　外記政一儀　政　①　99
　外記庁一　政　①　101
　政始一　政　①　127
　陣一　政　①　169
　除目一　政　①　772
　求官一　政　①　981
　所充一　政　①　1056
　列見一　政　①　1180

切杭—　政 ① 1479
不堪佃田—　政 ② 385
後不堪—　政 ② 398
要劇—　封 203
百度—　封 215
大粮—　封 219
年給—　封 285
附短冊於—　文 ③ 1260
もうじゅ 猛獣　動 5
もうしわ 申渡(裁許)　法 ③ 653
もうじん 盲人【篇】　人 ② 939
—貸金　政 ④ 613
—犯罪　法 ② 9
—訴訟　法 ① 1045
—訟庭待遇　法 ③ 555
将軍家婚儀賜金銭
於—　礼 ① 1349
もうす 帽子　宗 ② 1202
もうず まうづ(詣)
「さんけい参詣」を見よ
もうせき 礞石　金 307
もうせん 毛氈　器 ② 39
もうせん 毛氈鞍覆　兵 1987
もうそう 孟宗竹　植 ① 703
もうだご 望陀郡　地 ① 1031
もうだぬ 望陀布　産 ② 138
もうちゅ 朦中(喪)　礼 ② 580
もうつじ 毛越寺【篇】　宗 ④ 778
もうどう 艨艟　動 561
もうとう 孟冬旬　政 ① 41
もうはつ 毛髪
「かみ髪」を見よ
もうぶん 耗分　政 ② 608
もうりし 毛利重能　文 ③ 556
もうりし 毛利衆　兵 462
もうりて 毛利輝元
豊臣秀吉与—講和　兵 737
—修大元帥法　宗 ② 276
もうりも 毛利元就
—被勅許菊桐御紋　姓 511
—献即位費　帝 423
—教訓書　人 ② 216
祀—於豊栄神社　神 ④ 1715
もうりよ 毛利慶親　政 ③ 268
もーるお もうる織(回々織)
【併入】　産 ② 305
もーるつ もうる通詞　文 ② 980
もえぎの 萌黄唐衣　服 917
もえぎの 萌黄下襲　服 346
もえぐい もえぐひ(燼)　器 ② 361
もがさ 皰瘡　方 1367
もがみが 最上川　地 ③ 1181
もがみご 最上郡　地 ② 183
もがみど 最上胴(鎧)　兵 1782
もがみと 最上徳内　外 1546
もがみり 最上流(算術)　文 ③ 584
もがり 殯　礼 ② 123
もがり 虎落(戦具)　兵 671
もがりぶ 藻苅舟　器 ② 672
もぎ 著裳【篇】　礼 ① 601
もく 目　官 ① 200
もくあみ 木阿弥　人 ② 998
もくあん 木菴(僧)　宗 ② 548
もくいん 木印　文 ③ 1132
—　政 ① 564
—　政 ③ 307
もくえ 木絵(琵琶)　楽 ② 747
もくぎょ 木魚　宗 ② 1094
もくげん 牧監　官 ① 1535
—　地 ③ 959
—公廨田　封 99
もぐさ 熟艾　器 ② 284
—　植 ② 710
もくし 牧士　官 ③ 967
もくし 牧子　地 ③ 959
もくし 牧司　地 ③ 963
もくじき 木食上人　宗 ④ 935
もくしゃ 木笏　服 1271
もくじゅ 木銃　武 958
もくせい 木星　天 100
もくせい 木犀　植 ① 624
もくせん 目銭　政 ④ 430
もくそう 沐槽　器 ① 613
もくぞう 木像
—仏　宗 ① 165
小野篁—　文 ② 1096
千利休—　遊 608
もくだい 目代
神社—　神 ② 1637
神社—　神 ② 1528
大神宮祭主—　神 ③ 844
国司—　官 ② 480
諸国検非違使—　官 ② 176
郡—　官 ② 583

	郷―	官	②	632
もくどく	黙読	文	③	231
もくのか	木工頭	官	①	1006
もくば	木馬	武		721
もくばぜ	木馬ぜめ	産	②	833
もくばの	牧馬長	地	③	960
もくばや	木馬屋	神	②	1133
もくはん	木版活字	文	③	341
もくひつ	木筆	文	③	1289
もくひつ	木筆(角筆)	文	③	1478
もくぶつ	木仏	宗	①	165
もくふよ	木芙蓉(木)	植	①	525
もくべつ	木鼈子	植	②	647
もくめ	橒	植	①	70
もくもん	木門五先生	人	②	311
もくもん	木門二妙	人	②	311
もくよく	沐浴	人	①	1001
	―	帝		1539
	―	服		118
	囚人―	法	③	238
	溜囚人―	法	③	333
もくよく	沐浴衣	服		122
もぐら	葎草	植	①	1189
もくらん	木蘭	植	①	241
もくらん	木蘭塗	産	①	805
もくりょ	木工寮【篇】	官	①	1004
	併鍛冶司於―	官	①	1018
	隷修理職於―	官	②	355
	隷修理左右坊城使於―	官	②	363
	併勅旨省於―	官	②	367
	併造宮職於―	官	②	368
もくれい	目礼	礼	①	90
もくれん	もくれん(木蘭)	植	①	241
もくれん	もくれんじ(欒)	植	①	507
もくれん	木連理	植	①	76
もくろく	目録			
	作田―	政	③	1107
	政書―	法	①	68
	書籍―	文	③	394
	進物―	帝		244
	進物―	人	②	471
	結納―	礼	①	956
	元服祝儀―	礼	①	853
	武術免許―	武		19
もくわん	木椀	器	①	11
もけ	木瓜	植	①	364
もこう	帽額	器	①	785
	簾―	器	①	856
	斗帳―	器	①	801
	獣形―図	器	①	788
もこし	もこし(龕)	礼	②	358
もこし	裳層	宗	③	114
もさい	茂才	文	③	78
もじ	もじ(銭)	泉		8
もじ	もじ(葬具)	礼	②	348
もじ	もぢ(鋘)	産	①	569
もじ	綟	産	②	148
もじ	文字　「もんじ文字」を見よ			
もじ	門司			
	―関	地	②	1008
	赤門関―間船賃	地	③	395
もじかた	綟肩衣	服		608
もじくさ	文字鎖	遊		1222
もじずり	綟摺草	植	①	1179
もしまの	藻島駅	地	①	1095
もしゃ	模写	宗	①	304
もしゅ	喪主	礼	②	255
もじよみ	文字読	文	③	229
もじり	もぢり(言語)	人	①	878
もじわん	文字椀	器	①	15
もず	鵙	動		797
もずく	水雲	植	②	895
もずくじ	もづく汁	飲		186
もすこび	モスコビヤ(露西亜)	外		1455
もすそ	裙	服		33
もずのく	鵙之草茎	動		800
もずのみ	百舌鳥耳原陵	帝		982
もずめの	物集郷	地	①	227
もそろ	もそろ(醨)	飲		684
もたい	もたひ(甕)	器	①	173
もだま	もだま(魚)	動		1483
もだま	榼藤子	植	②	323
もち	餅【篇】	飲		541
	乙子―	歳		53
	川浸―	歳		53
	鏡―	歳		842
	具足―	歳		915
	草―	歳		1091
	菱―	歳		1093
	いただき―	歳		1136
	柏―	歳		1179
	亥子―	歳		1346

能勢― 歳 1352
牡丹― 歳 1365
勝― 歳 1393
子戴― 礼 ① 424
五十日― 礼 ① 444
婚礼祝― 礼 ① 1206
大福― 飲 621
神饌用― 神 ② 1166
三夜―高年之人所役 帝 1250
婚礼時―贈答 礼 ① 1073
もち 黐 産 ① 453
― 植 ① 483
もち 望日 歳 54
もちあみ もちあみ(坐罾) 産 ① 384
もちあわ もちあは(秫) 植 ① 868
もちい 餅 飲 541
「もち餅」も見よ
もちがい 餅貝 動 1695
もちがし 餅菓子 飲 611
もちがゆ 餅粥 飲 456
もちこし もちこし(輿) 器 ② 918
もちこづ 持小筒 官 ③ 1624
もちこづ 持小筒頭並 官 ③ 1623
もちこづ 持小筒組差図役頭取 官 ③ 1624
もちこづ 持小筒組之頭 官 ③ 1622
もちごめ もちごめ(糯) 植 ① 769
もちそえ 持添地 宗 ③ 244
もちたて 持楯 兵 2079
もちつき 餅搗 歳 1417
もちづき 望月 天 61
もちづき 望月玉蟾 文 ③ 847
もちづき 望月三英 方 776
もちづき 望月党 兵 450
もちづき 望月牧 地 ③ 964
もちづつ 持筒頭 官 ③ 1167
もちつつ もちつつじ(羊躑躅) 植 ① 591
もちづつ 持筒弓之頭 官 ③ 1167
もちどう 持同心 官 ③ 1171
もちのか 持之頭【篇】 官 ③ 1166
もちのき もちのき(冬青) 植 ① 483
もちのき 黐樹 産 ① 454
もちのよ もちのよね(粳) 植 ① 769
もちばな 餅花 飲 563
もちやり 持鑓之者 官 ③ 983
もちゆみ 持弓頭 官 ③ 1167
もちゆみ 持弓鉄砲物頭 官 ③ 1167
もちより 持与力 官 ③ 1171
もっかん 没官【篇】 法 ① 274
以―物造橋 地 ③ 173
―為賤民 政 ② 170
以―田班給 政 ② 326
もっけい 木契 地 ③ 625
― 地 ③ 654
― 帝 459
もっけん 木硯 文 ③ 1319
もっこ 持籠 産 ① 324
もっこう 木工【篇】 産 ① 511
― 官 ① 117
― 官 ③ 632
もっこう 木瓜 植 ① 364
もっこう 木香 植 ② 788
もっこう もつかう頭巾 服 1249
もっこう もつかうの紋 姓 532
もっこく もくこく(木) 植 ① 561
もっしゅ 没収【篇】 法 ① 809
田畑家屋敷家財― 法 ② 612
領地― 法 ② 604
「めしはな召放」も見よ
もっそう 物相 器 ① 294
もっそう 物相飯 法 ③ 223
もっつけ 物付(馬具) 兵 2039
もてあそ もてあそび物 遊 1245
もてぎは 茂木藩 地 ② 60
もといん 元印銀 泉 285
もとおし もとをしの袍 服 246
もとおり もとほり(鷹具旋子) 遊 1016
もとおり 本居宣長
―神道説 神 ② 1442
―和学 文 ② 665
―おを所属之弁 文 ① 91
もとおり 本居春庭 人 ② 987
―語格 文 ① 162
もとかた 元方御金蔵帳 政 ③ 1036
もとかた 元方御金奉行 官 ③ 566
もとかた 元方納戸頭 官 ③ 776
もとしげ 本滋(催馬楽) 楽 ① 214
もとしげ 本重籐弓 兵 1642
もとすご 本巣郡 地 ① 1258
もとすの 本巣国造 地 ① 1244
もとどり 髻 人 ① 512
― 人 ① 539
―中安仏像 宗 ① 203
もとどり 髻の綸旨 政 ① 282

もとぬさ	元幣	神	②	1072
もとのも	もとの木阿弥	人	①	897
もとむら	本村	政	④	31
もとめご	求子	楽	①	249
	賀茂臨時祭試楽為—	神	③	1103
	石清水臨時祭試楽為—	神	③	1340
もとめご	毛止女古歌(東遊)	楽	①	246
もとゆい	髻(元結)	器	①	479
	以—為懸緒	服		1212
もとゆい	元結紙	器	①	480
もとゆい	髻筥	器	①	489
もとよし	本吉郡	地	②	127
もどりば	戻橋	地	③	200
もとろけ	もとろけ(文身)	人	①	310
もなか	最中(菓子)	飲		663
もぬけ	もぬけ(蛻皮)			
	へみの—	動		1002
	へみの—	動		1033
	蟬の—	動		1185
ものあわ	物合**【篇】**	遊		249
	—歌会	文	②	95
	文合	文	①	262
	消息合	文	①	419
	狂歌合	文	①	933
	連歌合	文	①	1147
	句合	文	①	1317
	歌合**【篇】**	文	②	1
	詩合	文	②	633
	絵合	文	③	951
	今様合	楽	①	312
	琵琶合	楽	②	761
	謎合	人	①	945
	薫物合	遊		334
	名香合	遊		336
	牛合	動		64
	馬名合	動		104
ものいう	ものいふ(言)	人	①	831
ものいみ	物忌	方		220
	新嘗祭依—天皇不出御	神	②	309
	元日節会依—天皇不出御	歳		495
	—時無四方拝	歳		389
	—時小朝拝有無	歳		445
	依—停二孟旬	政	①	46
	—時官奏	政	①	421
ものいみ	物忌(斎戒)	神	①	119
	「さいかい斎戒」も見よ			
ものいみ	物忌(大神宮職員)	神	③	861
ものいみ	物忌女	神	②	1507
ものいみ	物忌子	神	②	1511
ものいみ	ものいみのたち(斎館)	神	①	492
ものいみ	物忌父	神	②	1508
	—	神	③	862
ものいみ	物忌札	神	①	122
ものうけ	物受(織部司)	官	①	973
ものうご	桃生郡	地	②	127
ものうじ	桃生城	兵		1054
	蝦夷侵—	人	②	715
ものおき	物置	居		814
ものかき	物書料	封		504
ものがし	物頭			
	豊臣氏—	官	②	1451
	弓鉄砲頭一曰—	官	③	1174
ものがた	物語(小説)	文	②	939
	—の消息	文	①	367
	好—書	人	①	780
ものがた	物語(談話)	人	①	839
ものがた	物語合	遊		296
ものがた	物語歌合	文	②	89
ものがた	物語絵	文	③	903
ものがた	物語文	文	①	191
ものかわ	物加波(苗字)	姓		326
ものかわ	物かはの蔵人	文	①	892
ものぎき	物聞(斥候)	兵		332
ものぐる	ものぐるひ(癲狂)	方		1472
ものさし	尺	称		4
	—	産	①	557
ものさし	物指師	称		38
	—図	称		44
ものした	ものしたのたふさぎ(衳子)	服		1504
ものたち	ものたちかたな(剪刀)	産	②	49
ものなり	物成	政	③	974
ものなり	物成詰	封		386
もののぐ	物具(鎧)	兵		1775
もののけ	物気	方		1485
もののな	物名			
	和歌—	文	①	557
	俳諧廻文—	文	①	1202

もののふ	物節	官 ①	1382
もののべ	物部		
	衛門府—	官 ①	1464
	囚獄司—	法 ①	489
	囚獄司—	官 ①	948
	市司—	官 ②	387
	—執行死刑	法 ①	232
もののべ	物部(伴造)	官 ①	59
もののべ	物部氏	官 ①	61
	—氏神	神 ①	661
もののべ	物部神社【篇】	神 ④	1084
もののべ	物部丁(囚獄司)	法 ①	489
もののべ	物部郷	地 ②	1088
もののべ	物部広泉	方	765
もののべ	物部守屋		
	—排仏	宗 ①	54
	蘇我馬子伐—	宗 ④	68
もののほ	物本	文 ②	949
	—	文 ③	318
ものはづ	物は付	人 ①	949
ものはみ	ものはみ(膆)	動	508
ものふね	喪船	礼 ②	363
ものまさ	尸者	礼 ②	15
ものまね	物真似狂言尽	楽 ②	23
ものまね	物真似札(芝居)	楽 ②	52
ものみ	物見(車)	器 ②	762
ものみ	物見(斥候)	兵	321
ものみあ	物見足軽	兵	328
ものみい	物見板	器 ②	764
ものみす	物見簾	器 ②	871
ものみぞ	物見備	兵	417
ものみの	物見の疾舟	兵	1254
ものみば	物見番	兵	335
ものみや	物見役	兵	322
ものみや	物見櫓	兵	1101
ものもら	物貰	政 ③	921
	「こつじき乞食」も見よ		
もはらで	藻原寺	宗 ④	503
もふく	喪服	礼 ②	928
もふし	藻臥(鮒)	動	1267
もふし	藻臥魚	動	1463
もまき	藻巻	産 ①	418
もみ	籾	植 ①	803
もみ	毛瀰(蝦蟇)	動	1073
もみ	鼯鼠	動	256
もみいと	籾井党	兵	451
もみえぼ	萎烏帽子	服	1191
もみかい	籾会蔵所	政 ④	521
もみかち	もみかち(穀搗)	産 ①	287
もみがら	稃	産 ①	97
もみぐら	籾蔵	居	789
もみさら	穀杷(農具)	産 ①	250
もみし	紅師	産 ①	841
もみじ	紅葉	植 ①	9
	高倉天皇愛—	人 ①	1160
もみじ	鶏冠木	植 ①	494
もみじあ	紅葉合	遊	286
もみじが	紅葉笠	器 ②	412
もみじが	紅葉傘	器 ②	461
もみじが	紅葉重の薄様	文 ③	1219
もみじか	紅葉土器	器 ①	232
もみじの	紅葉之賀	礼 ①	1375
もみじの	紅葉下襲	服	343
もみじば	紅葉橋	地 ③	349
もみじぶ	紅葉袋	器 ①	543
もみじぶ	紅葉鮒	動	1267
もみじや	紅葉山御宮御番	官 ③	391
もみじや	紅葉山御宮附坊主	官 ③	393
もみじや	紅葉山楽人	官 ③	395
もみじや	紅葉山八講	宗 ②	85
もみじや	紅葉山火之番	官 ③	392
もみじや	紅葉山文庫	文 ③	380
もみじや	紅葉山別当	官 ③	392
もみじや	紅葉山役人【附】	官 ③	391
もみずり	籾摺	政 ④	219
もみたね	籾種	産 ①	70
もみたび	もみたび	服	1416
もみよね	もみよね(糙)	植 ①	814
もみりょ	もみ療治	方	909
もめん	木綿【篇】	産 ②	164
もめんい	木綿糸	産 ②	72
もめんが	木綿合羽	器 ②	491
もめんが	木綿紙	文 ③	1230
もめんに	木綿錦	産 ②	283
もめんば	木綿袴	服	712
もめんや	木綿屋	産 ②	180
もも	股	人 ①	463
もも	桃	植 ①	332
ももえば	百重張陣笠	器 ②	413
ももが	鼯鼠	動	258
ももかの	百日祝	礼 ①	449
ももきい	ももき煎	飲	227
ももさか	ももさかふね(百積船)	器 ②	689

ももしき 百敷 居 10
「だいり内裏」も見よ
ももじり 桃尻(乗馬) 武 692
ももせり 百瀬流 文 ③ 682
ももぞの 桃園天皇 帝 40
—善蹴鞠 遊 1116
—山陵 帝 1017
ももだち 股立(袴) 服 699
ももづた 百伝度逢県 地 ① 445
ももて 百手【併入】 武 341
小弓— 遊 180
楊弓— 遊 191
ももどの 百度座 礼 ① 230
ももとも 百伴造 官 ① 26
ももとり 百取机代物 器 ① 122
ももとり 百机飲食 飲 2
ももなり 桃像(冑) 兵 1882
ももぬき 股貫 服 1438
ももぬき 股解沓 服 1438
もものい 桃井郷 地 ② 21
もものさ 桃酒 歳 1090
もものせ 桃節供 歳 1104
もものつ 百官人 官 ① 2
もものは 桃葉湯 居 694
もものま 桃之守 神 ② 924
もものむ 桃蠹 動 1086
もものゆ 桃弓 兵 1634
ももはば 股はばき 器 ② 511
ももひき 股引 服 1500
ももまゆ 桃眉 人 ① 347
ももや 百矢 兵 1700
ももやま 桃山隠者 人 ② 1027
ももよせ 股寄(刀剣) 兵 1446
もや もや(靄)【併入】 天 169
もや 母屋 居 543
もや 喪屋 礼 ② 123
—鋪設 礼 ② 723
—忌籠 礼 ② 732
もやい もやひ(舟) 器 ② 739
もやし もやし(牙秧) 産 ① 68
もやし もやし(蘖米) 植 ① 856
醬油— 飲 844
くろまめのもやし 植 ② 244
もやのだ 母屋大饗 歳 543
もやま 喪山 地 ③ 745
もゆるつ 燃土燃水 器 ② 327
もよう 模様
袍— 服 275
染— 産 ① 845
もり 森【篇】 地 ③ 914
—林之別 地 ③ 908
もり 猎 産 ① 405
もりおか 盛岡 地 ② 140
もりおか 盛岡藩 地 ② 153
もりかえ 盛返(戦闘) 兵 586
もりかわ 森川許六 文 ① 1375
もりぐち 守口駅 地 ① 309
もりくに 守邦親王 官 ② 666
もりそせ 森祖仙 文 ③ 923
もりたけ 守武千句 文 ① 1184
もりたけ 守武流 文 ① 1344
もりたざ 森田座 楽 ② 36
もりどの 盛殿 神 ① 491
もりなが 護良親王
—為征夷将軍 官 ② 666
足利尊氏讒— 人 ② 698
祀—於鎌倉宮 神 ④ 1713
もりのさ 母理郷 地 ② 474
もりはん 森藩 地 ② 1039
—藩札 泉 448
—藩札図 泉 456
もりはん 母里藩 地 ② 482
もりもの 盛物(料理) 飲 267
もりや 守屋 居 64
もりや 盛屋 神 ① 489
もりやま 守山宿 地 ① 1162
もりやま 守山藩 地 ② 155
もりらん 森蘭丸
—明敏 人 ① 1261
—細心 人 ① 1230
—正直 人 ② 9
もろおか 諸岡一羽 武 33
もろおり 諸折戸 居 1216
もろかが 諸加賀(絹名) 産 ② 219
もろかぎ 師鎰(袴紐結様) 礼 ① 561
もろかず もろかづら 植 ② 283
もろかた 諸県郡 地 ② 1156
もろこ 諸子魚 動 1335
もろこし もろこし(唐国) 外 819
もろこし 蜀黍餅 飲 554
もろすき 諸耜 産 ① 233
もろなり もろなり(胡頽子) 植 ① 574
もろは 両刃 兵 1317
もろはく 諸白 飲 688

もろはや	もろはや(対屋)	居		540
もろまい	諸舞(東遊)	楽	①	249
もろまゆ	諸眉(烏帽子)	服		1171
もろみ	醪	飲		692
もろや	双矢	武		121
もろらん	室蘭郡	地	②	1298
もん	門	居		821
	皇大神宮—	神	③	24
	内裏—	居		195
	改平安内裏殿閣諸—号	居		20
	徳川柳営諸—制度	居		415
	徳川柳営外曲輪諸—	居		384
	徳川柳営二曲輪諸—	居		392
	徳川柳営内曲輪諸—	居		404
	徳川氏営中諸—	居		410
	徳川幕府大名屋敷—図	居		823
	寺院—	宗	③	128
	興福寺—	宗	③	1193
	四天王寺—	宗	④	74
	城—	兵		1089
	城—開閉	兵		1046
	江戸城—戸出入	官	③	98
	露地—	遊		584
	幔—	器	①	758
	衛門守—	官	①	1468
	大名警衛江戸城—	官	③	1688
	忌中閉—	礼	②	712
	於—外除服	礼	②	827
もん	門(条坊)	地	①	157
もん	紋			
	袍—	服		272
	窠霰—	服		720
	指貫—	服		745
	家—	姓		501
	菊桐御—	帝		423
	きりつけ—	産	②	47
	かちん—	服		451
	素襖—	服		582
	十徳付—	服		653
	以扇為家—	服		1354
	幕—	器	①	740
	傘描—	器	②	442
	船印—	器	②	722
	車—	器	②	880
もんうち	紋打(遊戯)【併入】	遊		39
もんえい	門衛	官	①	1326
もんおり	紋織	産	②	24
もんがく	文覚			
	—発心	人	①	1126
	—那智山苦行	神	④	1300
	—神護寺勧進	宗	③	868
	—配流	法	①	178
	—上源頼家書	政	③	222
	—上源頼家書	人	②	234
もんかじ	門下侍中	官	①	688
もんかし	門下省	官	①	372
もんかじ	門下侍郎	官	①	432
もんぎ	文尺	称		30
もんけん	紋絹	産	②	209
もんげん	問見参番	官	②	827
もんこう	もんかう(紋縞)	産	②	209
もんじ	文字【篇】	文	①	1
	年号—	歳		326
	地名—	地	①	48
	書札封目—	文	①	469
	改姓—	姓		244
	以—為紋	姓		517
	—破拆	植	①	811
	柿木—	植	①	621
	書字于天井	居		1128
もんしゃ	紋紗	産	②	297
もんじゃ	問者			
	論義—	文	③	198
	課試—	文	③	117
もんじゃ	門籍	居		195
	—	政	①	1140
	—門牓	官	①	1469
	封—	法	①	317
もんじゃ	問者生	文	③	121
もんしゅ	門主			
	「もんぜき門跡」を見よ			
もんじゅ	文寿(刀工)	産	①	635
もんじゅ	文殊会	宗	②	108
もんじゅ	文殊会帳	政	②	684
もんじゅ	文殊堂	宗	④	873
もんじゅ	文殊法	宗	②	298
もんじゅ	文殊菩薩	宗	①	95
もんじゅ	文殊明神	神	①	150
もんじゅ	文殊楼	宗	④	570

もんじょ 文書
　盗官― 法 ① 369
　詐為官― 法 ① 429
　訴訟―【篇】 法 ① 1064
　訴訟―【篇】 法 ③ 585
　―副歌 文 ① 761
もんじょ 問状 法 ① 1076
もんじょ 文章院【併入】 文 ② 1075
もんじょ 文章生【併入】 文 ① 356
もんじょ 文章生試 文 ③ 64
もんじょ 文章生除目 政 ① 717
もんじょ 文章得業生【併入】 文 ① 356
もんじょ 文章得業生試 文 ③ 75
もんじょ 文章博士【併入】 文 ① 353
もんじょ 問状奉書 政 ③ 106
もんじょ 問状御教書 政 ③ 50
もんじょ 文書櫃 文 ③ 1394
もんじょ 文書袋 文 ③ 1438
もんじん 門人 文 ③ 21
　「でし弟子」も見よ
もんぜき 門跡 宗 ③ 180
　― 宗 ③ 150
　宮― 帝 1478
　西本願寺― 宗 ③ 441
　東本願寺― 宗 ③ 459
　興正寺― 宗 ③ 466
　仏光寺― 宗 ③ 472
　妙法院― 宗 ③ 592
　蓮華光院― 宗 ③ 626
　知恩院― 宗 ③ 651
　青蓮院― 宗 ③ 654
　聖護院― 宗 ③ 713
　曼珠院― 宗 ③ 721
　円融院― 宗 ③ 728
　実相院― 宗 ③ 743
　仁和寺― 宗 ③ 845
　大覚寺― 宗 ③ 886
　毘沙門堂― 宗 ③ 1000
　勧修寺― 宗 ③ 1005
　随心院― 宗 ③ 1014
　三宝院― 宗 ③ 1054
　松橋― 宗 ③ 1058
　一乗院― 宗 ③ 1204
　大乗院― 宗 ③ 1205
　専修寺― 宗 ④ 120
　錦織寺― 宗 ④ 654
　輪王寺― 宗 ④ 733
　―年始参賀幕府 歳 707
　―訴訟 法 ③ 485
　路頭遇―礼 礼 ① 168
　―方貸附金 宗 ③ 287
もんぜき 門跡奉行 官 ② 1214
もんぜん 文選 文 ① 306
　読書始読― 文 ③ 249
　―舶来 文 ③ 417
もんぜん 門前地 宗 ③ 240
もんぜん 門前払 法 ② 351
もんそ 門訴 法 ③ 443
もんちゅ 問注 官 ② 754
もんちゅ 問注記 法 ① 1086
もんちゅ 問注所
　鎌倉幕府― 官 ② 753
　足利氏―【篇】 官 ② 1143
　―内評定始 政 ③ 18
　関東―【併入】 官 ② 1314
もんちゅ 問注所吉書始 政 ③ 2
もんちゅ 問注所公人 官 ② 758
もんちゅ 問注所執事
　鎌倉幕府― 官 ② 756
　足利氏― 官 ② 1143
もんちゅ 問注所執事代
　鎌倉幕府― 官 ② 757
　足利氏― 官 ② 1144
もんちゅ 問注所寄人
　鎌倉幕府― 官 ② 758
　足利氏― 官 ② 1145
もんちゅ 問注奉行 官 ② 791
　六波羅― 官 ② 866
もんちり 紋縮緬 産 ② 249
もんつき 紋付
　木綿― 服 447
　うるし― 服 451
　絽― 服 1035
もんつき 紋付羽織 服 684
もんづく 紋尽銭 泉 151
もんつけ 紋付け 法 ③ 97
もんてい 門弟 文 ③ 20
　「でし弟子」も見よ
もんどい 門樋 政 ④ 1229
もんとう 問頭 文 ③ 114
もんどう 問答(禅宗) 宗 ① 803
もんどう 問答講 神 ④ 453
もんとう 問頭生 文 ③ 121
もんとく 文徳実録 文 ② 865

もんとく 文徳天皇 帝 18
—祀昊天 神 ② 569
—建嘉祥寺 宗 ③ 971
—号田村天皇 帝 944
—諡 帝 917
—山陵 帝 991
—国忌 礼 ② 1266
もんどこ 紋所 姓 501
もんとし 門徒宗 宗 ① 813
「しんしゅ真宗」も見よ
もんどの 主水正 官 ① 1089
もんどの 主水司【篇】 官 ① 1088
—祭神 神 ① 879
もんにん 文人(文章生) 文 ③ 48
もんのう 門能 楽 ① 893
もんのか 門神 神 ① 918
もんぱ 紋羽 産 ② 315
もんばん 門番衆 官 ② 1455
もんばん 門番所 居 822
もんび 紋日 人 ② 900
もんぶし 文部省 官 ① 812
もんべつ 紋別郡 地 ② 1297
もんぼう 門膀 居 195
もんむて 文武天皇 帝 12
—為太子 帝 1345
—山陵 帝 985
もんめ 匁 称 110
もんめん もんめん鞦 兵 2033
もんやく 門役奉行 官 ② 1223
もんよう 文様
袍— 服 269
下襲— 服 353
もんよう 紋楊枝 器 ① 583
もんろ 紋絽 産 ② 301

や

や 矢 兵 1527
—図 兵 1575
正月七日節会献— 歳 977
七夕— 歳 1245
以—為神体 神 ① 197
祓禊用— 神 ② 668
楊弓— 遊 200
や 屋 居 1012
や 輻(車) 器 ② 772
やあて 屋充 政 ① 1077
造大神宮— 神 ③ 276
やーぱん ヤアパン 地 ① 36
やーるほ やあるほうごろ(鳥) 動 983
やあわせ 矢合 兵 543
やいくさ 矢軍 兵 514
やいぐし やいぐし(鋉灸具) 器 ① 115
やいぐし 焼串 産 ① 172
やいづの 焼津郷 政 ③ 756
やいと 灸 方 890
「きゅう灸」も見よ
やうお 箭魚 動 1461
やえがき 八重垣 居 859
やえから やへからがき 居 863
やえざく 八重桜 植 ① 296
やえだた 八重畳 器 ② 84
—図 神 ① 1439
やえなり やへなり(緑豆) 植 ② 253
やえば 齵歯 人 ① 401
「おそば齵歯」も見よ
やえぶき 八重葺 居 1027
やえむぐ 八重葎 植 ② 680
やおあい 八百会拝所 神 ① 500
やおぜん 八百善 飲 324
やおとめ 八少女(巫) 神 ② 1519
やおとめ 八乎止女(風俗歌) 楽 ① 237
やおやお 八百屋お七 法 ② 253
やがくの 夜学蓋置 遊 748
やかず 矢数 武 149
やかずち 矢数帳 武 150
やかた 車蓋 器 ② 754
やかたご 屋形号 官 ③ 1768
— 官 ③ 1729
やかたご 屋形輿 器 ② 944
やかたち 八形縮緬 産 ② 254
やかたづ 屋形造 居 526
やかたふ 屋方風(衣服) 服 452
やかたぶ 屋形船 器 ② 587
— 器 ② 627
やがため 家堅 居 503
やかつか やかつかみ(宅神) 神 ① 890
やかべ 家部 官 ① 129
やかみご 八上郡(因幡) 地 ② 440
やかみご 八上郡(河内) 地 ① 321
やから 族 人 ① 107

やがら	簳	兵		1576
やがら	矢簳魚	動		1436
やかん	野干	動		335
やかん	薬罐	器	①	258
やぎ	山羊	動		218
やきいい	焼飯	飲		444
やきいえ	焼き家	居		530
やきいし	焼石	服		866
やきいん	焼印			
	枡—	称		57
	牛馬—	動		25
	額—	兵		358
やきいん	焼印編笠	器	②	390
やきえ	焼絵	文	③	931
やきがね	焼金	法	①	765
	「かいん火印」も見よ			
やきがり	焼狩	産	①	446
やきくさ	焼草船	兵		1175
やきごえ	やきごえ	産	①	135
やきごめ	やきごめ(糒米)	植	①	821
やきしめ	焼しめ	産	①	172
やきすて	焼捨訴状	法	③	589
やきだち	焼太刀	兵		1302
やきづ	焼津	地	①	619
	—	地	③	530
やきつぎ	焼継(陶器)	産	①	779
やきば	やきば(火葬所)	礼	②	1112
やきば	刃	兵		1308
やきばざ	焼葉篠	植	①	714
やきはた	焼畑	産	①	50
やきはた	焼畠	植	②	12
やきはま	焼蛤	飲		230
やきふで	焼筆	文	③	1289
やきぼね	焼骨鱠	飲		204
やきまき	焼蒔	産	①	50
やきもち	焼餅	飲		621
やきもの	焼物	飲		229
やきもの	焼物師	産	①	698
やぎゅう	野牛(山羊)	動		46
やぎゅう	野牛乳	方		1051
やぎゅう	柳生藩	地	①	300
やぎゅう	柳生宗矩	武		36
やぎゅう	柳生宗厳	武		36
やぎゅう	柳生流	武		28
やく	約(算術)	文	③	592
やく	籥	楽	②	902
やぐ	夜具	器	②	194
やくいも	役居門	居		840
やくいも	薬医門	居		840
やくいん	やくゐん(施薬院)	方		670
やくえん	薬園	方		1043
	—	方		699
	—役人【篇】	官	③	877
	吹上—方	官	③	974
やくえん	薬園師	方		658
やくえん	薬園生	方		1043
やくおと	厄落	方		209
	—	歳		1396
やくがい	夜久貝	動		1675
やくがえ	役替	官	③	123
	—	官	③	83
やくかみ	役上下	官	③	84
やくぎ	役義(税)	政	④	408
やくぎめ	役儀召放【篇】	法	②	638
やくきり	役切米	封		447
やくきん	役金	封		448
やくくん	約訓	文	③	306
やくけん	訳鍵	文	②	1005
やくごお	益救郡	地	②	1183
やくさみ	やくさみ(病)	方		1134
やくし	薬司	官	②	404
やくし	薬師	宗	①	80
	日野—	宗	③	1061
	法隆寺—仏造像記	宗	③	1289
やくしけ	薬師悔過	宗	②	146
やくしじ	薬師寺(大和)【篇】	宗	③	1249
	—奴婢	宗	③	294
	—最勝会	宗	②	27
	—万燈会	宗	②	202
やくしじ	薬師寺(下野)【篇】	宗	④	740
	—戒壇	宗	②	642
	—受戒	宗	②	641
やくしど	薬師堂	宗	③	404
やくしの	薬師法	宗	②	284
やくしま	掖玖島	地	②	1172
やくしも	薬師詣	宗	③	316
やくしゃ	役者			
	能—	楽	①	927
	芝居—	楽	②	155
	旅—	楽	②	20
やくしゅ	薬酒	飲		707
やくしゅ	薬種代	封		506
やくしゅ	薬種問屋	産	②	407
やくしょ	薬生	方		1043

やくしょ　薬勝寺【篇】　宗④　995
やくしょ　役所入用金　封　481
やくしん　益信　宗①　633
　—諡号　宗②　809
やくじん　疫神　神①　72
　—　方　1327
　—　方　1337
　—託宣　神①　273
　祭—　神②　625
　四角四境祭祭—　神②　552
やくじん　厄尽会　神①　72
やくじん　疫神祭　神①　171
　—　神②　555
やくじん　疫神斎　神②　925
やくじん　疫尽堂　神①　72
　—　神②　925
やくせん　役船　官③　608
やくせん　役銭　政④　454
やくそう　役送
　饗礼—　礼①　261
　元服—　礼①　746
やくそう　役僧　礼②　266
やくそう　薬草　植①　758
やくそく　約束(茶会)　遊　429
やくたい　薬袋(馬具)　兵　2049
やくたい　薬袋(舞楽具)　楽①　665
やくたい　薬袋紙　文③　1214
やくだか　役高　政④　98
やくたく　役宅
　江戸町奉行—　官③　404
　囚獄—　官③　456
　勘定奉行—　官③　492
　蔵奉行—　官③　554
　書替奉行—　官③　563
　川船改役—　官③　605
　火附盗賊改—　官③　1192
　代官—　官③　1500
　奉行—吟味　法③　771
　「やくやし役屋敷」も見よ
やくち　役知　封　437
やぐちの　矢口祭　神②　608
やぐちの　矢口渡　地③　451
やくづき　厄月　方　214
やくとう　薬湯　方　993
　—　居　688
やくどし　厄年　方　208
　—辞尊号　帝　823
　依天皇—赦宥　法①　518
　—祈観音　宗①　86
やくにゅ　役入用金　封　478
やくにん　役人足　政④　551
やくにん　役人足賃銀附抱屋敷　政③　1258
やくのま　夜久の斑貝　動　1674
やくばお　役羽織　服　680
やくばら　厄払　歳　1395
　—　方　209
やくびょ　疫病　方　1301
　依救—叙位　政①　1047
やくびょ　疫病神　方　1337
　「やくじん疫神」も見よ
やくびょ　疫病除　方　1337
やくびょ　疫病除守札　神②　923
やくひん　薬品会　方　1120
やくぶ　役夫
　奠都—　地①　140
　造大神宮—　神③　255
やくぶち　役扶持　封　444
やくぶん　訳文　文①　295
やくほう　役俸【篇】　封　437
やくほう　薬方【篇】　方　1035
やくほう　薬方神　神①　75
やくまい　役米　封　448
　野—　地③　926
やくみ　薬味　飲　283
やくもご　八雲琴【併入】　楽②　713
やくもし　八雲神詠口訣　文①　785
やくもそ　益母草　植②　500
やくもみ　八雲御抄　文②　442
やくやし　役屋敷
　老中若年寄—　官③　191
　大番頭—　官③　1040
　京都目付—　官③　1151
　定火消—　官③　1208
　京都所司代—　官③　1260
　禁裏附—　官③　1270
　仙洞附—　官③　1283
　二条城門番—　官③　1287
　二条御殿番—　官③　1289
　二条鉄砲奉行—　官③　1290
　二条蔵奉行—　官③　1291
　京都町奉行—　官③　1300
　大坂城代—　官③　1319
　駿府城代—　官③　1349
　駿府定番—　官③　1352

駿府町奉行— 官 ③ 1357
甲府勤番支配— 官 ③ 1365
長崎奉行— 官 ③ 1391
箱館奉行— 官 ③ 1413
佐渡奉行— 官 ③ 1443
京都代官— 官 ③ 1514
「やくたく役宅」も見よ
やくよけ 厄除御影 宗 ④ 445
やぐら 櫓
城郭— 兵 1101
徳川柳営— 居 383
劇場— 楽 ② 52
やぐら 屋蔵 居 754
やぐらか 矢倉株(芝居) 楽 ② 26
やぐらし 矢倉芝居 楽 ② 25
やぐらだ 櫓大鼓
相撲— 武 1170
劇場矢倉大鼓 楽 ② 53
やくらの やくらのつかさ(宰相) 官 ① 444
やぐらも 矢倉門 居 829
やくりょ 役料 封 438
— 封 404
議奏— 官 ① 648
伝奏— 官 ① 665
江戸町名主— 官 ③ 445
やぐるま 矢車草 植 ② 210
やくろう 薬籠 方 1123
やけ やけ(霞)【併入】 天 163
やけいし 焼石 地 ③ 872
やけこめ 燋米 植 ① 821
やけどの やけどの妙薬 方 845
やけのか やけのかみ(宅神) 神 ① 891
やけびと 家人部 官 ① 130
やけやま 焼山 地 ③ 877
やげん 薬研 方 1123
やげんう 薬研把 産 ① 245
やげんぼ 薬研堀(城) 兵 1076
やごう 屋号 産 ② 639
— 姓 736
やごう 家号 姓 354
やごえ 矢声 武 219
やこえの 八声の鳥 動 677
やこがい やこ貝 産 ① 831
やさい 野菜 植 ① 756
—魚鳥売買期節 飲 46
やざえも 弥左衛門だち(袴裁縫) 服 705
やさかが 八坂方(盲人) 人 ② 943
やさかじ 八坂神社【篇】 神 ③ 1472
「ぎおん祇園」も見よ
やさがた 城方(琵琶法師) 楽 ① 720
やさかと 八坂刀売命
祀—於信濃国諏訪神社 神 ④ 721
祀—於肥前国諏訪神社 神 ④ 1719
やさかに 八坂瓊之五百箇御統 服 1483
やさかに 八坂瓊曲玉 帝 49
「けんじ剣璽」も見よ
やさかの 八坂郷 地 ① 230
やさかの 八坂墓 帝 1559
やさき 鏃 兵 1605
やさすか やさすかり(八道行成)【篇】 遊 168
やざま 矢狭間(城) 兵 1107
やし やし(香具師) 産 ② 700
やし 矢師 兵 1759
やし 野史 文 ② 887
やし 椰子 植 ① 145
やしおお 八塩折酒 飲 685
やしき 屋敷 政 ③ 1253
—相対替 官 ③ 89
徳川氏老女衆町—拝領 官 ③ 826
郡代— 官 ③ 1474
大名— 官 ③ 1720
農人— 産 ① 203
やしきあ 屋敷改【附】 官 ③ 1103
道奉行— 官 ③ 464
本所深川— 官 ③ 468
やしきじ 屋敷城 兵 1042
やしきち 屋敷地
—拝領 官 ③ 87
—拝領 官 ③ 436
やしきど 屋敷所 政 ② 447
やしきふ やしき風(衣服) 服 451
やしない 養方服紀 礼 ② 807
やしない やしなひ子 政 ③ 783
「ようし養子」も見よ
やしはい 椰子盃 器 ① 230
やしま 屋島 地 ② 818
やしまの 屋島合戦 兵 1209
やしまの 八島国 地 ① 13

やしまの　八島郷　地 ①　285
やしまの　八島山陵　帝　1047
やしゃ　夜叉　宗 ①　110
やしゃび　やしやびしやく(寄生)　植 ①　667
やしゃぶ　夜叉附子　植 ①　169
やしゅう　野州　地 ②　37
やじゅう　やぢう(奈良茶)　飲　411
やしゅう　野州両党　姓　299
やしょく　夜食　飲　21
やじり　鏃　兵　1605
やじりき　やじりきり(窃盗)　人 ②　782
やじるし　箭印　兵　1585
やしろ　社　神 ①　438
　—前之別　神 ①　396
　「じんじゃ神社」も見よ
やしろあ　社跡米　政 ④　955
やしろで　屋代寺【篇】　宗 ④　688
やしろど　やしろ堂　神 ①　444
やしろひ　屋代弘賢
　—善書　文 ③　687
　—蔵書　文 ③　388
やしろめ　社召　法 ①　954
やしわご　やしはご(玄孫)　人 ①　232
やじん　野人　産 ①　186
やす　瘠　人 ①　298
やす　魚猎　産 ①　405
やすいさ　安井算哲　遊　80
やすいそ　安井息軒　文 ②　713
　—塾　文 ②　1331
　—排耶蘇教　宗 ④　1161
やすいも　安井門跡　宗 ③　626
やすうり　安売　産 ②　351
やすがわ　野洲川　地 ③　1156
やすくに　靖国神社　神 ④　1715
やすけぎ　夜須計絹　産 ②　236
やすごお　夜須郡　地 ②　943
やすごお　野洲郡　地 ①　1176
やすこく　安石代　政 ④　296
やすざら　野洲曝布　産 ②　124
やすで　やすで(虫)　動　1206
やすなご　安那郡　地 ②　625
やすのり　安則(刀工)　産 ①　633
やすのわ　安渡　地 ③　478
やすのわ　野洲渡　地 ③　468
やすはら　安原貞室　文 ①　1373
やすひと　康仁親王　帝　1392
やすまく　休幕　帝　365
やすまつ　安松流(射術)　武　127
やすらい　やすらい花　神 ②　625
やすり　鑢　産 ①　648
　—　産 ①　691
やせがく　痩せがくし(馬具)　兵　1989
やせき　野跡(書)　文 ③　710
やせのか　八瀬の竈風呂　居　680
やせのさ　八瀬里　地 ①　249
やせやま　痩病　方　1447
やせん　矢銭　政 ④　463
やそう　野葬　礼 ②　332
やそうじ　八十氏人　姓　291
やそきょ　耶蘇教【篇】　宗 ④　1099
　—徒破却社寺　神 ④　1622
　—徒破却社寺　神 ④　1647
　—転宗者起請　人 ②　375
　—徒訴人行賞　法 ③　696
　—徒処刑　法 ①　736
　—徒処刑　法 ①　1182
　—徒処刑　法 ②　231
　—徒処刑　法 ②　240
　—徒処刑　法 ②　249
　—徒処刑　法 ②　257
　—徒処刑　法 ②　369
　—徒処刑　法 ②　602
　—徒処刑　法 ③　982
やそしま　八十島祭【附】　神 ①　1660
やそせん　耶蘇宣教師　外　1271
やそとも　八十伴緒　官 ①　29
やそのみ　八十宮　帝　1467
やたい　屋体(車)　礼 ②　352
やだい　矢代
　鬮的—　武　438
　笠懸—　武　562
　犬追物—　武　637
やだい　矢台　兵　1754
やだいく　谷大工　法 ②　248
やだいじ　矢大臣　神 ①　918
やたがら　八咫烏　動　837
やだけ　矢竹　植 ①　706
やたて　矢立(文房具)【併入】　文 ③　1359
やたのか　八咫鏡　帝　49
　模造鏡剣為神器　帝　57
やたべ　八田部　官 ①　134
やたべご　八部郡　地 ①　367
やたらじ　やたら縞　産 ②　28

やだんす　矢簞笥　兵　1754
やちちひ　八千千姫　神 ③　507
やちほこ　八千戈神
「おおくに大国主神」を見よ
やちまた　八衢比古　神 ②　552
やちまた　八衢比売　神 ②　552
やちゅう　野中寺【篇】　宗 ④　35
やちん　家賃　政 ③　1306
—取上　法 ②　635
—訴訟　法 ③　517
やつ　やつ(谷)　地 ③　709
やつあし　八脚机　神 ②　1229
やつおの　八絃琴　楽 ②　567
やつがし　八首鳥　動　803
やつがた　八ヶ嶽　地 ③　813
やつかの　八握剣　兵　1323
やつかは　八掬脛　人 ②　739
やつかほ　八握穂社　産 ①　8
やつがれ　やつがれ(自称)　人 ①　7
やつきの　八槻郷　地 ②　135
やつくち　やつくち(袼)　服　32
やづくり　家作
「かさく家作」を見よ
やっこ　やつこ(自称)　人 ①　7
やっこ　奴
「ぬひ奴婢」を見よ
やっこ　奴(刑名)【併入】　法 ②　442
やっこ　奴(小児頭髪風)　人 ①　562
やっこ　薬戸　方　1043
やっこの　官奴司
「かんぬの官奴司」を見よ
やっこは　奴俳諧　文 ①　1424
やつしろ　八代　地 ②　1128
やつしろ　八代宮　神 ④　1713
やつしろ　八代郡(甲斐)　地 ①　708
やつしろ　八代郡(肥後)　地 ②　1123
やつしろ　八代荘　神 ④　1282
やつしろ　八代焼　産 ①　774
やつぢゃ　八ッ茶　飲　23
やづつ　矢筒　兵　1750
楊弓—　遊　201
やつであ　八手網　政 ④　490
やつでの　八手木　植 ①　584
やつはし　八橋　地 ③　257
やつはし　八橋流(三線流派)　楽 ②　841
やつはし　八橋流(筑紫箏流派)　楽 ②　705
やつばち　八ばち(楽器)【併入】　楽 ②　1123
やつはな　八花形鏡　器 ①　357
—図　器 ①　377
やつばら　奴儕　人 ①　17
やつまと　八的　武　250
やつむね　八棟造　居　526
神社—　神 ①　461
—図　神 ①　458
やつめう　八目鰻　動　1364
やつめか　八目鏑　兵　1675
やつもさ　八裳刺曲(大歌)　楽 ①　140
やつらの　八佾舞　楽 ②　442
やつりの　八釣宮　地 ①　180
やつるぎ　八剣神社　神 ④　345
やつるる　やつるる　方　1447
やでんぼ　やでん帽子　服　1227
やどあず　宿預　法 ②　519
やどあず　宿預証文　法 ③　682
やといに　雇人　政 ③　621
商家—　産 ②　713
やどがえ　宿替　居　506
やどかり　やどかり(寄居子)　動　1692
やどころ　矢所(犬追物)　武　629
やどなし　宿なし　政 ③　948
やとのか　夜刀神　動　1037
やどのか　やどの神　神 ①　892
やとり　矢取　武　267
賭射—　武　385
笠懸—　武　566
犬追物—　武　665
やどりぎ　やどりぎ(寄生木)　植 ①　666
やどりの　やどりのつかさ(宿官)　政 ①　719
やな　魚梁　産 ①　397
—　産 ①　410
やないば　柳葉(鐙)　兵　1993
やないば　柳筥　器 ①　680
やなうん　魚梁運上　政 ④　490
やなか　谷中(江戸)　地 ①　977
やながわ　柳河　地 ②　974
やながわ　梁川星巌　文 ②　596
やながわ　柳河藩　地 ②　979
やながわ　柳川焼　産 ①　767
やながわ　柳川流(三線流派)　楽 ②　841
やなぎ　楊柳　植 ①　154
植—於堤防　政 ②　1106
植—於堤防　政 ④　1052
以—作綿　産 ②　105

	植―於蹴鞠場	遊		1059
	―挿花法	遊		837
やなぎい	やなぎいちご(草)	植	①	1200
やなぎえ	柳箙	兵		1725
やなぎが	柳浦	地	③	1327
やなぎが	柳重の紙	文	③	1218
やなぎご	柳行李	器	①	694
やなぎさ	柳さびの烏帽子	服		1188
やなぎさ	柳沢淇園			
	―淀川浚濬意見	政	④	1093
	―絵画	文	③	845
	―好客	人	②	395
やなぎだ	柳茸	植	②	808
やなぎだ	柳樽	器	①	190
やなぎだ	柳樽(川柳)	文	①	1360
やなぎど	柳堂	宗	④	165
やなぎの	柳箟	兵		1584
やなぎの	柳唐衣	服		922
やなぎの	柳下襲	服		344
やなぎの	柳直衣	服		312
やなぎの	柳蠹	動		1086
やなぎは	柳原家	姓		359
	―蔵書	文	③	385
やなぎぶ	柳風呂	居		700
やなぎも	柳本藩	地	①	300
	―藩札	泉		446
やなぎわ	柳原絹	産	②	213
やなぐい	胡簶	兵		1715
	舞楽―	楽	①	659
やなごお	八名郡	地	①	552
やなす	やなす(籍)	産	①	398
やなせの	簗瀬郷	地	①	409
やなだご	梁田郡	地	②	46
やなだぜ	梁田蛻巌	文	②	588
やなだの	簗田御厨	神	③	915
やなぶね	魚梁船	器	②	670
やにれ	やにれ(楡)	植	①	208
やぬし	家主			
	「いえぬし家主」を見よ			
やね	屋根【篇】	居		1011
やねのこ	やねのこけ(屋遊)	植	②	847
やねふき	屋根葺【篇】	産	①	601
やねぶね	屋根舟	器	②	632
やのえの	やのへのこけ(屋遊)	植	②	847
やのね	矢根	兵		1605
やのねい	鏃石	金		285
やのもの	谷之者	法	②	149

	―	法	②	236
	矢之者	法	②	246
やば	野馬	動		108
やはぎが	矢作川	地	③	1163
	―	政	④	1067
やはぎが	矢作川渡	地	③	429
やはぎの	矢作宿	地	①	545
やはぎば	矢矧橋	地	③	267
やはぎべ	矢作部	官	①	113
やばけい	耶馬溪	地	②	1008
やばこ	矢箱	兵		1754
やはしご	八橋郡	地	②	452
やはず	筈	兵		1613
やはずあ	やはずあざみ(飛廉)	植	②	761
やはずそ	やはずさう(藁藁菜)	植	②	309
やはずも	矢筈餅(元服饗)	礼	①	845
やばせの	矢橋渡	地	③	466
やばせむ	矢橋村	地	①	1194
やばだい	野馬台	地	①	21
やばだい	野馬台詩	姓		409
やばね	箭羽			
	以鳥羽為―	動		505
	以鷲羽為―	動		948
やはんら	夜半楽	楽	①	424
やひこじ	弥彦神社【篇】	神	④	995
やひこや	弥彦山	地	③	844
やびつ	矢櫃	兵		1754
やびらき	矢開	神	②	609
やひらで	八開手	神	②	977
やひろど	八尋殿	礼	①	910
やひろほ	八尋矛	兵		1496
やぶ	藪	植	①	740
やぶいも	やぶいも(水痘)	方		1412
	―出仕遠慮	政	③	465
やぶから	やぶからし(烏蘞苺)	植	②	354
やぶくぐ	藪潜(笠)	器	②	410
やぶくす	やぶくすし(無学医)	方		712
やぶこう	やぶかうじ(紫金牛)	植	②	436
やふごお	養父郡(但馬)	地	②	421
やふごお	養父郡(肥前)	地	②	1082
やふごも	八封薦	神	②	1219
やぶさか	やぶさか(吝嗇)	人	②	83
やぶさめ	流鏑馬【篇】	武		491
	諏訪神社―	神	④	735
やぶじら	やぶじらみ(鶴虱)	植	②	765
やふせぎ	やふせぎ(射乏)	武		260
やぶたば	やぶたばこ(天名精)	植	②	765

やぶだま	やぶだま(馬勃)	植	②	832
やぶにこ	藪に香物	飲		1062
やぶにっ	やぶにつけい(天竺桂)	植	①	273
やぶにら	藪睨	人	①	362
やふねく	屋船久久遅命	神	②	559
	—	産	①	6
やふねと	屋船豊宇気姫命	神	②	559
	—	産	①	6
やぶのう	藪内流	遊		597
やぶみ	矢文	兵		686
	—	兵		715
やぶみょ	やぶめうが(杜若)	植	①	993
やぶやく	藪役	政	④	471
やぶらん	やぶらん(麦門冬)	植	①	1064
やぶれが	やぶれがさ(免児傘)	植	②	748
やへい	野兵	兵		262
やほち	夜発	人	②	835
やほろ	矢保呂	兵		1751
	—図	兵		1752
やま	山【篇】	地	③	687
	鉱—【篇】	金		1
	賜—【併入】	封		122
	雪—	天		224
	—野制度	地	③	923
	—上穿井	地	③	1011
	由地震—崩	地	③	1388
	高—祭	神	②	617
	—論鉄火裁許	法	③	936
やま	山(祭礼山鉾)	神	③	1497
やま	矢間(城)	兵		1107
やまあら	やまあらし(豪猪)	動		431
やまあら	やまあららぎ(辛夷)	植	①	243
やまあり	山蟻	動		1109
やまい	病			
	人—	方		1134
	歌—	文	①	628
	連歌—	文	①	1033
	詩—	文	②	525
やまいち	山市	動		1016
やまいぬ	やまいぬ(豺)	動		434
やまうつ	やまうつぎのね(蜀漆)	植	①	447
やまうつ	山空穂	兵		1742
やまうば	山姥	地	③	895
	—	動		493
やまうば	やまうばら(薔薇)	植	①	1076
	—	方		1079
やまうる	やまうるし(黄櫨)	植	①	474
やまえみ	やまゑみ(黄精)	植	①	1017
やまお	やまを(山)	地	③	698
やまおか	山岡頭巾	服		1255
やまおく	山送(葬送)	礼	②	285
やまおそ	山獺	動		466
やまおと	やまをとこ(山𤢖)	動		490
	山男	地	③	895
やまおん	山女(獣)	動		493
やまがえ	山蛙(河蝦)	動		1069
やまがえ	山蛙(赤蝦蟇)	動		1067
やまかが	やまかがち(蟒蛇)	動		1021
	—	動		1019
やまかが	やまかがみ(白蘞)	植	②	354
やまがき	やまがき(鹿心柿)	植	①	614
やまかぐ	山神楽	楽	①	196
やまかご	山駕籠	器	②	1028
やまかご	山香郡	地	①	581
やまがご	山鹿郡	地	②	1119
やまがそ	山鹿素行			
	—経学	文	②	787
	—兵法	兵		11
	—和歌	文	①	897
	—著聖教要録而獲罪	文	③	456
	—大名預	法	②	504
	浅野長友師事—	人	②	416
	—遺言状	人	②	229
やまがた	山形(鞍)	兵		1945
やまがた	山形(出羽)	地	②	190
やまがた	山形(射芸具)	武		259
やまがた	山県組	兵		455
やまがた	山県郡(安芸)	地	②	661
やまがた	山県郡(美濃)	地	①	1260
やまがた	山県周南	文	②	800
やまがた	山形藩	地	②	195
やまがの	山鹿牧	地	③	964
やまがは	山家藩	地	②	393
やまがみ	山鹿岬	地	③	1333
やまかみ	山上藩	地	①	1212
やまがめ	山亀	動		1579
やまがら	山雀	動		916
やまがり	山鹿流	兵		7
やまがわ	山川港	地	③	588
やまきの	やまきの国	地	①	204
やまきの	山木郷	地	①	669

やまくさ　やまくさ(狼毒)　植 ②　122
やまくさ　やまくさ(黄蓮)　植 ②　192
やまくじ　山鯨　動　421
　—　飲　44
　「いのしし猪」も見よ
やまくず　山崩　地 ③　889
やまぐち　山口　地 ②　689
やまぐち　山口祭　神 ③　163
やまぐち　山口藩医学館　方　701
やまぐち　山口藩教諭所　文 ②　1275
やまぐち　山口本　文 ③　325
やまぐち　山口明倫館　文 ②　1288
やまくに　山国陵　帝　1017
やまぐも　山蜘蛛　動　1215
やまくわ　山桑(柘)　植 ①　223
やまけり　山けり(鳥)　動　597
やまこ　玃　動　273
やまこう　やまかうじゆ(石香葇)　植 ②　507
やまこう　やまかうばし(山胡椒)　植 ①　263
やまごえ　山越(関所破)　地 ③　681
やまごお　耶麻郡　地 ②　121
やまこと　山詞　遊　957
やまごぼ　やまごばう(商陸)　植 ②　121
やまこも　山小物成　政 ④　466
やまごも　山籠　宗 ②　704
　御嶽—　宗 ③　1312
やまざき　山崎　神 ②　556
やまざき　山崎闇斎　方　479
　—垂加流神道　神 ②　1414
　—詩　文 ②　588
　—学派　文 ②　783
　—講書　文 ③　209
　—訓点　文 ③　293
　—為他人行儒葬　礼 ②　57
　保科正之重—　人 ②　416
やまざき　山崎院【篇】　宗 ④　10
やまざき　山崎宗鑑　文 ①　1369
やまざき　山崎駅(山城)　地 ①　213
やまざき　山崎駅(因幡)　地 ②　434
やまざき　山崎郷　地 ①　225
やまざき　山崎津　地 ③　508
やまざき　山崎渡　地 ③　415
やまざき　山崎派　文 ②　783
やまざき　山崎橋　地 ③　209
やまざき　山崎藩　地 ②　544
やまざき　山崎兵左衛門　武　37
やまざく　山桜　植 ①　289
やまざと　山里庭之者　官 ③　975
やまざと　山里庭番　官 ③　799
やまし　山師(投機師)　政 ③　1190
やまし　山師(鉱山師)　金　2
　—　金　75
やまし　知母(草)　植 ①　1022
やましお　山塩　飲　808
やましぎ　やましぎ(竹鶏)　動　723
やました　山下郡　地 ①　1012
やました　山下御門　居　388
やました　山下広内　政 ③　231
やました　山下門　居　408
やましな　山科家　姓　436
　—世襲内蔵頭　官 ①　785
　—家業装束事　服　227
　—高倉家半臂差別　服　369
　—直垂故実　服　539
やましな　山科御坊　宗 ③　430
やましな　山階寺　宗 ③　1175
　—僧兵　兵　295
　「こうふく興福寺」も見よ
やましな　山科神　帝　1568
やましな　山科郷　地 ①　234
やましな　山科陵(天智天皇)　帝　984
やましな　山科陵(醍醐天皇)　帝　992
やましな　山階山陵　帝　1047
やましな　山階宮　帝　1428
　山科宮　帝　1445
やましな　山科派(射術)　武　126
やましな　山科本願寺　宗 ③　1001
やましな　山科流(棒術)　武　88
やまじの　山路の菊　方　635
やまじや　山路弥左衛門　文 ③　577
やましろ　山城(催馬楽)　楽 ①　211
やまじろ　山城　兵　1044
やましろ　山背画師　文 ③　789
やましろ　山城国中払　法 ②　358
やましろ　山城代官　官 ②　1428
やましろ　山城国【篇】　地 ①　203
　—穢多村　政 ③　886
　—金銀貨　泉　288
　—銅山　金　135
　—石材　金　252
　—松茸　植 ②　819
やましろ　山城国愛宕郡計帳手

	実	政	②	216
やましろ	山城国減省解文	政	②	694
やましろ	山城国造	地	①	215
やますえ	山末社	神	③	140
やますげ	やますげ(麦門冬)	植	①	1064
やますげ	やますげの(枕詞)	植	①	1069
やますげ	山菅橋	地	③	337
	—	地	③	188
やませび	やませび(翡翠)	動		661
やまぜり	やまぜり(当帰)	植	②	407
やまぜん	山禅頂	神	④	876
やまだ	山田	地	①	456
	—銀札	泉		451
やまだい	山直郷	地	①	342
やまだお	山田温泉	地	③	1079
やまだか	山高	政	④	125
やまだご	山田郡(上野)	地	②	17
やまだご	山田郡(伊賀)	地	①	404
やまだご	山田郡(尾張)	地	①	504
やまだご	山田郡(讃岐)	地	②	827
	—田図	政	②	242
やまだじ	山田神社	神	④	703
やまだち	やまだち	人	②	805
	「さんぞく山賊」も見よ			
やまたち	山橘	植	②	436
やまだな	山田長政	外		1181
	—奉納絵馬於駿河国浅間神社	神	④	395
やまたの	八俣遠呂智	動		1035
やまだの	山田郷	官	②	961
やまだの	山田之曾富騰	産	①	165
やまだは	山田原	神	③	55
やまだぶ	山田奉行	官	③	1430
	—裁判	法	③	883
やまだふ	山田福吉	地	③	912
やまだや	山田矢橋渡	地	③	466
やまだり	山田流	楽	②	706
やまちさ	山ちさ(売子木)	植	①	656
やまつい	やまついも(薯蕷)	植	①	1095
やまづみ	山祇	神	①	53
やまつり	箭祭	神	②	608
やまて	山手	地	③	611
やまてま	山手米永(山年貢)	政	④	466
やまてま	やまてまり(椐)	植	①	662
やまでら	山寺	宗	④	767
やまと	やまと	地	①	16
やまと	野馬台	地	①	21

やまとう	倭歌	文	①	492
	「うた歌」も見よ			
やまとう	大和空穂	兵		1742
やまとえ	和画	文	③	797
やまとえ	倭画師	文	③	789
やまとお	倭大物主櫛𤭖玉命	神	④	2
やまとか	大和仮字	文	①	23
やまとか	倭鍛部	産	①	624
やまとが	大和川	政	④	1000
	—	政	④	1074
やまとく	大和国中払	法	②	359
やまとぐ	和鞍	兵		1953
やまとげ	大和源氏	姓		293
やまとご	山門郡	地	②	972
やまとご	日本心	文	②	680
やまとご	日本琴	楽	②	553
やまとこ	やまところ(知母)	植	①	1022
やまとさ	大和猿楽	楽	①	752
やまとし	大和衆	兵		459
やまとそ	やまとさう(観相)	方		569
やまとた	倭武天皇	帝		855
やまとた	日本武尊			
	—征熊襲	人	②	734
	—野火之難	神	④	308
	—征蝦夷	人	②	712
	祀—於気比神宮	神	④	938
	祀—於建部神社	神	④	1714
	—拝伊勢神宮	神	③	634
	倭建命名之読方	姓		602
	小碓尊命名	姓		685
やまとだ	倭魂	文	②	680
	日本魂	神	②	1412
やまとと	大和綴	文	③	514
やまとと	倭迹迹日百襲姫命	神	④	5
やまとに	倭錦	産	②	281
やまとの	大和国【篇】	地	①	267
	—夙	政	③	914
	—土蜘蛛	人	②	739
	—吉野国栖	人	②	743
	—方言	人	①	833
	—牛	動		48
やまとの	大倭国天平二年正税帳	政	②	659
やまとの	倭国造	地	①	73
やまとの	大和宿禰	姓		159
やまとひ	倭姫命	神	③	14
やまとひ	大和表具	文	③	1021

やまとぶ 和笛 楽② 854
やまとべ 倭部曲(大歌) 楽① 140
やまとほ 大和本草 方 1118
やまとま 倭舞 楽② 431
大嘗祭巳日節会奏
— 神① 1297
大神宮月次祭奏— 神③ 531
春日祭為— 神④ 103
やまとま 和儛所 神① 997
やまとま やまと窓 居 1159
やまとみ やまとみこと歌 文① 495
やまとめ 大和目(斤両) 称 113
やまとも 大和物語 文② 655
やまどり 山鶏 動 712
やまどり やまどりぐさ(山蘭) 植② 785
やまどり やまどりぐさ(淫羊
藿) 植② 208
やまどり 山鳥羽(矢) 兵 1600
やまとり 大和流(馬術) 武 709
やまとり 日本流(射術) 武 124
やまなう 山名氏 官② 1079
やまなう 山名氏清妻 人① 1191
やまなか 山中温泉 地③ 1079
やまなご 山名郡 地① 582
やまなし やまなし(鹿梨) 植① 354
やまなし やまなし(獼猴桃) 植① 533
やまなし 山梨郡 地① 708
やまなす やまなすび(防葵) 植② 429
やまなり 山鳴 地③ 893
やまぬす 山盗人 人② 805
— 法① 872
「さんぞく山賊」も見よ
やまねこ 山ねこ(傀儡子) 楽② 1164
やまねず 山鼠 動 233
やまねん 山年貢 政④ 466
やまのい 山の井 地③ 1016
やまのい やまのいも(薯蕷) 植① 1095
やまのい 薯蕷麺 飲 506
やまのう 山上憶良
—撰万葉集説 文② 340
—令反惑情歌 人② 230
—貧窮問答歌 人② 589
やまのう 山内氏 官② 1293
やまのう 山内一豊妻 礼① 1132
— 人② 64
— 動 142
やまのう 山内荘 地① 780
やまのか やまのかけぢ(磴道) 地③ 15
やまのか やまのかひ(峡) 地③ 710
やまのか 山神 神① 53
— 神① 69
やまのか 山神祭 神② 617
やまのき 山公 官① 68
やまのせ 山之銭 政④ 467
やまのつ 山司(山頂) 地③ 697
やまので 山の手(江戸) 地① 956
やまのは 山端 地③ 708
やまのべ 山辺郡(大和) 地① 284
やまのべ 山辺郡(上総) 地① 1035
やまのべ 山辺道上陵 帝 976
やまのま 山前荘 法① 1008
やまはた 山畑竿入 政④ 22
やまばち やまばち(大黄蜂) 動 1128
やまはっ 山薄荷 植② 512
やまばと 山鳩 動 737
やまばと 山鳩色 産① 850
— 服 253
やまばん 山ばん(乞食) 政③ 921
やまはん やまはんのき(山榛
木) 植① 171
やまひい やまひらぎ(黄芩) 植② 670
やまひい やまひらぎ(巴戟
天) 植② 677
やまびこ 山彦 地③ 894
やまびと 山人(仙) 方 611
やまひめ やまびめ(山姫) 地③ 894
やまびら 山開 地③ 895
やまぶき やまぶき(棣棠) 植① 381
やまぶき 山ぶき(鮒) 動 1269
やまぶき 山吹あへ 飲 206
やまぶき 山吹銀 政③ 991
やまぶき 山吹鱠 飲 198
やまぶき 款冬下襲 服 344
やまぶし 山伏 宗① 1090
— 宗① 1068
— 宗③ 712
— 政③ 876
—年始参賀幕府 歳 684
—揚屋入 法③ 275
—揚座敷入 法③ 285
—為相撲 武 1233
「しゅげん修験者」も見よ
やまべ やまべ(魚) 動 1336
やまべ 山部 官① 67

やまべの	山辺赤人	文	①	841
やまほう	やまほうづき(竜珠)	植	②	539
やまぼた	山牡丹	植	①	664
	—	植	②	176
やままゆ	山繭	産	①	335
やままゆ	山繭絹	産	②	186
やまめ	やまめ(魚)	動		1319
やまめ	山目(斤両)	称		112
やまもと	やまもと(麓)	地	③	708
やまもと	山本勘介			
	—兵法	兵		17
	山本晴幸善剣術	武		30
やまもと	山本郡(出羽)	地	②	185
やまもと	山本郡(肥後)	地	②	1121
やまもと	山本郡(筑後)	地	②	970
やまもと	山本仁太夫	政	③	949
やまもと	山本郷	地	①	238
やまもと	山本無辺流(槍術)	武		71
やまもも	やまもも(楊梅)	植	①	151
やまもも	楊梅酒	飲		708
やまもも	楊梅陵	帝		990
やまもり	山守	地	③	720
	—	礼	②	1153
やまもり	山守部	官	①	67
やまやく	山役	政	④	466
やまゆり	山ゆり草	植	①	1016
やまらん	山蘭	植	②	785
やまわき	山脇東洋	方		957
やまわろ	やまわろ(山㺑)	動		490
	—	動		307
やみ	矢見(通矢)	武		159
やむくし	山越郡	地	②	1298
やむらじ	谷村城主	地	①	704
やめのく	八女国	地	②	971
やもめ	寡婦	人	①	159
やもり	守宮	動		1057
やもり	家守	政	③	1288
	—	政	③	1290
やもりの	守宮神	方		1021
ややこお	やや子踊	楽	②	6
やよい	やよひ(三月)	歳		15
やらい	行馬	居		883
やらいご	矢来御門	居		410
やり	鑓【篇】	兵		1502
	弓矢—奉行【篇】	官	③	1238
	劇場矢倉—	楽	②	53
	鎗鈴	帝		426
	槍術【篇】	武		70
やりく	遣句(俳諧)	文	①	1226
やりくり	やりくり両替	産	②	522
やりざく	鑓ざく	兵		1523
やりした	鑓下の高名	兵		917
やりじる	鑓印	兵		1510
やりて	遣手	人	②	893
やりど	遣戸	居		1218
やりど	鎗戸	居		1221
やりなわ	遣縄(車)	器	②	878
やりのま	鎗之間	居		609
やりぶぎ	鑓奉行	兵		186
	徳川氏—【篇】	官	③	1222
やりぶす	鑓衾	兵		1523
やりまつ	槍祭	神	②	643
やりみず	遣水	居		921
やりもち	鑓持	兵		231
やろう	野郎	楽	②	15
	「かげま男娼」も見よ			
やろうす	野良双六	遊		28
やろこま	やろこまかり(隠売女)	地	②	200
やわたの	やはたの宮	神	③	1242
	「はちまん八幡宮」も見よ			
やわたひ	八幡比売神宮寺	神	②	1749
やわたり	やわたり	居		503
	「わたまし移徙」も見よ			
やわら	やはら(柔術)	武		1002
やわらか	柔煮	飲		215
やわらが	やはら紙	文	③	1198
やわらぐ	やはらぐさ(黄耆)	植	②	315
やんま	やんま(蜻蛉)	動		1157
やんよう	やんようす			
	—居寓地	地	①	45
	—江戸在留	外		1375
	やようす拝領暹羅渡海朱印	外		1176

ゆ

ゆ	湯			
	投熱—刑【併入】	法	②	257
	菖蒲—	歳		1172
	飯—	飲		422

ゆ　温泉　地 ③ 1034
　「おんせん温泉」も見よ
ゆあみ　浴　人 ① 1001
　温泉—法　地 ③ 1109
　蔵人侍御—　官 ② 249
ゆい　ゆひ(互傭)　産 ① 82
ゆい　結(銭)　泉 12
ゆい　油衣　器 ② 488
ゆいいつ　唯一神道　神 ② 1322
　—　神 ② 1340
　—相承血脈　神 ② 1359
　「そうげん宗源神道」も見よ
ゆいいつ　唯一宗源　神 ② 1367
ゆいいれ　ゆひいれ(結納)　礼 ① 948
ゆいおけ　結桶師　器 ① 269
ゆいかい　遺誡　人 ② 204
　一休—　宗 ③ 754
ゆいがは　由比浜　地 ③ 1303
ゆいくら　結倉(川普請)　政 ④ 1014
ゆいくら　結鞍　兵 1971
ゆいごん　遺言　人 ① 663
　遺産処分—　政 ② 136
　僧徒—　宗 ② 840
　従—辞葬礼官給　礼 ② 228
　従—薄葬　礼 ② 242
　—不建碑塔　礼 ② 1196
　「いしょう遺詔」「いれい遺令」も見よ
ゆいごん　遺言状　官 ③ 442
　以—定相続人　政 ③ 675
ゆいしき　唯識会　宗 ② 106
　—　神 ④ 89
ゆいしき　唯識三十講　宗 ② 101
ゆいしき　唯識宗　宗 ① 460
ゆいしょ　由井正雪　法 ② 205
　—　法 ③ 703
　—　兵 18
ゆいしょ　由緒書
　江戸町年寄—　官 ③ 429
　金座後藤—　官 ③ 573
　賄六尺—　官 ③ 898
　公人朝夕人—　官 ③ 921
　弾左衛門—　政 ③ 878
　幸若—　楽 ① 735
　一銭職—　人 ① 580
ゆいじょ　唯浄裏書　法 ① 675
ゆいそろ　結揃　政 ③ 883
ゆいだる　縛樽　器 ① 190
ゆいのう　結納　礼 ① 948
ゆいのう　由比浦　地 ③ 1321
ゆいのま　由比牧　地 ③ 964
ゆいまえ　維摩会　宗 ② 55
ゆいまき　維摩経　宗 ② 56
ゆう　ゆふ(木綿)　産 ② 126
　以—為幣　神 ② 1069
ゆう　佑　官 ① 199
ゆう　祐　官 ① 199
ゆう　柚　植 ① 430
ゆう　勇【篇】　人 ② 87
　慕振—士之名歌　人 ② 232
ゆう　揖　礼 ① 49
ゆういし　有位者
　—犯罪　法 ① 46
　—犯罪贖法　法 ① 47
　—囚禁法　法 ① 491
　—蠲免　政 ② 975
ゆういん　遊印　文 ③ 1138
ゆうえい　遊泳　武 981
ゆうえき　郵駅　政 ② 1146
ゆうえん　遊焉館　文 ② 1290
ゆうおう　雄黄　金 303
ゆうかい　誘拐
　「ひとかど人勾引」「りゃくに略人」を見よ
ゆうがい　遊外僧　宗 ② 453
ゆうがお　ゆふがほ(壺盧)　植 ② 587
ゆうがお　夕顔まだら(虫)　動 1105
ゆうがく　由学館(甲斐)　文 ② 1267
ゆうがく　由学館(岡藩)　文 ② 1289
ゆうがく　遊学生　文 ② 1206
ゆうがく　遊学試　文 ③ 44
ゆうかず　木綿鬘　服 1154
ゆうぎい　遊戯印　文 ③ 1139
ゆうきう　結城氏　官 ② 1315
ゆうきご　結城郡　地 ① 1066
ゆうきじ　結城神社　神 ④ 1715
ゆうきつ　結城紬　産 ② 242
ゆうきは　結城藩　地 ① 1081
ゆうきま　結城町　地 ① 1074
ゆうきも　結城木綿　産 ② 10
ゆうぎも　遊義門　居 231
ゆうくん　遊君　人 ② 837
　「ゆうじょ遊女」も見よ
ゆうぐん　遊軍　兵 400

ゆうくん 遊君別当 人 ② 917
ゆうけ 夕占 神 ② 1301
ゆうげ 夕食 飲 13
ゆうげい 遊芸館 文 ② 1282
ゆうげき 遊撃組 兵 465
ゆうげき 遊撃隊 官 ③ 1627
ゆうげき 遊撃隊頭 官 ③ 1625
ゆうげき 遊撃隊勤番 官 ③ 1627
ゆうげき 遊撃隊調方頭取 官 ③ 1626
ゆうげき 遊撃隊取締役 官 ③ 1627
ゆうげん 幽玄体
和歌— 文 ① 514
連歌— 文 ① 1040
俳諧— 文 ① 1222
ゆうこう 遊行女児 人 ② 836
ゆうさり 夕さり 歳 87
ゆうざん 雄山 地 ③ 690
ゆうざん 柚山椒 植 ① 442
ゆうし 猶子 政 ② 103
— 政 ③ 836
皇子為当代天皇— 帝 1455
皇女為武家— 帝 1465
ゆうし 牖紙 居 1156
ゆうしえ 勇士衛 官 ① 1492
ゆうしお ゆふしほ(汐) 地 ③ 1254
ゆうしき 有職学【篇】 文 ② 905
ゆうしき 有職者 文 ② 905
ゆうじじ 遊字女(楽曲) 楽 ① 548
ゆうして 木綿志天(神楽) 楽 ① 160
ゆうしゅ 有終館 文 ② 1287
ゆうじょ 遊女【篇】 人 ② 835
外国人買— 外 74
—歌入勅撰集 文 ① 880
—為歌舞伎 楽 ② 11
—浜荻孝心 人 ① 1090
—秋篠義侠 人 ② 546
—装児童姿 服 502
—為評定所給仕 服 608
ゆうしょ 又所司代 官 ② 1159
ゆうじょ 遊女町 人 ② 872
ゆうじょ 遊女屋 人 ② 887
ゆうしん 又新館 文 ② 1286
ゆうじん 遊人女(楽曲) 楽 ① 549
ゆうずい 雄蘂 産 ① 56
ゆうずう 融通念仏 宗 ① 379
ゆうずう 融通念仏宗【篇】 宗 ① 637
—寺院数 宗 ③ 9
ゆうせん 郵船 地 ③ 389
ゆうぜん 由禅扇 服 1352
ゆうせん 遊仙窟 文 ③ 285
ゆうせん 涌泉寺 神 ④ 966
ゆうぜん 友禅染 産 ① 860
ゆうぞう 有造館 文 ② 1278
—束脩謝儀 文 ③ 16
ゆうそく 有職 文 ② 905
ゆうだす 木綿襷 服 1491
ゆうだち 夕立 天 186
ゆうちゅ 有注の歌 文 ① 686
ゆうつく 木綿作(神楽歌) 楽 ① 164
ゆうつけ 木綿付鳥 動 677
ゆうづつ ゆふづつ 天 106
ゆうてん 祐天寺【篇】 宗 ④ 451
ゆうとく 由徳館 文 ② 1289
ゆうねん 遊年 方 228
ゆうのい 夕犬 武 624
ゆうのせ 輔宣 文 ③ 57
ゆうばい 友梅(僧) 宗 ② 493
ゆうばり 夕張郡 地 ② 1296
ゆうひ 熊斐(画家) 文 ③ 922
— 文 ③ 839
ゆうひつ 右筆 文 ③ 670
鎌倉幕府引付— 官 ② 753
足利氏引付— 官 ② 1137
足利氏— 官 ② 1203
足利氏作事方— 官 ② 1229
織田氏— 官 ② 1408
豊臣氏— 官 ② 1437
徳川氏—【篇】 官 ③ 232
徳川氏大奥女中— 官 ③ 835
吉書の— 政 ③ 1
軍中— 兵 196
ゆうひつ 右筆方 官 ② 1177
ゆうひつ 右筆吟味役 官 ③ 255
ゆうひつ 右筆衆 官 ② 1132
ゆうひつ 右筆奉行 官 ② 1204
ゆうひつ 右筆部屋 官 ③ 259
ゆうひん 遊牝 動 10
牛馬— 動 21
ゆうふか 有夫姦 法 ① 441
— 法 ① 910
— 法 ② 955
ゆうぶく 有服沓 礼 ② 1036
ゆうふく 祐福寺【篇】 宗 ④ 158
ゆうふつ 勇払郡 地 ② 1298

ゆうべ 夕 歳 85
ゆうめい 幽冥主宰神 神 ① 42
ゆうめし 夕食 飲 17
ゆうやけ 夕やけ 天 163
ゆうゆう 幽憂 方 1479
ゆうらん 遊覧【併入】 人 ② 452
ゆうらん 遊覧行啓 帝 780
ゆうらん 遊覧行幸 帝 606
ゆうらん 遊覧御幸
　上皇— 帝 732
　女院— 帝 774
ゆうり 遊里 人 ② 868
ゆうりゃ 雄略天皇 帝 6
　—討乱踐祚 帝 286
　—畋猟 産 ① 459
　—言主神与—相競 神 ④ 1389
　—山陵 帝 1015
　顕宗天皇欲毀—陵 人 ② 548
ゆうりょ 遊猟
　「でんりょ畋猟」を見よ
ゆうれき 遊歴生 文 ② 1209
ゆえ 湯人 官 ① 129
ゆえべ 湯坐部 官 ① 127
ゆえん 油煙 文 ③ 1383
ゆえんず 油煙墨 文 ③ 1365
ゆか 床 居 1063
ゆか 游堈 器 ① 180
ゆがえり 弓返 武 107
ゆかおけ ゆかをけ(大桶) 器 ① 180
ゆがけ ゆがけ(碟) 兵 1707
ゆかじ 瑜伽寺【併入】 宗 ④ 783
ゆかた 浴衣 器 ① 622
ゆかたび ゆかたびら(内衣) 器 ① 621
ゆかもの 由加物 神 ① 1044
ゆかもの 由加物使 神 ① 1044
ゆかりだ 湯刈田温泉 地 ③ 1075
ゆかわの 湯川荘 地 ② 754
ゆき 雪【篇】 天 198
　依雨—風寒廃朝賀 歳 417
　依雨—廃朝 政 ① 196
　因霜—年凶 歳 1463
　蹴鞠時饗— 遊 1139
　植物忌—霜 植 ① 31
ゆき 雪(鱈) 動 1383
ゆき 靫 兵 1712
　祈年祭幣帛加鍬—
　社 神 ① 370
　勅勘家懸— 法 ① 316
ゆき 悠紀
　大嘗祭—国郡卜定 神 ① 952
　大嘗祭—斎場所 神 ① 1053
　大嘗祭—国蠲免 政 ② 1003
　新嘗祭—国郡卜定 神 ② 222
ゆきあい 行遇神 神 ① 74
ゆきあみ 靫編郷 地 ② 1028
ゆきあみ 靫編部 官 ① 114
ゆきいん 悠紀院 神 ① 1067
ゆきがら 由木搦(馬具) 兵 2021
ゆきげ 雪消 天 233
ゆきざお 雪棹 天 218
ゆきざさ ゆきざさ草(鹿薬) 植 ① 1021
ゆきしょ 湯起請 人 ② 830
　— 法 ① 1166
　— 人 ② 337
ゆきしる 雪汁 産 ① 54
ゆきぞめ 行始(婚礼) 礼 ① 1085
ゆきだお 行倒 政 ③ 520
　辻番—者取扱 政 ③ 1332
　—人検使 法 ② 885
ゆきだる 雪達磨 天 224
ゆきなま 雪鱠 飲 201
ゆきのが 雪之賀 礼 ① 1375
ゆきのか 雪会 遊 416
ゆきのし ゆきのした(虎耳草) 植 ② 91
ゆきのし 雪下胴(鎧) 兵 1784
ゆきのし 壱岐島 地 ② 1236
　「いきのく壱岐国」も見よ
ゆきのや 雪山 天 224
ゆきのり ゆきのり(雪苔) 植 ② 904
ゆきはじ 行始(小児) 礼 ① 455
ゆきひら 行平鍋 器 ① 312
ゆきふ 行符 政 ① 346
ゆきべ 靫部 官 ① 58
ゆきみ 雪見 天 219
　—御幸 帝 739
ゆきみず 雪水 産 ① 140
ゆきもち 雪餅 飲 623
ゆきもち 雪もち草 植 ① 967
ゆきやな 雪柳 植 ① 162
ゆぎょう 遊行 宗 ② 707
ゆぎょう 遊行宗 宗 ① 1042
　「じしゅう時宗」も見よ
ゆぎょう 遊行上人 宗 ① 1053
　清浄光寺住持— 宗 ④ 337

	—連歌	文	①	1128
ゆぎょう	遊行柳	地	②	68
ゆぐ	湯具	器	①	629
	—	服		1514
ゆげい	靫負	官	①	53
	白髪部—	官	①	58
ゆげいの	靫負尉	官	①	1455
ゆげいの	靫負佐	官	①	1455
ゆげいの	靫負庁	官	②	102
ゆげいの	ゆげひのつかさ(衛門府)	官	①	1445
ゆげいの	靫負府	官	①	1492
	左右—	官	①	1492
ゆげしま	弓削島荘	官	②	956
	—	官	②	1011
ゆげた	湯桁	地	③	1089
ゆげでら	弓削寺【篇】	宗	④	25
ゆげのみ	由義宮	地	①	184
ゆげのや	弓削社	神	②	477
ゆげべ	弓削部	官	①	113
ゆげりゅ	弓削流(射術)	武		127
ゆこう	ゆかう(櫠椵)	植	①	432
ゆごて	弓小手	兵		1711
ゆざきお	湯崎温泉	地	③	1087
ゆさはり	ゆさはり(鞦韆)	遊		1179
ゆざわお	湯沢温泉	地	③	1100
ゆし	柞木	植	①	486
	由師木	楽	②	1149
ゆし	楡紙	文	③	1183
ゆしま	湯島	地	①	974
ゆしまお	湯島温泉	地	③	1058
ゆしまて	湯島天神富突	法	③	81
ゆしゅつ	輸出品及輸出禁制品	産	②	760
ゆす	柞	植	①	486
ゆす	倚子	器	②	121
ゆず	柚	植	①	430
ゆすのき	ゆすの木(蚊母樹)	植	①	280
ゆすはら	柞原大明神	神	④	1612
ゆすはら	柞原八幡	神	④	1612
ゆずゆ	柚湯	居		694
ゆすら	ゆすら(桜桃)	植	①	378
ゆすらう	ゆすらうめ(桜桃)	植	①	379
ゆずりじ	譲状			
	地頭職—	官	②	1022
	職封—	封		39
	資財—	政	②	132
	資財—	政	③	750
ゆずりじ	譲状之用捨	政	③	670
ゆずりし	譲証文	法	③	645
ゆずりは	ゆづり葉	植	①	454
ゆするつ	ゆするつき(泔器)	器	①	547
	—図	器	①	549
	—飾方	帝		1252
	元服用—	礼	①	786
ゆするば	ゆするばち(土蜂)	動		1116
ゆせい	遊声(音楽)	楽	①	40
ゆせん	湯銭	地	③	1125
ゆそでん	輸租田	政	②	282
ゆだち	ゆだち(汗衫)	服		985
ゆだち	弓立(神楽歌)	楽	①	164
ゆだて	湯立(神事)	神	②	909
ゆだてま	湯立舞	神	②	909
ゆだねま	湯種蒔	産	①	66
ゆたのや	湯田社	神	③	133
ゆたん	油単	器	①	124
	輿—	器	②	966
ゆだん	油断	人	②	655
ゆだんた	油断大敵	人	①	906
ゆちしで	輸地子田	政	②	282
ゆづかえ	湯津楓	植	①	502
ゆつぎ	湯次	器	①	261
ゆづけ	湯漬(饗礼)	礼	①	282
ゆづけめ	湯漬飯	飲		375
ゆつつま	湯津津間櫛	器	①	388
ゆでもの	茹物	飲		261
ゆとう	湯桶	器	①	262
ゆとうよ	湯桶読	文	③	312
ゆどの	湯殿	居		662
	—女官	官	①	1160
ゆどのか	湯殿方修験	宗	①	1086
ゆどのご	湯殿権現	神	④	916
ゆどのさ	湯殿山	地	③	834
ゆどのさ	湯殿山神社【篇】	神	④	916
ゆどのの	湯殿上	居		659
ゆどのは	湯殿始	礼		380
ゆとり	ゆとり(扂)	器	②	715
ゆとりめ	湯取飯	飲		368
ゆな	湯女			
	銭湯—	居		683
	有馬温泉—	地	③	1040
ゆながや	湯長谷藩	地	②	155
ゆにゅう	輸入			
	兵器—	兵		1291
	兵器—	兵		1244

	—品	産	②	758
	—禁制品	産	②	753
ゆにわ	弓庭	武		222
ゆにわ	斎場	神	①	1053
ゆにわど	斎場所	神	①	996
ゆのあわ	ゆのあわ(硫黄)	金		330
ゆのうら	湯の浦温泉	地	③	1099
ゆのこお	温泉郡	地	②	872
ゆのこす	湯の子すくひ	器	①	261
ゆのし	湯熨	産	①	895
ゆのじん	湯神社(伊予)	地	③	1133
ゆのじん	湯泉神社(下野)	地	③	1130
ゆのじん	湯泉神社(摂津)	地	③	1132
ゆのつお	温泉津温泉	地	③	1085
ゆのはま	湯浜温泉	地	③	1077
ゆのみね	湯峯温泉	地	③	1087
ゆのみょ	湯明神	神	①	151
ゆのみわ	温泉三和社	地	③	1131
ゆのやま	湯山権現	地	③	1131
ゆば	ゆば	飲		995
ゆば	弓場	武		222
	衛門府—	官	①	1450
	小弓—	遊		181
	「いば射場」も見よ			
ゆば	油馬	動		100
ゆばく	油幕	器	①	744
	—	兵		2095
ゆはずの	弓端之調	産	①	459
ゆはた	纈	産	①	864
ゆはたお	ゆはた帯	服		824
ゆはだお	結肌帯	礼	①	323
ゆばどの	弓場殿	武		222
	—	居		145
	「ぶとくで武徳殿」も見よ			
ゆばどの	弓場殿試	文	③	105
ゆばはじ	弓場始	武		271
	—	武		345
ゆばらお	湯原温泉	地	③	1079
ゆばり	尿	人	①	450
ゆばりぶ	ゆばりぶくろ(膀胱)	人	①	495
ゆび	指	人	①	478
	会大寒雨雪而堕—	天		239
	画—為記	政	①	560
	断—	法	①	761
	断手—【併入】	法	②	467
ゆびきり	指切(誓約)	人	②	328
ゆびく	燖	飲		261

ゆびのま	ゆびのまた(扐)	人	①	483
ゆびひき	指引	遊		1211
ゆふざん	由布山	地	③	879
ゆぶね	ゆぶね(浴斛)	器	①	612
ゆふのや	由布山温泉	地	③	1097
ゆぶみ	湯文	地	③	1109
ゆべし	柚べし	飲		861
ゆまき	湯巻	器	①	628
ゆみ	弓	兵		1527
	—図	兵		1549
	正月七日節会献—	歳		977
	以—為神体	神	①	197
	弾—弦為楽	楽	②	558
	祓禊用—	神	②	668
	楊弓用—	遊		198
	総御—頭	官	③	1174
ゆみ	弓(神楽)	楽	①	158
ゆみあし	弓足軽	兵		252
ゆみいく	弓戦	兵		578
ゆみいっ	弓一揆	兵		427
ゆみかく	弓蔵(城)	兵		1101
ゆみがし	弓頭	官	②	1453
ゆみけい	弓稽古料	封		505
ゆみさま	弓狭間(城)	兵		1109
ゆみしゅ	弓衆			
	織田氏—	官	②	1422
	豊臣氏—	官	②	1453
ゆみそ	柚味噌	飲		860
ゆみだい	弓台	兵		1754
ゆみだい	弓大将	兵		186
ゆみため	弓ため(檠)	兵		1755
ゆみたろ	弓太郎	武		373
ゆみづか	ゆみづか(弣)	兵		1556
ゆみつく	弓つくり	兵		1760
ゆみてっ	弓鉄砲組	兵		458
ゆみのし	弓の師	武		136
ゆみのて	弓の天下	武		156
ゆみのま	弓之間	居		604
ゆみはじ	弓始【附】	武		345
ゆみはり	弓張提灯	器	②	251
ゆみはり	弦月	天		59
ゆみぶぎ	弓奉行	官	③	1330
ゆみぶく	弓袋	兵		1747
ゆみぶく	弓袋持	兵		1749
ゆみや	弓矢【篇】	兵		1527
	「や矢」「ゆみ弓」も見よ			
ゆみやだ	弓矢箪笥奉行	官	③	1236

ゆみやの	弓矢立合(能楽)	楽	①	849
ゆみやや	弓矢鑓奉行【篇】	官	③	1238
ゆみわた	弓渡し(相撲)	武		1174
ゆめ	夢【附】	人	①	786
	初—	歳		891
	—著仏瓔珞	帝		1177
	買—	文	①	1130
	鷹飼者見—出家	遊		976
ゆめあわ	夢あはせ	方		597
	—	人	①	819
ゆめうら	夢占【併入】	方		597
ゆめちが	夢違	人	①	822
ゆめちが	夢違獏札	歳		891
ゆめとき	夢とき	人	①	819
	—	方		597
ゆめどの	夢殿	宗	③	1281
ゆめの	夢野	地	③	937
ゆめのう	夢浮橋	人	①	788
	—	地	③	349
ゆめのか	夢神	人	①	824
ゆめのつ	夢告	人	①	814
	—	神	①	257
	—	神	③	992
	—	神	④	1308
ゆめはん	夢判断	泉		58
ゆめまつ	夢祭	人	①	824
ゆもじ	ゆもじ	服		1514
	—	器	①	629
ゆもとの	湯本湯	地	③	1059
ゆや	浴室	居		661
ゆや	湯屋	産	②	404
	—	居		665
ゆやくね	踊躍念仏	宗	③	747
ゆやぬす	湯屋盗人	法	②	687
ゆようち	輸庸帳	政	②	807
ゆら	由良	地	②	776
ゆらがわ	由良川	地	③	1187
ゆらのと	ゆらのと(由良戸)	地	③	1272
ゆり	百合	植	①	1007
ゆり	百合(義婦)	人	①	1208
ゆりいた	淘板	産	①	312
ゆりがく	由利楽	楽	①	7
ゆりがね	ゆりがね(淘汰金)	金		179
ゆりごお	由利郡	地	②	189
ゆりめん	百合麪	飲		506
ゆるきご	淘綾郡	地	①	755
ゆるぎの	ゆるぎの糸	兵		1776
ゆるぎの	ゆるぎの森	地	③	917
ゆるしの	ゆるしの色	産	①	851
	女房装束聴色	服		853
ゆんづえ	弓杖	称		26
ゆんで	弓手(左手)	人	①	454
ゆんで	弓手(犬追物矢所)	武		630

よ

よ	よ(竹節)	植	①	677
よ	よ(応答詞)	人	①	843
よ	余	人	①	9
よい	宵	歳		93
よいくさ	夜軍	兵		568
よいた	与板	地	②	343
よいたは	与板藩	地	②	351
よいち	余一(人名)	姓		664
よいちご	余市郡	地	②	1295
よいとこ	よいとこ(親同姓)	人	①	274
よいのそ	夜居僧	宗	②	902
よいまど	宵迷	人	①	973
よいよい	よいよい病	方		1468
よう	やう(瑩)	産	①	894
よう	庸【篇】	政	②	797
	—物	封		12
	大神宮神領—	神	③	902
	—率分	政	②	816
よう	癰	方		1229
	内—	帝		1502
ようい	瘍医	方		831
よういち	葉衣鎮法	宗	②	300
よういり	葉入角	居		1155
よういん	容隠	法	①	43
	「ようし容止」も見よ			
ようえき	傜役	政	②	799
	—	政	②	823
	神領—	神	①	645
	免匠丁—	政	②	854
	免遣唐使—	外		858
	遭喪蠲—	礼	②	684
ようおん	拗音	文	①	80
ようか	養家			
	為—服	礼	②	807
	賀茂社服忌軽—	礼	②	898

ようが	洋画	文	③	863
ようがく	洋学【附】	文	②	1021
ようがく	洋学所	文	②	1037
ようかた	用方右筆	官	③	257
ようかん	羊羹	飲		640
ようき	窯器	産	①	706
ようきし	楊貴氏墓誌	礼	②	1164
ようきせ	陽起石	金		300
ようきゃ	用脚(銭)	泉		6
ようきゅ	楊弓【篇】	遊		190
ようきゅ	楊弓師	遊		199
ようきゅ	楊弓筥	遊		204
ようぎょ	養魚	動		1249
ようきょ	謡曲	楽	①	760
ようきょ	謡曲文	楽	①	780
	—例	文	①	234
	小唄用—	楽	②	368
ようきん	用金	政	④	540
ようぎん	洋銀			
	以—造一分銀	泉		258
	—通用	泉		303
ようく	腰句(詩)	文	②	470
ようぐう	央宮楽	楽	①	488
ようげき	要劇田	封		203
ようげき	要劇料【篇】	封		202
ようげん	妖言	人	①	857
	—	法	①	433
	—	法	①	906
	—	法	②	931
ようげん	養源院【篇】	宗	③	593
ようけん	養賢堂	文	②	1283
	—学田	文	②	1254
ようけん	庸軒流(茶道)	遊		597
ようこ	腰鼓	楽	②	1115
	—図	楽	②	1117
ようこし	腰鼓師	官	①	843
ようさん	養蚕【篇】	産	①	331
ようざん	洋算	文	③	606
ようさん	養蚕絹篩	産	①	357
ようさん	養蚕茶話	産	①	356
ようさん	養蚕私記	産	①	356
ようさん	養蚕須知	産	①	356
ようさん	徭散帳	政	②	831
ようさん	養蚕手引草	産	①	357
ようさん	養蚕秘書	産	①	356
ようさん	養蚕秘録	産	①	356
ようし	夭死	人	①	679
ようし	用司	法	①	295
ようし	容止			
	罪人—	法	①	380
	盗犯人—	法	①	379
	盗犯者—	法	①	876
	盗犯者—	法	②	762
	博奕者—	法	①	454
	追放者—	法	②	383
ようし	容止(進退)	礼	①	132
ようし	容姿	人	①	296
ようし	養子	政	②	97
	—【篇】	政	③	761
	—	人	①	205
	前帝—為后	帝		1135
	前后—為后	帝		1136
	大臣—為后	帝		1137
	上皇—為女御	帝		1243
	親王為—	帝		1421
	—親王母代	帝		1486
	隠居後為他家—	政	③	851
	—借金	政	④	672
	以—女与人	礼	①	1266
	同姓—	礼	①	1342
	為—女服	礼	②	583
	為—服	礼	②	799
	—者不著本生傍親服	礼	②	807
	以棄子為—	人	①	213
	為富家—	人	②	603
	新井白石辞而不為富家—	人	②	620
	—復姓	姓		260
	—冒姓	姓		264
ようじ	楊枝	器	①	579
ようしが	葉子形	文	③	1423
ようじさ	楊枝指	器	①	589
ようしそ	養子相続	政	②	100
ようじつ	要日	政	①	1089
ようしと	養子届	政	③	772
ようしね	養子願	政	③	771
	—	政	③	763
ようじば	楊枝筥	器	①	589
ようしゃ	幼者			
	—犯罪	法	①	32
	—犯罪	法	②	27
	遺棄—	法	①	409
	—為殺傷	法	①	885

—為殺傷 法② 854
—為闘殴 法① 900
—入墨 法② 459
—敲刑 法② 480
—放火 法② 785
—犯罪者為非人手下 法② 488
姦— 法② 968
—博奕処刑 法③ 47
—過怠牢 法③ 268
—溜預 法③ 331
—蠲免 政② 984
—詠歌 文① 764
—為復讐 人② 527
—被聴乗物 器② 987
幼女為后 帝 1150
幼年名主後見 政③ 868
幼年者相続 政③ 714
「しょうに小児」「わらわ童」も見よ
ようしゃ 腰車 器② 803
ようじや 楊枝屋 器① 590
ようじゃ 要籍駆使 官① 233
— 官② 239
ようしゃ 用捨引(田租) 政④ 217
ようじゅ 遥授 官② 536
—国司公廨 封 258
ようしゅ 雍州 地① 203
「やましろ山城国」も見よ
ようしゅ 楊州冠 服 1112
ようしょ 妖書 法① 433
— 法② 931
ようしょ 要処 居 716
ようしょ 洋書
—翻訳 文② 1023
—彫刻幷検閲 文② 1029
ようじょ 養女 政③ 816
養父与—相姦 法② 963
為—服 礼② 583
為—服 礼② 799
ようしょ 幼少 法② 27
「ようしゃ幼者」も見よ
ようじょ 養生 方 1000
ようじょ 横笛 楽② 862
ようじょ 養生所 政④ 877
— 方 674
—役人【併入】 官③ 880
ようじょ 養生所医師 官③ 873
ようじょ 養生所肝煎 官③ 873
ようしょ 陽将日 方 142
ようしょ 陽勝仙人 方 623
ようしょ 容飾具【篇】 器① 345
ようしょ 洋書調所 文② 1037
ようじん 用心籠 器① 690
ようしん 楊真操(琵琶曲) 楽② 789
ようじん 用心鉄砲 武 915
ようしん 楊心流(柔術) 武 1007
ようすい 用水 政② 1118
— 政④ 1164
—争論 法② 322
—訴訟 法③ 507
—訴訟 法③ 787
ようすい 用水配 政④ 1199
ようぜい 陽成天皇 帝 18
—譲位 帝 569
—山陵 帝 991
ようせん 用船 器② 661
ようせん 用銭 政④ 404
ようせん 庸銭 政② 811
ようせん 徭銭 政② 829
ようそ 癰疽 方 1229
—呪禁 神④ 1671
ようそふ 養祖父 礼② 807
ようそぼ 養祖母
天皇為—服 礼② 489
—無服假 礼② 807
ようたい 拗体(詩) 文② 533
ようたし 用達
広敷— 官③ 796
徳川氏姫君— 官③ 809
ようたし 用達商人 産② 668
ようたし 用達町人 産② 668
ようち 夜討 兵 568
ようち 夜討(水戦) 兵 1176
ようち 夜討(盗賊) 法① 867
ようちょ 庸丁 政② 801
ようちょ 庸帳 政② 750
ようちょ 徭帳 政② 830
ようつう 腰痛治療 方 811
ようてい 徭丁 政② 827
ようてい 養弟 政③ 837
ようてい 揚庭之試 文③ 81
ようてつ 庸鉄 政② 811
ようと 用途(銭) 泉 6

ようどう	庸銅	政	②	811
ようとく	陽徳門	居		268
ようにん	用人			
	宮家―	官	①	1297
	側―【篇】	官	③	261
	姫君―【併入】	官	③	808
	広敷―	官	③	793
	御台様―	官	③	794
	大御台―	官	③	804
	女中方―	官	③	807
	三丸―	官	③	808
ようにん	遥任	官	②	540
ようのた	陽の太刀	兵		1390
ようはい	遥拝	神	②	1006
ようはい	遥拝所	神	①	512
ようばい	楊梅瘡	方		1283
ようふ	庸布	産	②	141
	―	政	②	809
ようふ	養父	人	①	148
	―為後見	政	③	864
	為天皇―諒闇例	礼	②	410
	為―服	礼	②	583
	為―服	礼	②	787
ようぶつ	養物	政	②	842
ようぶん	傜分銭	政	②	829
ようぶん	傜分稲	政	②	830
ようべや	用部屋	官	③	209
	広敷―役人	官	③	798
ようべや	用部屋坊主	官	③	931
ようぼ	養母	人	①	148
	皇后行啓奉訪―后	帝		778
	養子与―相姦	法	②	962
	天皇為―服	礼	②	482
	為―服	礼	②	583
	為―服	礼	②	787
ようぼう	容貌	人	①	297
ようほう	要法寺【篇】	宗	③	520
ようまい	用米	政	④	934
ようまい	庸米	政	②	809
ようまい	養米	政	②	839
ようまい	養妹	政	③	837
ようみょ	幼名	姓		693
ようめい	陽明学	文	②	803
ようめい	揚名官	官	②	492
ようめい	陽明家	姓		357
ようめい	陽明家流	礼	①	35
ようめい	用明天皇	帝		9
	―御葬送図	礼	②	170
	―山陵	帝		983
ようめい	揚名介	官	②	496
ようめい	陽明門	居		206
	日光東照宮―	神	④	800
ようもつ	庸物	政	②	801
ようやく	養役夫司	礼	②	256
ようやし	用屋敷役人【併入】	官	③	980
ようよ	腰輿	器	②	927
	―	器	②	939
ようよ	瑶輿	器	②	937
ようれき	揚歴	文	③	81
ようろう	養老	歳		163
ようろう	養老館(守山藩)	文	②	1283
ようろう	養老館(津和野藩)	文	②	1286
	―学則	文	②	1220
ようろう	養老滝	地	③	1209
	―	地	③	1032
ようろう	養老焼	産	①	751
ようろう	養老律令	法	①	84
ようろく	陽禄門	居		263
ようろた	ようろたわのしわ(指貫)	服		756
ようわ	養和	歳		208
よおり	節折	神	②	740
よがけ	夜駆	兵		573
よがっせ	夜合戦	兵		572
よかわ	横川	宗	④	554
よき	よき(斧)	産	①	560
よぎ	夜著	器	②	191
	―	器	②	185
よく	慾	人	①	777
	強―婆	政	④	693
よくい	薏苡	植	①	899
よくいに	薏苡仁	植	①	899
よくこく	浴斛	器	①	612
よくしつ	浴室	居		661
よくす	よくす(横臼)	産	①	301
よくす	浴主	宗	②	1044
よくそう	浴槽	居		674
よくとう	浴湯(大嘗祭)	服		104
よくぶつ	浴仏会	歳		1136
よくりん	翼輪堂	文	②	1281
よけい	余慶(僧)	宗	②	804
よこいや	横井也有	文	①	1384
よごう	誉号	礼	②	299
よこえ	横絵	文	③	1025

よこがみ	よこがみ(車軸)	器	②	769
よこがみ	横紙をやぶる	人	①	904
よこかわ	横川玄悦	文	③	571
よこかわ	横河駅	地	②	174
よこざ	横座(家作)	居		595
よこざ	横座(勘定吟味役)	官	③	530
よこざし	横刺文	政	①	102
よこさび	横さびの折烏帽子	服		1169
よこさる	横猿戸	居		1199
よこし	よこし(脾)	人	①	492
よこす	よこす(讒)	人	②	695
よこすか	横須賀製鉄所	兵		1244
よこすか	横須賀造船所	兵		1248
よこすか	横須賀藩	地	①	595
よこだい	横題(俳諧)	文	①	1297
よこづな	横綱	武		1182
	土俵入—	武		1173
よごと	寿詞	文	①	198
	大嘗祭天神—	神	①	1218
	大嘗祭辰日節会中臣氏奏—	神	①	1282
	出雲国造奏神—	神	④	1060
よごと	賀正事	歳		410
よこね	横根	方		1285
よごのう	余吾湖	地	③	1238
よこのご	横郡	地	①	435
よこばし	横走駅	地	①	611
よこはま	横浜港	地	③	574
	横浜鎖港	外		51
よこはま	横浜村	地	①	900
よこひょ	横兵庫(結髪風)	人	①	552
よこぶえ	横笛【篇】	楽	②	861
よこまゆ	横眉	人	①	347
よごみ	夜込(夜討)	兵		569
よごみ	夜込(茶湯)	遊		400
よこみご	横見郡	地	①	851
よこめ	横目(職名)	官	②	1419
よこめお	横目扇	服		1314
よこめし	横目衆	法	①	1096
よこもじ	横文字	文	②	1000
よこもの	よこもの(横披)	文	③	1005
よこや	横矢	武		123
よこや	横矢(城)	兵		1118
よこやま	横山党	兵		441
よこわ	横輪(鰹)	動		1440
よさおさ	よさをさし(鮍)	飲		930
よさくず	与作頭巾	服		1252
よさくぶ	与作節	楽	②	391
よさごお	与謝郡	地	②	404
よさす	よさす(任)	政	①	864
よさぶそ	与謝蕪村			
	—俳諧	文	①	1379
	—絵画	文	③	841
よさみい	依網池	地	③	1224
よし	蘆	植	①	904
	諒闇用御簾之—	礼	②	436
	植葭於堤防	政	④	1052
よしいは	吉井藩	地	②	30
よしおか	吉岡憲法	武		28
よしおか	吉岡染	産	①	856
よしおか	吉岡荘	官	②	1030
よしおか	吉岡流(剣術)	武		28
よしかや	よしかや(鳥)	動		765
よしきご	吉城郡	地	①	1326
よしきご	吉敷郡	地	②	687
よしきり	蘆切(鳥)	動		767
よしこの	よしこの節	楽	②	405
よしざわ	芳沢あやめ	楽	②	185
よしざわ	芳沢春水	服		1323
よししま	好島荘	地	②	148
よしず	よしず(葦簾)	礼	②	422
よしだ	吉田	地	②	878
よしだう	吉田雨岡	地	③	296
よしだお	吉田追風	武		1187
よしだか	吉田官(神職)	服		149
よしだけ	吉田家			
	—宗源宣旨	神	①	335
	—服忌法	礼	②	613
	—葬祭	礼	②	24
	—神葬式	礼	②	40
	—祭服裁許状	服		148
よしだこ	吉田篁墩	文	②	808
よしだご	吉田郡(長門)	地	②	708
よしだご	吉田郡(常陸)	地	①	1118
よしだご	吉田郡(越前)	地	②	238
よしだし	吉田重賢	武		134
よしだじ	吉田神社(山城)【篇】	神	③	1590
	—氏人	神	①	662
	—神宮寺	神	②	1712
よしだじ	吉田神社(常陸)			
	—神領	神	①	629
	—神宮寺	神	②	1729
よしだし	吉田神道	神	②	1359
	「ゆいいつ唯一神道」も見よ			

よしだそ	吉田宗桂	方		769
よしだそ	吉田宗恂	方		771
よしだと	吉田党	兵		449
よしだと	吉田寅次郎	法	②	585
	—投亜墨利加書	外		1829
よしだな	葭棚	遊		654
よしだの	吉田荘	政	②	575
	—	地	①	781
よしだの	吉田連	姓		165
よしだば	吉田橋	地	③	270
よしだは	吉田藩(三河)	地	①	557
よしだは	吉田藩(伊予)	地	②	885
	—藩札	泉		449
よしだま	吉田祭【附】	神	③	1597
よしだみ	吉田光由	文	③	555
よしだや	吉田屋焼	産	①	756
よしだり	吉田流(射術)	武		124
よしつね	義経流	兵		4
よしとみ	吉富荘	政	②	502
よしの	吉野	地	①	288
	—葛	植	②	284
	—煙草	植	②	559
よしの	吉野(遊女)	人	②	862
よしのが	吉野紙	文	③	1198
よしのが	吉野川(大和)	地	③	1189
よしのが	吉野川(阿波)	地	③	1190
よしのげ	芳野監【併入】	官	②	565
よしのご	吉野郡(大和)	地	①	282
よしのご	吉野郡(美作)	地	②	559
よしのざ	吉野桜	植	①	302
よしのし	吉野静(草)	植	①	1188
よしのす	吉野簾	礼	②	445
よしので	吉野寺	宗	③	1319
よしのに	吉野人参	方		1068
よしのの	吉野国栖	人	②	743
	新嘗祭豊明節会—奏歌笛	神	②	263
よしのの	吉野郷	地	①	288
よしのの	吉野宮(神社)	神	④	1714
よしのの	吉野宮(皇居)	地	①	189
よしのは	由祓	神	②	686
	—	礼	②	851
よしのほ	由奉幣	神	①	1028
	—	帝		377
	—宣命	帝		388
よしのや	吉野山	地	③	757
	後醍醐天皇行幸吉野	帝		675
よしのわ	吉野椀	器	①	39
よしはら	善祓	神	②	667
よしぶき	葭葺	居		1026
よじべえ	与次兵衛瀬	地	③	1274
よします	吉益東洞	方		784
	—祈医道復古	神	②	873
	—祭厳島明神告文	神	④	1154
よしみご	吉見郡	地	①	851
よしみね	善峯観念三昧寺	宗	③	247
よしみね	善峯寺【篇】	宗	③	765
よしみゆ	吉見幸和	神	②	1438
よしゃず	輿車図考	器	②	910
よしゅう	予州	地	②	851
	「いよのく伊予国」も見よ			
よじょう	四畳半点(茶湯)	遊		476
よじょう	輿上礼	礼	①	156
よしわら	吉原	人	②	874
	晒—大門口	法	②	483
よしわら	葦原雀	動		767
よじん	四陣	兵		391
よすてび	よすてびと	宗	②	430
	「そう僧」も見よ			
よせ	よせ(遊戯)	遊		39
よせ	寄席【併入】	楽	②	517
よせがく	寄楽	楽	①	7
よせき	礜石	金		291
よせぎち	寄几帳	器	①	817
よせば	寄場	法	②	414
よせばじ	寄場島	地	①	798
よせばに	寄場人足【篇】	法	②	414
よせばぶ	寄場奉行	法	②	416
よせひだ	よせひだ(袴)	服		606
	—	服		617
	—	服		770
よせふき	寄吹	泉		339
よせもの	寄物文	政	①	768
よそぞめ	よそぞめ(木)	植	①	664
よそひと	よそ人(非外戚人)	帝		1575
よたおう	与多王	宗	④	599
よたか	夜鷹(隠売女)	人	②	911
よたか	恠鴟	動		955
よたかそ	夜鷹蕎麦切	飲		528
よだれ	涎	人	①	405
よだれか	涎懸(甲冑具)	兵		1887
よだんは	四段拝	神	②	1012
よちず	輿地図	地	①	121

よつ	よつ(穢多)	政	③	876
よつあし	四足(獣)	動		5
よつあし	四足鳥居	神	①	585
よつあし	四足舟	器	②	635
よつあし	四足門	居		829
	金蓮寺—	宗	③	496
よつお	四つ緒(鎧)	兵		1777
よっかい	四日市駅	地	①	431
よつしろ	よつしろ(騽)	動		103
よつだけ	四ッ竹(楽器)【併入】	楽	②	1152
よつだけ	四ッ竹節	楽	②	1154
よつで	罾	産	①	384
よつでか	四手駕籠	器	②	1032
よつでつ	四手附(俳諧)	文	①	1279
よつのお	よつのを(琵琶)	楽	②	724
よつばし	四橋	地	③	123
よつばり	尿床	方		1293
よつほう	四宝銀	泉		211
	—引替増歩	泉		324
	—品位	泉		387
よづめ	夜詰	政	③	405
よつめご	四つ目殺し	遊		119
よつもの	四ッ物(武具)	兵		1294
よつや	四谷(江戸)	地	①	968
よつやお	四谷追分	地	①	955
よつやご	四谷御門	居		390
よつやと	四谷鳶	遊		1170
よど	淀	地	③	1142
よとう	夜盗	人	②	781
よどうざ	与同罪	法	①	3
よどおし	夜通継	政	④	1321
よどおし	夜通飛脚	政	④	1344
よどがわ	澱川	地	③	1158
	淀川修築	政	④	1000
	淀河修築	政	④	1074
よどがわ	淀河過書船支配	官	③	610
よどがわ	淀川堤	政	④	1007
よどがわ	淀川煮	飲		216
よどがわ	淀河鯉	動		1261
よどこ	よどこ(夜床)	居		631
よどの	寝殿	居		632
よどのつ	与度津	地	③	510
よどのわ	淀渡	地	③	411
よどばし	淀橋	地	③	217
よどはん	淀藩	地	①	255
	—藩札	泉		445
よどやさ	淀屋三郎右衛門	法	②	629
よなが	夜長(夜食)	飲		21
よなきが	夜啼螺	動		1656
よなぐら	よなぐら(倉廩)	居		734
よなぬか	四七日	礼	②	1481
よなむし	よなむし(蛄蟹)	動		1095
よね	よね	植	①	809
	「こめ米」も見よ			
よね	よね(遊女)	人	②	839
よねかわ	米川流(香道)	遊		361
よねこ	米子	地	②	453
よねざわ	米沢	地	②	190
よねざわ	米沢織	産	②	218
よねざわ	米沢藩	地	②	195
よねのい	よねの祝	礼	①	1458
よねまん	米饅頭	飲		635
よねんせ	四年銭	泉		32
よのぜん	四膳	飲		86
よのばか	四幅袴	服		767
よばい	よばひ(婚)	礼	①	888
よばいぼ	よばひ星	天		133
よばう	よばふ(婚)	礼	①	888
よばう	呼	人	①	864
よはず	よ筈	兵		1614
よばなし	夜咄(茶湯)	遊		403
よはもと	世はもとしのび	人	②	460
よばわり	喚次(犬追物)	武		661
よばん	夜番	政	③	968
よびだし	呼出状	法	③	597
よびだし	呼出し役人	法	③	404
よびな	呼名	姓		701
	—	姓		771
よぶ	呼	人	①	864
よぶこど	喚子鳥	動		968
よぼろ	よぼろ(丁)	政	②	837
よぼろ	膕	人	①	470
よま	四間	居		603
よまつり	夜祭	神	①	116
よまので	余間出居	居		629
よみ	読(文字)	文	③	270
よみ	黄泉	神	①	100
よみうた	読歌(大歌)	楽	①	149
よみうり	読売	産	②	700
よみがえ	よみがへる	人	①	634
	「そせい蘇生」も見よ			
よみかる	よみ賀留多	法	③	100
よみじ	黄泉	神	①	98
よみじく	よみぢく(角筆)	文	③	1480

よみせ	夜店	産	②	651
	—	産	②	598
よみぞめ	読初	文	③	257
よみびと	読人不知(和歌)	文	②	234
よみほん	読本(小説)	文	②	948
よみや	宵宮	神	④	483
よみやお	宵宮おとし	神	④	682
よめ	婦	人	①	225
	以嫁為養女	政	③	818
	婚礼嫁衣装	礼	①	1143
よめ	夜眼(馬)	動		86
よめあつ	よめあつかひ	帝		1509
よめいり	娉入	礼	①	890
	「こんか婚嫁」も見よ			
よめがは	よめがはぎ	植	②	746
よめくら	嫁くらべ	人	①	227
よめな	よめな	植	②	746
よめむか	婦迎	礼	①	922
	「こんか婚嫁」も見よ			
よもぎ	蓬	植	②	709
	五月五日葺菖蒲—	歳		1162
	喪家五月五日葺—			
	菖蒲哉否之事	礼	②	719
よもぎが	蓬が杣	植	②	712
よもぎき	艾灸	方		895
よもぎじ	蓬汁	飲		181
よもぎや	蓬矢	兵		1635
よもつか	黄泉神	神	①	97
よもつく	黄泉国	神	①	97
よもつし	予母都志許売	神	①	97
よもつひ	黄泉比良坂	神	①	97
よもつへ	黄泉戸喫	神	②	810
よよし	四十四(俳諧)	文	①	1191
よよしれ	四十四連歌	文	①	982
よよとな	よよと泣	人	①	746
よりあい	寄合医師	官	③	872
	—	方		722
よりあい	寄合入	法	②	641
よりあい	寄合肝煎	官	③	1556
よりあい	寄合金	官	③	1593
よりあい	寄合金上納支配	官	③	1593
よりあい	寄合小普請【篇】	官	③	1553
よりあい	寄合衆			
	鎌倉幕府—【併入】	官	②	731
	徳川氏—	官	③	1558
よりあい	寄合備	兵		417
よりうど	寄人			
	国事御用掛—	官	①	525
	院文殿—	官	①	1223
	後院—	官	①	1250
	記録所—	官	②	312
	御書所—	官	②	337
	鎌倉幕府政所—	官	②	716
	公文所—	官	②	716
	問注所—	官	②	758
	足利氏政所—	官	②	1111
	問注所—	官	②	1145
	侍所—	官	②	1161
	地方—	官	②	1173
	荘—	政	②	561
	和歌所—	文	②	277
よりかか	寄懸	器	②	162
よりかみ	依上保	地	②	151
よりき	与力	官	③	412
	—同心払御先	帝		1366
	放—同心【併入】	法	①	828
	徳川幕府の与力は官位部徳川氏職員篇に在り。今之を略す			
よりくじ	寄鯨	動		1487
よりくじ	寄鯨運上	政	④	487
よりこ	寄子	政	③	528
よりぞめ	寄初(演劇)	楽	②	84
よりつき	寄附相場	産	②	511
よりとう	与理刀魚	動		1434
よりとも	頼朝屋敷	居		291
よりなま	より鱠	飲		198
よる	夜	歳		89
	日蝕在—	天		38
	—行婚礼	礼	①	942
	—行葬礼	礼	②	142
よるのお	夜御殿	居		117
よるのお	夜のおまし	器	②	195
よるのか	夜会(茶湯)	遊		403
よるのこ	夜衣	器	②	190
	反—求夢	人	①	817
よるのし	夜のしとね	器	②	195
よるのも	夜物	器	②	194
よるべの	よるべの水	人	②	339
よろい	甲	兵		1772
	鎧六具	兵		1294
	鎧細工図	兵		1906
	「かっちゅ甲冑」「ぐそく具足」も見よ			
よろいが	甲形	兵		1851

よろいが　鎧潟　政 ④ 1082
よろいか　鎧金物　兵 1824
よろいき　鎧著初　兵 1928
よろいぐ　よろひぐさ(白芷)　植 ② 422
よろいぐ　鎧組　武 1003
よろいづ　甲作　兵 1903
よろいど　よろひどほし(小蘗)　植 ① 238
よろいど　鎧通(刀)　兵 1381
よろいの　鎧の毛　兵 1797
よろいの　鎧渡　地 ③ 462
　―船賃　地 ③ 409
よろいひ　鎧直垂　兵 1912
よろいび　鎧櫃　兵 1845
よろきご　余綾郡　地 ① 755
よろきの　淘綾浜　地 ③ 1302
よろこぶ　喜　人 ① 722
よろず　針魚　動 1432
よろずは　万幡豊秋津姫命　神 ③ 12
よわい　齢　人 ① 681
　「ねんれい年齢」も見よ

ら

ら　羅(織物)【併入】　産 ② 299
　―　服 372
らい　らい(信天翁)　動 650
らい　雷　天 283
らい　罍　器 ① 572
らいけん　頼賢碑　礼 ② 1180
らいごう　来迎(玩具)　遊 1253
らいごう　頼豪(僧)　宗 ② 651
らいごう　来迎売　産 ② 690
らいごう　来迎会　宗 ② 171
らいこう　雷公祭　神 ② 612
　―　方 39
らいごう　来迎寺【篇】　宗 ④ 24
　来迎院為魚山声明本処　宗 ① 353
らいこう　雷公式　方 510
らいさん　頼山陽
　―善詩　文 ② 595
　―上楽翁公書　文 ② 886
らいし　礼紙　文 ① 480
らいし　欞子　器 ① 199
らいじゅ　雷獣　動 476
　―　天 302
らいじょ　雷上動(弓)　兵 1762
らいせい　らいせい門(羅城門)　居 201
らいそん　来孫　人 ① 233
らいでん　礼殿　神 ① 486
　―　神 ① 471
　「はいでん拝殿」も見よ
らいどう　礼堂　宗 ③ 85
らいのと　雷鳥　動 972
らいのみ　雷宮　神 ④ 389
らいはい　礼拝　礼 ① 4
　「はい拝」も見よ
らいはい　礼拝講　神 ④ 650
らいびょ　癩病　方 1447
　―治療　方 833
らいふく　礼服　服 153
　婦人―　服 854
　擬侍従以下―　帝 326
　―倉焼失　帝 358
らいふく　礼服冠　服 1094
らいふく　礼服倉　服 158
らいふく　礼服御覧　帝 330
　―　服 156
らいふせ　雷斧石　金 309
らいめい　雷鳴　天 287
らいゆ　頼瑜(僧)　宗 ① 635
らいよけ　雷除　天 304
　―守札　神 ② 927
らいりゅ　来立寺　宗 ③ 1277
らう　らう(烟管)　器 ② 541
らうのす　らうのすげかへ(烟管)　器 ② 549
らえつ　羅越(国名)【併入】　外 1123
らかん　羅漢　宗 ① 102
らかんけ　羅漢穴　金 321
らかんじ　羅漢寺(武蔵)【篇】　宗 ④ 426
らかんじ　羅漢寺(豊前)【篇】　宗 ④ 1074
　―　宗 ① 104
らかんし　羅漢松　植 ① 130
らぎょう　羅形弓　兵 1659
らく　酪　方 1054
らく　駱　動 90
らくいち　楽市　産 ② 602
らくいん　烙印
　枡―　称 59
　舟―　器 ② 585

牛馬―　動　25
らくいん　落胤　人 ①　204
らくがい　洛外　地 ①　145
―七野　地 ③　933
らくがき　楽書　政 ③　408
らくがん　落雁　飲　650
らくご　落語【篇】　楽 ②　530
らくざん　楽山焼　産 ①　760
らくし　落死　人 ①　654
らくしょ　落書　法 ①　583
―　法 ③　809
らくしょ　落書(犬追物)　武　601
らくしょ　落飾　宗 ②　442
「しゅっけ出家」「ていはつ剃髪」も見よ
らくせい　落星馬　動　102
らくせい　駱勢娘(楽曲)　楽 ①　424
らくせき　絡石(草)　植 ②　451
らくそん　落蹲(楽曲)　楽 ①　588
らくだ　駱駝　動　460
らくたい　落胎　礼 ①　476
らくだい　落第　文 ③　129
らくだい　落題
歌―　文 ①　690
俳諧―　文 ①　1297
らくちゃ　落著(裁判)　法 ③　748
らくちゃ　楽茶碗　産 ①　716
らくちゅ　洛中　地 ①　145
らくちゅ　洛中警衛　官 ②　843
らくちゅ　洛中払　法 ②　353
らくちゅ　洛中洛外払　法 ②　355
らくてん　落天万秋楽　楽 ①　510
らくほう　蛒蜂　動　1130
らくやき　楽焼　産 ①　716
―　産 ①　711
―　遊　696
らくよう　洛陽　地 ①　128
―　地 ①　144
「こうと皇都」も見よ
らくよう　落葉松　植 ①　89
らくらい　落雷　天　292
らしゃ　羅紗　産 ②　310
―　産 ②　72
―　産 ②　753
らしゃめ　らしやめん(綿羊)　動　219
らじょう　羅城御贖　神 ②　749
らしょう　羅城門　居　199
らしょう　羅生門(草)　植 ②　501
らしょう　羅生門院　居　202
らせいた　羅背板　産 ②　313
―　産 ②　753
らせつ　羅切(刑罰)　法 ①　761
らせつに　羅刹日　方　143
らち　埒　武　227
―　武　787
犬追物―　武　582
らちもん　埒門　居　843
らちやく　埒役　政 ④　568
らっかせ　落花生　植 ②　280
らっかん　落款(書画)【併入】　文 ③　993
らっき　落葵　植 ②　157
らっきょ　らつきやう(薤)　植 ①　1042
らっく　落句(詩)　文 ②　470
らっこ　猟虎　動　474
らっぱ　乱波(間諜)　兵　363
らでん　螺鈿　産 ①　814
らでんこ　螺鈿工　産 ①　828
らでんの　螺鈿鞍　兵　1963
らでんの　螺鈿剣　兵　1337
らに　らに　植 ②　781
「らん蘭」も見よ
らのはか　羅袴　服　709
らはい　螺盃　器 ①　235
―　神 ③　1110
―　神 ③　1348
らま　蘿摩　植 ②　452
らりょう　羅陵王(楽曲)　楽 ①　372
らろく　羅勒　植 ②　498
らん　乱
「へいらん兵乱」を見よ
らん　蘭　植 ①　1159
以―為画題　文 ③　880
らん　襴　服　34
袍―　服　235
半臂―　服　369
らんいぶ　闌遺物【篇】　法 ①　397
―【併入】　法 ①　880
―【篇】　法 ②　799
らんが　蘭画　文 ③　864
らんがく　蘭学　文 ②　998
福井藩明道館―科　文 ②　1219
らんがく　蘭学家　文 ②　1006
らんかん　欄干(橋)　地 ③　126
らんかん　欄檻　居　1175

らんかん	欄干造(舟)	器	②	636
らんぐい	乱杭			
	簗堤用—	政	④	1021
	簗堤用—	政	②	1110
	防戦用—	兵		669
らんけい	鸞鏡調	楽	①	27
らんご	乱碁【附】	遊		121
らんごじ	蘭語字書	文	②	1005
らんごぶ	蘭語文典	文	②	1005
らんしつ	藍漆	植	②	460
らんじゃ	蘭奢待	遊		325
	—	宗	③	1166
らんしょ	蘭書	文	②	1030
らんしょ	蘭省	官	①	371
らんじょ	乱声(音楽)	楽	①	37
らんじょ	乱声(鬨声)	兵		596
らんしん	乱心	方		1478
らんそ	濫訴	法	①	557
	—	法	①	995
	—	法	③	446
	越後国村上領百姓——一件	法	③	941
らんだい	蘭台	官	①	462
らんだい	鸞台(弁官)	官	①	463
らんだい	鸞台(太政官)	官	①	371
らんだつ	乱脱	文	③	262
らんとう	卵塔	宗	③	101
らんとう	蘭湯	歳		1174
らんどり	乱捕	武		1010
らんにゅ	闌入【篇】	法	①	401
らんぱつ	乱髪	人	①	508
らんびし	藍尾酒	礼	①	269
らんびょ	乱拍子	楽	①	815
らんぶ	乱舞	楽	①	80
	—	楽	①	751
	—	楽	①	1001
	—	楽	②	468
らんよ	籃輿	器	②	1027
らんよ	鸞輿	器	②	933
らんりょ	蘭陵王(楽曲)	楽	①	372
らんりん	蘭林房	居		156

り

り	利	政	②	903
	「りし利子」「りそく利息」も見よ			
り	里(田積)	政	②	270
	—	政	②	263
	—	政	③	1116
り	里(村里)	地	①	89
	諸国の里は地部山城国篇以下の各篇に在り。今之を略す			
り	里(道法)	地	③	39
り	驪	動		90
りあん	狸庵	動		384
りえん	離縁	礼	①	1320
	妻—	政	③	591
	養子—	政	③	822
	東慶寺駆込女—	宗	④	313
	満徳寺駆込女—	宗	④	719
りがくし	理学神道	神	②	1325
りきし	力士	武		1127
りきしゃ	力者	器	②	975
	—	器	②	948
	—著長絹	服		524
りきでん	力田蠲免	政	②	992
りきふ	力婦	政	②	857
りきゅう	離宮			
	—行幸	帝		626
	花園—	宗	③	823
	城南—	宗	③	984
	河陽—	地	①	215
りぎゅう	犛牛	動		46
りきゅう	離宮院【附】	神	③	826
りきゅう	利休形	遊		777
りきゅう	離宮八幡宮神宮寺	神	②	1709
りくえい	陸英	植	②	651
りくぎ	六義			
	詩—	文	②	452
	文字—	文	③	750
りくぎ	六議【附】	法	①	43
りくぐん	陸軍所教授方頭取	官	③	1633
りくぐん	陸軍所役人	官	③	1629
りくぐん	陸軍総裁	官	③	1606

りくぐん 陸軍附調役 官 ③ 1633
りくぐん 陸軍奉行 官 ③ 1607
りくぜん 陸前国 地 ② 71
りくちゅ 陸中国 地 ② 71
りくでん 陸田
以一班給 政 ② 326
一種子 産 ① 3
りくとう 六韜三略 兵 23
りくにょ 六如(詩人) 文 ② 590
りくゆえ 六諭衍義 文 ③ 437
りこう 利口 人 ① 873
一 人 ② 687
りこん 離婚 産 ① 198
「りえん離縁」も見よ
りさ 里差 方 279
りし 利子 政 ④ 679
質物一 政 ④ 770
「りそく利息」も見よ
りしょう 理性院【併入】 宗 ③ 1057
一 宗 ③ 1050
於一修大元帥法 宗 ② 268
りしょう 理性院流 宗 ① 631
りじょし 李如松 外 442
りしりご 利尻郡 地 ② 1297
りす 栗鼠 動 255
りせい 里正 官 ② 632
りせき 理石 金 280
りせん 利銭 政 ② 903
一 政 ④ 680
りそうり 離想流(槍術) 武 71
りそく 利足 政 ④ 685
一 政 ④ 771
「りし利子」「りそく利息」も見よ
りそく 利息 政 ② 903
出挙一 政 ② 871
一免除 政 ② 919
幕府無一貸金 政 ④ 578
町会所無一貸附金 政 ④ 598
「りし利子」も見よ
りそん 離孫 人 ① 236
りだん 離檀 宗 ③ 63
一 法 ③ 625
神官迫檀那寺而欲
一 礼 ② 26
りちゅう 履中天皇 帝 5
一即位 帝 285
一山陵 帝 982
りちょう 里長 官 ② 627
りつ 律 法 ① 82
一 法 ① 65
一文用字例 法 ① 3
りつ 率(算術) 文 ③ 592
りっか 立花 遊 828
りつがく 律学博士 文 ② 893
りっかし 六家集 文 ② 370
りつぎか 律儀戒 宗 ② 612
りっきょ 立教館 文 ② 1278
一令条 文 ② 1211
一入学式 文 ③ 8
一試験 文 ③ 168
りっけい 六経 文 ② 817
りっこう 立后 帝 1209
妨遏一事 帝 1648
依一赦宥 法 ③ 383
諒闇中一 礼 ② 545
一時歌催馬楽 楽 ① 225
りつこく 律国賊 宗 ① 955
りっし 律師 宗 ② 755
一 宗 ② 736
りっし 律詩 文 ② 457
りっしゃ 竪者 宗 ① 419
りつしゃ 律尺 称 32
りっしゃ 立石寺【篇】 宗 ④ 784
りっしゅ 立秋 歳 118
りっしゅ 律宗【篇】 宗 ① 477
一衣体 宗 ② 1214
僧入支那受律 宗 ② 469
禅律 宗 ① 709
りつしゅ 律集解 法 ① 71
りっしゅ 立春 歳 116
従一至秋分不得決
死刑 法 ① 230
りっしょ 立正寺【篇】 宗 ④ 242
りっしん 立身(冠位) 官 ③ 1784
りっせい 立成(暦書) 方 415
りっせい 立成館 文 ② 1282
りっせい 立誠堂 文 ② 1284
りつそ 律疏 法 ① 72
りつぞう 立像 宗 ① 180
りったい 立太子
一之日受禅 帝 538
一蠲免 政 ② 1005
一賑給 政 ② 1061

　　—赦宥　法 ①　526
　　—赦宥　法 ③　383
りっちゅ　立籌者　武　1079
りっちょ　立丁　政 ②　840
　　—　政 ②　834
りつふし　律附釈　法 ①　71
りつぶん　率分【附】　政 ②　814
　　御厨子所雑分所—　官 ①　1076
りつぶん　率分所　官 ①　955
りっぽう　律法　宗 ②　608
りつりょ　律呂　楽 ①　18
りつりょ　律令　文 ②　896
りはい　離配　宗 ③　53
りはつ　理髪
　　著裳時—　礼 ①　603
　　元服時—　礼 ①　654
　　加冠—　礼 ①　741
りひけつ　理非決断職　官 ②　674
りびょう　痢病　方　1413
　　—治療　方　812
りびん　理鬢(元服)　礼 ①　748
りぶん　利分　政 ④　679
　　「りし利子」「りそく利息」も見よ
りへい　利平　政 ④　682
　　—　政 ④　770
　　「りし利子」「りそく利息」も見よ
りべつ　離別【篇】　人 ②　421
　　為—之母服　礼 ②　746
りべつじ　離別状　礼 ①　1322
　　—　政 ③　595
りほう　吏部　官 ①　818
りほうし　吏部尚書　官 ①　815
りまい　利米　政 ④　628
りまつり　離末離配　宗 ③　53
りまとう　利瑪竇世界図屏風　器 ①　899
りむ　吏務　官 ②　451
　　—　封　64
りむ　釐務
　　停—　法 ①　306
　　停—　法 ①　285
りむしょ　吏務職　官 ②　490
りもうひ　狸毛筆　文 ③　1274
りもん　理門　居　849
りゃくお　暦応　歳　233
りゃくお　暦応寺　宗 ③　900
りゃくお　暦応板　文 ③　1108
りゃくく　略訓　文 ③　306
りゃくご　略語　文 ①　111
りゃくに　略人【篇】　法 ①　381
　　「ひとかど人勾引」も見よ
りゃくに　暦仁　歳　218
りゃくば　略売　法 ①　381
りゃくふ　略服　服　871
　　単衣—　服　446
りゃくれ　略例奏草　方　415
りゅう　駵　動　90
りゅうあ　滝安寺　宗 ④　102
　　—富突　法 ③　80
りゅうい　留飲　方　1187
りゅうえ　柳営【篇】　居　285
りゅうえ　柳営(将軍)　官 ②　650
りゅうお　竜王　宗 ①　130
りゅうお　竜王目　称　112
りゅうお　竜穏寺【篇】　宗 ④　480
りゅうが　竜蓋寺【篇】　宗 ③　1340
りゅうか　柳花苑(楽曲)　楽 ①　476
りゅうが　留学
　　阿倍仲麻呂入唐—　外　864
　　吉備真備入唐—　文 ②　754
　　西洋—　外　56
りゅうが　竜崎滝　地 ③　1213
りゅうか　隆寛(僧)　宗 ①　691
りゅうが　竜眼(木)　植 ①　509
りゅうが　竜眼酒　飲　707
りゅうが　竜眼肉　植 ①　510
りゅうぎ　竪義
　　論義—　宗 ①　411
　　講書—　文 ③　198
りゅうき　琉球【篇】　地 ②　1353
　　—入貢　外　404
　　仏蘭西—条約　外　1673
　　—国字　文 ①　35
　　—学校　文 ②　1275
　　—聖廟　文 ②　1444
　　—小唄　楽 ②　406
　　—小唄　楽 ②　836
　　大名掌—来聘事　官 ③　1710
りゅうき　琉球薯　植 ②　474
りゅうき　りうきうわうばい
　　(探春花)　植 ①　626
りゅうき　琉球楽　楽 ①　136
りゅうき　琉球竹　植 ①　689

りゅうき　琉球波上宮【篇】　神 ④ 1709
りゅうき　琉球奉行　官 ② 1206
りゅうき　琉球筵　器 ② 28
りゅうき　琉球柳条　産 ② 198
りゅうき　立金花　植 ② 207
りゅうぐ　竜宮　神 ④ 1694
りゅうぐ　竜宮　地 ② 1358
りゅうぐ　竜宮鶏(魚)　動 1534
りゅうぐ　竜宮のこま(海馬)　動 1536
りゅうげ　竜華会　歳 1129
りゅうげ　竜華寺【篇】　宗 ④ 27
りゅうげ　竜牙草　植 ② 490
りゅうげ　流言　人 ① 855
りゅうご　輪鼓　楽 ② 1171
りゅうこ　りうこぅ(林檎)　植 ① 356
りゅうこ　隆光(僧)　宗 ④ 381
りゅうこ　流黄香　遊 312
りゅうこ　竜口寺【篇】　宗 ④ 335
りゅうこ　竜興寺　宗 ④ 741
りゅうこ　流行病　方 1303
「やくびょ疫病」も見よ
りゅうご　立鼓乗(乗馬)　武 730
りゅうこ　竜骨　動 1015
りゅうこ　竜骨車　産 ① 270
りゅうさ　竜作(中納言)　官 ① 431
りゅうざ　流産　礼 ① 475
りゅうざ　流産穢　礼 ① 452
りゅうじ　竜樹院　宗 ③ 1247
りゅうじ　留住(律文用語)　法 ① 220
りゅうし　竜鬚竹　植 ① 717
りゅうし　留省　政 ① 1231
りゅうし　竜松院　宗 ③ 1142
りゅうし　立政寺【篇】　宗 ④ 679
りゅうし　留省資人　封 356
りゅうせ　流星　天 133
りゅうせ　流泉(琵琶曲)　楽 ② 789
りゅうせ　竜泉寺【篇】　宗 ④ 14
りゅうせ　滝泉寺【篇】　宗 ④ 448
—富突　法 ③ 83
りゅうぞ　竜造寺村　官 ② 1014
りゅうそ　流損田　政 ② 379
りゅうた　竜沢寺【篇】　宗 ④ 1041
りゅうた　隆達節　楽 ② 378
りゅうた　竜胆　植 ② 445
りゅうち　隆池院　宗 ④ 52
りゅうて　竜蹄　動 81
りゅうて　柳亭種彦　文 ② 953
りゅうて　竜天寺　宗 ④ 1041
りゅうと　竜燈　神 ④ 1183
りゅうと　立徳門　居 265
りゅうど　竜吐水　産 ① 276
りゅうの　竜脳　植 ① 259
りゅうの　竜脳香　遊 311
りゅうの　竜の鬚(麦門冬)　植 ① 1064
りゅうは　竜背
和琴—　楽 ② 556
箏—　楽 ② 649
りゅうび　竜尾車　産 ① 272
りゅうび　竜尾壇　居 169
りゅうび　竜尾道　居 168
りゅうび　竜尾道西楼　居 191
りゅうび　竜尾道東楼　居 191
りゅうび　竜鬢帖　器 ② 64
りゅうび　竜鬢筵　器 ② 8
りゅうふ　竜伏之式　居 485
りゅうへ　隆平永宝　泉 19
りゅうぼ　立坊
「りったい立太子」を見よ
りゅうほ　立本寺【篇】　宗 ③ 512
りゅうも　りうもん(鎧)　兵 1778
りゅうも　竜紋　産 ② 210
りゅうも　竜門滝　地 ③ 1215
りゅうゆ　立揖　礼 ① 50
りゅうり　琉藺百方　産 ① 179
りゅうろ　竜楼(皇太子)　帝 1308
りょう　令(政書)　法 ① 82
—　法 ① 65
違—　法 ① 10
りょう　両(斤量)　称 108
りょう　両(貨幣)　泉 174
りょう　亮(官職)　官 ① 199
りょう　竜　動 1008
りょう　陵
「さんりょ山陵」を見よ
りょう　量(升)【篇】　称 45
りょう　領
蝦夷—　地 ② 1308
甲斐国九筋二—　地 ① 729
りょう　領(職名)
大—小—　官 ② 572
大—　官 ① 198
少—　官 ① 199
りょう　寮　官 ① 191
斎宮—【附】　神 ③ 801

大舎人一【篇】 官 ① 755
図書一【篇】 官 ① 766
内蔵一【篇】 官 ① 773
縫殿一【篇】 官 ① 791
陰陽一 方 2
内匠一【篇】 官 ① 800
大学一 文 ② 1061
散位一【篇】 官 ① 832
雅楽一【篇】 官 ① 841
玄蕃一【篇】 官 ① 862
諸陵一 官 ① 868
主計一 官 ① 886
主税一【篇】 官 ① 892
木工一【篇】 官 ① 1004
大炊一【篇】 官 ① 1020
主殿一【篇】 官 ① 1031
典薬一 方 657
掃部一【篇】 官 ① 1046
授刀舎人一【附】 官 ① 1432
帯剣一 官 ① 1433
左右馬一【篇】 官 ① 1526
主馬一 官 ① 1528
兵庫一【篇】 官 ① 1550
りょうあ 諒闇 礼 ② 395
一年四方拝 歳 389
一時乞巧奠 歳 1230
一時賀茂祭 神 ③ 1060
依一廃朝賀 歳 415
依一無小朝拝 歳 444
依一停元日節会 歳 499
依一停正月淵酔 歳 530
依一停白馬節会 歳 1011
依一止踏歌節会 歳 1039
依一停五月五日節
会 歳 1144
依一停重陽宴 歳 1326
依一大嘗祭延引 神 ① 1386
依一停鎮魂祭 神 ② 513
依一停二孟旬 政 ① 46
依一廃朝 政 ① 187
一年無射礼 武 318
依一停賭射 武 415
依一停釈奠 文 ② 1395
一中奉幣 神 ② 1041
一中卜定賀茂斎王 神 ③ 1174
一後御幸 帝 767
一年荷前 帝 1044
一立后 帝 1148
一之時有拝無舞 礼 ① 45
一中婚礼 礼 ① 1094
一中執賀著吉服 礼 ① 1154
為母后行一 礼 ② 418
一御膳 礼 ② 456
童帝一例 礼 ② 475
一終行大祓 礼 ② 536
一年門飾之事 礼 ② 713
一年五月五日葺菖
蒲哉否之事 礼 ② 717
一中不詣神社 礼 ② 861
著素服於一装束上 礼 ② 962
一中拝賀日著橡袍 礼 ② 975
婦人一服 礼 ② 1000
りょうあ 諒闇扇 礼 ② 1037
りょうあ 諒闇沓 礼 ② 1036
りょうあ 諒闇鞍 礼 ② 1058
りょうあ 竜安寺【篇】 宗 ③ 835
一之庭 居 896
りょうあ 霊安寺 宗 ③ 282
りょうあ 諒闇伝奏 官 ① 680
りょうあ 諒闇直衣 礼 ② 1018
りょうあ 諒闇服 礼 ② 965
りょうい 量移 法 ① 362
りょうい 両韻 文 ② 497
りょうい 寮印
斎宮一 神 ③ 808
主計主税一 官 ① 887
内蔵一 官 ① 776
内蔵一 官 ① 911
りょうい 諒陰 礼 ② 395
「りょうあ諒闇」も見よ
りょうう 両上杉 官 ② 1294
りょうう 良運(僧) 宗 ③ 140
りょうう 凌雲院 宗 ④ 362
りょうう 凌雲集 文 ② 560
りょうお 陵王(楽曲) 楽 ① 372
一仮面 楽 ① 670
りょうお 竜王遊(蜃気楼) 動 1016
りょうか 両界曼荼羅 宗 ① 228
りょうが 両替 産 ② 463
新古金銀一 泉 322
米方一 産 ② 522
入替一 産 ② 555
りょうが 両替所 官 ③ 581
りょうが 両替商 産 ② 472

—運上　政 ④ 515
りょうが 両替証文帳　政 ③ 1075
りょうが 両替屋　泉 98
—　産 ② 405
—図　称 136
りょうが 両替役金　政 ④ 515
りょうが 両懸(陣法)　兵 73
りょうか 領客使　外 13
りょうか 両貫(戸籍)　政 ② 32
りょうか 両管領　官 ② 1302
りょうき 猟騎　武 475
りょうき 領帰郷渤海客使　外 286
りょうき 綾綺殿　居 98
於—前為相撲　武 1044
りょうき 霊気道断祭　方 49
りょうき 涼轎　器 ② 960
りょうき 両局(太政官)　官 ① 458
りょうぎ 良玉集　文 ② 415
りょうき 両鬼楽　楽 ① 412
りょうぎ 竜吟(横笛)　楽 ② 862
りょうぎ 竜吟調　楽 ① 27
りょうぐ 両口銚子　器 ① 201
りょうけ 領家　政 ② 550
—　官 ② 942
—　官 ② 1369
—兼地頭　官 ② 1038
りょうげ 両毛作　産 ① 43
りょうけ 領家職　宗 ③ 255
りょうげ 令外官　官 ① 208
りょうけ 猟犬　動 156
—　産 ① 445
りょうげ 良源(僧)　宗 ② 804
りょうこ 陵戸　政 ③ 914
—　帝 1035
皇后及追尊天皇—
守戸　帝 1039
—守戸並充　帝 1039
「せんみん賤民」も見よ
りょうこ 両後見　官 ② 690
りょうご 両国橋　地 ③ 297
—　地 ③ 144
—納涼　歳 1197
—普請　官 ③ 664
—花火　遊 1201
—畔曲芸　楽 ② 1189
—畔見世物　楽 ② 1207
りょうさ 両妻　政 ② 58
りょうざ 両差簪　器 ① 442
りょうし 両使　政 ③ 334
りょうし 猟師　産 ① 479
—　産 ① 422
りょうし 寮試　文 ③ 46
りょうじ 令旨【篇】　政 ① 308
りょうじ 領事官　外 1350
りょうし 陵子帳　政 ② 233
りょうし 両執権　官 ② 690
りょうし 両執事　官 ② 690
りょうし 料紙箱【併入】　文 ③ 1402
りょうし 両社行幸　神 ③ 975
りょうし 令釈　法 ① 73
りょうし 領主
荘園—　政 ② 550
—為処刑　法 ② 264
—裁判　法 ③ 907
りょうし 良秀(絵仏師)　文 ③ 875
りょうし 涼州(楽曲)　楽 ① 390
りょうし 梁州詔応楽　楽 ① 357
りょうし 陵守長　帝 1040
りょうし 両所(執権)　官 ② 672
りょうし 良韶(僧)　宗 ④ 780
りょうし 寮掌　官 ① 206
図書寮—　官 ① 770
内蔵寮—　官 ① 786
内匠寮—　官 ① 805
玄蕃寮—　官 ① 867
主計主税—　官 ① 892
木工寮—　官 ① 1012
大炊寮—　官 ① 1027
典薬寮—　方 664
りょうじ 両杖鼓　楽 ② 1081
りょうし 両所権現　神 ④ 1263
りょうし 涼書殿　帝 629
りょうじ 良人
免賤民為—　政 ② 148
—与賤民婚　政 ② 162
妄認—家人充賤　政 ② 179
妄認—為賤民　法 ① 433
—賤民判　政 ② 185
免賤民為—　政 ② 189
りょうじ 竜陣　兵 65
りょうせ 猟船　器 ② 664
りょうぜ 霊山寺(羽前)【篇】　宗 ④ 782
りょうぜ 霊山寺(京都)【併入】　宗 ③ 618
りょうぜ 霊山寺(豊前)　神 ④ 1605

りょうぜ　霊山神社　神 ④ 1715
りょうそ　領送使　政 ① 623
—　法 ① 173
—　法 ① 774
りょうそ　料足(銭)　泉 6
りょうた　糧袋　兵 1000
りょうだ　両段再拝　神 ② 985
—　礼 ① 18
りょうた　両探題　官 ② 690
りょうた　両探題職　官 ② 674
りょうち　領地
神職—　神 ② 1574
国造—　官 ① 167
主水司—　官 ① 1095
大名—　官 ③ 1747
以—為質　政 ④ 722
没収—　法 ① 810
収—付競主　法 ① 821
没—【併入】　法 ② 604
削—【併入】　法 ② 608
請假赴領所　政 ③ 458
以所領為質　政 ④ 730
りょうち　量地尺　称 23
りょうち　量地術　文 ③ 633
りょうち　良忠　宗 ① 686
—為光明寺開山　宗 ④ 328
りょうて　竜笛　楽 ② 863
りょうて　涼天覚清流(剣術)　武 28
りょうて　両天簪　器 ① 442
りょうて　量天尺　文 ③ 648
りょうて　両伝奏　官 ① 650
りょうと　竜頭(舟)　器 ② 623
—図　器 ② 625
りょうと　裲襠　楽 ① 653
りょうど　良道(琵琶)　楽 ② 747
りょうど　糧道　兵 649
りょうと　両統更立　帝 288
りょうと　両頭亀　動 1591
りょうと　両頭犢　動 43
りょうと　両頭筆　文 ③ 1286
りょうと　両頭蛇　動 1031
りょうど　両度再拝　礼 ① 18
りょうに　良忍　宗 ① 637
—善声明　宗 ① 353
—創大念仏寺　宗 ④ 59
—弘融通念仏　宗 ① 379
りょうに　令任用分付実録帳　官 ② 86
りょうの　竜の印　政 ③ 307
りょうの　令義解　法 ① 85
りょうの　令集解　法 ① 69
りょうは　量配　法 ① 173
りょうば　両判　政 ③ 319
りょうば　量盤　文 ③ 652
りょうば　両番格庭番　官 ③ 799
りょうば　量盤術　文 ③ 635
りょうば　両番頭　官 ③ 1013
りょうび　療病舎　方 674
りょうぶ　りやうぶ(山茶科)　植 ① 639
りょうぶ　両部習合神道　神 ② 1322
りょうぶ　両部神道　神 ② 1329
りょうぶ　両部大曼荼羅　宗 ① 231
りょうぼ　陵墓一隅抄　帝 1101
りょうぼ　寮坊主　政 ③ 961
りょうぼ　陵墓志　帝 1099
りょうぼ　陵墓使　帝 393
りょうほ　両ほだ(囚禁具)　法 ③ 201
りょうぼ　領渤海客使　外 285
りょうめ　両目(金銀貨)　泉 388
りょうめ　竜鳴(横笛)　楽 ② 862
りょうめ　両面帯　服 1065
りょうめ　両面搢　文 ③ 1118
りょうめ　両面錦　産 ② 278
りょうめ　両面の水干　服 500
りょうめ　両面端茵　器 ② 112
りょうめ　両面縁畳　器 ② 70
りょうも　綾文　産 ② 261
りょうも　綾紋紗綾　産 ② 266
りょうよ　陵預　帝 1040
りょうよ　両翼の備　兵 72
りょうり　料理【篇】　飲 71
西洋—　外 1498
—用花　植 ① 15
茶会—　遊 446
鶴—　遊 1034
りょうり　料理茶屋　飲 324
—家作制度　居 463
りょうり　料理長上　官 ① 1067
りょうり　令律問答私記　法 ① 86
りょうり　料理人　飲 301
りょうり　料理間　居 610
りょうろ　両六波羅　官 ② 848
りょくし　緑紙　文 ③ 1202
りょくじ　緑児　政 ② 20
りょくじ　緑女　政 ② 22

りょくち	緑蝶	動		1107
りょくほ	緑袍	服		261
りょくも	緑毛亀	動		1584
りょこう	旅行			
	「こうりょ行旅」を見よ			
りょしゅ	旅宿	人	②	449
	於―手鎖	法	②	540
	清商旅館	外		1047
	「はたごや旅籠屋」も見よ			
りょじん	旅人	人	②	430
りょじん	旅人宿	政	④	1362
りょすい	旅帥	兵		1020
りょひ	旅費	封		490
りょりょ	膂力【併入】	人	②	121
りょりょ	膂力婦	政	②	857
りょりょ	膂力婦田	政	②	857
りん	鈴	宗	②	1092
りん	輪(衿)	服		15
りんいん	廩院【併入】	官	①	885
りんう	霖雨	天		180
	因―年凶	歳		1456
りんえて	林越天(楽曲)	楽	①	413
りんが	林歌(楽曲)	楽	①	598
りんが	臨河(楽曲)	楽	①	598
りんかし	林下集	文	②	371
りんがの	林歌饗	礼	①	232
りんかん	輪姦	法	②	951
りんき	悋気	人	①	769
りんきゅ	林丘寺【篇】	宗	③	724
りんきゅ	林丘寺宮	帝		1481
りんけん	臨軒	政	①	12
りんげん	綸言	政	①	279
りんげん	綸言如汗	人	①	913
りんこ	輪鼓	楽	②	1171
りんご	林檎	植	①	356
りんこう	輪講	文	③	205
りんこう	臨幸	帝		589
りんここ	臨胡褌脱(楽曲)	楽	①	420
りんざい	臨済派	宗	①	743
	―宗規	宗	①	712
	―寺院数	宗	③	11
りんじ	綸旨	政	①	279
りんじき	臨時客【篇】	歳		575
	―歌催馬楽	楽	①	225
	―御遊	楽	①	89
	二宮―【併入】	歳		539
りんじき	臨時給	封		275
りんじさ	臨時祭			
	賀茂―【篇】	神	③	1099
	石清水―【篇】	神	③	1335
	平野―【附】	神	③	1437
	祇園―【附】	神	③	1509
	北野―【併入】	神	③	1647
	春日―【併入】	神	④	161
	鶴岡八幡宮―	神	④	441
	日吉―【併入】	神	④	691
りんじし	臨時赦	法	①	536
りんじじ	臨時叙位	政	①	724
りんじぜ	臨時税	政	④	537
りんじに	臨時仁王会	宗	②	45
りんじの	臨時除目	政	①	724
	―	政	①	840
りんじの	臨時旬	政	①	56
りんじほ	臨時奉幣(大神宮)【篇】	神	③	573
りんじや	臨時役	政	④	539
りんじゅ	臨終	人	①	660
	―出家	帝		886
りんしょ	麟祥院【篇】	宗	④	420
りんしょ	林鍾州(楽曲)	楽	①	413
りんしょ	吝嗇【併入】	人	②	83
	―	人	②	47
りんず	綸子【併入】	産	②	267
りんぜい	林税	地	③	908
りんせん	臨川寺【篇】	宗	③	918
	―寺領	宗	③	255
りんせん	臨川寺奉行	官	②	1212
りんぞう	輪蔵	宗	③	119
	北野神社―	神	③	1620
	「きょうぞ経蔵」も見よ			
りんだい	輪台(楽曲)	楽	①	521
りんちょ	臨朝	政	①	12
	―	政	①	2
りんづけ	厘附(田租)	政	④	188
りんづけ	厘附取	政	④	234
りんてん	輪転	政	①	1479
りんどう	竜胆	植	②	445
りんどう	竜胆唐衣	服		923
りんね	輪廻(連歌)	文	①	1017
りんのう	輪王寺(仙台)【篇】	宗	④	765
りんのう	輪王寺(日光山)【篇】	宗	④	731
りんのう	輪王寺宮	宗	④	732
	―	帝		1479
りんびょ	淋病	方		1286

—治療　方　821
りんぼう　輪宝一揆　兵　431
りんほえ　輪褙　文 ③ 1020
りんゆう　林邑【併入】　外　1121
—　外　1155
りんゆう　林邑楽　楽 ① 18
—　楽 ① 13
りんゆう　林邑楽師　官 ① 846
りんゆう　臨邑乱楽　楽 ① 388
りんゆう　林邑乱声　楽 ① 39

る

るい　誄
「しのびご誄」を見よ
るいか　誄歌　礼 ② 17
るいげん　累減　法 ① 47
るいし　誄詞　礼 ② 1518
るいし　樏子　器 ① 282
るいじゅ　類聚国史　文 ② 867
るいじゅ　類聚三代格　法 ① 81
—　法 ① 109
るいじゅ　類聚神祇本源　神 ① 357
るいじゅ　類聚名義抄　文 ① 183
るいしょ　類書　文 ③ 450
るいしょ　類焼假　政 ③ 460
るいじん　誄人　帝　1129
るいそう　類箏治要　楽 ① 121
るいぞく　類族　宗 ④ 1244
—　宗 ④ 1207
るいだい　累代御剣　帝　92
るいだい　類題和歌集　文 ② 396
るいにん　流移人　法 ① 171
—口分田　政 ② 324
「るにん流人」も見よ
るいはん　累犯　法 ① 42
—　法 ① 119
—　法 ① 268
—　法 ① 870
—　法 ② 695
—　法 ③ 340
「じゅうは重犯」も見よ
るいれき　瘰癧　方　1240
るうだ　るうだ(草)　植 ② 330
るけい　流刑【篇】　法 ① 167
—以下赦宥　法 ① 534
「るざい流罪」「えんとう遠島」も見よ
るこうそ　留紅草　植 ② 485
るざい　流罪　法 ① 167
—【篇】　法 ① 769
神職—　神 ② 1596
生虜—　兵　853
「るけい流刑」「えんとう遠島」も見よ
るしゃな　盧遮那仏　宗 ① 74
—　宗 ③ 1104
るす　留守　官 ② 1454
るすい　留守居
徳川氏—【篇】　官 ③ 697
伏見城—　官 ③ 1370
大名—　官 ③ 1757
るすいか　留守居駕籠　器 ② 1024
るすいと　留守居年寄　官 ③ 700
るすいば　留守居番　官 ③ 712
るすかん　留守官　帝　693
るすしき　留守職　官 ② 440
るすしゅ　留守衆　官 ② 1424
るすしょ　留守所　官 ② 438
るすしょ　留守所下文　政 ① 365
るすしょ　留守所符　政 ① 355
るすだい　留守代　官 ② 440
るすべっ　留守別当　神 ② 1627
るそん　呂宋【篇】　外　1210
るちょう　流帳　法 ① 771
るつぼ　るつぼ(堝)　産 ① 660
るにん　流人　法 ① 169
—　法 ① 769
—　法 ② 262
—発遣図　法 ① 776
依逆修召返—　帝　865
—遇喪　礼 ② 663
「るいにん流移人」も見よ
るり　瑠璃　金　232
るりじゃ　瑠璃尺　称　36
るりちょ　瑠璃鳥　動　896
るりのお　瑠璃帯　服　799
るりのし　瑠璃下襲　服　352
るるもっ　留萌郡　地 ② 1297

れ

れい　令
　家―　官 ① 1264
　平準―　官 ② 354
　坊―　官 ② 380
　左右京職条―　官 ② 382
　鎌倉幕府政所―　官 ② 706
れい　礼【篇】　人 ① 1211
れい　鈴　宗 ② 1092
れい　零(数)　文 ③ 590
れいいん　鈴印　帝 66
れいうん　霊雲寺【篇】　宗 ④ 378
れいえき　例益　政 ② 232
れいかん　冷官　官 ① 232
れいがん　霊巌(僧)　宗 ④ 1185
れいかん　霊鑑寺【篇】　宗 ③ 697
れいがん　霊巌寺(山城)　宗 ② 205
れいがん　霊巌寺(江戸)【篇】　宗 ④ 409
れいかん　霊鑑寺宮　帝 1481
れいき　霊亀(年号)　歳 162
れいぎら　礼義楽　楽 ① 445
れいぎる　礼儀類典　文 ③ 448
　―　文 ③ 452
れいきん　礼金
　貸金―　政 ④ 614
　質物―　政 ④ 751
　人勾引―　法 ② 776
れいく　儷句(詩)　文 ② 457
れいけい　鈴契　地 ③ 625
れいけい　麗景殿　居 100
れいげん　例減(律文用語)　法 ① 47
れいげん　霊元天皇　帝 39
　―諱　姓 589
　―善和歌　文 ① 856
　―狂歌　文 ① 917
　―納勧修寺経敬直言　人 ② 250
　―謚　帝 950
れいこう　例貢　政 ② 942
れいこん　霊魂　人 ① 626
　「たましい魂」も見よ
れいさつ　霊札　礼 ② 1228
　「れいじ霊璽」も見よ
れいざん　霊山寺【篇】　宗 ④ 406
れいし　令史　官 ① 200
れいし　令旨
　「りょうじ令旨」を見よ
れいし　苦瓜　植 ② 639
れいし　荔枝　植 ① 508
れいし　霊芝　植 ② 797
れいじ　霊畤　神 ② 569
れいじ　霊璽　礼 ② 1228
　―　礼 ② 85
　―　礼 ② 288
れいしゃ　霊社　礼 ② 1212
れいしゃ　霊社号　神 ② 1413
れいじゅ　霊寿木　植 ① 663
れいしょ　例書　法 ② 118
れいしょ　隷書　文 ③ 775
れいじょ　礼譲館　文 ② 1286
れいしょ　霊所祭　神 ② 692
れいしん　例進　政 ② 943
れいじん　伶人　楽 ① 617
　「がくにん楽人」も見よ
れいじん　伶人草　植 ② 207
れいすう　霊枢(医書)　方 1022
れいぜい　冷然院　官 ① 1250
れいぜい　れいぜいかづら　礼 ② 445
れいぜい　冷泉家　姓 440
　―歌道　文 ① 791
　―蹴鞠　遊 1104
れいぜい　冷泉天皇　帝 20
　―譲位　帝 543
　―山陵　帝 992
れいぜい　冷泉津　地 ③ 543
れいぜい　冷泉節　楽 ② 276
れいせい　礼成門　居 261
れいせん　冷泉　地 ③ 1124
れいせん　醴泉【併入】　地 ③ 1032
れいそう　霊宗神道　神 ② 1324
れいそん　例損　政 ② 366
　―　政 ② 232
れいたく　麗沢館　文 ② 1279
れいてん　れいてんぐ(秤)　称 128
れいどう　霊堂　礼 ② 1215
れいはい　霊牌　礼 ② 1240
　「いはい位牌」も見よ
れいはい　霊牌所　礼 ② 1225
れいはい　礼拝堂　宗 ④ 1226

れいびょ	霊廟	礼	②	1203
	「びょう廟」も見よ			
れいふ	霊符	神	②	913
	—	方		69
れいふく	礼服			
	以上下為—	服		604
	—用麻上下	服		609
	以道服為庶人—	服		635
	婦人—	服		870
れいぶし	礼部省	官	①	835
れいへい	例幣	神	③	375
れいへい	例幣使	神	④	829
れいへい	例幣使道	地	③	74
れいほう	鈴法寺	宗	①	1114
れいぼく	霊木	神	②	1759
	「しんぼく神木」も見よ			
れいむ	霊夢	人	①	797
れいらん	霊蘭集	方		1018
れいりょ	零陵香	植	②	319
	—	遊		312
れいろ	藜蘆	方		1079
れき	暦			
	「こよみ暦」を見よ			
れきぎ	暦議	方		415
れきし	暦師	方		313
れきし	歴試	文	③	81
れきしゃ	櫟社	神	①	511
れきしょ	暦生	方		313
れきしょ	暦象考成上編国字解	方		418
れきせい	瀝青	礼	②	111
れきせつ	歴節治療	方		822
れきせつ	歴節風	方		1217
れきちゅ	暦注	方		415
れきどう	暦道【篇】	方		307
	—	天		44
	—	天		78
れきはか	暦博士	方		311
れきほう	暦法新書	方		416
れきほん	暦本	方		369
れきめい	歴名帳	政	①	763
	—	官	③	1863
	—	兵		274
れきよう	癧瘍	方		843
れきりん	暦林問答集	方		416
れきれい	暦例(暦書)	方		415
れっけん	列見【篇】	政	①	1176
れってき	列滴(逸年号)	歳		344
れっぱい	列拝	礼	①	11
れっぱん	列判	政	③	319
れにじ	櫺子	居		1152
れぶんご	礼文郡	地	②	1297
れん	輦	帝		1252
れんいん	連印	政	③	300
れんえい	蓮永寺【篇】	宗	④	198
れんが	連歌【篇】	文	①	943
	俳諧原—	文	①	1178
	俳諧—之別	文	①	1180
	短—	神	④	626
	継—	人	①	948
れんがあ	連歌合	文	①	1147
れんがえ	連歌会	文	①	1118
	—用文台	文	③	1457
	諒闇中月次—	礼	②	565
れんがし	連歌師	文	①	1093
	—叙僧位	宗	②	798
れんがし	連歌集	文	①	1151
れんがし	連歌衆	文	①	1093
れんがし	連歌書	文	①	1156
れんがし	連歌新式	文	①	1147
れんがは	連歌始	文	①	1131
れんがほ	連歌本式	文	①	1147
れんかま	蓮菓万秋楽	楽	①	510
れんきん	練金	産	①	671
れんく	聯句			
	連歌—	文	①	983
	詩—	文	②	515
れんくれ	連句連歌	文	①	1005
れんけい	蓮馨寺【篇】	宗	④	477
れんげえ	蓮花会	楽	①	499
れんげお	蓮華王院【篇】	宗	③	600
	—総社	神	①	839
れんげお	蓮華往生	宗	①	1028
れんげこ	蓮華光院【篇】	宗	③	626
れんげじ	蓮華寺(近江)【篇】	宗	④	668
れんげじ	蓮華寺(鎌倉)	宗	④	328
れんけつ	廉潔【篇】	人	②	28
れんげつ	蓮月(歌人)	人	①	1142
れんげつ	れんげつつじ(羊躑躅)	植	①	591
れんげば	れんげばな(砕米薺)	植	②	309
れんげぶ	蓮華峯寺【篇】	宗	④	857
れんげぶ	蓮華峯寺陵	帝		1016
れんげら	蓮華楽	楽	①	499
れんげん	蓮厳寺【篇】	宗	④	901

れんこん	蓮根	植	②	144
れんざ	連坐	法	①	36
	—	法	②	46
れんざ	連座(座席)	居		596
れんし	連枝	官	③	1672
れんし	聯詩	文	②	516
れんじ	櫺子	居		1153
れんじふ	連子総鞦	兵		2031
れんじま	連子窓	居		1154
れんしゃ	蓮社	宗	①	692
れんしゃ	輦車	器	②	807
れんじゃ	連雀	動		809
れんじゃ	連著商	産	②	693
れんじゃ	連著鞦	兵		2028
れんじゃ	れんじやく胴(鎧)	兵		1781
れんしゃ	蓮社号	宗	③	29
	—	礼	②	300
れんしゃ	輦車宣旨	器	②	783
れんじゅ	連珠火鳳(楽曲)	楽	①	424
れんじゅ	廉塾	文	②	1324
れんじゅ	聯珠詩格	文	②	487
れんしょ	連署(文書)	政	③	319
	定—前後	官	③	1912
	訴状—	法	①	1070
	連署起請	人	②	362
れんしょ	連署(職名)【篇】	官	②	689
れんじょ	連声	文	③	278
れんじょ	連城銃	武		961
れんしょ	連署人衆	官	②	690
れんせん	連銭	泉		151
れんせん	連銭葦毛馬	動		96
れんそう	連奏	政	①	436
れんたい	聯隊	兵		375
れんだい	蓮台(川越)	地	③	443
れんだい	簾台	器	①	854
れんたい	連帯過料	法	②	680
れんだい	蓮台寺【篇】	宗	③	745
れんだい	簾台間	居		607
れんちゅ	簾中(貴人妻)	人	①	154
	—	官	③	1669
れんちゅ	簾中入立	服		316
れんちょ	簾直	人	②	28
れんどく	連読	文	③	276
れんとび	連飛(軽業)	楽	②	1186
れんぱい	連俳	文	①	1205
れんばん	連判	政	③	319
	借状—	政	④	670
れんばん	連判(職名)	官	②	690
れんぷ	連符	政	①	336
れんぷ	蓮府	官	①	404
れんぶ	練武	兵		472
れんぺい	練兵【篇】	兵		471
れんぽ	練歩	礼	①	104
れんもの	輦物見車	器	②	831
れんもん	蓮門派	宗	①	692
れんよ	輦輿	器	②	938
れんよう	連葉松	植	①	89
れんりの	連理松	植	①	95
れんりぼ	連理木	植	①	76
れんれん	連連引(石高)	政	④	75

ろ

ろ	炉	器	①	708
	茶室—	遊		556
ろ	絽	産	②	301
ろ	瘻	方		1240
ろ	櫓	器	②	695
ろ	艫	器	②	576
ろ	顱	人	①	321
ろう	老	政	②	79
	「ろうしゃ老者」も見よ			
ろう	牢			
	「ろうや牢屋」を見よ			
ろう	廊	居		563
	沓隠—	服		1444
ろう	楼	居		190
	東西市—	官	②	387
ろう	蠟			
	以—為印模	政	①	567
	いぼた—	動		1193
	以漆実製—	植	①	467
	以黄櫨実製—	植	①	474
ろう	籠(獄舎)	法	①	481
	—	法	①	933
	—	法	③	184
ろうあら	牢改	法	③	216
ろうあん	らうあん	礼	②	395
	「りょうあ諒闇」も見よ			
ろううる	蠟漆	植	①	469
ろうえい	朗詠【篇】	楽	①	265

	五節淵酔—	神	①	1361
ろうえき	労役蠲免	政	②	1000
ろうか	廊架	居		564
ろうが	臘画	文	③	866
ろうがい	労咳	方		1183
ろうがえ	牢替	法	③	217
ろうかば	廊下橋	地	③	121
	—	兵		1077
ろうかば	廊下番	官	③	765
ろうかば	廊下番頭	官	③	765
ろうかも	廊下門	兵		1092
ろうがん	弄丸(曲芸)	楽	②	1166
ろうきょ	籠居	法	①	324
	—	法	①	955
	—【併入】	法	②	581
ろうぎょ	弄玉(楽曲)	楽	①	564
ろうくん	郎君子(楽曲)	楽	①	423
ろうげじ	鏤牙尺	称		33
	—図	称		42
ろうけち	蠟纈	産	①	864
ろうこう	鑞工	産	①	679
ろうこく	漏刻博士	方		438
ろうごし	籠輿	器	②	957
ろうごし	楼御所	帝		1618
ろうさい	労瘵	方		1183
ろうざい	らうざいばら(木)	植	①	381
ろうさい	弄斎節	楽	②	382
ろうざや	牢鞘	法	③	213
ろうざん	老残帳	政	②	233
ろうし	老死	人	①	649
ろうしち	臘觜鳥	動		880
ろうじつ	臘日	歳		1419
ろうしと	浪士取締役	官	③	1627
ろうじの	蠟地の紙	文	③	1230
ろうしゃ	老者			
	—犯罪	法	①	32
	遺棄—	法	②	852
	賑給—	政	②	1041
	—乗物御免	器	②	985
	少避老	礼	①	150
	老若異扇	服		1328
	老年隠居	政	③	843
ろうしゃ	牢舎	法	③	184
	「ろうや牢屋」も見よ			
ろうしゃ	籠舎	法	①	933
	—	法	③	184
ろうじゃ	狼藉日	方		123
ろうしゃ	老者礼	礼	①	24
ろうじゅ	老中【篇】	官	③	173
	—出座聴訟	法	③	762
	—裁判	法	③	808
	—障内視裁判	法	③	835
	依—卒去鳴物停止	礼	②	704
ろうじゅ	老中格	官	③	203
ろうじゅ	老中附	官	③	1144
ろうじゅ	老中並	官	③	203
ろうしゅ	弄春楽(和風楽)	楽	①	480
ろうしゅ	弄春楽(秋風楽)	楽	①	516
ろうじょ	老女	人	①	95
	—	政	②	23
ろうじょ	籠城	兵		655
	—	兵		978
	—	兵		702
	蔚山—	外		513
ろうしょ	牢証文	法	③	197
ろうじん	老人	人	①	82
	「ろうしゃ老者」も見よ			
ろうじん	老人星	天		95
	—	歳		284
ろうじん	老人星祭	方		37
ろうじん	老人拝	礼	①	23
ろうせき	蠟石	金		258
ろうせん	弄銭家	泉		153
ろうそう	らうそう(賤民)	政	③	872
ろうそう	ろうさう(緑衫)	服		283
ろうそう	弄槍	楽	②	1168
	—	楽	①	396
ろうそく	蠟燭	器	②	262
ろうそく	蠟燭問屋	産	②	407
ろうそく	蠟燭屋	器	②	269
ろうだけ	らう竹(老撾竹)	植	①	701
ろうちょ	老丁	政	②	27
	—蠲免	政	②	984
ろうちょ	労帳	政	①	765
ろうちょ	牢帳	法	③	206
ろうちょ	老丁帳	政	②	233
ろうちん	弄枕(曲芸)	楽	②	1169
ろうてが	牢手形	法	③	320
ろうでん	弄殿喜春楽	楽	①	484
ろうでん	弄殿楽	楽	①	486
ろうとう	弄刀(曲芸)	楽	②	1166
ろうとう	莨菪	植	②	541
ろうどう	郎等			
	国司—随身	官	②	477

	平忠盛—	人	①	1249
	頼光—平季武	人	②	95
ろうどん	蠟問屋	産	②	408
ろうない	牢内役人	法	③	257
ろうなぬ	牢名主	法	③	257
ろうにゃ	老若歌合	文	②	76
ろうにん	浪人	政	③	573
	—	政	②	68
	—	法	③	548
	「ふろうに浮浪人」も見よ			
ろうにん	浪人改	政	③	574
ろうにん	浪人衆	政	④	105
	牢人衆	兵		462
ろうぬけ	牢抜	法	③	289
ろうのう	老農茶話	産	①	178
ろうば	騠馬	動		102
ろうばい	狼狽	動		435
ろうばい	蠟梅	植	①	252
ろうはち	臘八	歳		1419
ろうはち	臘八粥	飲		464
ろうばん	牢番			
	甲府—	官	③	1368
	伏見—	官	③	1375
ろうびき	蠟引	産	①	895
ろうびょ	老病	方		1144
ろうべん	良弁	宗	③	1101
	—弘華厳宗	宗	①	514
	—創石山寺	宗	④	629
ろーま	羅馬	外		1259
ろーまほ	羅馬法王	宗	④	1115
	—	外		1263
ろうもん	牢問	法	③	952
ろうもん	楼門	居		829
	—	兵		1090
	—	宗	③	128
ろうや	牢屋	法	③	184
	—役人【附】	官	③	452
	於牢庭行敲	法	②	480
ろうやし	牢屋敷	法	③	189
	—図	法	③	186
	於—行敲刑	法	②	471
	於—行拷問	法	③	955
ろうやば	籠屋番	官	③	1308
ろうやぶ	牢屋奉行	官	③	453
ろうやぶ	牢破	法	③	289
ろうやみ	牢屋見廻与力	官	③	462
ろく	禄			
	位—【篇】	封		123
	季—【篇】	封		140
	等第—【併入】	封		163
	女王—【篇】	封		174
	節—【篇】	封		178
	奪—	法	①	326
	減—	法	②	648
	降雪賜—	天		205
	元日節会賜—	歳		504
	大嘗祭賜—	神	①	1565
	新嘗祭豊明節会賜—	神	②	443
	賀茂祭賜—	神	③	1070
	大神宮神嘗祭—	神	③	479
	孟夏朔賜酒—	政	①	39
	孟冬朔賜酒—	政	①	44
	弓始賜—	武		370
	騎射手結饗—	武		465
	射礼—法	武		335
	元服賜—	礼	①	830
	婚姻賜—	礼	①	1172
	女王賜—	帝		1496
	禁以皇親之—為質	政	②	931
	能役者賜—	楽	①	845
	蝦夷人賜—	人	②	726
	隼人賜—	人	②	736
	以細長為—	服		518
	以女装束為—	服		896
	以袿為—	服		976
	以衣為—	服		1004
	賜—作法	帝		1161
	賜—作法	帝		1122
	臨時賜禄物【併入】	封		185
	禄物価法	封		133
ろく	録(官職)	官	①	199
ろくあみ	六阿弥陀詣	宗	③	318
ろくあみ	六阿弥陀娵の噂の捨処	人	①	226
ろくい	六位			
	—季禄	封		142
	—位子	政	①	1007
	—以下位袍	服		282
ろくいく	六位蔵人	官	②	220
ろくいん	勒韻	文	②	503
ろくうん	六運(歌)	文	①	499
ろくえふ	六衛府	官	①	1314
ろくえん	ろくゑんさう(白薇)	植	②	458

ろくおう	鹿王院	宗	③	925
ろくおう	六王子(弥彦神社末社)	神	④	999
ろくおん	鹿苑寺【篇】	宗	③	808
	「きんかく金閣寺」も見よ			
ろくがつ	六月	歳		21
ろくがつ	六月会	宗	②	214
	—	宗	②	136
ろくがつ	六月朔日正月	歳		945
ろくかん	六観音	宗	①	87
	—	方		1318
ろくぐ	六具(武具)	兵		1293
ろくごう	ろくがう(供饗)	器	①	161
ろくごう	六郷保	地	①	910
ろくごう	六郷渡	地	③	451
	—場高札	地	③	374
ろくごう	六郷橋	地	③	286
ろくごう	六郷用水	政	④	1181
ろくごん	六言詩	文	②	473
ろくざ	六座(弁官)	官	①	464
ろくさい	六斎日			
	—殺生禁断	宗	②	227
	—開市	産	②	599
	—令僧徒取浴	居		702
ろくさい	六斎念仏	宗	①	376
	—	産	①	154
ろくじ	録事	兵		171
ろくじか	六字河臨法	宗	②	324
ろくじじ	六字除災護摩	宗	②	343
ろくじぞ	六地蔵	宗	①	98
	—詣	宗	③	317
ろくしゃ	六尺	器	②	975
	—	器	②	1036
	徳川幕府—【併入】	官	③	1000
	賄—	官	③	898
	椀方—	官	③	910
	—給金	政	③	642
ろくしゃ	六尺帯	服		813
ろくしゃ	六尺給米	政	④	441
ろくじゃ	六蛇日	方		129
ろくしゅ	六宗	宗	①	38
ろくしゅ	録囚	法	①	492
ろくじゅ	六十一賀	礼	①	1438
ろくじゅ	六十年忌	礼	②	1433
ろくじゅ	六十賀	礼	①	1425
ろくじゅ	六十服茶	遊		534
ろくじゅ	六十六部	地	②	1234
ろくじゅ	六十六部納経	宗	③	312
ろくしゅ	六種供養	宗	②	189
ろくしょ	六書(文字)	文	③	662
ろくしょ	六章(算書)	文	③	552
ろくしょ	緑青	金		194
ろくじょ	六条(豆腐)	飲		987
ろくじょ	鹿茸	動		317
ろくじょ	六条縁起	宗	③	489
ろくじょ	六条河原	法	①	700
ろくしょ	六勝寺	宗	③	683
ろくじょ	六帖抄	文	②	368
ろくじょ	六条天皇	帝		26
ろくじょ	六条道場	宗	③	488
ろくじょ	六条御堂	宗	③	962
ろくしょ	六書学	文	③	772
ろくしょ	六所宮	神	④	498
ろくじら	六時礼讃	宗	①	380
ろくしん	六親	人	①	115
ろくじん	六陣	兵		391
ろくじん	六壬占	方		510
ろくせき	六籍	文	③	318
ろくぞう	六臓【附】	法	①	50
ろくそん	六孫王権現			
	—位記	神	①	329
	—神階	神	①	310
ろくたい	六体(歌)	文	①	513
ろくだい	六代集	文	②	229
ろくちく	六畜	動		3
ろくちょ	六調子	楽	①	25
ろくどう	六道(遊戯)	遊		171
ろくどう	六道(墓地)	礼	②	1095
ろくどう	六道観察使	官	②	65
ろくどう	六道銭	礼	②	375
	—	泉		166
ろくどう	六道参	歳		1268
ろくどう	六道冥官祭	方		41
ろくにん	六人衆(徳川氏職員)	官	③	230
ろくはく	録白	政	①	559
ろくはら	六波羅			
	二条天皇行幸—	帝		660
	後醍醐天皇行幸—	帝		665
	光厳天皇行幸—	帝		675
ろくはら	六波羅検断	官	②	867
ろくはら	六波羅祗候人	官	②	870
ろくはら	六波羅探題	官	②	848
ろくはら	六波羅引付頭	官	②	864
ろくはら	六波羅評定衆	官	②	863

ろくはら	六波羅奉行	官	②	858
ろくはら	六波羅奉行人	官	②	865
ろくはら	六波羅蜜寺【篇】	宗	③	629
ろくはら	六波羅問注奉行	官	②	866
ろくばん	緑礬	金		336
ろくはん	六半葉紙本	文	③	518
ろくふ	六腑	人	①	486
ろくぶ	六部	宗	③	312
	—	政	③	495
ろくぶが	六部笠	器	②	417
ろくぶち	六分違	政	④	187
ろくぶん	六分円器	文	③	655
ろくみ	六味	飲		9
ろくむ	六夢	人	①	790
ろくめい	禄命	方		203
ろくもつ	禄物			
	「ろく禄」を見よ			
ろくやく	六役(葬送)	礼	②	255
ろくよう	六曜日	方		102
ろくろ	ろくろ(陶車)	産	①	779
ろくろ	轆轤	産	①	555
	用—下甑	帝		888
ろくろか	ろくろかな(鏇)	産	①	555
ろくろぎ	ろくろぎ(斉墩果)	植	①	623
ろくろく	轆轤首	人	①	409
ろくろこ	轆轤工	産	①	550
ろくろふ	ろくろふね(絞車船)	器	②	687
ろくわこ	六和香	遊		315
ろこく	漏刻【附】	方		421
ろざんじ	廬山寺【篇】	宗	③	544
ろじ	露地	遊		575
ろしあ	露西亜【篇】	外		1455
ろしあご	露西亜語	文	②	1012
ろじあん	露地行燈	遊		595
ろじいり	露地入	遊		438
ろじげた	露地下駄	遊		595
ろしこう	路子工	居		908
ろじつく	露次作役	官	③	942
ろじのか	露地垣	遊		584
ろじのも	露次之者	官	③	943
ろそん	呂宋【篇】	外		1210
ろだい	露台	居		91
ろっか	六假	政	①	1144
ろっかく	六角井	地	③	1013
ろっかく	六角極印(甲州金)	泉		273
ろっかく	鹿角菜	植	②	920
ろっかく	六角神殿	神	①	461
ろっかく	六角堂	宗	③	363
ろっかげ	六ヶ月尋	政	③	567
ろっこう	六行舎	文	②	933
	—	文	②	1289
ろっこく	六穀	植	①	755
ろっこつ	肋骨	人	①	416
ろっこん	六根	人	①	621
ろっぴゃ	六百回忌	礼	②	1448
ろっぴゃ	六百五十回忌	礼	②	1449
ろっぴゃ	六百五十年忌	礼	②	1448
ろっぴゃ	六百年忌	礼	②	1448
ろっぽう	六法(芝居)	楽	②	126
ろっぽう	六方一揆	兵		431
ろっぽう	六方衆	宗	③	1201
ろっぽん	六本立供御	礼	②	457
ろてん	露店	産	②	651
ろとうれ	路頭礼【篇】	礼	①	149
	—	帝		1437
ろのなご	炉の名残(茶湯)	遊		425
ろば	驢馬	動		149
ろばん	露盤	宗	③	111
ろばんこ	鑪盤工	産	①	677
ろばんは	鑪盤博士	産	①	677
ろびらき	炉開	遊		427
ろふさぎ	炉閉	遊		428
ろへい	蘆蔽	器	②	37
ろべつせ	櫓別銭	政	④	497
ろぼ	鹵簿	帝		589
ろんぎ	論義			
	仏経【附】	宗	①	394
	儒書—	文	③	196
	歌—	文	①	767
ろんご	論語	文	②	820
	—伝来	文	③	320
	—講釈	文	②	822
	読書始読—	文	③	243
	正平板—	文	③	1065
	天文本—	文	③	1064
ろんごぎ	論語義疏	文	③	422
ろんごよ	論語よみの論語しらず	人	①	914
ろんしょ	論所	法	③	507
ろんじょ	論匠	宗	①	421
ろんしょ	論所検地	政	④	29
ろんそう	論奏	政	①	405
ろんにん	論人	法	①	1054
ろんぶん	論文	文	①	285

わ

わ	わ(我)	人	①	4
わ	輪			
	桶―	器	①	264
	車―	器	②	770
	茅―	神	②	752
わあぶみ	輪鐙	兵		1996
わいえ	我家(催馬楽)	楽	①	215
わいだて	脇楯	兵		1814
	―	兵		1779
わいと	和糸	産	②	69
わいろ	賄賂			
	停訴人―	法	①	1051
	禁受囚人―	法	③	210
	禁受牢舎輩―	法	③	742
	禁受町人職人―	官	③	149
	佐々木道誉等収―	遊		533
	井伊掃部頭収―	法	②	610
わいん	和韻	文	②	504
わおん	和音	文	②	971
	読倭音点	文	③	277
わか	若(童名)	姓		697
わか	和歌			
	「うた歌」を見よ			
わかい	和解(訴訟)	法	①	1169
	―【篇】	法	③	1006
わがい	輪貝	礼	①	1014
わかいぬ	若犬養門	居		212
わかいも	若者(遊里)	人	②	894
わかうか	和加宇加乃売命神社	神	④	171
わかえご	若江郡	地	①	320
わかえじ	和賀江島	地	③	488
わがかど	我門(風俗歌)	楽	①	236
わがかど	我門乎(催馬楽)	楽	①	208
わがかど	我門爾(催馬楽)	楽	①	208
わかきひ	若人	人	①	82
わがく	和学【篇】	文	②	651
わがくけ	和学稽古会頭	官	③	863
わがくこ	和学講談所	文	②	678
	―役人【篇】	官	③	857
わかくさ	若日下部	官	①	134
わがくし	和学所手伝出役	官	③	863
わがくし	和学所頭取	官	③	860
わかご	若子	人	①	71
わがごお	和我郡	地	②	128
わがこま	我駒(催馬楽)	楽	①	206
わかさぎ	わかさぎ(魚)	動		1336
わかさぎ	若鷺(魚)	飲		925
わかさく	若桜宮	地	①	179
わかさく	稚桜部造	姓		173
わかさこ	若狭昆布	植	②	879
わかさの	若狭国【篇】	地	②	201
わかさの	若狭国大田文	政	③	1091
わかさの	若狭国神名帳	神	①	129
わかさの	若狭国造	地	②	206
わかさの	若狭綱子	人	①	1053
わかさひ	若狭彦神社【篇】	神	④	931
	―神宮寺	神	②	1734
わかさぼ	若狭盆	遊		727
わがざわ	和賀沢銅山	金		143
わかさん	和歌三神	神	①	77
わかし	わかし(幼少)	人	①	58
わかしゅ	若衆形(役者)	楽	②	159
わかしゅ	若衆歌舞伎	楽	②	7
わかしゅ	若衆女郎	人	②	851
わかしら	若白髪	人	①	608
わかすぎ	若杉焼	産	①	755
わかたか	黄鷹	動		933
わがたつ	我立杣	地	③	804
わかどこ	和歌所	文	②	274
	―食邑	文	②	280
わかどし	若年寄【篇】	官	③	213
	―裁判	法	③	815
わかどし	若年寄格	官	③	219
わかどし	若年寄並	官	③	219
わかな	若菜			
	供―	歳		956
	十二種―	歳		957
	十二種―	植	①	758
わかなご	わかなご(魚)	動		1407
わかのう	和歌浦	地	③	1324
	―	地	②	760
わかのか	和歌神	神	①	77
わかばや	若林寛斎	文	②	785
	―	人	②	392
わかひめ	稚比女尊	神	④	294
わかべの	若部保	地	②	296
わかまい	若舞(楽曲)	楽	①	559
わかまつ	若松	地	②	145

わかまつ	若松浦	地	③	1327
わかみず	若水	歳		846
わかみと	わかみとほり	帝		1309
わかみや	若宮	神	①	167
	下総国―神宮寺	神	②	1725
	男山八幡宮―	神	③	1304
	春日―社【附】	神	④	96
	鶴岡八幡宮―	神	④	457
	宇佐神宮―	神	④	1563
わかみや	若宮(皇子)	帝		1414
わかみや	若宮水枝	帝		1101
わかめ	和布	植	②	883
わかやま	和歌山	地	②	742
わかやま	和歌山医学館	方		702
わかやま	若山銭	泉		30
わかやま	若山荘	地	②	297
わかやま	和歌山藩	地	②	755
わかやま	若山節	楽	②	281
わかれ	別	人	②	421
わかれの	別の櫛	器	①	406
わかん	和姦	法	①	441
	―	法	①	908
	―	法	②	953
わかん	和館	外		759
わかんこ	和漢混淆文	文	①	240
	―書簡	文	①	405
わかんど	和漢同年号	歳		338
わかんど	わかんどほり	帝		1414
わかんと	わかんとほりばらの君	帝		1414
わかんは	和漢俳諧	文	①	1204
わかんれ	和漢連句	文	①	1001
わかんろ	和漢朗詠集	楽	①	281
わき	腋(衣服)	服		32
わき	腋(身体)	人	①	414
わき	腋(相撲)	武		1181
わき	腋(能楽)	楽	①	832
わき	腋(職名)	官	①	1193
わぎ	和議			
	「こうわ講和」を見よ			
わきあけ	わきあけ	服		32
わきあけ	わきあけのころも	服		246
わきうり	脇売	産	②	349
わきおう	脇往還	地	③	9
わきが	腋臭	方		1522
わきかべ	腋壁	居		1146
わきがみ	掖上博多山上陵	帝		976
わききょ	脇狂言	楽	②	114
わきく	脇句			
	連歌―	文	①	1051
	俳諧―	文	①	1262
わきざし	脇差	兵		1383
わきし	脇師(能楽)	楽	①	937
わきぞな	脇備	兵		401
わきだい	脇大将	兵		176
わきだち	脇立	宗	①	200
わきづき	わきづき(脇息)	器	②	157
わきづけ	脇付	文	①	437
わきつれ	脇ツレ(能楽)	楽	①	832
わきて	腋手(相撲)	武		1081
わきてぶ	わきて節	楽	②	397
わきでら	脇寺	宗	③	1246
わきど	掖戸	居		1206
わきのご	腋御膳	飲		82
わきのし	わきのした(胳)	人	①	414
わきのじ	腋陣	居		241
わきびき	脇曳	兵		1815
わきびゃ	脇百姓	産	①	192
わきほん	脇本陣	政	④	1360
わぎもこ	吾妹子	人	①	151
わぎもこ	脇母古(神楽)	楽	①	160
わきもん	脇門跡	宗	③	189
わく	籰	産	②	82
わくざし	籰指鳥居	神	①	584
わくだし	枠出(堤防)	政	④	1020
わくむす	稚産霊	産	①	5
わぐら	和鞍	兵		1953
わくん	和訓	文	③	305
	読倭訓点	文	③	277
わけ	わけ(我)	人	①	6
わけ	わけ(男称)	人	①	23
わけ	分(村)	地	①	96
わけ	別(姓氏)【併入】	官	①	175
	―	姓		51
	―	姓		120
わけい	倭京(逸年号)	歳		341
わけいじ	和景縄(逸年号)	歳		341
わけうじ	和気氏	姓		156
	以―為宇佐使	神	④	1570
	―為典薬頭	方		758
	―私学	文	②	1294
わけうじ	和気氏爵	政	①	1494
わけぎ	分葱	植	①	1032
わけけい	和気系図	姓		369

わけごお 和気郡（伊予） 地 ② 872
わけごお 和気郡（備前） 地 ② 581
わげさ 輪袈裟 宗 ② 1160
わけのき 和気清麿
　—受宇佐八幡宮神託 人 ① 1011
　—建弘文院 文 ② 1294
　—建神護寺 宗 ③ 863
　祀—於護王神社 神 ③ 1649
わけのせ 和気関 地 ③ 597
わけのつ 和気使 神 ④ 1596
　— 神 ④ 1522
わけのひ 和気広虫
　—仁慈 人 ① 1151
　—醜名 姓 706
　—与孝謙天皇出家 封 105
わこ わこ（若子） 人 ① 60
わこ 和雇 政 ② 859
わご 和語 文 ① 111
わこう 倭寇 外 358
　— 外 1012
わこうど 和光同塵 神 ② 1346
わこく 倭国 地 ① 28
わごしし 輪越神事 神 ② 756
　「みなづき六月祓」も見よ
わごぜ わごぜ（他称） 人 ① 14
わごのよ 倭語の読 文 ③ 311
わごりょ わごりよ（他称） 人 ① 15
わごん 和琴【篇】 楽 ② 552
わこんか 和魂漢才 文 ② 680
わざおぎ 俳優 楽 ② 154
　— 楽 ① 152
わさび 山葵 植 ② 80
わさびあ 山葵あへ 飲 206
わさびお わさびおろし（薑擦） 器 ① 343
わさん 和算 文 ③ 561
わさん 和讃 宗 ① 364
わざん 和讒 人 ② 695
わし 鷲 動 947
わし 和市 産 ② 339
わし 倭詩 文 ① 494
わじ 和字 文 ① 19
　—款状 政 ③ 191
わしだい 鷲大明神 神 ② 586
わしづく 鷲作剣 兵 1361
わしのは 鷲羽 兵 1589
わしのや 鷲の山 地 ③ 804
わしふ 和氏譜 姓 374
わじま 輪島 地 ② 294
わしゅう 和州 地 ① 267
　「やまとの大和国」も見よ
わしゅう 和州五条一揆 兵 433
わじゅく 和熟 人 ② 706
わしょあ 和書改方 官 ③ 863
わしょう 和勝（逸年号） 歳 364
わじょう 和上 宗 ② 889
　— 宗 ② 660
わじょう 和尚 宗 ② 775
　「おしょう和尚」も見よ
わしる 走 人 ① 989
わずらい 煩神 神 ① 74
わすれお 忘緒（半臂） 服 369
わすれが 忘貝 動 1637
わすれぐ わすれぐさ（萱草） 植 ① 1070
　植—於墓辺 礼 ② 1197
わせ 早稲 植 ① 784
　— 産 ① 59
わせいわ 倭清倭濁 文 ① 141
わせたけ わせ竹 植 ① 703
わせのこ 早稲米の御祭 神 ③ 482
わそう 和僧（逸年号） 歳 341
わた わた（海） 地 ③ 1250
わた 綿【篇】 産 ② 97
　— 産 ② 754
わた 木綿 植 ② 365
　綿花 外 750
わた 草綿 植 ② 365
わたいり 腸煎 飲 226
わたいれ 綿入 服 439
　— 服 1032
わたいれ 綿入羽織 服 674
わたうち わたうちゆみ（綿弓） 産 ② 110
わたか わたか（黄鯝魚） 動 1339
わだかま 蟠 動 1001
わたがみ 綿噛（鎧） 兵 1819
わたぎぬ わたぎぬ（綿衣） 服 439
　— 服 380
わたくし 私（自称） 人 ① 6
わだくら 和田倉御門 居 396
わたくり わたくり（攪車） 産 ② 110
わたくり 腸繰（鏃） 兵 1612
わたけみ 綿検見 政 ④ 230
わたこ わたこ（黄鯝魚） 動 1339
わたさく 木綿作検見 政 ④ 230

わたし　渡【篇】　地 ③ 351
わたし　綿師　産 ① 358
わたしが　渡金(升)　称 58
わたしが　渡皮(馬具)　兵 1983
わたしじ　渡状　政 ③ 128
わたしせ　渡銭　地 ③ 393
わたしの　和多志大神　神 ④ 1353
わたしぶ　渡船　地 ③ 386
　―訴訟　法 ③ 668
わたしも　渡物(音楽)　楽 ① 42
わたしも　渡守　地 ③ 375
　―　政 ③ 883
わたしん　綿新座　政 ④ 511
わたせ　渡瀬　地 ③ 355
　―　地 ③ 1139
わたたび　わたたび(木天蓼)　植 ① 533
わたづく　綿造　産 ② 99
わたづく　造綿者　礼 ② 15
わたつじ　度津神社【篇】　神 ④ 1002
わたつみ　わたつみ(海)　地 ③ 1252
わたつみ　海神　神 ① 60
　八十島祭祭―　神 ① 1661
　祀和多都美神於枚
　聞神社　神 ④ 1692
　祀綿津見神於沼名
　前神社　神 ④ 1718
わたつみ　綿摘(隠売女)　人 ② 911
わたつみ　海神神社【篇】　神 ④ 1704
わたつみ　海若祭　神 ② 617
わたつみ　和多都美明神　神 ④ 1692
わたどの　渡殿　居 566
わたなべ　渡辺幸庵　礼 ① 1484
わたなべ　渡辺党　兵 443
　―　姓 295
わたなべ　渡辺登
　―学画　人 ② 578
　―善画　文 ③ 841
　―善画　文 ③ 873
　―以洋学獲罪　文 ② 1035
　―被命蟄居　法 ② 584
わたなべ　渡辺橋　地 ③ 245
わたにし　わた錦　産 ② 283
わたぬき　綿抜祝　歳 1124
わだのと　輪田泊　地 ③ 560
　―　産 ② 737
わたのは　わたのはら(海原)　地 ③ 1252
わたのほ　綿袍　服 249
わたのほ　わたのほかのくに
　(海外之図)　外 2
わたのみ　綿実油　器 ② 303
わたのみ　渡屯家　政 ② 438
　―　外 183
わたぼう　綿帽子　服 1221
わたまし　移徙　居 503
　―後政始　政 ① 142
　禁裏―時大名進献　官 ③ 1736
　―時忌赤衣　方 235
　―御遊　楽 ① 89
　―奏楽　楽 ① 342
　―時著狩衣　服 484
　―時打攤　遊 34
　摂政藤原基房家政
　所―　官 ① 1272
わたまし　遷徙御幸　帝 751
わたや　綿屋　産 ② 113
わたらい　度会氏　神 ③ 853
　―氏神　神 ① 682
わたらい　度会大国玉姫神社　神 ③ 140
わたらい　度会河　地 ③ 1160
　―浮橋　地 ③ 251
わたらい　度会国都御神社　神 ③ 140
わたらい　度会郡　地 ① 445
わたらい　度会延佳　神 ② 1434
わたらい　渡遇宮　神 ③ 4
　度会宮　神 ③ 53
　「とゆけの豊受大神宮」も見よ
わたらい　度会離宮　神 ③ 802
わたらせ　渡良瀬川　地 ③ 1175
わたり　渡　地 ③ 351
わたり　和太利(菌)　植 ② 841
わたりご　曰理郡　地 ② 120
わたりこ　渡小性　人 ② 931
わたりせ　渡瀬　地 ③ 354
わたりぞ　渡初　地 ③ 191
わたりで　わたりで　地 ③ 354
わたりど　わたりどの(長廊)　居 564
　―　居 566
わたりの　わたりのをさ(渡長)　地 ③ 376
わたりの　曰理郷　地 ② 1088
わたりの　渡荘　政 ② 504
わたりも　渡守　地 ③ 375
わたりや　渡櫓　兵 1104
わだるき　わだるき(輪榱)　居 989
わだん　和談　法 ③ 1008

	義絶―	政③	553
	戦闘―	兵	700
わちょう	和重(逸年号)	歳	344
わてん	和点	文③	277
わどう	和銅	歳	162
わどうか	和同開珎	泉	16
わとうし	和唐紙	文③	1191
わどく	和読	文③	271
わどこく	倭奴国	地①	28
わどこく	委奴国王印	政①	571
わどの	和殿	人①	14
わな	檻穽	産①	456
わなぎ	わなぎ(綰)	人①	650
わなみ	わなみ(吾儕)	人①	9
わに	鰐	動	1465
	虎与―戦	動	444
わに	王仁(人名)	文②	689
わにあし	わにあし(戻脚)	人①	474
わにぐち	鰐口	神②	1216
	―	宗②	1097
わにぐち	鰐口(鞍)	兵	1945
わにのし	和邇荘	地①	1200
わにのつ	和珥津	地③	552
わにのふ	和邇船瀬	地③	556
わにべの	和邇部広刀自女	人①	1122
わぬけ	輪脱(軽業)	楽②	1186
わぬし	和主	人①	14
わのなこ	倭奴国	外	822
	―王印	政①	571
わのり	輪乗(乗馬)	武	730
わび	侘	遊	378
わふうち	和風長寿楽	楽①	329
わふうら	和風楽	楽①	478
	―	楽①	480
わぶん	和文【篇】	文①	189
	―書簡	文①	380
わほうけ	和方家(医術)	方	778
わぼうし	輪帽子	服	1228
わぼく	和睦		
	「こうわ講和」を見よ		
わぼく	和墨	文③	1368
わみょう	倭名本草	方	1117
わみょう	倭名類聚抄	文①	182
わめ	輪目	称	114
わめんこ	倭面国	地①	28
わゆう	和誘	法①	381
わよ	和与	法①	1170
わよう	和様(書道)	文③	680
	―	文③	700
わら	藁	植①	795
	火葬焚料用―	礼②	209
わらう	笑	人①	726
わらぐつ	わらぐつ(草鞋)	服	1402
わらさ	わらさ(魚)	動	1407
わらざと	藁座鳥居	神①	584
わらじ	わらぢ(草鞋)	服	1402
わらじむ	わらぢ虫	動	1200
わらにん	藁人形	兵	139
わらび	蕨	植②	858
	苔―【篇】	植②	844
わらびだ	蕨樽	器①	190
わらびも	蕨餅	飲	554
わらふか	藁深履	服	1405
わらふで	藁筆	文③	1287
わらむし	藁筵	器②	12
わらや	藁屋	居	1026
わらわ	妾	人①	8
わらわ	童	人①	74
わらわご	童女御覧	神②	356
	―	神①	1348
わらわし	童装束	服	499
	童男著細長	服	517
	童不把笏	服	1284
	「ようしゃ幼者」「しょうに小児」も見よ		
わらわず	童相撲	武	1229
わらわそ	童束帯	服	190
わらわて	童殿上	服	259
わらわな	童名	姓	693
わらわの	童放(小児頭髪風)	人①	564
わらわま	童舞	楽①	53
わらわや	わらはやみ(瘧病)	方	1345
わらんじ	和蘭字彙	文③	352
わらんず	わらんづ(草鞋)	服	1402
わり	和利(両替)	産②	467
わりあわ	わり合せの行縢	器②	504
わりいん	割印	政③	299
わりがゆ	割粥	飲	453
わりご	破籠	器①	282
わりした	割下帯	服	1512
わりふ	割符	産②	501
	―	泉	150
わりぶた	割蓋茶入	遊	707
わりふよ	割符様(花押)	政③	311

わりもと	割元総代	官	③	1544
われ	われ(他称)	人	①	16
われ	我	人	①	3
われから	われから(虫)	動		1201
われせん	破銭	泉		120
	—	泉		124
われもこ	われもかう(地楡)	植	②	107
わろうず	わらうづ(草鞋)	服		1402
わろうだ	わらふだ(円座)	器	②	98
わん	椀	器	①	6
	菓子—	飲		192
わんかた	椀方六尺	官	③	910
わんげつ	彎月(陣法)	兵		62
わんじゅ	わんじゆ(鬼見愁)	植	②	308
わんや	椀屋	器	①	47

ん

んむのじ	んむの字	文	①	71

あとがき

「『古事類苑』の索引は使いにくい」というのは，もう30年以上，いつも感じていたことである。そしてその使いにくさの主たる原因は，「字音仮名遣ハ字音仮字用格ニ拠リ」「片仮名三字ヲ限リテ之ヲ揚ゲ，総テ五十音順ヲ以テ排列ス」(旧版「例言」)というように，旧仮名遣いの片仮名３文字で配列されている点にある。二,三回，あちこちを彷徨しないと，目指す項目に到達しないという経験を，誰しも持っているのではないだろうか。

しかし,「『古事類苑』の索引は旧仮名だから使えない」ということを誰かに言うと，何だかすごく自分が無教養な人間であるような気がして，とても言い出せないといった雰囲気があることもまた，事実であろう。

また,「『古事類苑』の索引は間違いがあるのではないか」と感じていた方も多いのではないだろうか。苦労して見付けた項目に記してある冊を，重い目をして本棚から机まで持って来て，索引に示してあったページを開くと，目指す語はそこにはなく，数ページ先か後にあった，という経験は，1度や2度や3度ではない。数ページずれているだけならばまだしも，部門が違っていたり，冊数が違っていたり，果ては実際には存在しない冊数が示されていたりすると，何ともやるせない気分になってくる(ゼミの発表や論文の締切が近い時など，最悪であった)。

しかしながら，どこが合っていて，どこが違っているかを探すには，全部を確かめなければならないことになり，個人の力ではとてもできるものではない。

というわけで，学問を始めてから30年以上，文句を言いながら索引を使用してきたのであるが(段々と「使えない」と言うのが恥ずかしい年齢と立場になってきた)，ある年，当時の勤務先の大学に東京大学の史料編纂所を定年になった先生が赴任してこられた。その歓迎会の席上，私は思いきって,「『古事類苑』の索引は使いにくい」ということを告白してみた。するとその先生は,「自分もそう思っていた」との由。

還暦も越え，史料に長年勤めておられた偉大な先輩が使いにくいというのならば，ほとんどの人にとっても同様なのだろうと確信し，「誰もやらないことは，自分でやってしまおう」という，近年の自己の行動指針に従って，30年来の夢であった『古事類苑新仮名索引』を作ってみることを思い立ったという次第である(旧仮名しか認めておられなかった土田直鎮先生や青木和夫先生からは怒られそうだけれども)。

しかし，いざ始めてみると，712ページ，62,466項目について，すべてをパソコンファイルとして入力し，正しい読みを施したうえで新仮名の五十音順に並べ替えるというのは，大変に手間のかかる作業であった(簡単にできると思った方がおかしかったのであるが)。

しかも，当初は旧版の索引を新仮名の平仮名に読み替えて並べ直しただけのファイルを作ったのだが，ぐずぐずしているうちに新たな職場となった国際日本文化研究センター(日文研)の古事類苑関係データベースと「ジャパンナレッジ プラス」を参照することによって，旧版『古事類苑索引』の読み・部門・冊数・ページ数の誤りも，比較的容易に発見できることがわかった。ただ，一々を調べ直し，正しい読みや用字，部門・冊数・ページ数を確定するという作業は，想像を絶する難事業であった。旧仮名に習熟して，旧版の索引を引くのが早くなったのが，笑えない収穫ではあるが。

結局，旧版の誤りは，ざっと数えたら984ヵ所に達した。和装本の冊数は点検していないので，実際にはもっと多くの誤りが存在するのであろう。もちろん，機械のない時代に旧版の索引をたった1年で作られたという竹島寛氏の偉大な功績が，現在でも賞賛されるべきであることは，言うまでもない。

ともあれ，この索引が3年余りという短期間で完成に漕ぎ着けることができたのは，まったく，ファイル入力を行なった後，見直しと校正にも従事してくれた板倉則衣氏と深沢優氏，また見直しと校正にあたってくれた土岐陽美，小沼美佳，荻澤奈巳の3氏，さらに精緻な校正を行なってくれた堀井佳代子，柿島綾子両氏という7名の研究補助員のおかげである。ここに記して感謝の意を表わしたい。

また，この索引の作成にあたっては，国際日本文化研究センターの「古事類苑全文データベース」(http://shinku.nichibun.ac.jp/cgi-bin/kojiruien/search.cgi),

「古事類苑ページ検索システムデータベース」(http://shinku.nichibun.ac.jp/kojiruien/bumon.html)，および国文学研究資料館(国文研)の「古事類苑データベース」(http://base1.nijl.ac.jp/~kojiruien/ruientop)を参照した。これらの作成を主導された日文研の早川聞多，山田奨治両氏，国文研の相田満氏にも，また深く感謝する次第である。

2010年3月

京都・大枝山にて

編者識す

編者略歴
1958年　三重県津市に生まれる
1989年　東京大学大学院人文科学研究科国史学専門課程博士課程単位修得退学
現在　国際日本文化研究センター教授
　　博士（文学・東京大学）
〔主要著書〕
一条天皇　壬申の乱　藤原道長「御堂関白記」全現代語訳

古事類苑新仮名索引

2010年（平成22）5月10日　第1刷発行
2011年（平成23）4月 1日　第2刷発行

編　者　倉《くら》本《もと》一《かず》宏《ひろ》
発行者　前田求恭

発行所　株式会社　吉川弘文館
郵便番号113-0033
東京都文京区本郷7丁目2番8号
電話03-3813-9151（代）
振替口座00100-5-244番
http://www.yoshikawa-k.co.jp/
印刷＝株式会社 精興社
製本＝誠製本株式会社

ISBN978-4-642-01456-4